W9-AFG-291

Farhang Moaser

Pocket

English-Persian Dictionary

Under the Supervision of

M. R. Bateni

Compiled in the Research Unit of Farhang Moaser

Farhang Moaser Publishers

Tehran 2005

Farhang Moaser Publishers
45 Khiaban Daneshgah
Tehran 13147, Iran.
Tel. (+9821) 6465530, 6465520
Fax: (+9821) 6417018
E-mail: farhangmo@neda.net
Visit us at: www.farhangmoaser.com

© Farhang Moaser Publishers 2005

All rights reserved. No part of this publication may be reproduced, stored in a retrieval system, or transmitted in any form or by any means, electronic, mechanical, photocopying, recording or otherwise, without the prior permission in writing of the publisher.

- This dictionary was developed and compiled in the Research Unit of Farhang Moaser.
- Typeset in the Computer Unit of Farhang Moaser.

راهنمای استفاده از فرهنگ
(انگلیسی ـ فارسی)

توجه به نکات زیر مراجعه به این فرهنگ را آسان‌تر و سودمندتر می‌کند.

۱. یافتن کلمهٔ مورد نظر

مدخل‌های این فرهنگ به ترتیب حروف الفبای زبان انگلیسی فهرست شده‌اند.

civilization / sivilây'zeyshen / *n*
۱. تمدن ۲. ادب ۳. دنیای متمدن

civilize / 'sivilâyz / *vt*
۱. متمدن کردن ۲. تربیت کردن

۲. شماره‌گذاری مدخل‌ها

مدخل‌هایی که املای یکسانی دارند به یکی از دلایل زیر با شماره از یکدیگر جدا شده‌اند:

الف) وقتی که یک صورتِ نوشتاری نمایندهٔ بیش از یک معنی باشد.

racket[1] / 'rakit / *n* [بازی] راکت

racket[2] / 'rakit / *n* ۱. جار و جنجال، هیاهو ۲. اخاذی، باجگیری

ب) وقتی که کلمهٔ انگلیسی مقوله‌های دستوری متفاوت داشته باشد و اغلب در هر کاربرد، معادل‌های متعددِ فارسی ارائه شده باشد.

rise[1] /râyz/ *vi* ۱. طلوع کردن، برآمدن ۲. بلند شدن ۳. از خواب برخاستن ۴. بالا آمدن ۵. بالا رفتن ۶. سرچشمه گرفتن ۷. ترقی کردن

rise[2] /râyz/ *n* ۱. بلندی، برآمدگی ۲. خیز ۳. افزایش ۴. ترقی ۵. طلوع

ج) وقتی که مدخلی با حرف یا حروف بزرگ دارای یک معنی و با حروف کوچک دارای معنی دیگری است.

continent[1] /'kântinent/ *n* قارّه

Continent[2] /'kântinent/ *n* اروپا (به‌جز بریتانیا)

۳. تلفظ

در این فرهنگ برای نشان دادنِ تلفظِ کلمات انگلیسی از حروف آشنای لاتین استفاده شده است. محل تکیه با خط کوچکی که قبل از هجای تکیه‌دار قرار می‌گیرد مشخص شده است.

contain /kân'teyn/ *vt* ۱. شامل (چیزی) بودن، داشتن ۲. مهار کردن

۴. مقوله‌های دستوری

مقوله‌های دستوریِ مدخل‌های انگلیسی با علائم اختصاریِ

n، *adj*، *adv* و ... نشان داده شده‌اند.

ignorant /'ignorent/ *adj* ۱. ناآگاه، بی‌خبر، غافل ۲. نادان، بیسواد

۵. اصطلاحات

اصطلاحات رایج به صورتِ زیرمدخل و با قلم متفاوت آورده شده‌اند تا یافتن آن‌ها آسان‌تر باشد.

ordinary /'ordineri/ *adj*
۱. معمولی، عادی ۲. پیش‌پاافتاده
out of the ordinary عجیب، غیرعادی

در صورتی که کلمه‌ای فقط در یک اصطلاح به کار رود، پس از ضبط آن کلمه، اصطلاح مربوط به آن آورده شده و فقطَ معنیِ آن اصطلاح داده شده است.

aback / e'bak / *adv*
be taken aback یکه خوردن

۶. کاربردِ ( )

الف) اگر پرانتز در جلو یا بعد از یک معادل بیاید، یعنی می‌توان آن معادلِ فارسی را یا با مطلب داخل پرانتز خواند یا بدون آن.

wrist / rist / *n* مچ (دست)
rodent / 'rodent / *n* (حیوان) جونده

ب) وقتی داخل پرانتز **کسی** یا **چیزی** نوشته شده باشد، پرانتز

نشان می‌دهد که مفعولِ فعل، شخص است یا شیء، و نیز این‌که **کسی** یا **چیزی** می‌تواند برحسبِ مورد تغییر کند.

unlock / ân'lâk / *vt*
قفل (چیزی را) باز کردن، باز کردن

۷. کاربردِ (=)

عبارت داخل پرانتز با علامتِ مساوی (=) به منزلهٔ توضیح است و برای روشن شدنِ معنیِ آنچه قبل از آن قرار گرفته به کار رفته است.

toffee / 'tâfi / *n*
تافی (= نوعی شکلات)

۸. کاربرد ◙

این علامت نشان می‌دهد که مقولهٔ دستوریِ معادل‌ها تغییر کرده است.

gargle / 'gârgel / *vi,n*
۱. غرغره کردن ◙ ۲. غرغره

۹. کاربرد [ ]

الف) برای مشخص کردن زمینهٔ علمی که معادل در آن به کار می‌رود.

multiple / 'mâltipel / *adj,n*
۱. چندگانه ◙ ۲. [ریاضیات] مضرب

ب) برای محدود کردنِ حوزهٔ معناییِ معادل.

hash / hash / *vt,n*
۱. [گوشت] خرد کردن ◙ ۲. افتضاح

۱۰. کاربرد ـ

الف) خط تیرهٔ کوتاه قبل از معادلِ فارسی به این معنا است که آن کلمه در ترکیب به کار می‌رود و قبل از آن، کلمهٔ دیگری می‌آید.	**opener** /'opener/ *n* ۱. دربازکن ۲. [در ترکیب] ـ بازکن
ب) خط تیرهٔ کوتاه بعد از معادلِ فارسی به این معنا است که آن کلمه در ترکیب به کار می‌رود و بعد از آن، کلمهٔ دیگری می‌آید.	**rack** / rak / *n,vt* ۱. تاقچه، رف، رفه ۲. جاکلاهی، جالباسی ۳. [در ترکیب] جا ـ ◙ ۴. درد کشیدن

راهنمای تلفظ

انگلیسی-فارسی

معادل تقریبی فارسی	نشانهٔ آوایی	معادل تقریبی فارسی	نشانهٔ آوایی.
ف	f	ـَ	a
و	v	آ	â
شبیه صدای ث عربی	th	ـِ	e
شبیه صدای ذ عربی	dh	ـُ	o
س	s	او کوتاه	u
ز	z	او کشیده	oo
ش	sh	اَوْ(شبیه تلفظ عربی اَوْسَط)	ao
ژ	zh	اِی کوتاه	i
ه	h	اِی کشیده	ii
م	m	پ	p
ن	n	ب	b
ل	l	ت	t
ر	r	د	d
ی	y	ک	k
شبیه صدای و عربی یا صدای و در فارسی افغانی	w	گ	g
		چ	ch
		ج	j

نشانه‌های اختصاری Abbreviations

انگلیسی-فارسی

نشانه	انگلیسی	فارسی
adj	adjective	صفت
adv	adverb	قید
aux v	auxiliary verb	فعل معین
conj	conjunction	حرف ربط
intj	interjection	صوت یا عبارت تعجبی
n	noun	(زمان) گذشته
p	past tense	اسم
pp	past participle	اسم مفعول
prefix	prefix	پیشوند
prep	preposition	حرف اضافه
pron	pronoun	ضمیر
suffix	suffix	پسوند
vi	intransitive verb	فعل لازم
vt	transitive verb	فعل متعدی

Farhang Moaser

Pocket

English-Persian Dictionary

A

A,a /ey/ *n* اِی (= اولین حرف الفبایِ انگلیسی)

a /e/ *indefinite article* ۱. یک ۲. ـِ ی (= یای نکره یا وحدت) ۳. هر، در

aback /e'bak/ *adv*

  be taken aback یکه خوردن

abandon /e'banden/ *vt* ۱. ترک کردن ۲. متوقف کردن

abbreviation /abriivi'yeyshen/ *n* ۱. اختصار ۲. علامت اختصاری

ability /e'biliti/ *n* ۱. توانایی ۲. استعداد ۳. لیاقت، عُرضه

ablaze /e'bleyz/ *adj* ۱. مشتعل، شعله‌ور ۲. درخشان

able /'eybel/ *adj* ۱. قادر، توانا ۲. قابل، ماهر ۳. ماهرانه

  be able to توانستن، قادر بودن

ablutions /a'blooshenz/ *n* ۱. وضو ۲. غسل ۳. شستشو

ably /'eybli/ *adv* ماهرانه، استادانه

aboard /e'bord/ *adv,prep* [کشتی، هواپیما، قطار] سوار، سوارِ، در

abolish /a'bâlish/ *vt* برانداختن، برچیدن،

abolition /abâ'lishen/ *n* الغا، لغو

abominable /e'bâminebel/ *adj* نفرت‌انگیز، مشمئزکننده

abortion /e'borshen/ *n* سقط جنین

abound /e'baond/ *vi* فراوان بودن

about /e'baot/ *adv,prep* ۱. تقریباً، درحدودِ ۲. در بارهٔ ۳. در اطراف ۴. دور، گرداگرد ۵. با، همراهِ ۶. مشغولِ

  about 8 o'clock حدود ساعت هشت

above /e'bâv/ *adv,prep* ۱. بالا، در بالا، بالای سر ۲. بالایِ، بر بالایِ، در بالایِ ۳. بالاتر، بالاتر از، بیشتر از ۴. قبلاً ۵. برتر از، فوقِ

  above all مخصوصاً، مهم‌تر از

abreast /e'brest/ *adv* پهلو به پهلو، کنار هم، در جهت هم

abridged /e'brijd/ *adj* خلاصه‌شده

abroad /e'brod/ *adv* ۱. خارج از کشور، خارج ۲. همه جا

abrupt /e'brâpt/ *adj* ۱. ناگهانی، غیرمنتظره ۲. خشن، زننده ۳. تند

abruptly /e'brâptli/ *adv* ۱. به‌طورِ ناگهانی ۲. با خشونت و تندی

absence /'absens/ *n* غیبت

absent[1] /'absent/ *adj* ۱. غایب ۲. حواس‌پرت، گیج، گنگ، مات

absent[2] /ab'sent/ *vt*

absent oneself ۱. غیبت کردن، غایب شدن ۲. نرفتن، نیامدن

absolute /'absoloot/ *adj* ۱. مطلق ۲. کامل ۳. قطعی ۴. مستبد

absolutely /'absolootli/ *adv* ۱. مطلقاً، بدون قید و شرط ۲. کاملاً، به‌کلّی ۳. مسلماً، حتماً، صددرصد

absorb /ab'sorb/ *vt* ۱. جذب کردن ۲. فراگرفتن ۳. مجذوب کردن

abstain /ab'steyn/ *vi* ۱. [غذا] پرهیز کردن ۲. امتناع کردن، خودداری کردن ۳. رأی ممتنع دادن

abstract[1] /'abstrakt/ *adj* انتزاعی

abstract[2] /'abstrakt/ *n* خلاصه

absurd /ab'serd/ *adj* ۱. بی‌معنی، مزخرف، پوچ، احمقانه ۲. مضحک

abuse[1] /a'byoos/ *n* ۱. سوءِ استفاده ۲. بدرفتاری، خشونت ۳. فحش، ناسزا ۴. سنت غلط، بی‌عدالتی

abuse[2] /a'byooz/ *vt* ۱. سوءِ استفاده کردن از ۲. بدرفتاری کردن با ۳. فحش دادن به، ناسزا گفتن به

academic /aka'demik/ *adj* ۱. آموزشی، تحصیلی ۲. علمی

accelerate /ak'selereyt/ *vt,vi* ۱. سرعت بخشیدن، تشدید کردن ۲. سرعت گرفتن، شدت یافتن ◙

acceleration /aksele'reyshen/ *n* شتاب

accelerator /ak'selereyter/ *n* ۱. شتاب‌دهنده، شتابگر ۲. (پدال) گاز

accent /'aksent/ *n* ۱. لهجه ۲. تکیه ۳. تأکید ۴. [به‌صورت جمع] لحن

accept /ak'sept/ *vt,vi* ۱. پذیرفتن، قبول کردن ۲. باور کردن، قبول داشتن ۳. به عهده گرفتن، تعهد کردن

acceptable /ak'septebel/ *adj* ۱. قابل قبول ۲. مجاز ۳. خوشایند

accident /'aksident/ *n* ۱. تصادف ۲. سانحه، حادثه، پیشامد ۳. اتفاق

by accident اتفاقی، برحسب اتفاق

have an accident تصادف کردن

accidental /aksi'dentâl/ *adj* تصادفی، اتفاقی، پیش‌بینی‌نشده

accidentally /aksi'dentli/ *adv* تصادفاً، به‌طور اتفاقی، اتفاقی

accommodate /e'kâmodeyt/ *vt* ۱. جا دادن ۲. منزل دادن

accommodating /e'kâmodeyting/ *adj* خوش‌برخورد، مهربان

accommodation /ekâmo'deyshen/ *n* ۱. جا، منزل، محلِ سکونت ۲. دفتر، محل کار ۳. توافق

accompany /e'kâmpeni/ *vt* ۱. همراهی کردن ۲. همراه بودن با

accomplice /e'kâmplis/ *n* همدست، شریک جرم

accomplish / e'kâmplish / *vt*
۱. انجام دادن ۲. به نتیجه رساندن

accomplishment / e'kâmplish-ment / *n*
۱. انجام، اتمام ۲. تحقّق

accord / a'kord / *n*
۱. توافق ۲. رضایت، خواست ۳. قرارداد

according / a'kording / *prep*

according as بر حسب این که، همان‌طور که، چنان که، بدانسان که

according to ۱. بنابر، طبقِ ۲. به قولِ، به عقیدهٔ ۳. مطابق با

accordingly / a'kordingli / *adv*
۱. همان طور، طبق آن ۲. بنابراین

accordion / a'kordiyen / *n*
آکاردئون

account / e'kaont / *n, vt, vi*
۱. حساب ۲. صورت‌حساب ۳. گزارش ۴. علت ◙ ۵. توجیه کردن، توضیح دادن ۶. پاسخگو بودن ۷. به حساب آوردن، دانستن

account for ۱. علت چیزی را بیان کردن، توضیح دادن ۲. علت (چیزی) بودن

on account of به علتِ، به واسطهٔ

on no account به‌هیچ‌وجه، اصلاً

take into account
به حساب آوردن، در نظر گرفتن

accountant / e'kaontent / *n*
حسابدار

accurate / 'akyurit / *adj*
۱. درست، صحیح ۲. دقیق

accurately / 'akyuritli / *adv*
دقیقاً، با دقت، به‌طور دقیق، دقیق

accuse / a'kyooz / *vt*
۱. متهم کردن ۲. مقصر دانستن ۳. سرزنش کردن

accustomed / a'kâstemd / *adj*
عادی، معمولی، همیشگی

ace / eys / *n*
۱. [بازی ورق] تکخال، تک، آس ۲. [نرد] یک

ache / eyk / *n, vi*
۱. درد ۲. اشتیاق ◙ ۳. درد کردن ۴. بی‌تاب بودن

achieve / a'chiiv / *vt, vi*
۱. انجام دادن، به اتمام رساندن ۲. به نتیجه رسیدن ۳. رسیدن به

achievement / a'chiivment / *n*
۱. موفقیت، دستاورد ۲. تحقق، نِیل

acid / 'asid / *adj, n*
۱. ترش ۲. تند، گزنده ◙ ۳. اسید ۴. ال.اس.دی.

acknowledge / ak'nâlij / *vt*
۱. اذعان کردن، اقرارکردن ۲. قبول کردن، قبول داشتن ۳. قدردانی کردن، سپاسگزاری کردن ۴. رسید (چیزی را) اعلام کردن، جواب دادن به

acknowledgement / ak'nâlijment / *n*
۱. اذعان ۲. قدردانی، تشکر ۳. اعلام وصول، جواب، رسید

acorn / 'eykorn / *n*
بلوط (میوه یا دانهٔ)

acquaintance / e'kweyntens / *n*
۱. آشنایی ۲. (شخص) آشنا

acquire / a'kwâyr / *vt*
۱. کسب کردن، به دست آوردن ۲. فراگرفتن، آموختن ۳. صاحب شدن

acre /'eyker/ *n* آکر (= واحدِ اندازه‌گیری زمین برابر با ۴۰۴۷ مترمربع)

acrobat /'akrobat/ *n* بندباز، آکروبات‌باز

acrobatic /akro'batik/ *adj* ۱. آکروباتی ۲. چالاک، چابک، فرز

across /e'krâs/ *adv,prep* ۱. از این‌طرف به آن طرف، به طرفِ دیگر ۲. آن طرف ۳. به آن طرف ۴. رویِ، از رویِ ۵. از عرض، در عرض

act[1] /akt/ *n* ۱. کار، عمل ۲. قانون ۳. [نمایش] پرده ۴. بازی، ادا، ژست

in the act of در حین انجامِ

act[2] /akt/ *vi,vt* ۱. عمل کردن، اقدام کردن ۲. نقش (کسی را) بازی کردن، بازی کردن ۳. تظاهر کردن

acting[1] /'akting/ *adj* ۱. موقت ۲. جانشین، قائم‌مقام ۳. سرپرست

acting[2] /'akting/ *n* ۱. بازیگری، بازی، اجرای نقش ۲. هنرپیشگی

action /'akshen/ *n* ۱. کار، عمل، کنش، اقدام ۲. فعالیت ۳. حرکت

active /'aktiv/ *adj* ۱. فعال ۲. جدی

active verb فعل معلوم

activity /ak'tiviti/ *n* ۱. فعالیت ۲. کار، عمل، اقدام ۳. سرگرمی، تفریح

actor /'akter/ *n* هنرپیشه

actress /'aktris/ *n* هنرپیشه (زن)

actual /'akchuwâl/ *adj* ۱. واقعی، حقیقی ۲. فعلی، کنونی ۳. اصلی، عمده

actually /'akchuwâli/ *adv* ۱. واقعاً، عملاً ۲. درحقیقت، در واقع

acute /a'kyoot/ *adj* ۱. [حواس] تیز، قوی ۲. شدید، عمیق، سخت ۳. موشکاف، تیزبین ۴. [صدا] زیر

acutely /a'kyootli/ *adv* ۱. به شدت، عمیقاً، سخت ۲. بسیار ۳. با دقت

ad[1] /ad/ *n* آگهی

AD[2] /ey 'dii/ بعد از میلاد، میلادی

adapt /a'dapt/ *vt* ۱. سازگار کردن ۲. عادت دادن ۳. تنظیم کردن

adaptor /a'dapter/ *n* ۱. مبدّل، آداپتور ۲. سه شاخه (برق) ۳. رابط

add /ad/ *vt,vi* ۱. جمع کردن، جمع زدن ۲. اضافه کردن، افزودن ۳. اضافه شدن ۴. زیاد کردن

adder /'ader/ *n* مار جعفری، افعی

addict[1] /a'dikt/ *vt* معتاد کردن

addict[2] /'adikt/ *n* (شخص) معتاد

addicted /a'diktid/ *adj* ۱. معتاد ۲. شیفته

addiction /a'dikshen/ *n* اعتیاد

addition /a'dishen/ *n* ۱. جمع ۲. اضافه، افزوده ۳. ضمیمه

in addition علاوه بر این

in addition to علاوه بر

address /a'dres/ *n,vt* ۱. نشانی،

adopt / e'dâpt / *vt* ۱. اتخاذ کردن، اختیار کردن، گرفتن ۲. انتخاب کردن ۳. به فرزندی پذیرفتن

adorable / a'dorebel / *adj* ۱. زیبا، قشنگ، ملوس ۲. دلربا

adore / a'dor / *vt* ۱. پرستیدن ۲. دوست داشتن، عاشق بودن

adorn / e'dorn / *vt* ۱. تزیین کردن، زینت دادن، آراستن ۲. مزین کردن

adult / 'adâlt / *adj,n* ۱. بالغ ۲. بزرگسال

advance[1] / ad'vâns / *n*

۱. پیش‌پرداخت ۲. پیش‌روی ۳. پیشرفت، ترقی ۴. مساعده

in advance پیشاپیش

advance[2] / ad'vâns / *vi, vt*

۱. پیش رفتن ۲. پیشرفت کردن ۳. افزایش دادن ۴. افزایش یافتن

advanced / ad'vânst / *adj*

۱. پیشرفته ۲. مترقی، نو ۳. جلو، پیش ۴. [سن] بالا، زیاد ۵. گذشته

advantage / ad'vântij / *n* ۱. مزیت، امتیاز ۲. سود، فایده، نفع، صرفه

take advantage of ۱. سوءِاستفاده کردن از ۲. کمال استفاده را (از چیزی) کردن

adventure / ad'vencher / *n*

۱. ماجرا، حادثه ۲. ماجراجویی، خطر، مخاطره ۳. کار پرمخاطره

adventurous / ad'vencheres / *adj*

۱. ماجراجو، حادثه‌جو ۲. پرماجرا

آدرس ◘ ۲. نشانی نوشتن روی، آدرس نوشتن روی ۳. مخاطب قرار دادن

adequate / 'adikwit / *adj* بسنده، کافی، به اندازهٔ کافی

adequately / 'adikwitli / *adv*

به نحو شایسته‌ای

adhesive / ad'hiisiv / *adj,n*

۱. چسبنده، چسب‌دار ◘ ۲. چسب

adjective / 'ajiktiv / *n*

[دستور زبان] صفت

adjust / a'jâst / *vt, vi* ۱. وفق دادن، سازگار کردن، تطبیق دادن، عادت دادن ۲. تنظیم کردن، میزان کردن

administration / admini'streyshen / *n,adj* ۱. اداره ۲. اجرا، اعمال ۳. مسئولان ۴. سرپرستی ◘ ۵. اداری

admiral / 'admirâl / *n* دریاسالار

admiration / admi'reyshen / *n*

۱. تحسین، تمجید ۲. مایهٔ تحسین

admire / ad'mâyr / *vt*

۱. تحسین کردن، تعریف کردن از ۲. حظ کردن از، لذت بردن از

admission / ad'mishen / *n* ۱. ورود ۲. پذیرش ۳. ورودی، ورودیه

admit / ad'mit / *vt, vi* ۱. راه دادن، اجازهٔ ورود دادن ۲. پذیرفتن ۳. جا داشتن ۴. اقرار کردن، اعتراف کردن

adolescent / adâ'lesent / *n*

۱. نوجوان ۲. نپخته، خام، بچگانه

adverb /'adverb/ *n*
[دستور زبان] قید

adversary /'adverseri/ *n*
۱. دشمن ۲. حریف، رقیب ۳. مخالف

adverse /'advers/ *adj*
۱. نامطلوب، نامساعد، بد ۲. مخالف

advertise /'advertâyz/ *vt,vi*
۱. آگهی کردن، تبلیغ کردن ۲. آگهی دادن ۳. اعلان کردن، اعلان زدن

advertisement /ad'vertisment/ *n*
۱. تبلیغ ۲. آگهی ۳. اعلان

advertiser /'advertâyzer/ *n*
آگهی‌دهنده

advice /ad'vâys/ *n* ۱. نصحیت، پند ۲. توصیه ۳. نظر ۴. مشاوره ۵. خبر

advisable /ad'vâyzebel/ *adj*
معقول، عاقلانه، درست، صلاح

advise /ad'vâyz/ *vt,vi*
۱. توصیه کردن، سفارش کردن، راهنمایی کردن ۲. نصحیت کردن، پند دادن ۳. خبر دادن، اطلاع دادن

aerial /'eriyâl/ *adj,n* ۱. هوایی
۲. ▣ آنتن

aerobatics /ero'batiks/ *n*
عملیات آکروباتی (هواپیمایی)

aerodrome /'erodrom/ *n*
فرودگاه (کوچک)

aeroplane /'eropleyn/ *n* هواپیما

aerosol /'erosâl/ *n* افشانه، اِسپری

afar /e'fâr/ *adv* دور، از دور

affair /e'fer/ *n* ۱. کار، امر ۲. مسئله ۳. واقعه، حادثه، پیشامد ۴. [به‌صورت جمع] امور ۵. رابطهٔ جنسی

affect[1] /a'fekt/ *vt*
۱. تأثیر گذاشتن، اثر گذاشتن ۲. متأثر کردن، تحت تأثیر قرار دادن ۳. مبتلا کردن

affect[2] /a'fekt/ *vt* تظاهر کردن

affection /a'fekshen/ *n* محبت، مهر، علاقه، دلبستگی، عشق

affectionate /a'fekshenit/ *adj*
بامحبت، مهربان، باعاطفه، دلسوز

affectionately /a'fekshenitli/ *adv*
۱. از روی محبت، با دلسوزی ۲. [در پایانِ نامه] قربانت

affirmative /a'fermetiv/ *adj,n*
۱. مثبت ▣ ۲. جواب مثبت

affluence /'afluwens/ *n*
۱. ثروت ۲. رفاه ۳. فراوانی، وفور

affluent /'afluwent/ *adj*
۱. ثروتمند ۲. مرفه

afford /e'ford/ *vt*
۱. استطاعت داشتن، پولِ (چیزی را) داشتن ۲. توانستن ۳. فراهم کردن

afloat /e'flot/ *adj* ۱. شناور
۲. معلق

afraid /e'freyd/ *adj*
be afraid ۱. ترسیدن ۲. نگران بودن ۳. ناراحت بودن، دودل بودن
I am afraid متأسفانه

Africa /'afrikâ/ *n* افریقا

African /ˈafriken/ *adj,n*
۱. افریقایی، [مربوط به] افریقا ◻ ۲. اهل افریقا، افریقایی

after /ˈâfter/ *adj,adv,prep*
۱. بعد ۲. بعد از ۳. پس از اینکه ۴. به سبکِ، به شیوهٔ ۵. به دنبالِ ۵. در تعقیب ۶. پشت سر ۷. مطابقِ

after all ۱. روی‌هم‌رفته
۲. با این همه، با وجود این

afternoon /âfterˈnoon/ *n*
۱. بعدازظهر ۲. عصر ۳. اواخر

afterwards /ˈâfterwordz/ *adv*
بعداً، سپس، پس از آن

again /eˈgen/ *adv* ۱. دوباره، باز، از نو، مجدداً ۲. دیگر ۳. باز هم ۴. از این گذشته، علاوه بر این

again and again بارها، به‌کرّات

against /eˈgenst/ *prep*
۱. (بر) علیه، ضدِ ۲. (بر) خلافِ ۳. برای جلوگیری از، در برابرِ، برایِ ۴. روبرویِ ۵. به، بر

age /eyj/ *n* ۱. سن، سال ۲. قدمت ۳. پیری ۴. دوران، عصر، عهد ۵. زمان، گذشت زمان ۶. مدت‌ها

ages سالیان سال، مدت‌های مدید

come of age بالغ شدن

of age بالغ

under age خردسال، نابالغ، صغیر

agency /ˈeyjensi/ *n* ۱. آژانس، مؤسسه ۲. اداره ۳. شعبه، نمایندگی

agent /ˈeyjent/ *n* ۱. نماینده ۲. نمایندگی، آژانس ۳. کارگزار، دلال

aggravating /ˈagreveyting/ *adj*
ناراحت‌کننده، آزاردهنده

aggression /aˈgreshen/ *n*
۱. تجاوز، تعرض ۲. پرخاشگری

aggressive /aˈgresiv/ *adj*
۱. ستیزه‌جو ۲. جسور ۳. تهاجمی

aggressively /aˈgresivli/ *adv*
با پرخاشجویی، با حالتِ ستیزه‌جویانه

aghast /eˈgâst/ *adj* ۱. بهت‌زده، مات و مبهوت ۲. وحشت‌زده

agile /ˈajâyl/ *adj* چابک، چالاک، فرز، پر جنب و جوش، پرتحرک

agility /eˈjiliti/ *n* چابکی، فرزی

agitation /ajiˈteyshen/ *n*
۱. نگرانی، اضطراب ۲. آشوب، بلوا

ago /eˈgo/ *adv* پیش، قبل

long ago خیلی وقت پیش، در گذشته‌های دور

agonizing /ˈagânâyzing/ *adj*
دردناک، دردآور، عذاب‌آور، مشقت‌بار

agony /ˈagoni/ *n* درد، رنج، زجر

agree /eˈgrii/ *vi, vt*
۱. موافقت کردن ۲. رضایت دادن ۳. توافق کردن ۴. موافق بودن ۵. (با هم) توافق داشتن

agreeable /eˈgriyebel/ *adj*
۱. خوشایند، مطبوع، مطلوب، خوب ۲. موافق

agreement / e'griiment / *n*
۱. توافق، موافقت ۲. قرارداد

agricultural / agri'kâlcherâl / *adj*
کشاورزی

agriculture / 'agrikâlcher / *n*
کشاورزی

aground / e'graond / *adv,adj*
[کشتی] به گل نشسته

ahead / e'hed / *adv* ۱. پیش، جلو ۲. پیش‌تر، جلوتر، پیشاپیش ۳. از پیش، از قبل ۴. در پیش، روبرو

ahead of پیش از، جلوتر از

look ahead در فکر آینده بودن

straight ahead مستقیم

aid / eyd / *vt,n* ۱. کمک کردن، یاری‌کردن ◘ ۲. کمک، یاری

ailing / 'eyling / *adj* بیمار، مریض

aim / eym / *vt, vi,n* ۱. نشانه گرفتن، هدف گرفتن ۲. هدف قرار دادن ۳. زدن ۴. قصد داشتن، در نظر داشتن ◘ ۵. هدف ۶. قصد، خواست

aimlessly / 'eymlisli / *adv*
بی‌هدف، سرگردان

air[1] / er / *n,adj* ۱. هوا ۲. ظاهر، قیافه، سر و وضع ۳. حال و هوا ۴. آهنگ، نغمه ◘ ۵. هوایی

be (*or* **go**) **on the air**
[رادیو و تلویزیون] پخش شدن، برنامه داشتن، روی آنتن رفتن

by air هوایی، به وسیلهٔ هواپیما

air[2] / er / *vt* ۱. هوا دادن، باد دادن ۲. خشک کردن، پهن کردن ۳. هوای (جایی را) عوض کردن یا تازه کردن ۴. بیان داشتن، ابراز کردن

airborne / 'erborn / *adj* هوا بُرد

air-conditioned / 'er kândish-end/ *adj* دارای تهویه مطبوع

aircraft / 'erkrâft / *n* هواپیما(ها)

aircraft carrier / 'erkrâft kariyer / *n* ناو هواپیمابر

airfield / 'erfiild / *n*
فرودگاه کوچک

airforce / 'erfors / *n* نیروی هوایی

air hostess / 'er hostis / *n*
مهماندار هواپیما

airline / 'erlâyn / *n*
(شرکت) هواپیمایی

airmail / 'ermeyl / *n* پست هوایی

airplane / 'erpleyn / *n* هواپیما

airport / 'erport / *n* فرودگاه

airy / 'eri / *adj* ۱. خوش‌هوا، هواگیر ۲. دلباز، باروح ۳. تصنعی، ساختگی

aisle / âyl / *n* راهرو

ajar / e'jâr / *adv* نیمه‌باز، پیش

akin / e'kin / *adj* خویشاوند

alarm / e'lârm / *n,vt* ۱. آژیر، زنگ خطر ۲. اعلام خطر، هشدار ۳. ساعت زنگ‌دار ۴. دلهره، ترس، هول ◘ ۵. ترساندن، متوحش ساختن، مضطرب کردن ۶. از خطر (چیزی) آگاهانیدن

all over ۱. همه جا، همه جای، سرتاسر ۲. پایان یافته، تمام

all right ۱. بسیار خوب، خوب ۲. سالم، صحیح و سالم، تندرست

all that [در جمله‌های منفی] چندان هم

all the same با این همه، با این وجود، همچنان

all together ۱. همه با هم ۲. برروی‌هم

at all ابداً، به هیچ وجه، اصلاً

for all به‌رغم، با وجود

not at all ۱. اصلاً، به هیچ وجه ۲. قابلی نداره، خواهش می‌کنم

alley /'ali/ *n* ۱. کوچه، کوی ۲. راه

blind alley کوچهٔ بن‌بست

alliance /e'lâyens/ *n* ۱. اتحاد، اتفاق ۲. پیمان ۳. اتحادیه ۴. پیوند

alligator /'aligeyter/ *n* آلیگاتور (= جانوری شبیه به تمساح)

allotment /a'lâtment/ *n* تقسیم

allow /e'lao/ *vt,vi* ۱. اجازه دادن ۲. مجاز دانستن ۳. تصدیق کردن

allow for در نظر گرفتن، منظور کردن

allowance /e'lao-ens/ *n* ۱. پولِ، هزینهٔ، خرج ۲. کمک‌هزینه، حقِ ۳. مقرری، مستمری ۴. تخفیف

make allowance for منظور کردن، در نظر گرفتن

alloy /'aloy/ *n* آلیاژ

allude /a'lood/ *vi* اشاره کردن

alas /a'las/ *intj* ۱. افسوس، دریغ، حیف ۲. آه، آوخ

album /'albem/ *n* ۱. آلبوم ۲. صفحهٔ سی و سه دور

alcohol /'alkohâl/ *n* ۱. الکل ۲. مشروب (الکلی)

ale /eyl/ *n* اِیْل (= نوعی آبجوی قوی)

alert /e'lert/ *adj,n,vt* ۱. گوش‌بزنگ ۲. آگاه، باخبر ◙ ۳. آماده‌باش ۴. آژیر، اعلام خطر ◙ ۵. هشدار دادن

on the alert مواظب، گوش بزنگ

alibi /'alibây/ *n* ۱. (ارائهٔ) ادله و شواهد ۲. عذر، بهانه

alien /'eyliyen/ *n,adj* ۱. خارجی، بیگانه، غریبه ۲. متفاوت، مخالف

alight[1] /e'lâyt/ *adj* ۱. شعله‌ور، مشتعل ۲. روشن، درخشان، براق

alight[2] /e'lâyt/ *vi* ۱. [پرنده] نشستن ۲. پیاده شدن، پایین آمدن

alike /e'lâyk/ *adj,adv* ۱. شبیه، مثل هم، همانند ◙ ۲. یک جور

alive /e'lâyv/ *adj* ۱. زنده ۲. سرحال، سرزنده، فعال

all /ol/ *adj,adv,pron* ۱. همه، همهٔ ۲. هر ۳. هر گونه ۴. هرچه، آنچه، تمامِ آنچه ۵. همه نوع ۶. هر یک از ۷. کاملاً، یکسره ۸. کل، مجموع

all along همیشه، در تمام مدت

all in کلاً، جمعاً

all out با تمام نیرو

allure /a'lur/ *vt,n* ۱. وسوسه کردن، اغوا کردن، به هوس انداختن ◙ ۲. جذبه، جاذبه، گیرایی، کشش
ally[1] /'alây/ *n* متحد، هم‌پیمان
ally[2] /a'lây/ *vt,vi* ۱. متحد کردن ۲. دست‌به‌یکی کردن با، همدست شدن با ◙ ۳. متحد شدن، هم‌پیمان شدن
almighty /ol'mâyti/ *adj* [معمولاً صفت خداوند] قادر مطلق
almond /'âmend/ *n* بادام
almost /'olmost/ *adv* تقریباً
alms /âmz/ *n* صدقه، خیرات
alone /e'lon/ *adj,adv* ۱. تنها ۲. تک و تنها ۳. به تنهایی ۴. فقط
along /e'lâng/ *adv,prep* ۱. پیش، جلو، رو به جلو ۲. سرتاسرِ ۳. با
alongside /elâng'sâyd/ *prep,adv* پهلویِ، کنارِ، در کنار، به موازاتِ
aloof /e'loof/ *adv,adj* ۱. (به) دور، (به) کنار ۲. گوشه گیر، درونگرا، سرد، نجوش
aloud /e'laod/ *adv* با صدای بلند
alphabet /'alfabet/ *n* الفبا
alphabetical /alfa'betikâl/ *adj* الفبایی، به ترتیب الفبا
already /ol'redi/ *adv* ۱. تاحالا ۲. فعلاً ۳. به این زودی ۴. قبلاً
also /'olso/ *adv* هم، همچنین، نیز
altar /'olter/ *n* ۱. محراب ۲. قربانگاه
alter /'olter/ *vt,vi* ۱. تغییر دادن، اصلاح کردن ۲. عوض کردن ۳. [لباس] تنگ یا گشاد کردن ◙ ۴. تغییر کردن، عوض شدن
alteration /olte'reyshen/ *n* ۱. تغییر ۲. اصلاح، تعمیر
alternative /ol'ternetiv/ *adj,n* ۱. متناوب، تناوبی ۲. دو شقی ۳. دیگر ۴. متفاوت ◙ ۵. جایگزین ۶. انتخاب، امکان ۷. شق (دیگر)
although /ol'dho/ *conj* گرچه، اگرچه، هرچند که، با این‌که، با وجود این‌که، به‌رغم این‌که
altitude /'altityood/ *n* ارتفاع
altogether /oltu'gedher/ *adv* ۱. روی هم رفته ۲. در مجموع، جمعاً ۳. کاملاً، به‌کلی
aluminium /alyu'miniyem/ *n, adj* ۱. آلومینیم ◙ ۲. آلومینیمی
always /'olweyz/ *adv* ۱. همیشه، همواره، بدون استثنا ۲. دائماً، مدام ۳. برای همیشه، تا ابد، تا آخر عمر
am /am/ *v* هستم (= صیغهٔ اول شخص مفرد، زمان حال از فعل to be «بودن»)
a.m.[1] /ey 'em/ *adv* صبح، پیش از ظهر (= از نیمه‌شب تا ظهر)
A.M.[2] /ey 'em/ = a.m.[1]
amateur /'amater/ *n* (آدم) غیرحرفه‌ای، آماتور
amaze /e'meyz/ *vt* به حیرت انداختن، بهت‌زده کردن

amazement /e'meyzment/ *n*
ناباوری، حیرت، تعجب، کمال تعجب

ambassador /am'basader/ *n*
سفیر، سفیرکبیر

amber /'amber/ *n,adj* ۱. کهربا
۲. رنگ زرد کهربایی ◙ ۳. کهربایی

ambition /am'bishen/ *n*
۱. بلندپروازی ۲. جاه‌طلبی ۳. آرزو

ambitious /am'bishes/ *adj*
۱. بلندپرواز ۲. جاه‌طلب ۳. جاه‌طلبانه

ambulance /'ambyulens/ *n*
آمبولانس

ambush /'ambush/ *n,vt* ۱. کمین
۲. کمینگاه ۳. حملهٔ غافلگیرانه ◙ ۴. غافلگیر کردن

America /e'merikâ/ *n* امریکا

American /e'meriken/ *adj,n*
۱. امریکایی، [مربوط به] امریکا ◙ ۲. اهل‌امریکا، امریکایی

ammunition /amyu'nishen/ *n*
۱. مهمّات ۲. دستاویز، گزک

among /e'mâng/ *prep*
۱. (در) میانِ، (در) بینِ، نزدِ ۲. یکی از ۳. از جملهٔ ۴. لای، لا به لای

amongst /e'mângst/ = among

amount /e'maont/ *n* ۱. جمع، کل ۲. مبلغ، مبالغ ۳. مقدار، تعداد

ample /'ampel/ *adj* ۱. فراوان، زیاد ۲. کافی، به اندازه ۳. جادار

amplifier /'amplifâyer/ *n*
(دستگاه) تقویت‌کننده، آمپلی‌فایر

amplify /'amplifây/ *vt*
۱. تقویت کردن ۲. وسعت بخشیدن، بزرگ‌تر کردن ۳. شرح و بسط دادن

amputate /'ampyuteyt/ *vt*
[عضو] قطع کردن، بریدن

amuse /a'myooz/ *vt*
۱. سرگرم کردن ۲. خنداندن

be amused at (*or* by)
خوش آمدن از، به خنده افتادن از

amusement /a'myoozment/ *n*
۱. خنده، لبخند ۲. شادی، خوشی ۳. تفریح، سرگرمی ۴. وسیلهٔ تفریح

amusing /a'myoozing/ *adj*
خنده‌دار، خنده‌آور، مضحک، بامزه

an /an/ *indefinite article* ۱. یک
۲. ـ ی (= یای نکره یا وحدت)

anaemia /a'niimiyâ/ *n* کم‌خونی

anaesthetic /anis'thetik/ *n,adj*
۱. داروی بیهوشی ۲. داروی بی‌حسی ◙ ۳. بی‌حس‌کننده، بیهوش‌کننده

analyse /'analâyz/ *vt* ۱. تجزیه کردن ۲. تجزیه و تحلیل کردن، بررسی کردن، کند و کاو کردن در

analysis /e'nalisis/ *n* ۱. تجزیه
۲. تجزیه و تحلیل، بررسی ۳. آنالیز

analyst /'analist/ *n* ۱. تحلیل‌گر
۲. روانکاو

anarchy /'anarki/ *n* ۱. بی‌دولتی، بی‌قانونی ۲. بی‌نظمی، هرج و مرج

anatomy /a'natâmi/ *n*
۱. کالبدشناسی، آناتومی ۲. تشریح

ancestor /'ansester/ *n* جد، نیا

anchor /'anker/ *n, vt, vi* ۱. لنگر ◘ ۲. لنگر انداختن ۳. بستن

cast anchor لنگر انداختن

anchorage /'ankerij/ *n* لنگرگاه

ancient /'eynshent/ *adj*

۱. باستان، باستانی، کهن ۲. قدیمی، عتیقه، از عهد عتیق

and /and,an/ *conj* ۱. وَ ۲. تا ۳. که

and you? شما چطور؟

angel /'eynjel/ *n*

[معنی حقیقی و مجازی] فرشته، مَلَک

anger /'anger/ *n, vt* ۱. خشم، غضب ◘ ۲. خشمگین کردن، عصبانی کردن

angle[1] /'angel/ *n* ۱. زاویه ۲. گوشه

right angle زاویهٔ قائمه

angle[2] /'angel/ *vi*

(با قلاب) ماهی گرفتن

angler /'angler/ *n* ماهی‌گیر

angrily /'angrili/ *adv* با خشم

angry /'angri/ *adj* ۱. خشمگین ۲. حاکی از عصبانیت ۳. [زخم] ملتهب، متورم

anguish /'angwish/ *n* اضطراب، دلهره، تشویش، دلواپسی

animal /'animâl/ *n, adj* ۱. جانور، حیوان ◘ ۲. جانوری، حیوانی

animated cartoon /animeytid kâr'toon/ *n* کارتون، نقاشی متحرک

ankle /'ankel/ *n* مچ پا، قوزک

anniversary /ani'verseri/ *n*

۱. سالگرد، سالروز ۲. مراسم سالگرد

announce /a'naons/ *vt*

۱. اعلام کردن، اطلاع دادن، خبر دادن (از) ۲. علنی کردن ۳. اعلان کردن، آگهی کردن

announcement /a'naonsment/ *n*

۱. اعلان، آگهی ۲. اعلام ۳. خبر

announcer /a'naonser/ *n*

گوینده (رادیو یا تلویزیون)

annoy /a'noy/ *vt* ناراحت کردن، اذیت کردن، دلخور کردن، رنجاندن، عصبانی کردن، کفری کردن

annoyance /a'noyens/ *n* ناراحتی، عصبانیت، دلخوری، رنجش

annual /'anyuwâl/ *adj* ۱. سالانه، سالیانه، هرساله ۲. یک‌ساله

anonymous /a'nânimes/ *adj*

۱. گمنام، ناشناس ۲. بی‌امضا

anorak /'anorak/ *n* ۱. بادگیر ۲. کاپشن، آنوراک

another /e'nâdher/ *adj, pron*

۱. دیگر، دیگری ۲. یکی دیگر

answer[1] /'ânser/ *n* ۱. پاسخ، جواب ۲. واکنش، عکس‌العمل

answer[2] /'ânser/ *vt, vi*

جواب دادن، پاسخ دادن

answer back زبان‌درازی کردن، جواب دادن

answer the door در را باز کردن

ant /ant/ *n* مورچه

antagonism / an'tagonizem / *n*
ضدیت، دشمنی، خصومت

antagonize / an'tagonâyz/ *vt*
خصومت (کسی را) برانگیختن

Antarctic / an'târktik / *n,adj*
۱. جنوبگان، ناحیهٔ قطب جنوب ◙ ۲. [مربوط به] جنوبگان یا قطب جنوب

antelope / 'antilop / *n* آهو

anthem / 'anthem / *n* سرود

anti-aircraft / anti 'erkrâft / *adj,n*
۱. ضد هوایی ۲. پدافند هوایی

antibiotic / antibây'âtik / *n,adj*
آنتی‌بیوتیک، پادزیست

anticipate / an'tisipeyt / *vt, vi*
۱. پیش‌بینی کردن، حدس زدن ۲. پیش‌خور کردن ۳. جلو افتادن

anticipation / antisi'peyshen / *n*
۱. پیش‌بینی ۲. پیش‌دستی

antidote / 'antidot / *n* پادزهر

antifreeze / 'antifriiz / *n* ضدیخ

antique / an'tiik / *adj,n* ۱. باستانی ۲. قدیمی ◙ ۳. عتیقه

antiseptic / anti'septik / *adj,n*
۱. (مادهٔ) ضدعفونی‌کننده، گندزدا، پلشت‌بر ۲. [مربوط به] گندزدایی

anxiety / ang'zâyeti / *n* ۱. اضطراب ۲. نگرانی، تشویش، دلواپسی، دلشوره

anxious / 'ankshes / *adj* ۱. نگران، دلواپس، مضطرب ۲. نگران‌کننده، دلهره‌آور ۳. مشتاق، علاقه‌مند

anxiously / 'ankshesli / *adv*
با نگرانی، با تشویش، مضطربانه

any / 'eni / *adj,adv,pron* ۱. هیچ، اصلاً ۲. هیچ‌گونه ۳. هیچ‌کس، هیچ یک ۴. هر ۵. هر یک ۶. دیگر ۷. -ی

anybody / 'enibâdi / *pron* ۱. کسی ۲. هیچ‌کس ۳. هر کس، هرکسی

anyhow / 'enihao / *adv,adj*
۱. به هر حال، در هرصورت، به هر تقدیر، باری ◙ ۲. بدون هیچ نظمی، درهم برهم، ریخته پاشیده

anyone / 'eniwân / *pron* ۱. کسی ۲. هیچ‌کس ۳. هر کس، هرکسی

anything / 'enithing / *pron*
۱. چیزی ۲. هر چیز، هر چیزی، هرچه ۳. هیچ چیز ۴. هر کاری ۵. هیچ کار

anyway / 'eniwey / *adv*
۱. به هر حال، در هرصورت ۲. با این همه، با وجود این ۳. خوب

anywhere / 'eniwer / *adv*
۱. جایی، جایِ ۲. هر جا، هر کجا ۳. یک‌جایی

apart / e'pârt / *adv,adj*
۱. جدا از هم، دور از هم، با فاصله ۲. در فاصلهٔ ... از یکدیگر ۳. جدا، دور

apart from قطع نظر از، صرف نظر از، بدون توجه به

apartment / e'pârtment / *n*
۱. آپارتمان ۲. اتاق
ape / eyp / *n* میمون انسان‌نما
apologetic / epâlo'jetik / *adj*
۱. پوزش‌خواهانه ۲. متأسف
apologetically / epâlo'jetikli / *adv*
با عذرخواهی، پوزش‌طلبانه
apologize / e'pâlojâyz / *vi*
پوزش خواستن، عذرخواهی کردن
apology / e'pâloji / *n* عذرخواهی
apostle / e'pâsel / *n* ۱. حواری
۲. مُبَلِّغ
apostrophe / e'pâstrofi / *n*
آپوستروف
appalling / e'poling / *adj*
۱. وحشتناک، اسفناک ۲. افتضاح
apparatus / apa'reytes / *n*
۱. دستگاه ۲. ابزار، وسایل، لوازم
apparent / e'parent / *adj*
۱. آشکار، واضح، معلوم، پیدا ۲. ظاهری
apparently / e'parentli / *adv*
۱. ظاهراً، در ظاهر ۲. از قرار معلوم
appeal[1] / e'piil / *vi* ۱. تقاضا کردن، التماس کردن ۲. متوسل شدن (به) ۳. داوری خواستن (از) ۴. جالب بودن، جلب توجه کردن
appeal[2] / e'piil / *n* ۱. تقاضا، خواهش ۲. توسل ۳. کشش، گیرایی
appear / e'piyer / *vi* ۱. آشکار شدن ۲. به نظر آمدن، به نظر رسیدن

appearance / e'piyerens / *n*
۱. ظهور، پیدایش ۲. ظاهر، جلوه
appease / e'piiz / *vt* ۱. آرام کردن، فرونشاندن ۲. تسکین دادن
appendicitis / apendi'sâytis / *n*
آپاندیسیت، التهاب زائدهٔ رودهٔ کور
appendix / a'pendiks / *n* پیوست
appetite / 'apitâyt / *n* اشتها، میل
appetizing / 'apitâyzing / *adj*
اشتهاآور
applaud / e'plod / *vi, vt*
۱. کف زدن، تشویق کردن ۲. تحسین کردن
applause / e'ploz / *n* کف زدن، تشویق، تحسین
apple / 'apel / *n* ۱. سیب
۲. درخت سیب
apple pie [شیرینی] پای سیب
apple-tree درخت سیب
appliance / e'plâyens / *n* اسباب، وسیله، ابزار، دستگاه
applicant / 'aplikent / *n* متقاضی
application / apli'keyshen / *n*
۱. درخواست ۲. تقاضانامه
apply / a'plây / *vi*، درخواست کردن، درخواست دادن، تقاضاکردن
appoint / e'poynt / *vt* ۱. منصوب کردن ۲. انتخاب کردن ۳. مأمور کردن ۴. تعیین کردن، اختصاص دادن
appointment / e'poyntment / *n*
۱. قرار (ملاقات) ۲. شغل ۳. انتصاب

approximately / a'prâksimitli / *adv*
تقریباً، حدوداً، در حدودِ

apricot / 'eyprikât / *n* ۱. زردآلو
۲. درخت زردآلو

April / 'eypril / *n* آوریل
(= ماه چهارم سال فرنگی)

apron / 'eypren / *n* پیش‌بند

apt / apt / *adj* ۱. مناسب، بجا، به‌موقع ۲. مستعد، قابل ۳. بااستعداد، تیزهوش

aptitude / 'aptityood / *n* ۱. استعداد
۲. توانایی، قابلیت ۳. ذوق

aquarium / e'kweriyem / *n*
آکواریوم، آبزیدان

aquatic / e'kwatik / *adj* ۱. آبزی
۲. آبی

aqueduct / 'akwidâkt / *n*
۱. آباره (آب‌آره)، آب‌بر ۲. مجرا

Arab / 'arab / *n,adj* ۱. عرب، تازی
۲. اسب تازی ◘ ۳. عربی

Arabian / e'reybiyen / *adj,n*
۱. عربی ۲. [مربوط به] عرب یا عربستان ◘ ۳. عرب ۴. اهل عربستان

Arabic / 'arabik / *adj,n* ۱. عربی
۲. [مربوط به] عرب یا اعراب ◘ ۳. زبان عربی، عربی

arbitrary / 'ârbitreri / *adj*
۱. اختیاری ۲. مستبدانه ۳. مستبد

arbitrate / 'ârbitreyt / *vt, vi*
حکمیت کردن، داوری کردن

arc / ârk / *n* قوس، کمان

make an appointment with
با کسی قرار (ملاقات) گذاشتن

appreciate / e'priishiyeyt / *vt*
۱. قدر (چیزی را) دانستن، به ارزش (چیزی) پی بردن ۲. قدردانی کردن

appreciation / epriishi'yeyshen / *n* ۱. قدردانی، سپاسگزاری
۲. ارزیابی

apprehensive / apri'hensiv / *adj*
نگران، دلواپس، بیمناک

apprentice / a'prentis / *n, vt*
۱. شاگرد، کارآموز ◘ ۲. به شاگردی گذاشتن (نزد)

approach / e'proch / *vt, vi,n*
۱. نزدیک شدن، نزدیک آمدن ۲. نزدیک شدن به ◘ ۳. روش ۴. دید ۵. راهِ ورود ۶. نزدیک شدن، نزدیکی

appropriate[1] / a'propri-it / *adj*
۱. مناسب، متناسب، درخور ۲. مربوط

appropriate[2] / a'propriyeyt / *vt*
۱. تصرف کردن، از آن خود کردن
۲. اختصاص دادن، تخصیص دادن

appropriately / a'propri-itli / *adv*
به نحوی شایسته

approval / a'proovâl / *n* ۱. تأیید، رضایت، موافقت ۲. تصویب ۳. پسند

approve / a'proov / *vt* ۱. پذیرفتن
۲. تأئید کردن ۳. پسندیدن

approximate / a'prâksimit / *adj*
تقریبی، نزدیک به

arch /ârch/ *n, vt, vi* ۱. تاق، تاق‌نما ۲. قوس، هلال ۳. قوس کف پا ◙ ۴. قوس دادن، خم کردن ◙ ۵. خم شدن

archaeology /ârki'yâlâji/ *n* باستان‌شناسی

archbishop /ârch'bishâp/ *n* اُسقف اعظم، سراسقف

archery /'ârcheri/ *n* تیراندازی

architect /'ârkitekt/ *n* معمار

architecture /'ârkitekcher/ *n* ۱. معماری ۲. سبک معماری ۳. بنا

are /âr/ *v* ۱. هستیم ۲. هستید ۳. هستند

area /'eryâ/ *n* ۱. منطقه، ناحیه ۲. بخش ۳. محل ۴. حیاط خلوت

aren't /ârnt,'ârent/ = are not

argue /'ârgyoo/ *vi, vt* ۱. جر و بحث کردن ۲. دلیل آوردن ۳. مباحثه کردن ◙ ۴. متقاعد کردن

argument /'ârgyument/ *n* ۱. مشاجره ۲. بحث، گفتگو ۳. دلیل

arid /'arid/ *adj* ۱. خشک، بایر ۲. بی‌حاصل، بی‌ثمر، بیهوده

arise /e'râyz/ *vi* ۱. اتفاق افتادن، پیش آمدن ۲. ظاهر شدن ۳. ناشی شدن از ۴. برخاستن، بلند شدن

arisen /e'rizen/ *pp* اسم مفعول فعل arise

aristocracy /aris'tâkresi/ *n* ۱. حکومت اشراف ۲. (طبقهٔ) اشراف

aristocrat /'aristokrat/ *n* اشراف‌زاده، اعیان‌زاده

aristocratic /aristo'kratik/ *adj* اشرافی، اعیانی، [مربوط به طبقهٔ] اشراف

arithmetic[1] /a'rithmetik/ *n* ۱. (علم) حساب ۲. محاسبه ۳. جمع

arithmetic[2] /arith'metik/ *adj* ۱. [مربوط به] حساب، حسابی ۲. عددی

arithmetical /arith'metikâl/ = arithmetic[2]

arm[1] /ârm/ *n* ۱. دست (از شانه تا مچ) ۲. بازو ۳. دسته ۴. اسلحه، سلاح

arm in arm دست در دست

arm[2] /ârm/ *vt, vi* ۱. مسلح کردن ۲. مجهز کردن ◙ ۳. مسلح شدن

armada /âr'mâdâ/ *n* ناوگان

armchair /'ârmcher/ *n* ۱. صندلیِ دسته‌دار ۲. مبل

Armenian /âr'miiniyen/ *adj, n* ۱. ارمنی ◙ ۲. زبان ارمنی ۳. اهلِ ارمنستان، ارمنی

armistice /'ârmistis/ *n* آتش‌بس موقت، ترک مخاصمه

armour /'ârmer/ *n* ۱. زره ۲. پوششِ زرهی ۳. نیروی زرهی

arms /ârmz/ *n* ۱. اسلحه ۲. آرم

army /'ârmi/ *n* ۱. ارتش، نیرویِ زمینی ۲. جمعیت، گروه ۳. خیل

arose /e'roz/ *p* گذشتهٔ فعل arise

art / ârt / *n,adj* ۱. هنر ۲. مهارت، استادی ۳. [به صورت جمع] ادبیات و علوم انسانی ◘ ۴. هنری

artery / 'ârteri / *n* سرخرگ، شریان

artful / 'ârtful / *adj* حیله گر، مکار

arthritic / âr'thritik / *adj,n* (بیمار) مبتلا به آرتریت یا التهاب مفصل

article / 'ârtikel / *n* ۱. کالا، شیء ۲. [به صورت جمع] لوازم ۳. مقاله ۴. ماده، بند ۵. حرف تعریف

artificial / ârti'fishâl / *adj* ۱. مصنوعی، ساختگی ۲. غیرطبیعی

artificially / ârti'fishâli / *adv* به‌طور مصنوعی، به‌طور ساختگی

artillery / âr'tileri / *n* توپخانه، توپ

artist / 'ârtist / *n* ۱. نقاش ۲. هنرمند

artistic / âr'tistik / *adj* ۱. هنری ۲. هنرمندانه ۳. هنرشناس، اهل هنر

as / az / *adv,conj,prep* ۱. همان‌قدر ۲. وقتی که ۳. چون، زیرا ۴. مانندِ، مثلِ، از قبیلِ ۵. چنان‌که ۶. اگرچه، هر چند ۷. به عنوانِ ۸. هر چه

as for (امّا) راجع به

as from [زمان] از

as to (امّا) دربارهٔ، در باب

It is as good as the others.

این هم به خوبی بقیه است.

ascend / e'send / *vt, vi* ۱. بالا رفتن، بالا رفتن از، صعود کردن ۲. بالا آمدن ۳. رسیدن به، رفتن به

around / e'raond / *adv,prep* ۱. اطراف، به اطراف ۲. این طرف و آن طرف ۳. هر طرف، به هر طرف ۴. همین نزدیکی‌ها ۵. دورِ، دور تا دورِ ۶. در حدودِ، تقریباً ۷. محیط، دور

arouse / e'raoz / *vt* ۱. برانگیختن ۲. تحریک کردن ۳. بیدار کردن

arrange / a'reynj / *vt,vi* ۱. مرتب کردن، منظم کردن ۲. تدارک دیدن ۳. قرار گذاشتن ۴. حل و فصل کردن ۵. [موسیقی] تنظیم کردن

arrangement / a'reynjment / *n* ۱. مرتب کردن، چیدن، آرایش ۲. نظم، ترتیب ۳. تدارک ۴. قرار

arrest / a'rest / *vt,n* ۱. دستگیر کردن، بازداشت کردن ۲. متوقف کردن، جلوی (چیزی را) گرفتن، مانع شدن ◘ ۳. دستگیری، بازداشت، توقیف

arrival / e'râyvâl / *n* ۱. رسیدن، آمدن، ورود ۲. از راه رسیده ۳. تولد ۴. بچه، نوزاد، نورسیده

arrive / e'râyv / *vi* ۱. رسیدن (به)، وارد شدن ۲. فرارسیدن ۳. آمدن ۴. به دنیا آمدن، متولد شدن

arrogant / 'arogent / *adj* ۱. متکبر، پُرافاده، خودپسند ۲. تکبرآمیز

arrow / 'aro / *n* ۱. تیر ۲. فلش (←)

arson / 'ârsen / *n* آتش زدن

ascent /e'sent/ *n* ۱. بالا رفتن، صعود ۲. ترقی، پیشرفت ۳. سربالایی

ash /ash/ *n* خاکستر

ashamed /e'sheymd/ *adj* شرمنده

ashore /e'shor/ *adv* به ساحل، تا ساحل، در ساحل

ashtray /'ashtrey/ *n* زیرسیگاری

Asia /'eyshâ/ *n* آسیا

Asian /'eyshen/ *adj,n* آسیایی

aside /e'sâyd/ *adv* کنار، به کنار

ask /âsk/ *vt,vi* ۱. پرسیدن، سؤال کردن ۲. خواستن ۳. توقع داشتن

ask for something چیزی (از کسی) خواستن

ask somebody round کسی را دعوت کردن

asleep /e'sliip/ *adj,adv* ۱. خواب، خوابیده ۲. کرخ، بی‌حس، خواب‌رفته

fall asleep (کسی را) خواب بردن

asparagus /es'parages/ *n* مارچوبه

aspect /'aspekt/ *n* ۱. سیما، چهره ۲. ظاهر، سر و وضع ۳. جنبه، بُعد ۴. نما، منظر ۵. حالت، وضع

aspirin /'asprin/ *n* آسپرین

ass /as/ *n* خر، الاغ

assassin /e'sasin/ *n* آدم‌کش

assassinate /e'sasineyt/ *vt* ترور کردن

assassination /esasi'neyshen/ *n* ترور

assault /e'solt/ *n,vt* ۱. حمله، هجوم، یورش ▣ ۲. حمله کردن

assemble /a'sembel/ *vi,vt* ۱. جمع شدن، گرد هم آمدن ▣ ۲. جمع کردن، گرد هم آوردن ۳. سوار کردن، مونتاژ کردن

assembly /a'sembli/ *n* ۱. مجلس، مجمع ۲. اجتماع، تجمع ۳. جلسه، گردهمایی ۴. سوار کردن، مونتاژ

assert /a'sert/ *vt* ۱. اظهار داشتن، بیان کردن ۲. پافشاری کردن، تأکید کردن ۳. ادعا کردن ۴. نشان دادن

assertion /a'sershen/ *n* ۱. تأکید، پافشاری ۲. اظهار، بیان ۳. ادعا

assess /a'ses/ *vt* ۱. تخمین زدن، برآورد کردن ۲. ارزیابی کردن

assessment /a'sesment/ *n* ۱. برآورد، تخمین ۲. قیمت‌گذاری

asset /'aset/ *n* ۱. امتیاز ۲. دارایی

assignment /e'sâynment/ *n* ۱. وظیفه، کار ۲. مأموریت، شغل

assist /e'sist/ *vt,vi* کمک کردن، یاری کردن، مساعدت کردن

assistant /e'sistent/ *n* ۱. دستیار ۲. معاون ۳. [فروشگاه] فروشنده

association /asosi'yeyshen/ *n* ۱. انجمن، کانون ۲. پیوند، ارتباط، رابطه ۳. همکاری ۴. معاشرت

assorted /a'sortid/ *adj* ۱. مخلوط، متنوع، جورواجور ۲. سواشده، رده‌بندی‌شده ۳. سازگار، جور

assortment / e'sortment / *n*
۱. مجموعه، انواع ۲. رده‌بندی
assume / a'syoom / *vt*
۱. فرض کردن ۲. خیال کردن ۳. به‌عهده گرفتن، به دست گرفتن ۴. تظاهر کردن
assumption / a'sâmpshen / *n*
۱. فرض ۲. گمان، تصور ۳. تظاهر
assurance / a'shurens / *n*
۱. تضمین ۲. اطمینان خاطر ۳. بیمه
assure / a'shur / *vt* ۱. مطمئن کردن ۲. تضمین کردن ۳. بیمه کردن
asterisk / 'asterisk / *n*
(علامت) ستاره (*)
asthma / 'asma / *n* آسم، تنگیِ نفس
astonish / as'tânish / *vt*
متحیر کردن، متعجب کردن
astonishment / as'tânishment / *n*
شگفتی، حیرت، تعجب
astound / as'taond / *vt*
شگفت‌زده کردن، گیج کردن
astray / es'trey / *adv,adj* ۱. بیراهه ۲. منحرف، گمراه ۳. غلط، اشتباه
astrology / as'trâlâji / *n* طالع‌بینی
astronaut / 'astrânot / *n* فضانورد
astronomer / as'trânomer / *n*
اخترشناس، ستاره‌شناس، منجم
astronomy / as'trânomi / *n*
اخترشناسی، ستاره‌شناسی، نجوم
astute / as'tyoot / *adj* ۱. ناقلا، زرنگ، زبل ۲. زیرکانه، هوشمندانه
asylum / a'sâylem / *n* ۱. پناهگاه ۲. پناهندگی (سیاسی) ۳. تیمارستان
at / at / *prep* ۱. در ۲. به ۳. از ۴. با ۵. توی ۶. دَم ۷. پشتِ ۸. در حالِ ۹. وقتِ ۱۰. به‌خاطرِ، به سببِ ۱۱. به سوی، به طرفِ، طرفِ
at home در خانه
She's not at home.
او (در) خانه نیست.
at six o'clock ساعت شش
I usually get home at six o'clock.
من معمولاً ساعت شش به خانه می‌آیم.
ate / eyt,et / *p* گذشتهٔ فعل eat
atheist / 'eythi-ist / *n* مُلحِد
athlete / 'athliit / *n* ورزشکار، قهرمان
athletic / ath'letik / *adj* ۱. ورزشی، قهرمانی ۲. نیرومند ۳. خوش‌هیکل
athletics / ath'letiks / *n* ۱. ورزش ۲. بازی‌های ورزشی ۳. دو و میدانی
atlas / 'atlas / *n* اطلس
atmosphere / 'atmosfiyer / *n*
۱. جوّ ۲. هوا ۳. حال و هوا، فضا
atmospheric / atmos'ferik / *adj*
۱. جوّی، [مربوط به] جو ۲. رمانتیک
atom / 'atem / *n* ۱. اتم ۲. ذره، خرده
atomic / a'tâmik / *adj* اتمی، هسته‌ای
attach / e'tach / *vt,vi* ۱. چسباندن

۲. پیوستن ۳. وصل کردن، بستن ۴. خود را چسباندن (به) ۵. قائل شدن ۶. وابسته کردن ◙ ۷. چسبیدن به

attachment /e'tachment/ *n* ۱. الحاق ۲. محبت ۳. ضمیمه

attack /e'tak/ *n, vt* ۱. حمله ◙ ۲. حمله کردن ۳. (به تدریج) فرسودن، از بین بردن ۴. مبتلا کردن

attain /e'teyn/ *vt, vi* ۱. رسیدن، دست یافتن به ۲. به دست آوردن

attempt /a'tempt/ *vt,n* ۱. کوشیدن ۲. مبادرت کردن ◙ ۳. کوشش، تلاش ۴. مبادرت، اقدام

attempt on somebody's life سوءِ قصد (به جان کسی)

attend /a'tend/ *vt, vi* حضور یافتن، شرکت کردن در، رفتن به

attend to ۱. توجه کردن، دقت کردن ۲. مراقبت کردن از

attend upon ۱. خدمت کردن ۲. پرستاری کردن، مراقبت کردن

attendance /a'tendens/ *n* ۱. حضور ۲. مراقبت ۳. خدمت

attendant /a'tendent/ *n* ۱. مأمور ۲. مستخدم، خدمتکار

attention /a'tenshen/ *n* ۱. توجه، دقت ۲. مراقبت ۳. لطف

pay attention to ۱. گوش دادن ۲. اعتنا کردن، توجه کردن

stand at (*or* to) attention به حال خبردار ایستادن

attentive /a'tentiv/ *adj* ۱. دقیق، با دقت ۲. متوجه، مراقب، مواظب

attentively /a'tentivli/ *adv* با دقت

attic /'atik/ *n* اتاق زیر شیروانی

attitude /'atityood/ *n* ۱. نگرش، نظر ۲. طرز برخورد، رفتار ۳. حالت

attract /a'trakt/ *vt* ۱. جذب کردن، به‌سوی خود کشیدن ۲. جلب کردن

attraction /a'trakshen/ *n* ۱. جذبه، کشش، گیرایی ۲. جاذبه

attractive /a'traktiv/ *adj* ۱. جذاب، زیبا ۲. جالب، جالبِ توجه ۳. وسوسه‌انگیز

auburn /'obern/ *adj* خرمایی

auction /'okshen/ *n,vt* ۱. حراج، مزایده ◙ ۲. حراج کردن، به مزایده گذاشتن

auctioneer /okshe'niir/ *n* حراج‌گر

audience /'odiyens/ *n* ۱. حضار ۲. شنوندگان، بینندگان، خوانندگان

audible /'odibel/ *adj* قابل شنیدن

audition /o'dishen/ *n* شنوایی

august /o'gâst/ *adj* ۱. شکوهمند، باعظمت ۲. والامقام، عظیم‌الشأن

August /'ogest/ *n* اوت (= هشتمین ماه سالِ فرنگی)

aunt /ânt/ *n* ۱. خاله ۲. عمه ۳. زن‌عمو ۴. زن‌دایی

autumnal /o'tâmnâl/ *adj* پاییزی

auxiliary /og'zilyeri/ *adj,n* ۱. امدادی، کمکی ◙ ۲. فعل کمکی

available /e'veylebel/ *adj* ۱. موجود ۲. در دسترس ۳. حاضر

avalanche /'avalânsh/ *n* ۱. بهمن ۲. [مجازی] سیل، انبوه

avenge /a'venj/ *vt* انتقام (چیزی یا کسی را) گرفتن، تلافی (چیزی را) درآوردن

avenue /'avenyoo/ *n* ۱. خیابان ۲. راه، طریق

average /'averij/ *n,adj,vt* ۱. میانگین، معدل ۲. حد متوسط، حدِ معمول ◙ ۳. متوسط ۴. معمولی ◙ ۵. میانگین (چیزی را) به دست آوردن

aversion /a'vershen/ *n* تنفر

aviation /eyvi'yeyshen/ *n* ۱. هوانوردی ۲. هوانیروز

avoid /a'voyd/ *vt* ۱. دوری کردن، اجتناب کردن ۲. خودداری کردن

awake[1] /e'weyk/ *vi,vt* ۱. بیدار شدن ۲. آگاه شدن ◙ ۳. بیدار کردن ۴. آگاه کردن، متوجه کردن

awake[2] /e'weyk/ *adj* ۱. بیدار ۲. هشیار، آگاه، متوجه

keep awake بیدار نگه‌داشتن

stay awake بیدار ماندن

awaken /e'weyken/ *vt,vi* ۱. بیدار کردن ◙ ۲. بیدار شدن

aunty /'ânti/ = aunt

austere /os'tiyer/ *adj* ۱. خشک، جدی، سختگیر ۲. سخت، دشوار

austerity /os'teriti/ *n* ۱. زهد، پرهیزگاری، پارسایی، ریاضت ۲. سختی، دشواری، مشقت

Australia /âs'treyliyâ/ *n* استرالیا

Australian /âs'treyliyen/ *n* استرالیایی، اهل استرالیا

authentic /o'thentik/ *adj* ۱. اصل، اصیل ۲. درست ۳. معتبر

author /'other/ *n* ۱. نویسنده، مؤلف ۲. خالق، مُبدع

authority /o'thâriti/ *n* ۱. قدرت، نفوذ ۲. اختیار، اجازه ۳. حکم ۴. [به صورت جمع] مقامات، دولت

authorize /'othorâyz/ *vt* ۱. اختیار دادن به ۲. تصویب کردن

autobiography /otobây'âgrafi/ *n* زندگی‌نامهٔ شخصی

autograph /'otogrâf/ *n,adj* ۱. امضا ۲. دستخط ◙ ۳. خطی، دست‌نویس

automatic /oto'matik/ *adj* ۱. خودکار، اتوماتیک ۲. غیرارادی

automation /oto'meyshen/ *n* خودکار کردن، ماشینی کردن

automobile /'otomobiil/ *n* ماشین، اتومبیل، خودرو، سواری

autumn /'otem/ *n,adj* ۱. پاییز، خزان ◙ ۲. پاییزی، پاییزه

award / e'word / *vt,n*
۱. اعطا کردن، اهدا کردن، دادن ۲. مقرر داشتن ◙ ۳. جایزه، پاداش ۴. کمک‌هزینهٔ تحصیلی، بورس تحصیلی

aware / e'wer / *adj* باخبر، آگاه

awash / e'wâsh / *adj* ۱. آب‌گرفته، زیر آب رفته ۲. غوطه‌ور در آب ۳. غرقه در

away / e'wey / *adv* ۱. دور، دور از ۲. به فاصلهٔ، در فاصلهٔ ۳. پیوسته، مدام ۴. کم‌کم، به‌تدریج ۵. کنار ۶. خارج، بیرون از ۷. بیرون ۸. جدا

awe / o / *n* ۱. بهت ۲. ترس، خوف

awful / 'oful / *adj* ۱. وحشتناک، ترسناک، فجیع، مخوف ۲. بسیار بد، افتضاح، مزخرف

awfully / 'ofuli / *adv*
۱. خیلی‌خیلی، زیاد، بسیار ۲. کاملاً

awkward / 'okword / *adj*
۱. ناجور، نامناسب، نامساعد ۲. ناشی، دست‌وپاچلفتی ۳. ناراحت‌کننده، آزارنده

awning / 'oning / *n* سایبان، چادر

awoke / e'wok / *p,pp*
گذشتهٔ فعل awake

awoken / e'woken / *pp*
اسم مفعول فعل awake

axe / aks / *n* ۱. تبر ۲. کاهش هزینه

axle / 'aksel / *n* محور (چرخ)، آکسل

azure / 'azher / *adj* (رنگ) نیلگون، آبی آسمانی

B

B,b /bii/ *n* بی
(= دومین حرفِ الفبای انگلیسی)

baby /'beybi/ *n* کودک، طفل، بچه

baby-sitter /'beybi siter/ *n* پرستار بچه، بچه‌نگهدار

bachelor /'bacheler/ *n,adj* ۱. مردِ مجرّد ۲. لیسانسیه ⊡ ۳. مجرّد

back[1] /bak/ *adj,adv* ۱. عقب، پشت ۲. به عقب ۳. قبل، پیش ۴. قبلی

be back برگشتن

back[2] /bak/ *n* ۱. پشت ۲. عقب ۳. ته، آخر ۴. [فوتبال] دفاع

behind someone's back پشت سر کسی، در غیاب کسی

on the back of پشتِ

put one's back into به کاری چسبیدن، پشتِ کاری گذاشتن

back[3] /bak/ *vi,vt* ۱. برگشتن ۲. برگرداندن ۳. پشت‌نویسی کردن

back away عقب‌عقب رفتن

back down (حرفی را) پس گرفتن

back out ۱. عقب‌عقب رفتن ۲. با دنده عقب خارج شدن

backbone /'bakbon/ *n* ستون مهره‌ها، ستون فقرات

backfire /bak'fâyer/ *n* عطسهٔ اگزوز

background /'bakgraond/ *n* زمینه

backing /'baking/ *n* پشتیبانی

backward[1] /'bakword/ *adj* ۱. به عقب ۲. به پشت سر ۳. عقب‌مانده ۴. عقب‌افتاده

backward[2]**(s)** /'bakword(z)/ *adv* ۱. به عقب، رو به عقب ۲. عقب عقب

go backwards and forwards از این‌طرف به آن‌طرف رفتن

bacon /'beyken/ *n* ژامبون، گوشت خوک دودی

bad /bad/ *adj,n* ۱. بد ۲. زشت، ناشایست، ناپسند ۳. غیرکافی، ضعیف ۴. فاسد، گندیده ۵. سخت، شدید ۶. مضرّ ۷. [چک] بی‌محل ⊡ ۸. بدی

bad luck بدشانسی، بداقبالی

go bad فاسد شدن، خراب شدن

go from bad to worse از بد بدتر شدن، خراب‌تر شدن

badge /baj/ *n* ۱. آرم ۲. نشان

badly /'badli/ *adv* بد، بدجوری

be badly off for something
از لحاظ چیزی در مضیقه بودن
badminton /'badminten/ *n*
بدمینتون
badness /'badnis/ *n* بدی
bad-tempered /'temperd bad/ *adj* بدخلق، بداخلاق، عبوس، بدعُنق
baffle /'bafel/ *vt* ۱. گیج کردن ۲. متحیر ساختن ۳. درمانده کردن
bag /bag/ *n* ۱. کیف ۲. ساک ۳. کیسه ۴. پاکت ۵. توبره، خورجین
baggage /'bagij/ *n* بار، باروبنه، وسایل سفر، اثاثیه
bagpipes /'bagpâyps/ *n* نی‌انبان
bail /beyl/ *n* [کریکت] چوبِ کوتاه افقی روی پایه
bait /beyt/ *n* طعمه، چِشته، دانه
bake /beyk/ *vt,vi* ۱. [در تنور یا فر] پختن ۲. پخته شدن ۳. خشکاندن، خشک کردن ۴. خشکیدن
baker /'beyker/ *n* نانوا
bakery /'beykeri/ *n* نانوایی
balance[1] /'balens/ *n* ۱. ترازو ۲. توازن، تعادل ۳. موجودی، مانده
balance[2] /'balens/ *vt,vi* ۱. متعادل نگه‌داشتن ۲. مقایسه کردن ۳. [حساب] تراز کردن
balcony /'balkoni/ *n* بالکن
bald /bold/ *adj* ۱. تاس، کچل ۲. ساده، بی‌لطف

bale[1] /beyl/ *n* عدل، لنگه، بسته
bale[2] /beyl/ *vi*
bale out [هواپیما] با چتر پریدن
ball[1] /bol/ *n* ۱. توپ ۲. گوی ۳. کلاف ۴. گلوله ۵. برآمدگی
ball[2] /bol/ *n* (مجلس) رقص، بال
ballerina /bale'riinâ/ *n* بالرین
ballet /'baley/ *n* ۱. باله ۲. گروه باله
balloon /ba'loon/ *n* ۱. بالون ۲. بادکنک
ballot /'balet/ *n* ۱. برگهٔ رأی‌گیری ۲. رأی‌گیری، رأی‌گیری مخفی
ballot-box /'balet bâks/ *n* صندوق رأی
ballpoint /'bolpoynt/ *n* خودکار
balm /bâm/ *n* ۱. (روغن) بَلَسان ۲. مایهٔ تسلّی، آرامش، مرهم
ban /ban/ *vt,n* ۱. ممنوع کردن، غدغن کردن ◘ ۲. ممنوعیت، منع، نهی
banana /ba'nânâ/ *n* موز
band /band/ *n* ۱. نوار، بند، تسمه ۲. دسته، گروه، باند
bandage /'bandij/ *n,vt* ۱. باند، نوار زخم‌بندی ◘ ۲. باندپیچی کردن
bandit /'bandit/ *n* راهزن، سارق
bang /bang/ *n,vt,vi* ۱. (صدای) دَنگ، شَتَرق ۲. صدای انفجار ◘ ۳. زدن، کوبیدن ۴. دقی زدن، به هم زدن، به هم کوبیدن

bangle /'bangel/ *n* النگو، دستبند

banish /'banish/ *vt* ۱. تبعید کردن ۲. (از ذهن خود) بیرون کردن

banister /'banister/ *n* نرده، تارمی

banjo /'banjo/ *n* بانجو (= نوعی ساز زهی)

bank[1] /bank/ *n,vt* ۱. ساحلِ (رودخانه) ۲. مرز ۳. حاشیه ۴. شیب ▣ ۵. توده کردن

bank[2] /bank/ *n,vt* ۱. بانک ▣ ۲. [پول] در بانک گذاشتن

banker /'banker/ *n* بانکدار

bankrupt /'bankrâpt/ *n,vt* ۱. ورشکسته ▣ ۲. ورشکست کردن

bankruptcy /'bankrâpsi/ *n* ورشکستگی

banner /'baner/ *n* ۱. پلاکارد ۲. پرچم

banquet /'bankwit/ *n* جشن

baptize /bap'tâyz/ *vt* غسل تعمید دادن

bar[1] /bâr/ *n* ۱. میله ۲. قطعه، تکه ۳. شمش ۴. خط ۵. ممنوعیت ۶. راه‌بند ۷. بار، مشروب‌فروشی ۸. کافه

bar[2] /bâr/ *vt* ۱. بستن ۲. غدغن کردن، ممنوع کردن

barbecue /'bârbikyoo/ *n* ۱. کباب‌پز (زغالی) ۲. غذای بریان

barbed wire /bârbd 'wâyer/ *n* سیم خاردار

barber /'bârber/ *n* سلمانی

bare /ber/ *adj* ۱. لخت ۲. خالی

barely /'berli/ *adv* ۱. نه چندان، بسیار کم ۲. به سختی، به زحمت

bargain[1] /'bârgin/ *n,adj* ۱. معامله ۲. توافق، قول و قرار ▣ ۳. ارزان

bargain[2] /'bârgin/ *vi,vt* ۱. مذاکره کردن ۲. چانه زدن

barge /barj/ *n* قایق باری، دوبه

bark[1] /bârk/ *n* پوستِ درخت

bark[2] /bârk/ *n,vi* ۱. پارس، واق‌واق ▣ ۲. پارس کردن، واق‌واق کردن

barley /'bârli/ *n* جو

barn /bârn/ *n* ۱. کاهدان ۲. طویله

barometer /bâ'râmiter/ *n* جوّسنج، فشارسنج

barracks /'bareks/ *n* پادگان

barrel /'barel/ *n* ۱. بشکه ۲. [تفنگ، تپانچه و غیره] لوله

barren /'baren/ *adj* ۱. خشک، بایر، لَم‌یزرع ۲. بی‌بار، بی‌ثمر ۳. نازا

barricade /bari'keyd/ *n* ۱. سنگر ۲. سد، مانع

barrier /'bariyer/ *n* ۱. سد، مانع ۲. حصار، حائل ۳. محل بازرسی

barrister /'barister/ *n* وکیل مدافع

barrow /'baro/ *n* ۱. فرقون ۲. چرخ‌دستی

base[1] /beys/ *n* ۱. قاعده ۲. ته، کف ۳. پایه ۴. مبنا ۵. اساس، شالوده

base[2] /beys/ *vt* ۱. اساس (چیزی) قرار دادن ۲. مستقر کردن
baseball /'beysbol/ *n* بیس‌بال
basement /'beysment/ *n* زیرزمین
bash /bash/ *vt* زدن، کوبیدن
basic /'beysik/ *adj* اصلی، اساسی
basin /'beysin/ *n* ۱. کاسه ۲. لگن
basis /'beysis/ *n* اساس، پایه، مبنا
bask /bâsk/ *vi* ۱. [در آفتاب و غیره] دراز کشیدن ۲. آرمیدن
basket /'bâskit/ *n* سبد، زنبیل
basketball /'baskitbol/ *n* ۱. (بازی) بسکتبال ۲. توپ بسکتبال
bass /beys/ *adj,n* ۱. بَم، باس ◙ ۲. صدای بم ۳. خوانندهٔ باس
bastard /'basterd/ *n,adj* ۱. (بچّه) نامشروع، حرامزاده ۲. لعنتی
bat[1] /bat/ *n* خفّاش
bat[2] /bat/ *n,vi* ۱. چوب، چوگان ۲. راکت (پینگ‌پونگ) ◙ ۳. سِرو زدن
batch /bach/ *n* ۱. دسته، گروه، یک مشت ۲. یک پخت، یک تنور
bath /bâth/ *n,vt,vi* ۱. استحمام ۲. حمام ۳. وان ◙ ۴. حمام کردن
bathe /beydh/ *vi,vt* ۱. آبتنی کردن ◙ ۲. [زخم] شستن
bathroom /'bâthrum/ *n* حمام
batsman /'batsman/ *n* [کریکت] توپ‌زن
battalion /ba'taliyen/ *n* گُردان
batter[1] /'bater/ *n* [بیس‌بال] توپ‌زن
batter[2] /'bater/ *vt,vi* ۱. کوبیدن ۲. خرد کردن، درب و داغون کردن
battery /'bateri/ *n* [اتومبیل، رادیو، چراغ‌قوه و غیره] باتری
battle /'batel/ *n,vi* ۱. نبرد، پیکار، مبارزه ◙ ۲. نبرد کردن ۳. مبارزه کردن
bay /bey/ *n* خلیج
bayonet /beyonit/ *n* سرنیزه
bazaar /ba'zâr/ *n* ۱. [در مشرق‌زمین] بازار ۲. حراج
BC /bii 'sii/ پیش از میلاد
be /bii/ *vi* ۱. بودن ۲. وجود داشتن ۳. شدن ۴. رفتن ۵. آمدن
be on [فیلم] نمایش دادن، نشان دادن
beach /biich/ *n* کنار دریا
beacon /'biiken/ *n* فانوس دریایی
bead /biid/ *n* مهره، منجوق
beak /biik/ *n* منقار، نوک
beam /biim/ *n* ۱. تیر، تیر چوبی ۲. نور، پرتو ۳. خنده، لبخند، تبسم
bean /biin/ *n* ۱. لوبیا ۲. دانه
bear[1] /ber/ *n* خرس
bear[2] /ber/ *vt,vi* ۱. حمل کردن، بردن، آوردن ۲. تحمل کردن، تاب آوردن، طاقت آوردن ۳. حوصلهٔ (کسی را) داشتن ۴. نگه‌داشتن ۵. زاییدن
beard /'biyerd/ *n* ریش
beast /biist/ *n* ۱. حیوان، جانور ۲. چهارپا ۳. آدم حیوان‌صفت

beat[1] /biit/ *vt,vi* ۱. زدن
۲. کتک زدن ۳. کوبیدن ۴. [رکورد] شکستن ۵. غلبه کردن بر، بردن از

beat[2] /biit/ *p* گذشتهٔ فعل beat

beat[3] /biit/ *n,adj* ۱. ضربه
۲. ضربان ۳. ریتم ◻ ۴. خسته، کوفته

beaten /ˈbiiten/ *pp*
اسم مفعول فعل beat

beautiful /ˈbyootiful/ *adj*
۱. خوشگل، زیبا ۲. خوب ۳. دلنشین

beautifully /ˈbyootifuli/ *adv*
۱. عالی، خوب ۲. زیبا، قشنگ

beauty /ˈbyooti/ *n* زیبایی

became /biˈkeym/ *p*
گذشتهٔ فعل become

because /biˈkâz/ *conj* ۱. چون، چونکه، زیرا، برای اینکه ۲. به علتِ

because of به دلیلِ، به علتِ

beckon /ˈbeken/ *vt,vi* اشاره کردن

become[1] /biˈkâm/ *vi,vt* ۱. شدن
۲. اتفاق افتادن ۳. به (کسی) آمدن

become[2] /biˈkâm/ *pp*
اسم مفعول فعل become

becoming /biˈkâming/ *adj*
مناسب، برازنده

bed /bed/ *n* ۱. تختخواب، رختخواب ۲. بستر ۳. کرت، باغچه

get out of bed
از رختخواب بیرون آمدن، پاشدن

go to bed به رختخواب رفتن، خوابیدن

bed-clothes /ˈbed klodhz/ *n*
رواانداز

bedroom /ˈbedrum/ *n* اتاق‌خواب

bedspread /ˈbedspred/ *n* روتختی

bee /bii/ *n* زنبور عسل

beef /biif/ *n* گوشت گاو

beehive /ˈbiihâyv/ *n* کندو

been /biin/ *pp* اسم مفعول فعل be

beer /ˈbiyer/ *n* آبجو

beetle /ˈbiitel/ *n* سوسک

beetroot /ˈbiitroot/ *n* چغندر

before /biˈfor/ *adv,conj* ۱. قبلاً
۲. پیش، قبل ۳. قبل از ۴. قبل از اینکه ۵. جلویِ، در برابرِ، در حضورِ

beforehand /biˈforhand/ *adv*
۱. قبلاً ۲. از پیش، از قبل ۳. زودتر

beg /beg/ *vt,vi* ۱. گدایی کردن
۲. خواهش کردن ۳. التماس کردن

beg off عذرخواستن (از انجام کاری)

began /biˈgan/ *p*
گذشتهٔ فعل begin

beggar /ˈbeger/ *n* گدا

begin /biˈgin/ *vt,vi*
۱. شروع کردن، آغاز کردن ۲. شروع شدن ۳. پیدا شدن

beginner /biˈginer/ *n* مبتدی

beginning /biˈgining/ *n* اول، آغاز

begun /biˈgân/ *pp*
اسم مفعول فعل begin

behalf /biˈhâf/ *n*

in (*or* on) behalf of ۱. از طرفِ، به نمایندگی از طرفِ ۲. به خاطرِ

behave /bi'heyv/ *vi* ۱. رفتار کردن ۲. درست رفتار کردن، مؤدب بودن ۳. کار کردن، عمل کردن

behaviour /bi'heyviyer/ *n* رفتار

beheld /bi'held/ *p,pp* گذشته و اسم مفعول فعل behold

behind[1] /bi'hâynd/ *adv,prep* ۱. عقب، از عقب، به دنبالِ ۲. از پشت ۳. پشتِ ۴. عقب‌تر از

behind[2] /bi'hâynd/ *n* کون، لُمبر

behold /bi'hold/ *vt* نگریستن، نظاره کردن، دیدن

being /'bii-ing/ *n* ۱. هستی، وجود ۲. موجود، شیء ۳. آدم، انسان

belch /belch/ *vi,vt,n* ۱. آروغ زدن ۲. بیرون ریختن ◙ ۳. آروغ

Belgian /'beljen/ *n,adj* ۱. اهل بلژیک ◙ ۲. بلژیکی

Belgium /'beljem/ *n* بلژیک

belief /bi'liif/ *n* ۱. اعتقاد ۲. اطمینان

believe /bi'liiv/ *vt,vi* ۱. باور کردن ۲. اعتقاد داشتن، معتقد بودن

bell /bel/ *n* ۱. زنگ ۲. ناقوس

bellow /'belo/ *vi* ۱. نعره زدن، فریاد کشیدن ۲. [گاو] ماغ کشیدن

belly /'beli/ *n* شکم، دل

belong /bi'lâng/ *vi* ۱. تعلق داشتن ۲. مالِ (کسی) بودن، مالِ (چیزی) بودن

belongings /bi'lângingz/ *n* چیزها، اسباب اثاثیه، لوازم

beloved /bi'lâvid/ *adj,n* ۱. محبوب ◙ ۲. معشوقه، معشوق

below /bi'lo/ *adv,prep* ۱. پایین، پایینِ، زیرِ ۲. پایین‌تر از ۳. در پایینِ ۴. کمتر، کمتر از

belt /belt/ *n* ۱. کمربند ۲. نوار

bench /bench/ *n* ۱. نیمکت ۲. میز کار ۳. قاضی ۴. قضات

bend[1] /bend/ *n* پیچ، خمیدگی

bend[2] /bend/ *vt,vi* ۱. خم کردن، تا کردن ۲. خم شدن ۳. پیچیدن

beneath /bi'niith/ *prep,adv* ۱. زیر، زیرِ، در زیرِ، از زیرِ ۲. زیرِ پا ۳. پایین، پایینِ، پایین‌تر از ۴. از پایین ۵. دونِ شأن

benefit /'benifit/ *n,vt,vi* ۱. سود، بهره، استفاده ◙ ۲. بهره‌مند شدن از

benevolent /bi'nevelent/ *adj* ۱. خیرخواه ۲. نیکوکار ۳. مهربان ۴. خیرخواهانه

bent[1] /bent/ *n* تمایل، گرایش

bent[2] /bent/ *p,pp* گذشته و اسم مفعول فعل bend

berry /'beri/ *n* سِته، میوهٔ توت‌مانند

berth /berth/ *n* ۱. لنگرگاه ۲. کابین خواب، کوپهٔ خواب

beside /bi'sâyd/ *prep* ۱. (در) کنارِ، (در) پهلویِ، پیشِ ۲. به جز، غیر از

so much the better چه خوب، چه بهتر

better[2] /'beter/ *vt,vi* ۱. بهتر کردن، بهبود بخشیدن ◙ ۲. بهتر شدن

between /bi'twiin/ *prep,adv* ۱. بینِ، در بینِ، مابینِ، میانِ ۲. بینِ آنها ۳. جمعاً، شریکی، با هم

beware /bi'wer/ *vi,vt* مواظب بودن

bewilder /bi'wilder/ *vt* ۱. گیج کردن ۲. شگفت‌زده کردن

bewilderment /bi'wilderment/ *n* گیجی، سردرگمی، حیرت

bewitch /bi'wich/ *vt* جادو کردن

beyond /bi'yând/ *adv, prep* ۱. آن طرفِ ۲. بعد از ۳. فراسوی

bias /'bâyes/ *n* ۱. تعصب، پیش‌داوری ۲. تمایل، گرایش

bib /bib/ *n* [بچه] پیش‌بند

Bible /'bâybel/ *n* ۱. کتاب مقدس (= شامل تورات و انجیل) ۲. کتاب آسمانی

bicycle /'bâysikel/ *n* دوچرخه

bid[1] /bid/ *n* ۱. [حراج] پیشنهادِ قیمت ۲. پیشنهاد مناقصه یا مزایده ۳. تلاش، سعی، کوشش

bid[2] /bid/ *vt,vi* ۱. [حراج] پیشنهادِ قیمت دادن ۲. در مناقصه یا مزایده شرکت کردن ۳. [بازی ورق] خواندن ۴. وعده و وعید دادن ۵. سعی کردن، کوشیدن

besides /bi'sâydz/ *adv,prep* ۱. علاوه بر این، از این گذشته، وانگهی ۲. به غیر از، به جز، سوای ۳. نیز، هم

best /best/ *adj,adv,n* ۱. بهترین ۲. بیشترین ۳. بهتر از همه ۴. بیشتر از همه ۵. [در ترکیب] ـ‌ترین ◙ ۶. بهتر ۷. بیشتر ◙ ۸. بهترین چیز

at best حداکثرش، فوقش، در نهایت

do one's best نهایت سعی خود را کردن

bet[1] /bet/ *vi,vt,n* ۱. شرط‌بندی کردن ◙ ۲. شرط بستن با ◙ ۳. شرط‌بندی

bet[2] /bet/ *p,pp* گذشته و اسم مفعول فعل bet

betray /bi'trey/ *vt* ۱. خیانت کردن به ۲. لو دادن

better[1] /'beter/ *adj,adv* ۱. بهتر ۲. بیشتر

better and better باز هم بهتر، هرچه بهتر، بهتر از پیش

get better ۱. بهتر شدن ۲. بهبود یافتن

get the better of غلبه کردن، چیره شدن، از پس کسی یا چیزی برآمدن

had better بهتر است که

like something better چیزی را ترجیح دادن

bid[3] /bid/*p,pp* گذشته و اسم مفعول فعل bid

bidder /'bider/*n* [مناقصه یا مزایده] پیشنهاددهنده

bifocal /bây'fokâl/*adj* دوکانونه

big /big/*adj* ۱. بزرگ، گنده ۲. مهّم ۳. اصلی ۴. وسیع، گسترده

bike /bâyk/*n* دوچرخه، چرخ

biker /'bâyker/*n* ۱. دوچرخه‌سوار ۲. موتورسوار

bikini /bi'kiini/*n* مایوی دوتکه

bill[1] /bil/*n* منقار، نوک

bill[2] /bil/*n* ۱. صورت‌حساب ۲. فاکتور ۳. لایحه ۴. اسکناس

billiards /'bilyardz/*n* بیلیارد

billion /'bilyen/*n* میلیارد، تریلیون

bin /bin/*n* ۱. سطل آشغال ۲. صندوقچه، جعبه ۳. [در ترکیب] جا-

bind /bâynd/*vt,vi* ۱. (به هم) بستن ۲. متعهد کردن، (به هم) پیوند دادن ۳. به هم چسباندن ۴. صحافی کردن

binder /'bâynder/*n* صحاف

binding /'bâynding/*n* ۱. جلد ۲. صحافی ۳. مغزی، لبه

bingo /'bingo/*n* دبلنا، بینگو

biography /bâ'yâgrafi/*n* زندگی‌نامه، شرح حال

biology /bâ'yâlâji/*n* زیست‌شناسی

bird /berd/*n* پرنده، مرغ

birth /berth/*n* ۱. تولد ۲. پیدایش

birthday /'berth-dey/*n* روز تولد

biscuit /'biskit/*n* بیسکویت

bishop /'bishâp/*n* ۱. اُسقف ۲. [شطرنج] فیل

bit[1] /bit/*n* ۱. [اسب] دهنه ۲. سرِ متّه

bit[2] /bit/*n* ۱. تکّه، قطعه ۲. ذرّه، کمی

a bit یک کمی، کمی

bit[3] /bit/*p* گذشتهٔ فعل bite

bite[1] /bâyt/*n* ۱. گاز ۲. لقمه

bite[2] /bâyt/*vt,vi* ۱. گاز گرفتن ۲. گاز زدن ۳. نیش زدن ۴. [ناخن] جویدن ۵. سرما زدن ۶. سوزاندن

bitten /'biten/*pp* اسم مفعول فعل bite

bitter /'biter/*adj* ۱. تلخ ۲. عصبانی ۳. سخت ۴. سوزدار، گزنده

bitterly /'biterli/*adv* سخت، خیلی

bitterness /'biternis/*n* ۱. تلخی ۲. ناخشنودی، دلخوری

black[1] /blak/*adj* ۱. سیاه، مشکی ۲. سیاه‌پوست ۳. تیره ۴. گرفته ۵. تلخ

black[2] /blak/*n* ۱. رنگ سیاه، مشکی ۲. دوده ۳. سیاه‌پوست

black[3] /blak/*vt* ۱. سیاه کردن ۲. واکس سیاه زدن ۳. تحریم کردن

blackberry /'blakberi / *n* تمشک
blackbird /'blakberd / *n* توکای سیاه
blackboard /'blakbord / *n* تخته(سیاه)
blacken /'blaken / *vt, vi* ۱. سیاه کردن ▣ ۲. سیاه شدن
blackmail /'blakmeyl / *n, vt* ۱. حق‌السکوت ۲. تهدید ▣ ۳. حق‌السکوت خواستن ۴. اخاذی کردن
blackness /'blaknis / *n* تاریکی
blackout /'blakaot / *n* ۱. خاموشی (به علت قطع جریان برق یا هنگام جنگ) ۲. فراموشی موقت
Blacks / blaks / *n* سیاه‌پوستان
blade / bleyd / *n* ۱. تیغه ۲. تیغ
blame / bleym / *vt, n* ۱. تقصیر یا گناه را به گردن (کسی) انداختن ۲. سرزنش کردن ▣ ۳. گناه
blameless /'bleymlis / *adj* ۱. بی‌گناه، بی‌تقصیر ۲. پاک، منزه
blank / blank / *adj* ۱. سفید، ننوشته، خالی ۲. [چک] سفید ۳. گیج، گُنگ ۴. بی‌تفاوت، بی‌اعتنا
blanket /'blankit / *n* ۱. پتو ۲. لایه
blast / blâst / *n, vt* ۱. وزش، جریان، جریان هوا ۲. باد ۳. انفجار، موج انفجار ▣ ۴. [سنگ] منفجر کردن ۵. [موشک] پرتاب کردن
blaze[1] / bleyz / *n* ۱. شعله ۲. آتش، آتش‌سوزی، حریق ۳. بحبوحه
blaze[2] / bleyz / *vi* ۱. مشتعل بودن، سوختن ۲. تابیدن، درخشیدن
blazer /'bleyzer / *n* (کُت) بلیزر
bleach / bliich/ *vt, vi* ۱. سفید کردن ۲. سفید شدن ۳. بیرنگ کردن
bleak / bliik / *adj* ۱. افسرده، غمگین، ناامید ۲. لخت، بی‌حفاظ ۳. سرد
bleat / bliit / *n, vi* ۱. بع‌بع ▣ ۲. بع‌بع کردن ۳. غر زدن
bled / bled / *p, pp* گذشته و اسم مفعول فعل bleed
bleed / bliid / *vi, vt* ۱. خون آمدن، خونریزی کردن ▣ ۲. خون گرفتن
blemish /'blemish / *n* عیب، نقص
blend / blend / *vt, vi, n* ۱. مخلوط کردن ▣ ۲. مخلوط شدن ۳. با هم جور بودن ▣ ۴. مخلوط، آمیزه
bless / bles / *vt* ۱. دعا کردن ۲. آرزوی خوشبختی یا سعادت کردن برای ۳. تبرک کردن ۴. با احترام یاد کردن
blessing /'blesing / *n* ۱. دعا ۲. شکر، شکرگزاری ۳. رحمت (الهی) ۴. نعمت، موهبت ۵. حمایت
blew / bloo / *p* گذشته فعل blow
blind[1] / blâynd / *adj* کور، نابینا
blind of one eye یک چشم
blind[2] / blâynd / *vt* کور کردن
blind[3] / blâynd / *n* ۱. پردهٔ کرکره، کرکره ۲. پشت‌دری ۳. بهانه

blindfold /ˈblâyndfold/ *vt,adj, adv* ۱. چشم (کسی را) بستن ▣ ۲. چشم‌بسته، کورکورانه

blindly /ˈblâyndli/ *adv* کورکورانه

blindness /ˈblâyndnis/ *n* ۱. کوری، نابینایی ۲. بی‌خردی

blink /blink/ *vi,vt* ۱. پلک زدن، مژه زدن ۲. چشمک زدن

bliss /blis/ *n* ۱. لذّت ۲. سعادت، نعمت

blissful /ˈblisful/ *adj* لذت‌بخش

blister /ˈblister/ *n,vi* ۱. تاول ▣ ۲. تاول زدن ۳. جوش زدن

blizzard /ˈblizerd/ *n* بوران، کولاک

bloated /ˈblotid/ *adj* بادکرده

block[1] /blâk/ *n* ۱. کُنده (چوب) ۲. تخته‌سنگ ۳. قالب ۴. ساختمان ۵. بلوک ۶. سد، مانع، گرفتگی

block[2] /blâk/ *vt* بستن، مسدود کردن، بند آوردن

blockade /blâˈkeyd/ *n,vt* ۱. محاصره، حصر، ممنوعیت ورود و خروج، محاصرهٔ دریایی ▣ ۲. محاصره کردن، ممنوعیت دریایی برقرار کردن

blond /blând/ *n,adj* (مرد) موبور

blonde /blând/ *n,adj* (زن) بلوند

blood /blâd/ *n* ۱. خون ۲. تبار

bloodshed /ˈblâdshed/ *n* کشت و کشتار، خون و خونریزی

bloodthirsty /ˈblâd-thersti/ *adj* سفاک، خشن، بیرحم

bloody /ˈblâdi/ *adj* ۱. خونین ۲. خونی، خون‌آلود ۳. خون‌بار

bloom /bloom/ *n,vi* ۱. گُل ۲. شکوفایی ▣ ۳. گل دادن ۴. شکفتن ۵. [مجازی] شکوفا شدن

blossom /ˈblâsem/ *n,vi* ۱. شکوفه ▣ ۲. شکوفه دادن ۳. باز شدن، شکفتن ۴. رشد کردن، بالیدن

blot /blât/ *n,vt* ۱. لک، لکّه ۲. لکهٔ جوهر ۳. خدشه، عیب ▣ ۴. لکه انداختن، لک کردن ۵. (با کاغذ خشک‌کن) خشک کردن

blotting-paper /ˈblâting peyper/ *n* کاغذِ خشک‌کن

blouse /blaoz/ *n* ۱. بلوز، بُلیز ۲. روپوش کار (نیم‌تنه)

blow[1] /blo/ *vi,vt* ۱. وزیدن ۲. فوت کردن ۳. [سوت، شیپور و غیره] زدن ۴. [فیوز] سوختن ۵. فین کردن

blow out ۱. [شمع] فوت کردن ۲. [آتش] خاموش کردن ۳. [تایر] ترکیدن

blow up ۱. منفجر کردن، منفجر شدن ۲. [تایر] باد کردن ۳. [عکس] بزرگ کردن

blow[2] /blo/ *n* ضربه

blown /blon/ *pp* اسم مفعول فعل blow

blue /bloo/ *adj,n* ۱. آبی ۲. کبود

۲. جسد ۳. تنه ۴. [اتومبیل] اتاق ۵. هیئت

bodyguard /'bâdigârd/ *n* محافظ (شخصی)

bog /bâg/ *n* باتلاق، لجن‌زار

boggy /'bâgi/ *adj* باتلاقی

bogus /'boges/ *adj* کاذب، جعلی

boil[1] /boyl/ *n* جوش، کورک

boil[2] /boyl/ *vi,vt,n* ۱. جوشیدن ۲. جوشاندن ۳. آب‌پز کردن ◙ ۴. جوش، نقطهٔ جوش

boil over ۱. [شیر] سر رفتن ۲. [آب] لبریز شدن

boiler /'boyler/ *n* ۱. دیگ بخار، بویلر ۲. مخزن آب گرم، تانک

boisterous /'boysteres/ *adj* ۱. شلوغ، شاد و شنگول ۲. گرم

bold /bold/ *adj* ۱. جسور، بی‌باک ۲. پررو، بی‌حیا ۳. مشخص، واضح

boldness /'boldnis/ *n* ۱. جسارت، بی‌باکی ۲. وقاحت

bolster /'bolster/ *n* متکّا

bolt /bolt/ *n,vt* ۱. چفت، قفل ۲. پیچ ◙ ۳. بستن، چفت کردن

bomb /bâm/ *n,vt,vi* ۱. بمب ۲. بمب اتمی ◙ ۳. بمباران کردن

bomber /'bâmer/ *n* ۱. (هواپیمای) بمب‌افکن ۲. بمب‌گذار

bond /bând/ *n* ۱. تعهد، التزام، تضمین ۲. پیوند ۳. اتصال

blues /blooz/ *n* ۱. غم، غصه، افسردگی ۲. بلوز (= موسیقی حزن‌انگیز سیاهان)

bluff /blâf/ *vt,vi,n* ۱. بلوف زدن، خالی بستن ◙ ۲. بلوف، خالی‌بندی

blunt /blânt/ *adj,vt* ۱. کُند ۲. ساده ◙ ۳. کند کردن ۴. از حساسیت انداختن

blush /blâsh/ *vi,n* ۱. سرخ شدن ۲. خجالت کشیدن ◙ ۳. سرخی (چهره)

boar /bor/ *n* خوک نر

board[1] /bord/ *n* ۱. تخته، الوار ۲. تابلو (اعلانات) ۳. تخته‌سیاه ۴. غذا، خوراک ۵. هیئت، هیئت مدیره

go on board سوار (کشتی، قطار، هواپیما) شدن

board[2] /bord/ *vt,vi* ۱. تخته انداختن ۲. سوار شدن ۳. پانسیون کردن ◙ ۴. پانسیون شدن

boarder /'border/ *n* محصل شبانه‌روزی

boast /bost/ *n,vt,vi* ۱. پُز، لاف، ◙ ۲. به خود بالیدن، پُز دادن ۳. به داشتن (چیزی) افتخار کردن

boastful /'bostful/ *adj* ۱. پُزی، چاخان ۲. مغرور، ازخودراضی

boat /bot/ *n* ۱. قایق ۲. کشتی

bob /bâb/ *vi* بالا و پایین رفتن

bodily /'bâdili/ *adj,adv* ۱. بدنی، جسمی ◙ ۲. جسماً ۳. شخصاً

body /'bâdi/ *n* ۱. تن، بدن

bone /bon/ *n,vt* ۱. استخوان ◙ ۲. استخوان (گوشت را) درآوردن

bonfire /'bânfâyer/ *n* آتش، آتش‌بازی، جشن آتش

bonnet /'bânit/ *n* ۱. کلاه بنددار (بچگانه) ۲. [اتومبیل] کاپوت

boo /boo/ *vt,vi* هو کردن

book /buk/ *n,vt* ۱. کتاب ۲. دفتر ۳. دفترچه ۴. دفتر راهنمای تلفن ۵. آلبوم ۶. کتاب مقدس ◙ ۷. رزرو کردن، جا رزرو کردن

booked up [هتل و غیره] پر، تکمیل

bookcase /'bukkeys/ *n* کتابخانه، قفسه

booking office /'buking âfis/ *n* باجهٔ فروش بلیت

booklet /'buklit/ *n* ۱. کتابچه، دفترچه ۲. جزوه، رساله

boom[1] /boom/ *n* صدای بومب

boom[2] /boom/ *n* رونق، شکوفایی

boost /boost/ *vt* ۱. بالا بردن، افزایش دادن، زیاد کردن ۲. تقویت کردن ۳. تعریف کردن از

booster /'booster/ *n* ۱. تقویت‌کننده، بوستر ۲. واکسن یادآوری

boot[1] /boot/ *n* چکمه، نیم‌چکمه

boot[2] /boot/ *n* صندوق‌عقب (اتومبیل)

booth /boodh/ *n* ۱. [نمایشگاه] غرفه ۲. دکّه ۳. باجه، کیوسک ۴. اتاقک

booze /booz/ *n* مشروب، عرق

border /'border/ *n,vt* ۱. لب، لبه، کناره ۲. حاشیه ۳. مرز ◙ ۴. هم‌مرز بودن با، مجاور بودن با

bore[1] /bor/ *vt,vi* ۱. سوراخ کردن ۲. حفر کردن ۳. چاه زدن، نقب زدن ۴. راه خود را باز کردن

bore[2] /bor/ *vt,n* ۱. خسته کردن، کسل کردن ◙ ۲. آدم کسل‌کننده ۳. چیز یا کار ناخوشایند

bore[3] /bor/ *p* گذشته فعل bear

boredom /'bordem/ *n* بی‌حوصلگی، کسالت، دلتنگی

born[1] /born/ *adj* متولد، زاده

be born متولد شدن

born[2] /born/ *pp* اسم مفعول فعل bear

borne /born/ *pp* اسم مفعول فعل bear

borrow /'bâro/ *vt,vi* ۱. قرض گرفتن، قرض کردن، وام گرفتن ۲. امانت گرفتن ۳. گرفتن، اقتباس کردن

boss /bâs/ *n,vt* ۱. رئیس، کارفرما، مافوق ◙ ۲. ریاست کردن ۳. دستور دادن، امر و نهی کردن

bossy /'bâsi/ *adj* ۱. ریاست‌طلب ۲. رئیس‌مآب ۳. مستبد

botanical /bâ'tanikâl/ *adj* گیاه‌شناختی، [مربوط به] گیاه‌شناسی

botany /'bâteni/ *n* گیاه‌شناسی

both /both/ *adj,adv,pron*
۱. هردو، هردوی ۲. هردوتا ۳. هم ... و هم ...

bother /'bâdher/ *vt,vi,intj,n*
۱. اذیت کردن، ناراحت کردن ۲. ایجاد مزاحمت کردن برای ۳. به خود زحمت دادن ⊡ ۴. [جمله‌های تعجبی] آخ! وای! ⊡ ۵. زحمت، دردسر ۶. مزاحم

bottle /'bâtel/ *n* بطری، شیشه

bottom /'bâtem/ *n* ۱. ته ۲. پایین ۳. زیر ۴. انتها، پایان ۵. عمق، کُنه ۶. عقب ۷. بستر، کف ۸. نشیمنگاه

bough /bao/ *n* شاخهٔ کلفت

bought /bot/ *p,pp*
گذشته و اسم مفعول فعل buy

boulder /'bolder/ *n*
گِرداله (=سنگ آب‌سوده)

bounce /baons/ *vi,vt,n*
۱. [توپ] برگشتن ۲. [توپ] به زمین زدن و گرفتن ۳. بالا و پایین پریدن ⊡ ۴. برگشت ۵. جهش

bound[1] /baond/ *vt* محدود کردن

bound[2] /baond/ *vt,n* ۱. پریدن ۲. بالا و پایین پریدن ⊡ ۳. پرش

bound[3] /baond/ *adj* ۱. مسلّم ۲. موظف، مقید ۳. چسبیده، وابسته ۴. علاقه‌مند، دلبسته

bound[4] /baond/ *adj* عازم، رهسپار

bound[5] /baond/ *p,pp*
گذشته و اسم مفعول فعل bind

bound to ۱. مسلم ۲. ملزم

boundary /'baondri/ *n* ۱. مرز ۲. حد، حد و مرز، حدود، محدوده

boundless /'baondlis/ *adj*
بی‌حد و حصر، بی‌پایان، بیکران

bout /baot/ *n* ۱. [بیماری] حمله ۲. دوره، دورهٔ حاد ۳. مسابقهٔ بوکس

bow[1] /bo/ *n* ۱. کمان ۲. آرشه ۳. گرهٔ پروانه‌ای ۴. پاپیون ۵. رنگین کمان

bow[2] /bao/ *vi,vt,n* ۱. تعظیم کردن، خم شدن ۲. خم کردن ⊡ ۳. تعظیم

bowl[1] /bol/ *n* کاسه، پیاله، ظرف

bowl[2] /bol/ *vt*
[توپ در کریکت] پرتاب کردن

bowler /'boler/ *n*
کلاه لگنی

box[1] /bâks/ *n* ۱. جعبه، قوطی ۲. صندوق ۳. اتاقک ۴. [تئاتر] لُژ ۵. صندوق پست ۶. صندوق پستی

box[2] /bâks/ *vt,vi,n* ۱. مشت زدن، بوکس‌بازی کردن ⊡ ۲. سیلی، چَک

boxer /'bâkser/ *n* بوکسور

box-office /'bâks âfis/ *n* ۱. گیشه، باجه ۲. درآمد فروش بلیت، گیشه

boy /boy/ *n* ۱. پسر ۲. پسر بچه

boycott /'boykât/ *vt,n* ۱. تحریم کردن ⊡ ۲. تحریم، بایکوت

boyfriend /'boyfrend/ *n*
۱. دوست‌پسر ۲. معشوق، رفیق

boyhood /'boyhud/ *n* (دوران) کودکی، (ایام) بچگی

bra /brâ/ *n* کرست، سینه‌بند

brace /breys/ *n* بست، بند

bracelet /'breyslit/ *n* ۱. النگو ۲. دستبند ۳. بازوبند

braces /'breysiz/ *n* بند شلوار

bracket /'brakit/ *n* ۱. بازویی، پایهٔ سه‌گوش ۲. قلاب، کروشه ۳. ابرو، آکولاد ۴. کمان، پرانتز

brag /brag/ *vi* نازیدن به، پُز دادن

braid /breyd/ *n* ۱. گیس، بافه ۲. قیطان، یراق، نوار

brain /breyn/ *n* ۱. مغز ۲. مخ ۳. ذهن ۴. عقل، هوش ۵. متفکّر

pick somebody's brain(s) نظر کسی را (دربارهٔ چیزی) جویا شدن، از کسی ایده گرفتن

brake /breyk/ *n, vt, vi* ۱. ترمز ۲. سد، مانع ◙ ۳. ترمز کردن ۴. کند کردن، متوقف کردن

bramble /'brambel/ *n* تمشک جنگلی

bran /bran/ *n* سبوس

branch /brânch/ *n* ۱. شاخه ۲. شعبه ۳. رشته ۴. بخش، قسمت

brand /brand/ *n, vt* ۱. مارک ۲. داغ ۳. برچسب ۴. چوب نیم‌سوز ◙ ۵. داغ زدن ۶. برچسب زدن

brand-new /brand 'nyoo/ *adj* نوی نو، آکبند

brandy /'brandi/ *n* کنیاک

brass /brâs/ *n, adj* ۱. [فلز] برنج ۲. اشیاءِ برنجی ◙ ۳. برنجی

brave /breyv/ *adj, vt* ۱. شجاع، دلیر ۲. بی‌باک ۳. دلیرانه ◙ ۴. با شجاعت استقبال کردن از

bravely /'breyvli/ *adv* شجاعانه

bravery /'breyveri/ *n* ۱. شجاعت، شهامت، دلیری ۲. تهور، بی‌باکی، نترسی ۳. شکوه، شکوهمندی

brawl /brol/ *n* دعوا و مرافعه

Brazil /bre'zil/ *n* برزیل

Brazilian /bre'ziliyen/ *adj, n* ۱. برزیلی ◙ ۲. اهل برزیل

breach /briich/ *n* ۱. نقض ۲. شکاف، اختلاف ۳. رخنه، نفوذ

bread /bred/ *n* ۱. نان ۲. غذا

bread and butter وسیلهٔ امرار معاش، رزق و روزی

breadth /bredth/ *n* عرض، پهنا

break[1] /breyk/ *vt, vi* ۱. شکستن ۲. خرد کردن ۳. خرد شدن ۴. پاره کردن ۵. خراب کردن، از کار انداختن ۶. درهم شکستن

break away جدا شدن از

break down ۱. [اتومبیل] خراب شدن ۲. زیر گریه زدن

break even یر به یر کردن، سر به سر کردن، نه سود بردن و نه زیان کردن

break in به زور وارد (جایی) شدن

out of breath ازنفس‌افتاده، نفس‌نفس‌زنان

breathalyzer /ˈbrethalâyzer/ *n* الکل‌سنج تنفسی

breathe /briidh/ *vi, vt* ۱. نفس کشیدن ۲. (چیزی را) تنفس کردن، استنشاق کردن

breathless /ˈbrethlis/ *adj* ۱. نفس‌نفس‌زنان ۲. ازنفس‌افتاده

breathlessly /ˈbrethlisli/ *adv* نفس‌نفس‌زنان

bred /bred/ *p,pp* گذشته و اسم مفعول فعل breed

breeches /ˈbriichiz/ *n* شلوار سه‌ربعی، شلوار زیرزانو

breed /briid/ *vi, vt, n* ۱. جفت‌گیری کردن، تولیدمثل کردن ◙ ۲. تربیت کردن، بار آوردن ۳. پرورش دادن ◙ ۴. نژاد، نوع

breeze /briiz/ *n* نسیم

breezy /ˈbriizi/ *adj* ۱. خنک ۲. شاد

brew /broo/ *vt, vi* ۱. [قهوه، چای، آبجو] درست کردن ۲. [چای، گیاه دارویی] دَم کردن ۳. دم کشیدن ۴. درگرفتن

brewery /ˈbru-eri/ *n* (کارخانه) آبجوسازی

bribe /brâyb/ *n, vt* ۱. رشوه ◙ ۲. رشوه دادن ۳. تطمیع کردن

brick /brik/ *n* ۱. آجر ۲. خشت

break into ناگهان شروع کردن به

break off کندن، جدا کردن

break open [گاوصندوق، در و غیره] شکستن، به‌زور باز کردن

break out ۱. [آتش، جنگ، توفان] درگرفتن ۲. [بیماری] شیوع پیداکردن، ظاهر شدن

break to pieces خرد کردن، خرد و خمیر کردن

break up ۱. متفرق شدن، پراکنده شدن ۲. [مدرسه] تعطیل شدن

break[2] /breyk/ *n* ۱. شکستگی ۲. ترک، شکاف، رخنه ۳. گسستگی، پارگی ۴. طلوع ۵. وقفه، فاصله ۶. استراحت، تنفس، آنتراکت ۷. زنگ تفریح

have a break زنگ تفریح داشتن، وقت استراحت داشتن

breakable /ˈbreykebel/ *adj* شکستنی

breakage /ˈbreykij/ *n* ۱. (عمل) شکستن ۲. شکستگی

breaker /ˈbreyker/ *n* [موج] شکن

breakfast /ˈbrekfast/ *n, vi* ۱. صبحانه ◙ ۲. صبحانه خوردن

breakwater /ˈbreykwoter/ *n* موج‌شکن

breast /brest/ *n* ۱. پستان ۲. سینه

breaststroke /ˈbreststrok/ *n* شنای قورباغه

breath /breth/ *n* ۱. نفس ۲. نسیم

bricklayer /ˈbrikleyer/ *n* بنّا

bridal /ˈbrâydâl/ *adj*
[مربوط به] عروس یا عروسی

bride /brâyd/ *n* (تازه) عروس

bridegroom /ˈbrâydgrum/ *n*
(تازه) داماد

bridesmaid /ˈbrâydzmeyd/ *n*
ساقدوش

bridge[1] /brij/ *n* ۱. پُل
۲. [دندان‌سازی] پل

bridge[2] /brij/ *n* [بازی ورق] بریج

bridle /ˈbrâydel/ *n* لگام، افسار

brief /briif/ *adj* ۱. کوتاه
۲. مختصر

briefly /briifli/ *adv* به اختصار،
به‌طور خلاصه

briefs /briifs/ *n* شورت

brigade /briˈgeyd/ *n*
۱. [نظامی] تیپ ۲. گروه

bright /brâyt/ *adj* ۱. درخشان
۲. روشن ۳. شاد ۴. باهوش

brighten /ˈbrâyten/ *vi, vt*
۱. شاد شدن ۲. شاد کردن ۳. درخشان کردن ۴. روشن کردن ۵. [هوا] باز شدن، آفتابی شدن

brightly /ˈbrâytli/ *adv*
با درخشندگی

brightness /ˈbrâytnis/ *n*
۱. روشنی ۲. درخشش، درخشندگی

brilliance /ˈbrilyens/ *n*
۱. درخشش ۲. هوش ۳. مهارت

brilliant /ˈbrilyent/ *adj*
۱. درخشان ۲. براق ۳. روشن ۴. باهوش، برجسته ۵. عالی

brim /brim/ *n, vi* ۱. لب، لبه
۲. لبهٔ کلاه ◙ ۳. لبریز بودن، لبریز شدن ۴. سر رفتن

bring /bring/ *vt* ۱. آوردن
۲. موجب شدن ۳. به دنبال آوردن

bring about موجب شدن،
ایجاد کردن

bring back ۱. برگرداندن
۲. به یاد آوردن

bring down ۱. پایین آوردن
۲. از پا در آوردن

bring forward ۱. جلو انداختن
۲. مطرح کردن

bring in ۱. عایدی داشتن
۲. وارد کردن

bring on باعث شدن، سبب شدن

bring out آشکار کردن،
روشن کردن

bring round به هوش آوردن

bring up ۱. تربیت کردن، بزرگ کردن ۲. بالا آوردن، استفراغ کردن

brink /brink/ *n* لب، لبه

brisk /brisk/ *adj* ۱. چابک ۲. تند

bristle /ˈbrisel/ *n, vi* ۱. موی زبر
۲. مو (ی بُرس، مسواک و غیره) ◙ ۳. [مو] سیخ شدن ۴. عصبانی شدن

Britain /ˈbriten/ *n* بریتانیا

British[1] /ˈbritish/ *adj* بریتانیایی

British[2],the /'british/ *n* بریتانیایی‌ها، انگلیسی‌ها
Briton /'briten/ *n* بریتانیایی
brittle /'britel/ *adj* ترد، شکننده
broad /brod/ *adj* ۱. پهن، عریض ۲. [لهجه] غلیظ ۳. مستهجن
broadcast[1] /'brodkâst/ *vt,vi,n* ۱. [از رادیو و تلویزیون] پخش کردن ◙ ۲. برنامه پخش کردن ◙ ۳. برنامه
broadcast[2] /'brodkâst/ *p,pp* گذشته و اسم مفعول فعل broadcast
board-minded /brod 'mâyndid/ *adj* روشنفکر
broke[1] /brok/ *adj* مفلس، بی‌پول
broke[2] /brok/ *p*break گذشتهٔ فعل
broken[1] /'broken/ *adj* ۱. شکسته ۲. پاره ۳. بریده، ناتمام ۴. خراب
broken[2] /'broken/ *pp* اسم مفعول فعل break
broken-down خراب‌شده، ویران
bronchitis /brân'kâytis/ *n* برونشیت (= التهاب نایژه‌ها)
bronze /brânz/ *n,adj* ۱. برنز، مفرغ ۲. شیءِ بُرنزی ◙ ۳. برنزی
brooch /broch/ *n* گُل سینه
brook /bruk/ *n* جویبار، جوی، نهر
broom /broom/ *n* جارو (دسته‌بلند)
broth /brâth/ *n* سوپ
brother /'brâdher/ *n* برادر
brought /brot/ *p,pp* گذشته و اسم مفعول فعل bring
brow /brao/ *n* ۱. ابرو ۲. پیشانی
brown /braon/ *adj,n,vt,vi* ۱. قهوه‌ای، رنگ قهوه‌ای ۲. برنزه، سوخته ۳. پوست برنزه ◙ ۴. قهوه‌ای کردن ۵. قهوه‌ای شدن ۶. برنزه کردن ۷. برنزه شدن ۸. [غذا] سرخ کردن ۹. سرخ شدن
bruise /brooz/ *n,vt,vi* ۱. کبودی ◙ ۲. کبود کردن ◙ ۳. کبود شدن
brush[1] /brâsh/ *n* ۱. بُرس ۲. قلم‌مو ۳. دُم روباه ۴. بته، بوته، خار ۵. بوته‌زار ۶. چوب، خرده‌چوب ۷. درگیری ۸. تماس
brush[2] /brâsh/ *vt,vi* ۱. پاک کردن ۲. بُرس زدن ۳. مسواک زدن ۴. تماس پیدا کردن با
brush up تقویت کردن
brussels sprout /brâselz 'spraot/ *n* کلم بروکسل
brutal /'brootâl/ *adj* ۱. وحشی، بی‌رحم ۲. وحشیانه ۳. سخت
brute /broot/ *adj,n* ۱. حیوانی ۲. وحشی ۳. بی‌شعور ◙ ۴. حیوان
bubble /'bâbel/ *n,vi* ۱. حباب ◙ ۲. جوشیدن ۳. کف کردن
buck[1] /bâk/ *n* ۱. گوزن نر ۲. خرگوش نر ۳. آهو
buck[2] /bâk/ *n* [عامیانه] دلار
buck[3] /bâk/ *vi* [اسب] پریدن
buck up ۱. خوشحال کردن ۲. روحیه دادن

bucket /ˈbâkit/ *n* سطل، دلو
buckle /ˈbâkel/ *n,vt,vi* ۱. قلاب ▣ ۲. به کمر بستن، بستن ۳. خم کردن ۴. خم شدن
bud /bâd/ *n,vi* ۱. جوانه ۲. غنچه ▣ ۳. جوانه زدن، غنچه دادن
budgerigar /ˈbâjerigâr/ *n* مرغ عشق
budget /ˈbâjit/ *n,vi,vt* ۱. بودجه ▣ ۲. هزینهٔ (چیزی را) تأمین کردن
buffalo /ˈbâfâlo/ *n* بوفالو
buffer /ˈbâfer/ *n* ضربه‌گیر، سپر
buffet /ˈbufey/ *n* ۱. بوفه ۲. اغذیه‌فروشی، ساندویچی
bug /bâg/ *n* ۱. ساس ۲. حشره (کوچک) ۳. میکروفن مخفی
bugle /ˈbyoogel/ *n* شیپور
build /bild/ *vt,vi,n* ۱. ساختن ۲. بنا نهادن ▣ ۳. هیکل، اندام
building /ˈbilding/ *n,adj* ۱. ساختمان ▣ ۲. ساختمانی
built /bilt/ *p,pp* گذشته و اسم مفعول فعل build
bulb /bâlb/ *n* ۱. پیاز (گل) ۲. لامپ
bulging /ˈbâljing/ *adj* بیرون‌زده
bulk /bâlk/ *n* ۱. گُندگی ۲. حجم
bulky /ˈbâlki/ *adj* ۱. گُنـده ۲. تنومند
bull /bul/ *n* ۱. گاو نر ۲. فیل نر (و نرینهٔ هر حیوان بزرگ دیگر)
bulldozer /ˈbuldozer/ *n* بولدوزر
bullet /ˈbulit/ *n* گلوله
bulletin /ˈbuletin/ *n* ۱. اطلاعیه ۲. گزارش خبری ۳. خبرنامه
bullet-proof /ˈbulit proof/ *adj* ضد گلوله
bullock /ˈbulâk/ *n* گاو اخته
bully /ˈbuli/ *n* قلدر، زورگو
bump /bâmp/ *vt,vi,n* ۱. برخورد کردن با ۲. بالا و پایین پریدن ▣ ۳. ضربه، تکان ۴. ورم ۵. دست‌انداز
bumper /ˈbâmper/ *n* ۱. [اتومبیل و غیره] سپر ۲. ضربه‌گیر
bumpy /ˈbâmpi/ *adj* پُردست‌انداز
bun /bân/ *n* ۱. کیک (= شبیه به کیک یزدی) ۲. (مدل موی) گوجه‌ای
bunch /bânch/ *n,vi,vt* ۱. دسته ۲. خوشه ▣ ۳. دور هم جمع شدن ▣ ۴. جمع کردن، دسته کردن
bundle /ˈbândel/ *n* ۱. دسته، بسته ۲. بقچه ۳. کپه ۴. [عامیانه] بچه
bundle in چپاندن
bungalow /ˈbângalo/ *n* خانهٔ یک طبقه، خانهٔ ویلایی
bungle /ˈbângel/ *vt* سَمبَل کردن، سرهم‌بندی کردن
bunk /bânk/ *n* [کشتی، قطار و کاراوان] تختخواب
buoy /boy/ *n* ۱. گویهٔ شناور، بویه ۲. حلقه نجات
burden /ˈberden/ *n* نکتهٔ اصلی
bureau /ˈbyuro/ *n* ۱. اداره ۲. دفتر

burglar /ˈbergler/ *n* دزد، سارق
burglary /ˈbergleri/ *n* دزدی
burgle /ˈbergel/ *vt,vi* ۱. [خانه و غیره] زدن ▣ ۲. دزدی کردن
burial /ˈberiyâl/ *n* تدفین
burly /ˈberli/ *adj* قوی‌هیکل
burn /bern/ *vi,vt* ۱. سوختن ▣ ۲. سوزاندن
burn down کاملاً سوختن
burning /ˈberning/ *adj* ۱. سوزان، داغ ۲. شعله‌ور ۳. سرخ
burnt /bernt/ *p,pp* گذشته و اسم مفعول فعل burn
burrow /ˈbâro/ *n,vi,vt* ۱. نقب، سوراخ ▣ ۲. نقب زدن، کندن
burst[1] /berst/ *vi,vt* ۱. ترکیدن ۲. ترکاندن ۳. منفجر شدن ۴. منفجر کردن ۵. پاره کردن ۶. شکستن ۷. ناگهان (طوری) شدن ۸. [دُمل و غیره] سر باز کردن
burst into tears زیر گریه زدن
burst out laughing زیر خنده زدن
burst[2] /berst/ *n* ترکیدگی
burst[3] /berst/ *p,pp* گذشته و اسم مفعول فعل burst
bury /ˈberi/ *vt* ۱. دفن کردن، به خاک سپردن ۲. پنهان کردن ۳. (با چیزی) پوشاندن
bus /bâs/ *n* اتوبوس
bush /bush/ *n* ۱. بوته ۲. درختچه ۳. سرزمین وحشی یا دست‌نخورده
bushy /ˈbushi/ *adj* پرپشت
business /ˈbiznis/ *n* ۱. کار ۲. شغل ۳. کسب و کار ۴. معامله ۵. وظیفه ۶. موضوع، مسئله، قضیه
do business with somebody با کسی معامله داشتن
It's none of your business. این هیچ ربطی به تو ندارد.
Mind your own business. فضولی نکن، کاری به کار دیگران نداشته باش.
bus stop /ˈbâs stâp/ *n* ایستگاه اتوبوس
bust[1] /bâst/ *n* مجسمهٔ نیم‌تنه
bust[2] /bâst/ *vt* ۱. [عامیانه] گرفتن، دستگیر کردن ۲. [پلیس] ریختن
bust up جدا شدن، خاتمه دادن
bust[3] /bâst/ *p,pp* گذشته و اسم مفعول فعل bust
bust[4] /bâst/ *n* دستگیری، توقیف
bustle /ˈbâsel/ *vi* ۱. مشغول بودن ۲. جنب و جوش داشتن، در تکاپو بودن ۳. عجله کردن
busy /ˈbizi/ *adj,vt* ۱. مشغولِ، سرگرمِ ۲. پرمشغله، گرفتار ۳. شلوغ، پرجنب و جوش ۴. [تلفن] اشغال ▣ ۵. مشغول کردن با
but /bât/ *conj,prep,adv* ۱. اما، ولی ۲. بلکه ۳. مگر، بجز، غیر از ۳. بدون اینکه ۴. فقط
but for بدونِ

butcher /'bucher/ *n* قصاب
butler /'bâtler/ *n* سرپیشخدمت
butter /'bâter/ *n, vt* ۱. کَره ۲. [درترکیب] کَرهٔ ◫ ۳. کَره مالیدن به
butterfly /'bâterflây/ *n* پروانه
buttocks /'bâteks/ *n* کون، باسن
button /'bâten/ *n, vt, vi* ۱. دکمه ۲. شستی ۳. قارچ دلمه‌ای ۴. نشان، علامت ◫ ۵. دکمهٔ (چیزی را) بستن ◫ ۶. [دکمه] بسته شدن
buttonhole /'bâtenhol/ *n* ۱. جا دکمه، مادگی ۲. گُل یقه
buy /bây/ *vt, vi, n* ۱. خریدن ۲. خرید کردن ◫ ۳. خرید ارزان
buzz /bâz/ *vi, vt, n* ۱. وز وز کردن ۲. همهمه کردن، به همهمه افتادن ◫ ۳. زنگ زدن به ◫ ۴. وز وز ۵. همهمه ۶. [عامیانه] تلفن، زنگ
buzzer /'bâzer/ *n* ۱. زنگ ۲. صدای زنگ
by /bây/ *prep, adv* ۱. نزدیکِ، کنارِ ۲. از کنارِ ۳. از ۴. از راهِ ۵. با ۶. به وسیلهٔ ۷. از روی ۸. طبقِ ۹. تا ۱۰. به
by and by به زودی، کمی بعد
by night در طول شب، شبانه
bye-bye /'bây bây/ *intj* خداحافظ
by-law /'bây lo/ *n* ۱. آیین‌نامه ۲. مقررات محلی
bypass /'bâypâs/ *n, vt* ۱. جاده کمربندی ۲. مجرای فرعی ◫ ۳. از کنار (چیزی) گذشتن

C

C,c /sii/ *n* ۱. سی (= سومین حرف الفبای انگلیسی) ۲. [عددنویسی رومی] صد

cab /kab/ *n* ۱. تاکسی ۲. اتاقک راننده

cabaret /ˈkaberey/ *n* کاباره

cabbage /ˈkabij/ *n* کلم، کلم‌پیچ

cabin /ˈkabin/ *n* ۱. کابین ۲. کلبه

cabinet /ˈkabinit/ *n* ۱. قفسه، کابینت ۲. هیئت دولت، کابینه

cable /ˈkeybel/ *n, vt* ۱. کابل ۲. سیم ۳. طناب کُلُفت ۴. زنجیر ۵. تلگراف ⊡ ۶. تلگراف کردن یا زدن

cactus /ˈkaktes/ *n* کاکتوس

cadet /keˈdet/ *n* دانشجویِ دانشکدهٔ افسری یا پلیس

café /ˈkafey/ *n* کافه، کافهٔ رستوران

cafeteria /kafiˈtiriyâ/ *n* سلف‌سرویس، غذاخوری

cage /keyj/ *n* ۱. قفس ۲. محفظه

cake /keyk/ *n* ۱. کیک ۲. قالب

calculate /ˈkalkyuleyt/ *vt, vi* حساب کردن، محاسبه کردن

calculation /kalkyuˈleyshen/ *n* ۱. حساب، محاسبه ۲. تعمق، تأمل

calculator /ˈkalkyuleyter/ *n* ماشین‌حساب

calendar /ˈkalinder/ *n* تقویم

calf[1] /kâf/ *n* ۱. گوساله ۲. چرم

calf[2] /kâf/ *n* عضلهٔ پشت ساق پا

call[1] /kol/ *vt, vi* ۱. فریاد کشیدن ۲. صدا کردن ۳. فرض کردن ۴. خبر کردن ۵. تلفن کردن یا زدن بـه ۶. نامیدن، نام‌گذاری کـردن ۷. [قمار] خواندن ۸. سرزدن، به دیدن (کسی) رفتن یا آمدن ۹. بیدار کردن

call at ۱. [قطار و غیره] توقف کردن، ایستادن ۲. (به کسی یا جایی) سر زدن

call back ۱. دوباره تلفن کردن ۲. [در جواب تلفن کسی] تلفن کردن

call for someone به‌دنبال کسی رفتن

call in خبر کردن

call off پایان دادن، لغو کردن

call on به کسی سر زدن، به دیدن کسی رفتن

call out ۱. فریاد کشیدن، داد زدن ۲. خبر کردن، کسی را خواستن

call over ۱. صدا کردن، صدا زدن ۲. [فهرستی را] خواندن

call up ۱. به کسی تلفن کردن ۲. صدا کردن ۳. چیزی را به خاطر آوردن

call[2] /kol/ *n* ۱. داد، فریاد، صدا ۲. احضار ۳. تلفن، مکالمهٔ تلفنی ۴. [قمار] خواندن ۵. ملاقات، سر زدن

caller /ˈkoler/ *n* ۱. ملاقات‌کننده، دیدارکننده، مهمان ۲. تلفن‌کننده

calling /ˈkoling/ *n* کار، شغل

calm /kâm/ *adj,n,vt,vi* ۱. آرام ▣ ۲. آرامش ▣ ۳. آرام کردن ▣ ۴. آرام شدن

calm down آرام کردن، ساکت کردن

calmly /ˈkâmli/ *adv* آرام، راحت

calorie /ˈkaleri/ *n* کالری (۱. واحد حرارت ۲. واحد انرژی غذا)

came /keym/ *p* come گذشتهٔ فعل

camel /ˈkamel/ *n* شتر

camera /ˈkamerâ/ *n* دوربین

movie-camera, cine-camera دوربین فیلمبرداری

camouflage /ˈkamoflâzh/ *n,vt* ۱. استتار ▣ ۲. استتار کردن ۳. پنهان کردن، دگرگون جلوه دادن

camp /kamp/ *n,vi* ۱. اردو، اردوگاه ۲. چادر ▣ ۳. اردو زدن، چادر زدن ۴. در اردو به سر بردن

camping-site محل اردو

campaign /kamˈpeyn/ *n,vi* ۱. عملیات (جنگی)، نبرد، حمله ۲. مبارزه ۳. فعالیت ▣ ۴. مبارزه کردن

campus /ˈkampes/ *n* محوطهٔ دانشگاه، پردیس

can[1] /kan/ *n,vt* ۱. قوطی (کنسرو) ۲. حلب، پیت، سطل ▣ ۳. کنسرو کردن، قوطی کردن

can[2] /kan/ *aux v* ۱. توانستن ۲. بلد بودن ۳. ممکن بودن ۴. مجاز بودن، حق داشتن ۵. باید، مجبور بودن

Canada /ˈkanada/ *n* کانادا

Canadian /kaˈneydiyen/ *adj,n* ۱. کانادایی ▣ ۲. اهل کانادا، کانادایی

canal /kaˈnal/ *n* ۱. آبراه، کانال ۲. نهر، آبگذر ۳. مجرا

canary /keˈneri/ *n* ۱. قناری ۲. (رنگ) زرد قناری، زرد روشن

cancel /ˈkansel/ *vt* ۱. به هم زدن، لغو کردن ۲. [سفارش] پس گرفتن

cancer /ˈkanser/ *n* سرطان

candidate /ˈkandideyt/ *n* ۱. نامزد، کاندیدا ۲. داوطلب ۳. مورد مناسب

candle /ˈkandel/ *n* شمع

candlestick /ˈkandelstik/ *n* شمعدان

candy /ˈkandi/ *n* آب‌نبات، شکلات

cane /keyn/ *n* ۱. نی ۲. حصیر ۳. عصا، چوب‌دستی ۴. ترکه، چوب

cannibal /ˈkanibâl/ *n,adj* ۱. آدمخوار ۲. [حیوان] هم‌نوع‌خوار

cannon /ˈkanen/ *n* توپ

canoe /keˈnoo/ *n* بَلَم، قایق

can't /kânt/ = can not

caption /'kapshen/ *n* ۱. عنوان ۲.[زیر عکس، تصویر، نمودار وغیره] شرح
captivate /'kaptiveyt/ *vt* افسون کردن، مجذوب کردن
captive /'kaptiv/ *n,adj* ۱. اسیر ۲. زندانی، محبوس ۳. دربند، گرفتار
captivity /kap'tiviti/ *n* ۱. اسارت ۲. قفس
capture /'kapcher/ *vt,n* ۱. گرفتن ۲. اسیر کردن ۳. دستگیر کردن ۴. تسخیر کردن، تصرف کردن ◙ ۵. اسارت ۶. دستگیری ۷. تسخیر
car /kâr/ *n* ۱. اتومبیل ۲. واگن
caravan /'karevan/ *n* ۱. کاروان، قافله ۲. ارابه، گاری ۳. کاراوان، واگن
carbon /'kârben/ *n* ۱. کربن ۲. کاغذ کپی، کاربُن ۳. نسخه، کپی
carbon dioxide گاز کربنیک
carburettor /kârbe'reter/ *n* کاربراتور
card /kârd/ *n* ۱. کارت ۲. ورق، برگه ۳. ورق (بازی) ۴. کارت ویزیت
ID card کارت شناسایی
play cards ورق بازی کردن
cardboard /'kârdbord/ *n,adj* ۱. مقوا ◙ ۲. مقوایی ۳. مصنوعی
cardigan /'kârdigen/ *n* ژاکت
cardinal /'kârdinâl/ *adj* اصلی، مهم
care[1] /ker/ *vi,vt* ۱. اهمیت دادن

can't help چاره‌ای نداشتن، نتوانستن (از کاری) جلوگیری کردن
I couldn't help laughing. نتوانستم نخندم. / نتوانستم جلوی خنده‌ام را بگیرم.
We can't help it if he disagrees. اگر او مخالف است، ما کاری نمی‌توانیم بکنیم. / اگر او مخالف است، کاریش نمی‌شود کرد.
canteen /kan'tiin/ *n* غذاخوری، ناهارخوری، سلف‌سرویس
canter /'kanter/ *n* [اسب] چهارنعل کوتاه، تاخت
canvas /'kanves/ *n* ۱. کرباس ۲. بوم (نقاشی) ۳. نقاشی رنگ و روغن
cap /kap/ *n* ۱. کلاه ۲. تشتک، در
capable /'keypebel/ *adj* ۱. قادر (به) ۲. آماده، مستعد ۳. لایق
capacity /ke'pasiti/ *n* ۱. گنجایش، ظرفیت، جا ۲. لیاقت، قابلیت، استعداد
cape[1] /keyp/ *n* دماغه
cape[2] /keyp/ *n* شنل
capital /'kapitâl/ *n* ۱. پایتخت ۲. [خط] حرف بزرگ ۳. سرمایه
capsize /kap'sâyz/ *vt,vi* ۱. واژگون کردن ◙ ۲. وارونه شدن
capsule /'kapsyul/ *n* کپسول
captain /'kaptin/ *n,vt* ۱. فرمانده، سردسته، رهبر ۲. ناخدا، خلبان، سروان ۳. [تیم ورزشی] کاپیتان ◙ ۴. کاپیتان تیمی بودن ۵. فرماندهی کردن

caretaker /'kerteyker/ *n*
۱. سرایدار ۲. خانه‌پا
cargo /'kârgo/ *n* بار، محموله
carnival /'kârnivâl/ *n* کارناوال، جشن، شادخواری
carnivorous /kâr'niveres/ *adj* گوشت‌خوار
carol /'karel/ *n* ۱. سرودِ کریسمس ۲. آواز، ترانه، سرود
car park /'kâr pârk/ *n* پارکینگ
carpenter /'kârpinter/ *n* نجار
carpentry /'kârpintri/ *n* نجاری
carpet /'kârpit/ *n* ۱. فرش ۲. قالی، قالیچه ۳. موکت
carriage /'karij/ *n* ۱. درشکه، کالسکه ۲. [قطار] واگن ۳. باربری، حمل ۴. کرایهٔ بار، کرایهٔ حمل ۵. چرخ، پایهٔ چرخدار
carriage free معاف از هزینهٔ حمل و نقل
carriage paid کرایه در مبدأ پرداخت شده
carrier /'kariyer/ *n* ۱. شرکتِ حمل و نقل، شرکت مسافربری ۲. [دوچرخه] ترک‌بند
carrot /'karet/ *n* هویج
carry /'kari/ *vt* ۱. حمل کردن ۲. منتقل کردن ۳. نگه‌داشتن، تحمل کردن ۴. همراه داشتن، با خود داشتن ۵. ظرفیت داشتن، تحمل داشتن

۲. نگران شدن ۳. میل داشتن، خواستن ۴. مراقبت کردن، مواظبت کردن
care for ۱. مراقبت کردن ۲. در فکرِ (کسی یا چیزی) بودن ۳. علاقه داشتن به
not to care اهمیت ندادن
I couldn t care less. به درک!، من سر سوزنی اهمیت نمی‌دهم.
I don t care. برای من اهمیتی ندارد.
care² /ker/ *n* ۱. مراقبت، مواظبت ۲. توجه، دقت، ملاحظه ۳. مسئولیت ۴. سرپرستی ۵. دغدغهٔ خاطر، نگرانی
care of (c/o) [پست] به وسیلهٔ، توسطِ
take care مواظب بودن
take care of ۱. مواظبت کردن از ۲. توجه کردن به
career /ke'riyer/ *n* شغل، حرفه، کار
carefree /'kerfrii/ *adj* بی‌غم، بی‌خیال، آسوده‌خاطر، خوش
careful /'kerful/ *adj* ۱. مواظب، مراقب ۲. دقیق، بادقت ۳. سنجیده
carefully /'kerfuli/ *adv* ۱. با احتیاط ۲. با دقت
careless /'kerlis/ *adj* ۱. بی‌احتیاط ۲. بی‌دقت ۳. بی‌توجه
careless mistake سهو، خطای ناشی از بی‌دقتی
carelessly /'kerlisli/ *adv* ۱. با بی‌دقتی ۲. با بی‌احتیاطی

pay cash down نقد پرداختن
cashier / ka'shiyer / *n* صندوقدار
cask / kâsk / *n* بشکه، چلیک
casket / 'kâskit / *n*
[جواهرات و غیره] جعبه، صندوقچه
cassette / ka'set / *n* ۱. کاسِت، نوار ۲. ضبط صوت ۳. کاست فیلم (عکاسی)
cast[1] / kâst / *vt, vi* ۱. انداختن ۲. نقشی را (به کسی) دادن یا واگذار کردن ۳. ریختن ۴. دور انداختن
cast away دور انداختن، کنار گذاشتن
cast off کنار گذاشتن، جدا شدن
cast[2] / kâst / *p, pp*
گذشته و اسم مفعول فعل cast
cast[3] / kâst / *n* ۱. انداختن، پرتاب ۲. گروه هنرپیشگان یا بازیگران
cast[4] / kâst / *adj* ریخته، ریخته‌شده
castle / 'kâsel / *n, vi* ۱. قلعه ۲. قصر، کاخ ۳. [شطرنج] رخ ◙ ۴. قلعه رفتن
casual / 'kazhuwâl / *adj* ۱. اتفاقی ۲. غیرعمدی ۳. سرسری ۴. خودمانی
casual clothes لباس خانه، لباس راحتی
casually / 'kazhuwâli / *adv*
۱. برحسب اتفاق ۲. با بی‌قیدی
casualty / 'kazhuwâlti / *n*
۱. مجروح ۲. [به صورت جمع] تلفات ۳. قربانی ۴. سانحه، حادثه، تصادف

carry on ۱. ادامه دادن ۲. پیش بردن ۳. رابطهٔ عاشقانه داشتن
carry out انجام دادن، تحقق بخشیدن
cart / kârt / *n, vt* ۱. گاری ۲. گاری دستی ◙ ۳. با گاری حمل کردن یا بردن ۴. دست گرفتن
carton / 'kârten / *n* ۱. جعبهٔ مقوایی، کارتن ۲. قوطی، جعبه، پاکت
cartoon / kâr'toon / *n* ۱. کاریکاتور ۲. کارتون، نقاشی متحرک
cartridge / 'kârtrij / *n* ۱. فشنگ ۲. کاست (بزرگ) ۳. [خودکار] مغزی
carve / kârv / *vt, vi* ۱. تراشیدن ۲. سنگ‌تراشی کردن، سنگ تراشیدن ۳. کندن ۴. [گوشت پخته] بریدن
case[1] / keys / *n* ۱. مورد ۲. نمونه ۳. مورد بیماری ۴. بیمار ۵. مسئله، قضیه ۶. وضعیت ۷. دعوا(ی حقوقی)
in any case به هر حال، در هر صورت
in case اگر، در صورتی که
in no case به هیچ وجه، به هیچ صورت
in that case در آن صورت
case[2] / keys / *n* ۱. جعبه، صندوق ۲. کیف ۳. چمدان ۴. جلد ۵. غلاف
cash / kash / *n, vt* ۱. پول نقد، نقدینگی ۲. پول ◙ ۳. نقد کردن
cash desk [فروشگاه] صندوق
cash register [فروشگاه] صندوق

cat /kat/ *n* ۱. گربه ۲. [عامیانه] یارو

catalogue /'katalâg/ *n* ۱. کاتالوگ ۲. فهرست

catapult /'katapâlt/ *n* تیرکمان

catastrophe /ke'tastrefi/ *n* فاجعه، مصیبت، بلا، سانحه

catch[1] /kach/ *vt, vi* ۱. گرفتن ۲. به چنگ آوردن ۳. شکار کردن ۴. دستگیر کردن ۵. مچ (کسی را) گرفتن ۶. رسیدن به ۷. دچار شدن، مبتلا شدن

catch a cold سرما خوردن

catch alight آتش گرفتن

catch fire آتش گرفتن

catch on باب شدن، مُد شدن

catch somebody up به کسی رسیدن

catch up with به (کسی) رسیدن

catch[2] /kach/ *n* ۱. گرفتن، گیرش ۲. قلاب، گیره، چفت، قفل ۳. صید

catching /'kaching/ *adj* واگیردار

cater /'keyter/ *vi, vt* ۱. ارضا کردن، برآوردن ۲. غذا تهیه دیدن برای

caterpillar /'katerpiler/ *n* ۱. کرم پروانه، کرم حشره ۲. [تراکتور، تانک و غیره] زنجیر، شنی

cathedral /ka'thiidrâl/ *n* کلیسای جامع

Catholic[1] /'kathelik/ *adj, n* کاتولیک

catholic[2] /'kathelik/ *adj* ۱. متنوع، گوناگون ۲. گسترده، وسیع

cattle /'katel/ *n* گلهٔ گاو، گاو

caught /kot/ *p, pp* گذشته و اسم مفعول فعل catch

cauliflower /'kâliflaower/ *n* گل کلم، کلم گل

cause /koz/ *n, vt* ۱. علت، سبب، موجب ۲. دلیل ۳. عذر موجه ۴. هدف، آرمان ▣ ۵. علت (چیزی) بودن، موجب شدن ۶. به وجود آوردن

have cause دلیل داشتن، علت داشتن

caution /'koshen/ *n, vt* ۱. اخطار، تذکر ۲. احتیاط ▣ ۳. اخطار کردن

cautious /'koshes/ *adj* محتاط

cavalry /'kavelri/ *n* سواره‌نظام

cave /keyv/ *n* غار

cavern /'kavern/ *n* غار، مَغار

caviar /'kaviyâr/ *n* خاویار

cease /siis/ *vt, vi* ۱. متوقف کردن ۲. دست کشیدن از، دست برداشتن

ceaseless /'siislis/ *adj* دائمی

cedar /'siider/ *n* درخت سدر

ceiling /'siiling/ *n* سقف

celebrate /'selibreyt/ *vt* ۱. جشن گرفتن ۲. تجلیل کردن

celebration /seli'breyshen/ *n* ۱. جشن ۲. بزرگداشت، تجلیل

celebrity /si'lebriti/ *n* ۱. آدم مشهور ۲. شهرت، آوازه

ceremony /'serimoni / *n*
۱. مراسم ۲. تشریفات ۳. تعارف
certain /'serten / *adj,pron*

۱. مسلم، حتمی، قطعی ۲. مطمئن ۳. معیّن ۴. یک ... ی ۵. اندکی، کمی
be certain مطمئن بودن، اطمینان داشتن
make certain اطمینان حاصل کردن، مطمئن شدن
on a certain day روزی، یک روز، روزی از روزها
certainly /'sertenli / *adv*
۱. بدون تردید، به‌طورِ مسلّم، مطمئناً، یقیناً ۲. [در پاسخ سؤال] البته!
certainly not! البته که نه! مسلماً نه!
certainty /'sertenti / *n* ۱. امر مسلّم ۲. یقین ۳. قطعیت ۴. اطمینان
certificate / ser'tifikit / *n*
۱. گواهی، تصدیق ۲. گواهی‌نامه
certify /'sertifây / *vt* گواهی کردن، تصدیق کردن، تأیید کردن
cession /'seshen / *n* واگذاری، انتقال
chain / cheyn / *n,vt* ۱. زنجیر ۲. زنجیره، رشته، سلسله ◙ ۳. زنجیر کردن، با زنجیر بستن ۴. اسیر کردن
chair / cher / *n* ۱. صندلی ۲. کرسی
chalet /'shaley / *n* کلبهٔ کوهستانی
chalk / chok / *n,vt* ۱. گِل سفید ۲. گچ تحریر ◙ ۳. با گچ نوشتن یا کشیدن

celery /'seleri / *n* کرفس
cell / sel / *n* ۱. یاخته، سلول ۲. سلول (زندان) ۳. خانه ۴. حجره
cellar /'seler / *n* ۱. زیرزمین ۲. انبار شراب ۳. [عامیانه] ته‌فهرست
cello /'chelo / *n* ویولن‌سل
cellophane /'selofeyn / *n* سلوفون
cement / si'ment / *n,vt* ۱. سیمان ◙ ۲. سیمان کردن، سیمان کشیدن
cemetery /'semitri / *n* گورستان
cent[1] / sent / *n* سِنت (= یک‌صدم دلار و برخی از پول‌های رایج دیگر)
cent.[2] /'sentigreyd / = centigrade
cent.[3] /'senchri / = century
cent[4]**(i)-** / sent(i) / *prefix* ۱. صد۔ ۲. یک‌صدمِ ۔، صدمِ ۔، سانتی۔
centenary / sen'tiineri / *adj,n*
۱. صدساله ◙ ۲. صدمین سال
center /'senter / = centre
centigrade /'sentigreyd / *adj*
سانتی‌گراد، صدبخشی
centimetre /'sentimiiter / *n*
سانتی‌متر، سانت
central /'sentrâl / *adj* ۱. مرکزی ۲. میانی، وسطی ۳. اساسی، اصلی
centre /'senter / *n,vt* ۱. مرکز ۲. وسط، میان ۳. کانون ۴. [بازی تیمی] بازیکن وسط ◙ ۵. در مرکز قرار دادن، در وسط قرار دادن
century /'senchri / *n* قرن، سده
cereal /'siriyel / *n* غلّه

challenge /ˈchalinj/ *vt,n*
۱. به مبارزه طلبیدن ۲. مشخصات خواستن ۳. مورد سؤال قرار دادن ◻ ۴. مبارزه‌طلبی، دعوت (به مبارزه)
challenger /ˈchalinjer/ *n* حریف
chamber /ˈcheymber/ *n*
۱. مجلس ۲. تالار ۳. اتاق ۴. حفره
chamber of commerce
اتاق بازرگانی، اتاق تجارت
chamber music /ˈcheymber myoozik/ *n* موسیقی مجلسی
champion /ˈchampiyen/ *n*
۱. قهرمان ۲. بَرنده ۳. طرفدار، حامی
championship /ˈchampiyenship/ *n*
۱. مسابقات قهرمانی ۲. مقام قهرمانی
chance /châns/ *n,adj,vt,vi*
۱. احتمال، امکان ۲. شانس ۳. فرصت، مجال ۴. اتفاق ۵. ریسک ◻ ۶. اتفاقی، شانسی ◻ ۷. اتفاق افتادن، پیش آمدن ۸. ریسک کردن
by chance اتفاقاً، تصادفی
chance on اتفاقاً برخوردن به
stand a good chance of
احتمال زیاد داشتن
take a chance ریسک کردن
change[1] /cheynj/ *n* ۱. تغییر
۲. تبدیل ۳. تعویض ۴. پول خرد
for a change برای تنوع
make change پول خرد کردن
change[2] /cheynj/ *vt,vi*
۱. تغییر کردن ۲. عوض کردن ۳. عوض شدن ۴. [وسیلهٔ نقلیه] عوض کردن ۵. [پول] خرد کردن
change gear ۱. دنده عوض کردن
۲. تغییر وضع دادن، وضع را بهتر کردن
changeable /ˈcheynjebel/ *adj*
۱. متغیر ۲. دمدمی، بی‌ثبات
channel /ˈchanel/ *n* ۱. تنگه
۲. آبراهه ۳. [تلویزیون] شبکه، کانال
chapel /ˈchapel/ *n* ۱. نمازخانه
۲. کلیسا
chaplain /ˈchaplin/ *n* کشیش
chapter /ˈchapter/ *n*
۱. [کتاب] فصل ۲. دوره، دوران
char /châr/ *n* مستخدم زن
character /ˈkarakter/ *n* ۱. شخصیت
۲. خلق، خوی، منش ۳. خصلت ۴. جو ۵. [الفبا] حرف ۶. خصلت
characteristic /karakteˈristik/ *adj,n*
۱. خاص ◻ ۲. ویژگی
charcoal /ˈchârkol/ *n* زغال
charge[1] /chârj/ *n* ۱. اتهام
۲. قیمت، هزینه ۳. سرپرستی ۴. مسئولیت ۵. حمله، یورش ۶. [الکتریسیته] بار
be in charge of
مسئولیت (چیزی) را به عهده گرفتن
bank charges کارمزد بانک
bring a charge against someone کسی را متهم کردن
free of charge (به‌طور) رایگان، مجانی

chaste / cheyst / *adj* ۱. عفیف، پاک ۲. پرهیزگار ۳. ساده، بی‌پیرایه

chastity /ˈchastiti / *n* ۱. عفت، پاکدامنی، پاکی ۲. سادگی، بی‌پیرایگی

chat / chat / *n,vi* ۱. گپ، صحبت ۲. حرف ◘ ۳. گپ زدن، صحبت کردن

chat up گرم گرفتن با

chatter /ˈchater / *vi,n* ۱. ورّاجی کردن، پرچونگی کردن ◘ ۲. ورّاجی، پرچونگی ۳. جیغ و ویغ

chatterbox /ˈchaterbâks / *n* (آدم) وراج، بچهٔ پرحرف، بچهٔ پرچونه

chauffeur /ˈshofer / *n* راننده (خصوصی)

cheap / chiip / *adj* ۱. ارزان، ارزان قیمت ۲. [مجازی] مفت

cheaply /ˈchiipli / *adv* ارزان، به قیمت ارزان

cheat[1] / chiit / *vi,vt* ۱. تقلب کردن ۲. کلاه سر (کسی) گذاشتن ۳. (چیزی را) ازدست کسی درآوردن ۴. (به همسر خود) خیانت کردن

cheat on فریب دادن

cheat[2] / chiit / *n* ۱. (آدم) متقلب ۲. تقلب، حقّه، کلک

check[1] / chek / *n* ۱. بازبینی، بازرسی، وارسی، بازدید ۲. کنترل، مهار ۳. ژتون، شماره، نمره ۴. [شطرنج] کیش ۵. صورت‌حساب ۶. چِک ۷. تیک، علامت (✓)

in charge of مسئولِ، متصدیِ

put somebody in charge of (کاری را) به کسی محول کردن، به عهدهٔ کسی گذاردن

take charge of مسئولیت (چیزی) را به عهده گرفتن

charge[2] / chârj / *vt,vi* ۱. متهم کردن ۲. [قیمت یا دستمزد یا هزینه] مطالبه کردن، گرفتن، حساب کردن ۳. حمله کردن، یورش بردن ۴. [باتری] پر کردن، شارژ کردن ۵. شارژ شدن

charity /ˈchariti / *n* ۱. محبت، نوع دوستی ۲. نیکوکاری، احسان ۳. خیرات، صدقه ۴. موسسهٔ خیریّه

charm / chârm / *n,vt* ۱. زیبایی، گیرایی، جذابیّت ◘ ۲. شیفته کردن

charming /ˈchârming / *adj* ۱. قشنگ، زیبا، جذاب ۲. دلربا، ملیح

chart / chârt / *n* ۱. نقشه ۲. نمودار

charter /ˈchârter / *n,vt* ۱. فرمان ۲. منشور ۳. اساس‌نامه ۴. دربستی ◘ ۵. دربست اجاره کردن

charwoman /ˈchârwuman / *n* مستخدم زن، نظافت‌چی

chase[1] / cheys / *vt,vi* ۱. دنبال (کسی) گذاشتن یا کردن ۲. دنبال (کسی) دویدن ۳. تعقیب کردن

chase[2] / cheys / *n* ۱. تعقیب ۲. جستجو ۳. تعقیب شکار

check[2] /chek/ *vt,vi*
۱. وارسی کردن، امتحان کردن، دیدن، بازبینی کردن ۲. مهار کردن ۳. [شطرنج] کیش دادن ۴. [تئاتر، رستوران و غیره] لباس سپردن

check in ۱. [هتل] اتاق گرفتن ۲. [فرودگاه] اثاثیه تحویل دادن ۳. [تئاتر، رستوران و غیره] لباس سپردن

check out تخلیه کردن، [هتل] تصفیه حساب کردن

check up on ۱. کسب اطلاع کردن دربارهٔ ۲. جاسوسی (کسی را) کردن

check[3] /chek/ *n,adj*
۱. طرح پیچازی ◘ ۲. چهارخانه

checkmate /'chekmeyt/ *vt,n*
۱. [شطرنج] مات کردن ◘ ۲. مات

cheek /chiik/ *n* ۱. لُپ، گونه ۲. وقاحت، پررویی، رو ۳. بی‌ادبی

cheeky /'chiiki/ *adj* ۱. پررو، وقیح، بی‌تربیت ۲. وقیحانه، بی‌ادبانه

cheer[1] /'chiyer/ *vt,vi*
۱. ابراز احساسات کردن ۲. هورا کشیدن برای ۳. خوشحال کردن ۴. دلداری دادن، دلگرم کردن

cheer up خوشحال شدن، خوشحال کردن

cheer[2] /'chiyer/ *n* ۱. ابرازِ احساسات ۲. هورا، فریاد شادی

cheerful /'chiyerful/ *adj*
۱. خوش، شاد، سرحال، بشاش ۲. شادی‌آفرین

cheerfully /'chiyerfuli/ *adv*
بانشاط، شادمانه، از روی شادی

cheerfulness /'chiyerfulnis/ *n*
شادی، سرخوشی، شور، اشتیاق

cheers /'chiyerz/ *intj*
۱. [مشروب‌خوری] به سلامتی! ۲. مرسی، دست شما درد نکند! ۳. خداحافظ

cheese /chiiz/ *n* ۱. پنیر ۲. قالب پنیر

chef /shef/ *n* ۱. سرآشپز ۲. آشپز

chemical /'kemikâl/ *adj,n*
۱. شیمیایی ◘ ۲. ترکیب شیمیایی

chemist /'kemist/ *n* ۱. شیمی‌دان ۲. داروساز، متصدی داروخانه

chemistry /'kemistri/ *n* شیمی

cheque /chek/ *n* چک

cherry /'cheri/ *n* گیلاس

chess /ches/ *n* شطرنج

chest /chest/ *n* ۱. صندوق، جعبه ۲. سینه، قفسهٔ سینه

chestnut /'chesnât/ *n* ۱. شاه‌بلوط ۲. (رنگ) بلوطی، خرمایی

chew /choo/ *vt,vi* جویدن

chewing gum /'chooying gâm/ *n*
آدامس، سقز

chick /chik/ *n* جوجه

chicken /'chikin/ *n* ۱. جوجه ۲. [گوشت] جوجه یا مرغ

chickenpox /'chikinpâks/ *n*
آبله‌مرغان

china /'châynâ/ *n* چینی، چینی‌آلات، ظروف چینی

Chinese /chây'niiz/ *adj,n* ۱. چینی ▣ ۲. اهل چین، چینی ۳. زبان چینی ۴. غذای چینی

chip[1] /chip/ *n* ۱. تراشه، تکه، خرده خرده‌ریز ۲. قاچ، برش، خلال ۳. لب‌پرشدگی ۴. [بازی] ژتون

chip[2] /chip/ *vt,vi* ۱. کندن، ورآوردن ۲. لب‌پر شدن ۳. لب‌پر کردن ۴. خرد کردن، قاچ کردن

chips /chips/ *n* ۱. چیپس ۲. سیب‌زمینیِ سرخ‌کرده

chirp /cherp/ *n,vi* ۱. جیک‌جیک، جیرجیر ▣ ۲. جیک‌جیک کردن

chocolate /'châklit/ *n,adj* ۱. کاکائو ۲. شکلات ▣ ۳. [رنگ] شکلاتی ۴. شکلاتی، کاکائویی

choice /choys/ *n,adj* ۱. انتخاب، گزینش ۲. اختیار، حق انتخاب، چاره ▣ ۳. برگزیده، مورد پسند ۴. دستچین

choir /'kwâyer/ *n* کُر، همسرایان

choke[1] /chok/ *vt,vi* ۱. خفه کردن ۲. خفه شدن ۳. به حال خفگی انداختن ۴. به حال خفگی افتادن ۵. بند آوردن ۶. بند آمدن، گرفتن

choke[2] /chok/ *n* ۱. خفگی ۲. عملِ خفه کردن ۳. ساسات

choose /chooz/ *vt,vi* ۱. انتخاب کردن، برگزیدن ۲. پسندیدن

chief /chiif/ *n,adj* ۱. رئیس ۲. فرمانده ▣ ۳. مهم، اصلی، عمده

chiefly /'chiifli/ *adv* بیشتر، در درجهٔ اوّل، عمدتاً

chieftain /'chiiftin/ *n* رئیس قبیله

child /châyld/ *n* ۱. بچه، کودک، طفل ۲. فرزند، بچه ۳. نوچه، مرید

with child آبستن، حامله

childhood /'châyld-hud/ *n* ۱. بچگی ۲. دوران بچگی

childish /'châyldish/ *adj* بچگانه، کودکانه

children /'children/ *n* صورت جمع child

chill[1] /chil/ *n* ۱. سوز، سرما، سردی ۲. سرماخوردگی، چایمان

chill[2] /chil/ *vt,vi* ۱. سرد کردن ۲. سرد شدن ۳. ترساندن ۴. ترسیدن

chilly /'chili/ *adj* ۱. سرد ۲. غیردوستانه، نامهربان

chime /châym/ *n,vi,vt* ۱. ناقوس، زنگ ۲. صدای ناقوس ▣ ۳. [زنگ] به صدا درآمدن، زدن ۴. زنگ زدن ۵. [زنگ] به صدا آوردن، زدن

chimney /'chimni/ *n* ۱. دودکش ۲. لولهٔ چراغ (نفتی)

chimney-sweep /'chimni swiip/ *n* بخاری‌پاک‌کن

chimpanzee /chimpan'zii/ *n* شمپانزه

chin /chin/ *n* چانه

chop[1] /châp/ *vt,vi* ۱. بریدن، قطع کردن ۲. خرد کردن ۳. زدن
chop[2] /châp/ *n* گوشت دنده
choral /'korâl/ *adj* کورال، همراه با کُر، [مربوط به] کُر
chore /chor/ *n* ۱. خرده کاری، کار ۲. کارِ خانه ۳. کار شاق، کار زورکی
chorus /'kores/ *n* ۱. برگردانِ جمعی، همخوانی ۲. گروه کُر، همسرایان ۳. موسیقی کر، همسرایی
chose /choz/ *p* گذشتهٔ فعل choose
chosen /'chozen/ *pp* اسم مفعول فعل choose
Christ /krâyst/ *n* ۱. مسیح، عیسی مسیح ۲. تمثال مسیح
christen /'krisen/ *vt* ۱. غسل تعمید دادن ۲. نامگذاری کردن
Christian /'krischen/ *adj* مسیحی
christianity /kristi'yaniti/ *n* مسیحیت، دین مسیح
Christmas /'krismas/ *n* کریسمس، عید میلاد مسیح
 Christmas Day روز کریسمس
chronic /'krânik/ *adj* مزمن
chuckle /'châkel/ *vi,n* ۱. (با دهان بسته) خندیدن ▣ ۲. خنده
chum /châm/ *n* دوست، رفیق
chunk /chânk/ *n* تکه، قطعه
church /cherch/ *n* کلیسا
Church /cherch/ *n* مسیحیان
churchyard /'cherchyârd/ *n* قبرستان کلیسا
cider /'sâyder/ *n* شراب سیب
cigar /si'gâr/ *n* سیگاربرگ
cigarette /sig'ret/ *n* سیگار
cinder /'sinder/ *n* چوب نیمسوز، زغال نیمسوز
cine-camera /'sini kamerâ/ *n* دوربین فیلمبرداری
cinema /'sinimâ/ *n* سینما
circle /'serkel/ *n,vt,vi* ۱. دایره ۲. حلقه ۳. گروه، جمع ▣ ۴. دور زدن ۵. حلقه زدن ۶. دایره کشیدن دورِ
circuit /'serkit/ *n* ۱. مدار ۲. دور ۳. محیط ۴. گشت، گردش
 closed-circuit مدار بسته
circular /'serkyuler/ *adj* ۱. گرد، مدور، حلقوی ۲. دوری، چرخشی
circulate /'serkyuleyt/ *vi,vt* ۱. پخش شدن ۲. پخش کردن ۳. جریان داشتن، جریان یافتن، جریان پیدا کردن ۴. به جریان انداختن
circumference /ser'kâmferens/ *n* ۱. محیط دایره ۲. دور
circumstances /'serkemstansiz/ *n* ۱. شرایط، اوضاع، وضع ۲. چگونگی، واقعیت ۳. علل، موجبات
 in (*or* **under**) **no circumstances** به هیچ وجه، هرگز، تحت هیچ شرایطی

in (*or* under) the circumstances
در این وضع، تحت این شرایط
circus /'serkes/ *n* ۱. سیرک ۲. میدان
cistern /'sistern/ *n* ۱. منبع آب، مخزن آب، تانک ۲. [توالت] سیفون
citizen /'sitizen/ *n* ۱. شهروند، اهلِ ۲. تبعه ۳. غیرنظامی
city /'siti/ *n* ۱. شهر ۲. مردم شهر
civic /'sivik/ *adj* ۱. شهری، [مربوط به] شهر ۲. شهروندی ۳. محلی
civil /'sivil/ *adj* ۱. مدنی ۲. مؤدب، بانزاکت ۳. مؤدبانه
civil defence دفاع غیرنظامی
civil servant کارمند دولت
civil service ادارات دولتی، سازمان‌های دولتی
civilian /si'viliyen/ *n,adj*
۱. غیرنظامی ۲. شخصی
civilization /sivilây'zeyshen/ *n*
۱. تمدن ۲. ادب ۳. دنیای متمدن
civilize /'sivilâyz/ *vt*
۱. متمدن کردن ۲. تربیت کردن
clad /klad/ *adj* ملبس (به)، پوشیده
claim[1] /kleym/ *n* ۱. ادعا ۲. درخواست، تقاضا ۳. خسارت
put in (*or* make) a claim
ادعای خسارت کردن
claim[2] /kleym/ *vt,vi* ۱. ادعا کردن ۲. درخواست کردن، مطالبه کردن ۳. نیاز داشتن ۴. به عهده گرفتن
clam /klam/ *n* صدف خوراکی
clamber /'klamber/ *vi*
خود را بالا کشیدن، بالا رفتن
clammy /'klami/ *adj* ۱. عرق‌کرده ۲. مرطوب، نمناک ۳. چسبناک، لزج
clan /klan/ *n* ۱. طایفه، ایل ۲. جماعت
clang /klang/ *n,vi,vt*
۱. (صدای) دنگ ▣ ۲. دنگ‌دنگ کردن ▣ ۳. دنگی به صدا درآوردن
clap[1] /klap/ *vt,vi* ۱. کف زدن، دست زدن (برای) ۲. به هم زدن ۳. زدن
clap[2] /klap/ *n* کف زدن، کف
clap[3] /klap/ *n* [عامیانه] سوزاک
clarinet /klari'net/ *n* قره‌نی
clash[1] /klash/ *vi,vt*
۱. رو در رو شدن ۲. برخورد کردن، (با هم) درگیر شدن ۳. نزاع کردن، مشاجره کردن ۴. جور نبودن ۵. مصادف شدن ۶. به هم خوردن ▣ ۷. به هم زدن
clash[2] /klash/ *n* ۱. برخورد، درگیری ۲. مشاجره، نزاع ۳. اختلاف ۴. ناجوری ۵. (صدای) دنگ‌دنگ
clasp /klâsp/ *vt,n* ۱. گرفتن، محکم گرفتن، در دست گرفتن ۲. بغل کردن ▣ ۳. قلاب، قزن (قفلی) ۴. بغل

class /klâs/ *n,vt* ۱. طبقه ۲. نوع ۳. درجه ۴. [آموزش] کلاس ⊡ ۵. طبقه‌بندی کردن ۶. نامیدن، شناختن

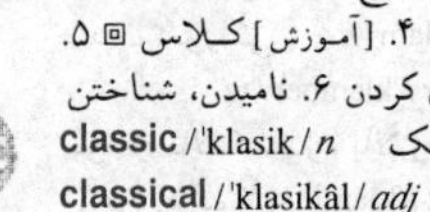

classic /ˈklasik/ *n* اثر کلاسیک

classical /ˈklasikâl/ *adj* ۱. کلاسیک ۲. باستانی (متعلق به یونان و روم باستان) ۳. اصیل، تاریخی

classification /klasifiˈkeyshen/ *n* طبقه‌بندی، رده‌بندی

classify /ˈklasifây/ *vt* طبقه‌بندی کردن، رده‌بندی کردن

classroom /ˈklâsrum/ *n* کلاس

clatter /ˈklater/ *n,vi* ۱. (صدای) تلق‌تولوق ۲. (صدای) گُرپ‌گُرپ ⊡ ۳. تلق‌تولوق کردن ۴. گُرپ‌گرپ کردن ۵. شلوغ کردن

claws /kloz/ *n* ۱. پنجه ۲. چنگ، چنگال ۳. قلاب، چنگک

clay /kley/ *n* ۱. خاک رُس ۲. گِل رس

clean¹ /kliin/ *adj,adv* ۱. تمیز، پاکیزه ۲. نو، تازه ⊡ ۳. کاملاً، به‌کلی

clean² /kliin/ *vt,n* ۱. تمیز کردن ۲. پاک کردن ۳. شستن ⊡ ۴. نظافت

clean up تروتمیز کردن، مرتب کردن

cleaner /ˈkliiner/ *n* ۱. خشک‌شویی ۲. جاروبرقی

cleanliness /ˈklenlinis/ *n* تمیزی، پاکیزگی

cleanly¹ /ˈklenli/ *adj* تمیز

cleanly² /ˈkliinli/ *adv* ۱. به آسانی، به راحتی ۲. صاف ۳. خوب، درست

clear¹ /ˈkliyer/ *adj* ۱. شفاف ۲. صاف ۳. آفتابی ۴. واضح، روشن ۵. فصیح ۶. خلوت ۷. کامل، تمام

for two clear days دو روز تمام

clear² /ˈkliyer/ *adv* ۱. روشن، واضح، به وضوح ۲. کاملاً ۳. دور از

keep clear of فاصله گرفتن از، دوری یا پرهیز کردن از

clear³ /ˈkliyer/ *vt,vi* ۱. پاک کردن ۲. تبرئه کردن ۳. از کنار (چیزی) گذشتن، از بالای (چیزی) پریدن ۴. تشریفات گمرکی (چیزی را) انجام دادن ۵. (از گمرک) گذشتن ۶. تمیز کردن ۷. [میز] جمع کردن ۸. [هوا، آسمان] باز شدن، آفتابی شدن ۹. [ابر و مه] پراکنده شدن ۱۰. [چک] پایاپای کردن، واریز کردن

clear off! بزن به چاک!

clear out در رفتن، به چاک زدن

clear the table میز (غذا) را جمع کردن

clear up باز شدن، روشن شدن

clearance /ˈkliyerens/ *n* ۱. [محیط] پاکسازی ۲. [چک] تهاتر

clearance sale حراج

clearing /ˈkliyering/ *n* ۱. تمیز کردن، خانه‌تکانی ۲. تهاتر

clearing house [بازرگانی] اتاق پایاپای، اتاق تهاتر

clearly /ˈkliyerli/ *adv* ۱. روشن،

clip[1] /klip/ *n,vt,vi* ۱. گیره ◙ ۲. گیره زدن ◙ ۳. با گیره چسبیدن
clip[2] /klip/ *vt* چیدن، کوتاه کردن
cloak /klok/ *n* ۱. شنل، عبا ۲. پوشش، پرده، لفافه، حجاب
cloakroom /'klokrum/ *n* ۱. رخت‌کن ۲. دستشویی، توالت
clock[1] /klâk/ *n* ۱. ساعت (به‌جز ساعت مچی) ۲. سرعت‌سنج
clock[2] /klâk/ *vt* وقت گرفتن
clock in (*or* on) [محل کار] کارت (ورود) زدن، وارد شدن
clock off (*or* out) [محل کار] کارت (خروج) زدن، خارج شدن
clockwise /'klâkwâyz/ *adv* در جهت حرکت عقربه‌های ساعت
clockwork /'klâkwerk/ *adj,n* ۱. کوکی ◙ ۲. ساعت
clod /klâd/ *n* ۱. کلوخ ۲. (آدم) هالو
clog /klâg/ *vt,vi* ۱. پر کردن، مسدود کردن ۲. بستن، از حرکت باز- داشتن، متوقف کردن ◙ ۳. بند آمدن
clogs /klâgz/ *n* کفش چوبی
close[1] /klos/ *adj,adv* ۱. نزدیک ۲. صمیمی ۳. نزدیکِ هم، تنگِ هم ۴. [هوا] خفه، دم کرده، گرفته، سنگین ۵. تنگاتنگ ◙ ۶. نزدیک به هم
close to نزدیک به، نزدیکِ
close[2] /klos/ *n* محوطه

واضح، به‌وضوح ۲. مسلماً، آشکارا
clench /klench/ *vt* محکم گرفتن
clergy /'klerji/ *n* روحانیون، روحانیت
clergyman /'klerjiman/ *n* ۱. روحانی ۲. کشیش
clerk /klerk/ *n* ۱. منشی ۲. کارمند
clever /'klever/ *adj* ۱. باهوش، بااستعداد ۲. زرنگ، فرز، چالاک
cleverly /'kleverli/ *adv* ماهرانه
click /klik/ *n,vi* ۱. (صدای) تیلیک ◙ ۲. تیلیکی کردن، تقّی صدا کردن
client /'klâyent/ *n* ۱. مشتری ۲. مراجع ۳. موکّل
cliff /klif/ *n* صخره، پرتگاه
climate /'klâymit/ *n* ۱. آب و هوا ۲. اقلیم ۳. شرایط اقلیمی ۴. اوضاع
climb[1] /klâym/ *vt,vi* ۱. بالا رفتن ۲. بالا آمدن ۳. رفتن ۴. آمدن ۵. کوه‌نوردی کردن، از کوه بالا رفتن ۶. سربالا رفتن ۷. ترقی کردن ۸. افزایش یافتن ۹. ارتقا یافتن
climb down ۱. پایین آمدن از ۲. کوتاه آمدن، جا زدن
climb[2] /klâym/ *n* ۱. صعود ۲. ارتقا
climber /'klâymer/ *n* ۱. بالارونده ۲. گیاه بالارونده ۳. کوه‌نورد
cling /kling/ *vi* ۱. چسبیدن به ۲. محکم گرفتن ۳. دست برنداشتن از
clinic /'klinik/ *n* درمانگاه، کلینیک

close[3] /kloz/ *vt, vi* ۱. بستن ۲. بسته شدن ۳. پایان دادن، به پایان بردن، ختم کردن ۴. نزدیک شدن

close down [برنامه‌های رادیو و تلویزیون] به پایان رسیدن

close in (*or* on) [روز] کوتاه شدن

close[4] /kloz/ *n* پایان، آخر

closet /ˈklâzit/ *n* ۱. کمد (دیواری)، گنجه ۲. اتاق

close-up /ˈklos âp/ *n* نمای نزدیک، نمای درشت

cloth /klâth/ *n* ۱. پارچه ۲. کهنه، دستمال ۳. جامهٔ روحانیت

clothe /klodh/ *vt* لباس پوشاندن

clothes /klodhz/ *n* لباس، رخت

work clothes لباس کار

clothing /ˈklodhing/ *n* ۱. پوشاک ۲. لباس

cloud /klaod/ *n, vi, vt* ۱. ابر ۲. خیل ۳. لکّه، سیاهی ▣ ۴. ابر شدن، ابری شدن ۵. تیره کردن ۶. تیره شدن

cloud over [آسمان] ابری شدن

cloudy /ˈklaodi/ *adj* ۱. ابری ۲. کدر، تیره ۳. نامشخص، نامعلوم

clover /ˈklover/ *n* شبدر

clown /klaon/ *n* دلقک

club[1] /klâb/ *n, vi* ۱. باشگاه، کانون کلوب ▣ ۲. پول روی هم گذاشتن

club[2] /klâb/ *n* چماق، گرز

club[3] /klâb/ *n* [ورق بازی] گشنیز

cluck /klâk/ *n, vi* ۱. قُدقُد ▣ ۲. قدقد کردن ۳. غرغر کردن

clue /kloo/ *n* سرنخ، سررشته

clump /klâmp/ *n* [گیاه] دسته، کُپه

clumsy /ˈklâmzi/ *adj* ۱. دست و پاچلفتی ۲. ناشی ۳. ناشیانه

clung /klâng/ *p, pp* گذشته و اسم مفعول فعل cling

cluster /ˈklâster/ *n* ۱. خوشه ۲. دسته، کپه ۳. [مجازی] مشت

clutch /klâch/ *vt, vi, n* ۱. گرفتن، محکم گرفتن ۲. چنگ زدن به، در چنگ گرفتن ▣ ۳. [اتومبیل] کلاچ

let in the clutch کلاچ گرفتن

let out the clutch کلاچ را وِل کردن

coach[1] /koch/ *n* ۱. اتوبوس ۲. [قطار] واگن ۳. دلیجان

coach[2] /koch/ *n, vt, vi* ۱. معلم خصوصی ۲. مربی (ورزش) ▣ ۳. تربیت کردن، تعلیم دادن

coal /kol/ *n, vt* ۱. زغال‌سنگ ۲. تکهٔ زغال‌سنگ ▣ ۳. زغال بار کردن

coarse /kors/ *adj* ۱. زمخت، کلفت ۲. درشت، زبر ۳. خشن، بی‌ادبانه

coast[1] /kost/ *n* ۱. ساحل ۲. کنار دریا

coil /koyl/ *vt,vi,n* ۱. حلقه کردن، کلاف کردن ۲. حلقه زدن ۳. پیچیدن ◙ ۴. حلقه، کلاف ۵. سیم‌پیچ

coin /koyn/ *n* ۱. سکه ۲. پول خرد

coincide /ko-in'sâyd/ *vi* ۱. بر هم منطبق شدن، منطبق بودن بر ۲. با هم هم‌زمان بودن، مصادف شدن با

coincidence /ko'insidens/ *n* ۱. اتفاق، تصادف ۲. انطباق، تطابق

coke[1] /kok/ *n* کُک

Coke[2] /kok/ *n* کوکا، کوکاکولا

col /kâl/ *n* گردنه

cold[1] /kold/ *adj* ۱. سرد ۲. خشک، بی‌احساس، بی‌روح ۳. [غذا، رنگ] سرد

get cold سرد شدن

cold[2] /kold/ *n* ۱. سرما ۲. هوای سرد ۳. سرماخوردگی

have a cold سرما خوردن

I ve got a bad cold.

سرمای بدی خورده‌ام.

coldly /'koldli/ *adv* با سردی

coldness /'koldnis/ *n* سردی

collaborate /ko'laboreyt/ *vi* ۱. همکاری کردن ۲. خبرچینی کردن

collapse[1] /ko'laps/ *vi* ۱. خراب شدن، فروریختن، ریختن ۲. [قیمت] سقوط کردن ۳. از هم پاشیدن

collapse[2] /ko'laps/ *n* ۱. ریزش ۲. سقوط ۳. فروپاشی، فروریختگی

coast[2] /kost/ *vi,vt* ۱. [کشتی] در امتداد ساحل راندن ۲. با دندهٔ خلاص پایین آمدن ◙ ۳. مفت به چنگ آوردن

coat /kot/ *n,vt* ۱. پالتو ۲. کُت ۳. لایه ◙ ۴. پوشاندن ۵. روکش کردن

coax /koks/ *vt* ۱. با چرب‌زبانی وادار (به کاری) کردن، با نوازش وادار (به کاری) کردن ۲. با زبان خوش گفتن

cobbler /'kâbler/ *n* پینه‌دوز

cobweb /'kâbweb/ *n* تار عنکبوت

cock[1] /kâk/ *n* ۱. خروس ۲. [در ترکیب] نر ۳. شیر (آب وغیره)

cock[2] /kâk/ *vt,vi* ۱. کج کردن ۲. تیز کردن ۳. [تفنگ] مسلح کردن

cocktail /'kâkteyl/ *n* مخلوط

cocoa /'koko/ *n* ۱. کاکائو، پودر کاکائو ۲. شیر کاکائو

coconut /'kokonât/ *n* نارگیل

cod /kâd/ *n* ماهیِ روغن

code /kod/ *n* ۱. قانون ۲. رمز ۳. کُد

coeducational /ko-eju'key-shenâl/ *adj* [مدرسه، آموزش] مختلط

coffee /kâfi/ *n* ۱. قهوه ۲. دانهٔ قهوه

black coffee قهوهٔ تلخ، قهوهٔ بی‌شیر

white coffee شیر قهوه

coffin /kâfin/ *n* تابوت

collapsible / ko'lapsibel / *adj* تاشو
collar / 'kâler / *n* ۱. یقه، یخه ۲. قلاده ۳. طوق ۴. بند، بست
collect / kâ'lekt / *vt, vi* ۱. جمع کردن، جمع‌آوری کردن ۲. وصول کردن ۳. متمرکز کردن ۴. جمع و جور کردن ◙ ۵. جمع شدن
collection / kâ'lekshen / *n* ۱. جمع‌آوری ۲. مجموعه، کلکسیون ۳. جمع‌آوری اعانه ۴. اعانه (جمع‌شده)
collector / kâ'lekter / *n* ۱. مأمور وصول ۲. مأمور کنترل (بلیت) ۳. کلکسیونر
college / 'kâlij / *n* ۱. دانشکده، مدرسهٔ عالی، مدرسه ۲. انجمن، کانون
collide / ko'lâyd / *vi* ۱. (با هم) تصادف کردن، به هم خوردن ۲. اختلاف پیدا کردن، درگیر شدن
collision / ko'lizhen / *n* تصادف
colon / 'kolen / *n* دونقطه (= «:» در نقطه‌گذاری)
colonel / 'kernel / *n* سرهنگ
colonial / ko'loniyâl / *adj* استعماری، مستعمراتی
colony / 'kâlâni / *n* ۱. مستعمره، مهاجرنشین ۲. مهاجران ۳. گروه
color / 'kâler / = colour
colossal / ko'lâsâl / *adj* عظیم
colour[1] / 'kâler / *n* ۱. رنگ ۲. رنگ و رو ۳. رنگ پوست
lose colour رنگ (کسی یا چیزی) پریدن
colour[2] / 'kâler / *vt* رنگ کردن
colour-blind / 'kâler blâynd / *adj* رنگ‌کور، کوررنگ
coloured / 'kâlerd / *adj* ۱. رنگی ۲. رنگین‌پوست، غیرسفیدپوست
colourful / 'kâlerful / *adj* ۱. رنگارنگ ۲. شاد، پر هیجان، پرشور ۳. درخشان، روشن
colourless / 'kâlerlis / *adj* ۱. بی‌رنگ ۲. رنگ‌پریده ۳. بی‌شور و حال، بی‌رنگ و بو
colt / kolt / *n* ۱. کُره‌اسب ۲. جوان بی‌تجربه
column / 'kâlem / *n* ۱. ستون ۲. صف
coma / 'komâ / *n* اغما
comb / kom / *n, vt* ۱. شانه ۲. تاج (خروس) ◙ ۳. شانه کردن
combat / 'kâmbat / *n, vt, vi* ۱. نبرد، جنگ ۲. درگیری ◙ ۳. جنگ کردن با ۴. مبارزه کردن با ◙ ۵. جنگیدن
combination / kâmbi'neyshen / *n* ۱. ترکیب ۲. اتحاد ۳. گروه
combine / kâm'bâyn / *vt, vi* ۱. ترکیب کردن ◙ ۲. ترکیب شدن ۳. (با هم) متحد شدن، به هم پیوستن
come[1] / kâm / *vi* ۱. آمدن ۲. رسیدن ۳. وارد شدن ۴. شدن ۵. بودن ۶. اتفاق افتادن

come up جوانه زدن، سبز شدن
come up against روبرو شدن با
in years to come در سال‌های آینده
to come در آینده

come[2] /kâm/ *pp*
اسم مفعول فعل come

comedian /kâ'miidiyen/ *n*
هنرپیشهٔ کمدی، کمدین

comedy /'kâmidi/ *n* کمدی

comet /'kâmit/ *n* ستارهٔ دنباله‌دار

comfort /'kâmfort/ *n* ۱. آسایش، راحتی ۲. رفاه ۳. دلداری، تسلی

comfortable /'kâmftebel/ *adj*
۱. راحت ۲. آسوده ۳. آرام ۴. مرفه، دارای وضع مالی خوب ۵. زیاد ۶. ساده ۷. [شغل] پردرآمد ۸. [درآمد] کافی، مکفی

comfortably /'kâmftebli/ *adv*
۱. به راحتی، راحت ۲. بی‌دردسر

comic /'kâmik/ *adj,n* ۱. خنده‌دار، فکاهی ◙ ۲. هنرپیشهٔ کمدی

comical /'kâmikâl/ *adj* خنده‌دار

comma /'kâmâ/ *n* ویرگول

command[1] /kâ'mând/ *n*
۱. دستور، امر، فرمان ۲. فرماندهی

command[2] /kâ'mând/ *vt, vi*
۱. دستور دادن، امر کردن، فرمان دادن ۲. فرماندهی کردن ۳. مسلط بودن بر

commander /kâ'mânder/ *n*
۱. فرمانده ۲. ناخدا سوم

come about اتفاق افتادن، پیش آمدن
come across ۱. تصادفاً برخوردن به ۲. [فکر و غیره] منتقل شدن، به نظر آمدن
come along! یالا! بجنب! بجنبید!
come apart شکستن، از هم جدا شدن، اوراق شدن
come at حمله کردن به، سرازیر شدن به طرفِ
come away کنده شدن، جدا شدن
come back برگشتن
come by به دست آوردن، گیر آوردن
come down پایین آمدن
come down to خلاصه شدن در
come from ۱. اهل جایی بودن ۲. از جایی (به دست) آمدن
come in ۱. رسیدن، فرارسیدن ۲. وارد شدن
come in useful (*or* handy) به درد خوردن، به کار آمدن
come off ۱. کنده شدن، جدا شدن ۲. به نتیجه رسیدن
come on پیشرفت کردن، رو آمدن
come on! یالا! بجنب! دست وردار!
come out ۱. درآمدن، بیرون آمدن ۲. اعتصاب کردن
come to nothing بی‌نتیجه ماندن، انجام نشدن، عملی نشدن، تحقق نیافتن
come true جامهٔ عمل پوشیدن، به واقعیت پیوستن

commence /kâ'mens/ *vt, vi*
شروع کردن، آغاز کردن
comment /'kâment/ *n, vi* ۱. نظر، اظهارنظر ▣ ۲. اظهارنظر کردن
commentary /'kâmentri/ *n*
۱. تفسیر ۲. گزارش
commentator /'kâmenteyter/ *n*
۱. مفسر ۲. گزارشگر
commerce /'kâmers/ *n*
بازرگانی، تجارت
commercial /kâ'mershâl/ *adj, n*
۱. بازرگانی، تجاری، تجارتی ۲. [مربوط به] تجارت ۳. پولساز ۴. [رادیو و تلویزیون] خصوصی ▣ ۵. آگهی تجارتی
commit /kâ'mit/ *vt*
۱. مرتکب شدن ۲. سپردن به
commit to memory از بر کردن، حفظ کردن
commitment /kâ'mitment/ *n*
۱. تعهد ۲. قول، عهد، پیمان
committee /kâ'miti/ *n* کمیته، کمیسیون، هیئت بررسی
common[1] /'kâmân/ *adj* ۱. مشترک ۲. عموم، عامه ۳. عمومی، همگانی ۴. همه، همگان ۵. اشتراکی ۶. عادی، معمولی ۷. متداول، رایج، مرسوم ۸. ساده ۹. عامی ۱۰ عامیانه
common sense شعور، عقل سلیم
have nothing in common
هیچ وجه مشترکی نداشتن
have something in common
وجه مشترک داشتن
common[2] /'kâmân/ *n* چمن، چمنزار
commonly /'kâmânli/ *adv*
۱. معمولاً، عموماً ۲. به‌طور عادی، معمولس
Commonwealth /'kâmânwe-lth/ *n* کشورهای مشترک‌المنافع
commune /'kâmyoon/ *n* ۱. کمون ۲. خانهٔ اشتراکی ۲. جمعیت اشتراکی
communicate /kâ'myoonikeyt/ *vt, vi* ۱. منتقل کردن، انتقال دادن ۲. (با هم) تماس گرفتن ۳. بیان کردن
communication /kâmyooni-'keyshen/ *n* ۱. ارتباط ۲. اطلاعات
be in communication with
در تماس بودن با، در ارتباط بودن با
communion /kâ'myooniyen/ *n*
۱. ارتباط، پیوند ۲. فرقه ۳. عشاءِ ربّانی
communism /'kâmyunizem/ *n*
۱. کمونیسم ۲. نظام اشتراکی
communist /'kâmyunist/ *n, adj*
۱. کمونیست ۲. کمونیستی
community /kâ'myooniti/ *n*
۱. اجتماع، جامعه ۲. جمعیت، گروه
commuter /kâ'myooter/ *n*
[میان خانه و محل کار] مسافر هرروزه
compact[1] /kâm'pakt/ *adj*
۱. متراکم، (به هم) فشرده ۲. موجز

compact[2] /'kâmpakt/ *n*
۱. اتومبیل نقلی ۲. جاپودری
compact[3] /'kâmpakt/ *n* قرارداد
compact[4] /kâm'pakt/ *vt* فشرده کردن، متراکم کردن، سفت کردن
companion /kâm'panyen/ *n*
۱. همراه ۲. دوست ۳. لنگه، قرینه
company /'kâmpâni/ *n*
۱. مصاحبت ۲. همراه بودن ۳. شرکت
be good company دوستِ صمیمی بودن، هم‌صحبت خوبی بودن
keep someone company با کسی بودن، پیش کسی بودن
part company with جدا شدن از
comparable /'kâmperebel/ *adj*
۱. قابل مقایسه، قابل قیاس ۲. مشابه
comparative /kâm'paretiv/ *adj*
۱. تطبیقی ۲. [دستور زبان] تفضیلی
compare /kâm'per/ *vt, vi*
۱. مقایسه کردن ◙ ۲. قابل مقایسه بودن
comparison /kâm'parisen/ *n*
۱. مقایسه ۲. تشبیه ۳. شباهت
in (*or* by) comparison to (*or* with) نسبت به، در مقایسه با
compartment /kâm'pârtment/ *n*
۱. قسمت، بخش ۲. [قطار] کوپه
compass /'kâmpas/ *n* ۱. قطب‌نما ۲. جهت‌یاب ۳. پرگار
compel /kâm'pel/ *vt*
مجبور کردن، وادار کردن

compensate /'kâmpenseyt/ *vt, vi*
۱. جبران کردن ۲. خسارت دادن
compensation /kâmpen'seyshen/ *n*
۱. جبران ۲. ترمیم ۳. خسارت، غرامت، تاوان ۴. حقوق، دستمزد
compère /'kâmper/ *n*
[رادیو یا تلویزیون] مجری
compete /kâm'piit/ *vi*
۱. رقابت کردن ۲. مسابقه دادن
competent /'kâmpitent/ *adj*
۱. قابل، باکِفایت ۲. دارای صلاحیت
competition /kâmpi'tishen/ *n*
۱. رقابت ۲. مسابقه ۳. مبارزه ۴. رُقبا
competitive /kâm'petitiv/ *adj*
۱. رقابتی ۲. مسابقه‌ای ۳. رقابت‌طلب، رقابت‌جو، اهل رقابت ۴. رقابت‌طلبانه
competitor /kâm'petiter/ *n*
۱. رقیب ۲. حریف
complain /kâm'pleyn/ *vi*
۱. شکایت کردن ۲. گِله کردن
complaint /kâm'pleynt/ *n*
۱. شکایت ۲. گله ۳. اعتراض، انتقاد
complete[1] /kâm'pliit/ *adj*
۱. کامل ۲. تمام، پایان‌یافته ۳. واقعی، حسابی
complete[2] /kâm'pliit/ *vt*
۱. کامل کردن ۲. تمام کردن
completely /kâm'pliitli/ *adv*
کاملاً، به‌طور کامل، به‌کلّی

completion /kâm'pliishen/ *n*
۱. تکمیل ۲. اتمام
complex /'kâmpleks/ *n,adj*
۱. مجتمع ۲. عقده ▣ ۳. دشوار
complexion /kâm'plekshen/ *n*
رنگ و رو، پوست، قیافه، چهره
complicated /'kâmplikeytid/ *adj*
۱. پیچیده ۲. تودرتو ۳. مشکل
complication/ kâmpli'keyshen/ *n*
۱. پیچیدگی ۲. مسئله، دشواری
compliment /'kâmpliment/ *n,vi*
۱. تعریف، تحسین، ستایش ۲. احترام ▣ ۳. تعریف کردن ۴. تبریک گفتن
complimentary /kâmpli'mentri/ *adj* ۱. تحسین‌آمیز ۲. رایگان
component /kâm'ponent/ *adj,n*
۱. سازنده ▣ ۲. قطعه ۳. جزء، بخش
compose /kâm'poz/ *vt,vi*
۱. تشکیل دادن ۲. آهنگ ساختن ۳. سرودن ۴. نوشتن ۵. ترکیب کردن ۶. آرام کردن ۷. حروفچینی کردن
composer /kâm'pozer/ *n*
آهنگساز
composition /kâmpo'zishen/ *n*
۱. [آهنگ، شعر، کتاب، نقاشی و غیره] اثر ۲. آهنگسازی ۳. تدوین، نگارش
compound /'kâmpaond/ *n,adj*
۱. ترکیب ۲. مخلوط ▣ ۳. مرکّب
comprehension /kâmpri'hen-shen/ *n* ۱. فهم، درک ۲. شمول، جامعیت ۳. تمرینِ درک مطلب
comprehensive /kâmpri'hen-siv/ *adj* وسیع، گسترده، مفصل
compress[1] /kâm'pres/ *vt,vi*
۱. فشردن، به هم فشردن، فشرده کردن، متراکم کردن ۲. خلاصه کردن، مختصر کردن ▣ ۳. فشرده شدن
compress[2] /'kâmpres/ *n*
[پزشکی] کُمپرس
compromise[1] /'kâmpromâyz/ *n*
۱. مصالحه، توافق، سازش ۲. حد وسط
compromise[2]/'kâmpromâyz/ *vi*
۱. مصالحه کردن، کنار آمدن، به توافق رسیدن، سازش کردن ۲. حد وسط را گرفتن ۳. به خطر انداختن ۴. پا پس کشیدن
compulsory /kâm'pâlseri/ *adj*
۱. اجباری ۲. ناخواسته
compute /kâm'pyoot/ *vt*
حساب کردن
computer /kâm'pyooter/ *n,adj*
۱. کامپیوتر، رایانه ▣ ۲. کامپیوتری، رایانه‌ای
computerize /kâm'pyooterâyz/ *vt* ۱. کامپیوتری کردن ۲. به کامپیوتر دادن
comrade /'kâmrid/ *n* رفیق
conceal /kân'siil/ *vt* پوشاندن، پنهان کردن، مخفی نگه‌داشتن
conceited /kân'siitid/ *adj* مغرور

conceive / kân'siiv / *vt, vi*
۱. تصور کردن ۲. باور کردن ۳. به فکر (چیزی) افتادن ۴. آبستن شدن

concentrate / 'kânsentreyt / *vt, vi, n*
۱. متمرکز کردن، جمع کردن ۲. متمرکز شدن، جمع شدن ۳. حواس خود را جمع کردن، تمرکز حواس داشتن ۴. دقت کردن ▣ ۵. عصاره

concentration / kânsen'treyshen / *n*
۱. تمرکز حواس، دقت ۲. تجمع، تراکم ۳. غلظت

concern[1] / kân'sern / *n* ۱. نگرانی، دلواپسی ۲. مسئلهٔ نگران‌کننده ۳. علاقه ۴. توجه، مراقبت ۵. ربط، ارتباط ۶. کسب و کار، شرکت

concern[2] / kân'sern / *vt*
۱. دربارهٔ (چیزی) بودن ۲. مربوط شدن به، ارتباط داشتن با ۳. پرداختن به، خود را مشغول کردن با ۴. نگران کردن

concern oneself with علاقه‌مند بودن به، علاقه نشان دادن به

concerning / kân'serning / *prep*
دربارهٔ، با توجه به

concert / 'kânsert / *n* ۱. کنسرت ۲. هماهنگی، توافق

concert hall سالن کنسرت

concession / kân'seshen / *n*
۱. اعطا ۲. امتیاز ۳. حق بهره‌برداری

conclude / kân'klood / *vt, vi*
۱. پایان دادن ۲. خاتمه یافتن ۳. نتیجه گرفتن ۴. [عهدنامه و غیره] منعقد کردن

conclusion / kân'kloozhen / *n*
. پایان، آخر ۲. نتیجه ۳. نتیجه‌گیری

concrete[1] / 'kânkriit / *adj*
۱. عینی، ملموس ۲. واقعی ۳. [دستور زبان] ذات

concrete[2] / 'kânkriit / *n* بتون

concussion / kân'kâshen / *n*
ضربهٔ مغزی، آسیب مغزی

condemn / kân'dem / *vt*
۱. محکوم کردن ۲. سرزنش کردن

condemnation / kândem'ney-shen / *n* ۱. محکومیت ۲. نکوهش، ابراز انزجار ۳. خبط، اشتباه

condense / kân'dens / *vt, vi*
۱. فشرده کردن، متراکم کردن ۲. غلیظ کردن ۳. (به مایع) تبدیل کردن ۴. تلخیص کردن، خلاصه کردن ▣ ۵. غلیظ شدن ۶. (به مایع) تبدیل شدن

condition[1] / kân'dishen / *n*
۱. شرط ۲. وضع، وضعیت، حالت

on condition that به شرط این که

out of condition ناخوش، ضعیف

condition[2] / kân'dishen / *vt*
۱. تعیین کردن، مشخص کردن ۲. مشروط کردن ۳. عمل آوردن

conduct[1] / 'kândâkt / *n* ۱. اداره، اجرا ۲. اخلاق، رفتار، اخلاق و رفتار

conduct[2] /kân'dâkt/ *vt, vi*
۱. اداره کردن، اجرا کردن ۲. رفتار کردن ۳. [ارکستر] رهبری کردن ۴. راهنمایی کردن، بردن ۵. [برق، حرارت] هدایت کردن

conductor /kân'dâkter/ *n*
۱. رهبر (ارکستر) ۲. کمک‌راننده ۳. مأمور قطار ۴. رسانا، هادی

cone /kon/ *n* ۱. مخروط
۲. قیف (بستنی) ۳. جوز کلاغ، میوهٔ کاج

confection /kân'fekshen/ *n*
۱. شیرینی ۲. ترکیب، آمیزه

confederate /kân'federit/ *adj,n*
۱. متحد، هم‌پیمان ۲. همدست

conference /'kânfrens/ *n*
۱. جلسه ۲. کنفرانس، گردهم‌آیی

confess /kân'fes/ *vt,vi* ۱. اعتراف کردن ۲. اقرار کردن ۳. گفتن

confession /kân'feshen/ *n*
۱. اعتراف ۲. اقرار ۳. اقرارنامه

confide /kân'fâyd/ *vt, vi*
۱. محرمانه گفتن ۲. اعتماد کردن

confidence /'kânfidens/ *n*
۱. اعتماد، اطمینان ۲. راز، سِر

have confidence in someone
به کسی اعتماد داشتن

confident /'kânfident/ *adj*
۱. مطمئن، خاطرجمع ۲. اطمینان‌بخش

confidential /kânfi'denshâl/ *adj*
۱. محرمانه، سرّی ۲. محرم، رازدار

confine /kân'fâyn/ *vt*
۱. محدود کردن ۲. زندانی کردن

confinement /kân'fâynment/ *n*
۱. حبس ۲. زندانی کردن ۳. زایمان

confirm /kân'ferm/ *vt*
۱. تأیید کردن ۲. تصویب کردن

confirmation /kânfer'meyshen/ *n*
۱. تأیید ۲. اثبات ۳. دلیل

confiscate /'kânfiskeyt/ *vt*
۱. مصادره کردن ۲. گرفتن

conflict /'kânflikt/ *n* برخورد

conform /kân'form/ *vi, vt*
۱. منطبق بودن، سازگار بودن ▣ ۲. تطبیق دادن، سازگار کردن

confound /kân'faond/ *vt*
خلط کردن، (با هم) اشتباه کردن

confuse /kân'fiyooz/ *vt*
۱. گیج کردن، سر درگم کردن ۲. به هم ریختن ۳. با هم اشتباه کردن

confusion /kân'fiyoozhen/ *n*
۱. گیجی، سردرگمی ۲. دستپاچگی ۳. اغتشاش، به هم ریختگی ۴. اشتباه

congeal /kân'jiil/ *vi, vt* ۱. سفت شدن، بستن ▣ ۲. منجمد کردن

congested /kân'jestid/ *adj*
۱. شلوغ، پُرازدحام، مملو ۲. گرفته

congestion /kân'jeschen/ *n*
۱. تراکم، ازدحام، شلوغی ۲. راه‌بندان، ترافیک ۳. گرفتگی

congratulate /kân'grachuleyt/ *vt*
۱. تبریک گفتن ۲. خوشحال بودن

congratulation / kângrachu-'leyshen / *n* تبریک

conjunction / kân'jânkshen / *n* [دستور زبان] حرف ربط

conjure / 'kânjer / *vi, vt* ۱. شعبده‌بازی کردن، تردستی کردن ▣ ۲. با شعبده‌بازی (کاری را) کردن ۳. از غیب حاضر کردن ۴. مجسم کردن

conjure away از یاد بردن

conjure up به یاد آوردن

conjurer / 'kânjerer / *n* ۱. شعبده‌باز ۲. جادوگر، ساحر

connect / kâ'nekt / *vt, vi* ۱. متصل کردن، (به هم) وصل کردن ۲. وصل شدن ۳. ارتباط داشتن

connection / kâ'nekshen / *n* ۱. اتصال، وصل ۲. ارتباط، رابطه ۳. [قطار، هواپیما] تعویض ۴. خویشاوند

in connection with در موردِ، دربارهٔ، راجع به

conquer / 'kânker / *vt* ۱. شکست دادن، پیروز شدن بر، غلبه کردن بر ۲. فتح کردن، تسخیر کردن

conqueror / 'kânkerer / *n* فاتح

conquest / 'kânkwest / *n* ۱. فتح، تسخیر، تصرف ۲. پیروزی، غلبه

conscientious / kânshi'yenshes / *adj* ۱. باوجدان ۲. وظیفه‌شناس

conscious[1] / 'kânshes / *adj* ۱. هشیار، بهوش ۲. آگاه ۳. آگاهانه

conscious[2], **the** / 'kânshes / *n* (ضمیر) خودآگاه، خودآگاهی، هشیاری

consciousness / 'kânshesnis / *n* ۱. هشیاری ۲. آگاهی ۳. شعور

lose consciousness از هوش رفتن، از حال رفتن

regain consciousness به هوش آمدن

consent / kân'sent / *vi, n* ۱. موافقت کردن ۲. اجازه دادن ۳. راضی شدن ▣ ۴. رضایت ۵. توافق

consequence / 'kânsikwens / *n* ۱. نتیجه، پیامد ۲. اهمیت

consequently / 'kânsikwentli / *adv* بنابراین، در نتیجه، از این رو

conservation / kânser'veyshen / *n* ۱. حفاظت محیط زیست ۲. حفاظت منابع طبیعی ۳. حفاظت، محافظت

conservative / kân'servetiv / *adj, n* ۱. محافظه کار ۲. قدیمی، امل ۳. سنتی ▣ ۴. آدم امّل ۵. [انگلستان] عضو حزب محافظه کار

conservatory / kân'servetri / *n* ۱. گلخانه ۲. هنرستان موسیقی

consider / kân'sider / *vt* ۱. بررسی کردن، مورد توجه قرار دادن ۲. در فکر (چیزی) بودن، دربارهٔ چیزی فکر کردن ۳. توجه کردن به ۴. در نظر گرفتن، به حساب آوردن

considerable / kân'siderebel / *adj* ۱. قابل ملاحظه ۲. مهمّ ۳. بسیار زیاد

considerate / kân'siderit / *adj*
۱. باملاحظه، بافکر ۲. از رویِ لطف، نشان توجه

consideration / kânside'reyshen / *n*
۱. توجه ۲. بررسی ۳. ملاحظه

take something into consideration چیزی را ملحوظ داشتن، چیزی را به حساب آوردن

consignment / kân'sâynment / *n*
۱. محموله ۲. ارسال

consist in / kân'sist in / *vi*
۱. بستگی داشتن به ۲. عبارت بودن از

consist of / kân'sist âv / *vi*
تشکیل شدن از، شامل (چیزی) بودن

consolation / kânso'leyshen / *n*
۱. تسلّی، دلداری ۲. دلگرمی، دلخوشی ۳. مایهٔ تسلّی

consolation prize جایزهٔ دلداری

console / kân'sol / *vt* تسلی دادن

consonant / 'kânsonent / *n*
۱. صامت، همخوان ۲. حرف بی‌صدا

conspicuous / kâns'pikyuwes / *adj*
۱. برجسته، چشمگیر، متمایز ۲. قابل رؤیت، آشکار، معلوم

conspicuously / kâns'pikyuwesli / *adv*
به‌طور مشخص، آشکارا

conspiracy / kâns'piresi / *n*
۱. توطئه ۲. تبانی، همدستی

conspirator / kâns'pireter / *n*
توطئه‌گر، توطئه‌کار، توطئه‌چین

conspire / kâns'pâyer / *vi*
۱. توطئه کردن ۲. تبانی کردن

constable / 'kânstebel / *n* پاسبان

constant / 'kânstent / *adj*
۱. ثابت، بدون تغییر ۲. دائمی، دائم

constantly / 'kânstentli / *adv*
دائماً، مرتب، همیشه، همواره، پیوسته

consternation / kânster'neyshen / *n*
۱. بهت، حیرت ۲. اضطراب

constitute / 'kânstityoot / *vt*
تشکیل دادن، به وجود آوردن، ساختن

constitution / kânsti'tyooshen / *n*
۱. قانون اساسی ۲. ساخت، ترکیب

construct / kâns'trâkt / *vt*
۱. ساختن ۲. بنا کردن، احداث کردن ۳. [نظریه] پرداختن ۴. تألیف کردن

construction / kâns'trâkshen / *n*
۱. ساختن، بنا ۲. ساختمان

consul / 'kânsel / *n* کنسول

consult / kân'sâlt / *vt, vi*
۱. مشورت کردن، مشاوره کردن، نظر (کسی را) خواستن ۲. مراجعه کردن

consultation / kânsâl'teyshen / *n*
۱. مشورت، مشاوره، تبادل نظر ۲. جلسهٔ مشاوره، جلسه ۳. مراجعه

consume / kân'syoom / *vt, vi*
۱. مصرف کردن ۲. خوردن ۳. از بین

بردن ۴. سوزاندن ۵. [مجازی] تحلیل بردن ◙ ۶. نابود شدن، تحلیل رفتن

consumer /kân'syoomer/ *n,adj*
مصرف‌کننده
consumer society جامعهٔ مصرفی

consumption /kân'sâmpshen/ *n*
۱. مصرف ۲. مقدار مصرف، میزان مصرف ۳. خوردن

contact /'kântakt/ *n,vt* ۱. تماس ۲. ارتباط ۳. برخورد ۴. ملاقات ۵. رابط ◙ ۶. تماس گرفتن با
come into contact with
سر و کار پیدا کردن یا داشتن با
make contact with
تماس گرفتن با، تماس برقرار کردن با

contagious /kân'teyjes/ *adj*
۱. واگیردار، مسری ۲. ناقل بیماری

contain /kân'teyn/ *vt* ۱. شامل (چیزی) بودن، داشتن ۲. مهار کردن

container /kân'teyner/ *n*
۱. ظرف ۲. کانتینر، صندوق، جعبه

contemporary /kân'tempreri/ *adj,n* ۱. معاصر ۲. هم‌عصر

contempt /kân'tempt/ *n*
۱. تحقیر ۲. تنفر، نفرت ۳. بی‌احترامی

contemptible /kân'temptibel/ *adj* ۱. تحقیرآمیز ۲. نفرت‌انگیز

contemptuous /kon'tempch-uwes/ *adj* ۱. تحقیرکننده ۲. متنفر

contend /kân'tend/ *vi*
۱. رقابت کردن ۲. مبارزه کردن

content[1] /kân'tent/ *adj*
۱. راضی، قانع ۲. خرسند، خشنود

content[2] /kân'tent/ *vt*
۱. راضی کردن ۲. رضایت دادن به ساختن با،
content oneself with
رضایت دادن به، قناعت کردن به

content[3] /'kântent/ *n* ۱. محتوا ۲. مضمون ۳. مقدار، اندازه، میزان
table of contents
[کتاب] فهرست، فهرست مطالب

contented /kân'tentid/ *adj*
قانع، راضی، خشنود، خرسند

contentment /kân'tentment/ *n*
رضایت، رضایت خاطر، خشنودی

contents /'kântents/ *n* ۱. محتوا، محتویات ۲. مضمون ۳. فهرست

contest[1] /'kântest/ *n* ۱. مسابقه ۲. رقابت، مبارزه ۳. دعوا، اختلاف

contest[2] /kân'test/ *vt*
۱. [در مبارزه یا مسابقه] شرکت کردن ۲. رقابت کردن، مبارزه کردن ۳. بر سر (چیزی) جر و بحث کردن

contestant /kân'testent/ *n*
۱. [مسابقه] شرکت‌کننده ۲. رقیب

continent[1] /'kântinent/ *n* قارّه

Continent[2] /'kântinent/ *n*
اروپا (به‌جز بریتانیا)

continual /kân'tinyuwâl/ *adj*
۱. پیوسته، مدام، همیشگی ۲. مکرر

continually /kân'tinyuwâli/ *adv*
۱. مکرر ۲. دائم، پیوسته، همواره

continuation / kântinyu'weyshen / *n* ۱. ادامه ۲. از سرگیری ۳. دنباله

continue / kân'tinyoo / *vt, vi* ۱. ادامه دادن ۲. ادامه داشتن، ادامه یافتن ۳. دنبال کردن ۴. از سر گرفتن ۵. ماندن، باقی ماندن

to be continued [داستان و غیره] ادامه داشتن

continuous / kân'tinyuwes / *adj* ۱. پیوسته، بی‌وقفه، دائم ۲. یکسره، متصل ۳. [دستور زبان] استمراری

continuously / kân'tinyuwesli / *adv* به‌طور پیوسته، بی‌وقفه

contraception / kântrâ'sepshen / *n* جلوگیری (از آبستنی)

contraceptive / kântrâ'septiv / *adj* [مربوط به] جلوگیری، ضد آبستنی

contract[1] / 'kântrakt / *n* ۱. قرارداد، پیمان ۲. سند قرارداد ۳. عقد

contract[2] / kân'trakt / *vt, vi* ۱. قرارداد بستن ۲. پیمان بستن ۳. عقد (ازدواج) بستن ۴. [بیماری] گرفتن، دچار شدن ۵. منقبض شدن ۶. منقبض کردن ۷. کوچک شدن ۸. کوچک کردن ۹. مخفف شدن، مختصر شدن ۱۰. مخفف کردن، کوتاه کردن

contraction / kân'trakshen / *n* ۱. انقباض ۲. [دستور زبان] اختصار

contradict / kântra'dikt / *vt, vi* ۱. نقض کردن ۲. نفی کردن ۳. مخالفت کردن، مخالف بودن

contradiction / kântra'dikshen / *n* ۱. تناقض ۲. تضاد، مغایرت ۳. مخالفت ۴. اختلاف ۵. انکار، تکذیب

contrary[1] / 'kântreri / *adj* ۱. خلافِ، مخالفِ، عکسِ، ضدِّ ۲. متضاد

contrary to برخلافِ، برعکسِ

contrary[2] / 'kântreri / *n* ضد، عکس، مخالف، متضاد

on the contrary برعکس

contrast[1] / kân'trâst / *vt, vi* ۱. مقایسه کردن، برابر هم گذاشتن، کنار هم قرار دادن ◙ ۲. تضاد داشتن، مغایر بودن، اختلاف داشتن

contrast[2] / 'kântrâst / *n* ۱. مقایسه ۲. مغایرت، تباین ۳. اختلاف، تمایز

contribute / kân'tribyoot / *vt, vi* ۱. دادن ۲. اعانه دادن ۳. کمک کردن ۴. اهدا کردن ۵. مؤثر بودن ۶. مقاله نوشتن ۷. شرکت کردن در

contribution / kântri'byooshen / *n* ۱. کمک ۲. اعانه ۳. اهدا

contributor / kân'tribyooter / *n* ۱. کمک‌کننده ۲. اعانه‌دهنده

contrivance / kân'trâyvens / *n* ۱. دستگاه، وسیله ۲. اختراع، ابداع

contrive / kân'trâyv / *vt* ۱. اختراع کردن، ابداع کردن ۲.

conversation /kânver'seyshen / *n*
۱. گفتگو، صحبت، مکالمه ۲. مذاکره

convert / kân'vert / *vt, vi*
۱. تبدیل کردن ۲. تبدیل شدن ۳. تغییر دادن ۴. پیرو (دین دیگری) کردن ۵. عقیدهٔ (کسی را) عوض کردن

convertible[1] / kân'vertibel / *adj*
قابل‌تبدیل

convertible[2] / kân'vertibel / *n*
اتومبیل کروکی

convex / 'kânveks / *adj* کوژ، محدّب

convey / kân'vey / *vt* ۱. منتقل کردن، انتقال دادن ۲. رساندن ۳. بردن، حمل کردن ۴. بیان کردن ۵. حالی کردن، فهماندن

convict[1] / kân'vikt / *vt*
محکوم کردن، مجرم شناختن

convict[2] / 'kânvikt / *n* محکوم

conviction / kân'vikshen / *n*
۱. ایمان ۲. اطمینان ۳. محکومیت

convince / kân'vins / *vt*
۱. متقاعد کردن، قانع کردن، قبولاندن ۲. اطمینان دادن

coo / koo / *vi, vt* ۱. [کبوتر] بغ‌بغو کردن ۲. زمزمه کردن، زیر لب گفتن

cook / kuk / *vt, vi, n* ۱. آشپزی کردن، پخت‌وپز کردن، غذا پختن ۲. پختن ۳. (در دفاتر) دست بردن، دستکاری کردن ◻ ۴. آشپز

cook up [داستان] سرهم کردن

تدارک دیدن ۳. چاره‌ای پیدا کردن

control[1] / kân'trol / *n* ۱. کنترل ۲. تسلط، سلطه ۳. قدرت ۴. اختیار

control tower [فرودگاه] برج مراقبت

out of control خارج از کنترل، عنان گسیخته

under control تحت کنترل، زیرنظر

control[2] / kân'trol / *vt*
۱. کنترل کردن ۲. فرمان راندن بر ۳. مسلط بودن ۴. بازبینی کردن

convalescence / kânva'lesens / *n*
۱. نقاهت ۲. دورهٔ نقاهت

convenience / kân'viiniyens / *n*
۱. راحتی ۲. آسایش، رفاه ۳. آسانی، سهولت ۴. وقت مناسب

public conveniences توالت عمومی

modern convenience وسایل آسایش جدید

convenient / kân'viiniyent / *adj*
۱. مناسب ۲. راحت ۳. نزدیک ۴. مفید

convent / 'kânvent / *n* ۱. صومعه، دیر ۲. راهبه‌های صومعه

convention / kân'venshen / *n*
۱. مجمع، کنگره ۲. قرارداد، پیمان

conventional / kân'venshenâl / *adj* ۱. مرسوم، معمول ۲. معمولی

converge / kân'verj / *vi*
۱. به هم رسیدن ۲. به هم نزدیک شدن ۳. جمع شدن، گرد آمدن ۴. متمرکز شدن ۵. همگرا بودن

cooker /'kuker/ *n* ۱. اجاق، گاز ۲. میوهٔ خورشتی

cookery /'kukeri/ *n* هنر آشپزی

cookie /'kuki/ *n* ۱. شیرینی، بیسکویت ۲. [عامیانه] آدم

cool[1] /kool/ *adj,n* ۱. خنک ۲. سرد ۳. آرام، خونسرد ۴. خشک، بی‌تفاوت، بی‌اعتنا، سرد ▣ ۵. هوای خنک ۶. خونسردی، آرامش

get cooler [هوا] خنک‌تر شدن

cool[2] /kool/ *vt,vi* ۱. خنک کردن، سرد کردن ▣ ۲. خنک شدن، سرد شدن ۳. فروکش کردن، آرام شدن

cool down (*or* off) آرام شدن

coolness /'koolnis/ *n* ۱. خنکی ۲. خونسردی ۳. سردی، بی‌تفاوتی

co-operate /ko'âpereyt/ *vi* ۱. همکاری کردن، تشریک مساعی کردن ۲. کمک کردن، یاری کردن

co-operation /ko-âpe'reyshen/ *n* ۱. همکاری، همیاری ۲. تعاون

co-operative /ko'âpretiv/ *adj* ۱. تعاونی ۲. مشترک، جمعی

cop /kâp/ *n* [عامیانه] آجان، پاسبان

cope /kop/ *vi* از عهده برآمدن، فائق آمدن، حریف شدن

copper[1] /'kâper/ *n,adj* ۱. مِس ۲. پول خرد ▣ ۳. مسی، از جنس مس

copper[2] /'kâper/ *n* آجان، پاسبان

copy[1] /'kâpi/ *n* ۱. نسخه ۲. رونوشت ۳. فتوکپی ۴. کپی، بدل ۵. [کتاب] نسخه، جلد ۶. [روزنامه، مجله] نسخه، شماره ۷. ورق، ورقه

copy[2] /'kâpi/ *vt,vi* ۱. رونویسی کردن، کپی کردن ۲. رونوشت گرفتن ۳. فتوکپی گرفتن ۴. تقلید کردن ۵. [امتحان] تقلب کردن

copy out بازنویسی کردن، نسخه‌برداری کردن

cord /kord/ *n* ۱. طناب ۲. بند ۳. نخ، قیطان ۴. [حنجره] تار ۵. سیم (برق)

corduroy /'korderoy/ *n* ۱. مخمل کبریتی ۲. [به صورت جمع] شلوار مخمل کبریتی

core /kor/ *n* ۱. [میوه] هسته، تخم ۲. مغز ۳. هسته ۴. مرکز ۵. اصل

cork /kork/ *n,vt* ۱. چوب‌پنبه ۲. در بطری (لاستیکی، پلاستیکی و غیره) ▣ ۳. چوب‌پنبه گذاشتن، بستن

corkscrew /'korkskroo/ *n* دربازکن، چوب‌پنبه‌کش

corn[1] /korn/ *n* ۱. غله، غلات ۲. [در امریکا] ذرت

corn[2] /korn/ *n* میخچه

corner[1] /'korner/ *n* ۱. گوشه ۲. نبش، سر پیچ ۳. کنج ۴. زاویه

in a tight corner در تنگنا، گرفتار

take a corner [ماشین] پیچیدن، گردش کردن

corner[2] /'korner / *vt, vi* ۱. گیر انداختن ۲. در تنگنا قرار دادن ◙ ۳. گردش کردن، پیچیدن

cornet /'kornit / *n* ۱. کورنت (= نوعی ساز بادی شبیه به ترومپت) ۲. بستنی قیفی ۳. [بستنی] نان قیفی

coronation / kâro'neyshen / *n* تاجگذاری

corporation / korpo'reyshen / *n* ۱. شرکت ۲. انجمن شهر ۳. بنگاه

corps / kor / *n* یکان، واحد

corps de ballet گروه باله

corpse / korps / *n* جسد، جنازه

corral / kâ'râl / *n* اصطبل (روباز)

correct[1] / kâ'rekt / *adj* ۱. درست، صحیح ۲. دقیق ۳. مؤدبانه ۴. معقول

correct[2] / kâ'rekt / *vt* ۱. تصحیح کردن، درست کردن ۲. میزان کردن ۳. [ورقهٔ امتحان] صحیح کردن

correction / kâ'rekshen / *n* ۱. تصحیح ۲. اصلاح ۳. غلط‌گیری ۴. درمان، علاج، چاره ۵. تنبیه، تأدیب، مجازات

correctly / kâ'rektli / *adv* ۱. درست، به درستی ۲. خوب

correspond / kâris'pând / *vi* ۱. تطبیق کردن، مطابق بودن، همخوانی داشتن ۲. برابر بودن ۳. مکاتبه داشتن، نامه‌نگاری کردن

correspondence/ kâris'pândens / *n* ۱. مطابقت ۲. مکاتبه

correspondent[1] / kâris'pândent / *adj* مطابق، منطبق، موافق

correspondent[2] / kâris'pândent / *n* ۱. خبرنگار، مخبر، گزارشگر ۲. طرف مکاتبه، نامه‌نگار

corridor / 'kâridor / *n* راهرو، دالان

corrugate / 'kârugeyt / *vi, vt* ۱. چین خوردن ◙ ۲. چین دادن

corrupt[1] / ko'râpt / *adj* ۱. فاسد ۲. رشوه‌خوار ۳. هرزه ۴. مخدوش

corrupt[2] / ko'râpt / *vt* ۱. فاسد کردن ۲. تباه کردن ۳. تحریف کردن

corruption / ko'râpshen / *n* ۱. فساد ۲. فروپاشی ۳. تحریف

cosmetics / kâz'metiks / *n* لوازم آرایش

cosmonaut / 'kâzmonot / *n* فضانورد

cost[1] / kâst / *n* ۱. هزینه، خرج، مخارج ۲. قیمت، بها

at all costs به هر قیمتی که شده، هر طور شده، به هر ترتیبی

cost of living هزینهٔ زندگی

cost price قیمتِ تمام شده

cost[2] / kâst / *vi, vt* ۱. قیمت داشتن ۲. خرج برداشتن، تمام شدن ۳. نیاز داشتن ◙ ۴. قیمت‌گذاری کردن

cost[3] / kâst / *p, pp* گذشته و اسم مفعول فعل cost

costly / 'kâstli / *adj* گران، گرانبها

costume /ˈkâstyum/ *n* ۱. لباس ۲. کت و دامن

cosy[1] /ˈkozi/ *adj* ۱. دِنج ۲. راحت ۳. دوستانه، صمیمانه، گرم، خودمانی

cosy[2] /ˈkozi/ *n* روقوری

cot /kât/ *n* تختخواب بچه

cottage /ˈkâtij/ *n* ۱. کلبه ۲. ویلا

cotton /ˈkâten/ *n,adj* ۱. پنبه ۲. نخ ۳. لباس نخی ◙ ۴. نخی

couch /kaoch/ *n* کاناپه

cough[1] /kâf/ *n* ۱. سرفه ۲. سینه‌درد

cough[2] /kâf/ *vi* سرفه کردن

could /kud/ *p* گذشتهٔ فعل can

couldn't /ˈkudent/ = could not

council /ˈkaonsil/ *n* ۱. شورا، انجمن، هیئت ۲. جلسه

councillor /ˈkaonsler/ *n* عضو شورا، عضو انجمن

counsel /ˈkaonsel/ *n* ۱. پند، نصیحت ۲. توصیه ۳. [حقوقی] وکیل

count[1] /kaont/ *n* ۱. شمارش ۲. شماره ۳. حساب ۴. مورد، فقره

count[2] /kaont/ *vt, vi* ۱. شمردن ۲. حساب کردن، به حساب آوردن ۳. به حساب آمدن ۴. مهم بودن

count down بر عکس شمردن

count in ۱. به حساب آوردن ۲. گنجاندن

count on (somebody *or* **something)** روی (کسی یا چیزی) حساب کردن

count out یکی یکی شمردن

count[3] /kaont/ *n* کُنت (= لقبی است در بعضی از کشورهای اروپایی)

counter[1] /ˈkaonter/ *n* ۱. پیشخوان ۲. باجه، گیشه ۳. بار

counter[2] /ˈkaonter/ *n* ۱. [بازی] ژتون ۲. [در ترکیب] ـ‌سنج

counter[3] /ˈkaonter/ *adv*

counter to (بر) ضدِ، (بر) خلافِ

counterfeit /ˈkaonterfit/ *adj, vt* ۱. جعلی، تقلبی ◙ ۲. جعل کردن

countess /ˈkaontis/ *n* کُنتس

country /ˈkântri/ *n* ۱. کشور ۲. ملّت، مردم ۳. میهن، وطن، زادگاه ۴. روستا ۵. بیرون شهر، دشت و صحرا ۶. زمین ۷. سرزمین

countrywide سرتاسری، ملّی

countryman /ˈkântriman/ *n* ۱. روستایی ۲. هم‌وطن، هم‌میهن

countryside /ˈkântrisâyd/ *n* نواحی روستایی، فضای سبز بیرون شهر

county /ˈkaonti/ *n* ۱. [در بریتانیا] استان ۲. مردم استان

couple /ˈkâpel/ *n* ۱. زن و شوهر ۲. زوج، کوپل ۳. جفت ۴. دو، دو تا

coupon /ˈkoopân/ *n* کوپن، بُن

courage /ˈkârij/ *n* ۱. جرئت، تهور ۲. شجاعت، شهامت

۲. روکش ۳. [کتاب، مجله و غیره] جلد ۴. پاکت ۵. لفاف، کاغذ ۶. در ۷. پناه، حفاظ، جای سرپوشیده ۸. حفاظت، محافظت ۹. [مجازی] لفافه

take cover پناه گرفتن

cover[2] /ˈkâver/ *vt* ۱. پوشاندن ۲. پنهان کردن، مخفی کردن ۳. محافظت کردن، حفظ کردن ۴. پیمودن، رفتن ۵. گزارش کردن

be covered with پر بودن از، پوشیده بودن از

cover up مخفی کردن

coverage /ˈkâverij/ *n* ۱. گزارش ۲. پوشش ۳. شمول ۴. مورد بیمه

covering /ˈkâvering/ *n* پوشش

cow /kao/ *n* ۱. گاو (ماده)، ماده‌گاو ۲. ماده، مادینه ۳. [عامیانه] زنیکه

coward /ˈkao-erd/ *n* (آدم) ترسو

cowardice /ˈkao-erdis/ *n* بزدلی، ترسویی، ترس، جبن

cowardly /ˈkao-erdli/ *adj* ۱. ترسو، بزدل، جبون ۲. بزدلانه

cowboy /ˈkaoboy/ *n* گاوچران

cox /kâks/ *n* [قایق پارویی] سُکاندار

coxswain /ˈkâksen/ = cox

crab /krab/ *n* خرچنگ

crack[1] /krak/ *n* ۱. ترک ۲. درز، شکاف، روزنه ۳. صدای بلند، غرّش ۴. ضربه (صدادار) ۵. شوخی، جوک

courageous /kâˈreyjes/ *adj* ۱. شجاع، باشهامت ۲. شجاعانه

courier /ˈkuriyer/ *n* ۱. پیک، نامه‌رسان، قاصد ۲. راهنمای تور

course /kors/ *n* ۱. مسیر ۲. جریان ۳. روند ۴. طولِ ۵. دوره، درس ۶. زمین (بازی)، میدان ۷. [غذا] بخش

change course تغییر مسیر دادن

in due course به موقع خود، در وقت مناسب

in the course of time با گذشتِ زمان، درطی زمان، در درازمدت

of course ۱. البته ۲. حتماً

court /kort/ *n* ۱. دادگاه ۲. دربار ۳. زمین (بازی) ۴. حیاط

courteous /ˈkertiyes/ *adj* ۱. مؤدب، بانزاکت، باتربیت ۲. مؤدبانه

courtesy /ˈkertisi/ *n* ۱. ادب، نزاکت ۲. احترام ۳. ملاحظه

courtyard /ˈkortyârd/ *n* حیاط

cousin /ˈkâzin/ *n* ۱. عموزاده، دخترعمو، پسرعمو ۲. عمه‌زاده، دخترعمه، پسرعمه ۳. دایی‌زاده، دختردایی، پسردایی ۴. خاله‌زاده، دخترخاله، پسرخاله ۵. خویشاوند (دور)، منسوب

first cousin = cousin

cove /kov/ *n* خلیج کوچک، خور

cover[1] /ˈkâver/ *n* ۱. پوشش

crank[2] /krank/ *n* ۱. آدم عجیب و غریب، غیرعادی ۲. آدم بدعُنق

cranky /ˈkranki/ *adj* ۱. عجیب و غریب، عوضی ۲. بدعُنق

crash[1] /krash/ *n* ۱. (صدای) تَق، گرومب (= صدای افتادن، شکستن، ضربه و غیره) ۲. تصادف، سانحه ۳. سقوط

crash[2] /krash/ *vt,vi* ۱. خوردن به ۲. زدن ۳. افتادن ۴. سقوط کردن

crash helmet /ˈkrash helmit/ *n* کلاه ایمنی، کاسکت

crash-landing /ˈkrash landing/ *n* سقوط کنترل‌شده، سقوط هدایت‌شده

crate /kreyt/ *n* صندوق، جعبه

crater /ˈkreyter/ *n* ۱. دهانهٔ آتشفشان ۲. قیف انفجار

crawl /krol/ *vi,n* ۱. سینه‌خیز رفتن، خزیدن ۲. آهسته رفتن ◘ ۳. خزیدن، سینه‌خیز ۴. (شنای) کرال

crayon /ˈkreyen/ *n* ۱. مداد شمعی ۲. مداد رنگی ۳. گچ رنگی

craze /kreyz/ *n* مد، موج، تب

crazily /ˈkreyzili/ *adv* دیوانه‌وار

crazy /ˈkreyzi/ *adj* ۱. دیوانه، احمق ۲. احمقانه ۳. کشته و مرده، هلاک

crazy about (somebody or something) دیوانهٔ (کسی یا چیزی) بودن

creak /kriik/ *n,vi* ۱. (صدای) غژغژ، جیرجیر ◘ ۲. غژغژ کردن، صدا دادن

crack[2] /krak/ *vi,vt* ۱. ترک برداشتن، ترک خوردن ۲. شکستن ۳. بریدن، از پا درآمدن ۴. [صدا] کُلفت شدن، دورَگه شدن

cracker /ˈkraker/ *n* ۱. بیسکویت شور، کراکر ۲. ترقه

crackle /ˈkrakel/ *vi,n* ۱. ترق تورووق کردن، خش خش کردن ◘ ۲. ترق توروق، خش خش

cradle /ˈkreydel/ *n* ۱. گهواره ۲. مهد، خاستگاه، گاهواره ۳. پایه

craft /krâft/ *n* ۱. صنعت، حرفه، فن ۲. صنایع دستی، کارهای دستی ۳. قایق، کشتی، زیردریایی ۴. هواپیما

craftily /ˈkrâftili/ *adv* موذیانه، با حیله گری

craftsman /ˈkrâftsman/ *n* ۱. صنعتگر، استادکار ۲. استاد

crafty /ˈkrâfti/ *adj* حیله گر، مکار

crag /krag/ *n* [کوه] کمر، پرتگاه

cram /kram/ *vt,vi* ۱. چپاندن ۲. پُر کردن ◘ ۳. [برای امتحان] حفظ کردن

cramp[1] /kramp/ *n* گرفتگی عضلانی، چنگه

cramp[2] /kramp/ *n* ۱. قلاب ۲. گیره

crane /kreyn/ *n* ۱. دُرنا (= نوعی پرنده) ۲. جرثقیل

crank[1] /krank/ *n* هندل، میل‌لنگ

creaky /ˈkriiki/ *adj*
۱. پر سر و صدا، غژغژی ۲. متزلزل

cream /kriim/ *n,adj* ۱. خامه ۲. کِرِم (صورت) ۳. (رنگ) کرم ◙ ۴. خامه‌ای

creamy /ˈkriimi/ *adj* ۱. خامه‌ای، خامه‌دار ۲. نرم ۳. چرب

crease /kriis/ *n,vi* ۱. چروک ◙ ۲. چروک خوردن، چروک شدن

create /kriˈyeyt/ *vt* ۱. آفریدن، خلق کردن ۲. به وجود آوردن، ساختن

creation /kriˈyeyshen/ *n*
۱. آفرینش، خلقت، خلق ۲. ایجاد

creative /kriˈyeytiv/ *adj*
۱. خلاق، سازنده ۲. بدیع

creator /kriˈyeyter/ *n* آفریننده

creature /ˈkriicher/ *n* ۱. موجود، مخلوق ۲. جانور ۳. آدم

credible /ˈkredibel/ *adj*
۱. باورکردنی ۲. موثق، معتبر ۳. صدیق

credit[1] /ˈkredit/ *n* ۱. اعتبار ۲. نسیه ۳. وعده، مدت ۴. موجودی ۵. وام ۶. بستانکار، ستون بستانکار ۷. اعتماد، وجهه، اعتقاد ۸. آبرو

be a credit to
باعث افتخار (کسی) بودن

do somebody credit
مایهٔ افتخار کسی بودن

on credit به‌طور نسیه، نسیه

credit[2] /ˈkredit/ *vt*
۱. به حساب (کسی) واریز کردن ۲. نسبت دادن، دادن ۳. باور کردن

credit card /ˈkredit kârd/ *n*
کارت اعتباری

credit-titles /ˈkredit tâytelz/ *n*
[فیلم و سینما] تیتراژ، اسامی، عناوین

creep /kriip/ *vi* ۱. خزیدن، سینه‌خیز رفتن ۲. پاورچین‌پاورچین رفتن، دزدانه رفتن ۳. آهسته آهسته پیش رفتن ۴. مورمور شدن ۵. وارد شدن، رخنه کردن

creeper /ˈkriiper/ *n* گیاه رونده

crept /krept/ *p,pp*
گذشته و اسم مفعول فعل creep

crescent /ˈkresent/ *n,adj*
۱. هلال ◙ ۲. هلالی

cress /kres/ *n* شاهی، تره‌تیزک

crest /krest/ *n* ۱. کاکل ۲. جقّه

crevasse /kriˈvas/ *n* [زمین‌شناسی] شکاف یخی، یخ‌شکاف

crew /kroo/ *n* ۱. [کشتی، هواپیما و غیره] خدمه، کارکنان ۲. تیم، گروه ۳. باند، دار و دسته

crib[1] /krib/ *n* ۱. آخور ۲. تخت نوزاد

crib[2] /krib/ *n,vt,vi* ۱. تقلب ۲. سرقت ادبی ◙ ۳. تقلب کردن، از روی دست (کسی) نوشتن

cricket[1] /ˈkrikit/ *n* جیرجیرک

cricket[2] /ˈkrikit/ *n* (بازی) کریکت

cried /krâyd/ *p,pp*
گذشته و اسم مفعول فعل cry

crime /krâym/ *n* ۱. جرم، بزه ۲. گناه

criminal /'kriminâl/ *n,adj*
۱. مجرم، بزهکار ۲. جانی، جنایت‌کار ◘ ۳. کیفری، جزایی، جنایی ۴. خلاف قانون ۵. جنایت‌کارانه

crimson /'krimzen/ *n,adj*
۱. [رنگ] زرشکی ۲. [مجازی] سرخ

cripple /'kripel/ *n,vt* ۱. معلول، فلج ◘ ۲. معلول کردن، علیل کردن

crisis /'krâysis/ *n* بحران

crisp[1] /krisp/ *adj* ۱. ترد ۲. خشک ۳. برشته ۴. تازه، تر و تازه ۵. قاطع، مصمم، محکم ۶. مختصر

crisp[2] /krisp/ *n* چیپس

critic /'kritik/ *n* ۱. منتقد ۲. مخالف ۳. عیب‌جو، خرده‌گیر

critical /'kritikâl/ *adj* ۱. بحرانی ۲. حاد، وخیم، خطرناک ۳. مهم، حیاتی ۴. انتقادی، انتقادآمیز، عیب‌جویانه ۵. ایرادی، عیب‌جو

critically /'kritikli/ *adv*
۱. به‌طور بحرانی ۲. انتقادآمیز

criticism /'kritisizem/ *n* ۱. نقد ۲. انتقاد

criticize /'kritisâyz/ *vt,vi*
۱. انتقاد کردن، ایراد گرفتن ۲. نقد کردن

croak /krok/ *n,vi* ۱. [قورباغه] غورغور، [کلاغ] قارقار، [آدم] خِرخِر، خِس‌خِس ◘ ۲. غورغور کردن، قارقار کردن، خِرخِر کردن، خِس‌خِس کردن

crochet /'kroshey/ *n,vt,vi*
۱. قلاب‌بافی ◘ ۲. قلاب‌بافی کردن

crockery /'krâkeri/ *n*
ظروف سفالی

crocodile /'krâkodâyl/ *n* تمساح

crook /kruk/ *n* کلاهبردار، دزد

crooked /'krukid/ *adj* ۱. کج ۲. خمیده ۳. نادرست، متقلب

crop[1] /krâp/ *n* ۱. محصول ۲. [به صورت جمع] کشت ۳. دسته، گروه، جمعیت ۴. موی کوتاه، سرِ ماشین شده، سر تراشیده

crop[2] /krâp/ *vt,vi* ۱. کاشتن، زیر کشت بردن ۲. محصول دادن، بار دادن ۳. چیدن، زدن، کوتاه کردن ۴. موی (کسی را) از ته زدن

cross[1] /krâs/ *adj* ۱. عصبانی ۲. غضب‌آلود ۳. [باد] مخالف

cross[2] /krâs/ *n* ۱. صلیب ۲. علامت ضربدر یا بعلاوه (×، +)

cross[3] /krâs/ *vt,vi* ۱. از عرضِ (جایی) گذشتن، عبور کردن ۲. همدیگر را قطع کردن ۳. روی هم انداختن، روی هم گذاشتن ۴. از کنار هم رد شدن ۵. [چک] آورنده را خط زدن

cross off (*or* out) خط زدن، حذف کردن

cross oneself (به خود) صلیب کشیدن

cross out خط زدن، حذف کردن

The Red Cross سازمان صلیب سرخ

cross-country از راه فرعی

cross-town سراسری

Cross[4] /krâs/*n* مسیحیّت

cross-examination /krâs igzami'neyshen/*n* بازپرسی

cross-examine/krâs ig'zamin/*vt* بازپرسی‌کردن، بازجویی کردن

cross-eyed /'krâs âyd/*adj* چپ‌چشم، لوچ، احول

crossing /'krâsing/*n* ۱. مسافرت (دریایی) ۲. تقاطع ۳. گذرگاه عابر پیاده، خط کشی ۴. سر مرز

crossroads /'krâsrodz/*n* ۱. تقاطع، چهارراه ۲. نقطهٔ عطف

crossword /'krâswerd/*n* جدول کلمات متقاطع

crotchet /'krâchit/*n* ۱. [موسیقی] سیاه ۲. قلاب

crouch /kraoch/*vi* قوز کردن، کِز کردن، خود را جمع کردن

crow[1] /kro/*n* کلاغ

crow[2] /kro/*vi* [خروس] خواندن

crowd[1] /kraod/*n* ۱. جمعیت، جماعت ۲. مردم ۳. ازدحام

crowd[2] /kraod/*vi, vt* ۱. جمع شدن ۲. ازدحام کردن ۳. پر کردن

crowded /'kraodid/*adj* ۱. پرجمعیت، شلوغ ۲. پُر

crown[1] /kraon/*n* ۱. تاج ۲. سلطنت ۳. تاج و تخت ۴. تاج گل ۵. تاج دندان ۶. روکش دندان

crown[2] /kraon/*vt* ۱. تاج بر سرِ (کسی) گذاشتن ۲. به کمال رساندن ۳. [دندان] روکش گذاشتن

crucifix /'kroosifiks/*n* صلیب

crucifixion[1] /kroosi'fikshen/*n* ۱. تصلیب ۲. شمایل عیسای مصلوب

Crucifixion[2] /kroosi'fikshen/*n* تصلیب عیسای مسیح

crucify /'kroosifây/*vt* به صلیب کشیدن، مصلوب کردن

crude /krood/*adj* ۱. خام ۲. ناپخته ۳. ناشیانه، ابتدایی ۴. خشن، خالی از ظرافت، بی‌ادبانه

crude oil نفت خام

cruel /'kroo-el/*adj* ۱. ظالم، ستمکار، بی‌رحم ۲. دردناک ۳. سخت

cruelly /'kroo-eli/*adv* ۱. با بی‌رحمی، سنگدلانه ۲. سخت

cruelty /'kroo-elti/*n* ۱. بی‌رحمی، قساوت، سنگدلی ۲. وحشیگری

cruise /krooz/*vi,n* ۱. گشتن، گشت زدن ▣ ۲. گردش دریایی

cruiser /ˈkroozer/ *n* ۱. رزمناو ۲. قایق تفریحی

crumb /krâm/ *n* ۱. خرده نان ۲. خمیر وسط نان ۳. ذره، چکه، خرده

crumble /ˈkrâmbel/ *vt,vi* ۱. خرد کردن ◙ ۲. خرد شدن ۳. فروریختن ۴. فروپاشیدن، متلاشی شدن

crumbly /ˈkrâmbli/ *adj* ۱. ترد، خشک، شکننده ۲. سست

crumple /ˈkrâmpel/ *vt,vi* ۱. چروک کردن ۲. چروک شدن، چروک خوردن ۳. [کاغذ] مچاله کردن ۴. [ماشین] قُر شدن

crunch /krânch/ *vt,vi* ۱. قرچ‌قرچ خوردن، خرد کردن ◙ ۲. قرچ‌قرچ کردن، خرد شدن

crush[1] /krâsh/ *vt,vi* ۱. له کردن ۲. له شدن ۳. فشردن، چلاندن ۴. خرد کردن ۵. چروک کردن ۶. چروک شدن ۷. چپاندن

crush[2] /krâsh/ *n* جمعیت، ازدحام

crust /krâst/ *n* ۱. رویه (نان و غیره) ۲. برش نان ۳. قشر، لایه ۴. پوسته

crusty /ˈkrâsti/ *adj* [نان] برشته

crutch /krâch/ *n* چوب زیر بغل

cry[1] /krây/ *n* فریاد، داد، نعره، جیغ

cry baby بچه ننه، بچهٔ نق‌نقو

give a cry فریاد زدن، فریاد کشیدن

cry[2] /krây/ *vi,vt* ۱. فریاد کشیدن، فریاد زدن، داد کشیدن ۲. گریه کردن ۳. جیغ کشیدن ۴. جار زدن

cry off دبّه درآوردن، زیرش زدن

cry out داد زدن، فریاد کشیدن

crystal /ˈkristâl/ *n* بلور

cub /kâb/ *n* توله [حیوانات گوشتخوار]

cube /kyoob/ *n,vt* ۱. مکعب ۲. توان سه ۳. [قند] حبه ◙ ۴. به توان سه رساندن ۵. مکعبی بریدن

cubic /ˈkyoobik/ *adj* مکعب

cucumber /ˈkyookâmber/ *n* خیار

cuddle /ˈkâdel/ *vt,vi* ۱. بغل کردن، در آغوش گرفتن ◙ ۲. همدیگر را بغل کردن، یکدیگر را درآغوش گرفتن ۳. بغل هم خوابیدن ۴. بغل (کسی) خوابیدن

cudgel /ˈkâjel/ *n* چماق

cue[1] /kyoo/ *n* ۱. سرنخ ۲. اشاره

cue[2] /kyoo/ *n* چوب بیلیارد

cuff /kâf/ *n* ۱. [پیراهن] مچ ۲. [کت] سرآستین ۳. [شلوار] پاکتی

cul-de-sac /ˈkol dâ sak/ *n* ۱. بن‌بست ۲. گوشهٔ دنج

cultivate /ˈkâltiveyt/ *vt* ۱. [زمین] شخم زدن، آماده کردن ۲. زراعت کردن در، کشت و کار کردن در ۳. کاشتن ۴. زیر کشت بردن

cultivation /kâltiˈveyshen/ *n* ۱. کشت ۲. پرورش ۳. فرهیختگی

cultivator /ˈkâltiveyter/ *n* ۱. زارع، کشاورز ۲. (ماشین) علف‌چین

culture /ˈkâlcher/ *n* فرهنگ

cultured /ˈkâlcherd/ *adj* ۱. بافرهنگ، فرهیخته ۲. پرورش‌یافته

cumbersome /ˈkâmbersâm/ *adj* ۱. دست و پا گیر ۲. کُند، کم‌تحرک

cunning[1] /ˈkâning/ *adj* ۱. مکّار، حیله‌گر، حقه‌باز ۲. زرنگ، زبل

cunning[2] /ˈkâning/ *n* ۱. مکر، حیله، حقه، نیرنگ ۲. زرنگی، زیرکی، زبلی

cup /kâp/ *n* ۱. فنجان ۲. جام، ساغر ۳. پیمانه ۴. [مسابقات] جام

cup-final [فوتبال] مسابقهٔ نهایی

cupboard /ˈkâbord/ *n* قفسه، گنجه، کمد، کابینت

curb /kerb/ *n* ۱. افسار، عنان ۲. مهار، کنترل ۳. جدول (خیابان)

curd /kerd/ *n* ۱. لور ۲. دَلَمه

cure[1] /kyur/ *n* ۱. معالجه، درمان، مداوا ۲. شفا، بهبود ۳. دوا، دارو

cure[2] /kyur/ *vt* ۱. درمان کردن، معالجه کردن، مداوا کردن، خوب کردن ۲. شفا دادن، بهبود بخشیدن

curiosity /kyuriˈyâsiti/ *n* ۱. کنجکاوی ۲. شوق ۳. فضولی

curious /ˈkyuriyes/ *adj* ۱. کنجکاو ۲. مشتاق، علاقه‌مند ۳. فضول ۴. عجیب، شگفت‌انگیز

curiously /ˈkyuriyesli/ *adv* ۱. عجیب این‌که ... ۲. با تعجب، از روی تعجب ۳. با کنجکاوی

curl[1] /kerl/ *n* ۱. حلقه ۲. حلقهٔ مو

curl[2] /kerl/ *vt,vi* ۱. فر زدن، فرفری کردن، پیچیدن ۲. تاب دادن، موج‌دار کردن ۳. حلقه کردن

curler /ˈkerler/ *n* بیگودی

curly /ˈkerli/ *adj* ۱. حلقه‌حلقه ۲. فرفری، مجعد

currant /ˈkârent/ *n* ۱. کشمش بی‌دانه ۲. انگور فرنگی

currency /ˈkârensi/ *n* ۱. پول رایج، پول ۲. [پول] گردش

current[1] /ˈkârent/ *adj* ۱. رایج، متداول ۲. جاری ۳. در جریان

current events اخبار روز

current issue [روزنامه، مجله و غیره] آخرین شماره

current[2] /ˈkârent/ *n* ۱. جریان ۲. جریان آب ۳. کوران ۴. جریان برق

curry /ˈkâri/ *n* [خوراک] کاری

curse[1] /kers/ *n* ۱. نفرین، لعنت ۲. فحش، ناسزا ۳. [عامیانه] قاعدگی

curse[2] /kers/ *vt,vi* ۱. نفرین کردن، لعنت کردن، لعن کردن ۲. فحش دادن، دشنام دادن، ناسزا گفتن

curtain /ˈkerten/ *n* ۱. پرده ۲. لایه، پوشش، حفاظ ۳. آغاز نمایش

draw the curtains پرده را کشیدن

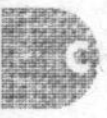

curve /kerv/ *n,vi* ۱. منحنی ۲. خط منحنی ۳. پیچ، قوس ◙ ۴. پیچیدن، پیچ خوردن ۵. قوس زدن

cushion /'kushen/ *n* ۱. کوسن ۲. بالشتک ۳. تشکچه، تشک ۴. پشتی ۵. توده، کپه

custodian /kâs'todiyen/ *n* ۱. سرپرست ۲. سرایدار، نگهبان

custody /'kâstedi/ *n* ۱. سرپرستی، ۲. امانت ۳. بازداشت، توقیف

custom /'kâstem/ *n* ۱. رسم ۲. سنّت ۳. عرف ۴. عادت ۵. خرید

customer /'kâstemer/ *n* ۱. مشتری، خریدار ۲. [عامیانه] آدم

customs /'kâstemz/ *n* ۱. آداب و رسوم، سنن، مراسم ۲. عوارض گمرکی، حقوق گمرکی

customs duties عوارض گمرکی

customs officer مأمور گمرک

cut[1] /kât/ *vt,vi* ۱. بریدن ۲. قطع کردن ۳. زدن ۴. قطعه‌قطعه کردن، تکه‌تکه کردن ۵. تقسیم کردن ۶. جدا کردن ۷. [ناخن] گرفتن ۸. چیدن ۹. میان‌بُر زدن ۱۰. [ورق‌بازی] کوپ کردن، بُر تخت زدن

cut down ۱. [درخت] انداختن، قطع کردن ۲. کوتاه کردن، کوچک کردن

cut in (or on) حرف کسی یا گفتگویی را قطع کردن

cut off ۱. بریدن ۲. قطع کردن

cut out ۱. ترک کردن، کنار گذاشتن ۲. بریدن ۳. [موتور و غیره] از کار افتادن

cut prices زیر قیمت فروختن، با تخفیف فروختن

cut somebody short حرف کسی را قطع کردن

cut[2] /kât/ *p,pp* گذشته و اسم مفعول فعل cut

cut[3] /kât/ *n* ۱. بریدگی ۲. برش

cutlery /'kâtleri/ *n* (سرویس) قاشق و چنگال، کارد و چنگال

cutlet /'kâtlit/ *n* ۱. استیک ۲. کتلت

cut-price /kât 'prâys/ *adj* ارزان

cutter /'kâter/ *n* ۱. برش‌کار ۲. ماشینِ برش، چرخ برش

film cutter [فیلم] برش‌کار

cutting[1] /'kâting/ *adj* ۱. گزنده، تند ۲. تیز ۳. سخت، شدید ۴. سرد

cutting[2] /'kâting/ *n* ۱. بریده (جرائد) ۲. قلمه ۳. برش، خاک‌برداری ۴. [سینما] تدوین

cycle /'sâykel/ *n,vi* ۱. چرخه، دوره ۲. دوچرخه ◙ ۳. دوچرخه‌سواری کردن ۴. با دوچرخه رفتن

cylinder /'silinder/ *n* ۱. استوانه ۲. غلتک ۳. [موتور] سیلندر

cylindrical /si'lindrikâl/ *adj* استوانه‌ای، استوانه‌ای‌شکل

cymbal /'simbâl/ *n* سِنج

cypress /'sâypres/ *n* ۱. [درخت] سرو ۲. چوب سرو

D

D,d /dii/ *n* دی
(= چهارمین حرفِ الفبای انگلیسی)
dab /dab/ *vt,vi* ۱. پاک کردن ۲. مالیدن ۳. زدن، آهسته زدن
dad /dad/ *n* بابا
daffodil /'dafodil/ *n* (گُل) نرگس
dagger /'dager/ *n* خنجر، دشنه
daily[1] /'deyli/ *adj,adv* ۱. روزانه، هرروز، هرروزه، روزی ۲. روزمره
daily[2] /'deyli/ *n* ۱. روزنامه ۲. کلفت روزمزد، کارگر
dainty /'deynti/ *adj* ۱. ظریف ۲. خوشگل، قشنگ، ملوس
dairy /'deri/ *n* ۱. لبنیات‌فروشی، لبنیاتی ۲. [کارخانه] لبنیات‌سازی
daisy /'deyzi/ *n* (گُل) مینا
dam /dam/ *n* ۱. سد ۲. بند
damage[1] /'damij/ *n* ۱. خسارت ۲. خسارات ۳. آسیب ۴. لطمه، صدمه، ضرر، زیان ۵. خرج
damage[2] /'damij/ *vt* ۱. آسیب رساندن ۲. خسارت وارد کردن ۳. لطمه زدن
damn /dam/ *vt* ۱. لعنت کردن، لعن کردن ۲. فحش دادن، بد و بیراه گفتن ۳. به باد انتقاد گرفتن

damp[1] /damp/ *adj,n* ۱. مرطوب، نم‌دار ۲. نمناک ◙ ۳. رطوبت، نم
damp[2] /damp/ *vt* مرطوب کردن
dance[1] /dâns/ *n* ۱. رقص ۲. آهنگ رقص ۳. مجلس رقص
dance[2] /dâns/ *vi,vt* ۱. رقصیدن ۲. رقصاندن ۳. بالا و پایین رفتن ۴. بالا و پایین انداختن
dancer /'dânser/ *n* ۱. رقاص ۲. رقصنده
dandruff /'dandrâf/ *n* شورهٔ سر
Dane /deyn/ *n* دانمارکی
danger /'deynjer/ *n* خطر
dangerous /'deynjeres/ *adj* خطرناک
dangerously /'deynjeresli/ *adv* به‌طور خطرناکی
Danish /'deynish/ *adj,n* ۱. دانمارکی ◙ ۲. زبان دانمارکی
dank /dank/ *adj* مرطوب، نمناک
dare /der/ *vt,vi* ۱. جرئت کردن، جرئت داشتن، شهامت (کاری را) داشتن ۲. به خود اجازه دادن ۳. به چالش طلبیدن
How dare you...! چطور جرئت می‌کنی...! چطور به خودت اجازه می‌دهی...!

I dare say فکر می‌کنم، گمان می‌کنم، احتمال دارد

dark[1] /dârk/ *adj* ۱. تاریک ۲. [رنگ] تیره، سیر ۳. [چهره] سبزه

dark[2] /dârk/ *n* ۱. تاریکی ۲. غروب

before dark پیش از غروب

after dark بعد از غروب

darken /'dârken/ *vi,vt* ۱. تاریک شدن، تیره شدن ◙ ۲. تیره کردن

darkness /'dârknis/ *n* تاریکی

darling /'dârling/ *adj,n* ۱. عزیز، محبوب ◙ ۲. [در خطاب] عزیزم

darn /dârn/ *vt* رفو کردن

dart /dârt/ *vi,vt* ۱. مثل تیر رفتن، مثل برق رفتن ۲. پریدن ◙ ۳. پراندن، انداختن

darts /dârts/ *n* [بازی] دارت

dash[1] /dash/ *n* ۱. یورش ۲. شتاب ۳. کمی ۴. خط تیره ۵. دوی سرعت

dash[2] /dash/ *vt,vi,intj* ۱. با سرعت رفتن، با عجله رفتن ۲. پرتاب کردن ۳. خرد کردن، شکستن ۴. با عجله نوشتن ◙ ۵. لعنت بر...!

date[1] /deyt/ *n* ۱. تاریخ ۲. زمان، دوره، عصر ۳. قرار، قرار ملاقات

to date تا این تاریخ، تاکنون

up to date نو، امروزی، روزآمد

What's the date today? امروز چندم است؟

date[2] /deyt/ *n* ۱. خرما ۲. نخل

date[3] /deyt/ *vt,vi* ۱. تاریخ گذاشتن، تاریخ زدن ۲. تاریخ (چیزی را) تعیین کردن، قرار (ملاقات) گذاشتن با

daughter /'doter/ *n* دختر

dawdle /'dodel/ *vi* وقت تلف کردن، فس‌فس کردن

dawn[1] /don/ *n* سپیده‌دم، پگاه

dawn[2] /don/ *vi* ۱. سپیده زدن، صبح شدن ۲. [مجازی] جوانه زدن

day /dey/ *n* ۱. روز ۲. شبانه‌روز ۳. [اغلب به صورت جمع] دوره، زمان

all day long در تمام روز، همهٔ روز

by day در روز، روزها

day after day هر روز، همه روزه

day in, day out هر روز، پیوسته، بی‌وقفه

in a few day's time به زودی، در ظرف چند روز، همین روزها

one day روزی، یک روز

some day روزی، یک روز

the day after tomorrow پس‌فردا

the day before yesterday پریروز

What day is it today? امروز چندشنبه است؟

daybreak /'deybreyk/ *n* سپیده‌دم

daydream /'deydriim/ *n,vi* ۱. خیال‌پردازی ◙ ۲. خیال‌پردازی کردن

daylight /'deylâyt/ *n* ۱. روز ۲. روشنایی روز ۳. روز روشن

dealt /delt/ *p,pp*
گذشته و اسم مفعول فعل deal

dear /'diyer/ *adj* ۱. عزیز، محبوب
۲. گران ۳. [در عنوانِ نامه] گرامی

dearly /'diyerli/ *adv* بسیار، خیلی

death /deth/ *n* ۱. مرگ
۲. مرگ و میر ۳. (عمل) کشتن

put someone to death
اعدام کردن، کُشتن

deathly /'dethli/ *adj,adv*
۱. مرگ‌گونه، مرگبار ۲. شبیه به مرده، مثل مرده

debate /di'beyt/ *n,vi,vt* ۱. بحث، مذاکره ۲. مجادله، بگومگو ۳. مناظره ◘ ۴. بحث کردن، مذاکره کردن ۵. جر و بحث کردن ۶. (پیش خود) فکر کردن

debt /det/ *n* ۱. قرض، بدهی
۲. بدهکاری ۳. [مجازی] دِین

in debt
مقروض

decade /'dekeyd/ *n* ۱. دهه
۲. ده سال

decay[1] /di'key/ *vi,vt* ۱. خراب شدن، فاسد شدن، گندیدن ۲. پوسیدن ۳. ویران شدن، فرو ریختن، ریختن ◘ ۴. فاسد کردن، خراب کردن

decay[2] /di'key/ *n* ۱. فساد، خرابی، گندیدگی ۲. پوسیدگی ۳. ویرانی ۴. انقراض، زوال، انحطاط

deceit /di'siit/ *n* ۱. فریبکاری، حقه‌بازی، تقلب ۲. فریب، دروغ

daze /deyz/ *vt,n* ۱. گیج کردن
۲. بهت‌زده کردن ◘ ۳. گیجی ۴. بهت

dazed /deyzd/ *adj* گیج، منگ

dazzle /'dazel/ *vt*
[نور] چشم را زدن، کور کردن

dead /ded/ *adj,adv,n* ۱. مرده
۲. ساکت، خاموش ۳. کامل ◘ ۴. کاملاً ◘ ۵. سکوت، سکون

deaden /'deden/ *vt*
[درد] آرام کردن، تسکین دادن

deadly /'dedli/ *adj* ۱. کُشنده، مرگبار ۲. [دشمن] قهار، خونی، کینه‌توز ۳. کاری، مؤثر

deaf /def/ *adj* کر، ناشنوا

deafen /'defen/ *vt* کر کردن

deafness /'defnis/ *n* ناشنوایی

deal[1] /diil/ *n* ۱. معامله
۲. مصالحه ۳. نوبت (ورق دادن)، دست، دور

deal[2] /diil/ *vt,vi* ۱. رفتار کردن، سر و کله زدن با ۲. پرداختن به ۳. معامله کردن ۴. دادن، توزیع کردن

deal in something
تو کار خرید و فروش چیزی بودن

deal out توزیع کردن، تقسیم کردن

deal with something ۱. دربارهٔ چیزی بودن ۲. به چیزی پرداختن

deal[3] /diil/ *n* مقدار

a good deal خیلی، مقدار زیادی

a great deal خیلی، مقدار زیادی

dealer /'diiler/ *n* فروشنده

deceitful / di'siitful / *adj* ۱. فریبکار، حقه‌باز، متقلب ۲. فریبکارانه ۳. غلط‌انداز

deceive / di'siiv / *vt* ۱. فریب دادن، گمراه کردن ۲. [زناشویی] خیانت کردن

December / di'sember / *n* دسامبر (= ماه دوازدهم سال فرنگی)

decency / 'diisensi / *n* ۱. ادب، نزاکت ۲. لطف، محبت، بزرگواری ۳. ضوابط اخلاقی

decent / 'diisent / *adj* ۱. محترم ۲. شایسته ۳. با نزاکت ۴. خوب

decently / 'diisentli / *adv* ۱. به نحو شایسته‌ای ۲. محترمانه

deception / di'sepshen / *n* ۱. فریبکاری ۲. فریب، دروغ، حیله

decide / di'sâyd / *vt, vi* ۱. تصمیم گرفتن ۲. حکم کردن

decimal / 'desimâl / *adj, n* ۱. ده‌دهی، اعشاری ▣ ۲. کسر اعشاری

decision / di'sizhen / *n* ۱. تصمیم ۲. قدرت تصمیم‌گیری، اراده، قاطعیت ۳. رأی، حکم

decisive / di'sâysiv / *adj* ۱. قاطع، مصمّم ۲. قاطعانه ۳. قطعی

deck / dek / *n* ۱. عرشه ۲. [اتوبوس] طبقه ۳. دستهٔ ورق

deckchair / 'dekcher / *n* صندلی ساحل، صندلی استخر

declaration / dekle'reyshen / *n* ۱. اعلام، اعلان ۲. اظهار، ابراز ۳. اعلامیه ۴. بیانیه ۵. اظهاریه

declare / di'kler / *vt* ۱. اعلام کردن، اعلان کردن ۲. اظهار داشتن، بیان داشتن ۳. تصریح کردن

decline[1] / di'klâyn / *vt, vi* ۱. رد کردن، عذر خواستن ۲. خودداری کردن ۳. کاهش یافتن ۴. تحلیل رفتن ۵. سرازیر شدن

decline[2] / di'klâyn / *n* ۱. کاهش، تنزل، افت ۲. سقوط، زوال، افول

decomposition / diikâmpo'zishen / *n* ۱. تجزیه ۲. خرابی

decorate / 'dekoreyt / *vt* ۱. تزیین کردن ۲. آذین بستن

decoration / deko'reyshen / *n* ۱. تزیین، آرایش ۲. آذین، آذین‌بندی ۳. دکوراسیون ۴. نشان (افتخار)

decorative / 'dekoretiv / *adj* تزیینی، زینتی

decrease[1] / di'kriis / *vi, vt* ۱. کم شدن، کاهش یافتن ▣ ۲. کم کردن

decrease[2] / 'diikriis / *n* کاهش

dedication / dedi'keyshen / *n* [کتاب و آثار هنری] اهدا، تقدیم‌نامه

deduction / di'dâkshen / *n* ۱. قیاس ۲. استنتاج ۳. کسر

deed / diid / *n* ۱. عمل ۲. سند

deep[1] / diip / *adj* ۱. عمیق، گود ۲. سنگین ۳. پهن ۴. [صدا] بم ۵. [رنگ] سیر، تند ۶. جدی، اساسی

deep[2] / diip / *adv* عمیقاً

deeply / 'diipli / *adv* عمیقاً

deer / 'diyer / *n* ۱. گوزن ۲. گوزن‌ها

defeat / di'fiit / *vt,n* ۱. شکست دادن، مغلوب کردن ۲. ناکام کردن ◙ ۳. شکست ۴. باخت

defect / 'diifekt / *n* نقص، عیب

defective / di'fektiv / *adj* ۱. ناقص، معیوب، خراب ۲. نادرست

defence / di'fens / *n* ۱. دفاع ۲. وسیلهٔ دفاع ۳. وکیل مدافع

defend / di'fend / *vt* ۱. حفاظت کردن از ۲. حمایت کردن

defensive / di'fensiv / *adj* ۱. دفاعی، تدافعی ۲. حفاظی

defer[1] / di'fer / *vt* عقب انداختن

defer[2] / di'fer / *vi* ۱. تسلیم شدن ۲. احترام گذاشتن به ۳. تمکین کردن

defiant / di'fâyent / *adj* ۱. نافرمان، متمرد ۲. گستاخ، جسور ۳. جسورانه

deficiency / di'fishensi / *n* ۱. کمبود ۲. نقص، عیب ۳. کسری

deficient / di'fishent / *adj* ۱. کم، ناکافی، نارسانا ۲. ناقص

define / di'fâyn / *vt* ۱. تعریف کردن ۲. تعیین کردن، مشخص کردن

definite / 'definit / *adj* ۱. مشخص، معین ۲. مسلّم ۳. مصمّم ۴. مطمئن

definitely / 'definitli / *adv* ۱. به‌طور قطعی ۲. قطعاً، یقیناً

definition / defi'nishen / *n* ۱. تعریف ۲. شرح، وصف، توصیف

deformed / di'formd / *adj* از شکل افتاده، تغییر شکل داده

defraud / di'frod / *vt* کلاه سر (کسی) گذاشتن

defrost / dii'frâst / *vt,vi* ۱. یخ (چیزی را) آب کردن ۲. یخ (چیزی) آب شدن ۳. برفک (یخچال را) آب کردن ۴. بخار (شیشهٔ اتومبیل را) پاک کردن

deft / deft / *adj* ماهر، ورزیده

defuse / dii'fyooz / *vt* ۱. فیوز (چیزی را) قطع کردن یا برداشتن ۲. [بمب و غیره] خنثی کردن

defy / di'fây / *vt* ۱. سرپیچی کردن، به حرف (کسی) گوش ندادن ۲. نقض کردن ۳. در برابر (کسی) ایستادن ۴. غیرممکن ساختن، با شکست مواجه کردن ۵. به مبارزه طلبیدن

degree / di'grii / *n* ۱. درجه ۲. حد ۳. رتبه ۴. مدرک دانشگاهی، مدرک

dehydrate / dii'hâydreyt / *vt,vi* ۱. [مواد غذایی] خشک کردن، [شیمی] آب‌زدایی کردن ◙ ۲. آب خود را از دست دادن، خشک شدن

dejected / di'jektid / *adj* ۱. غمگین، افسرده، اندوهگین ۲. ناامید، مأیوس

delay[1] / di'ley / *vi,vt* ۱. تأخیر کردن، دیر کردن ◙ ۲. عقب انداختن

delay[2] / di'ley / *n* تأخیر، معطلی

delete / di'liit / *vt* حذف کردن

deletion / di'liishen / *n* حذف

deliberate[1] / di'liberit / *adj* ۱. عمدی ۲. سنجیده، آگاهانه ۳. آرام

deliberate[2] / di'libereyt / *vt, vi* ۱. فکر کردن ۲. مشورت کردن

deliberately / di'liberitli / *adv* ۱. عمداً، تعمداً، آگاهانه ۲. با متانت، به آرامی

deliberation / dilibe'reyshen / *n* ۱. تعمق، تفکر ۲. بحث ۳. متانت

delicate / 'delikit / *adj* ۱. ظریف ۲. لطیف، نرم ۳. حساس ۴. شکننده ۵. ضعیف، بی‌بنیه ۶. باملاحظه

delicately / 'delikitli / *adv* ۱. با ظرافت ۲. با دقت ۳. با ملاحظه

delicious / di'lishes / *adj* ۱. خوشمزه، لذیذ، مطبوع ۲. زیبا

delight[1] / di'lâyt / *n* ۱. شادی، شادمانی، خوشی ۲. لذت ۳. مایهٔ شادی، مایهٔ نشاط

delight[2] / di'lâyt / *vt, vi* ۱. شاد کردن ◘ ۲. لذت بردن

delightful / di'lâytful / *adj* ۱. شاد، خوشایند، لذت‌بخش ۲. قشنگ

delinquency / di'linkwensi / *n* ۱. بزهکاری ۲. بزه، خلاف ۳. قصور

delinquent / di'linkwent / *adj, n* ۱. بزهکار ۲. خلاف ◘ ۳. بزهکار

deliver / di'liver / *vt* ۱. رساندن ۲. تحویل دادن ۳. دادن ۴. تسلیم کردن ۵. [سخنرانی و غیره] ایراد کردن ۶. زایاندن ۷. زدن

delivery / di'liveri / *n* ۱. تحویل ۲. تحویل نامه و محموله‌های پستی ۳. بیان، طرز بیان ۴. زایمان ۵. نجات، رهایی ۶. تسلیم

delude / di'lood / *vt* گول زدن، فریب دادن، گمراه کردن

delusion / di'loozhen / *n* وهم

demand[1] / di'mând / *vt* ۱. خواستن ۲. لازم داشتن

demand[2] / di'mând / *n* ۱. درخواست ۲. تقاضا ۳. مطالبه

demo / 'demo / *n* [عامیانه] تظاهرات

democracy / di'mâkresi / *n* دموکراسی

democrat / 'demokrat / *n* (آدم) دموکرات، طرفدار دمکراسی

democratic / demo'kratik / *adj* ۱. دموکراتیک ۲. مردمی، خلقی

demolish / di'mâlish / *vt* ۱. خراب کردن ۲. درهم کوبیدن

demolition / demo'lishen / *n* ۱. تخریب ۲. [عقیده] نفی، ابطال

demonstrate / 'demonstreyt / *vt, vi* ۱. اثبات کردن، ثابت کردن ۲. نشان دادن، نمایش دادن، آشکار ساختن ◘ ۳. در تظاهرات شرکت کردن، تظاهرات کردن

demonstration / demons'treyshen / *n* ۱. نشان دادن، نمایش

deny /di'nây/ *vt* ۱. تکذیب کردن، انکار کردن، منکر شدن ۲. حاشا کردن ۳. دریغ کردن

deodorant /dii'oderent/ *n* ضدبو، اسپری (بدن)، دئودورانت

depart /di'pârt/ *vi* ۱. حرکت کردن ۲. رفتن ۳. دور شدن

department /di'pârtment/ *n* ۱. وزارتخانه ۲. اداره ۳. [بیمارستان] بخش ۴. [دانشگاه] گروه

department store فروشگاه بزرگ

departure /di'pârcher/ *n*. ۱. رفتن، عزیمت ۲. حرکت

depend /di'pend/ *vi* ۱. وابسته بودن ۲. روی (کسی) حساب کردن، به (کسی) اعتماد کردن

it (*or* that) depends بستگی دارد، حالا تا ببینیم

depend on (*or* upon) ۱. وابسته بودن به، نیازمند بودن ۲. اعتماد کردن به

dependable /di'pendebel/ *adj* مطمئن، قابل اعتماد

dependence /di'pendens/ *n* ۱. وابستگی، اتکا ۲. اعتماد ۳. اعتیاد

dependent /di'pendent/ *adj* ۱. وابسته، متکی به ۲. معتاد

deplorable /di'plorebel/ *adj* اسف‌انگیز، تأسف‌آور، مایهٔ تأسف

deport[1] /di'port/ *vt* ۱. (از کشور) اخراج کردن ۲. تبعید کردن

deport[2] /di'port/ *vt* رفتار کردن

۲. اثبات ۳. تظاهرات، راه‌پیمایی

demonstrative /di'mânstretiv/ *adj* احساساتی، گرم

demonstrator/'demonstreyter/ *n* [به صورت جمع] تظاهرکنندگان

den /den/ *n* ۱. لانه، کنام ۲. مخفیگاه ۳. پاتوق ۴. گوشهٔ دنج

denial /di'nâyâl/ *n* ۱. تکذیب، انکار ۲. حاشا ۳. محرومیت

denim /'denim/ *n,adj* ۱. پارچهٔ جین ◙ ۲. جین

denims /'denimz/ *n* شلوار جین

denomination /dinâmi'neyshen/ *n* ۱. نام‌گذاری ۲. نام ۳. فرقه (مذهبی)

denounce /di'naons/ *vt* ۱. محکوم کردن، به باد انتقاد گرفتن ۲. لغو کردن، باطل اعلام کردن

dense /dens/ *adj* ۱. غلیظ ۲. فشرده، متراکم، انبوه ۳. مشکل

densely /'densli/ *adv* به‌طور متراکم، با تراکم زیاد

density /'densiti/ *n* ۱. فشردگی، تراکم، انبوهی ۲. غلظت ۳. چگالی

dent /dent/ *n,vt,vi* ۱. قُرشدگی، فرورفتگی ۲. [مجازی] سوراخ، چاله ◙ ۳. قُر کردن ◙ ۴. قُر شدن

dental /'dentâl/ *adj* دندانی

dentist /'dentist/ *n* دندانپزشک

dentures /'dencherz/ *n* دندان مصنوعی

deposit[1] /di'pâzit/ *n* ۱. سپرده ۲. امانت، ودیعه ۳. پرداخت ۴. پیش‌پرداخت ۵. وثیقه ۶. رسوب

deposit[2] /di'pâzit/ *vt, vi* ۱. گذاشتن، قرار دادن ۲. واریز کردن ۳. سپردن ۴. به امانت گذاشتن (نزدِ) ۵. [رسوب، خاک] برجای گذاشتن، ته‌نشین کردن ◘ ۶. رسوب کردن، ته‌نشین شدن

depot /'depo/ *n* ۱. انبار ۲. [در امریکا، اتوبوس و قطار] ایستگاه

depress /di'pres/ *vt* ۱. فشار دادن ۲. پایین آوردن ۳. افسرده کردن

depression /di'preshen/ *n* ۱. [روان‌شناسی] افسردگی ۲. فشار ۳. رکود اقتصادی، کسادی ۴. [هواشناسی] فروبار

deprive /di'prâyv/ *vt* ۱. محروم کردن ۲. بی‌نصیب کردن

depth /depth/ *n* عمق، ژرفا

in depth به طور مفصّل، به دقّت

deputy /'depyuti/ *n* ۱. جانشین، قائم‌مقام ۲. معاون ۳. نماینده

derange /di'reynj/ *vt* آشفته کردن

derive /di'râyv/ *vt, vi* ۱. به دست آوردن ◘ ۲. مشتق شدن

descend /di'send/ *vi, vt* ۱. فرود آمدن، پایین آمدن ۲. فرو رفتن، پایین رفتن ۳. نازل شدن ۴. به ارث رسیدن (به)

descendant /di'sendent/ *n* فرزند، خلف

descent /di'sent/ *n* ۱. فرود ۲. سراشیبی، سرازیری ۳. سقوط، تنزل ۴. تبار، نسب

describe /dis'krâyb/ *vt* ۱. توصیف کردن، وصف کردن ۲. شرح دادن ۳. رسم کردن، کشیدن

description /dis'kripshen/ *n* ۱. توصیف، وصف ۲. نوع، جور

descriptive /dis'kriptiv/ *adj* ۱. توصیفی ۲. وصفی ۳. ترسیمی

desert[1] /di'zert/ *vt* ۱. (از جایی) رفتن ۲. رها کردن، ول کردن

desert[2] /'dezert/ *n, adj* ۱. بیابان، صحرا، کویر ◘ ۲. بیابانی، کویری

deserted /di'zertid/ *adj* ۱. خلوت، خالی از سکنه ۲. متروکه

deserve /di'zerv/ *vt* استحقاق داشتن، سزاوار (چیزی) بودن

design[1] /di'zâyn/ *n* ۱. طرح ۲. طراحی ۳. نقشه ۴. قصد، نیت

design[2] /di'zâyn/ *vt, vi* ۱. طراحی کردن ۲. طرح‌ریزی کردن ۳. در نظر گرفتن، تخصیص دادن به

designer /di'zâyner/ *n* طراح

desire[1] /di'zâyer/ *n* ۱. [در معنای جنسی] عشق ۲. میل ۳. آرزو ۴. اشتیاق، تمایل ۵. خواست

desire[2] /di'zâyer/ *vt* ۱. آرزو کردن، آرزومند (چیزی) بودن ۲. عاشق (کسی) بودن ۳. خواستن

desk /desk/ *n* میز، میزتحریر

desolate[1] /'desolit/ *adj*
۱. متروکه، مخروبه، ویرانه ۲. خالی از سکنه ۳. غمگین ۴. تنها، بیچاره

desolate[2] /'desoleyt/ *vt*
۱. ویران کردن ۲. غمگین کردن

despair[1] /dis'per/ *n* ناامیدی

despair[2] /dis'per/ *vi* ناامید شدن

desperate /'desperit/ *adj*
۱. مستأصل، درمانده، ناچار ۲. محتاج، نیازمند ۳. نومید

desperately /'desperitli/ *adv*
۱. از فرط استیصال ۲. جداً ۳. زیاد

desperation /despe'reyshen/ *n*
استیصال، ناچاری، درماندگی

despise /dis'pâyz/ *vt*
مورد تنفر قرار دادن، متنفر بودن از

despite /dis'pâyt/ *prep* به رغمِ، بر خلافِ، با وجودِ، با وجود این که

dessert /di'zert/ *n* دِسِر

dessertspoon /di'zertspoon/ *n*
قاشق مرباخوری

destination /desti'neyshen/ *n*
۱. مقصد ۲. هدف، غایت

destiny /'destini/ *n* ۱. تقدیر ۲. سرنوشت، قسمت

destitute /'destityoot/ *adj*
۱. فقیر، تهی‌دست ۲. فاقدِ

destroy /dis'troy/ *vt*
۱. خراب کردن ۲. منهدم کردن

destruction /dis'trâkshen/ *n*
۱. خرابی، ویرانی ۲. انهدام

detach /di'tach/ *vt* ۱. باز کردن، جدا کردن ۲. ترک کردن ۳. فرستادن

detached /di'tacht/ *adj* ۱. جدا، مجزا ۲. بی‌طرف ۳. بی‌طرفانه، مستقل ۴. بی‌تفاوت، بی‌اعتنا

detail /'diiteyl/ *n* جزئیات

detain /di'teyn/ *vt* معطل کردن

detect /di'tekt/ *vt* ۱. یافتن، پیدا کردن، پی بردن به، متوجه چیزی شدن ۲. شناسایی کردن، کشف کردن

detective /di'tektiv/ *n* کارآگاه

detention /di'tenshen/ *n*
۱. بازداشت، توقیف ۲. زندان

deter /di'ter/ *vt* ۱. منصرف کردن، مانع شدن، بازداشتن ۲. دلسرد کردن ۳. ترساندن

detergent /di'terjent/ *n*
مادهٔ پاک‌کننده

deteriorate /di'tiriyereyt/ *vi,vt*
۱. بدتر شدن ۲. وخیم‌تر شدن ۳. خراب شدن ◘ ۴. بدتر کردن، وخیم‌تر کردن

deterioration /ditiriyo'reyshen/ *n*
۱. وخامت ۲. تیرگی (روابط)

determine /di'termin/ *vt,vi*
۱. معین کردن، تعیین کردن، مشخص کردن ۲. تصمیم گرفتن

determined /di'termind/ *adj*
۱. مصمّم، بااراده، قاطع ۲. قاطعانه

deterrent /di'terent/ *n,adj*
۱. عامل بازدارنده ◘ ۲. بازدارنده

detest / di'test / *vt* متنفر بودن
detour / 'diitur / *n* ۱. راه فرعی، مسیر انحرافی ۲. راه غیرمستقیم
devastate / 'devasteyt / *vt* ویران کردن، تخریب کردن
devastation / devas'teyshen / *n* ۱. ویرانی، خرابی ۲. تباهی، نابودی
develop / di'velop / *vt, vi* ۱. رشد کردن ۲. توسعه یافتن ۳. گسترش دادن ۴. بسط دادن ۵. [فیلم] ظاهر کردن ۶. بهتر کردن، بهبود بخشیدن ۷. [گیاه] روییدن
development / di'velopment / *n* ۱. رشد ۲. عمران ۳. ساختمان‌سازی ۴. توسعه ۵. [فیلم] ظهور ۶. تحول
device / di'vâys / *n* ۱. ابزار، وسیله، دستگاه ۲. حقه، ترفند، تمهید، تدبیر
devil[1] / 'devil / *n* ۱. شیطان ۲. عفریت، روح پلید، دیو
poor devil طفلک بیچاره
Devil[2], **the** / 'devil / *n* شیطان
devilish / 'devilish / *adj* شیطانی
devise / di'vâyz / *vt* ابداع کردن، اختراع کردن، ساختن، تعبیه کردن
devoted / di'votid / *adj* ۱. وفادار، صادق ۲. فداکار ۳. شیفته، عاشق
devotion / di'voshen / *n* ۱. صرف ۲. ایثار ۳. ایمان، زهد، پارسایی
devour / di'vaor / *vt* بلعیدن
dexterity / deks'teriti / *n* مهارت

diabetes / dâyâ'biitiz / *n* بیماری قند
diabetic / dâyâ'betik / *n, adj* ۱. بیمار مبتلا به مرض قند، بیمار قندی ◙ ۲. [مربوط به] بیماری قند
diagram / 'dâyâgram / *n* ۱. نمودار ۲. طرح، نقشه ۳. شکل
dial / 'dâyâl / *n, vt* ۱. صفحه ۲. صفحهٔ ساعت ۳. صفحهٔ رادیو ۴. شماره‌گیر (تلفن) ◙ ۵. شماره گرفتن
dialect / 'dâyâlekt / *n* ۱. لهجه، گویش ۲. زبان محلی، زبان
dialogue / 'dâyâlâg / *n* ۱. مکالمه، گفتگو، گفت و شنود ۲. تبادل نظر
diameter / dây'amiter / *n* قُطر
diamond / 'dâyâmond / *n* ۱. الماس ۲. [بازی ورق] خشت
diary / 'dâyeri / *n* ۱. دفتر یادداشت، سررسیدنامه ۲. دفتر خاطرات
keep a diary خاطرات خود را نوشتن
dice / dâys / *n* تاس
dictate / dik'teyt / *vt, vi* ۱. دیکته کردن ۲. تحمیل کردن
dictation / dik'teyshen / *n* ۱. املا ۲. [مجازی] دیکته ۳. دستور، حکم
dictator / dik'teyter / *n* دیکتاتور
dictatorship / dik'teytership / *n* استبداد، دیکتاتوری
dictionary / 'diksheneri / *n* ۱. فرهنگ ۲. واژه‌نامه
did / did / *p* گذشتهٔ فعل do[1,2]

die[1] / dây / *n* ۱. قالب ۲. مُهر ۳. تاس

die[2] / dây / *vi* ۱. مردن ۲. از بین رفتن ۳. [مجازی] هلاک بودن، دل (کسی) لک زدن

die down ۱. فروکش کردن، خوابیدن ۲. محو شدن

die for مردن به خاطرِ

die of به علت (چیزی) مردن، از (چیزی) مردن

diesel engine / 'diizel enjin / *n* موتور دیزل، دیزل

diet / 'dâyet / *n* ۱. غذای روزمره، غذا ۲. رژیم غذایی، برنامهٔ غذایی روزانه ۳. مقدار بیش از اندازه

be on a diet رژیم داشتن

go on a diet رژیم گرفتن

differ / 'difer / *vi* ۱. فرق داشتن، تفاوت داشتن ۲. اختلاف نظر داشتن

difference / 'difrens / *n* ۱. فرق، تفاوت ۲. تمایز ۳. اختلاف

make a difference تأثیر داشتن، مؤثر بودن

make a difference between فرق گذاشتن بین، اختلاف قائل شدن بین

make no diffrence هیچ فرقی نکردن

not make any diffrence هیچ اهمیتی نداشتن

different / 'difrent / *adj* ۱. متفاوت ۲. مختلف، گوناگون ۳. دیگر ۴. تازه

differently / 'difrentli / *adv* به‌گونه‌ای دیگر، به‌طرز دیگر

difficult / 'difikâlt / *adj* ۱. مشکل، دشوار، سخت ۲. پرتوقع

difficulty / 'difikâlti / *n* ۱. مشکل ۲. اشکال ۳. دردسر

dig / dig / *vt,vi* ۱. کندن، حفر کردن ۲. زمین کندن ۳. کاوش کردن ۴. [عامیانه] سر در آوردن، فهمیدن

digest[1] / 'dâyjest / *n* خلاصه

digest[2] / di'jest / *vt* هضم کردن

digestion / di'jeschen / *n* هضم

digestive / di'jestiv / *adj* گوارشی، [مربوط به] گوارش

digit / 'dijit / *n* [ریاضیات] رقم

digital / 'dijitâl / *adj* ۱. رقمی، عددی، شماره‌ای ۲. انگشتی

dignified / 'dignifâyd / *adj* ۱. موقر، باوقار، متین ۲. موقرانه، بامتانت، محترمانه

dignity / 'digniti / *n* ۱. ارزش، اعتبار، شأن ۲. وقار ۳. رتبه، مقام

dike / dâyk / *n,vi,vt* ۱. دیواره، سد ۲. جوی ۳. مانع ◘ ۴. جوی ساختن

dilapidated / di'lapideytid / *adj* درب و داغون، قراضه، اوراق

dilute / dây'lyoot / *vt* ۱. رقیق کردن، آب (در چیزی) ریختن ۲. شُل کردن

dim[1] / dim / *adj* ۱. تار ۲. تیره ۳. تاریک ۴. [نور] ضعیف ۵. مبهم

direct[1] /di'rekt/ *adj* ۱. مستقیم ۲. درست، دقیق ۳. بی‌واسطه

direct[2] /di'rekt/ *adv* مستقیماً

direct[3] /di'rekt/ *vt,vi*
۱. هدایت کردن، راهنمایی کردن ۲. فرستادن ۳. کارگردانی کردن

direction /di'rekshen/ *n* ۱. طرف ۲. مدیریت ۳. [سینما] کارگردانی

directions /di'rekshenz/ *n*
۱. دستورعمل ۲. راهنمایی ۳. نشانی، آدرس

directly /di'rektli/ *adv,conj*
۱. مستقیماً ۲. درست، کاملاً ۳. فوری، الان ◙ ۴. به محض اینکه

director /di'rekter/ *n* ۱. مدیر ۲. سرپرست، مسئول ۳. کارگردان

directory /di'rekteri/ *n* ۱. دفترِ راهنما ۲. دفتر راهنمای تلفن

dirt /dert/ *n* ۱. کثافت، چرکی ۲. خاک، گِل ۳. حرفهای رکیک

dirty[1] /'derti/ *adj* ۱. کثیف ۲. رکیک، هرزه ۳. [رنگ] کدر

dirty[2] /'derti/ *adv* [عامیانه] خیلی

dirty[3] /'derti/ *vt* کثیف کردن

disable /dis'eybel/ *vt*
۱. معلول کردن ۲. از کار انداختن

disadvantage /disad'vântij/ *n*
۱. عیب، نقص ۲. نقطه‌ضعف

disagree /disa'grii/ *vi*
۱. مخالف بودن ۲. تضاد داشتن ۳. [غذا، آب و هوا و غیره] نساختن به

dim[2] /dim/ *vt,vi* ۱. تار کردن ۲. تار شدن ۳. تاریک کردن ۴. تاریک شدن ۵. [نور] کم کردن ۶. [نور] کم شدن

dimension /di'menshen/ *n*
۱. بُعد ۲. اندازه ۳. جنبه

diminish /di'minish/ *vt,vi*
۱. کم کردن، کاستن، کاهش دادن ۲. کم شدن، کاهش یافتن ۳. کوچک جلوه دادن

dine /dâyn/ *vi,vt* ۱. شام خوردن، ناهار خوردن ۲. مهمانی دادن برای

dinghy /'dingi/ *n* قایق

dining room /'dâyning rum/ *n*
(اتاق) ناهارخوری

dinner /'diner/ *n* ۱. شام ۲. ناهار ۳. غذا ۴. مهمانی ۵. ضیافت شام

dinosaur /'dâynesor/ *n* دایناسور

dip[1] /dip/ *n* ۱. آب‌تنی ۲. شیب

dip[2] /dip/ *vt,vi* ۱. فروکردن، (در چیزی) فروبردن، زدن ۲. فرود آمدن ۳. فرورفتن

diploma /di'plomâ/ *n* ۱. دیپلم ۲. فوق‌دیپلم ۳. مدرک تحصیلی

diplomacy /di'plomasi/ *n*
۱. دیپلماسی ۲. مذاکره ۳. سیاست

diplomat /'diplomat/ *n*
۱. دیپلمات، نمایندهٔ سیاسی ۲. آدم با تدبیر، کاردان

diplomatic /diplo'matik/ *adj*
دیپلماتیک، سیاسی

disagreeable / dise'griyebel / *adj*
۱. بداخلاق ۲. ناخوشایند

disagreement / disa'griiment / *n*
۱. اختلاف ۲. مخالفت ۳. تضاد

disappear / disa'piyer / *vi*
۱. ناپدید شدن ۲. گم شدن، ۳. رفتن

disappearance / disa'piyerens / *n*
گم شدن، ناپدید شدن

disappoint / disa'poynt / *vt*
۱. مأیوس کردن، دلسرد کردن ۲. [نقشه و محاسبه و غیره] بر هم زدن

disappointment / disa'poynt-ment / *n*
۱. دلسردی، ناکامی ۲. شکست، سرخوردگی ۳. دلخوری، ناراحتی ۴. تأسف

disapproval / disa'proovâl/ *n*
۱. مخالفت، عدم تأیید ۲. نارضایی

disapprove / disa'proov / *vt,vi*
۱. مخالفت کردن با ۲. تأیید نکردن

disaster / di'zâster / *n*
فاجعه، مصیبت، بلا، سانحه، واقعهٔ ناگوار

disastrous / di'zâstres / *adj*
فاجعه‌آمیز، مصیبت‌بار، فجیع

disc / disk / *n*
۱. صفحهٔ گرد ۲. صفحه (گرامافون) ۳. دیسک

discard / dis'kârd / *vt*
۱. دور انداختن ۲. کنار گذاشتن ۳. [بازی ورق] انداختن

discern / di'sern / *vt*
تشخیص دادن

discharge[1] / dis'chârj / *vt*
۱. تخلیه کردن ۲. بیرون دادن ۳. شلیک کردن ۴. مرخص کردن ۵. اخراج کردن ۶. بازپرداخت کردن ۷. [وظیفه] انجام دادن

discharge[2] / 'dischârj / *n*
۱. تخلیه ۲. بازپرداخت ۳. اخراج

disciple / di'sâypel / *n*
مرید، پیرو

discipline[1] / 'disiplin / *n*
۱. انضباط ۲. نظم ۳. رشته (تحصیلی)

discipline[2] / 'disiplin / *vt*
۱. نظم برقرار کردن ۲. منضبط کردن ۳. ادب کردن

disclose / dis'kloz / *vt*
۱. آشکار کردن ۲. فاش کردن

disclosure / dis'klozher / *n*
افشا

disco / 'disko / *n*
دیسکو

discolour / dis'kâler / *vi,vt*
۱. تغییر رنگ دادن، رنگِ (چیزی) خراب شدن، رنگ (چیزی) رفتن ⊡ ۲. رنگ (چیزی را) تغییر دادن

discomfort / dis'kâmfort / *n*
۱. درد ۲. ناراحتی، نگرانی ۳. رنج

disconnect / diskâ'nekt / *vt*
۱. قطع کردن ۲. از برق کشیدن

discord / 'diskord / *n*
۱. اختلاف، ناسازگاری ۲. [موسیقی] ناهمخوانی

discordant / dis'kordent / *adj*
۱. متضاد، مغایر ۲. گوش‌خراش

discount[1] / 'diskaont / *n*
تخفیف

discount[2] / dis'kaont / *vt*
۱. باور نکردن ۲. تخفیف دادن

discourage /dis'kârij/ *vt*
۱. دلسرد کردن ۲. جلوگیری کردن از

discouragement /dis'kârijment/ *n* دلسردی، یأس، ناامیدی

discover /dis'kâver/ *vt*
۱. کشف کردن ۲. پی بردن، فهمیدن

discoverer /dis'kâverer/ *n* کاشف

discovery /dis'kâveri/ *n*
۱. کشف، اکتشاف ۲. کشفیات

discreet /dis'kriit/ *adj* ۱. محتاط، بااحتیاط ۲. باملاحظه

discretion /dis'kreshen/ *n*
۱. احتیاط، ملاحظه ۲. اختیار

discriminate /dis'krimineyt/ *vt,vi*
۱. تمیز دادن، تشخیص دادن ۲. فرق گذاشتن ۳. تبعیض قائل شدن

discus /'diskes/ *n* [ورزش] دیسک

discuss /dis'kâs/ *vt* ۱. بحث کردن ۲. صحبت کردن دربارهٔ

discussion /dis'kâshen/ *n* بحث، مذاکره، گفتگو، تبادل نظر

disdain /dis'deyn/ *vt,n*
۱. تحقیر کردن ◙ ۲. تحقیر

disease /di'ziiz/ *n* بیماری

diseased /di'ziizd/ *adj* ۱. بیمار، مریض ۲. بیمارگون ۳. خراب

disembark /disim'bârk/ *vi,vt*
۱. پیاده شدن ◙ ۲. پیاده کردن

disentangle /disin'tangel/ *vt,vi*
۱. از هم باز کردن ۲. ازهم باز شدن ۳. رها کردن

disgrace[1] /dis'greys/ *vt*
بی‌آبرو کردن، بدنام کردن

disgrace[2] /dis'greys/ *n* بدنامی، بی‌آبرویی، ننگ، رسوایی

disgraceful /dis'greysful/ *adj*
زشت، ننگین، شرم‌آور

disguise[1] /dis'gâyz/ *n*
۱. تغییر قیافه ۲. لباس مبدل

disguise[2] /dis'gâyz/ *vt*
۱. [قیافه، لباس و غیره] تغییر دادن ۲. (خود را) به شکل دیگری در آوردن

disgust[1] /dis'gâst/ *n* ۱. نفرت، تنفر، انزجار، بیزاری ۲. چِندِش

disgust[2] /dis'gâst/ *vt* متنفر کردن، منزجر کردن، بیزار کردن، حال (کسی) را به هم زدن

dish /dish/ *n,vt* ۱. دیس، بشقابِ توگود ۲. ظرف ۳. غذا ۴. آنتن بشقابی ۵. [عامیانه] تیکه، جیگر ۶. [غذا] کشیدن، سرو کردن

dishearten /dis'hârten/ *vt*
مأیوس کردن، ناامید کردن، دلسرد کردن

dishevelled /di'sheveld/ *adj*
ژولیده، آشفته، نامرتب، به‌هم‌ریخته

dishonest /dis'ânist/ *adj*
نادرست، متقلب، حقه‌باز، فریبکار

dishonesty /dis'ânisti/ *n*
نادرستی، تقلب، فریبکاری، ریاکاری

dishonour[1] /dis'âner/ *n* بدنامی، بی‌آبرویی، ننگ، رسوایی

disobey / diso'bey / *vt*
نافرمانی کردن، سرپیچی کردن
disorder / dis'order / *n, vt*
۱. بی‌نظمی، آشفتگی ۲. آشوب، شورش ۳. بیماری ◙ ۴. به‌هم ریختن، نظم (چیزی را) برهم زدن
disorderly / dis'orderli / *adj*
۱. آشفته، به‌هم‌ریخته ۲. اخلال‌گر
disorganize / dis'organâyz / *vt*
مختل کردن، به‌هم ریختن، آشفته کردن، خراب کردن
disparage / dis'parij / *vt*
بی‌اجر کردن، کوچک شمردن
dispatch[1] / dis'pach / *vt*
۱. فرستادن، ارسال کردن ۲. اعزام کردن ۳. کشتن
dispatch[2] / dis'pach / *n* ۱. اعزام ۲. گزارش، خبر ۳. سرعت
dispense / dis'pens / *vt*
۱. توزیع کردن ۲. اجرا کردن
dispense with صرف نظر کردن از، (چیزی یا کسی) را کنار گذاشتن
dispenser / dis'penser / *n*
۱. داروساز ۲. دستگاه توزیع(کننده)
dispersal / dis'persâl / *n* پخش
disperse / dis'pers / *vt* متفرق کردن، پراکنده کردن، پخش کردن
displace / dis'pleys / *vt*
۱. جابه‌جا کردن، جای (چیزی را) تغییر دادن ۲. جای (کسی یا چیزی را) گرفتن

dishonour[2] / dis'âner / *vt*
بدنام کردن، آبروی (کسی را) بردن
dishwasher / 'dishwâsher / *n*
ماشین ظرفشویی
disinfectant / disin'fektent / *n*
مادهٔ ضدعفونی
disinterested / dis'intristid / *adj*
۱. بی‌طرف، بی‌غرض ۲. بی‌علاقه
dislike / dis'lâyk / *vt,n*
۱. دوست نداشتن، خوش نیامدن از، بد آمدن از ◙ ۲. احساس بد آمدن، بیزاری
dislocate / 'dislokeyt / *vt*
۱. [استخوان] در رفتن ۲. مختل کردن
disloyal / dis'loyâl / *adj* خائن
disloyalty / dis'loyâlti / *n* خیانت
dismal / 'dizmâl / *adj* ۱. غمگین، افسرده ۲. غم‌انگیز، دلتنگ‌کننده
dismay / dis'mey / *n, vt* ۱. ترس، وحشت، دلهره، نگرانی ◙ ۲. ترساندن ۳. شگفت‌زده کردن
dismiss / dis'mis / *vt*
۱. اخراج کردن، بر کنار کردن ۲. مرخص کردن ۳. رها کردن
dismissal / dis'misâl / *n* اخراج
dismount / dis'maont / *vi*
پیاده شدن، پایین آمدن
disobedience / diso'biidiyens / *n*
نافرمانی، سرپیچی، تمرّد
disobedient / diso'biidiyent / *adj*
سرکش، نافرمان، حرف‌نشنو

display[1] / dis'pley / *n* ۱. نمایش ۲. نمایشگاه ۳. ابراز، بروز، ظهور
on display در معرض نمایش
display[2] / dis'pley / *vt*
۱. نشان دادن ۲. به نمایش گذاشتن ۳. ظاهر کردن
displease / dis'pliiz / *vt* رنجاندن، آزردن، دلخور کردن
displeasure / dis'plezher / *n*
۱. رنجش، کدورت ۲. عصبانیت
disposal / dis'pozâl / *n*
[زباله و غیره] انهدام، دورریزی
dispose / dis'poz / *vt, vi*
۱. دور ریختن ۲. مرتب کردن، چیدن
dispose of something
۱. از شر چیزی خلاص شدن ۲. از دست چیزی راحت شدن
disposition / dispo'zishen / *n*
۱. نظم ۲. خلق و خو، طبع ۳. میل، گرایش ۴. آمادگی
dispute[1] / dis'pyoot / *n* بحث
dispute[2] / dis'pyoot / *vi, vt*
۱. بحث کردن ۲. جرّ و بحث کردن
disqualify / dis'kwâlifây / *vt*
سلب صلاحیت کردن از
disregard[1] / disri'gârd / *vt*
۱. نادیده گرفتن، اعتنا نکردن، توجه نکردن ۲. [قانون و غیره] رعایت نکردن
disregard[2] / disri'gârd / *n*
بی‌توجهی، بی‌اعتنایی

disreputable / dis'repyutebel / *adj*
۱. شرم‌آور ۲. بدنام ۳. زننده
dissatisfaction / disatis'fakshen / *n*
نارضایی، ناخشنودی، ناخرسندی
dissatisfied / di'satisfâyd / *adj*
ناراضی، ناخشنود، ناخرسند
dissolve / di'zâlv / *vt, vi*
۱. حل کردن ۲. حل شدن ۳. فسخ کردن ۴. منحل شدن
dissuade / di'sweyd / *vt*
۱. منصرف کردن ۲. متقاعد کردن
distance / 'distans / *n* ۱. مسافت ۲. فاصله ۳. دوری ۴. دوره، مدت
distant / 'distant / *adj* ۱. دور ۲. دور دست ۳. سرد، دیرآشنا
distaste / dis'teyst / *n* ۱. بی‌میلی، اکراه، بی‌علاقگی ۲. نفرت، بیزاری
distil / dis'til / *vt* تقطیر کردن
distinct / di'stinkt / *adj* ۱. واضح، روشن ۲. متمایز، مجزا
distinction / dis'tinkshen / *n*
۱. تمایز ۲. تفاوت ۳. برتری، امتیاز
distinctly / dis'tinktli / *adv*
۱. به‌وضوح، آشکارا ۲. مشخصاً
distinguish / dis'tingwish / *vt, vi*
۱. تشخیص دادن ۲. متمایز کردن
distort / dis'tort / *vt*
از شکل انداختن، بدقواره کردن
distract / dis'trakt / *vt*
۱. حواس (کسی را) پرت کردن، (توجه

disused / dis'yoozd / *adj* متروک
ditch / dich / *n,vi* ۱. جوی ◙ ۲. جوی کندن، جوی کشیدن
divan / di'van / *n* نیمکت، کاناپه
dive[1] / dâyv / *n* ۱. شیرجه ۲. هجوم
dive[2] / dâyv / *vi* ۱. شیرجه زدن ۲. در آب فرورفتن، زیر آب رفتن
diver / 'dâyver / *n* غواص
diverse / dây'vers / *adj* گوناگون، متنوع، متفاوت، مختلف
diversity / dây'versiti / *n* ۱. تنوع، گوناگونی ۲. اختلاف، تفاوت
divert / dây'vert / *vt* منحرف کردن، برگرداندن، تغییر دادن
divide / di'vâyd / *vt,vi* ۱. قسمت کردن ◙ ۲. تقسیم شدن
divine[1] / di'vâyn / *adj* خدایی
divine[2] / di'vâyn / *vt,vi* ۱. حدس زدن ۲. پیشگویی کردن
diving / 'dâyving / *n* شیرجه
divingboard / 'dâyvingbord / *n* تخته‌پرش، تخته شیرجه، دایْو
division / di'vizhen / *n* ۱. تقسیم ۲. قسمت ۳. سهم ۴. [نظامی] لشگر
divorce[1] / di'vors / *n* طلاق
divorce[2] / di'vors / *vt* ۱. طلاق دادن ۲. طلاق گرفتن از
dizzy / 'dizi / *adj* ۱. سرگیجه‌آور ۲. گیج، منگ ۳. [عامیانه] احمق
do[1] / doo / *aux v* فعل معین با کارکردهای دستوری گوناگون

کسی را) منحرف کردن ۲. پریشان کردن، آشفته کردن ۳. سرگرم کردن
distraction / dis'trakshen / *n* ۱. حواس‌پرتی ۲. سرگرمی ۳. پریشانی
distress[1] / dis'tres / *n* ۱. اندوه، غم، غصه، افسردگی ۲. درد، رنج
distress[2] / dis'tres / *vt* غصه‌دار کردن، اندوهگین کردن
distribute / dis'tribyoot / *vt* توزیع کردن، پخش کردن، تقسیم کردن
distribution / distri'byooshen / *n* ۱. توزیع، پخش، تقسیم ۲. پراکندگی
distributor / dis'tribyuter / *n* ۱. توزیع‌کننده، پخش‌کننده، عاملِ فروش ۲. [اتومبیل] دِلکو
district / 'distrikt / *n* ۱. منطقه، ناحیه، بخش ۲. حوزه
distrust / dis'trâst / *n,vt* ۱. بدگمانی، سوءِظن، بی‌اعتمادی ◙ ۲. بدگمان بودن به، سوءِظن داشتن به
distrustful / dis'trâstful / *adj* بدگمان، بی‌اعتماد، ظنین
disturb / dis'terb / *vt* ۱. مزاحم شدن، آرامش (کسی را) به هم زدن ۲. به هم ریختن، به هم زدن
disturbance / dis'terbens / *n* ۱. شورش، آشوب، اغتشاش، ناآرامی ۲. مزاحمت ۳. [روان‌شناسی] اختلال

do[2] / doo / *vt,vi* ۱. کردن، انجام دادن ۲. تمام کردن ۳. تهیه کردن، درست کردن ۴. خواندن ۵. شستن، تمیز کردن ۶. مرتب کردن ۷. پختن ۸. طی کردن ۹. گذراندن ۱۰. اتفاق افتادن ۱۱. کافی بودن ۱۲. مناسب بودن ۱۳. مفید بودن

could do with something به چیزی احتیاج داشتن

do away with something از شر چیزی خلاص شدن، از دست چیزی راحت شدن

do over مرمت کردن، دستی به سر و روی خانه کشیدن

do up ۱. مرمت کردن، تعمیر کردن ۲. [زیپ، دکمه، بند کفش و غیره] بستن

do with با (چیزی) کاری انجام دادن، بلایی سر (چیزی) آوردن

do without (something) ۱. بی‌نیاز بودن از، بدون (چیزی) سر کردن ۲. قید (چیزی را) زدن، از خیر (چیزی) گذشتن

It (*or* that) won't do فایده ندارد

dock[1] / dâk / *n* ۱. بارانداز ۲. تعمیرگاه کشتی ۳. کارگاه کشتی‌ـ سازی

dock[2] / dâk / *vi* [کشتی] وارد بارانداز شدن

dock[3] / dâk / *n* [دادگاه] جایگاه متهم

docker / 'dâker / *n* کارگر بارانداز

dockyard / 'dâkyârd / *n* کارگاهِ کشتی‌سازی، تعمیرگاه کشتی

doctor / 'dâkter / *n,vt* ۱. دکتر (=دارای درجهٔ دانشگاهی دکتری) ۲. پزشک، طبیب، دکتر ۳. [عامیانه] تعمیرکار ▣ ۴. [عامیانه] دوا درمان کردن، مداوا کردن ▣ ۵. [عامیانه] تعمیر کردن

document / 'dâkyument / *n* ۱. سند، مدرک ۲. اوراق

documentary / dâkyu'mentri / *adj,n* ۱. مستند ۲. مستدل، موثق ۳. [اقتصاد] اَسنادی ▣ ۴. فیلم مستند

dodge[1] / dâj / *n* جاخالی، پرش

dodge[2] / dâj / *vt,vi* ۱. جاخالی دادن ۲. در رفتن، دویدن ۳. طفره رفتن، از زیر (چیزی) در رفتن

does / dâz / *v* صورت صرف‌شدهٔ فعل do[1,2] برای سوم شخص مفرد

doesn't / dâzent / = does not

dog / dâg / *n* ۱. سگ ۲. گرگ نر

doll / dâl / *n* ۱. عروسک ۲. [عامیانه] تیکه، لعبت

dollar / 'dâler / *n* دلار

dolphin / 'dâlfin / *n* دُلفین

dome / dom / *n* ۱. گنبد ۲. قلّه

domestic[1] / dâ'mestik / *adj* ۱. خانگی ۲. خانوادگی ۳. خانه‌دار

domestic[2] / dâ'mestik / *n* نظافتچی، کارگر

dominate / 'dâmineyt / *vt, vi* مسلط بودن، تسلط داشتن، غالب بودن

domination / dâmi'neyshen / *n*
۱. سلطه ۲. تسلط، استیلا ۳. نفوذ
dominion / dâ'miniyen / *n*
۱. حاکمیت، سلطه ۲. قلمرو
domino / 'dâmino / *n*
مُهره یا تختهٔ دومینو
done[1] / dân / *pp*
اسم مفعول فعل do
done[2] / dân / *adj* ۱. پخته ۲. خوب
donkey / 'dânki / *n* الاغ، خر
don't / dont / = do not
doom[1] / doom / *n* ۱. تقدیر،
سرنوشت شوم ۲. نابودی، هلاکت
doom[2] / doom / *vt* محکوم کردن
door / dor / *n* ۱. در ۲. درگاه
from door to door ۱. خانه به خانه
۲. دقیقاً از یک جا به جای دیگر
next door to خانهٔ بغلی، اتاق بغلی
out of doors در هوای آزاد
doorway / 'dorwey / *n* در، دَم در
dope / dop / *n, vt, vi* ۱. مادهٔ مخدر،
داروی محرک ◙ ۲. داروی محرک
دادن به ◙ ۳. دوپینگ کردن
dormant / 'dorment / *adj*
۱. غیرفعال ۲. خفته، خاموش ۳.
نهفته، پنهان ۴. مسکوت
dormitory / 'dormitri / *n* خوابگاه
dose / dos / *n, vt* ۱. [دارو] مقدارِ
خوراک، مقدار مصرف، وعده، دُز
◙ ۲. [دارو] خوراندن، دادن
dot / dât / *n* ۱. نقطه ۲. خال ۳. قطره

dots and dashes
[تلگراف] خط و نقطه
on the dot درست سر وقت
double[1] / 'dâbel / *adj, adv*
۱. دوبرابر ۲. دوتایی، مضاعف ۳.
دو، دوتا ۴. دو نفره ۵. شبیه، لنگه

double[2] / 'dâbel / *vt, vi*
۱. دوبرابر کردن ۲. دوبرابر شدن ۳.
تا کردن، تا زدن ۴. تا خوردن
double something back
چیزی را دولا کردن
double up
[از خنده یا درد] به خود پیچیدن
double-decker / dâbel 'deker / *n*
۱. اتوبوس دوطبقه ۲. ساندویچ
دولایه
doubt[1] / daot / *n* شک، تردید
in doubt ۱. مردد ۲. نامطمئن
no doubt بدون شک
without doubt بدون شک، یقیناً
doubt[2] / daot / *vt, vi* ۱. شک کردن،
تردید کردن ۲. شک داشتن، تردید
داشتن ۳. مطمئن نبودن
doubtful / 'daotful / *adj* ۱. مردد،
دودل ۲. مشکوک ۳. مبهم، نامطمئن
doubtless / 'daotlis / *adv*
۱. بی‌شک ۲. حتماً، قطعاً، به احتمال
قوی ۳. احتمالاً
dough / do / *n* ۱. خمیر ۲. مایه
۳. [عامیانه] پول، پول و پَله، مایه
doughnut / 'donât / *n* دونات

dove[1] /dâv/ *n* ۱. کبوتر ۲. کبوتر صلح

dove[2] /dâv/ *p* گذشتهٔ فعل dive

dovecote /'dâvkot/ *n* لانهٔ کبوتر، کبوترخان

down[1] /daon/ *adv,adj,prep* ۱. پایین، به پایین، به طرف پایین، پایینِ ۲. زیر ۳. زمین، به زمین، روی زمین ۴. افتاده ۵. پنچر

down with مرگ بر، مرده‌باد

down[2] /daon/ *n* ۱. پَرِ نرم ۲. موی نرم ۳. کرک

downcast /'daonkâst/ *adj* افسرده، اندوهگین، غمگین

downhearted /daon'hârtid/ *adj* افسرده، غمگین، اندوهگین، ناامید

downhill /daon'hil/ *adv* در سرازیری، در سراشیبی

downpour /'daonpor/ *n* رگبار

downstairs /daon'sterz/ *adj, adv,n* ۱. طبقهٔ پایین ۲. پایین ۳. از پله‌ها

downward[1] /'daonword/ *adj* ۱. سرازیر، رو به پایین ۲. نزولی

downward[2]**(s)** /'daonword(z)/ *adv* به طرف پایین، رو به پایین

doze /doz/ *vi,n* ۱. چُرت زدن ▣ ۲. چُرت

doze off خواب رفتن، کسی را خواب بردن

dozen /'dâzen/ *n* دوجین

Dr. /'dâkter/ *n* دکتر

drag[1] /drag/ *vi,vt* ۱. کشیدن ۲. کشاندن ۳. روی زمین کشیدن ۴. به کندی راه رفتن ۵. طولانی شدن

drag[2] /drag/ *n* ۱. مزاحم، اسباب زحمت، مایهٔ دردسر ۲. پُک

dragon /'dragen/ *n* اژدها

drain[1] /dreyn/ *n* ۱. لولهٔ فاضلاب ۲. [به صورت جمع] فاضلاب ۳. دهانهٔ فاضلاب ۴. زهکشی ۵. زهاب

drain[2] /dreyn/ *vt,vi* ۱. خشک کردن، خشکاندن ۲. [مایعات] کشیدن ۳. زهکشی کردن ۴. سر کشیدن، خالی کردن

drama /'drâmâ/ *n* ۱. نمایش ۲. نمایش‌نامه ۳. نمایش‌نامه‌نویسی

dramatic /dra'matik/ *adj* ۱. تئاتری ۲. نمایشی ۳. مهیج

dramatically /dra'matikli/ *adv* ۱. به‌طور چشمگیری ۲. به‌طور نمایشی

dramatist /'dramatist/ *n* نمایش‌نامه‌نویس

drank /drank/ *p* گذشتهٔ فعل drink

draper /'dreyper/ *n* ۱. بزاز، پارچه‌فروش ۲. (مغازهٔ) بزازی

draught /drâft/ *n* ۱. کوران، جریان هوا، باد ۲. قُلپ، جرعه

draw[1] /dro/ *n* ۱. قرعه‌کشی ۲. [مسابقه] مساوی، نتیجهٔ مساوی

draw[2] /dro/ *vt,vi* ۱. کشیدن ۲. بیرون کشیدن، درآوردن ۳. رسم کردن، ترسیم کردن ۴. نقاشی کردن ۵. توصیف کردن، تصویر کردن ۶. [از حساب بانکی] برداشت کردن ۷. [چک یا حواله] صادر کردن ۸. قرعه‌کشی کردن

draw back عقب کشیدن

draw in ۱. [روز] کوتاه شدن ۲. [اتومبیل و غیره] کنار زدن

draw money out پول از حساب برداشتن، برداشت کردن

draw near نزدیک‌تر شدن

draw somebody out کسی را به حرف واداشتن

draw up [قطار و غیره] ایستادن، توقف کردن

drawback /'drobak/ *n* عیب، ایراد

drawer[1] /dror/ *n* کِشو

drawer[2] /'dro-er/ *n* ۱. [چک و حواله] صادرکننده ۲. براتکش ۳. نقاش

drawing /'dro-ing/ *n* ۱. نقاشی، طراحی، ترسیم ۲. تصویر، طرح، رسم ۳. قرعه‌کشی

drawing board /'dro-ing bord/ *n* تخته رسم، تخته شاسی

drawing pin /'dro-ing pin/ *n* پونز

drawing room /'dro-ing rum/ *n* اتاق پذیرایی، مهمان‌خانه

drawn /dron/ *pp* اسم مفعول فعل draw

dread[1] /dred/ *n* وحشت، ترس، هراس، بیم، خوف، دلهره، نگرانی

dread[2] /dred/ *vt,vi* ترسیدن از، وحشت داشتن از، وحشت کردن از

dreadful /'dredful/ *adj* ۱. وحشتناک، وحشت‌آور، هولناک، مهیب، مخوف ۲. افتضاح ۳. خیلی

dreadfully /'dredfuli/ *adv* خیلی، زیاد، بسیار، فوق‌العاده

dream[1] /driim/ *n* ۱. رؤیا، خواب ۲. عالم رؤیا، عالم خواب ۳. آرزو

dream[2] /driim/ *vi,vt* ۱. خواب دیدن ۲. در خواب دیدن ۳. تصور کردن، خیال کردن، فکر کردن ۴. آرزو کردن ۵. دچار توهم شدن

dreamt /dremt/ *p,pp* گذشته و اسم مفعول فعل dream

dreamy /'driimi/ *adj* ۱. خیالباف ۲. خیالی، تخیلی ۳. رؤیایی

dress[1] /dres/ *n,adj* ۱. پیراهن (زنانه) ۲. لباس ◙ ۳. [پارچه] لباسی، پیراهنی ۴. [لباس] رسمی

dress[2] /dres/ *vi,vt* ۱. لباس پوشیدن ۲. لباس پوشاندن ۳. لباس رسمی پوشیدن ۴. [زخم] پانسمان کردن، بستن ۵. [مو] آرایش کردن ۶. آماده کردن ۷. تزیین کردن

dresser /'dreser/ *n* ۱. میز توالت ۲. قفسهٔ آشپزخانه، کابینت

dressing /ˈdresing/ *n* ۱. لباس پوشیدن ۲. پانسمان ۳. سُس ۴. [سنگ یا چوب] تراش

dressing gown /ˈdresing gaon/ *n* روبدوشامبر

dressing room /ˈdresing rum/ *n* رختکن

drew /droo/ *p* گذشتهٔ فعل draw

dribble /ˈdribel/ *vt, vi* ۱. آب دهان (کسی) ریختن یا چکیدن، ازگوشهٔ لبان (کسی) آب چکیدن ۲. چکاندن، چکه‌چکه ریختن ۳. [فوتبال و غیره] دریبل کردن

drier /ˈdrâyer/ = dryer

drift[1] /drift/ *n* ۱. حرکت ۲. توده ۳. منظور ۴. تمایل، گرایش ۵. انحراف ۶. صبر و انتظار

drift[2] /drift/ *vi, vt* ۱. (با آب یا باد) رانده شدن ۲. کشیده شدن ۳. راندن، بردن ۴. منحرف شدن

drill[1] /dril/ *n, vt, vi* ۱. مته ◙ ۲. (با مته) سوراخ کردن ۳. حفاری کردن ۴. حفر کردن، کندن

drill[2] /dril/ *n, vt, vi* ۱. تمرین ۲. [نظامی] مشق ◙ ۳. آموزش دادن، تعلیم دادن، تمرین دادن ۴. تمرین کردن، مشق کردن

drily /ˈdrâyli/ = dryly

drink[1] /drink/ *n* ۱. آشامیدنی، نوشابه، نوشیدنی ۲. مشروب

drink[2]**, the** /drink/ *n* دریا

drink[3] /drink/ *vt, vi* ۱. خوردن، آشامیدن ۲. مشروب خوردن

drink to somebody به سلامتی کسی نوشیدن

drink up سر کشیدن، ته (چیزی) را بالا آوردن

drinker /ˈdrinker/ *n* مشروب‌خور

drip[1] /drip/ *vi, vt* ۱. چکه کردن ۲. چکیدن ◙ ۳. چکاندن

drip[2] /drip/ *n* ۱. چکه، قطره ۲. چِک‌چِک ۳. [پزشکی] سِرم

drive[1] /drâyv/ *n* ۱. رانندگی ۲. سواری ۳. راه ورودی اتومبیل

drive[2] /drâyv/ *vt, vi* ۱. راندن ۲. رانندگی کردن ۳. با ماشین رفتن، با ماشین آمدن ۴. هدایت کردن

drive up [اتومبیل] نزدیک آمدن و ایستادن

driven /ˈdriven/ *pp* اسم مفعول فعل drive

driver /ˈdrâyver/ *n* راننده

racing-driver قهرمان اتومبیل‌رانی

driving /ˈdrâyving/ *n* رانندگی

driving licence /ˈdrâyving lâysens/ *n* گواهینامهٔ رانندگی

driving school /ˈdrâyving skool/ *n* آموزشگاه رانندگی

driving test /ˈdrâyving test/ *n* آزمایش رانندگی، امتحان رانندگی

drizzle /ˈdrizel/ *vi, n* ۱. نم‌نم باریدن ◙ ۲. نم‌نم باران

dromedary /'drâmederi / *n*
جمّازه، شتر یک‌کوهانه

droop / droop / *vi* ۱. خم شدن، افتادن ۲. پژمرده شدن، پلاسیدن

drop[1] / drâp / *n* ۱. قطره، چکه ۲. ذره، ریزه، خرده ۳. اُفت، کاهش

drop[2] / drâp / *vi, vt* ۱. چکیدن ۲. چکاندن ۳. افتادن ۴. ریختن ۵. پریدن ۶. کاهش یافتن ۷. رها کردن، کنار گذاشتن ۸. پیاده کردن

drop behind عقب افتادن

drop in (به کسی) سر زدن

drop off خواب رفتن، کسی را خواب بردن

drop out ول کردن، نیمه‌کاره رها کردن

drop somebody a line یادداشت برای کسی فرستادن

drought / draot / *n* خشکسالی

drove / drov / *p* drive گذشتهٔ فعل

drown / draon / *vt, vi* ۱. غرق کردن ۲. غرق شدن ۳. در آب غرق کردن ۴. غرق (چیزی) کردن ۵. محو کردن

drowsy /'draozi / *adj*
۱. خواب‌آلو(ده) ۲. خواب‌آور

drudgery /'drâjeri / *n* خرحمّالی

drug[1] / drâg / *n* دارو

drug[2] / drâg / *vt* ۱. دارو زدن به، دارو ریختن توی ۲. دارو دادن به

drug addict /'drâg adikt / *n*
معتاد (به مواد مخدر)

drugstore /'drâgstor / *n*
داروخانه، دراگ‌استور

drum[1] / drâm / *n* ۱. طبل، کوس، دهل ۲. صدای ضرباتِ ۳. بشکه

drum[2] / drâm / *vi, vt* ۱. طبل زدن ۲. ضرب گرفتن، رِنگ گرفتن

drummer /'drâmer / *n* طبل‌زن

drunk[1] / drânk / *adj* مست

drunk[2] / drânk / *pp*
اسم مفعول فعل drink

drunkard /'drânkerd / *n*
باده‌گسار

drunken /'drânken / *adj* مست

drunkenness /'drânken-nis / *n*
باده‌گساری، عرق‌خوری

dry[1] / drây / *adj* ۱. خشک ۲. کم‌باران ۳. بی‌روح، سرد

dry[2] / drây / *vt, vi* ۱. خشک کردن ۲. خشک شدن ۳. تمام شدن، ته کشیدن ۴. فراموش کردن

dry out خشک شدن

dry up ۱. خشک کردن ۲. خشک شدن

dry-clean / drây 'kliin / *vt*
خشک‌شویی کردن

dry-cleaning / drây 'kliining / *n*
خشک‌شویی

dryer /'drâyer / *n*
۱. [در ترکیب] ــ خشک‌کن ۲. سشوار

dryly /'drâyli / *adv* با سردی، با خشکی، با بی‌اعتنایی

dryness /'drâynis/ *n* ۱. خشکی ۲. کم‌بارانی ۳. بی‌تفاوتی، سردی
dub /dâb/ *vt* دوبله کردن
dubbing /'dâbing/ *n* دوبلاژ
duck[1] /dâk/ *n* اردک، مرغابی
duck[2] /dâk/ *vt,vi* ۱. پس‌کشیدن، قایم کردن، دزدیدن ۲. قایم شدن ۳. جاخالی دادن
duckling /'dâkling/ *n* جوجه‌اردک، جوجه‌مرغابی
due[1] /dyoo/ *adj* ۱. قابل پرداخت ۲. موعد، سررسید ۳. مقرر، معین
be due for موقع چیزی بودن
due to در نتیجهٔ، به خاطرِ
due[2] /dyoo/ *n* ۱. حق ۲. حق مطلب
duel /'dyoo-el/ *n* دوئل
duet /dyoo'et/ *n* دوئت (= قطعه‌ای موسیقایی برای دو اجراکننده)
dug /dâg/ *p,pp* گذشته واسم مفعول فعل dig
duke /dyook/ *n* دوک
dull /dâl/ *adj* ۱. تیره، کدر، مات ۲. [صدا] خفه، گرفته، بم ۳. [حواس] ضعیف ۴. [درد] خفیف ۵. کسل‌کننده
duly /'dyooli/ *adv* ۱. به‌موقع، سروقت ۲. چنانکه باید و شاید
dumb /dâm/ *adj* لال، گنگ
dumb waiter /dâm 'weyter/ *n* ۱. میز گردان ۲. [رستوران] آسانسور غذا
dummy /'dâmi/ *n* ۱. مانکن، مدل ۲. چیز بدلی ۳. [کتاب و غیره] ماکت
dump[1] /dâmp/ *n* زباله‌دانی
dump[2] /dâmp/ *vt,vi* ۱. ریختن، خالی کردن ◙ ۲. آشغال ریختن
dune /dyoon/ *n* تپهٔ شنی، تلماسه
dung /dâng/ *n* تپاله، پِهِن
dungarees /dânga'riiz/ *n* لباس کار، شلوار پیش‌سینه‌دار
dungeon /'dânjen/ *n* سیاه‌چال
duplicate[1] /'dyooplikit/ *adj* ۱. مشابه ۲. دوتایی ۳. دوبرگه‌ای
duplicate[2] /'dyooplikit/ *n* ۱. لنگه، جفت ۲. رونوشت، کپی
duplicator /'dyooplikeyter/ *n* دستگاه پلی‌کپی، دستگاه فتوکپی
duration /dyu'reyshen/ *n* ۱. مدت، زمان ۲. طیِ، طولِ
during /'dyuring/ *prep* ۱. در طولِ، در خلالِ، درظرفِ ۲. در طول مدتِ
dusk /dâsk/ *n* شفق، غروب
dusky /'dâski/ *adj* ۱. [رنگ] تیره، سیر، پررنگ ۲. تاریک، کم‌نور
dust[1] /dâst/ *n* گرد و خاک
dust[2] /dâst/ *vt* گردگیری کردن
dustbin /'dâstbin/ *n* سطل زباله
duster /'dâster/ *n* ۱. دستمالِ گردگیری ۲. تخته‌پاک‌کن
dust jacket /'dâst jakit/ *n* روکش کتاب

dustman /'dâstman/ *n* رفتگر
dustpan /'dâstpan/ *n* خاک‌انداز
dustsheet /'dâst-shiit/ *n* [مبل و اثاثیه] ملافهٔ روکش
dusty /'dâsti/ *adj* گردگرفته
Dutch[1] /dâch/ *adj,n* ۱. هلندی ◙ ۲. زبان هلندی
Dutch[2], **the** /dâch/ *n* مردم هلند
Dutchman /'dâchman/ *n* هلندی
dutiful /'dyootiful/ *adj* ۱. وظیفه‌شناس ۲. مطیع، سربه‌راه
duty /'dyooti/ *n* ۱. وظیفه ۲. کار ۳. تکلیف ۴. وظیفه‌شناسی ۵. عوارض
be off duty سرپست نبودن، سرِ کار نبودن، کشیک نبودن
be on duty سرپست بودن، سرِ کار بودن، کشیک بودن
customs duties عوارض گمرکی
duty-free معاف از مالیات
dwarf /dwârf/ *n* ۱. کوتوله ۲. جن
dwell /dwel/ *vt* ۱. سکنی گزیدن، ساکن شدن، اقامت کردن، زندگی کردن ۲. شرح و بسط دادن
dwelt /dwelt/ *p,pp* گذشته و اسم مفعول فعل dwell
dye[1] /dây/ *vt* رنگ کردن
dye[2] /dây/ *n* رنگ
dynamic /dây'namik/ *adj* ۱. پویا ۲. پرانرژی، پرجنب و جوش
dynamism /'dâynamizem/ *n* ۱. پویایی، پویش ۲. تحرک ۳. دینامیسم
dynamite /'dâynamâyt/ *n* ۱. دینامیت ۲. چیز مخرب یا خطرناک
dynamo /'dâynamo/ *n* دینام

E

E,e /ii/ *n* ای
(= پنجمین حرفِ الفبای انگلیسی)

each /iich/ *adj,pron,adv* ۱. هر
۲. هر یک، هر کدام ۳. به هر کدام
۴. یکی، هر یکی، دانه‌ای

each other یکدیگر، همدیگر

eager /'iiger/ *adj* ۱. مشتاق، علاقه‌مند ۲. بی‌قرار، چشم‌انتظار

eagerly /'iigerli/ *adv* مشتاقانه

eagerness /'iigernis/ *n* اشتیاق، علاقه، شور و شوق، ذوق و شوق

eagle /'iigel/ *n* عقاب

ear[1] /'iyer/ *n* ۱. گوش ۲. توجه

play by ear [موسیقی] بدونِ نت اجرا کردن، از بر اجرا کردن، گوشی زدن

ear[2] /'iyer/ *n* خوشه، سنبله

earache /'iyereyk/ *n* گوش‌درد

earl /erl/ *n* اِرل، کُنت

early /'erli/ *adj,adv* ۱. زود
۲. زودتر ۳. اوایل ۴. اولیه ۵. پیشین
۶. زودرس، پیش‌رس

earn /ern/ *vt* ۱. درآمد داشتن
۲. به دست آوردن ۳. به بار آوردن
۴. استحقاق داشتن

earnest[1] /'ernist/ *adj* جدی

earnest[2] /'ernist/ *n* بیعانه

earnest[3] /'ernist/ *n*

in earnest ۱. جدی ۲. صادق
۳. به شدت

earnestly /'ernistli/ *adv* جداً

earnings /'erningz/ *n* ۱. درآمد، عواید ۲. سود، نفع، منفعت

earphone /'iyerfon/ *n* هدفون

earring /'iyering/ *n* گوشواره

earshot /'iyershât/ *n* صدارس

earth[1] /erth/ *n* ۱. زمین ۲. خاک
۳. خشکی ۴. [برق] اتصال زمین

earth[2] /erth/ *vt* ۱. با خاک پوشاندن ۲. [برق] به زمین وصل کردن

Earth[3] /erth/ *n* کرهٔ زمین

earthenware /'erthenwer/ *n* ظروف سفالی، ظروف سرامیک

earthquake /'erthkweyk/ *n* زمین‌لرزه، زلزله

earthworm /'erthwerm/ *n* کرم خاکی

ease[1] /iiz/ *n* ۱. آسایش ۲. آسانی

with ease به‌آسانی، به‌راحتی

ease[2] /iiz/ *vt, vi* ۱. آرام کردن، تسکین دادن ◙ ۲. آرام شدن ۳. شل شدن

easel /'iizel/ *n* ۱. سه‌پایه ۲. قاب
easily /'iizili/ *adv* به‌آسانی، به راحتی، خیلی راحت، به سادگی
easiness /'iizinis/ *n* آسانی
east[1] /iist/ *n,adj,adv* ۱. خاور، شرق، مشرق ◙ ۲. شرقی ◙ ۳. به سوی شرق
East[2], **the** /iist/ *n* ۱. مشرق‌زمین، شرق ۲. شرقِ امریکا ۳. بلوک شرق
Easter /'iister/ *n* عید پاک
easterly /'iisterli/ *adj,n*
۱. شرقی، شرق ◙ ۲. باد شرقی
eastern /'iistern/ *adj* شرقی، شرق
eastward[1] /'iistword/ *adj* شرقی
eastward[2]**(s)** /'iistword(z)/ *adv*
به سوی شرق، به طرف مشرق
easy[1] /'iizi/ *adj* ۱. آسان، ساده ۲. راحت ۳. آسوده، بی‌دردسر
easy[2] /'iizi/ *adv* ۱. آهسته، یواش، با احتیاط ۲. آسان
take things (*or* it) easy
سخت نگرفتن
eat /iit/ *vt,vi* ۱. خوردن ۲. غذا خوردن ۳. تغذیه کردن از
eat up [غذا] تمام کردن، تا آخر خوردن
eatable /'iitebel/ *adj* خوردنی
eaten /'iiten/ *pp*
اسم مفعول فعل eat
eater /'iiter/ *n* [در ترکیب] ـ خور
ebb /eb/ *n* جزر، فروکِشند

eccentric /ik'sentrik/ *adj,n*
۱. غیرعادی، نامتعارف ۲. [ریاضیات] خارج از مرکز، مختلف‌المرکز ◙ ۳. آدم غیرعادی
echo[1] /'eko/ *n* ۱. پژواک، انعکاس صدا ۲. بازتاب ۳. مقلد ۴. رد، اثر
echo[2] /'eko/ *vi,vt*
۱. صدای (چیزی) پیچیدن در ۲. منعکس شدن ◙ ۳. منعکس کردن
eclipse /i'klips/ *n* ۱. خسوف، ماه‌گرفتگی ۲. کسوف، خورشید‌گرفتگی ۳. افول
ecology /i'kâloji/ *n* بوم‌شناسی
economical /iikâ'nâmikâl/ *adj*
باصرفه، مقرون به‌صرفه، اقتصادی
economically /iikâ'nâmikli/ *adv*
۱. از لحاظ اقتصادی ۲. مقتصدانه، با صرفه‌جویی
economize /i'kânâmâyz/ *vi*
صرفه‌جویی کردن
economy[1] /i'kânâmi/ *n* اقتصاد
economy[2] /i'kânâmi/ *adj*
۱. مقتصدانه ۲. باصرفه، اقتصادی
eddy /'edi/ *n* ۱. چرخش ۲. گرداب ۳. گردباد ۴. تنوره، ستون
edge /ej/ *n* ۱. لبه ۲. لب ۳. دَم ۴. پهلو ۵. کنار ۶. حاشیه ۷. اثر، نفوذ ۸. [مجازی] مرز
edible /'edibel/ *adj* خوراکی، خوردنی، قابل‌خوردن

edit /'edit/ *vt,n* ۱. ویرایش کردن، ویراستن ▣ ۲. ویرایش
edition /i'dishen/ *n* چاپ، نشر
editor /'editer/ *n* سردبیر
editorial /edi'toriyâl/ *adj* ۱. [مربوط به] سردبیر ۲. ویرایشی
educate /'ejukeyt/ *vt* ۱. آموزش دادن ۲. تربیت کردن

education /eju'keyshen/ *n* ۱. آموزش و پروش ۲. آموزش ۳. تربیت ۴. تحصیلات ۵. تحصیل
eel /iil/ *n* مارماهی
effect /i'fekt/ *n* ۱. اثر، تأثیر ۲. نتیجه، حاصل ۳. معلول ۴. معنی
have an effect on something بر چیزی تأثیر گذاشتن، روی چیزی اثر داشتن
effective /i'fektiv/ *adj* ۱. مؤثر ۲. ثمربخش، نتیجه‌بخش ۳. چشمگیر
effectively /i'fektivli/ *adv* ۱. به‌طور مؤثری ۲. در واقع، عملاً
efficiency /i'fishensi/ *n* ۱. کفایت، لیاقت ۲. کارآیی ۳. بازده
efficient /i'fishent/ *adj* ۱. لایق، قابل، با کفایت ۲. کارآمد، کارآ
efficiently /i'fishentli/ *adv* ۱. بهتر، کارآمدتر، با کارآیی ۲. با لیاقت
effort /'efort/ *n* ۱. سعی، کوشش، تلاش ۲. سخت‌کوشی ۳. کار سخت
effortless /'efortlis/ *adj* ۱. بی‌زحمت، راحت ۲. ساده، آسان

e.g. /ii 'jii/ *adv* مثلاً، برای مثال
egg /eg/ *n* ۱. [پرنده و غیره] تخم ۲. تخم‌مرغ ۳. [زیست‌شناسی] تخمک
Egypt /'iijipt/ *n* مصر
Egyptian /i'jipshen/ *adj,n* ۱. مصری، [مربوط به] مصر ▣ ۲. اهلِ مصر، مصری
eiderdown /'âyderdaon/ *n* لحاف پَر، لحاف
eight /eyt/ *adj,n* ۱. هشت (تا) ▣ ۲. عدد هشت (۸) ۳. شمارهٔ هشت
eighteen /ey'tiin/ *adj,n* ۱. هیجده (تا) ▣ ۲. عدد هیجده (۱۸)
eighteenth /ey'tiinth/ *n,adj* ۱. یک‌هیجدهم ▣ ۲. هیجدهمین
eighth /eyt-th/ *n,adj* ۱. یک‌هشتم ۲. هشتمی ▣ ۳. هشتمین
eightieth /'eytiyeth/ *n,adj* ۱. یک‌هشتادم ▣ ۲. هشتادمین
eighty /'eyti/ *adj,n* ۱. هشتاد (تا) ▣ ۲. عدد هشتاد (۸۰) ۳. شمارهٔ هشتاد
either /'âydher/ *adj,pron* ۱. یا ۲. هر یک (از دو)، هر کدام ۳. هر
either... or یا... یا...، هم... هم...
elastic /i'lastik/ *adj,n* ۱. کشسان، قابل ارتجاع ▣ ۲. کِش
elbow[1] /'elbo/ *n* ۱. آرنج ۲. زانویی
elbow[2] /'elbo/ *vt* (راه خود را) به‌زور باز کردن
elder[1] /'elder/ *adj* بزرگتر، بزرگ

electronic / ilek'trânik / *adj* ۱. الکترونی، الکترونیکی ۲. [مربوط به] الکترونیک ۳. کامپیوتری
elegance / 'eligens / *n* ۱. آراستگی ۲. ظرافت ۳. زیبایی
elegant / 'eligent / *adj* ۱. برازنده، آراسته ۲. شیک، زیبا ۳. ظریف
element / 'eliment / *n* ۱. عنصر ۲. عامل، رکن ۳. جزء، قسمت ۴. ذره
elementary / eli'mentri / *adj* ۱. مقدماتی، ابتدایی، پایه ۲. ساده
elephant / 'elifent / *n* فیل
elevate / 'eliveyt / *vt* ۱. بلند کردن، بالا بردن ۲. ارتقا دادن، ترفیع دادن
elevator / 'eliveyter / *n* آسانسور
eleven / i'leven / *adj,n* ۱. یازده (تا) ◻ ۲. عدد یازده (۱۱) ۳. شمارهٔ یازده ۴. [فوتبال، هاکی و غیره] تیم یازده‌نفره، تیم
eleventh / i'leventh / *n,adj* ۱. یک‌یازدهم ◻ ۲. یازدهمین، یازدهم
at the eleventh hour در آخرین لحظه، در لحظهٔ آخر
eliminate / i'limineyt / *vt* ۱. حذف کردن، از دور خارج کردن ۲. برطرف کردن، رفع کردن ۳. دفع کردن ۴. کُشتن
elimination / ilimi'neyshen / *n* ۱. حذف ۲. رفع ۳. دفع ۴. ریشه‌کنی

elder[2]**, the** / 'elder / *n* بزرگتر
elderly / 'elderli / *adj* ۱. مسّن، سالخورده ۲. قدیمی، کهنه، از کار افتاده
eldest / 'eldist / *adj* بزرگترین
elect[1] / i'lekt / *adj* منتخب، برگزیده
elect[2] / i'lekt / *vt* ۱. [با رأی] انتخاب کردن ۲. تصمیم گرفتن
election / i'lekshen / *n* ۱. انتخابات ۲. رأی‌گیری ۳. انتخاب
elector / i'lekter / *n* رأی‌دهنده
electric / i'lektrik / *adj* ۱. برقی، الکتریکی ۲. برق ۳. هیجان‌آور، مهیج ۴. متشنج، هیجان‌زده
electrical / i'lektrikâl / *adj* ۱. برقی، الکتریکی ۲. برق
electrically / i'lektrikli / *adv* ۱. برقی، الکتریکی ۲. با برق
electrician / ilek'trishen / *n* برق‌کار، تعمیرکار برق، تکنیسینِ برق
electricity / ilek'trisiti / *n* ۱. برق، الکتریسیته ۲. هیجان
electrify / i'lektrifây / *vt* به برق وصل کردن، برق‌دار کردن
electrocute / i'lektrokyoot / *vt* ۱. با برق کُشتن ۲. با برق اعدام کردن ۳. (کسی را) برق گرفتن
electromagnet / ilektro'magnit / *n* آهن‌ربای برقی، آهن‌ربای الکتریکی

eloquent /ˈelokwent/ *adj* ۱. فصیح، بلیغ، روان ۲. زبان‌آور ۳. گویا، نشانگر، بیانگر

else /els/ *adv* دیگر

or else وگرنه، و الاّ، اگرنه

elsewhere /elsˈwer/ *adv* جای دیگر، جاهای دیگر

elude /iˈlood/ *vt* از دست (کسی یا چیزی) فرار کردن، گریختن، دررفتن، نجات یافتن

emancipate /iˈmansipeyt/ *vt* آزاد کردن، رهایی بخشیدن

emancipation /imansiˈpeyshen/ *n* آزادی، آزادسازی، رهایی، نجات

embankment /imˈbankment/ *n* ۱. خاکریز، پشته ۲. دیواره

embark /imˈbârk/ *vi, vt* ۱. [کشتی] سوار شدن ۲. سوار کردن ۳. بار زدن ۴. مبادرت کردن به، آغاز کردن، در پیش گرفتن

embarkation /embârˈkeyshen/ *n* ۱. بارگیری ۲. مسافربری، مسافرگیری

embarrass /imˈbares/ *vt* ۱. ناراحت کردن، نگران کردن ۲. دستپاچه کردن ۳. شرمنده کردن ۴. جلوی (چیزی را) گرفتن

embarrassment /imˈbaresment/ *n* ۱. ناراحتی ۲. نگرانی ۳. گرفتاری ۴. مایهٔ ننگ ۵. مایهٔ دردسر

embassy /ˈembesi/ *n* ۱. سفارت ۲. سفارت‌خانه

embed /imˈbed/ *vt* ۱. کار گذاشتن ۲. فروکردن ۳. جایگزین کردن

ember /ˈember/ *n* ۱. بقایای آتش، خاکستر گرم ۲. (چوب یا زغال) نیم‌سوز

embrace /imˈbreys/ *vt, n* ۱. بغل کردن، در آغوش گرفتن ۲. پذیرفتن ۳. [فرصت] غنیمت شمردن ۴. در بر گرفتن ◙ ۵. بغل، آغوش

embroider /imˈbroyder/ *vt, vi* ۱. گلدوزی کردن، سوزن‌دوزی کردن ۲. شاخ و برگ دادن، آب و تاب دادن

embroidery /imˈbroydri/ *n* ۱. گلدوزی، سوزن‌دوزی ۲. مبالغه

emerald /ˈemerâld/ *n, adj* ۱. زمرّد ۲. (رنگ) سبز، سبز روشن

emerge /iˈmerj/ *vi* ۱. بیرون آمدن، نمایان شدن، پدیدار شدن، ظاهر شدن ۲. معلوم شدن

emergency /iˈmerjensi/ *n, adj* ۱. وضع اضطراری ◙ ۲. اضطراری

in an emergency در مواقع اضطراری، در وضعیت اضطراری

emergency exit درِ خروجی اضطراری

emigrant /ˈemigrent/ *n* مهاجر

emigrate /ˈemigreyt/ *vi* مهاجرت کردن، جلای وطن کردن

emigration /emi'greyshen/ *n*
مهاجرت، برون‌کوچی
emotion /i'moshen/ *n* ۱. عاطفه
۲. احساس، احساسات ۳. هیجان
emotional /i'moshenâl/ *adj*
۱. عاطفی ۲. پراحساس ۳. هیجانی
emperor /'emperer/ *n* امپراتور
emphasis /'emfesis/ *n*
۱. [زبان‌شناسی] تکیه ۲. تأکید
emphasize /'emfesâyz/ *vt*
۱. [زبان‌شناسی] تکیه گذاشتن روی ۲. تأکید کردن، تکیه کردن روی
emphatic /im'fatik/ *adj* ۱. قوی، محکم ۲. راسخ ۳. مؤکّد
emphatically /im'fatikli/ *adv*
۱. با تکیه ۲. با تأکید ۳. آشکارا
empire /'empâyr/ *n* امپراتوری
employ /im'ploy/ *vt*
۱. استخدام کردن ۲. به کار بردن
employee /im'ployii/ *n* کارمند، کارگر، مستخدم
employer /im'ployer/ *n* کارفرما
employment /im'ployment/ *n*
۱. استخدام ۲. اشتغال ۳. کار، شغل
be in employment شاغل بودن
be out of employment
بیکار بودن
empress /'empris/ *n* ملکه
empty[1] /'empti/ *adj* ۱. خالی، تهی ۲. پوچ، توخالی، بی‌محتوا ۳. خلوت ۴. فاقدِ، بدونِ

empty[2] /'empti/ *vt, vi*
۱. خالی کردن ۲. خالی شدن ۳. خارج کردن ۴. خارج شدن
emulsion /i'mâlshen/ *n*
۱. امولسیون ۲. [فیلم عکاسی] لایهٔ حساس ۳. رنگ پلاستیک
enable /i'neybel/ *vt*
۱. امکان دادن به، قادر ساختن ۲. میسر ساختن ۳. اجازه دادن
enamel /i'namel/ *n, vt* ۱. لعاب
۲. مینا(ی دندان) ▣ ۳. لعاب دادن
enchant /in'chânt/ *vt* ۱. شاد کردن، شادمان کردن، خرسند کردن ۲. مسحور کردن، مجذوب کردن ۳. جادو کردن
enchantment /in'chântment/ *n*
۱. سِحر، جادو ۲. زیبایی ۳. جذبه
encircle /in'serkel/ *vt*
۱. محاصره کردن ۲. احاطه کردن ۳. (جایی را) دور زدن
enclose /in'kloz/ *vt*
۱. محصور کردن ۲. ضمیمه کردن
enclosure /in'klozher/ *n*
۱. محصور کردن، دیوارکشی ۲. زمین محصور ۳. پیوست
encore[1] /'ânkor/ *inti* [در اجرایِ نمایش و غیره] دوباره! دوباره!
encore[2] /'ânkor/ *n* ۱. فراخوانی به صحنه ۲. تکرار برنامه
encourage /in'kârij/ *vt*
۱. تشویق کردن ۲. حمایت کردن

encouragement / in'kârijment / *n*
۱. تشویق ۲. پشت‌گرمی ۳. حمایت

encyclopedia / insâyklo'piidiyâ / *n*
دانش‌نامه، دائرةالمعارف

end[1] / end / *n* ۱. پایان، انتها، آخر ۲. خاتمه ۳. ته ۴. سر ۵. اواخر ۶. طرف ۷. مرگ ۸. هدف

be at an end تمام شدن، به آخر رسیدن
come to an end پایان یافتن، خاتمه پیدا کردن
in the end سرانجام، بالاخره
make ends meet زندگی را اداره کردن، خرج زندگی را تأمین کردن
on end پیوسته، بی‌وقفه
put an end to something به چیزی خاتمه دادن، مانع چیزی شدن

end[2] / end / *vi, vt* ۱. تمام شدن، به پایان رسیدن ۲. تمام کردن، به پایان رساندن ۳. ختم شدن به
end up کار (کسی به جایی) کشیدن
end up in سر از (جایی) در آوردن

endanger / in'deynjer / *vt*
به خطر انداختن، به مخاطره انداختن

ending / 'ending / *n* پایان، سرانجام

endless / 'endlis / *adj* بی‌پایان

endlessly / 'endlisli / *adv* بی‌وقفه، مدام، یک‌ریز، لاینقطع

endurance / in'dyurens / *n*
۱. تحمل، بردباری، استقامت ۲. تداوم، دوام، دیرپایی

endure / in'dyur / *vt, vi*
۱. تحمل کردن ۲. سختی کشیدن ۳. تاب آوردن

enemy / 'enemi / *n* دشمن
make an enemy دشمن تراشیدن، دشمن درست کردن

energetic / ener'jetik / *adj*
۱. فعال، پرانرژی، پرتحرک ۲. مؤثر

energy / 'enerji / *n* ۱. انرژی ۲. نیرو، توان، قدرت ۳. قوت ۴. تحرک

engage / in'geyj / *vt, vi* ۱. استخدام کردن ۲. جلب کردن ۳. (کلاج را) ول کردن ۴. [دنده] زدن توی

engagement / in'geyjment / *n*
۱. نامزدی ۲. کار ۳. قرار ۴. تعهد

engine / 'enjin / *n* ۱. موتور ۲. لوکوموتیو ۳. ماشین آتش‌نشانی

engineer / enji'niyer / *n*
۱. مهندس ۲. مکانیک، تعمیرکار

engineering / enji'niyering / *n*
مهندسی

engineers / enji'niyerz / *n*
[نظامی] رستهٔ مهندسی

England / 'ingland / *n* انگلستان

English / 'inglish / *adj, n*
۱. انگلیسی ▣ ۲. زبان انگلیسی

Englishman / 'inglishman / *n*
۱. اهل انگلستان ۲. مرد انگلیسی

Englishwoman / 'inglishwuman / *n*
زن انگلیسی

enrich / in'rich / *vt* ۱. ثروتمند کردن ۲. غنی کردن، غنا بخشیدن به، پربار کردن، بارور کردن

enrol / in'rol / *vt, vi* ثبت‌نام کردن، نام‌نویسی کردن، اسم‌نویسی کردن

ensure / in'shor / *vt, vi* ۱. تضمین کردن ۲. حتمی کردن ۳. در اختیار گذاشتن ۴. اطمینان حاصل کردن

entangle / in'tangel / *vt*
۱. گیر انداختن ۲. گرفتار کردن، درگیر کردن، به مخمصه انداختن

enter / 'enter / *vi, vt* ۱. وارد شدن، ۲. وارد کردن ۳. ثبت کردن، نوشتن ۴. نام‌نویسی کردن برای ۵. شرکت کردن در ۶. شرکت دادن در

enter for (برای چیزی) اسم نوشتن

enterprise / 'enterprâyz / *n*
۱. کار، اقدام، عمل ۲. جسارت ۳. بنگاه

enterprising / 'enterprâyzing / *adj* ۱. متهور، جسور ۲. جسورانه

entertain / enter'teyn / *vt*
۱. پذیرایی کردن، مهمان کردن ۲. مهمانی دادن ۳. سرگرم کردن

entertainment / enter'teynment / *n* ۱. مهمانی ۲. پذیرایی ۳. تفریح، سرگرمی ۴. وسیلهٔ تفریح ۵. نمایش

enthusiasm / in'thyooziyazem / *n*
۱. اشتیاق، شور و شوق ۲. علاقه

enthusiast / in'thyooziyast / *n*
آدم پرشور و شوق، علاقه‌مند

engraving / in'greyving / *n*
۱. حکاکی، کنده‌کاری ۲. گراورسازی

enjoy / in'joy / *vt* ۱. لذت بردن، حظ کردن، خوش آمدن از ۲. برخوردار بودن از، دارا بودن

enjoy oneself لذت بردن، خوش گذراندن

enjoyable / in'joyebel / *adj*
لذت‌بخش، مطبوع، خوشایند، دلپذیر

enjoyment / in'joyment / *n*
۱. لذت ۲. خشنودی ۳. تفریح

enlarge / in'lârj / *vt, vi* ۱. بزرگ کردن، بزرگتر کردن ۲. بزرگ شدن، بزرگتر شدن ۳. توسعه دادن

enlargement / in'lârjment / *n*
۱. توسعه، گسترش ۲. [عکاسی] آگراندیسمان ۳. عکس بزرگ‌شده

enlist / in'list / *vi, vt* ۱. وارد ارتش شدن ◙ ۲. وارد ارتش کردن

enormous / i'normes / *adj*
۱. بزرگ، عظیم ۲. کلان، هنگفت ۳. مفصّل ۴. فوق‌العاده

enormously / i'normesli / *adv*
بسیار، بسیار زیاد، فوق‌العاده

enough / i'nâf / *n, adj, adv*
۱. به اندازهٔ کافی، به قدر کافی، به تعداد کافی ۲. کافی، بس

enquire / in'kwâyr / = inquire

enquiry / in'kwâyri / = inquiry

enrage / in'reyj / *vt* عصبانی کردن

enthusiastic /inthyoozi'yastik/ *adj* ۱. پرشور و شوق ۲. مشتاق
enthusiastically /inthyoozi-'yastikli/ *adv* با شور و شوق، با علاقه‌مندی، با احساس
entice /in'tâys/ *vt* ۱. اغوا کردن، وسوسه کردن ۲. ترغیب کردن
entire /in'tâyer/ *adj* ۱. کامل ۲. تمام، همه، کل ۳. سراسر ۴. صِرف
entirely /in'tâyerli/ *adv* کاملاً
entitle /in'tâytel/ *vt* ۱. [کتاب، فیلم و غیره] اسم گذاشتن روی ۲. حق (چیزی را) دادن به
entrance /'entrens/ *n* ۱. در، مدخل، ورودی، راه ورود ۲. ورود
entrant /'entrent/ *n* ۱. شرکت‌کننده، داوطلب، رقیب ۲. تازه‌وارد
entrust /in'trâst/ *vt* واگذار کردن، محول کردن، به عهدهٔ کسی گذاشتن
entry /'entri/ *n* ۱. ورود ۲. اجازهٔ ورود ۳. مدخل ۴. شرکت‌کننده ۵. تعداد شرکت‌کنندگان ۶. ثبت
No Entry [خیابان] ورود ممنوع
envelop /in velop/ *vt* ۱. پیچیدن، پوشاندن ۲. [مجازی] پنهان کردن
envelope /'envelop/ *n* ۱. پاکت (نامه) ۲. لفاف ۳. پوشش
envious /'enviyes/ *adj* حسود
environment /in'vâyrenment/ *n* ۱. محیط ۲. محیط زیست

envy[1] /'envi/ *n* حسادت، حسد
envy[2] /'envi/ *vt* ۱. حسودی کردن به ۲. غبطه خوردن به
epic[1] /'epik/ *n* حماسه
epic[2] /'epik/ *adj* حماسی
epidemic /epi'demik/ *n,adj* ۱. بیماری همه‌گیر ◙ ۲. همه‌گیر
episode /'episod/ *n* ۱. حادثه ۲. [نمایش و داستان] قسمت، بخش
equal[1] /'iikwâl/ *adj,n* ۱. برابر، مساوی ۲. یکسان ۳. هم‌سنگ، هم‌تراز، همتا
equal[2] /'iikwâl/ *vt* ۱. مساوی بودن با، برابر بودن با ۲. برابری کردن با
equality /i'kwâliti/ *n* برابری، تساوی، مساوات
equally /'iikwâli/ *adv* ۱. به یک اندازه، به‌طور یکسان، به‌طور مساوی، مساوی ۲. نیز، همچنین
equip /i'kwip/ *vt* ۱. مجهز کردن، تجهیز کردن ۲. آماده کردن
equipment /i'kwipment/ *n* ۱. تجهیز ۲. لوازم، وسایل ۳. دستگاه
equivalent[1] /i'kwivalent/ *adj* ۱. برابر، معادل ۲. هم‌ارز، هم‌ارزش
equivalent[2] /i'kwivalent/ *n* برابر، معادل
erase /i'reyz/ *vt* ۱. پاک کردن ۲. محو کردن، زدودن، از بین بردن

especial / is'peshâl / *adj* خاص، مخصوص، ویژه، استثنایی

especially / is'peshâli / *adv* ۱. مخصوصاً، به ویژه ۲. خیلی

essay[1] / 'esey / *n* ۱. مقاله ۲. انشا

essay[2] / 'esey / *n* سعی، کوشش

essence / 'esens / *n* ۱. جوهر، ماهیّت ۲. روح ۳. چکیده، خلاصه ۴. اصل، اساس

essential / i'senshâl / *adj* ۱. ضروری، لازم، واجب ۲. بنیادی، اساسی، اصلی، مهم ۳. ذاتی، فطری

establish / is'tablish / *vt* ۱. تأسیس کردن ۲. ایجاد کردن ۳. مستقر کردن ۴. ثابت کردن

establishment / is'tablishment / *n* ۱. تأسیس ۲. مؤسسه، بنگاه، مغازه

estate / is'teyt / *n* مِلک، زمین

housing state شهرک

estate agent / is'teyt eyjent / *n* دلال معاملات مِلکی

estate car / is'teyt kâr / *n* اتومبیل استیشن

esteem / is'tiim / *vt,n* ۱. محترم شمردن، احترام گذاشتن به ۲. ارج نهادن به، ارزش قائل شدن برای ۳. تصور کردن ◙ ۴. احترام، حرمت، ارج، ارزش

estimate[1] / 'estimit / *n* ۱. برآورد، تخمین ۲. برآورد هزینه، برآورد قیمت ۳. حدس ۴. ارزیابی

eraser / i'reyzer / *n* ۱. مدادپاک‌کن، پاک‌کن ۲. تخته پاک‌کن

erect / i'rekt / *adj* راست، ایستاده

errand / 'erend / *n* دستور، فرمان

erratic / i'ratik / *adj* ۱. عجیب و غریب، غیرعادی ۲. نامنظم

error / 'erer / *n* ۱. غلط ۲. اشتباه، خطا ۳. تقصیر، گناه ۴. میزان اشتباه

in error اشتباهاً

erupt / i'râpt / *vi* ۱. فوران کردن، آتشفشانی کردن ۲. (ناگهان) ظاهر شدن ۳. [مجازی] منفجر شدن

eruption / i'râpshen / *n* ۱. فوران، آتشفشانی ۲. شروع، آغاز ۳. شورش

escalator / 'eskaleyter / *n* پله‌برقی

escape[1] / is'keyp / *vi, vt* ۱. فرار کردن، گریختن، دررفتن ۲. نجات یافتن، رهایی یافتن، خلاص شدن ۳. در امان ماندن از، دور ماندن ۴. نشت کردن، خارج شدن

escape[2] / is'keyp / *n* ۱. فرار، گریز ۲. نجات، رهایی ۳. راه فرار ۴. نشت

make one's escape فرار کردن، گریختن

escort[1] / 'eskort / *n* ۱. اسکورت ۲. محافظ، محافظان ۳. محافظت

escort[2] / is'kort / *vt* ۱. اسکورت کردن ۲. همراهی کردن، مشایعت کردن، بدرقه کردن

estimate[2] /'estimeyt/ *vt,vi*
۱. برآورد کردن، تخمین زدن ۲. برآورد قیمت کردن ۳. حدس زدن ۴. ارزیابی کردن

estimation /esti'meyshen/ *n*
۱. نظر ۲. ارزیابی ۳. برآورد، تخمین

estuary /'eschuweri/ *n* مصب

etc. /et 'setrâ/ *adv* و غیره

et cetera /et 'setrâ/ = etc.

eternal[1] /i'ternâl/ *adj* ۱. ابدی و ازلی ۲. همیشگی، جاودان

Eternal[2], **the** /i'ternâl/ *n* خداوند

eternally /i'ternâli/ *adv*
۱. همیشه، همواره ۲. ابدی ۳. تا ابد

eternity /i'terniti/ *n* ۱. ابدیت و ازلیت ۲. ابدیت ۳. آخرت

Europe /'yurop/ *n* اروپا

European /yuro'piyen/ *adj,n*
۱. اروپایی ◻ ۲. اهل اروپا، اروپایی

evacuate /i'vakyuweyt/ *vt*
۱. تخلیه کردن ۲. خالی کردن ۳. دفع کردن ۴. [نظامی] عقب‌نشینی کردن

evacuation /ivakyu'weyshen/ *n*
۱. تخلیه ۲. دفع ۳. انتقال

evade /i'veyd/ *vt* ۱. طفره رفتن، شانه خالی کردن از ۲. فرار کردن از

evaporate /i'vaporeyt/ *vt,vi*
۱. تبخیر کردن، بخار کردن ◻ ۲. تبخیر شدن، بخار شدن ۳. نابود شدن، از بین رفتن

evaporation /ivapo'reyshen/ *n* تبخیر

evasion /i'veyzhen/ *n* گریز، فرار

eve /iiv/ *n* شبِ ...

even[1] /'iiven/ *adj* ۱. صاف ۲. منظم ۳. مساوی ۴. [عدد] زوج

be (*or* get) even with somebody
حساب خود را با کسی تصفیه کردن، تلافی‌اش را سر کسی درآوردن

even[2] /'iiven/ *adv* حتی

even if حتی اگر، ولو این‌که

even so با این همه، با وجود این

evening /'iivning/ *n* ۱. شب ۲. عصر ۳. [مجازی] اواخر

evenly /'iivenli/ *adv*
به‌طور مساوی، به‌طور یکنواخت

event /i'vent/ *n* ۱. رویداد، واقعه، حادثه، اتفاق ۲. وقوع ۳. مسابقه

in the event of an accident
در صورت وقوع اتفاق

eventually /i'venchuwâli/ *adv*
سرانجام، بالأخره، عاقبت

ever /'ever/ *adv* ۱. هیچ‌وقت، هیچ‌گاه ۲. تا به حال، تاکنون ۳. همیشه ۴. وقتی، روزی

ever since ۱. از آن زمان به بعد، از آن زمان تاکنون ۲. از زمانی که

ever so خیلی، تا دلت بخواهد

for ever برای همیشه، تا ابد

for ever and ever برای همیشه

ever such a خیلی، تا دلت بخواهد

more than ever بیش از همیشه
evergreen /'evergriin/ *adj* همیشه‌سبز، همیشه‌بهار
every /'evri/ *adj* هر، هر یک از
every now and then گاهی، گاه‌گاهی، بعضی وقت‌ها
every so often گاه‌گاهی، گاهی، بعضی وقت‌ها
everybody /'evribâdi/ *pron* ۱. هر کس، هر کسی ۲. همه، همه کس
everyday /'evridey/ *adj* ۱. روزمره، هر روزی، جاری ۲. روزانه ۳. عادی، معمولی
everyone /'evriwân/ *pron* ۱. هر کس، هر کسی ۲. همه، همه کس
everything /'evrithing/ *pron* ۱. هر چیز، هر چیزی ۲. همه چیز
everywhere /'evriwer/ *adv* همه جا، هر جایی
evidence[1] /'evidens/ *n* ۱. مدرک ۲. دلیل ۳. گواه، شاهد ۴. شهادت
give evidence شهادت دادن
evidence[2] /'evidens/ *vt* گواه بر (چیزی) بودن، نشان دادن
evident /'evident/ *adj* آشکار، واضح، روشن، معلوم
evidently /'evidentli/ *adv* ۱. ظاهراً ۲. آشکارا، به وضوح
evil[1] /'iivel/ *adj* ۱. شیطانی، پست، شریر ۲. بد ۳. زشت، زننده
evil[2] /'iivel/ *n* ۱. بدی ۲. گناه
evolution /iivo'looshen/ *n* ۱. تکامل ۲. تحول ۳. رشد
evolve /i'vâlv/ *vi, vt* ۱. تکامل یافتن ۲. تحول یافتن، رشد کردن
ewe /yoo/ *n* میش
exact[1] /ig'zakt/ *adj* ۱. دقیق ۲. صحیح، درست ۳. عینِ ۴. با دقت
exact[2] /ig'zakt/ *vt* مطالبه کردن
exactly /ig'zaktli/ *adv* ۱. کاملاً، دقیقاً، درست ۲. بله! همین‌طور است!
exactness /ig'zaktnis/ *n* ۱. دقت ۲. درستی، صحت
exaggerate /ig'zajereyt/ *vi, vt* ۱. مبالغه کردن، اغراق کردن ۲. گزافه گویی کردن ۳. زیاده‌روی کردن ۴. بزرگ کردن
exaggeration /igzaje'reyshen/ *n* ۱. مبالغه، اغراق ۲. زیاده‌روی
exam /ig'zam/ *n* امتحان
examination /igzami'neyshen/ *n* ۱. امتحان ۲. معاینه ۳. بررسی، مطالعه ۴. بازدید، وارسی
examine /ig'zamin/ *vt* ۱. امتحان کردن ۲. بررسی کردن ۳. بازدید کردن ۴. معاینه کردن
examiner /ig'zaminer/ *n* ممتحن
example /ig'zâmpel/ *n* ۱. مثال ۲. نمونه، مورد ۳. سرمشق ۴. عبرت

exasperate / ig'zâspereyt / *vt*
عصبانی کردن، خشمگین کردن
exasperation / igzâspe'reyshen / *n*
خشم، عصبانیت
excavate / 'ekskaveyt / *vt*
۱. حفاری کردن ۲. خاک‌برداری کردن ۳. حفر کردن، کندن ۴. از زیر خاک بیرون آوردن

exceed / ik'siid / *vt*
۱. فراتر رفتن از ۲. تجاوز کردن از، تخطی کردن از، پا فراتر گذاشتن از
exceedingly / ik'siidingli / *adv*
فوق‌العاده، بی‌اندازه، بسیار
excellent / 'ekselent / *adj* ۱. عالی، فوق‌العاده، درجه‌یک ۲. عالی!
excellently / 'ekselentli / *adv*
عالی، بسیار خوب
except[1] / ik'sept / *prep,conj*
۱. بجز، مگر، به استثنای ۲. اما، فقط
except[2] / ik'sept / *vt*
۱. مستثنا کردن ۲. حذف کردن
exception / ik'sepshen / *n*
۱. استثنا ۲. مورد استثنا ۳. اعتراض
with the exception of
به استثنای، بجز
exceptional / ik'sepshenâl / *adj*
استثنایی، عالی، فوق‌العاده خوب
exceptionally / ik'sepshenâli / *adv*
به‌طور استثنایی، به‌طور خارق‌العاده
excess[1] / ik'ses / *n* ۱. زیاده‌روی، افراط، افراط‌کاری ۲. مازاد ۳. زیادی، فراوانی ۴. مبلغ اضافی
excess[2] / 'ekses / *adj* اضافه، اضافی
excessive / ik'sesiv / *adj* بیش از حد، زیاده از حد، مفرط، افراطی
excessively / ik'sesivli / *adv*
به حد افراط، بیش از اندازه، بی‌نهایت
exchange[1] / iks'cheynj / *n*
۱. مبادله ۲. [ارز] تبدیل ۳. تلفن‌خانه
in exchange for به جایِ، به عوضِ، در ازاءِ
exchange[2] / iks'cheynj / *vt,vi*
۱. مبادله کردن ۲. [ارز] تبدیل کردن
excite / ik'sâyt / *vt*
۱. به هیجان آوردن ۲. عصبی کردن
excitement / ik'sâytment / *n*
۱. هیجان ۲. برانگیختگی ۳. تحریک
exclaim / iks'kleym / *vt,vi*
۱. با تعجب گفتن ۲. فریاد کشیدن، داد زدن ۳. اعتراض کردن
exclamation / ekskla'meyshen / *n*
۱. اظهار تعجب ۲. تعجب، شگفتی
exclamation mark / ikskla'meyshen mârk / *n* علامت‌تعجب
exclude / iks'klood / *vt*
۱. مانع شدن، مانع ورود (کسی یا چیزی) شدن ۲. محروم کردن ۳. نادیده گرفتن ۴. مستثنا کردن
exclusion / iks'kloozhen / *n*
۱. راه ندادن، منع ورود ۲. محرومیت

exclusive /iks'kloosiv/ *adj* ۱. اختصاصی، خاص ۲. انحصاری

exclusive of بجز، به استثنای، به غیر از

excruciating /iks'krooshiyeyting/ *adj* ۱. [درد] شدید ۲. دردناک

excursion /iks'kershen/ *n* ۱. گردش، گشت، سیاحت ۲. تور

excuse[1] /iks'kyoos/ *n* ۱. عذر، بهانه ۲. عذر موجه ۳. عذرخواهی

excuse[2] /iks'kyooz/ *vt* ۱. بخشیدن، عذر (کسی را) پذیرفتن ۲. معذور داشتن ۳. نادیده گرفتن

excuse me ببخشید، معذرت می‌خواهم

execute /'eksikyoot/ *vt* ۱. اجرا کردن ۲. انجام دادن ۳. اعدام کردن

execution /eksi'kyooshen/ *n* ۱. اعدام ۲. اجرا ۳. انجام (دادن)

executive /ig'zekyutiv/ *adj* ۱. اجرایی ۲. اداری ۳. مجریّه

exercise[1] /'eksersâyz/ *n* ۱. ورزش ۲. تمرین ۳. پرورش ۴. به کارگیری، اِعمال ۵. بهره‌گیری ۶. مشق

do exercises ۱. ورزش کردن، نرمش کردن ۲. تمرین کردن

take exercise ورزش کردن

exercise[2] /'eksersâyz/ *vi, vt* ۱. ورزش کردن ۲. پرورش دادن، تمرین دادن ۳. تمرین کردن ۴. اعمال کردن ۵. استفاده کردن

exercises /'eksersâyzis/ *n* ۱. [نظامی] مشق، مانور ۲. مراسم

exert /ig'zert/ *vt* به کار بستن، به کار گرفتن، به کار انداختن

exertion /ig'zershen/ *n* ۱. تلاش، جد و جهد ۲. زوروَرزی، تقلا

exhaust[1] /ig'zost/ *vt* ۱. خسته کردن، فرسوده کردن، تحلیل بردن ۲. تمام کردن ۳. تخلیه کردن

exhaust[2] /ig'zost/ *n* اگزوز

exhaustion /ig'zoschen/ *n* ۱. خستگی، فرسودگی ۲. اتمام

exhibit[1] /ig'zibit/ *n* ۱. [نمایشگاه یا موزه] شیءِ نمایشی، کالای نمایشی ۲. [درامریکا] نمایشگاه

exhibit[2] /ig'zibit/ *vt, vi* ۱. به نمایش گذاشتن، نمایش دادن ۲. نمایشگاه بر پا کردن ۳. نشان دادن ۴. عرضه کردن، ارائه کردن

exhibition /eksi'bishen/ *n* ۱. نمایشگاه ۲. نمایش ۳. عرضه

exile[1] /'egzâyl/ *n* ۱. تبعید ۲. تبعیدی

exile[2] /'egzâyl/ *vt* تبعید کردن

exist /ig'zist/ *vi* ۱. وجود داشتن، بودن ۲. زندگی کردن ۳. زنده ماندن

existence /ig'zistens/ *n* ۱. وجود، هستی ۲. زندگی، زندگانی ۳. حیات، بقا ۴. عالم هستی ۵. موجود

come into existence به وجود آمدن

existent /ig'zistent/ *adj* موجود
exit /'eksit/ *n* ۱. خروج ۲. خروجی
expand /iks'pand/ *vi,vt* ۱. منبسط شدن ۲. منبسط کردن ۳. افزایش یافتن، زیاد شدن ۴. بزرگ شدن، باد کردن
expanse /iks'pans/ *n* گستره، پهنه
expect /iks'pekt/ *vt* ۱. انتظار داشتن ۲. منتظر (کسی یا چیزی) بودن ۳. امیدوار بودن که ۴. گمان کردن
be expected to ۱. قرار است که...، باید که... ۲. انتظار می‌رود که...
I expect so من این‌طور فکرمی‌کنم، به نظر من این‌طور می‌رسد
expectant /iks'pektent/ *adj* ۱. آبستن، باردار، حامله ۲. مشتاق، منتظر، چشم‌انتظار
expedition /ekspi'dishen/ *n* ۱. اردو ۲. هیئت اعزامی ۳. گردش
expel /iks'pel/ *vt* اخراج کردن
expense /iks'pens/ *n* خرج
at someone's expense به خرج کسی، با پول کسی
expensive /iks'pensiv/ *adj* ۱. گران، گران‌قیمت ۲. پرخرج، پرهزینه
experience[1] /iks'piriyens/ *n* ۱. تجربه ۲. چیز فوق‌العاده
experience[2] /iks'piriyens/ *vt* ۱. تجربه کردن ۲. [سختی، درد و غیره] کشیدن ۳. [لذت] بردن

experienced /iks'piriyenst/ *adj* باتجربه، کارآزموده، حاذق، خبره
experiment[1] /iks'periment/ *n* ۱. آزمایش ۲. کار آزمایشی ۳. تجربه
experiment[2] /iks'periment/ *vi* ۱. آزمایش کردن ۲. آزمودن
experimental /iksperi'mentâl/ *adj* ۱. آزمایشی ۲. آزمایشگاهی ۳. تجربی
expert /'ekspert/ *n,adj* ۱. کارشناس، متخصص ۲. اهل فن، خبره ◙ ۳. ماهر، باتجربه، کارآزموده ۴. کارشناسانه
explain /iks'pleyn/ *vt* شرح دادن
explanation /ekspla'neyshen/ *n* ۱. توضیح، شرح ۲. توجیه، تبیین
explode /iks'plod/ *vt,vi* ۱. منفجر کردن ◙ ۲. منفجر شدن، ترکیدن ۳. [احساسات] فوران کردن
exploit[1] /'eksployt/ *n* قهرمانی
exploit[2] /iks'ployt/ *vt* ۱. بهره‌برداری کردن ۲. بهره‌کشی کردن ۳. سوءِاستفاده کردن
exploration /eksplo'reyshen/ *n* ۱. کاوش، اکتشاف، جستجو ۲. تحقیق، بررسی، مطالعه
explore /iks'plor/ *vt* ۱. کاوش کردن، به اکتشاف پرداختن ۲. بازدید کردن ۳. کندوکاو کردن، بررسی کردن، مطالعه کردن، تحقیق کردن ۴. لمس کردن

exquisite / iks'kwizit / *adj*
۱. عالی، بی‌نظیر ۲. زیبا ۳. ظریف
extend / iks'tend / *vt, vi* ۱. بزرگتر کردن ۲. توسعه دادن ۳. [دست و غیره] دراز کردن ۴. تمدید کردن
extension / iks'tenshen / *n*
۱. بسط، توسعه ۲. تمدید ۳. ساختمانِ ضمیمه ۴. [تلفن] شمارهٔ داخلی
extensive / iks'tensiv / *adj*
۱. وسیع، گسترده ۲. مفصّل، جامع
extent / iks'tent / *n* ۱. گستردگی، وسعت، دامنه ۲. طول ۳. حد، اندازه
exterior / iks'tiriyer / *adj,n*
۱. بیرونی ▣ ۲. خارج ۳. ظاهر، قیافه
exterminate / iks'termineyt / *vt*
نابود کردن، ریشه‌کن کردن
external / iks'ternâl / *adj*
۱. خارجی ۲. بیرون، بیرونی، برونی
externally / iks'ternâli / *adv*
۱. از لحاظ خارجی ۲. در خارج
extinct / iks'tinkt / *adj* ۱. خاموش ۲. مرده ۳. منقرض ۴. منسوخ
extinguish / iks'tingwish / *vt*
۱. خاموش کردن ۲. زدودن، پاک کردن، محو کردن ۳. نابود کردن، از بین بردن ۴. [قرض] ادا کردن
extinguisher / iks'tingwisher / *n*
کپسول آتش‌نشانی
extra[1] /'ekstrâ / *adj,adv* ۱. اضافی ۲. دیگر هم ۳. بیش از حد

explorer / iks'plorer / *n* جهانگرد
explosion / iks'plozhen / *n*
۱. انفجار ۲. صدای انفجار ۳. فوران
explosive / iks'plosiv / *adj,n*
۱. قابل انفجار ▣ ۲. مادّهٔ منفجره
export[1] /'eksport / *n,adj*
۱. صادرات ۲. صدور ▣ ۳. صادراتی
export[2] / iks'port / *vt, vi*
۱. صادر کردن ▣ ۲. صادرات داشتن
exporter / iks'porter / *n* صادرکننده
exports /'eksports / *n* صادرات
expose / iks'poz / *vt* ۱. نشان دادن، ظاهر کردن، نمایان کردن ۲. به نمایش گذاشتن ۳. در معرض (چیزی) قرار دادن
exposure / iks'pozher / *n* ۱. قرار دادن در معرضِ ۲. قرار گرفتن در معرضِ ۳. نمایش ۴. [در عکاسی] نوردهی ۵. سمت، جهت، طرف
express[1] / iks'pres / *adj* ۱. صریح ۲. فوری ۳. [پست] اکسپرس
express[2] / iks'pres / *n* ۱. پستِ اکسپرس ۲. قطار سریع‌السیر
express[3] / iks'pres / *vt* ۱. بیان کردن، ابراز کردن ۲. نشان دادن
expression / iks'preshen / *n*
۱. بیان، ابراز ۲. شرح ۳. احساس ۴. حالت چهره، قیافه ۵. اصطلاح، عبارت ۶. [ریاضیات] عبارت
expressive / iks'presiv / *adj*
۱. معنی‌دار، پرمعنی ۲. گویا ۳. بیانگرِ

exultant / ig'zâltent / *adj*. ۱. شاد، شادمان ۲. سرمست از

eye / ây / *n* ۱. چشم، دیده ۲. نظر، دید، بینش ۳. [سوزن] ته، سوراخ

catch somebody's eye توجه کسی را جلب کردن

cry one's eyes out زارزار گریه کردن، مثل ابر بهار گریه کردن

in someone's eyes از نظرِ، به نظرِ، از دیدِ

keep an eye on مراقب یا مواظب (کسی یا چیزی) بودن

see eye to eye با کسی کاملاً موافق بودن، هم‌عقیده بودن

turn a blind eye to ندیده گرفتن

eyebrow / 'âybrao / *n* ابرو

eyelash / 'âylash / *n* مژه

eyelid / 'âylid / *n* پلک

eye-shadow / 'ây shado / *n* سایه‌چشم

eyesight / 'âysâyt / *n* بینایی، دید

eyewitness / 'âywitnis / *n* شاهد عینی

extra[2] / 'ekstrâ / *n* ۱. سیاهی‌لشکر ۲. روزنامهٔ فوق‌العاده ۳. چیز اضافی، هزینهٔ اضافی

extract[1] / iks'trakt / *vt* ۱. کشیدن، درآوردن ۲. استخراج کردن

extract[2] / 'ekstrakt / *n* ۱. عصاره ۲. [از کتاب و غیره] گزیده، منتخب

extraordinarily / iks'trordinerili / *adv* ۱. فوق‌العاده ۲. به‌طور استثنایی

extraordinary / iks'trordineri / *adj* ۱. فوق‌العاده ۲. استثنایی ۳. غیرعادی

extraterrestrial / 'ikstraterestriel / *adj* فضایی

extravagant / iks'travegent / *adj* ۱. ولخرج ۲. پرخرج، گران‌قیمت

extravagantly / iks'travegentli / *adv* ۱. با ولخرجی ۲. گران، گزاف

extreme / iks'triim / *adj* ۱. نهایی ۲. نهایت ۳. دورترین ۴. افراطی

extremely / iks'triimli / *adv* فوق‌العاده، بی‌اندازه، بی‌نهایت، بسیار

F

F,f /ef/ *n* اِف
(= ششمین حرف الفبای انگلیسی)

fable /ˈfeybel/ *n* ۱. قصه، داستان ۲. اسطوره، افسانه ۳. اساطیر

fabric /ˈfabrik/ *n* ۱. پارچه ۲. بافت

fabulous /ˈfabyules/ *adj* ۱. اساطیری ۲. افسانه‌ای، باورنکردنی

face[1] /feys/ *n* ۱. صورت، رو ۲. قیافه، چهره ۳. ظاهر ۴. نما، سر در

face to face رودررو

keep a straight face جلوی خندهٔ خود را گرفتن

make a face ۱. شکلک درآوردن ۲. قیافهٔ (کسی) تو هم رفتن

pull faces ۱. شکلک درآوردن ۲. قیافهٔ (کسی) تو هم رفتن

face[2] /feys/ *vt,vi* ۱. رو کردن به ۲. روبروی (کسی یا چیزی) بودن، در مقابل (کسی یا چیزی) قرار داشتن ۳. مواجه شدن ۴. مشرف بودن به

fact /fakt/ *n* واقعیت، حقیقت

in fact در واقع، درحقیقت

factory /ˈfakteri/ *n* کارخانه

factual /ˈfakchuwâl/ *adj* مبتنی بر واقعیات، واقعیت‌بنیاد

fad /fad/ *n* ۱. هوس، ویر ۲. موج، مُد ۳. [مجازی] جنون

fade /feyd/ *vi,vt* ۱. پژمردن، پژمرده شدن، پلاسیدن ۲. رنگ (چیزی) رفتن، رنگ خود را از دست دادن ۳. رنگ (چیزی را) بردن

fag /fag/ *n* ۱. کار سخت، کار پرزحمت ۲. [عامیانه] سیگار

fail[1] /feyl/ *vi,vt* ۱. [امتحان] رد شدن ۲. [امتحان] رد کردن ۳. شکست خوردن ۴. نتوانستن ۵. کوتاهی کردن، رعایت نکردن ۶. به ثمر نرسیدن ۷. ضعیف شدن ۸. مأیوس کردن

fail[2] /feyl/ *n* [امتحان] ردّی

without fail حتماً، بی‌برو برگرد

failing[1] /ˈfeyling/ *n* ۱. نقطه‌ضعف، ضعف ۲. نقص، عیب

failing[2] /ˈfeyling/ *prep* در صورت نبودنِ، درغیابِ، بدونِ

failure /ˈfeyliyer/ *n* ۱. شکست، ناکامی ۲. آدم ناموفق ۳. نقص

faint[1] /feynt/ *adj* ۱. ضعیف ۲. خفیف ۳. کم ۴. بی‌حال، سست

faint[2] /feynt/ *vi* از حال رفتن

faint[3] /feynt/ *n* ضعف، بیهوشی

fair[1] / fer / *adj* ۱. منصف، عادل ۲. شرافتمندانه ۳. متوسط، نسبتاً خوب ۴. [هوا] خوب، آفتابی ۵. سفید، سفیدرو ۶. [مو] بور، بلوند ۷. پاک

fair[2] / fer / *adv* منصفانه، عادلانه

fair[3] / fer / *n* بازار مکاره، بازار

fairly / 'ferli / *adv* ۱. عادلانه، منصفانه ۲. نسبتاً، تا اندازه‌ای، کم و بیش ۳. کاملاً، به‌کلی، پاک

fairy / 'feri / *n,adj* ۱. پری ۲. پری‌مانند، پری‌وار

fairyland / 'feriland / *n* ۱. سرزمینِ پریان ۲. سرزمین رؤیاها، بهشت

fairy tale / 'feri teyl / *n* قصهٔ پریان، افسانهٔ پریان

fairy-tale / 'feri teyl / *adj* افسانه‌ای

faith / feyth / *n* ۱. اعتقاد ۲. ایمان ۳. دین ۴. اعتماد ۵. عهد، پیمان

faithful / 'feythful / *adj* ۱. صدیق، باوفا ۲. صادقانه ۳. وفادار، پای‌بند

faithfully / 'feythfuli / *adv* ۱. صادقانه ۲. دقیقاً، عیناً ۳. قویاً، جداً

promise faithfully قول مردانه دادن

Yours faithfully [در نامه‌های رسمی] با تقدیم احترامات

fake[1] / feyk / *n* ۱. (چیز) بدلی، تقلبی، جعلی ۲. بدل ۳. آدم متقلب

fake[2] / feyk / *adj* ۱. بدلی ۲. جعلی، تقلبی، ساختگی ۳. دروغی

fake[3] / feyk / *vt,vi* ۱. جعل کردن ۲. [تابلو] کپی کردن ۳. دروغ گفتن

fall[1] / fol / *n* ۱. سقوط ۲. (عمل) افتادن ۳. اُفت، کاهش ۴. بارش ۵. شیب ۶. پاییز

fall[2] / fol / *vi* ۱. افتادن، فروافتادن ۲. به زمین افتادن ۳. سقوط کردن ۴. باریدن ۵. پایین آمدن ۶. کاهش یافتن، کم شدن ۷. واقع شدن

fall asleep (کسی را) خواب بردن

fall behind عقب ماندن، عقب افتادن

fall behind with (something) (در کاری یا چیزی) عقب افتادن

fall for عاشق شدن، گلوی کسی (پیش کسی) گیر کردن

fall ill مریض شدن

fall off افتادن، زمین خوردن

fall out with دعوا کردن

fall over زمین خوردن، سکندری خوردن

fallen / 'folen / *pp* اسم مفعول فعل fall

fallout / 'folaot / *n* ۱. بارشِ رادیواکتیو ۲. غبار (رادیواکتیو)

falls / folz / *n* آبشار

false / fols / *adj* ۱. دروغی، دروغ ۲. کاذب ۳. ساختگی ۴. اشتباه، خطا ۵. نادرست ۶. اشتباهی، مصنوعی ۷. تقلبی، جعلی ۸. ریاکار

falsely / 'folsli / *adv* به دروغ

fancy[1] /'fansi / *n* ۱. خیال‌پردازی ۲. تخیل، تصور ۳. خیال ۴. علاقه

fancy[2] /'fansi / *adj* ۱. تخیلی ۲. زینتی، تزیینی ۳. شیک، لوکس

fancy[3] /'fansi / *vi,vt* ۱. تصور کردن، مجسم کردن ۲. خیال کردن، فکر کردن ۳. دوست داشتن، میل داشتن ۴. هوس کردن ۵. [در حالت تعجب] ببین! نگاه کن! تماشا کن!

fang / fang / *n* ۱. [سگ، گرگ و غیره] دندان نیش ۲. [مار] دندان، نیش

fantastic / fan'tastik / *adj* ۱. عجیب‌وغریب، شگفت ۲. خیالی، واهی ۳. [پول، هزینه و غیره] هنگفت

fantastically / fan'tastikli / *adv* ۱. بسیار عالی ۲. بسیار زیاد

fantasy / 'fantasi / *n* ۱. خیال‌پردازی ۲. خیال، پندار، وهم، رؤیا

far[1] / fâr / *adj* ۱. دور، دوردست ۲. آن طرفِ، آن سوی ۳. افراطی

far[2] / fâr / *adv* ۱. دور ۲. خیلی

as far as ۱. تا ۲. تا آنجا که

be far behind with something (در چیزی یا کاری) عقب بودن

far apart دور از یکدیگر، جدا از هم

far away خیلی دور

far from اصلاً، به هیچ وجه، ابداً

so far تا حالا، تاکنون

faraway / 'fârewey / *adj* ۱. دور، دوردست ۲. قدیم، گذشتهٔ دور

falter / 'folter / *vi* ۱. به تردید افتادن، تزلزل نشان دادن ۲. به لکنت افتادن، به تِتِه پِتِه افتادن

fame / feym / *n* شهرت، آوازه

familiar / fa'miliyar / *adj* ۱. آشنا ۲. صمیمی ۳. دوستانه، خودمانی، ندار

be familiar with آشنا بودن با، آشنایی داشتن با

familiarity / famili'yariti / *n* ۱. آشنایی ۲. شناخت، آگاهی، اطلاع ۳. حالت خودمانی

family / 'famili / *n,adj* ۱. خانواده ۲. اعضای خانواده ◻ ۳. خانوادگی

family name نام خانوادگی

famine / 'famin / *n* ۱. قحطی ۲. کمبود ۳. گرسنگی

famous / 'feymes / *adj* مشهور، معروف، صاحب‌نام، سرشناس

fan[1] / fan / *n* ۱. بادبزن ۲. پنکه

fan[2] / fan / *vt,vi* ۱. باد زدن ۲. وزیدن به ۳. (آتش چیزی را) دامن زدن ۴. پخش شدن ۵. پخش کردن

fan[3] / fan / *n* عاشق سینه‌چاک

fanatic[1] / fa'natik / *n* آدم متعصب

fanatic[2] / fa'natik / *adj* متعصب

fanatical / fa'natikâl / = fanatic

fanatically / fa'natikli / *adv* به‌طور تعصب‌آمیز، با تعصب

fanciful / 'fansiful / *adj* ۱. خیال‌پرداز ۲. خیالی ۳. شگفت

fare /fer/ *n* ۱. [اتوبوس، تاکسی و غیره] کرایه ۲. مسافر تاکسی

farewell[1] /fer'wel/ *intj* خداحافظ!

farewell[2] /fer'wel/ *n* خداحافظی

farm[1] /fârm/ *n* ۱. مزرعه ۲. (محل) دامداری ۳. خانهٔ کشاورز

farm[2] /fârm/ *vt,vi* ۱. کشت کردن، کشاورزی کردن ۲. دامداری کردن

farmer /'fârmer/ *n* ۱. دهقان، زارع، کشاورز ۲. پرورش‌دهندهٔ... ۳. دامدار

farmhouse /'fârmhaos/ *n* خانهٔ کشاورز، خانهٔ زارع

farmyard /'fârmyârd/ *n* حیاط مزرعه

farther /'fârdher/ *adv,adj* ۱. دورتر ۲. جلوتر، پیش‌تر ۳. آن طرفِ

farthest /'fârdhist/ *adv,adj* ۱. دورترین ۲. آخرین ۳. بیشترین

fascinate /'fasineyt/ *vt* مجذوب کردن، شیفتهٔ خود کردن

fascination /fasi'neyshen/ *n* جاذبه، جذابیت، کشش، فریبندگی

fashion /'fashen/ *n* ۱. شیوه، روش، طرز، نحوه ۲. سبک ۳. مُد

fashionable /'fashenebel/ *adj* ۱. مُد ۲. [هتل، رستوران و غیره] شیک

fashionably /'fashenebli/ *adv* مطابق مد، طبق مد روز

fast[1] /fâst/ *adj* ۱. محکم، سفت ۲. [رنگ] ثابت ۳. باوفا، استوار

fast[2] /fâst/ *adj* ۱. تند، سریع ۲. تندرو ۳. فوری ۴. [ساعت] جلو

fast[3] /fâst/ *adv* ۱. تند ۲. محکم

fast[4] /fâst/ *vi,n* ۱. روزه گرفتن ◘ ۲. روزه

fasten /'fâsen/ *vt,vi* ۱. بستن ۲. محکم کردن، سفت بستن ۳. زدن به ۴. به هم بستن، متصل کردن

fasten something to (*or* onto) نصب کردن، چسباندن

fastener /'fâsner/ *n* قلاب، بند

fastidious /fas'tidiyes/ *adj* سختگیر، مشکل‌پسند، وسواسی

fat[1] /fat/ *adj* ۱. چرب، پرچربی ۲. چاق ۳. چاق و چله ۴. گنده، درشت ۵. کلفت، قطور ۶. پُر

fat[2] /fat/ *n* ۱. چربی ۲. روغن

fatal /'feytâl/ *adj* ۱. مهلک، کشنده، خطرناک ۲. شوم، نحس

fatality /fey'taliti/ *n* ۱. مرگ ۲. مرگ و میر ۳. تقدیر، سرنوشت

fatally /'feytâli/ *adv* به‌طور مهلک، به‌طور کشنده، به‌طور خطرناکی

fate /feyt/ *n* ۱. تقدیر، سرنوشت، قضا و قدر ۲. عاقبت ۳. مرگ

fated /'feytid/ *adj* مقدّر، قسمت

father /'fâdher/ *n* ۱. پدر ۲. بابا ۳. بنیانگذار ۴. پدر روحانی

fatherly /'fâdherli/ *adj* پدرانه

fatigue / fa'tiig / *n* خستگی

fatten / 'faten / *vi,vt* ۱. چاق شدن ۲. چاق کردن ۳. ثروتمندتر شدن

fault / folt / *n* ۱. عیب، نقص ۲. تقصیر، گناه ۳. اشتباه، غلط، خطا

be someone's fault تقصیر کسی بودن

be the fault of تقصیر کسی بودن

faulty / 'folti / *adj* معیوب، خراب

favour[1] / 'feyver / *n* ۱. لطف، التفات ۲. نظر مساعد ۳. کمک، مساعدت ۴. محبت ۵. نفع، سود

be in favour of طرفدار (چیزی) بودن، (با چیزی) موافق بودن

be in favour with مورد علاقهٔ (کسی) بودن

be out of favour with (کسی را) خوش نیامدن، مورد علاقهٔ (کسی) نبودن

favour[2] / 'feyver / *vt* ۱. طرفداری کردن، پشتیبانی کردن ۲. تأیید کردن ۳. محبت کردن، لطف کردن

favourable / 'feyverebel / *adj* ۱. مطلوب، رضایت‌بخش ۲. مثبت

favourably / 'feyverebli / *adv* ۱. با نظر مساعد ۲. به‌طور مطلوبی

favourite[1] / 'feyverit / *adj* محبوب، مطلوب، مورد علاقه، دوست‌داشتنی

favourite[2] / 'feyverit / *n* [در ورزش] امید مسابقه

fear[1] / 'fiyer / *n* ۱. ترس ۲. نگرانی

for fear of از ترسِ

fear[2] / 'fiyer / *vt,vi* ۱. ترسیدن (از) ۲. نگران (چیزی) بودن، نگران بودن

fearful / 'fiyerful / *adj* ۱. هولناک، ترسناک، وحشتناک ۲. ترسو ۳. نگران ۴. [عامیانه] بد، وحشتناک

fearfully / 'fiyerfuli / *adv* ۱. با ترس ۲. به‌طور وحشتناکی

fearless / 'fiyerlis / *adj* ۱. نترس، بی‌باک، جسور ۲. بی‌اعتنا، بی‌توجه

fearlessly / 'fiyerlisli / *adv* بی‌باکانه، با بی‌باکی، بدون ترس

feast[1] / fiist / *n* ۱. ضیافت، جشن ۲. عید (مذهبی) ۳. میز غذا، سفره

feast[2] / fiist / *vt,vi* ۱. جشن گرفتن ۲. مهمان کردن ۳. حسابی خوردن

feat / fiit / *n* کار عظیم، شاهکار

feather / 'fedher / *n* پَر

feature[1] / 'fiicher / *n* ۱. صورت، چهره، قیافه ۲. مشخصه، ویژگی

feature[2] / 'fiicher / *vt* نقش مهمی داشتن در، جایی داشتن در

February / 'februweri / *n* فوریه (= ماه دوم سال فرنگی)

fed / fed / *p,pp* گذشته و اسم مفعول فعل feed

be fed up with از (چیزی) خسته شدن، حوصلهٔ (کسی از چیزی) سر رفتن

fee / fii / *n* ۱. دستمزد، حق‌الزحمه، هزینه ۲. [دانشگاه یا مدرسه] شهریه

feeble /'fiibel/ *adj* ۱. ضعیف ۲. نحیف ۳. سست ۴. خفیف

feebly /'fiibli/ *adv* ۱. با ضعف، با ناتوانی ۲. با بی‌اشتیاقی

feed[1] /fiid/ *n* ۱. خوراک، غذا ۲. وعدهٔ غذا، موقع غذا ۳. تغذیه

feed[2] /fiid/ *vt,vi* ۱. تغذیه کردن ۲. غذا دادن ۳. خوراندن، دادن ۴. غذا خوردن، خوردن

feel /fiil/ *vt,vi* ۱. لمس کردن، دست زدن به ۲. حس کردن ۳. حس شدن ۴. حساسیت داشتن به ۵. گمان کردن، تصور کردن ۶. به نظر آمدن ۷. درک کردن، فهمیدن

feel for something دنبال چیزی گشتن

feel like something (دل کسی) چیزی را خواستن، میل داشتن

I feel as if (*or* though) احساس می‌کنم که گویی

feeling /'fiiling/ *n* ۱. حس ۲. لامسه ۳. نظر ۴. احساسات

hurt someone's feelings احساسات کسی را جریحه‌دار کردن، کسی را رنجاندن

feet /fiit/ *n* صورت جمع foot

be on one's feet ۱. سر پا ایستادن، روی پا ایستادن ۲. بهبود یافتن، بهتر شدن

find your feet روی پای خود ایستادن

have (*or* get) cold feet جا زدن، پا پس کشیدن

put one's feet up استراحت کردن، دراز کشیدن

walk someone off his feet کسی را از پا انداختن، خسته و هلاک کردن

fell[1] /fel/ *vt* ۱. قطع کردن، بریدن ۲. زمین زدن، به زمین انداختن

fell[2] /fel/ *p* گذشتهٔ فعل fall

fellow /'felo/ *n* ۱. مرد، پسر ۲. آدم ۳. رفیق، دوست ۴. هم‌ـ (مانند «همشهری») ۵. عضو ۶. بورسیه ۷. تا

felt[1] /felt/ *n,adj* ۱. نمد ▣ ۲. نمدی

felt[2] /felt/ *p,pp* گذشته و اسم مفعول فعل feel

female /'fiimeyl/ *adj* ۱. ماده، مادینه ۲. مؤنث ۳. زنانه ۴. [مربوط به] زن یا زنان

feminine /'feminin/ *adj* ۱. زنانه ۲. [دستور زبان] مؤنث

fence[1] /fens/ *n,vt* ۱. حصار، نرده، دیوار، پرچین ▣ ۲. محصور کردن، نرده کشیدن، دیوار کشیدن

fence[2] /fens/ *vi* شمشیربازی کردن

fend /fend/ *vt,vi* ۱. دفع کردن، دور کردن ▣ ۲. روی پای خود ایستادن ۳. از زیر (چیزی) در رفتن، از دست (کسی) فرار کردن

fender /'fender/ *n* ۱. حفاظ ۲. گِل‌گیر ۳. سپر ۴. ضربه‌گیر ۵. لبهٔ پایین شومینه

feverishly /'fiiverishli / *adv* ۱. با دستپاچگی، سراسیمه ۲. عجولانه
few / fyoo / *adj,pron* ۱. معدود، معدودی، تعداد کمی، کم، کمی ۲. نادر
a few چند تایی، چند تا، تعدادی
a few minutes later
چند دقیقه بعد، چند دقیقهٔ دیگر
no fewer than حداقل، به اندازهٔ
fiancé / fi'yânsey / *n* [مرد] نامزد
fiancée / fi'yânsey / *n* [زن] نامزد
fib / fib / *n,vi* ۱. چاخان، حرف کشکی ▣ ۲. چاخان کردن
fibber /'fiber / *n* خالی‌بند
fibre /'fâyber / *n* ۱. تار، لیف ۲. الیاف ۳. نخ، رشته ۴. پارچه
fibreglass /'fâyberglâs / *n* ۱. فایبرگلاس ۲. پشم شیشه
fickle /'fikel / *adj* بی‌ثبات
fiction /'fikshen / *n* ۱. داستان، قصه ۲. ادبیات داستانی ۳. خیال
fiddle /'fidel / *n* ۱. تقلب ۲. ویولون
fidelity / fi'deliti / *n* وفاداری
fidget /'fijit / *vi,vt* ۱. وول خوردن ۲. ور رفتن ۳. بی‌قرار بودن
field / fiild / *n* ۱. مزرعه ۲. چراگاه ۳. میدان ۴. [فوتبال و غیره] زمین
fierce /'fiyers / *adj* ۱. خشن، خشمگین ۲. وحشی، درنده ۳. تند

fern / fern / *n* سرخس
ferocious / fe'roshes / *adj* ۱. وحشی، درنده، درنده‌خو ۲. وحشیانه ۳. شدید، حاد، سخت
ferociously / fe'roshesli / *adv* ۱. وحشیانه ۲. به‌طور وحشتناکی
ferry[1] /'feri / *n* ۱. فِری (= نوعی قایق که مسافر، کالا و یا وسایل نقلیه را از عرض رودخانه یا کانال عبور می‌دهد.) ۲. ایستگاه فری
ferry[2] /'feri / *vt* حمل کردن، بردن
fertile /'fertâyl / *adj* ۱. بارور، زایا ۲. حاصلخیز ۳. خلاق ۴. مساعد
fertilize /'fertilâyz / *vt* ۱. بارور کردن ۲. کود دادن
fertilizer /'fertilâyzer / *n* کود
fervent /'fervent / *adj* مشتاق
fester /'fester / *vi* ۱. چرک کردن، عفونت کردن ۲. فاسد شدن
festival /'festivâl / *n* ۱. عید ۲. جشن ۳. جشنواره
festive /'festiv / *adj* ۱. شاد ۲. [مربوط به] عید ۳. [مربوط به] جشن
fetch / fech / *vt* ۱. (رفتن و) آوردن ۲. عاید کردن ۳. فروش رفتن
fetching /'feching / *adj* جذاب
fête / feyt / *n* جشن
feud / fyood / *n* دعوا، نزاع
fever /'fiiver / *n* ۱. تب ۲. هیجان
feverish /'fiiverish / *adj* ۱. تب‌دار ۲. بیماری‌زا ۳. تب‌آلود، هیجان‌زده

fiercely / 'fiyersli / *adv*
۱. با عصبانیت ۲. به شدت، شدیداً
fiery / 'fâyeri / *adj* مشتعل
fifteen / fif'tiin / *adj,n*
۱. پانزده (تا) ◘ ۲. شمارهٔ پانزده ۳. تیم راگبی
fifteenth / fif'tiinth / *n,adj*
۱. یک‌پانزدهم ◘ ۲. پانزدهمین
fifth / fifth / *n,adj* ۱. یک‌پنجم
۲. پنجمی، شمارهٔ پنج ◘ ۳. پنجمین
fiftieth / 'fiftiyeth / *n,adj*
۱. یک‌پنجاهم ◘ ۲. پنجاهمین
fifty / 'fifti / *adj,n* ۱. پنجاه (تا)
◘ ۲. عدد پنجاه (۵۰) ۳. شمارهٔ پنجاه
the fifties دههٔ پنجاه
fifty-fifty / fifti 'fifti / *adj,adv*
پنجاه‌پنجاه، نصفانصف
a fifty-fifty chance
احتمال پنجاه‌پنجاه، شانس پنجاه‌پنجاه
fig / fig / *n* ۱. انجیر ۲. درخت انجیر
fight[1] / fâyt / *vi,vt* ۱. جنگیدن، جنگ کردن ۲. وارد جنگ شدن، در جنگ شرکت کردن، به جنگ پرداختن ۳. نبرد کردن، پیکار کردن ۴. کتک‌کاری کردن، زدوخورد کردن ۵. جر و بحث کردن، بگومگو کردن
fight for ۱. سخت تلاش کردن
۲. جنگیدن برای، مبارزه کردن برای
fight[2] / fâyt / *n* ۱. جنگ ۲. مبارزه
figure / 'figer / *n* ۱. رقم ۲. عدد
۳. مبلغ ۴. شکل، نمودار ۵. پیکره ۶. هیکل، اندام ۷. قیافه، ریخت
figure out ۱. حساب کردن
۲. فهمیدن
file[1] / fâyl / *n,vt* ۱. سوهان
۲. سوهان ناخن ◘ ۳. سوهان زدن
file[2] / fâyl / *n,vt* ۱. پوشه، کلاسور
۲. پرونده ۳. سابقه ۴. [کامپیوتر] پوشه، فایل ◘ ۵. بایگانی کردن
file[3] / fâyl / *n,vi* ۱. صف، ردیف
۲. [نظامی] ستون ◘ ۳. به صف رفتن
in single file به صف
fill / fil / *vt,vi* ۱. پرکردن ۲. پر شدن
۳. سرشار کردن ۴. لبریز کردن ۵. اشغال کردن ۶. انجام وظیفه کردن
fill in ۱. [فرم و غیره] پر کردن
۲. موقتاً جانشین (کسی) شدن
fill up ۱. پر کردن ۲. پر شدن
fillet / 'filit / *n,adj,vt* ۱. [گوشت] فیله ۲. پیشانی‌بند، سربند ◘ ۳. لخم، بی‌استخوان، فیله ◘ ۴. به صورت فیله بریدن یا درآوردن
filling / 'filing / *n* ۱. پر کردن دندان
۲. دندان پُرکردنی ۳. دندان پُرکرده
filling station / 'filing steyshen / *n*
پمپ بنزین
film[1] / film / *n* ۱. لایهٔ نازک، ورقه، پرده ۲. فیلم (عکاسی یا فیلم‌برداری) ۳. فیلم (سینمایی) ۴. حلقهٔ فیلم
film[2] / film / *vt,vi* ۱. فیلم‌برداری کردن، فیلم برداشتن، به صورت

فــیلم درآوردن ۲. پــوشـاندن ۳. پـوشیده شـدن، تـار شـدن، غـبار گرفتن ۴. [چشم] اشک‌آلود شدن

filter[1] /'filter/ *n* ۱. صافی ۲. فیلتر

filter[2] /'filter/ *vt,vi*
۱. صاف کردن، از صافی رد کردن ◘ ۲. [ترافیک بریتانیا] گردش به چپ آزاد بودن

filth /filth/ *n* ۱. کثافت ۲. آشغال

filthy /'filthi/ *adj* ۱. کثیف
۲. مبتذل ۳. زشت، قبیح ۴. [هوا] بد

fin /fin/ *n* ۱. باله ۲. [فنی] تیغه

final /'fâynâl/ *adj,n* ۱. نهایی، پایانی، آخـرین، آخـری، آخـر ۲. قطعی ◘ ۳. مسابقهٔ نهایی، فینال ۴. [روزنامه] آخرین چاپ

finalist /'fâynâlist/ *n* فینالیست، بازیکن مرحلهٔ نهایی

finally /'fâynâli/ *adv* سرانجام

finance[1] /'fâynans/ *n* ۱. مالیه، امور مالی ۲. بودجه ۳. دارایی

finance[2] /'fâynans/ *vt*
سرمایهٔ لازم را تأمین کردن برای

financial /fây'nanshâl/ *adj* مالی

find[1] /fâynd/ *vt* ۱. پیدا کردن، یافتن ۲. [مجازی] دیـدن ۳. مـتوجه شدن، دریافتن ۴. کشف کردن

find out ۱. متوجه شدن
۲. پیدا کردن

find someone guilty
کسی را گناهکار شناختن

find someone innocent
کسی را بی‌گناه شناختن

find someone out
دست کسی را رو کردن

find something out ۱. پی بردن، متوجه شدن، فـهمیدن ۲. پـرسیدن، پرس و جو کردن ۳. [مجازی] دیدن

find[2] /fâynd/ *n* کشف، یافته

finder /'fâynder/ *n* یابنده

finding /'fâynding/ *n* کشف

fine[1] /fâyn/ *adj* ۱. خوب، عالی
۲. زیبا، قشنگ ۳. [هـوا] آفـتابی ۴. ظریف، لطیف ۵. ریز، نرم ۶. نازک، باریک ۷. خالص، نـاب ۸. کـافی، بس

fine[2] /fâyn/ *adv* خیلـی‌خوب، عالی

fine[3] /fâyn/ *n,vt* ۱. جریمه
◘ ۲. جریمه کردن

finger /'finger/ *n* انگشت

have green fingers
در پرورش گیاهان مهارت داشتن

keep one's fingers crossed
آرزوی موفقیت کردن

lay a finger on روی کسی دست بلند کردن، کسی را اذیت کردن

not lift a finger قدمی برنداشتن، کمترین کمکی نکردن

fingerprint /'fingerprint/ *n,vt*
۱. [معمولاً به صورت جمع] اثـر انگشت ◘ ۲. انگشت‌نگاری کردن

finish[1] /'finish/ *vt,vi*
۱. تمام کردن، به پایان رساندن ۲. به پایان رسیدن
finish off تمام کردن، (چیزی را) تا ته خوردن
finish up with (با چیزی) تمام کردن
finish with (با چیزی یا کسی) کاری نداشتن
finish[2] /'finish/ *n* قسمت پایانی، مرحلهٔ نهایی، پایان، خاتمه، آخر
fir /fer/ *n* ۱. درخت صنوبر ۲. چوب صنوبر
fir-cone /'fer kon/ *n*
مخروط صنوبر، جوز صنوبر
fire[1] /'fâyer/ *n* ۱. آتش ۲. آتش‌سوزی ۳. [نظامی] شلیک، آتش ۴. بخاری
open fire شلیک کردن، تیراندازی کردن
set fire to something, set something on fire چیزی را آتش زدن، چیزی را به آتش کشیدن
fire[2] /'fâyer/ *vt,vi* ۱. آتش زدن ۲. شلیک کردن ۳. اخراج کردن
fire alarm /'fâyer elârm/ *n*
آژیر (آتش‌سوزی)
firearm /'fâyerârm/ *n* سلاح گرم
fire brigade /'fâyer brigeyd/ *n*
(مأموران) آتش‌نشانی
fire engine /'fâyer enjin/ *n*
ماشین آتش‌نشانی

fire escape/'fâyer iskeyp/ *n*
پلکان فرار، پلکان خروج اضطراری
fire extinguisher/'fâyer iks-tingwisher/ *n* کپسول آتش‌نشانی
fireman/'fâyerman/ *n*
۱. مأمور آتش‌نشانی ۲. آتشکار
fireplace/'fâyerpleys/ *n*
بخاری دیواری، شومینه
firework/'fâyerwerk/ *n*
وسیلهٔ آتش‌بازی
fireworks/'fâyerwerks/ *n*
۱. آتش‌بازی ۲. مشاجره، جار و جنجال
firm[1] /ferm/ *adj* ۱. محکم ۲. سخت، سفت ۳. جدی، مصمم
firm[2] /ferm/ *adv* محکم
firm[3] /ferm/ *n* شرکت، تجارتخانه
firmly /'fermli/ *adv* محکم
first /ferst/ *adj,adv,pron,n*
۱. اولین، نخستین ۲. اول ۳. اولین بار ۴. مقام اول ۵. قبل از هر چیز
first aid /ferst 'eyd/ *n*
کمک‌های اولیه
first class/ferst 'klâs/ *n* ۱. رتبهٔ اول، مقام اول ۲. [قطار، هواپیما و غیره] درجه‌یک ۳. پست سریع
first-class/ferst 'klâs/ *adj*
درجه‌یک، عالی، تراز اول، ممتاز
firstly /'ferstli/ *adv* نخست، اول، در وهلهٔ اول
fish[1] /fish/ *n* ۱. ماهی ۲. ماهی‌ها

fish² / fish / *vi,vt* ماهی گرفتن، ماهی صید کردن، ماهی‌گیری کردن

fisherman / 'fisherman / *n* ماهی‌گیر، صیاد

fishing-rod / 'fishing râd / *n* چوب ماهی‌گیری

fishmonger / 'fishmânger / *n* ماهی‌فروش

fist / fist / *n* مشت

fit¹ / fit / *adj* ۱. مناسب، در خور، شایسته، قابل، خوب ۲. صلاح، مصلحت ۳. سالم، سرحال

fit² / fit / *n* ۱. [بیماری] حمله ۲. غش ۳. حالت تعجب ۴. طغیان

fits and starts به‌طور نامنظم

fit³ / fit / *vt,vi* ۱. اندازهٔ (کسی) بودن، اندازه بودن ۲. [لباس] پرو کردن ۳. نصب کردن، کار گذاشتن

fit in ۱. وقت گذاشتن، وقت دادن ۲. جور درآمدن ۳. جا دادن، جا پیدا کردن

fit in with ۱. جور بودن با، جور شدن با ۲. تنظیم کردن با، هم‌آهنگ کردن با

fitting / 'fiting / *adj* شایسته، بجا

five / fâyv / *adj,n* ۱. پنج (تا) ▣ ۲. عدد پنج (۵) ۳. پنج نفر ۴. پنج‌ساله

fiver / 'fâyver / *n* [پوند یا دلار] پنجی

fix¹ / fiks / *vt,vi* ۱. نصب کردن، محکم کردن ۲. تعیین کردن ۳. تصمیم گرفتن، انتخاب کردن ۴. مرتب کردن، سر و سامان دادن به ۵. تعمیر کردن ۶. [غذا] درست کردن، تهیه کردن

fix someone up with something چیزی را برای کسی جور کردن، ترتیب چیزی را برای کسی دادن

fix up ۱. تعمیر کردن ۲. ترتیب (کاری را) دادن

fix² / fiks / *n* ۱. مخمصه، گرفتاری ۲. [عامیانه، مواد مخدر] تزریق

in a fix دچار زحمت، دچار دردسر

fixture / 'fikscher / *n* اثاثیهٔ ثابت خانه (مانند قفسهٔ آشپزخانه)

fizz / fiz / *n,vi* ۱. [نوشابه] گاز ۲. [عامیانه] شامپاین ▣ ۳. [مایع گازدار] جوشیدن، کف کردن

fizzle / 'fizel / *vi* [مایع گازدار] جوشیدن، کف کردن

flag / flag / *n* پرچم، بیرق، عَلَم

flake / fleyk / *n* ۱. دانه، ذره ۲. تکه

flame¹ / fleym / *n* شعله، آتش

in flames در آتش، آتش‌گرفته، در حال سوختن

flame² / fleym / *vi* مشتعل شدن، شعله‌ور شدن

flammable / 'flamebel / *adj* آتش‌زا، قابل اشتعال، اشتعال‌پذیر

flan / flan / *n* فلَن (= نوعی شیرینی‌تر میوه‌ای)

flank / flank / *n* ۱. [بدن] پهلو ۲. [ساختمان و غیره] ضلع، طرف

flannel /'flanel/ *n* ۱. [پارچه] فلانل ۲. لیف حوله‌ای
flannels /'flanelz/ *n* شلوار فلانل
flap[1] /flap/ *n* ۱. (صدای) تِلِپ تِلِپ ۲. ضربه ۳. [پاکت، جیب و غیره] در
flap[2] /flap/ *vi, vt* ۱. [بال] به‌هم زدن ۲. بال زدن، پروازکردن ۳. بالا و پایین رفتن ۴. دستپاچه شدن
flare[1] /fler/ *vi* شعله‌ور شدن
flare up ۱. شعله‌ور شدن ۲. از کوره در رفتن

flare[2] /fler/ *n* شعله، زبانهٔ آتش
flash[1] /flash/ *n* درخشش، تابش
in a flash مثل برق، فوری، به یک چشم برهم زدن
flash[2] /flash/ *vi, vt* ۱. درخشیدن ۲. چشمک زدن، سوسو زدن ۳. به سرعت گذشتن، مثل برق رد شدن
flask /flâsk/ *n* ۱. [آزمایشگاه] بالون ۲. فلاسک ۳. [مشروب] بغلی ۴. بطری
flat[1] /flat/ *n* آپارتمان
flat[2] /flat/ *adj* ۱. صاف، هموار، مسطح ۲. تخت ۳. [لحن] بی‌اعتنا ۴. [باتری] خالی ۵. [لاستیک] پنجر، کم‌باد ۶. [رنگ] مات ۷. صریح
flat[3] /flat/ *n* ۱. لاستیک پنچر ۲. زمین صاف ۳. [دست] کف
flatten /'flaten/ *vi, vt* ۱. صاف شدن ◙ ۲. صاف کردن
flatter /'flater/ *vt* ۱. تملق (کسی را) گفتن، (پیش کسی) چاپلوسی کردن ۲. بهتر نشان دادن
be flattered خوشحال شدن
flattery /'flateri/ *n* چاپلوسی
flavour /'fleyver/ *n* ۱. طعم، مزه ۲. چاشنی ۳. حال و هوا، رنگ و بو
flea /flii/ *n* کَک
fled /fled/ *p, pp* گذشته واسم مفعول فعل flee
flee /flii/ *vi, vt* فرار کردن، گریختن
fleet /fliit/ *n* ۱. ناوگان ۲. کاروان
flesh /flesh/ *n* ۱. گوشت ۲. بدن
flew /floo/ *p* گذشتهٔ فعل fly
flex[1] /fleks/ *n* [وسایل برقی] سیم
flex[2] /fleks/ *vt* ۱. [دست، پا و غیره] خم کردن، باز و بسته کردن، ورزش دادن ۲. [عضله] منقبض کردن
flexibility /fleksi'biliti/ *n* نرمش، انعطاف‌پذیری، تغییرپذیری
flexible /'fleksibel/ *adj* ۱. انعطاف‌پذیر ۲. خم‌شدنی، نرم
flick[1] /flik/ *n* ۱. ضربهٔ ملایم یا یواش ۲. تکان ۳. تلنگر
flick[2] /flik/ *vt, vi* ۱. آهسته زدن ۲. با انگشت زدن ۳. تکان خوردن
flicker[1] /'fliker/ *vi* سوسو زدن، چشمک زدن، پت پت کردن
flicker[2] /'fliker/ *n* درخشش
flight[1] /flâyt/ *n* ۱. پرواز ۲. خطِ سیر، مسیر پرواز ۳. هواپیما ۴. [فضا] مسافرت، سفر ۵. [پرنده و غیره] پرواز گروهی ۶. پلکان (بین دو پاگرد)

flop[1] / flâp / *vi* ۱. تکان خوردن ۲. افتادن ۳. شِلِپ شِلِپ کردن

flop[2] / flâp / *n* ۱. (صدای) شِلِپ ۲. [فیلم، کتاب و غیره] شکست

florist / 'florist / *n* گل‌فروش

flour / 'flaower / *n* آرد

flourish / 'flârish / *vi, vt* ۱. شکوفا شدن، رشد کردن ۲. رونق داشتن، رونق گرفتن ۳. در اوج شکوفایی بودن ◙ ۴. (چیزی را) در هوا تکان دادن یا نمایش دادن

flow[1] / flo / *vi* ۱. جاری شدن، جریان داشتن ۲. [رودخانه، به دریا] ریختن ۳. [آب دریا] بالا آمدن

flow[2] / flo / *n* ۱. جریان ۲. مَد

flower[1] / 'flaower / *n* گُل

flower[2] / 'flaower / *vi* ۱. گُل دادن، به گُل نشستن ۲. شکوفا شدن، شکفتن

flown / flon / *pp* اسم مفعول فعل fly

flu / floo / *n* آنفلوآنزا

fluent / 'floo-ent / *adj* فصیح، روان

fluently / 'floo-entli / *adv* با فصاحت، روان، به راحتی، با سهولت

fluid / 'floo-id / *adj* سیال، روان

fluke / flook / *n* شانس، خوش‌شانسی، حسن اتفاق

flung / flâng / *p, pp* گذشته و اسم مفعول فعل fling

flight[2] / flâyt / *n* فرار

fling / fling / *vt, vi* ۱. پرت کردن، انداختن ◙ ۲. به سرعت رفتن

flint / flint / *n* ۱. سنگ چخماق، سنگ آتش‌زنه ۲. سنگ فندک

float / flot / *vi, vt* ۱. شناور شدن، شناور بودن، معلق بودن ۲. روی آب ایستادن ۳. شناور کردن ۴. معلق نگه‌داشتن ۵. [در هوا یا روی آب] حرکت کردن ۶. [اوراق قرضه و سهام] منتشر کردن ۷. [شایعه] پخش شدن

flock / flâk / *n* ۱. [گوسفند و بُز] گله ۲. دسته، فوج ۳. [مذهبی] پیروان، مریدان

flog / flâg / *vt* شلاق زدن، زدن

flood[1] / flâd / *vi, vt* ۱. آب گرفتن، زیر آب رفتن ۲. پر از آب کردن، در آب فروبردن ۳. [رودخانه و نهر] طغیان کردن، سیلابی شدن ۴. جاری شدن ۵. [موتور] خفه کردن

flood[2] / flâd / *n* ۱. سیل ۲. جریان تند آب ۳. طغیان آب ۴. آب‌گرفتگی ۵. [مجازی] رگبار، موج

in flood [رودخانه] در حال طغیان

floodlight / 'flâdlâyt / *n* نورافکن

floor[1] / flor / *n* ۱. کف ۲. کف اتاق، زمین ۳. [ساختمان] طبقه

floor show [کاباره و غیره] برنامه

floor[2] / flor / *vt* ۱. [معماری] فرش کردن ۲. به زمین زدن ۳. مغلوب کردن، شکست دادن ۴. کلافه کردن

flush /flâsh/ *vi,vt* ۱. [صورت] سرخ شدن ۲. برافروخته کردن ۳. [توالت] سیفون را کشیدن ۴. با جریان آب شستن

fluster /'flâster/ *vt* دستپاچه کردن، مضطرب کردن، عصبی کردن

flute /floot/ *n* فلوت

flutter[1] /'flâter/ *vi,vt* ۱. پرپر زدن، بال زدن ۲. تکان خوردن، جنبیدن ▣ ۳. به هم زدن، تکان دادن

flutter[2] /'flâter/ *n* جنبش، تکان

fly[1] /flây/ *vi,vt* ۱. پرواز کردن، پریدن ۲. [هواپیما] به پرواز درآوردن، بردن ۳. با هواپیما مسافرت کردن ۴. به سرعت گذشتن ۵. عجله کردن ۶. فرار کردن (از)

fly into a rage, fly off the deep end, fly off the handle از کوره در رفتن، کفری شدن، جوش آوردن

send something flying به هوا پرت کردن، پرت و پلا کردن

fly[2] /flây/ *n* مگس

fly[3] /flây/ *n* [شلوار] زیپ، دکمه

flyover /'flâyover/ *n* پُل هوایی

foal /fol/ *n* کرّه اسب

foam /fom/ *n,vi* ۱. کف ۲. ابر، اسفنج ▣ ۳. کف کردن

foam rubber /fom 'râber/ *n* ابر، اسفنج

foci /'fosây/ *n* صورت جمع focus

focus[1] /'fokes/ *n* کانون

focus[2] /'fokes/ *vt,vi* ۱. کانونی کردن ۲. کانونی شدن ۳. تنظیم کردن ۴. متوجه کردن

foe /fo/ *n* خصم، عدو، دشمن

fog[1] /fâg/ *n* ۱. مه ۲. دود ۳. ابر ۴. [فیلم] نوردیدگی ۵. سردرگمی

fog[2] /fâg/ *vi,vt* ۱. مه گرفتن ۲. بخار گرفتن ۳. گیج کردن

fogey /'fogi/ = fogy

foggy /'fâgi/ *adj* ۱. مه‌آلود ۲. تیره

fogy /'fogi/ *n* آدم اُمّل

foil[1] /foyl/ *n* ۱. ورق نازک (فلزی) ۲. کاغذ آلومینیم، فویل ۳. زرورق

foil[2] /foyl/ *n* [شمشیربازی] شمشیر

fold[1] /fold/ *vt,vi* ۱. تا کردن، تا زدن ▣ ۲. تا شدن، جمع شدن

fold[2] /fold/ *n* ۱. تا، لا، چین ۲. [لباس] پیلی، پیله ۳. تاخوردگی

folder /'folder/ *n* پوشه

foliage /'foli-ij/ *n* برگ، شاخ و برگ

folk /fok/ *n* ۱. مردم ۲. جماعت

follow /'fâlo/ *vt,vi* ۱. به دنبال (کسی یا چیزی) آمدن یا رفتن ۲. در امتداد (جایی) رفتن ۳. گوش دادن، توجه کردن ۴. پیروی کردن

as follows به ترتیب زیر، به شرح زیر

follower /'fâlo-er/ *n* پیرو، طرفدار

fond /fând/ *adj* ۱. علاقه‌مند، دوستدار ۲. مهربان، گرم، صمیمانه

footsteps /'futsteps / *n* صدای پا
for[1] / for / *prep* ۱. برای
۲. به منظورِ ۳. مالِ، متعلق به ۴. به
مقصدِ، عازمِ ۵. به طرفِ ۶. به جایِ
۷. به قیمتِ ۸. طرفدارِ، موافقِ ۹. به
مدتِ
for[2] / for / *conj* چون، زیرا
forbade / for'bad / *p*
گذشتهٔ فعل forbid

forbid / for'bid / *vt* ۱. قدغن کردن،
ممنوع کردن ۲. اجازه ندادن،
نگذاشتن، مانع شدن ۳. راه ندادن
forbidden / for'biden / *pp*
اسم مفعول فعل forbid
forbidding / for'biding / *adj* اخمو
force[1] / fors / *n* ۱. زور ۲. نیرو،
قدرت ۳. [نظامی] نیرو، نیروها
by force به‌زور
force[2] / fors / *vt* ۱. مجبور کردن
۲. به زور (کاری را) کردن یا انجام
دادن ۳. فشار آوردن به ۴. تحمیل
کردن
forces /'forsiz / *n* نیروهای مسلح
ford / ford / *n* گُدار، پایاب
fore / for / *adj,adv* جلو، جلوی،
در جلوی
forecast[1] /'forkâst / *vt*
پیش‌بینی کردن
forecast[2] /'forkâst / *n* پیش‌بینی
forefathers /'forfâdherz / *n*
اجداد، آبا و اجداد، نیاکان، پدران

be fond of علاقه داشتن به،
دوست داشتن
fondle /'fândel / *vt* نوازش کردن
fondly /'fândli / *adv* باعلاقه
food / food / *n* غذا، خوراک
fool[1] / fool / *n* ۱. آدم احمق
۲. دلقک
make a fool of someone
(کسی را) دست انداختن، سر به سر
(کسی) گذاشتن
play the fool
مسخره بازی درآوردن، لودگی کردن
fool[2] / fool / *vt,vi* ۱. خر کردن،
گول زدن ⊡ ۲. مسخره‌بازی درآوردن
foolish /'foolish / *adj* ۱. احمق
۲. احمقانه ۳. مضحک، مسخره
foolishly /'foolishli / *adv* احمقانه،
از روی حماقت، با کمال حماقت
foolproof /'foolproof / *adj*
۱. خطاناپذیر ۲. مطمئن ۳. ساده
foot / fut / *n* ۱. پا ۲. پایین
۳. پا، فوت (= برابر با ۳۰/۴۸ سانتی‌متر)
go on foot پیاده رفتن
football /'futbol / *n* فوتبال
football ground زمین فوتبال
footballer /'futboler / *n*
فوتبالیست، بازیکن فوتبال
footpath /'futpâth / *n* کوره‌راه
footprint /'futprint / *n* جای پا،
رد پا، اثر پا
footstep /'futstep / *n* قدم، گام

foreground /'forgraond/ *n* ۱. پیش‌زمینه، جلو ۲. صف مقدم
forehead /'forid/ *n* پیشانی
foreign /'fârin/ *adj* خارجی
foreigner /'fâriner/ *n* خارجی
foreman /'forman/ *n* سرکارگر
foresaw /for'so/ *p* گذشتهٔ فعل foresee
foresee /for'sii/ *vt* پیش‌بینی کردن
foreseen /for'siin/ *pp* اسم مفعول فعل foresee
foresight /'forsâyt/ *n* آینده‌نگری، دوراندیشی، مآل‌اندیشی
forest /'fârist/ *n* جنگل
foretell /for'tel/ *vt* ۱. پیشگویی کردن ۲. پیش‌بینی کردن
forethought /'forthot/ *n* ۱. آینده‌نگری، دوراندیشی ۲. احتیاط
foretold /for'told/ *p,pp* گذشته و اسم مفعول فعل foretell
forfeit /'forfit/ *n,vt* ۱. جریمه، تاوان ۲. بها، قیمت ◙ ۳. محروم شدن از ۴. جریمه دادن
forgave /for'geyv/ *p* گذشتهٔ فعل forgive
forge[1] /forj/ *n* کورهٔ آهنگری
forge[2] /forj/ *vt* ۱. [ابزار فلزی] ساختن ۲. جعل کردن
forge[3] /forj/ *vi* ۱. پیش رفتن، به پیش گام برداشتن ۲. جلو زدن، جلو افتادن، سبقت گرفتن، پیشی گرفتن
forger /'forjer/ *n* جعل‌کننده
forgery /'forjeri/ *n* ۱. جعل ۲. چیز جعلی
forget /for'get/ *vt,vi* ۱. فراموش کردن، از یاد بردن ۲. فکر (چیزی را) از سر خود بیرون کردن
forgetful /for'getful/ *adj* ۱. فراموشکار، کم‌حافظه ۲. غافل از
forgive /for'giv/ *vt* ۱. بخشیدن، عفو کردن، گذشت کردن ۲. آمرزیدن
forgiven /for'given/ *pp* اسم مفعول فعل forgive
forgiveness /for'givnis/ *n* ۱. بخشایش، عفو، گذشت ۲. آمرزش
forgot /for'gât/ *p* گذشتهٔ فعل forget
forgotten /for'gâten/ *pp* اسم مفعول فعل forget
fork /fork/ *n* ۱. چنگال ۲. [کشاورزی] چنگک ۳. دوراهی
forlorn /for'lorn/ *adj* ۱. یکه و تنها، تنها، بی‌کس ۲. حزن‌انگیز، اندوهبار، اندوهگین
form[1] /form/ *n* ۱. صورت ۲. شکل ۳. اندام، هیکل ۴. هیئت، نما ۵. نوع ۶. پرسش‌نامه ۷. نیمکت
form[2] /form/ *vt,vi* ۱. ساختن، به وجود آوردن، تشکیل دادن ۲. تأسیس کردن ۳. شکل گرفتن

formal /'formâl/ *adj* ۱. رسمی ۲. ظاهری ۳. تشریفاتی ۴. خشک

formation / for'meyshen / *n* ۱. شکل‌گیری ۲. تشکیل ۳. شکل

former /'former / *adj* ۱. قدیم، گذشته ۲. سابق، قبلی، قدیمی

formerly /'formerli / *adv* ۱. قبلاً، سابقاً، در گذشته ۲. سابق

formula /'formyulâ / *n* فرمول

formulae /'formyulii / *n* صورت جمع formula

fort / fort / *n* قلعه (نظامی)، دژ

forth / forth / *adv* جلو، پیش

forthcoming / forth'kâming / *adj* ۱. [کتاب و غیره] در دست انتشار، زیر چاپ ۲. آینده، آتی ۳. موجود

fortieth /'fortiyeth / *n,adj* ۱. یک‌چهلم ۲. چهلمی ▣ ۳. چهلمین

fortifications / fortifi'keyshenz / *n* [نظامی] ایجاد استحکامات

fortify /'fortifây / *vt* [نظامی] استحکامات ساختن برای

fortnight /'fortnâyt / *n* دو هفته

fortress /'fortris / *n* [نظامی] دژ، قلعه، برج و بارو

fortunate /'forchunit / *adj* خوش‌شانس، خوشبخت، خوش‌اقبال

fortunately /'forchunitli / *adv* خوشبختانه، از حسن اتفاق

fortune /'forchoon / *n* ۱. بخت، اقبال، شانس ۲. تقدیر، قسمت ۳. طالع، فال ۴. موفقیت ۵. اتفاق، پیشامد ۶. دارایی، ثروت ۷. مبلغ کلان

tell someone's fortune

فال کسی را گرفتن

forty /'forti / *adj,n* ۱. چهل (تا) ▣ ۲. عدد چهل (۴۰) ۳. شمارهٔ چهل

forty first چهل و یکم

forty one چهل و یک

forward[1] /'forword / *adj* ۱. جلویی، جلوی، پیشین ۲. رو به جلو

forward[2]**(s)** /'forword(z) / *adv* ۱. جلو، رو به‌جلو، به پیش ۲. به آینده

backwards and forwards

از این طرف به آن طرف

forward[3] /'forword / *vt* ۱. پیش بردن ۲. ارسال داشتن ۳. [نامه و غیره] به آدرس جدید فرستادن

forward[4] /'forword / *n* [فوتبال و غیره] مهاجم، بازیکن خط حمله

fossil /'fâsil / *n* فسیل، سنگواره

fought / fot / *p,pp* گذشته و اسم مفعول فعل fight

foul[1] / faol / *adj,n* ۱. بد ۲. بدبو، متعفن، گندیده ۳. کثیف، نامطبوع ۴. [هوا] نامساعد ۵. قبیح، شنیع ۶. پست، پلید ▣ ۷. [ورزش] خطا

foul play ۱. [ورزش] خطا ۲. تخلف

foul[2] /faol/ *vt,vi* ۱. کثیف کردن، آلوده کردن ۲. خراب کردن، گند زدن ۳. [ورزش] خطا کردن روی

found[1] /faond/ *vt* ۱. بنیاد نهادن، تأسیس کردن ۲. ساختن، بنا کردن

found[2] /faond/ *p,pp* گذشته و اسم مفعول فعل find

foundation /faon'deyshen/ *n* ۱. تأسیس، ایجاد ۲. بنیاد، مؤسسه ۳. [معماری، معمولاً به صورت جمع] پی، شالوده ۴. پایه، اساس

founder /'faonder/ *n* مؤسس، بنیان‌گذار، بنیادگذار، بانی

fountain /'faontin/ *n* ۱. فواره ۲. چشمه ۳. منبع، منشأ، خاستگاه

fountain-pen /'faontin pen/ *n* (قلم) خودنویس

four /for/ *adj,n* ۱. چهار (تا) ▣ ۲. عدد چهار (۴) ۳. شمارهٔ چهار

on all fours چهار دست و پا

fourteen /for'tiin/ *adj,n* ۱. چهارده (تا) ▣ ۲. عدد چهارده (۱۴) ۳. شمارهٔ چهارده

fourteenth /for'tiinth/ *n,adj* ۱. یک‌چهاردهم ۲. چهاردهمی ▣ ۳. چهاردهمین، چهاردهم

fourth /forth/ *n,adj* ۱. یک‌چهارم ۲. شمارهٔ چهار ▣ ۳. چهارمین

fowl /faol/ *n* پرنده، مرغ، طیور

fox /fâks/ *n* روباه

fraction /'frakshen/ *n* ۱. بخش، قسمت، جزء ۲. [ریاضیات] کسر

fracture[1] /'frakcher/ *n* ۱. [استخوان] شکستگی ۲. تَرَک

fracture[2] /'frakcher/ *vt,vi* ۱. شکستن ۲. تَرَک انداختن

fragile /'frajâyl/ *adj* شکستنی، تُرد

fragment /'fragment/ *n* تکه، جزء

frail /freyl/ *adj* ۱. ضعیف، نحیف ۲. ظریف، شکستنی، شکننده

frame[1] /freym/ *n* ۱. قاب ۲. چارچوب ۳. بدنه، تنه ۴. قالب

frame[2] /freym/ *vt* ۱. قاب کردن ۲. ساختن ۳. تدوین کردن، تنظیم کردن

franc /frank/ *n* فرانک (= واحد پول فرانسه، سوئیس، بلژیک و بعضی کشورهای دیگر)

France /frâns/ *n* فرانسه

frank /frank/ *adj* صریح، روشن، بی‌پرده، صاف و پوست‌کنده

frankly /'frankli/ *adv* صاف و پوست کنده، رک و راست

frankness /'franknis/ *n* ۱. صراحت، وضوح ۲. صداقت

frantic /'frantik/ *adj* ۱. سراسیمه، هراسان ۲. دیوانه‌وار، بی‌اختیار ۳. عجولانه ۴. پرحرارت، پرتب و تاب

frantically /'frantikli/ *adv* دیوانه‌وار، شتابزده، سراسیمه

fraud /frod/ *n* ۱. کلاه‌برداری ۲. فریب‌کاری، اغفال ۳. کلاه‌بردار

French / french / *adj,n*
۱. فرانسوی، [مربوط به] فرانسه ▣ ۲. زبان فرانسه
Frenchman /'frenchman / *n*
فرانسوی، مرد فرانسوی
Frenchwoman /'frenchwuman / *n*
فرانسوی، زن فرانسوی
frenzy /'frenzi / *n* ۱. حالت جنون، حالت دیوانگی ۲. رفتار دیوانه‌وار
frequency /'friikwensi / *n*
۱. تعدد ۲. تکرار ۳. [آمار] فراوانی
frequent /'friikwent / *adj*
۱. فراوان، زیاد، متعدد ۲. مکرر، به کرّات، به دفعات
frequently /'friikwentli / *adv*
۱. زیاد، فراوان ۲. اغلب، غالباً ۳. مکرر، به کرّات، به دفعات
fresh / fresh / *adj* ۱. تازه ۲. جدید، نو ۳. تر و تازه ۴. تمیز، پاک ۵. خنک، سرد ۶. [باد] تند، شدید ۷. شاداب، سرحال، سرزنده، باطراوت ۸. [عامیانه] پررو، بی‌حیا
freshly /'freshli / *adv* تازه
freshness /'freshnis / *n* ۱. تازگی ۲. شادابی، سرزندگی، طراوت
fret / fret / *vi,vt* ۱. ناراحت بودن ۲. بدخلقی کردن ▣ ۳. ناراحت کردن
Fri /'frâydi / = Friday
Friday /'frâydi / *n* جمعه، آدینه
fridge / frij / *n* یخچال
fried[1] / frâyd / *adj* [غذا] سرخ‌کرده

frayed / freyd / *adj* نخ‌نما، کهنه
freak / friik / *n* ۱. آدم غیرعادی ۲. طرفدار، کشته و مرده ۳. هوس ۴. موجود عجیب‌الخلقه، هیولا
freckles /'frekelz / *n* کک‌مَک
free[1] / frii / *adj* ۱. آزاد ۲. آزادانه ۳. رها، خلاص ۴. مجانی ۵. خالی
be free to اجازه داشتن که، آزاد بودن
free from بدونِ، عاری از، خالی از
free time وقت آزاد
free with دست و دلباز
set free آزاد کردن، رها کردن
free[2] / frii / *vt* ۱. آزاد کردن ۲. نجات دادن ۳. اجازه دادن
freedom /'friidem / *n* آزادی
freely /'friili / *adv* ۱. آزادانه ۲. بدون مانع ۳. به راحتی ۴. با رضا و رغبت ۵. سخاوتمندانه
freewheel / frii'wiil / *vi*
[اتومبیل] دنده خلاص رفتن
freeze / friiz / *vi,vt* ۱. یخ بستن، منجمد شدن ۲. یخ زدن ۳. منجمد کردن، باعث یخ بستن (چیزی) شدن ۴. بسیار سرد بودن ۵. [از تعجب، ترس و غیره] میخکوب شدن، خشک شدن
freeze to death از سرما یخ زدن، از سرما مردن
freezer /'friizer / *n* ۱. فریزر ۲. [یخچال] جایخی
freight / freyt / *n* ۱. حمل، باربری ۲. بار، محموله ۳. کرایه (بار)

fried[2] / frâyd / *p,pp*
گذشته و اسم مفعول فعل fry

friend / frend / *n* دوست، رفیق

make freinds with با (کسی) دوست شدن، طرح دوستی ریختن با

friendly / 'frendli / *adj* ۱. مهربان، صمیمی ۲. دوستانه، صمیمانه

friendship / 'frendship / *n*
۱. دوستی، رفاقت ۲. رابطهٔ دوستانه، رابطهٔ دوستی

fright / frâyt / *n* ترس، وحشت

frighten / 'frâyten / *vt* ترساندن

frightful / 'frâytful / *adj*
۱. وحشتناک، فجیع ۲. بد، افتضاح

fringe / frinj / *n* ۱. شرابه، ریشه ۲. حاشیه، لبه ۳. [زلف] چتری

fritter / 'friter / *vt* تلف کردن، تباه کردن، ضایع کردن، هدر دادن

fro / fro / *adv*

to and fro رفت‌وبرگشت

frock / frâk / *n* پیراهن (زنانه)

frog / frâg / *n* قورباغه

frogman / 'frâgman / *n* غوّاص

from / frâm / *prep* ۱. از ۲. از روی ۳. از طرفِ، از سوی ۴. از هنگامِ، از زمانِ، از بَدوِ ۵. بینِ ۶. در فاصلهٔ

be from اهل (جایی) بودن

front[1] / frânt / *n* ۱. جلو، قسمت جلو ۲. جبهه ۳. قیافه، ظاهر

in front of (در) جلویِ، مقابلِ

front[2] / frânt / *adj* جلو، جلویی

front[3] / frânt / *vt,vi*
۱. مشرف بودن به ۲. نما دادن به

frontier / 'frântiyer / *n* مرز

frost[1] / frâst / *n* یخبندان

frost[2] / frâst / *vi,vt* یخ زدن

frosty / 'frâsti / *adj*
[حقیقی و مجازی] بسیار سرد

froth[1] / frâth / *n* کف

froth[2] / frâth / *vi,vt* ۱. کف کردن، ۲. عصبانی شدن ◙ ۳. کف‌دار کردن، کف (چیزی را) درآوردن

frown / fraon / *vi,n* ۱. اخم کردن ۲. چهرهٔ (خود را) در هم کشیدن ◙ ۳. اخم

froze / froz / *p* freeze گذشتهٔ فعل

frozen / 'frozen / *pp*
اسم مفعول فعل freeze

fruit / froot / *n* ۱. میوه ۲. میوه‌ها

fruit-juice آب میوه

fry / frây / *vt* [گوشت، ماهی و غیره] سرخ کردن

frying pan / 'frâying pan / *n*
ماهی‌تابه

fuel / 'fyoo-el / *n* سوخت

fugitive / 'fyoojitiv / *n* فراری

fulfil / ful'fil / *vt* ۱. انجام دادن، عمل کردن، اجرا کردن ۲. [آرزو، نیاز و غیره] تحقق بخشیدن، برآوردن

fulfilment / ful'filment / *n*
۱. انجام، اجرا، عمل ۲. تحقق

full / ful / *adj* ۱. پُر، مملو، لبریز

funnel /'fânel/ *n* ۱. قیف ۲. [قطار و کشتی] دودکش
funny /'fâni/ *adj* ۱. خنده‌دار، بامزه ۲. شوخ ۳. عجیب، عجیب و غریب
fur /fer/ *n* ۱. [حیوان] مو ۲. پوست، خز ۳. کت یا پالتوی پوست
furious /'fyuriyes/ *adj* ۱. خشمگین ۲. سخت، شدید، تند
furiously /'fyuriyesli/ *adv* ۱. با عصبانیت ۲. به شدت، شدیداً
furnace /'fernis/ *n* ۱. کوره ۲. تنور
furnish /'fernish/ *vt* اسباب و اثاثیه چیدن در، مبله کردن
furniture /'fernicher/ *n* اسباب و اثاثیه، وسایل خانه، مبلمان
furry /'feri/ *adj* ۱. پشمالو ۲. خزدار
further /'ferdher/ *adv,adj* ۱. دورتر ۲. بیشتر، زیادتر، اضافی
furthermore /ferdher'mor/ *adv* علاوه بر این، از این گذشته، افزون بر این، وانگهی
furthest /'ferdhist/ *adv,adj* ۱. دورترین ۲. آخرین ۳. بیشترین
fury /'fyuri/ *n* ۱. عصبانیت، خشم، غیظ، غضب ۲. شدت، حدت
fuse[1] /fyooz/ *n* فیوز
fuse[2] /fyooz/ *vt,vi* ۱. فیوز (چیزی را) سوزاندن ۲. فیوز گذاشتن به ۳. ذوب کردن ۴. جوش خوردن ۵. به هم جوش دادن

۲. سرشار (از) ۳. شلوغ ۴. چاق ۵. کامل، تمام، درست ۶. پُربار
be full ۱. پر بودن، جا نداشتن ۲. سیرِ سیر بودن
in full بی‌کم و کاست، تمام و کمال، به‌طور کامل
full stop /ful 'stâp/ *n* ۱. [نقطه‌گذاری] نقطه ۲. توقف کامل ۳. بن‌بست
fully /'fuli/ *adv* کاملاً، تمام
fumble /'fâmbel/ *vi,vt* با دستپاچگی گشتن، زیر و رو کردن
fun /fân/ *n* ۱. تفریح، سرگرمی، بازی ۲. شوخی، خوشمزگی
for fun به شوخی
in fun به شوخی
make fun of مسخره کردن، دست انداختن
function[1] /'fânkshen/ *n* ۱. کار، وظیفه، نقش ۲. کارکرد ۳. هدف
function[2] /'fânkshen/ *vi* ۱. کار کردن، عمل کردن ۲. (به جای چیزی) به کار رفتن
fund /fând/ *n,vt* ۱. بودجه ۲. [مالی] صندوق ◘ ۳. بودجه یا هزینهٔ (چیزی را) تأمین کردن
fundamental /fânde'mentâl/ *adj* ۱. بنیادی، اساسی ۲. عمده، مهم
funeral /'fyoonerâl/ *n* (مراسم) تدفین، کفن و دفن
funk /fânk/ *n* ترس، وحشت

futile /'fyootâyt/ *adj* ۱. بیهوده، بی‌ثمر، بی‌حاصل، بی‌فایده، عبث ۲. [حرف] مفت، بیخود، چرت، بی‌معنی، احمقانه ۳. بی‌عرضه، بی‌عار، تنه‌لَش

future[1] /'fyoocher/ *adj* ۱. آینده ۲. آتی، بعدی ۳. اخروی

future[2] /'fyoocher/ *n* ۱. آینده ۲. وقایع آینده ۳. [دستور زبان] زمان آینده، مستقبل

in future در آینده، از این به بعد

fuss[1] /fâs/ *n* ۱. هیاهو، سر و صدا، الم شنگه ۲. عجله، دستپاچگی

make a fuss of someone کسی را لوس کردن، لی‌لی به لالای کسی گذاشتن

fuss[2] /fâs/ *vi,vt* ۱. هیاهو کردن، کولی‌بازی درآوردن ◙ ۲. مزاحم شدن، حواس (کسی را) پرت کردن

fussy /'fâsi/ *adj* ۱. جنجالی، شلوغ ۲. ایرادی، وسواسی ۳. عصبی

G

G,g /jii/ *n* جی
(= هفتمین حرف الفبای انگلیسی)
gabble /ˈgabel/ *vi,vt,n*
۱. جویده‌جویده حرف زدن، بلغور کردن ◙ ۲. وِرور، وراجی، وِنگ‌وِنگ
gadget /ˈgajit/ *n* ابزار، وسیله
gag[1] /gag/ *n* ۱. دهان‌بند
۲. شوخی
gag[2] /gag/ *vt,vi* ۱. دهان‌بند زدن به، دهان (کسی را) بستن ۲. ساکت کردن ۳. شوخی کردن
gaiety /ˈgeyiti/ *n* شادی، شادمانی
gaily /ˈgeyli/ *adv* با شادی، شادمانه
gain[1] /geyn/ *vt,vi*
۱. به دست آوردن، کسب کردن ۲. افزایش یافتن ۳. افزایش دادن ۴. بهتر شدن ۵. [ساعت] جلو رفتن
gain[2] /geyn/ *n* سود، نفع، منفعت
gala /ˈgâlâ/ *n* جشن، جشنواره
galaxy[1] /ˈgaleksi/ *n* کهکشان
Galaxy[2] /ˈgaleksi/ *n* راه شیری، کهکشان راه شیری
gale /geyl/ *n* توفان، تندباد
gallant /ˈgalent/ *adj* ۱. دلاور
۲. [مخصوصاً نسبت به زنان] مؤدب

gallantly /ˈgalentli/ *adv*
۱. دلاورانه، با شجاعت ۲. مؤدبانه
gallery /ˈgaleri/ *n* ۱. نگارخانه، نمایشگاه (هنری)، گالری ۲. تالار
gallon /ˈgalen/ *n* گالن
(= واحد اندازه‌گیریِ مایعات برابر با ۴/۵۵ لیتر در بریتانیا و ۳/۸ لیتر در امریکا)

gallop /ˈgalop/ *n,vi,vt*
۱. [اسب و غیره] چهارنعل، تاخت ◙ ۲. چهارنعل رفتن ◙ ۳. تازاندن
gallows /ˈgaloz/ *n* چوبهٔ دار
gamble[1] /ˈgambel/ *vi,vt* ۱. قمار کردن ۲. شرط‌بندی کردن ۳. باختن ۴. خطر کردن، ریسک کردن
gamble[2] /ˈgambel/ *n* ۱. قمار، قماربازی ۲. شرط‌بندی ۳. ریسک
game[1] /geym/ *n* ۱. بازی
۲. مسابقه ۳. شکار ۴. حقه، کلک
give the game away
بند را آب دادن
play games بازی درآوردن
play silly games
مسخره بازی درآوردن
game[2] /geym/ *adj* شَل، چُلاق
games /geymz/ *n* مسابقات
gang /gang/ *n,vi* ۱. باند، بانْدِ

تبهکاران ۲. گروه ۳. بر و بچه‌ها ▣ ۴. دست به یکی کردن، باند تشکیل دادن

gangster /'gangster/ *n,adj* ۱. گانگستر، تبهکار ▣ ۲. گانگستری

gangway[1] /'gangwey/ *n* ۱. پُل، پلّه (برای سوار و پیاده شدن مسافران کشتی) ۲. [تئاتر، سینما و غیره] راهرو

gangway[2] /'gangwey/ *intj* راه بدید! برید کنار! راه را باز کنید!

gaol /jeyl/ *n,vt* ۱. زندان ▣ ۲. زندانی کردن

gaoler /'jeyler/ *n* زندانبان

gap /gap/ *n* ۱. شکاف ۲. سوراخ

generation gap شکاف بینِ دو نسل، اختلاف بین دو نسل

gape /geyp/ *vi* خیره شدن، زل زدن به، با دهان باز نگاه کردن

garage /'garâzh/ *n,vt* ۱. گاراژ ۲. تعمیرگاه ▣ ۳. در گاراژ گذاشتن

garbage /'gârbij/ *n* ۱. آشغال، زباله ۲. مزخرف، چرت و پرت

garden[1] /'gârden/ *n* باغ، باغچه

garden[2] /'gârden/ *vi* باغبانی کردن

gardener /'gârdner/ *n* باغبان

gardening /'gârdning/ *n* باغبانی

gardens /'gârdenz/ *n* پارک

gargle /'gârgel/ *vi,n* ۱. غرغره کردن ▣ ۲. غرغره

garlic /'gârlik/ *n* سیر

garment /'gârment/ *n* لباس

garter /'gârter/ *n* بند جوراب

gas /gas/ *n* ۱. گاز ۲. اجاق گاز

gash /gash/ *n,vt* ۱. بریدگی یا زخم عمیق ▣ ۲. بریدن، زخم کردن

gasoline /'gasoliin/ *n* بنزین

gasp /gâsp/ *vi,n* ۱. نفس‌نفس زدن، به نفس‌نفس افتادن ۲. [از تعجب، ترس و غیره] نفس (کسی) بند آمدن ▣ ۳. گرفتن نفس ۴. نفس‌نفس

gastric /'gastrik/ *adj* معده‌ای

gate /geyt/ *n* ۱. دروازه ۲. در

gateway /'geytwey/ *n* دروازه، در

gather /'gadher/ *vi,vt* ۱. جمع شدن، گرد آمدن ۲. جمع کردن ۳. زیاد شدن ۴. فهمیدن، استنباط کردن

gathering /'gadhering/ *n* اجتماع، تجمع، گردهمایی

gaudy /'godi/ *adj* رنگ و وارنگ

gauge[1] /geyj/ *n* ۱. اندازه، نمره ۲. ضخامت، قُطر ۳. [اسلحه] کالیبر

gauge[2] /geyj/ *vt* ۱. اندازه گرفتن، سنجیدن ۲. تعیین کردن، حساب کردن

gauze /goz/ *n* گاز، تنزیب

gave /geyv/ *p* گذشتهٔ فعل give

gay /gey/ *adj* ۱. شاد، شادمان ۲. شادمانه ۳. رنگ و وارنگ

gaze /geyz/ *vi,n* ۱. خیره شدن، چشم دوختن ▣ ۲. نگاه خیره

gear /'giyer/ *n* ۱. دنده ۲. چرخ

gentlemen /ˈjentelmen/ *n*
[در خطاب] آقایان

gentleness /ˈjentelnis/ *n*
۱. مهربانی، لطف، ملاطفت ۲. آرامی

gently /ˈjentli/ *adv* ۱. به‌آرامی، با ملایمت، آهسته ۲. با مهربانی

genuine /ˈjenyu-in/ *adj* ۱. اصل، اصیل، حقیقی، واقعی ۲. درست

genuinely /ˈjenyu-inli/ *adv* واقعاً، حقیقتاً، صادقانه، از صمیم قلب

geography /jiˈyâgrafi/ *n*
۱. جغرافیا، جغرافی ۲. وضعیت

geology /jiˈyâloji/ *n* زمین‌شناسی

geometry /jiˈyâmitri/ *n* هندسه

German /ˈjerman/ *adj,n* ۱. آلمانی ◙ ۲. زبان آلمانی ۳. اهل آلمان

Germany /ˈjermani/ *n* آلمان

gesture /ˈjescher/ *n* حرکت، کار، عمل، حالت، ژست

get /get/ *vt,vi* ۱. گرفتن ۲. شدن ۳. کردن ۴. دریافت کردن ۵. به دست آوردن ۶. داشتن ۷. [بیماری] دچار شدن، گرفتن ۸. فهمیدن ۹. رسیدن ۱۰. خریدن ۱۱. آوردن ۱۲. بردن، رساندن ۱۳. توانستن

get about همیشه در سفر بودن، این طرف و آن طرف رفتن

get at something
(دست کسی) به چیزی رسیدن، به چیزی دسترسی پیدا کردن

get away فرار کردن، در رفتن

دنده ۳. دستگاه ۴. لوازم، وسایل، تجهیزات ۵. [مجازی] سرعت

geese /giis/ *n*
صورت جمع goose

gem /jem/ *n* جواهر، سنگ قیمتی

general[1] /ˈjenrâl/ *adj* ۱. عمومی، همگانی، عام ۲. کلّی ۳. جامع ۴. دائمی ۵. معمولی، عادی

in general ۱. معمولاً
۲. به‌طور کلی، در کل

general[2] /ˈjenrâl/ *n* تیمسار، ژنرال

general knowledge /jenrâl ˈnâlij/ *n* اطلاعات عمومی

generally /ˈjenrâli/ *adv* ۱. معمولاً
۲. عموماً ۳. به‌طور کلی

generate /ˈjenereyt/ *vt*
۱. تولید کردن ۲. به وجود آوردن

generation /jeneˈreyshen/ *n*
۱. تولید ۲. نسل

generator /ˈjenereyter/ *n* مولد، مولد برق، ژنراتور

generosity /jeneˈrâsiti/ *n*
سخاوت، بخشش، بذل و بخشش

generous /ˈjeneres/ *adj*
۱. سخاوتمند ۲. باگذشت ۳. فراوان

genius /ˈjiiniyes/ *n* ۱. نبوغ
۲. استعداد، قریحه، ذوق ۳. نابغه

gentle /ˈjentel/ *adj* ۱. مهربان
۲. ملایم ۳. معتدل

gentleman /ˈjentelman/ *n* ۱. آقا
۲. آدم شریف ۳. اشراف‌زاده

سر گذراندن، پشت سر گذاشتن ۵. (به کسی) حالی کردن
get to به (نتیجه‌ای) رسیدن
get together دور هم جمع شدن، گرد هم آمدن
get up ۱. بلند شدن، از جا برخاستن ۲. پا شدن، از رختخواب بیرون آمدن
get up to ۱. دست گل به آب دادن، خراب‌کاری کردن ۲. رسیدن به
have got to مجبور بودن، باید
geyser /ˈgiizer/ *n* آب‌گرمکن
ghastly /ˈgâstli/ *adj* ۱. رنگ‌پریده، ناخوش، مریض ۲. وحشتناک، بد
ghost /gost/ *n* ۱. روح ۲. شبح ۳. جن ۴. اثر جزئی، رَد ۵. کم، اندک
giant /ˈjâyent/ *n,adj* ۱. غول ۲. آدمِ غول‌پیکر ◘ ۳. غول‌آسا، غول‌پیکر
gibberish /ˈjiberish/ *n* ۱. وِرور، ونگ‌ونگ ۲. شِر و وِر، مزخرف
giddy /ˈgidi/ *adj* ۱. دچار سرگیجه ۲. سرگیجه‌آور ۳. گیج، منگ
gift /gift/ *n* ۱. هدیه، کادو ۲. بخشش ۳. استعداد، ذوق، قریحه
gifted /ˈgiftid/ *adj* بااستعداد
gigantic /jâyˈgantik/ *adj* ۱. غول‌پیکر، غول‌آسا ۲. عظیم، بزرگ
giggle /ˈgigel/ *vi,n* ۱. خندیدن، هِرهِر خندیدن ◘ ۲. خنده، مایهٔ خنده، چیز مضحک

get away with ۱. قسر در رفتن، گیر نیفتادن ۲. فرار کردن
get back برگشتن، بازگشتن
get dressed لباس پوشیدن
get going راه افتادن، حرکت کردن
get in وارد شدن، رسیدن
get into ۱. پوشیدن ۲. وارد شدن
get off ۱. پیاده شدن ۲. دست از کار کشیدن ۳. رفتن، راه افتادن ۴. خلاصی یافتن، قسر در رفتن

get on ۱. سوار شدن ۲. پیشرفت کردن، پیش رفتن
get one's own back on someone تلافی کردن
get on with one's work به کار خود رسیدن
get on with someone با کسی میانهٔ خوبی داشتن
get out ۱. بیرون رفتن ۲. بیرون آوردن
get out of از شر (چیزی) خلاص شدن، از زیر (کاری) در رفتن
get someone in کسی را به خانه دعوت کردن
get someone to do something کسی را به کاری واداشتن
get something ready چیزی را حاضر کردن، چیزی را آماده کردن
get through ۱. [امتحان] گذراندن، قبول شدن ۲. خرج کردن ۳. [تلفن] تماس گرفتن، تماس برقرار کردن ۴. از

give something back پس دادن، برگرداندن
give something in دادن، تحویل دادن
give up ول کردن، رها کردن، صرف‌نظر کردن
give up something ۱. [سیگار و غیره] ترک کردن ۲. [امید] از دست دادن
give way ۱. رضایت دادن، تن دادن ۲. شکستن، پاره شدن ۳. [ترافیک] راه دادن
give[2] /giv/ *n* انعطاف‌پذیری
given /'given/ *pp* اسم مفعول فعل give
glacier /'glasiyer/ *n* یخچال
glad /glad/ *adj* ۱. خوشحال، خرسند، شاد ۲. خوب، خوش
gladly /'gladli/ *adv* ۱. با خوشحالی ۲. با میل و رغبت
glamour /'glamer/ *n* ۱. جاذبه، جذبه ۲. زرق و برق ۳. دلربایی
glamorous /'glameres/ *adj* ۱. دلربا، جذاب ۲. هیجان‌انگیز
glance[1] /glans/ *vi* ۱. نگاه کردن ۲. نگاهی انداختن به، نظری انداختن به ۳. برق زدن
glance[2] /glans/ *n* ۱. نگاه ۲. نگاه گذرا، نظر اجمالی، دید ۳. برق
gland /gland/ *n* غدّه

gild /gild/ *vt* زراندود کردن، طلاکاری کردن، طلا گرفتن
gilt /gilt/ *n* روکش طلا، آب‌طلا
gimmick /'gimik/ *n* ترفند، حقه
ginger[1] /'jinjer/ *n* ۱. زنجبیل، زنجفیل ۲. تحرک، نیرو، انرژی، شوق ۳. رنگ حنایی
ginger[2] /'jinjer/ *adj* ۱. زنجبیلی، زنجفیلی ۲. حنایی، حنایی‌رنگ
gingerbread /'jinjerbred/ *n* بیسکویت زنجبیلی، کیک زنجبیلی
gipsy /'jipsi/ *n* کولی، غربتی
giraffe /ji'râf/ *n* زرّافه
girdle /'gerdel/ *n* گِن، شکم‌بند
girl /gerl/ *n* ۱. دختر ۲. زن، خانم
girlfriend /'gerlfrend/ *n* ۱. دوست دختر ۲. دوست
give[1] /giv/ *vt,vi* ۱. دادن ۲. بخشیدن ۳. کمک کردن ۴. موافق بودن با ۵. صرف کردن ۶. تاب نیاوردن ۷. کِش آمدن ۸. دچار کردن
give in تسلیم شدن، تن دادن
give oneself up تسلیم شدن، خود را تسلیم کردن
give out ۱. تقسیم کردن، توزیع کردن ۲. تمام شدن، به پایان رسیدن
give someone away ۱. لو دادن ۲. [در مراسم عروسی] دست به دست دادن
give something away ۱. بخشیدن، مجانی دادن ۲. توزیع کردن، دادن

glare[1] /gler/ *n* ۱. نور خیره کننده ۲. برق ۳. چشم‌غرّه، نگاه غضب‌آلود

glare[2] /gler/ *vi* ۱. [آفتاب] به شدت تابیدن ۲. چشم‌غرّه رفتن، خصمانه نگاه کردن

glass /glâs/ *n,adj* ۱. شیشه ۲. ظروف شیشه‌ای ۳. لیوان، گیلاس ۴. آینه ◘ ۵. شیشه‌ای

glasses /'glâsiz/ *n* عینک

gleam[1] /gliim/ *n* ۱. نور ضعیف، پرتو ۲. سوسو ۳. درخشش، برق

gleam[2] /gliim/ *vi* ۱. برق زدن، درخشیدن ۲. برق افتادن ۳. سوسو زدن ۴. [مجازی] موج زدن

glide /glâyd/ *vi* ۱. هموار رفتن، به آرامی حرکت کردن ۲. سُر خوردن ۳. [پرنده] با بالِ باز پرواز کردن ۴. [هواپیما] با موتور خاموش فرود آمدن

glider /'glâyder/ *n* هواپیمای بی‌موتور، گلایدِر

gliding /'glâyding/ *n* پرواز با هواپیمای بی‌موتور

glimmer[1] /'glimer/ *vi* سوسو زدن

glimmer[2] /'glimer/ *n* سوسو، کورسو، نور ضعیف

glimpse[1] /glimps/ *vt* نگاهی انداختن به، نظری انداختن به

glimpse[2] /glimps/ *n* ۱. نظر اجمالی ۲. برداشت کلی ۳. تصور

catch a glimpse of نگاهی انداختن به

glisten /'glisen/ *vi* ۱. درخشیدن، برق زدن، برق افتادن ۲. [مجازی] موج زدن در، باریدن از

glitter[1] /'gliter/ = glisten

glitter[2] /'gliter/ *n* درخشش، برق

global /'globâl/ *adj* جهانی

globe /glob/ *n* ۱. کرهٔ زمین، زمین ۲. کرهٔ جغرافیایی ۳. کره، گوی

gloom /gloom/ *n* تاریکی، تیرگی

gloomy /'gloomi/ *adj* ۱. تیره، تاریک ۲. غمگین، افسرده، ناامید

glorious /'gloriyes/ *adj* ۱. باشکوه ۲. پرافتخار ۳. خوب، محشر

gloriously /'gloriyesli/ *adv* ۱. شکوهمندانه ۲. بسیار عالی، خوب

glory /'glori/ *n* ۱. افتخار ۲. شهرت ۳. زیبایی ۴. شکوه، جلال

gloss[1] /glâs/ *n* ۱. برّاقی، برق، درخشندگی، جلا ۲. ظاهر، چهره

gloss[2] /glâs/ *vt* شرح دادن

glossy /'glâsi/ *adj* برّاق، درخشان

glove /glâv/ *n* ۱. دستکش ۲. دستکش بوکس

glow[1] /glo/ *vi* ۱. سرخ بودن، سرخ شدن ۲. گداخته شدن

glow[2] /glo/ *n* ۱. نور، روشنایی ۲. سرخی ۳. درخشش، برق ۴. تابش

glow-worm /'glo werm/ *n* کرم شب‌تاب

glucose /ˈglookos/ *n* گلوکز، قند

glue / gloo / *n,vt* ۱. چسب، چسب مایع ◙ ۲. چسباندن

glum / glâm/ *adj* ۱. غمگین، اندوهگین، افسرده ۲. غم‌انگیز

glumly /ˈglâmli/ *adv* با افسردگی

gnat / nat / *n* پشه

gnaw / no / *vi,vt* گاز زدن، جویدن

go[1] / go / *vi* ۱. رفتن ۲. رفتن پیشِ ۳. راه افتادن ۴. گذشتن ۵. خرج شدن ۶. ماندن ۷. شروع کن! ۸. شدن ۹. کردن ۱۰. ناپدید شدن ۱۱. مردن

be going to قصد داشتن، تصمیم داشتن، خواستن

go about something انجام دادن، درست کردن، ساختن

go about with معاشرت داشتن با، نشست و برخاست کردن با

go after دنبال (چیزی) بودن، به دنبال (چیزی) رفتن

go against ۱. بر خلاف میل (کسی) رفتار کردن ۲. علیه (کسی) بودن ۳. خلاف (چیزی) بودن

go ahead ۱. شروع کردن ۲. ادامه دادن ۳. ادامه یافتن ۴. جلوتر رفتن، زودتر رفتن

go along پیش رفتن، ادامه دادن

go along with someone ۱. با کسی (جایی) رفتن ۲. با کسی موافق بودن

go away ۱. رفتن ۲. [لکه] پاک شدن

go back (to) برگشتن (به)

go by ۱. [زمان] گذشتن، سپری شدن ۲. عبور کردن ۳. پیروی کردن از

go down well with مورد پسند (کسی) قرار گرفتن، مورد استقبال (کسی) واقع شدن

go down with [بیماری] مبتلا شدن به، گرفتن

go far ۱. [پول] قدرت خرید داشتن ۲. ترقی کردن

go for someone ۱. دوست داشتن ۲. دنبال کسی رفتن، کسی را خبر کردن ۳. به کسی حمله کردن

go in for ۱. [مسابقه و غیره] اسم نوشتن، شرکت کردن ۲. دنبال (کاری را) گرفتن، به (کاری) علاقه نشان دادن

go into وارد (حرفه‌ای) شدن، به کاری پرداختن

go off ۱. منفجر شدن، دررفتن ۲. [چراغ و غیره] خاموش شدن ۳. رفتن ۴. خواب بردن ۵. برگزار شدن

go off with something برداشتن و فرار کردن

go on ۱. اتفاق افتادن ۲. ادامه دادن ۳. ادامه یافتن ۴. [چراغ] خاموش شدن

what's going on? چه خبره؟ چی شده؟

go out ۱. بیرون رفتن ۲. خاموش شدن ۳. قدیمی شدن، از مد افتادن

go out with someone [دختر و پسر] با هم معاشرت داشتن، با هم بیرون رفتن، با هم دوست بودن

be on the go در جنب و جوش بودن، این طرف و آن طرف دویدن
have a go at امتحان کردن، سعی کردن
goal /gol/ *n* ۱. هدف، آرمان، آرزو ۲. [فوتبال] گُل ۳. [فوتبال] دروازه
goalie /'goli/ = goalkeeper
goalkeeper /'golkiiper/ *n* [فوتبال] دروازه‌بان
goat /got/ *n* ۱. بُز ۲. سپر بلا
god[1] /gâd/ *n* خدا، ایزد، ربّ‌النوع
God[2] /gâd/ *n* خدا، پروردگار
goddess /'gâdis/ *n* الهه
godfather /'gâdfâdher/ *n* ۱. پدر تعمیدی ۲. پدرخوانده، پدر ۳. سرپرست، قیم
godmother /'gâdmâdher/ *n* مادر تعمیدی
godson /'gâdsân/ *n* پسر تعمیدی
goggle /'gâgel/ *vi* ۱. زل زدن ۲. تعجب کردن، از تعجب شاخ درآوردن
goggles /'gâgelz/ *n* عینک ایمنی (= عینکِ غواصی، عینک موتورسواری، عینک جوشکاری و غیره)
gold /gold/ *n,adj* ۱. طلا، زر ۲. رنگ طلایی ▣ ۳. طلایی، زرین
golden /'golden/ *adj* ۱. طلایی، طلا، زرین ۲. نویدبخش، درخشان
goldfish /'goldfish/ *n* ماهی قرمز
golf /gâlf/ *n* (بازی) گلف

go over something ۱. بررسی کردن ۲. مرور کردن
go round ۱. برای همه کافی بودن، به همه رسیدن ۲. شایع بودن ۳. چرخیدن
go round to به خانهٔ (کسی) رفتن، (به کسی) سر زدن
go short of کم داشتن، کم آوردن
go through ۱. [درد، مصیبت و غیره] کشیدن، تحمل کردن ۲. گشتن، جستجو کردن ۳. بررسی کردن
go to someone (به کسی) تعلق گرفتن
go together با هم تناسب داشتن، به هم آمدن، به هم خوردن
go up ۱. بالا رفتن ۲. افزایش یافتن، گران شدن ۳. منفجر شدن
go with something ۱. با چیزی همراه بودن، متضمن چیزی بودن ۲. با هم تناسب داشتن، به هم آمدن، به هم خوردن
go without بدون (چیزی) ماندن، از (چیزی) محروم ماندن
go without saying پرواضح است، احتیاجی به گفتن ندارد
It goes without saying that she's a good teacher.
پر واضح است که او معلم خوبی است.
go[2] /go/ *n* ۱. جنب و جوش، تحرک، فعالیت ۲. سعی، تلاش
at one go یکباره، با یک حرکت

golf-course /'gâlf kors/ *n* زمین گلف

golfer /'gâlfer/ *n* گلف‌باز

gone[1] /gân/ *adj* ۱. ناپدید ۲. رفته ۳. گذشته ۴. حامله ۵. عاشق

gone[2] /gân/ *pp* go اسم مفعول فعل

gong /gâng/ *n* زنگ (چکشی)

good[1] /gud/ *adj* ۱. خوب ۲. مطلوب ۳. خوش ۴. مهربان ۵ مؤدب ۶. درست ۷. سالم ۸. ماهر

as good as تقریباً، عملاً

be good at something در چیزی خوب بودن

be good for ۱. مفید بودن برای ۲. اعتبار داشتن

Good afternoon! عصر بخیر!

Good evening! عصر بخیر! شب بخیر!

Good God! عجب!

Good gracious! آخ! وای! خدای من!

Good heavens! آخ! وای! خدای من!

Good morning! سلام! صبح بخیر!

Good night! شب بخیر!

good[2] /gud/ *n* خوبی، نیکی

be no good بی‌فایده بودن، به درد نخوردن

do good کار خیر کردن، نیکوکاری کردن

do someone good برای کسی مفید بودن

for good برای همیشه، به‌طور دائمی

goodbye /gub'bây/ *n,intj* ۱. خداحافظی ▣ ۲. خداحافظ!

good-looking /gud 'luking/ *adj* خوش‌قیافه، خوشگل، قشنگ

good-natured /gud'neycherd/ *adj* ۱. مهربان، خوش‌قلب ۲. دوستانه

goodness /'gudnis/ *n* ۱. خوبی، نیکی ۲. پاکی، صفا ۳. مهربانی، لطف، محبت

Goodness knows خدا می‌داند، کسی نمی‌داند

Goodness me! وای خدایا!

My goodness! خدای من! خدایا!

Thank goodness! خدا را شکر!

goods /gudz/ *n* ۱. کالا ۲. بار

good-tempered /gud 'temperd/ *adj* خوش‌خلق، خوش‌اخلاق

goose /goos/ *n* غاز

gooseberry /'guzberi/ *n* ۱. انگورِ فرنگی ۲. مزاحم، موی دماغ

gorgeous /'gorjes/ *adj* ۱. [عامیانه] عالی ۲. خوشگل، قشنگ، ماه

gorilla /go'rilâ/ *n* گوریل

Gospel /'gâspel/ *n* انجیل

gossip[1] /'gâsip/ *n* ۱. دری وری، غیبت، اراجیف ۲. شایعه ۳. گپ ۴. آدمِ خاله‌زنک

gossip[2] /'gâsip/ *vi* غیبت کردن، حرف‌هایِ خاله‌زنکی زدن، وراجی کردن

got /gât/ *p,pp*
گذشته و اسم مفعول فعل get

gotten /'gâten/ *pp*
اسم مفعول فعل get

govern /'gâvern/ *vt,vi* ۱. حکومت کردن ۲. اداره کردن ۳. مهار کردن، کنترل کردن ۴. حاکم بودن بر

government /'gâvernment/ *n*
۱. دولت ۲. حکومت

governor /'gâverner/ *n*
۱. فرماندار ۲. استاندار ۳. حاکم، والی، نایب‌الحکومه ۴. رئیس ۵. بالادست

gown /gaon/ *n* ۱. لباس، پیراهن، لباس بلند زنانه ۲. ردا، جبّه

grab /grab/ *vt,vi,n* ۱. قاپیدن، ربودن، چنگ انداختن به، گرفتن ◙ ۲. چنگ‌اندازی، حمله، هجوم، یورش

grace /greys/ *n* ۱. زیبایی ۲. وقار، متانت ۳. ظرافت، نزاکت، ادب ۴. لطف ۵. رحمت ایزدی، لطف خدا

graceful /'greysful/ *adj* ۱. زیبا ۲. خوش‌ترکیب ۳. باوقار ۴. جذاب

gracefully /'greysfuli/ *adv*
۱. با وقار ۲. به آرامی ۳. مؤدبانه

gracious /'greyshes/ *adj*
۱. مهربان، بامحبت، رئوف ۲. بزرگوار

grade¹ /greyd/ *n* ۱. درجه ۲. طبقه، مرتبه ۳. کلاس، سال

حصیلی) ۴. [امتحان] نمره ۵. نوع، حور ۶. کیفیت
What grade is he in? کلاس چندمه؟

grade² /greyd/ *vt* . درجه‌بندی ردن، طبقه‌بندی کردن ۲. نمره ادن

gradual /'grajuwâl/ *adj*
. تدریجی ۲. آرام، ملایم

gradually /'grajuli/ *adv* تدریج، فته‌رفته، کم‌کم

graduate¹ /'grajuwit/ *n*
. لیسانسیه ۲. فارغ‌التحصیل

graduate² /'grajuweyt/ *vt,vi*
. مدرج کردن ۲. درجه‌بندی کردن فارغ‌التحصیل شدن ۴. [دانشگاه و یره] فارغ‌التحصیل داشتن ۵. شرفت کردن

graduation /graju'weyshen/ *n*
رغ‌التحصیلی، فراغت از تحصیل

grain /greyn/ *n* غلّه، غلاّت دانه ۳. ذره، ریزه، خرده، جو

gram /gram/ *n* رم

grammar /'gramer/ *n* دستور ان ۲. کتاب دستور زبان

grammatical /gra'matikâl/ *adj*
ستوری، [مربوط به] دستور زبان

gramophone /'gramafon/ *n*
ام، گرامافون، صفحه‌نواز

grand /grand/ *adj* بزرگ عالی ۳. باشکوه، مجلل ۴. عظیم

grandad /'grandad/ *n* ابزرگ

grandchild /'granchâyld / *n* نوه
grandchildren /'granchildren / *n* نوه‌ها
great grandchildren نتیجه‌ها
granddaughter /'grandoter / *n* نوه (دختر)
grandfather /'grandfâdher / *n* پدربزرگ
grandly /'grandli / *adv* ۱. عالی ۲. باشکوه ۳. متکبرانه، خودپسندانه
grandma /'granmâ / *n* مامان‌بزرگ
grandmother /'granmâdher / *n* مادربزرگ
grandpa /'granpâ / *n* بابابزرگ
grandparents /'granperents / *n* پدربزرگ و مادربزرگ
grandson /'gransân / *n* نوه (پسر)
grandstand /'grandstand / *n* [ورزشگاه] جایگاه تماشاچیان
grannie /'grani / = granny
granny /'grani / *n* مامان‌بزرگ
grant[1] /grânt / *vt* ۱. اعطا کردن، بخشیدن، دادن ۲. واگذار کردن ۳ تخصیص دادن ۴. پذیرفتن، قبول کردن ۵. تصدیق کردن
grant[2] /grânt / *n* ۱. بورس، کمک‌هزینه (تحصیلی) ۲. کمک
grape /greyp / *n* انگور، دانهٔ انگور
grapefruit /'greypfroot / *n* گریپ‌فروت
graph /graf / *n* نمودار، منحنی
grapple /'grapel / *vi* گلاویز شدن با، دست به یقه شدن با
grasp[1] /grâsp / *vt* ۱. محکم گرفتن ۲. چسبیدن به ۳. فهمیدن، درک کردن
grasp[2] /grâsp / *n* ۱. چنگ ۲. تسلط ۳. فهم، درک ۴. دسترس
grass /grâs / *n* ۱. علف ۲. چمن
grass snake /'grâs sneyk / *n* مار حلقه‌دار
grassy /'grâsi / *adj* پُرعلف، پوشیده از علف
grate[1] /greyt / *n* ۱. [شومینه] آتشدان ۲. [کوره] اجاق
grate[2] /greyt / *vt,vi* ۱. رنده کردن ۲. صدای گوش‌خراش دادن ۳. [دندان] به‌هم ساییدن ۴. آزار دادن
grateful /'greytful / *adj* ۱. سپاس‌گزار، متشکر ۲. تشکرآمیز
gratefully /'greytfuli / *adv* ۱. با تشکر ۲. با خوشحالی
gratitude /'gratityood / *n* سپاس، سپاس‌گزاری، قدردانی، تشکر
gratuitous / gra'tyoo-ites / *adj* ۱. رایگان، مجانی ۲. بلاعوض
grave[1] /greyv / *n* گور، قبر
grave[2] /greyv / *adj* ۱. بد، وخیم، ناگوار ۲. مهم، عمده، بزرگ ۳. جدّی
gravel /'gravel / *n,adj* ۱. شن ۲. [مثانه و کلیه] سنگ ◙ ۳. شنی

gravely /'greyvli/ *adv* به‌طور بدی، سخت، به سختی
gravestone /'greyvston/ *n* سنگ قبر
graveyard /'greyvyârd/ *n* ۱. گورستان، قبرستان ۲. مَدفن
gravity /'graviti/ *n* ۱. جاذبهٔ زمین ۲. گرانش، جاذبه ۳. وخامت
gravy /'greyvi/ *n* سُس گوشت
gray /grey/ = grey
graze[1] /greyz/ *vi,vt* ۱. چریدن ◙ ۲. چراندن

graze[2] /greyz/ *vt,vi,n* ۱. خراشیدن ۲. خوردن به، تماس پیدا کردن با ◙ ۳. به هم مالیدن ◙ ۴. خراش، خراشیدگی، زخم
grease[1] /griis/ *n* ۱. روغن ۲. چربی ۳. روغن دنبه ۴. گریس
grease[2] /griis/ *vt* ۱. روغن‌کاری کردن ۲. چرب کردن
greasy /'griisi/ *adj* ۱. چرب، چرب و چیلی ۲. لیز ۳. چاپلوسانه
great /greyt/ *adj* ۱. بزرگ ۲. بزرگتر، بزرگترین ۳. مهم ۴. بسیار، زیاد ۵. خوب، عالی ۶. فوق‌العاده
Great Britain /greyt 'briten/ *n* بریتانیای کبیر (= شامل انگلستان، ویلز و اسکاتلند)
Grecian /'griishen/ *adj* یونانی، یونانی‌شکل، به سبک یونان قدیم
Greece /griis/ *n* یونان

greed /griid/ *n* طمع، حرص
greedy /'griidi/ *adj* ۱. حریص، طماع ۲. عاشق، شیفته ۳. شکمو
Greek /griik/ *adj,n* ۱. یونانی ◙ ۲. زبان یونانی ۳. اهل یونان، یونانی
green[1] /griin/ *adj* ۱. سبز ۲. سرسبز، خرّم ۳. [میوه] کال، نارس، نرسیده، سبز ۴. تر و تازه
green[2] /griin/ *n* ۱. رنگ سبز، سبز ۲. فضای سبز، سبزه‌زار، چمن
greengrocer /'griingroser/ *n* سبزی‌فروش، میوه‌فروش
greenhouse /'griinhaos/ *n* گُلخانه
greenish /'griinish/ *adj* [رنگ] مایل به سبز، تقریباً سبز
greens /griinz/ *n* ۱. سبزیجات لیفی ۲. گیاهان سبز
greet /griit/ *vt* ۱. سلام کردن ۲. ادای احترام کردن ۳. خوش‌آمد گفتن ۴. استقبال کردن
greeting /'griiting/ *n* ۱. سلام، درود، خوش‌آمد ۲. [نامه] عنوان
grenade /gri'neyd/ *n* نارنجک
grew /groo/ *p* گذشتهٔ فعل grow
grey[1] /grey/ *adj* ۱. خاکستری، طوسی، دودی، فیلی ۲. معمولی
grey[2] /grey/ *n* ۱. رنگ خاکستری، رنگ طوسی ۲. لباس خاکستری
grief /griif/ *n* غصه، غم، اندوه

groom[2] /groom/ *vt* تیمار کردن

groove /groov/ *n* شیار

grope /grop/ *vi,vt*
. کورمال‌کورمال دنبال (چیزی) گشتن
۲. کورمال‌کورمال راه رفتن

ground[1] /graond/ *n* ۱. زمین
۲. خاک ۳. سرزمین ۴. منطقه ۵. موضوع ۶. دلیل، علت ۷. [برق] اتصال زمین

break new (*or* fresh) ground
ابتکار به خرج دادن، راه تازه‌ای پیدا کردن

ground[2] /graond/ *vi,vt*
۱. [کشتی] به گِل نشستن ۲. به گِل نشاندن ۳. [هواپیما] روی زمین متوقف کردن، مانع پرواز شدن ۴. آموزش دادن، تعلیم دادن

ground[3] /graond/ *p,pp*
گذشته و اسم مفعول فعل grind

grounds /graondz/ *n* ۱. محوطه
۲. حیاط ۳. منطقه ۴. لِرد قهوه

groundsheet /'graondshiit/ *n*
[چادر] زیرانداز، کفی

group[1] /groop/ *n* ۱. گروه، دسته
۲. یک مشت، یک دسته، تعدادی

group[2] /groop/ *vt,vi*
۱. گروه‌بندی کردن ◙ ۲. جمع شدن

grouse /graos/ *vi* غرغر کردن

grove /grov/ *n* ۱. بیشه ۲. باغ

grow /gro/ *vi,vt* ۱. رشد کردن
۲. بزرگ شدن ۳. بالغ شدن ۴. قد

grieve /griiv/ *vt,vi*
۱. غصه‌دار کردن، اندوهگین کردن ◙ ۲. غصه خوردن، غمگین شدن

grill[1] /gril/ *n* ۱. کباب‌پز ۲. کباب

grill[2] /gril/ *vt* کباب کردن

grim /grim/ *adj* ۱. عبوس، خشک، خشن ۲. سخت ۳. ناگوار، بد

grin /grin/ *vi,n*
۱. نیش (کسی) باز شدن ◙ ۲. خنده

grind /grâynd/ *vt,vi* ۱. آسیا کردن، خرد کردن ۲. آسیا شدن ۳. [چاقو و غیره] تیز کردن ۴. قیژقیژ کردن

grip[1] /grip/ *vt,vi* ۱. محکم گرفتن، گرفتن، چسبیدن (به) ۲. جلب کردن

grip[2] /grip/ *n* ۱. (عمل) گرفتن، گرفت، گیرش ۲. (جای) دست

lose one's grip
زیر پای کسی خالی شدن

grit /grit/ *n* شن، ریگ، سنگ‌ریزه

gritty /'griti/ *adj* شن‌دار

groan[1] /gron/ *vi* ۱. ناله کردن
۲. آه و ناله کردن، نالیدن ۳. غر زدن

groan[2] /gron/ *n* ۱. ناله ۲. غرغر، آه و اوه، فریاد (اعتراض) ۳. [صدا] هوم

grocer /'groser/ *n*
خواربارفروش، بقال

groceries /'groseriz/ *n* خواربار

groom[1] /groom/ *n* ۱. مهتر
۲. داماد

کشیدن ۵. [مو، ناخن و غیره] بلند شدن ۶. شدن ⊡ ۷. پرورش دادن، کاشتن، رویاندن

grow cold سرد شدن

grow out of ۱. [لباس] برای (کسی) تنگ شدن، برای (کسی) کوچک شدن ۲. از سن (کسی) گذشتن ۳. ناشی شدن از

grow up بزرگ شدن، بالغ شدن، رشد کردن

grower /'gro-er/ *n*

[گل، میوه و غیره] پرورش‌دهنده

growl[1] /graol/ *vi,vt* ۱. [سگ و غیره] خُرخُر کردن ۲. غریدن ۳. پرخاش کردن ⊡ ۴. با غرش گفتن

growl[2] /graol/ *n* ۱. خُرخُر ۲. غرش

grown /gron/ *pp*

اسم مفعول فعل grow

grown-up[1] /gron 'âp/ *adj*

۱. بزرگ ۲. عاقل و بالغ

grown-up[2] /'gron âp/ *n*

آدم بزرگ، بزرگتر، بزرگسال

growth /groth/ *n* ۱. رشد ۲. رشد اقتصادی ۳. نمو، رویش

grubby /'grâbi/ *adj* کثیف

grudge[1] /grâj/ *vt* اکراه داشتن از

grudge[2] /grâj/ *n* کینه، غرض

have (*or* bear) a grudge against someone کینهٔ کسی را به دل گرفتن

grumble[1] /'grâmbel/ *vi*

۱. نق زدن ۲. غریدن، غرش کردن

grumble[2] /'grâmbel/ *n* ۱. گِله، شکایت ۲. غرش، خروش

grumpy /'grâmpi/ *adj* بدخلق، بداخلاق، عبوس

grunt /grânt/ *vi,n*

۱. [خوک] خُرخُر کردن ⊡ ۲. خُرخُر

guarantee[1] /garan'tii/ *n*

۱. ضمانت ۲. تضمین ۳. تعهد ۴. قول

guarantee[2] /garan'tii/ *vt*

۱. تضمین کردن ۲. قول دادن

guard[1] /gârd/ *n* ۱. نگهبانی ۲. محافظت، مراقبت ۳. رئیس قطار

keep (*or* stand) guard

پاس دادن، نگهبانی دادن

on guard به حال آماده‌باش

guard[2] /gârd/ *vt,vi*

۱. محافظت کردن ۲. نگهبانی کردن

guard against جلوگیری کردن از، مانع وقوع (چیزی) شدن

guardian /'gârdiyen/ *n* ۱. قیّم ۲. نگهبان، پاسدار، محافظ

guess /ges/ *vt,vi,n* ۱. حدس زدن ۲. پی‌بردن ⊡ ۳. حدس، گمان

guest /gest/ *n* ۱. مهمان ۲. [هتل، مسافرخانه و غیره] مسافر

guest-house /'gest haos/ *n*

مهمانسرا

guidance /'gâydens/ *n*

۱. راهنمایی ۲. مشاوره ۳. هدایت

guidance school مدرسهٔ راهنمایی

guide[1] /gâyd/*n* ۱. راهنما ۲. سرمشق ۳. کتاب راهنما

guide[2] /gâyd/*vt* ۱. راهنمایی کردن ۲. هدایت کردن، ارشاد کردن

Guide[3] /gâyd/*n* پیشاهنگ دختر

guilt /gilt/*n* ۱. گناه ۲. تقصیر ۳. جرم

guilty /'gilti/*adj* گناهکار

guinea pig /'gini pig/*n* خوکچهٔ هندی

guitar /gi'târ/*n* گیتار

gulf[1] /gâlf/*n* ۱. خلیج ۲. شکاف

Gulf[2], **the** /gâlf/*n* ۱. خلیج فارس ۲. کشورهای کرانهٔ خلیج فارس

gullet /'gâlit/*n* گلو، حلق، مری

gulp[1] /gâlp/*vt,vi* ۱. بلعیدن، قورت دادن ۲. [مجازی] پنهان کردن

gulp[2] /gâlp/*n* ۱. بلع، قورت ۲. قلپ، جرعه ۳. لقمه ۴. نفس عمیق

gum[1] /gâm/*n* ۱. صمغ ۲. چسب

gum[2] /gâm/*vt* چسباندن

gun /gân/*n* سلاح، اسلحه (هر نوع تپانچه، هفت‌تیر، تفنگ، توپ و غیره)

gunman /'gânman/*n* مرد مسلح

gunpowder /'gânpaoder/*n* باروت

gust /gâst/*n* ۱. توفان، تندباد ۲. [باد] وزش تند ۳. طغیان، غلیان

gutter /'gâter/*n* ۱. ناودان ۲. جوی (کنار خیابان) ۳. زاغه‌نشینی، فقر ۴. محلهٔ فقیرنشین

guy /gây/*n* مرد، پسر، آدم، یارو

gym /jim/*n* ۱. سالن ورزش، باشگاه ورزشی ۲. ژیمناستیک

gymnasium /jim'neyziyem/*n* سالن ورزش، باشگاه ورزشی

gymnast /'jimnast/*n* ژیمناست

gymnastics /jim'nastiks/*n* ۱. ژیمناستیک ۲. ورزش

gypsy /'jipsi/*n* کولی، غربتی

H

H,h /eych/ *n* اِیچ
(= هشتمین حرف الفبای انگلیسی)

habit /'habit/ *n* ۱. عادت ۲. خلق و خو، خصلت ۳. رسم

habitual /ha'bichuwâl/ *adj* ۱. عـادی، مـعمول ۲. عـادت‌کرده، معتاد ۳. ناشی از عادت

habitually /ha'bichuwâli/ *adv* ۱. بنا بر عادت ۲. طبق معمول

hack /hak/ *vt,vi* ۱. تکه‌تکه کردن، قطعه‌قطعه کردن، خرد کردن ۲. زدن

had /had/ *p,pp* گذشته و اسم مفعول فعل have

haggle /'hagel/ *vi* چانه زدن

hail /heyl/ *n,vi* ۱. تگرگ ◘ ۲. تگرگ باریدن، تگرگ آمدن

hailstone /'heylston/ *n* دانهٔ تگرگ

hair /her/ *n* ۱. مو، موها ۲. تار مو

make one's hair stand on end (از چیزی) مو به تن کسی سیخ شدن

not turn a hair خم به ابرو نیاوردن، به روی خود نیاوردن

hairbrush /'herbrâsh/ *n* بُرس مو

haircut /'herkât/ *n* ۱. اصلاح (مو) ۲. مدل مو

hairdresser /'herdreser/ *n* سلمانی، آرایشگر

hairpin /'herpin/ *n* سنجاق سر

hairy /'heri/ *adj* مودار، پرمو

half /hâf/ *n,adj* ۱. نیم، نصف ۲. نیم، عدد یک دوم ($\frac{۱}{۲}$) ◘ ۳. نیم، نیمی از

half an hour نیم ساعت

half-time /hâf 'tâym/ *n* فاصلهٔ بین دو نیمهٔ بازی، هاف‌تایم

halfway /hâf'wey/ *adj,adv* ۱. نیمه‌راه ۲. نیمه کاره ◘ ۳. در وسطِ

hall /hol/ *n* ۱. تالار، سالن ۲. راهرو، هـال ۳. غـذاخـوری ۴. خوابگاه

hallelujah /hali'looyâ/ *n,intj* الهی شکر! الحمدالله!

hallo /he'lo/ *n,intj* ۱. سلام ۲. آهای! هی! ۳. [تلفن] الو!

halt /holt/ *vt,vi,n* ۱. متوقف کردن، نگـه‌داشـتن ◘ ۲. توقف کردن، ایستادن ◘ ۳. تـوقف، ایست ۴. مکث، وقفه

come to a halt متوقف شدن

halve /hâv/ *vt* نصف کردن

halves /hâvz/ *n* صورت جمع half

ham /ham/ *n* ژامبون
hamburger /'hamberger/ *n* همبرگر
hammer /'hamer/ *n, vt, vi* ۱. چکش ▣ ۲. با چکش زدن، با چکش کوبیدن ۳. کوبیدن، زدن ۴. له و لورده کردن
hammock /'hamok/ *n* نَنو
hamper /'hamper/ *vt* ۱. مشکل کردن ۲. مانع (چیزی) شدن
hand /hand/ *n, vt* ۱. دست ۲. عقربه ۳. کارگر ۴. کمک ۵. طرف، سمت ▣ ۶. دادن، به دست (کسی) دادن

at hand نزدیک
be in good hands پیش آدم مطمئنی بودن
be off somebody's hands از دست (کسی یا چیزی) راحت شدن یا خلاص شدن
by hand ۱. با دست ۲. [نامه] به وسیلهٔ پیک
change hands دست به دست گشتن، دست به دست شدن
get out of hand از کنترل خارج شدن
give (*or* lend) a hand کمک کردن، سر چیزی را گرفتن
hand down منتقل کردن
hand in دادن، تحویل دادن، تسلیم کردن
hands off! دست نزن! دستت را بکش!
hand over تحویل دادن، دادن
hands up ۱. [در کلاس و غیره] دست بلند کنید ۲. [هنگام تهدید با اسلحه] دست‌ها بالا!
have one's hands full سر کسی شلوغ بودن، گرفتار بودن، وقت سرخاراندن نداشتن
lay one's hands on ۱. پیدا کردن، گیر آوردن ۲. به کسی دسترسی پیدا کردن
on the one hand از یک طرف، از طرفی
on the other hand از طرف دیگر
shake hands with somebody با کسی دست دادن
wait on someone hand and foot دست‌به‌سینه در خدمت کسی بودن

handbag /'handbag/ *n* ۱. کیفِ زنانه ۲. ساک، چمدان کوچک
handcuffs /'handkâfs/ *n* دستبند
handful /'handful/ *n* ۱. (به اندازهٔ) یک مشت ۲. معدودی
hand grenade /'hand grineyd/ *n* نارنجک
handicap /'handikap/ *n, vt* ۱. نقص، عیب، نقطه‌ضعف ۲. نقص عضو ▣ ۳. موجب عقب‌افتادگی شدن
handkerchief /'hangkerchif/ *n* ۱. دستمال ۲. دستمال گردن

handle /'handel/ *n, vt* ۱. دسته ۲. دستگیره ◙ ۳. دست زدن به ۴. (با دست) جا به جا کردن ۵. اداره کردن، گرداندن، در دست گرفتن، کنترل کردن، از عهده برآمدن

handlebars /'handelbârz/ *n* [دوچرخه و موتورسیکلت] فرمان

handsome /'hansâm/ *adj* ۱. زیبا، قشنگ ۲. [مرد] خوش‌قیافه ۳. [زن] خوش‌اندام ۴. قابل ملاحظه

handwriting /'handrâyting/ *n* ۱. خط، دستخط ۲. دست‌نوشته

handy /'handi/ *adj* ۱. ماهر، چیره‌دست ۲. خوش‌دست، راحت، آسان ۳. مفید ۴. در دسترس، نزدیک، دم دست

hang¹ /hang/ *vt, vi* ۱. آویزان کردن، آویختن ۲. چسباندن، زدن ◙ ۳. آویزان شدن، آویزان بودن

hang about علاف بودن، پرسه زدن، ول گشتن

hang back شانه خالی کردن، زیر بار نرفتن، پا پس کشیدن

hang on صبر کردن

hang onto something چیزی را محکم گرفتن، به چیزی محکم چسبیدن

hang² /hang/ *vt, vi* ۱. دار زدن، به دار آویختن ◙ ۲. اعدام شدن

hangar /'hanger/ *n* آشیانه (هواپیما)

hanger /'hanger/ *n* چوب‌لباسی

happen /'hapen/ *vi* ۱. اتفاق افتادن، رخ دادن، روی دادن ۲. اتفاقاً پیدا کردن یا دیدن

happen to به‌طور اتفاقی، برحسب اتفاق، تصادفاً

happening /'hapening/ *n* رویداد، اتفاق، واقعه

happily /'hapili/ *adv* ۱. با خوشحالی ۲. خوشبختانه

happiness /'hapinis/ *n* ۱. خوشی ۲. خوشبختی، سعادت

happy /'hapi/ *adj* ۱. خوش، خوشحال ۲. شاد ۳. راضی ۴. مبارک

harbour /'hârber/ *n* بندرگاه

hard /hârd/ *adj, adv* ۱. سخت ۲. محکم ۳. مشکل ۴. خشن، نامهربان

be hard on ۱. سخت بودن برای ۲. به کسی سخت گرفتن

hard up فقیر، بی‌پول

hardly /'hârdli/ *adv* ۱. به سختی، به زحمت ۲. به ندرت ۳. اصلاً

hardly any هیچ، تقریباً هیچ

hardly ever به ندرت، خیلی کم

hardware /'hârdwer/ *n* ۱. لوازم فلزی خانگی ۲. [کامپیوتر] سخت‌افزار

hard-wearing /hârd 'wering/ *adj* بادوام

hardworking /'hârdwerking/ *adj* سخت‌کوش، پرکار، جدّی

hardy /'hârdi/ *adj* ۱. قوی، پرطاقت ۲. بی‌باک ۳. [گیاه] مقاوم

hare /her/ *n* خرگوش (صحرایی)

hash / hash / *vt,n* ۱. [گوشت] خرد کردن ▣ ۲. افتضاح

hasn't / 'hazent / = has not

haste / heyst / *n* ۱. شتاب ۲. عجله

hasten / 'heysen / *vi,vt* ۱. عجله کردن ۲. با عجله رفتن ۳. به عجله واداشتن ۴. جلو انداختن، تسریع کردن، تندتر کردن

hasty / 'heysti / *adj* ۱. عجول، بی‌صبر، ناشکیبا ۲. عجولانه، شتاب‌زده

hat / hat / *n* ۱. کلاه ۲. [عامیانه] آدم

hatch / hach / *n* دریچه، دربچه

hate / heyt / *vt,n* ۱. نفرت داشتن، بیزار بودن ▣ ۲. نفرت، بیزاری

hateful / heytful / *adj* ۱. نفرت‌انگیز، زشت ۲. متنفر

hatred / 'heytrid / *n* تنفر، انزجار

haul / hol / *vt,vi* ۱. کشاندن، (به‌زحمت) کشیدن ۲. کشان‌کشان بردن، به زور بردن ۳. حمل کردن

haunt / hont / *vt* ۱. زیاد رفت و آمد کردن، (جایی را) پاتوق کردن ۲. [ارواح و اشباح] تسخیر کردن ۳. مکرر به خاطر آمدن، ذهن (کسی را) اشغال کردن

have[1] / hav / *aux v* فعل معین که کاربردهای دستوری گوناگون دارد، از جمله: ۱. در ساختن ماضی نقلی به کار می‌رود و بسته به شخص و عدد، برابر فارسی آن

harm / hârm / *n,vt* ۱. اذیت، آزار ۲. صدمه، آسیب ۳. ضرر، زیان ▣ ۴. آسیب رساندن، صدمه زدن ۵. زیان رساندن

come to harm آسیب دیدن

harmful / 'hârmful / *adj* ۱. مضر، زیان‌بخش ۲. خطرناک

harmless / 'hârmlis / *adj* ۱. بی‌ضرر، بی‌آزار، بی‌خطر ۲. بی‌گناه، معصوم ۳. معصومانه

harmonica / hâr'mânikâ / *n* ساز دهنی

harmonious / hâr'moniyes / *adj* ۱. موزون، هم‌آهنگ ۲. آهنگین

harmony / 'hârmoni / *n* ۱. هم‌آهنگی، همسازی ۲. هارمونی

harness / 'hârnis / *n* ساز و برگ اسب (= دهانه، عنان و غیره)

harp / hârp / *n* چنگ (= نوعی آلت موسیقی)

harpoon / hâr'poon / *n,vt* ۱. زوبینِ صید نهنگ ▣ ۲. با زوبین صید کردن

harsh / hârsh / *adj* ۱. خشن، زمخت ۲. شدید ۳. بی‌رحم، سختگیر

harshly / hârshli / *adv* ۱. بی‌رحمانه ۲. با بی‌رحمی، با خشونت

harvest / 'hârvist / *n,vt* ۱. درو ۲. فصل درو ▣ ۳. درو کردن

has / haz / *v* صورت صرف شدهٔ فعل have[1,2] برای سوم شخص مفرد

یکی از صورت‌های زیر است: ـام، ـایم، ـای، ـاید، است، ـاند ۲. در ساختن ماضی بعید به کار می‌رود و بسته به شخص و عدد، برابر فارسی آن یکی از صورت‌های زیر است: بودم، بودیم، بودی، بودید، بود، بودند

have[2] / hav / *vt* ۱. داشتن ۲. اجازه دادن ۳. واداشتن ۴. خوردن

have a good time خوش گذشتن، لذت بردن

Have a good time at the party. مهمانی خوش بگذرد.

have got داشتن

have (got) to باید، مجبور بودن

have someone do something کاری را از کسی خواستن

I had the mechanic examine the car brakes. از مکانیک خواستم که ترمزهای ماشین را بازدید کند.

have something done ۱. انجام دادن کاری را از دیگری خواستن

You should have your shoes polished. باید کفش‌هایت را بدهی واکس بزنند.

۲. اتفاق بدی برای کسی یا چیزی افتادن

She had her bag stolen on the bus. کیفش را توی اتوبوس دزدیدند.

will not have نگذاشتن، اجازه ندادن

hawk / hok / *n* باز، قوش، شاهین

hay / hey / *n* علف خشک

hay fever / 'hey fiiver / *n* تب یونجه

haystack / 'heystak / *n* دستهٔ علف خشک

hazard / 'hazerd / *n,vt* ۱. خطر ۲. اتفاق ▣ ۳. به خطر انداختن

hazardous / 'hazerdes / *adj* ۱. پرخطر، مخاطره‌آمیز ۲. تصادفی

haze / heyz / *n* مه رقیق، غبار

hazel / 'heyzel / *n* ۱. فندق ۲. درخت فندق

hazy / 'heyzi / *adj* مه‌آلود، غبارآلود

he / hii / *pron* [ضمیر فاعلی، سوم شخص مفرد مذکر] او، وی، آن

head[1] / hed / *n,adj* ۱. سر ۲. کلّه، مخ ۳. بالا ۴. جلو، پیشاپیش ۵. صدر، عقل، ذهن ۶. فکر ۷. فهم، شعور ۸. رئیس، رهبر ۹. [سکه] شیر

a head هر نفر

go to somebody's head ۱. کسی را غرّه کردن ۲. کسی را مست کردن

hang one's head سر خود را پایین انداختن

keep one's head آرامش خود را حفظ کردن، دست و پای خود را گم نکردن

lose one's head دست و پای خود را گم کردن، دستپاچه شدن

per head هر نفر

put heads together عقل‌های خود را روی هم گذاشتن

use one's head
عقل خود را به کار انداختن

head[2] /hed/ *vt* ۱. پیشاپیش (چیزی) بودن ۲. در بالای (چیزی) بودن ۳. سرپرستی کردن

headache /'hedeyk/ *n* سردرد

have a headache
سر (کسی) درد کردن

heading /'heding/ *n* ۱. عنوان ۲. سرفصل ۳. سرنامه ۴. فصل، بخش

headlight /'hedlâyt/ *n*
[اتومبیل] چراغ جلو، چراغ بزرگ

headline /'hedlâyn/ *n*
۱. [روزنامه] عنوان، تیتر ۲. [به صورت جمع] سرخط اخبار، اهمِ اخبار

headlong /'hedlâng/ *adv,adj*
۱. با سر، باکله ۲. عجولانه، نسنجیده

headmaster /hed'mâster/ *n*
مدیر مدرسه

headmistress /hed'mistris/ *n*
خانم مدیر، مدیر

headphones /'hedfonz/ *n*
گوشی، هِدفون

headquarters /'hedkworterz/ *n*
۱. ستاد، مرکز فرماندهی ۲. مرکز

heal /hiil/ *vi,vt* ۱. بهبود یافتن، التیام یافتن ▣ ۲. بهبود بخشیدن

health /helth/ *n* ۱. سلامت ۲. وضع جسمانی ۳. بهداشت

drink somebody's health
به سلامتی کسی نوشیدن

health food /'helth food/ *n*
غذای سالم، غذای بهداشتی

healthy /'helthi/ *adj* ۱. سالم ۲. بانشاط، شاداب، سرحال ۳. گواه بر سلامتی ۴. مفید، مناسب

heap /hiip/ *n,vt* ۱. کپه، توده ۲. یک‌عالمه، خیلی ▣ ۳. کپه کردن، تلنبار کردن ۴. پُر کردن

heaps of یک‌عالمه، کلی

hear /'hiyer/ *vt,vi* ۱. شنیدن ۲. خبردار شدن ۳. دانستن، شناختن ۴. گوش دادن، توجه کردن

hear from somebody
از کسی خبر داشتن

hear of (دربارهٔ کسی یا چیزی) اطلاعی داشتن، چیزی دانستن

will not hear of نگذاشتن، اجازه ندادن

heard /herd/ *p,pp*
گذشته و اسم مفعول فعل hear

heart /hârt/ *n* ۱. قلب ۲. دل ۳. [ورقِ بازی] دل ۴. دل و دماغ

break somebody's heart
دل کسی را شکستن

cry one's heart out
زار زار گریه کردن

have a change of heart
دل کسی به رحم آمدن، نظر خود را تغییر دادن

have one's heart in one's mouth از ترس زَهره‌ترک شدن

have one's heart set on
بی‌قرار (چیزی) بودن، برای (چیزی) بی‌تاب بودن
learn something by heart چیزی را از حفظ کردن، چیزی را از بر بودن
lose heart مأیوس شدن
not have the heart
دِل (کاری را) نداشتن
somebody's heart sinks
دل کسی فروریختن
take heart دل و جرئت پیدا کردن
take something to heart
چیزی را به دل گرفتن
with a heavy heart
با دلی شکسته، با اندوه، غصه‌دار
heartbroken /ˈhârtbroken/ *adj*
دل‌شکسته، غمگین، غصه‌دار
hearth /hârth/ *n* ۱. کوره، اجاق، آتشدان ۲. خانه، خانواده
heartily /ˈhârtili/ *adv* ۱. با تمامِ وجود، از ته دل ۲. با اشتها ۳. کاملاً
hearty /ˈhârti/ *adj* ۱. صمیمانه، دوستانه، گرم ۲. سالم ۳. بزرگ
heat /hiit/ *n, vi, vt* ۱. حرارت ۲. گرما، گرمی ۳. مسابقهٔ مقدماتی ◙ ۴. گرم شدن ◙ ۵. گرم کردن
heath /hiith/ *n* خلنگ‌زار
heather /ˈhedher/ *n* خلنگ
heave /hiiv/ *vt, vi, n* ۱. (به زحمت) بالا کشیدن یا بلند کردن ۲. پرتاب کردن ◙ ۳. تکان، حرکت
heaven /ˈheven/ *n* ۱. بهشت، ملکوت ۲. [به صورت جمع] آسمان
heavenly /ˈhevenli/ *adj*
۱. بهشتی، ملکوتی ۲. آسمانی، فلکی ۳. محشر، معرکه، قشنگ
heavy /ˈhevi/ *adj* ۱. سنگین ۲. سخت، شاق ۳. کُند ۴. زیاد، شدید ۵. دیرهضم
Hebrew /ˈhiibroo/ *n, adj*
۱. عبرانی، یهودی ۲. عبری، زبان عبری
hectare /ˈhektâr/ *n* هکتار
he'd /hiid/ he had; he would
hedge /hej/ *n* ۱. پرچین ۲. مانع
hedgehog /ˈhejhâg/ *n* خارپشت، جوجه‌تیغی
heel /hiil/ *n* ۱. پاشنهٔ پا ۲. پاشنهٔ کفش ۳. پاشنهٔ جوراب
at (*or* on) somebody's heels
بلافاصله به دنبالِ، درست پشت سر
hefty /ˈhefti/ *adj* قوی، تنومند
height /hâyt/ *n* ۱. ارتفاع، بلندی ۲. قد ۳. اوج، بحبوحه
heir /er/ *n* وارث
heiress /ˈeris/ *n* وارث (زن)
held /held/ *p, pp*
گذشته و اسم مفعول فعل hold
helicopter /ˈhelikâpter/ *n*
هلیکوپتر
hell /hel/ *n* جهنم، دوزخ
he'll /hiil/ = he will; he shall

hellish /'helish/ *adj* جهنمی
hello /he'lo/ *n,intj* ۱. سلام ۲. آهای! هی! ۳. [تلفن] اَلو
helmet /'helmit/ *n* کلاه ایمنی
help /help/ *n,vt* ۱. کمک، یاری ۲. خدمتکار (زن) ◙ ۳. کمک کردن
help someone to something
به کسی غذا یا نوشیدنی دادن
I helped him to a cup of tea.
من یک فنجان چای به او دادم.
help yourself
[در مورد غذا و غیره] بفرمایید
It can't be helped. چاره‌ای نیست.
helper /'helper/ *n* کمک، دستیار
helpful /'helpful/ *adj* ۱. مفید، سودمند ۲. کمک‌کننده، خیرخواه
helping /'helping/ *n* [غذا] پُرس
helpless /'helplis/ *adj* ۱. ناتوان، درمانده، بیچاره، عاجز ۲. بی‌دفاع
hem /hem/ *n,vt* ۱. [لباس] تو ۲. لبه، حاشیه ◙ ۳. تو گذاشتن
hen /hen/ *n* ۱. مرغ ۲. پرندهٔ ماده
hence /hens/ *adv* ۱. به این دلیل، از این رو، بنابراین ۲. از این‌جاست
her /her/ *pron,adj* ۱. [ضمیر مفعولی، سوم شخص مفرد مؤنث] او را، به او ◙ ۲. [صفت ملکی، سوم شخص مفرد مؤنث] ـَ ش، ـِ او
herb /herb/ *n* ۱. علف، گیاه ۲. گیاه دارویی ۳. گیاه ادویه‌ای، ادویه

herd /herd/ *n* گله، رمه
here /'hiyer/ *adv,intj* ۱. این‌جا ۲. در این وقت ◙ ۳. [حضور و غیاب] حاضر! ۴. هِی! اوهوی!
here and there این‌جا و آن‌جا، این طرف و آن طرف، در اطراف
here is to ... happiness!
به سلامتی ...!
here you are
[هنگام تعارف کردن چیزی] بفرمایید
heritage /'heritij/ *n* میراث
hero /'hiyero/ *n* ۱. قهرمان ۲. قهرمانِ داستان
heroic /hi'royik/ *adj* ۱. قهرمانانه، شجاعانه ۲. حماسی
heroin /'heroyin/ *n* هروئین
herring /'hering/ *n* شاه‌ماهی
hers /herz/ *pron* [ضمیر ملکی، سوم شخص مفرد مؤنث] مال او، ـِ او، ـَ ش
herself /her'self/ *pron*
۱. [ضمیر انعکاسی، سوم شخص مفرد مؤنث] خودش را، به خودش، از خودش، خودش ۲. [ضمیر تأکیدی] خودش
by herself تنها، به تنهایی
he's /hiiz/ = he is; he has
hesitant /'hezitent/ *adj* مردد
hesitate /'heziteyt/ *vi* ۱. تردید کردن، شک کردن ۲. مردد بودن
hesitation /hezi'teyshen/ *n* ۱. تردید، شک ۲. مکث، درنگ، تأمل

hiccup /'hikâp/*n,vi* ۱. سکسکه ۲. اشکال جزئی ◙ ۳. سکسکه کردن

hid /hid/*p* گذشتهٔ فعل hide

hidden /'hiden/*pp* اسم مفعول فعل hide

hide /hâyd/*vt,vi* ۱. مخفی کردن، قایم کردن ◙ ۲. مخفی شدن

hide-and-seek /hâyd an 'siik/*n* (بازی) قایم‌موشک

hideous /'hidiyes/*adj* ۱. زشت، کریه، شنیع ۲. هولناک، دردناک، تلخ

hiding[1] /'hâyding/*n* اختفا

be in hiding مخفی بودن

go into hiding مخفی شدن، خود را پنهان کردن

hiding[2] /'hâyding/*n* کتک

hiding-place /'hâyding pleys/*n* مخفی‌گاه

hi-fi /hây 'fây/ = high fidelity

high /hây/*adj,adv* ۱. بلند، مرتفع ۲. مهم ۳. عالی ۴. زیاد، بالا، بزرگ

high and low همه جا، تمام سوراخ سُمبه‌ها، زمین و زمان

highbrow /'hâybrao/*n,adj* ۱. اهل فضل و هنر ۲. مدعی فضل

high fidelity /hây fi'deliti/*adj* [دستگاه‌های صوتی] بسیار حساس، با کیفیت بالا، های فای

highland /'hâyland/*adj,n* ۱. کوهستانی ◙ ۲. منطقهٔ کوهستانی

Highlander /'hâylander/*n* [در اسکاتلند] کوه‌نشین

Highlands /'hâylandz/*n* مناطق کوهستانی اسکاتلند

highly /'hâyli/*adv* بسیار، خیلی

highness /'hâynis/*n* بلندی

high school /'hây skool/*n* دبیرستان

high tea /hay 'tii/*n* شام (سبک)

highway /'hâywey/*n* شاهراه

highwayman /'hâyweyman/*n* راهزن

hijack /'hâyjak/*n,vt* ۱. هواپیماربایی ◙ ۲. [هواپیما] ربودن ۳. به سرقت بردن

hijacker /'hâyjaker/*n* ۱. هواپیماربا ۲. راهزن

hike /hâyk/*vi,n* ۱. پیاده‌روی کردن، پیاده‌روی رفتن ◙ ۲. پیاده‌روی

hill /hil/*n* ۱. تپه ۲. سربالایی، شیب ۳. تَل، توده

hilly /'hili/*adj* (پر از) تپه‌ماهور، پر از پستی و بلندی

hilt /hilt/*n* [شمشیر] دسته، قبضه

up to the hilt کاملاً

him /him/*pron* [ضمیر مفعولی، سوم شخص مفرد مذکر] او را، به او

himself /him'self/*pron* ۱. [ضمیر انعکاسی، سوم شخص مفرد مذکر] خودش را، به خودش، از خودش، خودش ۲. [ضمیر تأکیدی] خودش

hind / hâynd / *adj* عقب، عقبی
hinder / 'hinder / *vt* ۱. مانع شدن، مزاحم شدن ۲. به تأخیر انداختن
Hindu / 'hindoo / *n,adj* هندو
Hinduism / 'hindoo-izem / *n* آیین هندو، دین هندو
hinge / hinj / *n,vi,vt* ۱. لولا ۲. محور ◙ ۳. لولا انداختن ۴. گشتن بر
hint / hint / *n,vt,vi* ۱. اشاره، کنایه ◙ ۲. اشاره کردن، به کنایه گفتن
hip / hip / *n* کفل، لُمبر
hippopotamus / hipo'pâtemes / *n* اسب آبی
hire / hâyer / *vt,n* ۱. کرایه کردن ۲. [کارگر] گرفتن ◙ ۳. کرایه ۴. اجرت
hire out (چیزی را) کرایه دادن
hire purchase / hâyer 'perchis / *n* خرید اقساطی
his / hiz / *adj,pron* ۱. [صفت ملکی، سوم شخص مفرد مذکر] ـَـ ش، ـِـ او ۲. [ضمیر ملکی، سوم شخص مفرد مذکر] مالِ او، ـِـ او
hiss / his / *n,vi,vt* ۱. سوت ◙ ۲. فش‌فش کردن، جلز و ولز کردن ۳. هو کردن، سوت کشیدن
historic / his'târik / *adj* تاریخی
history / 'histri / *n* ۱. تاریخ ۲. تاریخچه ۳. سرگذشت، شرح حال
hit[1] / hit / *vt,vi,n* ۱. زدن، ضربه زدن ۲. خوردن به ۳. رسیدن به ◙ ۴. ضربه ۵. اصابت، برخورد ۶. موفقیت
hit the nail on the head حق مطلب را خوب ادا کردن، درست تشخیص دادن، کاملاً درست گفتن
hit[2] / hit / *p,pp* گذشته و اسم مفعول فعل hit
hitch / hich / *vt,vi,n* ۱. بالا کشیدن ۲. بستن ۳. گره زدن ۴. مجانی سوار شدن ◙ ۵. تکان ۶. هُل ۷. خِفت
hitchhike / 'hich-hâyk / *vi* مجانی سوار شدن، اتواِستاپ زدن
hive / hâyv / *n* کندو
hives / hâyvz / *n* کهیر
hoard / hord / *n,vt* ۱. ذخیره، اندوخته ۲. گنج، گنجینه ◙ ۳. ذخیره کردن، قایم کردن، جمع کردن
hoarfrost / 'horfrâst / *n* بَشم، شبنم یخ‌زده
hoarse / hors / *adj* ۱. [صدا] خشن، زمخت، گرفته، دورَگه ۲. [شخص] دارای صدای خشن
hoarseness / 'horsnis / *n* گرفتگی صدا، زمختی صدا
hoax / hoks / *n,vt* ۱. حقه، کلک، دروغ، شیطنت ◙ ۲. دست انداختن، گول زدن، سر به سر گذاشتن
hobble / 'hâbel / *vi* لنگ‌لنگان رفتن
hobby / 'hâbi / *n* سرگرمی، تفنن
hockey / 'hâki / *n* هاکی (= نوعی بازی شبیه به چوگان‌بازی)

hoe /ho/ *n,vt,vi* ۱. کج‌بیل، بیل باغبانی ◙ ۲. کندن، بیل زدن

hoist /hoyst/ *vt* ۱. بالا بردن، بلند کردن ۲. (بر) افراشتن

hold[1] /hold/ *vt,vi* ۱. گرفتن، در دست گرفتن ۲. نگه‌داشتن ۳. حفظ کردن ۴. جلوی (چیزی را) گرفتن ۵. گنجایش داشتن ۶. داشتن، در بر داشتن، دارا بودن ۷. تشکیل دادن، برگزار کردن ۸. معتبر بودن

Hold it! ۱. صبر کن ۲. وایسا، تکان نخور

hold on ۱. [به صورت امری] صبرکن ۲. وِل نکردن، ادامه دادن، تاب آوردن

hold somebody *or* something back جلوی کسی یا چیزی را گرفتن

hold up ۱. به تأخیر انداختن، معطل نگه‌داشتن ۲. دستبرد زدن، لخت کردن، به سرقت بردن

hold[2] /hold/ *n* ۱. گرفت، گیر ۲. نگهداری ۳. جای گرفتن، جای دست، جای پا ۴. نفوذ، تسلط

get hold of پیدا کردن

lose hold of وِل کردن، از دست کسی در رفتن

hold[3] /hold/ *n* [کِشتی] انبار کالا

holder /'holder/ *n* ۱. دارنده، صاحب ۲. متصدی ۳. [در ترکیب] ـدار

hole /hol/ *n* ۱. سوراخ ۲. حفره

holiday /'hâlidey/ *n* ۱. (روز) تعطیل، تعطیلی ۲. تعطیلات

hollow /'hâlo/ *adj* ۱. توخالی ۲. پوک ۳. گود، گود افتاده، تورَفته

holly /'hâli/ *n* (درخت) خاس، راج

holy /'holi/ *adj* ۱. مقدس ۲. پرهیزکار، پارسا ۳. مذهبی

home /hom/ *n,adj,adv* ۱. خانه ۲. میهن ◙ ۳. خانوادگی ◙ ۴. در خانه، به خانه ۵. جا، سر جای خود

bring something home to somebody چیزی را حالی کسی کردن، کسی را متوجه چیزی کردن

feel at home راحت بودن، احساس راحتی کردن

make oneself at home راحت بودن، احساس راحتی کردن

homeless /'homlis/ *adj* بی‌خانمان، آواره، دربه‌در

homemade /hom'meyd/ *adj* خانگی

homesick /'homsik/ *adj* غربت‌زده، دچار غم غربت، دلتنگ

homework /'homwerk/ *n* تکلیف، مشق شب

homosexual /homo'sekshuwâl/ *adj,n* همجنس‌گرا، همجنس‌باز

honest /'ânist/ *adj* ۱. درست، درستکار ۲. شرافتمندانه ۳. راستگو

honestly /'ânistli/ *adv* ۱. صادقانه، حقیقتاً، واقعاً ۲. (به) راستی، راستش

honesty /'ânisti/ *n* ۱. صداقت، درستی، درستکاری ۲. راستگویی

honey /'hâni/ *n* ۱. عسل ۲. [در خطاب] عزیز، عزیزم

honeymoon /'hânimoon/ *n,vi* ۱. ماه عسل ▣ ۲. ماه عسل را گذراندن

honour /'âner/ *n* ۱. افتخار ۲. آبرو

in honour of به افتخارِ، به احترام

honourable /'ânerebel/ *adj* ۱. محترم، شریف، آبرومند ۲. محترمانه، شرافتمندانه، آبرومندانه

hood /hud/ *n* ۱. کلاه بارانی، کلاه متصل به لباس ۲. [هواکش، دودکش و غیره] سرپوش، کلاهک ۳. [اتومبیل] کاپوت ۴. روکش

hoof /hoof/ *n* سُم

hook /huk/ *n,vt* ۱. قلاب ۲. داس ۳. تله ▣ ۴. با قلاب گرفتن

hooligan /'hooligen/ *n* قلدر، لات

hoop /hoop/ *n* ۱. حلقه ۲. تسمه

hoot /hoot/ *n,vi,vt* ۱. هو، صدای جغد ۲. صدای بوق اتومبیل ▣ ۳. [جغد] هوهو کردن ۴. هو کردن

hooves /hoovz/ *n* صورت جمع hoof

hop[1] /hâp/ *vi,vt,n* ۱. لی‌لی کردن ۲. جستن، پریدن ▣ ۳. لی‌لی ۴. پرش

hop[2] /hâp/ *n* (گیاه) رازک

hope /hop/ *n,vt* ۱. امید، امیدواری ۲. آرزو، خواست ▣ ۳. امید داشتن، امیدوار بودن ۴. آرزو داشتن

give up hope مأیوس شدن، ناامید شدن

in the hope of (*or* **that**) به امید این که، به این امید که

lose hope مأیوس شدن، ناامید شدن

raise somebody's hopes کسی را امیدوار کردن

hopeful /'hopful/ *adj* امیدوار

hopeless /'hoplis/ *adj* ۱. ناامید، مأیوس ۲. نومیدانه ۳. نومیدکننده

horizon /ho'râyzen/ *n* ۱. افق ۲. [به‌صورت جمع] دید، بینش، افق فکری

horizontal /hâri'zântâl/ *adj* ۱. افقی ۲. صاف، تراز ۳. هم‌سطح

horn /horn/ *n* ۱. شاخ ۲. شاخک ۳. شیپور ۴. بوق

hornet /'hornit/ *n* زنبور سرخ

horrible /'hâribel/ *adj* ۱. مخوف، وحشتناک ۲. بد، افتضاح

horribly /'hâribli/ *adv* به‌طور وحشتناکی، به‌طور فجیعی

horrid /'hârid/ *adj* ۱. هولناک، وحشتناک ۲. بد، افتضاح

horrify /'hârifây/ *vt* ترساندن، تکان دادن، به وحشت انداختن

horror /'hârer/ *n* ترس، وحشت

horse /hors/ *n* اسب

on horseback سوار بر اسب

horseman /'horsman/ *n* ۱. سوار، اسب‌سوار ۲. سوارکار

horsepower /'horspawer/ *n* اسب بخار

horseshoe /'hors-shoo/ *n* ۱. نعل ۲. نعل اسب
horsewoman /'horswuman/ *n* سوارکار (زن)
hose[1] /hoz/ *n* شیلنگ
hose[2] /hoz/ *n* جوراب
hosepipe /'hozpâyp/ *n* شیلنگ
hospital /'hâspitâl/ *n* بیمارستان
hospitality /hâspi'taliti/ *n* مهمان‌نوازی
host[1] /host/ *n* میزبان
host[2] /host/ *n* تعداد زیاد
hostage /'hâstij/ *n* گروگان
hold somebody hostage کسی را گروگان نگاه داشتن
take somebody hostage کسی را گروگان گرفتن
hostel /'hâstel/ *n* خوابگاه، هاستِل
hostess /'hostis/ *n* ۱. (خانم) میزبان ۲. [هواپیما] مهماندار
hostile /'hâstâyl/ *adj* ۱. [مربوط به] دشمن ۲. خصمانه ۳. متخاصم ۴. مخالف، برضد
hostility /hâs'tiliti/ *n* دشمنی
hot /hât/ *adj* ۱. داغ ۲. گرم
hotel /ho'tel/ *n* هتل، مهمانسرا
hour /aor/ *n* ۱. ساعت ۲. وقت
in half an hour (در ظرف) نیم ساعت، نیم‌ساعته
hourly /'aorli/ *adv,adj* ۱. هر یک ساعت ۲. هر ساعت
house /haos/ *n* ۱. خانه ۲. سالن ۳. تئاتر ۴. تجارت‌خانه
household /'haos-hold/ *n* ۱. خانواده ۲. خانوار، اهل خانه
housekeeper /'haoskiiper/ *n* خدمتکار (زن)
housekeeping /'haoskiiping/ *n* ۱. خانه‌داری ۲. خرج خانه
housewife /'haoswâyf/ *n* خانم خانه، زن خانه‌دار
housework /'haoswerk/ *n* کارِ خانه، خانه‌داری
hove /hov/ *p,pp* گذشته و اسم مفعول فعل heave
hover /'hâver/ *vi* [پرنده] بال زدن، (در جا) پر زدن، پرواز کردن
hovercraft /'hâverkrâft/ *n* هواناو، هاورکرافت
how /hao/ *adv,conj* ۱. چطور، چگونه ۲. چقدر، چند ۳. هرطور، هرجور
how about ...? با ... چطوری؟ ... چطوره؟
How about a cup of tea? با یک فنجان چای چطوری؟
How about this one? این یکی چطوره؟
– How do you do?
– از آشنایی با شما خوشوقتم.
– How do you do?
– من هم همین‌طور.

How do you feel? چطوری؟ چطورید؟
how far در چه فاصله‌ای
how long چه مدت، تا کی
how many? چند تا
how much? چقدر
however /hao'ever/ *adv* ۱. هر چند ۲. با وجود این ۳. چطور
howl /haol/ *n,vi* ۱. زوزه ۲. فریاد، جیغ، عربده ◙ ۳. زوزه کشیدن ۴. فریاد کشیدن، نعره کشیدن
hub /hâb/ *n* ۱. مرکز ۲. توپی (چرخ)
huddle /'hâdel/ *vt,vi* ۱. (به هم) چسبیدن ۲. تلنبار کردن
hue /hyoo/ *n* (پردهٔ) رنگ
hug /hâg/ *vt,n* ۱. بغل کردن ۲. چسبیدن به ◙ ۳. (عمل) بغل کردن
huge /hyooj/ *adj* عظیم، کلان
hullo /he'lo/ *n,intj* ۱. سلام ۲. آهای! هی! ۳. [تلفن] اَلو!
hum /hâm/ *vi,vt* ۱. وِز وِز کردن ۲. زمزمه کردن ۳. مِن مِن کردن
human /'hyooman/ *adj,n* ۱. انسانی ۲. [مربوط به] انسان ◙ ۳. (موجود) انسان
human being /hyooman 'bii-ing/ *n* (موجود) انسان
humane /hyoo'meyn/ *adj* انسانی
humanity /hyoo'maniti/ *n* ۱. بشر، انسان ۲. انسانیت
humble /'hâmbel/ *adj,vt* ۱. حقیر ۲. متواضع، فروتن ۳. معمولی ◙ ۴. تحقیر کردن، دست کم گرفتن
humbly /'hâmbli/ *adv* ۱. متواضعانه ۲. با حقارت
humid /'hyoomid/ *adj* مرطوب
humidity /hyoo'miditi/ *n* رطوبت
humility /hyoo'militi/ *n* تواضع، فروتنی، افتادگی
humorous /'hyoomeres/ *adj* ۱. خنده‌دار، بامزه ۲. فکاهی ۳. شوخ
humour /'hyoomer/ *n* ۱. شوخی، مزاح، بذله ۲. شوخ‌طبعی
have a sense of humour شوخ‌طبع بودن
hump /hâmp/ *n,vt* ۱. کوهان ۲. قوز ۳. تل، پشته ◙ ۴. کول کردن
hunch /hânch/ *n* ۱. حدس ۲. قوز
hunchback /'hânchbak/ *n* (آدم) گوژپشت
hundred /'hândred/ *adj,n* ۱. صد (تا) ◙ ۲. عدد صد (۱۰۰) ۳. شمارهٔ صد
hundredth /'hândredth/ *adj,n* ۱. صدم، صدمین ◙ ۲. یک‌صدم
hung /hâng/ *p,pp* گذشته و اسم مفعول فعل hang[1]
hunger /'hânger/ *n* گرسنگی
hungry /'hângri/ *adj* گرسنه
go hungry گرسنه ماندن، گرسنه بودن

H

hunt /hânt/ *vt,vi,n* ۱. شکار کردن ۲. دنبال کردن ۳. جستجو کردن ۴. شکار ۵. جستجو
hunt for دنبال (چیزی یا کسی) گشتن
hunter /'hânter/ *n* شکارچی
hurdle /'herdel/ *n* ۱. [مسابقه] مانع ۲. مشکل، دشواری، سد راه
hurl /herl/ *vt,n* ۱. پرت کردن، پرتاب کردن ۲. با داد و هوار (چیزی را) گفتن ۳. پرتاب
hurrah /hu'râ/ *intj* هورا!
hurricane /'hâriken/ *n* توفان

hurried /'hârid/ *adj* عجولانه
hurriedly /'hâridli/ *adv* با شتاب، با عجله، هول هولکی
hurry /'hâri/ *vi,n* ۱. عجله کردن ۲. با عجله انجام دادن ۳. عجله
be in a hurry عجله داشتن
hurry up عجله کردن، جنبیدن
Hurry up! یالآ، بجنب
hurt[1] /hert/ *vt,vi* ۱. آسیب رساندن ۲. درد آوردن ۳. درد کردن ۴. آزردن ۵. ضرر داشتن
hurt[2] /hert/ *p,pp* گذشته و اسم مفعول فعل hurt
husband /'hâzbend/ *n* شوهر
hush /hâsh/ *n* هیس! (= ساکت)
hustle /'hâsel/ *vt,vi* ۱. هل دادن، کشان کشان بردن ۲. با عجله انجام دادن ۳. به‌عجله واداشتن ۴. عجله کردن
hut /hât/ *n* کلبه، آلونک
hyacinth /'hâyâsinth/ *n* سنبل
hydrofoil /'hâydrofoyl/ *n* قایق پرنده
hydrogen /'hâydrojen/ *n* هیدروژن
hygiene /'hâyjiin/ *n* بهداشت
hygienic /hây'jiinik/ *adj* ۱. بهداشتی ۲. تمیز
hymn /him/ *n* سرود مذهبی
hyphen /'hâyfen/ *n* هایفِن (علامت «ـــ» که بین دو کلمه یا اجزاءِ یک کلمه برای متصل کردن آن‌ها قرار می‌دهند.)
hypnotic /hip'nâtik/ *adj* ۱. هیپنوتیسمی ۲. خواب‌آور
hypnotize /'hipnotâyz/ *vt* هیپنوتیسم کردن
hypocrisy /hi'pâkrisi/ *n* ریا
hypocrite /'hipâkrit/ *n* ریاکار
hypocritical /hipâ'kritikâl/ *adj* ۱. ریاکار، دورو ۲. ریاکارانه، مزورانه
hypodermic /hâypo'dermik/ *adj* زیرپوستی، زیرجلدی
hysteria /his'tiyeriyâ/ *n* هیستری

I

I,i / ây / *n* ۱. آی (= نهمین حرفِ الفبای انگلیسی) ۲. [عددنویسی رومی] یک

I / ây / *pron* [ضمیر فاعلی، اول شخص مفرد] من

ice / âys / *n,vt,vi* ۱. یخ ۲. بستنی ◙ ۳. سرد کردن ۴. [کیک] رویه ریختن یا دادن ◙ ۵. یخ بستن، یخ زدن

iceberg / 'âysberg / *n* کوه یخ

ice-cream / âys 'kriim / *n* بستنی

ice hockey / 'âys hâki / *n* هاکی روی یخ

icicle / 'âysikel / *n* قندیل (یخ)

icy / 'âysi / *adj* ۱. بسیار سرد، مثل یخ، یخ ۲. یخ‌زده، پوشیده از یخ ۳. سرد، غیردوستانه

I'd / âyd / = I had; I would

ID card / ây 'dii kârd / *n* کارت شناسایی

idea / ây'diyâ / *n* ۱. فکر ۲. تصور ۳. عقیده ۴. حدس ۵. نقشه

ideal / ây'diyâl / *adj,n* ۱. دلخواه، مطلوب، ایده‌آل ۲. کامل ۳. آرمانی ◙ ۴. کمال مطلوب، آرمان

identical / ây'dentikâl / *adj* ۱. همان ۲. یکسان، همانند، یک‌جور

identification / âydentifi'key-shen / *n* شناسایی، تعیین هویّت

identify / ây'dentifây / *vt* شناختن، تشخیص دادن

identity / ây'dentiti / *n* ۱. یکسانی ۲. هویّت ۳. اوراق شناسایی

identity card / ây'dentiti kârd / *n* کارت شناسایی

idiom / 'idiyem / *n* ۱. اصطلاح ۲. زبان ۳. گویش، لهجه ۴. نحوهٔ بیان ۵. سبک

idiot / 'idiyet / *n* (آدم) احمق، ابله

idiotic / idi'yâtik / *adj* احمقانه

idle / 'âydel / *adj,vi* ۱. بیکار ۲. تنبل، بیکاره ۳. بی‌فایده ◙ ۴. بیکار گشتن ۵. [وقت] تلف کردن ۶. [اتومبیل] در جا کار کردن

idleness / 'âydelnis / *n* بطالت، وقت‌گذرانی، بیکاری، تنبلی

idol / 'âydel / *n* ۱. بت ۲. معشوق

i.e. / ây 'ii / *adv* یعنی، بدین معنی که

if / if / *conj* ۱. اگر ۲. اگر چه، گرچه ۳. آیا، که آیا ۴. که ۵. هر وقت، هرگاه، چنانچه

as if مثل این‌که، انگارکه، تو گویی که

if I were you
اگر من به جای تو (یا شما) بودم
if only کاشکی، ای کاش، آخ اگر
ignition /ig'nishen/ *n* احتراق
ignorance /'ignorens/ *n*
بی‌خبری، بی‌اطلاعی، نادانی
ignorant /'ignorent/ *adj* ۱. ناآگاه، بی‌خبر، غافل ۲. نادان، بیسواد
ignore /ig'nor/ *vt* نادیده گرفتن، توجه نکردن، اعتنا نکردن
ill /il/ *adj,n* ۱. بیمار، مریض ۲. بد، شوم، نحس ◻ ۳. شَر، بدی
be taken ill مریض شدن
I'll /âyl/ = I will; I shall
illegal /i'liigâl/ *adj* ۱. غیرقانونی، برخلاف قانون ۲. نامشروع، غیرمجاز
illegally /i'liigâli/ *adv*
به‌طور غیرقانونی، به‌طور نامشروع
illegible /i'lejibel/ *adj* ناخوانا
illness /'ilnis/ *n* بیماری
illuminate /i'loomineyt/ *vt*
۱. روشن کردن ۲. چراغانی کردن
illusion /i'loozhen/ *n* ۱. تصور غلط، خیال باطل ۲. خطای حسی، خطای ادراک ۳. توهم
illustrate /'ilâstreyt/ *vt, vi*
۱. روشن ساختن، توضیح دادن، نشان دادن ۲. [کتاب] مصور کردن
illustration /ilâs'treyshen/ *n*
۱. توضیح (به کمک مثال و غیره) ۲. تصویر ۳. مثال

I'm /âym/ = I am
image /'imij/ *n,vt* ۱. مجسمه ۲. تصور ۳. تصویر ۴. نقش، لنگه ◻ ۵. تصور کردن ۶. تصویر کردن
imaginary /i'majineri/ *adj*
خیالی، موهوم، غیرواقعی
imagination /imaji'neyshen/ *n*
۱. قدرت تخیل ۲. تخیل، خیال، تصور
imaginative /i'majinetiv/ *adj*
۱. تخیلی ۲. با تخیل قوی، خلّاق
imagine /i'majin/ *vt* ۱. تصور کردن، مجسم کردن ۲. گمان کردن، فکر کردن، خیال کردن
imam /i'mâm/ *n* امام
imitate /'imiteyt/ *vt*
۱. سرمشق گرفتن ۲. تقلید کردن
imitation /imi'teyshen/ *n,adj*
۱. تقلید ۲. بَدل ◻ ۳. بدلی، مصنوعی
imitator /'imiteyter/ *n* مقلد
immediate /i'miidi-it/ *adj*
۱. فوری، سریع ۲. بی‌واسطه، بلافصل ۳. نزدیک، نزدیک‌ترین
immediately /i'miidi-itli/ *adv*
۱. فوری، فوراً ۲. مستقیماً
immense /i'mens/ *adj* عظیم
immensely /i'mensli/ *adv*
بسیار زیاد، بی‌اندازه
immigrant /'imigrent/ *n* مهاجر
immigrate /'imigreyt/ *vi*
مهاجرت کردن، درون‌کوچیدن

immigration /imi'greyshen/ *n*
مهاجرت، درون‌کوچی
immobile /i'mobâyl/ *adj*
۱. بی‌حرکت ۲. ثابت
immobilize /i'mobilâyz/ *vt*
از حرکت انداختن، از کار انداختن
immortal /i'mortâl/ *adj*
۱. فناناپذیر، نامیرا، لایزال ۲. ابدی
immune /i'myoon/ *adj* مصون
immunize /'imyunâyz/ *vt*
مصون کردن، ایجاد مصونیت کردن
imp /imp/ *n* جن، بچه جن
impact /'impakt/ *n* ۱. برخورد، تصادم، اصابت ۲. تأثیر، اثر، نفوذ
impartial /im'pârshâl/ *adj*
۱. بی‌طرف، منصف ۲. بی‌طرفانه
impatience /im'peyshens/ *n*
بی‌صبری، ناشکیبایی، بی‌حوصلگی
impatient /im'peyshent/ *adj*
۱. بی‌صبر ۲. بی‌تاب، بی‌طاقت
impatiently /im'peyshentli/ *adv*
بی‌صبرانه، با بی‌صبری، با بی‌تابی
imperative /im'peretiv/ *adj,n*
۱. ضروری ۲. اجباری ۳. [دستور زبان] امری ◘ ۴. دستور، فرمان ۵. ضرورت، نیاز
imperfect /im'perfikt/ *adj*
۱. ناتمام ۲. ناقص ۳. [دستور زبان] استمراری
imperial /im'piyeriyâl/ *adj*
۱. [مربوط به] امپراتوری ۲. سلطنتی

impersonal /im'persenâl/ *adj*
۱. غیرشخصی، عام ۲. غیربشری
impertinence /im'pertinens/ *n*
گستاخی
impertinent /im'pertinent/ *adj*
۱. گستاخ ۲. گستاخانه ۳. بی‌ربط
implore /im'plor/ *vt*
التماس کردن
impolite /impo'lâyt/ *adj*
۱. بی‌ادب، بی‌نزاکت ۲. بی‌ادبانه
import[1] /im'port/ *vt* ۱. وارد کردن ۲. معنی دادن
import[2] /'import/ *n*
۱. [به صورت جمع] واردات ۲. (عمل) وارد کردن ۳. معنا، مفهوم ۴. اهمیت
importance /im'portens/ *n*
۱. اهمیت ۲. نفوذ
important /im'portent/ *adj*
۱. مهم ۲. بانفوذ
impose /im'poz/ *vt*
۱. تحمیل کردن ۲. [مالیات] بستن
imposing /im'pozing/ *adj*
۱. باابهت ۲. حیرت‌انگیز
impossibility /impâsi'biliti/ *n*
۱. عدم امکان ۲. چیز یا کار ناممکن
impossible /im'pâsibel/ *adj*
۱. ناممکن، نامقدور، غیرعملی ۲. غیرقابل تحمل ۳. دشوار، مشکل
impostor /im'pâster/ *n* شیّاد
impress /im'pres/ *vt* ۱. نشان گذاردن، نقش انداختن، زدن ۲.

تحت تأثیر قرار دادن، اثر گذاشتن ۳. تفهیم کردن، خاطرنشان کردن

impression / im'preshen / *n*
۱. نشان ۲. تأثیر ۳. برداشت ۴. احساس ۵. تصور ۶. چاپ

make a good (*or* bad) impression on somebody
روی کسی تأثیر خوب (یا بد) گذاشتن

imprison / im'prizen / *vt*
زندانی کردن، به زندان انداختن

imprisonment / im'prizenment / *n*
زندان، حبس

improbable / im'prâbebel / *adj*
نامحتمل، بعید، دور

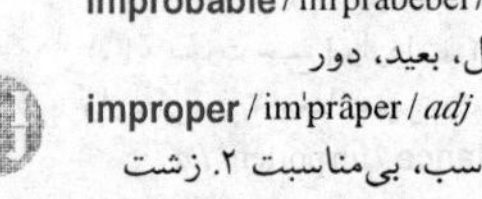

improper / im'prâper / *adj*
۱. نامناسب، بی‌مناسبت ۲. زشت

improve / im'proov / *vt, vi*
۱. بهتر کردن ⊡ ۲. بهتر شدن

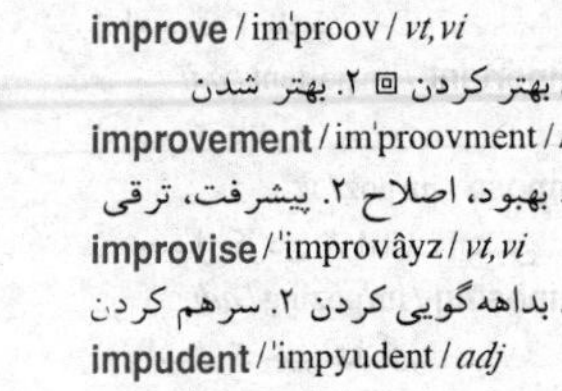

improvement / im'proovment / *n*
۱. بهبود، اصلاح ۲. پیشرفت، ترقی

improvise / 'improvâyz / *vt, vi*
۱. بداهه‌گویی کردن ۲. سرهم کردن

impudent / 'impyudent / *adj*
۱. بی‌شرم، بی‌حیا ۲. بی‌شرمانه

impulse / 'impâls / *n* ۱. تکان ۲. ضربه

impulsive / im'pâlsiv / *adj*
۱. ضربه‌ای ۲. تابع امیال آنی

impure / im'pyur / *adj* ۱. آلوده، کثیف ۲. ناخالص ۳. زشت، قبیح

in[1] / in / *prep* ۱. در، تو، توی، درونِ ۲. با ۳. به ۴. از ۵. از لحاظ ۶. از ناحیهٔ ۷. با لباسِ ۸. در ظرفِ، طیِّ

in all روی‌هم‌رفته، در مجموع

in[2] / in / *adv* ۱. توی آن ۲. در خانه، آنجا ۳. آمده ۴. باب، معمول، مُد

be in and out رفتن و آمدن، در حال رفت‌وآمد بودن

be in for something
احتمال وقوع چیزی رفتن

have it in for somebody
از کسی سخت دلخور بودن، کینهٔ کسی را به دل داشتن

the ins and outs of something
جزئیات امر، چَم و خم کار

inability / ine'biliti / *n* ناتوانی

inaccessible / inak'sesibel / *adj*
دور از دسترس، غیرقابل دسترس

inaccuracy / in'akyuresi / *n*
۱. بی‌دقتی ۲. غلط، اشتباه، خطا

inaccurate / in'akyurit / *adj*
۱. نادرست، غلط ۲. غیردقیق

inaccurately / in'akyuritli / *adv*
با بی‌دقتی، سرسری

inactive / in'aktiv / *adj* بی‌حرکت

inactivity / inak'tiviti / *n*
عدم فعالیت، رخوت

inadequate / in'adikwit / *adj*
۱. ناکافی، کم ۲. نامناسب ۳. ناتوان

inanimate / in'animit / *adj*
۱. بی‌جان، ۲. بی‌روح، ملال‌آور

including / in'klooding / *prep*
۱. از جمله ۲. شاملِ، با محاسبهٔ
inclusion / in'kloozhen / *n*
۱. (عمل) گنجاندن ۲. شمول
inclusive / in'kloosiv / *adj*
۱. شامل ۲. گنجیده، به حساب آمده
be inclusive of something
شاملِ چیزی بودن
income / 'inkâm / *n* درآمد
incompetent / in'kâmpitent/ *adj*
۱. بدون صلاحیت ۲. نالایق
incomplete / inkâm'pliit / *adj*
۱. ناتمام ۲. ناقص
incomprehensible / inkâmpri-'hensibel / *adj* نامفهوم، مبهم
inconceivable / inkân'siivebel / *adj* غیرقابل تصور، باورنکردنی
inconsiderate / inkân'siderit / *adj*
۱. بدون ملاحظه ۲. نسنجیده
inconsistent / inkân'sistent / *adj*
۱. ناسازگار ۲. متناقض ۳. بی‌ثبات
be incosistent with
ناسازگار بودن با، همخوانی نداشتن با
inconvenience / inkân'viiniyens / *n,vt* ۱. مزاحمت، ناراحتی، دردسر ◙ ۲. مزاحم شدن، ناراحت کردن
inconvenient / inkân'viiniyent / *adj* ۱. ناراحت‌کننده ۲. بی‌موقع
incorporate / in'korporeyt / *vt,vi*
۱. ملحق کردن ◙ ۲. ملحق شدن

inattention / ina'tenshen / *n*
بی‌توجهی، عدم توجه
inattentive / ina'tentiv / *adj*
بی‌توجه، سر به هوا
inaudible / in'odibel / *adj* غیرقابلِ شنیدن، شنیده‌نشدنی، نارسا
incapable / in'keypebel / *adj*
ناتوان، عاجز
incense / in'sens / *vt*
به خشم آوردن، خشمگین کردن
incentive / in'sentiv / *n* ۱. مشوق، محرک ۲. شوق، اشتیاق
inch / inch / *n,vt* ۱. اینچ (= واحدِ طول برابر با ۲/۵۴ سانتیمتر) ۲. یک کم، یک ذره ◙ ۳. ذره‌ذره پیش بردن
incident / 'insident / *n* حادثه
incidental / insi'dentâl / *adj*
۱. فرعی، جزئی ۲. اتفاقی ۳. جزوِ
incinerator / in'sinereyter / *n*
(دستگاه) زباله‌سوز
incite / in'sâyt / *vt* ۱. برانگیختن، تحریک کردن ۲. ایجاد کردن
incitement / in'sâytment / *n*
۱. تحریک، برانگیزش ۲. محرک
incline / in'klâyn/ *vt,vi*
۱. کج کردن ۲. کج شدن ۳. متمایل ساختن ۴. مایل بودن، میل داشتن
be inclined to ۱. مایل بودن، دوست داشتن ۲. احتمال داشتن
include / in'klood / *vt*
۱. شامل بودن ۲. به حساب آوردن

incorrect / inkâ'rekt / *adj* ۱. غلط، نادرست، غیرواقعی ۲. بد، زشت، ناپسند

increase[1] / 'inkriis / *n* افزایش

be on the increase رو به افزایش بودن

increase[2] / in'kriis / *vt,vi*

۱. افزایش دادن ▣ ۲. افزایش یافتن

incredible / in'kredibel / *adj*

۱. باورنکردنی ۲. شگفت، عجیب

incredulous / in'kredyules / *adj*

۱. شکاک ۲. ناباورانه، حاکی از ناباوری

incurable / in'kyurebel / *adj,n*

۱. علاج‌ناپذیر ▣ ۲. بیمار علاج‌ناپذیر

indebted / in'detid / *adj*

۱. بدهکار، مقروض ۲. سپاسگزار، مدیون

be indebted to somebody for something به خاطرِ چیزی مدیون (یا سپاسگزار) کسی بودن

indecency / in'diisensi / *n* هرزگی، ابتذال، بی‌حیایی، ناشایندگی

indecent / in'diisent / *adj*

۱. زشت، هرزه، مبتذل ۲. بی‌حیا ۳. ناشایست ۴. نامعقول، نامتناسب

indeed / in'diid / *adv* ۱. راستی، به راستی، در واقع ۲. واقعاً، جداً، مسلماً

indefinite / in'definit / *adj* ۱. مبهم، نامشخص، نامعلوم ۲. نامحدود

indefinitely / in'definitli / *adv*

۱. به‌طور نامحدود ۲. به‌طور مبهم

indelible / in'delibel / *adj*

۱. پاک‌نشدنی، محونشدنی، زایل‌نشدنی ۲. فراموش‌نشدنی

independence / indi'pendens / *n*

۱. استقلال ۲. آزادی، بی‌نیازی

independent / indi'pendent / *adj*

۱. مستقل ۲. آزاد، بدون وابستگی

index / 'indeks / *n* فهرست

India / 'indiyâ / *n* هند، هندوستان

Indian / 'indiyen / *adj,n* ۱. هندی ۲. سرخ‌پوست، بومی امریکا

indicate / 'indikeyt / *vt*

۱. نشان دادن، اشاره کردن ۲. نشان (چیزی) بودن، (به چیزی) دلالت داشتن

indication / indi'keyshen / *n*

۱. نشان، علامت، اثر ۲. گواه، دلیل ۳. اشاره، دلالت ۴. خبر، اطلاع

indicator / 'indikeyter / *n*

۱. راهنما ۲. تابلوی راهنما ۳. عقربه

indifference / in'difrens / *n*

بی‌اعتنایی، بی‌توجهی، بی‌تفاوتی

indifferent / in'difrent / *adj*

بی‌اعتنا، بی‌تفاوت، بی‌طرف

indigestible / indi'jestibel / *adj*

۱. غیرقابل هضم ۲. سنگین، ثقیل

indigestion / indi'jeschen / *n*

سوءِ هاضمه

indignant / in'dignent / *adj*

عصبانی، متغیّر، برآشفته

indignation / indig'neyshen / *n*
۱. رنجش ۲. خشم، عصبانیّت
indirect / indi'rekt / *adj*
۱. غیرمستقیم ۲. کج ۳. غیرصریح
indispensable / indis'pensebel / *adj*
ضروری، حیاتی
indistinct / indis'tinkt / *adj*
مبهم، نامشخص، نامفهوم، ناخوانا
indistinguishable / indis'tin-gwishebel / *adj*
غیرقابل تمیز، غیرقابل تشخیص، بازنشناختنی
individual / indi'vijuwâl / *adj,n*
۱. فردی ۲. خاص ▣ ۳. فرد ۴. آدم
individually / indi'vijuwâli / *adv*
به‌طور جداگانه، یکی‌یکی، تک‌تک
indoor / 'indor / *adj*
۱. داخلی، درونی ۲. [ورزش] داخل سالن
indoors / in'dorz / *adv*
دَرخانه
induce / in'dyoos / *vt*
واداشتن
indulge / in'dâlj / *vt*
۱. لوس کردن، ننر کردن ۲. بر خود روا داشتن
indulgence / in'dâljens / *n*
۱. ناپرهیزی ۲. [در کلیسای روم] عفو
indulgent / in'dâljent / *adj*
آسان‌گیر، بیش از اندازه نرم
industrial / in'dâstriyâl / *adj*
صنعتی
industry / 'indâstri / *n*
۱. صنعت، صنایع ۲. صاحبان صنایع
inefficient / ini'fishent / *adj*
فاقد کارآیی، بی‌کفایت، بی‌عرضه

inequality / ini'kwâliti / *n*
۱. نابرابری، عدم تساوی ۲. اختلاف
inevitable / in'evitebel / *adj*
اجتناب‌ناپذیر، گریزناپذیر، حتمی
the inevitable امر اجتناب‌ناپذیر
inexpensive / iniks'pensiv / *adj*
ارزان، مناسب
inexperienced / iniks'piriyenst / *adj*
بی‌تجربه
inexplicable / iniks'plikebel / *adj*
غیرقابل توضیح، غیرقابل توجیه
infancy / 'infansi / *n*
کودکی
infant / 'infant / *n,adj*
۱. کودک، طفل، نوزاد ۲. صغیر ▣ ۳. کودکانه
infantry / 'infantri / *n*
پیاده‌نظام
infatuate / in'fachuweyt / *vt*
شیفته کردن، واله و شیدا کردن
infatuation / infachu'weyshen / *n*
شیفتگی، دلباختگی، شیدایی
infect / in'fekt / *vt*
۱. آلوده کردن، آلودن ۲. دچار عفونت کردن، عفونی کردن ۳. مبتلا کردن
infection / in'fekshen / *n*
۱. ابتلا ۲. سرایت ۳. عفونت
infectious / in'fekshes / *adj*
۱. مسری، واگیردار ۲. عفونی ۳. مبتلا
inferior / in'fiyeriyer / *adj*
۱. حقیر(تر)، پایین(تر) ۲. جزء
inferiority / infiyeri'yâriti / *n*
۱. حقارت، کوچکی ۲. زیردست بودن

infinitely /'infinitli / *adv*
بی‌نهایت، بی‌اندازه

infinitive /in'finitiv / *n* مصدر

infirm / in'ferm / *adj* ضعیف

infirmary / in'fermeri / *n*
۱. بیمارستان ۲. اتاق بیماران

infirmity / in'fermiti / *n* ۱. ضعف، سستی ۲. نقص، عیب ۳. نقطه ضعف

inflammable / in'flamebel / *adj*
۱. اشتعال‌پذیر، قابل اشتعال، آتش‌زا ۲. تحریک‌پذیر

inflatable / in'fleytebel / *adj*
قابل باد کردن، بادشدنی، بادی

inflate / in'fleyt / *vt, vi* ۱. باد کردن ۲. متورم کردن ۳. ایجاد تورم کردن ۴. اغراق کردن ◙ ۵. متورم شدن، ورم کردن، باد کردن

inflation / in'fleyshen / *n* ۱. تورم ۲. باد کردن ۳. ورم، باد

inflexible / in'fleksibel / *adj*
خشک، سخت، انعطاف‌ناپذیر

influence / 'influ-ens / *n, vt*
۱. نفوذ ۲. تأثیر، اثر ۳. عامل مؤثر ◙ ۴. تحت تأثیر قرار دادن، اثر گذاشتن روی ۵. وادار کردن

influenza / influ'enzâ / *n* آنفلوآنزا

inform / in'form / *vt, vi* ۱. مطلع کردن، باخبر کردن ۲. خبر دادن

inform against (*or* on) somebody کسی را لو دادن، گزارش کسی را دادن

inform the police of something
چیزی را به پلیس خبر دادن

informal / in'formâl / *adj*
۱. غیررسمی ۲. معمولی، خودمانی

information / infor'meyshen / *n*
۱. اطلاع، اطلاعات ۲. خبر ۳. اتهام

information desk (باجهٔ) اطلاعات

information office (دفتر) اطلاعات

infrequent / in'friikwent / *adj*
۱. نادر، کم ۲. غیرمعمول، استثنائی

infrequently / in'friikwentli/ *adv*
به ندرت، گاه گاه

ingenious / in'jiiniyes / *adj*
۱. مبتکر، خلاق ۲. ابتکاری، بکر ۳. ماهرانه، استادانه

ingenuity / inji'nyoo-iti / *n*
۱. ابتکار، خلاقیت ۲. استادی

ingenuous / in'jenyuwes / *adj*
۱. رک، صریح ۲. بی‌ریا ۳. ساده‌لوح

ingot / 'ingât / *n* شمش

ingrained / in'greynd / *adj*
۱. ریشه‌دار، عمیق ۲. کامل، تمام‌عیار

ingratitude / in'gratityood / *n*
ناسپاسی، نمک‌نشناسی

ingredient / in'griidiyent / *n*
۱. جزء، جزءِ سازنده ۲. عنصر، عامل

inhabit / in'habit / *vt*
ساکن شدن در، سکونت گزیدن در

inhabitant / in'habitent / *n* ساکنِ، اهلِ

inhale / in'heyl / *vt, vi*
۱. استنشاق کردن ۲. نفس کشیدن، دم فروبردن ۳. (دود) فرودادن

inherit / in'herit / *vt, vi*
(به) ارث بردن، وارث (چیزی) بودن

inheritance / in'heritens / *n*
۱. ارث، توارث، وراثت ۲. میراث، ارث

inhuman / in'hyooman / *adj*
۱. ظالم، بی‌رحم ۲. ظالمانه، غیرـ انسانی

initial / i'nishâl / *adj, n, vt* ۱. اولین، نخستین، مقدماتی ◻ ۲. حرف اول اسم شخص ◻ ۳. پاراف کردن

initiate / i'nishiyeyt / *vt*
۱. شروع کردن ۲. آشنا کردن

initiation / inishi'yeyshen / *n*
۱. آغاز، شروع ۲. اجرا، به‌کارگیری

initiative / i'nishiyetiv / *n*
۱. ابتکار، قوهٔ ابتکار ۲. ابتکار عمل

inject / in'jekt / *vt* تزریق کردن، زدن

injection / in'jekshen / *n* ۱. تزریق ۲. آمپول

injure / 'injer / *vt* ۱. مجروح کردن ۲. لطمه زدن، زیان رساندن

injury / 'injeri / *n* آسیب، صدمه

injustice / in'jâstis / *n* ۱. بی‌عدالتی ۲. حق‌کشی، ظلم ۳. بی‌انصافی

ink / ink / *n* ۱. مرکّب ۲. جوهر

inkling / 'inkling / *n* ۱. اشاره ۲. تصور مبهم

inland / 'inland / *adj*
۱. درون‌خشکی، محصور در خشکی ۲. داخلی، درون‌مرزی

inmost / 'inmost / *adj*
۱. درونی‌ترین ۲. خصوصی‌ترین

inn / in / *n* مسافرخانه، مهمان‌سرا

inner / 'iner / *adj* ۱. داخلی، درونی، تویی، میانی ۲. خصوصی

innings / 'iningz / *n* ۱. دور، نوبت ۲. دورهٔ تصدی ۳. دورهٔ فعالیت

innocence / 'inosens / *n*
۱. بی‌گناهی ۲. معصومیت ۳. سادگی

innocent / 'inosent / *adj*
۱. بی‌گناه، بی‌تقصیر ۲. معصوم، پاک

innovation / ino'veyshen / *n*
۱. نوآوری ۲. ابداع ۳. تغییر، پیشرفت

innumerable / i'nyoomerebel / *adj*
بی‌شمار

input / 'input / *n* ورودی

inquire / in'kwâyr / *vt, vi*
۱. پرسیدن ۲. پرس و جو کردن ۳. سراغ گرفتن ۴. تحقیق کردن

inquire after somebody از احوالِ کسی جویا شدن، سراغ کسی را گرفتن

inquire into something
دربارهٔ چیزی تحقیق کردن

inquiry / in'kwâyri / *n* ۱. پرسش ۲. پرس و جو، کند و کاو ۳. تحقیق

inquiry into something
تحقیق دربارهٔ چیزی

make inquiries about something درباره چیزی پرس و جو کردن، سراغ گرفتن
inquisitive / in'kwizitiv / *adj* ۱. کنجکاو ۲. فضول
insane / in'seyn / *adj* ۱. دیوانه ۲. احمق ۳. احمقانه، نامعقول
inscription / ins'kripshen / *n* ۱. نوشته ۲. کتیبه ۳. [کتاب و غیره] اهدائیه، تقدیم‌نامه
insect / 'insekt / *n* حشره
insecure / insi'kyur / *adj* ۱. ناامن ۲. سست، متزلزل، نااستوار
insensible / in'sensibel / *adj* ۱. بی‌هوش ۲. بی‌حس ۳. بی‌خبر
insensitive / in'sensitiv / *adj* ۱. بی‌احساس ۲. بی‌تفاوت ۳. نفهم
inseparable / in'seprebel / *adj* جدانشدنی، غیرقابل تفکیک، تفکیک‌ناپذیر
insert / in'sert / *vt* وارد کردن
inside / in'sâyd / *n,adj,adv* ۱. درون، داخل، تو ۲. درونی، داخلی
inside out ۱. پشت‌ورو، وارونه ۲. خیلی خوب
insignificant / insig'nifikent / *adj* ۱. کم‌اهمیت ۲. کم ۳. حقیر
insincere / insin'siyer / *adj* ریاکار، دورو، شیله پیله‌دار
insist / in'sist / *vi,vt* ۱. پافشاری کردن، اصرار کردن ۲. تأکید کردن ۳. فشار آوردن (به)
insist on something روی چیزی پافشاری کردن
insistence / in'sistens / *n* پافشاری، اصرار، سماجت
insistent / in'sistent / *adj* ۱. مُصر ۲. مصرّانه، مؤکّد ۳. فوری
insolence / 'insolens / *n* ۱. وقاحت، بی‌شرمی ۲. بی‌حرمتی
insolent / 'insolent / *adj* وقیح
inspect / ins'pekt / *vt* ۱. بازدید کردن، وارسی کردن ۲. بازرسی کردن
inspection / ins'pekshen / *n* ۱. معاینه، وارسی ۲. بازدید، بازرسی
inspector / ins'pekter / *n* ۱. بازرس ۲. [پلیس] سرگروهبان
inspiration / inspi'reyshen / *n* ۱. الهام ۲. منبع الهام ۳. فکر بکر ۴. دَم
inspire / ins'pâyr / *vt* ۱. الهام بخشیدن ۲. برانگیختن
install / ins'tol / *vt* ۱. نصب کردن، کارگذاشتن ۲. منصوب کردن ۳. مستقر کردن، جای دادن
installation / insto'leyshen / *n* ۱. نصب، کارگذاری ۲. انتصاب
instalment / ins'tolment / *n* ۱. قسط ۲. قسمت، بخش ۳. نصب
instance / 'instens / *n* ۱. مثال، مورد، نمونه ۲. پیشنهاد، خواست

insure /in'shur/ *vt* ۱. بیمه کردن ۲. تضمین کردن، تأمین کردن
intact /in'takt/ *adj* دست‌نخورده
integrate /'intigreyt/ *vt,vi* ۱. تلفیق کردن، یکی کردن ۲. در هم ادغام کردن ۳. ادغام شدن
intellectual /inti'lekchuwâl/ *adj,n* ۱. عقلانی ۲. خردمندانه ۳. روشنفکر
intelligence /in'telijens/ *n* ۱. هوش ۲. عقل، شعور ۳. اطلاعات
intelligent /in'telijent/ *adj* ۱. باهوش ۲. عاقل ۳. زیرکانه
intend /in'tend/ *vt* ۱. قصد داشتن، در نظر داشتن ۲. در نظر گرفتن
be intended for برای (کسی یا چیزی) در نظر گرفته شدن، برای (کسی یا چیزی) بودن
intense /in'tens/ *adj* ۱. شدید، تند ۲. عمیق ۳. پرحرارت ۴. سخت
intensity /in'tensiti/ *n* شدت
intensive /in'tensiv/ *adj* ۱. عمیق ۲. متمرکز ۳. فشرده
intention /in'tenshen/ *n* ۱. قصد، منظور ۲. تصمیم ۳. معنی، مفهوم
with the intention of به قصدِ، به نیتِ
intentional /in'tenshenâl/ *adj* عمدی
intentionally /in'tenshenâli/ *adv* عمداً، از قصد

for instance به عنوان مثال، برای مثال، مثلاً
instant /'instent/ *adj,n* ۱. فوری ۲. ضروری، مبرم ◻ ۳. لحظه، آن
instead /ins'ted/ *adv* در عوض
instead of /ins'ted âv/ *prep* به جایِ، درعوضِ
instinct /'instinkt/ *n* غریزه
instinctive /ins'tinktiv/ *adj* غریزی
instinctively /ins'tinktivli/ *adj* به‌طور غریزی، از روی غریزه
institute /'instityoot/ *n* ۱. مؤسسه ۲. انجمن، جمعیت ۳. نهاد
instruct /ins'trâkt/ *vt* ۱. یاد دادن، آموختن، تعلیم دادن ۲. دستور دادن ۳. اطلاع دادن، خبر دادن
instruction /ins'trâkshen/ *n* آموزش، تعلیم
instructor /ins'trâkter/ *n* ۱. معلم ۲. مربی
instrument /'instrument/ *n* ۱. وسیله، ابزار ۲. ساز ۳. سند
insufficient /insâ'fishent/ *adj* ۱. ناکافی، نابسنده ۲. کم، ضعیف
insulate /'insyuleyt/ *vt* ۱. عایق‌بندی کردن ۲. جدا کردن
insult[1] /in'sâlt/ *vt* توهین کردن
insult[2] /'insâlt/ *n* توهین، اهانت
insurance /in'shurens/ *n* ۱. بیمه ۲. بیمه‌نامه ۳. حق بیمه

interchange[1] / inter'cheynj / *vt*
۱. جابه‌جا کردن ۲. مبادله کردن
interchange[2] / 'intercheynj / *n*
۱. تعویض ۲. تقاطع غیرهم‌سطح
interchangeable / inter'cheyn-jebel / *adj* قابل تعویض، تعویض‌شدنی
intercourse / 'interkors / *n*
۱. معاشرت ۲. مبادله، تبادل، داد و ستد ۳. آمیزش جنسی، نزدیکی
interest / 'intrist / *n, vt*
۱. علاقه، تمایل ۲. نفع، منافع ۳. بهره ۴. اهمیت ◘ ۵. علاقه‌مند کردن
in the interest(s) of به خاطرِ
take an interest in
علاقه داشتن به، علاقه‌مند بودن به

interesting / 'intristing / *adj*
جالب، گیرا
interfere / inter'fiyer / *vi*
۱. دخالت کردن، مداخله کردن ۲. ور رفتن، دستکاری کردن ۳. برخورد پیدا کردن ۴. تداخل داشتن
interference / inter'fiyerens / *n*
۱. دخالت، مداخله ۲. برخورد
interior / in'tiriyer / *adj, n*
۱. داخلی ۲. درونی ۳. مرکزی، دور از ساحل ◘ ۴. داخل
intermediate / inter'miidi-it / *adj*
۱. میانی، میانه، بینابین ۲. وسطی
intermission / inter'mishen / *n*
۱. آنتراکت ۲. وقفه
intermittent / inter'mitent / *adj*
ادواری، متناوب
internal / in'ternâl / *adj* داخلی
international / inter'nashnâl / *adj*
بین‌المللی
interpret / in'terprit / *vt, vi*
۱. ترجمه کردن ۲. تفسیر کردن، معنی کردن ۳. [موسیقی، نمایش و غیره] اجرا کردن (طبق برداشت اجراکننده)
interpretation / interpri'teyshen / *n*
۱. تعبیر ۲. تفسیر، توضیح ۳. ترجمه
interpreter / in'terpriter / *n* مترجم
interrogate / in'terogeyt / *vt*
۱. بازجویی کردن ۲. سؤال کردن
interrogation / intero'geyshen / *n*
۱. بازجویی، بازپرسی ۲. سؤال
interrupt / inte'râpt / *vt, vi* ۱. قطع کردن ۲. متوقف کردن ۳. حرف (کسی را) قطع کردن ۴. مانع کار (کسی) شدن ۵. جلوی (چیزی) را گرفتن
interruption / inte'râpshen / *n*
۱. قطع، گسیختگی ۲. وقفه ۳. مزاحمت
interval / 'intervâl / *n* ۱. فاصله ۲. آنتراکت ۳. وقفه
at intervals با فاصله، با فواصلِ، با فواصل منظمی
intersection / inter'sekshen / *n*
۱. تقاطع ۲. نقطهٔ تقاطع، محل تقاطع

intoxication / intâksi'keyshen / *n*
۱. مسمومیّت ۲. مستی ۳. سرخوشی

intrigue[1] / in'triig / *vi*
توطئه چیدن، نقشه کشیدن

intrigue[2] / in'triig / *n*
۱. توطئه‌چینی ۲. رابطهٔ نامشروع

introduce / intro'dyoos / *vt*
۱. (به هم) معرفی کردن ۲. آشنا کردن با ۳. عرضه کردن، ارائه کردن

introduction / intro'dâkshen / *n*
۱. معرفی، معارفه ۲. ارائه، عرضه

intrude / in'trood / *vt, vi* ۱. وارد کردن، داخل کردن ۲. (خود را) به زور وارد کردن ◙ ۳. مزاحم شدن

intruder / in'trooder / *n, adj*
۱. مزاحم ۲. مهاجم ۳. متجاوز، متخلف

intuition / intyu'ishen / *n* ۱. شهود ۲. شم ۳. الهام

invade / in'veyd / *vt*
۱. تجاوز کردن ۲. هجوم بردن

invader / in'veyder / *n* مهاجم

invalid[1] / in'valid / *adj* بی‌اعتبار

invalid[2] / 'invalid / *n, adj* ۱. معلول، علیل ۲. (مخصوصِ) معلولین

invariable / in'veriyebel / *adj*
ثابت، یکنواخت، تغییرناپذیر

invasion / in'veyzhen / *n* ۱. حمله، تهاجم ۲. تجاوز، تعرض

invent / in'vent / *vt* ۱. اختراع کردن ۲. ابداع کردن ۳. از خود درآوردن

intervene / inter'viin / *vi*
۱. پیش آمدن، اتفاق افتادن ۲. فاصله افتادن ۳. مداخله کردن، پادرمیانی کردن، میانجی شدن

intervention / inter'venshen / *n*
مداخله، دخالت

interview / 'interviyoo / *n, vt*
۱. مصاحبه، گفتگو ◙ ۲. مصاحبه کردن با

intestine / in'testin / *n* روده

intimacy / 'intimesi / *n*
۱. صمیمیت، نزدیکی ۲. خلوت

intimate / 'intimit / *adj* ۱. صمیمی ۲. شخصی ۳. ذاتی، درونی

intimidate / in'timideyt / *vt*
۱. ترساندن ۲. مرعوب کردن

intimidation / intimi'deyshen / *n*
۱. ارعاب ۲. تهدید

into / 'intoo / *prep* ۱. تو، تویِ ۲. به ۳. به صورتِ ۴. در

be into something
عاشق چیزی بودن، علاقه داشتن به

intolerable / in'tâlerebel / *adj*
غیرقابل تحمل، تحمل‌ناپذیر

intolerance / in'tâlerens / *n*
نابردباری، ناشکیبایی، تعصب

intolerant / in'tâlerent / *adj*
نابردبار، ناشکیبا، متعصب

intoxicate / in'tâksikeyt / *vt*
۱. (کسی را) مست کردن ۲. به هیجان آوردن، از خود بیخود کردن

invention / in'venshen / *n*
۱. اختراع ۲. ابداع ۳. خلاقیت ۴. جعل
inventive / in'ventiv / *adj* ۱. خلاق، مبتکر ۲. ابتکاری، مبتکرانه
inventor / in'venter / *n* ۱. مخترع ۲. مبدع، ابداع‌کننده
inversion / in'vershen / *n*
واژگونی، وارونگی، عکس
invert / in'vert / *vt* وارونه کردن
invest / in'vest / *vt, vi*
۱. سرمایه گذاری کردن ۲. صرف کردن
investment / in'vestment / *n*
۱. سرمایه گذاری ۲. صَرف ۳. بهره‌برداری، استفاده

investigate / in'vestigeyt / *vt*
۱. تحقیق کردن ۲. بازجویی کردن
investigation / investi'geyshen / *n*
۱. تحقیق، رسیدگی ۲. بازجویی
invigorating / in'vigoreyting / *adj*
نیروبخش، فرح‌بخش، جان‌بخش
invisible / in'vizibel / *adj* نامرئی
invitation / invi'teyshen / *n*
۱. دعوت ۲. دعوت‌نامه ۳. محرک، مسبب
invite / in'vâyt / *vt* ۱. دعوت کردن ۲. درخواست کردن، خواستن
inviting / in'vâyting / *adj* جالب
invoice / 'invoys / *n, vt* ۱. فاکتور، برگ فروش ▣ ۲. فاکتور نوشتن
involuntary / in'vâlentri / *adj*
۱. غیرارادی ۲. غیرعمدی
involve / in'vâlv / *vt*
۱. گرفتار کردن، درگیر کردن ۲. مستلزم بودن، متضمن بودن
involvement / in'vâlvment / *n*
۱. گرفتاری، درگیری ۲. پیچیدگی
inward[1] / 'inword / *adj* درونی
inward[2]**(s)** / 'inword(z) / *adv*
۱. به طرف داخل ۲. به درون خود
Iran / i'rân / *n* ایران
Iranian / i'reyniyen / *adj,n*
۱. ایرانی، [مربوط به] ایران ▣ ۲. اهل ایران، ایرانی
Ireland / 'âyerland / *n* ایرلند
Irish / 'âyrish / *adj,n* ۱. ایرلندی ▣ ۲. اهل ایرلند، ایرلندی ▣ ۳. زبانِ سلتی ایرلندی
Irishman / 'âyrishman / *n* ایرلندی
iron / 'âyern / *n,adj,vt,vi* ۱. آهن ۲. اتو ▣ ۳. آهنین، پولادین ▣ ۴. اتو زدن، اتو کردن ▣ ۵. اتو شدن
ironing-board / 'âyerning bord / *n*
میز اتو
ironmonger / 'âyernmânger / *n*
ابزار و یراق‌فروش
irregular / i'regyuler / *adj*
۱. نامنظم، نامرتب ۲. بی‌قاعده ۳. ناصاف، ناهموار ۴. غیرعادی
irrelevant / i'relevent / *adj*
نامربوط، بی‌ارتباط

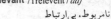

irreparable /i'reperebel/ *adj* جبران‌ناپذیر، ترمیم‌ناپذیر، اصلاح ـ ناپذیر
irresistible /iri'zistibel/ *n* ۱. مقاومت‌ناپذیر ۲. وسوسه‌انگیز
irresponsible /iris'pânsibel/ *adj* ۱. وظیفه‌نشناس ۲. غیرمسئول
irritable /'iritebel/ *adj* ۱. زودرنج ۲. تندخو ۳. تحریک‌پذیر
irritate /'iriteyt/ *vt* ۱. عصبانی کردن، ناراحت کردن، آزردن ۲. تحریک کردن
irritation /iri'teyshen/ *n* ۱. عصبانیت، آزردگی ۲. تحریک
is /iz/ *vi* است، هست
Islam /'izlâm/ *n* اسلام
Islamic /iz'lamik/ *adj* اسلامی
island /'âyland/ *n* جزیره
isle /âil/ *n* جزیره
isn't /'izent/ = is not
isolate /'âysoleyt/ *vt* ۱. جدا کردن، مجزا کردن ۲. منزوی کردن
issue /'ishoo/ *vi,vt,n* ۱. بیرون آمدن ▣ ۲. توزیع کردن ۳. منتشر کردن ▣ ۴. خروج ۵. توزیع ۶. [روزنامه یا مجله] نسخه، شماره ۷. مسئله
isthmus /'ismes/ *n* [جغرافیا] برزخ
it /it/ *pron* ۱. [ضمیر فاعلی، سوم شخص مفرد خنثی] آن ۲. [ضمیر مفعولی، سوم شخص مفرد خنثی] آن را
Italian /i'taliyen/ *adj,n* ۱. ایتالیایی ▣ ۲. اهل ایتالیا، ایتالیایی
Italy /'itali/ *n* ایتالیا
itch /ich/ *n,vi* ۱. خارش ۲. میل وافر، بی‌قراری ▣ ۳. خاریدن، احساس خارش کردن ۴. بی‌تاب بودن
itchy /'ichi/ *adj* خارش‌آور
item /'âytem/ *n* ۱. قلم، رقم، فقره، چیز، بخش ۲. خبر
it'll /itl/ = it will
its /its/ *adj* [صفت ملکی، سوم شخص مفرد خنثی] ـَـش، ـِ آن
it's /its/ = it is; it has
itself /it'self/ *pron* ۱. [ضمیر انعکاسی، سوم شخص مفرد خنثی] خودش را، خودش، به خودش، از خودش ۲. [ضمیر تأکیدی] خودش، به تنهایی
by itself ۱. خود به خود، به‌طور خودکار ۲. تنها
I've /âyv/ = I have
ivory /'âyveri/ *n,adj* ۱. عاج ▣ ۲. عاجی ۳. شیری(رنگ)، استخوانی
ivy /'âyvi/ *n* پیچک، پاپیتال

J

J,j/jey/*n* چِی
(= دهمین حرف الفبای انگلیسی)

jab/jab/*vt,vi,n* ۱. زدن، ضربه زدن ۲. فرورفتن ⊡ ۳. سیخونک ۴. آمپول

jack/jak/*n* ۱. جَک ۲. [بازی ورق] سرباز ۳. پرچم کشتی

jackal/ˈjakol/*n* شغال

jacket/ˈjakit/*n* ۱. کُت ۲. روکش کتاب ۳. جلد ۴. پوشش

jackpot/ˈjakpât/*n* ۱. جایزهٔ بزرگ ۲. [بازی ورق] بانک

jagged/ˈjagid/*adj* دندانه‌دار

jaguar/ˈjagyu-er/*n* جگوار
(= حیوانی شبیه به پلنگ)

jail/jeyl/*n* زندان

jam[1]/jam/*n* مربا

jam[2]/jam/*vt,vi,n* ۱. گیر انداختن ۲. گیر کردن ۳. چپاندن ۴. [راه] بند آوردن ⊡ ۵. گیرکردگی ۶. مخمصه

be in a jam در مخمصه افتادن، دچار دردسر شدن، گرفتار شدن

Jamaica/jeˈmeykâ/*n* جاماییکا

Jamaican/jeˈmeyken/*adj,n* ۱. جاماییکایی ⊡ ۲. اهل جاماییکا

jangle/ˈjangel/*vi,vt,n* ۱. صدایِ گوش‌خراش دادن ۲. صدای گوش‌خراش درآوردن ۳. داد و هوار کردن ⊡ ۴. صدای گوش‌خراش

janitor/ˈjaniter/*n* دربان

January/ˈjanyuweri/*n* ژانویه
(= اولین ماه سال فرنگی)

Japan/jaˈpan/*n* ژاپن

Japanese/japaˈniiz/*adj,n* ۱. ژاپنی، [مربوط به] ژاپن ⊡ ۲. زبان ژاپنی ۳. اهل ژاپن

jar[1]/jâr/*n* بانکه، کوزه

jar[2]/jâr/*n* صدای گوش‌خراش

jar[3]/jâr/*vi,vt* ۱. صدایِ گوش‌خراش دادن ۲. صدای گوش‌خراش درآوردن ۳. ناسازگار بودن

jaunt/jont/*n* گردش

javelin/ˈjavlin/*n* نیزه

jaw/jo/*n* ۱. آرواره، فک ۲. چانه

jaws/joz/*n* ۱. [حیوان] دهان ۲. گیره

jazz/jaz/*n,vt* ۱. (موسیقی) جاز ⊡ ۲. به صورت جاز اجرا کردن ۳. شور و نشاط بخشیدن، گرم کردن

jealous/ˈjeles/*adj* حسود

jealousy/ˈjelesi/*n* حسادت

jeans/jiinz/*n* شلوار جین

jeep /jiip/ *n* جیپ
jeer /'jiyer/ *vi,vt,n* ۱. خندیدن به، هو کردن، مسخره کردن، ریشخند کردن ▣ ۲. تمسخر، ریشخند، طعنه
jelly /'jeli/ *n* ۱. ژله ۲. مربا
jellyfish /'jelifish/ *n* عروس دریایی، چتر دریایی
jerk /jerk/ *n,vt,vi* ۱. تکان ۲. پرش ▣ ۳. تکان‌تکان دادن ۴. تکان‌تکان خوردن ۵. (از جا) پریدن
jerky /'jerki/ *adj* پرتکان، ناهموار
jersey /'jerzi/ *n* ۱. پارچهٔ کشباف، تریکو ۲. پلیور ۳. (بلوز) گرم‌کن
jest /jest/ *n,vi* ۱. شوخی ▣ ۲. شوخی کردن ۳. دست انداختن
in jest به شوخی
Jesus /'jiizes/ *n* عیسی
jet /jet/ *n* ۱. فواره ۲. منفذ، سوراخ ۳. ژیگلور ۴. (هواپیمای) جت
jumbo jet جامبوجت
jet engine /jet 'enjin/ *n* موتور جت
jetty /'jeti/ *n* ۱. موج‌شکن ۲. اسکله
Jew /joo/ *n* یهودی، کلیمی
jewel /'juwel/ *n* ۱. جواهر ۲. [ساعت] سنگ
jeweller /'juweler/ *n* جواهرفروش
jewellery /'juwelri/ *n* جواهرات
jewish /'joo-ish/ *adj* یهودی

jingle /'jingel/ *vi,n* ۱. جرینگ‌جرینگ کردن ▣ ۲. (صدای) جرینگ‌جرینگ ۳. شعر روحوضی
job /jâb/ *n* ۱. کار ۲. شغل ۳. کار شاق ۴. [عامیانه] بند و بست، زد و بند ۵. [عامیانه] دزدی
be out of a job بیکار بودن
It's a good job چه خوب شد
It's a good job you reminded me; I had completely forgotten!
چه خوب شد یادم انداختی؛ بکلی فراموش کرده بودم!
make a good job of something کاری را خوب انجام دادن
odd jobs کارهای متفرقه، کارهای مختلف
jockey /'jâki/ *n* سوارکارِ (حرفه‌ای)
jog /jâg/ *vt,vi,n* ۱. تکان دادن ۲. بالا و پایین انداختن ۳. آهسته دویدن ۴. یورتمه رفتن ▣ ۵. تکان
join /joyn/ *vt,vi,n* ۱. متصل کردن، (به‌هم) بستن ۲. (به‌هم) پیوستن ۳. عضو شدن ▣ ۴. محل اتصال، اتصال
join in شرکت کردن، شرکت جستن در
join up به خدمت ارتش درآمدن
joiner /'joyner/ *n* نجار
joint /joynt/ *n* ۱. مفصل، بند ۲. اتصال ۳. قطعه ۴. [گوشت] شقه ۵. محل عیاشی، عشرتکده ۶. سیگاری (= سیگار محتوی حشیش)

joke /jok/*n,vi* ۱. شوخی ۲. لطیفه، جوک ◙ ۳. شوخی کردن
play a joke on somebody کسی را دست انداختن، سر به سر کسی گذاشتن
joker /ˈjoker/*n* ۱. آدم شوخ، اهل شوخی، بذله‌گو ۲. آدم غیرجدی ۳. [بازی ورق] ژوکر، شیطان
jolly /ˈjâli/*adj,adv* ۱. خوش، شاد، شنگول ۲. خوب، عالی، محشر ◙ ۳. خیلی، زیاد
jolt /jolt/*vt,vi,n* ۱. تکان دادن ◙ ۲. تکان خوردن ◙ ۳. تکان، ضربه
jostle /ˈjâsel/*vt,vi* هُل دادن
jot[1] /jât/*n* ذره، خرده، سرسوزن
jot[2] /jât/*vt* نوشتن
jot down یادداشت کردن
journal /ˈjernâl/*n* ۱. نشریه ۲. روزنامه ۳. مجله ۴. یادداشتِ روزانه ۵. (دفتر) خاطرات
journalism /ˈjernalizem/*n* ۱. روزنامه‌نگاری ۲. روزنامه‌نویسی
journalist /ˈjernalist/*n* روزنامه‌نگار
journey /ˈjerni/*n,vi* ۱. سفر، مسافرت ۲. راه، مسافت ◙ ۳. سفر کردن، مسافرت کردن
joy /joy/*n* ۱. شادی، شادمانی، خوشی، مسرت ۲. مایهٔ خوشحالی
joyful /ˈjoyful/*adj* ۱. شاد، خوشحال، شادمان ۲. شادی‌بخش

jubilee /ˈjoobilii/*n* ۱. جشنِ سالگرد ۲. جشن پنجاهمین سالِ ۳. جشن و سرور، شادمانی
judge /jâj/*n,vt* ۱. قاضی ۲. داور ◙ ۳. قضاوت کردن ۴. داوری کردن
judgement /ˈjâjment/*n* ۱. قضاوت ۲. حکم ۳. داوری
judo /ˈjoodo/*n* جودو
jug /jâg/*n* ۱. پارچ ۲. [عامیانه] زندان
juggle /ˈjâgel/*vi,vt* ۱. تردستی کردن ۲. بازی کردن ۳. [ارقام، حساب و غیره] دست‌کاری کردن، دست بردن در
juggler /ˈjâgler/*n* تردست
juice /joos/*n* ۱. آب (میوه) ۲. [عامیانه] بنزین ۳. [عامیانه] برق
July /jooˈlây/*n* ژوئیه (= هفتمین ماه سال فرنگی)
jumble /ˈjâmbel/*vt,n* ۱. قاطیِ هم ریختن، تلنبار کردن ◙ ۲. کُپه، تلنبار ۳. خرت و پرتِ فروشی
jump /jâmp/*vi,vt,n* ۱. پریدن ۲. از روی (چیزی) پریدن ۳. پراندن، جهاندن ۴. تکان خوردن، از جا پریدن ◙ ۵. پرش، جهش ۶. تکان، یکّه ۷. افزایش ناگهانی
jump at [دعوت، پیشنهاد و غیره] فوراً پذیرفتن، قاپیدن
jump to conclusions نسنجیده قضاوت کردن، زود نتیجه‌گیری کردن

Just a minute یک دقیقه صبر کن (یا کنید)، یک کمی تأمل کن (یا کنید)

Just a moment یک دقیقه صبر کن (یا کنید)، یک کمی تأمل کن (یا کنید)

Just as ۱. درست همان‌طور که ۲. درست همان‌وقت که ۳. درست همان‌قدر که، درست همان‌اندازه که

just in case ۱. در صورتی که، اگر ۲. مبادا که

just now ۱. فعلاً، حالا ۲. همین‌الان

justice /'jâstis/ *n* عدالت، انصاف

justification /jâstifi'keyshen/ *n* ۱. توجیه ۲. عذر موجّه، دلیل

justify /'jâstifây/ *vt* ۱. توجیه کردن، موجه جلوه دادن ۲. دلیل موجه (برای چیزی) بودن ۳. تبرئه کردن ۴. [چاپ] فاصله‌بندی کردن

jut out /'jât aot/ *vi* بیرون آمدن، بیرون زدن

jumper /'jâmper/ *n* پلیور

junction /'jânkshen/ *n* ۱. اتصال ۲. محل اتصال ۳. انشعاب ۴. تقاطع

June /joon/ *n* ژوئن (= ششمین ماه سال فرنگی)

jungle /'jângel/ *n* جنگل

junior /'jooniyer/ *adj* ۱. کوچک ۲. کوچکتر ۳. پائین‌تر ۴. جزء

junk /jânk/ *n* ۱. خرت و پرت، خنزرپنزر ۲. آشغال، مزخرف

Jupiter /'joopiter/ *n* (سیارهٔ) مشتری

jury /'juri/ *n* ۱. هیئت منصفه ۲. هیئت داوران

just[1] /jâst/ *adj* ۱. عادل ۲. بجا

just[2] /jâst/ *adv* ۱. درست، دقیقاً ۲. فقط ۳. همین الان ۴. تازه، الان ۵. کم و بیش، تقریباً ۶. یک کمی ۷. بسیار ۸. به زحمت ۹. واقعاً

It is just as well that چه خوب شد که

K

K,k /key/ *n* کِی
(= یازدهمین حرف الفبای انگلیسی)
kangaroo /kanga'roo/ *n* کانگورو
karate /ka'râti/ *n* کاراته
kebab /ki'bab/ *adj* کباب
keen /kiin/ *adj* ۱. علاقه‌مند ۲. شدید ۳. تیز ۴. [باد] سوزدار
be keen on somebody *or* **something** عاشق کسی یا چیزی بودن، علاقهٔ شدیدی داشتن به
keep[1] /kiip/ *vt,vi* ۱. نگه‌داشتن ۲. حفظ کردن ۳. باقی ماندن، ماندن ۴. داشتن ۵. نگهداری کردن ۶. معطل کردن ۷. ادامه دادن ۸. (مراسم) برگزار کردن ۹. اداره کردن ۱۰. جلوگیری کردن، بازداشتن
keep at something پشت کاری را گرفتن، کاری را دنبال کردن
keep away from somebody *or* **something** به کسی یا چیزی نزدیک نشدن، از کسی یا چیزی دوری کردن
keep going ادامه دادن، دنبال کردن
keep in with روابط دوستانه داشتن با، خوش‌رفتاری کردن با
keep off وارد نشدن به، دوری کردن از، نزدیک نشدن به
keep on ادامه دادن، (کاری را) مرتب تکرار کردن
keep out وارد نشدن
keep somebody at something به کاری واداشتن
keep somebody *or* **something from** جلوی کسی یا چیزی را گرفتن، نگذاشتن
keep somebody *or* **something off** دور نگاه داشتن، مانع شدن از، جلوگیری کردن از
keep somebody *or* **something out** مانع ورود کسی یا چیزی شدن
keep something back (from somebody) چیزی را (از کسی) مخفی نگاه داشتن یا پنهان کردن
keep something to oneself چیزی را مخفی نگاه داشتن، چیزی را پیش خود نگه داشتن
keep to منحرف نشدن از، ادامه دادن، دنبال کردن
keep up with somebody پا به پای کسی رفتن، به کسی رسیدن
keep[2] /kiip/ *n* برج قلعه، برج دفاعی
for keeps برای همیشه، به‌طور دائمی

۲. قلوه (گاو و گوسفند) ۳. طبیعت

kill / kil / *vt* ۱. کُشتن ۲. تلف کردن

killer / 'kiler / *n,adj* ۱. قاتل ۲. حیوان درنده ◙ ۳. کُشنده

kilo / 'kiilo / *n* ۱. کیلو ۲. [در ترکیب] هزار

kilogram(me) / 'kilogram / *n* کیلوگرم، کیلو

kilometre / kilo'miiter / *n* کیلومتر

kilowatt / 'kilowât / *n* کیلووات

kilt / kilt / *n* کیلت (= دامن اسکاتلندی)

kin / kin / *n* خویشان، خویشاوندان

next of kin نزدیک‌ترین خویشاوند یا خویشاوندان، وارث بلافصل

kind[1] / kâynd / *adj* ۱. مهربان، رئوف ۲. محبت‌آمیز، دوستانه

kind[2] / kâynd / *n* ۱. نوع، جور ۲. کیفیت، جنس

kind of ۱. یک کمی ۲. مثل این که

kindergarten / 'kindergârten / *n* کودکستان

kind-hearted / kâynd 'hârtid / *adj* خوش‌قلب، دل‌رحم، مهربان

kindle / 'kindel / *vi,vt* ۱. آتش گرفتن، شعله‌ور شدن ◙ ۲. آتش زدن

kindly[1] / 'kâyndli / *adv* ۱. با مهربانی ۲. لطفاً، بی‌زحمت

kindly[2] / 'kâyndli / *adj* ۱. مهربان، بامحبّت ۲. دوستانه، محبّت‌آمیز

kindness / 'kâyndnis / *n* مهربانی

keeper / 'kiiper / *n* ۱. محافظ، نگهبان ۲. [در ترکیب] ـ بان، ـ دار

keepsake / 'kiipseyk / *n* یادگاری

kennel / 'kenel / *n* لانهٔ سگ

kept / kept / *p,pp* گذشته و اسم مفعول فعل keep

kerb / kerb / *n* جدول (کنار خیابان)

ketchup / 'kechâp / *n* سُس گوجه‌فرنگی

kettle / 'ketel / *n* کتری

key / kii / *n* ۱. کلید ۲. کوک (ساعت) ۳. سویچ (ماشین) ۴. شستی ۵. راهنما

keyboard / 'kiibord / *n* صفحه کلید

keyhole / 'kiihol / *n* سوراخ کلید

khaki / 'kâki / *adj,n* ۱. خاکی، قهوه‌ای مایل به زرد ◙ ۲. پارچهٔ ارتشی، لباس نظامی

kick / kik / *n,vt,vi* ۱. لگد ۲. لذت ◙ ۳. لگد زدن ۴. با پا زدن، زدن ۵. پا به زمین زدن، پا کوفتن

kick off [بازی فوتبال] شروع کردن

kick somebody out of somewhere کسی را از جایی بیرون انداختن، اخراج کردن

kid[1] / kid / *n* ۱. بچه ۲. بزغاله

kid[2] / kid / *vt* سر به سر گذاشتن

kidnap / 'kidnap / *vt* [آدم] دزدیدن

kidnapper / 'kidnaper / *n* ۱. بچه‌دزد ۲. آدم‌ربا

kidney / 'kidni / *n* ۱. کلیه

king /king/ *n* پادشاه، شاه

kingdom /'kingdem/ *n* ۱. پادشاهی، سلطنت ۲. قلمرو

kiosk /'kiyâsk/ *n* دکه، باجه

kipper /'kiper/ *n* ماهی دودی

kiss /kis/ *n,vt* ۱. بوسه ▣ ۲. بوسیدن، بوسه زدن

kit /kit/ *n* ۱. کیف، جعبه (وسایل) ۲. وسایل، لوازم

kitchen /'kichin/ *n* آشپزخانه

kite /kâyt/ *n* ۱. بادبادک ۲. زغن

kitten /'kiten/ *n* بچه‌گربه

kiwi fruit /'kiiwii froot/ *n* کیوی (= نوعی میوه)

knack /nak/ *n* لِم، قلق، راه‌وروش

knapsack /'napsak/ *n* کوله‌پشتی

knave /neyv/ *n* ۱. [بازی ورق] سرباز ۲. آدم نادرست

knead /niid/ *vt* ۱. خمیر کردن ۲. ورز دادن ۳. ماساژ دادن

knee /nii/ *n* ۱. زانو ۲. [شلوار] سرزانو ۳. زانویی

kneel /niil/ *vi* زانو زدن

knelt /nelt/ *p,pp* گذشته و اسم مفعول فعل kneel

knew /nyoo/ *p* گذشتهٔ فعل know

knickers /'nikerz/ *n* شورت زنانه

knife /nâyf/ *n* ۱. کارد ۲. چاقو

knight /nâyt/ *n* ۱. شوالیه ۲. [در بریتانیا] صاحب عنوان رسمیِ سِر (Sir) ۳. [شطرنج] اسب

knit[1] /nit/ *vt,vi* ۱. (با میل) بافتن ۲. به‌هم چسباندن ▣ ۳. جوش خوردن

knit[2] /nit/ *p,pp* گذشته و اسم مفعول فعل knit[1]

knives /nâyvz/ *n* صورت جمع knife

knob /nâb/ *n* ۱. دستگیره (در) ۲. پیچ (رادیو و غیره) ۳. قلمبه، برآمدگی ۴. گلوله، گِرده

knock /nâk/ *vt,vi,n* ۱. زدن، کوبیدن ۲. ضربه زدن ۳. متعجب کردن ۴. صدا دادن، صدا کردن ▣ ۵. ضربه، صدای ضربه

knock about (*or* around) **somewhere** ۱. جایی بودن، در جایی افتادن ۲. جایی پرسه زدن، وِل گشتن

knock off دست از کار کشیدن

knock somebody down به زمین انداختن، به زمین زدن

knock somebody out کسی را محکم زدن، نقش زمین کردن

knock something down [ساختمان و غیره] خراب کردن، کوبیدن

knock something over چیزی را انداختن، به زمین انداختن

knocker /'nâker/ *n* ۱. چکش در، کوبه ۲. (آدم) عیب‌جو

knot /nât/ *n,vt,vi* ۱. گره ۲. پیوند ۳. گره دریایی ▣ ۴. گره زدن ۵. بستن ۶. گره خوردن

knowledgeable /'nâlijebel/ *adj*
۱. آگاه، مطلع ۲. فاضل ۳. باهوش

known[1] /non/ *adj* ۱. معلوم، آشکار ۲. معروف، مشهور، سرشناس

be known as معروف بودن به

known[2] /non/ *pp*
اسم مفعول فعل know

knuckle /'nâkel/ *n* بند انگشت

koala /ko'âlâ/ *n* کوآلا (= نوعی پستاندار درخت‌زی استرالیایی شبیه به خرس)

Koran /ko'rân/ *n* قرآن

know /no/ *vt,vi* ۱. دانستن ۲. بلد بودن ۳. شناختن ۴. خبر داشتن ۵. تشخیص دادن

get to know somebody
با کسی آشنا شدن، کسی را شناختن

let somebody know به‌کسی اطلاع یا خبر دادن، به کسی گفتن

know-how /'no hao/ *n*
۱. کاردانی، مهارت ۲. دانش، آگاهی

knowledge /'nâlij/ *n* ۱. دانش ۲. شناخت ۳. اطلاع، خبر، آگاهی

L

L,l /el/ *n* ۱. اِل (= دوازدهمین حرفِ الـفبای انگلیسی) ۲. [عـددنویسی رومی] پنجاه

label /'leybel/ *n,vt* ۱. برچسب ▣ ۲. برچسب زدن

labor /'leyber/ = labour

laboratory /la'bâratri/ *n* آزمایشگاه

labour /'leyber/ *n,vi* ۱. کار ۲. کارگر، طبقهٔ کارگر ▣ ۳. زحمت کشیدن، سخت کوشیدن ۴. تقلا کردن، جان کندن

hard labour اعمال شاقه

the Labour Party [در بریتانیا] حزب کارگر

labourer /'leyberer/ *n* کارگر

lace /leys/ *n,vt* ۱. بند ۲. تور ▣ ۳. بند (چیزی را) بستن یا کشیدن

lack /lak/ *vt,vi,n* ۱. نداشتن ۲. کم داشتن ▣ ۳. نبود ۴. کمبود

lacquer /'laker/ *n,vt* ۱. لاک ۲. لاک‌الکل ▣ ۳. لاک‌الکل زدن

lad /lad/ *n* ۱. پسر، جوان ۲. مرد

ladder /'lader/ *n* ۱. نردبان ۲. دررفتگی (جوراب)

laden /'leyden/ *adj* پر، مملو

be laden with زیر بار (چیزی) بودن

Ladies /'leydiz/ *n* (توالت) بانوان

ladle /'leydel/ *n,vt* ۱. ملاقه ▣ ۲. با ملاقه کشیدن

lady /'leydi/ *n* ۱. خانم ۲. بانو

lag /lag/ *vi,n* ۱. عقب ماندن، عقب افتادن ▣ ۲. واماندگی، کندی

lager /'lâger/ *n* لاگِر (= نوعی آبجو)

lagoon /la'goon/ *n* مرداب، تالاب

laid /leyd/ *p,pp* گذشته و اسم مفعول فعل lay[1]

lain /leyn/ *pp* اسم مفعول فعل lie[2]

lake /leyk/ *n* دریاچه

lamb /lam/ *n* ۱. بره ۲. گوشت بره ۳. پوست بره

lame /leym/ *adj* لنگ، شل، چلاق

lamp /lamp/ *n* ۱. چراغ ۲. لامپ

lamp-post /'lamp post/ *n* تیر چراغ

land[1] /land/ *n* ۱. زمین ۲. خشکی ۳. سرزمین، کشور ۴. ملک

land[2] /land/ *vt,vi* ۱. فرود آمدن، (به زمین) نشستن ۲. به زمین نشاندن ۳. به خشکی رسیدن، پیاده شدن

land up سروکار کسی به ... افتادن

landing /'landing/*n*
۱. [هواپیما] فرود ۲. ورود به خشکی، پیاده شدن در ساحل ۳. پاگرد
landlady /'landleydi/*n*
۱. صاحبخانه (زن) ۲. زن صاحب‌بار
landlord /'landlord/*n*
۱. صاحبخانه (مرد) ۲. صاحب مسافرخانه
landmark /'landmârk/*n* ۱. مرزنما ۲. نشانه، راهنما ۳. نقطهٔ عطف
landscape /'landskeyp/*n*
۱. منظره، چشم‌انداز ۲. تابلو (منظره)
landslide /'landslâyd/*n*
ریزش (کوه)، زمین‌لغزه
lane /leyn/*n* ۱. راه ۲. کوره‌راه ۳. کوچه ۴. مسیر، خط سیر ۵. [جاده] خط عبوری
language /'langwij/*n* ۱. زبان ۲. قوهٔ نطق، تکلم
native language زبان مادری
lanky /'lanki/*adj* دراز لق‌لقو
lantern /'lantern/*n* ۱. فانوس ۲. برجک نورگیر، کلاهک نورگیر
lap[1] /lap/*n* دامن، دامان
lap[2] /lap/*n,vt,vi* ۱. [پیست مسابقه] دور ▣ ۲. [مسابقه، یک یا چند دور] جلو زدن ۳. دور یا در (چیزی) پیچیدن
lap[3] /lap/*vt,n* ۱. زبان زدن، لیسیدن، هورت کشیدن ▣ ۲. لیس
lapel /la'pel/*n* برگردان یقه
lapse /laps/*n* ۱. لغزش، خطا ۲. انحراف، سقوط ۳. [زمان] گذشت
lard /lârd/*n* روغن خوک
large /lârj/*adj* ۱. بزرگ ۲. زیاد ۳. بلند ۴. عالی ۵. وسیع، گسترده
largely /'lârjli/*adv* ۱. عمدتاً، بیشتر، اکثر ۲. زیاد، به مقدار زیاد
laser /'leyzer/*n* لِیزِر
lash /lash/*n,vt,vi* ۱. شلاق، تازیانه ۲. ضربهٔ شلاق ▣ ۳. شلاق زدن ۴. زدن ۵. تکان دادن، جنباندن ۶. تکان خوردن، جنبیدن
lass /las/*n* دختر
last[1] /lâst/*adj,adv,pron*
۱. آخر، آخرین ۲. قبلی ۳. در پایان، آخرسر
at last بالاخره، سرانجام
the last آخرین
last[2] /lâst/*vi* ۱. ادامه یافتن، طول کشیدن ۲. کافی بودن (برای)
lastly /'lâstli/*adv* ۱. در پایان، سرانجام ۲. آخر از همه
latch /lach/*n* ۱. چِفت ۲. قفل فلزی
late /leyt/*adj,adv* ۱. دیر ۲. دیروقت ۳. اواخر ۴. اخیر ۵. جدید ۶. قبلی
be late دیر بودن
get late دیرشدن
later (on) بعداً، بعد
sooner or later دیر یا زود، روزی، یک وقتی

lately /ˈleytli/ *adv* ۱. اخیراً، تازگی ۲. اواخر، این اواخر

latest /ˈleytist/ *adj* آخرین، جدیدترین، تازه‌ترین

at the latest حداکثر، نه دیرتر از

the latest آخرین نمونه، تازه‌ترین مورد

lather /ˈlâdher/ *n,vt* ۱. کف (صابون) ◻ ۲. کف مالیدن

Latin /ˈlatin/ *n,adj* ۱. زبان لاتین ◻ ۲. لاتینی، لاتین

latter /ˈlater/ *adj* ۱. دوم ۲. دومی ۳. آخر ۴. اخیر

laugh /lâf/ *vi,n* ۱. خندیدن ۲. به خنده افتادن ◻ ۳. خنده

for a laugh برای خنده، برای تفریح

laugh at خندیدن به

laughter /ˈlâfter/ *n* خنده

roar with laughter از خنده روده‌بر شدن، از خنده ریسه رفتن

launch[1] /lonch/ *n* قایق موتوری بزرگ، لِنج

launch[2] /lonch/ *vt* ۱. [کشتی] به آب انداختن ۲. [فضاپیما، موشک] پرتاب کردن ۳. انداختن ۴. آغاز کردن

launch an attack حمله کردن، دست به حمله زدن

launderette /lonˈdret/ *n* لباس‌شویی سکه‌ای

laundry /ˈlondri/ *n* ۱. (مغازهٔ) لباس‌شویی ۲. لباس‌های شستنی

lavatory /ˈlavatri/ *n* ۱. توالت ۲. دستشویی

lavish /ˈlavish/ *adj,vt* ۱. دست و دلباز، گشاده‌دست ۲. ولخرج، افراط کار ۳. بی‌بند و بار ◻ ۴. بی‌دریغ خرج کردن ۵. بیش از حد مصرف کردن، تلف کردن

law /lo/ *n* ۱. قانون ۲. (علم) حقوق

be against the law برخلاف قانون بودن

break the law از قانون تخطی کردن، قانون شکنی کردن، قانون را زیر پا گذاشتن

law and order ۱. حکومت قانون ۲. نظم و انضباط ۳. امنیت و آرامش

pass a law قانون گذراندن، قانون وضع کردن

lawcourt /ˈlokort/ *n* دادگاه

lawful /ˈloful/ *adj* ۱. مجاز، مشروع ۲. قانونی ۳. حلال‌زاده

lawfully /ˈlofuli/ *adv* قانوناً

lawn /lon/ *n* چمن، زمین چمن

lawyer /ˈloyer/ *n* ۱. وکیل (دعاوی) ۲. مشاور حقوقی ۳. حقوقدان

lay[1] /ley/ *vt,vi* ۱. قرار دادن، گذاشتن ۲. چیدن ۳. خواباندن، فرونشاندن ۴. انداختن، پهن کردن ۵. تخم گذاشتن ۶. شرط‌بندی کردن، شرط بستن

leadership /'liidership/ *n*
۱. رهبری ۲. رهبران

leaf /liif/ *n* ۱. [گیاه] برگ ۲. ورق ۳. ورقه، برگه ۴. لنگهٔ در، لَته

leaflet /'liiflit/ *n* ۱. برگچه ۲. اعلامیه، بروشور

leafy /'liifi/ *adj* برگ‌دار، پُربرگ

league /liig/ *n* ۱. پیمان، اتحاد ۲. انجمن باشگاه‌ها(ی ورزشی)، لیگ

leak[1] /liik/ *vt,vi* ۱. نشت کردن، پس دادن ۲. تراوش کردن ۳. آب دادن ۴. (از چیزی) آب رفتن

leak[2] /liik/ *n* ۱. درز، ترک، سوراخ ۲. نشت، تراوش، ترشح، رخنه

leaky /'liiki/ *adj* سوراخ‌دار

lean[1] /liin/ *adj,n* ۱. لاغر ۲. کم‌بار ۳. بی‌چربی، لخم ◘ ۴. گوشت لخم

lean[2] /liin/ *vi,vt* ۱. خم شدن، ۲. تکیه دادن به ۳. متکی بودن به

leant /lent/ *p,pp*
گذشته واسم مفعول فعل lean

leap /liip/ *vi,vt,n* ۱. (از روی چیزی) پریدن ۲. جهش کردن ◘ ۳. پرش

by leaps and bounds به‌سرعت

leap-frog /'liipfrâg/ *n*
جفتک‌چهارکُش

leapt /lept/ *p,pp*
گذشته و اسم مفعول فعل leap

leap year /'liip yer/ *n* سال کبیسه

lay something out ۱. چیدن، مرتب گذاشتن ۲. طراحی کردن ۳. کنار گذاشتن

lay[2] /ley/ *p* گذشتهٔ فعل lie[2]

layer /'leyer/ *n* لایه

lazily /'leyzili/ *adv* از روی تنبلی

laziness /'leyzinis/ *n* تنبلی

lazy /'leyzi/ *adj* ۱. تنبل ۲. کاهلانه

lb /paond/ *n* پوند
(= واحد وزن برابر با ۴۵۳/۵۹ گرم)

lead[1] /led/ *n* ۱. سرب ۲. مغز مداد

lead[2] /liid/ *vt,vi* ۱. جلو رفتن، راه نشان دادن ۲. راهنمایی کردن، هدایت کردن ۳. رهبری کردن ۴. جلو بودن ۵. رفتن ۶. بردن ۷. منجر شدن

lead somebody astray
از راه به در کردن، منحرف کردن

lead somebody on گمراه کردن

lead to منجر شدن به

lead up to منجر شدن به، کشیده شدن به

lead[3] /liid/ *n* ۱. راهنمایی، هدایت ۲. رهبری ۳. سبقت ۴. پیشگامی ۵. سرمشق ۶. قلاّده ۷. سیم رابط

be in the lead [مسابقه] جلو بودن

take the lead ۱. پیشاپیش حرکت کردن ۲. رهبری را به عهده گرفتن

leaden /'leden/ *adj* سربی

leader /'liider/ *n* ۱. رهبر ۲. پیشتاز ۳. رهبر ارکستر ۴. سرمقاله

learn / lern / *vt, vi* ۱. یاد گرفتن، آموختن ۲. از بر کردن، حفظ کردن

learner / 'lerner / *n* نوآموز، مبتدی، کارآموز، دانش‌آموز

learnt / lernt / *p, pp* گذشته و اسم مفعول فعل learn

least / liist / *adj, adv, n* ۱. کمترین ۲. کوچکترین ▣ ۳. کمترین کار

at least حداقل، دست کم

not in the least اصلاً، ابداً، به هیچ وجه

leather / 'ledher / *n* چرم

leave[1] / liiv / *vt, vi* ۱. رفتن، (از جایی) رفتن ۲. ترک کردن ۳. رها کردن، ول کردن ۴. گذاشتن ۵. جا گذاشتن ۶. باقی گذاشتن ۷. به ارث گذاشتن ۸. باقی ماندن، ماندن

leave for عازم (جایی) بودن، رفتن

leave go ول کردن

leave off ۱. [باران] بند آمدن، وایسادن ۲. بس کردن، متوقف کردن

leave out حذف کردن، کنار گذاشتن، جا انداختن

leave somebody alone کسی را راحت گذاشتن، دست از سر کسی برداشتن

leave somebody (*or* something) behind با خود نبردن، همراه نبردن، جا گذاشتن

leave something alone به چیزی دست نزدن، چیزی را برنداشتن

leave something to somebody ۱. کاری را به عهدهٔ کسی گذاشتن ۲. چیزی را برای کسی به ارث گذاشتن

leave[2] / liiv / *n* ۱. اجازه ۲. مرخصی ۳. ترک

on leave در مرخصی

take one's leave of somebody با کسی خداحافظی کردن، اجازهٔ مرخص شدن از کسی خواستن

leaves / liivz / *n* صورت جمع leaf

lecture / 'lekcher / *n, vi, vt* ۱. درس، کنفرانس ۲. سخنرانی ۳. موعظه ▣ ۴. سخنرانی کردن ۵. موعظه کردن

lecture somebody about something کسی را راجع به چیزی موعظه کردن

lecturer / 'lekcherer / *n* سخنران

led / led / *p, pp* گذشته و اسم مفعول فعل lead

ledge / lej / *n* رف، تاقچه، لبه

leek / liik / *n* تره‌فرنگی

left[1] / left / *adj, n, adv* ۱. چپ ▣ ۲. سمت چپ ▣ ۳. به طرف چپ

left[2] / left / *p, pp* گذشته و اسم مفعول فعل leave

be left باقی ماندن

left-handed / left 'handid / *adj* ۱. چپ‌دست ۲. با دست چپ، چپ

leg / leg / *n* ۱. پا ۲. [گوشت] ران ۳. پایه

pull somebody's leg سر به سرِ کسی گذاشتن، کسی را دست انداختن

legacy /'legesi/ *n* ارث، میراث

legal /'liigâl/ *adj* ۱. قانونی ۲. مجاز، مشروع ۳. حقوقی

legend /'lejend/ *n* ۱. افسانه، اسطوره ۲. اساطیر ۳. ادبیات اساطیری

legislate /'lejisleyt/ *vi* قانون گذراندن، قانون وضع کردن

leisure /'lezher/ *n* فراغت

at your leisure هنگام فراغت، موقع بیکاری

leisurely /'lezherli/ *adj,adv* با تأنی، بدون عجله، سر فرصت

lemon /'lemon/ *n* لیموترش

lemonade /lemo'neyd/ *n* ۱. لیموناد ۲. شربت آبلیمو

lend /lend/ *vt* قرض دادن

length /length/ *n* ۱. درازا، طول ۲. قد، اندازه ۳. تکه ۴. [پارچه] قواره

lengthen /'lengthen/ *vi,vt* ۱. دراز شدن، طولانی شدن، بلند شدن ◘ ۲. بلند کردن، طولانی کردن

lenient /'liiniyent/ *adj* ۱. ملایم، بامدارا، باگذشت ۲. توأم با ارفاق

lens /lenz/ *n* عدسی

lent /lent/ *p,pp* گذشته و اسم مفعول فعل lend

leopard /'leperd/ *n* پلنگ

less /les/ *adj,adv,prep* ۱. کمتر ۲. منهای

less than کمتر از

lessen /'lesen/ *vt,vi* ۱. کمتر کردن، کاستن از، کوچکتر کردن ◘ ۲. کمتر شدن، کوچکتر شدن

lesson /'lesen/ *n* ۱. درس ۲. جلسهٔ درس، ساعت درس

lest /lest/ *conj* مبادا، مبادا که

let[1] /let/ *vt,vi* اجازه دادن، گذاشتن

let alone ۱. به جز، سوای ۲. چه رسد به این که

let down تنها گذاشتن، قال گذاشتن

let go of وِل کردن، رها کردن

let somebody down ۱. به قول خود عمل نکردن ۲. رفیق نیمه‌راه بودن

let somebody off ۱. کسی را بخشیدن ۲. در مجازات کسی تخفیف قائل شدن

let[2] /let/ *vt* اجاره دادن

let[3] /let/ *p,pp* گذشته و اسم مفعول فعل let[1,2]

let's /lets/ = let us بیا، بیایید، بگذار، بگذارید

Let's go to see him.

بیایید برویم او را ببینیم.

let's see بگذار ببینم

let's say مثلاً، فرض کنیم، حالا بگوییم

letter /'leter/ *n* ۱. نامه ۲. [الفبا] حرف ۳. لفظ، نص

letter-box /'leter bâks/ *n* ۱. صندوق پست ۲. جعبهٔ نامه

lettuce /'letis/ *n* کاهو

level[1] /'level/ *adj* صاف، هموار

level[2] /'level/ *n* ۱. سطح ۲. تراز

level crossing /level 'krâsing/ *n* [جاده و راه‌آهن] تقاطع هم‌سطح

lever /'lever/ *n,vt* ۱. اهرم، دیلم، دسته ◙ ۲. اهرم کردن

liability /lâye'biliti/ *n* ۱. مسئولیت، تعهد ۲. بدهی، دِین

liar /'lâyer/ *n* دروغگو

liberal /'liberâl/ *adj,n* ۱. آزادمنش، آزاداندیش ۲. آزادیخواه ۳. میانه‌رو، لیبرال ۴. آزادیخواهانه ۵. آسان‌گیر ۶. دست و دلباز ۷. فراوان

liberate /'libereyt/ *vt* آزاد کردن

liberation /libe'reyshen/ *n* ۱. آزادسازی، آزادی ۲. نهضت آزادی

liberator /'libereyter/ *n* رهاننده، آزادکننده، ناجی، منجی

liberty /'liberti/ *n* ۱. آزادی ۲. اجازه

at liberty ۱. آزاد، مختار ۲. مجاز

librarian /lây'breriyen/ *n* کتابدار

library /'lâybreri/ *n* کتابخانه

lice /lâys/ *n* louse صورت جمع

licence /'lâysens/ *n* ۱. پروانه، جواز، اجازه ۲. تصدیق، گواهی‌نامه

license /'lâysens/ *vt* جواز دادن، پروانه دادن، اجازه دادن

lick /lik/ *vt,n* ۱. لیسیدن، زبان زدن ۲. زدن ◙ ۳. لیس، لیسه

lid /lid/ *n* ۱. درپوش، در ۲. پلک

lie[1] /lây/ *vi,n* ۱. دروغ گفتن ۲. دروغگو بودن ◙ ۳. دروغ

tell a lie دروغ گفتن

lie[2] /lây/ *vi* ۱. دراز کشیدن، خوابیدن ۲. بودن، قرار داشتن ۳. (جایی) افتادن، (بی‌مصرف) ماندن

lieutenant /lef'tenent/ *n* ۱. ستوان ۲. ناوبان ۳. قائم‌مقام، نایب

life /lâyf/ *n* ۱. حیات ۲. زندگی ۳. طول عمر، عمر ۴. شوق، نشاط

a matter of life and death مسئلهٔ مرگ و زندگی، امری حیاتی

lead a life زندگی کردن

He leads a quiet life.

او زندگی آرامی دارد.

not on your life اصلاً، حرفش را هم نزن

run for one's life به‌سرعت فرار کردن

take one's own life خودکشی کردن، به زندگی خود خاتمه دادن

lifeboat /'lâyfbot/ *n* قایق نجات

lifeguard /'lâyfgârd/ *n* نجات‌غریق

life-jacket /'lâyf jakit/ *n* جلیقهٔ نجات

lifeless /'lâyflis/ *adj* بی‌جان

lifelike /'lâyflâyk/ *adj* زنده

get off lightly قِسر در رفتن، زیان چندانی ندیدن

lightning /ˈlâytning/ *n,adj* ۱. برق، صاعقه، آذرخش ▣ ۲. برقی، فوری

likable /ˈlâykebel/ *adj* دوست‌داشتنی، خوش‌برخورد

like[1] /lâyk/ *adj,adv,n* ۱. شبیه، همانند، مثل هم ۲. مثلِ، مانندِ، نظیرِ

like[2] /lâyk/ *vt,vi* ۱. دوست داشتن، خوش آمدن از ۲. خواستن

likely /ˈlâykli/ *adj,adv* ۱. محتمل ۲. مناسب، مستعد ▣ ۳. احتمالاً

most likely, very likely به احتمال قوی

lily /ˈlili/ *n* (گل) سوسن

limb /lim/ *n* ۱. دست ۲. پا ۳. بال

lime /lâym/ *n* لیموترش

lime-juice /ˈlâym joos/ *n* آبلیمو

limerick /ˈlimerik/ *n* تصنیف پنج مصراعی، مخمس

limit /ˈlimit/ *n,vt* ۱. حد، مرز ۲. محدودیت ۳. محدوده ۴. نهایت ۵. حداکثر مجاز ▣ ۶. محدود کردن، حدِ (چیزی را) تعیین کردن

limitation /limiˈteyshen/ *n* ۱. محدودیت ۲. قید، قید و بند

limp[1] /limp/ *adj* شُل، نرم

limp[2] /limp/ *vi,n* ۱. لنگیدن، شلیدن ۲. به زحمت راه رفتن ▣ ۳. شَلی

lifetime /ˈlâyftâym/ *n* ۱. عمر ۲. زمان، دوره ▣ ۳. همیشگی، مادام‌العمر

lift /lift/ *vt,vi,n* ۱. بلند کردن ۲. بالا بردن ۳. برداشتن ۴. بالا رفتن ▣ ۵. سواری ۶. آسانسور، بالابر

light[1] /lâyt/ *n* ۱. نور ۲. روشنی، روشنایی ۳. پرتو، فروغ ۴. چراغ ۵. کبریت، فندک، آتش ۶. درخشش، برق ۷. روزنه، دریچه، نورگیر

light[2] /lâyt/ *vt,vi* ۱. روشن کردن ▣ ۲. درخشیدن، برق زدن

light up ۱. روشن کردن ۲. [چهره] از هم باز شدن، [چشم] برق زدن

light[3] /lâyt/ *adj* ۱. سبک ۲. خفیف، ضعیف ۳. روشن ۴. کم‌رنگ

light brown قهوه‌ای روشن

lighten[1] /ˈlâyten/ *vt,vi* ۱. سبک کردن ▣ ۲. سبک شدن

lighten[2] /ˈlâyten/ *vt,vi* ۱. روشن کردن ▣ ۲. روشن شدن

lighter /ˈlâyter/ *n* فندک

lighthouse /ˈlâyt-haos/ *n* فانوس دریایی، فار

lighting /ˈlâyting/ *n* ۱. (عمل) روشن کردن ۲. نوررسانی، نورپردازی ۳. (وضع) نور

lightly /ˈlâytli/ *adv* ۱. یواش، با ملایمت ۲. کم، مختصر ۳. سرسری

line[1] /lâyn/ *n* ۱. خط ۲. خط تلفن ۳. خط آهن، راه‌آهن ۴. بند، طناب ۵. سطر ۶. صف، ردیف

line[2] /lâyn/ *vt,vi* ۱. خط کشیدن، خط‌کشی کردن ۲. چروک انداختن

line up صف بستن، صف کشیدن، به صف ایستادن

drop somebody a line برای کسی یادداشت گذاشتن

line[3] /lâyn/ *vt* آستر کردن

linen /'linin/ *n* ۱. کتان، پارچهٔ کتانی ۲. لباس زیر ۳. ملافه

liner /'lâyner/ *n* کشتی مسافربری

linger /'linger/ *vi* ۱. معطل کردن، فس فس کردن ۲. پرسه زدن، پلکیدن

linguistic /lin'gwistik/ *adj* ۱. زبانی ۲. زبان‌شناختی

lining /'lâyning/ *n* آستر

link /link/ *n,vt,vi* ۱. حلقهٔ زنجیر، حلقه ۲. اتصال، بند ▣ ۳. (به هم) متصل کردن ▣ ۴. به هم پیوستن

links /links/ *n* زمین گلف

lino /'lâyno/ = linoleum

linoleum /li'noliyem/ *n* لینولیوم (= نوعی کف‌پوش)

lion /'lâyen/ *n* شیر

lioness /'lâyenes/ *n* ماده‌شیر

lip /lip/ *n* ۱. لب ۲. لبه

lip-service چرب‌زبانی

lipstick /'lipstik/ *n* ماتیک، رژ لب

liquid /'likwid/ *n,adj* ۱. مایع ۲. آبکی، شل ۳. صاف، روشن ۴. روان

liquor /'liker/ *n* مشروب الکلی (تقطیرشده)

list /list/ *n,vt* ۱. فهرست، صورت، سیاهه، لیست ▣ ۲. در فهرست وارد کردن، در صورت نوشتن ۳. فهرست تهیه کردن

listen /'lisen/ *vi* ۱. گوش دادن، گوش کردن ۲. توجه کردن

listen to گوش دادن به، اعتنا کردن به

listener /'lisener/ *n* شنونده

lit /lit/ *p,pp* گذشته و اسم مفعول فعل light

liter /'liiter/ = litre

literally /'litrâli/ *adv* ۱. لفظ به لفظ، تحت‌اللفظی ۲. حقیقتاً، بی‌اغراق

literature /'litrecher/ *n* ۱. ادبیات، آثار ادبی ۲. آثار نوشته

litre /'liiter/ *n* لیتر

litter /'liter/ *n,vt* ۱. آشغال، آت و آشغال ۲. کاه، پوشال ▣ ۳. پخش و پلا کردن

little /'litel/ *adj,adv,n* ۱. کوچک ۲. کوچولو ۳. کم ۴. کوتاه ۵. کمی

a little یک کمی، کمی

for a little یک کمی، کمی

little by little کم‌کم، رفته‌رفته

live[1] /lâyv/ *adj* ۱. زنده ۲. مشتعل

۳. زیاد، یک‌عالمه ◘ ۴. بار کردن، بار زدن، بارگیری کردن ۵. [تفنگ] پر کردن ۶. سنگین کردن

loaf / lof / *n* قرص نان، گردهٔ نان

loan / lon / *n,vt* ۱. قرض، قرضه ۲. امانت ◘ ۳. قرض دادن

loathe / lodh / *vt* متنفر بودن

loathsome / ˈlodhsâm / *adj* نفرت‌انگیز، مشمئزکننده

loaves / lovz / *n* صورت جمع loaf

lobby / ˈlâbi / *n* تالار نشیمن

lobster / ˈlâbster / *n* خرچنگ (دراز)

local / ˈlokâl / *adj,n* ۱. محلی ۲. [پزشکی] موضعی ◘ ۳. [به صورت جمع] اهالی محل، محلی‌ها

local time وقت محلی

locality / loˈkaliti / *n* ۱. محل، مکان، جا ۲. محل وقوع ۳. محله

locally / ˈlokâli / *adv* ۱. به‌طور موضعی، موضعی ۲. در محل، از محل

locate / loˈkeyt / *vt* ۱. محل (چیزی را) پیدا کردن ۲. موقعیت (جایی را) تعیین کردن یا نشان دادن

location / loˈkeyshen / *n* ۱. موقعیت ۲. محل فیلم‌برداری

loch / lâk / *n* دریاچه

lock[1] / lâk / *n* طره (مو)، کاکل

lock[2] / lâk / *n,vt,vi* ۱. قفل ۲. آب‌بند ◘ ۳. قفل کردن ◘ ۴. قفل شدن

۳. پرحرارت، پرشور، سرزنده ۴. جالب، داغ ۵. [سیم] برق‌دار

live[2] / liv / *vi,vt* ۱. زنده بودن ۲. زنده ماندن ۳. زندگی کردن ۴. سکونت داشتن ۵. دوام آوردن، باقی ماندن ۶. [عمر] گذراندن

live on زندگی کردن، به حیات خود ادامه دادن

live on something ۱. از چیزی تغذیه کردن ۲. با درآمد محدودی سر کردن

lively / ˈlâyvli / *adj* ۱. زنده، پرشور ۲. [رنگ] شاد ۳. پرتحرک

liver / ˈliver / *n* ۱. کبد ۲. جگر (سیاه) ۳. شخص، آدم

livestock / ˈlâyvstâk / *n* دام، حیوانات اهلی

lives / lâyvz / *n* صورت جمع life

living[1] / ˈliving / *adj* ۱. زنده ۲. محکم، قوی ۳. تند، شدید

living[2] / ˈliving / *n* ۱. زندگی ۲. معاش، معیشت ۳. درآمد ۴. کار، شغل

earn one's living, make a living امرار معاش کردن

standard of living سطح زندگی

living-room / ˈliving rum / *n* اتاق نشیمن

lizard / ˈlizerd / *n* ۱. مارمولک، بزمجه ۲. سوسمار ۳. چرم سوسمار

load / lod / *n,vt* ۱. بار ۲. ظرفیت

be under lock and key ۱. زندانی بودن ۲. در جای امنی نگهداری شدن
lock in زندانی کردن، محبوس کردن
lock somebody out
در را به روی کسی بستن
lock somebody up
کسی را زندانی کردن
lock something away
در جای امنی نگهداری کردن
lock something up
در و پنجره‌های جایی را بستن
locker /'lâker/ *n* قفسه، لاکِر
locomotive /loko'motiv/ *adj,n*
۱. حرکتی ۲. محرکه ◙ ۳. لوکوموتیو
lodge[1] /lâj/ *n* اتاق سرایدار
lodge[2] /lâj/ *vi,vt* ۱. منزل کردن، ماندن، اتاق اجاره کردن ۲. منزل دادن، جا دادن ۳. گیر کردن

lodger /'lâjer/ *n* اجاره‌نشین
loft /lâft/ *n* اتاق زیر شیروانی
log /lâg/ *n* کُنده (درخت)
log cabin کلبهٔ چوبی
logic /'lâjik/ *n* منطق
logical /'lâjikâl/ *adj* منطقی
loiter /'loyter/ *vi* ۱. سلانه سلانه رفتن، بازیگوشی کردن ۲. پرسه زدن
lollipop /'lâlipâp/ *n* ۱. آب‌نبات چوبی ۲. بستنی یخی، آلاسکا
London /'lânden/ *n* لندن
Londoner /'lândener/ *n* اهل لندن
loneliness /'lonlinis/ *n* تنهایی
lonely /'lonli/ *adj* ۱. تنها، یکه و تنها ۲. تک و تنها ۳. دورافتاده
long[1] /lâng/ *adj,adv,n* ۱. دراز، بلند ۲. طولانی ۳. به مدتِ ۴. طول
as long as, so long as
۱. به شرط این که، اگر ۲. مادامی که
long after مدت‌ها بعد از
long before مدت‌ها قبل از
no longer, not any longer
دیگر، دیگه، حالا دیگه
She doesn't live here any longer.
او دیگر اینجا زندگی نمی‌کند.
long[2] /lâng/ *vi* آرزو کردن
long for something
در آرزوی چیزی بودن
long to آرزو کردن که
loo /loo/ *n* [عامیانه] مستراح
look[1] /luk/ *n* ۱. نگاه، حالت ۲. نما، ظاهر، سر و وضع ۳. قیافه، چهره
have (*or* take) a look at
نگاهی انداختن به
have a look round somewhere
جایی را گشتن، بازدید کردن
look[2] /luk/ *vi,vt* ۱. نگاه کردن، نگریستن ۲. به نظر آمدن ۳. توجه کردن
look after مواظبت کردن از، مراقبت کردن از
look as if, look as though
مثل این‌که، ظاهراً

looking glass /ˈluking glâs/ *n* آیینه

lookout /ˈlukaot/ *n* ۱. مراقبت، گوش به زنگ (بودن) ۲. (برج) دیده‌بانی ۳. نگهبان، دیده‌بان

be on the lookout for ۱. مواظب (کسی یا چیزی) بودن ۲. مترصد یا گوش به زنگ بودن

looks /luks/ *n* ۱. قیافه (قشنگ) ۲. قشنگی، زیبایی

loom /loom/ *n* ۱. ماشینِ پارچه‌بافی ۲. دستگاه جولایی

loop /loop/ *n, vt, vi* ۱. حلقه ۲. گره ◙ ۳. حلقه کردن ◙ ۴. حلقه شدن

loose[1] /loos/ *adj* ۱. آزاد، رها ۲. گشاد ۳. گل و گشاد ۴. شُل ۵. لَق

loose[2] /loos/ *vt, vi* ۱. شُل کردن ۲. آزاد کردن، باز کردن ◙ ۳. شُل شدن

loosely /ˈloosli/ *adv* ۱. با بی‌دقتی، با مسامحه ۲. شل و ول، گل و گشاد

loosen /ˈloosen/ *vt, vi* ۱. شُل کردن ۲. نرم کردن ◙ ۳. شُل شدن ۴. نرم شدن

lord[1] /lord/ *n* ۱. فرمانروا، حاکم ۲. ارباب ۳. آقا ۴. حضرت ۵. اشراف‌زاده ۶. لُرد (= لقبی است در بریتانیا)

The House of Lords [انگلستان] مجلس اعیان

Lord[2], **the** /lord/ *n* ۱. خدا ۲. عیسی مسیح

look at ۱. نگاه کردن به ۲. معاینه کردن ۳. مطالعه کردن، بررسی کردن

look for ۱. دنبالِ (چیزی یا کسی) گشتن ۲. منتظر (چیزی یا کسی) بودن

look forward to مشتاقانه در انتظار (چیزی) بودن

look into something چیزی را بررسی یا مطالعه کردن

look like مثل این‌که، ظاهراً، به نظر می‌رسد که

look like somebody *or* **something** شبیه کسی یا چیزی بودن

look on (*or* **upon) somebody as** به دیدهٔ یا به عنوانِ ... به کسی نگاه کردن

Look out! بپّا! مواظب باش!

look out for مواظب (کسی یا چیزی) بودن

look something up معنی (واژه‌ای را) پیدا کردن

I looked up the word in the dictionary. من معنی واژه را در فرهنگ نگاه کردم / پیدا کردم.

look to somebody for something انتظار چیزی را از کسی داشتن، از کسی توقع داشتن

look up ۱. بالا نگاه کردن ۲. بهتر شدن

look up to somebody کسی را تحسین کردن، برای کسی احترام قائل شدن

lorry /'lâri/ *n* کامیون، (ماشین) باری

lose /looz/ *vt,vi* ۱. گم کردن ۲. از دست دادن ۳. باختن

loss /lâs/ *n* ۱. زیان، ضرر، خسارت ۲. لطمه ۳. باخت ۴. فقدان

be at a loss گیج شدن، هاج و واج ماندن، ندانستن

He was at a loss for words. نمی‌دانست چه بگوید.

sell at a loss به ضرر فروختن

lost[1] /lâst/ *adj* ۱. گم‌شده ۲. از بین رفته ۳. باخته ۴. سرگشته

be lost گم شدن

Get lost! [عامیانه] گم شو!

lost property office دفتر اشیاءِ گم‌شده

lost[2] /lâst/ *p,pp* گذشته و اسم مفعول فعل lose

lot[1] /lât/ *n,adv* ۱. تمام، همه، همه چیز ۲. زیاد، خیلی، خیلی زیاد

a lot خیلی

a lot of, lots of مقدار زیادی، تعداد زیادی، زیادی

the lot, the whole lot همه‌اش، تمامش

lot[2] /lât/ *n* ۱. قرعه ۲. قرعه‌کشی ۳. سرنوشت، بخت ۴. سهم، قسمت

drow (*or* cast) lots قرعه‌کشی کردن، قرعه کشیدن

lotion /'loshen/ *n* محلول

lottery /'lâteri/ *n* بخت‌آزمایی

loud /laod/ *adj,adv* ۱. [صدا] بلند، رسا ۲. پر سر و صدا ۳. واضح، آشکار

loudly /'laodli/ *adv* ۱. بلند، با صدای بلند ۲. محکم ۳. زننده

loudspeaker /laod'spiiker/ *n* بلندگو

lounge /laonj/ *vi,n* ۱. لم دادن، لمیدن ۲. ول گشتن ▣ ۳. سالن (استراحت)

louse /laos/ *n* شپش

lousy /'laozi/ *adj* ۱. شپشو ۲. [عامیانه] بد، مزخرف، گند

lovable /'lâvebel/ *adj* دوست‌داشتنی

love[1] /lâv/ *n* ۱. عشق ۲. محبت ۳. دلبستگی ۴. [مسابقه] هیچ، صفر

be in love with عاشق (کسی) بودن

fall in love with عاشق (کسی) شدن

love[2] /lâv/ *vt* ۱. دوست داشتن ۲. عاشق (کسی) بودن ۳. پرستیدن

lovely /'lâvli/ *adj* ۱. زیبا، قشنگ ۲. جذاب، خوشایند ۳. دوست‌داشتنی

lover /'lâver/ *n* ۱. فاسق ۲. عاشق

low /lo/ *adj,adv* ۱. کوتاه ۲. پایین ۳. پست ۴. بَم ۵. آهسته

lower[1] /'lo-er/ *adj* ۱. زیرین ۲. پایین، پایین‌تر، پایینی ۳. کم، کم‌تر

lower[2] /'lo-er/ *vt,vi* ۱. پایین آوردن، فرود آوردن ۲. کم کردن ۳. خوار کردن ▣ ۴. پایین آمدن

loyal /ˈloyâl/ *adj* وفادار، باوفا
loyally /ˈloyâli/ *adv* وفادارانه، با وفاداری، صادقانه
loyalty /ˈloyâlti/ *n* وفاداری
lozenge /ˈlâzinj/ *n* ۱. لوزی ۲. قرص مکیدنی
LP /el ˈpii/ *n* صفحهٔ ۳۳ دور
lubricate /ˈloobrikeyt/ *vt* ۱. روغن زدن ۲. نرم کردن، روان کردن
luck /lâk/ *n* ۱. شانس ۲. موفقیت
be in luck شانس آوردن
be out of luck بدشانسی آوردن
hard luck بدشانسی، بدبیاری
Good luck! موفق باشی!
luckily /ˈlâkili/ *adv* خوشبختانه
lucky /ˈlâky/ *adj* ۱. خوشبخت، خوش‌شانس ۲. موفق، موفقیت‌آمیز ۳. شانسی، ناشی از خوش‌شانسی
ludicrous /ˈloodikres/ *adj* مضحک
luggage /ˈlâgij/ *n* چمدان، بار و بنه، بار
lukewarm /lookˈworm/ *adj* ۱. ولرم ۲. میانه‌حال
lull /lâl/ *n* ۱. آرامش ۲. وقفه
lullaby /ˈlâlebây/ *n* لالایی
lumbago /lâmˈbeygo/ *n* کمردرد
lumber /ˈlâmber/ *n* الوار
lump /lâmp/ *n* ۱. تکه، قلنبه ۲. حبه (قند) ۳. ورم، برآمدگی
lumpy /ˈlâmpi/ *adj* قلنبه قلنبه
lunar /ˈlooner/ *adj* قمری
lunatic /ˈloonetik/ *n* ۱. بیمار روانی، دیوانه ۲. آدم احمق
lunch /lânch/ *n, vi, vt* ۱. ناهار ▣ ۲. ناهار خوردن ▣ ۳. ناهار دادن
lung /lâng/ *n* ریه، شش
lurch /lerch/ *n, vi* ۱. پیچ، چرخش، گردش ▣ ۲. تلوتلو خوردن ۳. چرخش ناگهانی کردن
lurk /lerk/ *vi* کمین کردن
luscious /ˈlâshes/ *adj* ۱. لذیذ، خوش‌مزه ۲. زیبا، خوشگل، جذاب
lusty /ˈlâsti/ *adj* محکم، قوی
luxurious /lâgˈzyuriyes/ *adj* ۱. مجلل، لوکس، شیک ۲. گران‌قیمت، پرهزینه ۳. تجملی، تجملاتی
luxury /ˈlâksheri/ *n, adj* ۱. تجمل ۲. تفنن ▣ ۳. مجلل ۴. تجملی
lying /ˈlâying/ *adj* کاذب، غیرواقعی، نادرست، نیرنگ‌باز
lynch /linch/ *vt* لینچ کردن
lyric /ˈlirik/ *adj, n* ۱. غنائی ۲. تغزلی ۳. شاد ▣ ۴. غزل

M

M,m / em / *n* ۱. اِم (= سیزدهمین حرفِ الفبای انگلیسی) ۲. [عددنویسی رومی] هزار

mac / mak / *n* بارانی

macaroni / maka'roni / *n* ماکارونی

machine / me'shiin / *n,adj* ۱. ماشین ۲. دستگاه ◙ ۳. ماشینی

machine-gun / me'shiin gân / *n* مسلسل، تیربار

machine-made / meshiin 'meyd / *adj* ماشینی

machinery / me'shiineri / *n* ۱. ماشین‌آلات ۲. دستگاه

mackintosh / 'makintâsh / *n* بارانی

mad / mad / *adj* ۱. دیوانه ۲. احمق ۳. کشته و مرده ۴. عصبانی

be mad about somebody کشته و مردهٔ کسی بودن

be mad about something خورهٔ چیزی بودن

drive somebody mad کسی را به شدت عصبانی کردن. اعصاب کسی را خرد کردن

go mad ۱. دیوانه شدن ۲. از کوره در رفتن

like mad مثل دیوانه‌ها

madam / 'madem / *n* ۱. خانم، سرکارِ خانم ۲. زن رئیس‌مآب

madden / 'maden / *vt* ۱. دیوانه کردن ۲. عصبانی کردن

maddening / 'madening / *adj* ۱. دیوانه‌کننده ۲. زجرآور ۳. اعصاب خردکن، کفری‌کننده

made[1] / meyd / *adj* ۱. ساخته، ساخته‌شده ۲. ساختِ ۳. تشکیل‌شده

made[2] / meyd / *p,pp* گذشته و اسم مفعول فعل make

madman / 'madman / *n* (آدم) دیوانه

madness / 'madnis / *n* ۱. دیوانگی، جنون ۲. غیظ، غضب ۳. هیجان

magazine / maga'ziin / *n* مجلّه

maggot / 'maget / *n* کِرمِ حشره، لارو

magic / 'majik / *adj,n* ۱. سحرآمیز، جادویی ◙ ۲. سحر، جادو ۳. تردستی

magical / 'majikâl / *adj* سحرآمیز

magician / ma'jishen / *n* ۱. ساحر، جادوگر ۲. شعبده‌باز

magistrate / 'majistreyt / *n* قاضی دادگاهِ بخش

magnet / 'magnit / *n* ۱. آهن‌ربا ۲. چهرهٔ جذاب ۳. جای دیدنی

magnetic / mag'netik / *adj*
۱. مغناطیسی، آهن‌ربایی ۲. جذاب

magnetism / 'magnitizem / *n*
۱. خاصیت آهن‌ربایی ۲. جذابیت

magnificent / mag'nifisent / *adj*
عالی، شکوهمند

magnify / 'magnifây / *vt*
۱. بزرگ کردن ۲. مبالغه کردن

maid / meyd / *n* ۱. خدمتکار، کلفت ۲. دوشیزه

mail / meyl / *n, vt* ۱. پست ۲. محمولهٔ پستی ◙ ۳. پست کردن

mailbox / 'meylbâks / *n*
۱. صندوق پست ۲. جعبهٔ نامه

mailman / 'meylman / *n* پستچی

main / meyn / *adj* ۱. عمده ۲. اصلی ۳. مهمترین

mainly / 'meynli / *adv* عمدتاً

maintain / meyn'teyn / *vt*
۱. حفظ کردن، ادامه دادن ۲. نگهداری کردن ۳. اداره کردن، خرجی دادن ۴. دفاع کردن از

maintenance / 'meyntenens / *n*
۱. نگهداری، حفظ، حفاظت ۲ خرجی

maize / meyz / *n* ذرت، بلال

majesty / 'majesti / *n* ۱. عظمت، اقتدار، شکوه ۲. سلطنت

major[1] / 'meyjer / *adj* ۱. بزرگ، ارشد ۲. اصلی، عمده ۳. بالغ، کبیر

major[2] / 'meyjer / *n* سرگرد

majority / ma'jâriti / *n* اکثریت

make[1] / meyk / *vt, vi* ۱. ساختن ۲. کردن ۳. باعث شدن ۴. مجبور کردن، واداشتن ۵. به دست آوردن ۶. شدن ۷. رسیدن به ۸. منصوب کردن ۹. خواستن ۱۰. رفتن

be made of something
از جنس چیزی بودن

This shirt is made of cotton.
این پیراهن نخی است.

make do with something ۱. با چیزی ساختن، با چیزی سر کردن ۲. از چیزی به جای چیز دیگر استفاده کردن

make for یک‌راست به سراغ (کسی یا چیزی) رفتن

make off فرار کردن، به چاک زدن

make off with somebody
با کسی فرار کردن

make off with something
دزدیدن، چیزی را برداشتن و فرار کردن

make out ۱. فهمیدن، سردرآوردن ۲. تشخیص دادن ۳. خواندن

make up ۱. از خود درآوردن، سر هم کردن ۲. آشتی کردن ۳. آرایش کردن ۴. جبران کردن ۵. تشکیل دادن

make[2] / meyk / *n* ۱. نوع، جور ۲. [اتومبیل و غیره] مدل ۳. ساخت

maker / 'meyker / *n* ۱. سازنده ۲. [به صورت جمع] کارخانهٔ سازنده

makeshift / 'meykshift / *adj*
موقتی، سردستی

make-up /'meyk âp/ *n* ۱. ساخت ۲. گریم ۳. لوازم آرایش

male /meyl/ *adj,n* ۱. نر، نرینه ۲. مردانه ۳. [مربوط به] مرد یا مردان ▣ ۴. حیوان نر ۵. مرد، پسر

malice /'malis/ *n* سوءِنیت

malicious /ma'lishes/ *adj* ۱. مغرضانه، ناشی از سوء نیت ۲. مغرض، خبیث، بدذات

malnutrition /malnyoo'trishen/ *n* بدی تغذیه، سوءِ تغذیه

malt /molt/ *n* مالت، جوانهٔ خشک‌شدهٔ جو

man /man/ *n* ۱. مرد ۲. انسان ۳. فرد، شخص ۴. [شطرنج] سرباز

manage /'manij/ *vt,vi* ۱. اداره کردن، گرداندن ۲. کنترل کردن ۳. از عهده برآمدن، موفق شدن

management /'manijment/ *n* ۱. مدیریت، اداره ۲. تدبیر ۳. کارفرما، کارفرمایان

manager /'manijer/ *n* مدیر

manageress /manije'res/ *n* مدیره

mane /meyn/ *n* یال

maniac /'meyniyak/ *n* [روان‌شناسی] شیدا، مانیایی

mankind /man'kâynd/ *n* ۱. (نوع) بشر، بشریت ۲. مرد، مردان

manly /'manli/ *adj* مردانه

man-made /man 'meyd/ *adj* مصنوعی، صناعی

mannequin /'manikin/ *n* انکن

manner /'maner/ *n* . طرز، طریق . رفتار، لحن ۳. [به صورت جمع] ب، نزاکت ۴. [ادبیات و هنر] سبک

manoeuvre /ma'noover/ *n* رکت، حرکت ماهرانه، مانور

mansion /'manshen/ *n* انهٔ مجلل، خانهٔ اعیانی

mantelpiece /'mantelpiis/ *n* ش‌بخاری، سَربخاری

manual /'manyuwâl/ *adj,n* . دستی، یدی ▣ ۲. کتاب مبانی

manufacture /manyu'fakcher/ *vt,n* . تولید کردن، ساختن . از خود درآوردن، بافتن ▣ ۳. لید ۴. فرآورده، تولیدات

manufacturer /manyu'fakcherer/ *n* ازنده، تولیدکننده

manuscript /'manyuskript/ *n* . دست‌نویس ۲. نسخهٔ خطی

many /'meni/ *adj,n* . زیاد، سیار، خیلی، متعدد ▣ ۲. بسیاری

a good (*or* great) many بسیاری از، عدهٔ زیادی از

as many as هر چند تا که، به همان تعداد که

many a بسیار، بسیاری، زیاد، متعدد

I've heard him say that many a time. از او شنیده‌ام که بارها این را گفته است.

map /map/ *n,vt* نقشه ۲. نقشه (جایی را) کشیدن

maple /'meypel/ *n* ۱. درخت افرا ۲. چوب افرا

marathon /'marethen/ *n* مسابقهٔ دوی ماراتون

marble /'mârbel/ *n,adj* ۱. سنگ مرمر ۲. تیله ◙ ۳. صاف

march[1] /mârch/ *n* ۱. قدم‌رو ۲. پیاده‌روی ۳. [موسیقی] مارش

March[2] /mârch/ *n* مارس (= ماه سوم سال فرنگی)

mare /mer/ *n* مادیان

margarine /mârje'riin/ *n* کرهٔ نباتی، مارگارین

margin /'mârjin/ *n* ۱. حاشیه ۲. لبه، کناره ۳. مرز، حد ۴. اختلاف

marijuana /mari'wânâ/ *n* ماری‌جوآنا، علف

mark[1] /mârk/ *n* ۱. نشان، علامت ۲. لکه، خراش، خط ۳. [امتحان] نمره

get a good mark نمرهٔ خوبی گرفتن

mark[2] /mârk/ *vt,vi* ۱. علامت زدن، علامت گذاشتن ۲. خط انداختن ۳. اثر گذاشتن ۴. نمره دادن ۵. لک شدن ۶. توجه کردن

marker /'mârker/ *n* علامت، نشان

market /'mârkit/ *n,vt* ۱. بازار ۲. خرید و فروش ۳. تقاضا ◙ ۴. خرید کردن ۵. خرید و فروش کردن ۶. به بازار عرضه کردن

be on the market در بازار بودن، در معرض فروش بودن

marmalade /'mârmâleyd/ *n* مربای پرتقال

marriage /'marij/ *n* ازدواج

marrow /'maro/ *n* کدوی مسمّایی

marry /'mari/ *vi,vt* ۱. ازدواج کردن ۲. با هم ازدواج کردن ◙ ۳. با (کسی) ازدواج کردن

be married to somebody همسرِ کسی بودن، زن یا شوهر کسی بودن

get married ازدواج کردن

Mars /mârz/ *n* ۱. مریخ، بهرام ۲. مارس (= خدای جنگ در اساطیر رومی)

marsh /mârsh/ *n* باتلاق، لجن‌زار

Martian /'mârshen/ *n,adj* ۱. موجود مریخی ◙ ۲. مریخی

martyr /'mârtir/ *n* شهید

marvel /'mârvel/ *n,vi* ۱. اعجاز، شگفتی ◙ ۲. تعجب کردن

marvellous /'mârvles/ *adj* ۱. شگفت‌آور، حیرت‌انگیز ۲. عالی

masculine /'maskyulin/ *adj* ۱. مردانه ۲. [دستور زبان] مذکر

mash /mash/ *vt,n* ۱. [مواد غذایی] کوبیدن، پوره کردن ◙ ۲. پوره

mask /mâsk/ *n,vt* ۱. ماسک ۲. نقاب ◙ ۳. نقاب زدن، ماسک زدن ۴. پنهان کردن

mason /'meysen/ *n* بنّا

mass[1] /mas/ *n* ۱. توده، کُپه ۲. عدهٔ زیادی ۳. بیشتر، اکثر، اغلب

Mass[2] /mas/ *n* آیین عشاءِ ربانی

massacre /ˈmasaker/ *n,vt* ۱. قتل‌عام، کشتار ◙ ۲. قتل‌عام کردن
massage /ˈmasâzh/ *n,vt* ۱. مشت و مال ◙ ۲. ماساژ دادن
massive /ˈmasiv/ *adj* ۱. بزرگ، عظیم ۲. سنگین، حجیم
mast /mâst/ *n* ۱. دکل ۲. تیر
master /ˈmâster/ *n,vt* ۱. آقا، سرور، بزرگ ۲. [سگ و غیره] صاحب ۳. رئیس ۴. استادکار، استاد ۵. (آقا) معلم ◙ ۶. مهار کردن ۷. تسلط پیدا کردن در، یاد گرفتن
masterpiece /ˈmâsterpiis/ *n* شاهکار
mat /mat/ *n* ۱. حصیر ۲. فرش ۳. زیرانداز ۴. پادری ۵. زیربشقابی
matador /ˈmatedor/ *n* گاوباز
match[1] /mach/ *n* کبریت
match[2] /mach/ *n* ۱. مسابقه ۲. هماورد، حریف ۳. همانند، نظیر
be a good match خوب به هم آمدن، با هم جور بودن
meet one's match [ورزش] با حریف خود روبرو شدن
match[3] /mach/ *vt,vi* ۱. مسابقه دادن، به مسابقه واداشتن ۲. برابری کردن ۳. جور بودن، به‌هم آمدن
mate[1] /meyt/ *n* ۱. دستیار ۲. جفت ۳. همسر ۴. رفیق ۵. [در ترکیب] هم‌ـ

mate[2] /meyt/ *vt,n* . [شطرنج] ات کردن ◙ ۲. [شطرنج] مات
material[1] /maˈtiriyâl/ *adj* . مادّی . جسمانی ۳. مهم، اساسی، عمده
material[2] /maˈtiriyâl/ *n* . مادّه . جنس ۳. پارچه ۴. اطلاعات
writing materials نوشت‌افزار
materialize /maˈtiriyâlâyz/ *vi,vt* . تحقق یافتن ◙ ۲. جامهٔ عمل وشاندن
maternal /maˈternâl/ *adj* . مادری ۲. مادرانه
maternity /maˈterniti/ *n* . مادری . حاملگی، آبستنی ۳. زایمان
mathematical /mathiˈmatikâl/ *adj* . ریاضی ۲. بسیار دقیق
mathematician /mathimaˈtishen *n* یاضی‌دان
mathematics /mathiˈmatiks/ *n* یاضیات
maths /maths/ *n* یاضی
matinée /ˈmatiney/ *n* سانس بعدازظهر
matron /ˈmeytren/ *n* . مدیره (بیمارستان) ۲. خانم ناظم
matter /ˈmater/ *n,vi* . مادّه . موضوع ۳. مسئله، مطلب ۴. همیت ◙ ۵. اهمیت داشتن، مهم ودن
as a matter of fact در واقع، راستش را بخواهی

meal[1] /miil/ *n* ۱. غذا ۲. وعدهٔ غذا
meal[2] /miil/ *n* بلغور
mean[1] /miin/ *adj* ۱. خسیس، تنگ‌نظر ۲. خبیث ۳. بدجنس، شرور
mean[2] /miin/ *n,adj* ۱. میانگین، معدل ۲. حد وسط ۳. متوسط
mean[3] /miin/ *vt* ۱. معنی دادن، معنی داشتن، یعنی ۲. به معنی (چیزی) بودن ۳. خواستن، قصد داشتن
be meant to قرار بودن، بنا بودن، باید
mean something to somebody چیزی برای کسی مهم بودن یا اهمیت داشتن
meaning /'miining/ *n,adj* ۱. معنی ۲. منظور، قصد، نیت ◘ ۳. معنی‌دار، بامعنی
What is the meaning of this? یعنی چه؟ معنی این کار چیه؟ چرا این کار را کردی؟
means[1] /miinz/ *n* ۱. وسیله ۲. راه، شیوه، روش
any means of وسیله‌ای برای، راهی برای
by all means البته، حتماً
by means of بوسیلهٔ، از طریقِ
by no means به هیچ وجه، ابداً، اصلاً
means[2] /miinz/ *n* ۱. پول، دارایی، ثروت ۲. استطاعت ۳. درآمد
a man of means آدم ثروتمند

for that matter همین‌طور هم، هم همین‌طور، هم
no matter ۱. مهم نیست ۲. قطع نظر از این که، بدون توجه به این که
What's the matter? چی شده؟
What's the matter with you? چته؟
mattress /'matris/ *n* تشک
mature /ma'chu-er/ *vi,adj* ۱. بالغ شدن ۲. رسیدن ◘ ۳. بالغ ۴ عاقل ۵. رسیده، پخته، جاافتاده
mauve /mov/ *adj,n* (رنگ) ارغوانی روشن
maximum /'maksimem/ *n,adj* حداکثر، منتهادرجه، بیشترین حد
may[1] /mey/ *aux v* ۱. ممکن است، شاید ۲. آرزو می‌کنم که، امید است که
May[2] /mey/ *n* مه (= ماه پنجم سال فرنگی)
maybe /'meybi/ *adv* شاید، ممکن است
mayor /'meyer/ *n* شهردار
mayoress /'meyeris/ *n* شهردار زن
maze /meyz/ *n* ۱. مارپیچ ۲. ماز
me /mii/ *pron* ۱. [ضمیرمفعولی، اول شخص مفرد] مرا، بـه مـن ۲. مـن (جانشین حالت فاعلی)
meadow /'medo/ *n* مرتع

meant /ment/*p,pp*
گذشته و اسم مفعول فعل mean

meantime /'miintâym/*adv*
در این فاصله، در این بین

meanwhile /miin'wâyl/*adv*
۱. در این فاصله ۲. در حالی که

measles /'miizelz/*n* سُرخک

measure[1] /'mezher/*n*
۱. اندازه گیری ۲. مقیاس ۳. اندازه

measure[2] /'mezher/*vt,vi*
۱. اندازه گرفتن ۲. سنجیدن ۳. به سطح (چیزی) رسیدن، درخورِ (چیزی) بودن

measurement /'mezherment/*n*
۱. اندازه‌گیری ۲. اندازه ۳. بُعد

meat /miit/*n* گوشت (قرمز)

mechanic /mi'kanik/*n*
مکانیک، تعمیرکار

mechanical /mi'kanikâl/*adj*
۱. مکانیکی ۲. ماشینی، بدون فکر

mechanism /'mekanizem/*n*
۱. مکانیسم ۲. نظام ۳. ساز و کار

medal /'medâl/*n* نشان، مدال

meddle /'medel/*vi* دخالت کردن، فضولی کردن، سر (چیزی) رفتن

media /'miidiyâ/*n*
صورت جمع medium

medical /'medikâl/*adj,n*
۱. پزشکی ▣ ۲. معاینهٔ پزشکی

medicinal /mi'disinâl/*adj*
۱. دارویی ۲. شفابخش

medicine /'medsin/*n* ۱. پزشکی، طبّ ۲. دارو، دوا ۳. افسون

mediocre /miidi'yoker/*adj*
۱. معمولی، متوسط ۲. پیش‌پاافتاده

meditate /'mediteyt/*vt,vi* ۱. فکر کردن ۲. تأمل کردن، تعمق کردن

meditation /medi'teyshen/*n*
۱. تفکر، تعمق، اندیشه ۲. مکاشفه

Mediterranean /medite'rey-niyen/*adj* مدیترانه‌ای

medium /'miidiyem/*n,adj*
۱. حدّ وسط، تعادل ▣ ۲. متوسط

meet /miit/*vt,vi* ۱. ملاقات کردن ۲. برخورد کردن ۳. تلاقی کردن ۴. (دور هم) جمع شدن ۵. آشنا شدن

meet with روبرو شدن با، مواجه شدن با

meeting /'miiting/*n* ۱. جلسه ۲. اجتماع، گردهمایی ۳. ملاقات

megaphone /'megafon/*n* بوق، بلندگوی دستی

mellow /'melo/*adj* ۱. رسیده، جاافتاده ۲. صاف، هموار ۳. عاقل

melodious /mi'lodiyes/*adj*
خوش‌نوا، خوش‌آهنگ

melody /'melodi/*n* ۱. ملودی ۲. آهنگ ۳. ترانه

melon /'melen/*n* خربزه

melt /melt/*vt,vi* ۱. آب کردن، ذوب کردن ۲. ذوب شدن ۳. حل شدن ۴. حل کردن

member /ˈmember/ *n* عضو

membership /ˈmembership/ *n*
۱. عضویت ۲. اعضا

memorable /ˈmemorebel/ *adj*
فراموش‌نشدنی، به‌یادماندنی

memorial /miˈmoriyâl/ *n,adj*
۱. یادبود ۲. بنای یادبود، یادمان

memorize /ˈmemorâyz/ *vt*
حفظ کردن، به یاد سپردن، از بر کردن

memory /ˈmemori/ *n* ۱. حافظه ۲. خاطره، یاد

childhood memories
خاطرات کودکی

in memory of somebody, to the memory of somebody
به یادِ کسی، برای زنده نگه‌داشتنِ خاطرهٔ کسی

men /men/ *n* صورت جمع man

menace /ˈmenis/ *n,vt* ۱. خطر ۲. تهدید ۳. مزاحم ⊡ ۴. تهدید کردن

mend /mend/ *vt,vi,n* ۱. تعمیر کردن، مرمت کردن ⊡ ۲. بهبود یافتن ⊡ ۳. (چیز) تعمیری ۴. وصله

mending /ˈmending/ *n* ۱. تعمیر، وصله، رفو ۲. لباس‌های تعمیری

mental /ˈmentâl/ *adj* ذهنی

mention /ˈmenshen/ *vt,n* ۱. ذکر کردن، اشاره کردن ⊡ ۲. ذکر، اشاره

Don't mention it.
[در جواب تشکر] قابلی ندارد.

menu /ˈmenyoo/ *n* صورت غذا

mercenary /ˈmersineri/ *n,adj*
۱. (سرباز) مزدور ۲. پول‌دوست

merchandise /ˈmerchendâyz/ *n, vi,vt* ۱. کالا ⊡ ۲. تجارت کردن ⊡ ۳. (کالایی را) تبلیغ کردن

merchant /ˈmerchent/ *n,adj*
۱. بازرگان، تاجر ⊡ ۲. بازرگانی

merciful /ˈmersiful/ *adj*
۱. بخشنده ۲. مهربان، دلرحم، رحیم

merciless /ˈmersilis/ *adj* بیرحم

mercilessly /ˈmersilisli/ *adv*
بیرحمانه، با بیرحمی

mercury /ˈmerkyuri/ *n* جیوه

Mercury /ˈmerkyuri/ *n*
(سیارهٔ) تیر، عطارد

mercy /ˈmersi/ *n* ۱. بخشندگی، عفو ۲. رحم، مروّت ۳. رحمت

be at the mercy of
در پنجهٔ (کسی یا چیزی) گرفتار بودن

mere /ˈmiyer/ *adj* ۱. محض، صِرف، تنها، فقط ۲. کم، کوچک، ناچیز

merely /ˈmiyerli/ *adv* صرفاً، فقط

merge /merj/ *vi* ۱. به تدریج تبدیل شدن ۲. در هم ادغام شدن

merit /ˈmerit/ *vt,n* ۱. ارزش (چیزی را) داشتن، شایستهٔ (چیزی) بودن ⊡ ۲. ارزش، شایستگی

mermaid /ˈmermeyd/ *n*
پری دریایی

merrily /'merili/ *adv*
با خوشحالی، با شور و شادی
merry /'meri/ *adj* شاد، خوشحال
merry-go-round /'meri go raond/ *n* چرخ و فلک
mesh /mesh/ *n* ۱. توری
۲. [به صورت جمع] شبکه ۳. دام
mess /mes/ *n,vt,vi*
۱. به‌هم‌ریختگی ۲. گرفتاری، هَچَل
◙ ۳. پخش و پلا کردن
be in a mess ۱. ریخته و پاشیده بودن، آشفته بودن ۲. در وضع نابسامانی بودن، وضع نابسامانی داشتن
mess about (*or* around)
یَلّلی‌تَلّلی کردن، بازیگوشی کردن، ور رفتن
mess something up خراب کردن، به هم زدن، به هم ریختن

message /'mesij/ *n* پیام، پیغام
messenger /'mesinjer/ *n* قاصد، پیک، پیام‌آور
messy /'mesi/ *adj* ۱. نامرتب، به‌هم‌ریخته، ریخته و پاشیده ۲. کثیف
met /met/ *p,pp*
گذشته و اسم مفعول فعل meet
metal /'metâl/ *n,adj* ۱. فلز
۲. خط آهن، ریل ◙ ۳. فلزی
metallic /mi'talik/ *adj* فلزی
meteor /'miitiyor/ *n* شهاب
meteorological /miitiyoro-'lâjikâl/ *adj* جوّی

meteorology /miitiyo'râloji/ *n*
هواشناسی
meter /'miiter/ *n* ۱. کنتور ۲. متر
method /'methed/ *n* روش
methodical /mi'thâdikâl/ *adj*
منظم، باقاعده، روشمند
metre /'miiter/ *n*
متر
metric /'metrik/ *adj*
متری
metropolis /me'trâpolis/ *n*
۱. کلان‌شهر، شهر بزرگ ۲. مرکز
mew /myoo/ = miaow
miaow /mii'ao/ *n,vi* ۱. میومیو، مئومئو ◙ ۲. مئومئو کردن
mice /mâys/ *n*
صورت جمع mouse
microbe /'mâykrob/ *n* میکروب
microcomputer /mâykro-kâm'pyooter/ *n* ریزکامپیوتر
microphone /'mâykrofon/ *n*
میکروفن
microscope /'mâykroskop/ *n*
میکروسکوپ
microscopic /mâykros'kâpik/ *adj* میکروسکوپی، ذره‌بینی
microwave /'mâykroweyv/ *n*
ریزموج، مایکرووِیو
mid /mid/ *adj,prep* ۱. نیمه، میانه، میان، وسط ۲. اواسطِ
midday /mid'dey/ *n,adj* ظهر
middle /'midel/ *n,adj* ۱. وسط، میان، اواسط ◙ ۲. میانی، میانه

mileage /ˈmâylij/ *n* ۱. مسافت پیموده (برحسب مایل) ۲. میزان سوخت (برحسب مایل)

milestone /ˈmâylston/ *n* ۱. مسافت‌نما ۲. نقطهٔ عطف

military /ˈmiliteri/ *adj* نظامی

milk /milk/ *n* ۱. شیر ۲. شیره

milkman /ˈmilkman/ *n* شیرفروش

milky /ˈmilki/ *adj* ۱. شیری ۲. شیردار، پرشیر ۳. کدر

mill /mil/ *n,vt* ۱. آسیا ۲. کارخانه ۳. نورد ▣ ۴. خرد کردن ۵. آسیا کردن، آرد کردن

miller /ˈmiler/ *n* آسیابان

milliard /ˈmilyârd/ *n* میلیارد

million /ˈmilyen/ *n* میلیون

millionaire /milyeˈner/ *n* میلیونر

millionth /ˈmilyenth/ *n* یک‌میلیونیم

mime /mâym/ *n,vi,vt* ۱. لال‌بازی ▣ ۲. لال‌بازی درآوردن

mimic /ˈmimik/ *adj,vt* ۱. تقلیدی ▣ ۲. ادا(ی کسی یا چیزی را) درآوردن

minaret /mineˈret/ *n* منار، مناره

mince /mins/ *vt,n* ۱. ریزریز کردن ۲. [گوشت] چرخ کردن ▣ ۳. گوشتِ چرخ‌کرده

mind[1] /mâynd/ *n* ۱. ذهن ۲. یاد، خاطر ۳. فکر، عقیده ۴. قصد ۵. عقل ۶. حواس

be out of one's mind دیوانه بودن، عقل خود را از دست دادن

be in the middle of مشغول (کاری) بودن

in the middle of وسطِ، میانِ، نصفه‌های

The baby woke up in the middle of the night. بچه نصفه‌های شب بیدار شد.

Middle Ages, the /midel ˈeyjiz/ *n* قرون وسطی، قرون میانه

Middle East, the /midel ˈiist/ *n* خاورمیانه

midge /mij/ *n* پشه‌ریزه

midget /ˈmijit/ *n* کوتوله

midnight /ˈmidnâyt/ *n,adj* نیمه‌شب، نصف شب

midway /midˈwey/ *adj,adv* نیمه‌راه، بین راه، دروسطِ راه

midwife /ˈmidwâyf/ *n* ماما

might[1] /mâyt/ *p* may گذشتهٔ فعل

might[2] /mâyt/ *n* توان، زور، قدرت

mighty /ˈmâyti/ *adj* ۱. زورمند، قوی ۲. قدرتمند ۳. عظیم، بزرگ

migrant /ˈmâygrent/ *n,adj* مهاجر

migrate /mâyˈgreyt/ *vi* مهاجرت کردن، کوچ کردن

migration /mâyˈgreyshen/ *n* مهاجرت، کوچ

mike /mâyk/ *n* میکروفن

mild /mâyld/ *adj* ۱. آرام، متین ۲. نرم ۳. معتدل ۴. خفیف، سبک

mile /mâyl/ *n* میل، مایل (= نوعی واحد طول برابر با ۱۶۰۹ متر)

change one's mind تصمیم خود را عوض کردن، تغییر عقیده دادن

give someone a piece of one's mind حق کسی را کف دستش گذاشتن، آنچه نباید گفت را به کسی گفتن

I'll give him a piece of my mind if he dares come here again!

اگر جرئت کند باز هم اینجا بیاید آنچه نباید بگویم را به او می‌گویم!

make up one's mind تصمیم گرفتن، تصمیم خود را گرفتن

take someone's mind off something فکر کسی را از چیزی منحرف کردن

mind[2] / mâynd / *vt, vi* ۱. مواظب بودن ۲. توجه کردن ۳. نگهداری کردن ۴. حرفی داشتن، ناراحت شدن، اعتراض داشتن

do you mind, would you mind ممکن است خواهش کنم

mind! mind out! بپّا! مواظب باش!

mine[1] / mâyn / *pron* [ضمیر ملکی، اول شخص مفرد] مالِ من، ـِ من، ـَ م

mine[2] / mâyn / *n, vt, vi* ۱. معدن ۲. نقب ▣ ۳. [معدن] حفر کردن

mining town شهر معدنی

mine[3] / mâyn / *n, vt* ۱. مین ▣ ۲. مین‌گذاری کردن

miner / 'mâyner / *n* کارگر معدن، معدنچی

mineral / 'minerâl / *n, adj* ۱. کانی، مادّهٔ معدنی ▣ ۲. معدنی

mingle / 'mingel / *vt, vi* ۱. مخلوط کردن ▣ ۲. مخلوط شدن ۳. (با دیگران) گرم گرفتن

miniature / 'minicher / *n* ۱. مینیاتور ۲. تصویر مینیاتوری

minimum / 'minimem / *n, adj* ۱. حداقل، کمترین حد ۲. کمترین

minister / 'minister / *n* ۱. وزیر ۲. کاردار ۳. کشیش

ministry / 'ministri / *n* ۱. وزارت ۲. وزارتخانه ۳. هیئت دولت، وزرا ۴. پیشهٔ کشیشی، روحانیت

mink / mink / *n, adj* ۱. مینک (= جانوری شبیه به خز) ۲. پوست مینک

minor / 'mâyner / *adj* ۱. جزئی ۲. فرعی ۳. کوچک، کوچکتر

minority / mây'nâriti / *n* اقلیت

mint / mint / *n* ۱. نعنا ۲. آب‌نبات نعنایی

minus / 'mâynes / *prep* ۱. [دما] زیر صفر ۲. منهای ۳. بدونِ

minute[1] / 'minit / *n* ۱. دقیقه ۲. لحظه، آن ۳. پیش‌نویس

in a minute فوراً، خیلی زود

the minute به محض این که، همان لحظه که

minute[2] / mây'nyoot / *adj* ۱. ریز، خرد، کوچک ۲. جزئی ۳. دقیق

miracle / 'mirakel / *n* معجزه

miraculous / mi'rakyules / *adj* ۱. معجزه‌آسا ۲. اعجاب‌آور
mirage / mi'râzh / *n* سراب
mirror / 'mirer / *n* آیینه
mirth / merth / *n* خوشی، شادمانی
misbehave / misbi'heyv / *vt, vi* ۱. بی‌ادبی کردن ۲. بدرفتاری کردن
misbehaviour / misbi'heyviyer / *n* بی‌ادبی، بی‌نزاکتی، بدرفتاری
miscarriage / mis'karij / *n* ۱. سقط ۲. عدم تحقق ۳. ناکامی
miscellaneous / mise'leyniyes / *adj* جورواجور، متنوع، گوناگون
mischief / 'mischif / *n* ۱. شیطنت ۲. اذیت، آزار ۳. بچهٔ شیطان
be up to (*or* get into) mischief شیطنت کردن
mischievous / 'mischives / *adj* ۱. شیطان، تُخس ۲. زیان‌آور ۳. شیطنت‌آمیز، موذیانه
misdeed / mis'diid / *n* خلاف
miser / 'mâyzer / *n* خسیس
miserable / 'mizrebel / *adj* ۱. بدبخت ۲. غم‌انگیز، دلگیر ۳. ناچیز ۴. بد، ضعیف
misery / 'mizeri / *n* ۱. بدبختی، بیچارگی ۲. رنج، درد، غصه
misfire / mis'fâyer / *vi* [اتومبیل] روشن نشدن، استارت نزدن
misfortune / mis'forchoon / *n* بدبختی، بداقبالی، بدبیاری
misgiving / mis'giving / *n* شک، تردید، بی‌اعتمادی، سوءظن
mishap / 'mis-hap / *n* بدبیاری
mislaid / mis'leyd / *p, pp* گذشته و اسم مفعول فعل mislay
mislay / mis'ley / *vt* جایی گذاشتن و فراموش کردن
mislead / mis'liid / *vt* ۱. گمراه کردن ۲. گول زدن ۳. منحرف کردن
misled / mis'led / *p, pp* گذشته و اسم مفعول فعل mislead
misprint / mis'print / *vt, n* ۱. غلط چاپ کردن ◙ ۲. غلط چاپی
miss[1] / mis / *vt, vi* ۱. از دست دادن ۲. نگرفتن ۳. نرسیدن به ۴. نخوردن به، برخورد نکردن ۵. توجه نکردن به، ندیدن ۶. گم کردن ۷. دلتنگ شدن برای ۸. متأسف شدن
miss something out از قلم انداختن، ننوشتن
Miss[2] / mis / *n* خانم، سرکار خانم
misshapen / mis'sheypen / *adj* [بدن] ناقص، معیوب، ازشکل‌افتاده
missile / 'misâyl / *n* موشک
missing / 'mising / *adj* ۱. گم، گمشده، مفقود ۲. کم ۳. مفقودالاثر
mission / 'mishen / *n* مأموریت
missionary / 'misheneri / *n* [مسیحیت] مبلّغ مذهبی
mist / mist / *n, vt, vi* ۱. مه ۲. بخار ◙ ۳. مه گرفتن ۴. بخار گرفتن

mistake /mis'teyk/ *n, vt, vi* ۱. اشتباه، غلط، خطا ◙ ۲. اشتباه کردن ۳. اشتباه گرفتن، عوضی گرفتن
by mistake اشتباهاً
make a mistake اشتباه کردن
mistaken[1] /mis'teyken/ *adj* اشتباه، اشتباهی، نادرست، غلط
be mistaken اشتباه کردن، در اشتباه بودن
mistaken[2] /mis'teyken/ *pp* اسم مفعول فعل mistake
mistook /mis'tuk/ *p* گذشتهٔ فعل mistake
mistress /'mistris/ *n* ۱. بانو ۲. خانم معلّم ۳. معشوق، محبوب
mistrust /mis'trâst/ *vt, n* ۱. بی‌اعتماد بودن به ◙ ۲. بی‌اعتمادی
misunderstand /misânder'stand/ *vt* غلط فهمیدن، غلط تعبیرکردن

misunderstanding /misânder'standing/ *n* سوءِتفاهم
misunderstood /misânder'stud/ *p, pp* گذشته و اسم مفعولِ فعل misunderstand
mitten /'miten/ *n* دستکش
mix[1] /miks/ *vt, vi* ۱. مخلوط کردن ۲. مخلوط شدن ۳. (با هم) جوشیدن
mix up ۱. قاطی کردن ۲. به‌هم ریختن ۳. یکی را به جای دیگری گرفتن، یکی را با دیگری اشتباه گرفتن
mix[2] /miks/ *n* مخلوط، آمیزه
mixer /'mikser/ *n* مخلوط کن
mixture /'mikscher/ *n* ۱. آمیزش، اختلاط ۲. مخلوط، آمیزه
moan /mon/ *n, vi* ۱. ناله ◙ ۲. ناله کردن ۳. شکوه کردن
moat /mot/ *n* خندق
mob /mâb/ *n* ۱. گروه اراذل و اوباش، لات و لوت‌ها ۲. جمعیّت، ازدحام ۳. عوام ۴. دار و دسته
mobile /'mobâyl/ *adj* ۱. متحرک ۲. سیّار ۳. روان، سیال ۴. متغیر
mobility /mo'biliti/ *n* تحرک، جنبش، سیلان، تغییرپذیری
mobilize /'mobilâyz/ *vt* بسیج کردن
mock /mâk/ *vt, vi, adj* ۱. ادای (کسی را) درآوردن ۲. مسخره کردن ◙ ۳. کاذب، ساختگی، دروغی ۴. آزمایشی، تمرینی
mockery /'mâkeri/ *n* استهزا
mode /mod/ *n* ۱. شیوه ۲. مُد
model /'mâdel/ *n, vt, vi* ۱. مدل ۲. مدل زنده ۳. ماکت ۴. مانکن ۵. نمونه ◙ ۶. شکل دادن ◙ ۷. مدل قرار گرفتن، مانکن بودن
moderate[1] /'mâderit/ *adj, n* ۱. معتدل ۲. متوسط ۳. میانه‌رو
moderate[2] /'mâdereyt/ *vt, vi* ۱. تعدیل کردن ◙ ۲. معتدل شدن
moderately /'mâderitli/ *adv* ۱. نه‌چندان ۲. تقریباً ۳. نسبتاً

Mon /ˈmândi/ = Monday

monarch /ˈmânârk/ *n* ۱. پادشاه، سلطان ۲. فرمانروای مطلق

monarchy /ˈmânârki/ *n* ۱. سلطنت، پادشاهی ۲. کشور سلطنتی

monastery /ˈmânestri/ *n* دیر، صومعه

Monday /ˈmândi/ *n* دوشنبه

money /ˈmâni/ *n* ۱. پول ۲. ثروت

make money ۱. پول درآوردن ۲. پول‌دار شدن

money-box /ˈmâni bâks/ *n* قلّک

mongrel /ˈmângrel/ *n,adj* ۱. سگ بی‌اصل و نسب ۲. حیوان دورگه ◙ ۳. دورَگه، التقاطی

monitor /ˈmâniter/ *n* ۱. مبصر ۲. دستگاه کنترل ۳. [کامپیوتر] نمایشگر

monk /mânk/ *n* راهب

monkey /ˈmânki/ *n* میمون

monotonous /moˈnâtenes/ *adj* ۱. یکنواخت ۲. خسته کننده، ملال‌آور

monster /ˈmânster/ *n,adj* ۱. هیولا، غول ۲. دیو، شیطان ◙ ۳. غول‌پیکر، غول‌آسا

monstrous /ˈmânstres/ *adj* ۱. غول‌پیکر ۲. مخوف، وحشت‌انگیز، هولناک ۳. مزخرف

month /mânth/ *n* ماه

modern /ˈmâdern/ *adj* ۱. جدید، نو، نوین، امروزی ۲. معاصر

modernize /ˈmâdernâyz/ *vt* نو کردن، نوسازی کردن، امروزی کردن

modest /ˈmâdist/ *adj* ۱. متواضع، فروتن ۲. محجوب، باحیا

modesty /ˈmâdisti/ *n* ۱. فروتنی، تواضع ۲. حجب، حیا

modify /ˈmâdifây/ *vt* تغییر دادن

Mohammedan /moˈhamiden/ *n, adj* ۱. مسلمان ۲. اسلامی

moist /moyst/ *adj* مرطوب

moisten /ˈmoysen/ *vt,vi* ۱. مرطوب کردن، تر کردن ◙ ۲. مرطوب شدن، تر شدن

moisture /ˈmoyscher/ *n* ۱. رطوبت، نم ۲. بخار

mold /mold/ = mould

mole /mol/ *n* ۱. خال ۲. موش کور

molten[1] /ˈmolten/ *adj* مذاب

molten[2] /ˈmolten/ *pp* اسم مفعول فعل melt

moment /ˈmoment/ *n* ۱. لحظه، آن ۲. وقت، موقع، زمان

at the moment فعلاً، در حال حاضر

in a moment فوراً، خیلی زود

the moment به محض این که، همان لحظه‌ای که

momentary /ˈmomentri/ *adj* ۱. گذرا، زودگذر، موقتی ۲. لحظه‌ای

monthly /'mânthli/ *adj,n* ۱. ماهانه ◘ ۲. ماه‌نامه

monument /'mânyument/ *n* ۱. بنای یادبود، یادمان ۲. بنای تاریخی، اثر تاریخی

moo /moo/ *n* [صدای گاو] ما، ماغ

mood /mood/ *n* ۱. حال، حال و حوصله ۲. [دستور زبان] وجه

not be in the mood for حال یا حوصلهٔ (چیزی یا کاری را) نداشتن

moody /'moodi/ *adj* ۱. دمدمی ۲. عبوس، بدخلق، عنق، گرفته

moon /moon/ *n* ۱. ماه ۲. قمر

be over the moon خوشحال شدن، از خوشحالی بال درآوردن

once in a blue moon گه‌گاه، خیلی کم، به ندرت

moonlight /'moonlâyt/ *n,adj* ۱. مهتاب ◘ ۲. مهتابی

moonlit /'moonlit/ *adj* مهتابی

moor[1] /mor/ *n,vt* ۱. زمین بایر، بوته‌زار ◘ ۲. بستن، مهار کردن ۳. به اسکله بستن

Moor[2] /mor/ *n* عرب مغربی

moorings /'moringz/ *n* جایگاه مهار کشتی

mop /mâp/ *n,vt* ۱. (وسیلهٔ) زمین شور ◘ ۲. پاک کردن، تمیز کردن

mop up [آب و غیره] با کهنه پاک کردن

moped /'moped/ *n* موتورگازی

moral /'mârel/ *adj,n* ۱. اخلاقی ۲. وجدانی، معنوی ◘ ۳. درس، درس اخلاقی، نتیجهٔ اخلاقی

morally /'mâreli/ *adv* ۱. اخلاقاً، از لحاظ اخلاقی ۲. احتمالاً، عملاً

morals /'mârelz/ *n* اصول اخلاقی، اخلاقیات

more /mor/ *adj,adv,n* ۱. بیشتر ۲. دیگر ۳. [درصفت تفضیلی] ـ تر

more or less تقریباً، کم و بیش

not any more دیگر، دیگه، حالا دیگه

once more یک بار دیگر، دوباره

morning /'morning/ *n* ۱. صبح ۲. صبحگاه، بامداد، طلوع آفتاب

Morse /mors/ = Morse code

Morse code /mors 'kod/ *n* الفبای مورس، رمز مورس

mortal /'mortâl/ *adj* ۱. فانی، فناپذیر، میرنده ۲. کُشنده، مرگ‌آور

mortgage /'morgij/ *vt,n* ۱. رهن گذاشتن ◘ ۲. وام مسکن ۳. رهن ۴. مبلغ رهن

Moslem /'mâzlim/ = Muslim

mosque /mâsk/ *n* مسجد

mosquito /mâs'kiito/ *n* پشه

moss /mâs/ *n* خزه

mossy /'mâsi/ *adj* خزه‌دار

most /most/ *adj,adv,n* ۱. بیشترین، زیادترین ۲. [در صفت عالی]

-ترین ۳. اکثرِ، بیشترِ، قسمت اعظمِ ۴. بسیار ◘ ۵. بیشتر آن‌ها ۶. حداکثر
at (the) most حداکثر، فوقش
make the most of something حداکثر استفاده را از چیزی کردن
mostly /ˈmostli/ *adv* ۱. عمدتاً، بیشتر، در اکثر موارد ۲. معمولاً
motel /moˈtel/ *n* مُتل
moth /mâth/ *n* ۱. شب‌پره ۲. بید
moth eaten /ˈmâth iiten/ *adj* ۱. بیدزده، بیدخورده ۲. زهوار دررفته، فکسنی ۳. کهنه
mother /ˈmâdher/ *n* مادر
motherly /ˈmâdherli/ *adj* مادری، مادرانه، مادروار
motion /ˈmoshen/ *n,vt,vi* ۱. حرکت ۲. اشاره ◘ ۳. اشاره کردن
in motion در حال حرکت
put (*or* set) something in motion چیزی را به حرکت درآوردن
motionless /ˈmoshenlis/ *adj* بی‌حرکت، ساکن
motive /ˈmotiv/ *n,adj* ۱. انگیزه ۲. درون‌مایه، مضمون ◘ ۳. محرکه
motor /ˈmoter/ *n,adj* ۱. موتور ◘ ۲. موتوری ۳. [مربوط به] وسایل نقلیهٔ موتوری ۴. حرکتی
motorbike /ˈmoterbâyk/ *n* موتورسیکلت
motor-boat /ˈmoter bot/ *n* قایق موتوری
motor car /ˈmoter kâr/ *n* اتومبیل
motorcycle /ˈmotersâykel/ *n* موتورسیکلت
motorist /ˈmoterist/ *n* راننده
motorway /ˈmoterwey/ *n* آزادراه، اتوبان
motto /ˈmâto/ *n* شعار
mould[1] /mold/ *n,vt* ۱. قالب ۲. الگو ◘ ۳. قالب‌ریزی کردن
mould[2] /mold/ *n* کپک
mouldy /ˈmoldi/ *adj* کپک‌زده
mound /maond/ *n* تل، پشته، کپه
mount[1] /maont/ *n* کوه
mount[2] /maont/ *vt,vi* ۱. بالا رفتن ۲. سوار شدن ۳. سوار کردن
mountain /ˈmaontin/ *n* کوه
mountaineer /maontiˈniyer/ *n* ۱. کوه‌نورد ۲. کوه‌نشین

mountaineering /maontiˈni-yering/ *n* کوه‌نوردی
mourn /morn/ *vi,vt* سوگواری کردن، مویه کردن
mourner /ˈmorner/ *n* عزادار
mournful /ˈmornful/ *adj* ۱. غصه‌دار، اندوهگین ۲. غم‌انگیز
mouse /maos/ *n* موش
mousetrap /ˈmaostrap/ *n,adj* ۱. تله موش ◘ ۲. [پنیر] نامرغوب
moustache /mosˈtâsh/ *n* سبیل
mouth /maoth/ *n* ۱. دهان ۲. دهانه، مدخل ۳. [رودخانه] مصب

mouthful /'maothful/ *n* ۱. لقمه، جرعه، قُلُپ ۲. (به اندازهٔ) یک دهان پر

mouth-organ /'maoth orgân/ *n* سازدهنی

mouthpiece /'maothpiis/ *n* سر، دهنی (= قسمتی از سازهای بادی که در دهان یا نزدیک دهان قرار می‌گیرد.)

move[1] /moov/ *vt,vi* ۱. جنباندن، تکان دادن ۲. جنبیدن ۳. منتقل کردن ۴. حرکت کردن ۵. احساسات (کسی را) برانگیختن ۶. اقدام کردن ۷. واداشتن

move about (*or* around) ۱. جابه‌جا کردن ۲. جابه‌جا شدن، حرکت کردن

move in به خانهٔ جدید رفتن، اسباب‌کشی کردن

move out خانه را خالی کردن، اسباب‌کشی کردن

move[2] /moov/ *n* ۱. حرکت ۲. [در بازی] نوبت ۳. اقدام

get a move on عجله کردن

movement /'moovment/ *n* ۱. حرکت، جنبش ۲. تحرک

movie /'moovi/ *n* فیلم (سینمایی)

movies /'mooviz/ *n* سینما

mow /mo/ *vt* چیدن، زدن

mower /'mo-er/ *n* چمن‌زن

mown /mon/ *pp* اسم مفعول فعل mow

Mr /'mister/ *n* آقای

Mrs /'misiz/ *n* خانمِ (قبل از اسم زن شوهردار به‌کار می‌رود.)

Ms /miz/ *n* خانمِ (پیش از اسم زن شوهردار یا بی‌شوهر به‌کار می‌رود.)

much /mâch/ *adj,adv,n* ۱. زیاد، خیلی ۲. خیلی از، مقدار زیادی از ۳. خیلی‌اش، مقدار زیادی از آن ۴. قدر، اندازه

as much as همان قدر که، همان اندازه که

be too much for somebody از تحمل کسی خارج بودن

this (*or* that) much این قدر، این اندازه

mud /mâd/ *n,vt* ۱. گِل ▣ ۲. گِلی کردن، گل‌آلود کردن

muddle /'mâdel/ *vt* ۱. به‌هم ریختن ۲. افتضاح کردن ۳. گیج کردن، آشفته کردن ۴. اشتباه گرفتن، عوضی گرفتن

muddle through یک جوری رفع و رجوع کردن، یک جوری سر کردن

muddy /'mâdi/ *adj,vt* ۱. گِلی ۲. گل‌آلود، کدر ۳. غلیظ ۴. بی‌روح ۵. آشفته ▣ ۶. گِلی کردن، گل‌آلود کردن ۷. پیچیده‌تر کردن

mudguard /'mâdgârd/ *n* گِل‌گیر

muffle /'mâfel/ *vt* ۱. [صدا] خفه کردن ۲. پیچیدن (در)

muffler /ˈmâfler/ *n* ۱. [اسلحه] صداخفه‌کن ۲. منبع اگزوز

mug[1] /mâg/ *n* ۱. لیوان دسته‌دار ۲. پَک و پوز، سر و صورت ۳. هالو

mug[2] /mâg/ *vt* لخت کردن، زدن

mugger /ˈmâger/ *n* دزد

muggy /ˈmâgi/ *adj* شرجی، دَم‌دار

mule /myool/ *n* قاطر، استر

multiple /ˈmâltipel/ *adj,n* ۱. چندگانه ◘ ۲. [ریاضیات] مضرب

multiplication /mâltipliˈkeyshen/ *n* ۱. [حساب] ضرب ۲. تکثیر

multiply /ˈmâltiplây/ *vt,vi* ۱. ضرب کردن ۲. تکثیر کردن

multi-storey /mâlti ˈstori/ *adj* چندطبقه

multitude /ˈmâltityood/ *n* ۱. تعدد، فراوانی، کثرت ۲. عوام

mum /mâm/ *n* مامان

mumble /ˈmâmbel/ *vi* مِن‌مِن کردن، غرغر کردن

mummy /ˈmâmi/ *n* مامان

mumps /mâmps/ *n* [بیماری] اوریون

murder /ˈmerder/ *n,vt,vi* ۱. قتل ◘ ۲. به قتل رساندن ۳. کشتار کردن

murderer /ˈmerderer/ *n* قاتل

murderously /ˈmerderesli/ *adv* به‌طور کُشنده‌ای، بسیار سخت

murmur /ˈmermer/ *n,vi* ۱. زمزمه ◘ ۲. زمزمه کردن

muscle /ˈmâsel/ *n* ماهیچه، عضله

muscular /ˈmâskyulâr/ *adj* ۱. عضلانی ۲. عضله‌دار ۳. قوی

museum /myooˈziyem/ *n* موزه

mushroom /ˈmâshrum/ *n,adj* ۱. قارچ (خوراکی) ◘ ۲. قارچ‌گونه

music /ˈmyoozik/ *n* ۱. موسیقی ۲. آهنگ ۳. نغمه ۴. نت

musical /ˈmyoozikâl/ *adj,n* ۱. موسیقایی ۲. موسیقی‌دوست ◘ ۳. نمایش یا فیلم موزیکال

musician /myooˈzishen/ *n* ۱. موسیقی‌دان، موسیقی‌شناس ۲. نوازنده ۳. اجراکننده ۴. آهنگ‌ساز

Muslim /ˈmuzlim/ *n,adj* ۱. مسلمان ۲. اسلامی

mussel /ˈmâsel/ *n* صدف خوراکی (پوسته‌سیاه)

must /mâst/ *aux v,n* ۱. باید ۲. مجبور بودن ◘ ۳. امر ضروری

must have done something باید کاری انجام شده باشد

You must have seen him. باید او را دیده باشی.

mustache /mosˈtâsh/ *n* سبیل

mustard /ˈmâsterd/ *n* ۱. گیاه خردل ۲. سس خردل

mustn't /ˈmâsent/ = must not

You mustn't be late. تو نباید دیرکنی.

musty /ˈmâsti/ *adj* کپک‌زده

mute /myoot/ *adj,n* ۱. خاموش، ساکت، بدون صدا ۲. لال، گنگ

mutter / 'mâter / *vt, vi, n*
۱. زیر لب گفتن ◙ ۲. پچ پچ
mutton / 'mâten / *n* گوشت گوسفند
mutual / 'myoochu-âl / *adj*
۱. متقابل ۲. دوطرفه ۳. مشترک
muzzle / 'mâzel / *n, vt* ۱. پوزه، پوز ۲. پوزبند ◙ ۳. پوزبند زدن به
my / mây / *adj* [صفت ملکی، اول شخص مفرد] ـَـ م، ـِـ من
myself / mây'self / *pron*
۱. [ضمیر انعکاسی، اول شخص مفرد] خودم را، به خودم، از خودم، خودم ۲. [ضمیر تأکیدی] خودم
by myself تنها، به تنهایی
I live by myself. من تنها زندگی می‌کنم.
mysterious / mis'tiriyes / *adj*
۱. مرموز، اسرارآمیز ۲. مخفی، پنهانی
mystery / 'mistri / *n* ۱. راز، سرّ ۲. معمّا ۳. ابهام ۴. کشف و شهود
myth / mith / *n* اسطوره، افسانه

N

N,n /en/n اِن
(= چهاردهمین حرف الفبای انگلیسی)

nail /neyl/n,vt ۱. ناخن ۲. میخ
▣ ۳. میخ زدن، میخکوب کردن

nail varnish /ˈneyl vârnish/n
لاک (ناخن)

naked /ˈneykid/adj لخت، برهنه

name /neym/n,vt ۱. اسم، نام
۲. شهرت ▣ ۳. اسم گذاشتن، نامیدن

by name به اسم

call somebody names
به کسی بد و بیراه گفتن، فحش دادن

in the name of ۱. به نام
۲. به خاطرِ ۳. از طرفِ، از جانبِ ۴. به نامِ، به حکمِ

make a name for oneself
مشهور شدن، صاحب نام شدن

namely /ˈneymli/adv یعنی،
بدین معنی که

nanny /ˈnani/n ۱. لله، دایه ۲. ننه

nap /nap/n,vi ۱. چُرت
▣ ۲. چرت زدن، یک‌چرت خوابیدن

napkin /ˈnapkin/n ۱. دستمالِ
سفره ۲. پوشک، کهنهٔ بچه

nappy /ˈnapi/n پوشک

narrate /naˈreyt/vt نقل کردن،
روایت کردن، شرح دادن، تعریف کردن

narration /naˈreyshen/n ۱. نقل،
شرح ۲. داستان ۳. قصه‌نویسی

narrator /naˈreyter/n قصه‌گو،
داستان‌سرا

narrow /ˈnaro/adj ۱. باریک،
کم‌عرض ۲. تنگ ۳. محدود

have a narrow escape
از خطر جستن، خطر از بیخ گوش کسی گذشتن، جان سالم به در بردن

have a narrow squeak
قسر دررفتن، از خطر جستن، خطر از بیخ گوش کسی گذشتن

narrowly /ˈnaroli/adv ۱. به زور،
زورکی ۲. به سختی ۳. به دقت

nasty /ˈnâsti/adj ۱. بد، زننده
۲. کثیف ۳. پردردسر ۴. بداخلاق

nation /ˈneyshen/n ملّت

national /ˈnashnâl/adj,n ۱. ملّی
۲. عمومی، سرتاسری ▣ ۳. تبعه

nationalism /ˈnashnalizem/n
۱. ملی‌گرایی ۲. وطن‌پرستی

nationalist /ˈnashnalist/adj,n
۱. ملی‌گرا، ملی ۲. وطن‌پرست

nationality /nashˈnaliti/n
۱. ملیّت ۲. هویت ملّی ۳. تابعیت

nationalization /nashnâlây-'zayshen/ *n* ملی کردن، ملی‌سازی
nationalize /'nashnalâyz/ *vt* ۱. ملّی کردن ۲. تابعیت دادن به
native /'neytiv/ *n,adj* ۱. بومی، اهلِ ۲. آبا و اجدادی، مادری
natural /'nachrâl/ *adj* ۱. طبیعی ۲. ذاتی، فطری ۳. عادی، معمول
naturally /'nachrâli/ *adv* ۱. به‌طور طبیعی، طبیعی ۲. طبعاً، طبیعتاً ۳. ذاتاً ۴. البته، مسلماً
nature /'neycher/ *n* ۱. طبیعت ۲. طبع ۳. ماهیّت ۴. خصلت، ویژگی
naughtiness /'nâtinis/ *n* ۱. تُخسی، شیطنت ۲. شرارت
naughty /'nâti/ *adj* ۱. تُخس، شیطان، شَر ۲. حرف‌نشنو ۳. بدجنس
nautical /'notikâl/ *adj* [مربوط به] دریانوردی
naval /'neyvâl/ *adj* ۱. دریایی ۲. [مربوط به] نیروی دریایی
navigate /'navigeyt/ *vt,vi* ۱. جهت‌یابی کردن ۲. [کشتی یا هواپیما] هدایت کردن ۳. عبور کردن از
navigator /'navigeyter/ *n* ۱. ناوبر، افسر ناوبر ۲. دریانورد
navy /'neyvi/ *n* نیروی دریایی
navy blue /neyvi 'bloo/ *adj* سرمه‌ای، آبی سیر
near[1] /'niyer/ *adj,adv,prep* ۱. نزدیک ۲. صمیمی ۳. پهلویِ

near[2] /'niyer/ *vt,vi* ۱. نزدیک شدن به ▣ ۲. نزدیک شدن
nearby /'niyerbây/ *adj,adv* ۱. نزدیک ▣ ۲. در همین نزدیکی
Near East, the /niyer 'iist/ *n* خاورمیانه
nearly /'niyerli/ *adv* تقریباً
not nearly به هیچ وجه، اصلاً، ابداً
neat /niit/ *adj* ۱. منظم، مرتب ۲. آراسته، پاکیزه، تمیز ۳. تر و تمیز، شسته و رفته ۴. قشنگ، ترگل ورگل ۵. [مشروب] خالص
neatness /'niitnis/ *n* ۱. آراستگی ۲. نظم، نظم و ترتیب، سامان
necessarily /nese'serili/ *adv* ناچار، ناگریز، لزوماً، الزاماً
not necessarily نه الزاماً، نه همیشه
necessary /'nesesri/ *adj* ۱. لازم، ضروری ۲. واجب ۳. محتوم
necessity /ni'sesiti/ *n* ۱. ضرورت، الزام، لزوم ۲. نیاز، احتیاج
neck /nek/ *n* ۱. گردن ۲. یقه ۳. گردنه ۴. تنگه ۵. دماغه
neck and neck پا به پای هم، دوش به دوش هم، شانه به شانه
necklace /'neklis/ *n* گردنبند
nectar /'nektâr/ *n* شهد، نوش
need[1] /niid/ *n,vt* ۱. نیاز، احتیاج ۲. ضرورت، لزوم ۳. فقر، تنگدستی ▣ ۴. احتیاج داشتن، نیاز داشتن، خواستن ۵. لازم بودن

neither /ˈnâydher/ *pron,adj,adv*
۱. هیچ کدام ۲. هیچ یک از ۳. هیچ ۴. نه ۵. هم نه (به دنبال عبارت منفی)
neither...nor نه... و نه
He neither wrote nor phoned.
نه نامه نوشت و نه تلفن کرد.
neon /ˈniyân/ *n* (گاز) نئون
nephew /ˈnefyoo/ *n*
۱. پسر خواهر ۲. پسر برادر
nerve /nerv/ *n* ۱. عصب، پی
۲. جرئت، شهامت ۳. جسارت
have the nerve to do something
جرئت کاری را داشتن، شهامت انجام دادن کاری را داشتن
lose one's nerve ترسیدن، خود را باختن، جرئت خود را از دست دادن
nerves /nervz/ *n* ۱. اعصاب
۲. حالت عصبی
get on somebody's nerves
اعصاب کسی را خرد کردن
nervous /ˈnerves/ *adj*
۱. [مربوط به] اعصاب ۲. عصبی
nervousness /ˈnervesnis/ *n*
نگرانی، ناآرامی، حالت عصبی
nest /nest/ *n,vi* ۱. لانه، آشیانه، خانه ◙ ۲. آشیانه ساختن
nestle /ˈnesel/ *vi,vt* ۱. لمیدن، آرمیدن ۲. در آغوش (کسی) رفتن ◙ ۳. بغل کردن، در آغوش گرفتن
nestling /ˈnestling/ *n* جوجه
net[1] /net/ *n,vt* ۱. تور ۲. توری

be in need of احتیاج داشتن به
need[2] /niid/ *aux v*
۱. مجبور بودن ۲. لازم بودن ۳. باید
needle /ˈniidel/ *n* ۱. سوزن
۲. میل (بافتنی) ۳. سوزن گرامافون
needless /ˈniidlis/ *adj* ۱. عبث، غیرضروری ۲. بی‌اساس، بیخود
needn't /ˈniident/ = need not
needy /ˈniidi/ *adj* فقیر، محتاج
negative /ˈnegetiv/ *adj,n* ۱. منفی ◙ ۲. نگاتیو ۳. عبارت منفی
neglect /nigˈlekt/ *vt,n*
۱. غفلت کردن، کوتاهی کردن ۲. فراموش کردن ◙ ۳. غفلت، کوتاهی
negligence /ˈneglijens/ *n* غفلت، مسامحه، اهمال، قصور، بی‌توجهی
negligent /ˈneglijent/ *adj*
۱. مسامحه‌کار ۲. غافل، فراموشکار
Negress /ˈniigris/ *n* زن سیاه، زن سیاه‌پوست
Negro /ˈniigro/ *n* سیاه، سیاه‌پوست
neigh /ney/ *n,vi* ۱. شیهه
◙ ۲. شیهه کشیدن
neighbour /ˈneyber/ *n* همسایه
neighbourhood /ˈneyberhud/ *n*
۱. همسایگی، مجاورت ۲. محله
neighbouring /ˈneybering/ *adj*
۱. همسایه، مجاور ۲. نزدیک
neighbourly /ˈneyberli/ *adj*
۱. دوستانه، گرم ۲. همسایگی

Happy New Year! سال نو مبارک!

newly /ˈnyooli/ *adv* ۱. به‌تازگی، تازه، جدیداً، اخیراً ۲. به صورت جدید، به نحو جدید(ی)

news /nyooz/ *n* خبر، اخبار

break the news to somebody خبری را به گوش کسی رساندن، خبری را به کسی دادن

on the news در اخبار

newsagent /ˈnyoozeyjent/ *n* ۱. روزنامه‌فروش ۲. روزنامه‌فروشی

newspaper /ˈnyoozpeyper/ *n* روزنامه

newsstand /ˈnyoozstand/ *n* پیشخوان روزنامه‌فروشی

New Zealand /nyoo ˈziiland/ *n, adj* ۱. زلاند نو ▣ ۲. [مربوط به] زلاند نو

New Zealander/ nyoo ˈziilander/ *n* اهل زلاند نو

next /nekst/ *n,adj,adv* ۱. بعد ۲. بعدی ۳. نفر بعد(ی) ۴. آینده ۵. بعداً ۶. پهلویِ، کنارِ ۷. نزدیک‌ترین

come next بعد از (کسی یا چیزی) آمدن

next to nothing تقریباً هیچ، بسیار کم

the next بعدی

next to /ˈnekst tu/ *prep,adv* ۱. پهلوی، کنارِ، نزدیکِ ۲. چسبیده به

۳. شبکه ۴. دام، تله ▣ ۵. به تور انداختن، با تور گرفتن یا صید کردن

net[2] /net/ *adj* ۱. خالص ۲. ویژه

netting /ˈneting/ *n* ۱. تور، توری ۲. تورسازی ۳. صید (با تور)

nettle /ˈnetel/ *n* گزنه

network /ˈnetwerk/ *n* شبکه

neuter /ˈnyooter/ *adj,n* ۱. خنثی ۲. نازا، عقیم ▣ ۳. حیوان اخته

neutral /ˈnyootrâl/ *adj,n* ۱. بی‌طرف ۲. خنثی ۳. بی‌اثر ۴. بی‌تفاوت، عادی ۵. [دندهٔ اتومبیل] خلاص ▣ ۶. دندهٔ خلاص

neutron /ˈnyootrân/ *n* نوترون

never /ˈnever/ *adv* هرگز

never mind مهم نیست، عیبی ندارد، ناراحت نباش

Well, I never! خیلی عجیب است! باورکردنی نیست! به حق چیزهای نشنیده!

nevertheless/ neverdheˈles/ *adv, conj* با این همه، با وجود این

new /nyoo/ *adj* ۱. جدید، تازه ۲. نو، کارنکرده ۳. تازه‌وارد، ناآشنا ۴. نوبرانه

be new to somebody برای کسی تازگی داشتن

be new to something تازه وارد جایی شدن، تازه کاری را شروع کردن، به کاری وارد نبودن

new year سال نو

nightingale /ˈnâytingeyl / *n* بلبل

nightly /ˈnâytli / *adj,adv* شبانه

nightmare /ˈnâytmer / *n* کابوس

night-watchman / nâyt ˈwâch-man / *n* نگهبان شب

nil / nil / *n* هیچ

nine / nâyn / *adj,n* ۱. نه (تا) ◙ ۲. عدد نه (۹) ۳. شمارهٔ نه

nineteen / nâynˈtiin / *adj,n* ۱. نوزده (تا) ◙ ۲. عدد نوزده (۱۹) ۳. شمارهٔ نوزده

nineteenth / nâynˈtiinth / *n,adj* ۱. یک‌نوزدهم ۲. نوزدهمی ◙ ۳. نوزدهمین، نوزدهم

ninetieth / ˈnâyntiyeth / *n,adj* ۱. یک‌نودم ۲. نودمی ◙ ۳. نودمین

ninety / ˈnâynti / *adj,n* ۱. نود (تا) ◙ ۲. عدد نود (۹۰) ۳. شمارهٔ نود ۴. [به صورت جمع] دههٔ نود

be in one's nineties بالای نود سال داشتن

in the nineties در دههٔ ۹۰

ninth / nâynth / *n,adj* ۱. یک‌نهم ۲. نهمی ◙ ۳. نهمین، نهم

nip / nip / *vt,vi* ۱. گاز گرفتن ۲. (لای چیزی) گیر انداختن ۳. زدن

nitrogen / ˈnâytrojen / *n* ازت، نیتروژن

no / no / *adj,adv,n* ۱. نه ۲. نه! نه بابا! ۳. نـَ‍ـ (= پیشوند نفی فعل) ۴. هیچ ◙ ۵. جواب رد، پاسخ منفی

nib / nib / *n* سر قلم، نوک قلم

nibble / ˈnibel / *vt,vi,n* ۱. دندان زدن ۲. جویدن ◙ ۳. گاز ۴. لقمه

nice / nâys / *adj* ۱. خوب، عالی ۲. خوشایند ۳. مهربان، دوستانه

nice and... ... و خوب

Here is nice and warm.
اینجا گرم و خوب است.

nicely / ˈnâysli / *adv* ۱. زیبا، خوب، به خوبی، مثل ماه ۲. با دقت

nickel / ˈnikel / *n* ۱. نیکل ۲. [در امریکا و کانادا] سکهٔ پنج سِنتی

nickname / ˈnikneym / *n,vt* ۱. اسمِ خودمانی، لقب ◙ ۲. اسم (روی کسی) گذاشتن، (به کسی) لقب دادن

nicotine / ˈnikotiin / *n* نیکوتین

niece / niis / *n* ۱. دختر خواهر، خواهرزاده ۲. دختر برادر، برادرزاده

night / nâyt / *n* ۱. شب ۲. تاریکی

all night (long) تمام شب، در طول شب

first night [فیلم و نمایش] شب اول

Good night! شب بخیر!

night after night شب‌های متمادی

night and day شب و روز، بی‌وقفه

nightclub / ˈnâytklâb / *n* ۱. کلوبِ شبانه، باشگاه شبانه ۲. کاباره

nightdress / ˈnâytdres / *n* لباس خواب زنانه، پیراهن خواب

nightfall / ˈnâytfol / *n* غروب

noble /'nobel/ *adj,n* ۱. اشرافی، اشراف ۲. شریف، اصیل، بزرگ‌منش
nobody /'nobâdi/ *pron,n* ۱. هیچ کس ◙ ۲. آدم بی‌سر و پا
nocturnal /nâk'ternâl/ *adj* ۱. شبانه ۲. شب‌پرواز، شب‌گرد
nod /nâd/ *vi,vt,n* ۱. سر تکان دادن ۲. چرت زدن ◙ ۳. تکان دادن سر
noise /noyz/ *n,vt* ۱. سر و صدا ۲. پارازیت ◙ ۳. شایع کردن
make a noise سر و صدا کردن
noiseless /'noyzlis/ *adj* بی‌سر و صدا، آهسته
noisily /'noyzili/ *adv* با سر و صدا
noisy /'noyzi/ *adj* شلوغ، پرسر و صدا
nomad /'nomad/ *n* ۱. چادرنشین ۲. خانه به دوش، آواره
none /nân/ *pron,adv* ۱. هیچی ۲. هیچ کدام، هیچ یک ۳. هیچ کس
none of هیچ کدام از
nonsense /'nânsens/ *n* ۱. چرند، مزخرف ۲. رفتار نامعقول
non-stop /nân 'stâp/ *adj,adv* ۱. یک‌سره، بدون توقف ۲. بی‌وقفه
noodle /'noodel/ *n* رشته‌فرنگی
noon /noon/ *n* ظهر
no one /'no wân/ *pron* هیچ کس
nor /nor/ *conj* ۱. و نه ۲. هم نه
normal /'normâl/ *adj* طبیعی
normally /'normâli/ *adv* ۱. به‌طور عادی، عادی ۲. معمولاً
north /north/ *n,adj,adv* ۱. شمال ◙ ۲. شمالی ◙ ۳. به طرف شمال
northerly /'nordherli/ *adj,adv* ۱. شمالی ۲. به طرف شمال
northern /'nordhern/ *adj* شمالی
North Pole /'north pol/ *n* قطب شمال
northward[1] /'northword/ *adj* شمالی
northward[2]**(s)** /'northword(z)/ *adv* به طرف شمال، در جهت شمال
nose /noz/ *n* ۱. بینی، دماغ ۲. پوزه، نوک، دماغه، جلو، سر
blow one's nose فین کردن، دماغ خود را گرفتن
under somebody's nose درست جلو چشم کسی
nostril /'nâstril/ *n* سوراخ بینی
nosy /'nozi/ *adj* فضول، کنجکاو
not /nât/ *adv* ۱. نَـ ـ (= پیشوند نفی فعل) ۲. نه ۳. نه این که
notable /'notebel/ *adj,n* ۱. درخور توجه، چشمگیر، برجسته، مهم ◙ ۲. آدم مهم، چهرهٔ سرشناس
note[1] /not/ *n* ۱. یادداشت ۲. نامهٔ کوتاه ۳. اسکناس ۴. [به صورت جمع] توضیحات ۵. [موسیقی] نت

give in (*or* hand in) one's notice
کارفرما را از ترک کار باخبر کردن، استعفای خود را به کارفرما اطلاع دادن
take no notice of اعتنا نکردن به، اهمیت ندادن به، محل نگذاشتن به
take notice of ترتیب اثر دادن به
notice-board /'notis bord/ *n*
تابلوی اعلانات
notify /'notifây/ *vt* خبر دادن، اطلاع دادن
notion /'noshen/ *n* ۱. تصور ۲. عقیده، نظر ۳. قصد، نیّت ۴. خیال
notorious / no'toriyes/ *adj*
بدنام، انگشت‌نما، معروف
nought / not / *n* ۱. صفر ۲. هیچ
noun / naon / *n* [دستور زبان] اسم
nourish /'nârish / *vt* ۱. تغذیه کردن ۲. پروراندن ۳. کود دادن
nourishment /'nârishment / *n*
۱. خوراک، غذا ۲. تغذیه
novel /'nâvel / *n* داستان بلند، رمان
novelist /'nâvelist / *n*
داستان‌نویس، نویسنده
November / no'vember / *n*
نوامبر (= یازدهمین ماه سال فرنگی)
now / nao / *adv, conj* ۱. حالا، اکنون، الآن ۲. همین حالا، همین الآن ۳. در این وقت ۴. خوب، خوب حالا
from now on از حالا به بعد

take note of توجه کردن به
take notes یادداشت برداشتن
note[2] / not / *vt* ۱. توجه کردن، دقت کردن ۲. یادداشت کردن
note down یادداشت کردن
notebook /'notbuk / *n*
دفتر یادداشت
notepaper /'notpeyper / *n*
کاغذ نامه
nothing /'nâthing / *n* ۱. هیچ چیز، هیچی، هیچ ۲. هیچ کاری
be nothing like
هیچ شباهتی نداشتن به
for nothing ۱. مجانی، رایگان ۲. بی‌فایده، بیهوده، بی‌حاصل
have nothing on لخت بودن، لباس تن (کسی) نبودن
have nothing to do with somebody ۱. به کسی مربوط نشدن، هیچ ربطی به کسی نداشتن ۲. از کسی دوری کردن، با کسی معاشرت نکردن
mean nothing to somebody
برای کسی اهمیتی نداشتن
nothing but هیچ چیز جز
notice /'notis / *n, vt, vi* ۱. آگهی ۲. اطلاع ▣ ۳. توجه کردن ۴. دیدن
at short notice با عجله، بدون آمادگی لازم
come to somebody's notice
خبردار شدن، پی بردن، مطلع شدن

now and again, now and then
گاهی، گاه‌گاهی، هرازگاهی

nowadays /'nao-edeyz/ *adv*
امروزه، این روزها

nowhere /'nower/ *adv* هیچ جا، هیچ کجا

nowhere near به هیچ وجه، اصلاً

nuclear /'nyookliyer/ *adj*
هسته‌ای، اتمی

nuisance /'nyoosens/ *n* ۱. مزاحم
۲. مزاحمت، دردسر، گرفتاری

numb /nâm/ *adj,vt* ۱. کرخ، بی‌حس ۲. بهت‌زده ◙ ۳. کرخ کردن

number /'nâmber/ *n,vt* ۱. عدد
۲. رقم ۳. تعداد، شمار ۴. تعدادی ۵. شماره، نمره ◙ ۶. شماره گذاشتن

a number of ۱. تعدادی، چند تا
۲. تعداد زیادی

any number of تعداد زیادی

telephone number شماره تلفن

numberless /'nâmberlis/ *adj*
بی‌شمار، بی‌حد و حصر

numeral /'nyoomerâl/ *adj,n*
۱. عددی ◙ ۲. عدد

numerous /'nyoomeres/ *adj*
زیاد، بسیار زیاد، متعدد

nun /nân/ *n* راهبه، زن تارک دنیا

nurse /ners/ *n,vt,vi* ۱. پرستار
۲. پرستار بچه ◙ ۳. پرستاری کردن
۴. پرستار بودن ۵. مواظبت کردن از

nursery /'nerseri/ *n* ۱. مهد کودک
۲. خزانه، قلمستان ۳. اتاق بازی

nursery rhyme /'nerseri râym/ *n*
اشعار کودکانه

nursery school /'nerseri skool/ *n*
کودکستان، مهد کودک

nursing home /'nersing hom/ *n*
آسایشگاه (سالمندان)

nut /nât/ *n* ۱. میوهٔ مغزدار
(مانند گردو، فندق، پسته و غیره) ۲. مُهره

a nut [عامیانه] ۱. دیوانه، احمق
۲. طرفدار دوآتشه، طرفدار پروپا قرص

nutcrackers /'nâtkrakerz/ *n*
فندق‌شکن

nylon /'nâylân/ *n* نایلون

nylons /'nâylânz/ *n* جوراب نایلون (زنانه)، جوراب‌شلواری نایلون

O

O,o / o / *n* ۱. اُ (= پانزدهمین حرفِ الفبای انگلیسی) ۲. صفر (مخصوصاً هنگام گفتن شمارهٔ تلفن)

oak / ok / *n,adj* ۱. (درخت) بلوط ۲. چوب بلوط ▣ ۳. بلوطی

oar / or / *n* ۱. پارو ۲. پاروزن

oasis / o'eysis / *n* واحه، آبادی

oat / ot / *adj* [مربوط به] جو دوسر

oath / oth / *n* ۱. قسم، سوگند ۲. کفرگویی ۳. فحش، ناسزا

obedience / o'biidiyens / *n* اطاعت، فرمانبرداری

obedient / o'biidiyent / *adj* مطیع، فرمانبردار

obey / o'bey / *vt, vi* اطاعت کردن

object[1] / 'âbjikt / *n* ۱. شیء ۲. هدف ۳. قصد ۴. [دستور زبان] مفعول

object[2] / âb'jekt / *vi* اعتراض کردن، مخالفت ورزیدن

objection / âb'jekshen / *n* اعتراض، مخالفت، ایراد

have an objection to اعتراض داشتن به

obligation / âbli'geyshen / *n* ۱. وظیفه، تعهد، دِین ۲. اجبار

oblige / ob'lâyj / *vt* ۱. مجبور کردن ۲. لطف کردن

be obliged to مجبور بودن

obliging / ob'lâyjing / *adj* مددکار، مهربان، دارای حس همکاری

obscene / âb'siin / *adj* هرزه، کثیف

obscenity / âb'seniti / *n* هرزگی

obscure / âbs'kyur / *adj, vt* ۱. تیره، تار ▣ ۲. پنهان کردن، پوشاندن

observation / âbzer'veyshen / *n* ۱. مشاهده ۲. بینش ۳. معاینه

be under observation ۱. تحتِ مراقبت بودن ۲. تحت نظر بودن

keep someone under observation کسی را زیر نظر گرفتن

observatory / âb'zervetri / *n* رصدخانه

observe / âb'zerv / *vt, vi* ۱. مشاهده کردن ۲. دیدن ۳. رعایت کردن، مراعات کردن ۴. جشن گرفتن

obsess / âb'ses / *vt* ذهن (کسی را) مشغول داشتن

be obsessed with فکر و ذکر (کسی) بودن، هوش و حواس (کسی را) به خود مشغول داشتن

obsession / âb'seshen / *n*
۱. دل‌مشغولی، اشتغال ذهن ۲. نگرانی

obstinate / 'âbstinit / *adj* لجوج

obstruct / âbs'trâkt / *vt* بستن

obstruction / âbs'trâkshen / *n*
۱. ممانعت، کارشکنی ۲. مانع

obtain / âb'teyn / *vt, vi* ۱. به دست آوردن ۲. خریدن ▣ ۳. معمول بودن، حکم‌فرما بودن

obvious / 'âbviyes / *adj* ۱. آشکار، واضح، روشن ۲. ساده

obviously / 'âbviyesli / *adv*
آشکارا، ظاهراً، معلوم بودن که

occasion / â'keyzhen / *n, vt*
۱. وقت، موقع ۲. فرصت ۳. دلیل، موجب ▣ ۴. موجب شدن

occasional / â'keyzhenâl / *adj*
۱. اتفاقی، گاه و بیگاه ۲. بامناسبت

occasionally / â'keyzhenâli / *adv*
گاه به گاه، گاهی اوقات

occupation / âkyu'peyshen / *n*
۱. سکونت ۲. شغل ۳. سرگرمی

occupy / 'âkyupây / *vt* ۱. به تصرف درآوردن ۲. اشغال کردن، گرفتن ۳. به خود اختصاص دادن

occur / â'ker / *vi* اتفاق افتادن

occur to somebody
به ذهن کسی خطور کردن، از فکر کسی گذشتن، به یاد کسی آمدن

occurrence / â'kârens / *n*
۱. رویداد، اتفاق ۲. وقوع

ocean / 'oshen / *n* اقیانوس

o'clock / o'klâk / *adv* ساعتِ

October / âk'tober / *n* اکتبر
(= دهمین ماه سال فرنگی که ۳۱ روز است.)

octopus / 'âktepes / *n* هشت‌پا

oculist / 'âkyulist / *n* چشم‌پزشک

odd / âd / *adj* ۱. [عدد] فرد ۲. تاق، لِنگه ۳. ناقص ۴. اتفاقی ۵. عجیب

be the odd one out
خارج از جمع قرار گرفتن، با دیگران هم‌سنخ نبودن، تک افتادن، تنها ماندن

odds / âdz / *n* احتمال، شانس

the odds be against somebody
شانس کسی (در چیزی) کم بودن

of / âv / *prep* ۱. ــِ (= کسرهٔ اضافه که درخط فارسی معمولاً نوشته نمی‌شود.) ۲. از ۳. با ۴. به ۵. اهلِ

off / âf / *adv, prep, adj* ۱. دور، دور از، دورتر ۲. از، از روی ۳. خارج از ۴. در کنارِ ۵. دست راستی ۶. تمام، پایان‌یافته ۷. قطع ۸. مرخصی ۹. [غذا] فاسد

be badly off فقیر بودن

be well off پولدار بودن، وضع مالی خوبی داشتن

on and off *or* **off and on**
به‌طور نامنظم، یک خط در میان

offence / â'fens / *n* ۱. خلاف، جرم ۲. گناه ۳. توهین ۴. آزار ۵. حمله

take offence رنجیدن، دلخور شدن

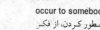

offend /â'fend/ *vi,vt*
۱. تخلف کردن ۲. ناراحت کردن
offender /â'fender/ *n* متخلف، خلافکار
offensive /â'fensive/ *adj,n*
۱. آزارنده ۲. زننده ۳. توهین‌آمیز، موهن ۴. تهاجمی ◙ ۵. حمله
offer /'âfer/ *vt,vi,n* ۱. پیشنهاد کردن ۲. تعارف کردن ۳. سعی کردن ۴. پیش آمدن ◙ ۵. پیشنهاد، عرضه
accept an offer
پیشنهادی را پذیرفتن
make an offer to somebody
به کسی پیشنهادی کردن
on offer ۱. برای عرضه، موجود
۲. با تخفیف، با قیمت استثنایی
refuse an offer
پیشنهادی را رد کردن
withdraw an offer
پیشنهادی را پس گرفتن
office /'âfis/ *n* ۱. دفتر ۲. اداره
۳. قدرت ۴. مقام، منصب
office block /'âfis blâk/ *n*
ساختمان اداری
officer /'âfiser/ *n* ۱. افسر
۲. مأمور، متصدی ۳. کارمند عالی‌رتبه، مقام ۴. [در خطاب به پلیس] سرکار
official /â'fishâl/ *adj,n* ۱. رسمی
۲. ظاهری ◙ ۳. مأمور، مقام
often /'âfen/ *adv* ۱. اغلب، بیشتر، بیشتر اوقات ۲. بارها، به دفعات، به کرّات ۳. مکرّر
oh /o/ *intj* اوه! وای!
oil /oyl/ *n,vt* ۱. روغن ۲. نفت ۳. نفت سفید ۴. چرب‌زبانی ◙ ۵. روغن زدن، روغن‌کاری کردن
oilcan /'oylkan/ *n* روغن‌دان
oil colour /'oyl kâler/ *n*
رنگ روغنی
oilfield /'oylfiild/ *n* منطقهٔ نفت‌خیز، حوزهٔ نفتی، میدان نفتی
oil-fired /'oyl fâyerd/ *adj*
نفت‌سوز
oil-painting /'oyl peynting/ *n*
نقاشی رنگ روغن
oil rig /'oyl rig/ *n*
سکوی حفاری (نفت)
oil-tanker /'oyl tanker/ *n* نفتکش
oily /'oyli/ *adj* ۱. چرب ۲. روغنی
ointment /'oyntment/ *n* پماد، مرهم
OK /o'key/ *adv,adj,n,vt*

۱. خوب، باشه ۲. بله، آره ◙ ۳. درست، خوب ◙ ۴. موافقت، اجازه ◙ ۵. موافقت کردن، اجازه دادن
okay /o'key/ = OK
old /old/ *adj* ۱. سال، ساله ۲. پیر
۳. کهنه، قدیمی ۴. سابق، پیشین
be an old hand at something
در کاری خبره بودن
old age پیری، سالخوردگی

the old سالخوردگان

old-fashioned / old 'fashend / *adj*

۱. قدیمی، کهنه، ازمدافتاده ۲. امّل

olive / 'âliv / *n,adj* ۱. زیتون

۲. درخت زیتون ۳. (رنگ) زیتونی

Olympic Games / olimpik 'geymz / *n* بازی‌های المپیک

omelette / 'âmlit / *n* املت

omission / o'mishen / *n* ۱. حذف

۲. (از قلم)افتادگی ۳. غفلت، قصور

omit / o'mit / *vt* ۱. انداختن

۲. حذف کردن، زدن ۳. سرسری گرفتن

on / ân / *adv,prep* ۱. روی، بر روی، بر ۲. در ۳. دربارهٔ ۴. جلو ۵. به سوی

and so on و غیره، و مانند آن

be on at somebody نق زدن به

on and on بی‌وقفه، یکسره، پیوسته

once / wâns / *adv,conj* ۱. یک بار

۲. روزی ۳. اصلاً ◘ ۴. همین‌که

all at once ۱. ناگهان، یک‌دفعه

۲. همه با هم

at once ۱. فوراً، همین الآن

۲. در آنِ واحد

(just) for once فقط یک بار، یک بار هم که شده، استثنائاً این بار

once again, once more یک بار دیگر، دوباره، از نو

once and for all برای همیشه، به‌طور قطعی

once in a while گاهی، گاه‌گاهی، بعضی اوقات

once or twice یکی دوبار، چندبار

once upon a time [در قصه‌های کودکان] یکی بود یکی نبود غیر از خدا هیچ کس نبود

oncoming / 'ânkâming / *adj,n*

۱. نزدیک‌شونده ◘ ۲. حلول

one / wân / *n,adj,pron* ۱. عدد یک

۲. یک، ـ ی (یای نکره یا وحدت) ۳. یکی، کسی ۴. شخص ۵. آن، آن یکی

one another یکدیگر، همدیگر

one by one یکی یکی

oneself / wân'self / *pron*

۱. [ضمیر انعکاسی] خود، خود را، به خود، از خود ۲. [ضمیر تأکیدی] خودش

(all) by oneself تنها، به تنهایی

onion / 'ânyen / *n* پیاز

onlooker / 'ânluker / *n* ناظر، تماشاچی

only / 'onli / *adj,adv,conj* ۱. تنها

۲. فقط ◘ ۳. اما این‌که، فقط این‌که

an only child بچهٔ یکی یه دونه

not only...but also نه تنها... بلکه

He not only did the shopping but also cooked the meal.

او نه تنها خرید کرد بلکه غذا را هم پخت.

only just ۱. تازه، همین حالا

۲. فقط و فقط، به زور، به زحمت

onward[1] /'ânword / *adj*
پیش‌رونده، رو به جلو
onward[2]**(s)** /'ânword(z) / *adv*
۱. رو به جلو، به پیش ۲. به بعد
ooze / ooz / *vi,vt* ۱. تراوش کردن، پس دادن ۲. نقصان یافتن
open[1] /'open / *adj* ۱. باز ۲. آزاد ۳. روباز ۴. همگانی، عمومی
in the open, in the open air
در فضای باز، در هوای آزاد
open[2] /'open / *vt,vi* ۱. باز کردن، گشودن ۲. باز شدن ۳. شروع شدن
opener /'opener / *n* ۱. دربازکن ۲. [در ترکیب] ـ بازکن
opening /'opening / *n* ۱. شکاف، سوراخ ۲.آغاز، شروع ۳.کار، جای خالی ۴.گشایش ۵. افتتاحیه
openly /'openli / *adv* آشکارا، علناً
opera /'âperâ / *n* اُپرا
operate /'âpereyt / *vt,vi*
۱. کار کردن ۲. به کار انداختن ۳. اداره کردن ۴. [جراحی] عمل کردن
operation / âpe'reyshen / *n*
۱. عملکرد، طرز کار ۲. عمل (جراحی)
operator /'âpereyter / *n*
۱. گرداننده ۲. کارگر فنی ۳. اُپراتور
opinion / o'pinyen / *n* ۱. نظر، عقیده، رأی ۲. افکار عمومی
opium /'opiyem / *n* تریاک، افیون
opponent / o'ponent / *n* ۱. حریف، هماورد ۲. مخالف

opportunity / âpor'tyooniti / *n*
فرصت
oppose / o'poz / *vt*
۱. مخالفت کردن ۲. مقابله کردن
as opposed to something
در تقابل با، و نه
be opposed to something
با چیزی مخالف بودن
opposite /'âpozit / *adj,adv,n, prep* ۱. روبرو، مقابل ۲. مخالف، ضدّ، عکس ۳. روبروِی، مقابلِ
opposition / âpo'zishen / *n*
۱. مخالفت، تضاد ۲. جناح مخالف
opt / âpt / *vi* انتخاب کردن
optical /'âptikâl / *adj* ۱. بصری، بینایی، دیداری ۲. نوری، نورشناختی
optician / âp'tishen / *n* عینک‌ساز
optimism /'âptimizem / *n*
۱.خوش‌بینی ۲. آیین خوش‌بینی
optimist /'âptimist / *n*
(آدم) خوش‌بین
optimistic / âpti'mistik / *adj*
۱. خوش‌بین ۲. خوش‌بینانه
option /'âpshen / *n* ۱. انتخاب، گزینش ۲. اختیار، حق انتخاب ۳. شِق، امکان، راه
optional /'âpshenâl / *adj*
اختیاری، انتخابی
or / or / *conj* ۱. یا، یا این که ۲. وگرنه

or so یا در همین حدود
oral /'orâl/ *adj* شفاهی، گفتاری
orange /'ârinj/ *n,adj* ۱. پرتقال ۲. درخت پرتقال ۳. (رنگ) نارنجی
orangeade /ârinj'eyd/ *n* شربت پرتقال
orbit /'orbit/ *n,vi,vt* ۱. مدار ▣ ۲. در مدار حرکت کردن، دور زدن
orchard /'orcherd/ *n* باغ (میوه)
orchestra /'orkistrâ/ *n* ارکستر
ordeal /or'diil/ *n* عذاب
order[1] /'order/ *n* ۱. نظم، ترتیب ۲. دستور، امر ۳. سفارش ۴. حواله
be on order (چیزی را) سفارش دادن
in order *or* **in good order** منظم، مرتب
in order that تا این‌که، برای این‌که
in order to تا این‌که، برای این‌که
keep someone in order کسی را کنترل کردن
out of order ۱. خراب ۲. آشفته، به‌هم‌ریخته ۳. بیجا، نامعقول

order[2] /'order/ *vt* ۱. دستور دادن ۲. مرتّب کردن ۳. سفارش دادن
orderly /'orderli/ *adj* ۱. مرتّب، منظم، بسامان ۲. باانضباط
ordinary /'ordineri/ *adj* ۱. معمولی، عادی ۲. پیش‌پاافتاده
out of the ordinary عجیب، غیرعادی
ore /or/ *n* سنگ معدن، کانه
organ[1] /'organ/ *n* ۱. اندام، عضو ۲. وسیله، ابزار ۳. سازمان، نهاد
organ[2] /'organ/ *n* اُرگ
organist /'organist/ *n* اُرگ‌زن، نوازندهٔ ارگ
organization /organây'zeyshen/ *n* ۱. سازمان، تشکیلات ۲. سازمان‌دهی
organize /'organâyz/ *vt* ۱. منظم کردن ۲. سازمان دادن
Orient /'oriyent/ *n* شرق
oriental /ori'yentâl/ *adj* شرقی
orientate /'oriyenteyt/ *vt* ۱. موقعیت (خود را) تشخیص دادن ۲. (خود را) تطبیق دادن با
origin /'ârijin/ *n* ۱. منشأ، مبدأ، سرچشمه، اصل ۲. آغاز، ابتدا
original /o'rijinâl/ *adj,n* ۱. نخستین، اوّلیه ۲. جدید، تازه ۳. اصیل ۴. اصلی ▣ ۵. نسخهٔ اصلی
originally /o'rijinâli/ *adv* ۱. در اصل، در ابتدا ۲. مبتکرانه
ornament /'ornament/ *n,* ۱. تزیین، زینت، آرایش ۲. آرایه، زیور
ornamental /orna'mentâl/ *adj* تزیینی، زینتی
orphan /'orfen/ *n,adj,vt* ۱. یتیم ▣ ۲. یتیم کردن
orphanage /'orfenij/ *n* پرورشگاه
ostrich /'âstrich/ *n* شترمرغ

other /'âdher/ *adj,adv,pron* ۱. دیگر ۲. دیگری ۳. طور دیگر ۴. جز
other than مگر، بجز، به استثنای
something or other یک چیزی
sometime or other یک وقتی
somewhere or other یک جایی
the other day چند روز پیش
otherwise /'âdherwâyz/ *adv* ۱. طور دیگر ۲. به جز این، از جهات دیگر ۳. در غیر این صورت، وگرنه
ouch /aoch/ *intj* آخ!
ought to /'at to/ *aux v* باید
ounce /aons/ *n* اونس (= واحد وزن برابر با ۲۸/۳۵ گرم)
our /aor/ *adj* [صفت ملکی، اول شخص جمع] ـِ مان، ـِ ما
ours /aorz/ *pron* [ضمیر ملکی، اول شخص جمع] مال ما، ـِ ما، ـِ مان
ourselves /aor'selvz/ *pron* ۱. [ضمیر انعکاسی، اول شخص جمع] خودمان را، به خودمان، از خودمان، خودمان ۲. [ضمیر تأکیدی] خودمان
by ourselves تنها، به تنهایی
out /aot/ *adv,adj* ۱. بیرون، خارج، به خارج ۲. خاموش ۳. بیهوش ۴. [توپ] اوت ۵. ممنوع
out-and-out کامل، تمام‌عیار، به تمام معنا، صددرصد
outbreak /'aotbreyk/ *n* ۱. شیوع، بروز، ظهور ۲. طغیان، آشوب
outcome /'aotkâm/ *n* حاصل
outdoor /'aotdor/ *adj* بیرون، بیرونی، خارج از ساختمان
outdoors /aot'dorz/ *adv* بیرون
outer /'aoter/ *adj* ۱. بیرونی، خارجی ۲. رو، رویی ۳. دور، دوردست
outfit /'aotfit/ *n,vt* ۱. لوازم، وسایل، ساز و برگ ◘ ۲. مجهز کردن
outgrew /aot'groo/ *p* گذشتهٔ فعل outgrow
outgrow /aot'gro/ *vt* ۱. بزرگتر شدن از ۲. تندتر رشد کردن از
outgrown /aot'gron/ *pp* اسم مفعول فعل outgrow
outing /'aoting/ *n* سفر تفریحی
outlaw /'aotlo/ *n,vt* ۱. یاغی، قانون‌شکن ◘ ۲. غیرقانونی اعلام کردن ۳. ممنوع کردن
outline /'aotlâyn/ *n,vt* ۱. خطوط اصلی، طرح کلی، طرح ۲. رئوس مطالب ◘ ۳. طرح کلّی (چیزی را) دادن
outlive /aot'liv/ *vt* بیشتر عمر کردن از
outlook /'aotluk/ *n* چشم‌انداز
outlying /'aotlâying/ *adj* دورافتاده
outnumber /aot'nâmber/ *vt* [از حیث شمار] بیشتر بودن از
out-of-date /aot âv 'deyt/ *adj* کهنه، قدیمی، منسوخ

output /'aotput/ *n* ۱. تولید، محصول ۲. بازده ۳. [کامپیوتر] برون‌ـ داد ۴. [دستگاه صوتی] خروجی

outrage /'aotreyj/ *n,vt* ۱. ظلم، تعدی، خشونت ۲. اهانت ۳. خشم، برآشفتگی ⊡ ۴. خشمگین کردن ۵. اهانت کردن

outside /aot'sâyd/ *n,adj,adv* ۱. بیرون، خارج ⊡ ۲. بیرونی، خارجی ۳. بیشترین، حداکثر ۴. کم ⊡ ۵. بیرون از، خارج از

outsider /aot'sâyder/ *n* بیگانه

outskirts /'aotskerts/ *n* حومه، حول و حوش، اطراف

outstanding /aot'standing/ *adj* ۱. برجسته، عالی، چشمگیر ۲. معوّق

outward[1] /'aotword/ *adj* ۱. بیرونی، خارجی ۲. ظاهری، سطحی، صوری

outward[2]**(s)** /'aotword(z)/ *adv* به بیرون، به طرف خارج

oval /'ovâl/ *n,adj* ۱. بیضی ⊡ ۲. بیضی‌شکل

oven /'âven/ *n* ۱. فِر ۲. تنور ۳. اجاق

over /'over/ *adv,prep* ۱. بالایِ، رویِ، از رویِ ۲. بیش از، به بالا ۳. سرتاسر ۴. آن طرف، این طرف ۵. به‌طور کلّی، تماماً ۶. دربارهٔ ۷. وارونه ۸. مانده، باقی‌مانده ۹. تمام، پایان‌یافته ۱۰. بیش از اندازه

all over again *or* **over again** یک بار دیگر، دوباره، از نو

over and over (again) بارها، به طور مکرر، به دفعات

overall[1] /over'ol/ *adj,adv* روی‌هم‌رفته، در مجموع، کلّی

overall[2] /'overol/ *n* روپوش

overalls /'overolz/ *n* شلوار کار

overcame /over'keym/ *p* گذشتهٔ فعل overcome

overcast /over'kâst/ *adj,n* ۱. گرفته، ابری ⊡ ۲. هوای ابری

overcoat /'overkot/ *n* پالتو

overcome[1] /over'kâm/ *vt,vi* ۱. شکست دادن ۲. پیروز شدن، بردن

overcome[2] /over'kâm/ *pp* اسم مفعول فعل overcome

overcrowded /over'kraodid/ *adj* ۱. شلوغ، پرازدحام ۲. پرجمعیت

overdid /over'did/ *p* گذشتهٔ فعل overdo

overdo /over'doo/ *vt* ۱. افراط کردن ۲. مبالغه کردن

overdone[1] /over'dân/ *adj* [غذا] بیش از حد پخته

overdone[2] /over'dân/ *pp* اسم مفعول فعل overdo

overdue /over'dyoo/ *adj* ۱. پرداخت‌نشده، عقب‌افتاده ۲. دیر، عقب

overlook / over'luk / *vt* ۱. مشرف بودن بر ۲. بی‌توجهی کردن به ۳. پی نبردن ۴. چشم‌پوشی کردن

overnight / over'nâyt / *adj,adv* ۱. شبانه، شب ۲. یک‌شبه، ناگهان

overpower / over'pawer / *vt* مغلوب کردن، غلبه کردن، چیره شدن

oversight / 'oversâyt / *n* ۱. غفلت، سهو ۲. نظارت، سرپرستی

oversleep / over'sliip / *vi* خواب ماندن

overslept / over'slept / *p,pp* گذشته و اسم مفعول فعل oversleep

overtake / over'teyk / *vt* ۱. سبقت گرفتن از، گرفتن ۲. غافلگیر کردن ۳. مستولی شدن بر

overtaken / over'teyken / *pp* اسم مفعول فعل overtake

overthrew / over'throo / *p* گذشتهٔ فعل overthrow

overthrow / over'thro / *vt* برانداختن، ساقط کردن، سرنگون کردن

overthrown / over'thron / *pp* اسم مفعول فعل overthrow

overtime / 'overtâym / *n,adv* اضافه کار، اضافه کاری

overtook / over'tuk / *p* گذشتهٔ فعل overtake

overturn / over'tern / *vt,vi* ۱. واژگون کردن ▣ ۲. چپ شدن

overflow[1] / over'flo / *vt,vi* ۱. سررفتن، لبریز شدن ۲. طغیان کردن ۳. بیرون ریختن

overflow[2] / 'overflo / *n* ۱. سرریزش ۲. سرریز

overgrown / over'gron / *adj* ۱. پیش‌رس ۲. پر از، پوشیده از

overhaul[1] / over'hol / *vt* بازدید کردن، معاینه کردن

overhaul[2] / 'overhol / *n* بازدید، معاینه

overhead[1] / over'hed / *adv* بالای سر، بالا، بالایی

overhead[2] / 'overhed / *adj* هوایی

overhear / over'hiyer / *vt* به گوش (کسی) خوردن، اتفاقی شنیدن، شنیدن

overheard / over'herd / *p,pp* گذشته و اسم مفعول فعل overhear

overjoyed / over'joyd / *adj* شاد، شنگول، سرمست

overland / 'overland / *adj,adv* ۱. زمینی ▣ ۲. از راه خشکی

overlap[1] / over'lap / *vt,vi* ۱. روی هم افتادن ۲. تداخل داشتن

overlap[2] / over'lap / *n* ۱. هم‌پوشانی ۲. تداخل

overload[1] / over'lod / *vt* اضافه بار کردن

overload[2] / 'overlod / *n* اضافه‌بار، بار اضافی

overweight[1] /'overweyt/ *n*
۱. اضافه‌وزن ۲. اضافه‌بار ۳. چاقی
overweight[2] /over'weyt/ *adj*
۱. چاق ۲. سنگین‌تر (از حد نصاب)
overwhelming /over'welming/ *adj* ۱. توان‌کاه، کوبنده ۲. قاطع، قاطعانه
owe /o/ *vt,vi* ۱. بدهکار بودن ۲. مدیون بودن، مرهون بودن
owing to /'o-ing tu/ *prep*
به علّتِ، به سببِ، در نتیجهٔ
owing to this از این رو، بدین سبب
owl /aol/ *n* جغد، بوف، شباویز
own[1] /on/ *adj,prep* ۱. خود ۲. مالِ خود ۳. خاصِ خود
of one's own از خود، متعلق به خود
on one's own تنها، به تنهایی
own[2] /on/ *vt,vi* ۱. داشتن، صاحب (چیزی) بودن، مالک (چیزی) بودن ۲. تصدیق کردن، اذعان کردن، اعتراف کردن
own up to something
چیزی را به گردن گرفتن
owner /'oner/ *n* مالک، صاحب
ox /âks/ *n* ۱. گاو ۲. گاو نر (اخته)
oxygen /'âksijen/ *n* اکسیژن
oyster /'oyster/ *n* صدف خوراکی
ozone /'ozon/ *n* ۱. اوزون ۲. هوای پاک، هوای لطیف

P

P,p /pii/ *n* پی
(= شانزدهمین حرف الفبای انگلیسی)

p /pii/ = penny; pence

pace /peys/ *n,vi,vt* ۱. قدم، گام ۲. سرعت ▣ ۳. قدم زدن

keep pace with somebody *or* **something** پا به پای کسی یا چیزی پیش رفتن، با کسی یا چیزی همگام بودن

Pacific /pa'sifik/ *n* اقیانوس آرام

pacifist /'pasifist/ *n* صلح‌طلب

pack[1] /pak/ *n* ۱. بسته، بقچه ۲. دسته، گله ۳. [ورق‌بازی] دست

a pack of cards یک دست ورق

pack[2] /pak/ *vt,vi* ۱. بستن ۲. وسایل (خود را) جمع کردن ۳. چپاندن ▣ ۴. بسته‌بندی شدن

pack up ۱. وسائل خود را جمع کردن ۲. بسته‌بندی کردن ۳. دست از کار کشیدن ۴. [ماشین] خراب شدن

package /'pakij/ *n* بسته، بسته‌بندی

packet /'pakit/ *n* بسته، کارتن

packing /'paking/ *n* ۱. بسته‌بندی، جمع‌آوری ۲. پوشال

pact /pakt/ *n* ۱. پیمان ۲. توافق

pad /pad/ *n* ۱. دستهٔ کاغذ ۲. مچ‌بند، زانوبند، ساق‌بند

paddle[1] /'padel/ *n,vt,vi* ۱. پارو ۲. پرّه ۳. پاروزنی ▣ ۴. پارو زدن

paddle[2] /'padel/ *vi,n* ۱. آب‌بازی کردن ▣ ۲. آب‌بازی

paddock /'padek/ *n* چراگاه اسب

padlock /'padlâk/ *n,vt* ۱. قفل ▣ ۲. قفل زدن، قفل کردن

page /peyj/ *n* ۱. صفحه ۲. ورق ۳. پیشخدمت (هتل)

paid[1] /peyd/ *adj* ۱. کارمزدی، روزمزد ۲. باحقوق ۳. [مربوط به] مزد

paid[2] /peyd/ *p,pp* گذشته و اسم مفعول فعل pay

pail /peyl/ *n* سطل

pain /peyn/ *n* ۱. درد ۲. رنج

to be in pain درد داشتن، درد کشیدن

painful /'peynful/ *adj* دردناک

painfully /'peynfuli/ *adv* ۱. به‌طور دردناکی ۲. با کمال تأسف

painless /'peynlis/ *adj* ۱. بی‌درد، بدون درد ۲. بی‌زحمت، آسان

pains /peynz/ *n* زحمت، زحمات

take pains with (*or* **over**) (سر چیزی یا کاری) زحمت زیاد کشیدن

paint /peynt/*n,vt* ۱. رنگ ◙ ۲. رنگ زدن، رنگ کردن ۳. نقاشی کردن، کشیدن

paintbox /ˈpeyntbâks/*n* جعبه‌رنگ

paintbrush /ˈpeyntbrâsh/*n* قلم‌مو

painter /ˈpeynter/*n* نقاش

painting /ˈpeynting/*n* نقاشی

pair /per/*n* ۱. جفت ۲. زوج، زن و شوهر ۳. نر و ماده ۴. لنگه **in pairs** به‌صورت جفت، جفت‌جفت

pajamas /peˈjâmâz/ = pyjamas

pal /pal/*n* ۱. رفیق، دوست ۲. [در خطاب] داداش

palace /ˈpalis/*n* کاخ، قصر

pale[1] /peyl/*adj* ۱. رنگ‌پریده ۲. کم‌رنگ ۳. [نور] ضعیف

pale[2] /peyl/*vi* رنگ (کسی) زرد شدن، رنگ (کسی) پریدن

Palestinian /palisˈtiniyen/*adj,n* ۱. فلسطینی ۲. اهل فلسطین

palm[1] /pâm/*n* ۱. (درخت) نخل ۲. پیروزی ۳. کف دست

palm[2] /pâm/*vt* ۱. تردستی کردن ۲. کش رفتن ۳. [عامیانه] انداختن به

pamper /ˈpamper/*vt* لوس کردن، نازنازی بارآوردن

pamphlet /ˈpamflit/*n* جزوه

pan[1] /pan/*n* ماهی‌تابه

pan[2] /pan/*vt,vi* ۱. خاک‌شویی کردن ۲. [دوربین فیلم‌برداری] افقی چرخیدن ۳. به باد انتقاد گرفتن

pancake /ˈpankeyk/*n* ۱. [آشپزی] پنکیک ۲. [لوازم آرایش] پنکیک

panda /ˈpandâ/*n* پاندا

pane /peyn/*n* شیشهٔ پنجره

panel /ˈpanel/*n* ۱. [دیوار، در و پنجره] قاب چوبی ۲. [هواپیما، اتومبیل و غیره] تابلوی فرمان، صفحهٔ کلیدها ۳. میز گرد ۴. هیئت منصفه

panic /ˈpanik/*n,vi* ۱. وحشت، سراسیمگی ◙ ۲. وحشت کردن

panicky /ˈpaniki/*adj* ۱. وحشت‌زده، سراسیمه، دستپاچه، هول ۲. ناشی از وحشت

panorama /panoˈrâmâ/*n* ۱. منظره، دورنما، چشم‌انداز ۲. صحنهٔ متحرک

pansy /ˈpanzi/*n* ۱. بنفشه فرنگی ۲. [عامیانه] اِواخواهر

pant /pant/*vi,vt* ۱. نفس‌نفس زدن ۲. نفس‌زنان گفتن

panther /ˈpanther/*n* ۱. پلنگ ۲. [در امریکا] یوزپلنگ

panties /ˈpantiz/*n* شورت زنانه

pantihose /ˈpantihoz/ = pantyhose

pantomime /ˈpantomâym/*n* نمایش بدون کلام، پانتومیم

pants /pants/*n* ۱. شلوار ۲. شورت

paralysis / pa'ralisis / *n* فلج

parapet / 'parapit / *n* ۱. دیواره، حفاظ ۲. [نظامی] خاکریز، جان‌پناه

paratrooper / 'paratrooper / *n* چترباز، جمعیِ یکان چترباز

parcel / 'pârsel / *n* بسته

pardon / 'pârden / *n,vt* ۱. عفو، بخشایش، بخشودگی ◘ ۲. بخشیدن

beg somebody's pardon از کسی عذرخواهی کردن

I beg your pardon. خیلی معذرت می‌خواهم.

I beg your pardon? *or* **pardon?** ببخشید، چی گفتید؟

parent / 'perent / *n* ۱. مادر، پدر ۲. [حیوان] نر یا ماده ۳. [گیاه] مادر ۴. [مجازی] مادر ۵. اصل

parenthesis / pa'renthisis / *n* ۱. جملهٔ معترضه ۲. پرانتز

parents / 'perents / *n* ۱. پدر و مادر، والدین ۲. [حیوانات] نر و ماده

parish / 'parish / *n* ۱. محله، محل، ناحیه ۲. اهل محل، اهل محله

Parisian / pa'riziyen / *adj,n* ۱. پاریسی ◘ ۲. اهل پاریس، پاریسی

park[1] / pârk / *n* پارک، باغ ملی

park[2] / pârk / *vi,vt* پارک کردن

parking / 'pârking / *n* ۱. [اتومبیل] جای پارک ۲. پارک، توقف

parking meter / 'pârking miter / *n* پارکومتر

pantyhose / 'pantihoz / *n* جوراب‌شلواری

paper / 'peyper / *n,adj* ۱. کاغذ ۲. ورق، ورقه، برگه ۳. روزنامه ۴. مقاله ۵. امتحان ۶. کاغذ دیواری ◘ ۷. کاغذی

paperback / 'peyperbak / *n* کتابِ جلدنازک، کتاب جلدشمیز

papers / 'peyperz / *n* ۱. مدارک، اسناد، اوراق ۲. اوراق هویت

papyrus / pa'pâyres / *n* ۱. گیاه پاپیروس ۲. کاغذ پاپیروس

parachute / 'parashoot / *n,vi,vt* ۱. چتر نجات ◘ ۲. با چتر پریدن ۳. با چتر فرود آمدن ◘ ۴. با چتر ریختن

parachutist / 'parashootist / *n* چترباز

parade / pa'reyd / *vt,vi,n* ۱. رژه رفتن ۲. نمایش دادن ◘ ۳. رژه

paradise / 'paradâys / *n* ۱. [حقیقی و مجازی] بهشت ۲. سعادت

paraffin / 'parafin / *n* ۱. نفت سفید ۲. پارافین

paragraph / 'paragrâf / *n* پاراگراف، بند

parallel / 'paralel / *adj,n* ۱. موازی ۲. شبیه، مشابه ◘ ۳. خطِ موازی ۴. [جغرافیا] مدار ۵. مقایسه

paralyse / 'paralâyz / *vt* ۱. فلج کردن ۲. از کار انداختن

parliament / ˈpârliment / *n* پارلمان، مجلس شورا

parliamentary / pârliˈmentri / *adj* پارلمانی

parrot / ˈparet / *n* طوطی

parsley / ˈpârsli / *n* جعفری

parson / ˈpârsen / *n* کشیش محل

part[1] / pârt / *n* ۱. قسمت، بخش، جزء ۲. منطقه ۳. نقش، رُل

for my part تا آنجا که به من مربوط می‌شود، من به نوبهٔ خود، من به سهم خود

on the part of somebody, on somebody's part از طرف کسی، از ناحیهٔ کسی

parts of speech اجزاءِ جمله (= اسم، صفت، قید، فعل و غیره)

play a part in something در چیزی سهیم بودن، در کاری نقشی داشتن

play the part of [در فیلم و نمایش] نقش (کسی را) بازی کردن

take part in something در چیزی شرکت کردن

take somebody's part طرفِ کسی را گرفتن، از کسی حمایت کردن

part[2] / pârt / *vt, vi* ۱. جدا کردن، از هم جدا کردن ◻ ۲. جدا شدن

part one's hair فرق باز کردن

part with something چیزی را فروختن یا بخشیدن، خرج کردن

He hates to part with his money, so he never buys any gifts.

او دلش نمی‌آید خرج کند، بنابراین هیچ وقت هدیه نمی‌خرد.

partial / ˈpârshâl / *adj* ۱. جزئی، ناتمام، ناقص، محدود ۲. طرفدار

partially / ˈpârshâli / *adv* به‌طور جزئی، به‌طور ناقص

participant / pârˈtisipent / *n* ۱. شرکت‌کننده ۲. شریک، سهیم

participate / pârˈtisipeyt / *vi* ۱. شرکت کردن ۲. سهیم بودن

participation / pârtisiˈpeyshen / *n* مشارکت، شرکت

participle / ˈpârtisipel / *n* ۱. [دستور زبان] صفت فعلی ۲. وجه وصفی

particle / ˈpârtikel / *n* ذرّه

particular / pârˈtikyulâr / *adj* ۱. خاص ۲. دقیق ۳. استثنایی

in particular ۱. خاص ۲. مخصوصاً، بخصوص

particularly / pârˈtikyulârli / *adv* ۱. بخصوص ۲. به‌طور استثنایی

parting / ˈpârting / *n* ۱. [مو] فرق ۲. جدایی، انفصال ۳. خداحافظی

partly / ˈpârtli / *adv* تا حدی

partner / ˈpârtner / *n* ۱. شریک ۲. شریک جرم ۳. [مسابقه] همبازی ۴. همسر ۵. معشوقه، معشوق ۶. [رقص] پارتنر ۷. [در خطاب] رفیق

راهرو ۵. راه ۶. [کشتی یا هواپیما] سفر ۷. عبارت، قطعه

passenger/ˈpasinjer/*n* ۱. مسافر ۲. طفیلی، آدم بیکاره

passer-by/pâser ˈbây/*n* ۱. رهگذر، عابر ۲. [کامپیوتر] اسم رمز

passion/ˈpashen/*n* ۱. شهوت ۲. عشق، دلبستگی ۳. شور، شوق

passionate/ˈpashenit/*adj* ۱. احساساتی ۲. شهوانی ۳. پرشور

passive/ˈpasiv/*adj* ۱. کنش‌پذیر، منفعل ۲. رام، تسلیم، بی‌اراده ۳. بی‌حال ۴. [دستور زبان] مجهول

passport/ˈpâsport/*n* ۱. گذرنامه، پاسپورت ۲. رمز، کلید

password/ˈpâswerd/*n* اسم شب

past[1]/pâst/*adj* ۱. گذشته ۲. سابق ۳. [دستور زبان] گذشته، ماضی

past[2]/pâst/*n* ۱. دوران گذشته ۲. [دستور زبان] زمان گذشته، ماضی

past[3]/pâst/*prep* ۱. گذشته از ۲. از جلوی، از کنارِ ۳. بعد از

pasta/ˈpastâ/*n* پاستا (= ماکارونی، اسپاگتی، راویولی و غیره)

paste[1]/peyst/*n* ۱. خمیر، مایه ۲. چسب، سریش ۳. [جواهر] بدلی

paste[2]/peyst/*vt* چسب زدن

pasteurize/ˈpâscherâyz/*vt* پاستوریزه کردن

partnership/ˈpârtnership/*n* ۱. مشارکت ۲. شرکت ۳. همکاری

partridge/ˈpârtrij/*n* کبک

parts/pârts/*n* منطقه، ناحیه، نواحی

part-time/pârt ˈtâym/*adj,adv* پاره‌وقت، نیمه‌وقت

party/ˈpârti/*n* ۱. حزب ۲. طرف مقابل ۳. گروه ۴. مهمانی

pass[1]/pâs/*vi,vt* ۱. گذشتن، عبور کردن ۲. گذراندن، رد کردن ۳. منتقل شدن ۴. [امتحان] قبول شدن ۵. دادن ۶. [ورزش] پاس دادن

pass away مردن، تمام کردن

pass on ۱. به راه خود ادامه دادن ۲. دادن، رد کردن ۳. مردن، تمام کردن

pass on a message to somebody پیامی را به کسی رساندن

pass out از حال رفتن، بیهوش شدن

pass the exam در امتحان قبول شدن

pass through از جایی گذشتن یا عبور کردن

pass[2]/pâs/*n* ۱. گذر، عبور ۲. قبولی ۳. جواز ۴. گردنه ۵. [ورزش] پاس

passable/ˈpâsebel/*adj* ۱. قابل عبور ۲. قابل قبول

passage/ˈpasij/*n* ۱. عبور و مرور ۲. حق عبور ۳. پاساژ، بازارچه ۴.

pastime /'pâstâym/ *n* سرگرمی، تفریح، وقت‌گذرانی

pastry /'peystri/ *n* ۱. نانِ شیرینی ۲. شیرینی

past tense /'pâst tens/ *n* [دستور زبان] زمان گذشته، ماضی

pat[1] /pat/ *vt* ۱. زدن، (آهسته) با کف دست زدن ۲. نوازش کردن

pat[2] /pat/ *n* ۱. آهسته با دست زدن، نوازش ۲. تحسین، تشویق

patch /pach/ *n, vt* ۱. وصله ۲. تکّه، قطعه ◙ ۳. وصله کردن

patch something up ۱. وصله کردن، وصله‌پینه کردن ۲. صاف‌وصوف کردن

patch up a quarrel به دعوا خاتمه دادن

patch up differences اختلافاتِ خود را برطرف کردن یا کنار گذاشتن

paternal /pa'ternâl/ *adj* ۱. پدری ۲. پدرانه، پدروار

path /path/ *n* ۱. راه ۲. کوره‌راه ۳. مسیر، خط سیر

patience /'peyshens/ *n* صبر، شکیبایی، بردباری، خودداری

lose patience with somebody از دست کسی عصبانی شدن

patient[1] /'peyshent/ *adj* صبور، باحوصله، بردبار، شکیبا

patient[2] /'peyshent/ *n* بیمار، مریض

patiently /'peyshentli/ *adv* با شکیبایی، صبورانه، با حوصله

patriot /'patriyât/ *n* وطن‌پرست، میهن‌پرست

patriotic /patri'yâtik/ *adj* ۱. وطن‌پرست ۲. وطن‌پرستانه

patrol /pat'rol/ *vi, vt, n* ۱. گشت زدن، پاس دادن ◙ ۲. مأمور گشت، اکیپ گشت

be on patrol [پلیس] گشت زدن، پاس دادن

patron /'peytren/ *n* ۱. حامی، مشوق ۲. مشتری دائمی، مشتری

patter /'pater/ *n, vi* ۱. صدای تاپ‌تاپ ◙ ۲. تاپ‌تاپ خوردن به، تاپ‌تاپ راه رفتن

pattern /'patern/ *n* ۱. الگو ۲. نمونه ۳. نقش، نقش و نگار، طرح

pause /poz/ *n, vi* ۱. مکث، توقف، درنگ ◙ ۲. مکث کردن

pave /peyv/ *vt* ۱. (با سنگ و غیره) فرش کردن ۲. هموار کردن

pave the way for راه را هموار کردن برای

pavement /'peyvment/ *n* ۱. پیاده‌رو ۲. روکش جاده

pavilion /pa'viliyen/ *n* ۱. غرفه ۲. [زمین ورزش] رختکن ۳. پاویون

paw /po/ *n* پنجه، چنگال

pawn[1] /pon/ *n* ۱. [شطرنج] پیاده، سرباز ۲. آلت دست

pawn[2] /pon/ *vt,n* ۱. گرو گذاشتن ۲. [آبرو، زندگی و غیره] به خطر انداختن ◙ ۳. گرو ۴. گرویی

pawnbroker /'ponbroker/ *n* گروبردار، کارگشا

pawbroker's /'ponbrokerz/ *n* مغازهٔ گروبرداری، بنگاه کارگشایی

pay[1] /pey/ *n* ۱. مزد، دستمزد، حقوق ۲. پرداخت ۳. پاداش

pay[2] /pey/ *vt,vi* ۱. پرداخت کردن، دادن ۲. حقوق دادن، دستمزد دادن

pay back [پول] پس دادن

pay for something ۱. پول چیزی را دادن ۲. تاوان چیزی را پس دادن، سزای چیزی را دیدن

pay somebody back (for something) تلافی (چیزی را) سر کسی درآوردن

payment /'peyment/ *n* ۱. پرداخت ۲. وجه ۳. مزد ۴. قسط ۵. پاداش

PC /pii 'sii/ *n* کامپیوتر شخصی

pea /pii/ *n* نخود، نخودسبز

peace /piis/ *n* ۱. صلح ۲. آشتی ۳. آرامش، سکوت، سکون

in peace در صلح و صفا

leave somebody in peace کسی را راحت گذاشتن، مزاحم کسی نشدن

make peace صلح کردن

peaceful /'piisful/ *adj* ۱. آرام، ساکت ۲. صلح‌آمیز، مسالمت‌آمیز

peacefully /'piisfuli/ *adv* ۱. آرام، به آرامش ۲. بدون درگیری

peach /piich/ *n* هلو

peacock /'piikâk/ *n* طاووس

peak /piik/ *n* ۱. قله ۲. رأس، نوک ۳. اوج، حداکثر ۴. لبهٔ کلاه

peal /piil/ *n,vi,vt* ۱. (صدای) دنگ‌دنگ ◙ ۲. [زنگ] دنگ‌دنگ به صدا درآمدن ◙ ۳. به صدا درآوردن

peanut /'piinât/ *n* بادام زمینی

pear /per/ *n* گلابی

pearl /perl/ *n* مروارید

peasant /'pezent/ *n* ۱. زارع، رعیت ۲. روستایی ۳. [مجازی] دهاتی

peat /piit/ *n* ۱. تورب، زغال‌سنگ نارس ۲. کود گیاهی

pebble /'pebel/ *n* ریگ

peck[1] /pek/ *vi,vt* نوک زدن

peck[2] /pek/ *n* ۱. نوک ۲. بوسه

peculiar /pi'kyooliyer/ *adj* ۱. خاص، ویژه ۲. عجیب، غیرعادی ۳. ناخوش، مریض

peculiarity /pikyooli'yariti/ *n* ۱. خصوصیت عجیب و غریب، خصلتِ غیرعادی ۲. چیز خاص

pedal[1] /'pedel/ *n,adj* ۱. پدال ۲. [دوچرخه] پنجه رکاب ◙ ۳. پدالی

pedal[2] /'pedel/ *vi,vt* ۱. [دوچرخه] رکاب زدن ۲. گاز دادن

pedestrian / pi'destriyen / *n,adj* ۱. عابر پیاده ▣ ۲. کسل‌کننده، بی‌روح ۳. کم‌هوش، بی‌ذوق

pedigree / 'pedigrii / *n,adj* ۱. اصل و نسب ۲. شجره‌نامه ۳. پیشینه، سابقه ▣ ۴. اصیل

peel[1] / piil / *vt,vi* ۱. پوست کندن ۲. پوسته‌پوسته شدن، ورقه‌ورقه شدن

peel[2] / piil / *n* [میوه و سبزیجات] پوست

peep / piip / *vi* ۱. دزدانه نگاه کردن، زیر چشمی نگاه کردن، دید زدن ۲. سرک کشیدن، ظاهر شدن

peer[1] / 'piyer / *n* ۱. نظیر، همتا ۲. هم‌سال، هم‌سن، هم‌سن و سال

peer[2] / 'piyer / *vi* ۱. بادقت نگاه کردن ۲. چشم دوختن به

peg[1] / peg / *n* ۱. میخ ۲. [جالباسی] قلاب ۳. گیرهٔ لباس

peg[2] / peg / *vt,vi* ۱. میخ زدن ۲. [لباس] گیره زدن به ▣ ۳. مردن

pen[1] / pen / *n* ۱. قلم ۲. خودنویس ۳. خودکار ۴. قلمِ پر

pen[2] / pen / *n* ۱. آغل ۲. مرغدانی

penalize / 'piinâlâyz / *vt* ۱. به کیفر رساندن ۲. جریمه کردن

penalty / 'penâlti / *n* ۱. کیفر، جزا ۲. تنبیه ۳. جریمه ۴. [ورزش] پنالتی

pence / pens / *n* صورت جمع penny

pencil / 'pensil / *n,adj,vt* ۱. مداد ▣ ۲. مدادی، با مداد ▣ ۳. با مداد نوشتن ۴. با مداد کشیدن

pencil-sharpener / 'pensil shârpner / *n* مدادتراش

penetrate / 'penitreyt / *vt* ۱. سوراخ کردن، شکافتن ۲. نفوذ کردن ۳. پی بردن، فهمیدن

penetration / penit'reyshen / *n* ۱. نفوذ، رسوخ، رخنه ۲. زیرکی

pen-friend / 'pen frend / *n* دوست مکاتبه‌ای

penguin / 'pengwin / *n* پنگوئن

penicillin / peni'silin / *n* پنی‌سیلین

peninsula / pe'ninsyulâ / *n* شبه‌جزیره

penknife / 'pen-nâyf / *n* چاقوی جیبی

pennies / 'peniz / *n* صورت جمع penny

penny / 'peni / *n* ۱. پنی (= یک‌صدم پوند، واحد پول بریتانیا) ۲. [در امریکا، عامیانه] سِنت ۳. پشیز

pension[1] / 'penshen / *n* ۱. حقوق بازنشستگی ۲. مستمری

pension[2] / 'pânsiyân / *n* پانسیون

pensioner / 'penshener / *n* ۱. مستمری‌بگیر ۲. بازنشسته

people / 'piipel / *n* ۱. مردم ۲. آدم، آدم‌ها ۳. خَلق ۴. عوام ۵. قوم، ملت

درخشش ۴. [نمایش و غیره] سئانس
performer / per'former / *n*
۱. اجراکننده ۲. بازیگر ۳. نوازنده
perfume[1] / 'perfyoom / *n* ۱. عطر
۲. بوی خوش، رایحه
perfume[2] / 'perfyoom / *vt*
۱. معطر کردن ۲. عطر زدن به
perhaps / per'haps / *adv*
۱. شاید، ممکن است ۲. تقریباً
peril / 'peril / *n,vt* ۱. خطر،
مخاطره ▣ ۲. به مخاطره انداختن
perilous / 'periles / *adj* خطرناک
perilously / 'perilesli / *adv* به‌طورِ
خطرناکی، به‌طور وحشتناکی
perimeter / pe'rimiter / *n,adj*
۱. محیط، پیرامون ۲. دور، اطراف
▣ ۳. دورتادور، محیطی
period / 'piriyed / *n* ۱. دوره
۲. مدت ۳. دوران، عصر، زمان ۴.
ساعت درس، زنگ ۵. قاعدگی ۶.
تمام! همین! همین و بس!
periodical / piri'yedikâl / *n*
مجلهٔ علمی، ماهنامه، فصلنامه
periscope / 'periskop / *n* پریسکوپ
perish / 'perish / *vi,vt* ۱. هلاک
شدن، تلف شدن ▣ ۲. هلاک کردن،
تلف کردن، از بین بردن
perishable / 'perishebel / *adj*
فاسدشدنی
perk / perk / *vi,vt* ۱. سرحال آمدن،
شنگول شدن ۲. سرحال آوردن

pepper / 'peper / *n,vt* ۱. فلفل
۲. فلفل دلمه‌ای ▣ ۳. فلفل زدن
pepper-mill / 'peper mil / *n*
فلفل‌ساب، آسیاب فلفل
peppermint / 'pepermint / *n*
۱. [گیاه‌شناسی] سوسنبر، سوسن‌عنبر
۲. نعنا ۳. آب‌نبات نعنایی
per / per / *prep* ۱. هر ۲. طبقِ
per cent / per 'sent / *adj,adv,n*
درصد (٪ =)
percentage / per'sentij / *n*
۱. درصد ۲. مقدار ۳. حق‌العمل
perceptible / per'septibel / *adj*
محسوس، قابل‌ملاحظه
perceptibly / per'septibli / *adv*
به‌طور محسوسی، به‌طور قابل ملاحظه
perch[1] / perch / *n* ۱. [پرنده] جایِ
نشستن ۲. بلندی ۳. مقام، منزلت
perch[2] / perch / *vi* نشستن
percolator / 'perkuleyter / *n*
۱. قهوه‌جوش فیلتردار ۲. دستگاه
صافی
perfect[1] / 'perfikt / *adj* ۱. کامل
۲. تمام ۳. بی‌نقص ۴. خوب، عالی
perfect[2] / per'fekt / *vt* کامل کردن
perfectly / 'perfiktli / *adv*
۱. کاملاً ۲. بسیارخوب، عالی
perform / per'form / *vt,vi*
۱. انجام دادن، کردن ۲. بازی کردن
performance / per'formens / *n*
۱. اجرا ۲. عمل، کار ۳. موفقیت،

perks /perks/ *n* مزایای جنبی
perm /perm/ *n* فِر شش‌ماهه
permanence /ˈpermanens/ *n* ثبات، دوام، تداوم، پایندگی
permanent /ˈpermanent/ *adj* دائم، دائمی، همیشگی، ثابت
permanently /ˈpermanentli/ *adv* برای همیشه، به‌طور دائم
permissible /perˈmisibel/ *adj* ۱. مجاز ۲. جایز ۳. موجّه
permission /perˈmishen/ *n* اجازه
permissive /perˈmisiv/ *adj* ۱. آسان‌گیر ۲. سهل‌انگار، بی‌بند و بار ۳. سهل‌انگارانه، آسان‌گیرانه
permit[1] /ˈpermit/ *n* ۱. پروانه، جواز، مجوز، اجازه ۲. حکم، اجازه‌نامه
permit[2] /perˈmit/ *vi, vt* ۱. اجازه دادن، گذاشتن ۲. مجاز دانستن
perpendicular /perpenˈdikyuler/ *adj* ۱. عمود، عمودی ۲. قائم
perpetual /perˈpechuwâl/ *adj* ۱. ابدی، جاودانی، همیشگی ۲. دائم
perpetually /perˈpechuwâli/ *adv* به‌طور ابدی، همیشه، دائم
perplex /perˈpleks/ *vt* گیج کردن، سردرگم کردن، حیرت‌زده کردن
perplexity /perˈpleksiti/ *n* گیجی، سردرگمی، حیرت
persecute /ˈpersikyoot/ *vt* مورد ایذا و اذیت قرار دادن

persecution /persiˈkyooshen/ *n* ایذا و اذیت، زجر، شکنجه، آزار
perseverance /persiˈviyerens/ *n* استقامت، پشتکار، پایداری
persevere /persiˈviyer/ *vi* استقامت نشان دادن، پشتکار داشتن
Persian /ˈpershen/ *adj,n* ۱. ایرانی ۲. فارسی ۳. زبان فارسی
persist /perˈsist/ *vi* ۱. اصرار ورزیدن ۲. ادامه یافتن
persistence /perˈsistens/ *n* سماجت، پافشاری، اصرار
persistent /perˈsistent/ *adj* ۱. سمج، مصر، یکدنده ۲. مصرّانه
person /ˈpersen/ *n* ۱. شخص، فرد، آدم، کس، نفر ۲. انسان
in person شخصاً
personal /ˈpersenâl/ *adj* ۱. شخصی، فردی ۲. خصوصی
personality /perseˈnaliti/ *n* ۱. شخصیت ۲. چهرهٔ سرشناس
personally /ˈpersenâli/ *adv* ۱. شخصاً ۲. به‌طور شخصی
personnel /perseˈnel/ *n* ۱. کارکنان، کارمندان ۲. خدمه
perspective /persˈpektiv/ *n* ۱. ژرفانمایی ۲. دورنما، چشم‌انداز
perspiration /perspiˈreyshen/ *n* ۱. تعریق، تعرق ۲. عرق
perspire /persˈpâyr/ *vi* عرق کردن

persuade /per'sweyd/ *vt*
متقاعد کردن، قانع کردن، راضی کردن
persuasion /per'sweyzhen/ *n*
متقاعد کردن، قانع‌سازی
perturbed /per'terbd/ *adj* نگران، ناراحت، مضطرب
perverse /per'vers/ *adj*
۱. منحرف ۲. لجباز، لجوج
perversity /per'versiti/ *n*
۱. انحراف ۲. نابهنجاری ۳. لجاجت
pessimism /'pesimizem/ *n*
۱. بدبینی ۲. آیین بدبینی
pessimist /'pesimist/ *n* (آدم) بدبین
pessimistic /pesi'mistik/ *adj*
۱. بدبینانه ۲. بدبین
pest /pest/ *n* ۱. آفت
۲. [بچه] وروجک، زلزله، آتشپاره
pesticide /'pestisâyd/ *n*
۱. آفت‌کش، سَم دفع آفات ۲. حشره‌کش
pet[1] /pet/ *n* ۱. جانور دست‌آموز، جانور خانگی ۲. عزیزدردانه، عزیز‌کرده، سوگلی
pet[2] /pet/ *adj* دست‌آموز، خانگی
pet[3] /pet/ *vt* نوازش کردن
petal /'petâl/ *n* گلبرگ
petition /pi'tishen/ *n* ۱. درخواست
۲. طومار، عریضه ۳. دادخواست
petrol /'petrol/ *n* بنزین
petticoat /'petikot/ *n* ۱. زیردامنی
۲. زیرپوش

petty /'peti/ *adj* کوچک، کم‌اهمیت، پیش‌پاافتاده، جزئی
pew /pyoo/ *n* [در کلیسا] نیمکت
pewter /'pyooter/ *n*
آلیاژ قلع و سرب، پیوتر
phantom /'fantem/ *n* ۱. روح، شبح، جن ۲. خیال، وهم، توهم
pharmacy /'fârmesi/ *n*
۱. داروسازی ۲. داروخانه
phase /feyz/ *n* ۱. [فنی] فاز
۲. مرحله، دوره ۳. [عامیانه] مرحلهٔ گذرا
PhD /pii eych 'dii/ = Doctor of Philosophy
درجهٔ دکتری (غیر از پزشکی)
pheasant /'fezent/ *n* قرقاول
phenomena /fi'nâminâ/ *n*
صورت جمع phenomenon
phenomenon /fi'nâminen/ *n*
۱. پدیده ۲. پدیدهٔ خارق‌العاده
Philippine /'filipiin/ *adj* فیلیپینی
philosopher /fi'lâsofer/ *n*
۱. فیلسوف ۲. فلسفه‌دان
philosophy /fi'lâsofi/ *n* فلسفه
phone[1] /fon/ *n, vi, vt* ۱. تلفن
۲. گوشی تلفن ◙ ۳. تلفن کردن
be on the phone
۱. پای تلفن بودن ۲. تلفن داشتن
Who is it on the phone?.
کی پای تلفن است؟
phone[2] /fon/ *n* [آواشناسی] صدا، آوا

phone book /'fon buk/ *n* دفترِ راهنمای تلفن، کتاب راهنمای تلفن
phone box /'fon bâks/ *n* باجهٔ تلفن، کیوسک تلفن، تلفن عمومی
phoney /'foni/ *adj* ۱. قلابی، تقلبی، جعلی ۲. ساختگی، تصنعی
photo /'foto/ = photograph عکس
photocopier /'fotokâpiyer/ *n* دستگاه فتوکپی
photocopy /'fotokâpi/ *n, vt* ۱. فتوکپی، روگرفت ◙ ۲. فتوکپی گرفتن، فتوکپی کردن
photograph /'fotogrâf/ *n, vt, vi* ۱. عکس ◙ ۲. عکس گرفتن
photographer /fo'tâgrafer/ *n* عکاس
photographic /foto'grafik/ *adj* ۱. [مربوط به] عکاسی، [مربوط به] عکس ۲. تصویری ۳. دقیق
photography /fo'tâgrafi/ *n* عکاسی

phrasal verb /freyzâl 'verb/ *n* فعل مرکب
phrase /freyz/ *n* ۱. عبارت ۲. اصطلاح ۳. سبک، سبک بیان
physical /'fizikâl/ *adj* مادّی
physical education /fizikâl eju'keyshen/ *n* تربیت بدنی
physically /'fizikli/ *adv* ۱. جسماً، از لحاظ جسمی ۲. ظاهراً
physician /fi'zishen/ *n* پزشک
physics /'fiziks/ *n* فیزیک
pianist /'piyanist/ *n* نوازندهٔ پیانو
piano /pi'yano/ *n* پیانو
pick[1] /pik/ *vt, vi* ۱. انتخاب کردن، برگزیدن، دستچین کردن ۲. [میوه، گل و غیره] چیدن ۳. [جیب] زدن، بریدن ۴. [دندان] خلال کردن ۵. [دماغ] انگشت کردن توی
pick on سربه‌سر (کسی) گذاشتن، (کسی را) دست انداختن
pick somebody or something out ۱. کسی یا چیزی را پیدا کردن یا شناختن ۲. کسی یا چیزی را انتخاب کردن
pick up برداشتن، بلند کردن
pick[2] /pik/ *n* ۱. انتخاب ۲. گلچین
Take your pick. هر کدام را می‌خواهی بردار.
pick[3] /pik/ *n* کلنگ
picket[1] /'pikit/ *n* پیش‌قراول اعتصاب
picket[2] /'pikit/ *vi, vt* ۱. پیش‌قراول اعتصاب شدن ◙ ۲. پیش‌قراول اعتصاب گماردن
pickle[1] /'pikel/ *n* ۱. ترشی ۲. خیارشور ۳. آب‌نمک ۴. سرکه
pickle[2] /'pikel/ *vt* ترشی انداختن
pickpocket /'pikpâkit/ *n* جیب‌بُر
pick-up /'pik âp/ *n* ۱. [گرامافون] بازو، پیکاپ ۲. وانت

picnic /ˈpiknik/ *n, vi* ۱. پیک‌نیک ۲. غذای پیک‌نیک ◙ ۳. پیک‌نیک رفتن
picture /ˈpikcher/ *n* ۱. عکس ۲. تصویر ۳. تابلو ۴. فیلم سینمایی
take a picture of عکس گرفتن از
pictures /ˈpikcherz/ *n* سینما
pie /pây/ *n* [آشپزی] پای
piece /piis/ *n* ۱. تکه، قطعه ۲. نفر ۳. [شطرنج] مهره ۴. سکّه
fall to pieces خرد شدن، تکه‌تکه شدن، اوراق شدن
in pieces شکسته، خردشده
take something to pieces اوراق کردن، از هم جدا کردن یا باز کردن
pier /ˈpiyer/ *n* اسکله
pierce /ˈpiyers/ *vt* ۱. سوراخ کردن ۲. شکافتن ۳. نفوذ کردن
piercing /ˈpiyersing/ *adj* ۱. [صدا] گوش‌خراش ۲. نافذ
pig /pig/ *n* ۱. خوک ۲. گوشت خوک ۳. آدم کثیف، آدم پست‌فطرت ۴. [عامیانه] آجان
make a pig of oneself به اندازهٔ گاو خوردن
pigeon /ˈpijin/ *n* کبوتر
piggybank /ˈpigibank/ *n* قُلک
pigsty /ˈpigstây/ *n* خوک‌دانی
pile[1] /pâyl/ *n* ۱. دسته ۲. کپه، توده
pile[2] /pâyl/ *vt, vi* ۱. دسته کردن، چیدن، روی هم گذاشتن، جمع کردن، کپه کردن ۲. پُر کردن ◙ ۳. جمع شدن، تلنبار شدن
pilfer /ˈpilfer/ *vi, vt* دله‌دزدی کردن
pilgrim /ˈpilgrim/ *n* زائر
pilgrimage /ˈpilgrimij/ *n* ۱. زیارت ۲. دیدار، بازدید، سفر
pill /pil/ *n* قرص
pillar /ˈpiler/ *n* ۱. ستون، پایه ۲. ستون یادبود، یادمان ۳. [مجازی] محور، رکن ۴. حامی، پشتیبان
pillarbox /ˈpilerbâks/ *n* [در بریتانیا] صندوق پست
pillion /ˈpiliyen/ *n, adv* [موتورسیکلت] تَرک
pillow /ˈpilo/ *n* ۱. بالش ۲. [در آمریکا] کوسن
pillowcase /ˈpilokeys/ *n* روبالشی
pillowslip /ˈpiloslip/ = pillowcase
pilot /ˈpâylet/ *n, vt* ۱. خلبان ۲. راهنمای کشتی ۳. راهنما ◙ ۴. [کشتی یا هواپیما] هدایت کردن، بردن
pilot light /ˈpâylet lâyt/ *n* [اجاق گاز و غیره] شمعک، پیلوت
pimple /ˈpimpel/ *n* [پوست] جوش
pimply /ˈpimpli/ *adj* جوش‌زده، پر از جوش، با صورت پر از جوش
pin /pin/ *n* ۱. سنجاق ۲. سوزنِ ته‌گرد ۳. میخ ۴. سنجاق سینه

have pins and needles خواب رفتن، سوزن‌سوزن شدن *I've got pins and needles in my hand.* دستم خواب رفته است.

pin[2] /pin/ *vt* ۱. سنجاق کردن ۲. [آگهی و غیره] زدن ۳. گیر انداختن

pin somebody down ۱. کسی را گیر انداختن ۲. کسی را وادار به تصمیم‌گیری کردن

pin something down ۱. به کُنه چیزی پی بردن ۲. کُنه چیزی را شناساندن

pinafore /'pinefor/ *n* پیش‌بند

pincers /'pinserz/ *n* گازانبر

pinch[1] /pinch/ *vt,vi* ۱. نیشگون گرفتن ۲. [کفش] پا را زدن ۳. کِش رفتن، بلند کردن ۴. گرفتن ۵. دستگیر کردن، گرفتن ۶. هرس کردن، کندن ۷. با سختی زندگی کردن

pinch[2] /pinch/ *n* ۱. نیشگون ۲. ضربه، فشار ۳. یک ذره، یک کمی

pine[1] /pâyn/ *n,adj* ۱. درخت کاج ۲. چوب کاج ◻ ۳. از چوب کاج

pine[2] /pâyn/ *vi* ۱. نحیف شدن، ضعیف شدن، تحلیل رفتن ۲. تباه شدن، نابود شدن، از بین رفتن، دق کردن

pineapple /'pâynapel/ *n* ۱. آناناس ۲. درخت آناناس

pingpong /'pingpâng/ *n* پینگ‌پونگ، تنیس روی میز

pink[1] /pink/ *n,adj* (رنگ) صورتی

pink[2] /pink/ *vi* [موتور اتومبیل] ریپ زدن

pint /pâynt/ *n* ۱. پاینت (= پیمانه‌ای تقریباً برابر با ۰/۵۷ لیتر در بریتانیا و ۰/۴۸ لیتر در امریکا) ۲. یک پاینت آبجو

pioneer[1] /pâyo'niyer/ *n* ۱. پیشگام، پیشاهنگ، پیشرو ۲. کاشف ۳. [نظامی] جمعیِ یکان مهندسی

pioneer[2] /pâyo'niyer/ *vt* پیشقدم شدن، پیشگام بودن

pip[1] /pip/ *n* [میوه] دانه، هسته

pip[2] /pip/ *n* (صدای) بیب‌بیب، بوق

pipe /pâyp/ *n* ۱. لوله ۲. نی، نی‌لبک ۳. پیپ، چپق ۴. مجرا

pipeline /'pâyplâyn/ *n* ۱. خط لوله ۲. [مجازی] کانال اطلاعاتی

piper /'pâyper/ *n* نوازندهٔ نی‌انبان، نی‌زن

pirate /'pâyret/ *n* ۱. دزد دریایی ۲. دزد انتشاراتی ۳. قاچاقچی

pistol /'pistel/ *n* تپانچه، هفت‌تیر، اسلحه کمری

piston /'pisten/ *n* پیستون

pit /pit/ *n* ۱. گودال، گودی، چاله، حفره ۲. تله، دام ۳. معدن ۴. معدن زغال‌سنگ ۵. جای آبله

pitch[1] /pich/ *n* ۱. [صوت] زیر و بمی، ارتفاع ۲. زمین بازی

pitch[2] /pich/ *vt,vi* ۱. انداختن

۲. برپا داشتن، زدن ◙ ۳. [کشتی، هواپیما] تکان‌تکان خوردن

pitcher /ˈpicher/ *n* ۱. تُنگ، کِوزه، سبو ۲. پارچ

pitiful /ˈpitiful/ *adj* ۱. ترحم‌انگیز، رقت‌انگیز، اسف‌بار، غم‌انگیز ۲. مفلوک ۳. مفلوکانه

pitifully /ˈpitifuli/ *adv* ۱. به‌طورِ رقت‌انگیزی ۲. با دلسوزی

pity[1] /ˈpiti/ *n* رحم، ترحم، دلسوزی

it's a pity *or* **what a pity** حیف، چه بد، جای تأسف است (که)، حیف شد که

take pity on somebody به حال کسی ترحم کردن

pity[2] /ˈpiti/ *vt* ۱. دل (کسی) سوختن برای ۲. متأسف بودن برای

pivot[1] /ˈpivet/ *n* محور، پاشنه

pivot[2] /ˈpivet/ *vi,vt* ۱. چرخیدن، گردیدن ◙ ۲. روی محور قرار دادن

pizza /ˈpiitse/ *n* پیتزا

placard /ˈplakârd/ *n* پلاکارد

place[1] /pleys/ *n* ۱. جا، مکان، محل ۲. مقام، جایگاه ۳. خانه ۴. کار ۵. مرحله ۶. بلیت

in place سر جای خود

in place of به جای

take place اتفاق افتادن، برگزار شدن

take the place of somebody *or* **something** جای کسی یا چیزی را گرفتن، جانشین کسی یا چیزی شدن

place[2] /pleys/ *vt* ۱. قرار دادن، گذاشتن ۲. جا دادن، چیدن، مرتب کردن ۳. منصوب کردن ۴. [کار، خانه و غیره] پیدا کردن برای ۵. [سفارش] دادن ۶. [اعتماد] داشتن

plain[1] /pleyn/ *adj* ۱. ساده ۲. آسان ۳. واضح، روشن، آشکار ۴. رک ۵. معمولی، عادی ۶. [کاغذ] بی‌خط ۷. محض، مطلق

plain[2] /pleyn/ *adv* ۱. به وضوح، به صراحت، آشکارا ۲. کاملاً، کلاً

plain[3] /pleyn/ *n* جلگه، دشت

plainly /ˈpleynli/ *adv* ۱. به وضوح، روشن ۲. رک و راست

plait /plat/ *vt,n* ۱. [مو، طناب و غیره] بافتن ◙ ۲. موی بافته، گیس بافته

plan[1] /plan/ *n* ۱. نقشه ۲. [معماری] نقشهٔ کف ۳. طرح ۴. برنامه

plan[2] /plan/ *vt,vi* ۱. نقشهٔ (جایی را) کشیدن ۲. تدارک دیدن ۳. برنامه‌ریزی کردن

plane[1] /pleyn/ *n* ۱. [هندسه] صفحه ۲. سطح صاف ۳. سطح، مرحله

plane[2] /pleyn/ *n* هواپیما

plane[3] /pleyn/ *n* درخت چنار، چنار

planet /ˈplanit/ *n* سیّاره

plank[1] /plank/ *n* الوار، تخته

plank[2] /plank/ *vt* [عامیانه] پرت کردن، انداختن

plant[1] /plânt/ *n* ۱. گیاه، رستنی ۲. ماشین‌آلات ۳. دستگاه ۴. کارخانه

plant[2] /plânt/ *vt* کاشتن

plantation /plân'teyshen/ *n* ۱. کشت‌زار ۲. درخت‌زار، درختستان

plaster[1] /'plâster/ *n* ۱. [بنایی] گچ ۲. [شکسته‌بندی] گچ ۳. چسب زخم ۴. مشمّای طبی

plaster[2] /'plâster/ *vt* ۱. گچ کشیدن، گچ مالیدن ۲. [استخوان] گچ گرفتن ۳. مالیدن ۴. [زخم] چسب زدن ۵. [مجازی] ماست‌مالی کردن

plastic[1] /'plastik/ *adj* ۱. پلاستیکی، پلاستیک ۲. شکل‌پذیر

plastic[2] /'plastik/ *n* پلاستیک

plasticine /'plastisiin/ *n* خمیرِ بازی

plate[1] /pleyt/ *n* ۱. بشقاب ۲. صفحه ۳. پلاک ۴. [عکاسی] شیشهٔ حساس ۵. [کتاب] عکس، تصویر

plate[2] /pleyt/ *vt* [فلز] آب دادن

plateau /'plato/ *n* فلات

plateaux /'platoz/ *n* صورت جمع plateau

plate-rack /'pleyt rak/ *n* جاظرفی، آب‌چکان

platform /'platform/ *n* ۱. سکّو ۲. تریبون ۳. صحنه ۴. [اتوبوس] پله ۵. خط‌مشی حزبی

play[1] /pley/ *n* ۱. بازی ۲. تفریح، سرگرمی ۳. نمایش، نمایش‌نامه

play[2] /pley/ *vt,vi* ۱. بازی کردن ۲. تفریح کردن ۳. نقش (کسی را) بازی کردن ۴. نمایش دادن ۵. نواختن ۶. [توپ] زدن

play fair ۱. قواعد بازی را رعایت کردن ۲. منصفانه رفتار کردن

player /'pleyer/ *n* ۱. بازیکن ۲. بازیگر، هنرپیشه ۳. نوازنده

playful /'pleyful/ *adj* بازیگوش

playground /'pleygraond/ *n* ۱. زمین بازی ۲. تفریح‌گاه

playing-card /'pleying kârd/ *n* ورقِ بازی

playing-field /'pleying fiild/ *n* زمین بازی

playtime /'pleytâym/ *n* زنگ تفریح

playwright /'pleyrâyt/ *n* نمایش‌نامه‌نویس

plea /plii/ *n* تقاضا، درخواست

plead /pliid/ *vt,vi* ۱. تقاضا کردن ۲. اظهار داشتن ۳. بهانه آوردن ۴. [حقوقی] دفاع کردن

plead guilty خود را گناهکار یا مجرم دانستن، به جرم خود اقرار کردن

plead not guilty خود را بی‌گناه دانستن

plead with somebody به کسی التماس کردن

pleasant /'plezent/ *adj* ۱. دلپذیر، خوب، خوش ۲. دوست‌داشتنی

pliers /ˈplâyerz/ *n* انبردست

plimsolls /ˈplimselz/ *n* کفش کتانی

plod /plâd/ *vi* با زحمت راه رفتن

plot[1] /plât/ *n,vt,vi* ۱. توطئه ۲. طرح داستان ◘ ۳. توطئه کردن

plot[2] /plât/ *n,vt* ۱. قطعه زمین، زمین ◘ ۲. نقشه (چیزی را) کشیدن

plough[1] /plao/ *n* خیش، گاوآهن

plough[2] /plao/ *vt* ۱. شخم زدن ۲. به زحمت پیش رفتن

plug[1] /plâg/ *n* ۱. درپوش، در ۲. [برق] دوشاخه ۳. [اتومبیل] شمع

plug[2] /plâg/ *vt* بستن، مسدود کردن، درپوش گذاشتن

plug in به برق زدن

plum /plâm/ *n* آلوچه، گوجه

plum pudding ۱. پودینگ آلوچه ۲. دسر آلوچه

plumber /ˈplâmer/ *n* لوله کش

plump /plâmp/ *adj* ۱. تُپل ۲. چاق

plunge[1] /plânj/ *vt,vi* ۱. فرو کردن ۲. فرو رفتن ۳. شیرجه زدن ۴. پرت شدن ۵. پریدن

plunge[2] /plânj/ *n* شیرجه

plural /ˈplurâl/ *n,adj* ۱. [دستور زبان] صورت جمع ◘ ۲. جمع ۳. جمعی

plus /plâs/ *prep* ۱. بعلاوهٔ، باضافهٔ ۲. نیز، علاوه بر ۳. با ۴. وَ

Pluto /ˈplooto/ *n* (سیارهٔ) پلوتون

please[1] /pliiz/ *vt,vi* ۱. راضی کردن، خوشحال کردن ◘ ۲. دوست داشتن، دل (کسی) خواستن

as you please هرطور دلت می‌خواهد، هرطور میل دارید

please[2] /pliiz/ *intj* ۱. لطفاً، خواهش می‌کنم ۲. ببخشید، می‌بخشید ۳. [در اصطلاح دانش‌آموزان] اجازه

pleasing /ˈpliizing/ *adj* خوشایند، دلپذیر، مطبوع، دوست‌داشتنی

pleasure /ˈplezher/ *n* ۱. خوشی، لذت، مسرت ۲. تفریح ۳. میل

It's a pleasure. [در پاسخ تشکر] خواهش می‌کنم.

take pleasure in something از چیزی لذت بردن

with pleasure [در پاسخ خواهش کسی] با کمال میل

pleat /pliit/ *n* [خیاطی] پیلی، پیله

pled /pled/ *p,pp* گذشته و اسم مفعول فعل plead

pledge[1] /plej/ *n* ۱. گرویی ۲. گرو، رهن ۳. قول، تعهد ۴. پیمان

pledge[2] /plej/ *vt* ۱. قول دادن ۲. قول گرفتن ۳. گرو گذاشتن

plentiful /ˈplentiful/ *adj* ۱. فراوان ۲. سرشار ۳. بسیار، زیاد

plenty /ˈplenti/ *n,pron,adj* ۱. وفور ◘ ۲. مقدار زیاد، تعداد زیاد ◘ ۳. فراوان

plenty of مقدار زیادی

plywood /'plâywud/ *n* تخته‌سه‌لایی، تخته‌به‌لا

p.m.[1] /pii 'em/ = post meridiem بعدازظهر (= از ظهر تا نیمه‌شب)

P.M.[2] /pii 'em/ = p.m.[1]

pneumonia /nyoo'moniyâ/ *n* ذات‌الریه، پنومونی

poach[1] /poch/ *vt* [ماهی و غیره] آب‌پز کردن

poach[2] /poch/ *vt* ۱. قاچاقی شکار کردن ۲. تجاوز کردن

poacher /'pocher/ *n* شکارچی غیرمجاز

POB /pii o 'bii/ = post office box صندوق پستی

PO Box /pii o 'bâks/ = post office box صندوق پستی

pocket /'pâkit/ *n* جیب

pick somebody's pocket جیب کسی را زدن

pocket knife /'pâkit nâyf/ *n* چاقوی جیبی

pocket money /'pâkit mâni/ *n* پول توجیبی

pod /pâd/ *n* [لوبیا، نخود و غیره] غلاف، پوست

poem /'po-im/ *n* شعر

poet /'po-it/ *n* شاعر

poetic /po'etik/ *adj* شاعرانه

poetry /'po-itri/ *n* شعر

point[1] /poynt/ *n* ۱. نوک ۲. نقطه ۳. لحظه ۴. امتیاز ۵. اصل مطلب

be on the point of در شرف انجام دادن کاری بودن *I was on the point of going out when the phone rang.* داشتم می‌رفتم بیرون که تلفن زنگ زد.

miss the point متوجه نکته نشدن، نکتهٔ اصلی را نگرفتن، مطلب را نگرفتن

point of view نظر، دیدگاه

there's no point in بی‌فایده است، بی‌معنی است

to the point مربوط به موضوع

up to a point تا حدی، تا حدودی

point[2] /poynt/ *vt, vi* ۱. اشاره کردن، نشان دادن ۲. دلالت کردن

point a gun at نشانه گرفتن به طرف

point out ۱. تذکر دادن، گوشزد کردن ۲. نشان دادن

pointless /'poyntlis/ *adj* بی‌فایده، بی‌معنی، بیهوده

poison[1] /'poyzen/ *n* سَم، زهر

poison[2] /'poyzen/ *vt* ۱. مسموم کردن ۲. سم زدن به

poisonous /'poyzenes/ *adj* ۱. سمّی ۲. [مجازی] زهرآگین

poke /pok/ *vt,n* ۱. زدن، سقلمه زدن، با آرنج زدن ۲. درآوردن ◘ ۳. سقلمه، سیخونک

poker[1] /'poker/ *n* سیخ، انبر

poker[2] /'poker/ *n* [بازی ورق] پوکر

polar /'poler/ *adj* قطبی
polar bear /'poler ber/ *n* خرس قطبی، خرس سفید
pole[1] /pol/ *n* قطب
pole[2] /pol/ *n* ۱. دیرک، تیر، میله ۲. دسته ۳. [اسکی] باتون
Pole[3] /pol/ *n* لهستانی، اهل لهستان
pole-vault /'pol volt/ *n* پرش با نیزه
police /po'liis/ *n* ۱. پلیس ۲. افراد پلیس، مأموران پلیس
policeman /po'liisman/ *n* مأمور پلیس
police station /po'liis steyshen/ *n* کلانتری
policewoman /po'liiswuman/ *n* پلیس زن
policy /'pâlisi/ *n* ۱. سیاست، خط‌مشی ۲. بیمه‌نامه
polish[1] /'pâlish/ *vt* ۱. واکس زدن ۲. صیقل دادن، برق انداختن، پرداخت کردن ۳. آراستن
polish[2] /'pâlish/ *n* ۱. واکس، پولیش ۲. جلا، برق، صیقل ۳. ظرافت، لطافت
Polish[3] /'polish/ *adj,n* لهستانی
polite /po'lâyt/ *adj* ۱. مؤدب، باادب، باتربیت ۲. مؤدبانه ۳. بافرهنگ، فرهیخته
politely /po'lâytli/ *adv* مؤدبانه
politeness /po'lâytnis/ *n* ادب
political /pâ'litikâl/ *adj* سیاسی
politically /pâ'litikli/ *adv* از لحاظ سیاسی
politician /pâli'tishen/ *n* سیاستمدار، دولتمرد
politics /'pâlitiks/ *n* ۱. سیاست ۲. امور سیاسی ۳. علم سیاست
poll[1] /pol/ *n* ۱. رأی دادن ۲. شمارش آرا ۳. تعداد آرا ۴. انتخابات ۵. سنجش افکار عمومی
poll[2] /pol/ *vt* ۱. رأی آوردن ۲. نظرسنجی کردن از
pollen /'pâlen/ *n* [گیاه‌شناسی] گَرده
polling /'poling/ *n* انتخابات
polls /polz/ = poll[1]
pollute /po'loot/ *vt* آلوده کردن
pollution /po'looshen/ *n* ۱. آلودگی ۲. مواد آلوده کننده
polytechnic /pâli'teknik/ *n,adj* پلی‌تکنیک
pond /pând/ *n* استخر، آبگیر، برکه

pontoon /pân'toon/ *n* [بازی ورق] بیست و یک
pony /'poni/ *n* تاتو، اسب کوتوله
poodle /'poodel/ *n* پودِل (= نوعی سگ)
pool[1] /pool/ *n* ۱. استخر ۲. برکه، آبگیر ۳. حوض، حوضچه
pool[2] /pool/ *n* ۱. [قمار] پولِ وسط، بانک ۲. اتحادیه، ائتلاف

pool[3] / pool / *vt* روی هم گذاشتن

poor / 'pu-er / *adj* ۱. فقیر ۲. بیچاره ۳. بد، نامرغوب ۴. بی‌روح

the poor فقرا، مردم فقیر

poorly[1] / 'pu-erli / *adv* ۱. بد، به‌طور بدی ۲. ناکافی، کم

be poorly off وضع مالی بدی داشتن، فقیر بودن

poorly[2] / 'pu-erli / *adj* ناخوش، کسل، مریض

pop[1] / pâp / *n* موسیقی پاپ، پاپ

pop record صفحهٔ (موسیقی) پاپ

pop[2] / pâp / *n, vi, vt* ۱. (صدای) بامب، بومب ◘ ۲. بامبی صدا کردن ◘ ۳. بامبی ترکاندن

pop in به کسی سر زدن

pop up مثل قارچ سبز شدن

pop[3] / pâp / *n* نوشابهٔ گازدار

pop[4] / pâp / *n* بابا

pop[5] / pâp / = population

pope / pop / *n* پاپ

poplar / 'pâpler / *n* درخت سپیدار

poppy / 'pâpi / *n* خشخاش

popular / 'pâpyuler / *adj* ۱. محبوب، پرطرفدار ۲. مردم‌پسند، عامه‌پسند ۳. عمومی، رایج

population / pâpyu'leyshen / *n* ۱. جمعیت ۲. تعداد

porcelain / 'porselin / *n* چینی

porch / porch / *n* ۱. هشتی ۲. ایوان

pork / pork / *n* گوشت خوک

porn / porn / = pornography

porno / 'porno / = pornographic

pornographic / porno'grafik / *adj* سکسی، مبتذل، هرزه

pornography / por'nâgrafi / *n* هرزه‌نگاری، پورنوگرافی

porridge / 'pârij / *n* حلیم

port[1] / port / *n* ۱. بندر ۲. لنگرگاه ۳. مرز

port[2] / port / *n* پورت (= نوعی شراب شیرین از کشور پرتغال)

portable / 'portebel / *adj* ۱. قابل حمل، دستی ۲. قابل انتقال

porter / 'porter / *n* ۱. باربر، حمّال ۲. دربان، نگهبان ۳. مستخدم

portion / 'porshen / *n* ۱. قسمت، بخش، تکه ۲. سهم ۳. [غذا] پُرس

portrait / 'portrit / *n* [نقاشی و عکس] چهره، پُرتره

Portuguese / porchu'giiz / *adj, n* ۱. پرتغالی ۲. زبان پرتغالی

posh / pâsh / *adj* شیک، اعیانی

position / po'zishen / *n* ۱. موضع، جا ۲. وضع، حالت ۳. مقام، رتبه، جایگاه ۴. شغل، کار ۵. نظر

be in position سر جای خود بودن

be out of position سر جای خود نبودن

positive / 'pâzitiv / *adj* ۱. مثبت ۲. قاطع ۳. مطمئن ۴. سازنده، مفید

positively /'pâzitivli/ *adv* ۱. قطعی، قاطعانه ۲. مطمئناً
poss /pâs/ = possible
possess /po'zes/ *vt* ۱. داشتن، مالک بودن ۲. در اختیار داشتن
possession /po'zeshen/ *n* ۱. مالکیت، تملک ۲. تصرف
possessions /po'zeshenz/ *n* دارایی، ثروت، دار و ندار
possessive /po'zesiv/ *adj* ۱. انحصارطلب ۲. [دستور زبان] مِلکی
possibility /pâsi'biliti/ *n* ۱. امکان ۲. احتمال ۳. پیشامد، اتفاق
possible /'pâsibel/ *adj* ممکن، شدنی، امکان‌پذیر، عملی
possibly /'pâsibli/ *adv* ۱. امکان داشتن، ممکن بودن ۲. شاید
post[1] /post/ *n,vt* ۱. تیر، دیرک ۲. [مسابقات اسب‌دوانی و دو] محل شروع یا پایان ◙ ۳. [اعلامیه و غیره] چسباندن، نصب کردن ۴. اعلام کردن
post[2] /post/ *n* پست، سِمت، مقام
post[3] /post/ *n,vt* ۱. پست ۲. صندوق پست، پستخانه ۳. نامه‌ها و محموله‌های پستی ◙ ۴. پست کردن
postage /'postij/ *n* هزینهٔ پست
postal /'postâl/ *adj* پُستی
postbox /'postbâks/ *n* صندوق پست
postcard /'postkârd/ *n* کارت‌پستال
postcode /'postkod/ *n* کُد پستی
poster /'poster/ *n* پوستر
postman /'postman/ *n* پست‌چی
postmark /'postmârk/ *n* مُهر پست
post office /'post âfis/ *n* پستخانه
postpone /pos'pon/ *vt* عقب انداختن، به تعویق انداختن
postscript /'postskript/ *n* ۱. پی‌نوشت ۲. اطلاعات تازه
pot /pât/ *n* ۱. ظرف ۲. قابلمه
potato /po'teyto/ *n* سیب‌زمینی
pothole /'pât-hol/ *n* ۱. [زمین‌شناسی] چالاب ۲. [جاده] چاله، چاله‌چوله
potholing /'pât-holing/ *n* غارپیمایی، غارنوردی
potter /'pâter/ *n* کوزه‌گر
pottery /'pâteri/ *n* ۱. کوزه‌گری، سفالگری ۲. ظروف سفالی
pouch /paoch/ *n* ۱. کیسه ۲. کیف
poultry /'poltri/ *n* ۱. مرغ و خروس، طیور ۲. (گوشت) مرغ
pounce /paons/ *vi* ۱. پریدن، جستن، جست زدن ۲. قاپیدن
pounce on (*or* at) پریدن روی
pound /paond/ *n* ۱. پوند (= واحد پول بریتانیا و برخی کشورهای دیگر) ۲. پوند (= واحد وزن برابر با ۴۵۴ گرم)
pour /por/ *vi,vt* ۱. ریختن ۲. جاری شدن ۳. سرازیر شدن

practise /ˈpraktis/ *vt, vi*
۱. تمرین کردن ۲. به کار بستن

praise[1] /preyz/ *vt* ۱. تحسین کردن، ستودن ۲. [خدا] پرستیدن

praise[2] /preyz/ *n* ۱. تحسین، تمجید ۲. [خدا] ستایش، پرستش

pram /pram/ *n* کالسکهٔ بچه

prawn /pron/ *n* شاه‌میگو

pray /prey/ *vt, vi* ۱. [از خدا] خواستن، طلبیدن ۲. دعا کردن ۳. خواهش کردن، تقاضا کردن

prayer /ˈpreyer/ *n* ۱. دعا ۲. نماز

say one's prayers
نماز خود را خواندن

preach /priich/ *vi, vt* ۱. موعظه کردن ۲. پند و اندرز دادن

preacher /ˈpriicher/ *n* واعظ

precaution /priˈkoshen/ *n*
احتیاط، عمل احتیاطی، اقدام احتیاطی

precede /priˈsiid/ *vt, vi* ۱. مقدم بودن بر ۲. جلوتر واقع شدن

precious /ˈpreshes/ *adj* ۱. قیمتی، گرانبها ۲. با ارزش ۳. عزیز

precipice /ˈpresipis/ *n* پرتگاه

precise /priˈsâys/ *adj* ۱. دقیق ۲. درست ۳. وسواسی

precisely /priˈsâysli/ *adv*
۱. درست، دقیقاً ۲. با دقت، دقیق

precision /priˈsizhen/ *n, adj*
۱. دقت ▣ ۲. دقیق

It's pouring.
مثل سیل باران می‌آید.

pout /paot/ *vi, vt* ۱. لب ورچیدن ۲. لب خود را غنچه کردن

poverty /ˈpâverti/ *n* فقر

live in poverty در فقر به سر بردن

powder /ˈpaoder/ *n* ۱. گرد، پودر ۲. باروت

powder puff /ˈpaoder pâf/ *n*
پودرزن

power /ˈpawer/ *n* ۱. قدرت، توانایی ۲. نیرو ۳. اختیار، اختیارات ۴. تأثیر، نفوذ ۵. انرژی ۶. برق، الکتریسیته ۷. [ریاضیات] توان، نما ۸. [برق] قدرت

do everything in one's power
تمام سعی خود را به کار بردن، هر چه در توان داشتن انجام دادن

powerful /ˈpawerful/ *adj* قوی، قدرتمند، پرقدرت، نیرومند

power station /ˈpawer steyshen/ *n* نیروگاه

practical[1] /ˈpraktikâl/ *adj*
۱. عملی ۲. مفید ۳. واقعی

practical[2] /ˈpraktikâl/ *n*
درس عملی، امتحان عملی

practically /ˈpraktikli/ *adv*
۱. عملاً، در عمل ۲. تقریباً

practice /ˈpraktis/ *n* ۱. عمل ۲. تمرین ۳. عادت ۴. رسم، روال

be out of practice تمرین نداشتن

precocious / pri'koshes / *adj*
۱. پیشرس، استثنایی ۲. قبل از موقع

predecessor / 'priidiseser / *n*
۱. متصدی قبلی ۲. شکل پیشین

predict / pri'dikt / *vt* ۱. پیش‌بینی کردن ۲. پیش‌گویی کردن

prediction / pri'dikshen / *n*
۱. پیش‌بینی ۲. پیش‌گویی

predominant / pri'dâminent / *adj*
۱. غالب ۲. بانفوذ(ترین) ۳. مسلط

prefect / 'priifekt / *n* مبصر

prefer / pri'fer / *vt* ترجیح دادن

preferable / 'preferebel / *adj*
۱. بهتر ۲. مرجح

preferably / 'preferebli / *adv*
ترجیحاً، مرجحاً، چه بهتر که

preference / 'preferens / *n*
۱. رجحان، برتری ۲. تقدم، اولوّیت

prefix / 'priifiks / *n* ۱. پیشوند
۲. عنوان (مانند: Dr., Mrs, Mr)

pregnant / 'pregnent / *adj*
۱. آبستن، حامله، باردار ۲. پُر، سرشار از ۳. معنی‌دار

prehistoric / priihis'târik / *adj*
پیش از تاریخ

prejudice[1] / 'prejudis / *n*
۱. پیش‌داوری ۲. تعصب ۳. تبعیض

prejudice[2] / 'prejudis / *vt*
۱. به تعصب کشاندن ۲. تحت تأثیر قرار دادن ۳. لطمه زدن

prejudiced / 'prejudist / *adj*
۱. متعصب ۲. توأم با تعصب، سوگیرانه

preoccupation / prii-âkyu-'peyshen / *n* ۱. اشتغال ذهن، فکر و ذکر ۲. نگرانی ۳. دقت

preoccupied / prii'âkyupâyd / *adj*
۱. مشغول، مجذوب ۲. گرفتار، نگران ۳. بی‌توجه

prep / prep / *n* تکلیف شب

preparation / prepe'reyshen / *n*
۱. آمادگی ۲. تهیه ۳. مشق شب

in preparation for something
در تدارک چیزی، آمادگی برای چیزی یا کاری

Get a good night's sleep in preparation for the journey. شب را خوب بخواب تا برای مسافرت آماده باشی.

preparatory / pri'paretri / *adj*
۱. مقدماتی ۲. به منظور آماده‌سازی

prepare / pri'per / *vt, vi*
۱. آماده کردن ▣ ۲. حاضر شدن

be prepared for something
برای چیزی آماده بودن، برای چیزی آمادگی داشتن

prepared to حاضر بودن، مایل بودن

preposition / prepo'zishen / *n*
[دستور زبان] حرف اضافه

prescribe / pris'krâyb / *vt*
۱. تجویز کردن ۲. مقرر داشتن

prescription /pris'kripshen/ *n*
۱. [پزشکی] نسخه ۲. دارو ۳. تجویز
presence /'prezens/ *n* ۱. حضور
۲. وجود ۳. موجود
in the presence of درحضورِ
present[1] /'prezent/ *adj* ۱. حاضر
۲. موجود ۳. فعلی، کنونی، جاری
at the present time فعلاً، حالا، در حال حاضر
present[2] /'prezent/ *n*
۱. زمان حال ۲. وضع موجود
at present حالا، فعلاً
for the present حالا، فعلاً
present[3] /'prezent/ *n* هدیه، کادو
present[4] /pri'zent/ *vt*
۱. هدیه کردن ۲. معرفی کردن
presentation /prezen'teyshen/ *n*
[جایزه، هدیه و غیره] اهدا، اعطا
present continuous tense /prezent kân'tinyuwes tens/ *n*
زمان حال استمراری
presently /'prezentli/ *adv*
۱. به زودی، الآن ۲. فوری، فوراً

present participle /prezent 'pârtisipel/ *n* [دستور زبان]
۱. وجه وصفی حال (مانند sleeping در she's sleeping) ۲. صفت فاعلی (مانند sleeping در a sleeping child)
present perfect tense /prezent 'perfikt tens/ *n* [دستور زبان]
زمان حال کامل، ماضی نقلی
present tense /prezent 'tens/ *n*
[دستور زبان] زمان حال
preservation /prezer'veyshen/ *n*
حفاظت، حفظ، نگهداری
preserve[1] /pri'zerv/ *vt* ۱. حفظ کردن ۲. [مواد غذایی] نگهداری کردن ۳. سالم نگه‌داشتن
preserve[2] /pri'zerv/ *n* مربا
president /'prezident/ *n*
۱. رئیس‌جمهور ۲. رئیس، رئیس‌کل
press[1] /pres/ *n* ۱. فشار
۲. خبرنگاران ۳. ماشین چاپ ۴. انتشارات، نشر ۵. (ماشین) پرس ۶. اتو
the press مطبوعات
press[2] /pres/ *vt* ۱. فشار دادن
۲. اتو کردن ۳. [کلید برق] زدن
press on with something
کاری را با جدیت دنبال کردن، پشتِ کاری گذاشتن
pressing /'presing/ *adj* فوری
pressure /'presher/ *n* ۱. فشار
۲. [تایر اتومبیل] باد
presumably /pri'zyoomebli/ *adv*
احتمالاً
presume /pri'zyoom/ *vt, vi*
۱. فرض کردن ۲. حدس زدن
presumptuous /pre'zâmp-chuwes/ *adj* ۱. گستاخ ۲. فضول
pretend /pri'tend/ *vi, vt*
تظاهر کردن، وانمود کردن

pretext /ˈpriitekst/ *n* بهانه، عذر
prettily /ˈpritili/ *adv* به‌طور قشنگی، با قشنگی
pretty[1] /ˈpriti/ *adj* قشنگ
pretty[2] /ˈpriti/ *adv* نسبتاً
prevailing /priˈveyling/ *adj* رایج، متداول، موجود، حاکم، غالب
prevent /priˈvent/ *vt* جلوگیری کردن، مانع شدن، نگذاشتن
prevention /priˈvenshen/ *n* ۱. جلوگیری، ممانعت ۲. پیش‌گیری
preview /ˈpriivyoo/ *n* [فیلم و غیره] پیش‌نمایش
previous /ˈpriiviyes/ *adj* ۱. قبلی، قبل، پیش ۲. [عامیانه] عجول، هول
prey /prey/ *n* طعمه، شکار
price /prâys/ *n* ۱. قیمت ۲. ارزش، بها ۳. تاوان
priceless /ˈprâyslis/ *adj* ذی‌قیمت، نفیس، ارزشمند
pricey /ˈprâysi/ *adj* گران
prick[1] /prik/ *n* ۱. سوراخ، جای سوزن ۲. درد، سوزش
prick[2] /prik/ *vt,vi* ۱. [با سوزن یا شیئی نوک‌تیز] سوراخ کردن ۲. سوراخ شدن ۳. درد گرفتن ۴. درد آوردن
pride /prâyd/ *n,vt* ۱. غرور ۲. افتخار ◘ ۳. (به خود) بالیدن
priest /priist/ *n* کشیش
primary /ˈprâymeri/ *adj* ۱. نخستین، ابتدایی ۲. عمده، اساسی

primary school /ˈprâymeri skool/ *n* دبستان
prime /prâym/ *adj* ۱. عمده، اصلی، اساسی ۲. درجه‌یک، عالی
primer /ˈprâymer/ *n* کتاب درسی مقدماتی
primitive[1] /ˈprimitiv/ *adj* ۱. ابتدایی، اولیه ۲. قدیمی، کهنه
primitive[2] /ˈprimitiv/ *n* نقاش یا مجسمه‌ساز قبل از رنسانس
prince /prins/ *n* ۱. شاهزاده، شاهپور، پرنس ۲. امیر
princess /prinˈses/ *n* شاهدخت
principal[1] /ˈprinsipâl/ *adj* عمده، اصلی، مهم
principal[2] /ˈprinsipâl/ *n* ۱. رئیس ۲. مدیر مدرسه
principally /ˈprinsipli/ *adv* در درجهٔ اول، عمدتاً، بیشتر
principle /ˈprinsipel/ *n* ۱. اصل ۲. اصول اخلاقی، اخلاق
print[1] /print/ *n* ۱. چاپ ۲. حروف چاپی ۳. عکس ۴. نشان، اثر، نقش ۵. جای پا ۶. (پارچهٔ) چیت
print[2] /print/ *vt,vi* چاپ کردن
printer /ˈprinter/ *n* ۱. کارگرِ چاپخانه ۲. [کامپیوتر] چاپگر
prism /ˈprizem/ *n* منشور
prison /ˈprizen/ *n* زندان
prisoner /ˈprizener/ *n* ۱. زندانی ۲. اسیر ۳. اسیر جنگی ۴. گروگان

take somebody prisoner
کسی را به اسارت گرفتن، اسیر کردن
privacy /'privesi / *n* ۱. آرامش ۲. زندگی خصوصی
private /'prâyvit / *adj* ۱. شخصی ۲. خصوصی ۳. اختصاصی ۴. محرمانه
in private تنها، به‌طور خصوصی، در خلوت
privilege /'privilij / *n* امتیاز
privileged /'privilijd / *adj* ۱. ممتاز ۲. ثروتمند ۳. مفتخر
prize / prâyz / *n* جایزه
probability / prâbe'biliti / *n* ۱. احتمال ۲. [ریاضیات] احتمالات
probable /'prâbebel / *adj,n* ۱. احتمالی ۲. محتمل ◘ ۳. داوطلب احتمالی، برندهٔ احتمالی
probably /'prâbebli / *adv* احتمالاً، احتمال دارد که
problem /'prâblem / *n* ۱. مسئله ۲. مشکل، اشکال، دردسر، گرفتاری
face a problem
با مشکلی مواجه بودن یا شدن

procedure / pro'siijer / *n* ۱. رویه، شیوه، طرز کار ۲. تشریفات
proceed / pro'siid / *vi* ۱. پیش رفتن ۲. ادامه دادن، ادامه یافتن
process[1] /'proses / *n* ۱. فرآیند، جریان، روند ۲. امر، کار
process[2] /'proses / *vt* ۱. [غذا، مواد خام و غیره] عمل آوردن ۲. [اطلاعات] پردازش کردن
procession / pro'seshen / *n* ۱. صف ۲. جمعیت ۳. مراسم
proclaim / pro'kleym / *vt* اعلام کردن، اعلان کردن
proclamation / prâkle'meyshen / *n* ۱. اعلان، اعلام ۲. اعلامیه، بیانیه
prod / prâd / *vt* سیخونک زدن
produce[1] /'prâdyoos / *n* محصول، فرآورده
produce[2] / pro'dyoos / *vt,vi* ۱. تولید کردن، ساختن ۲. باعث شدن ۳. [نمایش] روی صحنه آوردن
producer / pro'dyooser / *n* ۱. تولیدکننده ۲. [فیلم و غیره] تهیه کننده
product /'prâdâkt / *n* ۱. محصول، فرآورده ۲. تولید ۳. نتیجه
production / pro'dâkshen / *n* ۱. تولید ۲. [فیلم، نمایش و غیره] تهیه
productive / pro'dâktiv / *adj* ۱. تولیدی، [مربوط به] تولید ۲. بارور
prof / prâf / = professor
profession / pro'feshen / *n* ۱. حرفه، شغل ۲. اعضای یک حرفه
professional / pro'feshenâl / *adj* ۱. حرفه‌ای ۲. شغلی ۳. تخصصی
professionally / pro'feshenâli / *adv* به طور حرفه‌ای
professor / pro'feser / *n* ۱. استاد ۲. [به عنوان لقب] استاد، پروفسور

proficient /pro'fishent/ *adj* ماهر، خبره، ورزیده، کارکشته، باتجربه

profile /'profâyl/ *n* نیمرخ

profit[1] /'prâfit/ *n* سود، فایده

profit[2] /'prâfit/ *vt,vi* ۱. بهره بردن، بهره‌مند شدن ۲. سودمند بودن

profitable /'prâfitebel/ *adj* ۱. سودآور ۲. مفید، سودمند

program /'program/ *n,vt* ۱. [کامپیوتر] برنامه ◙ ۲. برنامه نوشتن

programme /'program/ *n,vt* ۱. برنامه ◙ ۲. تنظیم کردن

programmer /'programer/ *n* برنامه‌نویس، برنامه‌ساز

progress[1] /'progres/ *n* ۱. پیشرفت ۲. پیشروی ۳. روند

be in progress درجریان بودن، در حال انجام شدن بودن

make progress پیشرفت کردن

progress[2] /pro'gres/ *vi* ۱. پیشرفت کردن ۲. ترقی کردن

progression /pro'greshen/ *n* ۱. پیشرفت ۲. پیشروی، گذر

progressive[1] /pro'gresiv/ *adj* ۱. پیشرونده ۲. مترقی، ترقی‌خواه ۳. تدریجی ۴. [ریاضیات] تصاعدی

progressive[2] /pro'gresiv/ *n* آدم مترقی، ترقی‌خواه

progressively /pro'gresivli/ *adv* به‌تدریج، رفته‌رفته، کم‌کم

prohibit /pro'hibit/ *vt* ۱. منع کردن، ممنوع کردن ۲. مانع شدن

prohibition /prohi'bishen/ *n* منع، بازداری، ممنوعیت، تحریم

project[1] /'prâjekt/ *n* ۱. طرح، برنامه، پروژه ۲. طرح تحقیقاتی، تحقیق

project[2] /pro'jekt/ *vt,vi* ۱. برنامه‌ریزی کردن، طرح ریختن ۲. انداختن ۳. [فیلم] نشان دادن

projection /pro'jekshen/ *n* ۱. برآمدگی ۲. پرتاب ۳. برآورد

projector /pro'jekter/ *n* ۱. پروژکتور ۲. [سینما] آپارات

promenade /prâme'nâd/ *n* ۱. گردش ۲. گردشگاه

prominent /'prâminent/ *adj* ۱. برجسته ۲. مشهور ۳. چشمگیر

promise[1] /'prâmis/ *n* ۱. قول، عهد، تعهد، وعده ۲. امید، نوید

break a promise زیر قول خود زدن، به عهد خود وفا نکردن

keep a promise به قول خود عمل کردن، به عهد خود وفا کردن

make a promise قول دادن

promise[2] /'prâmis/ *vi,vt* قول دادن، تعهد کردن، وعده دادن

promote /pro'mot/ *vt* ۱. ترفیع دادن ۲. ایجاد کردن

prompt[1] /prâmpt/ *adj* ۱. فوری، بی‌درنگ، سریع ۲. حاضر، فرز

prompt[2] /prâmpt/ *vt,vi* ۱. موجب شدن ۲. واداشتن، برانگیختن ۳. (به بازیگر تئاتر) متن رساندن

prompter /'prâmpter/ *n*
[تئاتر] متن‌رسان، سوفلور

promptly /'prâmptli/ *adv*
۱. فوراً، بی‌درنگ، به سرعت ۲. دقیقاً، درست سر ساعتِ

pronoun /'pronaon/ *n*
[دستور زبان] ضمیر

pronounce /pro'naons/ *vt*
۱. تلفظ کردن ۲. اعلام کردن

pronunciation /pronânsi'yey-shen/ *n* تلفظ

proof[1] /proof/ *n* ۱. دلیل ۲. برهان ۳. آزمایش، امتحان، محک

proof[2] /proof/ *adj*
۱. [در ترکیب] ضدِ ۲. مصون

prop[1] /prâp/ *n* ۱. [معماری] شمع، دیرک، پایه ۲. تکیه‌گاه، کمک، پشتوانه، پشتیبان، حامی

prop[2] /prâp/ *vt* ۱. تکیه دادن ۲. نگه‌داشتن ۳. شمع گذاشتن زیرِ

prop[3] /prâp/ = propeller

propaganda /prâpa'gandâ/ *n*
۱. تبلیغات ۲. تبلیغ ۳. شعار

propel /pro'pel/ *vt* ۱. راندن، به پیش راندن ۲. سوق دادن، کشاندن

propeller /pro'peler/ *n*
۱. [کشتی] پروانه ۲. [هواپیما] ملخ

proper /'prâper/ *adj* ۱. مناسب ۲. واقعی، حقیقی ۳. اصلی ۴. صحیح، درست ۵. کامل ۶. شایسته ۷. به معنی واقعی کلمه، خودِ

properly /'prâperli/ *adv* ۱. درست ۲. به‌طور مناسبی، شایسته

property /'prâperti/ *n* ۱. دارایی ۲. مستغلات ۳. مِلک ۴. مالکیت

prophecy /'prâfisi/ *n* پیش‌گویی

prophet[1] /'prâfit/ *n* ۱. پیامبر، پیغمبر، نبی ۲. پیش‌گو، غیب‌گو ۳. مُبلغ

Prophet[2], **the** /'prâfit/ *n*
پیغمبر اسلام

proportion /pro'porshen/ *n*
۱. نسبت ۲. تناسب ۳. سهم، قسمت

proportionally /pro'porshenâli/ *adv* به نسبت، به‌طور نسبی

proposal /pro'pozâl/ *n*
۱. پیشنهاد، طرح ۲. خواستگاری

propose /pro'poz/ *vt,vi*
۱. پیشنهاد کردن ۲. خواستگاری کردن ۳. قصد داشتن

proposition /prâpo'zishen/ *n*
۱. مطلب، موضوع ۲. پیشنهاد

proprietor /pro'prâyeter/ *n*
مالک، صاحب

prose /proz/ *n* نثر

prospect /'prâspekt/ *n*
۱. چشم‌انداز، دورنما ۲. امید

prosper /'prâsper/ *vi* موفق شدن، رونق گرفتن، رونق داشتن

rosperity / prâs'periti / *n* ۱. رفاه ۲. رونق ۳. خوشبختی

rosperous / 'prâsperes / *adj* ۱. موفق، کامروا ۲. مرفه، ثروتمند

rotect / pro'tekt / *vt* ۱. محافظت کردن ۲. دفاع کردن

rotection / pro'tekshen / *n* ۱. محافظت، حفاظت ۲. حفاظ حمایت (از محصولات داخلی)

rotective / pro'tektiv / *adj* محافظ، حفاظی، حفاظتی

rotest[1] / 'protest / *n* ۱. اعتراض، مخالفت ۲. شکایت ۳. اکراه

rotest[2] / pro'test / *vt,vi* ۱. اعتراض کردن ۲. مخالف بودن

rotestant / 'prâtistent / *n,adj* پروتستان

rototype / 'prototâyp / *n,adj* ۱. الگوی نخستین ۲. مدل

rotractor / pro'trakter / *n* نقّاله

roud / praod / *adj* ۱. مفتخر، سرفراز، سربلند ۲. مغرور، بلندنظر

roudly / 'praodli / *adv* ۱. بالافتخار، باسربلندی ۲. با غرور

rove / proov / *vt,vi* ۱. ثابت کردن ۲. محقق نمودن ◙ ۳. ثابت شدن

roven / 'prooven / *pp* اسم مفعول فعل prove

roverb / 'prâverb / *n* مَثَل، ضرب‌المثل

rovide / pro'vâyd / *vt,vi* ۱. تأمین کردن، تهیه کردن، تدارک دیدن، در اختیار گذاشتن ۲. مجهز شدن

providence / 'prâvidens / *n* ۱. مشیت الهی ۲. آینده‌نگری

province / 'prâvins / *n* ۱. استان، ایالت، شهرستان ۲. قلمرو

provincial / pro'vinshâl / *adj* ۱. ایالتی، استانی، شهرستانی ۲. دهاتی

provision[1] / pro'vizhen / *n* ۱. تهیه، تدارک، تأمین ۲. آینده‌نگری

provision[2] / pro'vizhen / *vt* ۱. آذوقه رساندن ۲. تأمین کردن

provisional / pro'vizhenâl / *adj* موقّت، موقّتی

provocation / prâvo'keyshen / *n* ۱. تحریک ۲. عصبانیت

provoke / pro'vok / *vt* ۱. عصبانی کردن، خشمگین کردن ۲. تحریک کردن، برانگیختن

prudence / 'proodens / *n* ۱. احتیاط، دوراندیشی ۲. سنجیدگی

prudent / 'proodent / *adj* ۱. محتاط، دوراندیش ۲. عاقلانه

prune[1] / proon / *n* آلو (خشک)

prune[2] / proon / *vt* ۱. هرس کردن، زدن ۲. سبک کردن، کوتاه کردن

PS / pii 'es / *n* پی‌نوشت

psalm / sâm / *n* [مذهبی] سرود

psychological / sâyko'lâjikâl / *adj* ۱. روان‌شناختی ۲. روانی

psychologist /sây'kâlâjist/ *n* روان‌شناس

psychology /sây'kâlâji/ *n* روان‌شناسی

pub /pâb/ *n* بار، می‌فروشی

public[1] /'pâblik/ *adj* ۱. عمومی، همگانی ۲. دولتی، [مربوط به] دولت ۳. علنی

public convenience توالت عمومی

public[2] /'pâblik/ *n* ۱. مردم، عامهٔ مردم، عموم ۲. انظار، ملأ عام ۳. [کتاب] خوانندگان ۴. طرفداران

in public در انظار، در ملأ عام

publication /pâbli'keyshen/ *n* ۱. انتشار، نشر ۲. نشریه، کتاب، اثر

public house /pâblik 'haos/ *n* بار، می‌فروشی

public school /pâblik 'skool/ *n* ۱. [در بریتانیا] دبیرستان ملی یا خصوصی ۲. [در امریکا] مدرسهٔ دولتی

publicity /pâb'lisiti/ *n* ۱. شهرت، معروفیت ۲. تبلیغات، تبلیغ

publicly /'pâblikli/ *adv* علناً، به‌طور علنی، در انظار عمومی

publish /'pâblish/ *vt* ۱. منتشر کردن ۲. چاپ کردن

publisher /'pâblisher/ *n* ناشر

pudding /'puding/ *n* ۱. پودینگ ۲. دِسِر

puddle /'pâdel/ *n* چالهٔ آب باران

puff[1] /pâf/ *n* . پُک ۲. فوت . پُف ۴. نفس ۵. پودرزن

puff[2] /pâf/ *vi,vt* . پُک زدن . فوت کردن ۳. پُف کردن

puff out فوت کردن، خاموش کردن

pull[1] /pul/ *vt,vi* . کشیدن . کندن ۳. پاک کردن ۴. پارو زدن

pull in (اتومبیل خود را) کنار زدن

pull oneself together خود را جمع و جور کردن، خود را کنترل کردن

pull out بیرون کشیدن

pull something down خراب کردن، روی هم کوبیدن، کوبیدن

pull up توقف کردن، اتومبیل خود را متوقف کردن

pull[2] /pul/ *n* . (عمل) کشیدن . کشش، جاذبه ۳. جذبه ۴. [در کیب] دسته، دستگیره، طناب

pulley /'puli/ *n* رقره

pullover /'pulover/ *n* یور

pulpit /'pulpit/ *n* نبر

pulse[1] /pâls/ *n* . نبض ۲. زنش، سربان ۳. ضرب‌آهنگ، ریتم

pulse[2] /pâls/ *vi* دن، تپیدن

pumice /'pâmis/ *n* سنگ پا

pump[1] /pâmp/ *n* مبه، پمپ

pump[2] /pâmp/ *vi,vt* . تلمبه زدن . [بنزین] زدن ۳. [تایر] باد کردن

pump up [تایر و غیره] باد کردن

pumpkin /'pâmpkin/ *n* دو تنبل، دو حلوایی

pumps /pâmps/ *n* کفش کتانی

pun /pân/ *n* ۱. جناس ۲. ایهام ۳. بازی با کلمات، بازی با الفاظ

punch[1] /pânch/ *n,vt* ۱. مشت ۲. تأثیر ◙ ۳. مشت زدن، با مشت زدن

punch[2] /pânch/ *n* ۱. منگنه ۲. سُنبه

punch[3] /pânch/ *n* پانچ (= آمیزه‌ای از یک نوع مشروب الکلی با آب، شکر، ادویه و غیره)

punctual /'pânkchuwâl/ *adj* دقیق، وقت‌شناس، خوش‌قول

punctuation /pânkchu'weyshen/ *n* ۱. نقطه‌گذاری ۲. تأکید، تأیید

puncture[1] /'pânkcher/ *n* پنچری

puncture[2] /'pânkcher/ *vi,vt* ۱. پنچر شدن ۲. پنچر کردن ۳ سوراخ کردن ۴. [دُمل] نیشتر زدن، بازکردن

punish /'pânish/ *vt* ۱. تنبیه کردن ۲. مجازات کردن، به کیفر رساندن

punishment /'pânishment/ *n* ۱. تنبیه ۲. مجازات، کیفر، جزا

pupil /'pyoopil/ *n* ۱. شاگرد ۲. دانش‌آموز، محصل ۳. مردمک چشم

puppet /'pâpit/ *n* ۱. عروسکِ خیمه‌شب‌بازی ۲. بازیچه

puppy /'pâpi/ *n* توله‌سگ

purchase[1] /'perchis/ *n* خرید

make a purchase چیزی خریدن، خرید کردن

purchase[2] /'perchis/ *vt* ۱. خریدن ۲. کسب کردن، به دست آوردن

pure /pyur/ *adj* ۱. خالص، ناب ۲. پاک ۳. محض ۴. [صدا] صاف

purely /'pyurli/ *adv* صرفاً، کاملاً

purge[1] /perj/ *vt* ۱. تصفیه کردن، پاکسازی کردن ۲. جبران کردن

purge[2] /perj/ *n* تصفیه، پاکسازی

purify /'pyurifây/ *vt* تصفیه کردن

purity /'pyuriti/ *n* ۱. خلوص ۲. درجهٔ خلوص ۳. پاکی

purple /'perpel/ *n,adj* ۱. رنگ ارغوانی ◙ ۲. ارغوانی

purpose /'perpes/ *n* ۱. منظور، مقصود، قصد، هدف ۲. عزم، اراده

for the purpose of به منظورِ، به خاطرِ، برای

on purpose عمداً، از قصد

purposely /'perpesli/ *adv* عمداً، به‌طور عمدی، تعمداً

purr /per/ *vi,vt,n* ۱. [گربه] خُرخُر کردن ◙ ۲. زمزمه کردن ◙ ۳. صدای خُرخُر (گربه)

purse /pers/ *n* ۱. کیف پول ۲. کیف دستی (زنانه) ۳. بودجه ۴. مَبلغ

pursue /per'syoo/ *vt* دنبال (کسی) گذاشتن، تعقیب کردن

pursuit /per'syoot/ *n* ۱. تعقیب، دنبال ۲. جستجو ۳. کار، فعالیّت

push[1] /push/ *vt, vi* ۱. هُل دادن ۲. فشار دادن ۳. [راه] به زور باز کردن ۴. مجبور کردن

push[2] /push/ *n* ۱. هُل، فشار ۲. تلاش، سعی، کوشش

pussy /ˈpusi/ *n* پیشی (= گربه به زبان کودکانه)

put[1] /put/ *vt, vi* ۱. گذاشتن، قرار دادن ۲. بیان کردن، گفتن ۳. عرضه کردن ۴. انداختن، پرتاب کردن

put away ۱. سر جای خود گذاشتن ۲. کنار گذاشتن، پس‌انداز کردن

put down زمین گذاشتن

put off [چراغ و غیره] خاموش کردن

put on ۱. [چراغ و غیره] روشن کردن ۲. پوشیدن، به تن کردن

put somebody off تو ذوق کسی زدن، کسی را (از چیزی) دل‌زده کردن

put somebody through to [تلفن] وصل کردن به

put somebody up به کسی جا دادن

put something away چیزی را سر جایش گذاشتن

put something off کاری یا چیزی را عقب انداختن

put something right رست کردن، اصلاح کردن

put up جایی) ماندن، خوابیدن

put up with somebody *or* **something** کسی یا چیزی ساختن

put[2] /put/ *p, pp* شته و اسم مفعول فعل put

putty /ˈpâti/ *n* نه

puzzle[1] /ˈpâzel/ *n* معما، سئله ۲. [اسباب‌بازی] پازل

puzzle[2] /ˈpâzel/ *vt* ج کردن، یران کردن، سردرگم کردن

puzzle over something ربارهٔ چیزی زیاد فکر کردن

pyjamas /peˈjâmâz/ *n* امه

pyramid /ˈpiramid/ *n* م

python /ˈpâythen/ *n* درمار

Q

q / kyoo / n کی‌یو
(= هفدهمین حرف الفبای انگلیسی)

ack / kwak / vi,n ۱. [اردک] قات‌قات کردن ◙ ۲. قات‌قات

alification / kwâlifi'keyshen / n ۱. تغییر، جرح و تعدیل ۲. شرای لازم

alify / 'kwâlifây / vt,vi ۱. صلاحیت پیدا کردن ۲. محد کردن، تعدیل کردن ۳. تعریف کرد وصف کردن

ality / 'kwâliti / n ۱. کیفیت ۲. ویژگی، خصوصیت، صفت

antity / 'kwântiti / n ۱. کمیّت، مقدار ۲. مقدار زیاد

arrel / 'kwârel / n,vi ۱. دعوا، مرافعه، بگومگو ۲. دلخوری، رنج ◙ ۳. دعوا کردن ۴. مخالف بودن

ave no quarrel with somebody
something با کسی یا چیزی مخالفتی نداشتن، حرفی نداشتن

ave quarrels about something
بر سر چیزی دعوا داشتن

ck a quarrel with somebody
به پروپای کسی پیچیدن، بیخو بی‌جهت با کسی دعوا کردن

quarrel with somebody about (or over something)
با کسی دربارهٔ چیزی دعوا کردن یا یکی به دو کردن

quarrel with something
با چیزی مخالفت کردن

quarrelsome / 'kwârelsâm / adj
دعوایی، خروس‌جنگی، شرّ

quarry / 'kwâri / n ۱. شکار ۲. طعمه

quart / kwort / n کوآرت
(= پیمانه‌ای معادل تقریباً ۱/۱۴ لیتر)

quarter / 'kworter / n
۱. یک‌چهارم، چارک، ربع ۲. دورهٔ سه‌ماهه، فصل ۳. ناحیه، منطقه، محلّه ۴. جهت

a quarter after = a quarter past

a quarter of = a quarter to

a quarter past یک ربع گذشته از
I'll meet you at a quarter past six.
شما را ساعت شش و ربع خواهم دید.

a quarter to یک ربع به
It's a quater to three.
(ساعت) یک ربع به سه است.

three quarters of an hour
سه ربع ساعت

quarterly /ˈkworterli/ *adj,adv,n* ۱. سه‌ماهه ◘ ۲. سه ماه یک بار ◘ ۳. فصل‌نامه

quay /kii/ *n* اسکله، بارانداز

queen /kwiin/ *n* ۱. ملکه ۲. شهبانو

queer /ˈkwiyer/ *adj* ۱. عجیب، عجیب و غریب ۲. مشکوک، مرموز

quench /kwench/ *vt* ۱. خاموش کردن ۲. رفع عطش کردن

query /ˈkwiyeri/ *n,vt* ۱. سؤال ۲. پرس و جو ◘ ۳. مورد سؤال قرار دادن، زیر سؤال بردن ۴. تحقیق کردن

question /ˈkweschen/ *n,vt* ۱. پرسش، سؤال ۲. مسئله، موضوع ۳. تردید، دو دلی، اعتراض ◘ ۴. پرسیدن ۵. بازجویی کردن ۴. مورد تردید قرار دادن، زیر سؤال بردن

be no question of something
چیزی مطرح نبودن، امکان چیزی نبودن
There is no question of any more money. مسئلهٔ پول بیشتر مطرح نیست.

be out of the question
غیرممکن بودن، امکان نداشتن

call something into question
چیزی را مورد سؤال قرار دادن

in question مورد نظر، مورد بحث

questionable /ˈkweschenebel/ *adj* سؤال‌انگیز، مشکوک

questionmark /ˈkweschenmârk/ *n* علامت سؤال (؟)

queue /kyoo/ *n,vi* . صف . ردیف ◘ ۳. در صف ایستادن

quick /kwik/ *adj* . تند، تیز، ریع ۲. فوری، زود ۳. فرز، چابک

quickly /ˈkwikli/ *adv* . تند، سرعت ۲. بلافاصله، در دم

quicken /ˈkwiken/ *vt,vi* . تند ردن ۲. تند شدن، سرعت گرفتن

quiet /ˈkwâyet/ *adj,n* . ساکت، صدا ۲. آرام ◘ ۳. آرامش، سکون

keep quiet! ۱. ساکت باش! ساکت باشید! ۲. به کسی چیزی نگو!

keep something quiet
چیزی را مخفی نگه داشتن

quietly /ˈkwâyetli/ *adv* آرامی

quit[1] /kwit/ *vt,vi* ترک کردن، فتن ۲. رها کردن، ول کردن

quit[2] /kwit/ *p,pp*
ذشته و اسم مفعول فعل quit

quit[3] /kwit/ *adj* لاص، فارغ

quite /kwâyt/ *adv* . کاملاً واقعاً، حقیقتاً ۳. نسبتاً، تا حدی

not quite نه کاملاً، کاملاً نه

quite a few تعداد زیادی

quite a lot of مقدار زیادی

quits /kwits/ *adj* حساب، ساوی، یر به یر

quiver /ˈkwiver/ *n* رکش، ردان

quiz /kwiz/ *n,vt* آزمونه، مون کوتاه ۲. [رادیو و تلویزیون]

مسابقهٔ اطلاعات عمومی ▣ ۳ امتحان کردن ۴. سؤال‌پیچ کردن

quota /'kwotâ/ *n* سهمیه

quotation /kwo'teyshen/ *n* ۱. نقل قول ۲. مظنه، استعلام بها

quotation marks /kwo'teyshen mârks/ *n* گیومه، علامت نقل قول («.....»)

quote /kot/ *vt* ۱. نقل کردن، نقل قول کردن ۲. ذکر کردن

R

R,r /âr/*n* آر
(= هیجدهمین حرف الفبای انگلیسی)
rabbi /'rabây/*n* خاخام
(= پیشوای روحانی یهودیان)
rabbit /'rabit/*n* ۱. خرگوش ۲. پوست خرگوش ۳. گوشت خرگوش
rabies /'reybiiz/*n* (بیماری) هاری
race[1] /reys/*n* ۱. مسابقه ۲. جریانِ تند آب ۳. [به صورت جمع] مسابقات اسب دوانی ۴. مبارزه، رقابت
at the races در مسابقات اسب‌دوانی
race[2] /reys/*vi,vt* ۱. مسابقه دادن ۲. عجله کردن ۳. تند رفتن
race[3] /reys/*n* ۱. نژاد ۲. نوع
racehorse /'reys-hors/*n* اسب مسابقه
racial /'reyshâl/*adj* نژادی
racism /'reysizem/*n* ۱. نژادپرستی، تعصب نژادی ۲. تبعیض نژادی
racist /'reysist/*n,adj* ۱. نژادپرست ۲. نژادپرستانه، [مربوط به] تبعیض نژادی
rack /rak/*n,vt* ۱. تاقچه، رف، رفه ۲. جاکلاهی، جالباسی ۳. [در

کیب] جا ـ ◘ ۴. درد کشیدن
racket[1] /'rakit/*n* ازی] راکت
racket[2] /'rakit/*n* جار و جنجال، یاهو ۲. اخاذی، باجگیری
radar /'reydâr/*n* دار
radiant /'reydient/*adj* تابان شاد، بشاش، باطراوت
radiate /'reydiyeyt/*vi,vt* تابیدن، پخش شدن ۲. تاباندن
radiation /reydi'yeyshen/*n* تشعشع، اشعه ۲. انرژی تابشی
radiator /'reydiyeyter/*n* دیاتور
radii /'reydiyây/*n* ورت جمع radius
radio[1] /'reydiyo/*n,adj* رادیو بی‌سیم ◘ ۳. رادیویی
on the radio ز رادیو
I heard this on the radio.
ین را از رادیو شنیدم.
radio[2] /'reydiyo/*vt,vi* ی‌سیم زدن
radioactivity /reydiyo-ak'tiviti *n* توزایی، رادیواکتیویته
radish /'radish/*n* بچه، ترب
radius /'reydiyes/*n* عاع دایره
raft /râft/*n* ک (= نوعی قایق ساده)

keep (*or* save) something for a rainy day
چیزی را برای روز مبادا نگه‌داشتن

raise[1] /reyz/ *vt* ۱. بلند کردن، بالا بردن ۲. [دام] پرورش دادن ۳. [گیاه] کاشتن ۴. [بچه] بزرگ کردن

raise a family بچه بزرگ کردن

raise[2] /reyz/ *n* افزایش حقوق

raisin /'reyzin/ *n* کشمش

rake /reyk/ *n, vt* ۱. شن‌کش ◙ ۲. با شن‌کش صاف کردن

rally /'rali/ *vt, vi, n* ۱. تجدیدِ سازمان کردن ۲. دوباره جمع شدن ۳. تجدید قوا کردن ۴. نیرو بخشیدن ◙ ۵. تظاهرات ۶. تجدید قوا

RAM /ram/ = Random-Access Memory [کامپیوتر] رَم

Ramadan /'ramedan/ *n* (ماه) رمضان

ramble /'rambel/ *vi, n* ۱. گردش کردن، قدم زدن ۲. از این در و آن در حرف زدن ◙ ۳. گردش

ramp /ramp/ *n* [معماری] شیب‌راهه

ran /ran/ *p* گذشتهٔ فعل run

random /'randem/ *adj* تصادفی، اتفاقی، بی‌نقشه، بدون ترتیب

rang /rang/ *p* گذشتهٔ فعل ring

range[1] /reynj/ *n* ۱. رشته، ردیف ۲. تیررس ۳. دیدرس ۴. دامنه

range[2] /reynj/ *vt, vi* ۱. گشتن ◙ ۲. امتداد داشتن ۳. قرار داشتن

rag[1] /rag/ *n* (تکّهٔ) کهنه

rag[2] /rag/ *n, vt* ۱. شوخی ◙ ۲. سر به سر (کسی) گذاشتن

rage /reyj/ *n* خشم، غضب

ragged /'ragid/ *adj* ۱. پاره‌پوره، ژنده ۲. ژنده‌پوش ۳. ناصاف، ناهموار

rags /ragz/ *n* لباس پاره‌پوره

raid /reyd/ *n, vt* ۱. حمله، یورش، شبیخون ۲. سرقت، دستبرد ◙ ۳. یورش بردن، دستبرد زدن

rail /reyl/ *n, vt* ۱. ریل ۲. راه‌آهن ۳. نرده ◙ ۴. نرده کشیدن

by rail با قطار

railings /'reylingz/ *n* نرده

railroad /'reylrod/ = railway

railway /'reylwey/ *n* ۱. راه‌آهن، قطار ۲. خط‌آهن ۳. شرکت راه‌آهن

railway station ایستگاه قطار

rain /reyn/ *n, vi, vt* ۱. باران ۲. بارندگی ◙ ۳. باران آمدن، باریدن ۴. جاری شدن ◙ ۵. جاری کردن

It's raining cats and dogs.
مثل سیل باران می‌آید.

It looks like rain.
مثل این که می‌خواهد باران بیاید.

It's pouring with rain.
مثل سیل باران می‌آید.

rainbow /'reynbo/ *n* رنگین‌کمان

raincoat /'reynkot/ *n* بارانی

rainfall /'reynfol/ *n* بارندگی

rainy /'reyni/ *adj* بارانی

rank /rank/ *n, vt, vi* ۱. ردیف، صف، خط ۲. مقام، درجه، رتبه ◘ ۳. به صف کردن ۴. به حساب آوردن ◘ ۵. به حساب آمدن، در مقامی بودن

ransom /'ransem/ *n, vt* ۱. باج، فدیه، سَربَها ◘ ۲. گروگان گرفتن

rap /rap/ *n, vt, vi* ۱. (صدای) تَق ۲. ضربه ◘ ۳. تق‌تق زدن، زدن

rape /reyp/ *n, vt* ۱. تجاوز به عنف، تجاوز جنسی ۲. زنای به عنف ◘ ۳. تجاوز به عنف کردن به

rapid /'rapid/ *adj* تند، سریع

rapidly /'rapidli/ *adv* تند، سریع، به سرعت

rare /rer/ *adj* نادر، کمیاب

rarely /'rerli/ *adv* به ندرت، گه گاه

rascal /'râskâl/ *n* ۱. آدم رذل و بی‌شرف ۲. بچهٔ تخس

rash[1] /rash/ *adj* ۱. عجولانه، شتابزده ۲. عجول

rash[2] /rash/ *n* جوش

raspberry /'razberi/ *n* تَمِشک

rat /rat/ *n* ۱. موش ۲. خائن، بزدل

rate /reyt/ *n, vt* ۱. نرخ ۲. میزان، نسبت ۳. سرعت ۴. [به صورت جمع] عوارض شهرداری ◘ ۵. ارزیابی کردن

at any rate به هر حال، درهر صورت، به هر قیمت که شده

at this rate به این ترتیب، اگر وضع چنین باشد

rather /'râdher/ *adv, conj* ۱. به بیانِ دقیق‌تر ۲. نسبتاً، تقریباً ۳. بلکه، بیشتر

rather than ۱. تا ۲. به جای

Shall we go for a walk rather than watch television? به جای تلویزیون تماشاکردن برویم قدم بزنیم؟

would rather ترجیح دادن

ration /'rashen/ *n, vt* ۱. سهمیه، جیره ◘ ۲. جیره‌بندی کردن

rations /'rashenz/ *n* ۱. [نظامی] جیرهٔ غذایی ۲. آذوقه

rattle /'ratel/ *vt, vi, n* ۱. تلق و تولوق کردن ۲. به تلق و تولوق انداختن ◘ ۳. (صدای) تلق و تولوق ۴. جغجغه

rave /reyv/ *vi* پرت و پلا گفتن، هذیان گفتن، داد و قال کردن

raven /'reyven/ *n* کلاغ سیاه

ravenous /'ravenes/ *adj* ۱. [برای غذا] حریص ۲. مشتاق، تشنه

raw /ro/ *adj* ۱. خام ۲. بی‌تجربه، تازه کار ۳. [پوست] رفته، زخم

raw materials مواد اولیه

ray /rey/ *n* پرتو، شعاع، اشعه

a ray of hope بارقهٔ امید

rayon /'reyân/ *n* ابریشم مصنوعی

razor /'reyzer/ *n* تیغ

Rd /rod/ = road خیابان

be ready to حاضر بودن که، آماده بودن که

get ready حاضر شدن، آماده شدن

real[1] /'riyel/ *adj* ۱. واقعی ۲. حقیقی ۳. اصل ۴. غیرمنقول

real[2] /'riyel/ *adv* ۱. خیلی ۲. واقعاً

realist /'riyelist/ *n* ۱. واقع‌بین، واقع‌نگر ۲. رئالیست، واقع‌گرا

realistic /riye'listik/ *adj* ۱. رئالیستی ۲. واقع‌بین ۳. واقع‌بینانه

reality /ri'yaliti/ *n* واقعیت

realization /riyelây'zeyshen/ *n* ۱. تحقق ۲. فهم، درک ۳. نقد کردن

realize /'riyelâyz/ *vt* ۱. پی بردن، درک کردن ۲. واقعیت بخشیدن

really /'riyeli/ *adv* ۱. واقعاً ۲. راستی! ۳. واقعاً که!

reap /riip/ *vt,vi* درو کردن

reaper /'riiper/ *n* ۱. دروگر ۲. ماشین درو

reappear /riye'piyer/ *vi* ۱. دوباره پیدا شدن ۲. برگشتن

rear[1] /'riyer/ *n,adj* ۱. عقب، پشت ۲. خط عقب جبهه ▣ ۳. عقبی

rear[2] /'riyer/ *vt,vi* ۱. تربیت کردن، بار آوردن ۲. پرورش دادن ۳. برپا داشتن، بلند کردن ۴. بلند شدن

reason /'riizen/ *n,vi,vt* ۱. دلیل ۲. عقل ۳. شعور، منطق ▣ ۴. اندیشیدن ۵. استدلال کردن ۶. قانع کردن

reach /riich/ *vt,vi,n* ۱. دست دراز کردن ۲. رسیدن ۳. دسترسی یافتن به ▣ ۴. دسترس، دسترسی

beyond reach, out of reach of دور از دسترس

reach for (something) دست به سوی (چیزی) دراز کردن

within reach ۱. در دسترس ۲. نزدیک

react /ri'akt/ *vi* ۱. واکنش کردن، عکس‌العمل نشان دادن ۲. اثر گذاشتن

reaction /ri'akshen/ *n* ۱. واکنش، عکس‌العمل ۲. اثر، تأثیر، انعکاس

reactor /ri'akter/ *n* [فیزیک و شیمی] رآکتور اتمی

read[1] /riid/ *vt,vi* ۱. خواندن ۲. تعبیر کردن، فهمیدن ۳. نشان دادن ۴. خوانده شدن، معنی دادن

read out بلند خواندن

read through something از اول تا آخر چیزی را خواندن، چیزی را به‌طور کامل خواندن

read[2] /red/ *p,pp* گذشته و اسم مفعول فعل read

reader /'riider/ *n* ۱. خواننده ۲. غلط‌گیر ۳. [در بریتانیا] دانشیار ۴. کتاب قرائت

readily /'redili/ *adv* ۱. بی‌درنگ، بلافاصله، فوری، فوراً ۲. به سادگی

ready /'redi/ *adj,n* ۱. حاضر، آماده ۲. مستعد، مایل ▣ ۳. پول نقد

reasonable / 'riiznebel / *adj* ۱. عاقل، منطقی ۲. معقول ۳. مناسب

reassure / rii-e'shor / *vt* اطمینان دادن، اطمینان بخشیدن

rebel[1] / ri'bel / *vi* ۱. شورش کردن ۲. نافرمانی کردن، مقاومت نشان دادن

rebel[2] / 'rebel / *n* شورشی، یاغی

rebellion / ri'belyen / *n* شورش

rebellious / ri'belyes / *adj* ۱. شورشی ۲. سرکش، نافرمان

rebuild / rii'bild / *vt* ۱. از نو ساختن ۲. تعمیر کردن

rebuilt / rii'bilt / *p,pp* گذشته و اسم مفعول فعل rebuilt

recall / ri'kol / *vt* به یاد آوردن

receipt / ri'siit / *n,vt* ۱. دریافت ۲. [به صورت جمع] دریافتی، وصول ۳. قبض، رسید ◘ ۴. رسید دادن

receive / ri'siiv / *vt* ۱. دریافت کردن، گرفتن ۲. پذیرفتن، پذیرایی کردن ۳. استقبال کردن

receiver / ri'siiver / *n* ۱. گیرنده، دریافت‌کننده ۲. گوشی (تلفن)

recent / 'riisent / *adj* ۱. اخیر ۲. تازه، جدید

recently / 'riisentli / *adv* اخیراً، تازگی، به تازگی، در این اواخر

reception / ri'sepshen / *n* ۱. پذیرش ۲. دریافت، وصول

reception desk (قسمت) پذیرش

receptionist / ri'sepshenist / *n* متصدی پذیرش

recipe / 'resipi / *n* دستور عمل

recital / ri'sâytâl / *n* ۱.گزارش، شرح، روایت ۲. تک‌نوازی

recite / ri'sâyt / *vt,vi* از بر خواندن

reckless / 'reklis / *adj* بی‌احتیاط، بی‌ملاحظه، بی‌فکر، بی‌پروا

reckon / 'reken / *vt,vi* ۱. حساب کردن، شمردن ۲. به حساب آوردن ۳. گمان کردن، فکر کردن

recline / ri'klâyn / *vi,vt* ۱. تکیه دادن، لم دادن ۲. دراز کشیدن

recognition / rekog'nishen / *n* بازشناسی، شناسایی، شناخت

recognize / 'rekognâyz / *vt* ۱. شناختن ۲. به رسمیّت شناختن

recollect / rekâ'lekt / *vt,vi* ۱. به یاد آوردن ۲. به یاد داشتن

recollection / rekâ'lekshen / *n* ۱. (به)یادآوری ۲. خاطره، یاد

recommend / rekâ'mend / *vt* توصیه کردن، سفارش کردن

recommendation / rekâmen-'deyshen / *n* توصیه، سفارش

at (*or* on) somebody's recommendation به توصیهٔ ...

reconcile / 'rekânsâyl / *vt* ۱. آشتی دادن ۲. رفع و رجوع کردن

reconciliation / rekânsili'yey-shen / *n* آشتی، سازش، توافق

recreation / riikri'yeyshen / *n* ۱. بازآفرینی ۲. احیا

recruit / ri'kroot / *n, vt, vi* ۱. سربازِ جدید ▣ ۲. سربازگیری کردن

rectangle / 'rektangel / *n* مستطیل، راست‌گوشه

rectangular / rek'tangyuler / *adj* مستطیل، مستطیل‌شکل، مستطیلی

red / red / *n, adj* (رنگ) قرمز، سرخ

catch somebody red-handed مچ کسی را گرفتن، کسی را سر بزنگاه گیر انداختن

see red از کوره دررفتن، کفری شدن

Red Cross / red 'krâs / *n* سازمان صلیب‌سرخ

reddish / 'redish / *adj* مایل به قرمز

redeem / ri'diim / *vt* ۱. باز خریدن ۲. بازپس‌گرفتن ۳. از گرو در آوردن

reduce / ri'dyoos / *vt, vi* ۱. کم کردن، کاهش دادن ▣ ۲. لاغر شدن

reduction / ri'dâkshen / *n* ۱. کاهش ۲. تخفیف ۳. ساده‌سازی

redundant / ri'dândent / *adj* ۱. زائد، زیادی، مازاد بر احتیاج ۲. بیکار ۳. بی‌فایده، بی‌ثمر

reed / riid / *n* ۱. (گیاه) نی ۲. [ساز بادی] قمیش

reek / riik / *n, vi* ۱. بوی گند، بوی تند ▣ ۲. بوی گند (چیزی) دادن

reel[1] / riil / *n, vt* ۱. قرقره ۲. ماسوره ۳. [فیلم] حلقه، ریل ▣ ۴. پیچیدن

reconsider / riikân'sider / *vi, vt* تجدید نظر کردن، دوباره بررسی کردن

reconstruction / riikâns'trâkshen / *n* بازسازی

record[1] / 'rekord / *n* ۱. ثبت، یادداشت ۲. سابقه ۳. اثر ۴. سند ۵. [گرامافون] صفحه ۶. [ورزش] رکورد

break the record for something [ورزش] رکوردِ چیزی را شکستن

for the record ۱. محض اطلاع ۲. جهت ضبط در سوابق

hold the record for something رکورد چیزی را در دست داشتن

off the record (به‌طور) غیررسمی

record player گرامافون، گِرام

set a new record رکورد تازه‌ای به جای گذاشتن

record[2] / ri'kord / *vt* ۱. ثبت کردن ۲. ضبط کردن ۳. یادداشت کردن

recorder / ri'korder / *n* ۱. ثَبّات ۲. دستگاه ضبط یا ثبت

recording / ri'kording / *n* ضبط، برنامهٔ ضبط‌شده

recover / ri'kâver / *vt, vi* ۱. بازیافتن ۲. پیدا کردن، کشف کردن ۳. باز پس گرفتن ۴. بهبود یافتن

recovery / ri'kâveri / *n* ۱. بهبود، بهبودی ۲. بازیافت، بازیابی، دریافت ۳. پیدا کردن، کشف

reel[2] /riil/ *vi* ۱. گیج خوردن، گیج رفتن ۲. تلوتلو خوردن

refer /ri'fer/ *vt,vi* ۱. اشاره کردن به ۲. ارجاع دادن ۳. مراجعه کردن

refer to ۱. مراجعه کردن به ۲. اشاره کردن به ۳. مورد نظر بودن

referee /refe'rii/ *n,vi,vt* ۱. داور ۲. حَکَم ۳. معرّف ◙ ۴. داوری کردن

reference /'referens/ *n* ۱. مرجع ۲. ارجاع ۳. مراجعه ۴. منبع ۵. معرف

refill /rii'fil/ *vt* دوباره پر کردن

refine /ri'fâyn/ *vt* ۱. تصفیه کردن، پالودن ۲. تربیت کردن، ادب کردن

refinement /ri'fâynment/ *n* ۱. اصلاح، بهبود ۲. تصفیه، پالایش

refinery /ri'fâyneri/ *n* پالایشگاه

reflect /ri'flekt/ *vt,vi* ۱. منعکس کردن ۲. اندیشیدن، فکرکردن

reflection /ri'flekshen/ *n* ۱. انعکاس ۲. تصویر ۳. فکر، اندیشه

reflex /'riifleks/ *n,adj* ۱. بازتاب، انعکاس ◙ ۲. غیرارادی ۳. انعکاسی

reform /ri'form/ *vt,vi,n* ۱. اصلاح کردن ◙ ۲. اصلاح شدن ◙ ۳. اصلاح

refrain[1] /ri'freyn/ *vt* خودداری کردن از

refrain[2] /ri'freyn/ *n* [ترجیع بند] برگردان، بند ترجیع

refresh /ri'fresh/ *vt,vi* ۱. تجدید قوا کردن ◙ ۲. خوردن

refreshments /ri'freshments/ *n* خوردنی و آشامیدنی

refrigeration /rifrije'reyshen/ *n* سردسازی، منجمدسازی، تبرید

refrigerator /ri'frijereyter/ *n* یخچال

refuge /'refyooj/ *n* پناهگاه

take refuge from something از چیزی (به جایی) پناه بردن

refugee /refyu'jii/ *n* پناهنده

refund[1] /'riifând/ *n* بازپرداخت

refund[2] /ri'fând/ *vt* پس دادن، بازپرداخت کردن

refusal /ri'fyoozâl/ *n* امتناع، خودداری، سرپیچی، استنکاف، اِبا

refuse /ri'fyooz/ *vt,vi* ۱. جوابِ رد دادن ۲. خودداری کردن

regard[1] /ri'gârd/ *n* ۱. توجه ۲. احترام ۳. [به صورت جمع] سلام

in (*or* with) regard to دربارهٔ، راجع به

in this (*or* that) regard در این مورد، از این بابت

regard[2] /ri'gârd/ *vt* ۱. تلقی کردن، دانستن ۲. نگاه کردن، نگریستن

as regards دربارهٔ، راجع به

regarding /ri'gârding/ *prep* ۱. در ارتباط با، با توجه به، در پاسخِ ۲. دربارهٔ، راجع به، در خصوصِ

rehearse / ri'hers / *vt, vi*
۱. تمرین کردن ۲. شرح دادن، تعریف کردن ۳. تعلیم دادن

reign / reyn / *n, vi* ۱. سلطنت ۲. حکومت ▣ ۳. سلطنت کردن

rein / reyn / *n* ۱. عنان ۲. [به صورت جمع] زمام امور

reindeer / 'reyndiyer / *n*
گوزن شمالی

reject / ri'jekt / *vt* رد کردن

rejoice / ri'joys / *vi* شادی کردن

relate / ri'leyt / *vt, vi* ۱. گفتن، نقل کردن ۲. نسبت داشتن

be related نسبت داشتن، خویشاوند بودن

be related to بستگی داشتن به، ارتباط داشتن با

relation / ri'leyshen / *n* ۱. ارتباط، بستگی ۲. نسبت ۳. خویشاوند

relationship / ri'leyshenship / *n*
۱. ربط، رابطه، ارتباط ۲. نسبت

relative / 'reletiv / *adj, n* ۱. نسبی ۲. مربوط ▣ ۳. خویشاوند

relatively / 'reletivli / *adv* نسبتاً، به نسبت

relax / ri'laks / *vt, vi* ۱. شُل کردن، سست کردن ▣ ۲. استراحت کردن

relaxation / rilak'seyshen / *n*
۱. آرامش، استراحت ۲. تفریح

release / ri'liis / *vt, n* ۱. رها کردن ۲. عرضه کردن ▣ ۳. پخش، عرضه

regardless / ri'gârdlis / *adv*
بی‌هیچ اعتنایی، بدون توجه

regardless of بدون توجه به، قطع نظر از

regimen / 'rejimin / *n* رژیم غذایی

regiment / 'rejiment / *n* ۱. هنگ ۲. [مجازی] عدهٔ کثیر، فوج، لشکر

region / 'riijen / *n* منطقه، ناحیه

regional / 'riijenâl / *adj*
۱. منطقه‌ای، ناحیه‌ای ۲. محلی

register[1] / 'rejister / *n* ۱. ثبت ۲. صورت اسامی ۳. دفتر ثبت

register[2] / 'rejister / *vt, vi*
۱. ثبت کردن ۲. نام‌نویسی کردن ۳. به ثبت رساندن ۴. نشان دادن ۵. سفارشی فرستادن، سفارشی کردن

registration / rejis'treyshen / *n*
۱. ثبت ۲. نام‌نویسی، ثبت‌نام

regret / ri'gret / *vt, n*
۱. متأسف بودن ▣ ۲. تأسف، افسوس

regrettable / ri'gretebel / *adj*
تأسف‌آور، اسف‌انگیز، رقت‌انگیز

regular / 'regyuler / *adj, n* ۱. مرتب، منظم، باقاعده ۲. ثابت، دائمی ۳. حرفه‌ای ۴. معمولی ▣ ۵. مشتری

regularly / 'regyulârli / *adv*
۱. به‌طور منظم، مرتب ۲. به‌کرات

regulation / regyu'leyshen / *n*
۱. تنظیم ۲. [به صورت جمع] مقررات

rehearsal / ri'hersâl / *n*
[نمایش، موسیقی و غیره] تمرین

relentless /ri'lentlis/ *adj*
۱. بی‌امان ۲. بی‌رحم ۳. سرسخت

relevant /'relivent/ *adj* ۱. مربوط ۲. مربوط به موضوع ۳. مطرح

reliable /ri'lâyebel/ *adj*
قابل اعتماد، معتبر، موثق

reliably /ri'lâyebli/ *adv*
۱. با اعتماد، با اطمینان ۲. از منبع موثقی

relief /ri'liif/ *n* ۱. تسکین ۲. رهایی ۳. راحتی ۴. کمک، اعانه

relieve /ri'liiv/ *vt* ۱. آسوده کردن، راحت کردن ۲. تسکین دادن، آرام کردن ۳. رها کردن، آزاد کردن

religion /ri'lijen/ *n* ۱. دین، مذهب، کیش ۲. رهبانیت

religious /ri'lijes/ *adj* ۱. دینی، مذهبی ۲. مؤمن ۳. باوجدان، وجدانی

relish /'relish/ *n,vt* ۱. لذت ۲. اشتیاق ۳. چاشنی ◙ ۴. لذت بردن

reluctance /ri'lâktens/ *n* بی‌میلی، نارضایی، اکراه

reluctant /ri'lâktent/ *adj*
۱. بی‌میل، ناراضی ۲. حاکی از بی‌میلی

reluctantly /ri'lâktentli/ *adv*
با بی‌میلی، با اکراه

rely /ri'lây/ *vi* ۱. اعتماد کردن ۲. متکی بودن، وابسته بودن

remain /ri'meyn/ *vi* ۱. باقی ماندن ۲. ماندن، توقف کردن

remainder /ri'meynder/ *n* ۱. بقیه، باقی ۲. [ریاضیات] باقی‌مانده

remains /ri'meynz/ *n* ۱. باقی، باقی‌مانده ۲. بقایا، آثار ۳. جسد

remark[1] /ri'mârk/ *vt* ۱. اظهار نظر کردن ۲. گفتن، اظهار داشتن

remark[2] /ri'mârk/ *n* ۱. اظهار نظر، مطلب ۲. نکته ۳. توجه، ملاحظه

remarkable /ri'mârkebel/ *adj*
چشمگیر، قابل ملاحظه، استثنایی

remedy /'remidi/ *n,vt* ۱. درمان ۲. چاره ۳. ترمیم ◙ ۴. درمان کردن

remember /ri'member/ *vt,vi*
۱. به یاد آوردن ۲. به یاد داشتن

remember one person to another person
سلام کسی را به کسی رساندن
Please remember me to your wife.
لطفاً سلام مرا به خانمتان برسانید.

remembrance /ri'membrens/ *n*
۱. یاد، خاطره ۲. یادگاری

remind /ri'mâynd/ *vt*
به یاد (کسی) آوردن، یادآوری کردن

remnant /'remnent/ *n* ۱. ته‌مانده، باقی‌مانده، بقیه ۲. [به‌صورت جمع] بقایا

remorse /ri'mors/ *n* پشیمانی

remote /ri'mot/ *adj* ۱. دور ۲. دورافتاده، پرت ۳. مختصر، کم

removal /ri'moovâl/ *n* ۱. انتقال، جابجایی ۲. عزل، برکناری

remove / ri'moov / *vt, vi*
۱. برداشتن، بردن ۲. نقل مکان کردن

renew / ri'nyoo / *vt* ۱. عوض کردن، تعویض کردن ۲. تجدید کردن ۳. از نو برقرار کردن ۴. دوباره پر کردن ۵. نو کردن، تازه کردن

renounce / ri'naons / *vt*
۱. صرف نظر کردن، چشم پوشیدن ۲. ترک کردن، دست کشیدن ۳. انکار کردن، تبرّیٰ جستن از

renovate / 'renoveyt / *vt* نوسازی کردن، تعمیرات اساسی کردن

rent[1] / rent / *n, vt* ۱. اجاره ۲. کرایه ⊡ ۳. اجاره کردن، کرایه کردن ۴. اجاره دادن، کرایه دادن

rent[2] / rent / *n* پارگی

repaid / ri'peyd / *p, pp*
گذشته و اسم مفعول فعل repay

repair / ri'per / *vt, n* ۱. تعمیر کردن، مرمت کردن ⊡ ۲. تعمیر، مرمت

be under repair در دست تعمیر بودن

repay / ri'pey / *vt* ۱. پس دادن، بازپرداخت کردن ۲. جبران کردن

repayment / ri'peyment / *n*
۱. بازپرداخت ۲. قسط

repeat[1] / ri'piit / *vt, vi*
۱. تکرار کردن ⊡ ۲. تکرار شدن

repeat[2] / ri'piit / *n* ۱. تکرار ۲. (چیز) تکراری ۳. برنامهٔ تکراری

repeatedly / ri'piitidli / *adv* مکرر، به‌کرات، بارها، بارها و بارها

repellent / ri'pelent / *adj*
مشمئزکننده، نفرت‌انگیز، مهوع

repetition / repi'tishen / *n* ۱. تکرار ۲. بازگویی

replace / ri'pleys / *vt*
۱. سر جای خود گذاشتن ۲. جای (چیزی را) گرفتن ۳. جایگزین کردن

replacement / ri'pleysment / *n*
۱. جانشینی، جایگزینی ۲. جانشین

reply / ri'plây / *vi, vt, n*
۱. پاسخ دادن، جواب دادن ⊡ ۲. پاسخ، جواب

in reply to در پاسخِ

report[1] / ri'port / *n* ۱. گزارش ۲. شایعه ۳. صدای شلیک

report[2] / ri'port / *vt, vi* ۱. گزارش دادن ۲. خود را معرفی کردن

reported speech
[دستور زبان] نقل‌قول غیرمستقیم

reporter / ri'porter / *n* گزارشگر، خبرنگار

represent / repri'zent / *vt*
۱. نشان دادن، نمایاندن ۲. نمایندگی داشتن ۳. دلالت داشتن بر

representative / repri'zentetiv / *adj, n* ۱. نمونه ⊡ ۲. نماینده

reproach / ri'proch / *vt, n*
۱. سرزنش کردن، ملامت کردن ⊡ ۲. سرزنش، ملامت، انتقاد ۳. ننگ

reproduce / riipro'dyoos / *vt, vi*
۱. تولید مثل کردن ۲. تکثیر کردن

reproduction / riipro'dâkshen / *n*
۱. تولید مثل ۲. تولید، بازآفرینی ۳. تکثیر، نسخه‌برداری ۴. نسخهٔ بدل
reptile / 'reptâyl / *n* (جانور) خزنده
republic / ri'pâblik / *n* جمهوری
repulse / ri'pâls / *vt* ۱. [حمله] عقب راندن، دفع کردن ۲. رد کردن
repulsive / ri'pâlsiv / *adj*
نفرت‌انگیز، مشمئزکننده
reputation / repyu'teyshen / *n*
۱. شهرت، آوازه ۲. اعتبار، وجهه
request / ri'kwest / *n, vt*
۱. خواهش، درخواست، تقاضا ▣ ۲. خواهش کردن، درخواست کردن
require / ri'kwâyr / *vt* خواستن، نیاز داشتن، احتیاج داشتن
requirement / ri'kwâyrment / *n*
۱. نیاز ۲. خواست، درخواست
rescue / 'reskyoo / *vt, n* ۱. نجات دادن، رهانیدن ▣ ۲. نجات
come (*or* go) to somebody's rescue به نجات کسی آمدن (یا رفتن)
research / ri'serch / *vi, vt, n, adj*
۱. تحقیق کردن، پژوهش کردن ▣ ۲. تحقیق کردن در ▣ ۳. تحقیق، پژوهش ▣ ۴. تحقیقاتی
resemblance / ri'zemblens / *n*
شباهت، تشابه، همانندی
resemble / ri'zembel / *vt*
شبیه بودن، شباهت داشتن به
resent / ri'zent / *vt* بد آمدن، رنجیدن، دلخور شدن، آزرده شدن
resentment / ri'zentment / *n*
۱. رنجش، آزردگی ۲. غضب ۳. تنفر
reservation / rezer'veyshen / *n*
۱. حفظ، نگهداری ۲. نگهداری جا
reserve / ri'zerv / *vt, n*
۱. ذخیره کردن، نگهداشتن ۲. رزرو کردن ▣ ۳. ذخیره ۴. بازیکن ذخیره
in reserve ذخیره
reservoir / 'rezervwâr / *n*
۱. مخزن، منبع ۲. گنجینه ۳. ذخیره
residence / 'rezidens / *n*
۱. اقامت، سکنی ۲. اقامتگاه
resident / 'rezident / *adj, n* ساکن
resign / ri'zâyn / *vt, vi*
۱. استعفا کردن، کناره‌گیری کردن ۲. چشم پوشیدن
resign oneself to something
به چیزی تن دادن، چیزی را پذیرفتن
resignation / rezig'neyshen / *n*
۱. استعفا ۲. استعفانامه ۳. تسلیم، رضا
hand in one's resignation
استعفای خود را تسلیم کردن، استعفا دادن
resist / ri'zist / *vt, vi* ۱. مقاومت کردن ۲. خودداری کردن از
resistance / ri'zistens / *n*
۱. مقاومت، ایستادگی، تاب ۲. مخالفت
resistant / ri'zistent / *adj* ۱. مقاوم ۲. مخالف

resolute /ˈrezoloot/ *adj* ۱. مصمّم، ثابت‌قدم ۲. قاطعانه، قاطع

resolution /rezoˈlooshen/ *n* ۱. عزم، ثبات قدم ۲. قصد، تصمیم

resolve /riˈzâlv/ *vt,vi* ۱. تصمیم گرفتن ۲. رفع کردن، حل کردن

resort /riˈzort/ *vi,n* ۱. پناه بردن ۲. آمد و شد کردن ◙ ۳. تفریحگاه

in the last resort, (as) a last resort به عنوان آخرین راه حل، تنها راه چاره

resource /riˈsors/ *n* ۱. منابع، ذخائر ۲. چاره، وسیله، امکان

resourceful /riˈsorsful/ *adj* چاره‌جو، مدبّر، مبتکر

resources /riˈsorsiz/ *n* ۱. منابع، ذخائر ۲. منابع مالی، دارایی

respect[1] /risˈpekt/ *n* ۱. احترام، عزت ۲. توجه، ملاحظه ۳. لحاظ

respect[2] /risˈpekt/ *vt* ۱. احترام گذاشتن ۲. تحسین کردن

respectable /risˈpekteble/ *adj* ۱. محترم ۲. معتبر ۳. مناسب

respectful /risˈpektful/ *adj* ۱. مؤدب ۲. مؤدبانه، محترمانه

respond /risˈpând/ *vi* ۱. پاسخ گفتن ۲. واکنش نشان دادن

response /risˈpâns/ *n* ۱. پاسخ، جواب ۲. واکنش

responsibility /rispânsiˈbiliti/ *n* ۱. مسئولیّت ۲. وظیفه

responsible /risˈpânsibel/ *adj* ۱. مسئول ۲. پاسخگو ۳. پرمسئولیّت

be responsible for something مسئول چیزی بودن

responsibly /risˈpânsibli/ *adv* مسئولانه، با احساس مسئولیت

rest[1] /rest/ *n* ۱. استراحت ۲. [موسیقی] سکوت ۳. تکیه گاه

rest[2] /rest/ *vi,vt* ۱. استراحت کردن ۲. استراحت دادن ۳. گذاشتن ۴. متکی بودن، بستگی داشتن

rest[3] /rest/ *n* ۱. باقی، بقیه ۲. دیگران

restaurant /ˈrestrânt/ *n* رستوران

restful /ˈrestful/ *adj* ۱. آرامش‌بخش ۲. آرام

restiveness /ˈrestivnis/ *n* ۱. ناآرامی، بی‌قراری ۲. نارضایی

restless /ˈrestlis/ *adj* ۱. بی‌قرار، ناآرام ۲. پرجنب‌وجوش ۳. ناراضی

restore /riˈstor/ *vt* ۱. پس دادن ۲. به حال اول برگرداندن

restrain /risˈtreyn/ *vt* ۱. مهار کردن، کنترل کردن ۲. بازداشتن

restrict /risˈtrikt/ *vt* ۱. محدود کردن ۲. منحصر کردن

restriction /risˈtrikshen/ *n* ۱. محدودیّت ۲. قید و بند، مانع

result[1] /riˈzâlt/ *vi,vt* ۱. ناشی شدن از ۲. منتج شدن به ۳. به نتیجه رسیدن، نتیجه دادن

return[1] / ri'tern / *n* ۱. برگشت، بازگشت ۲. استرداد، برگرداندن، پس دادن ۳. بازده، سود، بهره
by return با پست بعدی
in return در عوض
Many happy returns! تولدت مبارک! تبریک می‌گویم!
on your return هنگام بازگشت، موقع برگشتن
return ticket بلیت رفت‌وبرگشت
return[2] / ri'tern / *vt, vi* ۱. برگشتن، بازگشتن ۲. برگرداندن، پس دادن
returnable / ri'ternebel / *adj* برگرداندنی، پس‌دادنی
returns / ri'ternz / *n* ۱. نتایج ۲. سود
reunion / rii'yooniyen / *n* ۱. تجدید دیدار ۲. الحاق مجدد
rev[1] / rev / *vt, vi* ۱. گاز دادن ۲. [مجازی] بالا بردن، زیاد کردن
Rev[2] / 'reverend / = Reverend پدر روحانی
reveal / ri'viil / *vt* ۱. نشان دادن، آشکار کردن ۲. فاش ساختن
revenge / ri'venj / *vt,n* ۱. انتقام گرفتن، تلافی کردن ◙ ۲. انتقام
get (*or* have *or* take) one's revenge on somebody انتقام خود را از کسی گرفتن
revenge oneself on somebody انتقام خود را از کسی گرفتن

result in something منجرشدن به
result[2] / ri'zâlt / *n* ۱. نتیجه ۲. ثمره، حاصل ۳. [فوتبال] بُرد
as a result در نتیجه
resume / ri'zyoom / *vt* از سر گرفتن، ادامه دادن
retail / 'riiteyl / *n, adj, adv* ۱. خرده‌فروشی ◙ ۲. خرده‌فروش ◙ ۳. به صورت خرده‌فروشی، خرده، جزئی، دانه‌ای ۴. از خرده‌فروش
retain / ri'teyn / *vt* ۱. نگاه داشتن، نگه داشتن، حفظ کردن ۲. داشتن
retaliate / ri'taliyeyt / *vi* ۱. تلافی کردن، انتقام گرفتن ۲. قصاص کردن
retaliation / ritali'yeyshen / *n* ۱. معامله به مثل ۲. تلافی، انتقام
retire / ri'tâyer / *vi, vt* ۱. بازنشسته شدن ◙ ۲. بازنشسته کردن
retirement / ri'tâyerment / *n* ۱. بازنشستگی ۲. کناره‌گیری، انزوا
retrace / rii'treys / *vt* ۱. (همان راه را) برگشتن ۲. ردگیری کردن، دنبال کردن ۳. از خاطر گذراندن
retreat[1] / ri'triit / *vi* ۱. عقب‌نشینی کردن ۲. عقب رفتن
retreat[2] / ri'triit / *n* عقب‌نشینی
retrieve / ri'triiv / *vt, vi* ۱. یافتن، پیدا کردن، به دست آوردن ۲. گرفتن
retriever / ri'triiver / *n* نوعی سگ شکاری که پرنده‌های شکارشده را می‌آورد

revolve /ri'vâlv/ *vi,vt* ۱. دور زدن، چرخیدن، گشتن ▣ ۲. چرخاندن

revolver /ri'vâlver/ *n* تپانچه

reward /ri'word/ *n,vt* ۱. پاداش ۲. جایزه، مژدگانی ▣ ۳. پاداش دادن

rheumatism /'roomatizem/ *n* روماتیسم

rhinoceros /rây'nâseres/ *n* کرگدن

rhyme /râym/ *n,vi* ۱. قافیه ۲. سجع ۳. شعر ▣ ۴. هم‌قافیه بودن

rhythm /'ridhem/ *n* ضرب‌آهنگ، ضرب، ریتم، وزن

rib /rib/ *n* ۱. دنده ۲. گوشت دنده

ribbon /'riben/ *n* نوار، روبان

rice /râys/ *n* (گیاه) برنج

rich /rich/ *adj* ۱. دارا، ثروتمند ۲. [غذا] مقوی، مغذی ۳. غنی، پربار

riches /'richiz/ *n* ۱. ثروت ۲. منابع، ذخائر ۳. غنا، پرمایگی

richly /'richli/ *adv* ۱. خیلی زیاد، حسابی ۲. سخاوتمندانه ۳. کاملاً

richness /'richnis/ *n* ۱. غنا، پُری ۲. حاصلخیزی ۳. ثروت، ثروتمندی

rid[1] /rid/ *vt* نجات دادن، از شر (چیزی) خلاص کردن

get rid of از دست (کسی یا چیزی) راحت شدن، از شر (کسی یا چیزی) خلاص شدن

rid[2] /rid/ *p,pp* گذشته و اسم مفعول فعل rid

Reverend /'reverend/ *n* پدر روحانی

reverse[1] /ri'vers/ *adj,n* ۱. معکوس، وارونه ▣ ۲. ضد، خلاف

reverse[2] /ri'vers/ *vt,vi* ۱. وارونه کردن، برگرداندن ۲. [اتومبیل] دنده عقب رفتن، عقب‌عقب رفتن

review[1] /ri'vyoo/ *vt,vi* ۱. مرور کردن ۲. وارسی کردن ۳. نقد کردن

review[2] /ri'vyoo/ *n* ۱. مرور ۲. نقد ۳. بررسی، مطالعه ۴. گزارش ۵. بازدید

reviewer /ri'vyoo-er/ *n* منتقد

revise /ri'vâyz/ *vt* ۱. تجدیدنظر کردن ۲. اصلاح کردن ۳. مرور کردن

revision /ri'vizhen/ *n* ۱. تجدیدنظر، اصلاح ۲. مرور، دوره

revival /ri'vâyvâl/ *n* ۱. احیا ۲. تجدید ۳. تجدید قوا ۴. رواج مجدد

revive /ri'vâyv/ *vi,vt* ۱. زنده کردن، احیا کردن ۲. زنده شدن، جان گرفتن ۳. دوباره رواج یافتن ۴. دوباره رواج دادن

revolt /ri'volt/ *vi,vt,n* ۱. شورش کردن، طغیان کردن ۲. تنفر داشتن ۳. متنفر کردن ▣ ۴. شورش، طغیان

revolution /revo'looshen/ *n* ۱. گردش ۲. دور ۳. تحول ۴. انقلاب

revolutionary /revo'loosheneri/ *n,adj* ۱. انقلابی ۲. بنیادی

ridden / 'riden / *pp*
اسم مفعول فعل ride

riddle / 'ridel / *n* ۱. معما ۲. راز

ride / 'râyd / *vi, vt* ۱. سوار شدن ۲. سوار بودن ۳. راندن ۴. پیمودن

rider / 'râyder / *n* سوار، سوارکار

ridge / rij / *n* برآمدگی، برجستگی

ridiculous / ri'dikyules / *adj*
۱. خنده‌دار، مسخره ۲. مزخرف

ridiculously / ri'dikyulesli / *adv*
به‌طور خنده‌داری، به‌طور مضحکی

rifle[1] / 'râyfel / *n* تفنگ

rifle[2] / 'râyfel / *vt* ۱. گشتن، جستجو کردن ۲. دزدیدن، به سرقت بردن

right[1] / râyt / *adj* ۱. درست، صحیح ۲. [در مقابل چپ] راست ۳. مناسب، شایسته ۴. قائم، قائمه ۵. کامل

right[2] / râyt / *adv* ۱. به راست ۲. مستقیم ۳. درست، دقیقاً ۴. فوری

right away (*or* now) همین الان، همین حالا، فوراً

right[3] / râyt / *n* ۱. (کار) درست ۲. طرف راست، دست راست ۳. حق

right-angled / 'râyt angeld / *adj*
۱. قائم‌الزاویه ۲. [پیچ] ۹۰ درجه

rightly / 'râytli / *adv* ۱. درست، به‌درستی ۲. بحق، بجا

rigid / 'rijid / *adj* ۱. سخت، سفت، محکم ۲. ثابت، استوار ۳. جدّی

rim / rim / *n* ۱. دوره ۲. لبه، کناره، حاشیه ۳. طوقه

rind / râynd / *n* پوست، پوسته

ring[1] / ring / *n* ۱. حلقه ۲. انگشتر ۳. دایره ۴. گروه ۵. [مشت‌زنی] رینگ

ring[2] / ring / *vt, vi, n* ۱. زنگ زدن ۲. تلفن کردن ◙ ۳. (صدای) زنگ

give somebody a ring
به کسی زنگ زدن، تلفن کردن

ring off گوشی را گذاشتن

ring somebody back
۱. دوباره به کسی تلفن کردن ۲. (در جواب تلفن کسی) تلفن کردن

ring somebody up
به کسی زنگ زدن، تلفن کردن

ring road / 'ring rod / *n*
جادهٔ کمربندی

rinse / rins / *vt, n* ۱. آب کشیدن، در آب فروبردن، شستن ◙ ۲. آبکشی

riot / 'râyet / *n, vi* ۱. آشوب، شورش ◙ ۲. آشوب به راه انداختن

run riot آشوب راه انداختن

rioter / 'râyeter / *n* آشوبگر، شورشی

rip / rip / *vt, vi, n* ۱. پاره کردن ۲. پاره شدن، جر خوردن ◙ ۳. پارگی

rip on something
به چیزی گرفتن و پاره شدن

Her skirt ripped on a nail.
دامنش به میخ گرفت و پاره شد.

on the road در حال مسافرت

roam /rom/ *vi* گشتن، پرسه زدن

roar /ror/ *n,vi* ۱. غرش ۲. نعره، فریاد ▣ ۳. غرش کردن ۴. نعره کشیدن

roast /rost/ *vt,vi,adj*
۱. کباب کردن، برشته کردن ▣ ۲. کباب شدن ▣ ۳. برشته، بریان

rob /râb/ *vt* ۱. دستبرد زدن، زدن، دزدیدن ۲. لخت کردن، چاپیدن

robber /'râber/ *n* سارق، دزد

robbery /'râberi/ *n* سرقت، دزدی

robin /'râbin/ *n* [پرنده] سینه‌سرخ

robot /'robât/ *n* روبوت، روبات

rock[1] /râk/ *vt,vi* ۱. تکان دادن، جنباندن ▣ ۲. تکان خوردن

rock[2] /râk/ *n* ۱. سنگ ۲. صخره

rocket /'râkit/ *n,vi* ۱. موشک ۲. فشفشه ▣ ۳. مثل تیر رفتن

rocking-chair /'râking cher/ *n*
صندلی گهواره‌ای

rocky /'râki/ *adj* ۱. سنگی ۲. سنگلاخ ۳. سست، متزلزل

rod /râd/ *n* ۱. میل، میله ۲. چوب

rode /rod/ *p* گذشتهٔ فعل ride

rodent /'rodent/ *n* (حیوان) جونده

role /rol/ *n* ۱. نقش، رُل ۲. وظیفه

roll[1] /rol/ *n* ۱. توپ، حلقه، لوله، طاقه، گِرده، رُل ۲. نان ساندویچی ۳. فهرست، صورت، اسامی، طومار ۴. غلت، پیچ ۵. نوسان، تکان‌تکان

rip something up
چیزی را پاره‌پاره کردن، ریزریز کردن

ripe /râyp/ *adj* ۱. رسیده ۲. عمل‌آمده، جاافتاده ۳. آماده، مستعد، مساعد ۴. پا به سن گذاشته، پخته، بالغ

ripen /'râypen/ *vi,vt* ۱. رسیدن، آماده شدن ▣ ۲. عمل آوردن

rise[1] /râyz/ *vi* ۱. طلوع کردن، برآمدن ۲. بلند شدن ۳. از خواب برخاستن ۴. بالا آمدن ۵. بالا رفتن ۶. سرچشمه گرفتن ۷. ترقی کردن

rise[2] /râyz/ *n* ۱. بلندی، برآمدگی ۲. خیز ۳. افزایش ۴. ترقی ۵. طلوع

risen /'rizen/ *pp*
اسم مفعول فعل rise

risk /risk/ *n,vt* ۱. خطر، احتمالِ خطر، احتمال زیان ▣ ۲. به خطر انداختن ۳. خطر (چیزی را) پذیرفتن

at risk from در خطرِ،
در معرض خطرِ

take a risk (*or* risks)
ریسک کردن، به استقبال خطر رفتن

risky /'riski/ *adj* پرمخاطره

rival /'râyvâl/ *n,vt* ۱. رقیب، حریف، هماورد ▣ ۲. رقابت کردن

river /'river/ *n* رود، رودخانه

road /rod/ *n* ۱. جاده، راه ۲. خیابان

by road با اتوبوس یا اتومبیل

main road جادهٔ اصلی

rot /rât/ *n, vi* ۱. فساد، گندیدگی، پوسیدگی ◙ ۲. گندیدن، خراب شدن
rotate /ro'teyt/ *vi, vt* ۱. چرخیدن ۲. چرخاندن
rotten /'râten/ *adj* ۱. پوسیده ۲. گندیده، خراب ۳. بد، گند، کثیف
rough /râf/ *adj* ۱. ناهموار، ناصاف ۲. بی‌نزاکت، بی‌ادب ۳. تقریبی
roughly /'râfli/ *adv* ۱. باخشونت ۲. خالی از ظرافت ۳. تقریباً
round[1] /raond/ *adj, adv, prep* ۱. گِرد ۲. کروی ۳. قوس‌دار، منحنی ۴. دوسَره، رفت‌وبرگشت ۵. تمام ۶. دورتادور ۷. دورِ ۸. گرداگردِ
round about در حدودِ، دور و برِ
round and round دورِ
round[2] /raond/ *n, vt* ۱. دور ۲. گشت ۳. حلقه ۴. امور ◙ ۵. گرد کردن
roundabout /'raondebaot/ *adj, n* ۱. غیر مستقیم ۲. انحرافی ◙ ۳. میدان
rouse /raoz/ *vt, vi* ۱. بیدار کردن ۲. برانگیختن ◙ ۳. بیدار شدن
route /root/ *n* راه، مسیر
routine /roo'tiin/ *n, adj* ۱. امور روزمره ◙ ۲. عادی، معمولی
row[1] /ro/ *vt, vi* پارو زدن، راندن
row[2] /ro/ *n, vt* ۱. ردیف ◙ ۲. ردیف کردن

call the roll حاضر و غایب کردن
roll[2] /rol/ *vi, vt* ۱. غلتیدن، قِل خوردن، چرخیدن ۲. غلتاندن ۳. (با غلتک) صاف کردن ۴. پیچ و تاب خوردن ۵. غریدن، خروشیدن
roll over غلتیدن
roll up ۱. لوله کردن ۲. تا زدن
roller /'roler/ *n* ۱. غلتک ۲. نورد
Roman /'roman/ *adj, n* ۱. رومی ◙ ۲. اهل روم، رومی ۳. کاتولیک
romance /ro'mans/ *n* ۱. داستانِ عاشقانه ۲. ماجرای عاشقانه
romantic /ro'mantik/ *adj* ۱. رویایی ۲. عاشقانه ۳. احساساتی
roof /roof/ *n, vt* ۱. سقف ۲. بام
room /room/ *n, vi, vt* ۱. اتاق ۲. [به صورت جمع] خانهٔ اجاره‌ای ۳. جا ◙ ۴. منزل کردن ◙ ۵. جا دادن
double room اتاق دونفره
single room اتاق یک‌نفره
roomy /'rumi/ *adj* جادار
rooster /'rooster/ *n* خروس
root /root/ *n* ۱. ریشه ۲. ریشهٔ خوراکی ۳. بیخ، بن ۴. سرچشمه، منشأ

rope /rop/ *n, vt* ۱. طناب ۲. رشته ◙ ۳. با طناب بستن ۴. طناب کشیدن
rose[1] /roz/ *n, adj* رُز، گل‌سرخ
rose[2] /roz/ *p* گذشتهٔ فعل rise
rosy /'rozi/ *adj* ۱. گلگون ۲. امیدبخش، روشن، درخشان

row[3] /rao / *n,vi* ۱. جار و جنجال ۲. دعوا، بگومگو ◘ ۳. دعوا کردن

rowdy /'raodi / *adj,n* ۱. جنجالی ۲. آشوبگر ◘ ۳. آدم هوچی، شرّ

royal /'royâl / *adj* سلطنتی، پادشاهی

royalty /'royâlti / *n* ۱. سلطنت ۲. خاندان سلطنتی ۳. شکوه، جلال

rub /râb / *vt,vi* ۱. مالیدن، مالش دادن، ساییدن ۲. ساییده شدن

rub something out پاک کردن

rubber /'râber / *n,adj* ۱. کائوچو ۲. لاستیک ۳. مدادپاک‌کن ۴. تخته‌پاک‌کن ۵. کاپوت ◘ ۶. لاستیکی

rubbish /'râbish / *n* ۱. آشغال، زباله ۲. یاوه، چرند، مزخرف

ruby /'roobi / *n,adj* ۱. یاقوت ۲. (رنگ) یاقوتی، قرمز سیر

rucksack /'râksak / *n* کوله‌پشتی

rudder /'râder / *n* سکان

rude /rood / *adj* ۱. بی‌تربیت، پررو ۲. بی‌ادبانه، زننده ۳. ابتدایی

rudely /'roodli / *adv* ۱. بی‌ادبانه، گستاخانه ۲. به‌طور ناگهانی ۳. ساده

rudeness /'roodnis / *n* ۱. پررویی، گستاخی ۲. بی‌ادبی

rug /râg / *n* ۱. فرش ۲. قالیچه ۳. پتوی کوچک

rugby /'râgbi / *n* راگبی (= نوعی بازی فوتبال)

rugged /'râgid / *adj* ۱. ناهموار ۲. سنگی، صخره‌ای ۳. خشن، زمخت

ruin /'roo-in / *n,vt* ۱. خرابی ۲. نابودی، تباهی ۳. ویرانه، مخروبه ◘ ۴. ویران کردن، از بین بردن

be in ruins به صورت مخروبه درآمدن

rule[1] /rool / *n* ۱. قاعده، قانون ۲. [به صورت جمع] مقررات ۳. خط‌کش

as a rule معمولاً، قاعدتاً

rule[2] /rool / *vt,vi* ۱. حکومت کردن ۲. مسلط بودن ۳. خط‌کشی کردن

ruler /'rooler / *n* ۱. حاکم، فرمانروا ۲. خط‌کش

rumour /'roomer / *n* شایعه

run[1] /rân / *n* ۱. [دویدن] دو ۲. فرار ۳. سفر ۴. سواری ۵. مسافت ۶. مسیر

run[2] /rân / *vi,vt* ۱. دویدن ۲. فرار کردن ۳. رفتن ۴. کار کردن ۵. به کار انداختن ۶. اداره کردن ۷. بردن ۸. جریان یافتن ۹. ریختن

run across, run into (به کسی یا چیزی) برخوردن

run after somebody دنبال کسی گذاشتن

run away from فرار کردن از

run away with somebody با کسی فرار کردن

rung[2] /râng/ *pp*
اسم مفعول فعل ring

runner /ˈrâner/ *n* دونده

rural /ˈrurâl/ *adj* روستایی

rush[1] /râsh/ *vt,vi* ۱. با عجله رفتن ۲. عجله کردن ۳. به عجله واداشتن

rush[2] /râsh/ *n* عجله، شتاب

rust /râst/ *n,vi* ۱. زنگ، زنگار ▣ ۲. زنگ زدن ۳. زنگار گرفتن

rustle /ˈrâsel/ *vi,n*
۱. خش‌خش کردن ▣ ۲. خش‌خش

rusty /ˈrâsti/ *adj* زنگ‌زده

ruthless /ˈroothlis/ *adj* ۱. ظالم، بی‌رحم، سنگدل ۲. ظالمانه، بی‌رحمانه

rye /rây/ *n* چاودار

run away with something
چیزی را برداشتن و در رفتن

run dry خشک شدن

run out of something چیزی را تمام کردن، از چیزی دیگر نداشتن
We've run out of sugar.
شکرمان تمام شده.

run over somebody
کسی را زیر گرفتن

run somebody down
زمین زدن، به زمین انداختن

run wild شلوغ کردن، تو سر و کلهٔ هم زدن

run[3] /rân/ *pp*
اسم مفعول فعل run

rung[1] /râng/ *n* پلهٔ نردبان

S

S,s /es/ *n* اِس
(= نوزدهمین حرف الفبای انگلیسی)

Sabbath /'sabath/ *n* سَبَت
(= روز تعطیل و عبادت، شنبه نزد یهودیان و یکشنبه نزد مسیحیان)

sabotage /'sabotâzh/ *n,vt* ۱. خرابکاری ▣ ۲. خرابکاری کردن، کارشکنی کردن، اخلال کردن ۳. خراب کردن، ضایع کردن

sack[1] /sak/ *n* کیسه، گونی

sack[2] /sak/ *n,vt* ۱. اخراج ▣ ۲. اخراج کردن، بیرون کردن
get the sack کار خود را از دست دادن، اخراج شدن
give somebody the sack کسی را بیرون کردن، اخراج کردن

sack[3] /sak/ *vt,n* ۱. غارت کردن، چپاول کردن ▣ ۲. غارت، چپاول

sacred /'seykrid/ *adj* ۱. مذهبی ۲. مقدس ۳. محترم ۴. وقفِ، نثارِ

sacrifice /'sakrifâys/ *n,vt* ۱. قربانی ▣ ۲. قربانی کردن ۳. فدا کردن

sad /sad/ *adj* ۱. غمگین، افسرده، غصه‌دار ۲. غم‌انگیز، دلتنگ‌کننده ۳. تأسف‌آور، بد ۴. [رنگ] تیره، مرده

sadden /'saden/ *vt* غصه‌دار کردن

saddle /'sadel/ *n,vt* ۱. زین ۲. پشت ▣ ۳. زین کردن ۴. تحمیل کردن

sadly /'sadli/ *adv* ۱. با اندوه، با حالت غمزده ۲. به‌نحو اسف‌انگیزی

safe[1] /seyf/ *adj* ۱. ایمن، در امان، محفوظ ۲. بی‌خطر، سالم ۳. امن
safe and sound صحیح و سالم

safe[2] /seyf/ *n* گاوصندوق

safely /'seyfli/ *adv* ۱. با اطمینان ۲. ایمن ۳. صحیح و سالم

safety /'seyfti/ *n* ۱. ایمنی ۲. تأمین

safety-belt /'seyfti belt/ *n* کمربند ایمنی

safety pin /'seyfti pin/ *n* سنجاق قفلی

sag /sag/ *vi* ۱. شکم دادن ۲. گود افتادن، فرورفتن ۳. تنزل کردن

said /sed/ *p,pp* گذشته و اسم مفعول فعل say

sail /seyl/ *n,vi,vt* ۱. بادبان ۲. سفر دریایی ▣ ۳. با کشتی رفتن ۴. به سفر دریایی رفتن ۵. [قایق] راندن
set sail [از راه دریا] عازم سفر شدن

sailor /'seyler/ *n* ملوان، ملاح
saint /seynt/ *n* ۱. قدیس ۲. ولی
sake /seyk/ *n* خاطر
for the sake of, for somebody's *or* **something's sake**
به خاطرِ کسی یا چیزی
salad /'salad/ *n* سالاد
salary /'saleri/ *n* حقوق
sale /seyl/ *n* ۱. فروش ۲. حراج
for sale برای فروش، فروشی
on sale ۱. در معرض فروش ۲. حراج
salesman /'seylzman/ *n* فروشنده
saliva /sâ'lâyvâ/ *n* بزاق
salmon /'samen/ *n* ماهی آزاد
saloon /sa'loon/ *n* ۱. سالن ۲. میکده
saloon car ماشین چهاردر
salt /solt/ *n,adj,vt* ۱. نمک ◙ ۲. شور، نمکدار ◙ ۳. نمک زدن
salt-cellar /'solt seler/ *n* نمکدان
salty /'solti/ *adj* شور، نمکدار
salute /sa'loot/ *vt, vi,n* ۱. سلام (نظامی) دادن ◙ ۲. سلام نظامی
same /seym/ *adj,pron,adv*
۱. همان، همین ۲. همان‌قدر ۳. یکسان

all (*or* just) the same
با وجود این، با این همه
be all the same to somebody
برای کسی فرقی نداشتن
(the) same to you ۱. [در پاسخِ ناسزا] خودتی! ۲. شما هم همین‌طور
sample /'sâmpel/ *n, vt* ۱. نمونه ◙ ۲. نمونه (چیزی را) امتحان کردن
sand /sand/ *n* ۱. ماسه، شن ۲. شن‌زار
sandal /'sandel/ *n* صندل
sandpaper /'sandpeyper/ *n, vt*
۱. (کاغذ) سنباده ◙ ۲. سنباده زدن
sandwich /'sanwich/ *n, vt*
۱. ساندویچ ◙ ۲. (بین دو چیز) گیر انداختن، فروکردن
sandy /'sandi/ *adj* ۱. شنی، ماسه‌ای ۲. پوشیده از شن
sane /seyn/ *adj* ۱. عاقل ۲. معقول
sang /sang/ *p* گذشتهٔ فعل sing
sanitary /'sanitri/ *adj* بهداشتی
sank /sank/ *p* گذشتهٔ فعل sink
sapphire /'safâyer/ *n*
۱. یاقوت کبود ۲. (رنگ) آبی روشن
sarcastic /sâr'kastik/ *adj*
۱. کنایه‌دار، نیشدار ۲. طعنه‌زن
sardine /sâr'diin/ *n* ساردین
sari /'sâri/ *n* ساری (= لباسِ زنان هندی)
sat[1] /sat/ *p,pp*
گذشته و اسم مفعول فعل sit
Sat[2] /sat/ = Saturday
satellite /'satelâyt/ *n,adj* ۱. قمر ۲. ماهواره ◙ ۳. دنباله‌رو، وابسته
satin /'satin/ *n* ساتن

satisfaction / satis'fakshen / *n* ۱. ارضا، اقناع ۲. خشنودی، رضایت

satisfactory / satis'fakteri / *adj* ۱. رضایت‌بخش ۲. کافی ۳. مناسب

satisfy / 'satisfây / *vt* ۱. ارضا کردن، راضی کردن ۲. برآوردن

Saturday / 'saterdi / *n* شنبه

Saturn / 'satern / *n* کیوان، زحل

sauce / sos / *n* ۱. سُس ۲. رو، پررویی

saucepan / 'sospan / *n* قابلمه

saucer / 'soser / *n* نعلبکی

sauna / 'sonâ / *n* سونا، حمام بخار

saunter / 'sonter / *vi* پرسه زدن

sausage / 'sâsij / *n* ۱. سوسیس ۲. کالباس

savage / 'savij / *adj,n* ۱. وحشی ۲. بدوی ◙ ۳. (آدم) وحشی

save / seyv / *vt,vi* ۱. نجات دادن ۲. پس‌انداز کردن، ذخیره کردن، نگه‌داشتن ۳. صرفه‌جویی کردن

save up for something

برای چیزی پس‌انداز کردن

saver / seyver / *n* پس‌اندازکننده

saving / 'seyving / *n* ۱. صرفه‌جویی ۲. راه صرفه‌جویی

savings / 'seyvingz / *n* پس‌انداز

saviour / 'seyviyer / *n* نجات‌دهنده، رهاننده، ناجی

savour / 'seyver / *n* ۱. طعم، مزه، بو ۲. رنگ و بو، خصلت

savoury / 'seyveri / *adj* ۱. خوشمزه، خوش‌طعم ۲. خوش‌نمک ۳. تند

saw[1] / so / *n,vt,vi* ۱. ارّه ◙ ۲. ارّه کردن ◙ ۳. ارّه شدن

saw[2] / so / *p* گذشتهٔ فعل see

sawdust / 'sodâst / *n* خاک‌ارّه

sawn / son / *pp* اسم مفعول فعل saw

saxophone / 'saksefon / *n* ساکسوفون (= نوعی ساز بادی)

say / sey / *vt,vi,n* ۱. گفتن ۲. نشان دادن ◙ ۳. (فرصتِ) اظهارنظر

It goes without saying that

پر واضح است که، گفتن ندارد که

have one's (*or* a) say

۱. نظر خود را گفتن، اظهار نظر کردن ۲. حق اظهار نظر داشتن

say goodbye to somebody

از کسی خداحافظی کردن

say hello to somebody

به کسی سلام کردن

that is to say یعنی

saying / 'seying / *n* ۱. ضرب‌المثل، مثل، قول معروف ۲. گفتار ۳. گفته

scab / skab / *n* دَلَمه، پوست زخم

scaffolding / 'skafolding / *n* داربست، چوب‌بست

scald / skold / *vt,n* ۱. [با آب‌جوش یا بخار] تمیز کردن، ضدعفونی کردن ◙ ۲. سوختگی

scale[1] /skeyl/ *n* ۱. فلس، پولک ۲. پوسته، ورقه ۳. جرم

scale[2] /skeyl/ *n* ۱. مقیاس ۲. میزان ۳. درجه‌بندی ۴. [موسیقی] گام

scale[3] /skeyl/ *n,vt,vi* ۱. [ترازو] کفه ▣ ۲. وزن کردن ▣ ۳. وزن داشتن

scales /skeylz/ *n* ترازو

scalp /skalp/ *n* پوست سر

scan /skan/ *vt* ۱. تقطیع کردن ۲. نگاه اجمالی انداختن به ۳. پیمودن

scandal /'skandâl/ *n* ۱. رسوایی، آبروریزی ۲. ننگ ۳. بدگویی

scar /skâr/ *n,vt* ۱. اثر زخم ▣ ۲. اثر سوء به جا گذاشتن

scarce /skers/ *adj,adv* ۱. کمیاب ۲. ناکافی، نابسنده ▣ ۳. به ندرت

scarcely /'skersli/ *adv* ۱. خیلی کم ۲. به ندرت ۳. به سختی

scare /'sker/ *vt,vi,n* ۱. ترساندن ▣ ۲. ترسیدن ▣ ۳. ترس، هراس

scarecrow /'skerkro/ *n* مترسک، لولوی سرخرمن

scarf /skârf/ *n* ۱. روسری ۲. شال‌گردن ۳. اِشارپ، شال

scarlet /'skârlit/ *n,adj* (رنگ) قرمز روشن، سرخ

scatter /'skater/ *vt,vi* ۱. پخش کردن، پاشیدن ▣ ۲. متفرق شدن

scene /siin/ *n* ۱. صحنه ۲. جا، محل وقوع ۳. منظره ۴. قشقرق

scenery /'siineri/ *n* ۱. منظره، چشم‌انداز ۲. صحنه‌آرایی

scenic /'siinik/ *adj* ۱. نمایشی ۲. تماشایی

scent /sent/ *n* ۱. بو ۲. بویِ خوش، رایحه ۳. عطر ۴. شامّه

sceptical /'skeptikâl/ *adj* شکاک

schedule /'skeydyool/ *n* جدول زمانی

be behind schedule عقب بودن، تأخیر داشتن

on schedule سر موقع، طبق برنامه

scheme /skiim/ *n,vt,vi* ۱. آرایش ۲. برنامه، طرح ▣ ۳. طرح‌ریزی کردن

scholar /'skâler/ *n* ۱. محقق، دانشمند ۲. بورسیه

scholarship /'skâlership/ *n* بورس، کمک‌هزینهٔ تحصیلی

school /skool/ *n* ۱. مدرسه (= دبستان، دبیرستان، دانشکده، دانشگاه) ۲. آموزشگاه ۳. مکتب ۴. تحصیل

schoolteacher ۱. آموزگار ۲. دبیر، معلم

science /'sâyens/ *n* ۱. عِلم ۲. فنّ

science fiction داستان علمی ـ تخیلی

scientific /sâyen'tifik/ *adj* ۱. علمی ۲. فنی، ماهرانه ۳. ماهر

scientifically /sâyen'tifikli/ *adv* از نظر علمی، به لحاظ علمی

scientist /'sâyentist/ *n* دانشمند

scissors /'sizerz/ *n* قیچی

scout /skaot/ *n,vi* ۱. [نظامی] دیده‌ور ۲. دیده‌وری ◘ ۳. دیده‌وری کردن

Scout /skaot/ *n* پیشاهنگ

scowl /skaol/ *n,vi* ۱. اخم ◘ ۲. اخم کردن

scramble /'skrambel/ *vi,vt,n* ۱. (خود را) بالا کشیدن از ۲. تقلا کردن، تلاش کردن، تو سر وکلهٔ هم زدن ◘ ۳. تلاش، تقلا ۴. مسابقهٔ موتورسیکلت‌رانی در زمین ناهموار

scrap[1] /skrap/ *n,vt* ۱. تکه، قطعه ۲. ذره، خرده ۳. [به صورت جمع] ته‌ماندهٔ غذا ◘ ۴. دور ریختن

scrap[2] /skrap/ *n,vi* ۱. دعوا ◘ ۲. دعوا کردن، تو سر وکلهٔ هم زدن

scrape /skreyp/ *vt,vi* ۱. تراشیدن، زدودن ۲. خراشیدن ۳. مالیدن

scrape through an exam به‌زحمت قبول شدن

scratch[1] /skrach/ *vt,vi* ۱. خراشیدن، خط انداختن ۲. خاراندن

scratch[2] /skrach/ *n* ۱. خراش، خراشیدگی ۲.خارش

be (*or* come) up to scratch رضایت‌بخش بودن

from scratch از اول، از نو، از سر

scrawl /skrol/ *vi,vt* ۱. خط‌خطی کردن ۲. خرچنگ‌قورباغه نوشتن

scold /skold/ *vt,vi* ۱. پرخاش کردن، دعوا کردن، سرزنش کردن ۲. ایراد گرفتن ۳. ناسزا گفتن

scooter /'skooter/ *n* ۱. موتورِ وِسپا ۲. روروَک

scope /skop/ *n* ۱. فرصت، مجال ۲. حوزه، میدان ۳. فهم

scorch /skorch/ *vt,vi,n* ۱. روی (چیزی را) سوزاندن ◘ ۲. (به‌طور سطحی) سوختن ◘ ۳. سوختگی، داغ

score[1] /skor/ *vt,vi* ۱. خط انداختن ۲. [گُل] زدن ۳. امتیاز آوردن

score[2] /skor/ *n* ۱. [بازی] امتیاز ۲. نتیجهٔ مسابقه ۳. نمره

scorn /skorn/ *n,vt* ۱. تحقیر ◘ ۲. تحقیر کردن، خوار شمردن

scornful /'skornful/ *adj* تحقیرآمیز، تحقیرکننده

scorpion /'skorpiyen/ *n* عقرب

Scot /skât/ *n* اسکاتلندی

Scotch /skâch/ *adj,n* ۱. اسکاتلندی ◘ ۲. ویسکی اسکاتلندی، ویسکی

Scotland /'skâtland/ *n* اسکاتلند

Scots /skâts/ *adj* اسکاتلندی

Scotsman /'skâtsman/ *n* مرد اسکاتلندی، اسکاتلندی

Scottish /'skâtish/ *adj* اسکاتلندی

scoundrel /'skaondrel/ *adj,n* ۱. رذل، پست ◘ ۲. آدم رذل

scream / skriim / *vi,vt,n* ۱. جیغ زدن، جیغ کشیدن ۲. فـریاد زدن، نعره کشیدن ◙ ۳. جیغ ۴. زوزه

screech / skriich / *vi,vt,n*
۱. صـدای گـوش‌خـراش دادن ۲. جـیغ کشـیدن ◙ ۳. جـیغ، صـدای گوش‌خراش

screen[1] / skriin / *n* ۱. پرده ۲. حـفاظ ۳. تـوری ۴. [تلویزیون یا رادار] صفحه

screen[2] / skriin / *vt,vi* ۱. پوشاندن ۲. نمایش دادن، نشان دادن

screw / skroo / *n,vt* ۱. پیچ ۲. ملخ هواپیما ۳. پروانهٔ کشتی ۴. پیچش، چرخش ◙ ۵. پیچ کردن

screw up ۱. مچاله کردن ۲. [چهره] درهم کشیدن ۳. خراب کردن، گند زدن

screwdriver / 'skroodrâyver / *n*
پیچ‌گوشتی

scribble / 'skribel / *vt,vi*
۱. شتاب‌زده نـوشتن ۲. خـط‌خطی کردن

script / skript / *n* ۱. دستخط، خط ۲. الفبا ۳. دست‌نویس، متن، نسخه

Scripture(s) / 'skripcher(z) / *n*
کتاب مقدس

scrub / skrâb / *vt,vi,n* ۱. ساییدن، شستن ۲. پاک کردن ◙ ۳. شستشو

sculptor / 'skâlpter / *n*
مجسمه‌ساز، پیکرتراش

sculpture / 'skâlpcher / *n,vt*
۱. مجسمه‌سازی ◙ ۲. مجسمه ساختن

scythe / sâydh / *n* (نوعی) داس

sea / sii / *n* ۱. دریا ۲. آب (دریا)

at sea در حال مسافرت با کشتی، در دریا

be all at sea گیج و مات بودن

by sea با کشتی

seagull / 'siigâl / *n* مرغ نوروزی

seal[1] / siil / *n* سیل، خوک آبی

seal[2] / siil / *n,vt* ۱. مُهر ۲. پُلمب ۳. نشان، علامت ◙ ۴. مهر کردن

seam / siim / *n* درز

seaman / 'siiman / *n* ۱. ملوان، دریانورد ۲. [نیروی دریایی] ناوی

search / serch / *vt,vi,n* ۱. گشتن، زیر و رو کردن ◙ ۲. جستجو

in search of در جستجوی، به دنبالِ، برای پیدا کردنِ

seashore / 'siishor / *n*
ساحل (دریا)

seasick / 'siisik / *adj* دریازده

seasickness / 'siisiknis / *n*
دریازدگی، دریاگرفتگی

seaside / 'siisâyd / *n* کنار دریا

season / 'siizen / *n,vt,vi* ۱. فصل ۲. مـوسم ◙ ۳. آمـادهٔ بـهره‌برداری کردن ۴. رسیدن، آمادهٔ بهره‌برداری شدن ۵. چاشنی زدن، ادویه زدن

seasoning / 'siizening / *n* ادویه، چاشنی

seat /siit/ *n,vt* ۱. صندلی ۲. نیمکت ۳. جا ◙ ۴. نشاندن

be seated بفرمایید (بنشینید)

take a seat بفرمایید (بنشینید)

seat-belt /'siit belt/ *n* کمربند ایمنی

seaweed /'siiwiid/ *n* جلبک

second[1] /'sekend/ *n* ۱. دوم، دومی ۲. ثانیه ۳. لحظه، آن

in a second زود، فوری، الان

Wait a second! یک دقیقه صبرکنید.

second[2] /'sekend/ *adj,adv* ۱. دوم، دومین، ثانی ۲. اضافی، دیگر

secondary school /'sekendri skool/ *n* دبیرستان

second-hand/sekend 'hand/ *adj, adv* ۱. دست دوم ۲. غیرمستقیم

secondly /'sekendli/ *adv* ۱. ثانیاً ۲. دوم این که ۳. از این گذشته

secrecy /'siikresi/ *n* ۱. اختفا، خفا، پنهانی ۲. پنهان‌کاری ۳. رازداری

secret /'siikrit/ *adj,n* ۱. پنهان، مخفی، سرّی ۲. پنهانی ◙ ۳. راز، سرّ

an open secret راز آشکار، رازی که همه از آن باخبرند

in secret مخفیانه

keep a secret سرّ نگهدار بودن، رازدار بودن

Can you keep a secret? اگر یک چیزی به‌ات بگویم به کسی نمی‌گویی؟

keep something secret چیزی را مخفی نگه داشتن

let somebody into a secret سرّی یا رازی را به کسی گفتن

make no secret of something چیزی را پنهان نکردن

secretarial / sekri'teriyâl / *adj* منشی‌گری

secretary /'sekritri / *n* ۱. منشی ۲. [انجمن، جلسه و غیره] دبیر

secretive /'siikritiv / *adj* ۱. مرموز ۲. تودار ۳. پنهان‌کار

secretly /'siikritli / *adv* ۱. پنهانی، مخفیانه ۲. در باطن، در دل

section /'sekshen / *n* ۱. بخش، قسمت، جزء ۲. ناحیه ۳. قطعه ۴. برش

secure[1] /si'kyur / *adj* ۱. مطمئن، پشت‌گرم ۲. مصون، ایمن ۳. محکم

secure[2] / si'kyur / *vt* ۱. بستن، قفل کردن ۲. محفوظ داشتن

security / si'kyuriti / *n* ۱. امنیت، ایمنی ۲. اطمینان، خاطرجمعی

seduce / si'dyoos / *vt* از راه به در کردن، گول زدن

see / sii / *vi,vt* ۱. دیدن ۲. مشاهده کردن ۳. فهمیدن، درک کردن ۴. بدرقه کردن، همراهی کردن

see somebody off کسی را بدرقه کردن

seeing that, seeing as چون

self-confidence/ self ˈkânfidens / n اعتماد به نفس، اتکای به نفس

self-conscious/ self ˈkânshes / adj ۱. خودآگاه ۲. خجالتی، کمرو

selfish / ˈselfish / adj خودخواه

selfishness/ˈselfishnis / n خودخواهی

self-service/ self ˈservis / adj سلف‌سرویس

sell / sel / vt, vi ۱. فروختن، به فروش رساندن ۲. فروش رفتن

sell out فروش رفتن، تمام شدن

sell out of something موجودیِ چیزی را تمام کردن، همه را فروختن

I' m afraid we' ve sold out of the book but we could order a copy for you. متأسفانه این کتاب را تمام کرده‌ایم، ولی می‌توانیم یک نسخه برای شما سفارش بدهیم.

semicolon / semiˈkolen / n نقطه ویرگول

semifinal / semiˈfâynâl / n (مسابقه) نیمه‌نهائی

send / send / vt, vi ۱. فرستادن، گسیل داشتن ۲. روانه کردن

send for احضار کردن، خواستن

send off پست کردن

send out از خود بیرون دادن، دادن

sender / ˈsender / n فرستنده

senior / ˈsiiniyer / adj,n ۱. بزرگتر ۲. بزرگ، پدر ۳. ارشد ۴. مافوق

see to something به کاری رسیدگی کردن، ترتیب چیزی را دادن

see you, see you later (بعد) می‌بینمت.

seed / siid / n, vi ۱. دانه، تخم، هسته ۲. بذر ◙ ۳. تخم دادن، به تخم نشستن ۴. بذر افشاندن

seek / siik / vt ۱. دنبال (چیزی) گشتن، جستجو کردن ۲. جستن، یافتن

seem / siim / vi به نظر رسیدن

it seems as if (*or* though) (این‌طور) به نظر می‌رسد که

seen / siin / pp اسم مفعول فعل see

seep / siip / vi ۱. نشت کردن ۲. چکیدن ۳. تراوش کردن، تراویدن

seesaw / ˈsiiso / n, vi ۱. الاّکلنگ ◙ ۲. الاّکلنگ‌بازی کردن

segregate / ˈsegrigeyt / vt جدا کردن، مجزا کردن، تفکیک کردن

segregation / segriˈgeyshen / n ۱. جدایی، تفکیک ۲. تفکیک نژادی

seize / siiz / vt, vi ۱. مصادره کردن ۲. محکم گرفتن ۳. قاپیدن ۴. فهمیدن

seldom / ˈseldem / adv به ندرت، کم

select / siˈlekt / vt, adj ۱. انتخاب کردن ◙ ۲. برگزیده، منتخب

selection / siˈlekshen / n ۱. انتخاب، گزینش ۲. مجموعه

separate[2] /'sepreyt/ *vt,vi* ۱. جدا کردن، از هم جدا کردن ▣ ۲. جدا شدن، از هم جدا شدن

separation /sepe'reyshen/ *n* ۱. جدایی ۲. تفکیک ۳. متارکه

September /sep'tember/ *n* سپتامبر (= نهمین ماه سال فرنگی)

sequel /'siikwel/ *n* ۱. نتیجه، پیامد ۲. دنباله

sequence /'siikwens/ *n* ۱. تسلسل، توالی، ترتیب ۲. رشته، زنجیره ۳. [فیلم] صحنه، سکانس

sergeant /'sârjent/ *n* گروهبان

serial /'siriyâl/ *adj,n* ۱. ترتیبی، متوالی ۲. پیاپی ۲. ردیف، سری ۳. [فیلم و داستان] دنباله‌دار ▣ ۴. سریال

series /'siriiz/ *n* ۱. رشته، سلسله، سری ۲. مجموعه، دسته

serious /'siriyes/ *adj* ۱. جدّی ۲. مهم، بزرگ ۳. صادق ۴. وخیم

seriously /'siriyesli/ *adv* سخت، جداً، به‌طور جدی

take somebody seriously حرف کسی را جدی گرفتن

take something seriously چیزی را جدی گرفتن

sermon /'sermen/ *n* وعظ، موعظه

serpent /'serpent/ *n* مار

servant /'servent/ *n* ۱. خدمتکار، پیشخدمت ۲. خادم

serve /serv/ *vt,vi,n* ۱. کار کردن

sensation /sen'seyshen/ *n* ۱. احساس ۲. حس ۳. رویداد مهیج

sensational /sen'seyshenâl/ *adj* ۱. مهیّج، هیجان‌انگیز ۲. پُر سر و صدا، جنجالی ۳. استثنایی ۴. حسّی

sense /sens/ *n,vt* ۱. حس ۲. احساس ۳. عقل، فهم، شعور ۴. معنی، مفهوم ▣ ۵. حس کردن

in a sense از یک جهت، از یک لحاظ، به یک معنی

not make sense ۱. مفهوم نبودن، قابل فهم نبودن ۲. عاقلانه نبودن

senseless /'senslis/ *adj* ۱. احمق ۲. احمقانه ۳. بی‌معنی ۴. بیهوش

sensible /'sensibel/ *adj* ۱. باشعور، فهمیده ۲. معقول ۳. محسوس، ملموس

sensitive /'sensitiv/ *adj* ۱. حساس ۲. زودرنج ۳. بااحساس

sent /sent/ *p,pp* گذشته و اسم مفعول فعل send

sentence /'sentens/ *n,vt* ۱. جمله ۲. حُکم، رأی ▣ ۳. محکوم کردن

sentiment /'sentiment/ *n* ۱. احساس، احساسات ۲. عقیده، نظر

sentimental /senti'mentâl/ *adj* ۱. عاطفی ۲. احساساتی ۳. خیال‌انگیز

sentry /'sentri/ *n* نگهبان

separate[1] /'seprit/ *adj,n* ۱. جدا، جداگانه، مجزا ▣ ۲. لباس تکی

۲. مجموعه ۳. دسته، گروه ۴. [نمایش، فیلم] صحنه ۵. [ورزش] سِت
television set دستگاه تلویزیون
set[2] /set/ *vt,vi* ۱. غروب کردن ۲. گذاشتن، قرار دادن ۳. زدن، کردن ۴. به کار انداختن، واداشتن ۵. تعیین کردن ۶. سفت شدن
set a bone [استخوان] جا انداختن
set about something کاری را شروع کردن
set off for, set out for عازم (جایی) شدن
set somebody free کسی را آزاد کردن
set up ۱. تأسیس کردن ۲. نصب کردن ۳. آماده کردن
set[3] /set/ *p,pp* گذشته و اسم مفعول فعل set
set[4] /set/ *adj* ۱. ثابت، بی‌حرکت ۲. معین، مشخص ۳. منظم
settle /'setel/ *vt,vi* ۱. ساکن شدن، مقیم شدن ۲. نشستن ۳. آرام کردن ۴. آرام گرفتن، فروکش کردن ۵. حل و فصل کردن ۶. پرداختن
settle down ۱. لَم دادن ۲. آرام گرفتن، ساکت شدن ۳. جایی مستقر شدن، سر و سامان گرفتن
settle in جا افتادن، به جایی عادت کردن
settlement /'setelment/ *n* ۱. پرداخت ۲. توافق ۳. واگذاری

۲. خدمت کردن، انجام وظیفه کردن ۳. [غذا] سرو کردن، پذیرایی کردن ۴. [ورزش] سرو زدن ▣ ۵. [ورزش] سرو
serve as something به جایِ چیزی به کار رفتن، برای چیزی خوب بودن، به درد چیزی خوردن
serve somebody right حق کسی بودن
It serves her right that she feels sick; she ate too much.
حقش است که مریض بشود؛ خیلی خورد.
serve somebody's (*or* the) purpose نیاز کسی را برطرف کردن، برای منظوری مفید بودن، گره کار کسی را باز کردن، به درد کسی خوردن
service /'servis/ *n,vt* ۱. خدمت ۲. خدمتگزاری ۳. خدمات ۴. [به صورت جمع] نیروهای مسلح ۵. پذیرایی ۶. تعمیر، سرویس ۷. دعا، مراسم سرو ▣ ۸. سرویس کردن
be at somebody's service در خدمت کسی بودن
service charge هزینهٔ خدمات
the services نیروهای مسلح
serving /'serving/ *n* [غذا] پُرس
servitude /'servityood/ *n* بردگی، بندگی
session /'seshen/ *n* جلسه
be in session [دادگاه و غیره] جلسه داشتن
set[1] /set/ *n* ۱. [ظرف] سرویس

sex /seks/ *n,adj* ۱. جنسیّت ۲. جنس ۳. آمیزش جنسی ◙ ۴. جنسی

sexual /'sekshuwâl/ *adj* جنسی

sexy /'seksi/ *adj* ۱. جنسی ۲. سکسی، شهوت‌انگیز

shabby /'shabi/ *adj* ۱. کهنه، پاره‌پوره، ژنده ۲. ژنده‌پوش

shade[1] /sheyd/ *n* ۱. سایه ۲. [به صورت جمع] عینک آفتابی ۳. اندک ۴. اختلاف جزیی، تفاوت جزیی

shade[2] /sheyd/ *vt,vi* ۱. سایه انداختن ۲. سایه زدن ۳. تاریک کردن

shadow /'shado/ *n,vt* ۱. سایه ◙ ۲. سایه کردن ۳. تعقیب کردن

shadowy /'shadowi/ *adj* ۱. سایه‌دار ۲. سایه‌وار ۳. مبهم، نامشخص ۴. خیالی، واهی

shady /'sheydi/ *adj* ۱. سایه‌دار ۲. سایه ۳. مشکوک ۴. نادرست

shaft /shâft/ *n* ۱. تیر، نیزه ۲. میل، محور، شافت ۳. [ابزار] دسته ۴. تنه (ستون) ۵. چاه، چاله، گودال ۶. پرتو، شعاع ۷. مال‌بند

shaggy /'shagi/ *adj* ۱. [مو] کرک ۲. پشمالو، پرمو

shake /sheyk/ *vt,vi,n* ۱. جنباندن، تکان دادن، تکاندن ۲. لرزاندن ۳. متزلزل کردن، سست

settler /'setler/ *n* مهاجر مقیم

seven /'seven/ *adj,n* ۱. هفت (تا) ◙ ۲. عدد هفت (۷) ۳. شمارهٔ هفت

seventeen /seven'tiin/ *adj,n* ۱. هفده (تا) ◙ ۲. عدد هفده (۱۷) ۳. شمارهٔ هفده

seventeenth /seven'tiinth/ *adj,n* ۱. هفدهمین، هفدهم ◙ ۲. یک‌هفدهم ۳. هفدهمی، شمارهٔ هفده

seventh /'seventh/ *adj,n* ۱. هفتمین، هفتم ◙ ۲. یک‌هفتم ۳. هفتمی، شمارهٔ هفت

seventy /'seventi/ *adj,n* ۱. هفتاد (تا) ◙ ۲. عدد هفتاد (۷۰) ۳. شمارهٔ هفتاد

be in one's seventies بالای هفتاد سال داشتن

in the seventies در دههٔ ۷۰

seventy-first هفتادویکم

seventy-one هفتادویک

several /'sevrâl/ *adj,pron* ۱. چند، چندین ۲. چندتا، چند نفر

severe /si'viyer/ *adj* ۱. جدی ۲. شدید، سخت ۳. توان‌فرسا

severely /si'viyerli/ *adv* ۱. به سختی، شدیداً ۲. با حالت جدی

sew /so/ *vt,vi* دوختن

sewer /'syoo-er/ *n* (مجرای) فاضلاب

sewn /son/ *pp* اسم مفعول فعل sew

shan't /shânt/ = shall not

shanty /'shanti/ *n* آلونک

shape[1] /sheyp/ *n* ۱. شکل ۲. ریخت، صورت، هیئت ۳. قالب

be in bad shape در وضع بدی بودن

be in good shape در وضع خوبی بودن

be out of shape وضع جسمانی خوبی نداشتن

go out of shape از ریخت افتادن

in shape سالم، سرحال

take shape شکل گرفتن

shape[2] /sheyp/ *vt* شکل دادن

shaped like something به شکلِ چیزی

shapeless /'sheyplis/ *adj* ۱. بی‌شکل ۲. بی‌ریخت، بدقواره

share /sher/ *n, vt* ۱. سهم ۲. قسمت، بهره ◙ ۳. تقسیم کردن

shark /shârk/ *n* کوسه(ماهی)

sharp /shârp/ *adj,n,adv* ۱. تیز ۲. نوک‌تیز ۳. مشخص، آشکار ۴. تند ۵. تیزهوش، هوشیار ۶. ناگهان، نابهنگام

sharpen /'shârpen/ *vt,vi* ۱. تیز کردن ◙ ۲. تیز شدن

shatter /'shater/ *vt,vi* ۱. خرد کردن، شکستن ◙ ۲. خرد شدن

shave /sheyv/ *vt,vi,n* ۱. تراشیدن ۲. ریش زدن، اصلاح کردن ۳. کم کردن، زدن ◙ ۴. اصلاح

کردن ◙ ۴. لرزیدن، تکان خوردن ◙ ۵. لرزش، جنبش، تکان، لرزه ۶. لحظه

shake one's head با سر جواب منفی دادن، سر خود را به نشانهٔ نفی تکان دادن

shaken /'sheyken/ *pp* اسم مفعول فعل shake

shaky /'sheyki/ *adj* ۱. لرزان ۲. متزلزل، نااستوار، ضعیف

shall /shal/ *aux v* ۱. [فعل معین] خواستن ۲. [در جمله‌های سؤالی] موافقید که ...؟ اجازه می‌دهید که ...؟ آیا

shallow /'shalo/ *adj,vt,vi* ۱. کم‌عمق ۲. سطحی، کم‌مایه ◙ ۳. کم‌عمق کردن ◙ ۴. کم‌عمق شدن

sham /sham/ *vi,vt,n,adj* ۱. وانمود کردن، ظاهرسازی کردن ◙ ۲. (آدم) حقه‌باز، شیاد ۳. حقه، کلک ۴. تظاهر ◙ ۵. ساختگی

shame /sheym/ *n* ۱. شرم، شرمساری، خجالت ۲. حیا ۳. ننگ

It's a shame! جای تأسف است.

shame on you! خجالت بکش!

What a shame. جای تأسف است.

shameful /'sheymful/ *adj* ۱. شرم‌آور ۲. ننگ‌آور ۳. اهانت‌آمیز

shameless /'sheymlis/ *adj* بی‌شرم، بی‌حیا، وقیح، دریده

shampoo /sham'poo/ *n,vt* ۱. شامپو ◙ ۲. شامپو زدن

have a close (*or* narrow) shave از خطر جستن، خطر از بیخ گوش کسی گذشتن
shaven /'sheyven/ *pp* اسم مفعول فعل shave
shaver /'sheyver/ *n* (ماشین) ریش‌تراش
shavings /'sheyvingz/ *n* [چوب یا فلز] تراشه
shawl /shol/ *n* اِشارپ، شال
she /shii/ *pron* [ضمیر فاعلی، سوم شخص مفرد مؤنث] او، وی، آن
sheaf /shiif/ *n* دسته، بافه
shears /'shiyerz/ *n* ۱. قیچیِ باغبانی ۲. قیچی پشم‌چینی
sheath /shiith/ *n* ۱. غلاف، نیام، جلد ۲. کاندوم، کاپوت
shed[1] /shed/ *n* ۱. انبار ۲. طویله
shed[2] /shed/ *vt* ۱. ریختن ۲. [لباس] کندن، درآوردن
shed[3] /shed/ *p,pp* گذشته و اسم مفعول فعل shed
sheep /shiip/ *n* ۱. گوسفند ۲. گوسفندان
sheer /'shiyer/ *adj,adv* ۱. محض، صِرف ۲. [لباس] نازک ۳. راست
sheet /shiit/ *n* ۱. ملافه ۲. برگ
shelf /shelf/ *n* ۱. تاقچه ۲. قفسه
shell /shel/ *n* ۱. پوسته، پوست ۲. صدف، لاک ۳. گلولهٔ توپ
she'll /shil; shiil/ = she will
shellfish /'shelfish/ *n* ۱. (جانور) صدف‌دار ۲. صدف‌داران
shelter /'shelter/ *n,vt,vi* ۱. پناه ۲. پناهگاه، حفاظ ◻ ۳. پناه دادن ۴. محافظت کردن ◻ ۵. پناه جستن
shepherd /'sheperd/ *n,vt* ۱. چوپان، شبان ◻ ۲. هدایت کردن
sheriff /'sherif/ *n* ۱. [در بریتانیا] نمایندهٔ شاه ۲. [در امریکا] کلانتر
shield /shiild/ *n,vt* ۱. سپر ◻ ۲. محافظت کردن ۳. حمایت کردن
shift /shift/ *n,vt,vi* ۱. تغییر ۲. نوبت (کار)، شیفت ◻ ۳. منتقل کردن، جابجا کردن ۴. به گردن دیگری انداختن ۵. دنده عوض کردن
shilling /'shiling/ *n* شیلینگ (= سکه‌ای در بریتانیا که تا سال ۱۹۷۱ ارزش آن ۱۲ پنی بود.)
shine /shâyn/ *vi,vt,n* ۱. درخشیدن ۲. برق انداختن ◻ ۳. درخشش، برق
shingle /'shingel/ *n* ۱. ریگ ۲. ساحل ریگی
shiny /'shâyni/ *adj* براق، درخشان
ship /ship/ *n,vt* ۱. کشتی ◻ ۲. با کشتی فرستادن ۳. فرستادن
shipbuilder کشتی‌ساز
shipwreck /'shiprek/ *n* شکستن یا غرق شدن کشتی
shirt /shert/ *n* پیراهن (مردانه)

shiver /'shiver/ *vi* لرزیدن

shock /shâk/ *n,vt* ۱. ضربه، تکان ۲. ضربهٔ روحی ۳. برق‌گرفتگی ۴. نقاهت ◙ ۵. ضربه (روحی) وارد کردن، تکان دادن ۶. شوک برقی دادن

be shocked سخت متعجب شدن، تکان خوردن، یکه خوردن

shocking /'shâking/ *adj* ۱. تکان‌دهنده، هولناک ۲. زشت، زننده

shoe /shoo/ *n* کفش

shone /shon/ *p,pp* گذشته و اسم مفعول فعل shine

shook /shuk/ *p* گذشتهٔ فعل shake

shoot /shoot/ *vt,vi,n* ۱. شلیک کردن ۲. تیرباران کردن ۳. شکار کردن ۴. فیلم برداشتن ۵. انداختن ۶. با شتاب گذشتن ۷. [فوتبال] شوت کردن ◙ ۸. جوانه

shop /shâp/ *n,vi* ۱. مغازه، دکان ۲. کارگاه ◙ ۳. خرید کردن

shopkeeper /'shâpkiiper/ *n* مغازه‌دار

shopping /'shâping/ *n* خرید

go shopping خرید کردن، (برای) خرید رفتن

shore /shor/ *n* ۱. ساحل ۲. خشکی

on shore در ساحل، به ساحل

short /short/ *adj,adv* ۱. کوتاه ۲. قدکوتاه ۳. کوتاه‌مدت ۴. کم، نابسنده ۵. مختصر، موجز

be short for something صورت مخفف چیزی بودن

be short of something از چیزی کم داشتن

for short به‌اختصار

shortage /'shortij/ *n* کمبود

shortcoming /'shortkâming/ *n* عیب، نقص، نقطه‌ضعف

shorten /'shorten/ *vt,vi* ۱. کوتاه کردن ◙ ۲. کوتاه شدن

shorthand /'short-hand/ *n* ۱. تندنویسی ۲. صورت کوتاه‌تر

shortly /'shortli/ *adv* ۱. به زودی ۲. کمی، اندکی ۳. به اختصار ۴. تند

shortly after کمی بعد از

shortly before کمی قبل از

shorts /shorts/ *n* شلوارک، شورت

shortsighted /short'sâytid/ *adj* ۱. نزدیک‌بین ۲. کوته‌بین، کوته‌نظر

shot[1] /shât/ *n* ۱. گلوله ۲. ساچمه ۳. تزریق ۴. عکس، نما ۵. تیرانداز

a shot in the dark تیری در تاریکی

have a shot at something [عامیانه] کاری یا چیزی را امتحان کردن

shot[2] /shât/ *p,pp* گذشته و اسم مفعول فعل shoot

should[1] /shud/ *p* گذشتهٔ فعل shall

should[2] /shud/ *aux v* باید

shoulder /'sholder/ *n* ۱. شانه، دوش ۲. [لباس] سرشانه

shouldn't /shudent/ = should not

shout /shaot/ *n, vi, vt* ۱. فریاد، بانگ ◙ ۲. داد زدن، فریاد کشیدن، فریاد کردن

shout at somebody سر کسی داد زدن یا کشیدن

shove /shâv/ *vt* هل دادن

shovel /'shâvel/ *n, vt* ۱. بیل، بیلچه ◙ ۲. پارو کردن ۳. بیل زدن

show[1] /sho/ *n* ۱. نمایش ۲. شو ۳. نمایشگاه ۴. منظره ۵. تظاهر

give the show away بند را آب دادن

on show در معرض نمایش

show[2] /sho/ *vt, vi* ۱. نشان دادن ۲. نمایش دادن ۳. دیده شدن

show business حرفهٔ نمایش، صنعت نمایش

show off پُز دادن، خودنمایی کردن

show somebody round (جایی را) به کسی نشان دادن

show somebody to a place کسی را به جایی راهنمایی کردن

show something off پُز چیزی را دادن، چیزی را به رخ کشیدن

show that نشان دادن که، علامت این بودن که

show up آمدن

shower /'shao-er/ *n, vi, vt* ۱. رگبار ۲. دوش ◙ ۳. دوش گرفتن ۱. ریختن

shown /shon/ *pp* اسم مفعول فعل show

showy /'sho-i/ *adj* ۱. پر زرق و برق ۲. نمایشی

shrank /shrank/ *p* گذشتهٔ فعل shrink

shred /shred/ *n, vt* ۱. باریکه، تکّه ۲. ذره، ریزه ◙ ۳. پاره‌پاره کردن

tear something to shreds چیزی را پاره‌پاره کردن، ریزریز کردن

shrewd /shrood/ *adj* زرنگ

shriek /shriik/ *vi, n* ۱. جیغ زدن، جیغ کشیدن ◙ ۲. جیغ

shrill /shril/ *adj* ۱. گوشخراش ۲. [صدا] زیر ۳. تند، شدیداللحن

shrimp /shrimp/ *n* میگو

shrink /shrink/ *vi, vt* ۱. کوچک شدن ۲. آب رفتن ۳. کاهش یافتن

shrinkage /'shrinkij/ *n* ۱. انقباض ۲. آب‌رفتگی ۳. کاهش

shroud /shraod/ *n, vt* ۱. کفن ۲. لفافه ◙ ۳. کفن کردن ۴. پوشاندن

shrub /shrâb/ *n* درختچه، بوته

shrug /shrâg/ *vt* شانه بالا انداختن

shrunk /shrânk/ *p, pp* گذشته و اسم مفعول فعل shrink

shrunken /'shrânken/ *adj* ۱. چروکیده ۲. آب‌رفته، جمع‌شده

shudder /'shâder/ *vi,n* ۱. لرزیدن، به خود لرزیدن ◘ ۲. لرز، لرزه

shuffle /'shâfel/ *vi,vt* ۱. [ورق‌بازی] بُر زدن ۲. لِخ لِخ راه رفتن

shut[1] /shât/ *vt,vi* ۱. بستن ◘ ۲. بسته شدن

shut down تعطیل کردن

shut somebody out کسی را بیرون (از جایی) نگه داشتن، در را به روی کسی بستن

shut somebody up ۱. کسی را (در جایی) زندانی کردن ۲. کسی را ساکت کردن، وادار به سکوت کردن، خفه کردن

shut something up ۱. درِ چیزی یا جایی را بستن ۲. در و پنجرهٔ جایی را محکم بستن

Shut up! [عامیانه] خفه شو! حرف نزن!

shut[2] /shât/ *p,pp* گذشته و اسم مفعول فعل shut

shutter /'shâter/ *n* ۱. پنجرهٔ کرکره‌ای ۲. پشت‌پنجره‌ای، پشت‌دری ۳. [دوربین عکاسی] شاتر

shuttle /'shâtel/ *n* ۱. اتوبوسِ فضایی، شاتل ۲. سرویس رفت و برگشت ۳. [نساجی، چرخ خیاطی] ماکو

shuttlecock /'shâtelkâk/ *n* توپ بدمینتون

shy /shây/ *adj* کمرو، خجالتی

sick /sik/ *adj* بیمار، ناخوش

be sick ۱. مریض بودن ۲. استفراغ کردن

be sick of something از چیزی خسته شدن، حال کسی از چیزی به هم خوردن

feel sick حالت تهوع داشتن

get sick مریض شدن، بیمار شدن

the sick بیماران

sicken /'siken/ *vi* ۱. مریض شدن ۲. دچار تهوع شدن، دل‌آشوبه گرفتن

sickness /'siknis/ *n* ۱. ناخوشی ۲. بیماری، مرض ۳. تهوع، حالت تهوع

side[1] /sâyd/ *n* ۱. طرف ۲. وجه ۳. پهلو ۴. ضلع ۵. رو ۶. دامنه ۷. کنار ۸. جنب ۹. حریف، رقیب

be on somebody's side طرفِ کسی را گرفتن، از کسی طرفداری کردن

by the side of در کنارِ

from every side از همه طرف، از هر طرف

on all sides از همه طرف، از هرسو

on every side در همه جا، در هر طرف

put something on one side چیزی را کنار گذاشتن

side by side ۱. شانه به شانهٔ هم، دوش به دوش هم ۲. در کنار هم

take sides جانبداری کردن
take the side of somebody
طرفِ کسی را گرفتن، از کسی جانبداری کردن
side[2] /sâyd/ *adj,vt* ۱. کناری، فرعی ▣ ۲. طرف (کسی را) گرفتن
side with somebody جانبِ کسی را گرفتن، از کسی طرفداری کردن
siege /siij/ *n* محاصره
sigh /sây/ *vi,vt,n* ۱. آه کشیدن ۲. افسوس خوردن، حسرت خوردن ۳. آرزو کردن ▣ ۴. آه
sight /sâyt/ *n* ۱. بینایی، دید ۲. دیدار، رؤیت ۳. نگاه، نظر ۴. دیدنی، [به صورت جمع] دیدنی‌ها
at first sight در نگاه اول
be in sight دیده شدن، به چشم خوردن
be out of sight از نظر محو شدن، دیگر دیده نشدن
catch sight of something *or* **somebody**
چشم کسی به چیزی یا کسی افتادن
come into sight ظاهر شدن، پیداش شدن
lose sight of somebody *or* **something** دیگر کسی یا چیزی را ندیدن، کسی یا چیزی دیگر دیده نشدن
sightseeing /'sâytsii-ing/ *n*
تماشای جاهای دیدنی

sign /sâyn/ *n,vt,vi* ۱. علامت، نشانه ۲. تابلو ۳. اعلان، آگهی ۴. [ستاره‌بینی] برج ▣ ۵. امضا کردن ۶. علامت دادن
signal /'signâl/ *n,vt,vi* ۱. علامت ۲. پیام ▣ ۳. علامت دادن ۴. اشاره کردن ۵. مخابره کردن
signature /'signicher/ *n* امضا
significance /sig'nifikens/ *n*
۱. معنی ۲. اهمیّت
significant /sig'nifikent/ *adj*
۱. معنی‌دار ۲. پرمعنی ۳. بااهمیت
significantly /sig'nifikentli/ *adv*
به‌طور معنی‌داری، با معنا
Sikh /siik/ *n* سیک
(= عضو فرقه‌ای مذهبی در هندوستان)
silence /'sâylens/ *n,vt* ۱. سکوت، خاموشی ▣ ۲. ساکت کردن
in silence در سکوت
silencer /'sâylenser/ *n* ۱. [اسلحه] صداخفه‌کن ۲. منبع اگزوز
silent /'sâylent/ *adj* ۱. ساکت، خاموش ۲. کم‌حرف ۳. لال، گنگ
Keep silent! ۱. ساکت باش، ساکت باشید ۲. به کسُی چیزی نگو!
silently /'sâylentli/ *adv* ۱. ساکت، در سکوت ۲. بی‌سر و صدا
silk /silk/ *n,adj* ۱. ابریشم ۲. پارچهٔ ابریشمی ▣ ۳. ابریشمی
silkworm /'silkwerm/ *n*
کرم ابریشم

S

silky /'silki/ *adj* نرم، لطیف، ظریف
silly /'sili/ *adj* نادان، احمق
silver /'silver/ *n,adj* ۱. نقره ۲. ظروف نقره‌ای ◻ ۳. نقره‌ای
silver-plated /silver 'pleytid/ *adj* آب‌نقره‌ای، آب‌نقره‌دار، آب‌نقره
silvery /'silveri/ *adj* نقره‌ای
similar /'similâr/ *adj* ۱. همانند، مشابه، شبیه (به هم) ۲. متشابه
similarity /simi'lariti/ *n* همانندی، تشابه، شباهت
simple /'simpel/ *adj* ۱. ساده ۲. آسان ۳. ساده‌دل، ساده‌لوح
simplicity /sim'plisiti/ *n* ۱. سادگی ۲. آسانی، سهولت
simplify /'simplifây/ *vt* ۱. ساده کردن ۲. آسان کردن
simply /'simpli/ *adv* ۱. به سادگی، ساده ۲. بی‌چون و چرا ۳. صرفاً، فقط
simultaneous /simul'teyniyes/ *adj* ۱. همزمان ۲. مقارن ۳. توأم
sin /sin/ *n,vi* ۱. گناه ۲. گناهکاری ۳. خلاف ◻ ۴. گناه کردن
since /sins/ *adv,conj,prep* ۱. از آن به بعد، از آن وقت تا به حال ۲. از هنگامی که ۳. قبل ۴. چون، زیرا
ever since از آن زمان تاکنون
sincere /sin'siyer/ *adj* ۱. اصیل، واقعی ۲. صادقانه ۳. صادق، بی‌ریا
sincerely /sin'siyerli/ *adv* صادقانه
Your sincerely [در پایانِ نامه] ارادتمند
sinful /'sinful/ *adj* گناهکار
sing /sing/ *vi,vt* خواندن
singer /'singer/ *n* خواننده
single /'singel/ *adj,n* ۱. تکی، تک ۲. مجرد، تنها ◻ ۳. بلیت یکسره
every single تک‌تکِ
You answered every single question correctly.
شما به تک‌تکِ سؤالات جواب درست دادید.
single ticket بلیت یکسره
singular /'singyuler/ *adj* ۱. [دستور زبان] مفرد ۲. بی‌نظیر
sink[1] /sink/ *vi,vt* ۱. فرورفتن، پایین رفتن ۲. فروکردن ۳. غروب کردن ۴. [کشتی] غرق شدن ۵. غرق کردن ۶. نشست کردن، فرونشستن
sink[2] /sink/ *n* ظرفشویی
sinner /'siner/ *n* ۱. گناهکار ۲. خلاف‌کار ۳. خطاکار
sip /sip/ *vt,vi,n* ۱. مزه‌مزه کردن، جرعه‌جرعه خوردن ◻ ۲. جرعه
sir[1] /ser/ *n* [در خطاب] آقا، قربان
sir[2] /ser/ سِر (= لقبی در انگلستان)
siren /'sâyren/ *n* آژیر (خطر)
sister /'sister/ *n* ۱. خواهر ۲. سرپرستار، پرستار مسئول بخش

sixty /'siksti/ *adj,n* ۱. شصت (تا) ◙ ۲. عـدد شـصت (۶۰) ۳. شـمارهٔ شصت
be in one's sixties بالای شصت سال داشتن
in the sixties در دههٔ ۶۰
sixty-first شصت‌ویکم
sixty-one شصت‌ویک
size /sâyz/ *n* ۱. اندازه ۲. شماره
skate /skeyt/ *n,vi* ۱. اِسکیت ۲. کفشِ اسکیت ◙ ۲. اِسکیت‌بازی کردن
skeleton /'skeliten/ *n* ۱. استخوان‌بندی، اسکلت ۲. آدم لاغر
sketch /skech/ *n,vt,vi* ۱. خطوط کلی، طرح کـلی، نـمای کلی ◙ ۲. کلیات (چیزی را) بیان کردن
ski /skii/ *n,adj,vi* ۱. چوب اسکی ◙ ۲. [مربوط به] اسکـی ◙ ۳. اسکـی کردن
skid /skid/ *vi,n* ۱. سُر خوردن ۲. [تایر] کشیدن ◙ ۳. لغزش، سُرش
skier /'skiyer/ *n* اسکی‌باز
skilful /'skilful/ *adj* ماهر
skill /skil/ *n* مهارت
skilled /skild/ *adj* ماهر، خبره
skillful /'skilful/ = skilful
skim /skim/ *vt,vi* ۱. [مایعات] رویه گرفتن از ۲. ورق زدن
skin /skin/ *n* ۱. پوست ۲. پوسته ۳. چهره، رنگ پوست ۴. رویه

sit /sit/ *vi,vt* ۱. نشستن ۲. نشاندن ۳. جلسه داشتن ۴. قرار گرفتن
sit down نشستن
sit up [از حالت خوابیده] نشستن
site /sâyt/ *n* محل، جا، زمین
sitting-room /'siting rum/ *n* اتاق نشیمن
situated /'sichuweytid/ *adj* ۱. واقع ۲. قرارگرفته
be situated واقع شدن، قرار داشتن
situation /sichu'weyshen/ *n* ۱. وضعیّت ۲. شرایط ۳. موقعیّت
be in a situation در وضعی بودن، در موقعیتی قرار داشتن
The family was in a difficult situation when the mother was in hospital. وقتی مادر در بیمارستان بود خانواده در وضع بدی قرار داشت.
six /siks/ *adj,n* ۱. شش (تا) ◙ ۲. عدد شش (۶) ۳. شمارهٔ شش
six-shooter /siks 'shooter/ *n* شش‌تیر
sixteen /siks'tiin/ *adj,n* ۱. شانزده (تا) ◙ ۲. عدد شانزده (۱۶) ۳. شمارهٔ شانزده
sixteenth /siks'tiinth/ *n,adj* ۱. یک‌شانزدهم ۲. شانزدهمی، شمارهٔ شانزده ◙ ۳. شانزدهمین، شانزدهم
sixth /siksth/ *n,adj* ۱. یک‌ششم ۲. ششمی، شمارهٔ شش ◙ ۳. ششمین

by the skin of one's teeth
به زور، به زحمت، در آخرین لحظات
I ran into the airport, and caught the plane by the skin of my teeth.
با شتاب به طرف فرودگاه رفتم و در آخرین لحظات توانستم سوار هواپیما بشوم.

skinny /'skini/ *adj* ۱. پوستی ۲. لاغر، استخوانی، نحیف ۳. کم

skip /skip/ *vi,vt,n* ۱. پریدن ۲. جست و خیز کردن، ورجه وورجه کردن ۳. طناب‌بازی کردن ۴. رفتن، دررفتن، جیم شدن ▣ ۵. پرش

skipper /'skiper/ *n* کاپیتان

skirt /skert/ *n* ۱. دامن ۲. دامنه

skull /skâl/ *n* جمجمه، کاسهٔ سر

sky /skây/ *n* ۱. آسمان ۲. آب وهوا

skyline /'skâylâyn/ *n* افق

skyscraper /'skâyskreyper/ *n* آسمان‌خراش

slab /slab/ *n* صفحه، تخته، قالب

slacken /'slaken/ *vt,vi* ۱. شُل کردن، سست کردن ۲. کساد شدن

slam /slam/ *vt,vi,n* ۱. [در] محکم به هم زدن ۲. [در] محکم بسته شدن ۳. انداختن، پرت کردن ▣ ۴. صدای به هم خوردن (در)

slang /slang/ *n* ۱. زبان لاتی ۲. زبان عامیانه

slant /slânt/ *vi,n* ۱. کج شدن، شیب پیدا کردن ▣ ۲. شیب ۳. کجی

slap /slap/ *vt,n* ۱. سیلی زدن ۲. پرت کردن ▣ ۳. سیلی، کشیده

slate /sleyt/ *n* سنگ لوح

slaughter /'sloter/ *vt,n* ۱. کشتن، ذبح کردن، سر بریدن ۲. قتل‌عام کردن ▣ ۳. ذبح ۴. قتل‌عام، سلاخی

slave /sleyv/ *n,vi* ۱. برده، بنده، غلام ▣ ۲. سخت کار کردن

slavery /'sleyveri/ *n* ۱. بردگی ۲. برده‌داری ۳. خرحمالی، کار سخت

sledge /slej/ *n* سورتمه

sleek /sliik/ *adj* [مو] صاف و نرم

sleep /sliip/ *n,vi,vt* ۱. خواب ۲. قی (چشم) ▣ ۳. خوابیدن ▣ ۴. جای خواب داشتن برای

go to sleep ۱. خوابیدن ۲. کسی را خواب بردن
Go to sleep. بخواب.
He got into bed and soon went to sleep. رفت تو رختخواب و زود خوابش برد.

sleeping bag /'sliiping bag/ *n* کیسه خواب

sleepless /'sliiplis/ *adj* ۱. بی‌خواب ۲. ناآرام

sleepy /'sliipi/ *adj* ۱. خواب‌آلود ۲. خواب‌آور ۳. بی‌سروصدا، مرده

sleet /sliit/ *n* برف توأم با باران

sleeve /sliiv/ *n* آستین

sleevless /'sliivlis/ *adj* بی‌آستین

slit[1] /slit/ *n,vt* ۱. چاک، شکاف، درز، شیار ◙ ۲. چاک دادن، شکافتن ۳. پاره کردن، جر دادن
slit[2] /slit/ *p,pp* گذشته و اسم مفعول فعل slit
slither /'slidher/ *vi* لیز خوردن
slope /slop/ *n,vi,vt* ۱. شیب ◙ ۲. شیب داشتن ◙ ۳. شیب‌دار کردن
slot /slât/ *n,vt* ۱. سوراخ، شکاف، درز ۲. شیار ◙ ۳. سوراخ کردن
slovenly /'slâvenli/ *adj* شلخته، ولنگار، بی‌نظم، نامرتب
slow[1] /slo/ *adj,vi,vt* ۱. آهسته، کُند ۲. کندذهن ۳. [ساعت] عقب ◙ ۴. آهسته کردن ◙ ۵. آهسته شدن
slow down (*or* up)
از سرعت خود کاستن، یواش کردن، آهسته‌تر رفتن، کند کردن
slow[2] /slo/ *adv* یواش، آهسته
slowly /'sloli/ *adv* ۱. آهسته، یواش ۲. به آرامی، به آهستگی
sluggish /'slâgish/ *adj* ۱. کُند، کم‌تحرک ۲. بی‌حال ۳. تنبل، کم‌کار
slum /slâm/ *n* محلهٔ فقیرنشین
slump /slâmp/ *vi,n* ۱. افتادن ◙ ۲. سقوط (قیمت‌ها) ۳. کسادی، رکود
slung /slâng/ *p,pp* گذشته و اسم مفعول فعل sling
slunk /slânk/ *p,pp* گذشته و اسم مفعول فعل slink

sleigh /sley/ *n* سورتمه (اسبی)
slender /'slender/ *adj* ۱. باریک ۲. لاغر، ترکه ۳. کم، اندک، ناچیز
slept /slept/ *p,pp* گذشته و اسم مفعول فعل sleep
slice /slâys/ *n,vt* ۱. ورقه، برش ۲. تکه ◙ ۳. بریدن، قاچ کردن
slid /slid/ *p,pp* گذشته و اسم مفعول فعل slide
slide[1] /slâyd/ *vi,vt* ۱. سُر خوردن، لیز خوردن، لغزیدن ◙ ۲. لغزاندن
slide[2] /slâyd/ *n* ۱. لغزش ۲. سرسره ۳. [عکاسی] اسلاید
slight /slâyt/ *adj* ۱. باریک، لاغر ۲. جزئی، کم‌اهمیت، کم
slightly /'slâytli/ *adv* اندکی، کمی
slim /slim/ *adj,vi* ۱. باریک، لاغر ۲. کم، ناچیز ◙ ۳. رژیم گرفتن
slime /slâym/ *n* لجن
sling /sling/ *n,vt* ۱. بند، تسمه ◙ ۲. پرتاب کردن ۳. آویزان کردن
slink /slink/ *vi* یواشکی رفتن
slip[1] /slip/ *vi* ۱. لغزیدن، لیز خوردن ۲. یواشکی رفتن
slip on something
روی چیزی لیز خوردن
slip up اشتباه کردن
slip[2] /slip/ *n* ۱. لغزش، خطا، اشتباه ۲. تکه کاغذ ۳. زیرپوش
slipper /'sliper/ *n* دمپایی
slippery /'sliperi/ *adj* لغزنده

sly / slây / *adj* ۱. فریب‌کار، حیله‌گر ۲. موذی، آب‌زیرکاه ۳. شیطان

smack / smak / *vt,n* ۱. [با کف دست] زدن، سیلی زدن ▣ ۲. ماچ ۳. ضربه (با کف دست)، سیلی

small / smol / *adj* ۱. کوچک ۲. کم، اندک، ناچیز ۳. خرده‌پا، جزء

smart[1] / smârt / *adj* ۱. باهوش، زیرک ۲. ناقلا، زرنگ ۳. شیک

smart[2] / smârt / *vi,n* ۱. تیر کشیدن، سوختن ۲. رنج بردن، درد کشیدن ▣ ۳. درد، سوزش ۴. رنج، زجر

smash / smash / *vt,vi,n* ۱. شکستن، خرد کردن ۲. خرد شدن، از هم پاشیدن ▣ ۳. فروپاشی

smear / 'smiyer / *vt,n* ۱. مالیدن، چرب کردن ۲. آغشتن ▣ ۳. لکه

smell / smel / *n,vt,vi* ۱. بویایی ۲. بو ۳. بو کشیدن ▣ ۴. بوی (چیزی را) شنیدن ۵. بو کردن ۶. بوی بد دادن

smell a rat به (چیزی) شک کردن

smelly / 'smeli / *adj* بدبو

smelt / smelt / *p,pp* گذشته و اسم مفعول فعل smell

smile / smâyl / *n,vi,vt* ۱. لبخند ▣ ۲. تبسم کردن، لبخند زدن

smoke / smok / *n,vi,vt* ۱. دود ۲. سیگار ۳. کشیدن سیگار ▣ ۴. سیگار کشیدن، کشیدن

smoker / 'smoker / *n* آدم سیگاری

smoky / 'smoki / *adj* ۱. دودزا ۲. پردود ۳. دودی ۴. دودزده

smooth[1] / smoodh / *adj* صاف

smooth[2] / smoodh / *vt,vi* ۱. صاف کردن ▣ ۲. صاف شدن

smother / 'smâdher / *vt,vi* ۱. خفه کردن ۲. خاموش کردن ۳. پوشاندن ▣ ۴. خفه شدن

smoulder / 'smolder / *vi,n* ۱. بی‌شعله سوختن ▣ ۲. آتش کورسوز

smuggle / 'smâgel / *vt* قاچاق کردن، قاچاق وارد کردن

smuggler / 'smâgler / *n* قاچاقچی

snack / snak / *n* غذای سبک

snack bar / 'snak bâr / *n* ساندویچ‌فروشی

snag / snag / *n* ۱. تیزی، تیزه ۲. پارگی ۳. گیر، گرفتاری، مشکل

snail / sneyl / *n* حلزون

snake / sneyk / *n* مار

snap[1] / snap / *vi,vt* ۱. گاز گرفتن، پاچه گرفتن ۲. قاپیدن ۳. تشر زدن

snap[2] / snap / *n* ۱. عکس ۲. تشر

snapshot / 'snapshât / *n* عکس

snarl / snârl / *vi,n* ۱. [سگ] خُرخُر کردن ▣ ۲. خُرخُر

snatch / snach / *vt,vi* قاپیدن

sneak / sniik / *vi,n* ۱. دزدانه رفتن یا آمدن ۲. چغلی کردن ▣ ۳. آدم خائن، خبرچین

sneer /'sniyer/ *vi,n* ۱. پوزخند زدن ◙ ۲. نیشخند، پوزخند

sneeze /sniiz/ *n,vi* ۱. عطسه ◙ ۲. عطسه کردن

sniff /snif/ *vi,vt,n* ۱. بینی بالا کشیدن، فین‌فین کردن ۲. بو کشیدن ◙ ۳. فین ۴. بویش، استشمام

snob /snâb/ *n* آدم افاده‌ای، متکبر

snobbish /'snâbish/ *adj* ۱. افاده‌ای، فخرفروش ۲. فخرـ فروشانه

snooze /snooz/ *vi,n* ۱. یک چرت خوابیدن ◙ ۲. چرت

snore /snor/ *vi,n* ۱. خُرخُر کردن، خرناس کشیدن ◙ ۲. خُرخُر، خرناس

snort /snort/ *vi,n* ۱. صدایِ فین درآوردن ◙ ۲. (صدای) فین

snow /sno/ *n,vi* ۱. برف ◙ ۲. برف آمدن، برف باریدن

snowball /'snobol/ *n,vt* ۱. گلولهٔ برف ◙ ۲. (گلوله) برف زدن

snowdrift /'snodrift/ *n* برف بادآورد

snowflake /'snofleyk/ *n* برف‌دانه، دانهٔ برف

snowman /'snoman/ *n* آدم‌برفی

snowplough /'snoplao/ *n* ماشین برف‌روب

snowy /'snoyi/ *adj* ۱. برفی ۲. پوشیده از برف ۳. سفید چون برف

snug /snâg/ *adj* گرم و نرم، راحت

so /so/ *adv,conj* ۱. آن‌قدر، آن‌قدرها ۲. بسیار، زیاد ۳. چقدر ۴. این‌طور، بدین نحو ۵. همان‌طور ۶. به‌نحوی ۷. بله این‌طور ۸. نیز همین طور ۹. بنابراین ۱۰. بَه، خوب

and so on و چیزهایی از این قبیل، و مانند آن

not be so...as به... نبودن، آن‌قدر... نبودن که

He's not so tall as his brother. او به بلندی برادرش نیست.

She's not so clever as we thought. آن‌قدر باهوش نیست که ما فکر می‌کردیم.

or so یا در همین حدود

so far ۱. تا حالا ۲. تا اینجا

so many ۱. این تعداد، چند تا، چند ۲. بسیاری

so much این قدر، این مقدار، چه‌قدر

so that تا، تا این که

So what? خوب، خوب که چی؟

soak /sok/ *vi,vt,n* ۱. خیس خوردن ۲. خیساندن ۳. خیس کردن، کاملاً تر کردن ۴. نشت کردن ◙ ۵. خیسی، (عمل) خیس کردن

soak up [آب و غیره] خشک کردن، جمع کردن ۲. [آب] جذب کردن، به خود کشیدن

soap /sop/ *n* صابون

soapy /'sopi/ *adj* ۱. صابونی ۲. کفی

soar /sor/ *vi* ۱. (در هوا) اوج گرفتن، بالا رفتن ۲. سر به فلک کشیدن

sob /sâb/ *vi,n* ۱. هق‌هق کردن، هق‌هق گریستن ◘ ۲. (صدای) هق‌هق

sober /'sober/ *adj,vt,vi* ۱. سرعقل، متین ۲. معقول ۳. هوشیار (در مقابل مست) ◘ ۴. سر عقل آوردن، هوشیار کردن ◘ ۵. سرعقل آمدن

so-called /so 'kold/ *adj* ۱. به اصطلاح ۲. معروف به

soccer /'sâker/ *n* فوتبال

social /'soshâl/ *adj* اجتماعی

social security ۱. بیمه(های) اجتماعی ۲. تأمین اجتماعی

socialism /'soshâlizem/ *n* سوسیالیسم

socialist /'soshâlist/ *n,adj* ۱. سوسیالیست ۲. سوسیالیستی

society /so'sâyeti/ *n* ۱. جامعه ۲. معاشرت ۳. طبقهٔ ممتاز ۴. انجمن

socket /'sâkit/ *n* ۱. حفره، سوراخ ۲. سرپیچ ۳. پریز (برق)

socks /sâks/ *n* جوراب

sofa /'sofâ/ *n* کاناپه

soft /sâft/ *adj* ۱. نرم ۲. شُل ۳. لطیف ۴. ملایم، آرام ۵. آرامش‌بخش ۶. آهسته (در مقابل بلند)

soft drink نوشابهٔ غیرالکلی

soften /'sâfen/ *vt,vi* ۱. نرم کردن، ملایم کردن ۲. تضعیف کردن ◘ ۳. نرم شدن، ملایم شدن

softly /'sâftli/ *adv* ۱. به نرمی، با ملایمت ۲. آهسته (در مقابل بلند)

software /'sâftwer/ *n* نرم‌افزار

soil /soyl/ *n,vt,vi* ۱. خاک ۲. زمین ◘ ۳. کثیف کردن ◘ ۴. کثیف شدن

solar /'solâr/ *adj* خورشیدی، شمسی

sold /sold/ *p,pp* گذشته واسم مفعول فعل sell

be sold out تمام شدن، فروش رفتن

solder /'sâlder/ *n,vt* ۱. لحیم ۲. سیم لحیم ◘ ۳. لحیم کردن

soldier /'soljer/ *n* سرباز

private soldier سرباز عادی

sole[1] /sol/ *n,vt* ۱. کف پا ۲. کف کفش، تخت کفش ۳. کف جوراب ◘ ۴. [کفش] تخت انداختن

sole[2] /sol/ *adj* ۱. تنها ۲. مجرد

sole[3] /sol/ *n* سفره‌ماهی

solemn /'sâlem/ *adj* ۱. سنگین، باابهت، پرابهت ۲. جدی ۳. رسمی

solicitor /sâ'lisiter/ *n* ۱. مشاور حقوقی ۲. وکیل

solid /'sâlid/ *adj* ۱. جامد ۲. سفت ۳. محکم ۴. یکپارچه

solidarity /sâli'dariti/ *n* اتفاق نظر، اتحاد، وحدت

solitary /'sâlitri/ *adj* ۱. تنها، یکه و تنها ۲. منزوی ۳. تک

solitude /'sâlityood/ *n* ۱. انزوا، تنهایی ۲. جای دورافتاده

solo /'solo/ *n,adj,adv*

۱. تک‌نوازی ▣ ۲. تنها ۳. تک، بدون همراه

soloist /'solo-ist/ *n* تک‌نواز

solution /so'looshen/ *n* ۱. راهِ حل، جواب ۲. حل، حل کردن

solve /sâlv/ *vt* حل کردن

some /sâm/ *adj,adv,pron*

۱. قدری ۲. تعدادی ۳. بعضی ۴. بعضی از ۵. تقریباً ۶. یک، ـ ی (مانند: کتابی)

some more ۱. یک کمی دیگر ۲. چند تا دیگر

somebody /'sâmbâdi/ *pron*

کسی، شخصی، یک کسی

somehow /'sâmhao/ *adv*

۱. یک‌جوری، به طریقی، به نحوی ۲. به علت یا دلیلی (نامشخص)

someone /'sâmwân/ *n* کسی، شخصی، یک کسی

somersault /'sâmersolt/ *n,vi*

۱. پشتک، معلق، کله‌معلق ▣ ۲. پشتک زدن، معلق زدن

something /'sâmthing/ *pron,adv*

۱. چیزی، یک چیزی ۲. تا اندازه‌ای

sometimes /'sâmtâymz/ *adv*

گاهی، گاه گاهی، بعضی‌اوقات

somewhat /'sâmwât/ *adv*

تا اندازه‌ای، تا حدی، قدری

somewhere /'sâmwer/ *adv*

جایی، یک جایی

son /sân/ *n* ۱. پسر ۲. فرزند

song /sâng/ *n* ۱. آواز ۲. ترانه

sonic /'sânik/ *adj* صوتی

soon /soon/ *adv* به زودی، زود

as soon as به محض این که، به مجرد این که، وقتی که

soon after کمی پس از، کمی بعد از

the sooner the better

هرچه زودتر بهتر

too soon زودتر از موقع

soot /sut/ *n* دوده

soothe /soodh/ *vt* آرام کردن

sore /sor/ *adj,n* ۱. زخم، دردناک ۲. [گلو] درد ۳. دلخور ▣ ۴. زخم

sorrow /'sâro/ *n,vi* ۱. تأسف، افسوس ۲. غم، غصه ۳. مایهٔ تأسف ▣ ۴. متأسف بودن، افسوس خوردن

sorrowful /'sâroful/ *adj*

۱. متأسف ۲. غمگین ۳. غم‌انگیز

sorry[1] /'sâri/ *adj* ۱. متأسف ۲. غمگین ۳. غم‌انگیز، دلخراش

feel sorry for somebody ۱. برایِ کسی متأسف بودن ۲. به حال کسی ترحم کردن، دل کسی برای کسی سوختن

sorry[2] /'sâri/ *intj* ببخشید!

sort /sort/ *n,vt,vi* ۱. جور، نوع ▣ ۲. دسته‌بندی کردن ۳. مرتب کردن

sort of ۱. یک کمی ۲. مثل این که
sort out مرتب کردن، جور کردن
SOS /es o 'es/ = save our souls
پیام درخواست کمک
sought /sot/ *p,pp*
گذشته و اسم مفعول فعل seek
soul /sol/ *n* ۱. روح، روان
۲. وجود
not a soul هیچ کس
sound[1] /saond/ *adj* ۱. سالم،
بی‌عیب ۲. درست ۳. مطمئن ۴. حسابی
be sound asleep خوابِ
خواب بودن، خواب عمیق بودن
sound[2] /saond/ *n* ۱. صوت
۲. صدا ۳. لحن ۴. صدارَس
sound[3] /saond/ *vt,vi*
۱. به صدا درآوردن ۲. بیان کردن
sound barrier /'saond bariyer/ *n*
دیوار صوتی
soundproof /'saondproof/ *adj,vt*
۱. ضدصوت ◙ ۲. ضدصوت کردن
soundtrack /'saondtrak/ *n*
حاشیهٔ صوتی
soup /soop/ *n* سوپ
sour /saor/ *adj,vi,vt* ۱. ترش
۲. ترشیده ◙ ۳. ترشیدن ◙ ۴. ترشاندن
source /sors/ *n*
۱. [رودخانه] سرچشمه ۲. منبع، منشأ
south /saoth/ *n,adj,adv* ۱. جنوب
◙ ۲. جنوبی ◙ ۳. به طرف جنوب

southern /'sâdhern/ *adj* جنوبی
southerner /'sâdherner/ *n*
اهل جنوب، جنوبی
southward[1] /'saothword/ *adj*
جنوبی، به طرف جنوب
southward[2]**(s)** /'saothword(z)/ *adv* به سویِ جنوب،
در جهت جنوب
south-west /saot 'west/ *n,adj, adv* ۱. جنوب غرب
◙ ۲. جنوب غربی ◙ ۳. به طرف جنوب غرب
souvenir /soove'niyer/ *n* یادگاری
sovereign /'sâvrin/ *adj,n*
۱. عالی‌مقام ◙ ۲. پادشاه، فرمانروا
soviet[1] /'soviyet/ *n*
[در شوروی سابق] شورا
Soviet[2] /'soviyet/ *adj* شوروی
Soviets, the /'soviyets/ *n*
شوروی‌ها
sow[1] /sao/ *n* ماده‌خوک بالغ
sow[2] /so/ *vt,vi* کاشتن
sown /son/ *pp*
اسم مفعول فعل sow
space /speys/ *n* ۱. فضا ۲. جا،
مکان ۳. فاصله (مکانی) ۴. مدت، دوره
spacecraft /'speyskrâft/ *n*
فضاپیما، سفینهٔ فضایی
spacesuit /'speys-soot/ *n*
لباس فضانوردی

speak / spiik / *vi, vt* ۱. حرف زدن ۲. گفتن ۳. سخنرانی کردن
speak out (*or* up)
بلندتر صحبت کردن
speaker / 'spiiker / *n* ۱. گوینده ۲. سخنران ۳. رئیس مجلس ۴. بلندگو
spear / spir / *n* نیزه، زوبین
special / 'speshâl / *adj*
۱. مخصوص، خاص ۲. استثنایی
specialist / 'speshâlist / *n*
متخصص
specialize / 'speshâlâyz / *vi, vt*
۱. متخصص شدن ▣ ۲. تخصصی کردن
specialize in something
متخصص چیزی بودن یا شدن، تخصص (کسی) در چیزی بودن
specially / 'speshâli / *adv*
به ویژه، مخصوصاً
species / 'spiishiiz / *n*
۱. [رده‌بندی زیست‌شناختی] نوع ۲. جور
specific / spe'sifik / *adj* ۱. دقیق، روشن، مشخص ۲. خاص، اختصاصی
specimen / 'spesimen / *n* نمونه
speck / spek / *n* ۱. ذره ۲. خال
speckled / 'spekeld / *adj* خال‌خال
spectacle / 'spektakel / *n*
۱. منظره ۲. [به صورت جمع] عینک
spectacular / spek'takyuler / *adj*
تماشایی، دیدنی

spacious / 'speyshes / *adj*
۱. جادار ۲. وسیع، گسترده
spade[1] / speyd / *n, vt* ۱. بیل ▣ ۲. با بیل کندن، بیل زدن
spade[2] / speyd / *n* ۱. [بازیِ ورق] ورق پیک ۲. خال پیک
spaghetti / spa'geti / *n* اسپاگتی
Spain / speyn / *n* اسپانیا
span / span / *p* گذشتهٔ فعل spin
Spaniard / 'spanyerd / *n*
اهل اسپانیا، اسپانیایی
Spanish / 'spanish / *adj, n*
۱. اسپانیایی ▣ ۲. زبان اسپانیایی
spank / spank / *vt*
[به عنوان تنبیه] درکونی زدن
spanner / 'spaner / *n* آچار
spare[1] / sper / *adj, n* ۱. اضافی ۲. [وقت] آزاد، فراغت ▣ ۳. قطعهٔ یدکی
spare[2] / sper / *vt* ۱. عفو کردن ۲. مضایقه کردن، دریغ کردن
spare time وقت آزاد، اوقات فراغت
spark / spârk / *n, vt, vi* ۱. جرقه ▣ ۲. جرقه زدن ۳. برانگیختن
sparkle / 'spârkel / *vi, n* ۱. جرقه زدن ۲. برق زدن ▣ ۳. جرقه
sparrow / 'sparo / *n* گنجشک
spastic / 'spastik / *adj, n*
(بیمار) مبتلا به فلج سفت
spat / spat / *p, pp*
گذشته و اسم مفعول فعل spit

spectator / spek'teyter / *n* تماشاچی، تماشاگر

sped / sped / *p,pp* گذشته و اسم مفعول فعل speed

speech / spiich / *n* ۱. گفتار ۲. نطق، تکلم ۳. سخن، گفته، گفتار ۴. صحبت ۵. سخنرانی

speechless / 'spiichlis / *adj* زبان‌بریده، زبان‌بندآمده

speed / spiid / *n,vi,vt* ۱. سرعت ◻ ۲. به سرعت گذشتن، به سرعت رفتن ۳. با سرعت غیرمجاز راندن ◻ ۴. به سرعت فرستادن

at full speed با حداکثر سرعت

at high speed با سرعت زیاد

speed up ۱. تندتر رفتن ۲. تندتر راندن

speedometer / spii'dâmiter / *n* کیلومترشمار، سرعت‌سنج

speedy / 'spiidi / *adj* سریع، فوری

spell[1] / spel / *n* افسون، طلسم

put a spell on somebody کسی را جادو کردن، کسی را سحر کردن

spell[2] / spel / *vt,vi* ۱. هجی کردن ۲. [لغت] تشکیل دادن ۳. به بار آوردن

spelling / 'speling / *n* هجی

spelt / spelt / *p,pp* گذشته و اسم مفعول فعل spell

spend / spend / *vt,vi* ۱. خرج کردن ۲. صرف کردن ۳. گذراندن

spent[1] / spent / *p,pp* گذشته و اسم مفعول فعل spend

spent[2] / spent / *adj* مصرف‌شده

sphere / 'sfiyer / *n* ۱. کُره ۲. گوی ۳. ستاره ۴. سیاره ۵. آسمان

spice / spâys / *n* ۱. ادویه ۲. طعم، مزه، چاشنی، رنگ و بو

spicy / 'spâysi / *adj* پرادویه، تند

spider / 'spâyder / *n* عنکبوت

spike / spâyk / *n* ۱. میخ بزرگ ۲. میلهٔ نوک‌تیز ۳. [کفش ورزشی] میخ

spill / spil / *vt,vi* [مایعات] ریختن

spilt / spilt / *p,pp* گذشته و اسم مفعول فعل spill

spin / spin / *vt,vi,n* ۱. تابیدن، ریسیدن ۲. تنیدن ۳. بافتن ۴. چرخاندن ۵. چرخیدن ◻ ۶. چرخش

spinach / 'spinij / *n* اسفناج

spine / spâyn / *n* ستون فقرات

spinster / 'spinster / *n* پیردختر

spiral / 'spâyrâl / *adj,n* ۱. مارپیچی، مارپیچ ◻ ۲. مارپیچ

spirit[1] / 'spirit / *n* ۱. روح، روان ۲. [به صورت جمع] حالت روحی، روحیه ۳. نشاط ۴. الکل

be in high spirits شاد بودن، در وضع روحی خوبی بودن

be in low spirits غمگین بودن، بی‌حوصله بودن

spirit[2] / 'spirit / *vt* ۱. روحیه دادن، برسر شوق آوردن، دل وجرئت بخشیدن ۲. به‌طور مرموز بردن

spiritual / 'spirichuwâl / *adj*
۱. روحی، روانی ۲. معنوی ۳. مذهبی

spit[1] / spit / *vt,vi,n* ۱. تف انداختن، تف کردن ▣ ۲. تف ۳. تف‌اندازی

spit[2] / spit / *p,pp*
گذشته و اسم مفعول فعل spit

spite / spâyt / *n* ۱. کینه ۲. غرض
in spite of به رغمِ، با وجودِ

splash / splash / *vt,vi,n*
۱. [مایعات] پاشیدن ۲. خیس کردن ۳. پاشیدن ▣ ۴. لکه ۵. (صدای) شِلپ

splendid / 'splendid / *adj,intj*
۱. باشکوه ۲. عالی ▣ ۳. چه عالی!

splinter / 'splinter / *n,vt,vi*
۱. تراشه، خرده، ذره ▣ ۲. خرد کردن ۳. تراشه‌تراشه کردن، باریکه‌ـ باریکه کردن ▣ ۴. خرد شدن

split[1] / split / *vt,vi,n* ۱. شکافتن ۲. تقسیم کردن ▣ ۳. شکاف، پارگی

split[2] / split / *p,pp*
گذشته و اسم مفعول فعل split

spoil / spoyl / *vt,vi* ۱. خراب کردن، فاسد کردن ۲. لوس کردن ▣ ۳. خراب شدن، ضایع شدن، گندیدن

spoilt / spoylt / *p,pp* گذشته و اسم مفعول فعل spoil

spoke[1] / spok / *n* [چرخ] پره

spoke[2] / spok / *p* speak گذشتهٔ فعل

spoken / 'spoken / *pp*
اسم مفعول فعل speak

sponge / spânj / *n,vt* ۱. ابر، اسفنج ▣ ۲. با ابر تمیز کردن

spool / spool / *n* ۱. قرقره ۲. حلقه

spoon / spoon / *n* قاشق

spoonful / 'spoonful / *n*
(به اندازهٔ یک) قاشق

sport / sport / *n,vi* ۱. ورزش ۲. مسابقه ۳. تفریح ▣ ۴. بازی کردن

sporting / 'sporting / *adj*
۱. ورزشی ۲. ورزشکارانه

sportsman / 'sportsman / *n*
۱. ورزشکار ۲. ورزش‌دوست

spot / spât / *n,vt,vi* ۱. خال ۲. لک، لکه ۳. جوش ۴. جا، نقطه ▣ ۵. لک کردن ۶. لک شدن ۷. شناختن

spotless / 'spâtlis / *adj*
۱. بدون لک ۲. تمیز، پاک، پاکیزه

spotlight / 'spâtlâyt / *n*
۱. نورافکن صحنه ۲. مرکز توجه

spotty / 'spâti / *adj* لکه‌دار، لک

spout / spaot / *n* ۱. لوله ۲. لولهٔ قوری ۳. ناودان ۴. فواره

sprain / spreyn / *vt,n*
۱. رگ به رگ کردن ▣ ۲. رگ به رگ

sprang / sprang / *p*
گذشتهٔ فعل spring

sprawl / sprol / *vi,n* ۱. ولو شدن ▣ ۲. گل و گشادی، بی‌نظمی

spray / sprey / *n,vt,vi* ۱. افشانه، اسپری ۲. ترشح ▣ ۳. با اسپری زدن ۴. پاشیدن، ترشح کردن

spread[1] /spred/ *vt,vi* ۱. پهن کردن ۲. (از هم) باز کردن ۳. مالیدن روی ۴. پخش کردن ۵. پخش شدن

spread[2] /spred/ *p,pp* گذشته و اسم مفعول فعل spread

spread[3] /spred/ *n* اشاعه، شیوع

spring[1] /spring/ *n* بهار

spring[2] /spring/ *n* ۱. پرش، جهش ۲. چشمه ۳. فنر

spring[3] /spring/ *vi,vt* ۱. پریدن ۲. روییدن، درآمدن ۳. دررفتن

springboard /'springbord/ *n* تختهٔ پرش

springy /'springi/ *adj* فنری

sprinkle /'sprinkel/ *vt,vi* ۱. پاشیدن ۲. نم زدن ◘ ۳. پاشیده شدن

sprint /sprint/ *n,vi* ۱. دوِی سرعت ◘ ۲. به‌سرعت دویدن

sprout /spraot/ *vi,n* ۱. جوانه زدن ◘ ۲. جوانه ۳. کلم فندقی

spruce /sproos/ *n* صنوبر

sprung /sprâng/ *pp* اسم مفعول فعل spring

spun /spân/ *p,pp* گذشته و اسم مفعول فعل spin

spurt /spert/ *vi,n* ۱. جاری شدن ۲. فوران کردن ◘ ۳. جریان، فوران

spy /spây/ *n,vi,vt* ۱. جاسوس ۲. مأمورمخفی ◘ ۳. پاییدن ◘ ۴. دیدن

spy on somebody کسی را پاییدن، زاغ سیاه کسی را چوب زدن

squabble /'skwâbel/ *vi,n* ۱. کلنجار رفتن ◘ ۲. کلنجار

squabble over something سرِ چیزی کلنجار رفتن، دعوا کردن

squad /skwâd/ *n* ۱. جوخه ۲. تیم

squall /skwol/ *n* باد و بوران

squander /'skwânder/ *vt* تلف کردن، هدر دادن، ضایع کردن

square[1] /skwer/ *adj* ۱. مربع ۲. مربع‌شکل ۳. قائم، عمودی، راست

square[2] /skwer/ *n* ۱. مربع ۲. چهارگوش ۳. میدان ۴. گونیا

square[3] /skwer/ *vt,vi* ۱. مربع کردن ۲. به توان دو رساندن ۳. چهارخانه کردن ۴. تطبیق کردن

squash[1] /skwâsh/ *vt,vi,n* ۱. فشردن، له کردن ۲. چپاندن ◘ ۳. له شدن ۴. چپیدن ◘ ۵. جمعیت، ازدحام ۶. [میوه] آب

squash[2] /skwâsh/ *n* کدو

squash[3] /skwâsh/ *n* اسکوواش = نوعی بازی داخل سالن با راکت و توپ

squat /skwât/ *vi,n* ۱. چمباتمه زدن ۲. بی‌اجازه (در جایی) ساکن شدن ◘ ۳. چمباتمه، چنبرک

squeak /skwiik/ *vi,n* ۱. جیرجیر کردن ◘ ۲. (صدای) جیرجیر

squeeze[1] /skwiiz/ *vt,vi* ۱. فشردن، فشار دادن ۲. چلاندن ۳. چپاندن

at this stage حالا، فعلاً، در این مرحله
go on the stage هنرپیشه شدن
stagger /'stager/ *vi,vt,n*
۱. گیج‌گیجی‌خوردن، تلوتلو خوردن ◘ ۲. گیج کردن ۳. [وقت و رویدادها] به‌طور متناوب تنظیم کردن ◘ ۴. گیج‌گیجی، تلوتلو
stain /steyn/ *vt,vi,n* ۱. لک کردن ۲. کثیف کردن ۳. رنگ کردن ۴. لک شدن ◘ ۵. رنگ ۶. لک، لکه
stainless /'steynlis/ *adj*
۱. بی‌خدشه ۲. ضدزنگ، زنگ‌نزن
stair /ster/ *n* ۱. پله
۲. [به صورت جمع] پلکان، پله‌ها
flight of stairs پلکان
staircase /'sterkeys/ *n* پلکان
stake /steyk/ *n* ۱. تیر، دیرک
۲. [قمار] پول خوانده، پول وسط
stale /steyl/ *adj,vi* ۱. بیات، مانده
۲. کهنه، بی‌مزه ◘ ۳. کهنه شدن
stalemate /'steylmeyt/ *n*
۱. [شطرنج] پات ۲. بن‌بست
stalk /stok/ *n* ساقه
stall /stol/ *n,vi* ۱. آخور ۲. دکه
۳. [به‌صورت جمع] لژ ۴. سکون، توقف ◘ ۵. از حرکت ایستادن
stammer /'stamer/ *n,vi*
۱. لکنت‌زبان ◘ ۲. لکنت‌زبان داشتن
stamp[1] /stamp/ *n* ۱. مُهر
۲. نقش ۳. تمبر ۴. اثر، ردّ، نشانه

squeeze[2] /skwiiz/ *n* ۱. فشار
۲. تنگی ۳. فشردگی ۴. بغل
be a tight squeeze
جا خیلی تنگ بودن
squint /skwint/ *vi,n* ۱. لوچ بودن
۲. از گوشهٔ چشم نگاه کردن ◘ ۳. لوچی
squirrel /'skwirel/ *n* ۱. سنجاب
۲. پوست سنجاب
squirt /skwert/ *n,vt,vi*
۱. آبدزدک ۲. مکش ◘ ۳. [آب، روغن و غیره] پاشیدن ◘ ۴. فوران کردن
stab /stab/ *vt,vi,n* ۱. چاقو زدن
۲. (در چیزی) چاقو فروکردن ◘ ۳. ضربهٔ چاقو یا خنجر ۴. زخم چاقو یا خنجر
stable[1] /'steybel/ *adj* استوار
stable[2] /'steybel/ *n* طویله
stack /stak/ *n,vt* ۱. کُپه، پشته، توده ۲. مقدار زیاد، یک کوه ۳. دودکش ۴. [کتاب] قفسه ◘ ۵. کپه کردن، توده کردن
stadium /'steydiyem/ *n*
ورزشگاه، استادیوم
staff /stâf/ *n* کارکنان، کارمندان
stag /stag/ *n* گوزن نر
stage /steyj/ *n,vt* ۱. صحنه
۲. کار تئاتر ۳. مرحله ۴. [در سفر] منزل ◘ ۵. روی صحنه آوردن، نمایش دادن
at a later stage بعداً

stamp[2] /stamp/ *vi,vt* ۱. پا رویِ چیزی گذاشتن ۲. پای‌کوبان راه رفتن ▣ ۳. مهر زدن ۴. تمبر زدن

stand[1] /stand/ *vi,vt* ۱. ایستادن ۲. بلند شدن، سرپا ایستادن ۳. قرار داشتن ۴. گذاشتن ۵. تحمل کردن

can't stand somebody *or* **something** از کسی یا چیزی متنفر بودن، تحمل کسی یا چیزی را نداشتن

stand by ۱. تماشا کردن، تماشاچی بودن، کنار ایستادن ۲. آماده بودن

stand by somebody به کسی کمک کردن، در کنار کسی بودن

stand for something ۱. مخففِ چیزی بودن ۲. به چیزی دلالت کردن

stand in line به صف ایستادن

stand out مشخص بودن، متمایز بودن

stand still بی‌حرکت ایستادن

stand up ایستادن، پا شدن

stand up for somebody جانبِ کسی را گرفتن، از کسی طرفداری کردن

stand up for something از چیزی دفاع کردن

stand up to somebody تو روی کسی ایستادن

stand[2] /stand/ *n* ۱. حالت ایستاده ۲. مقاومت ۳. جا، جایگاه ۴. موضع ۵. دکه ۶. [دادگاه] جایگاه شهود

standard /'standerd/ *n,adj* ۱. معیار، ملاک، میزان ۲. سطح ▣ ۳. قابل قبول ۴. قانونی ۵. رایج، معمول

stand-in /'stand in/ *n* جانشین

stand-offish /stand 'âfish/ *adj* خشک، سرد، رسمی

standstill /'standstil/ *n* توقف

stank /stank/ *p* stink گذشتهٔ فعل

staple[1] /'steypel/ *n,adj* ۱. محصول عمده ▣ ۲. اصلی، عمده

staple[2] /'steypel/ *n,vt* ۱. مفتول، سیم ته‌دوزی ۲. سوزن منگنه ▣ ۳. [با ماشین دوخت کاغذ] دوختن

stapler /'steypler/ *n* منگنه

star /stâr/ *n* ۱. ستاره ۲. علامتِ ستاره ۳. هنرپیشه، ستاره ۴. بخت

starch /stârch/ *n* نشاسته

starchy /'stârchi/ *adj* ۱. نشاسته‌ای ۲. نشاسته‌دار

stare /ster/ *vi,n* ۱. خیره نگریستن، خیره شدن، زل زدن ▣ ۲. نگاه خیره

starfish /'stârfish/ *n* ستارهٔ دریایی

starry /'stâri/ *adj* ستاره‌دار

start[1] /stârt/ *n* آغاز، شروع

for a start از همه مهمتر این که، اولین دلیل این که، یکی این که

make a start ۱. شروع کردن ۲. راه افتادن

start[2] /stârt/ *vi,vt* ۱. شروع کردن ۲. شروع شدن ۳. راه افتادن ۴. راه انداختن ۵. [اتومبیل] روشن شدن

stay[1] /stey/ *vi,n* ۱. ماندن، باقی ماندن ۲. بودن ۳. طاقت داشتن ◙ ۴. توقف ۵. تعلیق، تعویق، تأخیر
stay behind ماندن
stay in در خانه ماندن
stay up بیدار ماندن
stay[2] /stey/ *n* پشت و پناه، حامی
steady /'stedi/ *adj,adv* ۱. محکم ۲. ثابت، منظم ۳. دائمی
steak /steyk/ *n* اِستیک
steal /stiil/ *vt,vi* ۱. دزدیدن، زدن ۲. پاورچین‌پاورچین آمدن یا رفتن
steam[1] /stiim/ *n* بخار آب
steam[2] /stiim/ *vt,vi* ۱. بخار کردن ۲. بخار شدن ۳. [غذا] با بخار پختن
steamer /'stiimer/ *n* ۱. کشتی بخار ۲. (ظرف) بخارپز
steamy /'stiimi/ *adj* ۱. بخارمانند ۲. بخاری ۳. پوشیده از بخار
steel /stiil/ *n* فولاد
steep /stiip/ *adj* شیب‌دار
steer /'stiyer/ *vt* ۱. هدایت کردن ۲. راندن، بردن
steering-wheel /'stiyering wiil/ *n* (چرخ) فرمان
stem /stem/ *n* ساقه
stench /stench/ *n* بوی تعفن
stencil /'stensil/ *n,vt* ۱. استنسیل ۲. شابلون ◙ ۳. استنسیل کردن
step[1] /step/ *n* ۱. قدم، گام ۲. اقدام، عمل ۳. پله ۴. درجه، رتبه

start off شروع کردن
starter /'stârter/ *n* ۱. آغازگر ۲. اولی، نخستین ۳. [اتومبیل] استارت
startle /'stârtel/ *vt* پراندن
startling /'stârtling/ *adj* ۱. تکان‌دهنده ۲. شگفت‌آور، عجیب
starvation /stâr'veyshen/ *n* گرسنگی، بی‌غذایی
starve /stârv/ *vi* ۱. گرسنگی کشیدن، از گرسنگی مردن ۲. گرسنگی دادن، از گرسنگی کشتن
be starving از گرسنگی دل کسی ضعف رفتن، از گرسنگی مردن
state[1] /steyt/ *n,adj* ۱. وضع، ۲. حکومت ۳. ایالت ◙ ۴. دولتی
state of affairs وضعیّت، اوضاع
state of mind وضع روحی، حالت روحی
state[2] /steyt/ *vt* اظهار داشتن
statement /'steytment/ *n* ۱. اظهار، بیان، گفته ۲. اظهاریه
statesman /'steytsman/ *n* سیاستمدار، دولتمرد
station /'steyshen/ *n* ۱. ایستگاه ۲. موضع ۳. مقام ۴. [نظامی] پایگاه
stationary /'steysheneri/ *adj* ثابت، غیرمتحرک، ساکن
stationery /'steysheneri/ *n* نوشت‌افزار
statistics /sta'tistiks/ *n* آمار
statue /'stachoo/ *n* مجسمه

step by step گام به گام، قدم به قدم، مرحله به مرحله

watch one's step مواظب بودن

step[2] /step/ *vi,vt* ۱. قدم برداشتن، قدم گذاشتن، پا گذاشتن ۲. رفتن

stepbrother /'stepbrâdher/ *n* برادر ناتنی، نابرادری

stepfather /'stepfâdher/ *n* ناپدری

stepladder /'steplader/ *n* نردبان آهنی، نردبان تاشو

stepmother /'stepmâdher/ *n* ۱. نامادری ۲. زن‌بابا

stereo /'steriyo/ *n* ۱. استریو ۲. پخش صوت استریو

stereophonic /steriyo'fânik/ *adj* استریو

sterling /'sterling/ *n* اِسترلینگ (= پول رایج انگلستان)

stern /stern/ *adj* ۱. سخت ۲. عبوس، بدخلق ۳. محکم، راسخ

stew /styoo/ *vt,n* ۱. آرام پختن، آب‌پز کردن ◘ ۲. خوراک، خورش

steward /'styuwerd/ *n* ۱. [هواپیما یا کشتی] مهماندار ۲. پیشکار

stewardess /'styuwerdis/ *n* مهماندار زن

stick[1] /stik/ *n* ۱. تکه‌چوب ۲. عصا ۳. چوب‌دستی ۴. قطعه، تکه

stick[2] /stik/ *vt,vi* ۱. فروکردن ۲. چسباندن ۳. چسبیدن ۴. گذاشتن

stick at something به کاری یـا چیزی چسبیدن، دنبالِ کاری یا چیزی را گرفتن

stick out بیرون آمدن، بیرون زدن

stick something out درآوردن، بیرون آوردن

stick together ۱. وحدت خود را حفظ کردن، با هم متحد بـودن، پشت هم را داشتن ۲. متفرق نشدن

stick to something (با وجودِ مشکلات و موانع) کاری را ادامه دادن

stick up for از کسی حمایت کردن، از کسی دفاع کردن، طرفِ کسی را گرفتن

sticky /'stiki/ *adj* ۱. چسبناک، چسبنده ۲. چسب‌دار ۳. چسبی

stiff /stif/ *adj,adv* ۱. خشک، سفت، سخت ۲. دشوار ۳. رسمی

stiffen /'stifen/ *vt,vi* ۱. سخت کردن ◘ ۲. سفت شدن

stifle /'stâyfel/ *vt,vi* ۱. خفه کردن ◘ ۲. احساس خفگی کردن

still /stil/ *adv* ۱. هنوز ۲. با این همه، با وجود این ۳. بازهم

stillness /'stilnis/ *n* آرامش، سکون، سکوت

stimulate /'stimyuleyt/ *vt* ۱. تحریک کردن ۲. برانگیختن

sting /sting/ *n,vt,vi* ۱. نیش ۲. سوزش، درد ۳. جای نیش ۴. رنج ◘ ۵. نیش زدن ۶. به درد آوردن ۷. سوختن، درد کردن

stink /stink/ *vi,n* ۱. بوی تعفن دادن، بوی بد دادن ◙ ۲. بوی گند

stinking /'stinking/ *adj,adv* ۱. خیلی بد ۲. خیلی زیاد

stir /ster/ *vt,vi* ۱. تکان دادن، جنباندن، به حرکت درآوردن ۲. جنبیدن ۳. به‌هم زدن، مخلوط کردن

stirring /'stering/ *adj* پرشور

stitch /stich/ *n,vt,vi* ۱. بخیه، کوک ۲. [بافتنی] دانه ۳. پهلودرد ◙ ۴. بخیه زدن، کوک زدن ۵. دوختن ۶. بافتن

stock[1] /stâk/ *n* ۱. [کالا] موجودی ۲. ذخیره ۳. قرضه ۴. سهام

be in stock

(برای فروش) موجود بودن

be out of stock تمام کردن، فروش رفتن، نداشتن

stock[2] /stâk/ *vt* موجود نگه‌داشتن

stockings /'stâkingz/ *n* جوراب ساق‌بلند زنانه

stole /stol/ *p* گذشتهٔ فعل steal

stolen /'stolen/ *pp* اسم مفعول فعل steal

stomach /'stâmak/ *n* ۱. معده ۲. شکم ۳. اشتها ۴. میل، علاقه

stone /ston/ *n,adj* ۱. سنگ ۲. سنگ قیمتی، جواهر ۳. [میوه] هسته ۴. اِستُن (= واحد وزن در بریتانیا برابر با ۶ کیلو و ۳۵۶ گرم) ◙ ۵. سنگی

precious stone سنگ گرانبها

stony /'stoni/ *adj* ۱. سنگی، پر از سنگ ۲. سنگ‌فرش(شده)

stood /stud/ *p,pp* گذشته و اسم مفعول فعل stand

stool /stool/ *n* چهارپایه

stoop /stoop/ *vi,n* ۱. خم شدن، دولا شدن ◙ ۲. خمیدگی، خم، قوز

stop[1] /stâp/ *vt,vi* ۱. متوقف کردن ۲. نگه داشتن ۳. توقف کردن ۴. متوقف شدن ۵. مانع شدن ۶. مسدود کردن

stop somebody from doing something نگذاشتن که کسی کاری را انجام دهد، جلوی کسی را گرفتن

He stopped the child from playing near the river.

او نگذاشت که بچه کنار رودخانه بازی کند.

stop[2] /stâp/ *n* ۱. توقف، ایست ۲. وقفه، مکث ۳. ایستگاه ۴. [در پایانِ جمله] نقطه ۵. [موسیقی] پرده، کلید

put a stop to something

به کاری خاتمه دادن

stopper /'stâper/ *n* سربطری

stopwatch /'stâpwâch/ *n* زمان‌سنج. (ساعت) وقت‌نگهدار

store /stor/ *n,vt* ۱. ذخیره، اندوخته، موجودی ۲. [به صورت جمع] لوازم، تجهیزات ۳. مغازه، فروشگاه ◙ ۴. ذخیره کردن ۵. در انبار نگه‌داشتن

storey /'stori/ *n* [ساختمان] طبقه

stork / stork / *n* لک‌لک
storm / storm / *n* توفان
stormy / 'stormi / *adj* توفانی
story / 'stori / *n* ۱. داستان، قصه، حکایت ۲. افسانه ۳. طرح داستان
  story book کتاب قصه
stout / staot / *adj* ۱. محکم ۲. ضخیم، کلفت ۳. چاق، تنومند
stove / stov / *n* ۱. اجاق ۲. بخاری
stow / sto / *vt* ۱. بسته‌بندی کردن ۲. چیدن، جا دادن، گذاشتن
stow away / sto e'wey / *vt, vi* ۱. ذخیره کردن ۲. پنهان کردن ▣ ۳. قایم شدن، قاچاقی سوار شدن
stowaway / 'sto-ewey / *n* مسافر قاچاق
straight / streyt / *adj, adv* ۱. راست، مستقیم ۲. صاف ۳. مرتب، منظم ۴. درستکار، صادق ▣ ۵. مستقیماً
  put straight مرتب کردن، نظم و ترتیب دادن
  straight away همین حالا، همین الان، فوراً
  straight on مستقیم
straighten / 'streyten / *vt, vi* ۱. راست کردن ▣ ۲. راست شدن
straightforward / streyt'forword / *adj* روشن، ساده، قابل فهم
strain[1] / streyn / *n* ۱. کشیدگی ۲. فشار ۳. خستگی ۴. پیچ‌خوردگی
strain[2] / streyn / *vt, vi* ۱. محکم کشیدن ۲. فرسودن، از توان انداختن ۳. تقلا زدن، تلاش کردن
strainer / 'streyner / *n* صافی
strait / streyt / *n* ۱. تنگه ۲. [به صورت جمع] مخمصه، گرفتاری
strand / strand / *n* رشته، لا
strange / streynj / *adj* ۱. عجیب، شگفت، غیرعادی ۲. غریب، ناآشنا
strangely / 'streynjli / *adv* ۱. به‌طور عجیبی ۲. شگفت این که
stranger / 'streynjer / *n* غریبه
strangle / 'strangel / *vt* ۱. خفه کردن ۲. محدود کردن
strap / strap / *n, vt* ۱. بند، نوار، تسمه ▣ ۲. بستن، با بند بستن
strategy / 'stratiji / *n* ۱. استراتژی، راه‌بُرد ۲. رزم‌آرایی ۳. تدبیر ۴. نقشه
straw / stro / *n* ۱. کاه ۲. پَر کاه ۳. نی (نوشابه) ۴. مقدار ناچیز
  the last straw ضربهٔ آخر، ضربهٔ نهایی، تیر خلاص
strawberry / 'stroberi / *n* توت‌فرنگی
stray[1] / strey / *vi* ۱. آواره شدن، سرگردان شدن ۲. منحرف شدن
stray[2] / strey / *n, adj* ۱. سرگردان، آواره ۲. ولگرد ۳. اتفاقی
streak / striik / *n, vt, vi* ۱. خط، رگه ۲. برق، شعاع نور ۳. گرایش، خصلت ▣ ۴. رگه‌دار کردن ▣ ۵. تند رفتن

S

۲. اصابت کردن به ۳. کشف کـردن ۴. زنگ زدن ۵. اعتصاب کردن

It strikes me فکر می‌کنم، گمان می‌کنم، به نظرم

strike a match کبریت زدن، کبریت کشیدن، کبریت روشن کردن

strike[2] / strâyk / *n* اعتصاب

be on strike در حال اعتصاب بودن

go on strike اعتصاب کردن

striker / 'strâyker / *n*

۱. اعتصاب‌کننده ۲. [فوتبال] مهاجم

striking / 'strâyking / *adj*

چشمگیر، درخور توجه، جالب

string[1] / string / *n* ۱. نخ ۲. سیم، زه ۳. [به صورت جمع] سازهای زهی

string[2] / string / *vt* نخ کردن

stringy / 'stringi / *adj* ۱. نخی، نخ‌مانند ۲. نخ‌دار ۳. ریش‌ریش

strip[1] / strip / *vt, vi* ۱. کندن ▣ ۲. [لباس] درآوردن، لخت شدن

strip off لخت شدن

strip[2] / strip / *n* نوار، تکه

stripe / strâyp / *n* نوار، خط، راه

strive / strâyv / *vi* ۱. تلاش کردن ۲. جنگیدن، مبارزه کردن

striven / 'striven / *pp*

اسم مفعول فعل strive

strode / strod / *p, pp*

گذشته و اسم مفعول فعل stride

stroke[1] / strok / *vt, n* ۱. دست کشیدن، نوازش کردن ▣ ۲. نوازش

stream / striim / *n, vi* ۱. جویبار، نهر ۲. جریان ▣ ۳. جریان یافتن

streamer / 'striimer / *n* نوار

street / striit / *n* خیابان

strength / strength / *n* ۱. قوت، قدرت، نیرو ۲. زور، توان

stress / stres / *n, vt* ۱. فشار ۲. تکیه ۳. تأکید ▣ ۴. تأکید کردن

stretch[1] / strech / *vt, vi* ۱. کشیدن، کش دادن ۲. دراز کشیـدن ۳. دراز کردن ۴. تحریف کردن، پیچاندن ۵. کش آمدن ۶. ادامه داشتن

stretch out ۱. کشیدن ۲. [پا و دست] دراز کردن ۳. دراز کشیدن

stretch[2] / strech / *n, adj* ۱. کشش، کش ۲. قطعه، تکه ▣ ۳. کِشی

at a stretch بی‌وقفه، پشت سر هم

stretcher / 'strecher / *n* برانکار

strew / stroo / *vt* ریختن، پاشیدن

strewn / stroon / *pp*

اسم مفعول فعل strew

strict / strikt / *adj* ۱. سختگیر، جدی ۲. دقیق، روشن ۳. کامل

strictly / 'striktli / *adv* ۱. به‌طورِ جدی، اکیداً ۲. سختگیرانه ۳. دقیقاً

stridden / 'striden / *pp*

اسم مفعول فعل stride

stride / strâyd / *vi, n*

۱. شلنگ انداختن ۲. شلنگ برداشتن ▣ ۳. گام بلند

strike[1] / strâyk / *vt, vi* ۱. زدن

stroke[2] /strok/ *n* ۱. ضربه ۲. حرکت، عمل ۳. حرکت قلم ۴. ذره

stroll /strol/ *vi,n* ۱. سَلانه‌سلانه راه رفتن، قدم زدن ◻ ۲. راه رفتنِ سلانه‌سلانه

strong /strâng/ *adj* ۱. قوی، نیرومند ۲. محکم، سفت ۳. غلیظ

strongly /'strângli/ *adv* قویاً، جداً، کاملاً، به جرئت، به شدت

strove /strov/ *p* گذشتهٔ فعل strive

struck /strâk/ *p,pp* گذشته و اسم مفعول فعل strike

structure /'strâkcher/ *n* ۱. ساخت، ساختار ۲. سازه ۳. ساختمان، بنا

struggle /'strâgel/ *vi,n* ۱. تقلا کردن، تلاش کردن ۲. مبارزه کردن ◻ ۳. تلاش، تقلا، مبارزه

strung /strâng/ *p,pp* گذشته و اسم مفعول فعل string

stub /stâb/ *n,vt* ۱. کنده (درخت) ۲. [چک، رسید، بلیت، مداد، سیگار وغیره] ته ◻ ۳. [سیگار] خاموش کردن

stubborn /'stâbern/ *adj* ۱. یکدنده، خودرأی ۲. سرسخت

stuck /stâk/ *p,pp* گذشته و اسم مفعول فعل stick

stud /stâd/ *n* میخ تزیینی

student /'styoodent/ *n* ۱. محصل ۲. دانش‌آموز ۳. دانشجو ۴. محقق

studio /'styoodiyo/ *n* ۱. استودیو ۲. آتلیه، کارگاه هنری

studious /'styoodiyes/ *adj* ۱. اهلِ مطالعه، کتاب‌خوان ۲. سنجیده

study /'stâdi/ *n,vt,vi* ۱. مطالعه ۲. تحقیق، بررسی ۳. تمرین ◻ ۴. مطالعه کردن ۵. (درس) خواندن

stuff[1] /stâf/ *n* ۱. مادّه ۲. جنس، خمیره ۳. چیز ۴. آشغال

stuff[2] /stâf/ *vt* چپاندن، پر کردن

stuffy /'stâfi/ *adj* خفه، دم‌کرده

stumble /'stâmbel/ *vi,n* ۱. سکندری خوردن ◻ ۲. سکندری

stumble upon something به چیزی برخوردن، اتفاقی چیزی را یافتن

stump /stâmp/ *n,vi,vt* ۱. کنده (درخت) ۲. [سیگار، مداد و غیره] ته ◻ ۳. شق و رق راه رفتن ◻ ۴. گیج کردن

stun /stân/ *vt* ۱. [در اثر ضربه] بیهوش کردن ۲. مبهوت کردن، خیره کردن

stung /stâng/ *p,pp* گذشته و اسم مفعول فعل sting

stunk /stânk/ *p,pp* گذشته و اسم مفعول فعل stink

stunt /stânt/ *n,adj* ۱. نمایش، کار نمایشی ◻ ۲. نمایشی

stunt man /'stânt man/ *n* [سینما] بدل

S

substance /'sâbstans/ *n* ۱. مادّه، جسم ۲. جوهر، ذات ۳. اصل، کل

substitute /'sâbstityoot/ *n,vt* ۱. جانشین ◙ ۲. جانشین کردن

substitution /sâbsti'tyooshen/ *n* جانشینی، جانشین‌سازی

subtle /'sâtel/ *adj* ۱. ظریف ۲. زیرکانه ۳. باریک‌اندیش، نکته‌سنج، موشکاف

subtract /sâb'trakt/ *vt* کم کردن، تفریق کردن

subtraction /sâb'trakshen/ *n* تفریق، تفریق کردن

suburb /'sâberb/ *n* حومه

suburban /sâ'berben/ *adj* (واقع در) حومه، حومه‌ای

subway /'sâbwey/ *n* ۱. راهروِ زیرزمینی، زیرگذر عابر پیاده ۲. راه‌آهن زیرزمینی، مترو

succeed /sâk'siid/ *vi* موفق شدن، از عهده برآمدن، به نتیجه رسیدن

success /sâk'ses/ *n* موفقیت

successful /sâk'sesful/ *adj* ۱. موفق ۲. نتیجه‌بخش، مؤثر

successfully /sâk'sesfuli/ *adv* با موفقیت

succession /sâk'seshen/ *n* ۱. توالی ۲. ردیف، رشته

in succession پشت سرهم، به دنبال هم

successor /sâk'seser/ *n* جانشین

stupid /'styoopid/ *adj* ۱. منگ، گیج ۲. خنگ، خرفت، کودن ۳. احمق، بی‌شعور ۴. احمقانه

stupidity /styoo'piditi/ *n* ۱. گیجی ۲. خنگی، کودنی ۳. حماقت

sturdy /'sterdi/ *adj* ۱. خوش‌بنیه، زورمند، پرطاقت، قوی ۲. تنومند

stutter /'stâter/ *vi,n* ۱. لکنتِ زبان داشتن ◙ ۲. لکنت زبان

sty /stây/ *n* خوک‌دانی

style /stâyl/ *n,vt* ۱. سبک ۲. شیوهٔ نگارش ۳. شکل، طرح ۴. نوع، جور ◙ ۵. [مو] درست کردن

stylish /'stâylish/ *adj* شیک

subject /'sâbjikt/ *n* ۱. تبعه ۲. موضوع ۳. درس ۴. رشته (تحصیلی) ۵. [دستور زبان] فاعل، نهاد

submarine /'sâbmariin/ *n,adj* ۱. زیردریایی ◙ ۲. زیرآبی

submerge /sâb'merj/ *vt,vi* ۱. در آب یا مایع فروبردن، زیر آب کردن ۲. غوطه‌ور ساختن ۳. پوشاندن ◙ ۴. در آب فرورفتن

submit /sâb'mit/ *vi,vt* تن دردادن، تسلیم شدن، اطاعت کردن

subordinate /sâ'bordinit/ *adj* [دستور زبان] وابسته، پیرو

subscription /sâbs'kripshen/ *n* ۱. کمک مالی، اعانه ۲. حق اشتراک ۳. حق عضویت ۴. پذیره‌نویسی ۵. امضا

such / sâch / *adj,pron* ۱. چنین، این‌چنین ۲. این‌گونه ۳. آن قدر ۴. این
such a چنین، آن‌چنان، این‌قدر
Don't be in such a hurry!
این قدر عجله نکن.
such as مانندِ، از قبیلِ
suck / sâk / *vt,vi,n* ۱. مکیدن، مک زدن ۲. هورت کشیدن ◙ ۳. مک
suck in فرودادن، فروبردن، تو دادن
sudden / 'sâden / *adj* ناگهانی
all of a sudden ناگهان، یک‌دفعه
suddenly / 'sâdenli / *adv* ناگهان، یک‌دفعه
suffer / 'sâfer / *vi,vt* ۱. (درد) داشتن، مبتلا بودن ۲. لطمه دیدن ۳. کشیدن، رنج بردن از ۴. تحمل کردن
sufficient / sâ'fishent / *adj* کافی
suffix / 'sâfiks / *n*
[دستور زبان] پسوند
suffocate / 'sâfokeyt / *vt,vi*
۱. خفه کردن ◙ ۲. خفه شدن
suffocation / sâfo'keyshen / *n*
۱. خفگی، اختناق ۲. خفقان
sugar / 'shuger / *n* ۱. قند ۲. شکر
suggest / sâ'jest / *vt*
۱. پیشنهاد کردن ۲. نظر دادن، گفتن
suggestion / sâ'jeschen / *n*
۱. پیشنهاد ۲. عقیده، نظر، رأی ۳. اثر، رد، نشانه
suicide / 'suwisâyd / *n* خودکشی

commit suicide خودکشی کردن، دست به خودکشی زدن
suit[1] / soot / *n* ۱. دست لباس ۲. لباس ۳. درخواست، تقاضا
suit[2] / soot / *vi,vt* ۱. مناسب بودن ۲. [لباس و غیره] به کسی آمدن
suitable / 'sootebel / *adj* مناسب
suitcase / 'sootkeys / *n* چمدان
suite / swiit / *n* ۱. مبلمان، سرویس ۲. سوئیت، آپارتمان
sulk / sâlk / *vi* اخم کردن
sulky / 'sâlki / *adj* اخمو، عنق
sullen / 'sâlen / *adj* ۱. اخمو، عنق، عبوس، بداخم ۲. گرفته، غم‌انگیز
sum / sâm / *n,vt,vi* ۱. مبلغ ۲. حاصل جمع، سرجمع ۳. حساب ◙ ۴. جمع زدن ۵. خلاصه کردن
summarize / 'sâmerâyz / *vt*
خلاصه کردن
summary / 'sâmeri / *n,adj*
۱. خلاصه ◙ ۲. اختصاری ۳. مختصر
summer / 'sâmer / *n,adj*
۱. تابستان ۲. سال ◙ ۳. تابستانی
summit / 'sâmit / *n* ۱. قله ۲. اوج
summon / 'sâmen / *vt* ۱. احضار کردن، فراخواندن ۲. خواستن
sun[1] / sân / *n* ۱. خورشید ۲. آفتاب
Sun[2] / 'sândi / = Sunday
sunbathe / 'sânbeydh / *vi*
در آفتاب خوابیدن، آفتاب گرفتن

sunburn /'sânbern/ *n*
آفتاب‌سوختگی
sunburnt /'sânbernt/ *adj*
۱. آفتاب‌سوخته ۲. برنزه
Sunday /'sândi/ *n* یکشنبه
sung /sâng/ *pp*
اسم مفعول فعل sing
sunglasses /'sânglâsiz/ *n*
عینک آفتابی
sunk /sânk/ *p,pp*
گذشته و اسم مفعول فعل sink
sunlight /'sânlâyt/ *n* نور خورشید
sunny /'sâni/ *adj* ۱. آفتابی ۲. شاد
sunrise /'sânrâyz/ *n* طلوع آفتاب
sunset /'sânset/ *n* غروب آفتاب
sunshine /'sânshâyn/ *n* ۱. آفتاب
۲. شادی، نشاط، شور
sunstroke /'sânstrok/ *n*
آفتاب‌زدگی
suntan /'sântan/ *n* بُرنزگی
super /'sooper/ *adj* خوب، معرکه، محشر
superb /soo'perb/ *adj* عالی، درجه‌یک، تراز اوّل
superficial /sooper'fishâl/ *adj*
۱. سطحی ۲. کم‌مایه ۳. ظاهری
superior /soo'piyeriyer/ *adj,n*
۱. بالاتر، برتر ۲. عالی، ممتاز ۳. ارشد
superlative /soo'perletiv/ *adj,n*
۱. عالی ◻ ۲. [دستور زبان] صفت عالی

supermarket /'soopermârkit/ *n*
فروشگاه بزرگ، سوپرمارکت
supernatural /sooper'nachrâl/ *adj*
۱. فوق‌طبیعی ۲. خارق‌العاده
supersonic /sooper'sânik/ *adj*
فراصوتی
superstition /sooper'stishen/ *n*
۱. خرافه ۲. خرافه‌پرستی ۳. خرافات
superstitious /sooper'stishes/ *adj*
خرافی، خرافاتی
supervise /'soopervâyz/ *vt,vi*
نظارت کردن، سرپرستی کردن
supervision /sooper'vizhen/ *n*
نظارت، سرپرستی، اداره
supervisor /'soopervâyzer/ *n*
۱. سرپرست، مدیر ۲. ناظر
supper /'sâper/ *n* شام
supple /'sâpel/ *adj* ۱. نرم
۲. انعطاف‌پذیر ۳. پذیرا ۴. سربه‌راه
supplement /'sâpliment/ *n,vt*
۱. متمم ۲. ضمیمه ◻ ۳. تکمیل کردن
supply[1] /sâ'plây/ *vt* ۱. تأمین کردن، دادن ۲. [اقتصاد] عرضه کردن
supply[2] /sâ'plây/ *n* ۱. تدارک، تهیه ۲. ذخیره ۳. [اقتصاد] عرضه
a good supply of مقدار زیادی
support[1] /sâ'port/ *vt* ۱. نگه‌داشتن
۲. حمایت کردن ۳. کمک کردن ۴. [زندگی] تأمین کردن، نان دادن
support[2] /sâ'port/ *n* ۱. پشتیبانی
۲. پشتیبان ۳. نان‌آور ۴. تیر قائم

supporter /sâ'porter/ *n* حامی
suppose /sâ'poz/ *vt* ۱. فرض کردن ۲. حدس زدن، نیاز داشتن به
supposed /sâ'pozd/ *adj* ۱. فرضی، ظاهری ۲. خیالی، تصوری
be supposed to ۱. باید ۲. قرار بر این بودن که ۳. گفته می‌شود که، می‌گویند که
not be supposed to نباید
supposition /sâpo'zishen/ *n* ۱. فرض ۲. حدس، پیش‌بینی
suppress /sâ'pres/ *vt* ۱. سرکوب کردن، فرونشاندن، خاموش کردن ۲. جلوگیری کردن از، متوقف کردن
suppression /sâ'preshen/ *n* سرکوب، سرکوبی، فرونشانی، بازداری
supreme /soo'priim/ *adj* ۱. برتر ۲. بهترین، بیشترین ۳. عالی
sure /shor/ *adj,adv* ۱. مطمئن، خاطرجمع ۲. مسلّم، قطعی، یقین
be sure to ۱. مطمئن بودن که ۲. شکی نیست که
Be sure to فراموش نکن که، یادت باشد
Be sure to write and tell me what happens. فراموش نکن که نامه بنویسی و به من خبر بدهی که چه می‌شود.
for sure به‌طور یقین، حتمی، حتماً
sure enough همان‌طور که گفتم
surely /'shurli/ *adv* ۱. به‌طورِ قطع، قطعاً، یقیناً ۲. مطمئناً، مسلماً
surf /serf/ *n* موج ساحلی
surface /'serfis/ *n* ۱. سطح، رویه ۲. رو ۳. سطح آب، روی آب
surfboard /'serfbord/ *n* تختهٔ موج‌سواری
surgeon /'serjen/ *n* جرّاح
surgery /'serjeri/ *n* ۱. جرّاحی ۲. مطب
surgery hours [مطب پزشک] وقت پذیرایی
surname /'serneym/ *n* نام خانوادگی
surpass /ser'pâs/ *vt* جلو افتادن، پیشی گرفتن، سبقت گرفتن
surplus /'serplâs/ *n,adj* ۱. مازاد ۲. مانده ۳. اضافی
surprise /sâr'prâyz/ *n,adj,vt* ۱. شگفتی، تعجّب ۲. رویداد شگفت ▣ ۳. ناگهانی ▣ ۴. متعجب کردن
be surprised متعجب شدن، تعجب کردن
take somebody by surprise کسی را غافلگیر کردن، کسی را دچار تعجب کردن
to my surprise تعجب کردم از این که
I thought she would be angry but, to my surprise, she smiled. فکر کردم عصبانی می‌شود اما تعجب کردم از این که لبخند زد.

S

surprising / sâr'prâyzing / *adj*
تعجب‌آور، شگفت‌انگیز

surrender / sâ'render / *vt, vi, n*
۱. تسلیم کردن ۲. پذیرفتن ◙ ۳. تسلیم

surround / sâ'raond / *vt*
احاطه کردن، در میان گرفتن

surroundings / sâ'raondingz / *n*
۱. محیط ۲. دور و بَر، اطراف

survey / ser'vey / *vt, n* ۱. وارانداز کردن، از زیر نظر گذراندن ۲. سنجیدن، ارزیابی کردن ۳. مساحی کردن ◙ ۴. زمینه‌یابی ۵. دید، وارانداز

survival / ser'vâyvâl / *n* بقا

survive / ser'vâyv / *vt, vi*
جان سالم به در بردن، زنده ماندن

survivor / ser'vâyver / *n* بازمانده

suspect / sâs'pekt / *vt, n, adj*
۱. حدس زدن ۲. شک کردن به ۳. سوءِ ظن بردن، مشکوک شدن ◙ ۴. مظنون ◙ ۵. مشکوک

suspect somebody of something به کسی دربارهٔ چیزی بدگمان شدن یا سوءِ ظن بردن

suspend / sâs'pend / *vt*
۱. آویزان کردن ۲. معلق کردن

suspense / sâs'pens / *n*
۱. تعلیق ۲. بلاتکلیفی ۳. دلهره

keep somebody in suspense
کسی را در بلا تکلیفی نگه‌داشتن، بین زمین و آسمان نگه‌داشتن

suspicion / sâs'pishen / *n*
۱. گمان، حدس ۲. سوءِ ظن، شک، بدگمانی

suspicious / sâs'pishes / *adj*
۱. مشکوک ۲. ظنین، بدگمان

swallow[1] / 'swâlo / *n* پرستو

swallow[2] / 'swâlo / *vt, vi, n*
۱. قورت دادن، بلعیدن ◙ ۲. بلع

swam / swam / *p*
گذشتهٔ فعل swim

swamp / swâmp / *n* باتلاق

swampy / 'swâmpi / *adj* باتلاقی

swan / swân / *n* قو

swarm / sworm / *n, vi* ۱. گروه ۲. ازدحام، انبوه ◙ ۳. هجوم بردن

be swarming with پر بودن از، مملو بودن از

swarthy / 'swordhi / *adj*
[رنگ پوست] سبزه

sway / swey / *vi* نوسان کردن

swear / swer / *vt, vi* ۱. قسم خوردن، سوگند یاد کردن ۲. قسم دادن ۳. فحش دادن ۴. کفر گفتن

swear word / 'swer werd / *n*
۱. فحش، کلمات رکیک ۲. کفر

sweat / swet / *n, vi, vt* ۱. عرق ۲. عرق‌ریزان ۳. کار شاق ◙ ۴. عرق کردن ◙ ۵. عرق (کسی را) درآوردن

sweater / 'sweter / *n* پلیور

Swede / swiid / *n* سوئدی

Sweden / 'swiiden / *n* سوئد

Swedish /'swiidish/ *adj,n* ۱. سوئدی، [مربوط به] سوئد ◙ ۲. زبان سوئدی

sweep /swiip/ *vt,vi,n* ۱. جارو کردن ۲. تمیز کردن ۳. گردگیری کردن ۴. شستن و بردن ◙ ۵. نظافت

sweeper /'swiiper/ *n* ۱. نظافتچی، رفتگر ۲. جارو

sweet /swiit/ *adj,n* ۱. شیرین ۲. تر و تازه ۳. خوشایند ۴. جذاب، دوست‌داشتنی ◙ ۵. شیرینی ۶. دِسر

have a sweet tooth شیرینی دوست داشتن

sweetheart /'swiit-hârt/ *n* معشوق، معشوقه

sweeten /'swiiten/ *vt,vi* ۱. شیرین کردن ◙ ۲. شیرین شدن

swell[1] /swel/ *vi,vt* ۱. ورم کردن، باد کردن ۲. متورم ساختن ۳. بالا آمدن، طغیان کردن

swell[2] /swel/ *n,adj* ۱. تلاطم ◙ ۲. خوش‌لباس، شیک ۳. درجه‌یک

swelling /'sweling/ *n* ورم

swept /swept/ *p,pp* گذشته و اسم مفعول فعل sweep

swerve /swerv/ *vi,vt,n* ۱. منحرف شدن ◙ ۲. منحرف کردن ◙ ۳. انحراف

swift /swift/ *adj* ۱. تندرو، چابک، فرز ۲. زود، بی‌درنگ ۳. سریع

swiftly /swiftli/ *adv* به سرعت، با عجله

swim[1] /swim/ *vi,vt* ۱. شنا کردن ۲. با شنا گذشتن از ۳. از آب گذراندن

go swimming برای شنا رفتن

swim[2] /swim/ *n* شنا

swimmer /swimer/ *n* شناگر

swimming pool /'swiming pool/ *n* استخر (شنا)

swindle /'swindel/ *vt,n* ۱. گول زدن ◙ ۲. کلاه‌برداری، حقه‌بازی

swine /swâyn/ *n* ۱. خوک ۲. آدم منفور

swing /swing/ *vi,vt,n* ۱. تاب خوردن ۲. تاب دادن ۳. چرخیدن ◙ ۴. نوسان ۵. تاب(بازی)

in full swing در اوج، در اوج شکوفایی

switch[1] /swich/ *n* ۱. کلید برق، سویچ ۲. [راه‌آهن] سوزن دوراهی

switch[2] /swich/ *vt* سویچ زدن

switch off خاموش کردن

switch on روشن کردن

switchboard /'swichbord/ *n* صفحهٔ سویچ، صفحهٔ گزینه

swollen[1] /'swolen/ *adj* متورم

swollen[2] /'swolen/ *pp* اسم مفعول فعل swell

swoop /swoop/ *vi,vt,n* ۱. با شتاب فرود آمدن، (روی چیزی) شیرجه رفتن ◙ ۲. قاپیدن ◙ ۳. پرش

sympathize /'simpatâyz/ *vi*
همدردی کردن، دلسوزی کردن
sympathize with somebody
مشکل کسی را درک کردن، درد کسی را فهمیدن
sympathize with something
با چیزی موافق بودن
sympathy /'simpathi/ *n* ۱. (حس) همدردی، دلسوزی ۲. همدلی
symphony /'simfâni/ *n* سمفونی
symptom /'simptem/ *n* ۱. نشانه، علامت ۲. نشانهٔ بیماری
synagogue /'sinâgâg/ *n* کنیسه
synonym /'sinânim/ *n*
واژهٔ هم‌معنا، مترادف
synonymous /si'nânimes/ *adj*
هم‌معنا، مترادف
syntax /'sintaks/ *n* نحو
synthetic /sin'thetik/ *adj* ترکیبی، مصنوعی، ساخته
syringe /si'rinj/ *n* سُرنگ
syrup /'sirep/ *n* شربت
system /'sistem/ *n* ۱. نظام، دستگاه، سیستم ۲. منظومه ۳. بدن، تن ۴. نظم، سازمان ۵. روش، شیوه

swop /swâp/ *vt,vi,n*
۱. تاخت زدن، با هم عوض کردن ▣ ۲. معاوضه، تاخت
sword /sord/ *n* شمشیر
swore /swor/ *p*
گذشتهٔ فعل swear
sworn /sworn/ *pp*
اسم مفعول فعل swear
swum /swâm/ *pp*
اسم مفعول فعل swim
swung /swâng/ *p,pp*
گذشته و اسم مفعول فعل swing
syllable /'silabel/ *n* هجا
syllabus /'silabes/ *n* برنامهٔ درسی
symbol /'simbel/ *n* نماد، نشانه، علامت
symbolic /sim'bâlik/ *adj* نمادی
symmetric /si'metrik/ *adj*
۱. متقارن، قرینه‌ای ۲. قرینه
symmetrical /si'metrikal/
= symmetric
symmetry /'simitri/ *n* ۱. تقارن ۲. تناسب
sympathetic /simpa'thetik/ *adj*
۱. دلسوزانه ۲. همدل، موافق

T

T,t /tii/ *n* تی
(= بیستمین حرف الفبای انگلیسی)
table /ˈteybel/ *n* ۱. میز ۲. جدول، فهرست، برنامه ۳. فلات
set (*or* lay) the table میز را چیدن
tablecloth /ˈteybelklâth/ *n* رومیزی
tablespoon /ˈteybelspoon/ *n* قاشق غذاخوری
tablet /ˈtablit/ *n* ۱. لوح، تابلو ۲. قالب صابون ۳. قرص
table tennis /ˈteybel tenis/ *n* تنیس روی میز، پینگ‌پنگ
tackle /ˈtakel/ *n, vt, vi* ۱. [فوتبال، راگبی و غیره] تَکل ▣ ۲. گرفتن ۳. از پس (چیزی یا کسی) برآمدن، حل کردن ▣ ۴. تکل زدن
tact /takt/ *n* ۱. ظرافت ۲. کاردانی
tactful /ˈtaktful/ *adj* ۱. باظرافت ۲. معقول، بجا ۳. کاردان، باتدبیر
tag /tag/ *n* ۱. برچسب ۲. منگوله ۳. (بازی) گرگم به هوا
tail /teyl/ *n* ۱. دُم ۲. دنباله، عقب
tailor /ˈteyler/ *n* خیاط
tails /teylz/ *n* [سکه] خط
take /teyk/ *vt* ۱. گرفتن ۲. برداشتن ۳. به دست آوردن ۴. دزدیدن ۵. بردن ۶. رساندن ۷. خوردن ۸. پذیرفتن ۹. خواستن
it takes... طول می‌کشد
It takes three hours.
سه ساعت طول می‌کشد.
take a bath حمام رفتن
take after somebody به کسی رفتن، شبیه کسی بودن
take away بردن
take it that فکر کردن که، گمان کردن که، فرض کردن که
take off [هواپیما] بلند شدن
take somebody for somebody else کسی را به جای دیگری اشتباه گرفتن، کسی را با دیگری اشتباه گرفتن
take somebody in ۱. به کسی جا دادن ۲. کلاه سر کسی گذاشتن، کسی را گول زدن یا فریب دادن
I was completely taken in by her story. حرف‌های او کاملاً مرا فریب داد.
take somebody off ادای کسی را در آوردن
take something apart اوراق کردن، پیاده کردن، باز کردن

talent /'talent/ *n* استعداد

talented /'talentid/ *adj* بااستعداد

talk /tok/ *n, vi, vt* ۱. گفتگو، صحبت ◙ ۲. حرف زدن، صحبت کردن ۳. دربارهٔ (چیزی) بحث کردن

talk something over with somebody
دربارهٔ چیزی با کسی صحبت کردن

talkative /'toketiv/ *adj* پرحرف

tall /tol/ *adj* ۱. بلند ۲. دراز

tame /teym/ *adj, vt* ۱. رام، اهلی ۲. مطیع ◙ ۳. اهلی کردن، رام کردن

tan /tan/ *adj, vi* ۱. قهوه‌ای روشن ۲. برنزه ◙ ۳. سوختن، برنزه شدن

tangerine /tanje'riin/ *n*
۱. نارنگی ۲. (رنگ) نارنجی

tangible /'tanjibel/ *adj*
۱. ملموس، لمس‌شدنی ۲. مادی، عینی، واقعی ۳. بارز

tangle /'tangel/ *n, vt, vi* ۱. [نخ، مو و غیره] گوریدگی ۲. گره، گیر ◙ ۳. گره خوردن ۴. آشفته کردن

tank /tank/ *n* ۱. مخزن، منبع ۲. [اتومبیل] باک ۳. [نظامی] تانک

tankard /'tankerd/ *n*
۱. پارچ فلزی دردار ۲. آبجوخوری

tanker /'tanker/ *n* ۱. کشتی یا هواپیمای نفتکش ۲. تانکر

tap[1] /tap/ *n, vt* ۱. شیر ۲. توپی ۳. قلاویز ۴. اتصال ◙ ۵. [از راه اتصال تلفنی] استراق سمع کردن

take something away from somebody چیزی را از دسترس کسی دور نگه‌داشتن

take something down
یادداشت کردن، نوشتن

take something for granted
چیزی را بدیهی فرض کردن، مسلّم انگاشتن

take something for something else چیزی را با چیز دیگر اشتباه کردن، چیزی را اشتباهاً به جای چیز دیگری گرفتن

take something in
۱. [لباس] درز گرفتن ۲. درک کردن، متوجه شدن ۳. در برگرفتن

take something off
۱. [لباس] کندن ۲. مرخصی گرفتن

take something on
چیزی را به عهده گرفتن، قبول کردن

take something over ۱. کنترلِ چیزی را به دست گرفتن ۲. چیزی یا کاری را به عهده گرفتن ۳. تحویل گرفتن

take to somebody
از کسی خوش آمدن

take to something ۱. به کاری یا چیزی عادت کردن ۲. راه جایی را در پیش گرفتن

take up [وقت یا جا] گرفتن

taken /'teyken/ *pp*
اسم مفعول فعل take

tale /teyl/ *n* قصه، داستان

tap[2] /tap/ *n,vt,vi* ۱. ضربه (ملایم) ▣ ۲. (آهسته) زدن، تق‌تق زدن به

tape /teyp/ *n,vt* ۱. نوار، بند ۲. نوارِ خطِ پایانِ مسابقه ۳. نوارِ ضبط صوت ▣ ۴. با نوار به‌هم بستن ۵. [صدا] ضبط کردن

tape measure /'teyp mezher/ *n* متر (= وسیلهٔ اندازه‌گیری)

tape recorder /'teyp rikorder/ *n* (دستگاه) ضبط صوت

tapestry /'tapistri/ *n* فرشینه

tar /târ/ *n,vt* ۱. قطران، قیر ۲. جرم (توتون) ▣ ۳. قیراندود کردن

target /'târgit/ *n* هدف، آماج

tart /târt/ *adj* ۱. ترش ۲. زننده

tartan /'târten/ *n* تارتان (= پارچهٔ پیچازی اسکاتلندی)

task /tâsk/ *n,vt* ۱. تکلیف، وظیفه، کار ▣ ۲. (از کسی) کار کشیدن

taste /teyst/ *n,vi,vt* ۱. (حس) چشایی ۲. مزه، طعم ۳. کمی ▣ ۴. چشیدن، مزه کردن ۵. مزه دادن ۶. مزهٔ (چیزی را) تشخیص دادن

tasteless /'teystlis/ *adj* ۱. بی‌مزه، بدطعم ۲. بی‌ذوق، بی‌سلیقه

tasty /'teysti/ *adj* خوشمزه

tattoo /ta'too/ *vt,n* ۱. خال‌کوبی کردن ▣ ۲. خال‌کوبی

taught /tot/ *p,pp* گذشته و اسم مفعول فعل teach

tax /taks/ *n,vt* ۱. مالیات ۲. بار، زحمت ▣ ۳. مالیات بستن به

taxi /'taksi/ *n* تاکسی

take a taxi تاکسی گرفتن

tea /tii/ *n* ۱. بوتهٔ چای ۲. چای ۳. جوشانده ۴. عصرانه

teatime وقت چای عصرانه

tea bag /'tii bag/ *n* چای کیسه‌ای

teach /tiich/ *vt,vi* ۱. یاد دادن، آموختن ۲. تدریس کردن ۳. درسِ (چیزی را) دادن

teacher /'tiicher/ *n* معلم (= آموزگار، دبیر، استاد)

team /tiim/ *n,vi* ۱. [ورزش] تیم ۲. گروه ▣ ۳. همکاری کردن

teapot /'tiipât/ *n* قوری

tear[1] /'tiyer/ *n* اشک

be in tears گریه کردن، به گریه افتادن

tear[2] /ter/ *vt,vi,n* ۱. پاره کردن، جر دادن ۲. کندن ۳. پاره شدن، جر خوردن ۴. هجوم آوردن ▣ ۵. پارگی

tear something up ۱. پاره کردن، پاره‌پاره کردن ۲. کندن ۳. زیر پا گذاشتن

tearful /'tiyerful/ *adj* ۱. گریان، اشک‌آلود، پراشک ۲. غمگین

tease /tiiz/ *vt,n* ۱. شوخی کردن با ۲. سر به سر (کسی) گذاشتن ▣ ۳. شوخی ۴. (آدم) مردم‌آزار

teaspoon /'tiispoon/ *n* قاشق چای‌خوری

technical /'teknikâl/ *adj* فنی
technician /tek'nishen/ *n*
۱. کاردان فنی، تکنیسین ۲. متخصص
technique /tek'niik/ *n* ۱. فن، شیوه، روش، تکنیک ۲. مهارت
technology /tek'nâlâji/ *n*
۱. تکنولوژی ۲. فن‌آوری
tedious /'tiidiyes/ *adj* ملال‌آور، خسته کننده، کسل‌کننده
teenage /'tiineyj/ *adj* نوجوانی، [مربوط به] نوجوانان
teenager /'tiineyjer/ *n* نوجوان
teens /tiinz/ *n* دورهٔ نوجوانی
teeth /tiith/ *n* tooth صورت جمع
grit one's teeth
خود را از تک و تا نینداختن
telecommunications /telikâ-myooni'keyshenz/ *n* ارتباطِ دوربرد، ارتباط از راه دور
telegram /'teligram/ *n* تلگرام، پیام تلگرافی
telegraph /'teligrâf/ *n, vi, vt*
۱. (دستگاه) تلگراف ◙ ۲. تلگراف کردن، تلگراف زدن
telepathic /teli'pathik/ *adj*
دارای نیروی دورآگاهی
telepathy /ti'lepathi/ *n*
دورآگاهی، ارتباط ذهنی، تله‌پاتی
telephone /'telifon/ *n, vt, vi*
۱. تلفن ۲. دستگاه تلفن ◙ ۳. تلفن کردن

answer the telephone (*or* **phone**) به تلفن جواب دادن، گوشی را برداشتن
be on the telephone
۱. پای تلفن بودن ۲. تلفن داشتن
telescope /'teliskop/ *n* تلسکوپ، دوربین نجومی
televise /'telivâyz/ *vt*
از تلویزیون پخش کردن
television /'telivizhen/ *n*
(دستگاه) تلویزیون
tell /tel/ *vt, vi* ۱. گفتن
۲. (از هم) تشخیص دادن، تمیز دادن
۳. فهمیدن، دانستن ۴. تأثیر گذاشتن
can tell دانستن، گمان کردن، می‌توان گفت
I can tell that she s unhappy because she s been crying.
می‌توانم بگویم که خوشحال نیست چون گریه کرده است.
tell somebody off
با کسی دعوا کردن، کسی را مؤاخذه کردن، از کسی بازخواست کردن
tell the difference between
از هم تشخیص دادن، فرق گذاشتن بینِ
There's no telling
هیچ کس نمی‌داند
you never can tell
هیچ وقت نمی‌توانی مطمئن باشی
You're telling me!
نه، تو به من میگی!

temporary /'tempreri/ *adj* موقت، موقتی

tempt /tempt/ *vt* ۱. اغوا کردن ۲. وسوسه کردن

temptation /temp'teyshen/ *n* ۱. اغواگری ۲. اغوا، وسوسه

tempting /'tempting/ *adj* ۱. وسوسه‌انگیز، جذاب ۲. گمراه کننده

ten /ten/ *adj,n* ۱. ده (تا) ▣ ۲. عدد ده (۱۰) ۳. شمارهٔ ده

tenant /'tenent/ *n* ۱. مستأجر، اجاره‌نشین ۲. اجاره‌دار

tend[1] /tend/ *vt* مراقبت کردن

tend[2] /tend/ *vi* ۱. متمایل بودن، گرایش داشتن ۲. آمادگی داشتن

tendency /'tendensi/ *n* گرایش، تمایل، میل، رغبت

tender[1] /'tender/ *adj* ۱. نرم، ترد ۲. ظریف ۳. مهربان، رئوف، پرمهر

tender[2] /'tender/ *n* مراقب

tennis /'tenis/ *n* تنیس

tense[1] /tens/ *n* [دستور زبان] زمان

tense[2] /tens/ *adj* ۱. عصبی، ناراحت ۲. معذب ۳. [عضله و غیره] کشیده

tension /'tenshen/ *n* ۱. تنش ۲. کشمکش ۳. کشیدگی ۴. ولتاژ

tent /tent/ *n* چادر، خیمه

tenth /tenth/ *n,adj* ۱. یک‌دهم ۲. دهمی، شمارهٔ ده ▣ ۳. دهمین، دهم

teller /'teler/ *n* ۱. راوی، داستان‌سرا ۲. تحویلدار، صندوقدار

telly /'teli/ *n* [عامیانه] تلویزیون

temper /'temper/ *n* ۱. خُلق، اخلاق، حالت روحی ۲. بدخلقی

be in a bad temper عصبانی بودن، خشمگین بودن

be in a good temper شاد و شنگول بودن، سرحال بودن

be in a temper عصبانی بودن، خلق کسی بجا نبودن

fly into a temper از کوره دررفتن، کفری شدن، آن روی کسی بالا آمدن

have a temper بدخلق بودن، بداخلاق بودن

keep one's temper جلوی عصبانیت خود را گرفتن

lose one's temper از کوره دررفتن، کفری شدن، عصبانی شدن

temperament /'temprement/ *n* طبع، خلق و خو، مزاج

temperamental /tempre'mentâl/ *adj* ۱. ذاتی ۲. تندخو، آتشی‌مزاج

temperature /'temprecher/ *n* ۱. درجهٔ حرارت، دما ۲. تب

have a temperature تب داشتن

take somebody's temperature درجه گذاشتن، تب کسی را اندازه گرفتن

temple[1] /'tempel/ *n* معبد

temple[2] /'tempel/ *n* شقیقه

tepid /ˈtepid/ *adj* وِلرم

term /term/ *n,vt* ۱. دوره ۲. [مدرسه و دانشگاه] ثلث، نیمسال، ترم ۳. اصطلاح ◙ ۴. نامیدن

be on bad terms with somebody با کسی میانهٔ خوبی نداشتن

be on good terms with somebody با کسی روابط دوستانه داشتن

terminal /ˈterminâl/ *adj,n* ۱. پایانی، نهایی ۲. ته، انتها ۳. دوره‌ای ۴. پایانه، ترمینال

termination /termiˈneyshen/ *n* ۱. پایان، انتها، خاتمه ۲. انقضا

terminus /ˈtermines/ *n* [اتوبوس یا قطار] ترمینال

terms /termz/ *n* شرایط

terrace /ˈteris/ *n,vt* ۱. مهتابی، بهارخواب ۲. پله ◙ ۳. پلکانی کردن

terrible /ˈteribel/ *adj* ۱. مخوف، وحشتناک ۲. طاقت‌فرسا، شدید

terribly /ˈteribli/ *adv* ۱. خیلی، خیلی‌خیلی ۲. بدجوری

terrific /teˈrifik/ *adj* ۱. هولناک ۲. فوق‌العاده ۳. عالی، محشر

terrify /ˈterifây/ *vt* ترساندن

territory /ˈteritori/ *n* قلمرو

terror /ˈterer/ *n* وحشت

terrorism /ˈtererizem/ *n* تروریسم

terrorist /ˈtererist/ *n,adj* ۱. تروریست ◙ ۲. تروریستی

terrorize /ˈtererâyz/ *vt* ۱. به وحشت انداختن ۲. مرعوب کردن

test /test/ *n,vt* ۱. آزمون ۲. آزمایش، امتحان ◙ ۳. آزمودن، آزمایش کردن، امتحان کردن

test tube /ˈtest tyoob/ *n* لولهٔ آزمایش

text /tekst/ *n* ۱. متن ۲. نسخه ۳. کتاب درسی، درس‌نامه

textbook /ˈtekstbuk/ *n* کتاب درسی، درس‌نامه

textile /ˈtekstâyl/ *adj,n* ۱. نساجی ۲. بافتنی ◙ ۳. پارچه ۴. الیاف بافتنی ۵. (صنعت) نساجی

texture /ˈtekscher/ *n* ۱. بافت ۲. ترکیب ۳. ساخت ۴. شالوده، اساس

than /dhan/ *conj,prep* از

thank /thank/ *vt* تشکر کردن از

No, thank you! *or* **No, thanks!** نه، متشکرم!

Thank God! خدا را شکر!

thanks ۱. متشکرم ۲. تشکر، سپاس

Please give my thanks to your sister.

لطفاً از طرف من از خواهرتان تشکر کنید.

thanks for متشکرم برای، ممنونم از

thank somebody for something از کسی برای چیزی تشکر کردن

thanks to به خاطرِ، از برکت وجودِ، به لطفِ، در نتیجهٔ

thankful /'thankful/ *adj*
۱. سپاس‌گزار، متشکر ۲. خوشحال

that[1] /dhat/ *adj,adv* ۱. آن
۲. آن‌قدر، تا آن حد، به آن...

that[2] /dhat/ *conj* ۱. که ۲. تا،
تا این‌که، برای این‌که

that[3] /dhat/ *pron* ۱. که
۲. که او را، که آن را

thatch /thach/ *n,vt* ۱. بام نی‌پوش
۲. [پوشش بام] نی، بوریا، گالی ▣ ۲. گالی‌پوش کردن

thaw /tho/ *vi,vt* ۱. [برف و یخ] آب شدن ۲. یخ (چیزی) باز شدن ▣ ۳. آب کردن ۴. یخ (چیزی را) باز کردن

the /dhe, dhi/ *definite article*
واژهٔ the در فارسی ترجمه نمی‌شود. مثلاً The book is here ترجمه می‌شود «کتاب این جا است». ولی گاهی برای تأکید می‌توان the را به «آن» ترجمه کرد. جملهٔ بالا را می‌توان چنین نیز ترجمه کرد: «آن کتاب این جا است».

theatre /'thiyater/ *n* ۱. تئاتر، تماشاخانه ۲. هنر تئاتر ۳. تالار

theft /theft/ *n* دزدی، سرقت

their /dher/ *adj* [صفت ملکی، سوم شخص جمع] ـِ شان، ـِ آنها

theirs /dherz/ *pron* [ضمیر ملکی، سوم شخص جمع] مال آنها، ـِ آنها، ـِ شان

them /dhem/ *pron* [ضمیر مفعولی، سوم شخص جمع] آنها را، به آنها

theme /thiim/ *n* موضوع

themselves /dhem'selvz/ *pron*
۱. [ضمیر انعکاسی، سوم شخص جمع] خودشان را، به خودشان، از خودشان، خودشان ۲. [ضمیر تأکیدی] خودشان

by themselves تنها، به تنهایی

then /dhen/ *adv,adj*
۱. در آن وقت، از آن وقت، آن وقت
۲. بعد، سپس، پس از آن ۳. پس، بنابراین، از این قرار ۴. نیز، هم، هم‌چنین ۵. وقت

theory /'thiyori/ *n* نظریه

therapy /'therapi/ *n* ۱. درمان
۲. [در ترکیب] ـ‌درمانی ۳. روان‌درمانی

there /dher/ *adv* ۱. آن‌جا
۲. این‌جا

there you are
[هنگام تعارف کردن چیزی] بفرمایید

therefore /'dherfor/ *adv*
بنابراین، از این رو

thermometer /ther'mâmiter/ *n*
دماسنج، حرارت‌سنج

thermos /'thermâs/ *n* فلاسک

these /dhiiz/ *adj,pron*
صورت جمع this

they /dhey/ *pron* [ضمیر فاعلی، سوم شخص جمع] آنها، آنان

thick /thik/ *adj* ۱. کلفت، ضخیم
۲. درشت ۳. انبوه ۴. غلیظ ۵. شلوغ

thicken /'thiken/ *vt,vi* ۱. ضخیم‌تر کردن ▣ ۲. ضخیم‌تر شدن
thickness /'thiknis/ *n* ۱. کلفتی، ضخامت ۲. غلظت ۳. لایه
thief /thiif/ *n* دزد
thigh /thây/ *n* ران
thimble /'thimbel/ *n* انگشتانه
thin /thin/ *adj* ۱. نازک ۲. لاغر ۳. کم‌پشت ۴. رقیق، آبکی ۵. بی‌مغز
thing /thing/ *n* ۱. چیز، شیء ۲. کار ۳. مسئله، موضوع ۴. نوع
things /thingz/ *n* ۱. وسایل، لوازم ۲. وضع، اوضاع
think /think/ *vi,vt* ۱. فکر کردن ۲. گمان کردن، خیال کردن ۳. دانستن
think about somebody به فکر کسی بودن
think about something ۱. دربارهٔ چیزی فکر کردن ۲. در فکر چیزی یا کاری بودن
think badly of نظر خوشی نداشتن دربارهٔ
think better of منصرف شدن
think highly (*or* well) of نظر خوب یا مساعدی داشتن دربارهٔ
think of ۱. دربارهٔ (چیزی) فکر کردن ۲. به فکر (کسی یا چیزی) بودن ۳. تصور کردن ۴. به یاد آوردن
third /therd/ *n,adj* ۱. یک‌سوم ۲. سومی، شمارهٔ سه ▣ ۳. سومین، سوم

third party [بیمه] شخص ثالث
thirst /therst/ *n* تشنگی
thirsty /'thersti/ *adj* ۱. تشنه ۲. خشک، بی‌آب ۳. تشنگی‌آور
thirteen /ther'tiin/ *adj,n* ۱. سیزده (تا) ▣ ۲. عدد سیزده (۱۳) ۳. شمارهٔ سیزده
thirteenth /ther'tiinth/ *n,adj* ۱. یک‌سیزدهم ۲. سیزدهمی، شمارهٔ سیزده ▣ ۳. سیزدهمین، سیزدهم
thirtieth /'thertiyeth/ *n,adj* ۱. یک‌سی‌ام ۲. سی‌اُمی، شمارهٔ سی ۳. سی‌اُمین، سی‌ام
thirty /'therti/ *adj,n* ۱. سی (تا) ▣ ۲. عدد سی (۳۰) ۳. شمارهٔ سی
be in one's thirties بالای سی سال داشتن
in the thirties در دههٔ ۳۰
this /dhis/ *adj,pron,adv* ۱. این ۲. این‌قدر، تا این اندازه، به این...
thorn /thorn/ *n* خار، تیغ
thorny /'thorni/ *adj* خاردار
thorough /'thâro/ *adj* ۱. کامل ۲. دقیق
thoroughfare /'thârofer/ *n* خیابان، راه اصلی
those /dhoz/ *adj,pron* صورت جمع that
though /dho/ *conj* گرچه، اگرچه، هرچند، با این‌که، با وجود این‌که

as though تو گویی، انگار، پنداری، مثل این‌که

thought[1] /thot/ *n* ۱. فکر ۲. ملاحظه، توجه ۳. نیّت، قصد

have second thoughts دودل شدن، به شک افتادن، تردید پیدا کردن

on second thoughts نه، ولش کن

thought[2] /thot/ *p,pp* گذشته و اسم مفعول فعل think

thoughtful /'thotful/ *adj* ۱. متفکر ۲. باملاحظه، بافکر، دقیق

thoughtfully /'thotfuli/ *adv* ۱. متفکرانه ۲. از روی ملاحظه

thoughtless /'thotlis/ *adj* ۱. بی‌فکر، بی‌ملاحظه ۲. خودخواه

thousand /'thaozend/ *adj,n* ۱. هزار (تا) ◙ ۲. عدد هزار (۱۰۰۰) ۳. شمارهٔ هزار

thousandth /'thaozenth/ *n,adj* ۱. یک‌هزارم ۲. هزارمی، شمارهٔ هزار ◙ ۳. هزارمین، هزارم

thrash /thrash/ *vt* ۱. زدن، کتک زدن ۲. شکست دادن

thread /thred/ *n,vt* ۱. نخ ۲. رشته ۳. (دنده‌های) پیچ، مارپیچ ◙ ۴. [سوزن] نخ کردن ۵. به نخ کشیدن

threadbare /'thredber/ *adj* ۱. کهنه، نخ‌نخ، نخ‌نما ۲. ژنده‌پوش

threat /thret/ *n* ۱. تهدید ۲. خطر

be under threat of something به چیزی تهدید شدن

carry out a threat تهدید خود را عملی کردن

under threat of با تهدید به

Under threat of death they made him sign the papers. با تهدید به مرگ او را به امضای اوراق وادار کردند.

threaten /'threten/ *vt,vi* ۱. تهدید کردن ۲. هشدار دادن، از وقوع (چیزی) خبر دادن ◙ ۳. احتمال داشتن، احتمال رفتن

threatening /'thretening/ *adj* ۱. تهدیدآمیز ۲. تهاجمی ۳. پرخطر

three /thrii/ *adj,n* ۱. سه (تا) ◙ ۲. عدد سه (۳) ۳. شمارهٔ سه

threw /throo/ *p* گذشتهٔ فعل throw

thrift /thrift/ *n* صرفه‌جویی

thrifty /'thrifti/ *adj* صرفه‌جو

thrill /thril/ *vt,n* ۱. هیجان‌زده کردن، ذوق‌زده کردن، لرزاندن ◙ ۲. هیجان، شور، لذت ۳. لرزش

thriller /'thriler/ *n* ۱. داستان (یا فیلم) پرهیجان ۲. داستان (یا فیلم) پلیسی

thrive /thrâyv/ *vi* ۱. رشد کردن، نمو کردن ۲. موفق بودن، موفق شدن

thriven /'thriven/ *pp* اسم مفعول فعل thrive

throat /throt/ *n* ۱. گلو ۲. گلوگاه، حلق

thrust[1] /thrâst/ *vt,n* ۱. فروکردن ۲. چپاندن ◙ ۳. حمله، ضربت

thrust[2] /thrâst/ *p,pp* گذشته و اسم مفعول فعل thrust

thug /thâg/ *n* آدم شر، جانی

thumb /thâm/ *n,vt,vi* ۱. (انگشت) شَست ◙ ۲. ورق زدن

be under someone's thumb زیر نفوذ کسی بودن، در چنگ کسی بودن

thump /thâmp/ *vt,vi,n* ۱. زدن، کوبیدن ۲. تپیدن ◙ ۳. ضربه، مشت

thunder /'thânder/ *n,vi,vt* ۱. تندر، رعد ◙ ۲. غریدن ۳. کوبیدن

Thur /'therzdi/ = Thursday

Thurs /'therzdi/ = Thursday

Thursday /'therzdi/ *n* پنجشنبه

thus /dhâs/ *adv* ۱. بدین ترتیب، بنابراین ۲. این‌طور، این‌جور ۳. تا...

tick /tik/ *n,vi,vt* ۱. تیک‌تیک ۲. تیک (= نام علامت ✓) ◙ ۳. تیک‌ـ تیک کردن ۴. با علامت✓ مشخص کردن، تیک زدن

tick somebody off ۱. با کسی دعوا کردن، از کسی بازخواست کردن ۲. کسی را عصبانی کردن، کفرِ کسی را درآوردن

ticket /'tikit/ *n,vt* ۱. بلیت ۲. برچسب ۳. برگ جریمه (رانندگی) ◙ ۴. برچسب زدن

ticket office دفتر فروش بلیت

throb /thrâb/ *vi,n* ۱. تپیدن ◙ ۲. تپش، لرزش، ارتعاش

throne /thron/ *n* ۱. تخت (پادشاهی) ۲. پادشاهی، سلطنت

throttle /'thrâtel/ *vt,n* ۱. خفه کردن ۲. سرکوب کردن ۳. کنترل کردن ◙ ۴. سوپاپ، ساسات

through[1] /throo/ *adv,adj* ۱. تو، داخل ۲. سرتاسر، سراسر ۳. در تمام مدت ۴. یک‌سره ۵. مستقیم (تا) ۶. [تلفن] وصل ۷. سرتاسری

put through [تلفن] وصل کردن

through[2] /throo/ *prep* ۱. از میانِ، از وسطِ ۲. تویِ ۳. از ۴. سرتاسر، همه ۵. به‌خاطرِ ۶. تا

throughout /throo'aot/ *adv,prep* ۱. سرتاسر، سراسر ۲. از اول تا آخر ۳. در تمام مدتِ، در

throve /throv/ *p* گذشتهٔ فعل thrive

throw /thro/ *vt,vi* ۱. انداختن، پرت کردن ۲. تکان دادن، حرکت دادن

throw oneself into something همّ‌وغم خود را صرف کاری کردن، خود را غرق کاری کردن، خود را وقف چیزی کردن

throw something away ۱. دور انداختن ۲. ضایع کردن، تلف کردن

thrown /thron/ *pp* اسم مفعول فعل throw

tickle /'tikel/ *vt,vi* ۱. غلغلک دادن ۲. خوشنود کردن ◘ ۳. خاریدن
tide /tâyd/ *n* ۱. جزر و مد، کِشند ۲. موج، گرایش
tidy /'tâydi/ *adj,vt,vi* ۱. مرتب، منظم، بانظم ◘ ۲. مرتب کردن
tie[1] /tây/ *n* ۱. بند ۲. پیوند، رابطه ۳. [مسابقه] نتیجهٔ مساوی ۴. کراوات
tie[2] /tây/ *vt,vi* ۱. بستن، به هم بستن ۲. گره فوکلی زدن ۳. مقید کردن ۴. [مسابقه] مساوی کردن
tie somebody up کسی را با طناب بستن
tie something up دور چیزی نخ یا طناب پیچیدن، چیزی را با نخ یا طناب بستن
tiger /'tâyger/ *n* ببر
tight /tâyt/ *adj* ۱. محکم، سفت ۲. تنگ ۳. کم‌حجم، فشرده
tighten /'tâyten/ *vt,vi* ۱. محکم(تر) کردن، سفت(تر) کردن ◘ ۲. محکم(تر) شدن
tights /tâyts/ *n* جوراب‌شلواری
tile /tâyl/ *n* ۱. کاشی ۲. سفال
till[1] /til/ *conj,prep* تا، تا این‌که
till[2] /til/ *n* ۱. صندوق ۲. دخل
till[3] /til/ *vt* (بر روی زمینی) زراعت کردن
tilt /tilt/ *vt,vi,n* ۱. کج کردن ◘ ۲. کج شدن ◘ ۳. کجی، انحنا

timber /'timber/ *n* الوار
time /tâym/ *n,vt* ۱. زمان ۲. وقت ۳. مدت ۴. ساعت، وقت ۵. دفعه، بار ◘ ۶. تنظیم (وقت) کردن، زمان (چیزی را) تنظیم کردن
a long time ago مدت‌ها پیش، خیلی وقت پیش
at a time هر بار، یک دفعه، باهم
at one time یک موقعی، یک وقت
at the time آن وقت، آن موقع
at times گاهی، بعضی اوقات
buy time وقت‌گذرانی کردن، وقت‌کشی کردن، وقت تلف کردن
by the time وقتی که، هنگامی که
for the time being فعلاً
from time to time گاهی، گاه‌گاهی، بعضی اوقات
have no time for soemebody *or* **something** حوصلهٔ کسی یا چیزی را نداشتن
in a few day's time در ظرف چند روز، به‌زودی
in good time پیش از وقت، زودتر
in no time به‌سرعت، مثل برق
in spare time در اوقات فراغت، در اوقات بیکاری
in time ۱. به موقع ۲. با گذشت زمان، به تدریج
it's about time, it's high time دیگر وقت آن رسیده است که
just in time درست قبل از این‌که

kill time خود را مشغول کردن، وقت را یک جوری گذراندن
nine times out of ten تقریباً همیشه
on time سر وقت، به موقع
run out of time وقت (کسی) نزدیک به اتمام بودن، دیر شدن
somebody's time be up وقت کسی تمام شدن
spend time وقت صرف کردن
take one's time عجله نکردن، سرفرصت (کاری را) انجام دادن
tell the time ساعت را خواندن، وقت را از روی ساعت گفتن
time and time again مکرر، بارها و بارها

timely /'tâymli/ *adj* به موقع

times /tâymz/ *n* ۱. دوره، روزگار ۲. [حساب] ضربدر ۳. برابرِ

timetable /'tâymteybel/ *n* ۱. جدول زمانی ۲. برنامه

timid /'timid/ *adj* ۱. ترسو، بزدل ۲. کمرو، خجالتی

tin /tin/ *n,vt* ۱. [فلز] قلع ۲. قوطی کنسرو ▣ ۳. کنسرو کردن

tinkle /'tinkel/ *vi,n* ۱. جیرینگ‌جیرینگ کردن ▣ ۲. (صدای) جیرینگ‌جیرینگ

tin-opener /'tin opener/ *n* دربازکن، قوطی‌بازکن

tiny /'tâyni/ *adj* ریز، خرد، کوچولو

tip[1] /tip/ *n* ۱. نوک، سر ۲. ته
have on the tip of one's tongue (مطلبی) نوک زبان کسی بودن

tip[2] /tip/ *vt,vi* ۱. کج کردن، یک‌وری کردن ۲. کج شدن ۳. ریختن
tip out کج کردن و بیرون ریختن یا انداختن
tip over ۱. برگشتن، پشت‌ورو شدن، وارونه شدن ۲. برگرداندن، پشت‌ورو کردن
tip up کج شدن، یک‌وری شدن

tip[3] /tip/ *n,vt* ۱. انعام ۲. راهنمایی، پند ۳. اشاره ▣ ۴. انعام دادن

tiptoe /'tipto/ *n,vi* ۱. پنجهٔ پا ▣ ۲. پاورچین‌پاورچین راه رفتن

tire[1] /'tâyer/ *n,vt* ۱. تایر، (حلقهٔ) لاستیک ▣ ۲. تایر انداختن

tire[2] /'tâyer/ *vt,vi* ۱. خسته کردن ▣ ۲. خسته شدن
tire of something از چیزی خسته شدن

tired /'tâyerd/ *adj* ۱. خسته ۲. قدیمی، کهنه، تکراری، همیشگی
be tired of something از چیزی خسته شدن، حوصله (کسی) از چیزی سررفتن

tiresome /'tâyersâm/ *adj* ۱. کسل‌کننده ۲. مزاحم، مایهٔ دردسر

tissue /'tishoo/ *n* ۱. بافت ۲. پارچه ۳. دستمال کاغذی

title /'tâytel/ *n,vt* ۱. عنوان، اسم ۲. لقب، سِمت ۳. حق مالکیت ▣ ۴. [کتاب، فیلم و غیره] عنوان گذاشتن روی

to /too, tu/ *prep* ۱. تا، تا این که ۲. به ۳. به طرفِ ۴. با ۵. در ۶. وَ ۷. معادل کسرهٔ اضافه (ـِ) ۸. برایِ ۹. نزدِ، پیشِ ۱۰. نسبت به

toad /tod/ *n* وزغ

toadstool /'todstool/ *n* قارچ چتری سمّی

toast[1] /tost/ *n,vt* ۱. (نان) تُست ▣ ۲. برشته کردن، تست کردن ۳. گرم کردن

toast[2] /tost/ *vt* به افتخار (کسی) نوشیدن، به سلامتی (کسی) نوشیدن

tobacco /to'bako/ *n* توتون

tobacconist /to'bakonist/ *n* ۱. (مغازهٔ) سیگارفروشی ۲. سیگار ـ فروش

today /tu'dey/ *n,adv* ۱. امروز ۲. این روزها، امروزه، فعلاً ۳. دوره ۴. از امروز

toe /to/ *n* ۱. انگشت پا ۲. [کفش و جوراب] پنجه

toffee /'tâfi/ *n* تافی (= نوعی شکلات)

together /tu'gedher/ *adv* ۱. با هم ۲. به هم ۳. درهم ۴. دور هم

toil /toyl/ *n* کار شاق، زحمت

toilet /'toylit/ *n* ۱. توالت، مستراح ۲. آرایش

token /'token/ *n,adj* ۱. نشان، نشانه، علامت ۲. ژتون، پَته ▣ ۳. جزئی

told /told/ *p,pp* گذشته و اسم مفعول فعل tell

I told you so ! به‌ات گفتم که!

tolerance /'tâlerens/ *n* ۱. تحمل، طاقت ۲. بردباری، شکیبایی

tolerant /'tâlerent/ *adj* ۱. باتحمل، شکیبا، صبور ۲. روادار ۳. مقاوم

tolerate /'tâlereyt/ *vt* ۱. تحمل کردن ۲. رواداری نشان دادن، اجازه دادن

toll /tol/ *n* ۱. تلفات ۲. [راه، پل و غیره] عوارض

tomato /to'mâto/ *n* ۱. گوجه‌فرنگی ۲. بوتهٔ گوجه‌فرنگی

tomb /toom/ *n* آرامگاه، مقبره

tombstone /'toomston/ *n* سنگ قبر

tomcat /'tâmkat/ *n* گربهٔ نر

tomorrow /tu'mâro/ *n,adv* ۱. فردا ۲. آینده

ton /tân/ *n* تُن (= واحد وزن، در بریتانیا برابر با ۱۰۱۶ کیلوگرم و در امریکا برابر با ۹۰۷ کیلوگرم)

tons of یک عالمه، یک خروار

tone /ton/ *n* ۱. آهنگ ۲. نت، پرده، مایه ۳. صوت ۴. طنین

tongs /tângz/ *n* انبر، انبرک

tongue /tâng/ *n* ۱. زبان ۲. زبانه

topple /ˈtâpel/ *vi,vt*
۱. واژگون شدن ◙ ۲. واژگون کردن
torch /torch/ *n* چراغ قوه
tore /tor/ *p* گذشتهٔ فعل tear
torment /ˈtorment/ *vt* ۱. عذاب دادن، زجر دادن ۲. آزار دادن
torn /torn/ *pp*
اسم مفعول فعل tear
tornado /torˈneydo/ *n*
توفان پیچنده
torpedo /torˈpiido/ *n,vt* ۱. اژدر ◙ ۲. اژدر انداختن به، با اژدر زدن
torrent /ˈtârent/ *n* ۱. سیلاب ۲. رگبار
torrential /toˈrenshâl/ *adj*
سیلابی، سیل‌آسا
tortoise /ˈtortes/ *n* لاک‌پشت
torture /ˈtorcher/ *n,vt* ۱. شکنجه ۲. عذاب، زجر ◙ ۳. شکنجه کردن
torturer /ˈtorcherer/ *n* شکنجه‌گر
toss /tâs/ *vt,vi* ۱. انداختن ۲. به این سو و آن سو انداختن، غلتاندن ۳. شیر یا خط کردن
toss up, toss for it
شیر یا خط کردن
total /ˈtotâl/ *adj,n,vt* ۱. کامل ۲. کلّ ◙ ۳. جمع، حاصل‌جمع ◙ ۴. جمع زدن ۵. بالغ شدن به
totally /ˈtotâli/ *adv* کاملاً، به‌کلی
touch[1] /tâch/ *vt,vi* ۱. لمس کردن ۲. دست زدن، زدن ۳. تماس داشتن

hold one's tongue حرف نزدن، ساکت بودن
Hold your tongue!
جلوی زبانت را بگیر!
tonight /tuˈnâyt/ *n,adv* امشب
tonsilitis /tânsiˈlâytis/ *n*
التهاب لوزه
too /too/ *adv* ۱. نیز، هم، همچنین ۲. بیش از حد ۳. زیاد، فراوان، خیلی
took /tuk/ *p* گذشتهٔ فعل take
tool /tool/ *n* ابزار، لوازم، وسیله
tooth /tooth/ *n* ۱. دندان ۲. دندانه
have a tooth out
دندان (خود را) کشیدن
toothache /ˈtootheyk/ *n*
دندان‌درد
toothbrush /ˈtoothbrâsh/ *n*
مسواک
toothpaste /ˈtoothpeyst/ *n*
خمیردندان
top[1] /tâp/ *n,adj* ۱. نوک، قله ۲. دَر، سر ۳. بلوز (زنانه) ◙ ۴. بالاترین
at the top of one's voice
با صدای بلند، با فریاد
on top رویَش، روی آن
on top of ۱. روی ۲. علاوه بر
top[2] /tâp/ *n* فرفره
topic /ˈtâpik/ *n* موضوع
topical /ˈtâpikâl/ *adj* ۱. موضوعی ۲. محلی ۳. موضعی ۴. [موضوع] روز

touch[2] / tâch / *n* ۱. لامسه ۲. لمس ۳. تماس ۴. اشاره ۵. ارتباط

be (*or* keep) in touch with somebody با کسی در تماس بودن، تماس داشتن

get in touch with somebody با کسی تماس گرفتن

touchy / 'tâchi / *adj* ۱. نازک‌نارنجی، زودرنج ۲. حساس ۳. ظریف

tough / tâf / *adj* ۱. سفت، سخت ۲. چغر ۳. قوی ۴. جدی، سخت

tour / tur / *n, vt* ۱. تور، گردش ۲. بازدید ▣ ۳. دیدن کردن از

tourism / 'turizem / *n* جهانگردی

tourist / 'turist / *n* جهانگرد

tourist office دفتر جهانگردی

tournament / 'turnement / *n* یک دوره مسابقه، تورنمنت

tow / to / *vt* بکسل کردن

towards / tu'wordz / *prep* ۱. به طرفِ، به سویِ، به ۲. در جهتِ ۳. نسبت به ۴. برایِ، به‌خاطرِ

towel / 'tao-el / *n* حوله

tower / 'tao-er / *n, vi* ۱. برج ▣ ۲. قد کشیدن، سر به فلک کشیدن

town / taon / *n* شهرستان، شهر

toy / toy / *n, vi* ۱. اسباب‌بازی ▣ ۲. بازی کردن، وررفتن

trace / treys / *vt, n* ۱. رسم کردن، کشیدن ۲. کپی کردن ۳. دنبال کردن، پیدا کردن ۴. ردیابی کردن ▣ ۵. رد، اثر، نشان، ردّ پا

track / trak / *n, vt* ۱. رد، اثر، ردّ پا ۲. کوره‌راه ۳. مسیر، خط سیر، جهت ۴. [راه‌آهن] خط ▣ ۵. دنبال کردن، رد (چیزی را) گرفتن

be on the track of somebody در تعقیبِ کسی بودن، به دنبال کسی بودن

tractor / 'trakter / *n* تراکتور

trade[1] / treyd / *n* ۱. خرید و فروش، معامله، داد و ستد ۲. بازرگانی، تجارت ۳. کار، کاسبی، شغل ۴. حرفه، صنعت ۵. اهل فن، صنف

trade[2] / treyd / *vi, vt* ۱. خرید و فروش کردن، تجارت کردن ۲. کاسبی کردن ۳. عوض کردن ۴. رد و بدل کردن

trademark / 'treydmârk / *n* ۱. علامت تجارتی ۲. ویژگی، مشخصه

trader / 'treyder / *n* بازرگان، تاجر

tradesman / 'treydzman / *n* مغازه‌دار، دکان‌دار

trade union / treyd 'yooniyen / *n* اتحادیهٔ کارگری

tradition / tra'dishen / *n* ۱. سنّت ۲. رسم ۳. عرف

traditional / tra'dishenâl / *adj* ۱. سنتی ۲. مرسوم ۳. قدیمی، کهن

traditionally / traˈdishenâli / *adv*
بنا بر سنت، به طور مرسوم

traffic / ˈtrafik / *n* ۱. آمد و شد، عبور و مرور، ترافیک ۲. عبور

traffic light / ˈtrafik lâyt / *n*
چراغ راهنمایی

tragedy / ˈtrajidi / *n* ۱. تراژدی ۲. فاجعه، مصیبت

tragic / ˈtrajik / *adj*
۱. [مربوط به] تراژدی ۲. مصیبت‌بار

trail / treyl / *n,vt* ۱. رد، اثر، ردّ پا ۲. کوره‌راه ◙ ۳. به دنبال خود کشیدن

trailer / ˈtreyler / *n* ۱. تریلر ۲. کاراوان ۳. پیش‌پرده، برنامهٔ آینده

train[1] / treyn / *n* ۱. قطار ۲. ردیف

catch a train سوار قطار شدن

change trains
[در ادامهٔ مسافرت] قطار عوض کردن، از یک قطار سوار قطار دیگر شدن

train[2] / treyn / *vt, vi* ۱. تربیت کردن، آموزش دادن ۲. تمرین کردن

trainer / ˈtreyner / *n* مربی

traitor / ˈtreyter / *n* خائن

tram / tram / *n* تراموا

tramp / tramp / *vi, vt,n*
۱. (با قدم‌های سنگین) راه رفتن ۲. پیاده رفتن ◙ ۳. صدای پا ۴. پیاده‌روی طولانی ۵. (آدم) خانه‌به‌دوش

trample / ˈtrampel / *vt, vi*
۱. لگد کردن ۲. جریحه‌دار کردن

trampoline / ˈtrampeliin / *n*
[ژیمناستیک] ترامپولین

tranquillity / tranˈkwiliti / *n*
۱. آرامش ۲. راحتی خیال ۳. سکون

tranquillizer / ˈtrankwilâyzer / *n*
(داروی) آرام‌بخش

transatlantic / tranzatˈlantik / *adj*
۱. بین اروپا و امریکا ۲. [در بریتانیا] امریکایی

transfer[1] / transˈfer / *vt, vi*
۱. انتقال دادن، منتقل کردن ۲. منتقل شدن ۳. واگذار کردن ۴. [اتوبوس و قطار] عوض کردن

transfer[2] / ˈtransfer / *n* انتقال

transform / transˈform / *vt*
دگرگون کردن، به‌کلی تغییر دادن

transformation / transforˈmeyshen / *n* ۱. دگرگونی، تغییر، تغییر شکل ۲. تبدیل

transformer / transˈformer / *n*
ترانسفورماتور

transistor / tranˈzister / *n*
۱. ترانزیستور ۲. رادیوی ترانزیستوری

transitive / ˈtranzitiv / *adj*
[دستور زبان] متعدی

translate / transˈleyt / *vt, vi*
۱. ترجمه کردن، برگرداندن به ۲. ترجمه شدن

translation / transˈleyshen / *n*
۱. ترجمه ۲. انتقال، تبدیل

translator / transˈleyter / *n* مترجم

transmission / tranz'mishen / *n*
۱. پخش ۲. [اتومبیل] جعبه‌دنده ۳. دنده
transmitter / tranz'miter / *n*
۱. فرستنده ۲. ناقِل
transparency / trans'parensi / *n*
۱. شفافیت ۲. وضوح ۳. اسلاید
transparent / trans'parent / *adj*
۱. شفاف ۲. روشن، واضح ۳. فاحش
transplant / trans'plânt / *vt*
۱. نشا کردن ۲. [پزشکی] پیوند زدن
transport[2] / trans'port / *vt*
حمل کردن، بردن
trap / trap / *n, vt* ۱. دام، تله
۲. حقه، کلک ▣ ۳. به دام انداختن
trapper / 'traper / *n* صیاد، دام‌گذار
travel / 'travel / *vi, vt, n* ۱. سفر
کردن، مسافرت کردن ۲. گذشتن،
عبور کردن، رفتن ▣ ۳. مسافرت،
سفر
traveller / 'travler / *n* ۱. مسافر
۲. فروشندهٔ دوره‌گرد
tray / trey / *n* سینی
treacherous / 'trecheres / *adj*
۱. خائن، ریاکار ۲. خطرناک
treacle / 'triikel / *n* ملاس
tread / tred / *vi, vt, n* ۱. رفتن،
قدم‌زنان رفتن ▣ ۲. پا گذاشتن روی،
راه رفتن روی ۳. گام برداشتن ▣ ۴.
صدای پا، قدم، گام
treason / 'triizen / *n*
خیانت (به کشور)

treasure / 'trezher / *n* ۱. گنج،
گنجینه، خزانه ۲. موهبت، نعمت
treat / triit / *vt, n* ۱. رفتار کردن با
۲. معالجه کردن ▣ ۳. کِیف، لذت
treat something as something
چیزی را به عنوان چیزی تلقی کردن
He treated my plan as a joke.
او طرح من را شوخی تلقی کرد.
treatment / 'triitment / *n* ۱. رفتار،
نحوهٔ برخورد ۲. معالجه، درمان
treaty / 'triiti / *n* ۱. معاهده،
عهدنامه، پیمان ۲. مذاکره، توافق
tree / trii / *n* ۱. درخت ۲. چوب
tremble / 'trembel / *vi, n*
۱. لرزیدن، به خود لرزیدن ▣ ۲.
لرز، لرزش
tremendous / tri'mendes / *adj*
۱. عظیم، فوق‌العاده، زیاد ۲. مهیب
trench / trench / *n, vt* ۱. مجرا،
چال ۲. جوی، نهر ۳. خندق ▣ ۴.
خندق حفر کردن، جوی کندن
trend / trend / *n* گرایش، روند
trendy / 'trendi / *adj* مد روز
trespass / 'trespas / *vt, n*
۱. [بدون مجوز] وارد ملک غیر شدن
۲. تجاوز کردن از ▣ ۳. تجاوز،
تخلف ۴. ورود غیرمجاز به ملک
غیر
trespasser / 'trespaser / *n*
۱. متجاوز، متخلف ۲. حریم‌شکن
trestle / 'tresel / *n* پایه، خرک

trial /'trâyâl/ *n,adj* ۱. محاکمه ۲. آزمایش، امتحان ◘ ۳. آزمایشی

triangle /'trâyangel/ *n* مثلث

triangular /trây'angyuler/ *adj* ۱. مثلثی، مثلث‌شکل ۲. سه‌نفری

tribal /'trâybâl/ *adj* قبیله‌ای

tribe /trâyb/ *n* قبیله، طایفه، ایل

tributary /'tribyuteri/ *adj,n* ۱. خراج‌گزار ◘ ۲. [جغرافیا] ریزآبه

tribute /'tribyoot/ *n* ستایش

trick /trik/ *n,vt* ۱. حقّه، کلک ۲. حیله، ترفند ۳. شوخی ۴. تردستی ۵. [بازی ورق] دست، دور ◘ ۶. گول زدن، فریب دادن

trickery /'trikeri/ *n* حقه‌بازی

trickle /'trikel/ *vt,vi,n* ۱. چکاندن ◘ ۲. (قطره‌قطره) جاری شدن، چکیدن ۳. تک‌تک آمدن ◘ ۴. جریان باریک ۵. نم‌نم، چک‌چک

tricky /'triki/ *adj* ۱. فریب‌کار، حقه‌باز ۲. مشکل، دشوار، بغرنج

tricycle /'trâysikel/ *n* سه‌چرخه

tried /trâyd/ *p,pp* گذشته و اسم مفعول فعل try

trifle /'trâyfel/ *n* امر جزئی، مسئلهٔ کم‌اهمیت، چیز بی‌ارزش

trifling /'trâyfling/ *adj* بی‌اهمیت، جزئی، پیش پا افتاده

trigger /'triger/ *n* ماشه، چکاننده

trim[1] /trim/ *adj,n* ۱. آراسته، مرتب ◘ ۲. آمادگی، آراستگی، نظم

trim[2] /trim/ *vt* ۱. آراستن، مرتب کردن ۲. اصلاح کردن، زدن ۳. تزیین کردن

trip[1] /trip/ *vi,vt* ۱. پای (کسی) گیر کردن و افتادن ۲. (کسی را) به زمین انداختن ۳. لغزیدن

trip somebody up کسی را انداختن

trip[2] /trip/ *n* ۱. مسافرت ۲. گردش

go on a trip ۱. به مسافرت رفتن ۲. برای بازدید یا گردش رفتن

make a trip, take a trip رفتن

triple /'tripel/ *adj* ۱. سه‌جانبه، سه‌طرفه ۲. سه‌باره، سه‌دفعه

tripod /'trâypâd/ *n* سه‌پایه

triumph /'trâyâmf/ *n,vi* ۱. پیروزی ۲. موفقیت ◘ ۳. پیروز شدن (بر)

triumphal /trây'âmfâl/ *adj* ۱. به نشانِ پیروزی ۲. پیروزمندانه

triumphantly /trây'âmfentli/ *adv* ۱. پیروزمندانه ۲. موفقیت‌آمیز

trivial /'triviyâl/ *adj* ۱. جزئی، ناچیز، خرد ۲. پیش پا افتاده، معمولی

trod /trâd/ *p,pp* گذشته و اسم مفعول فعل tread

trodden /'trâden/ *pp* اسم مفعول فعل tread

trolley /'trâli/ *n* چرخ دستی

trolley bus /'trâli bâs/ *n* اتوبوس برقی

troop /troop/ *n,vi* ۱. گروه، دسته ۲. گله ۳. [به صورت جمع] سرباز، سربازان ◙ ۴. گروهی رفتن یا آمدن

trophy /'trofi/ *n* جایزه

tropical /'trâpikâl/ *adj* ۱. استوایی ۲. حاره‌ای ۳. گرمسیری

tropics /'trâpiks/ *n* منطقهٔ استوایی، مدارگان

trot /trât/ *vi,vt,n* ۱. یورتمه رفتن ۲. بدو بدو کردن، به سرعت راه رفتن ۳. رفتن ◙ ۴. یورتمه بردن ◙ ۵. یورتمه ۶. راه رفتن تند

trouble[1] /'trâbel/ *vt* ۱. ناراحت کردن ۲. زحمت دادن به

trouble[2] /'trâbel/ *n* ۱. زحمت، مزاحمت ۲. گرفتاری، مشکل ۳. ناراحتی، نگرانی ۴. ناآرامی، اغتشاش ۵. بیماری، ناخوشی

ask for trouble (برای خود) دردسر ایجاد کردن

be in trouble دچار دردسر شدن

get into trouble دچار دردسر شدن

get somebody into trouble کسی را دچار دردسر کردن

go to a lot of trouble زحمت زیادی کشیدن، زحمت زیادی به خود دادن

look for trouble دنبال دردسر گشتن، پی شر گشتن

save (the) trouble of something زحمت چیزی را از (دوش کسی) برداشتن

take the trouble به خود زحمت دادن، خود را به زحمت انداختن

trough /trâf/ *n* ۱. آخور ۲. آب‌رو

trousers /'traozerz/ *n* شلوار

trout /traot/ *n* (ماهی) قزل‌آلا

truant /'troo-ent/ *n* ۱. کودکِ مدرسه‌گریز ۲. آدم از زیر کار دررو

play truant از مدرسه فرار کردن

truce /troos/ *n* آتش‌بس موقت

truck /trâk/ *n,vt* ۱. [در بریتانیا] واگن باری ۲. [در امریکا] کامیون ۳. ماشین باری ◙ ۴. با کامیون حمل کردن

true /troo/ *adj,adv* ۱. راست، درست ۲. صادق ۳. وفادار ۴. حقیقی

come true ۱. به حقیقت پیوستن، تحقق یافتن ۲. [خواب] تعبیر شدن

truly /'trooli/ *adv* ۱. راست، حقیقت ۲. واقعاً ۳. صادقانه

trumpet /'trâmpit/ *n,vi,vt* ۱. ترومپت ◙ ۲. در بوق و کرنا کردن

truncheon /'trânchen/ *n* باتوم

trunk /trânk/ *n* ۱. [درخت] تنه ۲. بالاتنه، تنه ۳. بدنه ۴. خرطوم ۵. چمدان ۶. [اتومبیل] صندوق عقب

trunks /trânks/ *n* مایو مردانه

trust[1] /trâst/ *n* اعتماد، اطمینان

put one's trust in اعتماد کردن به

trust[2] /trâst/ *vt* ۱. اعتماد کردن به ۲. مطمئن بودن ۳. متکی بودن به

trustworthy /'trâstwerdhi / *adj* قابل اعتماد، وفادار، مطمئن

truth /trooth / *n* ۱. حقیقت ۲. صداقت ۳. [به صورت جمع] حقایق

tell the truth راست گفتن، حقیقت را گفتن

truthful /'troothful / *adj* ۱. راستگو ۲. راست، درست، واقعی

try /trây / *vt,vi,n* ۱. سعی کردن ۲. امتحان کردن ◙ ۳. سعی ۴. امتحان

try and do something سعی کردن که

I ll try and come early. سعی می‌کنم که زود بیایم.

try something on [لباس] امتحان کردن

try something out چیزی را امتحان کردن

T-shirt /'tii shert / *n* تی‌شرت

tub /tâb / *n* ۱. لگن ۲. وان (حمام)

tube /tyoob / *n* ۱. لوله ۲. [تایر] تویی ۳. [در لندن] مترو

tuck /tâk / *vt* جادادن، چپاندن

tuck somebody into (*or* up) in bed (پتو، لحاف و غیره) روی کسی کشیدن یا انداختن

Tue /'tyoozdi / = Tuesday

Tues /'tyoozdi / = Tuesday

Tuesday /'tyoozdi / سه‌شنبه

tuft /tâft / *n* [مو، پر یا گیاه] دسته

tug /tâg / *vt,vi* (به زور) کشیدن

tuition /tyoo'ishen / *n* ۱. شهریه ۲. آموزش، تعلیم

tulip /'tyoolip / *n* (گل) لاله

tumble /'tâmbel / *vi* (پایین) افتادن، لغزیدن، سقوط کردن

tumble down ۱. افتادن ۲. خراب شدن، فروریختن

tumultuous /tyoo'mâlchuwes / *adj* جنجالی، پرهیاهو

tune /tyoon / *n,vt* ۱. آهنگ، نوا ◙ ۲. [ساز] کوک کردن ۳. تنظیم کردن

tune in to something [رادیو و تلویزیون] جایی را گرفتن

tunnel /'tânel / *n* ۱. تونل ۲. نقب

turban /'terbân / *n* عمّامه، دستار

Turk /terk / *n* اهل ترکیه، ترک

turkey[1] /'terki / *n* بوقلمون

Turkey[2] /'terki / *n* ترکیه

Turkish /'terkish / *adj,n* ۱. ترکی، ترکیه‌ای ◙ ۲. زبان ترکی، ترکی

turn[1] /tern / *n* ۱. پیچ ۲. چرخش، گردش ۳. تغییر ۴. نوبت ۵. خدمت

do somebody a good turn کار خوبی برای کسی انجام دادن

in turn به نوبت، یکی پس از دیگری

take turns at, take it in turns to به نوبت کاری را انجام دادن

turn[2] /tern / *vi,vt* ۱. گشتن، چرخیدن ۲. برگشتن ۳. شدن ۴. برگرداندن

twelve / twelv / *adj,n*
۱. دوازده(تا) ▣ ۲. عدد دوازده (۱۲) ۳. شمارهٔ دوازده

twentieth / 'twentiyeth / *adj,n*
۱. بیستمین، بیستم ▣ ۲. بیستمی، شمارهٔ بیست ۳. یک‌بیستم

twenty / 'twenti / *adj,n*
۱. بیست(تا) ▣ ۲. عدد بیست (۲۰) ۳. شمارهٔ بیست ۴. [به‌صورت جمع] دههٔ بیست

twice / twâys / *adv* ۱. دوبار ۲. دوبرابر

twig[1] / twig / *n* شاخهٔ کوچک

twig[2] / twig / *vt* فهمیدن

twilight / 'twâylâyt / *n*
۱. (هوای) تاریک و روشن ۲. بامداد، (هوای) گرگ و میش، فلق ۳. شفق

twin / twin / *n,adj* ۱. دوقلو ۲. شبیه، قرینه

twine / twâyn / *n* نخ چندلا

twinkle / 'twinkel / *vi*
۱. سوسو زدن ۲. [چشم] برق زدن

twist[1] / twist / *vt,vi* ۱. تابیدن ۲. بافتن ۳. پیچیدن ۴. پیچ خوردن

twist[2] / twist / *n* ۱. پیچ، تاب ۲. پیچه ۳. پیچ و خم ۴. تحریف

twitch / twich / *vi,vt* ۱. کشیده شدن، تکان خوردن، منقبض شدن ▣ ۲. کشیدن، تکان دادن

two / too / *adj,n* ۱. دو(تا) ▣ ۲. عدد دو (۲) ۳. شمارهٔ دو

turn against somebody
با کسی چپ افتادن، با کسی بد شدن

turn down ۱. رد کردن، نپذیرفتن ۲. کم کردن

turn into تبدیل شدن به

turn off ۱. خاموش کردن ۲. بستن

turn on روشن کردن

turn out ۱. بیرون آمدن ۲. شدن ۳. خاموش کردن

turn out a place
همه چیز را از جایی بیرون ریختن

turn over ۱. ورق زدن ۲. برگشتن، گشتن ۳. [ماشین] روشن کردن

turn somebody out
کسی را (از جایی) بیرون کردن

turn to somebody
به کسی روی آوردن، پیش کسی رفتن

turn up ۱. آمدن ۲. زیاد کردن

turquoise / 'terkwoyz / *n,adj*
۱. فیروزه ۲. آبی فیروزه‌ای ▣ ۳. فیروزه‌ای

turtle / 'tertel / *n* لاک‌پشت

tusk / tâsk / *n* (دندان) عاج

tutor / 'tyooter / *n*
۱. معلم خصوصی ۲. معلم سرخانه

TV / tii 'vii / = television

twang / twang / *vi* ۱. تودماغی حرف زدن ۲. صدای درینگ کردن

tweezers / 'twiizerz / *n* موچین

twelfth / twelfth / *adj,n* ۱. دوازدهم ▣ ۲. دوازدهمی ۳. یک‌دوازدهم

typical /'tipikâl/ *adj* نمونه

typing /'tâyping/ *n* ماشین‌نویسی

typist /'tâypist/ *n* ماشین‌نویس

tyrannical /ti'ranikâl/ *adj*
۱. مستبد ۲. ظالم، ستمگر ۳. بی‌رحمانه

tyre /'tâyer/ *n* تایر، (حلقهٔ) لاستیک

type[1] /tâyp/ *n* ۱. نوع، سنخ
۲. نمونه ۳. حرف یا حروف چاپ

type[2] /tâyp/ *vt, vi* ماشین کردن

typewriter /'tâyprâyter/ *n*
ماشین تحریر

typhoon /tây'foon/ *n*
توفان شدید، توفند

U

U,u /yoo/ *n* یو (= بیست و یکمین حرف الفبای انگلیسی)

UFO /yoo ef 'o ; 'yoofo/ *n* شیءِ پرندهٔ ناشناخته، بشقاب‌پرنده

ugliness /'âglinis/ *n* زشتی

ugly /'âgli/ *adj* ۱. زشت، کریه، بدقیافه ۲. ناخوشایند، قبیح

ultimately /'âltimitli/ *adv* ۱. نهایتاً، دست آخر ۲. سرانجام

umbrella /âm'brelâ/ *n* چتر

umpire /'âmpâyer/ *n* [مسابقه] داور

unable /ân'eybel/ *adj*

be unable نتوانستن، قادر نبودن

unaccustomed /âna'kâstemd/ *adj* ۱. خونگرفته ۲. غیرعادی

be unaccustomed to عادت نداشتن به

unanimous /yoo'nanimes/ *adj* ۱. هم‌رأی، هم‌عقیده ۲. متفق

unarmed /ân'ârmd/ *adj* بی‌سلاح، بدون اسلحه، غیرمسلح

unavoidable /âna'voydebel/ *adj* اجتناب‌ناپذیر، چاره‌ناپذیر

unaware /âne'wer/ *adj* بی‌اطلاع

unaware that غافل از این که، بی‌خبر از این که

unawares /âne'werz/ *adv* ۱. سرزده ۲. بدون توجه، بی‌خبر

unbearable /ân'berebel/ *adj* ۱. غیرقابل تحمل ۲. طاقت‌فرسا

uncertain /ân'serten/ *adj* ۱. ناپایدار، بی‌ثبات، متغیر ۲. نامعلوم ۳. نامطمئن ۴. مردّد

uncertainty /ân'sertenti/ *n* ۱. بلاتکلیفی ۲. شک، تردید، دودلی

unchanged /ân'cheynjd/ *adj* بی‌تغییر، تغییرنکرده، ثابت، پایدار

uncle /'ânkel/ *n* ۱. دایی ۲. عمو ۳. شوهر خاله ۴. شوهر عمه

uncomfortable /ân'kâmftebel/ *adj* ۱. ناراحت ۲. معذّب ۳. آزارنده

uncommon /ân'kâmân/ *adj* نامتعارف، استثنایی

unconscious[1] /ân'kânshes/ *adj* ۱. بیهوش ۲. بی‌خبر، ناآگاه ۳. ناآگاهانه، ناخودآگاه، غیرعمدی

unconscious[2]**, the** /ân'kânshes/ *n* ناهشیاری، ضمیر ناخودآگاه

unconsciousness /ân'kânshesnis/ *n* بیهوشی

uncouth /ân'kooth/ *adj* ۱. بی‌نزاکت، خشن ۲. بی‌فرهنگ

uncover / ân'kâver / *vt*
۱. باز کردن، از پوشش درآوردن ۲. کشف کردن

undeniable / ândi'nâyebel / *adj*
غیر قابل انکار، انکارنشدنی

under / 'ânder / *adv,prep* ۱. زیرِ
۲. تحتِ، لوایِ ۳. طبقِ، در ۴. با ۵. پایین، پایین‌تر از ۶. کمتر از ۷. زیردستِ ۸. در دورانِ (حکومت) ۹. طبقِ، بنابر ۱۰. جزوِ ۱۱. تحت تأثیرِ

underclothes / 'ânderklodhz / *n*
لباس زیر

underdeveloped / ânderdi'velopt / *adj* توسعه‌نیافته، در حال رشد

underdog / 'ânderdâg / *n*
۱. بازنده ۲. (آدم) ستمدیده

underdone / ânder'dân / *adj*
[کباب و استیک] آبدار

undergo / ânder'go / *vt*
۱. در معرض (چیزی) قرار گرفتن یا دادن ۲. تحمل کردن، تن دردادن به

undergone / ânder'gân / *pp*
اسم مفعول فعل undergo

undergraduate / ânder'gra-juwit / *n* دانشجوی دورهٔ لیسانس

underground[1] / 'ândergraond / *adj* ۱. زیرزمینی ۲. مخفی

underground[2] / 'ândergraond / *n*
۱. زیرزمین ۲. راه زیرزمینی ۳. [در لندن] مترو ۴. نهضت مقاومت زیرزمینی

underground[3] / 'ândergraond / *adv* ۱. زیرِ زمین ۲. مخفیانه

underline / ânder'lâyn / *vt,n*
۱. زیر (واژه یا عبارتی) خط کشیدن ◙ ۲. خط تأکید (زیر واژه یا عبارت)

underneath / ânder'niith / *adv, prep* ۱. در زیرِ، زیرِ ۲. پایین، ته

underpants / 'ânderpants / *n*
۱. [در بریتانیا] شورت مردانه ۲. [در امریکا] شورت مردانه یا زنانه

underpass / 'ânderpâs / *n*
۱. [جاده] زیرگذر ۲. گذرگاه زیرـ زمینی، زیرگذر (عابر پیاده)

understand / ânders'tand / *vt,vi*
۱. فهمیدن ۲. (معنی رفتار یا منظور کسی را) درک کردن ۳. خبردار شدن که

understandable / ânders'tan-debel / *adj* قابل فهم، قابل درک

understanding / ânders'tan-ding / *n,adj* ۱. درک، فهم، ۲. تفاهم ◙ ۳. حاکی از تفاهم

have an underestanding of somebody *or* something
از کسی یا چیزی شناخت داشتن، چیزی را درک کردن، حرف کسی را فهمیدن

understood[1] / ânders'tud / *adj*
۱. مفهوم(شده) ۲. مستتر

make oneself understood
حرف خود را حالی کردن، حرف خود را تفهیم کردن

understood[2] / ânders'tud / *p,pp*
گذشته و اسم‌مفعول فعل understand
undertake / ânder'teyk / *vt*
۱. به عهده گرفتن، قبول کردن ۲. تعهد کردن، قول دادن
undertaken / ânder'teyken / *pp*
اسم مفعول فعل undertake
undertaker / 'ânderteyker / *n*
مأمور کفن و دفن
undertook / ânder'tuk / *p*
گذشتهٔ فعل undertake
underwater / ânder'woter / *adj, adv*
۱. زیرآبی ▣ ۲. زیرِ آب
underwear / 'ânderwer / *n*
لباس زیر
underwent / ânder'went / *p*
گذشتهٔ فعل undergo
underworld / 'ânderwerld / *n*
۱. جامعهٔ جنایتکاران ۲. عالم ارواح
undid / ân'did / *p*
گذشتهٔ فعل undo
undo / ân'doo / *vt*
۱. باز کردن
۲. [بافتنی] شکافتن
undone[1] / ân'dân / *adj* ۱. باز(شده)
۲. انجام‌نشده ۳. نیمه کاره
undone[2] / ân'dân / *pp*
اسم مفعول فعل undo
undoubtedly / ân'daotidli / *adv*
بی‌تردید، بی‌شک
undress / ân'dres / *vt, vi, n*
۱. لباس (کسی را) درآوردن، لخت کردن ▣ ۲. لخت شدن ▣ ۳. برهنگی
unduly / ân'dyooli / *adv*
بیش از اندازه، بیش از حد لزوم
unearthly / ân'erthli / *adj*
۱. غیرزمینی ۲. فوق طبیعی ۳. شبح‌وار
uneasy / ân'iizi / *adj* ۱. ناراحت، معذب ۲. نگران، دلواپس ۳. متزلزل
unemployed / ânim'ployd / *adj*
۱. بیکار ۲. به کارنرفته، استفاده‌نشده
unemployment / ânim'ployment / *n*
بیکاری
unequal / ân'iikwâl / *adj* ۱. نابرابر، نامساوی ۲. ناهمگن، ناهموار
uneven / ân'iiven / *adj* ۱. نابرابر، نامساوی ۲. ناهموار ۳. [عدد] فرد
unexpected / âniks'pektid / *adj*
پیش‌بینی‌نشده، غیرمنتظره، غیرمترقبه
unfair / ân'fer / *adj* ۱. غیرمنصفانه
۲. تبعیض‌آمیز ۳. مغرض
unfaithful / ân'feythful / *adj*
عهدشکن، بی‌وفا، بدقول
unfamiliar / ânfa'miliyer / *adj*
۱. ناشناس، ناشناخته، غریبه ۲. ناآشنا
unfit / ân'fit / *adj* ۱. نامناسب، نامساعد، به‌دردنخور ۲. ناتوان
unfold / ân'fold / *vt, vi*
۱. (تای چیزی را) باز کردن ۲. باز شدن
unforgettable / ânfor'getebel / *adj*
فراموش‌نشدنی، به‌یادماندنی

unite / yoo'nâyt / *vi,vt*
۱. متحد شدن ▣ ۲. متحد کردن
United Kingdom / yoonâytid 'kingdem / *n* بریتانیای کبیر
United Nations / yoonâytid 'neyshenz / *n* سازمان ملل متحد
United States / yoonâytid 'steyts / *n* ایالات متحده، امریکا
unity / 'yooniti / *n* ۱. وحدت، اتفاق ۲. اتحاد ۳. هماهنگی
universal / yooni'versâl / *adj*
۱. همگانی، عمومی، کلّی ۲. جهانی
universe / 'yoonivers / *n*
۱. جهان، عالم، کیهان ۲. دنیا
university / yooni'versiti / *n,adj*
۱. دانشگاه ▣ ۲. دانشگاهی
unjust / ân'jâst / *adj* ۱. غیر منصفانه، ظالمانه ۲. ناحق، ناروا
It's unjust to منصفانه نیست که
unkempt / ân'kempt / *adj*
۱. نامرتب ۲. [مو] کرک، ژولیده
unkind / ân'kâynd / *adj*
۱. نامهربان، بی‌رحم ۲. غیردوستانه
unless / ân'les / *conj* مگر این که
unlike / ân'lâyk / *adj,prep*
۱. ناهمانند، متفاوت ۲. برخلافِ، برعکسِ ۳. بعید از، دور از
unlikely / ân'lâykli / *adj* بعید، دارای احتمال ضعیف
unload / ân'lod / *vt, vi*
[بار] تخلیه کردن، خالی کردن

unfortunate / ân'forchunit / *adj*
۱. بدشانس، بدبیار ۲. بدبخت، بداقبال
It's unfortunate that جای تأسف است که
unfortunately / ân'forchunitli / *adv* متأسفانه، با کمال تأسف
ungrateful / ân'greytful / *adj*
۱. ناسپاس، نمک‌نشناس ۲. ناخوشایند
unhappy / ân'hapi / *adj*
۱. غصه‌دار، غمگین ۲. غم‌انگیز
unhealthy / ân'helthi / *adj*
۱. ناسالم، مضرّ ۲. ناخوش، بیمار ۳. بیمارگونه، غیرطبیعی
unidentified / ânây'dentifâyd / *adj*
۱. ناشناس ۲. شناسایی‌نشده
unidentified flying object بشقاب پرنده، شیءِ ناشناخته
uniform / 'yooniform / *adj,n*
۱. هم‌شکل، یکسان ۲. یکپارچه ▣ ۳. اونیفورم، لباس فرم
union / 'yooniyen / *n* ۱. اتحاد ۲. توافق ۳. (پیوند) زناشویی ۴. اتحادیه
Union Jack / yooniyen 'jak / *n* پرچم بریتانیای کبیر، پرچم بریتانیا
unique / yoo'niik / *adj*
۱. منحصر به فرد، تک ۲. بی‌نظیر
unisex / 'yooniseks / *adj* مختلط
unit / 'yoonit / *n* ۱. واحد ۲. عدد، دانه، تا ۳. بخش، قسمت ۴. یک

unlock / ân'lâk / *vt*
قفل (چیزی را) باز کردن، باز کردن
unluckily / ân'lâkili / *adv*
بدبختانه، متأسفانه
unlucky / ân'lâki / *adj* ۱. بدشانس، بدبیار ۲. شوم، نحس
be unlucky to شوم بودن
Some people say it is unlucky to break a mirror. بعضی از مردم می‌گویند شکستن آینه شوم است.
unmask / ân'mâsk / *vt, vi*
۱. نقاب برداشتن از ۲. برملا کردن
unnatural / ân'nachrâl / *adj*
۱. غیرطبیعی، غیرعادی ۲. نابهنجار
unnecessary / ân'nesesri / *adj*
غیرضروری
unpack / ân'pak / *vt* [چمدان و غیره] باز کردن، خالی کردن
unpleasant / ân'plezent / *adj*
۱. ناخوشایند، نامطبوع، بد ۲. خشن
unqualified / ân'kwâlifâyd / *adj*
۱. نامحدود، بی‌قید و شرط ۲. فاقد صلاحیت ۳. کامل، تمام‌عیار
unreal / ân'riyel / *adj*
۱. غیرواقعی، خیالی ۲. مصنوعی
unreliable / ânri'lâyebel / *adj*
۱. غیرقابل اعتماد ۲. نامطمئن
unruly / ân'rooli / *adj* ۱. سرکش، نافرمان ۲. شیطان، تُخس ۳. [مو] زبر
unseen / ân'siin / *adj* ۱. نامرئی ۲. نادیده، قبلاً ندیده

unselfish / ân'selfish / *adj*
ازخودگذشته، فداکار
unsettled / ân'seteld / *adj*
۱. آشفته، بی‌ثبات ۲. ناآرام، پریشان
unsteady / ân'stedi / *adj*
۱. نامتعادل، بدون تعادل ۲. لرزان
unstuck / ân'stâk / *adj*
come unstuck کنده شدن، ور آمدن، جدا شدن
unsuitable / ân'sootebel / *adj*
نامناسب
be unsuitable for مناسب نبودن برای ، نامناسب بودن برای
untidy / ân'tâydi / *adj* ۱. شلخته، نامرتب ۲. ریخته پاشیده، آشفته
untie / ân'tây / *vt*
[گره و غیره] باز کردن
until / ân'til / *prep, conj* تا، تا این که
untrue / ân'troo / *adj* ۱. دروغ، مغایر با حقیقت ۲. بی‌وفا، خائن
untruthful / ân'troothful / *adj*
۱. دروغگو ۲. دروغین، دروغ
unusual / ân'yoozhuwâl / *adj*
۱. غیرعادی ۲. عجیب، شگفت
unusually / ân'yoozhuwâli / *adv*
۱. به‌طور غیرعادی ۲. فوق‌العاده
unwelcome / ân'welkâm / *adj*
۱. ناخواسته ۲. نامطلوب، ناخوشایند
unwell / ân'wel / *adj* ناخوش، بیمار

unwilling /ân'wiling/ *adj*
۱. بی‌میل، ناراضی ۲. توأم با بی‌میلی

unwillingly /ân'wilingli/ *adv*
با بی‌میلی، با نارضایتی، با اکراه

unwind /ân'wâynd/ *vt,vi*
۱. خستگی درکردن، استراحت کردن ۲. [نخ و غیره] باز کردن

unwound /ân'waond/ *p,pp*
گذشته و اسم مفعول فعل unwind

unwrap /ân'rap/ *vt* باز کردن، (چیزی را) از پوشش بیرون آوردن

up[1] /âp/ *adv,adj,prep* ۱. بالا، بالاتر بالایِ، رو به بالا ۲. نزدِ، پیشِ ۳. به سوی شمال ۴. کاملاً ۵. سرپا ۶. بیدار ۷. بلند ۸. تمام، تمام‌شده

be up از خواب پا شدن

be up to خیالی در سر داشتن

What's that man up to?
آن مرد چه خیالی در سر دارد؟

have ups and downs فراز و نشیب داشتن، پستی بلندی داشتن

It's up to you. بسته به نظر شما است، هرچه شما بگویید.

not be up to مناسب نبودن برای، آمادگی نداشتن برای

not be up to much
خیلی خوب نبودن، تعریفی نداشتن

up and down
بالا و پایین، از این طرف به آن طرف

ups and downs بالا و پایین، تلخ و شیرین

up to ۱. تا ۲. در حدود

up to now تا حالا

What's up? چیه؟ چه خبره؟ چی شده؟

What are you up to?
می‌خواهی چه کار کنی؟

up[2] /âp/ *vt,vi* ۱. بالا بردن
⊡ ۲. پا شدن، بلند شدن

update /âp'deyt/ *vt*
۱. به روز آوردن ۲. نو کردن

uphill /âp'hil/ *adj,adv* ۱. سربالا ۲. شاق، دشوار، سخت ⊡ ۳. رو به بالا

upon /â'pân/ *prep* ۱. رویِ، بر رویِ ۲. در ۳. دربارهٔ ۴. جلو، جلوتر ۵. به سویِ ۶. به بعد ۷. طبقِ

upper /'âper/ *adj* بالایی، فوقانی

uppermost /'âpermost/ *adj,adv*
۱. بالا، بالایی، رویی ۲. در درجهٔ اول ۳. حائز اهمیّت، مهم

upright /'âprâyt/ *adj* ۱. قائم، عمودی ۲. سیخ، شق و رق، راست

uproar /'âpror/ *n* ۱. غوغا، جنجال، سر و صدا ۲. بلوا، آشوب

uproot /âp'root/ *vt*
از ریشه کندن، از ریشه درآوردن

upset[1] /âp'set/ *vt,vi*
۱. برگرداندن، واژگون کردن ۲. برگشتن، واژگون شدن ۳. ناراحت کردن ۴. دچار دل‌به‌هم‌خوردگی کردن

upset[2] /'âpset/ *n* ۱. آشفتگی ۲. دل‌آشوبه، دل‌به‌هم‌خوردگی

upset[3] /âp'set/ *p,pp* گذشته و اسم مفعول فعل upset

upside down /âpsâyd 'daon/ *adj* سر و ته، وارونه، زیر و رو

upstairs /âp'sterz/ *adv,adj* ۱. بالا، طبقهٔ بالا ▣ ۲. فوقانی

up-to-date /âp tu 'deyt/ *adj* ۱. جدیدترین، تازه‌ترین، آخرین ۲. دارای آخرین اطلاعات ۳. روزآمد

upward /'âpword/ *adv,adj* ۱. بالا، رو به بالا ۲. صعودی

uranium /yu'reyniyem/ *n* اورانیُم

Uranus /yu'reynes/ *n* اورانوس (= هفتمین سیّاره در منظومهٔ شمسی)

urban /'erben/ *adj* شهری

urge /erj/ *vt,n* ۱. درخواست کردن ۲. اصرار کردن ۳. راندن ▣ ۴. اشتیاق

urgency /'erjensi/ *n* فوریت

urgent /'erjent/ *adj* فوری

us /âs/ *pron* [ضمیرمفعولی، اول شخص جمع] ما را، به ما

usage /'yoosij/ *n* کاربرد

use[1] /yoos/ *n* ۱. استعمال، کاربرد، استفاده ۲. فایده

be of no use به درد نخوردن

go out of use از رده خارج شدن، از استعمال افتادن

have the use of something حق استفاده از چیزی را داشتن

It's no use فایده ندارد، تاثیری ندارد

make use of something از چیزی استفاده کردن، چیزی را به کار بردن

use[2] /yooz/ *vt* ۱. به کار بردن، استفاده کردن از ۲. مصرف کردن

use up (چیزی را) به‌کلی تمام کردن، مصرف کردن

used /yoozd/ *adj* ۱. کارکرده، کهنه ۲. استفاده‌شده، به‌کاررفته

used to /'yoos tu/ *adj* خوگرفته، عادت کرده، مأنوس

be used to something به چیزی عادت داشتن

get used to something به چیزی عادت کردن

used to be اشاره به چیزی که قبلاً وجود داشته ولی حالا نیست

There used to be a garden here. اینجا قبلاً یک باغ بود.

used to do something اشاره به کاری که قبلاً انجام می‌گرفته ولی حالا نمی‌گیرد

I used to travel a lot when I was young. وقتی جوان بودم، خیلی مسافرت می‌کردم.

useful /'yoosful/ *adj* مفید

usefulness /'yoosfulnis/ *n* سودمندی، فایده‌رسانی، ثمربخشی

useless /'yooslis/ *adj* ۱. بی‌فایده ۲. بیهوده ۳. بی‌عُرضه

utmost /'âtmost/ *adj,n* ۱. نهایی، بیشترین، حداکثر ▣ ۲. حداکثر سعی ۳. بیشترین حد، آخرین درجه
do one's utmost نهایت سعی خود را کردن
utter[1] /'âter/ *adj* ۱. کامل ۲. محض
utter[2] /'âter/ *vt* ۱. گفتن ۲. بر زبان آوردن ۳. [آه، فریاد و غیره] کشیدن، زدن، درآوردن
U-turn /'yoo tern/ *n* [وسایل نقلیه] دور زدن، دور

user /'yoozer/ *n* ۱. مصرف‌کننده ۲. کاربر، استفاده کننده
usher /'âsher/ *n,vt* ۱. راهنما، کنترل‌چی ▣ ۲. راهنمایی کردن
usual /'yoozhuwâl/ *adj* عادی، معمول، همیشگی
as usual طبق معمول، مثل همیشه
usually /'yoozhuwâli/ *adv* معمولاً
utensil /yoo'tensil/ *n* وسیله
utilize /'yootilâyz/ *vt* به کار بردن، استفاده کردن از

V

V,v /vii/ *n* ۱. وی (= بیست و دومین حرف الفبای انگلیسی) ۲. [عددنویسی رومی] پنج

vacancy /'veykensi/ *n* ۱. جای خالی ۲. پست خالی، شغل

vacant /'veykent/ *adj* ۱. خالی، تهی، باز ۲. [وقت] آزاد ۳. منگ، گنگ

vacation /va'keyshen/ *n* ۱. تعطیلات ۲. تعطیلی، مرخصی

vaccinate /'vaksineyt/ *vt* واکسن زدن به، مایه‌کوبی کردن

vaccination /vaksi'neyshen/ *n* مایه‌کوبی، واکسن‌زنی

vacuum /'vakyum/ *n* خلأ

vacuum cleaner /'vakyum kliiner/ *n* جاروبرقی

vacuum flask /'vakyum flask/ *n* فلاسک

vague /veyg/ *adj* مبهم، گنگ

vain /veyn/ *adj* ۱. بیهوده، بی‌ثمر ۲. واهی ۳. مغرور، غرّه

in vain بیهوده، بی‌نتیجه، عبث

vale /veyl/ *n* درّه

valid /'valid/ *adj* ۱. معتبر ۲. موجه

valley /'vali/ *n* درّه

valuable /'valyu-ebel/ *adj* ۱. ارزنده ۲. قیمتی ۳. مفید، کارآمد

valuables /'valyu-ebelz/ *n* اشیاءِ قیمتی

value /'valyoo/ *n,vt* ۱. ارزش ۲. فایده ۳. قیمت، نرخ ◘ ۴. قیمت‌گذاری کردن ۵. بها دادن به

be of value to somebody برای کسی ارزش داشتن، برای کسی مهم بودن

valve /valv/ *n* ۱. دریچه ۲. شیر، شیرفلکه ۳. سوپاپ

vampire /'vampâyer/ *n* دراکولا

van /van/ *n* ۱. وانت ۲. واگن (باری)

vandal /'vandel/ *n* آدم مخرب

vandalism /'vandelizem/ *n* تخریب، ویرانگری

vanilla /vâ'nilâ/ *n* وانیل

vanish /'vanish/ *vi* ناپدید شدن

vanity /'vaniti/ *n* ۱. تکبر، غرور ۲. پوچی، بی‌اعتباری، بیهودگی

variation /veri'yeyshen/ *n* ۱. تغییر، نوسان ۲. گوناگونی، تنوع

varied /'verid/ *adj* ۱. گوناگون، متنوع، مختلف ۲. متغیر، بی‌ثبات

variety /'verâyeti/ *n* ۱. تنوع ۲. گونه ۳. نوع ۴. [نمایش و غیره] واریته

a variety of انواع، انواع و اقسام

various /'veriyes/ *adj* ۱. گوناگون ۲. متفاوت، مختلف

varnish /'vârnish/ *n,vt* ۱. روغن جلا، لاک الکل ۲. جلا، برق ۳. لاک (ناخن) ◙ ۴. روغن جلا مالیدن

vary /'veri/ *vi,vt* ۱. متفاوت بودن ۲. تغییر کردن ◙ ۳. تغییر دادن

vase /vâz/ *n* گلدان

vast /vâst/ *adj* ۱. کلان ۲. وسیع

vault[1] /volt/ *n* تاق قوسی

vault[2] /volt/ *vi,vt,n* ۱. پریدن ◙ ۲. پرش

veal /viil/ *n* گوشت گوساله

vegetable /'vejtebel/ *adj,n* ۱. گیاهی، نباتی ◙ ۲. گیاه، نبات، رستنی ۳. [به صورت جمع] سبزیجات

vegetarian /veji'teriyen/ *n,adj* ۱. گیاه‌خوار ۲. گیاه‌خوارانه ۳. گیاهی

vehement /'viyement/ *adj* ۱. پرشور، پرهیجان ۲. شدید، تند

vehemently /'viyementli/ *adv* ۱. به شدت، با تندی ۲. با حرارت

vehicle /'viyikel/ *n* ۱. وسیلهٔ نقلیه (موتوری)، خودرو ۲. وسیله، ابزار

veil /veyl/ *n,vt* ۱. روبنده ◙ ۲. روبنده زدن ۳. پنهان کردن

vein /veyn/ *n* ۱. سیاهرگ ۲. رگ

velocity /vi'lâsiti/ *n* سرعت

velvet /'velvit/ *n* مخمل

velvety /'velviti/ *adj* مخملی، نرم

vengeance /'venjens/ *n* ۱. انتقام، انتقام‌جویی ۲. حدّت، شدّت

take vengeance on somebody از کسی انتقام گرفتن

with a vengeance با شدت بیشتر

venom /'venem/ *n* ۱. زهر ۲. کینه، نفرت

venomous /'venemes/ *adj* ۱. سمی، زهرآلود، زهردار ۲. گزنده

ventilate /'ventileyt/ *vt* ۱. تهویه کردن، هوای (جایی را) عوض کردن ۲. هوا دادن، در معرض هوا قرار دادن

ventilation /venti'leyshen/ *n* ۱. تهویه ۲. دستگاه یا وسیلهٔ تهویه

venture /'vencher/ *n,vt* ۱. ریسک ◙ ۲. به خطر انداختن

Venus /'viines/ *n* ناهید، زهره (= دوّمین سیاره در منظومهٔ شمسی)

veranda /ve'randâ/ *n* ایوان

verb /verb/ *n* [دستور زبان] فعل

verdict /'verdikt/ *n* رأی، حکم

verge /verj/ *n* ۱. آستانه ۲. لب، لبه ۳. کنار، کناره ۴. حاشیه، مرز

verify /'verifây/ *vt* (دربارهٔ صحت چیزی) تحقیق کردن

verse /vers/ *n* ۱. نظم ۲. شعر ۳. بند، قطعه ۴. مصرع، بیت ۵. آیه

version /ˈvershen/ *n* ۱. روایت، قول ۲. تفسیر، تعبیر ۳. ترجمه ۴. متن، نسخه ۵. صورت، شکل

versus /ˈverses/ *prep* درمقابلِ

vertical /ˈvertikâl/ *adj,n* ۱. قائم، عمودی ◙ ۲. عمود، خط قائم

very[1] /ˈveri/ *adv* ۱. خیلی، بسیار ۲. کاملاً، واقعاً، دقیقاً

very[2] /ˈveri/ *adj* ۱. همان، درست همان، خودِ ۲. درست ۳. واقعی

vessel /ˈvesel/ *n* ۱. رگ ۲. آوند

vest /vest/ *n* ۱. زیرپیراهنی ۲. جلیقه

vet[1] /vet/ *n* دامپزشک

vet[2] /vet/ *vt* معاینه کردن

veteran /ˈveteren/ *adj,n* ۱. قدیمی، پیشین ۲. سرباز قدیمی

veto /ˈviito/ *n,vt* ۱. حق وِتو ۲. (عمل) وتو ۳. منع ◙ ۴. رد کردن

vex /veks/ *vt* ۱. آزردن، رنجاندن، ناراحت کردن ۲. عصبانی کردن

via /ˈvâye/ *prep* از طریقِ، از راهِ

viaduct /ˈvâyâdâkt/ *n* پل راه‌بر، پل درّه‌گذر

vibrate /vâyˈbreyt/ *vi,vt* ۱. مرتعش شدن، لرزیدن ◙ ۲. لرزاندن

vibration /vâyˈbreyshen/ *n* ۱. ارتعاش، لرزش ۲. نوسان

vicar /ˈviker/ *n* نماینده، جانشین

vice[1] /vâys/ *n* ۱. فساد ۲. عیب

vice[2] /vâys/ *n* [نجاری و غیره] گیره

vice- /vâys-/ *prefix* [در ترکیب] معاونِ، نایبِ، جانشینِ

vice versa /vâys ˈversâ/ *adj* برعکس

vicious /ˈvishes/ *adj* ۱. شرور، بی‌رحم، وحشی ۲. خطرناک

victim /ˈviktim/ *n* قربانی

victor /ˈvikter/ *n* ۱. فاتح ۲. برنده

Victorian /vikˈtorien/ *adj* ۱. [مربوط به] عصر ملکه ویکتوریا، ویکتوریایی ۲. [مجازی] سنتی، قدیمی

victorious /vikˈtoriyes/ *adj* ۱. برنده، پیروز، فاتح ۲. پیروزمندانه

victory /ˈviktri/ *n* پیروزی، فتح

video /ˈvidiyo/ *n* ویدیو

view /vyoo/ *n* ۱. دید ۲. منظره ۳. بازدید ۴. نظر، رأی

come into view ظاهر شدن، دیده شدن، پیداش شدن

have in view در نظر داشتن

in view در معرض دید، جلوی چشم

in view of ۱. به علتِ، به سببِ ۲. با توجه به

on view در معرض نمایش

with a view to به این نیت که

viewer /ˈvyoo-er/ *n* بیننده

vigorous /ˈvigeres/ *adj* ۱. قوی، نیرومند، پرزور ۲. محکم، سخت

vigour /ˈviger/ *n* قدرت، توان

vile /vâyl/ *adj* ۱. زننده ۲. بد

villa /'vila/ *n* ویلا، خانهٔ ییلاقی

village /'vilij/ *n* ۱. ده، دهکده، روستا ۲. اهالی ده، مردم روستا

village green زمین چمن

villager /'vilijer/ *n* روستایی

villain /'vilen/ *n* ۱. آدم شرور، شرّ ۲. مجرم، جنایتکار

vindictive /vin'diktiv/ *adj* ۱. کینه‌توز، انتقام‌جو ۲. انتقام‌جویانه

vine /vâyn/ *n* (درخت) مو، تاک

vinegar /'viniger/ *n* سرکه

vineyard /'vinyerd/ *n* تاکستان

viola /vi'yolâ/ *n* ویولا (= نوعی ساز زهی که با آرشه نواخته می‌شود.)

violence /'vâyelens/ *n* ۱. خشونت ۲. شدّت، حدّت

violent /'vâyelent/ *adj* ۱. خشن، خطرناک ۲. شدید ۳. بی‌رحمانه

violet /'vâyelit/ *n,adj* ۱. بنفشه ۲. رنگ بنفش ◙ ۳. بنفش

violin /vâye'lin/ *n* ویولن

violinist /vâye'linist/ *n* نوازندهٔ ویولن، ویولن‌زن

viper /'vâyper/ *n* افعی

virgin /'verjin/ *n,adj* ۱. دوشیزه ◙ ۲. باکره ۳. دست‌نخورده، بکر ۴. نو

virtually /'verchuwâli/ *adv* تقریباً، عملاً

virtue /'verchoo/ *n* ۱. حسن، خوبی ۲. شرافت ۳. عفت، پاکدامنی

virus /'vâyres/ *n* ویروس

visa /'viizâ/ *n,vt* ۱. ویزا، روادید ◙ ۲. ویزا دادن، مُهر ویزا زدن روی

visible /'vizibel/ *adj* ۱. قابلِ رؤیت، دیده‌شدنی ۲. آشکار

vision /'vizhen/ *n* ۱. بینایی ۲. بینش ۳. دید ۴. تصوّر، تصویر

visit /'vizit/ *vt,vi,n* ۱. دیدن کردن از، دیدن ۲. بازدید کردن ◙ ۳. ملاقات، دیدار ۴. بازدید

pay somebody a visit به دیدن کسی رفتن، از کسی دیدن کردن، به کسی سر زدن

visitor /'viziter/ *n* ۱. بازدیدکننده ۲. مسافر، توریست ۳. مهمان

visor /'vâyzer/ *n* ۱. [کلاه ایمنی] نقاب ۲. آفتاب‌گیر

vista /'vistâ/ *n* دورنما

visual /'vizhuwâl/ *adj* ۱. بصری، دیداری ۲. [هنر] تجسمی

vital /'vâytâl/ *adj* ۱. حیاتی ۲. ضروری، بسیار مهم ۳. بانشاط

It's vital that بسیار ضروری است که

vitamin /'vitamin/ *n* ویتامین

vivid /'vivid/ *adj* ۱. روشن، درخشان ۲. واضح ۳. زنده، پرشور

vocabulary /vo'kabyuleri/ *n* ۱. واژگان ۲. اصطلاحات ۳. واژه‌نامه

vogue /vog/ *n* ۱. مُد ۲. گرایش

voice /voys/ *n* ۱. صدا(ی انسان) ۲. نظر، رأی ۳. [دستور زبان] صیغه

volunteer / vâlen'tiyer / *n, adj, vi, vt* ۱. داوطلب ۲. داوطلبانه ▣ ۳. داوطلب شدن ▣ ۴. داوطلبانه گفتن

vomit /'vâmit/ *vt, vi, n* ۱. استفراغ کردن ▣ ۲. استفراغ

vote / vot / *n, vi, vt* ۱. رأی ۲. آرا ۳. حق رأی ۴. رأی‌گیری ۵. ورقهٔ رأی ▣ ۶. رأی دادن ۷. انتخاب کردن

cast a vote رأی دادن، رأی خود را به صندوق انداختن

voter /'voter / *n* رأی‌دهنده

voucher /'vaocher / *n* ۱. [هزینه] سند ۲. حواله ۳. بن، ژتون، کوپن

vow / vao / *n* عهد، پیمان، قسم

vowel /'vao-el / *n* ۱. مصوّت، واکه ۲. حرف صدادار

voyage /'voyij / *n, vi* ۱. سفر دریایی ▣ ۲. به سفر دریایی رفتن

vulgar /'vâlger / *adj* ۱. زشت، زننده ۲. عامیانه ۳. بازاری

Keep your voice down! آهسته صحبت کن، فریاد نزن.

raise one's voice صدای خود را بلند کردن، فریاد زدن

shout at the top of one's voice با تمام وجود خود داد زدن

volcanic / vâl'kanik / *adj* ۱. آتشفشان ۲. بسیار شدید، انفجاری

volcano / vâl'keyno / *n* آتشفشان

volley /'vâli / *n* ۱. رگبار ۲. [تنیس] والی

volleyball /'vâlibol / *n* والیبال

volt / volt / *n* ولت

voltage /'voltij / *n* ولتاژ

volume /'vâlyum / *n* ۱. جلد، مجلد ۲. کتاب ۳. حجم، گنجایش ۴. مقدار، اندازه ۵. [صدا] بلندی

turn the volume down [رادیو، تلویزیون و غیره] صدا را کم کردن

voluntary /'vâlentri / *adj* ۱. داوطلبانه، اختیاری ۲. داوطلب ۳. ارادی ۴. خیریّه، رایگان

W

W,w /'dâbelyoo / *n* دبلیو
(= بیست و سومین حرف الفبای انگلیسی)

wad / wâd / *n,vt* ۱. دسته، بسته، لوله، گلوله ۲. کهنه، لایی ◙ ۳. گرفتن

wade / weyd / *vi,vt*
۱. (در آب یا گل) شِلپ‌شِلپ راه رفتن ۲. به آب زدن، از آب گذشتن

wag / wag / *vt,vi,n* ۱. جنباندن، تکان دادن ◙ ۲. جنبیدن ◙ ۳. جنبش

wage / weyj / *n* ۱. دستمزد، مزد ۲. درآمد

wagon / 'wagen / *n*
۱. گاری (چهارچرخ) ۲. واگن باری

waist / weyst / *n* ۱. کمر ۲. دور کمر

waistcoat / 'weyskot / *n* جلیقه

wait / weyt / *vi,vt,n* ۱. صبر کردن، منتظر بودن ◙ ۲. منتظر (کسی یا چیزی) بودن ۳. ماندن ◙ ۴. انتظار، معطلی

I can't wait
با بی‌صبری منتظر چیزی بودن
I can't wait to see you again.
با بی‌صبری منتظرم تا دوباره شما را ببینم.

keep somebody waiting
کسی را منتظر نگه داشتن

lie in wait for somebody
در کمین کسی نشستن

wait and see
منتظر ماندن و دیدن که چه می‌شود
I prefer to wait and see how things go. من ترجیح می‌دهم که صبر کنم و ببینم چه می‌شود.

Wait and see! صبر کن! صبر داشته باش!

wait for somebody *or* **something** منتظرِ کسی یا چیزی بودن

wait up for somebody
منتظر کسی بیدار ماندن

waiter / 'weyter / *n* پیشخدمت

waiting room / 'weyting rum / *n*
۱. اتاق انتظار ۲. سالن انتظار

waitress / 'weytris / *n*
پیشخدمت (زن)

wake / weyk / *vi,vt* ۱. بیدار شدن ۲. بیدار کردن ۳. بیدار ماندن

wake somebody up
کسی را بیدار کردن

wake up بیدار شدن

waken / 'weyken / *vt,vi*
۱. بیدار کردن ◙ ۲. بیدار شدن

walk[1] / wok / *vi,vt* ۱. قدم زدن ۲. پیاده رفتن ۳. راه رفتن

walk out اعتصاب کردن

walk out of
به عنوان اعتراض (جایی را) ترک کردن

walk[2] /wok/*n* ۱. گردش، قدم زدن ۲. طرز راه رفتن ۳. راه، مسافت

go for a walk, take a walk
برای قدم زدن رفتن، قدم زدن

wall /wol/*n* ۱. دیوار ۲. دیواره

wallet /'wâlit/*n* کیف بغلی

wallpaper /'wolpeyper/*n* کاغذدیواری

walnut /'wolnât/*n* ۱. گردو ۲. درخت گردو ۳. چوب گردو

wander /'wânder/*vi, vt* ۱. پرسه زدن ۲. سرگردان بودن

want /wânt/*n, vt* ۱. فقدان ۲. نیاز، احتیاج ▣ ۳. خواستن ۴. نیاز داشتن به، احتیاج داشتن به ۵. فاقد (چیزی) بودن، کم داشتن

be in want of نیاز داشتن به

want the impossible
در طلب محال بودن

war /wor/*n* ۱. جنگ ۲. مبارزه

be at war with
در حال جنگ بودن با

civil war جنگ داخلی

declare war on اعلان جنگ دادن به

wage war on وارد جنگ شدن با، دست به مبارزه زدن با

ward /word/*n* ۱. [بیمارستان] بخش ۲. [زندان] بند ۳. ناحیه، منطقه

warden /'worden/*n* ۱. رئیس، سرپرست، مسئول ۲. رئیس زندان

warder /'worder/*n* زندانبان

wardrobe /'wordrob/*n* ۱. کمد ۲. رخت و لباس، لباس‌ها

warehouse /'werhaos/*n, vt* ۱. انبار ▣ ۲. انبار کردن

wares /werz/*n* اشیاءِ فروشی

warm /worm/*adj, vt, vi* ۱. گرم ۲. پرشور ۳. تند ۴. صمیمی، صمیمانه ▣ ۵. گرم کردن ▣ ۶. گرم شدن

warm-hearted /worm 'hârtid/ *adj* مهربان، رئوف، دلسوز

warmth /wormth/*n* ۱. گرمی، گرما، حرارت ۲. محبّت، صمیمیّت

warn /worn/*vt* ۱. هشدار دادن، اخطار کردن ۲. برحذر داشتن

warning /'worning/*n, adj* ۱. اخطار، هشدار، خبر ▣ ۲. هشداردهنده

warrant /'wârent/*n, vt* ۱. عذرِ موجه ۲. مجوّز ۳. حکم ▣ ۴. ایجاب کردن

warship /'worship/*n* رزمناو

wary /'weri/*adj* مواظب، محتاط

was /wâz/*p* صورت گذشتهٔ am و is از فعل to be

wash[1] /wâsh/*vt, vi* ۱. شستن ۲. شستشو کردن ۳. (آب) بردن

wash up ظرف‌ها را شستن، ظرف شستن

wash[2] /wâsh/ *n* ۱. شستشو ۲. لباس‌های شسته ۳. رخت‌های چرک
be in the wash [لباس] تو رخت‌چرک‌ها بودن
have a wash دست و صورت خود را شستن، خود را شستن
washable /'wâshebel/ *adj* قابل شستشو
washer /'wâsher/ *n* ماشینِ لباس‌شویی، ماشین ظرف‌شویی
washing /'wâshing/ *n* ۱. شستشو ۲. لباس‌های شسته ۳. رخت‌های چرک
do the washing لباس‌ها را شستن، لباس شستن
washing machine /'wâshing meshiin/ *n* ماشین لباس‌شویی
wasn't /wâzent/ = was not
wasp /wâsp/ *n* زنبور
wastage /'weystij/ *n* ۱. اتلاف ۲. ضایعات
waste[1] /weyst/ *adj* ۱. بایر، موات ۲. زائد، بی‌مصرف، باطله
waste[2] /weyst/ *n* ۱. اتلاف، تضییع ۲. زمین بایر، زمین بی‌حاصل
waste[3] /weyst/ *vt* ۱. تلف کردن، ضایع کردن، هدر دادن ۲. اسراف کردن ۳. تحلیل بردن، تضعیف کردن
watch[1] /wâch/ *vi, vt, n* ۱. تماشا کردن، دیدن ۲. نگاه کردن، توجه کردن به ۳. مراقبت کردن از، مواظب (کسی یا چیزی) بودن ۴. پاییدن ◘ ۵. مراقبت، مواظبت ۶. شبگرد
keep watch مواظب بودن، مواظبت کردن
Watch out ! بپّا! مواظب باش!
watch out for somebody *or* something مواظب کسی یا چیزی بودن
watch over somebody از کسی مراقبت کردن
watch[2] /wâch/ *n* ساعت (مچی یا جیبی)
watchful /'wâchful/ *adj* ۱. گوش به زنگ ۲. هشیار، مراقب
watchman /'wâchman/ *n* نگهبان
water /'woter/ *n, vt, vi* ۱. آب ۲. دریا ۳. کِشند (جزر یا مد) ۴. [به صورت جمع] آب معدنی ◘ ۵. آب دادن ۶. آب افتادن ۷. آب برداشتن
drinking water آب آشامیدنی
fresh water آب شیرین
get into hot water دچار دردسر شدن، به دردسر افتادن، برای خود گرفتاری درست کردن
running water آب لوله کشی
water closet /'woter klâzit/ *n* مستراح، خلأ
watercolour /'woterkâler/ *n* ۱. آبرنگ ۲. نقاشی آبرنگ
waterfall /'woterfol/ *n* آبشار

watering-can / 'wotering kan / *n*
آبپاش

waterproof / 'woterproof / *adj,n*
۱. ضدّ آب ▣ ۲. [لباس] بارانی

water-skiing / 'woter skii-ing / *n*
اسکی روی آب

watertight / 'wotertâyt / *adj*
۱. نفوذناپذیر، ضد آب ۲. بی‌چون و چرا، جفت و جزم، محکم

watt / wât / *n*
وات
(= واحد اندازه‌گیری الکتریسیته)

wave[1] / weyv / *vi,vt* ۱. جنبیدن، تکان خوردن ۲. جنباندن ۳. دست تکان دادن ۴. با دست هدایت کردن ۵. فر داشتن ۶. چرخاندن

wave[2] / weyv / *n* ۱. موج
۲. جنبش، تکان، حرکت ۳. تاب، پیچ، فر

wavelength / 'weyvlength / *n*
طول موج

wavy / 'weyvi / *adj* ۱. موج‌دار
۲. فردار، فرفری

wax / waks / *n,vt* ۱. موم
▣ ۲. روغن زدن ۳. موم‌اندود کردن

way / wey / *n* ۱. راه ۲. شیوه، نحوه، سبک ۳. طرف، جهت ۴. مسافت

be a good way دور بودن، راه درازی بودن

be in the way, get in the way
جلوی (کسی) ایستادن، سر راه ایستادن، راه (کسی را) بند آوردن

be the wrong way up (*or* **round**)
وارونه بودن، سر و ته بودن

by the way راستی

clear the way for
راه را صاف یا هموار کردن برای

feel one's way
کورمال کورمال راه خود را پیدا کردن

find one's way
راه خود را پیدا کردن

force one's way in
به زور وارد شدن

Get out of the way! برو کنار!

go a long way ۱. موثر واقع شدن ۲. آیندهٔ درخشانی داشتن ۳. کافی بودن

lead (*or* **show**) **the way** راه (را به کسی) نشان دادن، پیشگام بودن

lose one's way
راه خود را گم کردن، گم شدن

make one's way to
راه افتادن به طرفِ

No way! محال است، ابداً، به هیچ وجه!

on the way to سر راه خود به

tell somebody the way
راه را به کسی نشان دادن

way in ورودی، راه ورود

way of life سبک زندگی، شیوهٔ زندگی

way out ۱. خروجی، راه خروج

۲. مفرّ

wayside /ˈweysâyd/ *n* کنار جاده
WC /dâbelyoo ˈsii/ *n* توالت
we /wii/ *pron* [ضمیر فاعلی، اول شخص جمع] ما
weak /wiik/ *adj* ۱. ضعیف ۲. سست ۳. رقیق
weaken /ˈwiiken/ *vt,vi* ۱. ضعیف کردن ۲. ضعیف شدن ۳. سست شدن ۴. سست کردن
weakness /ˈwiiknis/ *n* ۱. ضعف ۲. نقطه ضعف ۳. نقص، عیب
wealth /welth/ *n* ثروت
wealthy /ˈwelthi/ *adj* ثروتمند
weapon /ˈwepen/ *n* سلاح
wear[1] /wer/ *vt,vi* ۱. پوشیدن ۲. پا کردن، دست کردن، سر کردن ۳. بر چهره داشتن ۴. کهنه کردن ◙ ۵. کهنه شدن
wear glasses عینک زدن
wear off کم شدن، تخفیف پیدا کردن
wear out کهنه شدن، پاره شدن
wear somebody out کسی را خسته کردن، از پا انداختن
wear something out چیزی را کهنه کردن، پاره کردن
wear[2] /wer/ *n* ۱. پوشش ۲. ساییدگی، کهنگی ۳. دوام ۴. پوشاک
be the worse for wear ۱. کهنه بودن، پاره‌پوره بودن، درب و داغون بودن ۲. مست بودن

weary /ˈwiyeri/ *adj* ۱. خسته، فرسوده ۲. خسته کننده، فرساینده
weather /ˈwedher/ *n* هوا، وضع هوا
weave /ˈwiiv/ *vt,vi,n* ۱. بافتن ۲. (به هم) تابیدن ◙ ۳. بافت
weaver /ˈwiiver/ *n* بافنده
web /web/ *n* ۱. [عنکبوت و غیره] تار ۲. رشته، مشت، شبکه
wed[1] /wed/ *vi* ازدواج کردن با
wed[2] /wed/ *p,pp* گذشته و اسم مفعول فعل wed
we'd /wiid/ = we had; we would
wedding /ˈweding/ *n* عروسی، جشن عروسی
wedding ring /ˈweding ring/ *n* حلقهٔ ازدواج، حلقه
wedge /wej/ *n* ۱. گُوِه ۲. قطعه
Weds /ˈwenzdi/ = Wednesday
Wednesday /ˈwenzdi/ *n* چهارشنبه
weed /wiid/ *n,vt,vi* ۱. علفِ هرزه ۲. سیگار ◙ ۳. وجین کردن
week /wiik/ *n* هفته
today week هفتهٔ دیگر همین روز
Monday week دوشنبهٔ هفتهٔ آینده
weekday /ˈwiikdey/ *n* روز کاری، روز غیرتعطیل
weekend /wiikˈend/ *n* تعطیلات آخر هفته (= شنبه و یکشنبه)
weekly /ˈwiikli/ *adj,adv* ۱. هفتگی ۲. هفته‌ای یک بار

weep /wiip/ *vi* گریستن، گریه کردن

weigh /wey/ *vt,vi* ۱. وزن کردن، کشیدن ۲. وزن داشتن ۳. گرفتن

weight /weyt/ *n* ۱. وزن ۲. وزنه

lose weight لاغر شدن

put on weight چاق شدن

weightless /ˈweytlis/ *adj* بی‌وزن، بدون وزن

weightlessness /ˈweytlisnis/ *n* بی‌وزنی

weighty /ˈweyti/ *adj* ۱. سنگین ۲. وزین، مهم، مؤثر

weird /ˈwiyerd/ *adj* عجیب‌غریب، غیرعادی، عوضی

welcome[1] /ˈwelkâm/ *intj* خوش آمدید!

welcome[2] /ˈwelkâm/ *n,adj,vt* ۱. خوش‌آمد، استقبال ◘ ۲. بجا، به‌مورد، قابل قبول ◘ ۳. خوش‌آمد گفتن به ۴. استقبال کردن از

be welcome to توانستن

You are welcome to use my pen if yours is broken. اگر قلمتان شکسته، می‌توانید از قلم من استفاده کنید.

make somebody welcome از کسی به گرمی استقبال کردن، به گرمی از کسی پذیرایی کردن

You're welcome. [در جواب تشکر] خواهش می‌کنم.

welfare /ˈwelfer/ *n* سعادت

well[1] /wel/ *n,vi* ۱. چاه ◘ ۲. جاری شدن

well[2] /wel/ *adj,adv,intj* ۱. خوب ۲. بهتر ۳. درست ۴. مناسب، بجا ۵. احتمالاً ◘ ۶. به، به‌به، بسیار خوب

as well هم، نیز

as well as ۱. و نیز، و هم ۲. علاوه‌بر

do well ۱. پیشرفت کردن، موفق شدن یا بودن ۲. بهتر شدن، بهبود یافتن

may as well پس، ناچار، پس ناچار

Well done! آفرین! بارک الله!

we'll /wiil/ = we shall; we will

wellingtons /ˈwelingtens/ *n* چکمهٔ بلندِ ضد آب

Welsh /welsh/ *adj,n* ۱. وِیلزی، [مربوط به] ویلز ◘ ۲. زبان وِلش

went /went/ *p* گذشتهٔ فعل go

wept /wept/ *p,pp* گذشته و اسم مفعول فعل weep

were /wer/ *p* صورت گذشتهٔ are از فعل to be

west /west/ *n,adj,adv* ۱. مغرب ۲. غرب ◘ ۳. غربی، باختری ◘ ۴. به طرف غرب، به غرب

West, the /west/ *n* غرب، کشورهای غربی

westerly /ˈwesterli/ *adj* ۱. غربی ۲. به سوی غرب

western /ˈwestern/ *adj,n* ۱. غربی ◘ ۲. فیلم وِسترن

westward /'westword/ *adj*
۱. غربی، غرب ۲. در جهت غرب

wet[1] /wet/ *adj,n,vt* ۱. خیس، تر
۲. بارانی ◙ ۳. تَری ◙ ۴. خیس کردن

wet[2] /wet/ *p,pp* گذشته و
اسم مفعول فعل wet

we've /wiiv/ = we have

whale /weyl/ *n,vi* ۱. بال، وال
(= نوعی پستاندار بزرگ دریایی که نهنگ نیز نامیده می‌شود.) ◙ ۲. بال صید کردن

wharf /worf/ *n* اسکله، بارانداز

what /wât/ *adj,adv,pron*
۱. چه ۲. چی، چه چیز ۳. کدام ۴. آنچه، هرچه ۵. آن ۶. چقدر

Do you know what? می‌دونی چیه؟ یک چیزی را می‌دونی؟

What about? در چه مورد؟ دربارهٔ چی؟

What about...? با... چطوری؟

What about you? شما چطور؟

What...for? ۱. چرا؟
۲. به چه درد می‌خورد؟ مال چیه؟

What if...? چه می‌شود اگر

What if the car breaks down?
اگر ماشین خراب شد چی؟

What is he? چه کاره است؟

What is...like? چه شکلی است؟ چه‌طوری است؟

What's on? [سینما، تلویزیون و غیره] چی نشان می‌دهد؟ چی داره؟

whatever /wât'ever/ *adj,pron*
۱. هر، هر نوع ۲. هر چه که، هر آنچه‌که ۳. هر کاری که ۴. هیچ رقم، هیچ گونه

wheat /wiit/ *n* گندم

wheel /wiil/ *n,vi* ۱. چرخ
۲. [اتومبیل] فرمان ۳. چرخش ◙ ۴. ۵. چرخیدن، دور زدن ۶. برگشتن

be at the wheel پشت فرمان بودن

wheelbarrow /'wiilbaro/ *n*
فرغون، چرخ دستی

wheelchair /'wiilcher/ *n*
صندلی چرخ‌دار

when /wen/ *adv,conj,pron*
۱. چه وقت ۲. وقتی‌که، موقعی که

whenever /wen'ever/ *adv*
۱. هر وقت ۲. (یا) هر وقت دیگر

where /wer/ *adv,conj* ۱. کجا
۲. جایی که، آنجا که، همان‌جا که

wherever /wer'ever/ *adv*
۱. هر جاکه، هر کجاکه ۲. از کجا، کجا

whether /'wedher/ *conj* ۱. آیا، که آیا، که ۲. اعم از این‌که، خواه، چه

which /wich/ *adj,pron* ۱. کدام، کدام یک ۲. چه ۳. که ۴. که آن، که... آن

whichever /wich'ever/ *adj,pron*
۱. هر کدام، هر یک ۲. کدام ۳. هر

while[1] /wâyl/ *n,vt* ۱. مدّت، وقت
◙ ۲. [وقت] گذراندن، تلف کردن

سفیده ۶. [چشم] سفیدی

whizz /wiz/ *vi* ویژی رفتن

who /hoo/ *pron* ۱. کی، چه کسی ۲. کیا (کی‌ها)، چه کسانی ۳. که، که او

Who is he? اون کیه؟ او کیست؟

Who knows? هیچ کس نمی‌دونه؟ کی می‌دونه؟ کیه که بدونه؟

who'd /hood/ = who had; who would

whoever /hoo'ever/ *pron* ۱. هر که، هر کس که ۲. هر کسی را که ۳. کی، چه کسی، هر کی که

whole /hol/ *adj,n* ۱. همهٔ، تمام ۲. کامل، تمام ۳. درسته ۴. کلّ

on the whole به‌طورکلی، درمجموع

wholly /'holi/ *adv* کاملاً، کلاً

wholesale /'holseyl/ *n,adj,adv* ۱. عمده‌فروشی ۲. وسیع، گسترده

wholesome /'holsâm/ *adj* ۱. سالم ۲. سلامت‌بخش ۳. مفید

who'll /hool/ = who shall; who will

whom /hoom/ *pron* ۱. چه کسی را ۲. که او را، که آنها را

whose /hooz/ *pron* ۱. مالِ کی، ـِ کی ۲. که ... ـَ ش، که ... ـِ شان ۳. مال چه کسی را ۴. که ... ـَ ش را

why /wây/ *adv* ۱. چرا ۲. که چرا

Why not? چرا نه؟

wicked /'wikid/ *adj* رذل

be worth somebody's while (کاری) به زحمتش ارزیدن، برای کسی ارزش داشتن

once in a while گاهی، گاه‌گاهی، بعضی اوقات

while² /wâyl/ *conj* ۱. موقعی که، در تمام مدتی که ۲. درحالی که

whim /wim/ *n* هوس، ویر

whimper /'wimper/ *vi,n* ۱. ناله کردن ۲. زوزه کشیدن ◙ ۳. ناله

whine /wâyn/ *n,vi* ۱. زوزه ۲. جیغ ۳. ناله ◙ ۴. زوزه کشیدن

whip /wip/ *n,vt* ۱. شلاق، تازیانه ◙ ۲. شلاق زدن ۳. هم زدن، زدن

whirl /werl/ *vt,vi,n* ۱. چرخاندن ◙ ۲. چرخیدن، چرخ زدن ۳. گیج رفتن ◙ ۴. چرخش، چرخ

whisk /wisk/ *n,vt* ۱. تکان ۲. هم‌زن ◙ ۳. تکان دادن ۴. هم زدن، زدن

whiskers /'wiskerz/ *n* ۱. [گربه، موش و غیره] سبیل ۲. ریش

whisky /'wiski/ *n* ویسکی

whisper /'wisper/ *vi,vt,n* ۱. نجوا کردن، پچ‌پچ کردن ۲. درگوشی گفتن ◙ ۳. نجوا، پچ‌پچ

whistle /'wisel/ *n,vi* ۱. سوت ۲. صدای سوت ◙ ۳. سوت کشیدن

white /wâyt/ *adj,n* ۱. سفید ۲. [قهوه] با شیر ◙ ۳. رنگ سفید، سفید ۴. سفیدپوست ۵. [تخم‌مرغ]

wickedness /ˈwikidnis/ *n*
شرارت، رذالت، بدجنسی

wide /wâyd/ *adj,adv* ۱. پهن، عریض ۲. گشاد ۳. گسترده، وسیع، جامع ۴. کاملاً باز ۵. پرت، دور از

far and wide همه‌جا، جاهای مختلف

wide apart از هم باز، دور از هم، با فاصلهٔ زیاد

widely /ˈwâydli/ *adv* ۱. کاملاً ۲. بسیار ۳. به‌طور گسترده

widen /ˈwâyden/ *vt,vi*
۱. پهن‌تر کردن ◙ ۲. پهن‌تر شدن

widespread /ˈwâydspred/ *adj*
شایع، رایج، متداول، معمول، فراوان

widow /ˈwido/ *n* بیوه، بیوه‌زن

widower /ˈwido-er/ *n* بیوه‌مرد

width /width/ *n* پهنا، عرض

wife /wâyf/ *n* زن، خانم، همسر

wig /wig/ *n* کلاه‌گیس

wild /wâyld/ *adj* ۱. وحشی ۲. غیراهلی ۳. خودرو ۴. تند، شدید ۵. عصبانی، دیوانه ۶. مهارنشدنی

wildly /ˈwâyldli/ *adj* ۱. سراسیمه، شتاب‌زده، دیوانه‌وار ۲. بسیار

wildness /ˈwâyldnis/ *n* ۱. طبیعتِ بِکر ۲. خشونت، وحشی‌گری

wilful /ˈwilful/ *adj* ۱. لجباز، خودرأی ۲. لجوجانه ۳. عمدی

will[1] /wil/ *aux v* ۱. [فعل معین] خواستن ۲. [جمله‌های سؤالی] میل دارید؟ ممکن است؟ لطفاً

Will you please...? ممکن است لطفاً...

will[2] /wil/ *vt,vi* ۱. خواستن ۲. اراده کردن ۳. مقدّر کردن

will[3] /wil/ *n* ۱. اراده ۲. خواست ۳. نیّت ۴. عزم، تصمیم ۵. علاقه

good will حسن نیت، حسن تفاهم

ill will سوءِ نیت، بدخواهی

of one's own free will
به میل خود، با طیب خاطر

willing /ˈwiling/ *adj* ۱. راغب، مایل، مشتاق، موافق ۲. مشتاقانه

willingly /ˈwilingli/ *adv* با طیبِ خاطر، مشتاقانه، از روی رغبت

willingness /ˈwilingnis/ *n* رضایِ خاطر، رضامندی، رغبت، میل

willow /ˈwilo/ *n* ۱. (درخت) بید ۲. چوب بید

wilt /wilt/ *vi* پژمرده شدن

win /win/ *vt,vi,n* ۱. بردن، برنده شدن ۲. پیروز شدن، فاتح شدن ۳. به دست آوردن ◙ ۴. بُرد، پیروزی

win somebody over کسی را با خود همراه یا هم‌عقیده کردن

wind[1] /wind/ *n* ۱. باد ۲. نفس

wind[2] /wind/ *vt* از نفس انداختن

wind[3] /wâynd/ *vi,vt,n*
۱. پیچ خوردن ◙ ۲. پیچیدن (دورِ) ۳. چرخاندن ◙ ۴. پیچ، چرخ، دور

wisdom /'wizdem/ *n* ۱. عقل، خرد ۲. خردمندی ۳. دانش

wise /wâyz/ *adj* ۱. خردمند، عاقل، باتدبیر ۲. خردمندانه، عاقلانه

wisely /'wâyzli/ *adv* خردمندانه

wish /wish/ *vt, vi, n* ۱. آرزو کردن، آرزو داشتن ۲. خواستن، میل داشتن ◘ ۳. آرزو، خواست، میل، مراد

Best wishes [در پایان نامه] قربانت

make a wish چیزی را آرزو کردن، یک آرزویی کردن

wish for something آرزویی کردن، آرزوی چیزی را کردن

wish somebody well برای کسی آرزوی موفقیت یا خوشبختی کردن

wishful /'wishful/ *adj* آرزومند

wit /wit/ *n* ۱. عقل، شعور، فهم ۲. شوخ‌طبعی، بذله‌گویی

be at one's wits' end دیگر عقل کسی به جایی نرسیدن

witch /wich/ *n* (زن) جادوگر

witchcraft /'wichkrâft/ *n* جادوگری

with /widh/ *prep* ۱. با ۲. از ۳. پیشِ، نزدِ ۴. همراهِ ۵. در موردِ

withdraw /widh'dro/ *vt, vi* ۱. عقب کشیدن ۲. کشیدن، بیرون کشیدن ۳. خود را عقب کشیدن

withdrawn /widh'dron/ *pp* اسم مفعول فعل withdraw

wind up به پایان رساندن، خاتمه دادن

windmill /'windmil/ *n* آسیای بادی

window /'windo/ *n* ۱. پنجره ۲. نورگیر

windscreen /'windskriin/ *n* [اتومبیل] شیشهٔ جلو

windy /'windi/ *adj* توفانی، پرباد

wine /wâyn/ *n* شراب

wing /wing/ *n, vi* ۱. بال ۲. جناح ۳. [فوتبال] گوش ◘ ۴. پرواز کردن

wing-tip نوک بال

winger /'winger/ *n* [فوتبال] گوش

wink /wink/ *vi, vt, n* ۱. چشمک زدن ۲. پلک زدن ◘ ۳. چشمک، سوسو

winner /'winer/ *n* بَرنده

winnings /'winingz/ *n* بُرد

winter /'winter/ *n* زمستان

wipe /wâyp/ *vt* ۱. پاک کردن، تمیز کردن ۲. خشک کردن

wipe off پاک کردن

wipe something out جایی را با خاک یکسان کردن

wipe something up [آب و غیره] با کهنه پاک کردن

wire /'wâyer/ *n, vt* ۱. سیم ۲. تلگرام ◘ ۳. تلگراف کردن

wireless /'wâyerlis/ *n* ۱. بی‌سیم ۲. رادیو

wolf / wulf / *n, vt* ۱. گرگ ◙ ۲. بلعیدن، با ولع خوردن

woman / 'wuman / *n* ۱. زن ۲. خدمتکار، ندیمه ۳. زنانگی

won / wân / *p,pp* گذشته و اسم مفعول فعل win

wonder[1] / 'wânder / *n* ۱. اعجاب، بهت، شگفتی ۲. معجزه، اعجاز

no wonder جای تعجب نیست که، تعجبی ندارد که

no wonder that تعجبی ندارد که

wonder[2] / 'wânder / *vi* تعجب کردن

I wonder if نمی‌دانم آیا

wonderful / 'wânderful / *adj* عالی

won't / wont / = will not

wood / wud / *n* ۱. چوب ۲. بیشه ۳. بشکه

wooded / 'wudid / *adj* پردرخت، درخت‌دار، پوشیده از درخت

wooden / 'wuden / *adj* ۱. چوبی ۲. دست و پاچلفتی ۳. خشک، بی‌روح

woodland / 'wudland / *n* ۱. جنگل ۲. زمین‌های جنگلی، بیشه‌زار

wool / wul / *n* ۱. پشم ۲. پارچهٔ پشمی

woollen / 'wulen / *adj* پشمی

woolly / 'wuli / *adj,n* ۱. پشمی ◙ ۲. لباس پشمی، ژاکت پشمی

word / werd / *n,vt* ۱. کلمه، واژه، لغت ۲. حرف، کلام، سخن ۳. قول ۴. دستور، فرمان ◙ ۵. بیان کردن

withdrew / widh'droo / *p* گذشتهٔ فعل withdraw

wither / 'widher / *vt, vi* ۱. پژمرده کردن، خشک کردن ◙ ۲. پژمردن، پژمرده شدن، خشک شدن

within / wi'dhin / *prep,adv* ۱. در ۲. در ظرفِ ۳. در داخلِ، توی ۴. درون

without / widh'aot / *prep* ۱. بدونِ، بی ۲. بدون این که، بی آن که

do without بدون (چیزی) سر کردن

withstand / widh'stand / *vt* مقاومت کردن در مقابلِ

withstood / widh'stud / *p,pp* گذشته و اسم مفعول فعل withstand

witness / 'witnis / *n, vt, vi* ۱. شاهد ۲. شهادت، گواهی ۳. دلیل، گواه ◙ ۴. شاهد بودن ۵. شهادت دادن ۶. گواهی کردن، تصدیق کردن

wittily / 'witili / *adv* به شوخی، با بذله‌گویی

witty / 'witi / *adj* ۱. شوخ، بذله‌گو ۲. بامزه

wobble / 'wâbel / *vi, vt,n* ۱. تکان خوردن، لرزیدن ◙ ۲. تکان دادن، لرزاندن ◙ ۳. تکان، لرزش

woe / wo / *n* ۱. اندوه ۲. گرفتاری

woke / wok / *p* گذشتهٔ فعل wake

woken / 'woken / *pp* اسم مفعول فعل wake

work something out ۱. حساب کردن ۲. سـر درآوردن، فهـمیدن

work² /werk/*n* ۱. کار ۲. اثر

at work ۱. سرِ کار ۲. در حال کار ۳. مشغول کار

get to work دست به کار شدن

out of work بیکار

workbook /'werkbuk/*n* ۱. کتابچهٔ راهنما ۲. کتاب تمرین

worker /'werker/*n* کارگر

working /'werking/*adj* ۱. شغلی، کاری ۲. مؤثر، کارآمد

workman /'werkman/*n* کارگر

works /werks/*n* ۱. آثار ۲. کارخانه

workshop /'werkshâp/*n* کارگاه

world /werld/*n,adj* ۱. دنیا، جهان ۲. مردم جهان ۳. مردم ▣ ۴. جهانی

be out of this world بسیار عالی، فوق‌العاده، محشر

think the world of somebody یک دنیا کسی را دوست داشتن

worm /werm/*n* ۱. کِرم ۲. پیچ

worn /worn/*pp* اسم مفعول فعل wear

worry¹ /'wâri/*vt,vi* ۱. ناراحت کردن، نگران کـردن، اذیت کـردن ▣ ۲. نگران بودن، غصه خوردن

worry² /'wâri/*n* ۱. نگرانی، غصه، ناراحتی ۲. مایهٔ نگرانی

break one's word به قولِ خود عمل نکردن، زیر قول خود زدن

have a word with somebody با کسی صحبت کردن

in other words به عبارت دیگر، به بیان دیگر

keep one's word, be as good as one's word, be true to one's word به قول خود عمل کردن، به عهد خود وفا کردن

take somebody at his(*or* her) word به حرف یا قول کسی اعتماد کردن

take somebody's word for it حرف کسی را باور کردن

will not hear a word against حاضر به شنیدن حرفی علیه (کسی یا چیزی) نبودن

word-for-word ۱. کلمه به کلمه ۲. [ترجمه] لفظ به لفظ

word processor program برنامهٔ واژه‌پرداز

wore /wor/*p* گذشتهٔ فعل wear

work¹ /werk/*vi,vt* ۱. کار کردن ۲. به کار واداشتن ۳. ساختن، کردن، درست کردن

work out ۱. به نتیجهٔ مطلوب رسیدن، درست از آب در آمدن ۲. نرمش کردن، ورزش کردن

work somebody out از کار کسی سر در آوردن، کسی را شناختن

worthy /'werdhi/ *adj* درخور، سزاوار، لایق، شایسته، محق

would /wud/ *aux v,p* گذشتهٔ will

would rather ترجیح دادن

wound[1] /woond/ *n,vt* ۱. زخم، جراحت ۲. جریحه ◙ ۳. زخم کردن

wound[2] /waond/ *p,pp* گذشته و اسم مفعول فعل wind

wound up برآشفته

wove /wov/ *p* گذشتهٔ فعل weave

woven /'woven/ *pp* اسم مفعول فعل weave

wrap /rap/ *vt* ۱. پیچیدن ۲. پوشاندن

wrapper /'raper/ *n* ۱. روکش (کتاب) ۲. لباس خانه

wrapping /'raping/ *n* کاغذ، لفاف

wreath /riith/ *n* حلقهٔ گل

wreck[1] /rek/ *n* ۱. [کشتی] شکستگی، خردشدگی، توفان‌زدگی ۲. کشتی شکسته، کشتی توفان‌زده

wreck[2] /rek/ *vt* ۱. شکستن، خرد کردن ۲. خراب کردن، برهم زدن

wreckage /'rekij/ *n* تکه‌پاره‌ها(ی خردشده)

wrench /rench/ *vt,n* ۱. پیچاندن ◙ ۲. پیچ‌خوردگی، دررفتگی ۳. آچار

worse /wers/ *adj,adv* ۱. بدتر ۲. از این بدتر ۳. بیشتر، شدیدتر، حادتر

be worse off فقیرتر بودن، وضع مالی بدتری داشتن

none the worse for something آسیبی ندیدن، از خطر جستن

worsen /'wersen/ *vt,vi* ۱. بدتر کردن ◙ ۲. بدتر شدن

worship /'wership/ *n,vt* ۱. پرستش ۲. عبادت ◙ ۳. پرستیدن

worst /werst/ *adj,adv,n* ۱. بدترین ۲. بدتر از همه ۳. بدترین

get the worst of it بیشتر از همه زیان کردن یا آسیب دیدن

if the worst comes to the worst اگر آنچه نباید اتفاق بیفتد اتفاق افتاد، اگر آنچه نباید بشود شد

worst of all از همه بدتر، بدتر از همه

worth[1] /werth/ *n* ارزش

worth[2] /werth/ *prep* ۱. به ارزشِ، به قیمتِ ۲. به اندازهٔ

worth[3] /werth/ *adj*

for all one is worth با تمامِ وجودِ خود، با حداکثر توان خود

to be worth ۱. ارزش داشتن، ارزیدن ۲. ثروت داشتن

worthless /'werthlis/ *adj* ۱. بی‌ارزش ۲. بی‌فایده، به‌دردنخور

worthwhile /werth'wâyl/ *adj* ارزنده، ارزشمند، مفید

wrestle /'resel/ *vi,n* ۱. کُشتی گرفتن ۲. کلنجار رفتن ◻ ۳. مسابقهٔ کشتی

wrestler /'resler/ *n* کشتی‌گیر

wretched /'rechid/ *adj*
۱. بدبخت، فلک‌زده ۲. فلاکت‌بار

wriggle /'rigel/ *vi,vt,n*
۱. وول زدن، وول خوردن، لولیدن ◻ ۲. تکان دادن ◻ ۳. وول، تکان

wring /ring/ *vt,n* ۱. پیچاندن، فشردن ۲. چلاندن ◻ ۳. فشار، پیچ

wrinkle /'rinkel/ *n,vi* ۱. چروک، چین و چروک ◻ ۲. چروک شدن

wrist /rist/ *n* مچ (دست)

write /râyt/ *vt,vi* ۱. نوشتن ۲. نامه نوشتن ۳. چیز نوشتن

write something down
چیزی را یادداشت کردن

writer /'râyter/ *n* نویسنده

writing /'râyting/ *n* ۱. (عمل) نوشتن ۲. دستخط ۳. نوشته، اثر

in writing به صورت کتبی

written /'riten/ *pp*
اسم مفعول فعل write

wrong /râng/ *adj,n,vt*
۱. نادرست ۲. اشتباه، غلط ۳. خراب ◻ ۴. گناه، خطا ۵. بی‌عدالتی ◻ ۶. بد کردن به

go wrong ۱. [راه] عوضی رفتن ۲. غلط از آب درآمدن ۳. خراب شدن، یک عیبی پیدا کردن

Something has gone wrong with the car. ماشین یک عیبی پیداکرده است.

wrote /rot/ *p* گذشتهٔ فعل write

wrung /râng/ *p,pp*
گذشته و اسم مفعول فعل wring

X

X,x /eks/ *n* ۱. اکس (= بیست و چهارمین حرف الفبای انگلیسی) ۲. [عددنویسی رومی] ده

Xerox /'zirâks/ *n,vt* ۱. زیراکس ◘ ۲. زیراکس کردن

Xmas /'krismas/ *n* کریسمس

X-ray /'eks rey/ *n,vt* ۱. اشعهٔ ایکس ۲. دستگاه اشعهٔ ایکس ◘ ۳. [با اشعهٔ ایکس] معاینه کردن، درمان کردن، عکس گرفتن

take an X-ray of از (جایی از بدن) عکس گرفتن

xylophone /'zâylofon/ *n* گزیلوفون، زایلوفون

Y

Y,y /wây/ *n* وای (= بیست و پنجمین حرف الفبای انگلیسی)

yacht /yât/ *n* ۱. قایق تفریحی ۲. قایق بادبانی مسابقه‌ای

yard[1] /yârd/ *n* ۱. حیاط ۲. حیاط خلوت ۳. محوطه

yard[2] /yârd/ *n* یارد (= واحد طول برابر با ۹۱/۴۴ سانتی‌متر)

yawn /yon/ *n,vi* ۱. خمیازه، دهن‌دره ◘ ۲. خمیازه کشیدن، دهن‌دره کردن

year /yer/ *n* سال

all the year round در طول سال، در تمام سال

be...years old ... ساله بودن، ... سال داشتن

He's ten years old. او ده ساله است. او ده سال دارد.

year after year سال‌های سال، سال‌های متمادی، همه‌ساله، هر سال

year in year out سال‌های سال، سال‌های متمادی

yearly /'yerli/ *adj,adv* سالانه

yearn /yern/ *vi* آرزو کردن

yeast /yiist/ *n* مخمّر

yell /yel/ *vi,n* ۱. نعره زدن، هوار کشیدن ◘ ۲. نعره، داد، فریاد

yellow /'yelo/ *adj,n* (رنگ) زرد

yellowish /'yelowish/ *adj* متمایل به زرد، زرد کم‌رنگ

yelp /yelp/ *n,vi* ۱. آخ، وای ۲. واق ۳. جیغ ◙ ۴. جیغ زدن ۵. واق زدن

yes /yes/ *adv,n* ۱. بله، بلی، آری، آره ۲. چرا! ۳. جواب مثبت

yesterday /'yesterdi/ *adv,n* دیروز

yet /yet/ *adv,conj* ۱. هنوز ۲. حالا ۳. اما، ولی ◙ ۴. با این همه

as yet تا حالا، هنوز

yet again دوباره، باز هم

yew /yoo/ *n* (درخت) سرخ‌دار

yield /yiild/ *vt,vi,n* ۱. دادن، به بار آوردن ◙ ۲. تسلیم شدن ۳. خم شدن ◙ ۴. محصول، حاصل، بار

yoga /'yogâ/ *n* یوگا

yogurt /'yâgert/ *n* ماست

yolk /yok/ *n* زرده (تخم مرغ)

you /yoo/ *pron* ۱. [ضمیر فاعلی، دوم شخص مفرد] تو ۲. [ضمیر فاعلی، دوم شخص جمع] شما

you'd /yood/ = you had; you would

you'll /yool/ = you will

young /yâng/ *adj,n* ۱. جوان ۲. نورس، نورسته ۳. پسر، کوچک ◙ ۴. بچه‌ها ۵. [حیوان] توله‌ها

youngster /'yângster/ *n* بچه، پسربچه، پسر جوان

your /yor/ *adj* ۱. [صفت ملکی، دوم شخص مفرد] ـِ تو، ـَ ت ۲. [صفت ملکی، دوم شخص جمع] ـِ شما، ـِ تان

yours[1] /yorz/ *pron* ۱. [ضمیر ملکی، دوم شخص مفرد] مال تو، ـِ تو، ـَ ت ۲. [ضمیر ملکی، دوم شخص جمع] مال شما، ـِ شما، ـِ تان

Yours[2] /yorz/ [به تنهایی در پایانِ نامهٔ دوستانه] قربانت

yourself /yor'self/ *pron* ۱. [ضمیر انعکاسی، دوم شخص مفرد] خودت را، به خودت، از خودت، خودت ۲. [ضمیر انعکاسی، دوم شخص مفرد در کاربرد مؤدبانه] خودتان را، به خودتان، از خودتان، خودتان ۳. [ضمیر تأکیدی] خودت ۴. [ضمیر تأکیدی] خودتان

by yourself تنها، به تنهایی

yourselves /yor'selvz/ *pron* ۱. [ضمیر انعکاسی، دوم شخص جمع] خودتان را، به خودتان، از خودتان، خودتان ۲. [ضمیر تأکیدی] خودتان

by yourselves تنها، به تنهایی

youth /yooth/ *n* ۱. جوانی ۲. جوان، مرد جوان ۳. جوانان

in one's youth در جوانی کسی

you've /yoov/ = you have

Z

Z,z /zed, zii/ *n* زد، زی
(= بیست و ششمین حرف الفبای انگلیسی)
zeal /ziil/ *n* اشتیاق، شور، حرارت
zealous /'zeles/ *adj* مشتاق
zebra /'ziibrâ/ *n* گوراسب
(در تداول عام «گورخر» نامیده می‌شود.)
zebra crossing /ziibrâ 'krâsing/ *n* خط‌کشی (عابر پیاده)
zero /'ziiro/ *n* صِفر
below zero [دما] زیر صفر
zest /zest/ *n* شور و شوق، علاقه
zigzag /'zigzag/ *n, adj, vi*
۱. زیگ‌زاگ ۲. خط شکسته ◘ ۳. شکسته ◘ ۴. زیگ‌زاگ رفتن
zinc /zink/ *n* (فلز) روی
zip /zip/ *n, vt* ۱. زیپ ◘ ۲. زیپ (چیزی را) بستن یا باز کردن
zip up something
زیپ چیزی را بستن یا بالا کشیدن
zip-fastener /zip 'fasener/ *n* زیپ
zodiac /'zodiyak/ *n* منطقةالبروج
zone /zon/ *n* منطقه
zoo /zoo/ *n* باغ وحش
zoological /zuwâ'lâjikâl/ *adj*
۱. جانوری ۲. جانورشناختی
zoologist /zu'wâlâjist/ *n*
جانورشناس
zoology /zu'wâlâji/ *n*
جانورشناسی
zoom /zoom/ *vi* ۱. به شتاب رفتن ۲. افزایش یافتن ۳. [دوربین] زوم کردن
zoom lens /'zoom lenz/ *n*
عدسی زوم

فهرستنویسی پیش از انتشار

فرهنگ معاصر فارسی ـ انگلیسی جیبی / تدوین واحد پژوهش فرهنگ معاصر؛ ویراستهٔ کریم امامی. ـــ تهران: فرهنگ معاصر، ۱۳۸۴.

۷۵۰ ص. ؛ ۸/۵ × ۱۳/۵ س م.

فارسی-انگلیسی

فهرستنویسی براساس اطلاعات فیپا.

۱. فارسی ـ واژه‌نامه‌ها ـ انگلیسی . ۲. زبان انگلیسی ـ واژه‌نامه‌ها ـ فارسی. الف. امامی، کریم، ویراستار ب. فرهنگ معاصر. واحد پژوهش.

۴۵۱۸۴ف ۲ ف / ۱۶۴۵ PE   فا ۴۲۳

کتابخانه ملی ایران   م ۸۴-۶۶

شابک ۰-۰۴-۸۶۳۷-۹۶۴   ISBN 964-8637-04-0

فرهنگ معاصر
فارسی ـ انگلیسی
جیبی

تدوینِ

واحد پژوهش فرهنگ معاصر

ویراستهٔ

کریم امامی

فرهنگ معاصر

تهران ۱۳۸۳

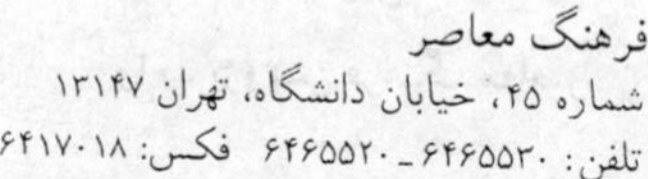

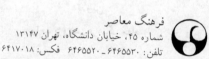

فرهنگ معاصر
شماره ۴۵، خیابان دانشگاه، تهران ۱۳۱۴۷
تلفن: ۶۴۶۵۵۳۰ ـ ۶۴۶۵۵۲۰ فکس: ۶۴۱۷۰۱۸
E-mail: farhangmo@neda.net
Website: www.farhangmoaser.com

فرهنگ معاصر فارسی ـ انگلیسی جیبی
تدوینِ واحد پژوهش فرهنگ معاصر
ویراستهٔ کریم امامی
حروف‌نگاری و صفحه‌آرایی:
واحد کامپیوتر فرهنگ معاصر

چاپ: شرکت قلم آذین چاپ

چاپ اول: ۱۳۸۴

کلیهٔ حقوق این اثر متعلق به «مؤسسهٔ فرهنگ معاصر» است و هر نوع استفادهٔ بازرگانی از این فرهنگ اعم از زیراکس، بازنویسی، ضبط کامپیوتری و یا تکثیر به هر صورت دیگر، کلاً و جزئاً، ممنوع و قابل تعقیب قانونی است.

ناشر وظیفه خود می‌داند از افراد زیر که در تدوین این فرهنگ همکاری داشته‌اند سپاسگزاری کند.

ویراستار

کریم امامی

دستیار ویرایش

آزیتا حجت‌اله طالقانی

استخراج مدخل‌ها

محمد افتخاری

تلفظ واژه‌ها

حیات عامری

حروف‌نگاری

آرزو یکتاسرور

راهنمای استفاده از فرهنگ
فارسی ـ انگلیسی

یافتن واژهٔ مورد نظر:

این فرهنگ براساس ترتیب الفبایی واژه‌های فارسی تنظیم شده است.

تلفظ:

در این فرهنگ برای نشان دادنِ تلفظِ واژه‌های فارسی از شیوهٔ آوانگاریِ متداول در فرهنگ‌های جدید فارسی استفاده شده است.

آبمیوه‌گیری /ābmivegiri/ اسم.
juicer

عبارات و اصطلاحات:

عبارات و اصطلاحاتِ مربوط به هر واژه در ذیل مدخلِ مربوطه آمده است.

برس /boros/ اسم. **brush**
برسِ مو hairbrush
برس زدن to brush

مقولهٔ دستوری:
هر واژه متعلق به یک طبقهٔ دستوری است که در مقابلِ آن واژه، به صورتِ اختصار آورده شده است.

جسورانه /jasurāne/ صفت.، قید.
1. [*adj*] **bold, audacious**
2. [*adv*] **boldly**

کاربرد ( ):
پرانتز در مواردِ زیر به کار رفته است:

۱. در مقابلِ مدخل و قبل از تلفظ، بیانگر حوزهٔ معنایی واژه مورد نظر است.

شط (جغرافیا) /šat(t)/ اسم.
a big river

۲. اگر پرانتز در جلو یا به دنبال یک برابرِ انگلیسی بیاید، یعنی می‌توان آن برابرِ انگلیسی را یا با مطلبِ داخلِ پرانتز خواند یا بدونِ آن.

برگه /barge/ اسم.
card,
(slip of) **paper**

کاربرد [ ]:
قلاب در یکی از مواردِ زیر به کار می‌رود:

۱. پس از مقولهٔ دستوری برای نشان دادنِ صورت جمع یا مفرد مدخل.

حقایق /haqāyeq/ اسم. [جمعِ حقیقت]
facts, truths

۲. پس از برابرهای انگلیسیِ افعالِ مرکب، برای نشان دادنِ صورتِ لازم یا متعدیِ فعل.

پُر /por/ صفت.　**full, ...**
پُرشدن　to fill (up) [*vi*]
پُرکردن　to fill (up) [*vt*]

۳. پس از برابرِ انگلیسی، برای نشان دادنِ صورتِ جمع یا مفردِ آن.

باکتری /bākteri/ اسم. **bacteria** [*pl*], **bacterium** [*sing*]

۴. قبل از برابر انگلیسی، برای نشان دادنِ مقولهٔ دستوریِ آن.

جنگجو /jangju/ اسم.، صفت. 1. [*n*] **fighter, combatant, warrior** 2. [*adj*] **fighting**

۵. قبل از برابرِ انگلیسی، برای نشان دادنِ حوزهٔ معناییِ برابرِ مورد نظر.

فرد /fard/ اسم.، صفت. [math] **odd**

کاربرد (=):

این علامت، برای نشان دادنِ صورتِ ارجاعی‌ای به کار می‌رود که از لحاظِ نوشتاری یا آوایی با واژهٔ مورد نظر متفاوت بوده ولی از لحاظ معنایی با آن مترادف است.

افریقا (= آفریقا) /efriqā/ اسم. **Africa**

کاربرد «،» یا «؛»:

برابرهایی که با ویرگول از هم جدا شده‌اند تقریباً هم‌معنا هستند.

قالب /qāleb/ اسم. **mould, mold; model, form**

شماره‌گذاری مدخل‌ها:

در موارد زیر مدخل‌ها شماره‌گذاری شده‌اند:

۱. وقتی یک صورت نوشتاری، نمایندهٔ بیش از یک معنا بوده است.

آسیا ۱ (ب) /āsîyā(b)/ اسم. **(water-) mill**

آسیا ۲ /āsîyā/ اسم. **Asia**

۲. وقتی واژهٔ فارسی دارای دو تلفظ و مقولهٔ دستوری متفاوت باشد.

ولی ۱ /vali/ اسم. **legal guardian**

ولی ۲ /vali:/ حرف اضافه. **but**

نشانه‌های آوایی

فارسی ـ انگلیسی

معادل فارسی	نشانهٔ آوایی	معادل فارسی	نشانهٔ آوایی
آ (بلند)، یٰ	ā	ـُ	o
آ (کوتاه)	â	ـُ(بلند)	o:
ـَ	a	ـٌ	on
ـً	an	اُ (بلند)	ow
ب	b	پ	p
چ	č	غ ، ق	q
د	d	ر	r
ـِ	e	ث، س، ص	s
ف	f	ش	š
گ	g	ت، ط، ة	t
ح ، ه	h	ـو	u
ی	i	ـو (کوتاه)	û
ی (کوتاه)	î	و	v
ج	j	خ	x
ک	k	ی	y
ل	l	ذ، ز، ض،ظ	z
م	m	ژ	ž
ن	n	ع ، همزه	`

اختصارات انگلیسی

فارسی ـ انگلیسی

اختصار	معادل انگلیسی	اختصار	معادل انگلیسی
n.	noun	*chem.*	chemistry
adj.	adjective	*fin.*	finance
adv.	adverb	*gem.*	geometry
vi.	intransitive verb	*geo.*	geology
vt.	transitive verb	*gram.*	grammar
prep.	preposition	*math.*	mathematics
inter.	interjection	*med.*	medicine
pl.	plural	*photo.*	photography
sing.	singular	*phys.*	physics
arith.	arithmetice	*psych.*	psychology
attrib.	attributive		

فرهنگ معاصر
فارسی ـ انگلیسی
جیبی

آ ، آ

آب / āb / اسم. **water; juice**
- آبِ آشامیدنی drinking water
- آبِ پرتقال orange juice
- آب دادن to water
- آب رفتن to shrink
- آب شدن to melt [*vi*]
- آب کردن to melt down [*vt*]

آباد / ābād / صفت. **populated and flourishing, developed**
- آباد کردن to develop, to make habitable

آبادی / ābādi / اسم. **village, settlement**

آبپاش / ābpāš / اسم. **watering-can**

آبجو / ābjow / اسم. **beer; ale**

آبدار / ābdār / صفت. **juicy; succulent**

آبرسانی / ābresāni / اسم. **supplying water**
- کانالِ آبرسانی irrigation canal

آبرنگ (نقاشی) / ābrang / اسم. **water-colour(s)**

آبرو / āb(e)ru / اسم. **honour, good name**

آبرومند / āb(e)rumand / صفت. **respectable, honourable**

آبریزگاه / ābrizgāh / اسم. **public toilet(s)**

آبزیان / ābzîyān / اسم. [جمعِ آبزی] **aquatic creatures, marine life**

آبستن / ābestan / صفت. **pregnant**
- آبستن بودن to be pregnant
- آبستن کردن to make pregnant

آبستنی / ābestani / اسم. **pregnancy**

آب سردکن / ābsardkon / اسم. **water-cooler**

آبشار / ābšār / اسم. **waterfall, cascade**

آبکاری / ābkāri / اسم. **electro-plating**

آبکی / ābaki / صفت. **watery, watered down**

آبگرمکن / ābgarmkon / اسم. **geyser, water-heater**

آبله / āb(e)le / اسم. **smallpox; pock-marks**

آبمیوه / āb(e)mive / اسم. **fruit-juice**

آبمیوه گیری / ābmivegiri / اسم. **juicer**

آب‌نبات / ābnabāt / اسم. **candy, comfit**

آب و هـوا / āb-o-havā / اسم. **climate**

آبی[1] / ābi / صفت. **blue, azure**

آبی[2] / ābi / صفت. **related to water, aquatic**

آسیایِ آبی water-mill

آبیاری / ābyāri / اسم. **irrigation**

آبیاری‌کردن to irrigate, to water

آپارتمان / âpârt(e)mān / اسم. **flat, apartment**

آپارتمانِ تک‌واحدی a flat occupying the whole of one floor

آتش / ātaš / اسم. **fire**

آتش زدن to set fire to; to ignite

آتش گرفتن to catch fire

آتشبازی / ātašbāzi / اسم. **fireworks**

آتش‌بس / ātašbas / اسم. **ceasefire**

آتش‌خاموش‌کن / ātašxāmuškon / اسم. **fire-extinguisher**

آتش‌سوزی / ātaššuzi / اسم. **fire, conflagration**

آتش‌فشان / ātašfešān / (کوه) / اسم. **volcano**

آتش‌نشانی / ātašnešāni / اسم. 1. **fire-figting** 2. **fire-brigade**

ماشینِ آتش‌نشانی fire engine

آجر / ājor / اسم. **brick**

آجرپزی brick-kiln

آجیل / ājil / اسم. **assorted nuts**

آچار / āčār / اسم. **wrench; spanner**

آچار پیچ‌گوشتی screwdriver

آچار فرانسه adjustable spanner

آخر / āxer / اسم.، صفت.، قید. 1. [*n*] **end** 2. [*adj*] **last** 3. [*adv*] **last**

آخرت / āxerat / اسم. **afterlife, the hereafter**

آخرین / āxerin / صفت. **last; latest**

آدامـس / âdâms / اسم. **chewing-gum**

آدرس / âdres / اسم. **address**

آدم / ādam / اسم. **human being, man, fellow**

آدم‌برفی snowman

آدم‌مصنوعی robot

آدم‌ربا / ādamrobā / اسم. **kidnapper, abductor**

آدم‌ربایی / ādamrobāyi / اسم. **kidnapping, abduction**

آدم‌کش / ādamkoš / اسم. **killer, murderer**

آدم‌کشی / ādamkoši / اسم.
homicide, murder
آدمیّت / ādamiyyat / اسم.
humanity, humaneness
آذوقه / āzuqe / اسم. **provisions, food supplies**
آراستن / ārāstan / مصدر.
to decorate
آراسته / ārāste / صفت. **decorated; elegant**
آرام / ārām / صفت. **calm, tranquil**
آرام شدن to become quiet, to calm down
آرام کردن to pacify
آرام‌بخش (قرص) / ārāmbaxš / اسم.
tranquillizer
آرامش / ārāmeš / اسم. **peace; tranquillity**
آرامگاه / ārāmgāh / اسم.
mausoleum; tomb
آرایش / ārāyeš / اسم. **make-up**
آرایشگاه / ārāyešgāh / اسم.
beauty salon; barber's shop
آرایشگر / ārāyešgar / اسم.
barber; hairdresser
آرد / ārd / اسم. **flour**
آردِ گندم wheat flour
آردواز / ârdvâz / اسم.
asbestos cement slate
آرزو / ār(e)zu / اسم. **wish; longing**
آرزو کردن to wish; to desire
آرزومند / ār(e)zǔmand / صفت.
desirous
آرشیتکت / âršitekt / اسم.
architect
آرشیو / âršiv / اسم. **archive(s)**
آرم / ârm / اسم. **emblem; logo**
آرمان / ārmān / اسم. **ideal**
آرنج / ārenj, āranj / اسم. **elbow**
آریایی / ār(î)yāyi / صفت. **Aryan**
آزاد / āzād / صفت. **free; loose**
آزاد شدن to be released
آزاد کردن to release, to set free
آزادانه / āzādāne / قید. **freely, of one's free will**
آزادراه / āzādrāh / اسم. **motorway, freeway**
آزادگی / āzādegi / اسم.
freedom of spirit
آزاده / āzāde / صفت.، اسم.
1. [*adj*] **free-spirited**
2. [*n*] **a liberated prisoner of war**
آزادی / āzādi / اسم. **freedom, liberty**
آزادیِ بیان freedom of expression
آزار / āzār / اسم. **harm; injury; persecution**
آزارنده / āzārande / صفت.
offensive, annoying

آزردگی / āzordegi / اسم.
annoyance, pique

آزردن / āzordan / مصدر.
to annoy, to vex

آزرده(خاطِر) / āzorde(xāter) / صفت.
annoyed, vexed, offended

آزمایش / āz(e)māyeš / اسم.
test, experiment

آزمایش کردن — to experiment, to test

آزمایشگاه / āz(e)māyešgāh / اسم.
laboratory

آزمایشی / āz(e)māyeši / صفت.
experimental

آزمون / āz(e)mun / اسم.
test

آزمون هوش — intelligence test

آژانس / âžâns / اسم.
agency

آژانسِ مسافرت — travel agent

تاکسیِ آژانس — telephone taxi

آژیر / āžir / اسم.
alarm; siren

آسان / āsān / صفت.
easy, simple

آسان گرفتن — to take it easy

آسانسور / âsânsor / اسم.
lift, elevator

آسایش / āsāyeš / اسم.
rest; comfort

آسایشگاه / āsāyešgāh / اسم.
sanatorium, rest-home, home

آسایشگاهِ سالمندان — old people's home

آسایشگاهِ معلولین — home for the disabled

آستر / āstar / اسم.
lining; priming

آستین / āstin / اسم.
sleeve

آسفالت / âsfâlt / اسم.
asphalt

آسفالت کردن — to asphalt, to pave with asphalt

آسم (پزشکی) / âsm / اسم.
asthma

آسمان / ās(e)mān / اسم.
sky; heaven

آسمان‌خراش / ās(e)mānxarāš / اسم.
skyscraper

آسمانی / ās(e)māni / صفت.
heavenly; celestial

آسودگی / āsudegi / اسم.
freedom from anxiety; comfort

آسوده / āsude / صفت.
free from anxiety; comfortable

آسوده شدن — to be relieved of anxiety

آسوده کردن — to relieve of anxiety

آسیا[1] (ب) / āsîyā(b) / اسم.
(water-) mill

آسیاب کردن — to grind, to mill

آسیا[2] / āsîyā / اسم.
Asia

آسیابان / āsîyābān / اسم.
miller

آسیایی / āsîyāyi / صفت.
Asian, Asiatic

آسیب / āsib / اسم.
injury, damage

آسیب دیدن — to sustain an injury

آسیب رساندن to cause an injury

آسیب پذیر / āsibpazir / صفت. **vulnerable**

آش / āš / اسم. **a thick soup, a pottage**

آشامیدن / āšāmidan / مصدر. **to drink**

آشامیدنی / āšāmidani / صفت، اسم.
1. [*adj*] **drinkable**
2. [*n*] **a refreshing drink**

آشپز / āšpaz / اسم. **cook**
سرآشپز chef

آشپزخانه / āšpazxāne / اسم. **kitchen**

آشپزی / āšpazi / اسم. **cooking, cookery**
آشپزی کردن to cook, to prepare a meal

آشتی / āšti / اسم. **reconciliation; peace**
آشتی دادن to reconcile
آشتی کردن to make peace with sb

آشغال / āšqāl / اسم. **rubbish, garbage**
سطلِ آشغال garbage can, dustbin

آشفتگی / āšoftegi / اسم. **confusion, disarray**

آشفته / āšofte / صفت. **confused, in disarray**

آشکار / āškār / صفت. **open to view, evident, manifest**
آشکار شدن to be revealed
آشکار کردن to reveal, to unveil

آشنا / āš(e)nā / صفت، اسم.
1. [*adj*] **acquainted; familiar**
2. [*n*] **acquaintance**
آشنا شدن to get acquainted; to meet
آشنا کردن to familiarize; to acquaint

آشنایی / āš(e)nāyi / اسم. **acquaintance**

آشوب / āšub / اسم. **riot, disturbance, rebellion**

آشوب‌گر / āšubgar / اسم. **a rioter**

آشیانه / āšiyāne / اسم. **nest; hangar**

آغاز / āqāz / اسم. **beginning, start**
آغاز شدن to get started
آغاز کردن to begin, to start

آغوش / āquš / اسم. **bosom; breast**
درآغوش گرفتن to embrace, to hug

آفت / āfat / اسم. **pest; blight**

آفتاب / āftāb / اسم. **sun, sunshine**
طلوعِ آفتاب sunrise
غروبِ آفتاب sunset

آفتاب‌زده / āftābzade / صفت. **suffering from sunstroke**

آفتاب‌زدگی / āftābzadegi / اسم. **sunstroke**

آفتابگردان (گیاه) / āftābgardān / اسم. **sunflower**

روغنِ آفتابگردان sunflowe oil

آفتابی / āftābi / صفت. **sunny, solar**

عینک آفتابی sun-glasses

آفریدن / āfaridan / مصدر. **to create**

آفریده / āfaride / صفت. **created**

آفریقا / âfriqā / اسم. **Africa**

آفـریقایی / âfriqāyi / صفت. **African**

آفرین / āfarin / اسم. **praise**

آفرین! Bravo! Well-done!

آفرین گفتن to praise, to felicitate

آفرینش / āfarineš / اسم. **creation**

آقا / āqā / اسم. **gentleman; sir; mister**

آقایِ ... Mr/Mister So-and-So

آکبند / âkband / صفت. **brand-new**

آگاه / āgāh / صفت. **aware; well-informed**

آگاه شدن to be informed

آگاه‌کردن to inform

آگاهی / āgāhi / اسم. **awareness; information**

ادارهٔ آگاهی Criminal Investigation Department (CID)

آگهی / āgahi / اسم. **advertisement, ad; public notice**

آگـهیِ تلویزیونی TV commercial

آگهی دادن to advertise

آلبالو (گیاه) / ālbālu / اسم. **sour cherry**

آلبوم / âlbom / اسم. **album**

آلت / ālat / اسم. **instrument, tool**

آلتِ تناسلی genital organ

آلو (گیاه) / ālu / اسم. **plum**

آلوزرد yellow plum

آلو سیاه black plum

آلودگی / āludegi / اسم. **contamination, pollution**

آلودن / āludan / مصدر. **to pollute**

آلوده / ālude / صفت. **polluted, contaminated**

آلوده شدن to be contaminated

آلوده‌کردن to contaminate, to pollute

آلومینیم / âlomin(i)yom / اسم. **aluminium, aluminum**

آلونک / ālunak / اسم. **hut, hovel**

آلی / āli / صفت. **organic**

شیمیِ آلی organic chemistry

آلیاژ / âl(i)yâž / اسم. **alloy**

آماتور / âmâtor / اسم. **amateur**

آمادگی / āmādegi / اسم.
readiness ; preparedness ; last year of kindergarten

آماده / āmāde / صفت.
ready, prepared
آمادهٔ کار seeking employment
آماده شدن to get ready
آماده کردن to prepare

آماده‌سازی / āmādesāzi / اسم.
preparation ; processing

آمار / āmār / اسم.
statistics

آماری / āmāri / صفت.
statistical

آمبولانس / âmbulâns / اسم.
ambulance

آمپول / âmpul / اسم.
injection, shot
آمپول زدن to give an injection

آمدن / āmadan / مصدر.
to come, to arrive

آمد و رفت / āmad-o-raft / اسم.
coming and going

آمریکا / âmrikā / اسم.
America; the United States

آمریکایی / âmrikāyi / صفت، اسم.
1. [*adj*] **American**
2. [*n*] **an American citizen**

آموختن / āmuxtan / مصدر.
to learn ; to teach

آموزش / āmuzeš / اسم.
instruction ; training ; education
آموزشِ دانشگاهی university education
آموزشِ دینی religious education
آموزشِ عالی higher education
آموزش دادن to train; to teach a skill

آموزشگاه / āmuzešgāh / اسم.
school, training centre

آموزش و پرورش / āmuzeš-o-parvareš / اسم.
education, pedagogy
وزارتِ آموزش و پرورش Ministry of Education

آموزشی / āmuzeši / صفت.
instructional; educational

آموزگار / āmuz(e)gār / اسم.
teacher; elementary-school teacher

آموزنده / āmuzande / صفت.
instructive

آمیزش / āmizeš / اسم.
intercourse ; socializing

آمیزشی / āmizeši / صفت.
venereal
بیماریِ آمیزشی a sexually-transmitted disease

آن / ān / ضمیر.
that, it
آنان، آن‌ها those, they

آناناس (گیاه) / ânânâs / اسم.
pineapple

آنتن / ânten / اسم. **aerial, antenna**
آنتنِ مرکزی central antenna
آنتنِ ماهواره‌ای satellite dish
آنتی‌بیوتیک / ântibiyotik / اسم. **antibiotic**
آنجا / ānjā / قید. **there**
آنچنان / ānčenān / قید. **so ; such**
آنچه / ānče / صفت. **what ; that which**
آنژین (پزشکی) / ânžin / اسم. **angina ; sore throat**
آنژینِ صدری angina pectoris
آنفلوآنزا / ânfelo`ânzâ / اسم. **influenza, flu**
آنقدر / ānqad(a)r / قید. **so much , as much**
آوارگی / āvāregi / اسم. **homelessness ; vagrancy**
آواره / āvāre / صفت.،اسم. 1. [*adj*] **vagrant, homeless** 2. [*n*] **vagabond**
آواز / āvāz / اسم. **song ; call**
آوازِ دسته‌جمعی chorus
آواز خواندن to sing
آوازخوان / āvāzxān / اسم. **singer**
آوردن / āvardan / مصدر. **to bring**
آورنده / āvarande / اسم. **bearer**
آویز / āviz / اسم. **pendant ; chandelier**
آویزان / āvizān / صفت. **hanging , suspended**
آویزان شدن to hang [*vi*]
آویزان کردن to hang [*vt*]
آه / āh / اسم.صوت. 1. [*n*] **sigh** 2. [*interj*] **ah , alas**
آهای / āhāy / صوت. **hey, ohoy**
آهستگی / āhestegi / اسم. **slowness**
به‌آهستگی slowly, softly
آهسته / āheste / صفت.، قید. 1. [*adj*] **soft; slow** 2. [*adv*] **slowly; softly**
آهک / āhak / اسم. **lime**
سنگِ آهک limestone
آهن / āhan / اسم. **iron**
تیرِ آهن iron girder
سنگِ آهن iron ore
آهن‌ربا / āhanrobā / اسم. **magnet**
آهنگ / āhang / اسم. **tune , song**
آهنگ ساختن to compose a song
آهنگر / āhangar / اسم. **blacksmith**
آهنگ‌ساز / āhangsāz / اسم. **composer**
آهنی / āhani / صفت. **iron , made of iron**
آهو (جانور) / āhu / اسم. **gazelle ; deer**

آیندگان / āyandegān / اسم.
the posterity

آینده / āyande / اسم.، صفت.
1. [*n*] **future** 2. [*adj*] **coming**

آینه / āyne / اسم.
mirror, looking-glass

آیه / āye / اسم.
verse

آیین / āyin / اسم.
custom; ritual; religion

آیین‌نامه / āyin.nāme / اسم.
bylaws; regulations

آیینه / āyine / اسم.
looking-glass, mirror

آیینهٔ قدّی full-length mirror

آیینه کاری / āyinekāri / اسم.
mirror-work

ا، آ

ائتلاف / e`telāf / اسم. **coalition**

دولتِ ائتلافی coalition government

ابتدا / ebtedā / اسم. **beginning**

ابتدایی / ebtedāyi / صفت. **primary, elementary**

مدرسهٔ ابتدایی primary school, elementary school

ابتذال / ebtezāl / اسم. **banality, vulgarity**

ابتکار / ebtekār / اسم. **initiative**

ابد / abad / اسم. **eternity**

تا ابد forever

ابداً / abadan / قید. **by no means, never**

ابداع / ebdā` / اسم. **innovation, creating a novelty**

ابدی / abadi / صفت. **eternal, everlasting**

ابدیّت / abadiyyat / اسم. **eternity**

ابر / abr / اسم. **cloud; sponge, foam rubber**

ابرِ باران‌زا rain cloud(s)

ابراز / ebrāz / اسم. **manifestation, expression**

ابراز کردن to express

ابرقدرت / abarqodrat / اسم. **superpower**

ابرو / abru / اسم. **eyebrow**

ابری / abri / صفت. **cloudy**

ابریشم / abrišam / اسم. **silk**

ابریشمی / abrišami / صفت. **silk, silken**

پارچهٔ ابریشمی silk fabric

ابزار / abzār / اسم. **tool, instrument**

ابلاغ / eblāq / اسم. **communication, (official) notification**

ابلاغ کردن to communicate, to notify

ابله / ablah / اسم. **fool, idiot**

ابلهانه / ablahāne / صفت.؛ قید.

1. [*adj*] **foolish, idiotic**
2. [*adv*] **foolishly, idiotically**

ابهام / ebhām / اسم. **ambiguity**

ابهَّت / obohhat / اسم.
imposing appearance, majesty

اپرا / operâ / اسم. **opera**

اپراتور / operâtor / اسم. **operator**

اتاق / otāq / اسم. **room, chamber**

اتاقِ خواب bedroom

اتاقِ نشیمن living room, sitting room

اتِّحاد / ettehād / اسم. **unity, alliance**

اتحادیه / ettehādiyye / اسم.
union, trade union, syndicate

اتّحادیهٔ صنفی trade union, guild

اتِّصال / ettesāl / اسم. **connection, junction, joint**

اتّصال دادن to connect, to join

اتِّصالات (لوله‌کشی) / ettesālāt / اسم.
fittings

اتِّصالی (برق) / ettesāli / اسم.
short circuit

اتِّفاق / ettefāq / اسم. **incident, occurrence; alliance**

اتّفاق افتادن to happen, to occur

اتِّفاقاً / ettefāqan / قید. **by chance, accidentally**

اتِّفاقی / ettefāqi / صفت. **accidental**

اتِّکا / ettekā / اسم. **reliance, dependence**

اتّکاکردن to rely upon

اتلاف / etlāf / اسم. **wastage, waste**

اتلافِ وقت a waste of time

اتم / atom / اسم. **atom**

اتمام حجّت / etmāmehojjat /
اسم. **ultimatum**

اتمی / atomi / اسم. **atomic, nuclear**

بمبِ اتمی atomic bomb

اتو / ûtu / اسم. **iron, press**

اتوکردن to iron, to press

اتوبوس / otûbus / اسم. **coach, bus**

اتوبوسِ دوطبقه double-decker

اتوبوسرانی / otûbusrāni / اسم.
bus service

اتوماتیک / otomâtik / صفت.
automatic

اتومبیل / otom(o)bil / اسم. **car, motorcar, automobile**

اتومبیلِ شخصی private car

اتِّهام / ettehām / اسم. **accusation, charge**

اثاث / asās / اسم. **furniture, household goods**

اثبات / esbāt / اسم. **proving sth, proof**

به اثبات رساندن to prove sth

اثر / asar / اسم. **effect, trace, mark; work**

اثرِ هنری work of art

اثرکردن to be effective

اجاره / ejāre / اسم. **rent**

اجاره دادن to let, to rent out

اجاره‌کردن to rent, to hire sth from sb

اجاره‌ای / ejāre`i / صفت. **rented, leased**

اجاره‌بها / ejārebahā / اسم. **rent**

اجاره‌نامه / ejārenāme / اسم. **lease**

اجازه / ejāze / اسم. **permission, leave**

اجازه دادن to permit, to allow

اجازه‌گرفتن to ask sb's permission

اجازه‌نامه / ejāzenāme / اسم. **permit**

اجاق / ojāq / اسم. **stove, cooker**

اجاقِ برقی electric stove

اجبار / ejbār / اسم. **compulsion, obligation**

اجباری / ejbāri / صفت. **compulsory, obligatory**

اجتماع / ejtemā` / اسم. **gathering, society, community**

اجتماعی / ejtemā`i / صفت. **social; gregarious**

اجتناب‌ناپذیر / ejtenābnāpazir / صفت. **inevitable**

اجرا / ejrā / اسم. **execution; performance; enforcement**

اجرا شدن to be implemented

اجراکردن to execute, to perform

اجرت / ojrat / اسم. **wage, fee**

اجناس / ajnās / اسم. [جمع جنس] **goods**

اجیر / ajir / اسم. **hired labour, mercenary**

اجیرکردن to hire

احتراق / ehterāq / اسم. **combustion**

اتاقِ احتراق combustion chamber

احترام / ehterām / اسم. **respect, regard**

احترام‌گذاشتن to pay respect to, to hold in esteem

احتکار / ehtekār / اسم. **hoarding**

احتکارکردن to hoard

احتمال / ehtemāl / اسم. **probability**

احتمالاً / ehtemālan / قید. **probably**

احتیاج / ehtîyāj / اسم. **need, want, requirement**

رفعِ احتیاج to satisfy a need

احتیاج داشتن to need, to require

احتیاط / ehtîyāt / اسم. **caution, prudence**

احتیاط کردن to exercise caution, to be careful, to be prudent

احتیاطاً / ehtîyātan / قید.
as a precaution, in case

احداث / ehdās / اسم. **erection, construction**
احداث شدن to be built, to be erected
احداث کردن to erect, to construct

احساس / ehsās / اسم. **feeling, sentiment**
با احساس with feeling, sensitive
احساس کردن to feel

احساسات / ehsāsāt / اسم. [جمع احساس] **sentiments**

احساساتی / ehsāsāti / صفت. **sentimental, emotional**

احضار / ehzār / اسم.
summoning or recalling sb
احضار شدن to be summoned
احضار کردن to summon, to recall

احضارنامه / ehzārnāme / اسم. **summons, subpoena**

احمق / ahmaq / اسم.، صفت.
1.[*n*] **fool, idiot** 2. [*adj*] **foolish, idiotic**

احمقانه / ahmaqāne / قید.، صفت.
1. [*adv*] **foolishly** 2. [*adj*] **foolish**

احوال / ahvāl / اسم.[جمع حال]
state of health

احوالپرسی / ahvālporsi / اسم.
asking about sb's health

احیا / ahyā / اسم. **revival, bringing back to life**
احیاکردن to revive

اخّاذی / axxāzi / اسم. **extortion, racketeering**

اخبار / axbār / اسم. [جمع خَبَر]
news

اختراع / exterā` / اسم. **invention**
اختراع کردن to invent

اختصار / extesār / اسم. **brevity**

اختصاری / extesāri / صفت.
abbreviated, brief
نشانه‌های اختصاری abbreviations

اختصاص / extesās / اسم.
allocation, appropriation
اختصاص دادن to allocate, to set aside

اختصاصی / extesāsi / صفت.
especially allocated, special

اختلاس / extelās / اسم.
embezzlement
اختلاس کردن to embezzle

اختلاف / extelāf / اسم. **difference, disagreement, dispute**
اختلافِ عقیده a difference of opinion

اختلافِ نظر divergence of views, difference

اختلال / extelāl / اسم. **disorder, disruption**

اختناق / extenāq / اسم. **strangulation, suffocation**

اختیار / extiyār / اسم. **authority, power; option**

اختیارِ تام full authority, full powers

اختیاری / extiyāri / صفت. **optional**

اخراج / exrāj / اسم. **expulsion, dismissal**

اخراج شدن to be expelled, to be fired

اخراج کردن to expel, to fire

اخطار / extār / اسم. **warning, notice**

اخطار کردن to warn, to serve notice to

اخطاریّه / extāriyye / اسم. **official notice**

اخلاق / axlāq / اسم. [جمع خُلق] **temper; morality, ethics**

بداخلاق ill-tempered

خوش اخلاق good-tempered

اخلاقی / axlāqi / صفت. **moral, ethical**

ارزش‌هایِ اخلاقی moral values

اخلال / exlāl / اسم. **disrupting, making trouble**

اخلال کردن to disrupt

اخلالگر / exlālgar / اسم. **trouble-maker**

اخم / axm / اسم. **frown**

اخم کردن to frown

اخیر / axir / صفت. **recent**

اخیراً / axiran / قید. **recently, lately**

ادا / adā / اسم. **grimace, mimicry**

ادا درآوردن to mimic, to imitate

اداکردن to pay

اداره / edāre / اسم. **office, bureau, department**

ادارهٔ کل department general

اداره‌کردن to manage, to run

اداری / edāri / صفت. **administrative, pertaining to an office**

ادامه / edāme / اسم. **continuation**

ادامه دادن to continue, to go on

ادب / adab / اسم. **politeness, courtesy**

باادب polite, courteous

بی‌ادب rude, ill-mannered

ادبی / adabi / صفت. **literary**

ادبیّات / adabiyyāt / اسم. **literature**

ادبیاتِ کهن classical literature

ادبیاتِ معاصر contemporary literature

ادرار / edrār / اسم. **urine**

ادرار کردن to urinate

ادّعا / edde`ā / اسم. **claim**

ادّعا کردن to claim, to make a claim

ادّعانامه (حقوق) / edde`āname / اسم. **indictment**

ادغام / edqām / اسم. **integration**

ادغام کردن to integrate

ادکلن / od(o)kolon / اسم. **eau-de-Cologne**

ادویه / advîye / اسم. [جمع دوا] **spices**

اذان / azān / اسم. **call to prayer**

اذانِ صبح the call to morning prayers

اذیّت / aziyyat / اسم. **annoyance, harassment**

اذیّت کردن to harass, to vex

ارائه / erā`e / اسم. **presentation**

ارائه دادن to present, to make a presentation

ارّابه / arrābe / اسم. **cart, wagon**

ارادت / erādat / اسم. **feeling of friendship and devotion**

ارادتمند / erādatmand / صفت. **devoted, tied by a bond of friendship**

اراده / arāde / اسم. **will, determination**

ارادهٔ آهنین iron will

ارادی / erādi / صفت. **voluntary**

غیرارادی involuntary

ارباب / arbāb / اسم. **master, lord**

اربابی / arbābi / صفت. **lordly, manorial**

خانهٔ اربابی mansion, manor(-house)

ارتباط / ertebāt / اسم. **connection, relationship; communication**

ارتباط دادن to connect

ارتباط داشتن to be in contact with

ارتباطات / ertebātāt / اسم. [جمع ارتباط] **communication**

ارتباطاتِ راهِ دور telecommunications

ارتجاع / erteja` / اسم. **reaction; elasticity**

ارتجاعی / erteja`i / صفت. **reactionary**

ارتش / arteš / اسم. **armed forces, army**

ارتشی / arteši / اسم.، صفت.
1. [*n*] **a person employed by the armed forces** 2. [*adj*] **military**

ارتعاش / erte`āš / اسم. **vibration**

ارتعاشاتِ صوتی sound vibrations

ارتفاع / ertefā` / اسم. **height, altitude**

ارتفاع سنج / ertefā`sanj / اسم. **altimeter**

ارتقا(ء) / erteqā / اسم. **promotion, upgrading**

ارتکاب / ertekāb / اسم. **perpetration**

ارث / ers / اسم. **inheritance**

ارثِ پدری paternal inheritance

ارث بردن to inherit

ارثی / ersi / صفت. **hereditary**

بیماریِ ارثی hereditary disease

ارجاع / erjā` / اسم. **reference; assigning work**

ارجاع کردن to refer sth to sb

ارجمند / arj(o)mand / صفت. **valuable, esteemed**

اردک (پرنده) / ordak / اسم. (wild) **duck**

اردو / ordu / اسم. **camp; expedition; Urdu**

اردو زدن to set up camp

اردوگاه / ordugāh / اسم. **camp**

اردوگاهِ پناهندگان refugee camp

اردوگاهِ نظامی military camp

ارز / arz / اسم. **foreign exchange**

ارزِ آزاد foreign exchange obtained on the free market

ارزِ دولتی foreign exchange allocated by the governemt

ارزان / arzān / صفت. **cheap, low-cost, low-priced**

ارزان کردن to lower/cut/slash prices

ارزش / arzeš / اسم. **value, worth**

ارزشِ افزوده added value

ارزشمند / arzešmand / صفت. **valuable**

ارزنده / arzande / صفت. **valuable**

ارزیاب / arzyāb / اسم. **assessor**

ارزیابی / arzyābi / اسم. **assessment, evaluation**

ارزیابی کردن to assess, to evaluate

ارزیدن / arzidan / مصدر. **to be worth**

ارسال / ersāl / اسم. **sending, despatch**

ارسال کردن to send, to despatch

ارشاد / eršād / اسم. **guidance**

وزارتِ فرهنگ و ارشادِ اسلامی Ministry of Culture and Islamic Guidance

ارشاد کردن to guide, to offer guidance

ارشد / aršad / صفت. **elder, older, senior**

ارضا / erzā / اسم. **satisfaction**

ارضا شدن to feel satisfied

ارضاکردن to satisfy, to give satisfaction

ارضی / arzi / صفت. **territorial**

اختلافاتِ ارضی territorial disputes

اصلاحاتِ ارضی land reform

ارغوان (گیاه) / arqavān / اسم. **judas tree**

ارغوانی / arqavāni / صفت. **purple**

ارفاق / erfāq / اسم. **leniency**

ارفاق کردن to show leniency

ارقام / arqām / اسم. [جمع رَقَم] **digits**

ارکان / arkān / اسم. [جمع رُکن] **pillars**

ارکستر / orkes(t)r / اسم. **orchestra**

ارکستر سمفونیک symphony orchestra

اَرگ / arg / اسم. **citadel**

اُرگ (موسیقی) / org / اسم. **organ**

ارمنی / armani / صفت. **Armenian**

اروپا / ûrupā / اسم. خارجی. **Euorope**

اتّحادیهٔ اروپا the European Union (EU)

اروپایی / ûrupāyi / صفت. **European**

ارّه / arre / اسم. **saw**

ارّهٔ برقی buzz saw

ارّهٔ دستی hand saw

ارّه کردن to saw

از / az / حرف اضافه. **from, of, off, out of, since, than**

ازبر / azbar / قید. **from memory, by heart**

از بر کردن to memorize, to learn sth by heart

از خود راضی / azxodrāzi / صفت. **self-satisfied**

از خودگذشتگی / azxodgozaštegi / اسم. **self-sacrifice**

ازدواج / ezdevāj / اسم. **marriage**

جشنِ ازدواج wedding

عقدِ ازدواج marriage contract

ازدواج کردن to marry sb

ازکارافتاده / azkāroftāde / صفت. **disabled, incapacitated**

ازگیل (گیاه) / azgil / اسم. **medlar**

ازگیلِ ژاپنی (گیاه) / azgiležāponi / اسم. **loquat**

اُزن / ozon / اسم. **ozone**

لایهٔ اُزن the ozone layer

اژدر / aždar / اسم. **torpedo**

اژدرافکن / aždarafkan / اسم. **torpedo-boat**

اژدها / eždehā / اسم. **dragon**

اسارت / esārat / اسم. **captivity, imprisonment**

اساس / asās / اسم. **basis, foundation**

اساساً / asāsan / قید.
fundamentally, basically

اساس‌نامه / asāsnāme / اسم.
articles of association, constitution

اساسی / asāsi / صفت.
fundamental, basic
قانونِ اساسی the Constitution

اسانس / esâns / اسم. **essence**

اسب (جانور) / asb / اسم. **horse**

اسبِ آبی (جانور) / asbe`ābi / اسم.
hippopotamus

اسباب / asbāb / اسم. [جمع سَبب]
things, tools, instruments

اسباب‌بازی / asbāb(e)bāzi / اسم.
toy, plaything

اسباب‌کشی / asbābkeši / اسم.
moving house
اسباب‌کشی کردن to move house, to move to a new location

اسبدوانی / asbdavāni / اسم.
horse-racing

اسپرت / esport / صفت. **sportive, pertaining to sports, casual**
لباسِ اسپرت casual clothes

استاد / ostād / اسم. **professor; master**

استادانه / ostādāne / صفت.، قید.
1. [*adj*] **masterly** 2. [*adv*] **in a masterly manner**

استادکار / ostādkār / اسم.
master craftsman

استادیار (دانشگاه) / ostādyār / اسم.
assistant-professor

استادیوم / estâd(î)yom / اسم.
stadium

استارت (مکانیک) / estârt / اسم.
self-starter

استان / ostān / اسم. **province, county**

استاندار / ostāndār / اسم.
governor general

استاندارد / estândârd / اسم.
standard
استانداردِ اجباری compulsory standard
مؤسسهٔ استاندارد و تحقیقاتِ صنعتیِ ایران the Institute for Standards and Industrial Research of Iran (ISIRI)

استانداری / ostāndāri / اسم.
office of the governor general

استبداد / estebdād / اسم.
tyranny, autocracy

استبدادی / estebdādi / صفت.
tyrannical, autocratic

استتار / estetār / اسم. **camouflage, concealment**

استثمار / estesmār / اسم.
exploitation

استثمار کردن to exploit
استثمارگر / estesmārgar / اسم.
exploiter
استثنا / estesnā / اسم. **exception**
استثنا کردن to make an exception
استثنایی / estesnāyi / صفت.
exceptional
استحقاق / estehqāq / اسم. **merit, worthiness**
استحقاق داشتن to deserve, to merit
استحکام / estehkām / اسم.
solidity, firmness
استخدام / estexdām / اسم.
employment, recruitment
استخدام شدن to be employed
استخدام کردن to employ, to recruit, to hire
استخر / estaxr / اسم.
(swimming) **pool, pond**
استخرِ سرپوشیده indoor pool
استخراج / estexrāj / اسم.
extraction, smelting
استخراج کردن to extract, to smelt
استخوان / ostoxān / اسم. **bone**
استخوان‌بندی / ostoxānbandi / اسم.
skeleton
استخوانی / ostoxāni / صفت. **bony**

استدعا / ested`ā / اسم.
a humble request
استدعا کردن to implore, to beg
استدلال / estedlāl / اسم.
reasoning, argument
استدلال کردن to reason, to argue
استر (جانور) / astar / اسم. **mule**
استراحت / esterāhat / اسم. **rest, relaxation**
استراحت کردن to rest, to relax
استعداد / este`dād / اسم. **talent, aptitude, gift**
بااستعداد gifted, talented
بی‌استعداد without talent
استعفا / este`fā / اسم. **resignation**
استعفا دادن، استعفا کردن to resign, to quit
استعمار / este`mār / اسم.
colonization, colonialism
استعمارگر / este`mārgar / اسم.
colonialist
استعماری / este`māri / صفت.
colonial
استعمال / este`māl / اسم. **use, application**
استعمالِ خارجی external application
استعمال کردن to use, to utilize, to apply

استفاده / estefāde / اسم. **use, utilization; profit**
قابلِ استفاده usable, in working condition
استفاده کردن to use, to utilize

استفراغ / estefrāq / اسم. **vomiting**
استفراغ کردن to vomit, to bring sth up

استقامت / esteqāmat / اسم. **perseverance**
استقامت کردن to persevere

استقبال / esteqbāl / اسم. **welcome**
استقبال کردن to welcome

استقرار / esteqrār / اسم. **positioning, stationing**

استقلال / esteqlāl / اسم. **independence**
استقلالِ سیاسی political independence

استکان / estekān / اسم. **tea-glass**

استنباط / estenbāt / اسم. **understanding, inference**
استنباط کردن to infer, to understand

استوا / estevā / اسم. **equator**
خطِّ استوا the Equator

استوار / ostovār / صفت. **stable, firm, solid**

استوانه / ostovāne / اسم. **cylinder**

استوایی / estevāyi / صفت. **equatorial, tropical**

استودیو / estodyo / اسم. **studio**
استودیوِ عکّاسی photographer's studio

استهلاک / estehlāk / اسم. **amortization, depreciation**

استیضاح (مجلس) / estizāh / اسم. **motion of censure**

استیک / esteyk / اسم. **beef-steak, steak**

اسرار / asrār / اسم. [جمع سِرّ] **secrets**

اسرارآمیز / asrārāmiz / صفت. **mysterious**

اسراف / esrāf / اسم. **wastefulness, extravagance**
اسراف کردن to spend wastefully or extravagantly

اسطبل (اسب) / establ / اسم. **stable**

اسطوره / osture / اسم. **myth**

اسفناج (گیاه) / esfenāj / اسم. **spinach**

اسفناک / asafnāk / صفت. **deplorable, regrettable**

اسفنج / esfanj / اسم. **sponge**

اسکلت / eskelet / اسم. **skeleton**

اسکله / eskele / اسم. **wharf, jetty**

اسکناس / eskenās / اسم. **banknote, note, bill**

اسکی / eski / اسم. **skiing**

اسکی (روی برف در کوه) alpine skiing

اسکی روی آب water-skiing

چوبِ اسکی ski(s)

اسکی‌کردن to ski

اسکی‌باز / eskibāz / اسم. **skier**

اسکیتینگ / eskeyting / اسم. **(ice-, roller-) skating**

اسلام / eslām / اسم. **Islam, Mohammedanism**

اسلام‌شناس / eslāmšenās / اسم. **Islamic scholar**

اسلامی / eslāmi / صفت. **Islamic**

جمهوریِ اسلامیِ ایران the Islamic Republic of Iran

اسلحه / aslahe / اسم.[جمع سِلاح] **weapons, arms**

اسلحهٔ خودکار automatic weapons

اسلحهٔ سَبُک small arms

اسم / esm / اسم. **name; noun**

اسمِ خاص proper noun

اسناد / asnād / اسم.[جمع سَنَد] **documents, papers**

اسهال / eshāl / اسم. **diarrhoea, diarrhea**

اسهالِ خونی dysentery

اسید / asid / اسم. **acid**

اسیدی / asidi / صفت. **acid, acidic**

بارانِ اسیدی acid rain

اسیر / asir / اسم. **captive, prisoner**

اسیرِ جنگی prisoner of war (POW)

اسیرکردن to capture

اشاره / ešāre / اسم. **hint, allusion, indication**

اشاره‌کردن to point, to hint, to beckon

اشتباه / eštebāh / اسم. **mistake, error**

اشتباه‌کردن to make a mistake, to make an error

اشتباهاً / eštebāhan / قید. **by mistake, erroneously**

اشتراک / ešterāk / اسم. **participation; subscription**

حقِّ اشتراک subscription fee

اشتراکی / ešterāki / صفت. **collective, joint**

مرامِ اشتراکی communism

اشتغال / ešteqāl / اسم. **employment**

اشتها / eštehā / اسم. **appetite**

اشتهاآور / eštehā.avar / صفت، اسم. 1. [*adj*] **appetizing** 2. [*n*] **appetizer**

اشتیاق / eštiyāq / اسم. **eagerness, enthusiasm**

اشخاص / ašxās / اسم. [جمع شَخص] **persons, people**

اشراف / ašrāf / اسم. [جمع شَریف]
noblemen , aristocrats
اشرافی / ašrāfi / صفت. **aristocratic**
اشعار / aš`ār / اسم. [جمع شِعر]
poems , poetry
اشعّه / aše`e / **rays**
اشعهٔ مَجهول x-ray(s)
اشغال / ešqāl / اسم. **occupation**
اشغال کردن to occupy
اشک / ašk / اسم. **tear(s)**
اشکِ شادی / شوق tears of joy
اشک ریختن to shed tears
اشکال / eškāl / اسم. **difficulty**
اصالت / esālat / اسم. **authenticity**
اصرار / esrār / اسم. **insistence**
اصرار کردن to insist
اصطلاح / estelāh / اسم. **idiom ; term**
اصل / asl / اسم.، صفت.
1. [*n*] **principle ; origin**
2. [*adj*] **genuine , original**
اصلاً / aslan / قید. **originally ; by no means , not at all**
اصلاح / eslāh / اسم. **correction , improvement , reform ; haircut**
اصلاح کردن to correct , to rectify, to reform ; to have a haircut
اصلاح‌طلب / eslāhtalab / صفت.، اسم.
1. [*adj*] **reformist , reform-minded** 2. [*n*] **a person advocating reforms**
اصلی / asli / صفت. **original ; principal , main**
اصیل / asil / صفت. **noble , of good parentage , thoroughbred**
اضافه / ezāfe / اسم.، صفت.
1. [*n*] **addition , excess**
2. [*adj*] **additional , extra**
اضافه کاری / ezāfekāri / اسم. **overtime**
اضافه‌بار / ezāfebār / اسم. **excess baggage**
اضافی / ezāfi / صفت. **additional , extra, excess, spare**
اضطراب / ezterāb / اسم. **anxiety , stress**
اضطرار / ezterār / اسم. **constraint , necessity ; desperation**
اضطراری / ezterāri / صفت.
emergency ; constrained
خروجِ اضطراری emergency exit
اطاعت / etā`at / اسم. **obedience**
اطاعت کردن to obey , to follow orders
اطراف / atrāf / اسم.[جمعِ طَرَف]
surrounding areas , suburbs , environs
اطّلاع / ettelā` / اسم. **information , knowledge ; notice**

بی‌اطّلاع uninformed, ignorant

پراطّلاع well-informed; informative

اطّلاع دادن to inform, to announce

اطّلاعات / ettelā`āt / اسم.

information, data

میزِ اطّلاعات information desk

وزارتِ اطّلاعات Ministry of Intelligence

اطّلاع‌رسانی / ettelā`resāni / اسم.

information technology, information science

اطّلاعیّه / ettelā`iyye / اسم.

announcement, communiqué

اطلس (جغرافیا) / atlas / اسم. **atlas**

اطـلسی (گیاه) / atlasi / اسم.

petunia

اطمینان / etminān / اسم.

confidence; assurance; safety

اطمینان دادن to assure sb

اطمینان داشتن to feel assured

شیرِ اطمینان safety valve

اظهار / ezhār / اسم. **expression, statement**

اظهارِ نظر expressing one's opinion, sounding off

اظهار کردن، اظهار داشتن

to express, to state, to declare, to remark

اظهارنامه / ezhārnāme / اسم.

declaration

اعانه / e`āne / اسم. **contribution, donation**

اعتبار / e`tebār / اسم. **credit; validity**

اعتبارنامه / e`tebārnāme / اسم.

credentials

اعتدال / e`tedāl / اسم.

moderation, temperance

اعتراض / e`terāz / اسم. **objection, protest**

اعتراض کردن to object, to protest

اعتراف / e`terāf / اسم. **confession, admission of guilt**

اعتراف کردن to confess, to admit

اعتصاب / e`tesāb / اسم. **strike**

اعتصابِ غذا hunger strike

اعتصاب کردن to go on strike

اعتقاد / e`teqād / اسم. **belief, faith**

اعتقاد داشتن to believe

اعتماد / e`temād / اسم.

confidence, trust

اعتمادِ به نفس self-confidence

اعتماد کردن to trust sb

اعتنا / e`tenā / اسم. **heed, attention; notice**

اعتناکردن to heed, to pay attention

اعتیاد / e`tîyād / اسم. **addiction**

اعجاز / e`jāz / اسم. **miracle, marvel**

اعجوبه / o`jube / اسم. **prodigy**

اعدام / e`dām / اسم. **capital punishment, execution**

اعدام‌کردن to execute, to put to death

اعزام / e`zām / اسم. **dispatch, despatch**

اعزام‌کردن to dispatch, to despatch

اعشاری / a`šāri / اسم. **decimal**

اعصاب / a`sāb / اسم. [جمعِ عصَب] **nerves**

اعلا / a`lā / صفت. **of superior quality, first class, super**

اعلام / e`lām / اسم. **declaration, annoucement**

اعلام‌کردن to declare, to announce

اعلامیّه / e`lāmiyye / اسم. **announcement, communiqué**

اعلان / e`lān / اسم. **notice, advertisement**

اعلان‌کردن to advertise; to proclaim

اعمال / a`māl / اسم.[جمعِ عَمَل] **acts, actions**

اعمال / e`māl / اسم. **enforcement**

اعمال‌کردن to enforce, to implement

اغتشاش / eqtešāš / اسم. **disturbance, disorder**

اغذیه / aqzîye / اسم. [جمعِ غَذا] **food, various food items, foodstuff**

مغازهٔ اغذیه‌فروشی delicatessen shop, deli, food shop

اغراق / eqrāq / اسم. **exaggeration**

اغراق گفتن، اغراق کردن to exaggerate

اغراق‌آمیز / eqrāqāmiz / صفت. **exaggerated**

اغفال / eqfāl / اسم. **deception; seduction**

اغفال‌کردن to deceive; to seduce

اغلب / aqlab / قید. **often, frequently; most**

اغلبِ اوقات most of the time, often

اغما / eqmā / اسم. **coma**

اف اف / ef`ef / اسم. (door) **buzzer**

افت / oft / اسم. **fall, drop**

افتادن / oftādan / مصدر. **to fall, to drop**

افتتاح / eftetāh / اسم. **opening, inauguration**

افتتاح‌کردن to inaugurate

مراسمِ افتتاح inauguration ceremonies

افتخار / eftexār / اسم. **honour, glory**

افتخار کردن to be proud of sb or sth

افتضاح / eftezāh / اسم.، صفت.

1. [*n*] **disgrace, scandal**
2. [*adj*] **disgraceful, terrible**

افتضاح کردن to cause a disgrace

افرا (گیاه) / afrā / اسم. **maple**

افراشتن / afrāštan / مصدر. **to raise, to hoist**

افراشتنِ پرچم raising the flag

افراط / efrāt / اسم. **excess, excessiveness, extravagance**

افراط و تفریط going to extremes

افراط کردن to overdo sth

افراطی / efrāti / اسم.، صفت.

1. [*n*] **an extremist** 2. [*adj*] **extreme, drastic**

افروختن / afruxtan / مصدر. **to kindle, to set ablaze**

افریقا (= آفریقا) / efriqā / اسم. **Africa**

افریقایی / efriqāyi / صفت.، اسم.

1. [*adj*] **African** 2. [*n*] **an African**

افزایش / afzāyeš / اسم. **increase, raise; addition**

افزایش دادن to increase, to raise

افزایش یافتن to be increased

افسار / afsār / اسم. **bridle**

افسار زدن to bridle

افسانه / afsāne / اسم. **fable, legend**

افسانه‌ای / afsāne`i / صفت. **fabulous, legendary**

افسر / afsar / اسم. **officer; crown**

افسرِ ارشد senior officer

افسرِ جزء junior officer

افسردگی (روان‌شناسی) / afsordegi / اسم. **depression**

افسرده / afsorde / صفت. **depressed, sad**

افسوس / afsus / اسم.، صوت.

1.[*n*] **regret(s)** 2.[*interj*] **Alas!**

افسوس خوردن to regret, to feel sorry

افشا / efšā / اسم. **disclosure, revelation**

افشا کردن to disclose, to reveal

افشاگری / efšāgari / اسم. **revelation** (of a usually scandalous nature)

افطار / eftār / اسم. **meal ending a fast**

افطار کردن to break one's fast

افعی (جانور) / af`i / اسم. **viper**

افغانی / afqāni / صفت، اسم.
1. [*adj*] **Afghan, related to Afghanistan** 2. [*n*] **an Afghan**

افق / ofoq / اسم.
horizon

افقی / ofoqi / صفت.
horizontal

افکار / afkār / اسم. [جمعِ فِکر]
thoughts, ideas
public opinion **افکارِ عمومی**

افیون / afyun / اسم.
opium

اقاقیا (گیاه) / aqāqîyā / اسم.
locust tree, false acacia

اقامت / eqāmat / اسم.
residing or staying in a place, residence
residence permit **اجازهٔ اقامت**
to stay, to reside **اقامت کردن**

اقامتگاه / eqāmatgāh / اسم.
residence

اقبال / eqbāl / اسم.
good fortune, good luck
unfortunate, unlucky **بداقبال**
fortunate, lucky **خوش‌اقبال**

اقتباس / eqtebās / اسم.
adaptation, borrowing (an idea)
to borrow, to adapt **اقتباس کردن**

اقتصاد / eqtesād / اسم.
economy; economics
market economy **اقتصادِ آزاد**
state-controlled economy **اقتصادِ دولتی**

اقتصاددان / eqtesād.dān / اسم.
economist

اقتصادی / eqtesādi / صفت.
economic, economical

اقدام / eqdām / اسم.
action, move, measure
to take action **اقدام کردن**

اقرار / eqrār / اسم.
confession, admission
to confess **اقرار کردن**

اقرارنامه / eqrārnāme / اسم.
confession, affidavit

اقساط / aqsāt / اسم. [جمعِ قِسط]
installments
اقساطِ بدونِ بهره
interest-free installments

اقساطی / aqsāti / قید.
by installments

اقلیّت / aqalliyyat / اسم.
minority
religious minority **اقلیّتِ مذهبی**

اقیانوس / oqyānus / اسم.
ocean
the Pacific (Ocean) **اقیانوسِ آرام**
the Atlantic (Ocean) **اقیانوسِ اطلس**
the Indian Ocean **اقیانوسِ هند**

اقیانوسیّه / oqyānusiyye / اسم. خارجی.
Oceania

اکازیون / okâz(î)yon / اسم.
a bargain

اکتشاف / ektešāf / اسم.
exploration
اکتفا / ektefā / اسم.
contenting oneself with sth
اکتفاکردن to content oneself with sth
اکثر / aksar / صفت.
more, most
اکثریّت / aksariyyat / اسم.
majority
اکراه / ekrāh / اسم.
reluctance; dislike
اکسیژن / oksižen / اسم.
oxygen
اکنون / aknun / قید.
now
اکید / akid / صفت.
strict, emphatic
اکیداً / akidan / قید.
strictly
اگر / agar / حرف اضافه.
if, in case
اگرچه / agarče / حرف اضافه.
although, though
الاغ (جانور) / olāq / اسم.
donkey
الآن / al`ān / قید.
now, at present
البتّه / albatte / قید.
of course, certainly
التماس / eltemās / اسم.
entreaty, supplication
التماس‌کردن to beg, to plead
الزام / elzām / اسم.
necessity; obligation
الزامی / elzāmi / صفت.
obligatory
الفبا / alefbā / اسم.
alphabet
الفبایی / alefbāyi / صفت.
alphabetic, alphabetical
القا(ء) / elqā(`) / اسم.
suggesting an idea to sb; induction
القاکردن to suggest
الکترونیک / elekt(e)ronik / اسم.
electronics
الکتریسیته / elekt(e)risite / اسم.
electricity
الکتریکی / elekt(e)riki / صفت.
electric, electrical
الکل / alkol / اسم.
alcohol
الکلِ صنعتی methylated spirit
الکلِ طبّی ethanol, ethyl alcohol
الکلی / alkoli / صفت.
alcoholic
الگو / olgu / اسم.
pattern
اَللّه / allāh / اسم.
God, Allah
الماس / almās / اسم.
diamond
المپیاد / olampiŷâd / اسم. خارجی.
Olympics
المپیک / olampik / صفت.
Olympic
النگو / alangu / اسم.
bangle, bracelet
الو / alow / صوت.
Hello!
الوار / alvār / اسم.
timber, lumber
الهام / elhām / اسم.
inspiration
الهام بخشیدن to inspire
الهام‌بخش / elhāmbaxš / صفت.
inspiring

اِلٰهی / elāhi / صفت. **divine, Godly**

اِلٰهیّات / elāhiyyāt / اسم. **theology**

الیاف / alyāf / اسم. [جمعِ لیف] **fibres**

الیافِ مصنوعی synthetic fibres

الیافِ نوری optical fibres

اِم.آر.آی. (پزشکی) / em.âr.ây. / اسم. **magnetic resonance imaging** (MRI)

امّا / ammā / قید. **but**

امام / emām / اسم. **imam, Imam**

امامِ جمعه leader of the Friday prayers

امامِ زمان the 12th Imam

امانت / amānat / اسم. **honesty; sth deposited with sb for safekeeping**

امانتِ پُستی postal parcel

امانت گذاشتن to give sth to sb for safekeeping

امانتداری / amānatdāri / اسم. **trustworthiness**

امّت / ommat / اسم. **nation, people**

امتحان / emtehān / اسم. **examination, exam, test; trial**

امتحانِ نهایی final exams, finals

امتحان دادن to take an examination

امتحان کردن to examine, to test, to try

امتداد / emtedād / اسم. **extension, continuation**

امتداد دادن to extend, to prolong

امتناع / emtenā` / اسم. **refusal; abstention**

امتناع کردن to refuse, to abstain

امتیاز / emtîyāz / اسم. **privilege; concession; score**

امتیازِ مثبت a plus

امتیازِ منفی a minus

امتیاز دادن to give a concession

امتیاز گرفتن to get a concession

امداد / emdād / اسم. **help, assistance, relief**

امدادرسانی / emdādresāni / اسم. **relief operation**

امدادگر / emdādgar / اسم. **aid worker, relief worker**

امر / amr / اسم. **order, command**

امر کردن to order, to command

امراض / amrāz / اسم. [جمع مَرَض] **diseases**

امروز / emruz / اسم.، قید. 1. [*n*] **today** 2. [*adv*] **today**

امروزه / emruze / قید. **nowadays**

امروزی / emruzi / صفت. **modern, present-day**

امریکا (= آمریکا) / emrikā / اسم. **America, the United States** (US)

امریکایی (= آمریکایی) / emrikāyi / صفت.، اسم.
1. [*adj*] **American**
2. [*n*] **an American**

امسال / emsāl / اسم.، قید.
1. [*n*] **this year** 2. [*adv*] **this year**

امشب / emšab / اسم.، قید.
1. [*n*] **tonight** 2. [*adv*] **tonight**

امضا(ء) / emzā(') / اسم.
signature, autograph
جعلِ امضا forging sb's signature
اِمضاکردن to sign

امکان / emkān / اسم. **possibility**
امکان داشتن to be possible

امکـانات / emkānāt / اســم. [جمعِ اِمکان] **facilities, possibilities**

امُّل / ammol / اسم. **old-fashioned**

املا / emlā / اسم. **dictation; spelling**

املاک / amlāk / اسم. **real estate**

املت / omlet / اسم. **omlette**
اُملتِ پنیر cheese omlette
املتِ گوجه‌فرنگی tomato omlette

امن / amn / صفت. **safe, secure**

امنیت / amniyyat / اسم. **security**

امور / ûmur / اسم. [جمعِ اَمر] **affairs**
امورِ اداری administrative affairs
امورِ دفتری office work
امورِ مالی financial affairs

امید / om(m)id / اسم. **hope**
امید داشتن to hope, to have hope

امیدوار / om(m)idvār / صفت. **hopeful**
امیدوار بودن to be hopeful

امیر / amir / اسم. **emir, prince**

امین / amin / صفت. **honest, trustworthy**

انار (گیاه) / anār / اسم. **pomegranate**

انبار / ambār / اسم. **storehouse, warehouse**

انباردار / ambārdār / اسم. **storekeeper, person incharge of a warehouse**

انبر / ambor / اسم. **tongs**

انبردست / ambordast / اسم. **pliers**

انبساط / embesāt / اسم. **expansion**

انبوه / ambuh / صفت. **numerous, massive, thick**

انبه (گیاه) / ambe / اسم. **mango**

انتحار / entehār / اسم. **suicide**

انتخاب / entexāb / اسم. **selection, choice**
انتخاب شدن to get elected, to be selected
انتخاب کردن to select, to choose

انتخابات / entexābāt / اسم. [جمعِ اِنتخاب] **elections**

انتخاباتِ مجلس parliamentary elections

انتشار / entešār / اسم. **publishing, dissemination**

انتشار دادن to publish, to disseminate

انتشارات / entešārāt / اسم. [جمعِ اِنتشار] **publications**

انتصاب / entesāb / اسم. **appointment**

انتظار / entezār / اسم. **waiting; expectation, anticipation**

اتاقِ انتظار waiting-room

انتفاعی / entefā`i / صفت. **profit-making**

مؤسسهٔ انتفاعی a profit-making institution

انتقاد / enteqād / اسم. **criticism**

انتقادکردن to criticize

انتقادی / enteqādi / صفت. **critical**

انتقال / enteqāl / اسم. **transfer, transmission**

انتقالِ پول transfer of money

انتقال دادن to transfer

انتقام / enteqām / اسم. **revenge, vengeance**

انتقام‌گرفتن to revenge oneself on sb

انتها / entehā / اسم. **end, extremity**

انجام / anjām / اسم. **conclusion, end; accomplishment**

انجام دادن to do, to perform

انجمن / anjoman / اسم. **institute; society; association**

انجمنِ اولیا و مربیّان parent-teacher association (PTA)

انجمنِ شهر city council

انجیر (گیاه) / anjir / اسم. **fig**

انجیل / enjil / اسم. خارجی. **Evangel, the Holy Bible**

انحراف / enherāf / اسم. **deviation, digression**

انحصار / enhesār / اسم. **monopoly**

انحصاری / enhesāri / صفت. **exclusive, monopolistic**

نمایندهٔ انحصاری sole agent

انحلال / enhelāl / اسم. **liquidation, closing down**

انحنا(ء) / enhenā(`) / اسم. **curvature, bend**

انداختن / andāxtan / مصدر. **to throw, to cast, to drop**

اندازه / andāze / اسم. **size, measure**

اندازه بودن to fit, to be of the right size

اندازه‌گرفتن to measure

اندازه‌گیری / andāzegiri / اسم. **measurement**

اندام / andām / اسم. **organ ; figure ; form**

اندرز / andarz / اسم. **advice**

اندک / andak / صفت. **little; few**

اندک اندک / andakandak / قید. **little by little**

اندکی / andaki / صفت.، قید.
1. [*adj*] **a small amount of**
2. [*adv*] **for a short time / space**

اندوختن / anduxtan / مصدر. **to save, to store, to accumulate**

اندوخته / anduxte / اسم. **savings, nest egg**

اندود / andud / اسم. **layer of a sealing substance, applying a sealant**

اندوه / anduh / اسم. **grief, sorrow**

اندوهگین / anduhgin / صفت. **sad, sorrowful**

اندیشمند / andišmand / اسم. **a thinker, an intellectual**

اندیشه / andiše / اسم. **thought, idea**

اندیشیدن / andišidan / مصدر. **to think, to cogitate**

انرژی / enerži / اسم. **energy, power**
  انرژیِ خورشیدی solar energy
  انرژیِ هسته‌ای nuclear power

انزجار / enzejār / اسم. **aversion, repulsion**

انزوا / enzevā / اسم. **seclusion, isolation**

انسان / ensān / اسم. **man, human being; person**
  انسان بودن to behave like a human being

انسانی / ensāni / صفت. **human; humane**

انسانیّت / ensāniyyat / اسم. **humanity, humaneness**

انشا(ء) / enšā(`) / اسم. **composition**

انشاءَاللّه / enšā`allāh / **God willing, inshallah**

انشعاب / enše`āb / اسم. **branching out or splitting up ; getting connected to a public utility**

انصاف / ensāf / اسم. **equity, fairness**
  باانصاف fair
  بی‌انصاف unfair

انصراف / enserāf / اسم. **reversing an earlier decision ; change of heart**

انضباط / enzebāt / اسم. **discipline, orderliness**

انعام / an`ām / اسم. **gratuity, tip**
  انعام دادن to tip

انعطاف / en`etāf / اسم. **flexibility**

انعطاف‌پذیر / en`etāfpazir / صفت.
flexible

انعطاف‌ناپذیر / en`etāfnāpazir / صفت.
inflexible

انعکاس / en`ekās / اسم.
reflection, echo

انعکاسِ صدا — echo

انفارکتوس (پزشکی) / anfârktus / اسم.
heart-attack

انفجار / enfejār / اسم.
explosion, detonation

انفرادی / enferādi / صفت.
solo, solitary

انفعال / enfe`āl / اسم.
passivity

انفعالی / enfe`āli / صفت.
passive

انفورماتیک / anformâtik / اسم.
computer science; information technology

انقباض / enqebāz / اسم.
contraction

انقراض / enqerāz / اسم.
getting overthrown; extinction

انـقلاب / enqelāb / اسم.
revolution

انقلابِ اسلامی — the Islamic Revolution

انقلاب‌کردن — to bring about a revolution

انقلابی / enqelābi / صفت.
revolutionary

انـکار / enkār / اسم.
denying, denial

انکارکردن — to deny

انگار / engār / قید.
as if

انگشت / angošt / اسم.
finger

اثرِ انگشت — fingerprint

انگشتِ اشاره — the index finger

انگشتانه / angoštāne / اسم.
thimble

انگشتر / angoštar / اسم.
ring

انگل / angal / اسم.
parasite

انگلیسی / engelisi / اسم.، صفت.
1. [*n*] **the English language; an Englishman** 2. [*adj*] **English, British**

انـگور (گیاه) / angur / اسم.
grape(s)

آبِ انگور — grape juice

انگور بی‌هسته — seedless grapes

انگیزه / angize / اسم.
motive

انواع / anvā` / اسم. [جمعِ نوع]
kinds, species

انوار / anvār / اسم. [جمعِ نور]
rays of light, lights

انهدام / enhedām / اسم.
destruction, demolition

او / u / ضمیر.
he, she; him, her

اوج / owj / اسم.
height; peak

اوراق / owrāq / اسم. [جمعِ وَرَق]
papers, documents

اهداف / ahdāf / اسم. [جمعِ هَدَف]
aims, goals

اهرم / ahrom / اسم. **lever; crow-bar**

اهریمن / ahriman / اسم.
the Satan, the Devil

اهریمنی / ahrimani / صفت. **evil, devilish**

اهل / ahle / اسم. **native, inhabitant**
اهلِ شیراز a native of Shiraz

اهلی / ahli / صفت. **tame, domestic**

اهمیّت / ahammiyat / اسم.
importance, significance
اهمیّت دادن to attach importance to

ایّام / ayyām / اسم. [جمعِ یوم] **days**
ایّامِ تعطیل public holidays and Fridays

ایثار / isār / اسم. **self-sacrifice, selfless dedication**

ایجاد / ijād / اسم. **creation, establishment**
ایجادکردن to bring about, to establish

ایدئولوژی / ide`oloži / اسم.
ideolgoy

ایدز (پزشکی) / eydz / اسم.
Acquired Immune Deficiency Syndrome (AIDS)

ایده‌آل / ide`âl / اسم.، صفت.
1. [*n*] **an ideal** 2. [*adj*] **ideal**

اوراقِ بهادار bonds, stocks, shares

اورژانس / uržâns / اسم. **emergncy services**

اوضاع / owzā` / اسم. [جمعِ وَضع]
conditions, circumstances, situation

اوقات تلخی / owqāt.talxi / اسم.
a spat, an angry exchange

اوقاف / owqāf / اسم. [جمعِ وَقف]
endowments
سازمان حج و اوقاف و امور خیریه
the (Iranian) Organization for Haj, Endowments and Charities

اوّل / avval / اسم.، صفت.، قید.
1. [*n*] **the first** 2. [*adj*] **first**
3. [*adv*] **first**

اولاً / avvalan / قید. **firstly, in the first place**

اولویّت / owlaviyyat / اسم.
priority, preference

اوّلین / avvalin / صفت. **first; foremost**

اهانت / ehānat / اسم. **insult**
اهـانت‌کردن to offend, to insult

اهدا / ehdā / اسم. **dedication, offering**
اهداکردن to dedicate; to offer

ایراد / irād / اسم. **objection**
ایرادگرفتن to criticize, to find fault with

ایران‌شناس / irānšenās / اسم. **Iranologist**

ایران‌شناسی / irānšenāsi / اسم. **Iranology , Iranian studies**

ایرانی / irāni / صفت.، اسم. 1. [*adj*] **Iranian , Persian** 2. [*n*] **a native or citizen of Iran**

ایزولاسیون / izolâs(î)yon / اسم. **insulation**

ایست / ist / اسم. **halt, stop**
ایست‌کردن to halt, to stop

ایستا / istā / صفت. **static**

ایستادگی / istādegi / اسم. **resistance**

ایستادن / istādan / مصدر. **to stand ; to stop**
ایستادن ممنوع! No stopping!

ایستگاه / istgāh / اسم. **station ; stop**
ایستگاهِ اتوبوس bus stop
ایستگاهِ تاکسی taxi rank

ایل / il / اسم. **tribe**

ایلیاتی / i(î)lyāti / صفت. **tribal, nomadic**

ایمان / imān / اسم. **faith , belief**
ایمان داشتن to believe

ایمن / imen / صفت. **safe**

ایمنی / imeni / اسم. **safety, security**

این / in / ضمیر. **this**
این‌ها these

اینترنت (شبکه) / internet / اسم. **the Internet**

اینجا / injā / قید. **here,** (in) **this place**

اینک / inak / قید. **now , at present**

این‌که / inke / حرف. ربط. **that, the fact that**

ایوان / eyvān / اسم. **veranda , porch**

ب، ب

با / bā / حرف اضافه. **with; accompanied by; by**

با آن که / bā`ānke / حرف.ربط. **even though**

باادب / bāadab / صفت. **polite, courteous**

باارزش / bā`arzeš / صفت. **valuable**

باب / bāb / اسم. **gate, door; chapter**

در بابِ about, on the subject of

بابا / bābā / اسم. **father, dad, daddy, papa**

بابابزرگ / bābābozorg / اسم. **grandfather, grandpa**

بابانوئل / bābāno`el / اسم. خاص. **Father Christmas, Santa Claus**

بابت / bābat / اسم. **matter, subject, account**

بابونه (گیاه) / bābune / اسم. **camomile, chamomile**

باتجربه / bātajrobe / صفت. **experienced, seasoned**

باتری / bātri / اسم. **battery; cell**

باتريِ شارژشو rechargeable battery

باتريِ قلمی AA battery

باتلاق / bâtlāq / اسم. **swamp, marshes**

باتلاقی / bâtlāqi / صفت. **marshy**

باتون / bātun / اسم. **truncheon**

باج / bāj / اسم. **tribute; protection money**

باجِ سبیل forced gratuity

باجه / bāje / اسم. **window, counter**

باحوصله / bāho:sele / صفت. **patient**

باخبر / bāxabar / صفت. **informed, aware**

باخت / bāxt / اسم. **loss; defeat**

باختن / bāxtan / مصدر. **to lose**

باخدا / bāxodā / صفت. **pious, devout**

باد / bād / اسم. **wind; swelling**

بادِ خفیف a light wind, breeze

بادِ شدید a strong wind, gale
بادکردن to inflate [*vt*]; to swell [*vi*]
بادام (گیاه) / bādām / اسم. **almond**
باد،آورده / bādāvarde / صفت.، اسم.
1. [*adj*] **brought by the wind**
2. [*n*] **windfall**
بادبادک / bādbādak / اسم. **kite**
بادبان / bādbān / اسم. **sail**
قایقِ بادبانی sailing-boat, sail-boat
بادبزن / bādbezan / اسم. **fan**
بادبزنِ برقی electric fan
بادکنک / bādkonak / اسم. **balloon**
بادنجان (گیاه) / bādemjān / اسم. **aubergine, eggplant**
بادوام / bādāvām / صفت. **durable, lasting**
باده / bāde / اسم. **wine**
بار / bār / اسم. **load, burden, cargo, baggage; fruit**
بارکردن to load
بار / bār / اسم. **time, turn**
بارِ دیگر next time
بار / bār / اسم. **bar, pub, saloon**
باران / bārān / اسم. **rain**
بارانِ ریز drizzle
بارانِ شدید downpour
بارانداز / bārandāz / اسم. **dock, wharf**

بارانی / bārāni / صفت.، اسم.
1. [*adj*] **rainy** 2. [*n*] **raincoat**
باربر / bārbar / اسم. **porter**
باربری / bārbari / اسم. **porterage**
باربند (اتومبیل) / bārband / اسم. **luggage rack**
باردار / bārdār / صفت. **pregnant, with child; charged, loaded**
بارداری / bārdāri / اسم. **pregnancy, child-bearing**
بارش / bāreš / اسم. **raining or snowing; precipitation**
بارفیکس (ژیمناستیک) / bārfiks / اسم. **horizontal bar**
بارک‌الله / bārekallāh / صوت. **Bravo, well-done!**
بارکش / bārkeš / صفت. **load-carrying**
حیواناتِ بارکش beasts of burden
ماشینِ بارکش lorry, truck
بارگاه / bārgāh / اسم. **royal audience hall**
بارگیری / bārgiri / اسم. **loading**
بارنامه / bārnāme / اسم. **bill of lading**
بـارندگی / bārandegi / اسم. **rainfall**
باروت / bārut / اسم. **gunpowder**
بارور / bārvar / صفت. **fertile, fruit-bearing**

باریدن / bāridan / مصدر. **to rain, to snow etc.**

باریک / bārik / صفت. **narrow, slender**

باز (پرنده) / bāz / اسم. **falcon, hawk**

باز / bāz / صفت. **open; clear, unhindered**

- **باز شدن** to open *vi*
- **بازکردن** to open [*vt*], to untie

باز / bāz / قید. **again; once more**

بازار / bāzār / اسم. **market, market-place, bazaar**

- **بازارِ سیاه** the black market
- **بازارِ مشترک** common market
- **بازارِ مکاره** fair

بازاری / bāzāri / اسم.، صفت. 1. [*n*] **merchant** 2. [*adj*] **related to the Bazaar; of poor quality**

بازاریاب / bāzāryāb / اسم. **salesman, salesperson**

بازاریابی / bāzāryābi / اسم. **marketing**

بازبین / bāzbin / اسم. **controller**

بازبینی / bāzbini / اسم. **inspection, control**

بازپرداخت / bāzpardāxt / اسم. **repayment**

بازپرس / bāzpors / اسم. **examining magistrate**

بازپرسی / bāzporsi / اسم. **questioning by a magistrate**

بازپروری / bāzparvari / اسم. **reeducation, rehabiliation**

بازتاب / bāztāb / اسم. **reflection; echo**

بازجو / bāzju / اسم. **interrogator**

بازجویی / bāzjuyi / اسم. **interrogation**

بازخواست / bāzxāst / اسم. **reprimand; calling to account**

- **بازخواست کردن** to call to account

بازدارنده / bāzdārande / صفت. **inhibiting, preventative**

بازداشت / bāzdāšt / اسم. **detention, arrest**

- **بازداشت کردن** to arrest, to detain

بازداشتگاه / bāzdāštgāh / اسم. **detention centre; prison**

بازداشتن / bāzdāštan / مصدر. **to prevent, to inhibit**

بازدم / bāzdam / اسم. **exhaled breath**

بازده / bāzdeh / اسم. **output, yield, return**

بازدید / bāzdid / اسم. (return) **visit; tour of inspection**

- **دید و بازدید** exchange of visits

بازدیدکردن to visit; to inspect

بازرس / bāzres / اسم. **inspector**

بازرسی / bāzresi / اسم. **inspection**

بازرسیِ بدنی body search

بازرسی کردن to inspect

بازرگان / bāzargān / اسم. **merchant, businessman, trader**

بازرگانی / bāzargāni / اسم.، صفت. 1. [*n*] **commerce, commercial activity, trade** 2. [*adj*] **commercial**

وزارتِ بازرگانی Ministry of Commerce

بازسازی / bāzsāzi / اسم. **reconstruction**

بازگرداندن / bāzgardāndan / مصدر. **to return sb / sth**

بازگشت / bāzgašt / اسم. **return; comeback**

بازگشتن / bāzgaštan / مصدر. **to come / go back, to return**

بازمانده / bāzmānde / اسم. **remainder; survivor**

بازنده / bāzande / صفت. **the loser, the losing side**

بازنشستگی / bāznešastegi / اسم. **retirement**

حقوقِ بازنشستگی pension

بازنشسته / bāznešaste / صفت.، اسم. 1. [*adj*] **retired** 2. [*n*] **a pensioner, a retiree**

بازنشسته شدن to retire

بازنشسته کردن to pension sb off

بازو / bāzu / اسم. **arm**

بازی / bāzi / اسم. **game; play**

بازی کردن to play; to perform (a role)

بازیافت / bāzyāft / اسم. **recycling, recovery**

بازیافتی / bāzyāfti / صفت. **recycled, recovered**

کاغذِ بازیافتی recycled paper

بازیچه / bāziče / اسم. **plaything, toy**

بازیکن / bāzikon / اسم. **player**

بازیگر / bāzigar / اسم. **actor/ actress, performer**

بازیگوش / bāziguš / صفت. **playful, fun-loving**

باستان / bāstān / اسم. **ancient times**

باستان‌شناسی / bāstānšenāsi / اسم. **archaeology**

باستانی / bāstāni / صفت. **ancient**

باسکول / bāskul / اسم. **platform scale**

باسلیقه / bāsaliqe / صفت. **tasteful, having good taste**

باسن (بدن) / bāsan / اسم. **hip**

باسواد / bāsavād / صفت. **literate**

باشکوه / bāšokuh / صفت. **magnificent, glorious**

باشگاه / bāšgāh / اسم. **club**

باصرفه / bāsarfe / صفت. **economical, advantageous**

باطل / bātel / صفت. **null, void; false**

to cancel, to render null and void **باطل کردن**

to become worthless **باطل شدن**

باطن / bāten / اسم. **interior; inner self; heart**

باطنی / bāteni / صفت. **inward; heartfelt**

باعث / bā`es / اسم. **cause, motive**

to cause; to bring about **باعث شدن**

باغ / bāq / اسم. **garden, orchard**

botanical garden **باغِ گیاه‌شناسی**

zoo **باغِ وحش**

باغبان / bāqbān / اسم. **gardener**

باغبانی / bāqbāni / اسم. **gardening, horticulture**

باغچه / bāqče / اسم. **small garden; flower-bed**

بافت / bāft / اسم. **tissue; texture**

بافتن / bāftan / مصدر. **to weave; to knit**

بافتنی / bāftani / اسم. **knitwear; textile**

بافندگی / bāfandegi / اسم. **weaving; knitting**

بافنده / bāfande / اسم. **weaver; knitter**

باقلا (گیاه) / bāqâlā / اسم. **broad bean**

باقی / bāqi / اسم.، صفت.

1. [*n*] **remainder, rest**
2. [*adj*] **remaining; lasting**

to remain, to stay **باقی ماندن**

باقی‌مانده / bāqimānde / اسم. **remainder; balance**

باک (اتومبیل) / bāk / اسم. **petrol tank, gas tank**

باکتری / bākteri / اسم. **bacteria** [*pl*], **bacterium** [*sing*]

باکره / bākere / صفت. **virgin**

a virgin; a maiden **دخترِ باکره**

باکرگی / bākeregi / اسم. **virginity**

باکفایت / bākefāyat / صفت. **capable**

بال / bāl / اسم. **wing**

plumage **بال و پر**

to flap one's wings **بال زدن**

بالا / bālā / اسم.، صفت.، قید.

1. [*n*] **top; upper part** 2. [*adj*] **high; upper** 3. [*adv*] **up, upward**

to come up, to rise **بالا آمدن**

to go up, to ascend **بالا رفتن**

above, over, on top of **بالایِ**

بالاتنه / bālātane / اسم. **the upper part of the body; torso**

بالاخانه / bālāxāne / اسم. garret, a room on an upper floor

بالأخره / bel`axare / قید. at last, eventually

بالدار / bāldār / صفت. winged

بالش / bāleš / اسم. pillow

بالغ / bāleq / صفت. adult, having come of age

بالقوّه / belqovve / صفت. potential

بالکن / bālkon / اسم. balcony

باله (رقص) / bāle / اسم. ballet

بالیدن / bālidan / مصدر. to be proud of sth ; to grow
به خود بالیدن to pride oneself on sth

بام / bām / اسم. roof ; ceiling

بامبول / bāmbul / اسم. deception, trickery
بامبول درآوردن to play tricks

بامداد / bāmdād / اسم. morning

بامیه (گیاه) / bāmîye / اسم. okra, gumbo

باند / bānd / اسم. band, bandage ; gang, clique
باندِ تبهکاران a gang of criminals
باندِ فرودگاه runway

باندپیچی / bāndpiči / اسم. bandaging
باندپیچی کردن to bandage

بانک / bānk / اسم. bank
بانکِ اطلاعات database, data bank

بانکداری / bānkdāri / اسم. banking

بانمک / bānamak / صفت. cute, nice

بانو / bānu / اسم. lady

باور / bāvar / اسم. belief
باورکردن to believe

باهم / bāham / قید. together, with each other

باهوش / bāhuš / صفت. clever, intelligent

باید / bāyad / فعل. must, ought to, have to, should

بایر / bāyer / صفت. barren, uncultivated

بایکوت / bāykot / اسم. boycott
بایکوت‌کردن to boycott

بایگانی / bāygāni / اسم. archive(s); filing system
بایگانی‌کردن to file sth (away)

ببر (جانور) / babr / اسم. tiger

بت / bot / اسم. idol

بت‌پرست / botparast / اسم. idolater

بت‌پرستی / botparasti / اسم. idolatry

بتن / beton / اسم. concrete
بتن آرمه reinforced concrete

بتنی / betoni / صفت. **made of concrete**

بتّه / botte / اسم. **bush ; shrub**

بجا / bejā / صفت. **suitable, timely, to the point**

بجز / bejoz / حرف. **except; other than**

بچّگانه / baččegāne / صفت. **childish, childlike**

بچّگی / baččegi / اسم. **childhood**

بچّه / bačče / اسم. **child, kid, baby**

بچّه‌داری / baččedāri / اسم. **child care**

بحبوحه / bohbuhe / اسم. **midst**

در بحبوحهٔ جنگ in the midst of the war

بحث / bahs / اسم. **discussion, debate ; argument**

بحث‌کردن to discuss, to debate

قابلِ بحث debatable, open to discussion

بحران / bohrān / اسم. **crisis**

بحرانی / bohrāni / صفت. **critical**

بخار / boxār / اسم. **vapour, steam**

بخار شدن to evaporate

بخارکردن to steam

بخاری / boxāri / اسم. **heater ; stove; fireplace**

بخاریِ برقی electric heater

بخاریِ گازی gas stove

بخت / baxt / اسم. **luck, fortune**

بخت‌آزمایی / baxtāz(e)māyi / اسم. **lottery**

بخش / baxš / اسم. **section ; share ; district ; ward ; division**

بخشِ خصوصی the private sector

بخشِ عمومی the public sector

بخشدار / baxšdār / اسم. **district governor**

بخشداری / baxšdāri / اسم. **office of the district governor**

بخشش / baxšeš / اسم. **giving away; gift; forgiveness, pardon**

بخشنامه / baxšnāme / اسم. **circular; directive**

بخشنده / baxšande / صفت. **giving ; forgiving, merciful**

بخشودگی / baxšudegi / اسم. **exemption**

بخشیدن / baxšidan / مصدر. **to forgive, to pardon ; to give**

بخصوص / bexûsus / قید. **especially, particularly**

بخور / bûxur / اسم. **inhalation**

بخور دادن to administer an inhalation

بخیل / baxil / اسم.، صفت. 1. [*n*] **a miserly person** 2. [*adj*] **miserly, mean, tight-fisted**

بخیه / bax(î)ye / اسم. **stitch**

بخیه زدن to stitch

بد / bad / صفت.، قید. 1. [*adj*] **bad, evil, ill, foul** 2. [*adv*] **badly, poorly, improperly**

بداهه‌نوازی (موسیقی) / bedāhenavāzi / اسم. **improvisation**

بدبخت / badbaxt / صفت. **miserable, unfortunate**

بدبختی / badbaxti / اسم. **misery, misfortune**

بدبو / badbu / صفت. **smelly, stinking**

بدبین / badbin / اسم.، صفت. 1. [*n*] **a pessimist** 2. [*adj*] **pessimistic**

بدبینی / badbini / اسم. **pessimism**

بدجنس / badjens / صفت. **malicious**

بدجنسی / badjensi / اسم. **malice, maliciousness**

بدحجاب / badhejāb / صفت. **not observing the proper Islamic dress code**

بدرفتاری / badraftāri / اسم. **ill-treatment**

بدرقه / badraqe / اسم. **seeing sb off, send-off**

بدرقه‌کردن to see sb off

بدشانس / badšâns / صفت. **unlucky**

بدشانسی / badšânsi / اسم. **badluck**

بدعت / bed`at / اسم. **innovation; heresy**

بدگمان / badgamān / صفت. **suspicious, mistrustful**

بدگمانی / badgamāni / اسم. **suspicion, mistrust**

بدگویی / badguyi / اسم. **speaking ill of sb; fault-finding; backbiting**

بدل / badal / اسم. **substitute; copy; imitation; fake**

بدلی / badali / صفت. **fake, false**

جواهرِ بدلی fake jewels, paste

بدمینتون (ورزش) / badminton / اسم. **badminton**

بدن / badan / اسم. **body**

بدنام / badnām / صفت. **infamous, notorious**

بدنام‌کردن to defame

بدنامی / badnāmi / اسم. **infamy, notoriety**

بدن‌سازی / badansāzi / اسم. **body-building**

بدنه / badane / اسم. **frame; body**

بدنهٔ هواپیما fuselage

بدون / bedune / حرف. **without**

بدونِ استثنا without exception

بدهکار / bedehkār / اسم.، صفت. 1. [*n*] **debtor** 2. [*adj*] **in debt**

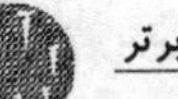

بدهکار بودن to owe, to be in debt

بدهکاری / bedehkāri / اسم. **debt; indebtedness**

بدهی / bedehi / اسم. **debt, liability**

بدی / badi / اسم. **badness; evil**

بدیهی / badihi / صفت. **evident, obvious**

بذر / bazr / اسم. **seed**

بذرافشاندن to sow (seeds)

بذله گو / bazlegu / اسم.، صفت. 1. [*n*] **a witty person** 2. [*adj*] **witty**

بذله گویی / bazleguyi / اسم. **being witty; witticism**

بَر / bar / اسم.، حرف.، قید. 1. [*n*] **side; fruit** 2. [*prep*] **on, upon, over** 3. [*adv*] **up, over, on top**

بُر / bor / اسم. **shuffling** (of cards)

بُرزدن to shuffle (cards)

برآمدگی / barāmadegi / اسم. **projection; swelling**

برآورد / barāvord / اسم. **estimate, estimation**

برآوردکردن to make an estimate

برائت / barā`at / اسم. **acquittal, getting acquitted**

برابر / barābar / صفت.، قید. 1. [*adj*] **equal, equal to** 2. [*adv*] **opposite**

دو برابر twofold, twice as much

سه برابر threefold, thrice as much

برابری / barābari / اسم. **equality**

برات / barāt / اسم. **draft, bill**

برادر / barādar / اسم. **brother**

برادر زن brother-in-law

برادر شوهر brother-in-law

برادری / barādari / اسم. **brotherhood, fraternity**

برازنده / barāzande / صفت. **becoming, elegant**

برّاق / barrāq / صفت. **shining, glittering**

بَرّاق کردن to polish, to give a shine to

برانداز کردن / barandāz kardan / مصدر. **to look up and down, to size up sb**

براندازی / barandāzi / اسم. **forceful overthrow** (of a government)

برانکار (پزشکی) / b(e)rânkâr / اسم. **stretcher**

برانگیختن / barangixtan / مصدر. **to rouse, to stimulate, to excite**

برایِ / barāye / حرف. **for, for the sake of, for the purpose of**

برتر / bartar / صفت. **superior, higher, better**

برتری / bartari / اسم. **superiority, advantage**

بُرج / borj / اسم. **tower, high-rise building ; solar month**

بُرجِ مراقبت (فرودگاه) control tower

بُرجِ نگهبانی (اردوگاه) watch tower

برجستگی / barjestegi / اسم. **prominence, projection**

برجسته / barjeste / صفت. **prominent, outstanding ; embossed**

برچسب / barčasb / اسم. **label, sticker**

برچسب زدن to label, to attach a sticker

برچیدن / barčidan / **to pack things up ; to remove ; to close down**

برخاستن / barxāstan / مصدر. **to get up, to rise**

برخلافِ / barxalāfe / قید. **contrary to, unlike**

برخورد / barxord / اسم. **encounter, clash, conflict**

برخوردکردن to meet, to come into contact

برخوردار / barxordār / صفت. **enjoying ; being in possession of**

برد / bord / اسم. **win ; range, reach**

برداشت / bardāšt / اسم. **harvest ; understanding ; withdrawal** (of money from a bank account)

برداشتن / bardāštan / مصدر. **to pick up, to lift ; to remove**

بردبار / bordbār / صفت. **patient, tolerant, forbearing**

بردباری / bordbāri / اسم. **patience, tolerance, forbearance**

بردگی / bardegi / اسم. **servitude, slavery**

بردن / bordan / مصدر. **to take, to carry, to transport ; to win**

برده / barde / اسم. **slave, sb kept in bondage**

برده‌داری / bardedāri / اسم. **practising slavery**

بررسی / bar.resi / اسم. **examination ; study**

بررسی‌کردن to examine, to study

برس / boros / اسم. **brush**

برسِ مو hairbrush

برس زدن to brush

برش / boreš / اسم. **cut, slice, section, cutting**

برشته / berešte / صفت. **toasted**

نان‌برشته‌کن toaster

برشته‌کردن to toast

برشکار / boreškār / اسم. **cutter**

برطرف کردن / bartaraf kardan / مصدر. **to eliminate, to remove**

برعکس / bar`aks / قید. **contrary to, unlike; vice versa**

برف / barf / اسم. **snow**

برف باریدن to snow

برف‌پاک‌کن (خودرو) / barfpāk.kon / اسم. **windscreen-wiper, windshield-wiper**

برفک (تلویزیون) / barfak / اسم. **snow**

برفی / barfi / صفت. **snowy**

برق / barq / اسم. **electricity, power; lightning**

برقِ فشارِقوی high-tension electricity

نیروگاه برق power station

برق‌آسا / barqāsā / صفت. **lightning, sudden**

برقرار / barqarār / صفت. **established, in place**

برقرارکردن to establish, to put in place

برقراری / barqarāri / اسم. **establishing, putting in place**

برقی / barqi / صفت. **electric, electrical**

برکنارکردن / barkenār kardan / مصدر. **to dismiss, to remove from office**

برکناری / barkenāri / اسم. **dismissal, discharge**

برکه / berke / اسم. **pond; pool**

برگ / barg / اسم. **leaf; sheet**

برگِ بو (گیاه) / bargebu / اسم. **bay leaf**

برگرداندن / bargardāndan / مصدر. **to return sth; to send back; to turn over**

برگزار کردن / bargozār kardan / مصدر. **to hold, to stage**

برگزیدن / bargozidan / مصدر. **to choose, to select, to pick**

برگزیده / bargozide / صفت. **choice, selected; élite**

برگشت / bargašt / اسم. **return, coming back; recurrence**

برگشتن / bargaštan / مصدر. **to come back, to return; to turn over**

برگشت‌ناپذیر / bsrgaštnāpazir / صفت. **irreversible**

برگه / barge / اسم. **card,** (slip of) **paper**

برنامه / barnāme / اسم. **programme; timetable; plan**

وزارتِ برنامه و بودجه Ministry of Planning and Allocations

برنامه‌ریزی / barnāmerizi / اسم.
planning, preparing a plan of action ; programming

برنامه‌نویس / barnāmenevis / اسم.
programmer

برنج (گیاه) / berenj / اسم. **rice**

برنج (فلز) / berenj / اسم. **brass**

بَرنده / barande / اسم. صفت.
1. [*n*] **winner** 2. [*adj*] **winning**
بَرنده شدن to win

بُرّنده / bor(r)ande / صفت. **cutting, sharp, keen**

برنز / boronz / اسم. **bronze**

بروز / bûruz / اسم. **appearing ; appearance**
بروز دادن to reveal a secret

بروشور / bûrušur / اسم. **brochure, literature**

برومند / bûrumand / صفت. **able-bodied ; luxuriant**

برّه / barre / اسم. **lamb**

برهنگی / berahnegi / اسم. **bareness, nakedness**

برهنه / berahne / صفت. **bare, naked**

بریان / beryān / صفت. **roasted, grilled**
بریان کردن to roast, to barbecue

بریدگی / boridegi / اسم. **cut, incision ; notch**

بریدن / boridan / مصدر. **to cut, to incise**

بریده / boride / صفت.، اسم.
1. [*adj*] **cut, clipped**
2. [*n*] **cutting, clipping**
بریدهٔ جراید newspaper cuttings or clippings

بز (جانور) / boz / اسم. **goat**
بزِ ماده nanny-goat
بزِ نر billy-goat

بزاق / bozāq / اسم. **saliva**

بزدل / bozdel / صفت. **chicken-hearted, cowardly**

بزرگ / bozorg / صفت. **big, great, large ; grown-up ; major**
بزرگ شدن to grow ; to grow up
بزرگ کردن to enlarge ; to bring up

بزرگراه / bozorgrāh / اسم. **expressway**

بزرگسال / bozorgsāl / اسم. صفت.
1. [*n*] **an adult, a grown-up**
2. [*adj*] **adult, grown up**

بزرگوار / bozorgvār / صفت. **magnanimous ; generous**

بزرگواری / bozorgvāri / اسم. **magnanimity ; generosity**

بزرگی / bozorgi / اسم. **greatness, largeness**

بزغاله (جانور) / bozqāle / اسم. **kid**

بزک / bazak / اسم. **make-up**
بزم / bazm / اسم. **banquet, feast**
بزودی / bezudi / قید. **soon, shortly, presently**
بس / bas / صفت. **enough; sufficient**
بس‌کردن to stop, to say enough
بساط / basāt / اسم. **stand; paraphernalia**
بساط (پهن) کردن to set up a stand
بستانکار / bestānkār / اسم. **creditor**
بستر / bastar / اسم. **bed**
بستری / bastari / صفت. **confined to bed**
بستگان / bastegān / اسم. [جمعِ بسته] **relatives**
بستگی / bastegi / اسم. **relation, connection, dependence**
بستگی داشتن to depend on sth
بستن / bastan / مصدر. **to close, to shut, to turn off; to tie, to fasten, to bind**
بستنی / bastani / اسم. **ice-cream**
بستنی‌فروشی / ice-cream shop / stall
بستنی قیفی (ice-cream) cone
بسته / baste / اسم. **parcel, package**

بسته / baste / صفت. **closed, shut; tied**
بسته‌بندی / bastebandi / اسم. **packing, packaging**
بسته‌بندی کردن to pack, to wrap
بسط / bast / اسم. **extension; expansion**
بسط دادن to extend; to expand
بسکتبال (ورزش) / basketbāl / اسم. **basketball**
بسم‌الله / besmellāh / دعا. **in the name of God**
بسیار / besyār / صفت. قید.
1. [*adj*] **many, much, a lot of**
2. [*adv*] **a great deal, profusely, extensively**
بسیج / basij / اسم. **mobilization; Mobilization Militia**
بسیجِ عمومی general mobilization
بسیج کردن to mobilize
بسیجی / basiji / اسم. **a member of the Baseej or Mobilization of the Meek Organization**
بشّاش / baššāš / صفت. **cheerful, smiling**
بشر / bašar / اسم. **mankind; man; human being**
بشری / bašari / صفت. **human**

بشریّت / bašariyyat / اسم.
humanity

بشقاب / bošqāb / اسم. **plate, dish**
بشقابِ پرنده flying saucer

بشکن / beškan / اسم. **snapping one's fingers**
بشکن زدن to snap one's fingers

بشکه / boške / اسم. **barrel, cask**

بصیرت / basirat / اسم. **insight, expert knowledge**

بضاعت / bezā`at / اسم.
financial means, capital

بطالت / betālat / اسم. **idleness, futility**

بطری / botri / اسم. **bottle**

بَعد / ba`d / قید. **then, later, afterwards**
بَعد از ظهر afternoon ; PM
بَعد از میلاد AD, CE

بُعد / bo`d / اسم. **dimension ; distance**
سه‌بُعدی three-dimensional, 3-D

بعداً / ba`dan / قید. **afterwards, next, subsequently**

بَعدی / ba`di / اسم. **the next one**

بعضی / ba`zi / ضمیر. **some, a few**
بعضی وقت‌ها sometimes

بعلاوه / be`alāve / اسم.، قید.
1. [*n*] **plus** (+) 2. [*adv*] **besides, in addition to**

بعید / ba`id / صفت. **far, remote ; improbable, unlikely**

بغرنج / boqranj / صفت.
complicated, intricate

بغل / baqal / اسم. **embrace, arms, bosom ; side ; armful**
بغل کردن to embrace, to hug

بقا / baqā / اسم. **survival ; permanence**

بقّال / baqqāl / اسم. **grocer**

بقّالی / baqqāli / اسم. **grocery, grocer's**

بقچه / boqče / اسم. **pack ; bundle**

بقعه / boq`e / اسم. **shrine, mausoleum**

بقیّه / baqiyye / اسم. **rest, remainder, balance**

بکر / bekr / صفت. **virgin, intact, untouched**

بکسل (خودرو) / boksel / اسم. **tow, tug**
بکسل کردن to tow

بگومگو / begumagu / اسم.
argument, quarrel
بگومگو کردن to argue, to quarrel

بلا / balā / اسم. **calamity, disaster**

بلاتکلیف / belātaklif / صفت.
undecided, uncertain

بلاعوض / belā`avaz / صفت.
gratuitous

بلافاصله / belāfāsele / قید.
immediately

بلال / balāl / اسم.
maize, corn

بلبل (پرنده) / bolbol / اسم.
nightingale

بلد بودن / balad budan / مصدر.
to know, to have the necessary skills

بلع / bal` / اسم.
swallowing

بلعیدن / bal`idan / مصدر.
to swallow, to devour

بلکه / balke / قید.
perhaps; so that; rather

بل گرفتن / bol gereftan / مصدر.
to catch sth in the air, to make a catch

بلند / boland / صفت.
tall, high, elevated; long; loud

بلند شدن — to get up, to rise; to grow

بلندکردن — to lift, to raise, to pick up

بلندپرواز / bolandparvāz / صفت.
high-flying

بلندگو / bolandgu / اسم.
loudspeaker, megaphone

بلندی / bolandi / اسم.
height, elevation; tallness; loudness

بلوا / balvā / اسم.
riot(s), public disturbance

بلواکردن — to riot, to revolt

بلوار / bulvār / اسم.
boulevard

بلوچ / baluč / اسم.
Baluch, a native of Baluchistan

بلوچی / baluči / صفت.
Baluchi

بلور / bûlur / اسم.
crystal, cut glass

بلوری / bûluri / صفت.
crystalline

بلوز / bûluz / اسم.
blouse

بلوط (گیاه) / balut / اسم.
oak tree

بلوغ / bûluq / اسم.
puberty, adulthood, coming of age

بلوک / bûluk / اسم.
block; bloc; district

بله / bale / صوت.
yes

بلیت / bîlit / اسم.
ticket

بلیتِ رفت و برگشت — return (ticket), round-trip ticket

بلیتِ یکسره — single ticket, one-way ticket

دفترِ فروشِ بلیت — ticket office

بم (صدا) / bam / صفت.
bass, deep

بمب / bomb / اسم.
bomb

بمبِ اتمی — atomic bomb

بمباران / bombārān / اسم.
bombardment, bombing

بمباران کردن to bomb

بمب‌افکن / bombafkan / اسم.
bomber

بنا / banā / اسم. **construction ; building**

بنای یادبود monument

بناکردن to construct, to build

بنّا / bannā / اسم. **bricklayer; builder, mason**

بنابراین / banābarin / قید.
therefore, thus

بن‌بست / bonbast / اسم.
deadlock ; a blind alley

کوچهٔ بن‌بست blind alley, cul-de-sac

بَنتِ قونسول (گیاه) / bante qonsul / اسم. **pointsettia**

بنجل / bonjol / اسم. **unsalable stock, dead stock**

بند / band / اسم. **cord, rope ; paragraph ; ward**

بندِ ساعت watch-strap

بندِ شلوار braces, suspenders

بندِ کفش shoe lace

بندِ ناف umbilical cord

بند آمدن to stop, to cease

بند آوردن to stop, to block

بندباز / bandbāz / اسم. **acrobat**

بندبازی / bandbāzi / اسم.
acrobatics

بندر / bandar / اسم. **port**

بندرِ آزاد free port

بندرگاه / bandargāh / اسم.
harbour

بندگی / bandegi / اسم. **slavery, servitude**

بنده / bande / اسم. **slave**

بنزین / benzin / اسم. **petrol, gasoline, gas**

بنزین بدون سرب unleaded petrol

پمپِ بنزین petrol station, filling station

بنفش / banafš / اسم.، صفت.
1. [*n*] (the colour) **violet**
2. [*adj*] **violet**

بنفشه (گیاه) / banafše / اسم.
violet

بنفشهٔ افریقایی (گیاه) / banafšeye âfriqāyi / اسم.
African violet

بنگاه / bongāh / اسم.
establishment, institution, trading house

بنگاه کاریابی employment agency

بنیاد / bonyād / اسم. **foundation ; origin**

بنیاد نهادن to found, to establish

بنیان / bonyān / اسم. **structure, building**

بنیانگذار / bonyāngozār / اسم. **founder**

بو / bu / اسم. **smell, odour**

بوی بد unpleasant odour, foul smell

بوی خوش sweet smell, fragrance

بو بردن to suspect, to scent

بو دادن to smell; to stink

بو کردن، بو کشیدن to smell, to sniff

بوته / bute / اسم. **bush, shrub**

بوتیک / butik / اسم. **boutique**

بودایی / budāyi / اسم.، صفت. **Buddhist**

بودجه / budje / اسم. **budget**

بودن / budan / مصدر. **to be, to exist; to stay**

بور / bur / صفت. **blond(e); fair**

بور / bur / صفت. **embarrassed**

بور شدن to be embarrassed

بوران / burān / اسم. **squall, wind-driven rain, blizzard**

بورژوا / burž(û)vâ / اسم. **a bourgeois, a member of the bourgeoisie**

بورس / burs / اسم. **stock exchange**

بوروکراسی / burok(e)râsi / اسم. **bureaucracy**

بوزینه / buzine / اسم. **ape, monkey**

بوستان / bustān / اسم. **orchard, garden**

بوسه / buse / اسم. **kiss**

بوسهٔ خداحافظی a farewell kiss

بوسیدن / busidan / مصدر. **to kiss**

بوفه / bufe / اسم. **buffet**

بوق / buq / اسم. **horn, bugle**

بوقِ آزاد (تلفن) dial tone

بوق زدن to blow the horn

بوقلمون (پرنده) / buqalamun / اسم. **turkey**

بوکس / boks / اسم. **boxing**

بوکسور / boksor / اسم. **boxer**

بوگیر (حمام،توالت) / bugir / اسم. **deodorizer**

بولتن / bultan / اسم. **bulletin**

بولدوزر / buldozer / اسم. **bulldozer**

بوم / bum / اسم. **natural habitat, country**

بوم (نقاشی) / bum / اسم. **canvas(s)**

بوم (پرنده) / bum / اسم. **owl**

بومی / bumi / اسم. **native, indigenous**

بویایی / buyāyi / اسم. (sense of) **smell**

بِه (گیاه) / beh / اسم. **quince**

به / be / حرف. **to, towards, at, by**

به‌استثنایِ except, other than

به‌تدریج gradually, little by little

به‌خاطرِ for the sake of; thanks to

به طرفِ to, towards, toward

به علّتِ because of, due to

به عنوانِ as

به کلّی completely, entirely

به محضِ این‌که as soon as

به موقع timely, opportune

به ندرت rarely, seldom

به وسیلهٔ by, by means of

به هرحال anyhow, anyway

بها / bahā / اسم. **price, value, cost**

بهایِ تمام‌شده cost price

بها دادن به to give credence to

بهادار / bahādār / صفت. **valuable**

اوراقِ بهادار stocks and bonds

بهار / bahār / اسم. **spring**

بهاره / bahāre / صفت. **pertaining to spring, spring, vernal**

بهاری / bahāri / صفت. **pertaining to spring, spring, vernal**

بهانه / bahāne / اسم. **pretext, (lame) excuse**

بهانه آوردن to make an excuse

بهانه‌جویی / bahānejuyi / اسم. **seeking excuses; picking a quarrel**

بهبود / behbud / اسم. **improvement, recovery, progress**

بهبود یافتن to get better, to recover from an illness

بهت / boht / اسم. **amazement, consternation**

بهت‌آور / bohtāvar / صفت. **amazing, astonishing**

بهتر / behtar / صفت. **better, superior**

بهتر شدن to get better, to improve [*vi*]

بهتر کردن to do better; to improve [*vt*]

بهترین / behtarin / صفت. **best**

بهداشت / behdāšt / اسم. **hygiene, sanitation**

وزارتِ بهداشت و درمان و آموزشِ پزشکی the Ministry of, Health Care, and Sanitation Medical Education

بهداشتی / behdāšti / صفت. **hygienic, sanitary**

لوازمِ بهداشتی sanitary ware

محصولاتِ بهداشتی health care products

نوارِ بهداشتی sanitary towel, tampon

به درد بخور / bedardboxor / صفت.
useful

به درد نخور / bedardnaxor / صفت.
useless

به روز / beruz / صفت. **up-to-date**
به روز درآوردن to update

بهروزی / behruzi / اسم.
happinesss, prosperity

بهره / bahre / اسم. **share, portion ; profit**
بدون بهره interest-free
بهره بردن to benefit from

بهره‌برداری / bahrebardāri / اسم.
production ; profiting from ; exploitation
بهره‌برداری کردن to exploit, to profit from

بهره کشی / bahrekeši / اسم.
severe exploitation

بهره‌وری / bahrevari / اسم.
productivity

بهره‌مند / bahremand / صفت.
enjoying (the fruits of)
بهره‌مند شدن to enjoy (the fruits of)

بهزیستی / behzisti / اسم.
social welfare
سازمانِ بهزیستی the Iranian Social Welfare Organization

بهسازی / behsāzi / اسم.
rebuilding sth in a better and more sanitary manner

بهشت / behešt / اسم. **paradise, heaven**

بهمن / bahman / اسم. **avalanche**

بهوش / behuš / صفت. **conscious**

بهیار / behyār / اسم. **assistant-nurse, practical nurse**

بهینه / behine / صفت. **optimum**

بهینه‌سازی / behinesāzi / اسم.
optimizing, optimization

بی / bi / پیشوند. **without, with no ...**
بی‌آزار harmless
بی‌ادب impolite
بی‌پایان endless
بی‌نظمی disorder
بی‌ثمر fruitless, futile

بیابان / biyābān / اسم. **desert, wilderness**

بیات / bayāt / صفت. **stale**

بی‌ارزش / biarzeš / صفت.
worthless

بیان / bayān / اسم. **statement, expression**
بیان کردن to state, to express

بیانیّه / bayāniyye / اسم.
statement, declaration

بی‌باک / bibāk / صفت. **fearless, dauntless**

بی‌بندوبار / biband-o-bār / صفت.
irresponsible, carefree; permissive

بی‌بو / bibu / صفت.
odourless
بی‌بو و خاصیّت inane

بی‌پرده / biparde / صفت.، قید.
1. [*adj*] **frank, open** 2. [*adv*] **frankly, openly**

بی‌تاب / bitāb / صفت.
restless, impatient

بیت‌المال / beytolmāl / اسم.
the treasury (of an Islamic state), **public funds**

بی‌تفاوت / bitafāvot / صفت.
indifferent

بیجا / bijā / صفت.
out of place, inappropriate

بی‌جان / bijān / صفت.
lifeless, inanimate

بیچاره / bičāre / صفت.
poor, miserable

بی‌چون و چرا / bičun-o-čerā / صفت.
without a question, indisputable

بی‌حال / bihāl / صفت.
feeble, without energy

بیخ / bix / اسم.
root, bottom

بی‌خبر / bixabar / صفت.، قید.
1. [*adj*] **unaware** 2. [*adv*] **unawares**

بی‌خبری / bixabari / اسم.
having no news of sb or sth; ignorance

بی‌خوابی / bixābi / اسم.
insomnia

بی‌خود / bixod / صفت.
without consciousness, in a state of ecstasy; for no good reason

بید (گیاه) / bid / اسم.
willow
بیدِ مجنون weeping willow

بیداد / bidād / اسم.
injustice, oppression, cruetly

بیدادگر / bidādgar / صفت.
oppressor; cruel

بیدار / bidār / صفت.
awake, conscious
بیدار شدن to wake up, to awake
بیدار کردن to wake sb up, to awaken
بیدار ماندن to stay up, to stay awake

بیداری / bidāri / اسم.
awakening, wakefulness, being awake

بی‌دردِ سر / bidardesar / صفت.
without trouble, easy

بی‌درنگ / biderang / قید.
immediately, swiftly

بی‌دست‌وپا / bidast-o-pā / صفت.
helpless

بیده (لوازم حمام) / bide / اسم.
bidet

بیراهه / birāhe / قید.
cross-country, off the main road, off course

بیرون / birun / اسم.، قید.
1. [*n*] **outdoors** 2. [*adv*] **out, outside**
بیرون آمدن to come out
بیرون رفتن to go out
بیرون کردن to sack, to fire

بیرونی / biruni / صفت.، اسم.
1. [*adj*] **outer, external**
2. [*n*] **reception hall**

بی‌رویّه / biraviyye / صفت. **unrestrained**

بیزار / bizār / صفت. **tired of, disgusted with**
بیزار بودن از to hate sb or sth

بیزاری / bizāri / اسم. **dislike, disgust**

بیست / bist / اسم. **twenty**

بیستم / bistom / صفت. **twentieth**

بی سر و ته / bisar-o-tah / صفت. **incoherent; silly**

بی سر و صدا / bisar-o-sedā / قید. **noiselessly, quietly**

بیسکویت / biskûvit / اسم. **biscuits, cookies**

بـی‌سواد / bisavād / صفت. **illiterate**

بی‌سوادی / bisavādi / اسم. **illiteracy**

بیش / biš / صفت. **more**
بیش از more than; over

بیشتر / bištar / صفت. **more, larger, harder**
بیشتراوقات most of the time, often

بیشترین / bištarin / صفت. **most, greatest**

بی‌شرم / bišarm / صفت. **shameless, unabashed**

بی‌شرمانه / bišarmāne / قید. **shamelessly**

بیشه / biše / اسم. **thicket, grove, wood**

بیشینه / bišine / اسم. **maximum**

بیضه / beyze / اسم. **testicle, testis**

بیضی / beyzi / اسم.، صفت.
1. [*n*] **ellipse** 2. [*adj*] **elliptical**

بی‌طرف / bitaraf / صفت. **neutral, impartial**

بیعانه / bey\`āne / اسم. **advance payment**

بیعت / bey\`at / اسم. **oath of allegiance**

بی‌عدالتی / bi\`edālati / اسم. **injustice**

بیفتک / biftek / اسم. **steak, beefsteak**

بی‌قرار / biqarār / صفت. **restless**

بیکار / bikār / صفت. **unemployed, jobless; idle**

بیکار بودن to be out of work, to be unemployed

بیکاری / bikāri / اسم.
unemployment, joblessness

بیگاری / bigāri / اسم.
forced labour, unpaid labour

بیگانگی / bigānegi / اسم. **alienation**

بیگانه / bigāne / اسم.، صفت.
1. [n] **a foreigner, an alien, an expatriate** 2. [adj] **foreign, alien, expatriate**

بی‌گمان / bigamān / قید.
doubtless, undoubtedly

بیگودی (مو) / bîgûdi / اسم.
hair rollers

بیل / bil / اسم. **spade, shovel**

بیلان (اقتصاد) / bilān / اسم.
balance sheet

بیم / bim / اسم. **fear, dread**
بیم داشتن to fear, to dread

بیمار / bimār / صفت.، اسم.
1. [adj] **ill, sick, indisposed**
2. [n] **a patient, a sick person**

بیمارستان / bimārestān / اسم.
hospital, infirmary
بیمارستانِ خصوصی private hospital
بیمارستانِ صحرایی field hospital
در بیمارستان بستری کردن to hospitalize

بیماری / bimāri / اسم. **illness, disease**

بی‌معنی / bima`ni / صفت.
meaningless, nonsensical, senseless

بیمه / bime / اسم. **insurance, assurance**
بیمهٔ اجتماعی social security
بیمه کردن to insure, to assure

بیمه‌گر / bimegar / اسم. **insurer**

بیمه‌گزار / bimegozār / اسم.
the insured party

بیمه‌نامه / bimenāme / اسم.
insurance policy

بِین / beyne / قید. **between, among**

بین‌المللی / beynolmelali / صفت.
international

بینایی / bināyi / اسم. **eyesight, vision**

بینش / bineš / اسم. **insight**

بی‌نظیر / binazir / صفت. **unique, matchless**

بیننده / binande / اسم. **viewer, spectator**

بینوا / binavā / اسم. **destitute, poor**

بی‌نهایت / binahāyat / صفت.، اسم.
1. [adj] **infinite, extremely large**
2. [n] **infinity**

بینی / bini / اسم. **nose**

بی‌واسطه / bivāsete / صفت. قید.

1. [*adj*] **immediate, direct**
2. [*adv*] **directly**

بیوه / bive / اسم. **widow**

بیهودگی / bihudegi / اسم. **futility, uselessness**

بیهوده / bihude / صفت. **futile, useless**

بیهوش / bihuš / صفت.

unconscious

بیهوش شدن to become unconscious

بیهوش کردن to anaesthetize, to put under anaesthetic

بیهوشی / bihuši / اسم.

anaesthesia; unconsciousness

پ، پ

پا / pā / اسم. **foot; leg**
پا شدن to get up, to stand up
پابرجا / pābarjā / صفت. **stable, firmly-rooted, enduring**
پابرهنه / pāberahne / صفت. **barefoot, barefooted**
پاپیتال (گیاه) / pâpitâl / اسم. **ivy**
پاتک (نظامی) / pātak / اسم. **counter-attack**
پاتوق / pātoq / اسم. **hang-out, haunt**
پاچه (گوسفند) / pāče / اسم. **leg, trotter**
پاچهٔ شلوار trouser leg(s)
پاچهٔ گوسفند sheep's trotters
پاداش / pādāš / اسم. **reward, bonus**
پادتن / pādtan / اسم. **antibody**
پادزهر / pādzahr / اسم. **antidote**
پادشاه / pād(e)šāh / اسم. **king, monarch, shah**
پادشاهی / pād(e)šāhi / اسم. **kingdom; reign**

پادگان (نظام) / pād(e)gān / اسم. **garrison**
پادو / pādo: / اسم. **errand boy**
پاراشوت / pârâšut / اسم. **parachute**
پارامتر / pârâmetr / اسم. **parameter**
پاراوان / pârâvân / اسم. **screen**
پارتی / pârti / اسم. **connection, a friend in high places; party; shipment**
پارتی‌بازی / pârtibâzi / اسم. **gaining favour through nepotism**
پارتی‌بازی کردن to gain favour through nepotism
پارچه / pārče / اسم. **cloth, material, fabric**
پارچه‌فروشی / pārčefûruši / اسم. **drapery, draper's**
پارس (سگ) / pārs / اسم. **bark, barking**
پارس کردن to bark
پارسا / pārsā / اسم.، صفت.
1. [n] **a devout person**

2. [*adj*] **devout, pious, ascetic**

پارسال / pārsāl / اسم.، قید.
1. [*n*] **the past year** 2. [*adv*] **last year**

پارسی / pārsi / صفت.، اسم.
1. [*adj*] **Persian, pertaining to ancient Persia** 2. [*n*] **an archaic form of Persian; a Parsee**

پارک / pârk / اسم. **park**
پارکِ ملّی national park
پارکِ وحش wildlife sanctuary
پارک کردن to park

پارکِ بچّه / pārke bačče / اسم. **play-pen**

پارکت / pârket / اسم. **parquet**

پارکینگ / pârking / اسم. **car park, parking-lot**

پارلمان / pârlemân / اسم. **parliament**

پارلمانی / pârlemâni / صفت. **parliamentary**

پارو / pāru / اسم. **oar; shovel**
پاروزدن to row
پاروکردن (برف) to shovel

پاره / pāre / صفت. **torn, worn-out; ragged**
پاره شدن to get torn
پاره کردن to tear, to cut to pieces

پاس (ورزش) / pās / اسم. **pass**
پاس دادن to pass

پاساژ / pâsâž / اسم. **shopping arcade**

پاسبان / pās(e)bān / اسم. (police) **constable, cop, policeman**

پاسپورت / pâsport / اسم. **passport**

پاستوریزه / pâstorize / صفت. **pasteurized**
شیرِ پاستوریزه pasteurized milk
پاستوریزه کردن to pasteurize

پاسخ / pāsox / اسم. **answer, reply, response**
پاسخ دادن to answer, to reply

پاسخگو / pāsoxgu / صفت. **answerable, responsible**

پاسدار / pāsdār / اسم. **sentry, guard**
پاسداران انقلاب the Revolutionary Guards

پاسدارخانه / pāsdārxāne / اسم. **guard-house**

پاسگاه / pāsgāh / اسم. (military) **post**
پاسگاه پلیس police station

پاسیو / pâs(î)yo / اسم. **patio**

پاشنه / pāšne / اسم. **heel**

پاشنه کش / pāšnekeš / اسم. **shoe-horn**

پاشویه (پزشکی) / pāšuye / اسم. **foot-bath**

پاشیدن / pāšidan / مصدر.
to scatter, to sprinkle

پافشاری / pāfešāri / اسم.
insistence
to insist پافشاری کردن

پاک / pāk / صفت.
clean, pure, chaste
to clean, to clear, to wipe پاک کردن

پاکت / pākat / اسم.
envelope, paper bag

پاک‌سازی / pāksāzi / اسم.
cleansing, purge

پاکنویس / pāknevis / اسم.
a fair copy
to make a fair copy پاکنویس کردن

پاکی / pāki / اسم.
cleanness, purity

پاکیزگی / pākizegi / اسم.
cleanliness, neatness

پاکیزه / pākize / صفت.
clean, neat

پالایش / pālāyeš / اسم.
refinement, purification

پالایشگاه / pālāyešgāh / اسم.
refinery
پالایشگاهِ نفتِ اراک
Arak oil refinery

پالتو / pâltow / اسم.
overcoat, coat

پالودن / pāludan / مصدر.
to refine, to filter

پالوده / pālude / صفت.، اسم.
1. [*adj*] **refined, filtered** 2. [*n*] **a kind of cold refreshment** (made of frozen starch, sugar and fragrant essences)

پامچال (گیاه) / pāmčal / اسم.
primrose

پانتومیم / pântomim / اسم.
pantomime

پاندول / pândul / اسم.
pendulum

پانزده / pānzdah / اسم.
fifteen

پانزدهم / pānzdahom / صفت.
fifteenth

پانسمان / pân(s)emân / اسم.
applying a dressing
to dress a wound پانسمان کردن

پانسیون / pānsîyon / اسم.
boardinghouse

پانوشت / pānevešt / اسم.
footnote

پاویون / pâvîyon / اسم.
pavilion

پایاپای (بازرگانی) / pāyāpāy / صفت.
barter
اتاقِ پایاپای (بانک)
clearing-house

پایان / pāyān / اسم.
end, conclusion
به پایان رساندن، پایان دادن
to end [*vt*], to bring to a conclusion

به پایان رسیدن، پایان یافتن
to end [*vi*], to come to an end

پایان‌نامه / pāyān.nāme / اسم.
dissertation, thesis

پایانه / pāyāne / اسم.
terminal

پایانی / pāyāni / صفت.
final, ultimate

پایتخت / pāytaxt / اسم.
capital, metropolis

پایدار / pāydār / صفت.
enduring, resistant, stable

پایداری / pāydāri / اسم.
endurance, resistance

پایکوبی / pāykubi / اسم.
dance, dancing

پایگاه / pāygāh / اسم.
base
پایگاه داده‌ها database, data bank
پایگاه نظامی military base

پایمال / pāymāl / صفت.
trampled, trodden
پایمال کردن to trample sth underfoot, to destroy

پاینده / pāyande / صفت.
lasting, permanent

پایور / pāy(e)var / اسم.
an officer in the police force

پایه / pāye / اسم.
leg (of a chair, table, etc.), **stand; base, foundation; grade**

پـاییز / pāyiz / اسم.
autumn, fall

پاییزی / pāyizi / صفت.
autumnal

پایین / pāyin / اسم.، صفت.، قید.
1. [*n*] **bottom, the lower part, downstairs** 2. [*adj*] **low, depressed** 3. [*adv*] **down, below**
پایین آمدن to come down, to descend
پایین آوردن to bring down, to lower
پایین رفتن to go down, to descend

پتروشیمی / petrošimi / اسم.
petrochemistry
شرکت ملی صنایعِ پتروشیمی
the National Iranian Pertrochemical Company
فرآورده‌هایِ پتروشیمی
petrochemicals
کارخانهٔ پتروشیمی
petrochemical plant

پُتک / potk / اسم.
sledge-hammer

پتو / patu / اسم.
blanket

پچ پچ / pečpeč / اسم.
whisperings
پچ پچ کردن to whisper

پختگی / poxtegi / اسم.
ripeness, maturity

پختن / poxtan / مصدر.
to cook, to bake

پخت و پز / poxt-o-paz / اسم.
cooking

پخته / poxte / صفت. **cooked, baked, well-done**

پخش / paxš / اسم. **distribution; broadcasting, televising**
پخش‌کردن to distribute; to spread, to scatter; to broadcast, to televise

پدافند / padāfand / اسم. **defence**

پدال / pedâl / اسم. **pedal**
پدالِ گاز accelerator pedal, gas pedal

پدر / pedar / اسم. **father, pa, dad**
پدر و مادر parents

پدرانه / pedarāne / صفت. **fatherly, paternal**

پدربزرگ / pedarbozorg / اسم.
grandfather, grandpa

پدرزن / pedarzan / اسم.
father-in-law

پدرسالار / pedarsālār / اسم.
patriarch

پدرسالاری / pedarsālāri / اسم.
patriarchy

پدرشوهر / pedaršowhar / اسم.
father-in-law

پدری / pedari / اسم.، صفت.
1. [*n*] **fatherhood**2. [*adj*] **paternal, fatherly**

پدیدآورنده / padidāvarande / اسم.
author, creator

پدیده / padide / اسم. **phenomenon**

پذیرایی / pazirāyi / اسم.
reception, entertainment
پذیرایی‌کردن to receive, to entertain

پذیرش / pazireš / اسم. **reception, reception desk; admission** (to a hospital)

پذیرفتن / paziroftan / مصدر.
to accept, to admit

پذیرفتنی / paziroftani / صفت.
acceptable, believable

پذیره‌نویسی (بازرگانی) / pazirenevisi / اسم. **subscription** (= undertaking to buy shares in a new company)

پَر / par / اسم. **feather**
پَر زدن to flutter

پُر / por / صفت. **full, filled to capacity**
پُر شدن to fill (up) [*vi*]
پُر کردن to fill (up) [*vt*]

پراکندگی / parākandegi / اسم.
dispersion; diffusion

پراکنده / parākande / صفت.
dispersed, scattered
پراکنده شدن to disperse, to scatter [*vi*]

پراکنده‌کردن to disperse, to scatter [*vt*]

پرانتز / parântez / اسم. **parenthesis(-ses [*pl*])**

در پرانتز in parentheses

پُربار / porbār / صفت. **fruitful, prolific**

پُربازده / porbāzdeh / صفت. **high-yield**

بذرِ پُربازده high-yield seeds

پُرپشت (مو) / porpošt / صفت. **luxuriant, thick**

پرتاب / partāb / اسم. **launch, fling, throw**

پرتاب شدن to get launched / thrown

پرتاب‌کردن to throw, to launch

پرتره / portre / اسم. **portrait**

پَرت / part / صفت. **off the mark, off course, lost, fallen off**

پَرت شدن to fall off (the mountain etc.)

پَرت‌کردن to throw, to fling

پرتقال (گیاه) / porteqāl / اسم. **orange**

پرتقالِ خونی blood oranges

پرتگاه / partgāh / اسم. **precipice, cliff**

پرتو / partow / اسم. **ray, beam (of light)**

پرتودرمانی (پزشکی) / partowdarmāni / اسم. **radiotherapy**

پرتوزا / partowzā / صفت. **radioactive**

پرتونگاری / partownegāri / اسم. **radiography**

پرچم / parčam / اسم. **flag, banner**

پرچمدار / parčamdār / اسم. **flag-bearer**

پُرحرف / porharf / صفت. **talkative, chatty**

پرخاش / parxāš / اسم. **scolding, chastisement**

پرخاش کردن to scold, to chastise

پُرخرج / porxarj / صفت. **costly, expensive, extravagant**

پُرخور / porxor / صفت. **gluttonous**

پرداخت / pardāxt / اسم. **payment, disbursement, settlement**

پرداخت‌کردن to pay ; to settle

پرداختن / pardāxtan / مصدر. **to pay ; to settle**

پردازش / pardāzeš / اسم. **processing**

پردازشِ اطلاعات data processing

پرده / parde / اسم. **curtain, drapes, screen**

بی‌پرده frank, blunt ; frankly, bluntly

پُررنگ / por.rang / صفت.
colourful, brightly coloured

پُررو / por.ru / صفت. cheeky, saucy

پُررویی / por.ruyi / اسم.
cheekiness, cheek

پِرس / p(e)res / اسم. press

پرس (غذا) / pors / اسم. portion, serving

پُرسان / porsān / صفت.
questioning

پرسپکتیو / perspektiv / اسم.
perspective

پرستار / parastār / اسم. nurse
پرستارِ بچّه nanny
پرستارِ مرد male nurse

پرستاری / parastāri / اسم. nursing
پرستاری کردن to nurse

پرستش / parasteš / اسم. worship, worshipping
پرستش کردن to worship

پرستو (پرنده) / parastu / اسم.
swallow

پرستیدن / parastidan / مصدر.
to worship, to adore

پرسش / porseš / اسم. question, inquiry

پرسشنامه / porsešnāme / اسم.
questionnaire

پِرس‌کار / p(e)reskār / اسم.
press-operator

پرسنل / personel / اسم.
personnel, staff

پرسه زدن / parse zadan / مصدر.
to wander about aimlessly

پرسیدن / porsidan / مصدر.
to ask, to inquire, to question

پرش / pareš / اسم. jump
پرشِ ارتفاع high jump
پرشِ طول long jump

پُرشور / poršur / صفت. lively, passionate

پرفُراژ / perforâž / اسم. perforation

پُرکار / porkār / صفت.
highly-active, hard-working

پرگار / pargār / اسم. (a pair of) compasses

پُرماجرا / pormājarā / صفت.
eventful, adventurous

پُرمایه / pormāye / صفت. strong, undiluted

پرنده / parande / اسم، صفت.
1. [n] bird, sb or sth that flies
2. [adj] flying

پرنده‌باز / parandebāz / اسم.
bird-fancier

پرنده‌شناس / parandešenās / اسم.
ornithologist

پُرو (لباس) / poro / اسم. fitting
پُروکردن to have a fitting

پروار / parvār / صفت. fattened

پروارکردن to fatten (for the market)

پرواز / parvāz / اسم. **flight**

پروازِ شناسایی reconnaissance flight

پروازهای بین‌المللی international flights

پروازهای داخلی domestic flights

پروازکردن to fly

پروانه[1] (حشره) / parvāne / اسم. **butterfly**

پروانه[2] / parvāne / اسم. **licence, permit**

پروتئین / p(o)rote`in / اسم. **protein**

پروتئینی / p(o)rote'ini / صفت. **made of protein, high in protein, protein**

پروتکل / p(o)rotokol / اسم. **protocol**

پرواندن / parvarāndan / مصدر. **to breed, to nurture, to foster**

پروردگار / parvard(e)gār / اسم. **God, the Creator**

پرورده / parvarde / صفت. **processed, prepared; pickled**

زیتونِ پرورده pickled olives

پرورش / parvareš / اسم. **nurturing, bringing up, training**

پرورشِ گل‌وگیاه horticulture

پرورش دادن to nurture, to breed

پرورشگاه / parvarešgāh / اسم. **orphanage**

پرورشی / parvareši / صفت. **artificially bred; (of wildlife) bred on a farm**

ماهیِ پرورشی fish bred in a fish-farm

پروژکتور / p(o)rožektor / اسم. **projector, floodlight, spotlight**

پروژه / p(o)rože / اسم. **project**

پروستات / porostât / اسم. **prostate gland**

پروفورما / p(o)roformâ / اسم. **proforma invoice**

پرولتاریا / p(o)roletâryâ / اسم. **proletariat**

پرونده / parvande / اسم. **dossier, file, case**

پرونده‌سازی / parvandesāzi / اسم. **frame-up**

پرهیز / parhiz / اسم. **avoidance, abstinence**

پرهیزکردن to avoid, to abstain

پرهیزکار / parhizkār / صفت. **devout, pious**

پَری / pari / اسم. **fairy**

قصّهٔ جِن و پَری fairy tale

پریدن / paridan / مصدر. **to jump, to spring, to leap**

پریروز / pariruz / اسم.،قید. **the day before yesterday**

پریز (برق) / pîriz / اسم. **socket, outlet**

socket for the aerial پریزِ آنتن

پریشان / parišān / صفت. **distracted, dishevelled**

پریشانی / parišāni / اسم. **distraction; confusion**

پریشب / parišab / اسم.، قید. **the night before last**

پُز / poz / اسم. **show, airs**

to show off, to put on airs پُز دادن

پزشک / pezešk / اسم. **doctor, physician**

general practitioner پزشکِ عمومی

coroner پزشکِ قانونی

specialist پزشکِ متخصّص

پزشکی / pezeški / اسم. **medicine**

coroner's office ; forensic medicine پزشکیِ قانونی

medical sciences علومِ پزشکی

پزشکیار / pezeškyār / اسم. **medical assistant**

پژمردن / pažmordan / مصدر. **to wilt, to wither, to fade**

پژمرده / pažmorde / صفت. **wilted, withered**

to wilt, to wither پژمرده شدن

پژوهش / pažuheš / اسم. **research**

پژوهشگاه / pažuhešgāh / اسم. **research institute, research centre**

پژوهشگر / pažuhešgar / اسم. **researcher**

پژوهشی / pažuheši / صفت. **pertaining to research, research**

پَس[1] / pas / قید. **back, behind**

after پَس از

to bring back پَس آوردن

to give back, to return پَس دادن

to take back پَس گرفتن

پَس[2] / pas / حرف اضافه. **so; then**

پساب / pasāb / اسم. **effluent**

پس‌انداز / pasandāz / اسم. **savings**

savings account حسابِ پس‌انداز

to save, to put away پس‌انداز کردن

پَست / past / صفت. **low, low-lying; vile**

پُست / post / اسم. **post, mail**

e-mail پُستِ اِلکترونیکی

express mail پُستِ پیشتاز

facsimile, fax پُستِ تصویری

registered mail پُستِ سفارشی

mail-box صندوقِ پُست

وزارتِ پُست و تِلگراف
Ministry of Post and Telegraph
پُست‌کردن to post, to put in the mail
پستان / pestān / اسم. **breast; udder**
پستان‌بند (لباس) / pestānband / اسم. **brassière, bra**
پستاندار (جانور) / pestāndār / اسم. **mammal**
پستانک / pestānak / اسم. **dummy, pacifier**
پُستچی / postči / اسم. **postman, mailman**
پستو / pastu / اسم. **back-room**
پسته (گیاه) / peste / اسم. **pistachio, pistachio nut**
پَستی / pasti / اسم. **lowness; vileness**
پُستی / posti / صفت. **postal**
صندوقِ پُستی post-office box, PO box
پسر / pesar / اسم. **boy, son; fellow, guy**
پسرانه / pesarāne / صفت. **boyish, for boys**
دبیرستانِ پسرانه secondary school for boys
پسربچّه / pesarbačče / اسم. **boy, kid**

پسرخاله، پسردایی، پسرعمو، پسرعمّه / pesarxāle, pesardāyi, pesar`amu, pesar`amme / اسم. **cousin**
پس‌زمینه / paszamine / اسم. **background**
پس‌فردا / pasfardā / اسم.، قید. **the day after tomorrow**
پس‌کرایه / paskerāye / اسم. **carriage charges paid at the destination**
پس‌لرزه (زلزله) / paslarze / اسم. **after-shock**
پس‌مانده / pasmande / اسم. **leftovers, remains, residue**
پسند / pasand / اسم. **approval; selection**
پسندیدن / pasandidan / مصدر. **to approve, to like**
پسندیده / pasandide / صفت. **praiseworthy, acceptable**
پسوند / pasvand / اسم. **suffix**
پشت / pošt / اسم.، قید.
1. [*n*] **back, rear, the back side**
2. [*adv*] **behind, back**
پشتِ‌بام / poštebām / اسم. **roof, housetop**
پشتک / poštak / اسم. **somersault**
پشتک زدن to do a somersault, to somersault

پشتکار / pošt(e)kār / اسم.
perseverance
پشتوانه / poštvāne / اسم.
backing, support
پشتی / pošti / اسم. **cushion**
پشتیبان / poštibān / اسم.
supporter, defender
پشتیبانی / poštibāni / اسم.
support
پشتیبانی کردن to support, to back
پشم / pašm / اسم. **wool, fleece**
پشم شیشه glass wool
پشمالو / pašmālu / صفت. **woolly, fluffy, shaggy**
پشمی / pašmi / صفت. **woollen, woolen**
جوراب پشمی woollen socks
پشه (حشره) / pašše / اسم.
mosquito, gnat
پشه‌بند / pašeband / اسم.
mosquito net
پشیمان / pašimān / صفت.
remorseful, regretful, sorry
پشیمان شدن to regret, to feel remorse
پشیمانی / pašimāni / اسم.
remorse, regret
پف / pof / اسم. **puff, swelling, inflation**
پف کردن to swell, to rise; to puff [*vi*]
پف کردن to puff air/smoke etc. [*vt*]
پک / pok / اسم. **puff**
پک زدن to puff at/on sth
پکر / pakar / صفت. **disappointed, downbeat**
پکر شدن to be disappointed
پل / pol / اسم. **bridge**
پلِ راه‌آهن railway bridge
پلِ عابرِ پیاده overhead pedestrian walkway
پلِ معلّق suspension bridge
پلاتین / p(e)lâtin / اسم. **platinum**
پلاتین (اتومبیل) (contact) points
پلاژ / p(e)lâž / اسم. **beach**
پلاستیک / p(e)lâstik / اسم. **plastic**
جرّاحِ پلاستیک plastic surgeon
جراحیِ پلاستیک plastic surgery
پلاستیکی / p(e)lâstiki / صفت.
made of plastic, plastic
پلاسیدن / palāsidan / مصدر.
to wither, to wilt
پلاسیده / palāside / صفت.
withered, wilted
پلاک / p(e)lâk / اسم. **plaque;**
(licence) **plate, number-plate**
پلاکارد / p(e)lâkârd / اسم.
placard, banner

پِلک / pelk / اسم. **eyelid**
پلکان / pellekān / اسم. **stairs**
پلّکانِ اضطراری emergency stairs, fire-escape
پلّکانِ مارپیچ spiral staircase
پلمب / p(o)lomb / اسم. **seal**
پلنگ (جانور) / palang / اسم. **leopard, panther**
پلو / polow / اسم. **steamed rice, pilaf**
پلوپز / polowpaz / اسم. **electric rice cooker**
پلّه / pelle / اسم. **stair, step**
پلّه برقی escalator
پلی‌استر / poli`ester / اسم. **polyester**
پلیس / polis / اسم. **police; policeman**
پلیسِ راه highway patrol
پلیسه / pelise / اسم. **pelissé**
پلیسی / polisi / اسم. **pertaining to police, police**
داستانِ پلیسی detective story
پلی‌کپی / polikopi / اسم. **duplicating machine; a text which has been duplicated**
پلی‌کپی کردن to get a text duplicated
پلی‌کلینیک / polikilinik / اسم. **medical centre**

پلیور (لباس) / poliver / اسم. **jersey, jumper, pullover, sweater**
پماد / pomād / اسم. **ointment, pomade**
پمپ / pomp / اسم. **pump**
پمپِ بنزین petrol station, gas station
پمپاژ / pompâž / اسم. **pumping**
پنالتی (فوتبال) / penâlti / اسم. **penalty kick**
پناه / panāh / اسم. **shelter, refuge, asylum**
پناه بردن to seek shelter
پناه دادن to give shelter
پناهگاه / panāhgāh / اسم. **shelter, refuge**
پناهگاهِ حملهٔ هوایی air-raid shelter
پناهندگی / panāhandegi / اسم. **asylum**
پناهنده / panāhande / اسم. **refugee**
پنبه (گیاه) / pambe / اسم. **cotton**
پنبهٔ کوهی asbestos
پنبهٔ هیدروفیل absorbant cotton wool
پنج / panj / اسم. **five**
پنجاه / panjāh / اسم. **fifty**
پنجاهم / panjāhom / صفت. **fiftieth**
پنجره / panjere / اسم. **window**

پنجشنبه / panjšambe / اسم.
Thursday
پنجم / panjom / صفت. **fifth**
پنجه / panje / اسم. **claw(s), paw**
پنجه‌کشیدن to claw, to paw
پنچر / pančar / صفت. **punctured, with a flat tyre**
پنچرکردن to have a puncture
پند / pand / اسم. **advice**
پند‌دادن to give sb a piece of advice
پنکه / panke / اسم. **fan**
پنکهٔ برقی electric fan
پنکهٔ سقفی ceiling fan
پنهان / penhān / صفت. **hidden, secret**
پنهان شدن to hide [*vi*]
پنهان‌کردن to hide sth
پنیر / panir / اسم. **cheese**
پنیرِ سفید feta cheese
پوان (ورزش) / pu'an / اسم. **point**
پوان‌شکنی (ورزش) / pu'anšekani / اسم. **tie-breaking**
پوتین / putin / اسم. **boots**
پودر / pudr / اسم. **powder**
پودرِ بچّه talcum powder
پودرِ لباسشویی washing-powder
پودرِ تالک talcum powder
پودینگ / puding / اسم. **pudding**
پورسانت / pursânt / اسم. **percent**
پورسانتاژ / pursântâž / اسم.
percentage
پوزش / puzeš / اسم. **apology, excuse**
پوزش خواستن to apologize, to excuse oneself
پوست / pust / اسم. **skin, hide; shell; peel; bark**
پوست‌کُلفت thick-skinned
پوست‌کندن to peel (fruits, vegetables)
پوستر / poster / اسم. **poster, placard**
پوسیدگی / pusidegi / اسم. **rot, decay**
پوسیدن / pusidan / مصدر. **to rot, to decay**
پوسیده / puside / صفت. **rotten, decayed**
پوشاک / pušāk / اسم. **clothing, garment, attire**
پوشاکِ زمستانی winter garments
صنعتِ تولیدِ پوشاک the garment/clothing industry
پوشال / pušāl / اسم. **straw, packing, padding**
پوشاندن / pušāndan / مصدر.
to cover, to conceal; to clothe
پوشش / pušeš / اسم. **cover, coverage; garb**

پوششِ اسلامی Islamic dress code

پوششِ گیاهی vegetation

پوشش دادن to give coverage to

پوشک / pušak / اسم. **disposable diapers, pampers**

پوشه / puše / اسم. **folder, file**

پوشیدن / pušidan / مصدر. **to wear, to put on**

پوشیده / pušide / صفت. **covered, clothed, concealed**

پوک / puk / صفت. **hollow**

پوکه / puke / اسم. **the empty shell of a cartridge**

پوکهٔ معدنی clinker

پول / pul / اسم. **money**

پولِ خُرد (small) change

پولِ توجیبی pocket money

پولِ چای tip, gratuity

پولِ نقد cash

پول داشتن to be rich

پولدار / puldār / صفت. **wealthy, rich**

پولیپ (پزشکی) / polip / اسم. **polyp**

پوند / pond / اسم. **pound**

پونز / punez / اسم. **drawing pin, thumb-tack**

پویا / puyā / صفت. **dynamic**

پویایی / puyāyi / اسم. **dynamism**

پهلو / pahlu / اسم. **side, flank**

پهلویِ next to

پهلوان / pahlavān / اسم. **champion, hero**

پَهن / pahn / صفت. **wide, broad**

پَهن کردن to spread

پهنا / pahnā / اسم. **width, breadth**

پهناور / pahnāvar / صفت. **vast, extensive, widespread**

پِی (معماری) / pey / اسم. **foundation**

پیاده / pîyāde / اسم. صفت. 1. [*n*] **pedestrian** 2. [*adj*] **walking, on foot; uninformed, ignorant**

پیاده رفتن to go on foot, to walk

پیاده شدن to get off, to dismount

پیاده کردن to drop off; to implement a plan; to dismantle

پیاده‌رو / pîyāderow / اسم. **pavement, sidewalk**

پیاده‌روی / pîyāderavi / اسم. **walk, hike**

پیاده‌روی کردن to go for a walk, to hike

پیاده‌نظام / pîyādenezām / اسم. **infantry**

پیاز (گیاه) / pîyāz / اسم. **onion; bulb**

پیازچه (گیاه) / pîyāzče / اسم. **scallion, spring onions**

پیاله / pîyāle / اسم. **cup, bowl**

پیام / payām / اسم. **message, call, signal**

پیامبر / payāmbar / اسم. **prophet**

پیامد / peyāmad / اسم. **consequence, result**

پیام‌رسانی / payāmresāni / اسم. **communicating messages, communication**

پیامگیر (تلفن) / payāmgir / اسم. **answering-machine**

پیانو (موسیقی) / pîyâno / اسم. **piano**

پیانیست / pîyânist / اسم. **pianist, piano-player**

پیپ / pip / اسم. **pipe**

پیتزا / pitzâ / اسم. **pizza**

پیتزافروشی / pitzâfûruši / اسم. **pizzeria**

پیچ[1] / pič / اسم. **bend, turn, curve, twist; screw, bolt**

پیچ و مهره bolt and nut

پیچ خوردن to turn, to twist [*vi*]

پیچ دادن to turn, to twist [*vt*]

پیچ[2] (گیاه) / pič / اسم. **vine, trailer, climber**

پیچ امین‌الدوله honeysuckle

پیچ اناری trumpet vine

پیچاندن / pičāndan / مصدر. **to wind, to twist**

پیچ‌گوشتی / pičgušti / اسم. **screw-driver**

پیچیدگی / pičidegi / اسم. **intricacy, complication**

پیچیدن / pičidan / مصدر. **to make a turn, to twist; to wrap sth**

پیچیده / pičide / صفت. **complicated, intricate, complex; wrapped up**

پیدا / peydā / صفت. **visible, evident, in view**

پیدا شدن to appear, to become visible

پیداکردن to find

پیدایش / peydāyeš / اسم. **appearance, advent**

پِی در پِی / peydarpey / قید. **successively, one after another**

پیر / pir / اسم، صفت. 1. [*n*] **an old man; spriritual leader; patriarch** 2. [*adj*] **old, aged, advanced in years**

پیر شدن to grow old, to get old

پیراپزشکی / pirāpezeški / اسم. **paramedical skills**

پیرامون / pirāmun / اسم، حرف اضافه. 1. [*n*] **circumference, perimeter, surrounding area(s)** 2. [*prep*] **around, about, all about**

پیراهن / pirāhan / اسم. **shirt**

پیراهنِ آستین‌کوتاه short-sleeved shirt

پیراهنِ یقه‌بسته polo-neck shirt

پیردختر / pirdoxtar / اسم. **spinster, old maid**

پیرزن / pir(e)zan / اسم. **old woman, hag**

پیرِکس / pireks / اسم. **Pyrex**

پیرمرد / pir(e)mard / اسم. **old man**

پیرو / peyrow / اسم. **follower, disciple**

پیروز / piruz / صفت. **victorious, triumphant**

پیروز شدن to win, to triumph

پیروزی / piruzi / اسم. **victory, triumph**

پیروی / peyravi / اسم. **following, obedience**

پیروی کردن to follow; to obey

پیری / piri / اسم. **old age**

پیژامه / pižâme / اسم. **pyjamas**

پیش[۱] / piš / اسم. **front, the front of**

پیش[۲] / piš / قید. **forward, ahead, forth; ago**

پیش آمدن / piš āmadan / مصدر. **to occur, to happen**

پیشامد / pišāmad / اسم. **incident, occurrence, happening**

پیشانی / pišāni / اسم. **forehead**

پیشاهنگ / pišāhang / اسم. **Scout; pioneer**

پیش‌برد / pišbord / اسم. **progress, moving sth forward**

پیش‌بند / pišband / اسم. **apron, pinafore**

پیش‌بینی / pišbini / اسم. **forecast, prediction**

پیش‌بینیِ وضعِ هوا weather forecast

قابلِ پیش‌بینی foreseeable, predictable

پیش‌بینی کردن to forecast, to predict

پیش‌پاافتاده / pišepā`oftāde / صفت. **commonplace**

پیش‌پرداخت / pišpardāxt / اسم. **advance payment**

پیشتاز / pištāz / صفت. **avant-garde, front-running**

پُستِ پیشتاز express mail

پیشخان (مغازه) / pišxān / اسم. **counter**

پیشخدمت / pišxedmat / اسم. **servant, waiter**

پیشخدمتِ زن waitress, maid

سرپیشخدمت head-waiter

پیشداوری / pišdāvari / اسم. **prejudice, prejudgement**

پیشداوری کردن to prejudge sth or sb

پیش‌درآمد (موسیقی) / pišdarāmad / اسم. **prelude ; overture**

پیش‌دستی کردن / pišdasti kardan / مصدر. **to anticipate, to pre-empt**

پیشرفت / pišraft / اسم. **progress , advance, forward motion**

پیشرفت کردن to progress , to advance

پیش رفتن / piš raftan / مصدر. **to advance, to go forward, to proceed**

پیشرفته / pišrafte / صفت. **advanced**

پیشرو / pišrow / صفت. **pioneering, progressive**

پیشروی / pišravi / اسم. **advance, progress**

پیشروی کردن to advance, to move forward

پیش‌زمینه / pišzamine / اسم. **foreground**

پیش‌ساخته / pišsāxte / صفت. **prefabricated, prefab**

پیش‌شماره (تلفن) / piš.šomāre / اسم. **national code, area code**

پیش‌غذا / pišqazā / اسم. **starter**

پیش‌فاکتور / pišfâktor / اسم. **proforma invoice**

پیش‌فروش / pišfûruš / اسم. **advance sale**

پیش‌فروش کردن to sell in advance

پیشقدم شدن / pišqadam šodan / مصدر. **to take the initiative, to pioneer**

پیش‌قسط / pišqest / اسم. **down payment**

پیشکسوت / piškesvat / اسم. **a senior member of a profession, a doyen**

پیشکش / piškeš / اسم. **present, gift**

پیشکش کردن to present to sb as a gift, to dedicate

پیشگام / pišgām / اسم. **pioneer, forerunner**

پیش‌گفتار / pišgoftār / اسم. **preface, introduction**

پیشگو / pišgu / اسم. **fortune-teller**

پیشگویی / pišguyi / اسم. **prediction, prophecy**

پیشگیری / pišgiri / اسم. **prevention, prophylaxis**

پیشگیری کردن to prevent

پیشنماز / pišnamāz / اسم. **leader of congregational prayers in a mosque**

پــیش‌نویس / pišnevis / اسم.
draft

پیشنهاد / pišnahād / اسم.
suggestion , proposal , offer
پیشنهادکردن to suggest, to propose

پیشوا / pišvā / اسم. **leader ; imam ; pontiff**

پیشوند / pišvand / اسم. **prefix**

پیشینه / pišine / اسم.
past records , background

پیغام / peyqām / اسم. **message**

پیغمبر / peyqambar / اسم.
prophet

پیک / peyk / اسم. **courier , messenger**

پیکار / peykār / اسم. **battle**

پیکان / peykān / اسم. **arrow**

پیکر / peykar / اسم. **body , figure**

پیکرتراشی / peykartarāši / اسم.
sculpture

پیکرتراش / peykartarāš / اسم.
sculptor

پیک‌نیک / piknik / اسم. **picnic**

پیگرد / peygard / اسم.
legal action , prosecution

پیگیری / peygiri / اسم. **follow-up , follow-through**

پیله / pile / اسم. **cocoon**

پیمان / peymān / اسم. **treaty , contract , pact**

پیمانکار / peymānkār / اسم.
contractor

پیمانکاری / peymānkāri / اسم.
undertaking jobs under contract , contract work

پیمان‌نامه / peymān.nāme / اسم.
contract , treaty

پیمانه / peymāne / اسم.
measuring-cup , cup

پینگ‌پنگ (ورزش) / pingpong / اسم.
ping-pong , table tennis

پینه / pine / اسم. **callus**
پینه بستن to become callous

پیوست / peyvast / اسم. **enclosure, addendum**

پیوستن / peyvastan / مصدر.
to join together ; to adhere

پیوسته / peyvaste / صفت.، قید.
1. [*adj*] **adjoining, connected ; permanent** 2. [*adv*] **continuously , continually**

پیوند / peyvand / اسم. **link , connection , association ; graft**
پیوند زدن to graft sth onto sth ; to transplant an organ

پیوندی / peyvandi / صفت.
transplanted , grafted

تـ ، ت

تا[۱] / tā / اسم. **fold, crease**
  تا زدن، تاکردن to fold
تا[۲] / tā / حرف اضافه. **till, until, to, so that**
  تااندازه‌ای somewhat
  تا به حال، تاکنون up to now, so far, yet
تاب[۱] / tāb / اسم. **resistance, endurance**
  تاب آوردن to endure ; to resist
تاب[۲] (بازی) / tāb / اسم. **swing**
  تاب خوردن to swing [*vi*]
  تاب دادن to swing [*vt*]
تابان / tābān / صفت. **shining, luminous**
تاباندن / tābāndan / مصدر. **to direct rays of light onto sth, to shine [*vt*] ; to heat sth until it begins to glow**
تابستان / tābestān / اسم. **summer**
تابستانی / tābestāni / اسم. **pertaining to summer, summer**
  لباسِ تابستانی summer clothes
تابش / tābeš / اسم. **radiation, glow**
تابع / tābe` / اسم. **follower, subordinate**
تابعیّت / tābe`iyyat / اسم. **citizenship, nationality**
تابلو / tâblo / اسم. **picture ; sign ; tableau**
  تابلو برق switchboard
  تابلوِ راهنما sign
تابناک / tābnāk / صفت. **shining, luminous**
تابوت / tābut / اسم. **coffin, casket**
تابیدن / tābidan / مصدر. **to shine, to glow**
تاج / tāj / اسم. **crown ; comb** (of a cock)
  تاج گُل wreath
تاجگذاری / tājgozāri / اسم. **coronation**
تاجر / tājer / اسم. **merchant, trader, businessman**

تاجیک / tājik / اسم. I. [*n*] **a Tajik**, **a native of Tajikestan** 2. [*adj*] **Tajik**

تار[1] / tār / صفت. **dim, dark**

تار[2] / tār / اسم. **cord, string, warp; a stringed musical instrument popular in Iran**

تار و پود warp and woof

تارِ عنکبوت cobweb

تاریخ / tārix / اسم. **history; date**

تاریخ زدن، تاریخ گذاشتن to date

تاریخچه / tārixče / اسم. **short history of sth**

تاریخنویس / tārixnevis / اسم. **historian**

تاریخی / tārixi / صفت. **historic, historical**

تاریک / tārik / صفت. **dark, dim, unlit**

تاریک شدن to get dark

تاریک کردن to darken

تاریکی / tāriki / صفت. **dark, darkness, dimness**

تازگی / tāzegi / اسم. **freshness, novelty**

تازه / tāze / صفت. **fresh, new, novel**

تازه به دوران رسیده nouveau riche

تازه‌کار green, inexperienced

تازه‌نفس fresh

تازه‌وارد newly arrived

تازی (جانور) / tāzi / اسم. **hound**

تازیانه / tāziyāne / اسم. **whip, scourge**

تاس[1] / tās / صفت. **bald**

تاس[2] / tās / اسم. (a pair of) **dice**

تاس‌ماهی (ماهی) / tāsmāhi / اسم. **sturgeon**

تاشو / tāšow / صفت. **collapsible, foldaway**

تاق[1] / tāq / اسم. **arch, vault**

تاق[2] / tāq / صفت. **odd** (not even)

تاکتیک / tâktik / اسم. **tactic, stratagem**

تاکستان / tākestān / اسم. **vineyard**

تاکسی / tâksi / اسم. **taxi, cab**

تاکسیِ آژانس private taxi, minicab

تاکسیِ تلفنی radio cab

تالار / tālār / اسم. **hall, auditorium**

تالارِ پذیرایی banquet hall

تالاسمی (پزشکی) / tâlâsemi / اسم. **thalassaemia, thalassemia**

تام / tām(m) / صفت. **complete, absolute, full**

تانک (نظامی) / tânk / اسم. **tank**

تانکر (کامیون) / tânker / اسم. **tanker**

تاوان / tāvān / اسم. **compensation, penalty, indemnity, damages**

تاوان دادن to compensate, to pay damages

تاول / tāval / اسم. **blister**
تاول زدن to blister

تایپ / tâyp / اسم. **typewriter**
تایپ کردن to type

تایپیست / tâypist / اسم. **typist**

تایر (خودرو) / tâyer / اسم. **tyre, tire**

تئاتر / te`âtr / اسم. **theatre, playhouse; play**

تئاتری / te`âtri / صفت. **theatrical, dramatic**

تأثّر / ta`assor / اسم. **sorrow, grief**

تأثیر / ta`sir / اسم. **effect, influence**
تأثیر کردن to prove effective

تأخیر / ta`xir / اسم. **delay**
تأخیر کردن to delay, to be late

تأسّف / ta`assof / اسم. **regret, sorrow**
تأسّف خوردن to regret, to feel sorry

تأسّف‌آور / ta`assof āvar / صفت. **regrettable, deplorable**

تأسیس / ta`sis / اسم. **establishment, foundation**
تأسیس شدن to be established, to be founded
تأسیس کردن to establish

تأسیسات / ta`sisāt / اسم. **installations;** (a building's) **heating and cooling system**

تأکید / ta`kid / اسم. **emphasis, stress**
تأکید کردن to emphasize, to stress

تألیف / ta`lif / اسم. **compilation, authorship**
تألیف کردن to compile, to write a book

تأمین / ta`min / اسم. **supplying goods; providing safety and security**
تأمینِ اجتماعی social security
تأمین کردن to supply, to provide

تأیید / ta`yid / اسم. **affirmation, confirmation**
تأیید کردن to confirm, to affirm

تئودولیت (مهندسی) / te`odolit / اسم. **theodolite**

تئوری / te`ori / اسم. **theory**

تب / tab / اسم. **fever**
تب داشتن، تب کردن to have a fever

تبادل / tabādol / اسم. **exchange**
تبادلِ نظر discussion, exchange of views

تبانی / tabāni / اسم. **collusion ; conspiracy**
تبانی کردن to collude ; to conspire
تبحُّر / tabahhor / اسم. **mastery, proficiency**
تبخال (پزشکی) / tabxāl / اسم. **cold sore**
تبخیر / tabxir / اسم. **evaporation**
تبخیر شدن to evaporate [*vi*]
تبخیر کردن to cause to evaporate [*vt*]
تبدیل / tabdil / اسم. **conversion, transformation**
تبدیل شدن to convert, to change [*vi*]
تبدیل کردن to convert, to change [*vt*]
تبر / tabar / اسم. **axe, hatchet**
تبرزین / tabarzin / اسم. **battle-axe**
تبرئه / tabra`e / اسم. **acquittal, exoneration**
تبرئه کردن to acquit sb
تبریزی (گیاه) / tabrizi / اسم. **poplar**
تبریک / tabrik / اسم. **congratulation(s), felicitation(s)**
تبریک گفتن to congratulate sb for sth
تبسُّم / tabassom / اسم. **smile**
تبسّم کردن to smile
تبعه / taba`e / اسم. **subject; national**
تبعید / tab`id / اسم. **exile, banishment**
تبعید شدن to be sent to exile
تبعید کردن to banish, to exile
تبعیض / tab`iz / اسم. **discrimination, favouritism**
تبلیغ / tabliq / اسم. **propaganda ; publicity, advertising**
تبلیغ کردن to publicize
تبلیغات / tabliqāt / اسم. [جمعِ تبلیغ] **propaganda ; advertising**
تبهکار / tabahkār / اسم. **criminal, felon**
تپانچه / tapānče / اسم. **pistol, handgun**
تپش / tapeš / اسم. **palpitation**
تپّه / tappe / اسم. **hill, mound**
تپیدن / tapidan / مصدر. **to beat, to palpitate**
تثبیت / tasbit / اسم. **stabilization**
تثبیت کردن to stabilize
تجّار / tojjār / اسم. [جمعِ تاجر] **merchants**
تجارت / tejārat / اسم. **commerce, trade**
تجارت کردن to trade, to engage in commerce

تجارتخانه / tejāratxāne / اسم.
offices of a trading company, trading house
تجارتی / tejārati / صفت.
commercial
تجاری / tejāri / صفت. **commercial**
تجاوز / tajāvoz / اسم. **aggression, invasion; rape**
تجاوزکردن to invade; to commit an act of agression
تجاوزکردن از to exceed (a limit)
تجاوزکار / tajāvozkār / اسم.
aggressor
تجاوزکارانه / tadjāvozkārāne / صفت.
aggressive
تجدد / tajaddod / اسم. **modernity, modernization**
تجددخواه / tajaddodxāh / اسم.
one who advocates modernization
تجدید / tajdid / اسم. **renewal**
تجدیدکردن to renew
تجدیدِ نظر / tadjdidnazar / اسم.
revision, reappraisal
دادگاهِ تجدیدِنظر court of appeal
تجدیدِنظرکردن to reconsider, to revise
تجدیدی / tajdidi / اسم. **a student who has to sit for makeup exams**
تجربه / tajrobe / اسم. **experience; experiment**
تجربه‌کردن to experience
تجربی / tajrobi / صفت.
experimental
تجزیه / tajzîye / اسم. **analysis, breakdown, separation of sth into its basic elements**
تجزیه‌کردن to analyse, to separate
تجزیه‌طلب / tajzîyetalab / اسم.
a separatist
تجلیل / tajlil / اسم. **honouring sb or sth**
تجلیل‌کردن to honour, to pay tribute to
تجمّع / tajammo` / اسم. **gathering, assembly**
تجمّل / tajammol / اسم. **luxury**
تجمّلی / tajammoli / صفت.
luxurious
تجویز / tajviz / اسم. **prescription**
تجویزکردن to prescribe
تجهیز / tajhiz / اسم. **equipping sb or sth, supplying all the necessary equipment**
تجهیزکردن to equip
تـجهیزات / tajhizāt / اسم. [جمعِ تجهیز] **equipment, facilities, amenities**
تجهیزاتِ اداری office equipment
تحت / tahte / حرف اضافه. **under**

تحتِ ستم oppressed
تحتِ تعقیب wanted by the police
تحتِ فشار pressurized
تحتِ مراقبت under special care
تحتِ نظر under surveillance
تحرّک / taharrok / اسم. **mobility, dynamism**
تحریر / tahrir / اسم. **writing, composing**
تحریف / tahrif / اسم. **distortion, falsification**
تحریف کردن to distort; to falsify
تحریک / tahrik / اسم. **provocation, stimulation**
تحریک کردن to provoke, to stimulate
تحریم / tahrim / اسم. **sanction** (against), **embargo**
تحریم کردن to place an embargo on sth, to ban
تحسین / tahsin / اسم. **praise, admiration**
تحسین کردن to admire, to praise
تحصیل / tahsil / اسم. **education, schooling, studying**
تحصیل کردن to study a subject
تحصیلات / tahsilāt / اسم. [جمعِ تحصیل] **education**
تحصیلاتِ ابتدایی primary education
تحصیلاتِ دانشگاهی higher education
تحصیلدار / tahsildār / اسم. **collector**
تحصیل‌کرده / tahsilkarde / صفت. **educated**
تحفه / tohfe / اسم. **present, gift**
تحقّق / tahaqqoq / اسم. **realization, fulfilment**
تحقّق یافتن to be realized
تحقیر / tahqir / اسم. **contempt, humiliation**
تحقیر کردن to humiliate, to hold in contempt
تحقیرآمیز / tahqirāmiz / صفت. **humiliating**
تحقیق / tahqiq / اسم. **research, investigation, inquiry**
تحقیق کردن to research, to investigate
تحکیم / tahkim / اسم. **strengthening, reinforcement**
تحلیل / tahlil / اسم. **analysis**
تحلیل کردن to analyse
تحلیل‌گر / tahlilgar / اسم. **analyst**

تـحمُّل / tahammol / اسم.
tolerance, forbearance
تحمّل کردن to tolerate, to suffer and endure

تحمیل / tahmil / اسم. **imposition, forcing sth on sb**
تـحمیل کردن to impose, to force

تحمیلی / tahmili / صفت. **imposed, forced**

تحوُّل / tahavvol / اسم. **evolution, gradual development**
تحوّل یافتن to evolve

تحویل / tahvil / اسم. **delivery, handing over**
تحویل دادن to deliver
تحویل گرفتن to take delivery of

تخت / taxt / اسم. **throne ; bed ; sole** (of a shoe)

تختخواب / taxtexāb / اسم. **bed ; cot**
تختخوابِ دونفره double bed
تختخوابِ سفری camp-bed, cot
تختخوابِ یک‌نفره single bed

تخته / taxte / اسم. **board, plank, piece of wood ; blackboard**

تخته‌سنگ / taxtesang / اسم. **rock, cliff**

تخته‌سیاه / taxtesîyāh / اسم. **blackboard**

تخته‌نرد / taxtenard / اسم. **backgammon**

تخریب / taxrib / اسم. **demolition, destruction**
تخریب کردن to demolish, to pull down

تخصُّص / taxassos / اسم. **expertise, speciality**
تخصّص داشتن to specialize in, to be an expert in

تخصُّصی / taxassosi / صفت. **specialized**

تخفیف / taxfif / اسم. **discount, reduction**
تخفیف دادن to give a discount

تخلُّف / taxallof / اسم. **offence, offense, violation**
تخلّف کردن to violate a law

تخلیه / taxlîye / اسم. **evacuation, discharge**
تخلیه کردن to evacuate (sth or sb from a place), to vacate (a building, etc.)

تخم / toxm / اسم. **seed ; egg ; testicle, ball**
تخم ریختن، تخم‌ریزی کردن to spawn
تخم گذاشتن to lay (an egg)

تخمدان / toxmdān / اسم. **ovary**

تخمِ‌مرغ / toxmemorq / اسم. **egg**

پوستِ تخم‌مرغ eggshell, shell
زردهٔ تُخم‌مرغ egg-yolk, yolk
سفیدهٔ تخم‌مرغ egg-white, white
تخمه / toxme / اسم. **roasted (watermelon) seeds**
تخمیر / taxmir / اسم. **fermentation**
تخمیر شدن to ferment
تخمین / taxmin / اسم. **estimate, assessment**
تخمین‌زدن to estimate, to assess
تخیُّل / taxayyol / اسم. **imagination**
تدارک / tadārok / اسم. **preparation, acquiring provisions**
تدارک دیدن to acquire provisions, to prepare
تدارکات / tadārokāt / اسم. [جمعِ تدارک] **provisions**
ادارهٔ تدارکات supply department
تدریجاً / tadrijan / قید. **gradually**
تدریجی / tadriji / صفت. **gradual**
تدریس / tadris / اسم. **teaching, tutoring**
تدریسِ خصوصی private tutoring
تدریس‌کردن to teach
تدوین / tadvin / اسم. **compilation, editing**
تدوین‌کردن to compile, to edit

تدوین‌کننده (سینما) / tadvinkonande / اسم. **(film) editor**
تذکُّر / tazakkor / اسم. **reminder, notice**
تذکّر دادن to remind, to point out
تر / tar / صفت. **wet, moist**
تر شدن to become wet
تر کردن to make wet, to moisten
ترابری / tarābari / اسم. **transportation**
ترازنامه (حسابداری) / tarāznāme / اسم. **balance sheet**
ترازو / tarāzu / اسم. **balance, scale(s)**
تراژدی / terâžedi / اسم. **tragedy**
تراس / t(e)râs / اسم. **terrace**
تراشکار / tarāškār / اسم. **lathe operator**
تراشکاری / tarāškāri / اسم. **machining**
تراشیدن / tarāšidan / مصدر. **to shave; to scrape**
ترافیک / t(e)râfik / اسم. **traffic; traffic congestion**
تراکتور / t(e)râktor / اسم. **tractor**
تراکم / tarākom / اسم. **compression, congestion**
ترانزیت / t(e)rânzit / اسم. **transit**

ترانزیستور / t(e)rânzistor / اسم. **transistor**

ترانسفورماتور (برق) / t(e)rânsformâtor / اسم. **transformer**

ترانه (موسیقی) / tarāne / اسم. **lyrics, song**

تربیت / tarbîyat / اسم. **education, upbringing, training**

تربیت‌کردن to train; to educate

ترتیب / tartib / اسم. **order, arrangement**

ترتیب دادن to arrange, to organize

ترجمه / tarjome / اسم. **translation, interpretation**

ترجمهٔ رسمی certified translation, official translation

دارالترجمه translation bureau

ترجمه‌کردن to translate, to interpret

ترجیح / tarjih / اسم. **preference**

ترجیح دادن to prefer

ترحّم / tarahhom / اسم. **compassion, pity**

ترحّم‌کردن to pity, to feel pity for

ترد / tord / صفت. **brittle**

تردستی / tardasti / اسم. **dexterity, conjuring**

تردید / tardid / اسم. **doubt, hesitation**

تردید داشتن to have doubts about sth

تردیدکردن to hesitate

ترس / tars / اسم. **fear, dread, fright, scare**

ترساندن / tarsāndan / مصدر. **to frighten, to scare**

ترسناک / tarsnāk / صفت. **frightening, scary**

ترسو / tarsu / صفت. **timid, cowardly**

ترسیدن / tarsidan / مصدر. **to fear, to dread, to be afraid**

ترسیم / tarsim / اسم. **drawing, sketching**

ترسیم‌کردن to draw, to sketch

ترش / torš / صفت. **sour, acid**

ترش شدن to go sour

ترش‌کردن to frown, to become ill-tempered

ترشّح / taraššoh / اسم. **secretion, discharge**

ترشّح‌کردن to secrete; to splash

ترشی / torši / اسم. **sourness, acidity; pickled vegetables or fruit**

ترشیِ بادنجان pickled baby aubergines

ترشیدن / toršidan / مصدر.
to become sour, to turn acid

ترفند / tarfand / اسم. **trick**

ترفیع / tarfi' / اسم. **promotion**

ترقّی / taraqqi / اسم. **progress, advancement, rise**
ترقّی کردن to rise; to succeed in life

تَرَک / tarak / اسم. **crack, crevice**
تَرَک خوردن، تَرَک برداشتن to crack

تَرْک / tark / اسم. **leaving, giving up, staying away from**
تَرکِ اِعتیاد giving up a bad habit
تَرکِ سیگار giving up smoking
تَرک کردن to leave, to give up (a habit)

تُرْک / tork / اسم. خارجی. **Turk, Azerbaijani**

تُرْکی / torki / صفت.، اسم.
1. [*adj*] **Turkish, Turkic**
2. [*n*] **Turkish language**
تُرکیِ آذری a dialect of Turkish spoken in Azerbaijan
تُرکیِ اِستانبولی the Turkish of modern Turkey

ترکاندن / tarakāndan / مصدر.
to cause to explode, to blast

ترکش (خمپاره وغیره) / tarkeš / اسم.
shrapnel, shell fragment

ترکیب / tarkib / اسم.
composition; combination; compound
ترکیب شدن to combine [*vi*]
ترکیب کردن to combine [*vt*]

ترکیب‌بندی (نقاشی و غیره) / tarkib.bandi / اسم. **composition**

ترکیدن / tarakidan / مصدر.
to burst, to explode

ترکیدگی / tarakidegi / اسم.
state of being burst
ترکیدگیِ لوله a burst pipe

ترم / term / اسم. **term**

ترمز (خودرو) / tormoz / اسم.
brake(s)
ترمز دستی hand-brake
ترمز کردن to brake, to apply the brakes, to stop

ترموس / termus / اسم.
thermos flask

ترموستات / termostât / اسم.
thermostat

ترمیم / tarmim / اسم. **repair, restoration**
ترمیم کردن to repair, to restore

ترمینال / terminâl / اسم. **terminal**
ترمنیالِ اتوبوس bus terminal

ترور / teror / اسم. **assassination**

ترورِ نافرجام assassination attempt

تروركردن to assassinate

تروریست/ terorist / اسم. **terrorist, assassin**

تروریستی/ teroristi / صفت. **pertaining to terrorism, terrorist**

ترویج/ tarvij / اسم. **promotion**

ترویج کردن to promote

تره(گیاه) / tare / اسم. **chive**

تره‌بار/ tarebār / اسم. **fresh greens and vegetables**

تریاک/ taryāk / اسم. **opium**

تریاکی/ taryāki / اسم.، صفت. 1. [*n*] **opium addict** 2. [*adj*] **pertaining to opium ; opium-coloured**

تریبون/ t(e)ribon / اسم. **rostrum ; forum**

تریکو/ t(e)riko / اسم. **knitwear**

تریلی/ t(e)reyli / اسم. **trailer**

تِز/ tez / اسم. **dissertation ; thesis**

تزریق/ tazriq / اسم. **injection**

تزریقِ زیرِجلدی hypodermic injection

تزریقِ وریدی intravenous injection

تزریق کردن to inject

تـــزریقات/ tazriqāt / اسـم. [جـمعِ تزریق] **injections**

تزویر/ tazvir / اسم. **hypocrisy, deceit**

تزیین/ tazyin / اسم. **decoration, ornament**

تزیین کردن to decorate

تزیینی/ tazyini / صفت. **decorative**

هنرهایِ تزیینی decorative arts

تساوی/ tasāvi / اسم. **equality, parity**

به‌تساوی equally, in equal proporions

تسبیح/ tasbih / اسم. **prayer-beads**

تِست/ test / اسم. **test**

تِستِ چندجوابی multiple-choice test(s)

تِستِ هوش intelligence test

تِست‌کردن to test, to give a test

تسخیر/ tasxir / اسم. **conquering, conquest**

تسخیرکردن to conquer

تسکین/ taskin / اسم. **relief, alleviation**

تسکین درد relieving pain

تسکینِ دادن to relieve, to alleviate

تسلُّط/ tasallot / اسم. **dominance, control**

تسلُّط داشتن to dominate, to control

تسلّی / tasalli / اسم. **consolation, comfort**
تسلّی دادن to console, to comfort
تسلیت / tasliyat / اسم. **condolence(s)**
تسلیت گفتن to offer one's condolences
تسلیحات / taslihāt / اسم. [جمعِ تسلیح] **armaments**
تسلیم / taslim / اسم. **submission, surrender, resignation**
تسلیمِ بلاشرط unconditional surrender
تسلیم شدن to surrender, to give oneself up
تسلیم کردن to hand over sth
تسمه / tasme / اسم. **belt, band**
تسمه پروانه fan-belt
تسمهٔ نقّاله conveyor belt
تسویه / tasviye / اسم. **settling** (an account)
تسویه کردن to settle an account
تسهیلات / tashilāt / اسم. [جمعِ تسهیل] **facilities**
تشابه / tašāboh / اسم. **resemblance, similarity**
تشبیه / tašbih / اسم. **comparison; simile**
تشبیه کردن to compare; to liken
تشخیص / tašxis / اسم. **recognition; diagnosis**
تشخیص دادن to recognize; to diagnose
تشدید / tašdid / اسم. **intensification; gemination**
تشدید شدن to intensify [*vi*]
تشدید کردن to intensify [*vt*]
تشریح / tašrih / اسم. **description; dissection, anatomy**
تشریح کردن to describe; to dissect
تشریفات / tašrifāt / اسم. [جمعِ تشریف] **ceremonies, formalities; protocol**
تشریفاتی / tašrifāti / صفت. **ceremonial, formal**
تشک / tošak / اسم. **mattress**
تشکِ برقی a mattress which is kept warm by electricity
تشکِ فنری spring mattress
تشکُّر / tašakkor / اسم. **thanks, gratitude**
تشکّر کردن to thank sb, to express one's gratitude
تشکُّرآمیز / tašakkorāmiz / صفت. **full of gratitude**
تشکُّل / tašakkol / اسم. **formation, organization**

تشکیل / taškil / اسم. **formation, establishment**
تشکیل دادن to establish, to form
تشکیل شدن از to consist of
تشکیلات / taškilāt / اسم. [جمعِ تشکیل] **organization**
تشکیلاتِ حزبی party apparatus
تشنّج / tašannoj / اسم. **convulsion**
دچارِ تشنّج شدن to have convulsions
تشنگی / tešnegi / **thirst**
تشنه / tešne / صفت. **thirsty; eager**
تشویق / tašviq / اسم. **encouragement**
تشویق کردن to encourage
تشییع (جنازه) / tašyi`(jenāze) / اسم. **funeral** (procession)
تصاحب / tasāhob / اسم. **taking possession, appropriation**
تصاحب کردن to take possission of sth
تصادُف / tasādof / اسم. **accident; collision; coincidence**
تصادفِ شاخ به شاخ head-on collision
تصادف کردن to have an accident ; to be in collision with
تصادفاً / tasādofan / قید. **accidentally, by chance**

تصادفی / tasādofi / صفت. **accidental; casual**
تصحیح / tashih / اسم. **correction**
تصحیح کردن to correct
تصدیق / tasdiq / اسم. **the act of certifying, confirmation; certificate**
تصدیق کردن to certify, to confirm
تصرُّف / tasarrof / اسم. **possession; occupation**
تصرّف کردن to take possession of; to occupy
تصفیه / tasfiye / اسم. **filtration, purification**
تصفیه خانه refinery, purification plant
تصفیه کردن to filter, to purify, to refine
تصمیم / tasmim / اسم. **decision, resolution**
تصمیم گرفتن to decide, to make up one's mind
تصوُّر / tasavvor / اسم. **concept; idea; imagination**
تصوّر کردن to imagine, to think
تصویب / tasvib / اسم. **ratification, approval**
تصویب کردن to ratify, to approve

تصویر / tasvir / اسم. **iamge, picture, illustration**
تصویرِ معکوس an upside-down image; a mirror image

تَصویربرداری / tasvirbardāri / اسم. **imaging; filming; videotaping; photographing**

تضاد / tazād(d) / اسم. **conflict, contrast**
تضادِ درونی inner conflict
تضاد داشتن to be in conflict with

تضعیف / taz`if / اسم. **weakening, undermining**
تضعیف کردن to weaken

تضمین / tazmin / اسم. **guarantee, collateral**
تضمین شده guaranteed
تضمین کردن to guarantee

تطبیق / tatbiq / اسم. **correspondence, comparison**
تطبیق کردن to correspond [*vi*]

تطبیقی / tatbiqi / صفت. **comparative**
ادبیّاتِ تطبیقی comparative literature

تظاهر / tazāhor / اسم. **pretending, pretension, affectation**
تظاهرکردن to pretend

تظاهرات / tazāhorāt / اسم. [جمعِ ظاهر] **demonstration, rally**
تظاهراتِ خیابانی street demonstration
تظاهراتِ مسالمت‌آمیز a peaceful demonstration
تظاهراتِ نشسته a sit-in
تظاهرات کردن to demonstrate

تعادل / ta`ādol / اسم. **equilibrium, balance**

تعارف / ta`ārof / اسم. **compliment, polite talk; gift**
تعارف کردن to offer sth to sb

تعاون / ta`āvon / اسم. **cooperation**

تعاونی / ta`āvoni / صفت..اسم. 1. [*adj*] **cooperative** 2. [*n*] **cooperative company, coop**

تعبیر / ta`bir / اسم. **interpretation**
تعبیرِ خواب interpreting dreams
تعبیرکردن to interpret, reveal the hidden meaning of sth

تعجُّب / ta`ajjob / اسم. **surprise; wonder**
تعجّب کردن to be surprised

تعجُّب‌آوَر / ta`ajjobāvar / صفت. **surprising**

تعداد / te`dād / اسم. **number, headcount**
تعدادی a few, a number of, some

تعدُّد / ta`addod / اسم. **plurality, multiplicity**

تعرُّض / ta`arroz / اسم. **aggressive behaviour**

تعرّض کردن to act aggressively

تعریف / ta`rif / اسم. **definition; praise**

تعریف کردن to define sth; to praise sb

تعصُّب / ta`assob / اسم. **prejudice, fanaticism**

تعصّبِ نژادی racial prejudice

تعطیل / ta`til / صفت. **closed, not working; [*n*] holiday**

روزِ تعطیل a public holiday

تعطیل شدن to shut down [*vi*]

تعطیل کردن to close up [*vi*]

تعطیلات / ta`tilāt / اسم. [جمعِ تعطیل] **holidays, vacation**

تعطیلاتِ آخر هفته weekend

تعطیلاتِ تابستان summer vacation

تعظیم / ta`zim / اسم. **bowing before sb as a gesture of respect, bow**

تعظیم کردن to bow down before sb

تعقیب / ta`qib / اسم. **chase, pursuit**

تعقیب کردن to pursue, to chase

تعلُّق داشتن / ta`alloq dāštan / مصدر. **to belong**

تعلیم / ta`lim / اسم. **teaching, instruction, training**

تعلیم دادن to teach, to instruct

تعلیم گرفتن to receive lessons from

تعلیمات / ta`limāt / اسم. [جمعِ تعلیم] **education, teachings**

تعلیماتِ پیامبر the teachings of the prophet

تعلیماتِ عشایری tribal education

تعمیر / ta`mir / اسم. **repair(s), fixing sth**

تعمیر کردن to repair, to mend

تعمیرکار / ta`mirkār / اسم. **repairer, repairman, mechanic, handyman**

تعمیرگاه / ta`mirgāh / اسم. **repair shop, workshop**

تعمیرگاهِ اتومبیل garage

تعمیرگاهِ مُجاز authorized repair centre

تعویض / ta`viz / اسم. **replacement; exchange**

تعویض کردن to replace; to exchange sth for another

تعهُّد / ta`ahhod / اسم. **undertaking, commitment, obligation**

تعهّدکردن to undertake, to promise

تعهُّدات / ta`ahhodāt / اســم. [جمعِ تعهُّد] **commitments, undertakings**

تعیین / ta`yin / اسم. **determining sth; deciding sth**

تعیین‌کردن to determine sth; to name sb for a position; to appoint a time

تعیین‌کننده / ta`yinkonande / صفت. **decisive**

تغذیه / taqzîye / اسم. **nutrition, feeding**

سوءتغذیه malnutrition

تغذیه‌کردن to feed [vi] & [vt]

تغییر / taqyir / اسم. **change, alteration**

تغییر دادن to change [vt]

تغییرکردن to change [vi]

تف / tof / اسم. **saliva, spit**

تف‌کردن، تف‌انداختن to spit

تفاله / tofāle / اسم. **bagasse, residue**

تفالهٔ نیشکر cane sugar bagasse

تفاوت / tafāvot / اسم. **difference; distinction**

تفاهم / tafāhom / اسم. **understanding**

تفاهم داشتن to have an understanding

تفاهم‌نامه / tafāhomnāme / اسم. **letter of understanding**

تفرقه / tafraqe / اسم. **division**

تفرقه‌افکنی / tafraqe'afkani / اسم. **causing division** (among people)

تفریح / tafrih / اسم. **recreation, amusement, fun**

تفریح‌کردن to have fun, to amuse oneself

تفریحات / tafrihāt / اسم. **amusement, recreational activities**

تفریحاتِ سالم healthful recreations

تفریحی / tafrihi / صفت. **recreational, entertaining**

تفریق / tafriq / اسم. **subtraction**

تفریق‌کردن to subtract

تفسیر / tafsir / اسم. **commentary; interpretation**

تفسیرکردن to interpret, to comment upon

تفکُّر / tafakkor / اسم. **thinking, cogitation; meditation**

تفکیک / tafkik / اسم. **separation, segregation**

تفکیک‌کردن to separate, to segregate

تفنگ / tofang / اسم. **rifle, gun**

تفنگِ بادی airgun
تفنگِ ساچمه‌ای shotgun
تفنگِ گُلوله‌زنی rifle

تفنّن / tafannon / اسم. **hobby, amusement**

تفننی / tafannoni / صفت. **done for fun**

تقارن / taqāron / اسم. **symmetry; conjunction**

تقاضا / taqāzā / اسم. **demand, request, application**
تقاضا کردن to request, to ask

تقاضانامه / taqāzānāme / اسم. **application**

تقاطع / taqāto` / اسم. **intersection, junction, crossing**

تقدُّم / taqaddom / اسم. **priority, precedence**
حقِّ تقدّم right of way, priority

تقدیر / taqdir / اسم. **destiny, fate; praise, citation**
(از کسی) تقدیر کردن to express one's appreciation for sb's good work

تقدیم / taqdim / اسم. **dedication; presentation, offering**
تقدیم کردن to dedicate, to offer

تقریباً / taqriban / قید. **almost, nearly, approximately**

تقریبی / taqribi / صفت. **approximate**

تقسیم / taqsim / اسم. **division, distribution**
تقسیم کردن to divide, to distribute

تقصیر / taqsir / اسم. **fault, offence, offense, guilt**

تقصیرکار / taqsirkār / صفت. **guilty**

تقلب / taqallob / اسم. **dishonesty, cheating**
تقلّب کردن to cheat, to use tricks

تقلّبی / taqallobi / صفت. **counterfeit, false, fake, adulterated**
آبلیموی تقلّبی adulterated lime-juice
پولِ تقلّبی counterfeit money
گذرنامهٔ تقلّبی fake passport

تقلید / taqlid / اسم. **imitation, mimicry**
تقلید کردن to imitate, to mimic

تقوا / taqvā / اسم. **piety, godliness**

تقویت / taqviyat / اسم. **strengthening, reinforcement**
تقویت کردن to strengthen, to reinforce

تقویم / taqvim / اسم. **calendar; appraisal**
تقویمِ شمسی solar calendar

تقویمِ قمری lunar calendar
تقویم کردن to appraise
تک¹ / tak / اسم. attack, offensive
تک² / tak / صفت. single, unique
تکامل / takāmol / اسم. evolution
تکامل یافتن to evolve
تکان / takān / اسم. shock, shake, abrupt motion
تکان خوردن to move, to shake [vi]
تکان دادن to move, to shake [vt]
تکان‌دهنده / takāndahande / صفت. shocking
تکاور (نظام) / takāvar / اسم. commando
تکبّر / takabbor / اسم. vanity, conceit
تک تک / taktak / قید. one by one, singly
تکثیر / taksir / اسم. multiplication, duplication, reproduction
تکثیر کردن to duplicate, to reproduce
تکخال / takxāl / اسم. ace
تکچهره / takčehre / اسم. portrait
تک‌درخت / takderaxt / اسم. a lone tree
تکذیب / takzib / اسم. denial, contradiction
تکذیب کردن to deny, to contradict
تکرار / tekrār / اسم. repetition, repeating
تکرار شدن to be repeated
تکرار کردن to repeat [vt]
تکراری / tekrāri / صفت. repetitious, repeated, oft-repeated
تک‌فروشی / takfurushi / اسم. retail
تکلیف / taklif / اسم. duty, assignment; homework
تکمه / tokme / اسم. button
جاتکمه buttonhole
تکمه‌سردست / tokmesardast / اسم. cuff link(s)
تکمیل / takmil / اسم. completion, perfection
تکمیل شدن to be completed
تکمیل کردن to complete
تک‌نگاری / taknegāri / اسم. monograph
تک‌نوازی (موسیقی) / taknavāzi / اسم. solo piece; solo performance
تکنوکرات / teknok(e)rât / اسم. technocrat
تکنولوژی / teknoloži / اسم. technology
تکنولوژیست / teknoložist / اسم. technologist

تکنیسین / teknîs(î)yan / اسم.
technician

تکنیک / teknik / اسم. **technique**

تکّه / tekke / اسم. **piece, bit, patch**

تکّه تکّه piecemeal, patchy

تکّه تکّه کردن to cut to pieces

تکیه / takye / اسم. **support, prop, brace**

تکیه دادن to lean against sth

تکیه کلام / takyekalām / اسم.
favourite expression

تکیه گاه / takyegāh / اسم. **support**

تگرگ / tagarg / اسم. **hail**

تگرگ باریدن to hail

تلاش / talāš / اسم. **effort, endeavour, struggle**

تلاش کردن to try hard, to make every effort, to struggle

تلافی / talāfi / اسم. **retaliation, reprisal**

تلافی کردن to retaliate, to reciprocate

تلخ / talx / صفت. **bitter, acrid**

تلخ و شیرین bitter-sweet

تلخی / talxi / اسم. **bitterness**

تلسکوپ / teleskop / اسم.
telescope

تلفات / talafāt / اسم. [جمعِ تلف]
casualties, losses

تلف شدن to die, to perish

تلف کردن to cause to perish; to waste

تلفّظ / talaffoz / اسم. **pronunciation**

تلفّظ کردن to pronounce

تلفن / tel(e)fon / اسم. **telephone, phone; call**

تلفنِ راه دور a long-distance call

تلفنِ عمومی pay phone

تلفنِ همراه mobile / cell phone

دفترِ تلفن telephone book, phone directory

شمارهٔ تلفن telephone number

کیوسکِ تلفن phone box, telephone booth

تلفن کردن to telephone, to phone, to call, to ring up

تلفنچی / tel(e)fonči / اسم.
telephone operator

تلفیق / talfiq / اسم. **collating** (two or more things), **collation, combination**

تلفیق کردن to collate

تلقین / talqin / اسم. **suggestion, inculcation**

تلقین کردن to suggest, to inculcate

تلگراف / telgerâf / اسم. **telegraph**

تلگراف زدن، تلگراف کردن to telegraph, to cable, to wire

تلگرام / telgerâm / اسم. **telegram**

تلمبه / tolombe / اسم. **pump**

تلمبه زدن to pump

تلمبه‌خانه / tolombexāne / **pump-station**

تلمبه‌زنی / tolombezani / اسم. **pumping**

تلوتلو خوردن / telowtelow xordan / مصدر. **to totter, to stagger**

تلویزیون / televiziyon / اسم. **television, TV, telly**

تلویزیونِ رنگی colour television

تلویزیونِ مداربسته closed-circuit television

تله / tale / اسم. **trap, snare**

تله‌موش mousetrap

به تله انداختن to trap, to snare

تله‌کابین / telekâbin / اسم. **cable-car**

تم / tem / اسم. **theme**

تماس / tamās / اسم. **contact; touch**

تماس گرفتن to contact sb, to get in touch with sb

تماشا / tamāšā / اسم. **watching** (a view or a spectacle)

تماشاکردن to watch, to view

تماشاچی / tamāšāči / اسم. **spectator**

تماشاگر / tamāšāgar / اسم. **spectator**

تماشایی / tamāšāyi / اسم. **spectacular, worth watching**

تمام / tamām / صفت. **all, whole; complete, entire; full**

تمام شدن to finish, to run out [*vi*]

تمام‌کردن to finish, to complete [*vt*]

تماماً / tamāman / قید. **entirely, completely**

تمایل / tamāyol / اسم. **inclination, tendency**

تمایل داشتن to tend to, to incline towards

تمبر / tam(b)r / اسم. **postage stamp, stamp**

آلبومِ تمبر stamp album

تمبرِ باطله cancelled stamps

تمدّن / tamaddon / اسم. **civilization**

تمدید / tamdid / اسم. **extension**

تمدید شدن to be extended

تمدیدکردن to extend, to get an extension

تمرکز / tamarkoz / اسم. **centralization; concentration**

تمرکزِ حواس concentration

تمرکززدایی / tamarkozzodayi / اسم. **decentralization**

تمرِ هندی (گیاه) / tamrehendi / اسم. **tamarind**

تمرین / tamrin / اسم. **practice, exercise, drill**

تمرین کردن to practise, to exercise

تمساح (جانور) / temsāh / اسم. **crocodile, alligator**

تمسخر / tamasxor / اسم. **ridicule, mockery**

تمسخر کردن to ridicule, to mock

تمکین / tamkin / اسم. **obedience, submission**

تمکین کردن to obey, to submit to

تملّق / tamalloq / اسم. **flattery**

تملّق گفتن to flatter sb

تملّک / tamallok / اسم. **possession**

تملّک کردن to take possession of sth

تمنّا / tamannā / اسم. **desire, yearning**

تمنّا کردن to desire, to wish

تمیز / tamiz / صفت. **clean, neat, nice**

تمیز کردن to clean, to wipe

تمیزی / tamizi / اسم. **cleanliness**

تَن / tan / اسم. **body ; person**

تن کردن to put on, to wear

تُن۱ (وزن) / ton / اسم. (metric) **ton**

تُن۲ (ماهی) / ton / اسم. **tuna**

تناسُب / tanāsob / اسم. **proportion ; suitability**

تناسب داشتن to fit, to correspond to

تناقض / tanāqoz / اسم. **contradiction**

تناقض داشتن to be in contradiction with

تنبان / tombān / اسم. **underpants, panties**

تنباکو / tambāku / اسم. **tobacco**

تنبل / tambal / صفت. **lazy, idle, indolent**

تنبلی / tambali / اسم. **laziness, indolence**

تنبیه / tambih / اسم. **punishment**

تنبیهِ بدنی corporal punishment

تنبیه شدن to be punished

تنبیه کردن to punish

تن پرور / tanparvar / صفت. **indolent, idle**

تنخواه گردان (حسابداری) / tanxāhgardān / اسم. **petty cash, revolving fund**

تند / tond / صفت.، قید.

1. [*adj*] **fast, rapid, speedy**

2. [*adv*] **fast, quickly, speedily**

تند شدن to quicken, to accelarate [*vi*]

تندکردن to quicken, to accelarate [*vt*]

تنداب (رودخانه) / tondāb / اسم. **rapids**

تندباد / tondbād / اسم. **gale, hurricane**

تندخو / tondxu / صفت. **hot-tempered**

تندخوانی / tondxāni / اسم. **speed-reading**

تندرست / tandorost / صفت. **healthy, sound**

تندرستی / tandorosti / اسم. (good) **health**

تندرو / tondrow / صفت. **swift; extremist**

تندپز / tondpaz / اسم. **microwave oven**

تندروی / tondravi / اسم. **swiftness; extremism**

تندنویسی / tondnevisi / اسم. **short-hand, stenography**

تندی / tondi / اسم. **speed, rapidity; ill temper**

تندیس / tandis / اسم. **statue**

تنزّل / tanazzol / اسم. **decline, decrease**

تنزّل‌کردن to decline, to decrease

تنش / taneš / اسم. **tension**

تنظیم / tanzim / اسم. **regulation, adjustment, arrangement**

تنظیمِ خانواده family planning

تنظیم‌کردن to regulate, to adjust

تنفّر / tanaffor / اسم. **aversion, hate, dislike**

تنفّر داشتن to hate, to dislike

تنفّس / tanaffos / اسم. **breathing, respiration; break, recess**

تنفسِ مصنوعی artificial respiration

تنفّس‌کردن to breathe

تنقیه (پزشکی) / tanqîye / اسم. **enema**

تنقیه‌کردن to give an enema to sb

تَنگ / tang / صفت. **narrow, tight**

تَنگ بودن(لباس) to be (too) tight

تُنگ / tong / اسم. **pitcher, decanter**

تنگدست / tangdast / صفت. **poor, indigent**

تنگدستی / tangdasti / اسم. **poverty**

تنگنا / tang(e)nā / اسم. **bottleneck, straits**

در تنگنا بودن to be in dire straits

تنگه/ tange / اسم. **straits, channel**

تنگی/ tangi / اسم. **narrowness**

tightness

تنگیِ نفس (پزشکی) asthma

تنور/ tanur / اسم. **oven**

تنوّع/ tanavvo` / اسم. **variety; variation; choice**

تنومند/ tanumand / صفت. **stout, fat**

تنه/ tane / اسم. **body, trunk, frame**

تنه زدن to jostle

تنها/ tanhā / صفت. **alone, solitary, sole, only; lonely**

تنهایی/ tanhāyi / اسم. **loneliness, solitude**

به تنهایی alone, all by oneself

تنیس (ورزش) / tenis / اسم. **tennis**

تنیسِ رویِ میز table tennis, ping-pong

تو/ to / ضمیر. **thou, you**

تو/ tu / اسم.، حرف اضافه.، قید.

1. [*n*] **inside, interior** 2. [*prep*] **into, inside** 3. [*adv*] **in, through, within**

توازن/ tavāzon / اسم. **balance, equilibrium**

تواضع/ tavāzo` / اسم. **humility, modesty**

توافق/ tavāfoq / اسم. **mutual agreement, consent**

توافق کردن to agree, to reach an agreement

توالت/ tovâlet / اسم. **toilet, WC, lavatory; make-up**

کاغذِ توالت toilet paper

توالت رفتن to go to the toilet

توالت کردن to make up

توان/ tavān / اسم. **power, energy, might**

توانا/ tavānā / صفت. **able, powerful, mighty**

توانایی/ tavānāyi / اسم. **ability, power**

توان بخشی (پزشکی) / tavānbaxši / اسم. **rehabilitation**

توانستن/ tavānestan / مصدر. **to be able to, can**

توانگر/ tavāngar / صفت. **rich, wealthy**

توبه/ towbe / اسم. **repentance**

توبه کردن to repent

توبیخ/ towbix / اسم. **reprimand, rebuke**

توبیخ کردن to reprimand, to rebuke

توپ[1] (بازی) / tup / اسم. **ball**

توپِ فوتبال football

توپ[2] (نظام) / tup / اسم. **gun, cannon, artillery piece**

به توپ بستن to bombard

توپخانه (نظام) / tupxāne / اسم. **artillery**

توت (گیاه) / tut / اسم. **mulberry**

توت‌فرنگی (گیاه) / tutfarangi / اسم. **strawberry**

توتون (گیاه) / tutun / اسم. **tobacco**

توجّه / tavajjoh / اسم. **attention, care**

توجّه‌کردن to pay attention to

قابلِ توجّه considerable, notable

توجیه / towjih / اسم. **justification**

توجیه‌کردن to justify; to brief

توحید / towhid / اسم. **unity** (of God), **oneness** (of God)

توده / tude / اسم. **heap, mass, stack, pile**

تودهٔ مردم the masses, the populace

توده‌کردن to pile sth up, to stack

تور[1] / tur / اسم. **net, lace**

به‌تور انداختن، با تور گرفتن to net

تور[2] / tur / اسم. (an organized) **tour**

تورِ زیارتی a tour to a pilgrimage site

توربین / turbin / اسم. **turbine**

توربینِ گازی gas turbine

تورّم (اقتصاد) / tavarrom / اسم. **inflation**

توریست / turist / اسم. **tourist**

توریستی / turisti / صفت. **pertaining to tourism, touristy, tourist**

جاذبه‌های توریستی tourist attractions

توریسم / turism / اسم. **tourism**

توزیع / towzi\` / اسم. **distribution**

توزیع‌کردن to distribute

توسّطِ / tavassote / حرف اضافه. **by, by means of**

توسعه / towse\`e / اسم. **development; extension, expansion**

توسعهٔ اقتصادی economic development

توسعهٔ سیاسی political development

توسعه دادن to develop, to expand

توشه / tuše / اسم. **provisions for a journey**

توصیف / towsif / اسم. **description**

توصیف‌کردن to describe, to depict

توصیفی / towsifi / صفت. **descriptive**

توصیه / towsiye / اسم. **recommendation, advice**

توصیه‌کردن to recommend

توضیح / towzih / اسم. **explanation**
توضیح دادن to explain, to expound
توضیحات / towzihāt / اسم. [جمعِ توضیح] **explanation, explanatory notes**
توطئه / towte`e / اسم. **conspiracy, plot**
تـوطئه کردن to plot, to conspire
توفان / tuf ān / اسم. **storm, hurricane, tempest**
توفانِ برف snow-storm
توفانِ شن sand-storm
توفانی / tuf āni / صفت. **stormy**
توفیق / towfiq / اسم. **success**
توفیق داشتن to have the opportunity
توقّع / tavaqqo` / اسم. **expectation**
توقّع داشتن to expect, to anticipate
توقّف / tavaqqof / اسم. **stop, stay**
توقّف مَمنوع! No Stopping!
توقّف کردن to stop, to pause
توقّفگاه (خودرو) / tavaqqofgāh / اسم. **car park, parking lot**
توقیف / towqif / اسم. **arrest, taking into custody; confiscation**
توقیف کردن to arrest; to confiscate

توکّل / tavakkol / اسم. **trust, reliance**
(به خدا) تَوکّل کردن to trust (in God)
تولّد / tavallod / اسم. **birth**
تولّد یافتن to be born
روزِ تَولّد birthday
توله / tule / اسم. **pup, cub**
توله سَگ pup, puppy
تولید / towlid / اسم. **production**
تولیدِ اَنبوه mass production
تولیدِ ناخالصِ ملّی gross national product (GNP)
تولیدکردن to produce, to manufacture
تولیدکننده / towlidkonande / اسم. **producer, manufacturer**
تولید مثل / towlidemesl / اسم. **reproduction, procreation**
تولید مثل کردن to reproduce, to make babies
تولیدی / towlidi / صفت.، اسم. 1. [*adj*] **produced** 2. [*n*] **a small workshop where goods are manufactured**
تومان / tumān / اسم. **unofficial unit of currency in Iran equal to 10 rials, toman**
تومر (پزشکی) / tumor / اسم. **tumour**

تونل / tunel / اسم. **tunnel**

تونل زدن to tunnel

توهم / tavahhom / اسم. **illusion, fantasy**

توهین / towhin / اسم. **insult, affront**

توهین کردن to insult sb

توهین آمیز / towhināmiz / صفت. **insulting**

ته / tah / اسم. **bottom, base; end**

ته‌مانده remains, leftovers

تهاجم / tahājom / اسم. **aggression, onslaught**

تهاجمِ فرهنگی cultural onslaught

تهدید / tahdid / اسم. **threat, menace**

تهدید کردن to threaten sb

تهدیدآمیز / tahdidāmiz / صفت. **threatening, menacing**

تهرانِ بزرگ / tehrāne bozorg / اسم. **Greater Tehran**

تهمت / tohmat / اسم. **slander, calumny**

تهمت زدن to slander sb

تهوّع (پزشکی) / tahavvo` / اسم. **nausea**

تهوّع آور / tahavvo`āvar / صفت. **nauseating**

تهویه / tahvîye / اسم. **ventilation**

تهویهٔ مطبوع air-conditioning

تهویه کردن to ventilate

تهیّه / tahiyye / اسم. **preparation, procurement**

تـهیّه کردن to provide, to procure

تهیّه کننده (سینما) / tahiyyekonande / اسم. **producer**

تـیتر (مطبوعات) / titr / اسم. **headline**

تیر / tir / اسم. **bullet, shot; arrow, dart; pole, post, beam**

تیرآهن iron beam, iron girder

تیرِ چراغ lamp-post

تیر انداختن to shoot, to fire shots

تیراژ / tirâž / اسم. **circulation, print run**

روزنامهٔ پر تیراژ a mass-circulation daily

تیرانداز / tirandāz / اسم. **archer, shooter**

تیراندازی / tirandāzi / اسم. **shooting, fusillade**

تیراندازیِ هوایی shooting into the air

تیراندازی کردن to shoot, to fire shots

تیربار (نظام) / tirbār / اسم. **heavy machine-gun**

تیرباران / tirbārān / اسم.
execution by firing squad
تیرباران کردن to execute by firing squad

تیرچه (ساختمان) / tirče / اسم.
small beam

تیررس / tir.ras / اسم.
range (of a bullet)

تیرگی / tiregi / اسم.
darkness, murkiness

تیره / tire / صفت.
dark, murky

تیز / tiz / صفت.
sharp, keen
تیزکردن to sharpen

تیزبین / tizbin / صفت.
sharp-eyed, eagle-eyed

تیزهوش / tizhuš / صفت.
highly intelligent

تیزی / tizi / اسم.
sharpness, keenness

تی‌شرت / tišert / اسم.
T-shirt, teeshirt

تیشه / tiše / اسم.
adze

تیغ / tiq / اسم.
razor, razor-blade

تیغه / tiqe / اسم.
blade; partition

تیم / tim / اسم.
team

تیمارستان / timārestān / اسم.
lunatic asylum

تیوب (خودرو) / tîyub / اسم.
the inner tube (of a tyre)

ث ، ث

ثابت / sābet / صفت. **constant, steady, fixed**
ثابت شدن to be fixed; to be proved
ثابت‌کردن to fix; to prove
ثابت‌قدم / sābetqadam / صفت. **resolute, steadfast**
ثالث / sāles / صفت. **third**
ثالثاً / sālesan / قید. **thirdly, in the third place**
ثـانوی / sānavi / صفت. **secondary**
ثـانیـاً / sānîyan / قید. **secondly, in the second place**
ثـانیه (زمان) / sānîye / اسم. **second**
ثانیه شمار (ساعت) / sānîyešomār / اسم. **the second hand**
ثبات / sabāt / اسم. **stability, permanence**
ثبت / sabt / اسم. **registration, record**
ثبتِ شرکت getting a company registered
به ثبت رساندن to get sth registered
ثبت شدن to be registered
ثبت‌کردن to register, to record
ثبتِ‌نام / sabtenām / اسم. **registration**
ثبتِ‌نام‌کردن to get registered
ثروت / servat / اسم. **wealth, riches**
ثروتمند / servatmand / صفت. **wealthy, rich, affluent**
ثـقیل / saqil / صفت. **heavy, weighty**
ثلث / sols / اسم. **one third; school term**
ثلث اوّل the first term of the school year
ثلثِ سوّم the third and last term of the school year
ثمر / samar / اسم. **fruit, result**

بی‌ثمر fruitless, futile

پُرثمر fruitful

ثمربخشیدن to yield results, to prove fruitful

ثمربخش / samarbaxš / صفت.
fruitful, effective

ثواب / savāb / اسم.
(spiritual) **reward**

ج، ج

جا / jā / اسم. **place, space, room; capacity; seat; accommodation**

جاافتادن to settle down; to fit

جاانداختن to fit, to put into place

جادادن to make room for, to accommodate

جاگذاشتن to leave behind

جاگرفتن to hold, to have room for

جاماندن to be left behind/out

به جا آوردن to recognize

جاافتادگی / jā`oftādegi / اسم. **ommission**

جابجا کردن / dābedjā kardan / مصدر. **to move, to displace**

جابجایی / jābejāyi / اسم. **movement, displacement**

جادار / jādār / صفت. **roomy, spacious**

جادو / jādu / اسم. **magic**

جادوگر / jādugar / اسم. **magician, sorcerer**

جادویی / jāduyi / صفت. **magical, magic**

جادّه / jādde / اسم. **road, highway**

جادهٔ آسفالته asphalted/paved road

جادهٔ خاکی dirt road

جادهٔ شوسه gravel road

جاذبه / jāzebe / اسم. **attraction, appeal**

جاذبهٔ جنسی sex appeal

جاذبهٔ زمین earth's gravity

جار / jār / اسم. **chandelier**

جارختی / jāraxti / اسم. **coat-rack**

جارو / jāru / اسم. **broom**

جاروبرقی vacuum cleaner

جارودستی broom

جاروکردن to sweep

جاری / jāri / صفت. **running; current**

امورِ جاری current affairs

حسابِ جاری ((بانک))
current account
جاری شدن to flow, to run
جاز (موسیقی) / jâz / اسم. **jazz**
جاسازی / jāsāzi / اسم.
concealing sth in a secret place
جاسازی کردن to conceal in a secret compartment
جاسوس / jāsus / اسم. **spy, agent**
جاسوسِ دوجانبه double agent
جاسوسی / jāsusi / اسم.
espionage, spying
جاسوسی کردن to spy, to engage in espionage
جاکلیدی / jākilidi / اسم.
key-ring
جالب / jāleb / صفت. **interesting, attractive**
جام / jām / اسم. **cup, goblet**
جامِ شراب wine glass; chalice
جامِ پیروزی cup
جامد / jāmed / اسم.، صفت.
1. [*n*] **anything solid** 2. [*adj*] **solid**
جامدات (فیزیک) / jāmedāt / اسم. [جمعِ جامد]
solids
جامدادی / jāmedādi / اسم.
pencil-case, pencil-pouch
جامع / jāme` / صفت.
comprehensive, all-embracing
طرحِ جامع master-plan

مسجدِ جامع the congregational mosque, the Friday mosque
جامعه / jāme`e / اسم. **society, community**
جامعهٔ مدنی civil society
جامعهٔ مصرفی consumer society
جامعه‌شناس / jāme`ešenās / اسم.
sociologist
جامعه‌شناسی / jāme`ešenāsi / اسم.
sociology
جان / jān / اسم. **life; soul**
جان به در بردن to escape unhurt, to survive
جان دادن to die, to expire
جان داشتن to be alive
جانباز / jānbāz / اسم. **a disabled veteran of the Revolution or the Iran-Iraq War; a selfsacrificer**
جاندار / jāndār / اسم.، صفت.
1. [*n*] **a living being**
2. [*adj*] **living, animate**
جانداران / jāndārān / اسم. [جمعِ جاندار]
all life forms, the living
جانشین / jānešin / اسم.
successor, substitute
جانشین (کسی) شدن to replace sb
جانشین کردن to name as successor
جانماز / jānamāz / اسم. **prayer rug**

جانور / jānevar / اسم. **animal, beast**
جانوران / jānevarān / اسم. [جمعِ جانور] **all animals, the animal kingdom**
جانورشناس / janevaršenās / اسم. **zoologist**
جانورشناسی / janevaršenāsi / اسم. **zoology**
جانی / jāni / اسم. **criminal**
جاودان / jāv(e)dān / صفت. **immortal, eternal**
جاه‌طلب / jāhtalab / صفت. **ambitious**
جاه‌طلبی / jāhtalabi / اسم. **ambition**
جاهل / jāhel / صفت.، اسم. 1. [*adj*] **ignorant** 2. [*n*] **an ignorant person; a thug**
جایزه / jāyeze / اسم. **prize, trophy, award**
جایزه دادن to award a prize
جایزه گرفتن to win a prize
جایگاه / jāygāh / اسم. **place, stand**
جایگاهِ ارکستر the orchestra pit; the bandstand
جایگاهِ فروشِ بنزین petrol station, gas station
جایگزین کردن / jāygozin kardan / مصدر. **to replace, to substitute**
جایگزینی / jāygozini / اسم. **replacement, substitution**
جبر (ریاضیات) / jabr / اسم. **algebra**
جبران / jobrān / اسم. **compensation, reparation**
جبران کردن to compensate, to make up
جبراً / jabran / قید. **compulsorily, forcibly**
جبهه / jebhe / اسم. **front, battlefield**
جبههٔ پرفشار (هواشناسی) a high-pressure front
جبههٔ جنگ the front
جبههٔ کم‌فشار (هواشناسی) a low-pressure front
جبههٔ ملّی the National Front
جت (هواپیما) / jet / اسم. **jet, a jet airliner**
جثّه / josse / اسم. **body**
جَدّ / jad(d) / اسم. **grandfather**
جدا / jodā / صفت. **separate, detached**
جدا شدن to separate [*vi*]
جدا کردن to separate [*vt*]
جداگانه / jodāgāne / قید. **separately**
جدایی / jodāyi / اسم. **separation, segregation**

جدّاً / jeddan / قید. **seriously, earnestly**

جدول / jadval / اسم. **table; timetable, schedule; kerb, curb**
جـدولِ ضرب multiplication table
جدولِ کلماتِ متقاطع crossword puzzle

جدّه / jadde / اسم. **grandmother**

جِدّی / jeddi / صفت. **serious, earnest, severe, strict**

جدّیّت / jeddiyyat / اسم. **seriousness, earnestness**

جدید / jadid / صفت. **new, modern**

جدیداً / jadidan / قید. **newly, recently**

جذّاب / jazzāb / صفت. **attractive, fascinating; charming**

جذّابیّت / jazzābiyyat / اسم. **attraction, fascination, charm**

جذام (پزشکی) / jozām / اسم. **leprosy**

جذب / jazb / اسم. **absorption; attraction**
جذب شدن to be absorbed
جذب کردن to absorb; to attract

جرئت / jor`at / اسم. **daring, courage**
جرئت داشتن، جرئت کردن to dare

جرّاح (پزشکی) / jarrāh / اسم. **surgeon**

جرّاحی (پزشکی) / jarrāhi / اسم. **surgery**
جرّاحیِ پلاستیک plastic surgery
جرّاحیِ عمومی general surgery
جرّاحی مغز و اعصاب neurosurgery
عملِ جرّاحی (surgical) operation, surgery

جرايد / jarāyed / اسم. [جمعِ جریده] **the press, newspapers**

جرِّثقیل (مکانیک) / jarresaqil / اسم. **crane**

جرعِه / jor`e / اسم. **gulp, sip**

جرقه / jaraqqe / اسم. **spark**
جرقّه زدن to spark, to send off sparks

جُـرم / jorm / اسم. **offence, crime**

جُرم‌شناسی / jormšenāsi / اسم. **criminolgy**

جرّ و بحث / jarr-o-bahs / اسم. **argument, debate**
جرّ و بحث کردن to argue, to debate

جریان / jar(a)yān / اسم. **current, flow**
جریانِ برق electrical current
جریانِ هوا air current

جریان داشتن / یافتن to flow, to circulate
در جریان بودن to be in progress
جریمه / jarime / اسم. fine, penalty
جریمه شدن to be fined
جریمه‌کردن to fine
جُز / joz / حرف اضافه. except, other than
بجُز except, other than
جزایر / jazāyer / اسم. [جمعِ جزیره] islands, isles
جُزء / joz` / اسم. part, detail; ingredient
جزءلاینفک an inseparable part
جزئی / joz`i / صفت.، قید.
1. [*adj*] trivial, slight
2. [*adv*] slightly
جـزئیّات / joz`iyyāt / اسـم. [جمعِ جزء] details
جزوه / jozve / اسم. pamphlet, fascicle
جزیره / jazire / اسم. island, isle
جزیرهٔ آتشفشانی volcanic island
جسارت / jesārat / اسم. boldness, audacity, presumption
جستجو / josteju / اسم. search, quest
جستجوکردن to search, to seek

جَستن / jastan / مصدر. to leap, to jump
جُستن / jostan / مصدر. to look for, to seek
جسد / jasad / اسم. corpse, body
جسم / jesm / اسم. body, physique, mass
جسماً / jesman / قید. physically
جسور / jasur / صفت. bold, daring, audacious
جسورانه / jasurāne / صفت.، قید.
1. [*adj*] bold, audacious
2. [*adv*] boldly
جشن / jašn / اسم. celebration, feast, festivity
جشنِ تولّد birthday party
جشنِ عروسی wedding
جشنِ مِلّی national holiday
جشن گرفتن to celebrate
جشنواره / jašnvāre / اسم. festival
جعبه / ja`be / اسم. box, case, chest
جعبه تقسیم (برق) junction-box
جعبه‌دنده (خودرو) gear-box
جعفری (گیاه) / ja`fari / اسم. parsely
جعل / ja`l / اسم. forgery, fabrication
جـعل‌کردن to forge, to fabricate

جعلی/ ja`li / صفت. **forged, counterfeit**

جغد (پرنده) / joqd / اسم. **owl**

جغرافیا/ joqrāfîyā / اسم. **geography**

جُغرافیایِ سیاسی political geography

جغرافیایِ طبیعی physical geography

جغرافیایی/ joqrāfîyāyi / صفت. **geographical**

جفت/ joft / اسم. **pair, couple; mate**

جفت شدن to couple [*vi*]

جفت کردن to couple [*vt*]

جک (مکانیک) / jak / اسم. **jack**

جک زدن to jack up, to raise using a jack

جکوزی (حمام) / jakuzi / اسم. **Jacuzzi**

جگر/ jegar / اسم. **liver**

جلاد/ jallād / اسم. **executioner, hangman**

جلب/ jalb / اسم. **attraction; arrest**

جلبِ توجّه کردن to draw attention

جلب کردن to attract; to arrest

جِلد/ jeld / اسم. **volume; cover(s)**

جِلدِ سخت (کتاب) hardback, hardcover

جِلدِ نرم (کتاب) paperback, softcover

جِلد کردن to bind

جلسه/ jalase / اسم. **meeting, session**

جلسهٔ دادگاه hearing

جلسهٔ سِرّی /غیر علنی closed session

جلسهٔ عَلَنی open session

تشکیلِ جلسه دادن to meet, to hold a meeting

جلگه/ jolge / اسم. **plain**

جلو/ jelow / اسم.، صفت.

1. [*n*] **front, foreground** 2. [*adj*] **front** 3. [*adv*] **ahead, in front**

جلو زدن to get ahead, to overtake

جلو رفتن to lead, to go ahead

جلویِ in front of, before

جلوگیری/ jelowgiri / اسم. **prevention, holding back**

جلوگیری از بارداری birth control

جلوگیری کردن to prevent, to bar

جلوه/ jelve / اسم. **striking appearance, impressive display, manifestation**

جلوه‌های ویژه (سینما) special effects

جلیقه / jeliqe / اسم. **waistcoat, vest**
جلیقهٔ ضدگلوله bullet-proof vest
جلیقهٔ نجات life-jacket
جمجمه / jomjome / اسم. **skull, cranium**
جمع / jam` / اسم. **addition ; total ; plural**
جمع زدن to add (up)
جمع شدن to gather [*vi*]
جمع‌کردن to collect, to gather
جمع‌آوری / jam`āvari / اسم.
collection, gathering together ; compilation
جمع‌آوری کردن to collect, to gather
جمع‌بندی / jam`bandi / اسم.
summing-up, a summary of pros and cons
جمع‌بندی کردن to summarize, to sum up
جمعه / jom`e / اسم. **Friday**
جمعی / jam`i / صفت. **collective, group**
جمعیّت / jam`iyyat / اسم. **crowd ; population**
پرجمعیّت populous
کم‌جمعیت sparsely populated
جمله / jomle / اسم. **sentence**

جمهوری / jomhuri / اسم. **republic**
جمهوریِ فرانسه the French Republic
جمهوریخواه / jomhurixāh / صفت. **republican**
جناب / jenāb / اسم. **excellency**
جناب آقایِ... (His) Excellency...
جنابعالی (Your) Excellency
جناح / jenāh / اسم. **wing, faction**
جناحی / jenāhi / صفت. **factional**
جنازه / jenāze / اسم. **corpse, (dead) body**
تشییعِ جنازه funeral (procession)
جنایات / jenāyāt / اسم. [جمعِ جنایت] **crimes**
جنایاتِ جنگی war crimes
جنایت / jenāyat / اسم. **crime, felony**
جنایتکار / jenāyatkār / اسم. **a criminal, felon**
جنایی / jenāyi / صفت. **criminial**
جَنب / janb / اسم. **side, flank**
جَنبِ next to, adjoining
جُنباندن / jombāndan / مصدر. **to move, to shake** [*vt*]
جنبش / jombeš / اسم. **movement, motion, political movement, uprising**

جُنبشِ عدمِ تعهّد
the Non-Aligned Movement

جنبه / jambe / اسم. **aspect, side**

جنبیدن / jombidan / مصدر. **to move** [*vi*]

جنجال / janjāl / اسم. **tumult, row**
جنجال به پاکردن to kick up a row

جنجالی / janjāli / صفت. **tumultuous, sensational**

جنده / jende / اسم. **prostitute, whore**

جنس / jens / اسم. **commodity, goods; material, stuff; gender, sex**
جنسِ لطیف the fair sex

جنسی / jensi / صفت. **sexual, sex**
جاذبهٔ جنسی sex appeal
رابطهٔ جنسی sexual relationship

جنسیّت / jensiyyat / اسم. **sex, sexuality, gender**

جَنگ / jang / اسم. **war, warfare, battle, combat**
جَنگِ هسته‌ای nuclear war
جَنگِ جهانیِ دوّم World War II
جَنگِ سرد the Cold War
جَنگِ قدرت power struggle
جَنگ کردن to make war, to fight

جُنگ / jong / اسم. **anthology**

جنگجو / jangju / اسم.، صفت.
1. [*n*] **fighter, combatant, warrior**
2. [*adj*] **fighting**

جنگزده / jangzade / اسم.، صفت.
1. [*n*] **a war victim** 2. [*adj*] **war-torn**

جنگل / jangal / اسم. **forest, wood, jungle**

جنگلبانی / jangalbāni / اسم. **forestry**

جنگلکاری / jangalkāri / اسم. **afforestation**

جَنگی / jangi / صفت. **fighting, combat, war**

جنگیدن / jangidan / مصدر. **to fight, to combat**

جنوب / jûnub / اسم. **south**

جنوبی / jûnubi / صفت. **southern, south**

جنون / jûnun / اسم. **madness, insanity, lunacy**
جنونِ گاوی (پزشکی)
mad cow disease (BSE)

جنین / jānin / اسم. **foetus, fetus, embryo**
سقطِ جنین abortion

جوّ / jav(v) / اسم. **atmosphere**

جو (گیاه) / jow / اسم. **barley**

جواب / javāb / اسم. **answer, reply**
جواب دادن to answer, to reply

جُواز / javāz / اسم. **licence/ license, permit, pass**

جواز دادن to license, to authorize

جواز گرفتن to obtain a license

جوان / javān / اسم.، صفت. 1. [*n*] **young person, youth** 2. [*adj*] **young, youthful**

جوانان the youth

جوان‌گرایی / javāngerāyi / اسم. **giving preference to the youth**

جوزِ هندی / jowze hendi / اسم. **nutmeg**

جوانمرد / javānmard / اسم. **a person with a keen sense of fairplay**

جوانه / javāne / اسم. **bud, sprout**

جوانهٔ ماش bean sprouts

جوانه زدن to bud, to sprout

جوانی / javāni / اسم. **youth, youthfulness**

جواهر / javāher / اسم. **jewel, gem**

جواهرات / javāherāt / اسم. [جمع جواهر] **jewellery**

جواهراتِ بدلی costume jewellery

جواهرفروش / javāherfurūš / اسم. **jeweller**

جوجه / juje / اسم. **chick, young chicken**

جوجه کباب chicken kebab

جودو (ورزش) / judo / اسم. **judo**

جور / jur / اسم.، صفت. 1. [*n*] **sort, kind** 2. [*adj*] **matching, assorted**

جنسِ جور assorted goods

جور بودن to match, to go with

جور شدن to work out, to match

جور کردن to assort, to sort

جوراب / jurāb / اسم. **socks; stockings**

جورابِ بلند stockings

جورابِ شلواری tights

جورابِ کوتاه socks

جورابِ نایلون (زنانه) nylons

جورابِ واریس support stockings

جَوسازی / javsāzi / اسم. **creating a hostile atmosphere**

جوش[1] / juš / اسم. **boil, pimple, acne**

جوشِ صورت acne

جوش[2] / juš / صفت. **boiling, boiling hot**

آبِ جوش boiling water

جوش آمدن to boil

به جوش آوردن to bring to boil

جوش[3] (فلزات) / juš / اسم. **weld, welding**

جوش دادن to weld

جوشان / jušān / صفت. **boiling; fizzy, effervescent**

قرصِ ویتامین ث‌ی جوشان
effervescent Vitamin C tablets

جوشاندن / jušāndan / مصدر.
to boil [vt]

جوشِ شیرین / jûšeširin / اسم.
bicarbonate of soda

جوشکار / juškār / اسم. welder

جوشکاری / juškāri / اسم.
welding

جوشیدن / jušidan / مصدر.
to boil [vi]

جوشیده / jušide / صفت. boiled

جونده (جانور) / javande / اسم.
rodent

جوهر / jowhar / اسم. essence,
substance; tinted ink

جوهرِ سرکه acetic acid

جوهرِ نمک hydrochloric acid

جوی / juy / اسم. brook, stream

جوّی / javvi / صفت. atmospheric

جویدن / javidan / مصدر. to chew,
to masticate

جوینده / juyande / اسم. seeker,
searcher

جهاد / jahād / اسم. holy war,
crusade

جهادِ سازندگی the Crusade
for Construction

جهادگر / jahādgar / اسم.
crusader

جهان / jahān / اسم. world,
universe, globe

جهانِ سوّم the Third World

جهان‌بینی / jahānbini / اسم.
world view, outlook

جهانگرد / jahāngard / اسم.
tourist; explorer

جهانگردی / jahāngardi / اسم.
tourism

دفترِ اطلاعاتِ جهانگردی
tourist information centre

جهانی / jahāni / صفت. global,
worldwide, universal

جهت[1] / jahate / اسم. reason,
respect

به‌هرجهت anyhow, anyway

جهت[2] / jahat / اسم. direction;
side

چهار جهتِ اصلی the cardinal
points

جهت‌یابی / jahatyābi / اسم.
orientation

جهش / jaheš / اسم. jump,
leap forward; mutation

جهل / jahl / اسم. ignorance

جهنم / jahannam / اسم. hell

به جهنّم! To hell with it!

جهیزیّه / jahiziyye / اسم. dowry,
trousseau

جیب / jib / اسم. pocket

جیبِ شلوار trouser pocket(s)
جیبِ پالتو coat pocket(s)
جیب‌بر / jib.bor / اسم. **pickpocket**
جیبی / jibi / صفت. **pocket**
پولِ توجیبی pocket money
دفترچهٔ یادداشتِ جیبی
pocketbook
جیپ (خودرو) / jip / اسم. **jeep**

جیره / jire / اسم. **ration(s)**
جیره‌بندی / jirebandi / اسم.
rationing
جیره‌بندی کردن to ration sth
جیغ / jiq / اسم. **scream, cry**
جیغ زدن، جیغ کشیدن to scream
جین (پارچه) / jin / اسم. **denim**
شلوارِ جین jeans

چ ، چ

چابک / čābok / صفت. **agile, nimble, swift**

چاپ / čāp / اسم. **printing; impression, edition**

چاپِ افست offset printing

چاپِ سیلک silk-screen printing

چاپِ مسطّح letterpress printing

چاپ کردن to print; to publish

چاپخانه / čāpxāne / اسم. **printing-house**

چاپگر (رایانه) / čāpgar / اسم. **printer**

چاپگرِ جوهرافشان inkjet printer

چاپگرِ سوزنی dot-matrix printer

چاپگرِ لیزری laser printer

چاپلوس / čāplus / اسم. **flatterer**

چاپلوسی / čāplusi / اسم. **flattery**

چاپلوسی کردن to flatter sb

چادر / čādor / اسم. **tent; veil, chador**

چادرِ اکسیژن oxygen tent

چادر زدن to put up a tent, to camp

چاره / čāre / اسم. **remedy, cure**

چاره کردن to remedy, to cure

چاره یابی / čāreyabi / اسم. **problem-solving**

چاشنی (غذا) / čāšni / اسم. **seasoning, relish**

چاشنی زدن to season

چاق / čāq / صفت. **fat, obese, corpulent**

چاق شدن to get fat, to gain weight

چاق کردن to fatten

چاقو / čāqu / اسم. **knife**

چاقوزدن to knife, to stab

چاقوکش / čāqukeš / اسم. **thug, ruffian**

چاقی / čāqi / اسم. **fatness, obesity**

چاله / čāle / اسم. **pit, hole, hollow**

چانه / čāne / اسم. **chin**

چانه زدن to haggle, to bargain

چاودار (گیاه) / čāvdār / اسم. **rye**

چاه / čāh / اسم. **well, shaft**

چاهِ آرتزین artesian well

چاهِ عمیق deep well

چاهِ مستراح cesspool

چای (گیاه) / čāy / اسم. **tea**

چای کیسه‌ای tea bag

چای دَم کردن to make tea

چایخانه / čāyxāne / اسم. **teahouse, tearoom**

چپ / čap / اسم.، صفت.

1. [*n*] **the left side of anything**

2. [*adj*] **left, left-hand**

چپ‌دست left-handed

چپ شدنِ (خودرو) to overturn

چپاندن / čapāndan / مصدر. **to cram, to stuff**

چپاول / čapāvol / اسم. **plunder, pillage**

چپاول کردن to plunder, to pillage

چپاولگر / čapāvolgar / اسم. **plunderer**

چپی (سیاست) / čapi / صفت. **leftist, left-wing**

چتر / čatr / اسم. **umbrella; parachute**

چترِ آفتابی parasol

چترِ نجات parachute

چترباز / čatrbāz / اسم. **parachutist; paratrooper**

چدن / čodan / اسم. **cast iron**

چِرا / čerā / قید. **why, what for; why yes**

چَرا / čarā / اسم. **grazing** (of sheep, cattle etc)

چراغ / čerāq / اسم. **lamp, light**

چـراغِ سبز green light

چراغِ خطر stop light, red light

چراغِ چشمک‌زن blinking light

چراغِ راهنمایی traffic-light, stop light

چراغ قوّه torch, flashlight

چراغِ مطالعه reading-lamp

چـراغِ مهتابی florescent light

چراغانی / čerāqāni / اسم. **illumination**

چراغانی کردن to illuminate (a building)

چراگاه / čarāgāh / اسم. **pasture, pastureland**

چرب / čarb / صفت. **greasy, oily**

چرب شدن to get grease/oil on sth, to become greasy

چرب کردن to grease, to oil

چربی / čarbi / اسم. **fat, grease, oil**

چربیِ خون cholestrol

چرت / čort / اسم. **nap, snooze, doze**

چرت زدن to nap, to doze, to snooze

چرخ / čarx / اسم. wheel; turn, spin

چرخِ خیّاطی sewing-machine

چرخِ گوشت mincer, grinder

چرخِ طیّار flywheel

چرخ خوردن to turn, to spin

چرخ کردنِ (گوشت) to mince, to grind

چرخان / čarxān / صفت. rotating, turning

چرخاندن / čarxāndan / مصدر. to turn, to rotate [vt]

چرخبال / čarxbāl / اسم. helicopter

چرخش / čarxeš / اسم. turn, change of direction

چرخشِ ۱۸۰ درجه a turn of 180 degrees

چرخِ فلک / čarxefalak / اسم. Ferris wheel, big wheel

چرخه / čarxe / اسم. cycle

چرخیدن / čarxidan / مصدر. to turn, to rotate [vi]

چرک / čerk / اسم.، صفت. 1. [n] **pus; grime, dirt** 2. [adj] **dirty**

چرکِ گوش ear wax

چرک شدن to get dirty, to become soiled

چرک کردن to make dirty, to soil

چرم / čarm / اسم. leather; hide

چرمِ طبیعی natural leather

چرمِ مصنوعی artificial leather

چرمی / čarmi / صفت. made of leather, leather

چرند / čarand / اسم. nonsense, silly talk

چرند گفتن to talk nonsense

چروک / čûruk / اسم. wrinkle, crease

چروک شدن to become wrinkled

چروک کردن to wrinkle

چریدن / čaridan / مصدر. to graze

چسب / časb / اسم. glue, adhesive, paste

چسبِ دوقلو two-part glue

چسبِ طبّی (sticking) plaster, Band-aid

چسبِ قطره‌ای superglue

چسبِ مایع glue

نوار چسب (adhesive) tape

چسب زدن to apply glue to sth

چسباندن / časbāndan / مصدر. to glue together, to stick, to paste

چسبناک / časbnāk / صفت. sticky, gluey, adhesive

چسبیدن / časbidan / مصدر. to stick, to adhere

چشانیدن / češānidan / مصدر.
to give a taste of sth to sb, to cause sb to taste sth

چشایی / češāyi / اسم.
sense of taste

چشم / češm / اسم.
eye
تخمِ چشم eyeball
چشمِ سوزن eye of the needle
یک‌چشم one-eyed
در یک چشم بهم زدن in a twinkling of an eye

چشم‌انداز / češmandāz / اسم.
view, panorama, prospect

چشم‌بندی / češmbandi / اسم.
conjuring trick, magic
چشم‌بندی کردن to conjure

چشم‌پزشک / češmpezešk /
ophthalmologist, oculist

چشم‌پزشکی / češmpezeški / اسم.
ophthalmology

چشم‌پوشی / češmpuši / اسم.
overlooking (sb's mistake or wrongdoing)
چشم‌پوشی کردن to overlook sb's fault, etc

چشم‌چرانی / češmčarāni / اسم.
ogling
چشم‌چرانی کردن to ogle at sb

چشمک / češmak / اسم.
wink
چشمک‌زن (چراغ) blinking
چشمک زدن to wink at sb

چشمگیر / češmgir / صفت.
eye-catching, striking, impressive

چشمه / češme / اسم.
spring, fountain
چشمهٔ آبِ معدنی mineral spring

چشیدن / češidan / مصدر.
to taste, to savour

چطور / četowr / قید.
how

چغندر (گیاه) / čoqondar / اسم.
beetroot
چغندرِ قند sugar beet

چقدر / čeqadr / قید.
how much, how many

چک (بانک) / ček / اسم.
cheque, check
چکِ بانکی banker's cheque
چکِ سفیدمُهر blank cheque
چکِ مسافرتی traveller's cheque
دسته چک cheque-book, checkbook
چک کشیدن to write a cheque

چکاپ (پزشکی) / čekâp / اسم.
checkup

چکاندن / čekāndan / مصدر.
to drip [*vt*]

چکاوک (پرنده) / čakāvak / اسم.
lark

چکش / čak(k)oš / اسم.
hammer

چکمه / čakme / اسم. **boot(s)**

چکّه / čekke / اسم. **drip, drop**

چکّه‌کردن to drip, to leak

چکیدن / čekidan / مصدر. **to drip** [*vi*]

چکیده / čekide / اسم. **abstract, essence**

چگونه / čegune / قید. **how**

چلاق / čolāq / صفت. **lame; physically disabled**

چلچله (پرنده) / čelčele / اسم. **martin, swallow**

چلو / čelow / اسم. **steamed rice**

چلو خورش steamed rice served with lamb stew

چلوکباب / čelowkabāb / اسم. **steamed rice with kebabs**

چلوکبابی / čelowkabābi / اسم. **kebab house, restaurant serving kebabs with steamed rice**

چماق / čomāq / اسم. **club, cudgel, bludgeon**

چمباتمه / čombâtme / اسم. **squatting position**

چمباتمه زدن to squat

چمدان / čamedān / اسم. **suitcase, bag**

چمن / čaman / اسم. **grass, lawn**

چمن‌زار / čamanzār / اسم. **meadow**

چمن‌زن / čamanzan / اسم. **lawn-mower**

چنار (گیاه) / čenār / اسم. **plane tree, sycamore**

چنان / čenān / قید. **such, so, thus**

چنانچه / čenānče / قید. **if, in case**

چنانکه / čenānke / قید. **as**

چند / čand / قید. **several, a few, some**

چند تا؟ How many?

چندان / čandān / قید. **so, so much, so many**

چندبرابر / čandbarābar / قید. **several times as much**

چندرسانه‌ای / čandrasāne'i / صفت. **multimedia**

چندملیّتی / čandmelliyyati / صفت. **multinational**

چندوجهی (هندسه) / čandvajhi / اسم. **polyhedron**

چندین / čandin / قید. **several, many**

چنگ[1] / čang / اسم. **claws, paw**

چنگ زدن to claw, to paw; to clutch

چنگ[2] (موسیقی) / čang / اسم. **lyre**

چنگال / čangāl / اسم. **claws, paw; fork**

چنین / čenin / قید. **such, so, thus**

چــوب / čub / اسم. **wood; rod, cane**
- چوب پرده curtain rod
- چوب پنبه cork
- چوبِ زیربغل crutch(es)
- چوب سیگار cigarette-holder
- چوب لباسی hanger, coat-hanger
- چوبِ میزانه (conductor's) baton

چوبی / čubi / صفت. **made of wood, wooden**

چــوپان / čupān / اسم. **shepherd**

چوگان (ورزش) / čowgān / اسم. **polo**

چون / čun / قید. **as, for; like**
- چون‌که because

چه / če / حرف. **what**
- هرچه what, whatever

چهار / čâhār / اسم. **four**

چــهارپایه / čâhārpāye / اسم. **stool**

چهارچوب / čâhārčub / اسم. **frame, framework**

چهارخانه / čâhārxāne / صفت. **chequered, checkered**

چــهارده / čâhārdah / اسم. **fourteen**

چهاردهم / čâhārdahom / صفت. **fourteenth**

چهارراه / čâhār.rāh / اسم. **crossroads, intersection**

چهارشنبه / čâhāršambe / اسم. **Wednesday**

چهارگوش / čâhārguš / اسم.، صفت.
1. [*n*] **square, quadrangle**
2. [*adj*] **quadrangular**

چهارم / čâhārom / صفت. **fourth**

چهره / čehre / اسم. **face; well-known personality**

چهره‌پردازی (تئاتر) / čehrepardāzi / اسم. **make-up**

چهل / čehel / اسم. **forty**

چهلم / čehellom / صفت. **fortieth**

چــیپس / čips / اسم. **crisps, chips**
- چیپسِ خلالی shoestring potatoes

چیت (پارچه) / čit / اسم. **chintz, print**

چیدن / čidan / مصدر.
to pick (flowers, fruit, etc), **to pluck, to cut; to arrange, to set, to lay**

چــیز / čiz / اسم. **thing, object; stuff**
- چیزی anything, something
- هرچیز anything, everything

چیزبرگر (خوراک) / čizberger / اسم. **cheese-burger**

چین / čin / اسم. **fold, pleat, wrinkle**

چین خوردن to wrinkle

چین و چروک creased, wrinkled

چینی (ظرف) / čini / اسم. **porcelain, china**

ظروف چینی، چینی‌آلات porcelain, china

ح، ح

حاجی / hāji / اسم. **a man who has made a pilgrimage to Mecca, a *Haji***

حاجیه خانم a woman who has been to Mecca

حادّ / hād(d) / صفت. **acute, critical; serious**

حادثه / hādese / اسم. **accident, incident**

حاشیه / hāšîye / اسم. **margin, hem, edge**

حاشیه رفتن to digress, to beat round the bush

حاصل / hāsel / اسم. **outcome, result, harvest**

حاصل جمع sum, total

حاصل ضرب product

حاصلخیز (زمین) / hāselxiz / صفت. **fertile**

حاصلخیزی / hāselxizi / اسم. **fertility**

حاضر / hāzer / صفت. **ready, prepared; present**

حاضر بودن to be present; to be ready

حاضر شدن to present oneself; to get ready

حاضر کردن to prepare, to ready [*vt*]

حاضری (غذا) / hāzeri / اسم. **ready to eat food, a cold snack**

حافظه / hāfeze / اسم. **memory**

حاکم / hākem / اسم.، صفت.
1. [*n*] **ruler; governor**
2. [*adj*] **ruling, governing**

حاکمِ شرع a religious judge

حاکمیّت / hākemiyyat / اسم. **sovereignty**

حال / hāl / اسم. **mood, condition, state**

از حال رفتن to faint

حال کردن (گفتار) to enjoy oneself

سرِ حال بودن to be in a good mood

حالا / hālā / قید. **now, (at) present**
تاحالا so far, yet
حالت / hālat / اسم. **state, condition, position, shape**
حامل / hāmel / اسم. **carrier, bearer**
حاملگی / hāmelegi / اسم. **pregnancy**
حامله / hāmele / صفت.،اسم.
1. [*adj*] **pregnant** 2. [*n*] **a pregnant woman**
حامی / hāmi / اسم. **supporter, defender, patron**
حاوی / hāvi / اسم. **containing**
حاوی بودن to contain
حَبّ (دارو) / hab(b) / اسم. **pill**
حباب / hobāb / اسم. **bubble; lamp shade**
حبس / habs / اسم. **imprisonment, prison**
حبسِ ابد life imprisonment
حَبسِ اِنفرادی solitary confinement
حبس با اعمالِ شاقّه hard labour
حبس شدن to be imprisoned
حبس کردن to imprison, to jail
حبوبات / hobubāt / اسم. [جمعِ حبوب] **pulses**
حبّه / habbe / اسم. **a small piece, a grain of sth**

حتماً / hatman / قید. **certainly, assuredly**
حتمی / hatmi / صفت. **certain, sure**
حتّیٰ / hattā / قید. **even**
حتّیالمقدور as far as possible
حجّ / haj(j) / اسم. **pilgrimage to Mecca, the *Haj***
حجاب / hejāb / اسم. **veil, Islamic dress code**
بدحجاب improperly garbed
حجره / hojre / اسم. **chamber, room, cell**
حجم / hajm / اسم. **volume, bulk**
حجیم / hajim / صفت. **bulky, voluminous**
حدّ / had(d) / اسم. **limit, boundary**
تاحدّی to a certain extent
حدّاقل minimum
حدّاکثر maximum
حدّاکثرِ سرعتِ مجاز the speed limit
حدس / hads / اسم. **guess, conjecture**
حدس زدن to guess, to conjecture
حدود / hŭdud / اسم. [جمعِ حدّ] **limits, boundaries**
درحدودِ about, roughly
حذف / hazf / اسم. **elimination, deletion**

حذف‌کردن to eliminate, to delete

حراج / harrāj / اسم. **auction, sale**

حراج‌کردن to auction

حرارت / harārat / اسم. **heat; fervour**

حرارت دادن to heat

درجهٔ حرارت temperature

حراست / harāsat / اسم. **protection, providing security**

حراست‌کردن to guard, to protect

حرام / harām / اسم. **unlawful, illicit,** (religiously) **prohibited**

حرام‌زاده / harāmzāde / اسم. **bastard**

حرص / hers / اسم. **greed, avidity**

حرص خوردن to simmer with anger

حرص زدن to act greedily

حرف / harf / اسم. **letter** (of the alphabet)**, character; talk, saying**

حرف ربط conjunction

حرف صدادار vowel

حرف زدن to talk, to speak

حرف گوش کردن to accept a suggestion and act upon it

حرفه / herfe / اسم. **profession, vocation**

حرفه‌ای / herfe`i / صفت. **professional**

حرکت / harekat / اسم. **motion, movement, departure**

حرکت دادن to move

حرکت‌کردن to move; to start on a journey

حرم / haram / اسم. **sanctuary**

حرم‌سرا / haramsarā / اسم. **harem**

حروف / hûruf / اسم. [جمعِ حرف] **letters; font**

حروفچینی / hûrufčini / اسم. **typesetting**

حروفچینیِ کامپیوتری computerized typesetting

حریص / haris / صفت. **greedy, avaricious**

حریف / harif / اسم. **rival, opponent; match**

حریف بودن to be a match for sb

حریق / hariq / اسم. **fire, conflagration**

حریم (زمین) / harim / اسم. **precincts**

حزب / hezb / اسم. (a political) **party**

حزبُ‌اللّهی a member of the Party of God

حسّ / hes(s) / اسم. **sense, sensation**

حس‌کردن to sense, to feel

حساب / hesāb / اسم. **account; calculation; arithmetic**
حسابِ سرانگشتی rough estimate
صورت حساب invoice, bill
ماشینِ حساب calculator
حساب کردن to calculate, to compute
حسابدار / hesābdār / اسم. **accountant**
حسابداری / hesābdāri / اسم. **accountancy; accounts department**
حسابرس / hesābres / اسم. **auditor**
حسابرسی / hesābresi / اسم. **auditing**
حساب‌سازی / hesābsāzi / اسم. **falsification of accounts**
حسابی / hesābi / صفت. **good, proper, ample**
حسادت / hesādat / اسم. **jealousy**
حسادت کردن to feel jealous of sb
حسّاس / hassās / صفت. **sensitive, keen, susceptible**
حسّاسیّت / hassāsiyyat / اسم. **sensitivity, susceptibility; allergy**
حسرت / hasrat / اسم. **envy, yearning**
حسرت خوردن to yearn for sth
حس‌گر (فیزیک) / hesgar / اسم. **sensor**
حُسن / hosn / اسم. **virtue, beauty**
حُسنِ رفتار good behaviour
حُسنِ نیّت good will, good faith
حُسنِ یوسف (گیاه) coleus
حسود / hasud / صفت. **jealous**
حسّی / hessi / صفت. **sensory**
حشرات / hašarāt / اسم. [جمعِ حشره] **insects**
حشره / hašare / اسم. **insect**
حشره کش / hašarekoš / اسم. **insecticide**
حشیش / hašiš / اسم. **cannabis, marijuana, *hashish***
حصار / hesār / اسم. **fence**
حصار کشیدن to build a fence
حصبه (پزشکی) / hasbe / اسم. **typhoid**
حصّه / hesse / اسم. **portion, share, lot**
حصیر / hasir / اسم. **mat, matting**
حضّار / hozzār / اسم. [جمعِ حاضر] **audience**
حضرت / hazrat / اسم. **excellency; holiness**
حضرتِ امیر His Holiness the First Imam

حضرتِ عالی Your Excellency!

حضور / hûzur / اسم. **presence, attendance**

حضورِ ذهن presence of mind

حضور داشتن to be present

حضور و غیاب / hûzur-o-qiyāb / اسم. **roll-call**

حضور و غیاب کردن to call the roll

حفّاری / haff āri / اسم. **drilling, digging**

حفّاری کردن to drill, to dig

حفاظ / hef āz / اسم. **shelter, guard, shield**

حفاظت / hef āzat / اسم. **protection, conservation**

حفاظت کردن to protect, to safeguard

حفره / hofre / اسم. **pit, cavity, hole**

حفظ / hefz / اسم. **protection, preservation**

حفظ بودن to know sth by heart

حفظ کردن to memorize; to protect

حقّ / haq(q) / اسم. **right; entitlement; fee**

حقِّ اشتراک subscription

حقّ الامتیاز royalty

حقُّ التألیف author's fees, royalty

حقُّ التّدریس a teacher's (hourly-rated) pay

حقُّ الترجمه translator's fees

حقُّ الزّحمه fee, remuneration

حقُّ السُّکوت blackmail, hush money

حقُّ الوکاله a lawyer's fees

حقِّ بیمه premium

حقِّ تقدّم right of way, priority

حقِّ رأی suffrage; vote

حقِّ عضویّت membership fee

حقِّ نشر copyright

حقارت / heqārat / اسم. **inferiority**

حقایق / haqāyeq / اسم. [جمعِ حقیقت] **facts, truths**

حق‌شناسی / haqšenāsi / اسم. **gratitude**

حقوق / hûquq / اسم. [جمعِ حقّ] **rights; salary, pay; law, jurisprudence**

حقوقِ بازنشستگی pension

حُقوقِ بشر human rights

حُقوق بگیر salaried

حُقوقِ پایه base salary

حُقوقِ ثابت fixed salary

حُقوقِ سیاسی political rights

حُقوقِ گمرکی customs duties

دانشکدهٔ حقوق law school

حقوقدان / hûquqdān / اسم. **lawyer, jurist**

حقوقی / hûquqi / صفت. **legal, juridical**

حقّه / hoqqe / اسم. **trick, ruse**

حقّه‌باز / hoqqebāz / صفت، اسم. 1. [*adj*] **deceitful** 2. [*n*] **trickster, swindler, cheat**

حقّه‌بازی / hoqqebāzi / اسم. **trickery, humbug**

حقیر / haqir / صفت. **small, humble**

حقیقت / haqiqat / اسم. **truth, fact**
- در حقیقت، حقیقتاً indeed, in fact
- حقیقت داشتن to be true

حقیقی / haqiqi / صفت. **real, true; actual**

حکایت / hekāyat / اسم. **story, tale**
- حکایت کردن to tell a story

حک کردن / hak(k) kardan / مصدر. **to engrave**

حَکَم / hakam / اسم. **arbitrator, referee**

حُکم / hokm / اسم. **order, command; judgement**
- حُکم کردن to order, to command

حکمت / hekmat / اسم. **philosophy; wisdom**

حکمیّت / hakamiyyat / اسم. **arbitration**

حکومت / hûkumat / اسم. **government, rule**
- حکومتِ قانون rule of law
- حکومت کردن to govern, to rule

حکیم / hakim / اسم. **a wise person; a physician**

حلّ / hal(l) / اسم. **solution, dissolution**
- راهِ حلّ solution
- حلّ شدن to dissolve [*vi*]
- حلّ کردن to dissolve [*vt*]; to solve

حلال / halāl / اسم. **lawful; permissible, *halal***

حلّال (شیمی) / hallāl / اسم. **solvent**

حلبی / halabi / اسم. **tin plate**

حلبی آباد / halabiābād / اسم. **shanty town**

حلزون (جانور) / halazun / اسم. **snail**

حلق / halq / اسم. **throat, gullet**

حلقه / halqe / اسم. **ring, hoop, loop**
- حلقهٔ ازدواج wedding ring
- حلقهٔ گُل wreath
- حلقه زدن to gather around sb or sth
- حلقه کردن to coil

حلوا (شیرینی) / halvā / اسم. **halwa**

حماسه / hamāse / اسم. **epic**
حماسی / hamāsi / صفت. **epic**
حماقت / hemāqat / اسم.
foolishness, idiocy
to act foolishly حماقت‌کردن
حمّال / hammāl / اسم. **porter; coolie**
حمّالی / hammāli / اسم. **porterage**
to work like a dog, to sweat one's gut out حمّالی کردن
حمّام / hammām / اسم. **bath, bathroom**
public baths حمّامِ عمومی
to take a bath حمّام‌کردن
حمایت / hemāyat / اسم.
protection, support
to protect, to support sb حمایت‌کردن
حمل / haml / اسم. **transport, shipping, carriage**
to transport, to carry حمل‌کردن
transportation, transport حمل و نقل
portable, movable قابلِ حمل
حمله / hamle / اسم. **attack, offensive, raid**
to attack, to start an offensive, to make a raid حمله‌کردن
حنا (گیاه) / hanā / اسم. **henna**
حنجره / hanjare / اسم. **larynx**

حواس / havās(s) / اسم. [جمعِ حسّ]
senses; wits
concentration تمرکزِ حواس
absent-mindedness حواس پرتی
the five senses حواسِ پنجگانه
حواس خود را جمع کردن
to concentrate
حواصیل (پرنده) / havāsil / اسم.
heron
حواله / havāle / اسم. **money order, bank draft**
to send money to sb (پول) حواله‌کردن
حوالی / havāli / اسم. **environs, vicinity**
حوزه / howze / اسم. **district, zone, area**
constituency حوزهٔ انتخاباتی
(Islamic) seminary حوزهٔ علمیّه
حوصله / ho:sele / اسم. **patience; interest to do sth**
حوصله (کسی) سَررفتن
to become bored
to be patient حوصله‌کردن
حوض / howz / اسم. **pond, pool**
حوله / howle / اسم. **towel**
paper towel حولهٔ کاغذی
حومه / hume / اسم. **suburb(s), outskirts**
حیا / hayā / اسم. **shame**

حیات / hayāt / اسم. **life, lifetime**

حیات داشتن to be alive

حیاتی / hayāti / صفت. **vital, crucial**

حیاط / hayāt / اسم. **courtyard, yard**

حیثیّت / heysiyyat / اسم. **prestige, reputation**

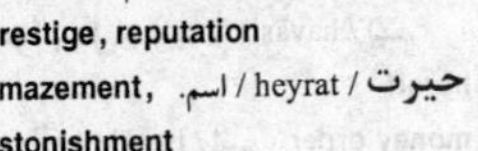

حیرت / heyrat / اسم. **amazement, astonishment**

حیرت کردن to be astonished

حیرت‌انگیز / heyratangiz / صفت. **amazing, astonishing**

حیف! / heyf / صوت. **What a pity!**

حیله / hile / اسم. **cunning, deceit**

حیله‌گر / hilegar / صفت. **cunning, tricky**

حیوان / heyvān / اسم. **animal, beast**

خ، خ

خائن / xā`en / اسم.، صفت.
1. [*n*] **traitor** 2. [*adj*] **treacherous, disloyal**

خاتمکاری / xātamkāri / اسم.
inlaid mosaics

خاتمه / xāteme / اسم.
end, conclusion

خاتمه دادن — to end, to finish [*vt*]

خاتمه یافتن — to end, to finish [*vi*]

خار / xār / اسم.
thorn, thistle, barb

خارا (سنگ) / xārā / اسم.
granite

خاراندن / xārāndan / مصدر.
to scratch

خارپشت (جانور) / xārpošt / اسم.
hedge-hog

خارج / xārej / قید.، اسم.
1. [*adv*] **out, outside, abroad**
2. [*n*] **a foreign land**

خارج از کشور — abroad

خارج شدن — to go out, to exit

خارج کردن — to send out, to expel

خارجه / xāreje / اسم.
foreign lands

وزارتِ امورِ خارجه — Ministry of Foreign Affairs, the Foreign Ministry

خارجی / xāreji / صفت.، اسم.
1. [*adj*] **external, outer; foreign**
2. [*n*] **foreigner, expatriate, outsider**

خارش / xāreš / اسم.
itching

خاریدن / xāridan / مصدر.
to itch

خاستگاه / xāstgāh / اسم.
original breeding ground, origin, source

خاصّ / xās(s) / صفت.
special, particular

خاصیّت / xāsiyyat / اسم.
property, special quality

خاطر / xāter / اسم.
sake, mind

به خاطرِ کسی — for sb's sake

به خاطر آوردن to remember

خـــاطرات / xāterāt / اسم. [جمعِ خاطره] **memories, reminiscences, recollections**

خاطرخواه (گفتاری) / xāterxāh / اسم. **lover**

خاطره / xātere / اسم. **memory, recollection**

خاک / xāk / اسم. **soil, dust, earth**

خاکِ رُس clay

خاکِ گلدان potting soil

خـاک کردن، به خاک سپردن to bury

خاک‌انداز / xākandāz / اسم. **dustpan**

خاکبرداری / xākbardāri / اسم. **excavation**

خاکروبه / xākrube / اسم. **rubbish, trash**

خاکریز / xākriz / اسم. **earthwork**

خاکستر / xākestar / اسم. **ash, ashes**

خاکستری / xākestari / صفت. **grey, gray**

خاک‌شناسی / xākšenāsi / اسم. **soil science, pedology**

خاکی / xāki / صفت. **earthen; dusty; terrestrial; khaki**

خال / xāl / اسم. **mole, spot, speckle**

خال خال، خالدار spotted, speckled

خالص / xāles / صفت. **pure, unadulterated; net**

وزنِ خالص net weight

خالق / xāleq / اسم. **creator**

خاله / xāle / اسم. **aunt, auntie**

خاله‌زاده، دخترخاله، پسرخاله cousin

خالی / xāli / صفت. **empty, vacant, blank, bare**

جایِ خالی empty space, blank

خالی‌بندی empty boast

خالی شدن to empty [*vi*]

خالی کردن to vacate, to empty [*vt*]

خام / xām / صفت. **raw, uncooked, crude**

خاموش / xāmuš / صفت. **extinguished, extinct; silent, mute**

خاموش شدن to go out; to stall; to keep silent

خاموش کردن to extinguish; to silence; to switch off

خاموشی / xāmuši / اسم. **silence; blackout, power failure; death**

خامه / xāme / اسم. **cream**

خانگی / xānegi / صفت. **home-made, domestic**

ماستِ خانگی home-made yoghurt

خانم / xānom / اسم. **lady, madam ; wife, missus**

خانمِ... Mrs, Ms

خانمِ خانه‌دار housewife

خانم مدیر headmistress

خانم معلّم mistress

خانوادگی / xān(e)vādegi / صفت. **familial, family**

خانواده / xān(e)vāde / اسم. **family ; extended family**

خانوار / xān(e)vār / اسم. **household**

خانه / xāne / اسم. **home, house ; nest**

خانهٔ اجاره‌ای rented house, rooms

خانهٔ خدا mosque ; Mecca

خانهٔ سالمندان an old people's home

خانهٔ ییلاقی country house, villa

خانه بدوش / xānebeduš / صفت. **homeless, wandering**

خانه تکانی / xānetakāni / اسم. **spring-cleaning**

خانه تکانی کردن to spring-clean

خانه‌داری / xānedāri / اسم. **housekeeping, housework**

خانه‌سازی / xānesāzi / اسم. **housing project, large-scale construction of houses**

خاور / xāvar / اسم. **east, the East**

خاورشناس / xāvaršenās / اسم. **orientalist**

خاورمیانه / xāvaremîyāne / اسم. **the Middle East**

خاوری / xāvari / صفت. **eastern, easterly**

خاویار / xāv(î)yār / اسم. **caviar**

ماهیِ خاویار sturgeon

خبر / xabar / اسم. **news, information**

خبر دادن، باخبر کردن to inform, to pass on the news to

خبر داشتن to know

خبرچین / xabarčin / اسم. **informer**

خبرگان / xobregān / اسم. [جمعِ خبره] **experts**

مجلسِ خبرگان Assembly of Experts

خبرگزاری / xabargozāri / اسم. **news agency**

خبرنامه / xabarnāme / اسم. **bulletin**

خبرنگار / xabarnegār / اسم. **correspondent, reporter**

خبره / xebre / اسم. **expert, connoisseur**

خبیث / xabis / صفت. **malicious, wicked**

ختمی (گیاه) / xatmi / اسم. **hollyhock, marsh mallow**

ختمیِ چینی (گیاه) hibiscus

خجالت / xejālat / اسم. **shame, embarrassment**

خجالت کشیدن to feel ashamed

خجالت آور / xejālatāvar / صفت. **shameful, embarrassing**

خجالتی / xejālati / صفت. **shy, bashful**

خجسته / xojaste / صفت. **auspicious, of good omen**

خدا / xodā / اسم. **God, the Lord**

خدایا! O God!

خدای من! My God!

Good gracious!

خداباوری / xodābāvari / اسم. **godliness, piety**

خداحافظی / xodāhāfezi / اسم. **goodbye, farewell**

خداحافظ، خدانگهدار goodbye, bye-bye

خداحافظی کردن to say goodbye

خداشناس / xodāšenās / صفت. **god-fearing**

خدانشناس / xodānašnās / صفت. **atheistic, heathen**

خداوند / xodāvand / اسم. **God, the Lord**

خدایی / xodāyi / صفت. **divine**

خدمات / xadamāt / اسم. [جمعِ خدمت] **services**

خدماتِ اضطراری emergency services

خدماتِ فنّی technical services

خدماتِ مجالس catering

خدماتِ ویژه special services

خدمت / xedmat / اسم. **service**

خدمتِ سربازی military service

خدمت کردن to serve

خدمتکار / xedmatkār / اسم. **servant, domestic help**

خدمتگزار / xedmatgozār / اسم. **servant; a junior employee**

خر (جانور) / xar / اسم. **ass, donkey; fool**

خر شدن to behave like a fool

خر کردن to fool sb

خراب / xarāb / صفت. **out of order, in ruins, not working; spoiled, gone bad**

خراب شدن to break down; to spoil; to be destroyed

خراب کردن to demolish, to destroy

خرابکار / xarābkār / اسم. **saboteur, vandal**

خرابکاری / xarābkāri / اسم.
sabotage, vandalism

خرابه / xarābe / اسم. **ruin, a ruined place**
خرابه‌های تختِ‌جمشید the ruins of Persepolis

خرابی / xarābi / اسم. **destruction, devastation; breakdown**

خرّازی فروشی / xar(r)āzifurūši / اسم.
haberdashery

خراش / xarāš / اسم. **scratch, abrasion**

خراشیدن / xarāšidan / مصدر.
to scratch, to scrape

خرافات / xorāfāt / اسم. [جمعِ خرافه] **superstition(s)**

خرافاتی / xorāfāti / صفت.
superstitious

خرافه / xorāfe / اسم. **superstition**

خربزه (گیاه) / xarboze / اسم.
melon

خرت و پرت / xert-o-pert / اسم.
junk, odds and ends

خرج / xarj / اسم. **expenditure, expense**
پرخرج expensive, costly
خرج برداشتن to cost
خرج کردن to spend money

خرچنگ (جانور) / xarčang / اسم.
crab

خرحمّالی / xarhammāli / اسم.
unrewarding physical labour, drudgery

خُرخُر / xorxor / اسم.
a purring sound
خُرخُرکردن to snore ; to purr

خُرد / xord / صفت. **small, little**
پولِ خُرد small change
خُردشدن to break [*vi*], to disintegrate
خُردکردن to break [*vt*], to cut to pieces

خردسال / xordsāl / صفت.
underage, young

خردگرایی (فلسفه) / xeradgerāyi / اسم.
rationalism

خردمند / xeradmand / اسم.
a wise person, a sage

خردمندانه / xeradmandāne / صفت، قید.
1. [*adj*] **wise**
2. [*adv*] **wisely**

خرده‌فروشی / xordefurūši / اسم.
retail store

خرزهره (گیاه) / xarzahre / اسم.
oleander

خرس (جانور) / xers / اسم. **bear**

خرگوش (جانور) / xarguš / اسم.
rabbit; hare

خرّم / xorram / صفت. **green, verdant, lush**

خرما (گیاه) / xormā / اسم. **date(s); date palm**

خرمالو (گیاه) / xormālu / اسم. **persimmon**

خرمایی / xormāyi / صفت. **reddish brown**

خرمگس / xarmagas / اسم. **gadfly, horsefly**

خرمن / xarman / اسم. **harvest; stack, pile**

خرمن کردن to harvest

خرناس / xornās / اسم. **snore**

خرناس کشیدن to snore

خروج / xûruj / اسم. **exit, going out**

خروجِ اضطراری emergency exit

خروجی / xûruji / اسم. **exit; exit tax**

خروس / xûrus / اسم. **cock, rooster**

خروشان / xûrušān / صفت. **roaring, raging**

خروشیدن / xûrušidan / مصدر. **to roar**

خرید / xarid / اسم. **buying, shopping, purchase**

خریدِ اقساطی hire-purchase

خریدِ نسیه buying on credit

خریدِ نقدی paying for sth in cash

قدرتِ خرید purchasing power

خرید رفتن to go shopping

خرید کردن to buy, to purchase

خریدار / xaridār / اسم. **buyer, purchaser**

خریدن / xaridan / مصدر. **to buy, to purchase, to shop**

خرید و فروش / xarid o fûruš / اسم. **buying and selling, trade**

خرید و فروش کردن to trade

خز / xaz / اسم. **fur**

خزانه / xazāne / اسم. **treasury**

خزانه‌دار / xazānedār / اسم. **treasurer**

خزانه‌داری / xazānedāri / اسم. **the Treasury**

خزندگان / xazandegān / اسم. [جمعِ خزنده] **reptiles**

خزنده / xazande / اسم.، صفت. 1. [*n*] **reptile** 2. [*adj*] **creeping, crawling**

خزه (گیاه) / xaze / اسم. **moss**

خزیدن / xazidan / مصدر. **to creep, to crawl**

خسارت / xesārat / اسم. **damage(s); loss**

خسارت دادن to pay for damages

خسارت دیدن to be damaged, to suffer damage

خسارت وارد کردن
to inflict damage

خسّت / xessat / اسم.
stinginess, meanness

خستگی / xastegi / اسم.
fatigue, weariness

خستگی ناپذیر
tireless, untiring

خسته / xaste / صفت.
tired, fatigued, weary

خسته شدن
to tire [*vi*], to get tired

خسته کردن
to wear out, to cause fatigue

خسته کننده / xastekonande / صفت.
tiring, boring

خسوف (نجوم) / xûsuf / اسم.
moon eclipse

خسیس / xasis / صفت.
mean, stingy, miserly

خشت / xešt / اسم.
mud-brick, sun-dried brick

خشخاش (گیاه) / xašxāš / اسم.
poppy

خشک / xošk / صفت.
dry, dried; arid

خشک شدن
to dry [*vi*]

خشک کردن
to dry [*vt*]

خشکبار / xošk(e)bār / اسم.
dried fruits

خشکسالی / xošksāli / اسم.
drought

خشک شویی / xoškšuyi / اسم.
dry-cleaning

خشک‌شویی کردن
to dry-clean

مغازهٔ خشک‌شویی
dry-cleaner's

خشکاندن / xoškāndan / اسم.
to dry [*vt*], to dehydrate

خشکی / xoški / اسم.
dryness, aridity; dry land

خشکیدن / xoškidan / مصدر.
to dry [*vi*]; to wither

خشکیده / xoškide / صفت.
dried, withered

خشم / xašm / اسم.
anger, rage, wrath

خشمگین / xašmgin / صفت.
angry, enraged

خشن / xašen / صفت.
rough, harsh, coarse

خشنود / xošnud / صفت.
satisfied, content

خشنودی / xošnudi / اسم.
satisfaction, contentment

خشونت / xûšunat / اسم.
harshness, violence

خصلت / xeslat / اسم.
quality, nature, character

خـصمانه / xasmāne / صفت.
hostile

خصوصاً / xûsusan / قید.
especially, particularly
خصوصی / xûsusi / صفت.
private, personal
نامهٔ خصوصی / a personal / private letter
خصوصیّت / xûsusiyyat / اسم.
characteristic, particularity; intimacy
خصوصی‌سازی (اقتصاد) / xûsusisāzi / اسم.
privatization
خصومت / xûsumat / اسم. **enmity, hostility**
خط / xat(t) / اسم. **line, stripe, handwriting**
خطّ آهن railyway line
خطّ اِستوا the Equator
خطّ تولید production line
خطّ فقر poverty line
خطّ مستقیم a straight line
خطّ منحنی a curved line
خطّ نماد barcode
خط زدن to cross out
خط کشیدن to draw a line
خطا / xatā / اسم. **mistake, error; foul**
خطا کردن to make a mistake
خطاب کردن / xatāb kardan / مصدر.
to address sb

خطابه / xatābe / اسم. **oration, address**
خطّاط / xattāt / اسم. **calligrapher**
خطّاطی / xattāti / اسم. **calligraphy**
خطاکار / xatākār / اسم.
wrongdoer, culprit
خطر / xatar / اسم. **danger, peril, risk**
خطر داشتن to be dangerous
خطرکردن to risk, to run a risk
(خود را) به خطر انداختن
to risk one's life
خطرناک / xatarnāk / صفت.
dangerous, perilous, risky
خط کش / xatkeš / اسم. **ruler**
خط کشی / xatkeši / اسم.
(the act of) **drawing lines; lines drawn on a surface**
خط کشیِ عابرِ پیاده the zebra, pedestrian crossing
خفّاش (جانور) / xoffāš / اسم. **bat**
خفقان / xafaqān / اسم.
suffocation, strangulation
خفگی / xafegi / اسم.
suffocation, asphyxia
خفگی در آب drowning
خفه / xafe / اسم. **suffocated, choked**
خفه شدن to suffocate, to choke [*vi*]

خفه‌کردن to strangle, to smother sb

خفیف / xafif / صفت. **mild, weak, slight**

خل / xol / صفت. **half-witted, stupid**

خلاص / xalās / صفت. **rescued, released, relieved**

تیرِ خلاص coup de grâce

(از شَرِ چیزی) خلاص شدن to be rid of sth

خلاصه / xolāse / اسم. **summary, résumé**

خلاصه‌کردن to summarize

خلاصی / xalāsi / اسم. **deliverance, safety**

خلاف[1] / xalāf / اسم. **a minor offence**

خلاف‌کردن to commit a minor offence

خلاف[2] / xalāf / صفت. **contrary, opposite**

بر خلاف contrary to

خلافکار / xalāfkār / اسم. **an offender**

خلّاق / xallāq / صفت. **creative, inventive**

خلاقیّت / xallāqiyyat / اسم. **creativity, creativeness**

خلأ (فیزیک) / xala` / اسم. **vacuum**

خلبان / xalabān / اسم. **pilot, aviator**

کمک خلبان copilot

خلع / xal` / اسم. (the act of) **deposing sb**

خلعِ سلاح disarmament

خلعِ درجه demotion

خلع شدن to be deposed

خلع کردن to depose

خَلق / xalq / اسم. **creation; the people, the masses**

خَلق شدن to come into being

خَلق کردن to create

خُلق / xolq / اسم. **temper, humour, disposition**

بدخُلق bad-tempered

خلقت / xelqat / اسم. **creation**

خلوت / xalvat / اسم.، صفت.

1. [*n*] **seclusion, privacy**
2. [*adj*] **secluded, not crowded**

خلیج / xalij / اسم. **gulf, bay**

خلیجِ فارس the Persian Gulf

خلیفه / xalife / اسم. **the Caliph**

خَم / xam / اسم. **bend, curve**

خَم شدن to bend [*vi*]

خَم کردن to bend [*vt*]

خمپاره (نظام) / xompāre / اسم. **mortar**

خمیازه / xamyāze / اسم. **yawn**

خمیازه کشیدن to yawn

خمیدگی / xamidegi / اسم. **bend, curvature**

خمیده / xamide / صفت. **bent, curved**

خمیر / xamir / اسم. **dough, paste**

خمیر دندان tooth paste

خمیرِ ریش shaving cream

خمیرمایه yeast

خمیرکردن to knead ; to pulp

خنثیٰ / xonsā / صفت. **neutral**

خنثی کردن to neutralize

خنجر / xanjar / اسم. **dagger**

خندان / xandān / صفت. **laughing, smiling**

خنداندن / xandāndan / مصدر. **to make sb laugh**

خنده / xande / اسم. **laugh, laughter**

خندهٔ نخودی giggle

از خنده روده‌بر شدن to roar with laughter

خنده‌دار / xandedār / صفت. **funny, comic**

خندیدن / xandidan / مصدر. **to laugh, to giggle**

خُنک / xonak / صفت. **cool, fresh**

خُنک شدن to cool [*vi*]

خُنک‌کردن to cool [*vt*]

خواب / xāb / اسم.، صفت.

1. [*n*] **sleep, slumber ; dream**

2. [*adj*] **asleep**

خوابِ زمستانی hibernation

قرصِ خواب sleeping pill

کیسهٔ خواب sleeping-bag

خواب رفتن to fall asleep

خواب دیدن to dream

خواب‌آلود / xābālud / صفت. **sleepy, drowsy**

خواب‌آور / xābāvar / صفت. **soporific**

خواباندن / xābāndan / مصدر. **to put to sleep, to put to bed**

خوابگاه / xābgāh / اسم. **dormitory, dorm**

خوابیدن / xābidan / مصدر. **to sleep, to lie down**

یک چرت خوابیدن to have a nap, to snooze

خواربار / xār(o)bār / اسم. **groceries, provisions**

خواربارفروش / xār(o)bārfûruš / اسم. **grocer**

خواربارفروشی / xār(o)bārfûruši / اسم. **grocery, grocer's shop**

خواست / xāst / اسم. **will, wish**

خواستگار / xāst(e)gār / اسم. **suitor**

خواستگاری / xāst(e)gāri / اسم. **a formal visit to a girl's house**

in order to ask for her hand in marriage

خواستن / xāstan / مصدر. **to want, to wish, to require**

خواسته / xāste / اسم. **demand, requirement**

خوانا / xānā / صفت. **legible, readable**

خواندن / xāndan / مصدر. **to read, to study; to sing**

آوازخواندن to sing

درس خواندن to study

خواندنی / xāndani / صفت. **readable, worth reading**

موادِ خواندنی reading materials

خواننده / xānande / اسم. **reader; singer**

خواهر / xāhar / اسم. **sister**

خواهر زن، خواهر شوهر sister-in-law

خواهرِ ناتنی step sister, half-sister

خواهرانه / xāharane / صفت. **sisterly**

خواهرزاده / xāharzāde / اسم. **nephew or niece**

خواهش / xāheš / اسم. **request, entreaty**

خواهش کردن to ask, to request, to entreat

خواه (و) ناخواه / xāh-o-nāxāh / قید. **willy-nilly**

خوب / xub / صفت.، قید.

1. [*adj*] **good, nice, fine**

2. [*adv*] **well, nicely, fine**

بسیارخوب very well; all right, OK

خوب شدن (بیمار) to recover

خوبی / xubi / اسم. **good, goodness, kindness, virtue**

خود[1] / xod / اسم. **self**

به خودیِ خود by itself, automatically

از خودگذشتن to act selflessly; to sacrifice one's life

به خود آمدن to recover one's senses

خود[2] / xod / ضمیر. **oneself, own**

خودت yourself

خودتان yourselves

خودش herself, himself

خودشان themselves

خودم myself

خودمان ourselves

خودآزاری (روان) / xodāzāri / اسم. **masochism**

خودآگاهی / xodāgāhi / اسم. **self-consciousness**

خودآموخته / xodāmuxte / صفت. **self-educated**

خودآموز / xodāmuz / اسم.
a teach-yourself manual

خوداشتغالی / xod`ešteqāli / اسم.
self-employment

خودانگیخته / xod`angixte / اسم.
spontaneous

خودباوری / xodbāvari / اسم.
self-confidence

خودبخود / xodbexod / صفت.، قید.
1. [*adj*] **automatic**
2. [*adv*] **automatically**

خودبزرگ‌بینی / xodbozorgbini / اسم.
self-importance

خودپسندی / xodpasandi / اسم.
self-admiration

خودتراش / xodtarāš / اسم.
safety razor

خودجوش / xodjuš / صفت.
spontaneous

خودچسب / xodčasb / صفت.
self-adhesive

خودخواه / xodxāh / صفت.، اسم.
1. [*adj*] **selfish** 2. **a selfish person, an egoist**

خودخواهی / xodxāhi / اسم.
selfishness

خودداری / xod.dāri / اسم.
self-control, restraint

از انجام کاری خودداری کردن
to refrain from doing sth

خودرأی / xodra`y / صفت.
obstinate, self-willed

خودرنگ (فرش) / xodrang / صفت.
woven with undyed wool (in black, brown, beige and white)

خودرو / xodrow / اسم. **automobile**

خودروسازی
automoile manufacturing

خودرو (گیاه) / xodru / صفت. **wild**

خودساخته / xodsāxte / صفت.
self-made

خودستایی / xodsetāyi / اسم.
self-praise

خودسر / xodsar / صفت. **wilful, obstinate**

خودسرانه / xodsarāne / قید.
wilfully, at one's own initiative

خودشناسی / xodšenāsi / اسم.
self-discovery

خودشیرینی / xodširini / اسم.
ingratiating oneself with sb

خودفروشی / xodfûruši / اسم.
prostitution

خودکار / xodkār / اسم.، صفت.
1. [*n*] **a biro, a ball-point pen**
2. [*adj*] **automatic**

خودکاوی / xodkāvi / اسم.
self-analysis

خودکشی / xodkoši / اسم. **suicide**

خودکشی کردن to commit suicide

خودکفا / xodkaf ā / صفت.
self-sufficient

خودکفایی / xodkaf āyi / اسم.
self-sufficiency

خودگردانی (سیا) / xodgardāni / اسم.
self-rule

خودمانی / xodemāni / صفت.
familiar

خودمختار / xodmoxtār / صفت.
autonomous

خودمختاری / xodmoxtāri / اسم.
autonomy

خودنمایی / xodnemāyi / اسم.
ostentation, showing off
 خودنمایی کردن to show off

خودنویس / xodnevis / اسم.
fountain-pen

خودی / xodi / صفت. **belonging to one's side, one's own, not alien**
 نیروهای خودی our own forces

خودیاری / xodyāri / اسم.
voluntary contribution

خوراک / xorāk / اسم. **food ; feed ; meal**

خوراکی / xorāki / صفت. **eatable, edible**

خوراندن / xorāndan / مصدر.
to feed

خوردگی (فلزات) / xordegi / اسم.
corrosion

خوردن / xordan / مصدر. **to eat, to drink ; to partake**
 چای خوردن to drink tea
 ناهار / شام خوردن to have lunch / supper

خوردنی / xordani / صفت.
eatable, edible

خورش / xoreš / اسم. **an Iranian lamb stew eaten with steamed rice**

خورشید / xoršid / اسم. **the sun**

خورشیدی / xoršidi / صفت. **solar**
 سالِ خورشیدی the solar year

خوش / xoš / صفت. **happy, cheerful**
 خوش باشید! Have a good time!
 شب خوش! Good night!

خوش‌اخلاق / xošaxlāq / صفت.
good-tempered, good-humoured

خوشامد / xošāmad / اسم.
welcome, greeting
 خوشامد گفتن to welcome, to greet sb

خوشایند / xošāyand / صفت.
pleasant

خوشبخت / xošbaxt / صفت.
happy, blissful, fortunate

خوشبختانه / xošbaxtāne / قید.
fortunately, happily, luckily

خوشبختی / xošbaxti / اسم.
happiness, bliss, good fortune

خوش‌برخورد / xošbarxord / صفت.
friendly
خوشبو / xošbu / صفت. **fragrant**
خوش‌بینی / xošbini / اسم.
optimism
خوش‌جنس / xošjens / صفت.
good-natured , kind
خوشحال / xoshāl / صفت. **happy , glad**
خوشحال بودن to be happy / glad
خوشحال کردن to make sb happy , to gladden
خوشحالی / xoshāli / اسم.
happiness , gladness , joy
خوش‌حساب / xošhesāb / صفت.
good at settling one's accounts
خوش‌سخن / xošsoxan / صفت.
well-spoken
خوش‌شانس / xoššâns / صفت.
lucky
خوش‌عکس / xošaks / صفت.
photogenic
خوش‌قلب / xošqalb / صفت.
kind-hearted
خوش‌قواره (زمین) / xošqavāre /
صفت. **well-proportioned**
خوش‌قول / xošqowl / صفت.
good at keeping one's promise(s)
خوش‌قیافه / xošgiyāfe / صفت.
good-looking , handsome

خوشگذران / xošgozarān / صفت.، اسم. 1. [*adj*] **enjoying life , epicurean** 2. [*n*] **a bon vivant , a lover of the good life**
خوشگل / xošgel / صفت. **beautiful**
خوش‌لباس / xošlebās / صفت.
well-dressed
خوشمزه / xošmaz(z)e / صفت.
tasty , delicious
خوشنام / xošnām / صفت.
reputable
خوشنویس / xošnevis / اسم.
calligrapher
خوشنویسی / xošnevisi / اسم.
calligraphy
خوشوقت / xošvaqt / صفت. **glad , pleased**
خوشوقت بودن to be glad , to be pleased
خوشه / xuše / اسم. **cluster , bunch , ear**
یک خوشهٔ انگور a bunch of grapes
خوشه‌هایِ گندم ears of wheat
خوشی / xoši / اسم. **joy , mirth**
خوش‌یُمن / xošyomn / صفت.
of good omen , auspicious
خوک (جانور) / xuk / اسم. **pig , hog**
خوکِ وحشی wild boar
گوشتِ خوک pork

خوکدانی / xukdāni / اسم. **pigsty, pigpen**

خون / xun / اسم. **blood**

سازمانِ انتقالِ خون the Blood Transfusion Service of Iran

سرطانِ خون leukaemia, leukemia

فشارِ خون high blood pressure, hypertension

گروهِ خون blood group

خون آمدن to bleed

خون دادن to donate blood

خون‌آلود / xunālud / صفت. **bloody, blood-smeared**

خونخوار / xunxār / صفت. **bloodthirsty**

خونریزی / xunrizi / اسم. **bleeding, haemorrhage, hemorrhage**

خونریزی کردن to bleed, to haemorrhage

خونسرد / xunsard / صفت. **cold-blooded, cool**

خونسردی / xunsardi / اسم. **sang-froid, coolness**

خون‌شناسی (پزشکی) / xunšenāsi / اسم. **haematology, hematology**

خونگرم / xungarm / صفت. **warm-blooded**

خونی / xuni / صفت. **bloody, pertaining to blood, blood**

بیماری‌هایِ خونی blood diseases

خونین / xunin / صفت. **bloody, gory**

خویش / xiš / اسم. **self; a relative**

خویشاوند / xišāvand / اسم. **relative, kinsman, kinswoman**

خویشاوندان relations, relatives

خویشاوندی / xišāvandi / اسم. **kinship, a family tie**

خویشتن‌داری / xištandāri / اسم. **restraint, self-control**

خویش‌فرما / xišfarmā / اسم. **a self-employed person**

خیابان / xîyābān / اسم. **avenue, street; road**

خیابانِ دوطرفه a two-way street

خیابانِ یک‌طرفه a one-way street

خیار (گیاه) / xîyār / اسم. **cucumber**

خیارترشی / xiyārtorši / اسم. **gherkins**

خیارشور / xîyāršur / اسم. **pickled cucumbers**

خیّاط / xayyāt / اسم. **tailor**

خیّاطِ زنانه dressmaker, seamstress

خیّاطی / xayyāti / اسم. **dressmaking, sewing**

چرخِ خیّاطی sewing-machine

to sew خیّاطی کردن
خیال / xiyāl / اسم. **fancy, fantasy; figment of imagination**
to imagine, to suppose خیال کردن
خیالباف / xiyālbāf / اسم. **a fanciful person, a day-dreamer**
خیالبافی / xiyālbāfi / اسم. **day-dreaming**
خیالی / xiyāli / صفت. **imaginary, imagined**
خیانت / xiyānat / اسم. **treachery, treason**
to betray sb, to commit treason خیانت کردن
خیانتکار / xiyānatkār / صفت. **treacherous**
خیر / xeyr / اسم. **the good, goodness**
a prospective marriage امرِ خیر (کنایه)
خَیِّر / xayyer / صفت. **charitable, generous**
خیْرخواه / xeyrxāh / صفت. **benevolent**

خیرخواهی / xeyrxāhi / اسم. **benevolence**
خیره / xire / صفت. **dazzled; staring**
to stare, to gaze خیره شدن
to dazzle خیره کردن
خیره کننده / xirekonande / صفت. **dazzling**
خیریّه / xeyriyye / اسم. **charity**
charitable institution مؤسسهٔ خیریّه
خیزران (گیاه) / xeyzarān / اسم. **bamboo**
bamboo cane عصای خیزران
خیس / xis / صفت. **wet, drenched, soaked**
to get wet خیس شدن
to drench, to soak خیس کردن
خیساندن / xisāndan / مصدر. **to soak**
خیش / xiš / اسم. **plough, plow**
خیلی / xeyli / صفت.، قید.
1. [*adj*] **many, much, a lot**
2. [*adv*] **very**

د ، د

داخل / dāxel / اسم، قید.
1. [*n*] **inside, interior**
2. [*adv*] **inside, in**
داخل شدن — to enter, to go in

داخلی / dāxeli / صفت. **internal, inner, domestic**
پروازهایِ داخلی — domestic flights
خونریزیِ داخلی — internal bleeding

داد[1] / dād / اسم. **cry, shout, call**
داد زدن، داد کشیدن — to cry, to shout
داد و بیداد — row, racket

داد[2] / dād / اسم. **justice, justness**

داداش (گفتار) / dâdâš / اسم. **brother**

دادخواست / dādxāst / اسم. **petition**

دادستان / dādsetān / اسم. **public prosecutor, district attorney**

دادگاه / dādgāh / اسم. **court** (of justice)
دادگاهِ انقلاب — revolutionary court
دادگاهِ تجدیدِ نظر — court of appeal

دادگستری / dādgostari / اسم. **administration of justice; department of justice**
وزارتِ دادگستری — Ministry of Justice

دادن / dādan / مصدر. **to give, to hand over; to pay; to contribute**

دادوستد / dād-o-setad / اسم. **trade; exchange of goods, ideas etc**

داده / dāde / اسم. [جمع: داده‌ها] **datum** [*sing*] / **data** [*pl*]

داده‌پردازی (رایانه) / dādepardāzi / اسم. **data-processing**

دادیار / dādyār / اسم. **assistant public prosecutor**

دار / dār / اسم. **gallows; tree**
دار زدن، به دار آویختن — to hang sb

دارا / dārā / صفت. **being in possession of, having; rich, wealthy**

دارالترجمه / dārottarjome / اسم. **translation bureau**

دارالوکاله / dārolvekāle / اسم. **lawyer's office**

دارایی / dārāyi / اسم. **property, assets**

وزارت دارایی و امور اقتصادی Ministry of Finance and Economic Affairs

داربست / dārbast / اسم. **scaffolding**

دارچین (گیاه) / dārčin / اسم. **cinnamon**

دارکوب (پرنده) / dārkub / اسم. **woodpecker**

دارو / dāru / اسم. **medicine, drug**

دارو خوردن to take medicine

دارو دادن to give medicine

داروخانه / dāruxāne / اسم. **chemist's, pharmacy, drugstore**

داروخانهٔ شبانه‌روزی 24-hour pharmacy

داروساز / dārusāz / اسم. **pharmacologist**

داروسازی / dārusāzi / اسم. **pharmacology**

دارویی / dāruyi / صفت. **medicinal, pharmaceutical**

داس / dās / اسم. **sickle, scythe**

داستان / dāstān / اسم. **story, tale; fiction**

داستانِ تخیُّلی‌علمی science fiction, sci-fi

داستانِ کوتاه short story

داستان‌نویس / dāstān.nevis / اسم. **novelist**

داشبورد / dâšbord / اسم. **dashboard**

جعبهٔ داشبورد glove compartment

داشتن / dāštan / مصدر. **to have**

در بر داشتن to contain, to involve

داغ[1] / dāq / اسم. **brand; bereavement**

داغ زدن، داغ کردن to brand

داغ[2] / dāq / صفت. **hot, burning**

آبِ داغ hot water

داغ شدن to become hot

داغ کردن to heat

داغدیده / dāqdide / صفت. **bereaved**

دالان / dālān / اسم. **hallway, vestibule**

دالبر / dālbor / اسم. **scallops**

دام[1] / dām / اسم. **trap, snare; net**

به دام افتادن to be trapped,

to be snared, to be caught in a net

به دام انداختن to trap, to snare

دام [2] / dām / اسم. **domestic animals ; cattle and sheep**

داماد / dāmād / اسم. **bridegroom ; son-in-law**

دامپروری / dāmparvari / اسم. **animal husbandry**

دامپزشک / dāmpezešk / اسم. **veterinarian, vet**

دامپزشکی / dāmpezeški / اسم. **veterinary medicine**

دامداری / dāmdāri / اسم. **animal husbandry**

دامن / dāman / اسم. **lap ; skirt**

دامنه / dāmane / اسم. **extent, range**

دامنهٔ کوه lower slopes, foothills

دامنه‌دار / dāmanedār / صفت. **extensive**

دان / dān / اسم. **chicken-feed**

دانا / dānā / صفت.، اسم. 1. [n] **learned, wise** 2. [n] **a sage, a wise person**

دانایی / dānāyi / اسم. **learning, sagacity**

دانستن / dānestan / مصدر. **to know**

دانستنی / dānestani / اسم. **a notable fact, sth worth knowing**

دانش / dāneš / اسم. **knowledge, learning, knowhow**

دانشِ فنّی technical knowhow

دانش آموخته / dānešāmuxte / اسم. **graduate, alumnus**

دانش‌آموختگانِ دبیرستانِ البرز the Alborz (High School) alumni

دانش آموز / dānešāmuz / اسم. **student, pupil**

دانش‌پژوه / dānešpažuh / اسم. **scholar**

دانشجو / dānešju / اسم. **university student**

دانشکده / dāneškade / اسم. **college, faculty**

دانشگاه / dānešgāh / اسم. **university**

دانشگاهِ تربیتِ معلّم teacher-training university

دانشگاهِ صنعتی institute of technology, university of technology

دانشگاهِ علومِ پزشکی university of medical sciences

دانشگاهِ هنر university of the arts

دانشگاهی / dānešgāhi / صفت.
academic, university-level

دانشمند / dānešmand / اسم.، صفت.
1. [*n*] **scientist, scholar**
2. [*adj*] **learned, wise**

دانشنامه / dānešnāme / اسم.
(university) **degree ; encyclopedia**

دانشیار / dānešyār / اسم. **reader in ..., associate professor**

دانگی / dāngi / صفت.، قید.
1. [*adj*] **Dutch** 2. [*adv*] **paying an equal share of the expenses**
 سورِ دانگی Dutch treat
 دانگی به جایی رفتن to go Dutch

دانه / dāne / اسم. **seed, grain**
 دانهٔ تسبیح rosary bead
 دانهٔ فلفل peppercorn

دانه دانه / dānedāne / صفت.، قید.
1. [*adj*] **granular, granulated**
2. [*adv*] **one by one**

داودی (گیاه) / dāvudi / اسم.
chrysanthemum

داور / dāvar / اسم. **judge, arbitrator; referee**

داوری / dāvari / اسم. **judgement, arbitration**
 داوری کردن to judge, to arbitrate
 داوری کردن (مسابقه) to referee

داوطلب / dāvtalab / اسم.
volunteer, candidate
 داوطلب شدن to volunteer

داوطلبانه / dāvtalabāne / صفت.، قید.
1. [*adj*] **voluntary**
2. [*adv*] **voluntarily**

دایر / dāyer / صفت. **in working order, functioning**
 دایر بودن to be functioning
 دایر کردن to establish; to set up

دایره / dāyere / اسم. **circle**
 دایره زنگی (موسیقی) tambourine

دایرةالمعارف / dāyeratolma'āref / اسم. **encyclopedia**

دایم / dāyem / صفت. **permanent, continuous**

دایماً / dāyeman / قید. **continually, always**

دایه / dāye / اسم. **wet nurse, nanny**

دایی / dāyi / اسم. (maternal) **uncle**
 دایی‌زاده، دختر دایی، پسر دایی cousin

دبستان / dabestān / اسم. **primary school, elementary school**

دبش / debš / صفت. **acrid, astringent**

دبی (مایعات) / debi / اسم. **outflow, delivery**

دبیر / dabir / اسم. (high school) **teacher; secretary; editor**

دبیرخانه / dabirxāne / اسم. **secretariat**

دبیرستان / dabirestān / اسم. **secondary school, high school**

دچار / dočār / صفت. **inflicted, suffering from**

دچار شدن to catch (a disease)

دخالت / dexālat / اسم. **interference, meddling**

دخالت‌کردن to interfere, to get involved

دخانیات / doxānîy(y)āt / اسم. **tobacco products**

انحصارِ دخانیات the Tobacco Monopoly

استعمالِ دخانیات ممنوع No Smoking

دختر / doxtar / اسم. **girl; daughter**

دختربچه small girl

دخترِ برادر، دخترِ خواهر niece

دختر خاله، دختردایی، دختر عمو، دخترعمّه cousin

دخترانه / doxtarāne / صفت. **girlish; for girls**

دبیرستانِ دخترانه secondary school for girls

دخترک / doxtarak / اسم. **little girl**

دخل / daxl / اسم. **income, earnings; till**

دخل و خرج income and expenditure

دخمه / daxme / اسم. **crypt, tomb**

دخول / doxul / اسم. **entrance, penetration**

در[1] / dar / اسم. **door, doorway, gate, entrance; lid, top**

درِ آکاردئونی folding door(s)

درِ جعبه the lid of a box

درِ کشویی sliding door

در زدن to knock

در[2] / dar / حرف اضافه. **at, in, on**

در بالایِ on top of, above

در حالی‌که while, as

در حدودِ about

در زیرِ underneath

در محل at your place

درهر حال، در هر صورت anyhow, anyway

درآمد / darāmad / اسم. **income, revenue**

درآمدِ سرانه per capita income

درآمد نداشتن to have no income

مالیاتِ بر درآمد income tax

درآمدن / darāmadan / مصدر. **to come out, to emerge**

درآوردن / darāvardan / مصدر. **to extract, to pull out; to take out**

درّاج (پرنده) / dorrāj / اسم. **black partridge**

دراز / derāz / صفت. **long ; tall**
درازکشیدن to stretch, to lie down
درازمدّت long-term
درازا / derāzā / اسم. **length**
درب / darb / اسم. **door**
دراگستور / derāgestor / اسم. (American-style) **drugstore**
درام / d(e)râm / اسم.، صفت. 1. [*n*] **drama** 2. [*adj*] **dramatic**
دربار / darbār / اسم. **royal court, king's palace**
دربارهٔ / darbāreye / حرف اضافه. **about, concerning, pertaining to**
درباری / darbāri / اسم.، صفت. 1. [*n*] **courtier** 2. [*adj*] **courtly**
دربازکن / darbāzkon / اسم. **door-buzzer ; can-opener**
دربان / darbān / اسم. **doorman, porter, gatekeeper**
دربست / darbast / صفت. **whole, entire ; chartered**
پروازِ دربستی charter flight
دربست کرایه‌کردن to charter
دربسته / darbaste / صفت. **unopened, sealed**
درپوش / darpuš / اسم. **lid, cap, cover**
درج / darj / اسم. **insertion**
درج‌کردن to insert

درجه / daraje / اسم. **degree, grade ; rank**
درجهٔ حرارت temperature
درجهٔ یک first-rate, first class
درجه‌بندی / darajebandi / اسم. **grading, sorting**
درجه‌بندی‌کردن to grade, to sort
درجه‌دار (نظام) / darajedār / اسم. **non-commissioned officer** (NCO)
درخت / deraxt / اسم. **tree**
درختِ افرا maple tree
درختِ نارون elm tree
درختچه / deraxtče / اسم. **shrub**
درختکاری / deraxtkāri / اسم. **tree-planting**
روزِ درختکاری (امریکا) Arbor Day
درخشان / deraxšān / صفت. **brilliant, bright**
درخشش / deraxšeš / اسم. **brilliance, luminosity**
درخشیدن / deraxšidan / مصدر. **to shine**
درخواست / darxāst / اسم. **request, demand ; requisition, application**
درخواست‌کردن to request sth
درد / dard / اسم. **pain, ache**
دل‌درد tummyache
دندان‌درد toothache

سردرد headache
کمردرد backache
گلودرد sore throat
به درد خوردن to be of some use
به درد نخوردن to be of no use
به درد نخور good-for-nothing
درد آوردن to cause pain
دردکردن to ache, to hurt
دردسر / dardesar / اسم. **trouble; headache**
دردناک / dardnāk / صفت. **painful, aching**
دررفتن / dar.raftan / مصدر. **to escape, to flee**
درز / darz / اسم. **seam, crevice, joint**
درزکردن (خبر) to leak
لولهٔ بدونِ درز seamless pipe
درس / dars / اسم. **lesson, lecture**
درس خواندن to study
درس دادن to teach, to lecture
درست / dorost / صفت، قید. 1. [*adj*] **correct, right, true; exact; proper; honest** 2. [*adv*] **correctly, rightly; properly; exactly**
درست‌کردن to repair, to mend
درست کردن (غذا) to make, to prepare
درستکار / dorostkār / صفت. **honest, trustworthy**
درستکاری / dorostkāri / اسم. **honesty**
درستی / dorosti / اسم. **honesty, integrity; correctness; truth**
درس‌خوانده / darsxānde / صفت. **educated**
درسی / darsi / صفت. **pertaining to teaching**
کتابِ درسی textbook
درشت / dorošt / صفت. **large; coarse, harsh**
درشت‌کردن to magnify, to enlarge
درشکه / doroške / اسم. **droshky, horse-drawn cab**
درصد / darsad / صفت، قید، اسم. 1. [*adj*] **per cent, percent (%)** 2. [*adv*] **per cent** 3. [*n*] **percentage**
درک / dark / اسم. **perception, grasp, understanding**
درک‌کردن to comprehend, to grasp
درکردن (تفنگ) / darkardan / اسم. **to fire, to shoot**
درگذشت / dargozašt / اسم. **demise, death**
درگیر / dargir / صفت. **involved**
درگیرشدن to get involved, to clash

درگیری / dargiri / اسم.
involvement; clash(es)

درمان / darmān / اسم. **cure, remedy**

درمان‌کردن to cure

درماندگی / darmāndegi / اسم.
helplessness, desperation

درماندن / darmāndan / مصدر.
to reach a dead end, to feel helpless

درمانده / darmānde / صفت.
helpless

درمانگاه (پزشکی) / darmāngāh / اسم.
clinic

درنا (پرنده) / dornā / اسم. **crane**

درّنده / dar(r)ande / صفت.، اسم.
1. [*adj*] **fierce, ferocious**
2. [*n*] **a wild beast**

درنگ / derang / اسم. **pause, delay, hesitation**

درنگ‌کردن to pause, to hesitate

درو / derow / اسم. **reaping, harvest**

دروکردن to reap a crop

فصلِ درو harvest time

دروازه / darvāze / اسم. **gate(s)**

دروازه (فوتبال) goal

دروازه‌بان (فوتبال) / darvāzebān / اسم.
(goal)keeper, goalie

درود / dûrud / اسم. **greeting(s)**

درود فرستادن to send greetings, to salute, to hail

دروس / dûrus / اسم. [جمعِ درس]
lessons, subjects

دروسِ پایه basic subjects

دروغ / dûruq / اسم.، صفت.
1. [*n*] **lie, falsehood** 2. [*adj*] **false, untrue**

دروغ گفتن to lie, to tell a lie

دروغگو / dûruqgu / اسم.، صفت.
1. [*n*] **liar** 2. [*adj*] **lying, deceitful**

دروغی / dûruqi / صفت. **false, sham**

خدایِ دروغی a false god

درون / darun / اسم. **inside, interior**

درونی / daruni / صفت. **inner, internal**

درویش / darviš / اسم. **dervish**

درویشی / darviši / اسم.
life of a dervish; near-poverty

درّه / darre / اسم. **valley, ravine**

درهم / darham / صفت. **confused, mixed up**

درهم برهم in total confusion

میوهٔ درهم unsorted fruit

دریا / daryā / اسم. **sea**

کنارِ دریا beach, seaside

دریابان (نظام) / daryābān / اسم. **vice admiral**

دریاچه / daryāče / اسم. **lake**
دریاچهٔ ارومیه Lake Urmiah
دریادار (نظام) / daryādār / اسم.
rear admiral
دریاسالار (نظام) / daryāsālār / اسم.
admiral
دریافت / daryāft / اسم. **receipts; reception; perception**
دریافت‌کردن to receive, to get
دریافت‌کننده recipient, receiver
دریانورد / daryānavard / اسم.
seaman, sailor
دریانوردی / daryānavardi / اسم.
seafaring, navigation
دریایی / daryāyi / صفت. **marine, maritime**
دریچه / dariče / اسم. **hatch, valve, window**
دزد / dozd / اسم. **thief, burglar, robber**
دزدِ دریایی pirate
دزدِ مسلّح bandit, armed robber
دله دزد petty thief, pilferer
دزدانه / dozdāne / قید. **stealthily**
دزدگیر / dozdgir / اسم.
burglar alarm
دزدی / dozdi / اسم. **burglary, theft, robbery**
دزدی‌کردن to steal (money, etc), to rob sb, to burgle (a house, etc)
دزدیدن / dozdidan / مصدر.
to steal, to rob, to burgle
دژ / dež / اسم. **fortress, castle**
دژبان (نظام) / dežbān / اسم.
military police
دست / dast / اسم. **hand; arm**
چپ دست left-handed
دستِ اول first-hand
دستِ دوّم second-hand
از دست دادن to lose
به دست آوردن to obtain, to gain
دست دادن to shake hands
دست‌آموز (جانور) / dastāmuz /
صفت. **tame, pet**
دستار / dastār / اسم. **turban**
دست‌انداز (جاده) / dastandāz /
اسم. **pothole, bump**
دست‌اندرکاران / dastandarkārān /
اسم. [جمعِ دست‌اندرکار]
the people in charge (of a project)
دستاورد / dastāvard / اسم.
achievement, feat
دستباف / dastbāf / صفت.
hand-woven, hand-knitted
دستبرد / dastbord / اسم.
burglary, theft
دستبرد زدن to burgle, to rob

دستبند / dastband / اسم.
bracelet; handcuffs
دستبند زدن to handcuff
دستپاچگی / dastpāčegi / اسم.
panic, excitement and undue haste
دستپاچه / dastpāče / صفت.
panic-stricken; hasty; over-excited
دستپاچه شدن to get alarmed and act hastily
دستپخت / dastpoxt / اسم.
a dish cooked by a particular person, cooking
دستچین / dastčin / صفت.
hand-picked, select
دستچین کردن to handpick, to select
دستخط / dastxat(t) / اسم.
handwriting
دستدوز (لباس،کفش) / dastduz / صفت.
handmade
دسترس / dastres / اسم.
reach
در دسترس accessible, within reach
دور از دسترس out of reach
دسترسی / dastresi / اسم.
reach, access
دست زدن / dast zadan / مصدر.
to touch; to clap, to applaud
دست‌ساز / dastsāz / صفت.
handmade

دستشویی / dastšuyi / اسم.
wash-basin; lavatory, toilet
دستفروش / dastfûruš / اسم.
peddler, pedlar
دستکاری / dastkāri / اسم.
manipulation, doctoring
دستکش / dastkeš / اسم.
gloves; mittens
دستکشِ لاستیکی rubber gloves
دستگاه / dastgāh / اسم.
apparatus, machine; system
دستگاهِ بخور inhalator, humidifier
دستگاهِ تکثیر duplicating machine
دستگرمی / dastgarmi / اسم.
warm-up practice
دستگیر / dastgir / صفت.
arrested, captured
دستگیر شدن to be arrested, to be captured
دستگیر کردن to arrest, to capture
دستگیره / dastgire / اسم.
handle, knob
دستگیرهٔ در doorknob
دستمال / dastmāl / اسم.
handkerchief
دستمالِ سفره napkin
دستمالِ کاغذی tissue(s)

دستمزد / dastmozd / اسم.
wage(s), fee
دست‌نشانده / dastnešānde / صفت.
subordinate
دولتِ دست‌نشانده satellite state
دستنوشته / dastnevešte / اسم.
manuscript, MS
دست و دل باز / dast-o-del-bāz / صفت.
generous
دستور / dastur / اسم. **command, order; instructions; grammar**
دستورالعمل instructions, directions
دستور دادن to order sb to do sth
دسته / daste / اسم. **handle; group, band, gang; bunch**
دسته‌دار equipped with a handle
دستهٔ دزدها a band of robbers
دسته کلید a bunch of keys
دسته گُل a bouquet of flowers
دسته‌بندی / dastebandi / اسم.
classification, categorization
دسته‌جمعی / dastejam`i / صفت.، قید.
1. [*adj*] **collective**
2. [*adv*] **collectively, jointly**
دستی / dasti / صفت. **manual, handmade**
ترمز دستی handbrake
چرخِ دستی wheelbarrow
دستیابی / dastyābi / اسم.
access
دستیار / dastyār / اسم. **assistant, aide**
دسر / deser / اسم. **dessert, sweet**
دسیسه / dasise / اسم.
conspiracy, intrigue
دسیسه چیدن to intrigue, to conspire against sb
دشت / dašt / اسم. **plain, a stretch of open fields**
دشمن / došman / اسم. **enemy, adversary, foe**
دشمنی / došmani / اسم. **enmity, hostility**
دشمنانه / došmanāne / صفت.، قید.
1. [*adj*] **hostile** 2. [*adv*] **in a hostile manner**
دشنام / došnām / اسم. **curse, swear-word(s)**
دشنام دادن to call sb names, to curse, to swear
دشنه / dešne / اسم. **dagger**
دشوار / došvār / صفت. **difficult, hard**
دشواری / došvāri / اسم. **difficulty, hardship**
دعا / do`ā / اسم. **prayer**
دعا خواندن to pray

دعوا / da`vā / اسم. **quarrel ; row ; fight**
 دعواکردن to quarrel, to fight
دعوت / da`vat / اسم. **invitation**
 دعوت‌کردن to invite/ask sb
دعوتنامه / da`vatnāme / اسم. **letter of invitation**
دفاع / def ā` / اسم. **defence, defense**
 وزارتِ دفاع و پشتیبانیِ نظامی the Ministry of Defence and Military Support
 دفاع‌کردن to defend sb/sth
دفاعی / def ā`i / صفت. **defensive**
دفتر / daftar / اسم. **book, register; office, bureau**
 دفترِ اسناد رسمی office of a notary public
 دفترِ جهانگردی tourist office
 دفترِ حقوقی law firm
 دفترِ خدماتِ مسافرت travel agency
 دفترِ راهنما directory
 دفترِ ریاستِ جمهوری Office of the President
 دفترِ فروشِ بلیت ticket office
 دفترِکار office(s)
 دفترِ مرکزی head-office
 دفترِ مقامِ معظّمِ رهبری Office of His Eminence, the Supreme Leader
 دفترِ یادداشت notebook
دفترچه / daftarče / اسم. **exercise-book, notebook, booklet**
دفع / daf ` / اسم. (the act of) **repelling** (an attack), **parrying, repulsing**
 دفع‌کردن to repel, to repulse, to parry
دفعه / daf`e / اسم. **time, turn**
 چند دفعه several times
دفن / dafn / اسم. **burial, interment**
 دفن‌کردن to bury
دقّت / deqqat / اسم. **exactness, precision ; care**
 بی‌دقّت careless
 دقّت‌کنید! Your attention, please!
 دقّت‌کردن to be careful, to pay attention
دقیق / daqiq / صفت. **exact, precise ; careful ; correct**
دقیقاً / daqiqan / قید. **precisely, exactly**
دقیقه (ساعت) / daqiqe / اسم. **minute**
دکّان / dok(k)ān / اسم. **shop**
دکّاندار / dok(k)āndār / اسم. **shopkeeper**

دکتر / doktor / اسم. **doctor, physician**

دکل / dakal / اسم. **mast; derrick; pylon**

دکلِ برق pylon

دکور / dekor / اسم. **set, décor**

دکوراتور / dekorâtor / اسم. **set-designer**

دکوراسیون / dekorâs(î)yon / اسم. **decoration**

دکّه / dakke / اسم. **stall, stand**

دگراندیشی / degarandiši / اسم. **alternative thinking, non-conformism**

دگرگونی / degarguni / اسم. **change, transformation, metamorphosis**

دل / del / اسم. **heart; belly, abdomen**

دل و جرئت courage, guts

دل و روده the innards, abdomen

دلار / dolār / اسم. **dollar ($)**

دلاّل / dallāl / اسم. **broker, middleman**

دلاور / delāvar / صفت. **brave, valiant**

دلبستگی / delbastegi / اسم. **affection, attachment**

دلپذیر / delpazir / صفت. **enjoyable, pleasant**

دلتا (جغرافیا) / deltâ / اسم. **delta**

دلتنگ / deltang / صفت. **cheerless; nostalgic**

دلتنگی / deltangi / اسم. **cheerlessness, nostalgia**

دلجویی / deljuyi / اسم. **offering consolation and comfort to sb**

دلجویی کردن to console sb

دلخراش / delxarāš / صفت. **heart-rending, harrowing**

دلخواه / delxāh / صفت. **desired, ideal**

دلخور / delxor / صفت. **annoyed, indignant**

دلخور شدن to get annoyed

دلخوشی / delxoši / اسم. **delight, pleasure**

دلداری / deldāri / اسم. **consolation; comfort**

دلداری دادن to console sb

دل‌درد / deldard / اسم. **stomach-ache**

دلسرد / delsard / صفت. **discouraged, disappointed**

دلسرد شدن to get discouraged

دلسرد کردن to discourage

دلسوزی / delsuzi / اسم. **compassion, sympathy**

دلسوزی کردن to feel pity for sb

دلقک / dalqak / اسم. **clown, buffoon**

دلفین (ماهی) / dolfin / اسم. **dolphin**

دلکو (خودرو) / delko / اسم. **distributor**

دلگرم / delgarm / صفت. **encouraged; hopeful; confident**

دلگرمی / delgarmi / اسم. **encouragement**

دلگرمی دادن to offer encouragement

دلگیر / delgir / صفت. **offended; gloomy**

دلمشغولی / delmašquli / اسم. **concern, preoccupation**

دلنشین / delnešin / صفت. **agreeable, pleasant**

دلواپس / delvāpas / صفت. **worried, anxious**

دلواپسی / delvāpasi / اسم. **worry, anxiety**

دلهره / delhore / اسم. **apprehension, suspense**

دلیر / dalir / صفت. **brave, courageous**

دلیری / daliri / اسم. **bravery, courage**

دلیل / dalil / اسم. **reason, proof**

بی‌دلیل for no good reason

دلیل آوردن to reason; to argue

دَم / dam / اسم. **breath; moment; bellows**

دَم زدن to breathe

دَم کردن to brew tea etc

دَم کشیدن to be brewed

دُم / dom / اسم. **tail**

دما / damā / اسم. **temperature**

دماسنج / damāsanj / اسم. **thermometer**

دماغ (گفتار) / damāq / اسم. **nose**

دماغه (جغرافیا) / damāqe / اسم. **cape**

دمباریک / dambārik / اسم. **long-nosed pliers**

دمبل (ورزش) / dambel / اسم. **dumb-bells**

دمپایی / dampāyi / اسم. **slippers**

دمدمی / damdami / صفت. **fickle, irresolute**

دمر / damar / صفت. **prostrate, prone**

دمل (پزشکی) / domal / اسم. **abscess, boil**

دموکرات / demokrât / صفت. **democrat**

دموکراسی / demokrâsi / اسم. **democracy**

دمیدن / damidan / مصدر. **to breathe out, to blow**

دنبال / dombāl / اسم. **rear, tail**

دنبال چیزی بودن to be after sth
دنبالِ کسی دویدن to chase / pursue sb
دنباله / dombāle / اسم. **tail; continuation**
دنباله داشتن to continue
دنباله‌رو follower, disciple
دنباله‌دار / dombāledār / صفت. **continued, protracted**
دنبلان (غذا) / dombalān / اسم. **sheep's testicles**
دنبلانِ کوهی (گیاه) / dombalāne kuhi / اسم. **truffles**
دنج / denj / صفت. **cosy, cozy**
دندان / dandān / اسم. **tooth**
دندانِ شیری milk tooth, baby tooth
دندانِ آسیا molar(s)
دندانِ عقل wisdom tooth
دندانِ مصنوعی false teeth, dentures
خلالِ دندان toothpick
خمیرِ دندان toothpaste
دندان‌درد toothache
دندان پُر کردن to have one's tooth filled
دندان کسی راکشیدن to extract a tooth
دندانپزشک / dandānpezešk / اسم. **dentist**

دندانه / dandāne / اسم. **cog, tooth**
دندانه‌دار / dandānedār / صفت. **toothed, serrated**
چرخِ دندانه‌دار cog-wheel
دنده / dande / اسم. **gear; rib**
دندهٔ خلاص (خودرو) neutral gear
دندهٔ سنگین (خودرو) low gear
دندهٔ عقب (خودرو) reverse gear
دنیا / donyā / اسم. **world, globe**
دنیوی / donyavi / صفت. **earthly, mundane**
دو[1] (عدد) / do / اسم. **two; a couple of**
دوبار twice
دوتخته، دونفره double-bedded
دو[2] (موسیقی) / do / اسم. **doh, do; C**
دو / dow / اسم. **running**
مسابقهٔ دو race
دوئل / du`el / اسم. **duel**
دوئل کردن to duel
دوات / davāt / اسم. **inkpot**
دوازده / davāzdah / اسم. **twelve**
دوازدهم / davāzdahom / صفت. **twelfth**
دوام / davām / اسم. **durability; strength**
بادوام durable
بی‌دوام shoddy, of poor quality
دوام داشتن to last, to wear well

دوان / davān / صفت. **running**
دوان دوان آمدن to come running
دواندن / davāndan / مصدر. (to cause) **to run**
دوباره / dobāre / قید. **again, anew**
دوبرابر / dobarābar / صفت. **double, twofold, twice as much**
دوبلاژ (سینما) / dublâž / اسم. **dubbing**
دوبله (سینما) / duble / صفت. **dubbed**
دوبله کردن to dub
دوپلکس / duplex / اسم. **duplex**
آپارتمانِ دوپلکس a duplex apartment
دوپهلو / dopahlu / صفت. **equivocal; double-edged**
جوابِ دوپهلو an equivocal answer
دوپینگ / doping / اسم. **doping**
دوپینگ کردن to use performance-enhancing drugs
دوجانبه / dojānebe / صفت. **reciprocal, bilateral; two-way**
جاسوسِ دوجانبه double agent
دوچرخه / dočarxe / اسم. **bicycle, bike**
دوچرخه‌سوار cyclist, biker
دوچرخه‌سواری cycling
دوچرخه‌سواری کردن to cycle, to bike
دوختن / duxtan / مصدر. **to sew, to stitch**
دوخته / duxte / صفت. **sewn; ready-made**
دود / dud / اسم. **smoke; fumes**
دودکردن to smoke; not to burn well
دودکش / dudkeš / اسم. **chimney, smokestack**
دودل / dodel / صفت. **hesitant, wavering**
دودل بودن to be of two minds
دودویی (رایانه) / dodoyi / اسم. **binary**
دوده / dude / اسم. **soot, lamp-black**
دودی / dudi / صفت. **smoked**
عینکِ دودی dark glasses
ماهیِ دودی smoked fish
دودیفرانسیل (خودرو) / dodifrânsiyel / صفت. **four-wheel drive** (4WD)
دور / dur / صفت، قید. 1. [*adj*] **far, far-away, distant, remote** 2. [*adv*] **far, away**
دور از هم apart
دورتر farther, further, off
دوردست far, far-away, distant

دورانداختن to throw away, to discard

دورشدن to move away, to gain distance

دورکردن to remove, to push away

دور / dowr / اسم.، قید.
1. [*n*] **round, turn, cycle**
2. [*adv*] **around, round, about**

دورِ باطل vicious circle

دور تا دور all around

دور زدن to turn around, to do a U-turn

دور و بر environs, vicinity

دورافتاده / dur`oftāde / صفت. **remote, outlying**

دوران / dowrān / اسم. **period, era, epoch**

دورانِ باستان antiquity, ancient times

دورانِ بچّگی childhood

دوراندیش / durandiš / صفت. **far-sighted**

دوراندیشی / durandiši / اسم. **foresight**

دوراهی / dorāhi / اسم. **fork, junction; dilemma**

برسرِ دوراهی in a dilemma

دوربرد / durbord / صفت. **long-range**

موشک‌های دوربرد long-range missiles

دوربرگردان (بزرگراه) / dowrbargardān / اسم. **turn-around**

دوربین[1] / durbin / اسم. **binoculars, telescope**

دوربینِ تلویزیون TV camera

دوربینِ عکّاسی camera

دوربینِ فیلمبرداری movie camera

دوربینِ ویدئو video camera

دوربین[2] / durbin / صفت. **far-sighted**

دورفرمان / durfarmān / اسم. **remote control**

دورگ‌سازی (گلکاری) / doragsāzi / اسم. **cross-breeding**

دورگه / dorage / صفت.، اسم.
1. [*adj*] **hybrid** 2. [*n*] **a hybrid, half-breed**

دورنگار / durnegār / اسم. **fax machine**

دورنما / durnemā / اسم. **view, panorama, landscape**

دورنویس / durnevis / اسم. **fax machine**

دورو / doru / صفت. **two-faced, insincere**

دورو (لباس) reversible

دورویی / doruyi / اسم. **hypocrisy, insincerity**

دوره / dowre / اسم. **period, cycle; set** (of books) **; periodical meeting of friends etc**
دوره‌ای periodic(al)
دورهٔ کامل (کتاب) the full set
دوره کردن (درس) to review lessons
دوره گرد / dowregard / اسم. **peddler, pedlar, hawker**
دوری / duri / اسم. **distance, remoteness**
دوری کردن staying away from sb
دوزبانه / dozabāne / صفت. **bilingual**
دوزندگی / duzandegi / اسم. **tailor's shop**
دوزنده / duzande / اسم. **tailor; seamstress**
دوسالانه / dosālāne / صفت. **biennial**
دوست / dust / اسم. **friend, pal**
دوست داشتن to love sb or sth, to be fond of sb
دوستانه / dustāne / صفت.، قید.
1. [*adj*] **friendly, amicable**
2. [*adv*] **amicably, in a friendly fashion**
روابطِ دوستانه friendly relations
دوستدار (نامه‌نگاری) / dus(t)dār / اسم. **yours truly**

دوست‌داشتنی / dus(t)dāštani / صفت. **lovable, lovely, sweet**
دوستی / dusti / اسم. **friendship, amity**
دوسره / dosare / صفت. **two-way**
بلیتِ دوسره return (ticket), round trip ticket
دوش[1] (حمام) / duš / اسم. **shower**
دوش گرفتن to have a shower
دوش[2] / duš / اسم. **shoulder**
به دوش کشیدن to shoulder (a load)
دوشاخه (برق) / došāxe / اسم. **plug**
دوشنبه / došambe / اسم. **Monday**
دوشیدن / dušidan / مصدر. **to milk**
دوشیزه / dušize / اسم. **maiden, Miss**
دوطرفه / dotarafe / صفت. **bilateral, mutual; two-way**
دوغ / duq / اسم. **yoghurt soda**
دوغاب / duqāb / اسم. **grout**
دوقلو / doqolu / اسم. **twins**
دوگانه / dogāne / صفت. **dual, composed of two elements**
دولت / dowlat / اسم. **government**
دولتِ ائتلافی coalition government
دولتِ موقت interim government
دولتمرد / dowlatmard / اسم. **politician, government official**

دولتی / dowlati / صفت.
governmental, state

دولوکس / doluks / صفت.
deluxe, luxury

دوُم / dovvom / صفت.
second

دوُماً / dovvoman / قید.
secondly

دونبش / donabš / صفت.
located on the corner of two streets
زمینِ دونبش corner-lot
مغازهٔ دونبش a corner shop

دوندگی / davandegi / اسم.
running around, chasing around

دونده / davande / اسم.، صفت.
1. [*n*] **runner** 2. [*adj*] **running**

دویدن / davidan / مصدر.
to run, to sprint

دَه / dah / اسم.
ten

دِه / deh / اسم.
village
اهالیِ دِه، مردمِ دِه villagers

دهات / dehāt / اسم. [جمعِ ده]
villages, countryside

دهاتی / dehāti / صفت.، اسم.
1. [*adj*] **rural, rustic**
2. [*n*] **a villager**

دهان / dahān / اسم.
mouth

دهان‌درّه / dahāndarre / اسم.
yawn
دهان‌درّه کردن to yawn

دهانه / dahāne / اسم.
mouth, orifice
دهانهٔ آتشفشان crater

دهقان / dehqān / اسم.
farmer, peasant

دهکده / dehkade / اسم.
village, hamlet
دهکدهٔ جهانی global village

دهم / dahom / صفت.
tenth

دهه / dahe / اسم.
decade
دههٔ پنجاه the fifties

دیابت (بیماری) / dîyâbet / اسم.
diabetes

دیافراگم / dîyâf(e)râgm / اسم.
diaphragm

دیاگرام / dîyâg(e)râm / اسم.
diagram

دیالکتیک / dîyâlektik / صفت.
dialectic

دیالوگ / dîyâlog / اسم.
dialogue

دیالیز (پزشکی) / dîyâliz / اسم.
dialysis

دیباچه / dibāče / اسم.
preface, foreword

دیپلم / diplom / اسم.
diploma
دیپلم گرفتن to receive a (secondary school) diploma
فوقِ دیپلم a post-secondary school certificate

دیپلماتیک / diplomâtik / صفت.
diplomatic

دیپلماسی / diplomâsi / اسم.
diplomacy

دیپلمه / diplome / صفت.
secondary school graduate ; diploma-holder
دیجیتال / dijitâl / صفت. **digital**
دید / did / اسم. **sight, vision ; visibility**
دیدزدن to glance, to watch
دیدوبازدید exchange of visits
دیدار / didār / اسم. **visit, meeting**
دیدگاه / didgāh / اسم. **viewpoint, point of view ; vantage point**
دیدن / didan / مصدر. **to see ; to visit**
دیدنی / didani / صفت. **worth watching, interesting to see**
دیدنی‌ها sights, attractions
دیر / dir / صفت.، قید. 1. [*adj*] **late** 2. [*adv*] **late**
دیر به دیر at long intervals
دیر یا زود sooner or later
دیرآمدن، دیر رسیدن to be late
دیرباور / dirbāvar / صفت. **incredulous**
دیررس (میوه) / dir.res / صفت. **late**
دیرکرد / dirkard / اسم. **delay**
دیروز / diruz / اسم.، قید. 1. [*n*] **yesterday** 2. [*adv*] **yesterday**
دیروقت / dirvaqt / اسم. **late** (in the evening etc)

دیس / dis / اسم. **an oval serving dish, platter**
دیسک / disk / اسم. **disc/disk ;** [farm mach.] **disc/disk harrow ;** [athletics] **discus**
دیسکِ فشرده compact disc (= CD)
دیسکِ فشردهٔ نوری (رایانه) CD-ROM
دیسکت (رایانه) / disket / اسم. **diskette**
دیسک‌گردان (رایانه) / diskgardān / اسم. **disk drive**
دیشب / dišab / اسم.، قید. 1. [*n*] **last night** 2. [*adv*] **last night, the night before**
دیفتری (پزشکی) / difteri / اسم. **diphtheria**
دیفن‌باخیا (گیاه) / difenbāxiya / اسم. **dieffenbachia, dumb cane**
دیکتاتور / diktâtor / اسم. **dictator**
دیکتاتوری / diktâtori / اسم.، صفت. 1. [*n*] **dictatorship** 2. [*adj*] **dictatorial**
دیکته / dikte / اسم. **dictation**
دیکته‌کردن to dictate
دیگ / dig / اسم. **pot**
دیگِ بخار boiler
دیگِ زودپز pressure-cooker

دیگر[۱] / digar / صفت. **other, another, next**
بارِ دیگر once more
جایِ دیگر somewhere else
جمعهٔ دیگر next Friday
یک فنجان چایِ دیگر another cup of tea

دیگر[۲] / digar / قید. **any more; else; next**

دیم / deym / اسم. **dry farming**

دین / din / اسم. **religion, faith**
دینِ اسلام the Muslem faith, Islam
دینِ مسیح the Christian religion, Christianity
دینِ یهود the Jewish faith, Judaism

دِین / deyn / اسم. **obligation; debt**

دینام (برق) / dînâm / اسم. **dynamo**

دینامیت / dînâmit / اسم. **dynamite**

دینی / dini / صفت. **religious**

دیو / div / اسم. **demon, devil, fiend**

دیوار / divār / اسم. **wall**
دیوار به دیوار next-door
دیوار کشیدن to build a wall

دیواری / divāri / صفت. **mural, pertaining to the wall**
کاغذِ دیواری wallpaper

دیوان (شعر) / divān / اسم. **collected poems**

دیوانگی / divānegi / اسم. **madness, insanity**

دیوانه / divāne / صفت. **mad, insane, crazy**
دیوانه کننده maddening
دیوانه شدن to go mad
دیوانه کردن to make mad

دیوانه‌وار / divānevār / قید. **madly, crazily**

دیه / dîye / اسم. **blood-money**

ذ ، ذ

ذات / zāt / اسم. **essence, nature**

ذاتاً / zātan / قید. **inherently, by nature**

ذاتی / zāti / صفت. **inherent, natural, essential**

ذایقه / zāyeqe / اسم. (sense of); **taste, palate**

ذبح / zebh / اسم. **slaughter**

ذبح اسلامی — halal: slaughtered according to Muslim law

ذبح کردن — to slaughter

ذخایر / zaxāyer / اسم.[جمع ذخیره] **resource(s)**

ذخیره / zaxire / اسم. **reserve, store; stock**

ذخیره‌کردن — to store, to accumulate

ذرّت (گیاه) / zorrat / اسم. **maize,** (Indian) **corn**

ذرتِ خوشه‌ای — sorghum

ذرّه / zarre / اسم. **minute particle; atom; iota**

ذرّه‌بین / zarrebin / اسم. **magnifying glass**

ذکر / zekr / اسم. **mention of, invocation of God**

ذکر خیر — mentioning sb's name favourably

ذکر کردن — to mention

ذلّت / zellat / اسم. **abjectness, degradation**

ذلیل / zalil / صفت. **abject, downtrodden**

ذوب / zowb / اسم. **melting**

ذوبِ آهن — iron foundry

ذوب شدن — to melt [*vi*]

ذوب کردن — to melt [*vt*]

ذوق / zowq / اسم. **taste, artistic talent; enthusiasm**

باذوق، خوش‌ذوق — tasteful; talented

کارِ ذوقی — hobby

ذوق کردن — to show enthusiasm

ذوق‌زده / zowqzade / صفت. **excited**

ذهن / zehn / اسم. **mind; memory; brain**

حضورِ ذهن presence of mind

ذهنی / zehni / صفت. **mental; subjective**

ذهنیّت / zehniyyat / اسم. **subjectivity; mentality**

ذی‌نفع / zinaf` / صفت.،اسم.

1. [*adj*] **interested**
2. [*n*] **beneficiary**

ر ، ر

رئوف / ra`uf / صفت. **kind, affectionate**

رابط / rābet / اسم. **intermediary**

سیمِ رابط connection cord

رابطه / rābete / اسم. **connection, link; relationship**

رابطه برقرار کردن to establish a relationship

رابطهٔ جنسی sexual relationship

رابطهٔ دوستانه friendly relation(s)

راجع / rāje` / صفت. **referring to; recurrent**

راجع به on the subject of, about

راحت / rāhat / صفت، قید.

1. [*adj*] **comfortable; tranquil; easy** 2. [*adv*] **comfortably; easily**

راحت بودن to be comfortable

راحت شدن to be relieved (of pain etc)

راحتی / rāhati / اسم. **comfort, ease, convenience**

رادار / râdâr / اسم. **radar**

رادیاتور / râdîyâtor / اسم. **radiator**

رادیو / râd(î)yo / اسم. **radio, wireless**

رادیوآکتیو / râdîyoâktive / صفت. **radioactive**

رادیوپخش / râd(î)yopaxš / اسم. **radio-cassette player**

رادیولژی / râdîyoloži / اسم. **radiology**

رادیویی / râd(î)yoyi / صفت. **pertaining to broadcasting, radio**

راز / rāz / اسم. **secret, mystery**

راست / rāst / صفت. **right; true; straight**

راست گفتن to tell the truth

راستا / rāstā / اسم. **direction, route**

راستگو / rāstgu / صفت. **truthful, honest**

راستگویی / rāstguyi / اسم.
truthfulness

راسته / rāste / اسم.
row ; [lamb and beef] **loin**

راستی / rāsti / اسم.، قید.
1. [*n*] **truth, honesty**
2. [*adv*] **honestly ; by the way**
به راستی indeed, honestly

راضی / rāzi / صفت.
satisfied, content, pleased ; willing
راضی شدن to agree, to consent
راضی کردن to win sb's consent

راکت (ورزش) / râket / اسم.
racket, bat

راکد / rāked / صفت.
stagnant, without movement

رام / rām / صفت.
tame, docile
رام شدن to be tamed
رام کردن to tame

ران / rān / اسم.
thigh

راندن / rāndan / مصدر.
to drive, to steer

رانده‌وو / rândevu / اسم.
rendezvous, clandestine meeting

رانندگی / rānandegi / اسم.
driving, motoring
آموزشگاهِ رانندگی driving school
امتحانِ رانندگی driving test
گواهینامهٔ رانندگی driving-licence, driver's license
رانندگی کردن to drive

راننده / rānande / اسم.
driver, motorist

راوی / rāvi / اسم.
narrator

راه / rāh / اسم.
way, path, road, route
راهِ حل solution

راه‌آهن / rāhāhan / اسم.
railway, railroad
راه‌آهنِ زیرزمینی underground, subway

راه افتادن / rāh oftādan / مصدر.
to start, to set out

راه‌بندان / rāhbandān / اسم.
traffic jam

راه‌پیمایی / rāhpeymāyi / اسم.
demonstration ; march

راه دادن / rāh dādan / مصدر.
to admit

راه راه / rāhrāh / صفت.
striped

راه رفتن / rāh raftan / مصدر.
to walk

راهرو / rāhrow / اسم.
corridor, passage, hallway
راهروِ زیرزمینی subway, underpass

راهزن / rāhzan / اسم.
highway robber, bandit

راهزنی / rāhzani / اسم.
highway robbery

راهسازی / rāhsāzi / اسم.
road-building

راهنما / rāhnemā / اسم. **guide ;**
usher
چراغِ راهنما (خودرو) indicator,
turn signal
دفترچهٔ راهنما manual,
instructions booklet

راهنمایی / rāhnemāyi / اسم.
guidance, showing the way,
offering advice
چراغِ راهنمایی traffic-light,
stoplight
راهنمایی و رانندگی traffic police
راهنمایی کردن to guide,
to direct

رایانه / rāyāne / اسم. **computer**

رایج / rāyej / صفت. **current,**
prevalent, common
پولِ رایج currency

رایزن / rāyzan / اسم. (سفارت)
counsellor

رایزنی / rāyzani / اسم.
counselling, consultation

رایگان / rāy(e)gān / صفت.
free, gratis

رأی / ra`y / اسم. **vote; opinion**
حقِ رأی the right to vote

رأیِ اعتماد vote of confidence
رأی دادن to vote

رأی‌دهنده / ra`ydahande / اسم.
voter

رأی‌گیری / ra`ygiri / اسم. **voting**

رُبّ / rob(b) / اسم. **concentrate**
رُبِّ گوجه‌فرنگی tomato paste

ربا / rebā / اسم. **usury**

ربدوشامبر / robdošâm(b)r / اسم.
dressing gown

ربط / rabt / اسم. **relevance,**
connection
بی‌ربط irrelevant
ربط داشتن to be relevant,
to be connected

ربع / rob` / اسم. **quarter,**
one-fourth

ربودن / robudan / مصدر. **to steal;**
to snatch; to kidnap; to hijack

رتبه / rotbe / اسم. **rank, grade**
رتبهٔ اوّل top-class, top-ranking
عالی‌رتبه high-ranking

رتوش / rûtuš / اسم. **retouching,**
touching up
رتوش کردن to retouch

رجوع / roju` / اسم. **reference,**
resorting to
رجوع کردن to go to, to resort

رحلت / rehlat / اسم. **departure**
from this world, death

حم / rahm / اسم. **compassion, mercy**

بی‌رحم merciless, cruel

رحم‌کردن to have mercy

حِم / rahem / اسم. **womb**

حمت / rahmat / اسم. **mercy, compassion**

خ / rox / اسم. **face, visage**

نیم‌رخ profile

رخ دادن to happen, to occur

خت / raxt / اسم. **clothes, garment**

ختخواب / raxtexāb / اسم. **bedding, bedclothes, bed**

ختکن / raxtkan / اسم. **locker-room; cloakroom**

خنه / rexne / اسم. **chink, crack; leakage**

رخنه‌کردن to infiltrate

دّ[1] / rad(d) / اسم. **rejection, refusal; track, trail**

جواب رد دادن to say no, to refuse

رد شدن to fail an exam; to pass through

ردکردن to reject; to let through

دّ[2] / rad(d) / صفت. **failed, flunked**

ده / rade / اسم. **row, rank, class**

از رده خارج outmoded, outdated

ده‌بندی / radebandi / اسم. **classification**

رده‌بندی کردن to classify

ردیف / radif / اسم. **row, rank**

ردیف‌کردن to arrange in a row; to organize

رذالت / rezālat / اسم. **villainy, wicked behaviour**

رذل / razl / صفت. **wicked, villainous**

رز (گیاه) / roz / اسم. **rose**

رزرو / rezerv / اسم. **reservation**

رزروکردن to book, to make a reservation

رزم / razm / اسم. **combat, battle, war**

رزم‌ناو / razmnāve / اسم. **warship, cruiser**

رزمنده / razmande / اسم. **combatant, fighter**

رژه / reže / اسم. **military parade, procession**

رژه‌رفتن to march past

رژیم[1] (تغذیه) / režim / اسم. **diet, regimen**

رژیم لاغری a losing diet

رژیم داشتن to be on a diet

رژیم گرفتن to go on a diet

رژیم[2] (سیاست) / režim / اسم. **regime**

رسا (صدا) / rasā / صفت. **loud and clear**

رساله / resāle / اسم. **treatise, thesis**

رساندن / resāndan / مصدر. **to deliver, to convey, to communicate**

رسانه / resāne / اسم. **media** [*pl*], **medium** [*sing*]

رسانه‌های گروهی the mass media

رستوران / resturân / اسم. **restaurant, eatery**

رسم / rasm / اسم. **custom, usage, rule; drawing**

رسمِ فنّی technical drawing

رسم‌کردن to draw, to trace

رسماً / rasman / قید. **officially, formally**

رسمی / rasmi / صفت. **official, formal**

رسمیّت / rasmiyyat / اسم. **state of being formal or official**

به رسمیّت شناختن to officially recognize

رسوا / rosvā / صفت. **disgraced, scandalized**

رسوا شدن to be disgraced, to be scandalized

رسواکردن to scandalize

رسوایی / rosvāyi / اسم. **disgrace, scandal**

رسوب / rosub / اسم. **sediment**

رسوب‌کردن to settle, to sink down

رسوخ / rosux / اسم. **penetration**

رسوخ‌کردن to penetrate

رسید / resid / اسم. **receipt**

قبضِ رسید voucher of receipt

رسیدگی / residegi / اسم. **investigation; verification**

رسیدگی‌کردن to investigate, to deal with sth

رسیدن / residan / مصدر. **to arrive; to ripen; to reach**

رسیده / reside / صفت. **ripe, mature, mellow**

میوهٔ رسیده ripe fruit

رشته / rešte / اسم. **string, thread; discipline; range**

رشتهٔ تحصیلی branch (of education)

رشته فرنگی pasta, macaroni

یک رشته مروارید a string of pearls

رشد / rošd / اسم. **growth, development**

رشدِ جمعیّت population growth

رشدکردن to grow, to develop

رشوه / rešve / اسم. **bribe, graft**

رشوه‌دادن to bribe sb
رشوه‌گرفتن to receive / accept a bribe
رشوه‌خوار / rešvexār / صفت. **corrupt**
رشوه‌خواری / rešvexāri / اسم. **bribery, graft and corruption**
رضایت / rezāyat / اسم. **satisfaction; consent**
رضایت‌دادن to approve, to consent; to withdraw charges
رضایت‌بخش / rezāyatbaxš / صفت. **satisfactory**
رضایت‌نامه / rezāyatnāme / اسم. **testimonial**
رطوبت / rotubat / اسم. **humidity, moisture**
رعایت / re`āyat / اسم. **observance; consideration**
رعایت‌کردن to observe; to respect
رعد / ra`d / اسم. **thunder**
رعدوبرق thunder and lightning
رعشه (پزشکی) / ra`še / اسم. **palsy**
رغبت / reqbat / اسم. **desire, inclination**
رغم / raqm / اسم. **spite, reluctance**

علیٰ رغمِ، بر رغمِ in spite of
رفاقت / refāqat / اسم. **friendship, companionship**
رفاقت‌کردن to keep company with
رفاه / refāh / اسم. **welfare, well-being**
رفتار / raftār / اسم. **behaviour, conduct**
رفتارکردن to behave, to act

رفتگان / raftegān / اسم. [جمعِ رفته] **the departed ones, the dead**
رفتگر / roft(e)gar / اسم. **road-sweeper**
رفتن / raftan / مصدر. **to go; to leave, to depart**
رفت و آمد / raft-o-āmad / اسم. **comings and goings; traffic**
رفت و آمدکردن to come and go
رفته رفته / rafterafte / قید. **gradually, by and by**
رفراندم / refrândom / اسم. **referendum**
رفع / raf` / اسم. **elimination; removal**
رفعِ اختلاف settling a difference
رفعِ تشنگی quenching one's thirst

رفعِ خستگی resting, refreshing oneself
رفع شدن to be eliminated
رفع کردن to eliminate; to remove
رفو / rûfu / اسم. **darning**
رفوکردن to darn
رفیق / rafiq / اسم. **friend, pal; comrade; companion; lover**
رفیقِ نیمه‌راه fair-weather friend
رقابت / reqābat / اسم. **rivalry, competition**
رقابت کردن to be in competition with
رقّاص / raqqās / اسم. **dancer**
رقّاصه / raqqāse / اسم. **female dancer**
رقّت‌انگیز / reqqatangiz / صفت. **pitiable, pitiful**
رقص / raqs / اسم. **dance, dancing**
رقصیدن / raqsidan / مصدر. **to dance**
رقم / raqam / اسم. **figure, digit, number**
رقیب / raqib / اسم. **rival, competitor**
رقیق / raqiq / صفت. **diluted, rarefied**
رقیق شدن to be diluted

رقیق کردن to dilute
رک / rok / صفت. **blunt, frank**
رک‌گویی / rokguyi / اسم. **outspokenness, frankness, bluntness**
رکود / rûkud / اسم. **stagnation; recession**
رکورد (ورزش) / rekord / اسم. **record**
رکورد شکستن to break a record
رگ / rag / اسم. **blood-vessel, vein**
سرخ‌رگ artery
سیاه‌رگ vein
موی‌رگ capillary
رگبار / ragbār / اسم. **shower, rainstorm; a burst of machine-gun fire**
رگه / rage / اسم. **vein; [geol.] lode**
رل (تئاتر) / rol / اسم. **role, part**
رله (الکترونیک) / rele / اسم. **relay**
رماتیسم (پزشکی) / româtism / اسم. **rheumatism**
رمان / romān / اسم. **novel**
رمانِ پلیسی a detective story, a thriller
رمانتیک / romântik / صفت. **romantic**
رمان‌نویس / romān.nevis / اسم. **novelist**

رمپ / ramp / اسم. **ramp**

رمز / ramz / اسم. **code, cipher; symbol**

کشفِ رمز decoding, deciphering

رمزی / ramzi / صفت. **ciphered, encoded; symbolic**

رمق / ramaq / اسم. **energy, vitality**

بی‌رمق weak, listless

رم کردن (اسب) / ram kardan / مصدر. **to shy**

رمه / rame / اسم. **herd, flock**

رمیدن / ramidan / مصدر. **to shy, to get scared**

رنج / ranj / اسم. **suffering, pain**

رنج کشیدن to suffer

رنجاندن / ranjāndan / مصدر. **to offend, to annoy**

رنجبر / ranjbar / اسم. **labourer, toiler**

رنجش / ranješ / اسم. **annoyance, displeasure, pique**

رنجیدن / ranjidan / مصدر. **to be annoyed, to feel offended**

رنده / rande / اسم. **plane; grater**

رنده‌کردن (نجّاری) to plane sth

رنده‌کردن (سبزیجات) to grate sth

رنگ / rang / اسم. **colour, dye, paint**

رنگ زدن to colour, to paint

رنگ‌کردن (پارچه) to dye

رنگ‌آمیزی / rangāmizi / اسم. **colouring, colour scheme**

رنگارنگ / rangārang / صفت. **colourful, multi-coloured**

رنگ‌پریده / rangparide / صفت. **pale**

رنگرز / rangraz / اسم. **dyer**

رنگرزی / rangrazi / اسم. **dyeing**

رنگی / rangi / صفت. **coloured**

رنگین‌کمان / ranginkamān / اسم. **rainbow**

رو[1] / ru / اسم. **face, surface**

پررو cheeky, saucy

روکردن به to face

رو[2] / ru / قید. **on top of, over**

رویِ‌هم‌رفته on the whole, altogether

روابط / ravābet / اسم. [جمعِ رابطه] **relations**

روابطِ عمومی public relations

رواج / ravāj / اسم. **currency, being in use**

رواج داشتن to be current, to be in common use

روان[1] / ravān / صفت. **flowing, running, moving; fluent**

روان[2] / ravān / اسم. **psyche; spirit**

روان‌پزشک / ravānpezešk / اسم. psychiatrist
روان‌پزشکی / ravānpezeški / اسم. psychiatry
روان‌شناس / ravānšenās / اسم. psychologist
روان‌شناسی / ravānšenāsi / اسم. psychology
روانی / ravāni / صفت. psychic
روایت / ravāyat / اسم. narration, version
روایت کردن to narrate
روباز / rubāz / صفت. open
کانالِ روباز open ditch
روبان / rubān / اسم. ribbon
روباه (جانور) / rubāh / اسم. fox
روبرو / ruberu / صفت. opposite
روبروشدن to come face to face with, to meet
روبنا / rubanā / اسم. superstructure
روپوش / rupuš / اسم. overall(s); manteau; cover
روح / ruh / اسم. soul, spirit; ghost
روحانی[1] / ruhāni / صفت. spiritual
روحانی[2] / ruhāni / اسم. clergyman, cleric
روحانیّت / ruhāniyyat / اسم. spirituality; clergy

روحی / ruhi / صفت. spiritual
روحیّه / ruhiyye / اسم. morale; spirits
روحیّه دادن to boost the morale of sb
رودخانه / rudxāne / اسم. river
رودربایستی / rudarbāyesti / اسم. ceremonious behaviour, formality
بی‌رودربایستی without any ceremony, frankly
رودربایستی کردن to stand on ceremony
رودررو / rudar.ru / قید. face to face
روده / rude / اسم. intestine(s), gut
رودهٔ بزرگ large intestine
رودهٔ کوچک small intestine
روز / ruz / اسم. day
روزِ تعطیل holiday
روزِ تولّد birthday
روزِ رستاخیز Judgement Day
روزانه / ruzāne / صفت.، قید. 1. [*adj*] daily 2. [*adv*] daily, on a daily basis
روزگار / ruz(e)gār / اسم. times, days, age
روزمرّه / ruzmarre / صفت. daily, routine
روزمزد / ruzmozd / صفت. daily-paid, daily-rated

روزنامه / ruznāme / اسم. **daily, newspaper**

روزنامه فروش / ruznāmefûruš / اسم. **newsagent, newsdealer**

روزنامه فروشی / ruznāmefûruši / اسم. **news-stand, bookstall**

روزنامه نگار / ruznāmenegār / اسم. **journalist, newspaperman**

روزنامه‌نگاری / ruznāmenegāri / اسم. **journalism**

روزنه / rowzane / اسم. **opening, aperture**

روزه / ruze / اسم. **fast, fasting**

روزه شکستن to break one's fast

روزه‌گرفتن to fast

روژ (آرایش) / rož / اسم. **rouge, blusher**

روژِ لب lipstick

روستا / rustā / اسم. **village; countryside, the country**

روستایی / rustāyi / اسم، صفت.

1. [*n*] **villager, farmer**

2. [*adj*] **rural**

روسری / rusari / اسم. **headscarf**

روش / raveš / اسم. **method, style**

روشن / rowšan / صفت. **bright, illuminated, well-lit**

روشن شدن to light up, to be switched on

روشن‌کردن to light, to switch on

روشنایی / rowšanāyi / اسم. **light; brightness**

روشن‌بین / rowšanbin / صفت. **astute, perceptive**

روشنفکر / rowšanfekr / اسم. **intellectual**

روشنگری / rowšangari / اسم. **enlightenment**

روشنی / rowšani / اسم. **light, illumination, brightness**

روغن / rowqan / اسم. **oil, ointment**

روغنِ آفتاب‌گردان sunflower oil

روغنِ حیوانی ghee

روغنِ ذرت maize oil, corn oil

روغنِ موتور engine oil

روغنِ نباتیِ جامد hydrogenated vegetable oil

روغن‌دان / rowqandān / اسم. **oilcan**

روغنکاری / rowqankāri / اسم. **lubrication**

روغنکاری کردن to lubricate, to oil

روغنی / rowqani / صفت. **oily**

روکش / rukeš / اسم. **cover, coat; veneer**

روکش کردن to coat; to veneer

رومیزی / rumizi / اسم. **tablecloth**

روند / ravand / اسم. — **process**

رونق / rownaq / اسم. — **prosperity**

رونق داشتن؛ رونق گرفتن — to flourish

رونوشت / runevešt / اسم. — **copy, duplicate**

رونوشت گرفتن — to make a copy

روی (فلز) / ruy / اسم. — **zinc**

رویارویی / ruyāruyi / اسم. — **confrontation**

رویداد / ruydād / اسم. — **happening, occurrence, event**

روی دادن / ruy dādan / مصدر. — **to happen, to occur**

رویش / ruyeš / اسم. — **growth**

رویکرد / ruykard / اسم. — **attitude**

رویه / ruye / اسم. — **surface; covering**

رویهٔ کفش — uppers

رَویّه / ravi(y)ye / اسم. — **procedure, method**

روییدن / ruyidan / مصدر. — **to grow**

رها / rahā / صفت. — **loose, free, released**

رها شدن — to be released, to be set free

رها کردن — to free, to release, to let go

رهاورد / rahāvard / اسم. — (a traveller's) **gift**

رهایی / rahāyi / اسم. — **deliverance, release**

رهایی یافتن — to be rescued, to reach safety

رهبر / rahbar / اسم. — **leader;** [Iran] **the Supreme Leader**

رهبرِ ارکستر — conductor

رهبری / rahbari / اسم. — **leadership, guidance**

رهبری کردن — to lead, to guide

رهگذر / rahgozar / اسم. — **passerby**

رهن / rahn / اسم. — **mortgage**

رهن دادن، رهن گذاشتن — to mortgage

ریا / rîyā / اسم. — **hypocrisy, deceit**

ریاست / rîyāsat / اسم. — **directorship**

ریاستِ جمهوری — presidency, office of the president

ریاضت / rîyāzat / اسم. — **asceticism, self-discipline**

ریاضت کشیدن — to lead an ascetic life

ریاضی / rîyāzi / اسم.، صفت.

1. [*n*] **mathematics**
2. [*adj*] **mathematical**

ریاضیّات / rîyāzîyyāt / اسم. [جمعِ ریاضی] — **mathematics, maths, math**

ریاضیدان / rîyāzidān / اسم. — **mathematician**

ریاکار / riyākār / اسم. hypocrite

ریاکارانه / riyākārāne / صفت. hypocritical

ریال / riyāl / اسم. Rial (Rls)

ریتم / ritm / اسم. rhythm

ریخت / rixt / اسم. shape, figure, form

ریختن / rixtan / مصدر. to pour ; to spill

ریخته گری / rixtegari / اسم. foundry

ریز / riz / صفت. tiny, minute, fine

ریزباف / rizbāf / صفت. finely-knit, finely-woven

ریزپردازنده (رایانه) / rizpardāzande / اسم. microprocessor

ریزش / rizeš / اسم. precipitation ; pouring out, spillage

ریزشِ مو hair loss

ریزه کاری / rizekāri / اسم. fine work, elaborate details

ریسک / risk / اسم. risk

ریسک کردن to risk, to run the risk of

ریش / riš / اسم. beard, whiskers

ریش زدن to shave

ریش گذاشتن to grow a beard

ریش تراش / rištarāš / اسم. razor

ریشخند / rišxand / اسم. mockery, derision

ریشخند کردن to mock, to deride

ریشو / rišu / صفت. bearded, with a beard

ریشه / riše / اسم. root(s)

ریشه دواندن، ریشه کردن to take root

ریشه‌ای / riše`i / صفت. radical, fundamental

ریگ / rig / اسم. pebble, shingle

ریل / reyl / اسم. rail(s)

رینگ / ring / اسم. ring

ریه / riye / اسم. lung

رییس / rayis / اسم. chief, head, director

رییسِ جمهور president of the republic

رؤیا / ro:yā / اسم. dream ; vision

رؤیایی / ro:yāyi / صفت. dreamy, dream-like

ز ، ز

زاپاس / zâpâs / صفت. **spare**
لاستیکِ زاپاس spare tyre

زادگاه / zādgāh / اسم. **birthplace**

زاد و ولد / zād-o-valad / اسم. **reproduction , procreation**
زاد و ولد کردن to reproduce , to procreate

زارع / zāre` / اسم. **farmer , cultivator**

زاری / zāri / اسم. **crying , weeping , lamentation**
گریه و زاری کردن to weep loudly

زاغه / zāqe / اسم. **dump ; hovel**

زالو / zālu / اسم. **leech**

زانو / zānu / اسم. **knee ; siphon**
کاسهٔ زانو knee-cap
به زانو درآوردن to bring sb to their knees
زانو زدن to kneel

زاویه / zāviye / اسم. **angle , corner , nook**
زاویهٔ حادّه (تند) acute angle
زاویهٔ قائمه right angle
زاویهٔ منفرجه (باز) obtuse angle

زاهد / zāhed / اسم. **an ascetic , a pious man**

زاید / zāyed / صفت. **surplus , superfluous , redundant**

زایر / zāyer / اسم. **pilgrim**

زایش / zāyeš / اسم. (the act of) **giving birth**

زایشگاه / zāyešgāh / اسم. **maternity hospital**

زایل / zāyel / اسم. **disappearing , fading** (away)
زایل شدن to disappear , to fade

زایمان / zāy(e)mān / اسم. **childbirth , labour**

زاییدن / zāyidan / مصفت. **to give birth to , to be delivered of**

زباله / zobāle / اسم. **rubbish , garbage , trash , refuse , litter , waste**
جمع‌آوریِ زباله garbage collection
سطلِ زباله dustbin, garbage can

کیسهٔ زباله trashbag, rubbish bag

زباله‌دان / zobāledān / اسم. **dustbin, garbage can**

زبان / zabān / اسم. **tongue; language**

دستورِ زبان grammar

زبانِ کوچک uvula

زبانِ بومی native language

زبانِ مادری mother tongue

زبان زدن to lick

زبان‌درازی / zabānderāzi / اسم. **impertinence, insolence**

زبان‌درازی کردن to talk back

زبانه / zabāne / اسم. **tongue**

زبانهٔ آتش a tongue of flame

زبانه کشیدن to flare up

زبانی / zabāni / صفت. **linguistic; verbal**

زبده / zobde / صفت. **choice, select, élite**

زبر / zebr / صفت. **coarse, rough**

زبردست / zebardast / صفت. **skilled, skilful**

زبری / zebri / اسم. **coarseness, roughness**

زجر / zajr / اسم. **torment, torture**

زجر دادن to torment, to torture

زجر کشیدن to suffer, to be in agony

زحمت / zahmat / اسم. **hardship, trouble; inconvenience**

زحمت دادن to trouble, to bother sb

زحمت کشیدن to toil, to labour

زحمتکش / zahmatkeš / صفت.، اسم.

1. [*adj*] **hard-working**

2. [*n*] **a labourer**

زخم / zaxm / اسم. **wound, sore, ulcer**

چسبِ زخم sticking plaster, Band-aid

زخمِ زبان taunt

زخمِ معده gastric ulcer

زخم شدن to cut oneself

زخمی / zaxmi / صفت. **wounded, injured**

زخمی شدن to be wounded

زخمی کردن to injure sb

زدن / zadan / مصدر. **to beat, to hit; to knock; to strike; to play** (a musical instrument)

زد و بند / zad-o-band / اسم. **collusion**

زد و خورد / zad-o-xord / اسم. **skirmish, brawl**

زد و خورد کردن to skirmish, to fight

زراعت / zerā\`at / اسم. **agriculture, farming, cultivation of the land**

زراعت کردن to farm, to grow crops

زرّافه (جانور) / zarrāfe / اسم. **giraffe**

زرتشتی / zartošti / صفت.، اسم.

1. [*adj*] **Zoroastrian**

2. [*n*] **a Zoroastrian**

زرد / zard / صفت. **yellow**

زرد شدن to turn yellow

زردآلو (گیاه) / zardālu / اسم. **apricot**

زرده / zarde / اسم. **yellow** (of the egg)

زردی / zardi / اسم. **yellowness**

زرق و برق / zarq-o-barq / اسم. **gaudiness, glitter**

زرگر / zargar / اسم. **goldsmith**

زرنگ / zerang / صفت. **clever, smart**

زرنگی / zerangi / اسم. **cleverness, smartness; shrewdness**

زرورق / zarvaraq / اسم. **gold leaf, gold foil**

زره‌پوش / zerehpuš / اسم. **armoured car**

زشت / zešt / صفت. **ugly; foul; indecent**

زشتی / zešti / اسم. **ugliness, foulness**

زغال / zoqāl / اسم. **charcoal, coal**

زغالِ چوب charcoal

زغالِ سنگ coal

زگیل / zigil / اسم. **wart**

زلال / zolāl / صفت. **limpid, clear**

زل زدن / zol zadan / مصدر. **to stare, to gaze**

زلزله / zelzele / اسم. **earthquake, quake**

زمام / zemām / اسم. **rein(s)**

زمامِ امور the reins of power

زمامدار / zemāmdār / اسم. **ruler; head of government**

زمان / zamān / اسم. **time, age; [gram.] tense**

زمان‌بندی / zamānbandi / اسم. **scheduling, timing**

زمان‌بندی کردن to schedule, to prepare a timetable

زمانه / zamāne / اسم. **times, age**

زمانی / zamāni / صفت. **temporal, chronological**

زمخت / zomoxt / صفت. **coarse, rough, uncouth**

زمرّد / zomorrod / اسم. **emerald**

زمزمه / zemzeme / اسم. **murmur, humming sound**

زمزمه کردن to hum, to murmur

زمستان / zemestān / اسم. **winter**

زمستانی / zemestāni / صفت. **wintry, winter**

لباسِ زمستانی winter garments

زمین / zamin / اسم. **earth, ground, land**

زمینِ بازی playground

زمینِ ورزش playing-field

کرهٔ زمین the Earth

زمین خوردن to fall

زمین گذاشتن to put down

زمین‌لرزه / zaminlarze / اسم. **earthquake, quake**

زمینه / zamine / اسم. **background; ground, field**

زمینه‌سازی / zaminesāzi / اسم. **preparing the ground, laying the groundwork**

زمینی / zamini / صفت. **terrestrial, land**

پستِ زمینی surface mail

نیروی زمینی ground forces

زن / zan / اسم. **woman, female; wife**

زنِ خانه‌دار housewife

زن و شوهر husband and wife

زن گرفتن to get married

زنا / zenā / اسم. **adultery; fornication**

زناشویی / zanāšuyi / اسم. **marriage, matrimony**

زنانه / zanāne / صفت. **feminine, pertaining to women; effeminate, womanly**

کفشِ زنانه ladies' shoes

لباسِ زنانه ladies' wear

زن‌بابا / zanbābā / اسم. **stepmother**

زنبور / zambur / اسم. **bee, wasp, hornet**

زنبورِ عسل (honey) bee

زنبیل / zambil / اسم. **basket**

زنجیر / zanjir / اسم. **chain(s), fetter(s)**

زندان / zendān / اسم. **prison, jail**

زندانبان / zendānbān / اسم. **jailer**

زندانی / zendāni / اسم. **prisoner**

زندانیِ سیاسی political prisoner

زِندانی کردن to jail, to imprison

زندگی / zendegi / اسم. **life, living; existence**

زندگی کردن to live

زندگینامه / zendeginā̄me / اسم. **biography**

زندگینامهٔ خودنوشت autobiography

زنده / zende / صفت. **alive, living; lively**

زنده بودن to be alive, to live

زنده شدن to come back to life

زنده کردن to bring back to life

زنده ماندن to live, to survive

زنگ / zang / اسم. **bell, chimes, buzzer; period of class; rust,**

زنگِ اخبار bell

زنگِ تفریح (مدرسه) break
زنگِ در doorbell
زنگ‌زدن[1] to ring
زنگ‌زدن[2] to rust, to corrode
زنگ‌زده / zangzade / صفت. **rusty, corroded**
زننده / zanande / صفت. **repulsive, repugnant; pungent, biting**
زوج / zowj / اسم.، صفت.
1. [*n*] **couple, husband and wife**
2. [*adj*] **even**
عددِ زوج even number
زود / zud / صفت.، قید. 1. [*adj*] **early**
2. [*adv*] **soon; quickly**
زود باش! Be quick! Hurry up!
زودباور / zudbāvar / صفت.
credulous, gullible
زودپز / zudpaz / صفت.
easily cooked
(دیگِ) زودپز pressure-cooker
زودرس / zudres / صفت. **early, premature**
زودرنج / zudranj / صفت. **touchy, easy to offend**
زودگذر / zudgozar / صفت.
transient, ephemeral
زور / zur / اسم. **force, compulsion; strength, power**
به‌زور by force, forcibly
زوردادن to push, to press
زورزدن to strain oneself
زورگفتن to coerce, to bully
زورآزمایی / zurāz(e)māyi / اسم.
test of strength
زورکی / zuraki / صفت.، قید.
1. [*adj*] **forced** 2. [*adv*] **forcibly, by force**
زورگویی / zurguyi / اسم.
coercion, bullying
زوزه / zuze / اسم. **howl, yowl**
زوزه‌کشیدن to howl, to yowl
زه / zeh / اسم. **catgut, gut**
زهر / zahr / اسم. **poison, toxin, venom**
زهردادن to poison sb
زهرآلود / zahrālud / صفت.
poisoned, poisonous, toxic, venomous
زهی / zehi / صفت. **stringed**
سازهایِ زهی (موسیقی) stringed instruments, the strings
زیاد / ziyād / صفت.، قید.
1. [*adj*] **many, much, numerous, frequent** 2. [*adv*] **much, a lot, often**
زیادتر more
زیادشدن to increase; to grow
زیادکردن to increase [*vt*]; to multiply

زیاده‌روی / ziyâderavi / اسم.
excess, going to extremes
زیاده‌روی کردن to overdo sth
زیادی / ziyâdi / صفت. **redundant, in excess of**
زیارت / ziyârat / اسم. **pilgrimage**
زیارت رفتن to go on a pilgrimage
زیارت کردن to visit a shrine
زیان / ziyân / اسم. **loss, detriment; harm**
زیان‌آور / ziyânâvar / صفت.
harmful, detrimental
زیبا / zibâ / صفت. **beautiful, pretty, lovely**
زیباسازی / zibâsâzi / اسم.
beautification
زیبایی / zibâyi / اسم. **beauty, charm, loveliness**
زیبایی‌شناسی / zibâyišenâsi / اسم.
aesthetics
زیپ / zip / اسم. **zip, zipper, zip-fastener**
زیتون (گیاه) / zeytun / اسم. **olive(s)**
درختِ زیتون olive tree
روغنِ زیتون olive oil
زیتونِ سیاه black olives
زیر / zir / اسم.، حرف اضافه.
1. [*n*] **bottom, lower part**
2. [*prep*] **beneath, under**
زیرِ قیمت underpriced
لباسِ زیر underwear
زیرِ پاگذاشتن to disregard
زیر و روکردن to ransack sth
کسی را زیر گرفتن to run over sb
زیرا / zirâ / حرف اضافه. **because, for, since**
زیراکس / zirâks / اسم. **Xerox**
زیراکس کردن to xerox
زیربنا / zirbanâ / اسم.
infrastructure
زیرپوش / zirpuš / اسم. **underwear**
زیردریایی / zirdaryâyi / اسم.
submarine
زیردست / zir(e)dast / صفت.
subordinate
زیرزمین / zirzamin / اسم. **cellar, basement**
زیرزمینی / zirzamini / صفت.
underground, clandestine
زیرسازی / zirsâzi / اسم.
groundwork
زیرسیگاری / zirsigâri / اسم.
ashtray
زیرشلواری / ziršalvâri / اسم.
underpants
زیرک / zirak / صفت. **clever, smart, shrewd**
زیرکی / ziraki / اسم. **smartness, shrewdness**

زیرگذر / zirgozar / اسم. **underpass**

زیست‌بوم / zistbum / اسم. **ecosystem**

زیست‌شناسی / zistšenāsi / اسم. **biology**

زیستگاه / zistgāh / اسم. **habitat**

زین / zin / اسم. **saddle**

زین‌کردن to saddle

زینت / zinat / اسم. **ornament**

زینک (چاپ) / zink / اسم. **plate**

ژ، ژ

ژاکت / žâkat / اسم. cardigan, sweater

ژاله / žâle / اسم. dewdrop, hoar-frost

ژامبون / žâmbon / اسم. ham

ژاندارم / žândârm / اسم. gendarme

ژاندارمری / žândârmeri / اسم. gendarmerie

ژتون / žeton / اسم. chip, token

ژرژت (پارچه) / žoržet / اسم. georgette

ژرف / žarf / صفت. deep, profound

ژرفا / žarf ā / اسم. depth, profundity

ژست / žest / اسم. pose, gesture

ژست گرفتن to pose ; to put on airs

ژل (آرایش) / žel / اسم. gel

ژلاتین / želâtin / اسم. gelatine

ژله / žele / اسم. jelly

ژن / žen / اسم. gene

ژنتیک (علم) / ženetik / اسم. genetics

ژنده / žende / صفت. ragged, tattered, shabby

ژنده‌پوش / žendepuš / صفت. clothed in rags

ژنراتور (برق) / žen(e)râtor / اسم. generator

ژنرال (نظام) / žen(e)râl / اسم. general

ژورنالیست / žurnâlist / اسم. journalist

ژورنالیسم / žurnālism / اسم. journalism

ژوکر (بازی) / žoker / اسم. joker

ژولیده / žulide / صفت. dishevelled, tousled

ژولیده‌کردن to tousle one's hair

ژیروسکوپ / žiroskop / اسم. gyroscope

ژیمناست / žimnâst / اسم. gymnast

ژیمناستیک (ورزش) / žimnâstik / اسم. gymnastics

س، س

سئانس (سینما) / se`âns / اسم.
showing
سابق / sābeq / صفت. **former, previous, past**
سابقاً / sābeqan / قید. **formerly, previously**
سابقه / sābeqe / اسم. **precedent; background; record**
بی‌سابقه unprecedented
ساحل / sāhel / اسم. **coast, shore**
ساحلِ رودخانه river-bank
ساحلی / sāheli / صفت. **coastal**
آب‌هایِ ساحلی coastal waters
ساخت / sāxt / اسم. **construction, make**
ساختار / sāxtār / اسم. **structure**
ساختگی / sāxtegi / صفت. **forged, concocted**
ساختمان / sāxtemān / اسم.
(the act of) **building, construction; a building**
ساختمانی / sāxtemāni / صفت.
pertaining to construction, structural
مصالحِ ساختمانی building materials
ساختن / sāxtan / مصدر. **to build, to construct; to make, to manufacture**
سادگی / sādegi / اسم. **simplicity, simple-mindedness; ease**
به سادگی simply, easily
ساده / sāde / صفت. **simple, easy; plain,**
ساده‌لوح / sādelowh / صفت.
simple-minded, naive, credulous
ساربان / sār(e)bān / اسم.
camel driver, cameleer
سارق / sāreq / اسم. **thief, burglar, robber**
سارقِ مسلّح armed robber, bandit
ساز (موسیقی) / sāz / اسم.
(musical) **instrument**

to play music ساز زدن، نواختن

سازش / sāzeš / اسم.
reconciliation ; collusion
to make peace ; to collude سازش کردن

سازگار / sāz(e)gār / صفت.
compatible with, harmonious with ; docile

سازگاری / sāz(e)gāri / اسم.
compatibility, harmony ; docility

سازمان / sāz(e)mān / اسم.
organization
to organize سازمان دادن

سازندگی / sāzandegi / اسم.
construction

سازنده / sāzande / اسم.، صفت.
1. [*n*] **builder, constructor ; maker**, 2. [*adj*] **constructive**

ساعت / sā`at / اسم. **clock, watch ; hour**
2 o'clock ساعتِ دو
clock ساعتِ دیواری
wrist-watch ساعتِ مچی

ساعت‌ساز / sā`atsāz / اسم.
watchmaker

ساعی / sā`i / صفت. **diligent, hard-working**

ساق (پا) / sāq / اسم. **leg, shank**

ساقه (گیاه) / sāqe / اسم. **stem, stalk**

ساک / sāk / اسم. **bag**

ساکت / sâket / صفت. **silent, quiet**
to fall silent ساکت شدن
to silence, to pacify ساکت کردن

ساکن / sāken / اسم.، صفت.
1. [*n*] **inhabitant, dweller, resident** 2. [*adj*] **stationary, motionless**
to inhabit, to dwell ساکنِ جایی بودن

سال / sâl / اسم. **year ; age**
school year سالِ تحصیلی
solar year سالِ شمسی
lunar year سالِ قمری

سالاد / sâlâd / اسم. **salad**
green salad سالادِ فصل

سالانه / sālāne / صفت.، قید.
1. [*adj*] **annual, yearly**
2. [*adv*] **annually, per annum**

سالخورده / sālxorde / صفت. **old, aged**

سالروز / sālruz / اسم. **anniversary**

سالگرد / sālgard / اسم.
anniversary

سالم / sālem / صفت. **healthy, sound, intact**

سالمند / sālmand / صفت. **old, aged**
old people's home خانهٔ سالمندان

سالن / sâlon / اسم. **hall, auditorium, saloon**
سالنِ تئاتر theatre, playhouse
سالنِ سینما cinema, movie theatre
سالنامه / sālnāme / اسم. **yearbook, almanac**
سانتی‌متر / sântimetr / اسم. **centimetre**
سانحه / sānehe / اسم. **accident, incident**
ساندویچ / sândevič / اسم. **sandwich**
ساندویچِ مرغ chicken sandwich
ساندویچ‌فروشی / sândevičfûruši / اسم. **sandwich shop**
سانسور / sânsor / اسم. **censorship**
مأمورِ سانسور censor
سانسورکردن to censor
سایبان / sāyebān / اسم. **awning; sunshade**
سایه / sāye / اسم. **shade; shadow**
در سایه بودن to be in the shade
سایه انداختن to cast a shadow
ساییدگی / sāyidegi / اسم. **wear, abrasion**
ساییدن / sāyidan / مصدر. **to grind to a fine powder, to rub**
سبب / sabab / اسم. **cause, means**
سبب شدن to cause, to bring about
سبد / sabad / اسم. **basket, hamper**
سبدِ کاغذِ باطله waste-paper basket
سبز / sabz / صفت.،اسم. 1. [*adj*] **green** 2. [*n*] (the colour) **green**
سبز شدن to germinate, to grow
سبزکردن to start (seeds)
سبزه / sabze / اسم. **grass**
سبزی / sabzi / اسم. **greenness; herb(s), greens**
سبزیجات / sabzijāt / اسم. [جمعِ سبزی] **various greens and vegetables**
سَبزی‌فروش / sabzifûruš / اسم. **greengrocer**
سبقت / sebqat / اسم. **overtaking**
سبقت‌گرفتن to overtake, to take the lead
سبُک / sabok / صفت. **light; mild**
سبُک شدن to lighten [*vi*]
سبُک‌کردن to lighten [*vt*]
سبْک / sabk / اسم. **style, mode**
سبیل / sîbil / اسم. **moustache, mustache**
سبیل گذاشتن to grow a moustache

سپاس / sepās / اسم. **thanks, gratitude**

سپاسگزار / sepāsgozār / صفت. **thankful, grateful**

سپاسگزاری / sepāsgozāri / اسم. **expressing one's gratitude, thanksgiving**

سپاسگزاری کردن to thank, to express one's appreciation

سپاه / sepāh / اسم. **army**

سپر / separ / اسم. **shield; bumper**

سپردن / sepordan / مصدر. **to deposit; to entrust sth to sb**

سپرده / seporde / اسم. **deposit**

سپردهٔ بانکی bank deposit

سپهبد (نظام) / sepahbod / اسم. **lieutenant-general**

سپیده‌دم / sepidedam / اسم. **dawn, daybreak**

ستاد (نظام) / setād / اسم. **general staff**

ستارگان / setāregān / اسم. [جمعِ ستاره] **stars**

ستاره / setāre / اسم. **star**

ستارهٔ دُنباله‌دار comet

ستارهٔ سینما movie star

ستایش / setāyeš / اسم. **praise; worship**

ستایش کردن to praise, to laud; to worship

ستم / setam / اسم. **oppression, cruelty**

تحتِ ستم oppressed

ستم کردن to act cruelly, to oppress

ستمدیدگان / setamdidegān / اسم. [جمعِ ستمدیده] **the oppressed**

ستمدیده / setamdide / صفت.، اسم.

1. [*adj*] **oppressed**

2. [*n*] **an oppressed person**

ستمکار / setamkār / اسم. **oppressor**

ستوان (نظام) / sotvān / اسم. **lieutenant**

ستودن / sotudan / مصدر. **to praise**

ستودنی / sotudani / صفت. **praiseworthy**

ستون / sûtun / اسم. **column, pillar**

ستونِ فقرات backbone, the spine

سَحَر / sahar / اسم. **early dawn**

سِحْرآمیز / sehrāmiz / صفت. **magic, magical**

سَحَرخیز / saharxiz / اسم. **early riser, early bird**

سخاوت / sexāvat / اسم. **generosity, bounty**

سخاوتمند / sexāvatmand / صفت. **generous, munificent**

سخت / saxt / صفت.، قید.
1. [*adj*] **hard, difficult**
2. [*adv*] **hard, seriously, severely**

سخت‌افزار (رایانه) / saxtafzār / اسم
hardware

سختکوش / saxtkuš / صفت.
hard-working, diligent

سخت‌گیر / saxtgir / صفت. **strict, severe**

سخت‌گیری / saxtgiri / اسم.
strictness, severity

سختی / saxti / اسم. **hardness; hardship, difficulty**

سخن / soxan / اسم. **speech, talk, remark**
 سخن گفتن to speak, to talk

سخن‌چین / soxančin / اسم.
backbiter, talebearer

سخن‌چینی / soxančini / اسم.
backbiting, talebearing

سخنران / soxanrān / اسم.
lecturer, speaker, orator

سخنرانی / soxanrāni / اسم.
lecture, speech, talk
 سخنرانی کردن to lecture; to give a talk

سخنگو / soxangu / اسم.
spokesman, spokesperson

سدّ / sad(d) / اسم. **dam, dike, barrier**
 سدِّ راه obstacle

سَـر / sar / اسم. **head; top, lid, cap**
 سَرِ حال in good health, in a good mood
 سَرِ راه on the way

سِرّ / ser(r) / اسم. **secret, mystery**

سُر / sor / اسم. **slippery**
 سُرخوردن to slide, to slip

سراب / sarāb / اسم. **mirage**

سراپا / sarāpā / قید. **from head to foot/toe**

سرازیر / sarāzir / صفت. **downhill, sloping down**
 سرازیر شدن to descend, to go down

سراسر / sarāsar / قید. **throughout, all over**

سراسری / sarāsari / صفت.
nation-wide

سراسیمه / sarāsime / صفت.، قید.
1. [*adj*] **in a state of panic, frantic** 2. [*adv*] **frantically**

سراغ / sorāq / اسم. **indication, trace, sign**
 سراغ داشتن to know of
 سراغ گرفتن to inquire

سرافراز / sarafrāz / صفت.
honoured, proud

سرافرازی / sarafrāzi / اسم.
honour, pride

سرافکندگی / sarafkandegi / اسم.
shame, humiliation
سرافکنده / sarafkande / صفت.
ashamed, humiliated
سرامد / sarāmad / صفت.
top-ranking
سرامیک / serâmik / اسم. ceramics
سرانجام / saranjām / قید.
eventually, finally
سرایت / serāyat / اسم. contagion; infection
سرایت‌کردن to spread by contact
سرایدار / sarāydār / اسم.
caretaker, janitor
سرب (فلز) / sorb / اسم. lead
بدونِ سرب lead-free
سرباز / sarbāz / اسم. soldier; [cards] jack, knave
سربازِ وظیفه conscript
سربازخانه / sarbāzxāne / اسم.
barracks
سربازی / sarbāzi / اسم. soldiering
خدمتِ سربازی military service
سربالا / sarbālā / صفت. uphill, sloping up
سربالایی / sarbālāyi / اسم.
an uphill slope
سربلند / sarboland / صفت. proud, honoured

سربلندی / sarbolandi / اسم.
pride, honour
سربی / sorbi / صفت. made of lead, leaden; lead-coloured
سرپرست / sarparast / اسم.
supervisor, person in honour
سرپرستی / sarparasti / اسم.
supervision; guardianship
سرپناه / sarpanāh / اسم. shelter
سرپوش / sarpuš / اسم. cover, cap, lid
سرپوش گذاشتن to cover up
سرپوشیده / sarpušide / صفت.
covered, roofed
استخرِ سرپوشیده indoor pool
سرپیچ (برق) / sarpič / اسم.
lampholder, socket
سرپیچی / sarpiči / اسم.
disobedience
سرپیچی کردن to disobey
سرتاسر / sartāsar / قید. all over, throughout
سرتیپ (نظام) / sartip / اسم.
brigadier, brigadier general
سرجوخه (نظام) / sarjuxe / اسم.
corporal
سرچشمه / sarčešme / اسم.
fountain-head, source
سرخ / sorx / صفت. red; red-hot; ruddy

سرخ شدن to blush
سرخ کردن (غذا) to fry
سرخپوست / sorxpust / اسم. (American) **Indian, native American**
سرخرگ / sorxrag / اسم. **artery**
سرخک (پزشکی) / sorxak / اسم. **measles**
سرخکرده (غذا) / sorxkarde / صفت. **fried**
ماهیِ سرخکرده fried fish
سرخی / sorxi / اسم. **redness, ruddiness**
سرد / sard / صفت. **cold; freezing**
سرد شدن to get cold, to cool [*vi*]
سردکردن to cool [*vt*], to refrigerate
سرداب / sardāb / اسم. **cellar, basement**
سردار / sardār / اسم. **general, commander**
سردبیر / sardabir / اسم. **editor, editor-in-chief**
سردخانه / sardxāne / اسم. **cold store**
در سردخانه نگهداری کردن to put into cold storage
سردرد / sardard / اسم. **headache**
سردرگم / sardargom / صفت. **confused**

سردرگمی / sardargomi / اسم. **confusion**
سردسته / sardaste / اسم. **ringleader, head of a gang**
سردسیر / sardsir / اسم. **a cold region**
سردفتر / sardaftar / اسم. **notary public**
سردی / sardi / اسم. **coldness, frigidity**
سررسید (بانک) / sar.resid / اسم. **date of maturity**
سررسیدنامه / sar.residnāme / اسم. **calendar-organiser**
سرزده / sarzade / صفت. **unannounced, uninvited**
سَرزده وارد شدن to intrude, to arrive unannounced
سرزمین / sarzamin / اسم. **land, country, territory**
سرزنش / sarzaneš / اسم. **reproach, reprimand**
سرزنش کردن to reproach, to reprimand sb
سرسامآور / sarsāmāvar / صفت. **staggering, astounding**
سرسبز / sarsabz / صفت. **lush green, luxuriant**
سرسخت / sarsaxt / صفت. **headstrong, obstinate, stubborn**

سرسختی / sarsaxti / اسم.
obstinacy, stubbornness

سُرسره / sorsore / اسم. **slide**

سَرسَری / sarsari / صفت. **casual, perfunctory**

سرشار / saršār / صفت.
overflowing, brimful

سرشکستگی / saršekastegi / اسم.
humiliation, disgrace

سرشکسته / saršekaste / صفت.
humiliated, disgraced

سرشماری / saršomāri / اسم.
census
سرشماری‌کردن to take a census

سرشناس / saršenās / اسم.
well-known

سرطان (پزشکی) / saratān / اسم.
cancer

سرطان‌زا (پزشکی) / saratānzā / صفت.
carcinogenic
موادِ سرطان‌زا carcinogens

سرطانی / saratāni / صفت.
cancerous

سرعت / sor`at / اسم. **speed, velocity**
سرعتِ غیرمُجاز speeding
به سرعت rapidly, fast
حدّاکثرِ سرعتِ مُجاز speed limit
سرعت‌گرفتن to gain speed, to accelerate

سرفه / sorfe / اسم. **cough**
سیاه‌سرفه (پزشکی) whooping cough
سرفه‌کردن to cough

سرقت / serqat / اسم. **robbery, theft, burglary**
سرقت‌کردن to steal, to burgle

سرقفلی / sarqofli / اسم. **goodwill (of the business), key-money**

سرکارگر / sarkārgar / اسم.
foreman

سرکوب / sarkub / اسم.
(the act of) **putting down** (a, rebellion), **repression**
سرکوب‌کردن to crush, to suppress

سرکه / serke / اسم. **vinegar**
سرکهٔ اَنگور wine vinegar

سرگذشت / sargozašt / اسم.
narrative, biography

سرگرد (نظام) / sargord / اسم.
major

سرگردان / sargardān / صفت.
wayward, wandering
سرگردان بودن to wander about

سرگرم / sargarm / صفت. **amused, entertained**
سرگرم‌کردن to amuse, to entertain

سرگرم‌کننده / sargarmkonande /
صفت. **entertaining**

سرگرمی / sargarmi / اسم. **entertainment, amusement, fun**

سرگروهبان (نظام) / sargûruhbān /
اسم. **master sergeant**

سرگیجه (پزشکی) / sargije / اسم. **vertigo, dizziness**

سرلشکر (نظام) / sarlaškar / اسم. **major-general**

سرلوله / sarlule / اسم. **nozzle**

سِرُم / serom / اسم. **serum; IV bottle**

سرما / sarmā / اسم. **cold, chill**
احساسِ سرماکردن to feel cold
سرماخوردن to catch a cold

سرماخوردگی (پزشکی)
/ sarmāxordegi / اسم. **common cold**

سرمازده / sarmāzade / صفت. **frost-bitten**

سرمایه / sarmāye / اسم. **capital**

سرمایه‌دار / sarmāyedār / اسم. **capitalist, a wealthy person**

سرمایه‌داری / sarmāyedāri / اسم. **capitalism**

سرمایه‌گذار / sarmāyegozār / اسم. **investor**

سرمایه‌گذاری / sarmāyegozāri /
اسم. **investment**
سَرمایه‌گذاری کردن to invest

سرمربّی (ورزش) / sarmorabbi /
اسم. **head-coach**

سرمشق / sarmašq / اسم. **model, example**
سرمشق قرار دادن to follow sb's example

سرمقاله (روزنامه) / sarmaqāle /
اسم. **editorial**

سرمه‌ای / sorme`i / صفت. **dark blue, navy blue**

سرنامه / sarnāme / اسم. **letter-head, official stationary**

سرنگ / sorang / اسم. **syringe**
سرنگِ یکبار مصرف a disposable syringe

سرنگون / sarnegun / صفت. **toppled, overthrown; upside-down**
سرنگون شدن to fall down head first; to be overthrown
سرنگون کردن to overthrow, to topple

سرنوشت / sarnevešt / اسم. **fate, destiny**

سرنیزه / sarneyze / اسم. **bayonet**

سرو (گیاه) / sarv / اسم. **cypress**

سروان (نظام) / sarvān / اسم. **captain**

سرود / sûrud / اسم. ( ) **song, hymn anthem,**
سرود خواندن to sing a song
سرودِ ملّی national anthem
سر و صدا / sar-o-sedā / اسم. **noise, racket, hue and cry**
سر و صدا راه انداختن to make a big fuss
سرویس / servis / اسم. **service; [china] set**
سرویس دادن to serve; to be at the disposal of
سرویس کردن to service
سرویس‌کار / serviskār / اسم. **repairman, mechanic**
سرهم‌بندی / sar(e)hambandi / اسم. **putting together sth quickly and carelessly**
سرهم‌بندی کردن to make sth quickly and carelessly
سرهنگ (نظام) / sarhang / اسم. **colonel**
سرهنگ دوّم lieutenant colonel
سِری / seri / اسم. **series; set**
سِرّی / serri / صفت. **secret, classified**
سریال (تلویزیون) / ser(î)yâl / اسم. **serial**
سریع / sari\` / صفت.، قید.
1. [*adj*] **quick, rapid, fast**
2. [*adv*] **quickly, rapidly**
سریع‌السیر / sari\`osseyr / صفت. **fast-moving, express**
قطارِ سریع‌السیر express train
سزاوار / sezāvār / صفت. **worthy, deserving**
سزاوار بودن to deserve
سس / sos / اسم. **sauce**
سسِ گوجه فرنگی ketchup
سسِ سالاد salad dressing
سست / sost / صفت. **weak, feeble, frail**
سست شدن to weaken
سست بودن to feel weak
سستی / sosti / اسم. **feebleness; lack of diligence, slackness**
سشوار / seš(o)vâr / اسم. **blow-drier, hair-drier**
سطح / sath / اسم. **surface, level**
سطحِ دریا sea level
سطحی / sathi / صفت. **superficial, shallow**
سطر / satr / اسم. **line**
سطل / satl / اسم. **pail, bucket**
سطوح / sûtuh / اسم. [جمعِ سطح] **surfaces, levels**
سطور / sûtur / اسم. [جمعِ سطر] **lines**
سعادت / sa\`ādat / اسم. **happiness; good luck**

سعادتمند / sa`ādatmand / صفت.
happy, leading a happy life
سعی / sa`y / اسم. **endeavour, effort**
سعی‌کردن to try, to endeavour, to make an effort
سفارت / sefārat / اسم. **legation, embassy**
سفارتخانه / sefāratxāne / اسم.
embassy, legation
سفارش / sefāreš / اسم.
recommendation; order
سفارش دادن to order
سفارش کردن to recommend
سفارشی / sefārešі / صفت.
recommended; ordered; custom-made
پُستِ سفارشی registered post
سفال / sofāl / اسم. **earthenware, ceramic pots**
سفالگر / sofālgar / اسم. **potter, ceramicist**
سفالگری / sofālgari / اسم.
pottery, ceramics
سفالی / sofāli / صفت. **earthen, ceramic**
ظروفِ سفالی earthenware
سفت / seft / صفت. **hard, firm, stiff**
سفت شدن to harden [*vi*]
سفت‌کردن to tighten [*vt*]

سفته (بازرگانی) / safte / اسم.
promissory note
سَفَر / safar / اسم. **travel, journey, trip**
سَفَر به‌خیر! Bon voyage! Have a safe journey.
سَفَرِ تَفریحی outing
سَفَرِ دَریایی voyage
سَفَرکردن to travel, to go on a trip
سفره / sofre / اسم. **tablecloth**
سَفَری / safari / صفت.
suitable for travelling, travel
چمدانِ سَفَری travel bag
سفید / sefid / صفت. **white; blank**
سفیدکردن to whitewash, to cover with plaster
سفیدپوست / sefidpust / اسم.
white, Caucasian
سفیده / sefide / اسم. **white** (of the egg)
سفیدی / sefidi / اسم. **whiteness**
سفیر / safir / اسم. **ambassador, minister**
سفیرکبیر ambassador
سفینه / safine / اسم. **ship, galleon**
سفینهٔ فضایی spaceship, spacecraft
سقف / saqf / اسم. **ceiling; roof**

سقوط / soqut / اسم. **fall ; crash**

سقوط کردن to fall ; to crash

سکته / sakte / اسم. **stoppage ; seizure ; heart failure**

سکتهٔ قلبی (پزشکی) heart failure

سَکتهٔ مغزی (پزشکی) stroke

سکته کردن to suffer a stroke

سکس / seks / اسم. **sex**

سکسکه / sekseke / اسم. **hiccup , hiccough**

سکسکه کردن to hiccup

سکسی / seksi / صفت. **sexy**

سکوت / sûkut / اسم. **silence , stillness**

سکوت کردن to remain silent

سکونت / sûkunat / اسم. **residence , habitation**

سکونت داشتن to live , to reside

سکّه / sekke / اسم. **coin , piece**

سکّه زدن to coin , to mint

سگ / sag / اسم. **dog**

سگِ پاسبان watchdog

سگِ گلّه sheepdog

سگِ ماده bitch

سگک / sagak / اسم. **clasp , buckle**

سل (پزشکی) / sel(l) / اسم. **tuberculosis**

سلاح / selāh / اسم. **weapon , arm**

سلاحِ هسته‌ای nuclear weapon(s)

سلام / salām / اسم. **greeting , hello**

سلام کردن to greet sb

سلامت / salāmat / اسم. صفت. 1. [*n*] **health , safety** 2. [*adj*] **in good health , safe and sound**

سلامتی / salāmati / اسم. **good health , sanity**

سلب / salb / اسم. (the act of) **divesting sb from sth**

سلب کردن to divest sb of sth

سلسله / selsele / اسم. **chain , series ; dynasty**

سلسله مراتب hierarchy

سلطان / soltān / اسم. **sultan , king , monarch**

سلطانی / soltāni / اسم. **royal , kingly , fit for a king**

سلطنت / saltanat / اسم. **monarchy , kingdom ; reign**

سلطنت کردن to reign

سلطنت‌طلب (سیا) / saltanat.talab / اسم. **monarchist , royalist**

سلطنتی / saltanati / صفت. **royal , monarchic**

خاندانِ سلطنتی the royal family

سلطه / solte / اسم. **domination , hegemony**

سلطه داشتن to dominate , to have authority over sb

سلطه‌جویی / soltedjuyi / اسم. domineering behaviour

سلف‌سرویس / selfservis / اسم. self-service, cafeteria

سلمانی / salmāni / اسم. barber

سلّول (فیزیولوژی) / sellul / اسم. cell

سلولِ زندان prison cell

سلیقه / saliqe / اسم. taste

حُسنِ سلیقه good taste

سَمّ / sam(m) / اسم. poison ; toxin

سَمّ دادن to poison sb

سُم / som / اسم. hoof

سماجت / semājat / اسم. persistence

سماق (گیاه) / somāq / اسم. sumac, sumach

سماور / samāvar / اسم. samovar

سَمبول / sambol / اسم. symbol

سمبولیسم / sambolism / اسم. symbolism

سَمپاشی / sampāši / اسم. spraying (insecticide)

سمپوزیوم / sampoz(î)yom / اسم. symposium

سَمْت / samt / اسم. direction, side, way

سِمَت / semat / اسم. position, capacity

سمج / semej / صفت. persistent

سمساری / semsāri / اسم. shop selling second-hand goods

سمعک / sam`ak / اسم. hearing-aid

سَمّی / sammi / صفت. poisonous, toxic

سمینار / seminâr / اسم. seminar

سِنّ / sen(n) / اسم. age

به سِنِّ قانونی رسیدن to come of age

سِن (تئاتر) / sen / اسم. stage

سناریو (سینما) / senâr(î)yo / اسم. script, screenplay, scenario

سنباده / sombāde / اسم. emery

کاغذِ سنباده emery-paper, sandpaper

سنّت / sonnat / اسم. tradition, custom

اهلِ سنّت Sunnite Moslems

سنّتی / sonnati / صفت. traditional

موسیقیِ سنتی traditional music

سنجاق / sanjāq / اسم. pin

سنجاقِ سَر hairpin

سنجاقِ قفلی safety pin

سنجاقک / sanjāqak / اسم. dragonfly

سنجش / sanješ / اسم. measurement, evaluation

سنجیدن / sanjidan / مصدر. to measure, to evaluate

سنجیده / sanjide / صفت.
measured, well thought out
سند / sanad / اسم. **document; deed**
سندِ مالکیّت — title-deed
سندیکا / sandikâ / اسم. **syndicate**
سنگ / sang / اسم. **stone, rock; ore**
سنگِ آسیا — millstone
سَنگِ مِس — copper ore
سنگ انداختن — to throw stones at
سنگدل / sangdel / صفت.
hard-hearted, cruel
سنگر / sangar / اسم. **trench**
سنگربندی / sangarbandi / اسم.
digging trenches
سنگربندی کردن — to dig trenches
سنگسار / sangsār / اسم.
death by stoning
سنگسار کردن — to stone sb (to death)
سنگفرش / sangfarš / صفت.
covered with cobblestones
سنگفرش کردن — to pave with stone
سنگ‌کار / sangkār / اسم.
stone-mason
سنگواره / sangvāre / اسم. **fossil**

سنگی / sangi / صفت. **rocky, stony**
سنگین / sangin / صفت. **heavy, weighty**
سوئیت (هتل) / su`it / اسم. **suite**
سواد / savād / اسم. **literacy, ability to read and write**
سوار[1] / savār / اسم. **rider, horseman**
سوار[2] / savār / قید. **on board, aboard**
سوار بر اسب — on horseback
سوار شدن (اتوبوس) — to get on a bus
سوار شدن (اسب) — to mount a horse
سوار شدن (کشتی) — to get on board
سوار شدن (هواپیما) — to board
سوار کردن (مسافر) — to pick up passengers
سوارکار / savārkār / اسم. **jockey, equestrian, rider**
سواری / savāri / اسم. **ride; drive**
سواری کردن — to go for a ride
سؤال / so`āl / اسم. **question**
علامتِ سؤال — question mark
سؤال کردن — to ask, to question
سوبسید / subsid / اسم. **subsidy**
سوپ / sup / اسم. **soup, broth**

سوپِ جو barley soup

سوپاپ (مکانیک) / supâp / اسم. **valve**

سوپر / super / اسم. **supermarket**

سوپردولوکس / superdoluks / صفت. **de luxe, luxurious**

سوت / sut / اسم. **whistle**

سوت زدن to whistle

سوخت / suxt / اسم. **fuel**

سوختگی / suxtegi / اسم. **burn(s)**

سوختن / suxtan / مصدر. **to burn, to blaze, to turn to ashes**

سوخته / suxte / صفت. **burnt, scalded**

سود / sud / اسم. **profit; benefit**

سودِ خالص net profit

سود بردن to profit; to benefit

سود رساندن to cause sb to make a profit

سودمند / sudmand / صفت. **beneficial, useful**

سوراخ / surāx / اسم. **hole, puncture, cavity**

سوراخِ کلید keyhole

سوراخ شدن to become punctured

سوراخ کردن to pierce

سوزان / suzān / صفت. **burning, ablaze**

سوزاندن / suzāndan / مصدر. **to burn, to scorch, to set on fire**

سوزش / suzeš / اسم. **burning; smarting pain**

سوزن / suzan / اسم. **needle**

سوزنِ ته‌گِرد pin

سوزناک / suznāk / صفت. **sad, mournful**

سوزن‌دوزی / suzanduzi / اسم. **needlework, embroidery**

سوژه / suže / اسم. **subject, topic**

سوسک (حشره) / susk / اسم. **beetle**

سوسیالیست (سیا) / sos(î)yâlist / اسم. **a socialist**

سوسیالیستی / sos(î)yâlisti / صفت. **socialist, socialistic**

سوسیالیسم (سیا) / sos(î)yâlism / اسم. **socialism**

سوسیس (غذا) / sosis / اسم. **sausage(s), frankfurter(s)**

سوق‌الجیشی (نظام) / sowqoljeyši / صفت. **strategic**

سوگند / sowgand / اسم. **oath**

سوگند خوردن to take an oath, to swear

سوگواری / sugvāri / اسم. **mourning, lamentation**

سوگواری کردن to mourn (the death of sb)

سوم / sevvom / صفت. third (3rd)

سونا (حمام) / sonâ / اسم. sauna

سونوگرافی (پزشکی) / sonog(e)râfi / اسم. sonography

سوهان (ابزار) / sowhān / اسم. file

سوهان زدن to file sth

سویچ / sûvič / اسم. switch

سویچِ ماشین car-key

سوء / su` / صفت.، اسم. evil, bad

سوءِاستفاده misuse, misappropriation

سوءِظن suspicion

سوءِقصد assassination attempt

سوءِاستفاده کردن to misuse sth

سه / se / اسم. three

سهام / sahām / اسم. [جمعِ سهم] shares

سودِ سهام dividend

سهامدار / sahāmdār / اسم. shareholder

سه‌بُعدی / sebo`di / صفت. three-dimensional

سه‌پایه / sepāye / اسم. tripod

سه‌چرخه / sečarxe / اسم. tricycle

سه‌راه / serāh / اسم. fork, junction

سه‌شنبه / sešambe / اسم. Tuesday

سه‌گوش / seguš / صفت.، اسم. 1. [*adj*] **triangular** 2. [*n*] **triangle**

سهل‌انگاری / sahlengāri / اسم. **carelessness, negligence**

سهل‌انگاری کردن to act carelessly

سهم / sahm / اسم. **share; portion, lot**

سهمیّه / sahmiyye / اسم. **quota**

سهمیّه‌بندی / sahmiyyebandi / اسم. **allocating quotas**

سهمیه‌بندی کردن to allocate quotas

سهیم / sahim / صفت.، اسم. 1. [*adj*] **having a share** (in a venture) 2. [*n*] **share-holder**

سهیم شدن to buy shares (in a company, etc)

سهیم بودن to own shares (in a company, etc)

سی / si / اسم. **thirty**

سیاحت / sîyāhat / اسم. **sightseeing, tourism**

سیاحت کردن to tour a place

سَیّار / sayyār / صفت. **mobile, itinerant**

تعمیرگاهِ سَیّار mobile repair shop

سَیّاره (نجوم) / sayyāre / اسم. **planet**

سیاست / sîyāsat / اسم. **politics; policy**

سیاستمدار / sîyāsatmadār / اسم. **statesman**

سیاسی / sîyāsi / صفت. **political ; diplomatic**

سی‌ام / si`om / صفت. **thirtieth** (30th)

سیاه / sîyāh / صفت.، اسم. 1. [*adj*] **black, dark** 2. [*n*] **a Black person, an African**

سیاه‌کردن to blacken, to paint black

سیاهپوست / sîyāhpust / اسم. **Black, African-American, African, Negro**

زنِ سیاهپوست a Black woman, an African-American woman, an African woman

سیاهرگ / sîyāhrag / اسم. **vein**

سیاه‌زخم (پزشکی) / sîyāhzaxm / اسم. **anthrax**

سیاهه / sîyāhe / اسم. **list**

سیاهی / sîyāhi / اسم. **blackness, darkness**

سیاهیِ لشکر (سینما) extra(s)

سیب (گیاه) / sib / اسم. **apple**

سیبِ آدم Adam's apple

سیب‌زمینی (گیاه) / sib(e)zamini / اسم. **potato**

سیب‌زمینیِ سرخ‌کرده potato crisps, potato chips

سیخ[1] / six / اسم. **skewer, spit**

سیخِ کباب skewer, spit

سیخ[2] / six / صفت. **erect, rigid**

سیر[1] (گیاه) / sir / اسم. **garlic**

سیر[2] / sir / صفت. **full, satisfied**

سیر شدن to feel full

سیرکردن to feed, to give an adequate amount of food to sb

سیر[3] (رنگ) / sir / صفت. **dark, deep**

سِیْر / seyr / اسم. **excursion, sightseeing**

سیراب / sirāb / صفت. **saturated with water, generously watered**

سیراب‌کردن to water generously

سیرک / sirk / اسم. **circus**

سیزده / sizda(h) / اسم. **thirteen**

سیزدهم / sizdahom / صفت. **thirteenth** (13th)

سیستم / sistem / اسم. **system**

سیستماتیک / sistemâtik / صفت. **systematic**

سیفون (توالت) / sifon / اسم. **flush tank**

سیگار / sigâr / اسم. **cigarette(s)**

سیگارِ برگ cigar

سیگار کشیدن to smoke a cigarette

سیگاری / sigāri / اسم، صفت.
1. [*n*] **a smoker** 2. [*adj*] **addicted to smoking**

سِیل / seyl / اسم. **flood, torrent, inundation, deluge**

سیلاب / seylāb / اسم. **flood waters**

سیلزده / seylzade / اسم. **flood victim**

سیلندر / silandr / اسم. **cylinder; bottle**

اتومبیلِ شش سیلندر a six-cylinder car

سیلی / sili / اسم. **slap, box on the ears**

سیلی زدن to slap sb

سیم / sim / اسم. **wire, string, cord**

سیمِ برق electric cord

سیمِ خاردار barbed wire

سیمِ ظرفشویی wire wool, steel wool

سیمان / simān / اسم. **cement**

سیمان‌کاری / simānkāri / اسم. **paving with cement**

سیمکش / simkeš / اسم. **electrician**

سیمکشی / simkeši / اسم. **wiring**

سیمکشی کردن to wire

سیمی / simi / صفت. **made of wire**

سینما / sinemâ / اسم. **cinema, movies; movie theatre**

سینمایی / sinemâyi / صفت. **cinematic**

فیلمِ سینمایی feature film, movie

سینه / sine / اسم. **chest, breast, bosom**

سینه پهلو (پزشکی) / sinepahlu / اسم. **pneumonia**

سینی / sini / اسم. **tray, salver**

ش ، ش

شابک / šābek / اسم. **International Standard Book Number** (ISBN)

شاخ / šāx / اسم. **horn ; branch**

شاخ و برگ   foliage

شاخدار / šāxdār / صفت. **horned**

شاخص / šāxes / اسم.، صفت.

1. [*n*] **index ; indicator**

2. [*adj*] **prominent**

شاخه / šāxe / اسم. **branch , bough**

شاد / šād / صفت. **happy , glad , joyful**

شادکردن   to make happy , to gladden

شاداب / šādāb / صفت. **fresh ; succulent**

شادباش / šādbāš / اسم.

felicitation, congratulation

شادروان / šādravān / صفت.

deceased , of blessed memory

شادمان / šād(e)mān / صفت.

glad , joyful

شادی / šādi / اسم. **joy , happiness**

شارژشو / šâržšow / صفت.

rechargeable

شارژکردن (باتری) / šârj kardan / مصدر. **to charge**

شارلاتان / šârlâtân / اسم.

charlatan , swindler

شاسی (خودرو) / šâs(s)i / اسم.

chassis , frame

شاش / šāš / اسم. **piss , urine**

شاشیدن / šāšidan / مصدر.

to piss , to urinate

شاعر / šā`er / اسم. **poet**

شاعرانه / šā`erāne / صفت.

poetic , poetical

شاغل / šāqel / صفت. **employed**

شاغل بودن   to be employed , to have a job

شاق / šāq(q) / صفت. **difficult , hard**

شاکی / šāki / اسم. **plaintiff , complainant**

شاگرد / šāgerd / اسم. **apprentice; errand-boy**
شاگرد مدرسه pupil, student
شال / šāl / اسم. **shawl**
شال‌گردن / šālgardan / اسم. **scarf, muffler**
شالوده / šālude / اسم. **foundation**
شالیزار / šālizār / اسم. **rice field, paddy-field**
شام / šām / اسم. **supper, dinner; evening**
شام خوردن to dine, to have dinner
شامپو / šâmpo / اسم. **shampoo**
شامگاه / šāmgāh / اسم. **evening, dusk**
شامل / šāmel / صفت. **containing, including**
شامل بودن to comprise, to include, to consist of
شامّه / šāmme / اسم. **sense of smell**
شانزده / šānzdah / اسم. **sixteen**
شانزدهم / šānzdahom / صفت. **sixteenth** (16th)
شانس / šâns / اسم. **good luck, good fortune**
شانسی / šânsi / قید. **by sheer chance**
شانه / šāne / اسم. **shoulder; comb**
شانه بالا انداختن to shrug one's shoulders
شانه کردنِ مو to comb one's / sb's hair
شاه / šāh / اسم. **king, shah**
شاهانه / šāhāne / صفت. **royal, kingly**
شاهد / šāhed / اسم. **witness**
شاهد بودن to witness, to be witness to sth
شاهراه / šāhrāh / اسم. **highway, major road**
شاهرگ / šāhrag / اسم. **jugular vein**
شاهزاده / šāhzāde / اسم. **prince**
شاهزاده خانم / šāhzādexānom / اسم. **princess**
شاهکار / šāhkār / اسم. **masterpiece**
شایان / šāyān / صفت. **worthy of, derserving**
شاید / šāyad / حرف اضافه. **perhaps, maybe**
شایستگی / šāyestegi / اسم. **merit**
شایسته / šāyeste / صفت. **befitting; worthy, meritorious**
شایع / šāye` / صفت. **widespread; rumoured**
شایعات / šāye`āt / اسم. [جمعِ شایعه] **rumours**

شایعه / šāye`e / اسم. **rumour, hearsay**

شب / šab / اسم. **night, late evening**
شب به خیر! Good night!
شب تا صبح all night-long

شبان / šabān / اسم. **shepherd**

شبانه / šabāne / صفت.، قید.
1. [*adj*] **nightly, nocturnal**
2. [*adv*] **at night, by night**

شبانه‌روز / šabāneruz / اسم. **a full day and night**

شبانه‌روزی / šabāneruzi / صفت. **24-hour, round-the-clock**

شباهت / šabāhat / اسم. **resemblance, similarity**
شباهت داشتن to resemble

شبح / šabah / اسم. **phantom, spirit**

شب‌زنده‌داری / šabzendedāri / اسم. **vigil**

شبستان (مسجد) / šabestān / اسم. **prayer hall**

شبکه / šabake / اسم. **network; grid**

شبگرد / šabgard / اسم. **night-watchman**

شب‌نشینی / šabnešini / اسم. **gala dinner, banquet**

شبنم / šabnam / اسم. **dew, hoar-frost**

شبه جزیره (جغرافیا) / šebhejazire / اسم. **peninsula**

شبیخون / šabixun / اسم. **night raid**

شبیه / šabih / صفت. **similar, alike**
شبیه بودن to resemble sb or sth

شپش (حشره) / šepeš / اسم. **louse**

شتاب / šetāb / اسم. **haste; acceleration**
شتاب کردن to hurry, to make haste

شتابزده / šetābzade / صفت. **hasty, hurried**

شتافتن / šetāftan / مصدر. **to hurry, to hasten**

شتر / šotor / اسم. **camel**
شترِ دوکوهانه Bactrian camel

شترمرغ (پرنده) / šotormorq / اسم. **ostrich**

شجاع / šojā` / صفت. **brave, valiant**

شجاعانه / šojā`āne / صفت.، قید.
1. [*adj*] **valiant, courageous**
2. [*adv*] **bravely**

شجاعت / šojā`at / اسم. **courage, bravery, valour**

شخص / šaxs / اسم. **person, individual**
شخصِ ثالث third party

شخصاً / šaxsan / قید. **personally**

شخصی / šaxsi / صفت. **personal, private**

اموالِ شخصی personal belongings

شخصیّت / šaxsiyyat / اسم. **personality, character**

شخم / šoxm / اسم. **plough, plow**

شخم زدن to plough, to plow

شدّت / šeddat / اسم. **intensity, severity, vehemence**

به شدّت intensely, severely

شدن / šodan / مصدر. **to become; to be possible**

چه شد؟ What happened?

نشد. It couldn't be done.

شدید / šadid / صفت. **intense, violent, severe**

شدیداً / šadidan / قید. **severely, intensely**

شَرّ / šar(r) / اسم. **evil, mischief**

خیر و شرّ good and evil

شراب / šarāb / اسم. **wine**

شرارت / šarārat / اسم. **mischief**

شرافت / šerāfat / اسم. **honour**

شرافتمند / šerāfatmand / صفت. **honourable**

شرافتمندانه / šerāfatmandane / صفت، قید.
1. [*adj*] **honourable**
2. [*adv*] **honourably**

شراکت / šerākat / اسم. **partnership**

شرایط / šarāyet / اسم.[جمعِ شرط] **conditions, terms; circumstances**

شربت / šarbat / اسم. **a sweet beverage; syrup**

شرح / šarh / اسم. **explanation; commentary**

شرح دادن to explain; to describe

شرح کردن to interpret, to comment on

شرط / šart / اسم. **condition; bet**

شرط بستن to bet, to wager

شرط کردن to stipulate as a condition

شرطبندی / šartbandi / اسم. **betting, wager**

شرطبندی کردن to bet, to wager

شرع / šar\`/ اسم. **Islamic law, the *shariah***

شرعاً / šar\`an / قید. **according to the *shariah*, religiously correct**

شرعی / šar\`i / صفت. **religiously correct**

شرعیّات (اسلام) / šar\`iyyāt / اسم. **religious teachings**

شرف / šaraf / اسم. **honour; dignity**

شرق / šarq / اسم. **east, the East, the Orient**

شرق‌شناسی / šarqšenāsi / اسم. **Orientalism**

شرقی / šarqi / صفت. **eastern, oriental**

شرکت / šerkat / اسم. **company, firm**

شرکت‌کردن to take part, to participate

شرم / šarm / اسم. **shame**

شرم داشتن، شرم‌کردن to feel ashamed

شرم‌آور / šarmāvar / صفت. **shameful, disgraceful**

شرمنده / šarmande / صفت. **ashamed**

شرمنده‌کردن to put to shame

شرور / šarur / صفت. **wicked, mischievous**

شروع / šuru` / اسم. **beginning, start**

شروع شدن to get started

شروع‌کردن to begin, to start

شریف / šarif / صفت. **noble, honourable**

شریک / šarik / اسم. **partner; associate**

شریک بودن to be partners

شریک شدن to enter into partnership

شست (انگشت) / šast / اسم. **thumb**

شستِ پا the big toe

شستشو / šostešu / اسم. **washing, bathing**

قابلِ شستشو washable

شستن / šostan / مصدر. **to wash, to launder**

شسته / šoste / صفت. **washed, laundered**

شستی (نقاشی) / šasti / اسم. **palette**

شِش / šeš / اسم. **six**

شُش (بدن) / šoš / اسم. **lung**

ششم / šešom / صفت. **sixth** (6th)

شصت / šast / اسم. **sixty**

شصتم / šastom / صفت. **sixtieth** (60th)

شط (جغرافیا) / šat(t) / اسم. **a big river**

شطرنج / šatranj / اسم. **chess**

شطرنجباز / šatranjbāz / اسم. **chess-player**

شعار / šo`ār / اسم. **slogan, motto**

شعار دادن to shout a slogan

شعاع / šoā` / اسم. **ray; beam**

شعایر / ša`āyer / اسم. **rites, ceremonies**

شعبده‌باز / šo`badebāz / اسم.
conjurer, magician
شعبه / šo`be / اسم.
branch (office), **department**
شعر / še`r / اسم. **poem, poetry**
شعرِ غنایی lyrical poetry
شعله / šo`le / اسم. **flame**
شعله‌کشیدن to burst into flames
شعله‌ور / šo`levar / صفت. **aflame, ablaze, flaming, blazing**
شعور / šû`ur / اسم. **consciousness; intelligence, common sense**
شغل / šoql / اسم. **job, employment**
شفا / šafā / اسم. **healing, cure**
شفا دادن to heal, to cure
شفا یافتن to be healed, to be cured
شفابخش / šafābaxš / صفت. **curative, healing**
گیاهانِ شفابخش medicinal plants
شفّاف / šaffāf / صفت. **transparent, lucid**
شفّافیَّت / šaffāfiyyat / اسم. **transparency, lucidity**
شفاهاً / šafāhan / قید. **verbally, orally**
شفاهی / šafāhi / صفت. **verbal, oral**
امتحاناتِ شفاهی oral exams
شقیقه (بدن) / šaqiqe / اسم. **temple**
شَک / šak(k) / اسم. **doubt, suspicion**
بدونِ شَک doubtless, without a doubt
شَک کردن to doubt, to suspect
شکار / šekār / اسم. **hunt; prey, game**
شکار شدن to be captured, to be hunted
شکار کردن to hunt
شکارچی / šekārči / اسم. **hunter**
شکارگاه / šekārgāh / اسم. **hunting-ground**
شکاف / šekāf / اسم. **crack, gap, split**
شکاف دادن to split, to crack
شکافتن / šekāftan / مصدر. **to split, to crack**
شکافته / šekāfte / صفت. **cut, cracked, split**
شکّاک / šakkāk / اسم. **a sceptical person**
شکایت / šekāyat / اسم. **complaint, suit**
شکایت کردن to lodge a complaint
شُکر / šokr / اسم. **thank(s)**
شُکر کردن to offer thanks to sb

شِکَر / šekar / اسم. (granulated) **sugar**

شُکرانه / šokrāne / اسم. **thanksgiving, gratitude**

شکست / šekast / اسم. **defeat, failure**

شکست خوردن to be defeated

شکست دادن to defeat, to vanquish

شکستگی / šekastegi / اسم. **fracture, breakage**

شکستن / šekastan / مصدر. **to break, to fracture, to crack**

شکست‌ناپذیر / šekastnāpazir / صفت. **invincible**

شکستنی / šekastani / صفت. **fragile, breakable**

شکسته / šekaste / صفت. **broken, fractured**

شکسته‌نفسی / šekastenafsi / اسم. **modesty, humility**

شکفتن / šekoftan / مصدر. **to bloom, to blossom**

شکفته / šekofte / صفت. [flower] **opened, in bloom**

شکل / šekl / اسم. **shape, form; figure**

شکل دادن to shape, to form

شکل گرفتن to be formed

شکلات / šokolât / اسم. **chocolate**

شکلک / šeklak / اسم. **grimace, wry face**

شکلک در آوردن to make a wry face

شکل‌گیری / šeklgiri / اسم. **formation**

شکم / šekam / اسم. **abdomen; belly; stomach**

شکم‌بند / šekamband / اسم. **corset**

شکمو / šekamu / صفت. **gluttonous**

شکنجه / šekanje / اسم. **torture**

شکنجه‌کردن to torture, to subject to torture

شکنجه‌گر / šekanjegar / اسم. **torturer**

شکننده / šekanande / صفت. **fragile**

شکوفا / šûkuf ā / صفت. **blooming, in full bloom**

شکوفه / šûkufe / اسم. **blossom**

شکوه / šûkuh / اسم. **splendour, glory**

باشکوه glorious, in full splendour

شکیبایی / šakibāyi / اسم. **patience, fortitude**

شکیل / šakil / صفت. **well-formed, pretty**

شگرد / šegerd / اسم. **knack**

شگفت‌انگیز / šegeftangiz / صفت.
surprising , wonderful
شگون / šûgun / اسم. **omen**
بدشگون of ill omen , bringing bad luck
شگون داشتن to bring good luck
شَل / šal / صفت. **lame**
شُل / šol / صفت. **loose, lax, slack**
شُل شدن to become loose ; to become slack
شُل کردن to loosen, to slacken
شلّاق / šallāq / اسم. **whip**
شلّاق زدن to whip , to flog
شلخته / šalaxte / صفت. **slovenly , untidy**
شلوار / šalvār / اسم. **trousers , pants**
شلوارِ جین jeans
شلوغ / šûluq / صفت. **crowded ; noisy**
شُلوغ کردن to speak loudly , to make a lot of noise
شلّیک / šellik / اسم. **firing** (a weapon) , **a salvo**
شلّیک کردن to shoot , to fire
شمّ / šam(m) / اسم. **sense of smell ; flair**
شمّ چیزی را داشتن to have a flair for sth

شما / šomā / ضمیر. **you**
شماها / شمایان you
شما و دوست‌تان you and your friend
به شما گفتم. I told you.
کتابِ شما Your book
شمار / šomār / اسم. **number**
پرشمار numerous
شمارش / šomāreš / اسم. **counting , reckoning**
شمارشگر / šomārešgar / اسم. **counter**
شماره / šomāre / اسم. **number ; [newspaper] issue**
شماره‌گرفتن (تلفن) to dial
شمال / šomāl / اسم. **north**
شمالی / šomāli / صفت. **northern**
شمردن / šomordan / مصدر. **to count**
شمرده (سخن) / šomordé / صفت. **measured ; distinct**
شمسی / šamsi / صفت. **solar**
سالِ شمسی solar year
شمشیر / šamšir / اسم. **sword , sabre**
شمشیربازی (ورزش) / šamširbāzi / اسم. **fencing**
شمع / šam\` / اسم. **candle**
شمعدان / šam\`dān / اسم. **candlestick**

شن / šen / اسم. **sand, gravel**
شنا / šenā / اسم. **swim, swimming**
استخرِ شنا swimming pool
شناکردن to swim
شناخت / šenāxt / اسم. **recognition; knowledge**
شناختن / šenāxtan / مصدر. **to recognize; to know**
شناخته / šenāxte / صفت. **known, well-known**
ناشناخته unknown
شناساندن / šenāsāndan / مصدر. **to make known, to publicize**
شناسایی / šenāsāyi / اسم. **identification; reconnaissance**
کارتِ شناسایی identity card (ID)
شناسایی‌کردن to identify
شناسنامه / šenāsnāme / اسم. **identity card; birth certificate**
شناگر / šenāgar / اسم. **swimmer**
شناور / šenāvar / صفت.، اسم. 1. [*adj*] **floating, buoyant** 2. [*n*] **naval vessel**
شنبه / šambe / اسم. **Saturday**
شنوایی / šenavāyi / اسم. **sense of hearing**
شنوندگان / šenavandegān / اسم. **listeners, audience** [جمعِ شنونده]
شنونده / šenavande / اسم. **listener**
شنی / šeni / صفت. **sandy**

شنیدن / šenidan / مصدر. **to hear, to listen to**
شوخ / šux / صفت. **witty; humorous**
شوخی / šuxi / اسم. **joke; anecdote; prank**
شوخی‌کردن to jest, to joke
شور[1] / šur / صفت. **salty, saline**
شور[2] / šur / اسم. **passion, enthusiasm**
شور و شوق enthusiasm, passion
شورا / šowrā / اسم. **council**
شورانگیز / šurangiz / صفت. **lively, passionate**
شورت / šort / اسم. (men's) **shorts**
شورش / šureš / اسم. **revolt, rebellion**
شورش‌کردن to rebel, to revolt
شورشی / šureši / اسم.، صفت. 1. [*n*] **rebel** 2. [*adj*] **rebellious**
شوره / šure / اسم. **saltpetre, saltpeter**
شورهٔ سر dandruff
شوره‌زار / šurezār / اسم. **saline land, salt desert**
شوفاژ / šofāž / اسم. **central heating**
شوفر / šufer / اسم. **driver**
شوق / šowq / اسم. **enthusiasm; eagerness**

شوک / šok / اسم. shock

شوم / šum / صفت. ominous, of ill omen

شومینه / šomine / اسم. fireplace

شوهر / šowhar / اسم. husband

شوهرخواهر brother-in-law

شوهرکردن (زن) to get married, to find a husband

شوهردار (زن) / šowhardār / صفت. married

شوینده / šuyande / اسم. detergent, washing-powder

شهاب / šâhāb / اسم. meteor, shooting star

شهادت / šahādat / اسم. evidence (given in court); martyrdom

به شهادت رسیدن to be martyred

شهادت دادن to give evidence, to testify

شهد / šahd / اسم. nectar; honey

شهر / šahr / اسم. city, town

شهرِ بازی amusement park

شهرِ زادگاه home town

شهرت / šohrat / اسم. fame, reputation

شهردار / šahrdār / اسم. mayor

شهرداری / šahrdāri / اسم. municipality, town-hall

شهرستان / šahrestān / اسم. township

شهرک / šahrak / اسم. a satellite town; a suburban township

شهرنشین / šahrnešin / اسم. a city dweller, a citizen

شهروند / šahrvand / اسم. citizen

شهری / šahri / صفت. urban

شهریار / šahrîyār / اسم. monarch, prince

شهریّه / šahriyye / اسم. tuition fee

شهوت / šahvat / اسم. lust, passion

شهوت‌انگیز / šahvatangiz / صفت. sexually arousing, erotic

شهید / šahid / اسم. martyr

شهید شدن to be martyred

شیّاد / šayyād / صفت. swindler, charlatan

شیار / šîyār / اسم. furrow, groove

شیب / šib / اسم. slope, gradient

شیپور (موسیقی) / šeypur / اسم. trumpet, bugle

شیپورچی / šeypurči / اسم. trumpeter, bugler

شیدا / šeydā / صفت. love-sick

شیر[1] / šir / اسم. milk

شیرِ پاستوریزه pasteurized milk

شیرِ خشک powdered milk, formula

شیر دوشیدن to milk

شیر[2] (جانور) / šir / اسم. lion

شیرماده lioness

شیر[۳] (آب) / šir / اسم. tap, faucet

شیرجه / širje / اسم. dive

شیرجه رفتن، شیرجه زدن to dive

شیرخوار (کودک) / širxār / اسم. suckling

شیرخوارگاه / širxārgāh / اسم. orphanage

شیری / širi / صفت. milky, lactic

دندانِ شیری milk tooth

شیرین / širin / صفت. sweet

شیرینی / širini / اسم. sweets, sweetmeat, pastry

شیرینی‌فروشی / širinifûruši / اسم. confectionery, confectioner's

شیشکی / šišaki / اسم. raspberry, Bronx cheer

شیشکی بستن to give a raspberry

شیشه / šiše / اسم. glass; bottle

شیشهٔ مات ground-glass

شیشه‌ای / šiše`i / صفت. made of glass, glass

شیطان / šeytān / اسم.، صفت.
1. [*n*] Satan, the Devil
2. [*adj*] naughty

شیطانی / šeytāni / صفت. satanic, devilish

شیطنت / šeytanat / اسم. mischief, naughtiness

شیطنت‌کردن to do mishchief, to be naughty

شیعه / ši`e / اسم. Shiite

شیفته / šifte / صفت. fascinated, infatuated

شیک / šik / صفت. stylish, elegant, chic

شیلات / šilāt / اسم. fisheries

شیلنگ / šîlang / اسم. rubber hose

شیمی / šimi / اسم. chemistry

شیمیِ آلی organic chemistry

شیمیِ معدنی inorganic chemistry

شیمیایی / šimîyāyi / صفت. chemical

شیمیدان / šimidān / اسم. chemist

شیمی‌درمانی / šimidarmāni / اسم. chemotherapy

شیوا / šivā / صفت. eloquent

شیوع / šiyu` / اسم. outbreak; epidemic

شیوع یافتن to break out, to become widespread

شیون / šivan / اسم. wailing, mourning

شیون‌کردن to wail, to lament

شیوه / šive / اسم. style; method

شیهه (اسب) / šeyhe / اسم. neigh, neighing

شیهه‌کشیدن to neigh

شیء / šey` / اسم. thing, object

صَ ، ص

صابون / sābun / اسم.
soap
soap bar — **قالبِ صابون**
to wash with soap , to soap — **صابون زدن**

صابونی / sābuni / صفت.
soapy

صاحب / sāheb / اسم.
owner , proprietor , holder
to own sth — **صاحب بودن**

صاحب امتیاز (نشریه) / sāheb emtiyāz / اسم.
publisher , proprietor

صاحبخانه / sāhebxāne / اسم.
landlord , owner of a house , the host

صاحب نظر / sāhebnazar / اسم.
authority

صادرات (بازرگانی) / sāderāt / اسم.
exports

صادراتی / sāderāti / صفت.
export-grade , for export
export-grade pistachios — **پستهٔ صادراتی**

صادر کردن / sāder kardan / مصدر.
to export

صادرکننده / sāderkonande / اسم.
exporter

صادق / sādeq / صفت.
true , truthful , sincere

صادقانه / sādeqāne / صفت.، قید.
1. [*adj*] **truthful**
2. [*adv*] **truthfully , sincerely**

صاعقه / sā`eqe / اسم.
thunderbolt

صاف / sāf / صفت.، قید.
1. [*adj*] **flat , smooth ; clear ; straight** 2. [*adv*] **straight , directly**
to clear — **صاف شدن** (هوا)
to straighten , to smoothen ; to filter — **صاف کردن**

صافکاری (خودرو) / sāfkāri / اسم.
repairing the bodywork of a car

صافی / sāfi / اسم.
filter, strainer

صالح / sāleh / صفت.
competent , qualified

صامت / sāmet / صفت.
silent, mute

فیلمِ صامت a silent movie

صبح / sobh / اسم. **morning**

امروز صبح this morning

صبح بخیر! Good morning!

هشتِ صبح 8 AM

صبحانه / sobhāne / اسم. **breakfast**

صبر / sabr / اسم. **patience; forbearance**

صبرکردن to wait, to have patience

صبور / sabur / صفت. **patient, forbearing**

صحّاف / sahhāf / اسم. **bookbinder**

صحّافی / sahhāfi / اسم. **bookbinding, binding**

صحبت / sohbat / اسم. **conversation, talk**

صحبت‌کردن to converse, to chat, to talk, to speak

صحّت / sehhat / اسم. **health; correctness**

صحرا / sahrā / اسم. **open fields; desert**

صحن / sahn / اسم. **courtyard, precinct**

صحنه / sahne / اسم. **stage; theatre, arena**

روی صحنه آوردن to stage a play

صحنه سازی / sahnesāzi / اسم. **planting misleading evidence**

صحیح / sahih / صفت. **correct, right; exact**

صخره / saxre / اسم. **rock, cliff**

صد (عدد) / sad / اسم. **hundred**

درصد percent, percentage

صدا / sedā / اسم. **sound; voice**

سر و صدا noise

صدایِ پا footstep, footfall

صدا زدن، صداکردن to call sb

صدابردار (رادیو) / sedābardār / اسم. **soundman, sound engineer**

صدابرداری / sedābardāri / اسم. **sound-recording**

صدادار / sedādār / صفت. **sonorous; voiced**

حرفِ صدادار vowel

صداقت / sedāqat / اسم. **truthfulness, honesty, sincerity**

صدر / sadr / اسم. **chest; the upper part of sth**

صدف / sadaf / اسم. **mother-of-pearl, oyster**

صدق / sedq / اسم. **truth, veracity**

صدق‌کردن to hold true

صدقه / sadaqe / اسم. **alms; charity**

صدم / sadom / صفت. **hundredth**

یک صدم one hundredth, one percent

صدمه / sad(a)me / اسم. **injury ; damage**

صدمه خوردن، صدمه دیدن
to be injured ; to be damaged

صدمه زدن to cause injury ; to damage

صدور / sûdur / اسم. **issuing** (a document etc)

صدیق / sadiq / صفت. **truthful ; faithful**

صراحت / serāhat / اسم. **frankness , directness , explicit language**

صرّاف / sarrāf / اسم. **money-changer**

صرّافی / sarrāfi / اسم. **money-changing ; money-changer's shop**

صرع (پزشکی) / sar` / اسم. **epilepsy**

صَرف / sarf / اسم. (the action of) **spending , consuming sth ; conjugating verbs ; partaking of food ; being worthwhile**

صَرف کردن to spend ; to conjugate ; to eat or drink ; to be worthwhile

صِرف / serf / صفت. **mere, sheer ; pure**

صرفاً / serfan / قید. **merely , purely**

صرف نظر کردن / sarfenazar kardan / مصدر. **to disregard , to desist from , to give up**

صرفه / sarfe / اسم. **profit , advantage**

با صرفه، مقرون به صرفه economical , to one's advantage

صرفه جو / sarfeju / صفت. **thrifty**

صرفه جویی / sarfejuyi / اسم. **thrift, economy**

صرفه جویی کردن to economize ; to be thrifty

صریح / sarih / صفت. **explicit, frank; direct**

صریحاً / sarihan / قید. **explicitly, frankly; directly**

صعود / so'ud / اسم. (the action of) **climbing , ascent**

صعود کردن to climb, to ascend

صغیر / saqir / صفت. **underage , minor**

صف / saf / اسم. **rank, row, line ; queue**

در صف ایستادن to queue (up)

صف بستن، صف کشیدن to line (up)

صفا / safā / اسم. **purity, clarity, serenity; pleasantness**

در صلح و صفا peacefully, in peace

صفت / sefat / اسم. **attribute, quality; [gram] adjective**

صفتِ تفضیلی comparative

صفتِ عالی superlative

صفحه / safhe / اسم. **surface, flat area; page**

صفحهٔ تلویزیون TV screen

صفحهٔ ساعت dial

صفحهٔ گرامافون gramaphone record

صفحه‌آرایی / safhe`ārāyi / اسم. **layout, page make-up**

صفر / sefr / اسم. **zero, nil**

صفر کردنِ حساب to settle one's account

صفرا / safrā / اسم. **bile**

صلاح / salāh / اسم. **best interests of, good of**

صلاحیّت / salāhiyyat / اسم. **competence**

صلح / solh / اسم. **peace**

صلح کردن to make peace

صلحجو / solhju / صفت. **peaceable, peaceful; pacifist**

صلیب / salib / اسم. **cross**

سازمانِ صلیبِ سرخ the Red Cross

صمغ / samq / اسم. **gum**

صمغِ عربی gum arabic

صمیمانه / samimāne / صفت. **sincere, heart-felt, cordial**

صمیمی / samimi / صفت. **intimate, sincere, cordial**

صمیمیّت / samimiyyat / اسم. **intimacy, sincerity**

صنایع / sanāye` / اسم. [جمعِ صنعت] **industries**

صنایعِ دستی handicrafts

صندلی / sandali / اسم. **chair, seat**

صندلیِ راحتی easy chair

صندلیِ چرخ‌دار wheelchair

صندوق / sanduq / اسم. **chest, box; fund**

صندوقِ پُست postbox, mailbox

صندوقدار / sanduqdār / اسم. **cashier**

صنعت / san`at / اسم. **industry; craft**

صنعتگر / san`atgar / اسم. **artisan, craftsman**

صنعتی / san`ati / صفت. **industrial**

صنف / senf / اسم. **guild; trade**

صنفی / senfi / اسم. **pertaining to a guild**

اتحادیّهٔ صنفی a trade union

صواب / savāb / صفت. **right, correct**

صوت / sowt / اسم. **sound**

صورت / surat / اسم. **face, form, picture; list**

در این صورت ــ in this case

در صورتی که in case

در هر صورت in any case, at any rate

صورتحساب / surathesāb / اسم. **bill, check, invoice**

صورتی (رنگ) / surati / صفت. **pink**

صوری / suri / صفت. **formal; superficial**

ازدواج صوری a sham marriage

صیاد / sayyād / اسم. **hunter, trapper; fisherman**

صید / seyd / اسم. **hunt, hunting; prey**

صید کردن to hunt, to fish

صیغه / siqe / اسم. **temporary marriage; concubine** [gram] **paradigm**

صیغه‌ای / siqe`i / صفت. **pertaining to temporary marriage**

زنِ صیغه‌ای concubine

صیفی / seyfi / اسم. **any one of the summer vegetables**

صیفی‌جات / seyfijāt / اسم. [جمعِ صیفی] (summer) **vegetables**

صیقل / seyqal / اسم. **polish**

صیقل دادن to polish, to burnish

صیقلی / seyqali / صفت. **polished, shining**

ضـ ، ض

ضابطه / zābete / اسم.
rule,
standard, criterion

ضارب / zāreb / اسم.
assailant,
attacker

ضامن / zāmen / اسم.
guarantor;
safety catch

ضایع / zāye` / صفت.
rotten,
spoiled, damaged
ضایع شدن to be spoiled, to be damaged
ضایع کردن to spoil, to damage

ضایعه / zāye`e / اسم.
loss;
damage

ضبط / zabt / اسم.
confiscation;
tape-recorder
ضبط کردن to confiscate; to record

ضبط صوت / zabtesowt / اسم.
taperecorder

ضخامت / zexāmat / اسم.
thickness

ضخیم / zaxim / صفت.
thick, coarse

ضدّ / zed(d) / اسم.
contrary,
opposite; antonym
برضدّ against, contrary to

ضدّآب / zedde āb / صفت.
waterproof

ضدّآتش / zedde ātaš / صفت.
fireproof

ضدّانقلاب / zedde enqelāb / اسم.
counter-revolution

ضدّحمله / zedde hamle / اسم.
counter-attack

ضدّزنگ / zedde zang / اسم.
rustproof paint

ضدّضربه / zedde zarbe / صفت.
shockproof

ضدّعفونی / zedde'ofuni / اسم.
disinfection; disinfectant
ضدّعفونی کردن to disinfect

ضدّعفونی کننده / zedde'ofunikonande / صفت.
antiseptic, disinfectant

ضدّ گلوله / zedde golule / صفت.
bulletproof

ضدّونقیض / zedd-o-naqiz / صفت.
contradictory, paradoxical

ضدّهوایی / zedde havāyi / صفت.
anti-aircraft

ضدّیّت / zeddiyyat / اسم.
opposition, antagonism
ضدیّت کردن to oppose sb

ضدّیخ / zedde yax / اسم.
antifreeze

ضرّابخانه / zarrābxāne / اسم. **mint**

ضرب / zarb / اسم. **beating, assault; [arith] multiplication; [music] a type of Persian drum**
ضربِ در sign of multiplication (×)
ضرب کردن to multiply

ضرب‌المثل / zarbolmasal / اسم.
proverb, saying

ضربان / zarabān / اسم. **beat; pulse, pulsation**
ضربانِ قلب beating of the heart; palpitation(s)

ضربه / zarbe / اسم. **blow, stroke; shock**
ضربهٔ روحی shock
ضربهٔ مغزی concussion
ضربه زدن to strike a blow, to hit

ضرر / zarar / اسم. **loss; harm**
ضرر داشتن to be harmful
ضرر زدن to cause harm
ضرر کردن to suffer a loss

ضرورت / zarurat / اسم.
necessity, exigency

ضروری / zaruri / صفت.
necessary, essential

ضریب (ریاضی) / zarib / اسم.
coefficient

ضعف / za`f / اسم. **weakness, infirmity**
ضعف کردن to faint, to swoon
نقطه ضعف weak point, weakness

ضعیف / za`if / صفت. **weak; feeble, infirm**

ضلع (هندسه) / zel` / اسم. **side**

ضمانت / zemānat / اسم.
guarantee; warranty
ضمانت کردن to guarantee

ضمانت‌نامه / zemānatnāme / اسم.
guarantee, warranty

ضمن / zemne / اسم. **interim; meantime**
در ضمنِ in the course of

ضمناً / zemnan / قید. **meanwhile; incidentally; by the way**

ضمیر / zamir / اسم. **mind, conscience; [gram] pronoun**

ضمیمه / zamime / اسم. **appendix**, **supplement**, **enclosure**, **annex**

ضمیمه کردن to enclose ; to annex

ضوابط / zavābet / اسم. [جمعِ ضابطه] **criteria**

ضیافت / zîyāfat / اسم. **banquet**, **feast**

ط ، ط

طاعون (پزشکی) / tā`un / اسم.
plague

طاق[1] / tāq / اسم.
arch, arched roof ; vault

طاق[2] (عدد) / tāq / صفت.
odd

طاقباز / tāqbāz / صفت.
supine, flat on one's back

طاقت / tāqat / اسم.
tolerance, endurance

طاقت فرسا / tāqatfarsā / صفت.
exhausting, unbearable

طاقچه / tāqče / اسم.
shelf, niche, ledge

طاقه (پارچه) / tāqe / اسم.
roll

طالب / tāleb / اسم.
seeker; person desiring sth

طالبی (میوه) / tālebi / اسم.
cantaloupe

طالع‌بینی / tāle'bini / اسم.
fortune-telling

طاوُس (پرنده) / tāvus / اسم.
peacock

طاوس ماده peahen

طایفه / tāyefe / اسم.
tribe, clan

طبّ / teb(b) / اسم.
medicine

طبّ سوزنی acupuncture

طبابت / tebābat / اسم.
medical profession, medicine

طبابت‌کردن to practise medicine

طبّاخ / tabbāx / اسم.
cook

طبّاخی / tabbāxi / اسم.
cooking, cookery

طبع / tab` / اسم.
nature, temperament; natural; talent; printing

طبعاً / tab`an / قید.
naturally

طبق / tebqe / اسم.
conformity

طبق according to

طبق معمول as usual

طبقات / tabaqāt / اسم. [جمعِ طبقه]
classes; storeys

طبقه / tabaqe / اسم.
storey, floor; class; category; shelf

طبقهٔ بالا upstairs
طبقهٔ پایین downstairs
طبقهٔ همکف the ground floor
طبقه‌بندی / tabaqebandi / اسم. **classification, categorization**
طبقه‌بندی کردن to classify, to categorize
طبل (موسیقی) / tabl / اسم. **drum**
طبّی / tebbi / صفت. **medical, medicinal**
طبیب / tabib / اسم. **physician, doctor of medicine**
طبیعت / tabi`at / اسم. **nature; disposition, temper**
طبیعی / tabi`i / صفت. **natural, physical; normal**
مناظرِ طبیعی natural scenery
طرّاح / tarrāh / اسم. **designer; architect**
طرّاحی / tarrāhi / اسم. **design; sketch, drawing**
طرّاحی کردن to design; to sketch
طراوت / tarāvat / اسم. **freshness**
طرب / tarab / اسم. **joy, mirth**
طرح / tarh / اسم. **design; sketch; project**
طرح ریختن to draw up a scheme
طرد / tard / اسم. **expulsion, driving away**
طرد کردن to drive away, to expel
طرز / tarz / اسم. **manner, method, mode**
طرزِ فکر attitude
طرزِ کار the way sth works
طرف / taraf / اسم. **side; direction;** [contracts] **party**
به طرفِ to, towards
طرفدار / tarafdār / اسم. **supporter, partisan**
طرفداری / tarafdāri / اسم. **show of support, adherence, partiality**
طرفداری کردن to support sb, to side with sb
طرفین / tarafeyn / اسم. **the two sides, the two parties**
طریق / tariq / اسم. **way, path; means**
از طریقِ via
طعم / ta`m / اسم. **taste, flavour**
طعمه / to`me / اسم. **bait, lure**
طعنه / ta`ne / اسم. **taunt, sarcasm**
طعنه زدن to taunt; to reproach
طعنه‌آمیز / ta'ne'āmiz / صفت. **sarcastic, taunting**
طغیان / toq(î)yān / اسم. **rebellion, mutiny; outburst; inundation**

طغیان کردن to rebel; to overflow

طفره / tafre / اسم. **evasion, evasiveness**

طفره رفتن to use evasive methods, to dodge

طفل / tefl / اسم. **child, infant**

طفلک / teflak / اسم. **little child; poor child**

طفولیّت / tûfuliyyāt / اسم. **childhood, infancy**

طفیلی / tofeyli / اسم. **parasite, hanger-on, sponger**

طلا (فلز) / talā / اسم. **gold**

مدالِ طلا gold medal

طلاق / talāq / اسم. **divorce**

طلاق دادن to divorce one's wife

طلاق گرفتن to get a divorce

طلایی / talāyi / صفت. **golden, gold**

طلب / talab / اسم. (the action of) **wanting sth; money owed to sb**

طلب کردن to demand; to ask for sb or sth

طلبکار / talabkār / اسم. **creditor**

طلبه / talabe / اسم. **a student of theology**

طلبیدن / talabidan / مصدر. **to call sb, to summon**

طلسم / telesm / اسم. **talisman; charm**

طلق / talq / اسم. **mica, talcum**

طلوع / tolu' / اسم. **appearance** (of the sun, moon, etc), **rise**

طلوعِ خورشید sunrise

طلوعِ ماه moonrise

طلوع کردن to rise, to appear on the horizon

طمع / tama` / اسم. **greed, cupidity, covetousness**

طمعکار / tama`kār / صفت. **greedy, covetous**

طناب / tanāb / اسم. **rope, cord**

طنابِ رختشویی clothesline

طنز / tanz / اسم. **satire, humour**

طنزآمیز / tanzāmiz / صفت. **satirical, humorous**

طنین / tanin / اسم. **resonance, ring**

طنین انداختن to resonate

طور / towr / اسم. **manner, mode; kind**

این طور in this manner

به طوری که so that

چطور؟ How?

طوطی (پرنده) / tuti / اسم. **parrot**

طوطی‌وار / tutivār / قید. **parrot-fashion, parrot-like**

طوق / towq / اسم. **necklace; collar**

طول / tul / اسم. **length**
به طولِ.... (so many metres) long
پرشِ طول broad jump
در طولِ during, in the course of
طول دادن to drag one's feet
طول کشیدن to last
طولانی / tulāni / صفت. **long, lengthy, prolonged**
طولانی شدن to become prolonged
طولانی کردن to prolong
طولی / tuli / صفت. **longitudinal**
طومار / tumār / اسم. **scroll, roll**
طویل / tavil / صفت. **long, lengthy; tall**
طویله / tavile / اسم. **stable**
طیّاره / tayyāre / اسم. **airplane**
طیف (فیزیک) / teyf / اسم. **spectrum**
طینت / tinat / اسم. **nature**
بدطینت ill-natured
خوش‌طینت good-natured

ظ ، ظ

ظالم / zālem / صفت. **unjust, cruel, ruthless**

ظالمانه / zālemāne / قید. **unjustly, cruelly**

ظاهر / zāher / اسم. (outward) **appearance**

به ظاهر apparently

ظاهر شدن to appear, to emerge

ظاهرکردن (عکاسی) to develop a negative/print

ظاهراً / zāheran / قید. **apparently**

ظاهرسازی / zāhersāzi / اسم. **putting up a false front**

ظاهری / zāheri / صفت. **apparent, external, superficial**

ظرافت / zerāfat / اسم. **delicacy; fineness**

ظرف / zarf / اسم. **vessel, container**

ظرف شستن to wash up, to do the dishes

ظرفشویی / zarfšuyi / اسم. **sink; washing the dishes**

ماشینِ ظرفشویی a dishwasher

مایعِ ظرفشویی washing-up liquid, detergent

ظرفیّت / zarfiyyat / اسم. **capacity**; [chem] **valency, valence**

ظروف / zûruf / اسم. [جمعِ ظرف] **utensils, dishes**

ظروفِ یکبار مصرف disposable containers

ظریف / zarif / صفت. **delicate, fine**

ظلم / zolm / اسم. **injustice, cruelty, oppression**

ظلم‌کردن to do injustice

ظلمت / zolmat / اسم. **darkness**

ظنّ / zan(n) / اسم. **opinion, conjecture; suspicion**

سوءِظن suspicion

ظنین / zanin / صفت. **suspicious**
ظهر / zohr / اسم. **noon , midday**
بعد از ظهر afternoon , PM
پیش از ظهر forenoon , AM
ظهور / zûhur / اسم. **appearance ;**
advent; [photo] development

ع، ع

عابد / ābed / اسم. **worshipper**

عابر / āber / اسم. **passer-by**

عابرِ پیاده pedestrian

عاج / āj / اسم. **ivory**

عاجز / ājez / صفت. **disabled, helpless, handicapped**

عـادت / ādat / اسم. **habit; custom**

عادت داشتن to be in the habit of, to be accustomed to

عادت کردن to become accustomed, to get into the habit of

عادل / ādel / صفت. **just**

عادلانه / ādelāne / صفت.، قید.

1. [*adj*] **just, equitable**
2. [*adv*] **justly, equitably**

عادی / ādi / صفت. **ordinary, usual, normal**

غیرِعادی unusual; abnormal

عارضه / āreze / اسم. **accident; attack** (of an illness)

عارف / āref / اسم. **a gnostic, a mystic**

عارفانه / āref āne / صفت. **in the manner of the Sufi mystics**

عاری / āri / صفت. **devoid of**

عازم / āzem / صفت. **bound for, going to**

عاشق / āšeq / اسم.، صفت.

1. [*n*] **lover** 2. [*adj*] **love-smitten, in love**

عاشق بودن to be in love

عاشق شدن to fall in love

عاشقانه / āšeqāne / صفت.، قید.

1. [*adj*] **amorous, loving**
2. [*adv*] **amorously, lovingly**

نامهٔ عاشقانه loveletter

عاطفه (روان) / ātefe / اسم. **affection; kindness**

عاقبت / āqebat / اسم.، قید.

1. [*n*] **end, conclusion**
2. [*adv*] **eventually, at last**

عاقل / āqel / اسم.، صفت.

1. [*n*] **a wise person, a sage**
2. [*adj*] **wise, rational**

عاقلانه / āqelāne / صفت. **wise, rational**

عالَم / ālam / اسم. **world, universe**

عالِم / ālem / اسم.، صفت.
1. [*n*] **a learned man, a scientist**
2. [*adj*] **learned**

عالمانه / ālemāne / صفت. **academic, scholarly**

عالی / āli / صفت. **excellent; exalted, supreme, high**

آموزشِ عالی — higher education

عالی مقام / ālimaqām / صفت. **high-ranking**

عام / ām(m) / صفت. **common, general**

عامل / āmel / اسم. **agent, factor**

عامّه / āmme / اسم. **the public**

عامّهٔ مردم — members of the general public

عامّه‌پسند / āmmepasand / صفت. **popular, liked by the masses**

عامی / ām(m)i / اسم. **a commoner; a layman**

عامیانه / āmiyāne / صفت. **vulgar; colloquial**

عایق / āyeq / اسم. **insulator, insulation**

عایق‌بندی کردن — to insulate

عبادت / ebādat / اسم. **worship**

عبارت / ebārat / اسم. **phrase; passage; expression**

به‌عبارتِ دیگر — in other words

عبرت / ebrat / اسم. **a lesson, a warning**

عبرت گرفتن — to learn a lesson from

عبرت‌انگیز / ebratangiz / صفت. **admonitory, serving as an example**

عبور / ûbur / اسم. **passage; passing through, transit**

عبور و مرور — traffic, coming and going

عبورکردن — to pass, to cross

عبوس / abus / صفت. **grim, morose**

عتیقه / atiqe / اسم. **antique**

عَجب / ajab / اسم. **wonder, amazement**

عَجب! — Good God! Good gracious!

عجز / ajz / اسم. **inability, impotence**

عجله / ajale / اسم. **haste, hurry, rush**

باعجله — hastily, hurriedly

عـجله کردن — to hurry, to hasten

عجول / ajul / صفت. **hasty**

عجولانه / ajulāne / قید.، صفت.
1. [*adv*] **hastily, hurriedly**
2. [*adj*] **hurried, hasty**

عجیب / ajib / صفت. **strange, surprising, unusual**
عجیب و غریب bizarre, very strange

عدالت / edālat / اسم. **justice, equity**

عدد / adad / اسم. **number; figure**

عدسی (عکاسی) / adasi / اسم. **lens**
عدسیِ نرمال the normal lens

عدل[1] / adl / اسم. **justice, equity**

عدل[2] / adl / اسم. **bale**

عدم / adam / اسم. **non-existence; lack of**
عدمِ استطاعت lack of financial means

عدّه / edde / اسم. **number, a number of**

عذاب / azāb / اسم. **torment, torture; pain**
عذاب دادن to torment, to torture
عذاب کشیدن to suffer

عذر / ozr / اسم. **excuse, pretext**
عذرِ موجَّه a good excuse
عذرخواستن to apologize, to excuse oneself

عذرخواهی / ozrxāhi / اسم. **apology**
عذرخواهی کردن to apologize, to offer one's apologies

عرب / arab / اسم. **an Arab**

عربده / arbade / اسم. **drunken singing and shouting**
عربده کشیدن to shout drunkenly

عربی / arabi / صفت.، اسم.
1. [*adj*] **Arabic, Arabian, Arab**
2. [*n*] **Arabic language**

عرشه (کشتی) / arše / اسم. **deck**

عرصه / arse / اسم. **open space, area, arena**

عَرض / arz / اسم. **width, breadth**
عرض کردن to utter, to make a remark

عَرضه / arze / اسم. **presentation, putting on display, supplying**
عرضه و تقاضا supply and demand
عرضه کردن to present; to offer for sale, to supply

عُرضه / orze / اسم. **capability, efficiency**

عرعر (الاغ) / ar.ar / اسم. **bray, heehaw**
عرعر کردن to bray

عرف / orf / اسم. **long-standing practice; common law**

عرفان / erfān / اسم. **gnosticism, mysticism**
عَرق / araq / اسم. **perspiration, sweat; extract**
عَرقِ نعناع mint water
عَرق‌کردن to perspire, to sweat
عروس / arus / اسم. **bride; daughter-in-law**
عروسک / arusak / اسم. **doll, puppet**
عروسی / arusi / اسم. **marriage**
(جشنِ) عروسی wedding
عریان / oryān / صفت. **naked, bare**
عریض / ariz / صفت. **wide, broad**
عریضه / arize / اسم. **petition, letter**
عزا / azā / اسم. **mourning**
عزاگرفتن to mourn sb
عزاداری / azādāri / اسم. **mourning**
عزاداری‌کردن to mourn sb
عزب / azab / صفت. **bachelor, single**
عزّت / ezzat / اسم. **honour, dignity**
عزل / azl / اسم. **deposing sb, removing sb from office**
عزل‌کردن to depose, to remove, to dismiss

عزیز / aziz / صفت، اسم.
1. [*adj*] **dear, darling, beloved**
2. [*n*] **a darling**
عزیمت / azimat / اسم. **departure**
عسل / asal / اسم. **honey**
زنبورِ عسل honey bee
عشایر / ašāyer / اسم. [جمعِ عشیره] **nomadic tribes**
عشایری / ašāyeri / صفت. **tribal, nomadic**
عشق / ešq / اسم. **love; passion**
عشق ورزیدن to love sb, to be in love with sb
عشقی / ešqi / صفت. **amorous; capricious**
عصا / asā / اسم. **stick, cane**
عصاره / osāre / اسم. **extract; juice**
عصب / asab / اسم. **nerve**
عصبانی / asabāni / صفت. **angry, furious**
عصبانی شدن to get angry
عصبانی کردن to make angry
عصبانیّت / asabāniyyat / اسم. **anger, fury**
با عصبانیّت angrily, furiously
عصبی / asabi / صفت. **nervous, tense**
عصر / asr / اسم. **evening, late afternoon; age, era**
عصر بخیر! Good evening!

عصر حجر the Stone Age

عصرانه / asrāne / اسم. **high tea, afternoon snack**

عضله / azole / اسم. **muscle**

عضو / ozv / اسم. **member ; organ**

عضو شدن to join an organization

عضویّت / ozviyyat / اسم. **membership**

حقِّ عضویّت membership fee

عطر / atr / اسم. **perfume, scent**

عطسه / atse / اسم. **sneeze**

عطسه کردن to sneeze

عطش / ataš / اسم. **thirst**

عظمت / azamat / اسم. **greatness, enormity**

عظیم / azim / صفت. **great, enormous, huge**

عفّت / effat / اسم. **chastity, modesty**

عفو / afv / اسم. **forgiveness, pardon ; amnesty**

عفو عمومی general amnesty

عـفو کردن to forgive, to pardon

عفونت / ofunat / اسم. **infection**

عفونی / ofuni / صفت. **infectious**

بیماری‌های عفونی infectious diseases

عُقاب (پرنده) / oqāb / اسم. **eagle**

عقب / aqab / اسم.، قید.، صفت.

1. [*n*] **back, behind, rear**
2. [*adv*] **back, behind**
3. [*adj*] **rear, back**

دِر عقب the back door

عقب افتادن to fall behind

عقب انداختن to postpone

عقب نشینی / aqabnešini / اسم. **retreat, withdrawal**

عقب‌نشینی کردن to retreat, to withdraw

عقد / aqd / اسم. **contract**

عقدِ ازدواج marriage contract

عقد کردن to perform a marriage service

عقده (روان) / oqde / اسم. **complex**

عقرب (جانور) / aqrab / اسم. **scorpion**

عقربه / aqrabe / اسم. **pointer, [clock] hand**

عقل / aql / اسم. **wisdom, reason ; intellect**

عقلی / aqli / صفت. **rational**

عقیده / aqide / اسم. **opinion ; belief, faith**

عقیده داشتن to believe

عـقیم / aqim / صفت. **sterile, barren**

عکّاس / akkās / اسم. **photographer**

عکّاسی / akkāsi / اسم. **photography**

عکس / aks / اسم. **photograph, picture**

عکسِ پرسنلی passport photo

عکس گرفتن to photograph, to take a picture

عکس‌العمل / aksol`amal / اسم. **reaction**

عکس‌العمل نشان دادن to react to sb / sth

علاج / alāj / اسم. **cure, remedy**

علاج کردن to cure, to remedy

علاج‌ناپذیر / alājnāpazir / صفت. **incurable**

علاقه / alāqe / اسم. **attachment, interest**

علاقه داشتن to be attached, to to be fond of

علاقه‌مند / alāqemand / صفت. **interested, attached**

علامت / alāmat / اسم. **sign, mark, indication; signal**

علامت دادن to signal

علامت گذاشتن to mark

علّت / ellat / اسم. **cause; reason; defect**

علف / alaf / اسم. **grass, weed, herb**

علفِ هرز weed

عِلم / elm / اسم. **science; knowledge**

عِلمی / elmi / صفت. **scientific**

علناً / alanan / قید. **openly, publicly**

علنی / alani / صفت. **open, public**

محاکمهٔ علنی a public trial

علوم / olum / اسم. **sciences, scientific disciplines**

علومِ انسانی humanities

علی‌الحساب / alalhesāb / قید. **on account**

علیل / alil / صفت. **infirm, in a poor state of health**

عمّامه / ammāme / اسم. **turban**

عمد / amd / اسم. **intention, resolution**

عمداً / amdan / قید. **deliberately, intentionally, on purpose**

عمدتاً / omdatan / قید. **chiefly, mainly**

عمده / omde / صفت. **chief, main, major**

عمدی / amdi / صفت. **intentional, deliberate**

عمر / omr / اسم. **lifetime, life**

عمر کردن to live (for so many years)

عمران / omrān / اسم. **construction, building; civil; engineering**

مهندسِ عمران civil engineer
عمق / omq / اسم. **depth**
عمل / amal / اسم. **act, action ; deed ; [med] operation**
در عمل in practice
عملِ جرّاحی operation
عمل کردن to act, to perform, to practise ; to perfor surgery
عملاً / amalan / قید. **practically, in practice**
عمله / amale / اسم. **construction worker**
عملی / amali / صفت. **practical, practicable**
عمو / amu / اسم. (paternal) **uncle**
دختر عمو، پسر عمو، عموزاده cousin
عمودی / amudi / صفت. **vertical, perpendicular**
عموم / ûmum / اسم. **everybody, the public**
عموماً / ûmuman / قید. **generally, in general**
عمومی / ûmumi / صفت. **general, public**
عمّه / amme / اسم. (paternal) **aunt**
دختر عمّه، پسر عمّه، عمّه‌زاده cousin
عمیق / amiq / صفت. **deep, profound**
عمیقاً / amiqan / قید. **profoundly, deeply**
عنصر / onsor / اسم. **element ; agent**
عنکبوت (حشره) / ankabut / اسم. **spider**
عنوان / onvān / اسم. **title ; heading, headline**
عوارض / avārez / اسم. [جمعِ عارضه] **charges, taxes, dues**
عوارضِ گمرکی customs duties
عوام / avām / اسم. [جمعِ عامّه] **common people, commoners, plebs**
عوام‌پسند / avāmpasand / صفت. **popular, low-brow**
عوام‌فریبی / avāmfaribi / اسم. **demagogy**
عوض / avaz / اسم. **exchange, substitute**
عوض شدن to change
عوض کردن to exchange
عوضی / avazi / صفت. **wrong ; exchanged**
عو عو (سگ) / ow.ow / اسم. **bark**
عوعو کردن to bark
عهد / ahd / اسم. **promise ; treaty ; age**
عهد بستن to pledge one's word

عهدنامه / ahdnāme / اسم. **treaty, pact**

عهده / ohde / اسم. **undertaking, responsibility ; charge**

بر عهده گرفتن to undertake

عهده‌دار / ohdedār / صفت. **responsible ; charged with** (a task)

عیادت / ayādat / اسم. **visiting a sick person**

عیادت کردن to visit (a sick person)

عیال / ayāl / اسم. **wife**

عیالوار / ayālvār / صفت. **with a large family**

عیب / eyb / اسم. **defect, fault**

عیب گرفتن از to find fault with

عیبجویی / eybjuyi / اسم. **fault-finding**

عید / eyd / اسم. **festive day ; feast**

عیدِ نوروز Nowruz festivities marking the Iranian New Year

عیدی / eydi / اسم. **New Year's gratuity**

عیسوی / isavi / صفت. **Christian**

عیناً / eynan / صفت. **exactly**

عینک / eynak / اسم. **glasses, spectacles**

عینکِ آفتابی sunglasses

غ ، غ

غار / qār / اسم. **cave, cavern**

غارت / qārat / اسم. **plunder, pillage**

غارت‌کردن to plunder, to pillage

غارتگر / qāratgar / اسم. **plunderer**

غاز (پرنده) / qāz / اسم. **goose**

غاصب / qāseb / اسم. **usurper**

غافل / qāfel / صفت. **negligent; unaware**

غافلگیر / qāfelgir / صفت. **caught by surprise**

غافلگیر شدن to be caught by surprise

غافلگیرکردن to surprise sb

غالب / qāleb / صفت. **prevailing; victorious**

غالب شدن to prevail; to triumph

غالباً / qāleban / قید. **frequently, often**

غایب / qāyeb / صفت. **absent, hidden from view**

غایب بودن to be absent

غبار / qobār / اسم. **dust, haze**

غبارآلود / qobārālud / صفت. **dusty, hazy**

غبطه / qebte / اسم. **envy**

غبطه خوردن to envy sb for sth

غدّه (پزشکی) / qodde / اسم. **gland; tumour**

غذا / qazā / اسم. **food; meal**

صورتِ غذا menu

غذا پختن to cook

غذاخوردن to eat

غذادادن to feed

غذایی / qazāyi / صفت. **alimentary, nutritional**

موادِ غذایی foodstuffs, nutrients

غرامت / qarāmat / اسم. **damages, compensation**

غرب / qarb / اسم. **west, the West, Occident**

غربال / qarbāl / اسم. sieve
غربال‌کردن to sift, to sieve
غربت / qorbat / اسم. being away from one's home, exile
غمِ غربت nostalgia, homesickness
غربی / qarbi / صفت. western, Western, west
غرّش / qorreš / اسم. roar
غرض / qaraz / اسم. motive, purpose ; animosity, grudge
غرض ورزی / qarazvarzi / اسم. lack of impartiality
غر غر / qorqor / اسم. grumbling
غر غر کردن to grumble
غرفه / qorfe / اسم. booth, stand
غرق / qarq / اسم. drowning ; sinking
غرق شدن to drown ; to sink [*vi*]
غَرق‌کردن to sink, to submerge [*vt*]
غروب / qûrub / اسم. setting, going down below the horizon ; sunset
غروبِ آفتاب sunset
غروب‌کردن to set
غرور / qûrur / اسم. pride, vanity
غریب / qarib / صفت. strange ; exotic

غریبه / qaribe / اسم. stranger, foreigner
غرّیدن / qorridan / مصدر. to roar
غریزه / qarize / اسم. instinct
غریزی / qarizi / صفت. instinctive
غزال (جانور) / qazāl / اسم. gazelle
غزل / qazal / اسم. a sonnet
غسل / qosl / اسم. ablutions
غسلِ تعمید baptism
غسل‌کردن to perform one's ablutions
غش / qaš / اسم. fainting ; epileptic fit
غش‌کردن to faint ; to have a fit
غصّه / qosse / اسم. sorrow, sadness, grief
غصّه خوردن to grieve, to feel sad
غصّه‌دار / qossedār / صفت. sorrowful, grief-stricken
غضب / qazab / اسم. wrath, anger, rage
غضبناک / qazabnāk / صفت. angry, wrathful
غفلت / qeflat / اسم. negligence, neglect
غفلت‌کردن to neglect
غلات / qallāt / اسم. [جمعِ غلّه] grains, cereals

غـلام / qolām / اسم. **slave; servant**

غلبه / qalabe / اسم. **triumph, prevailing upon**

غلبه‌کردن to prevail, to triumph

غلتاندن / qaltāndan / مصدر. **to roll** [*vt*]

غلتک / qaltak / اسم. **roller**

غلتیدن / qaltidan / مصدر. **to roll** [*vi*]

غلط / qalat / اسم.، صفت. 1. [*n*] **mistake, error, fault** 2. [*adj*] **erroneous, faulty**

غلط‌کردم! I am sorry; I was wrong!

غلط‌کردن to make a mistake

غلط گیری / qalatgiri / اسم. **proof-reading**

غلظت / qelzat / اسم. **density; viscosity**

غلو کردن / qolov kardan / مصدر. **to exaggerate**

غلّه / qalle / اسم. **grain, cereal, corn**

غلیظ / qaliz / صفت. **dense; viscous; thick**

غم / qam / اسم. **sorrow, grief**

غم‌انگیز / qamangiz / صفت. **sad, sorrowful**

غمگین / qamgin / صفت. **sad, unhappy**

غمگین شدن to become sad; to become depressed

غنچه / qonče / اسم. **bud**

غـنی / qani / صفت. **rich, wealthy**

غنیمت / qanimat / اسم. **booty, spoil(s)**

غوّاص / qavvās / اسم. **diver**

غوّاصی / qavvāsi / اسم. **diving**

غوطه‌ور / qutevar / صفت. **submerged**

غوطه‌ور شدن to plunge in water

غـوغا / qowqā / اسم. **uproar, tumult**

غول / qul / اسم. **giant, ghoul**

غول‌پیکر / qulpeykar / صفت. **gigantic**

غیابی (محاکمه) / qîyābi / صفت. **in absentia**

غیب / qeyb / اسم. **the invisible, things which are hidden from sight**

عالَمِ غیب the invisible world

غیب شدن to disappear, to vanish

غیبت / qeybat / اسم. **absence; gossip**

غیبت کردن (مدرسه)
to be absent from class
غیبت کردن
to gossip
غیبگو / qeybgu / اسم.
oracle, diviner
غیبی / qeybi / صفت.
occult; invisible
غیر / qeyr / اسم.، قید.
1. [*n*] **the uninitiated, strangers**
2. [*adv*] **other, another**
به غیر از
other than, except
غیرارادی / qeyre'erādi / صفت.
involuntary
غیرانتفاعی / qeyre'entefā'i / صفت.
non-profit-making, non-profit

مدرسهٔ غیرانتفاعی
a private school
غیربهداشتی / qeyrebehdāšti / صفت.
insanitary
غیرت / qeyrat / اسم.
zeal, jealousy
غیرضروری / qeyrezaruri / صفت.
unnecessary
غیرعادی / qeyre'ādi / صفت.
unusual
غیرقانونی / qeyreqānuni / صفت.
illegal, illicit
غیرمنتظره / qeyremontazere / صفت.
unexpected, abrupt
غیرواقعی / qeyrevāqe'i / صفت.
unreal, imaginary

ف ، ف

فاتح / fāteh / صفت، اسم.
1. [*adj*] **victorious, triumphant**
2. [*n*] **conqueror**

فاتحانه / fātehāne / قید.
triumphantly

فاجعه / fāje`e / اسم. **disaster, calamity, tragedy**

فاحش / fāheš / صفت. **obscene; blatant**

فاحشه / fāheše / اسم. **prostitute**

فارسی / fārsi / اسم، صفت.
1. [*n*] **Persian, Farsi**
2. [*adj*] **Persian, Persian-language**
ادبیاتِ فارسی Persian literature

فارغ / fāreq / صفت. **free, disengaged, relieved**

فارغ‌التّحصیل / fāreqottahsil / اسم.
graduate
فارغ‌التحصیل شدن to graduate

فاز / fâz / اسم. **phase**

فاسد / fāsed / صفت. **corrupt; rotten, decayed**
فاسد شدن to go bad, to rot, to decay
فاسد کردن to corrupt

فاش / fāš / صفت. **frank, open**
فاش کردن to divulge, to reveal

فاصله / fāsele / اسم. **distance; space; interval**

فاضل / fāzel / صفت. **erudite, learned**

فاضلاب / fāzelāb / اسم. **sewage**
مجرای فاضلاب sewer

فاعل / fā`el / اسم. **doer, agent**

فاقِد / fāqed / صفت. **devoid of, lacking**

فاکتور / fâktor / اسم. **invoice**

فاکس / fâks / اسم. **fax machine; a message transmitted by fax**
فاکس کردن to fax

فال / fāl / اسم. **augury, omen; lot**
فال گرفتن to have one's fortune told

فالگیر / fālgir / اسم. **fortune-teller**

فامیل / fāmil / اسم. **family; relative**

فانوس / fānus / اسم. **lantern**

فانوسِ دریایی lighthouse

فانی / fāni / صفت. **mortal, transient**

فایده / fāy(e)de / اسم. **profit, benefit; use**

بی‌فایده useless

فتح / fath / اسم. **conquest, victory**

فتح کردن to conquer, to overcome

فتنه / fetne / اسم. **sedition, mutiny**

فتنه‌انگیز / fetne`angiz / صفت. **seditious**

فتوا / fatvā / اسم. **religious edict**

فتوا دادن to issue a religious decree

فتوکپی / fotokopi / اسم. **photocopy**

فتیله / fetile / اسم. **wick**

فجر / fajr / اسم. **dawn, daybreak**

فجیع / faji` / صفت. **tragic, heart-rending**

فحّاشی / fahhāši / اسم. **use of foul language, abusiveness**

فحش / fohš / اسم. **foul language, abusive language, curse**

فحش دادن to curse sb; to swear at sb

فخر / faxr / اسم. **pride**

فخر کردن to pride oneself

فداکار / fadākār / صفت. **self-sacrificing, devoted**

فداکاری / fadākāri / اسم. **self-sacrifice**

فدایی / fadāyi / اسم. **devotee**

فر / fer / اسم. **oven; curling-iron**

فراخ / farāx / صفت. **wide, broad, large**

فراخور / farāxor / صفت. **suitable for**

فرار / farār / اسم. **escape, flight**

فرار کردن to escape, to flee, to run away

فراری / farāri / صفت. **fugitive, runaway**

فراغت / farāqat / اسم. **leisure**

اوقاتِ فراغت leisure time, spare time

فراق / farāq / اسم. **separation**

فراگیر / farāgir / صفت. **comprehensive, all-embracing**

فراماسون / f(e)râmâson / اسم. **Freemason**

فراموشکار / farāmuškār / صفت. **forgetful**

فراموش کردن / farāmuš kardan / مصدر. **to forget**

فراموشی / farāmuši / اسم.
forgetfulness, oblivion ;
[med] **amnesia**
فراوان / farāvān / صفت.
abundant, plentiful
فراوانی / farāvāni / اسم.
abundance, plenty
فراورده / farāvarde / اسم.
product, produce
فراورده‌هایِ صنعتی
industrial products
فراهم / farāham / صفت.
available, at hand
فراهم‌کردن to prepare, to bring together, to assemble
فربه / farbe(h) / صفت.
fat, overweight
فرجام / farjām / اسم.
end, conclusion
فرچه / ferče / اسم. **shaving brush**
فرح‌بخش / farahbaxš / صفت.
cheering, exhilarating
فرخنده / farxonde / صفت.
auspicious, happy
فرد / fard / اسم.، صفت.
1. [*n*] **individual, person**
2. [*adj*] **single, sole**; [math] **odd**
فردا / fardā / اسم.، قید.
1. [*n*] **tomorrow ; future**
2. [*adv*] **tomorrow**
فردایِ آن روز the next day
فردی / fardi / صفت. **individual, personal**
فرز / ferz / صفت. **agile, nimble, swift**
فرزند / farzand / اسم. **child, son or daughter**
فرزندخوانده / farzandxānde / اسم.
adopted son or daughter
فرسایش / farsāyeš / اسم.
erosion, wearing out
فرستادن / ferestādan / مصدر.
to send, to dispatch
فرستاده / ferestāde / اسم.، صفت.
1. [*n*] **emissary, messenger**
2. [*adj*] **sent**
فرستنده / ferestande / اسم.
sender; (radio) **transmitter**
فرسودگی / farsudegi / اسم.
wear, weariness
فرسودن / farsudan / مصدر.
to wear (out); to make weary
فرسوده / farsude / صفت.
worn-out, weary, spent
فرش / farš / اسم. **carpet, rug ; flooring**
فرش‌کردن to cover with carpets ; to pave
فرشته / ferešte / اسم. **angel**
فرصت / forsat / اسم.
opportunity ; occasion ; free time

فرصت‌کردن to find the time and opportunity for sth

فرصت‌طلب (سیاست) / forsat.talab / اسم. **opportunist**

فرض / farz / اسم. **assumption, supposition**

فرض‌کردن to asssume, to suppose

فرضاً / farzan / قید. **supposedly, supposing, hypothetically**

فرضی / farzi / صفت. **hypothetical, supposed**

فرضیّه / farziyye / اسم. **hypothesis, theory**

فرع / far\`/ اسم. **secondary part(s), minor part(s), branch(es) ; [fin] interest**

فرعی / far\`i / صفت. **secondary, subordinate, minor**

خیابانِ فرعی side-street

فرفری (مو) / ferferi / صفت. **curly**

فرق / farq / اسم. **difference, distinction**

فرقِ سر parting (of the hair)

فرق داشتن to differ

فرق گذاشتن to differentiate

فرقه / ferqe / اسم. **sect**

فرم / form / اسم. **form, figure ; application form**

لباسِ فرم uniform

فرمان / farmān / اسم. **command ; order**

فرمان (خودرو) steering-wheel, wheel

فرمان دادن to command, to order

فرماندار / farmāndār / اسم. **governor**

فرماندارِ کلّ Governor-General

فرمانده / farmānde(h) / اسم. **commander**

فرمایش / farmāyeš / اسم. **command ; order**

فرمودن / farmudan / مصدر. **to order, to bid, to command**

فرمول / formul / اسم. **formula**

فرو بردن / fûrubordan / مصدر. **to dip, to plunge**

فروپاشی / fûrupāši / اسم. **collapse, disintegration**

فروتن / fûrutan / صفت. **modest, humble**

فروتنی / fûrutani / اسم. **modesty, humility**

فروختن / fûruxtan / مصدر. **to sell**

فروخته / fûruxte / صفت. **sold**

فرود / fûrud / اسم. **descent; landing**

فرود آمدن to descend, to land

فرودگاه / fûrudgāh / اسم. **airport, airfield**
باندِ فرودگاه runway

فرو رفتن / fûruraftan / مصدر. **to sink, to plunge** [*vi*]

فروش / fûruš / اسم. **the act of selling sth, sale**
فروش رفتن to be sold

فروشگاه / fûrušgāh / اسم. **store, shop**
فروشگاهِ بزرگ department store

فروشنده / fûrušande / اسم. **seller, vendor, salesperson, salesman**
فروشندهٔ دوره‌گرد peddler, hawker

فروشی / fûruši / صفت. **for sale, on sale**

فرو کردن / fûrukardan / مصدر. **to dip, to stick in**

فرهنگ / farhang / اسم. **culture; dictionary**
فرهنگِ مردم folklore

فرهنگی / farhangi / صفت.، اسم. 1. [*adj*] **cultural** 2. [*n*] **a teacher, an educator**

فریاد / faryād / اسم. **cry, shout, yell**
فریاد زدن، فریاد کشیدن to cry, to shout, to yell

فریب / farib / اسم. **deceit, deception**
فریب خوردن to be deceived
فریب دادن to deceive sb

فریبنده / faribande / صفت. **deceptive; charming**

فریزر / fîrizer / اسم. **freezer**

فساد / fasād / اسم. **corruption, decay; sedition**

فسخ کردن / fasx kardan / مصدر. **to annul, to cancel**

فسیل / fosil / اسم. **fossil**

فشار / fešār / اسم. **pressure, push; stress**
تحتِ فشار pressurized
فشارِ روحی stress
فشار دادن to push, to press

فشرده / fešorde / صفت. **compressed, condensed; intensive**

فشنگ / fešang / اسم. **cartridge**

فصل / fasl / اسم. **season; [books] chapter**

فصیح / fasih / صفت. **eloquent, fluent**

فضا / fazā / اسم. **space, area, room; outer space**
فضایِ لایتناهی the infinite space

فضاپیما / fazāpeymā / اسم. **spacecraft, spaceship**

فضانورد / fazānavard / اسم.
astronaut, spaceman, spacewoman

فضایی / fazāyi / صفت.
pertaining to outer space, spatial

فضول / fûzul / صفت.
nosey, nosy, meddlesome
آدمِ فضول a busybody, a Nosey Parker

فضولی / fûzuli / اسم.
meddling, interfering
فضولی کردن to meddle, to interfere

فطری / fetri / صفت. **innate, inborn**

فعّال / fa`āl / صفت. **active, energetic**

فعّالیّت / fa`āliyyat / اسم. **activity**

فعل / fe`l / اسم. **action;** [gram] **verb**

فعلاً / fe`lan / قید. **at present, for the time being**

فعلی / fe`li / صفت. **present, actual**

فقدان / foqdān / اسم. **loss, bereavement**

فقر / faqr / اسم. **poverty, destitution**

فقط / faqat / قید. **only, merely, solely, just**

فقیر / faqir / صفت.، اسم.
1. [*adj*] **poor, needy**
2. [*n*] **beggar, pauper**

فکاهی / fokāhi / صفت.، اسم.
humorous

فکر / fekr / اسم. **thought, idea**
فکر کردن to think, to cogitate

فلاسک / f(e)lâsk / اسم.
thermos bottle, vacuum flask

فلان / folān / اسم. **so and so**

فلج (پزشکی) / falaj / اسم.، صفت.
1. [*n*] **paralysis** 2. [*adj*] **paralysed, crippled**
فلجِ اطفال poliomyelitis, polio
فلج کردن to cripple, to paralyse

فلز / felez(z) / اسم. **metal**

فلزّات / felezzāt / اسم. [جمعِ فلز] **metals**

فلزّی / felezzi / صفت. **metallic**

فلسفه / falsafe / اسم. **philosophy**

فلسفی / falsafi / صفت. **philosophical**

فلش / f(e)leš / اسم. **arrow**

فلفل (گیاه) / felfel / اسم. **pepper**
فلفلِ دلمه‌ای bell pepper

فلفل‌دان / felfeldān / اسم. **pepper-shaker**

فلک / falak / اسم. **firmament, heaven, sky**

فن / fan(n) / اسم. **technique, technology**

فن‌آوری / fanāvari / اسم. **technology**

فنا / fanā / اسم. **annihilation, destruction**

فناناپذیر / fanānāpazir / صفت. **immortal, indestructible**

فنجان / fenjān / اسم. **cup**

فنجانِ چایخوری teacup

فندک / fandak / اسم. **lighter**

فنر / fanar / اسم. **spring**

فنری / fanari / صفت. **springy, resilient**

فنّی / fanni / صفت. **technical**

فوّاره / favvāre / اسم. **jet of water**

فوت / fo:t / اسم. **decease, demise; lapse** (of time)

فوت‌کردن to die, to pass away

فوت / fut / اسم. **the act of blowing air out of one's mouth**

فوت‌کردن **to blow**

فوتبال (ورزش) / futbâl / اسم. **football, soccer**

فوران / favarān / اسم. **eruption**

فوراً / fo:ran / قید. **immediately, at once, right away**

فوری / fo:ri / صفت.، قید. 1.[*adj*] **immediate, instantaneous, urgent** 2. [*adv*] **immediately, at once**

تلگرامِ فوری an urgent telegram

فوق / fo:q / صفت. **above, higher than**

فوق‌العاده / fo:qol`āde / صفت. **extraordinary, excellent**

فولاد / fulād / اسم. **steel**

فولادِ ضدِّزنگ stainless steel

فولادی / fulādi / صفت. **made of steel, steel**

فهرست / fehrest / اسم. **index; catalogue; list**

فهم / fahm / اسم. **understanding, comprehension, grasp**

فهماندن / fahmāndan / مصدر. **to make sb understand**

فهمیدن / fahmidan / مصدر. **to understand, to comprehend, to grasp**

فهمیده / fahmide / صفت. **sensible, wise**

آدمِ فهمیده a sensible person

فیبر / fibr / اسم. **fibre, fiber; fibreboard, chipboard**

فیزیک / fizik / اسم. **physics**

فیزیکِ اتمی nuclear physics

فیزیک‌دان / fizikdān / اسم. **physicist**

فیزیکی / fiziki / صفت. **physical**

فیزیولوژی / fiz(î)yoloži / اسم. **physiology**

فیش / fiš / اسم. **index card; bank receipt, slip, ticket**

فیصله / feysale / اسم.
settlement (of a dispute)
to settle a dispute فیصله دادن
فیل (جانور) / fil / اسم. **elephant**
فیلتر / filter / اسم. **filter**
فیلسوف / filsuf / اسم.
philosopher
فیلسوفانه / filsufāne / صفت.، قید.
1. [*adj*] **philosophical**
2. [*adv*] **philosophically**
فیلم / film / اسم. **film, movie; roll-film**
فیلمبرداری / filmbardāri / اسم.
shooting (a film), **filming**
to shoot, to film فیلمبرداری کردن
فیلمساز / filmsāz / اسم.
film-maker
فیلمنامه / filmnāme / اسم.
film-script, script
فینال (ورزش) / finâl / اسم.، صفت.
1. [*n*] **finals** 2. [*adj*] **final**
فین کردن / fin kardan / مصدر.
to blow one's nose
فیوز (برق) / fîyuz / اسم. **fuse**
fuse-box جعبه فیوز

ق، ق

قائم / qā`em / صفت. **standing, upright, vertical**
زاویهٔ قائمه right angle

قاب / qāb / اسم. **frame; case**
قاب‌کردن to frame

قابل / qābel / صفت. **capable, qualified**
قابلِ قبول acceptable
غیرقابلِ‌قبول unacceptable

قابلیّت / qābeliyyat / اسم. **ability, capability**
قابلیّتِ انعطاف flexibility

قاپیدن / qāpidan / مصدر. **to snatch sth from sb**

قـاتل / qātel / اسم. **murderer, killer**

قاچ / qāč / اسم. **slice**
یک قاچ خربزه a slice of melon
قاچ‌کردن to slice

قاچاق / qāčāq / صفت. **smuggled, contraband**
اجناسِ قاچاق smuggled goods

قاچاقچی / qāčāqči / اسم. **smuggler, bootlegger**

قاچاقی / qāčāqi / قید. **clandestinely**

قادر / qāder / صفت. **able, capable; powerful, mighty**
قادر بودن to be able to

قارچ (گیاه) / qārč / اسم. **mushroom; fungus**

قارّه (جغرافیا) / qārre / اسم. **continent**

قارّه‌پیما (موشک) / qārrepeymā / اسم. **intercontinental**

قاشق / qāšoq / اسم. **spoon**
به‌اندازهٔ یک قاشق a spoonful
قاشقِ غذاخوری tablespoon

قاصد / qāsed / اسم. **messenger, courier**

قاضی / qāzi / اسم. **judge**

قاطر (جانور) / qāter / اسم. **mule**

قاطع / qāte` / صفت. **decisive; categorical**

قاطعیَّت / qāte'iyyat / اسم. **decisiveness**
 با قاطعیّت decisively
قاعدتاً / qā`edatan / قید. **as a rule, normally**
قاعده / qā`ede / اسم. **rule, method; [geom] base**
 با قاعده regular
 بی‌قاعده irregular
قافله / qāfele / اسم. **caravan**
قافیه (شعر) / qāfiye / اسم. **rhyme, rime**
قال / qāl / اسم. **a goldsmith's crucible, melting pot**
 قال گذاشتن to keep sb waiting
قالب / qāleb / اسم. **mould, mold; model, form**
 قالب گرفتن to prepare a mould from sth
قالپاق (خودرو) / qâlpâq / اسم. **hubcap(s)**
قالی / qāli / اسم. **carpet**
 قالی بافتن to weave a carpet
قالیباف / qālibāf / اسم. **carpet-weaver**
قالیچه / qāliče / اسم. **rug, small carpet**
قانع / qāne` / صفت. **contented; convinced**
 قانع شدن to be convinced
 قانع کردن to convince sb
قانون / qānun / اسم. **law, statute, code**
 قانونِ اساسی the constitution
قانوناً / qānunan / قید. **legally**
قانونی / qānuni / صفت. **legal, statutory**
 غیرقانونی illegal, illicit
قایق / qāyeq / اسم. **boat, canoe**
 قایقِ موتوری motor-boat
قایم / qāyem / صفت. **secure, firm; hidden**
 قایم شدن to hide [*vi*]
 قایم کردن to conceal, to hide [*vt*]
قبر / qabr / اسم. **grave, tomb**
 سنگِ قبر tombstone
قبرستان / qabrestān / اسم. **graveyard, cemetery**
قبض / qabz / اسم. **voucher, receipt, bill**
قبل / qabl / قید.، صفت.
1. [*adv*] **ago, before**
2. [*adj*] **previous, preceding**
 قبل از before
قبلاً / qablan / قید. **previously, before**
قبلی / qabli / صفت. **previous, former**

قبول / qabul / اسم. **acceptance; agreement**
قبول شدن (امتحان) to pass an exam
قبول کردن to accept, to acknowledge

قبیل / qabil / اسم. **kind, type, sort**
از این قبیل of this sort

قبیله / qabile / اسم. **tribe, clan**

قتل / qatl / اسم. **murder, killing, homicide**
قتلِ عام massacre
به قتل رساندن to murder sb

قحطی / qahti / اسم. **famine**

قد / qad(d) / اسم. **height, stature**

قدر / qadr / اسم. **worth, value; amount**
آنقدر so much, as much
چقدر؟ How much/long?
قدری not much, a little

قدرت / qodrat / اسم. **strengh, power**
قدرتِ خرید purchasing power

قدرتمند / qodratmand / صفت. **powerful, strong**

قدردانی / qadrdāni / اسم. **appreciation, gratitude**
قدردانی کردن to express one's appreciation

قدم / qadam / اسم. **step, pace**
قدم به قدم step by step
قدم زدن to go for a walk

قدّیس / qeddis / اسم. **a holy man, saint**

قدیم / qadim / صفت. **old, ancient**

قدیمی / qadimi / صفت. **old, old-fashioned**

قرآن / qorān / اسم. **the Holy Koran, the Qur'an**

قرائت / qarā\`at / اسم. **reading**

قرار / qarār / اسم. **rest, repose; verbal agreement; appointment**
بی‌قرار restless
قرار دادن to put, to place
قرار گذاشتن to make an appointment
قرار گرفتن to come to rest

قرارداد / qarārdād / اسم. **contract, agreement**

قراضه / qorāze / صفت. **dilapidated, scrapped**
آهنِ قراضه scrap iron

قربان / qorbān / اسم. **sacrifice, offering**
بله قربان! Yes, sir!
عیدِ قربان Feast of the Sacrifice

قربانی / qorbāni / اسم. **sacrifice; victim**

قربانی کردن to sacrifice

قرص [1] / qors / اسم. **pill, tablet**

قرصِ نان loaf of bread

قرص [2] / qors / صفت. **firm, strong, solid**

قرض / qarz / اسم. **debt, loan**

قرض دادن to lend, to loan sth to sb

قرض گرفتن to borrow sth from sb

قرعه / qor`e / اسم. **lot**

قرعه کشیدن to draw lots

قرعه کشی / qor`ekeši / اسم. **lottery, drawing lots**

قرمز / qermez / صفت. **red, crimson**

قرمزی / qermezi / اسم. **redness**

قرن / qarn / اسم. **century**

قرنِ بیست ویکم the 21st century

قریباً / qariban / قید. **shortly, in the near future, soon**

قریحه / qarihe / اسم. **natural talent**

قرینه / qarine / اسم.، صفت.

1. [*n*] **symmetry; analogy**
2. [*adj*] **symmetrical, symmetric**

قریه / qar(i)ye / اسم. **village**

قساوت / qesāvat / اسم. **cruelty**

قسط / qest / اسم. [جمعِ اقساط] **instalment, installment**

اقساطِ ده ماهه ten monthly instalments

قسطبندی / qestbandi / اسم. **arranging to pay in instalments**

قَسَم / qasam / اسم. **oath**

قسم خوردن to take an oath, to swear

قِسم / qesm / اسم. **kind, sort**

قسمت / qesmat / اسم. **part, portion; share; section; destiny**

قسمت کردن to divide

قشنگ / qašang / صفت. **pretty, handsome**

قصّاب / qassāb / اسم. **butcher**

قصّابی / qassābi / اسم. **butchery; butcher's**

قصاص (اسلام) / qesās / اسم. **punishment meted out according to the law of retaliation**

قصاص کردن to punish in exact measure to the crime

قصد / qasd / اسم. **intention, purpose**

قصد داشتن to intend to do sth

قصر / qasr / اسم. **palace**

قصّه / qesse / اسم. **fable, tale, story**

قصّهٔ جن و پری fairy tale

قصّه گو / qessegu / اسم. **storyteller**

قضاوت / qezāvat / اسم. **judgement**

قضاوت کردن to judge sb, to act as a judge

قطار / qatār / اسم. **train**

قطارِ راه‌آهن railway train

قطب / qotb / اسم. **pole**

قطب‌نما / qotbnemā / اسم. **compass**

قطبی / qotbi / صفت. **polar**

قطر / qotr / اسم. **diameter; thickness**

قطره / qatre / اسم. **drop**

یک قطره آب a drop of water

قطع / qat\` / اسم. **cutting off, severance, breaking off; interruption**

قطعِ عضو amputation

قطع کردن to cut, to break off, to sever

قطعاً / qat\`an / قید. **certainly, surely**

قطعنامه / qat\`nāme / اسم. **resolution**

قطعه / qet\`e / اسم. **piece, bit; patch; component, spare part**

یک قطعه زمین a piece of land, a plot

قطعی / qat\`i / صفت. **definite, final**

قفس / qafas / اسم. **cage, coop**

قفسه / qafase / اسم. **cupboard, shelf, cabinet**

قفل / qofl / اسم. **lock, padlock**

قفل کردن to lock

قفل‌ساز / qoflsāz / اسم. **locksmith**

قلّاب / qollāb / اسم. **hook**

قلّابِ ماهیگیری fish-hook

قلّابی / qollābi / صفت. **fake, phoney; inferior**

قلب / qalb / اسم. **heart; centre**

قلباً / qalban / قید. **heartily, cordially**

قلبی / qalbi / اسم. **cordial, heartfelt**

تشکّراتِ قلبی heartfelt thanks

قلّت / qellat / اسم. **shortage, scarcity**

قلدر / qoldor / اسم.، صفت.
1. [*n*] **bully** 2. [*adj*] **tough, strong**

قلعه / qal\`e / اسم. **castle, fort**

قلم / qalam / اسم. **pen**

قلمِ خودنویس fountain-pen

قلمرو / qalamrow / اسم. **realm, territory**

قلم‌مو / qalam.mu / اسم. **paintbrush, brush**

قلّه / qolle / اسم. **peak, summit, top**

قلیایی / qalyāyi / صفت. **alkaline**

قمار / qomār / اسم. **gamble, gambling**

قمار کردن to gamble

قمارباز / qomārbāz / اسم. **gambler**
قمر (نجوم) / qamar / اسم. **moon**
قمری / qamari / صفت. **lunar**
سالِ قمری lunar year
قنّاد / qannād / اسم. **confectioner**
قنّادی / qannādi / اسم. **confectionery, confectioner's**
قناری (پرنده) / qanāri / اسم. **canary**
قناعت / qanā`at / اسم. **contentment**
قناعت‌کردن به to content oneself to
قند / qand / اسم. **lump sugar, loaf sugar**
مرضِ قند (پزشکی) diabetes
قوا / qovā / اسم. [جمعِ قوّه] **forces**
قوت / qut / اسم. **nourishment**
قوّت / qovvat / اسم. **strength; energy; force**
قورباغه (جانور) / qurbāqe / اسم. **frog**
قوری / quri / اسم. **teapot**
قوز / quz / اسم. **hump**
قوزکردن to hunch
قوزک / quzak / اسم. **ankle**
قوزی / quzi / اسم. **hunchback**
قوس / qows / اسم. **arc; arch; curve**
قوطی / quti / اسم. **box, can, tin**
قوطیِ کبریت a box of matches
قول / qowl / اسم. **promise, word**
قولِ شرف word of honour
قول‌دادن to promise
قولنامه / qowlnāme / اسم. **letter of intent**
قوم / qo:m / اسم. **ethnic group, people, nation**
قوم‌وخویش‌ها one's relatives
قوّه / qovve / اسم. **strength, energy, power; battery**
قوی / qavi / صفت. **strong, powerful**
قهر / qahr / اسم. **wrath, anger; violence**
قهربودن not to be on speaking terms with sb
قهرمان / qahramān / اسم. **hero, champion**
قهرمانی / qahramāni / اسم. **championship**
قهوه / qahve / اسم. **coffee**
قهوهٔ تُرک Turkish coffee
قهوه‌ای / qahve`i / صفت. **brown**
قِی / qey / اسم. **vomiting**
قِی‌کردن to vomit
قیافه / qîyāfe / اسم. **physiognomy, face, appearance**
قیام / qîyām / اسم. **uprising, insurrection**

قیام‌کردن to rise up against, to revolt

قیامت / qîyāmat / اسم. **resurrection**

روزِ قیامت Day of Resurrection, Judgement Day

قیچی / qeyči / اسم. (a pair of) **scissors**

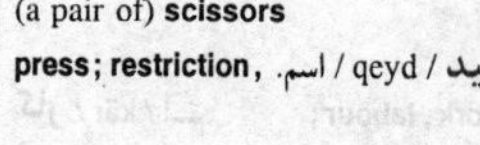

قید / qeyd / اسم. **press; restriction, stipulation; [gram] adverb**

قیر / qir / اسم. **pitch, bitumen**

قیف / qif / اسم. **funnel**

قیِّم / qayyem / اسم. **guardian**

قیمت / qeymat / اسم. **price, cost**

قیمت داشتن to cost

قیمت‌کردن to price

قیمتی / qeymati / صفت. **costly, expensive**

ک، ک

کائوچو / kâ`ûčû / اسم. **rubber, India rubber**

کاباره / kâbâre / اسم. **cabaret**

کابل / kâbl / اسم. **cable**

کابلِ برق electric cable

کابوس / kābus / اسم. **nightmare**

کابین / kābin / اسم. **cabin**

کابینت / kâbinet / اسم. **cabinet, cupboard**

کابینتِ آشپزخانه kitchen cabinet

کاپوت / kâput / اسم. [car] **bonnet, hood**; [hyg] **condom**

کاتالگ / kâtâlog / اسم. **catalogue, catalog**

کاج (گیاه) / kāj / اسم. **pine**

کاخ / kāx / اسم. **palace**

کادر / kâdr / اسم. **frame; cadres; staff**

کادو / kâdo / اسم. **gift, present**

کادویی / kâdoyi / صفت. **suitable as a gift, presentable**

فروشگاهِ اجناس کادویی gift shop

کار / kār / اسم. **work, labour; job, affair, business; employment**

کار و کاسبی business

به کار انداختن to operate

کار کردن to work, to serve, to run

کارآگاه (پلیس) / kārāgāh / اسم. **detective**

کارآمد / kārāmad / صفت. **skilful, skillful, proficient**

کارآموز / kārāmuz / اسم. **trainee, intern, novice**

کارآموزی / kārāmuzi / اسم. **training**

کاراته (ورزش) / kârâte / اسم. **karate**

کارایی / kārāyi / اسم. **efficiency**

کاربرد / kārbord / اسم. **application**

کاربوراتور (موتور) / kârborâtor / اسم. **carburettor, carburetor**

کارپردازی / kārpardāzi / اسم. **the supply department**

کارت / kârt / اسم. card
کارتِ زرد (فوتبال) yellow card
کارتِ شناسایی identity card (ID)
کارت پستال / kârtpostāl / اسم. postcard
کارتن / kârton / اسم. carton
یک کارتن سیگار a carton of cigarettes
کارتون (سینما) / kârton / اسم. cartoon
کارخانه / kārxāne / اسم. factory, plant, mill
کارخانهٔ فولادسازی steel mill
کارد / kārd / اسم. knife
کارد و چنگال knife and fork
کاردان / kârdân / صفت، اسم.
1. [*adj*] skilful, skillful,
2. [*n*] a skilled person
کارشکنی / kāršekani / اسم. obstruction, sabotage
کارشناس / kāršenās / اسم. expert
کارشناسی / kāršenāsi / اسم. expertise
کارفرما / kārfarmā / اسم. employer
کارکرده / kārkarde / صفت. used, not brand-new
کارکشته / kārkošte / صفت. very experienced, seasoned, veteran

کارکنان / kārkonān / اسم. [جمعِ کارکن] personnel, staff; crew
کارگاه / kārgāh / اسم. workshop, atelier
کارگر / kārgar / اسم. worker, labourer; daily servant
کارگردان (سینما/تئاتر) / kārgardān / اسم. director
کارگزینی / kārgozini / اسم. personnel department
کارمند / kārmand / اسم. employee, staff-member, white-collar worker
کارنامه / kārnāme / اسم. report card
کارناوال / kârnâvâl / اسم. carnival
کاروان / kār(e)vān / اسم. caravan
کاروان‌سرا / kār(e)vānsarā / اسم. caravanseray
کاریکاتور / kârikâtor / اسم. caricature, cartoon
کاریکاتوریست / kârikâtorist / اسم. cartoonist
کاسب / kāseb / اسم. trader, shopkeeper, store-keeper
کاسبی / kāsebi / اسم. business, trade
کاست (نوار) / kâset / اسم. cassette
کاستن / kāstan / مصدر. to decrease, to reduce; to deduct
کاسه / kāse / اسم. bowl

کاسهٔ زانو knee-cap

کاش / kāš / صوت. **I wish... ; Oh that**

کاشتن / kāštan / مصدر. **to plant, to sow seeds, to cultivate land**

کاشف / kāšef / اسم. **discoverer ; explorer**

کاشی / kāši / اسم. **glazed tile**

کاشیکاری / kāšikāri / اسم. **tilework, tiling**

کاشیکاری کردن to tile, to cover with tiles

کاغذ / kāqaz / اسم. **paper ; letter**

کاغذِ باطله waste paper

کاغذی / kāqazi / اسم. **made of paper, pertaining to paper, paper**

کافه / kâfe / اسم. **café**

کافه تریا / kâfeteryâ / اسم. **cafeteria, self-service**

کافی / kāfi / صفت. **sufficient, ample, enough**

کافی بودن to be enough, to suffice

کاکائو / kâkâ`u / اسم. **cocoa**

کال / kāl / صفت. **unripe, green**

کالا / kālā / اسم. **goods, merchandise**

کالباس (غذا) / kâlbâs / اسم. **sausage, salami**

کالبد / kālbod / اسم. **frame, mould ; body ; anatomy**

کالری / kâlori / اسم. **calorie**

کامپیوتر / kâmpiyuter / اسم. **computer**

کامل / kāmel / صفت. **complete, perfect, full**

کامل شدن to be completed

کامل کردن to complete

کاملاً / kāmelan / قید. **completely, perfectly**

کاموا / kâmvâ / اسم. **knitting yarn**

کاموابافی / kāmvâbāfi / اسم. **knitting**

کامیون / kâm(i)yon / اسم. **lorry, truck**

کاناپه / kânâpe / اسم. **sofa, couch ; divan**

کانال / kânâl / اسم. **canal ; [TV] channel**

کانتینر (باربری) / kântiner / اسم. **container**

کاندیدا (سیاست) / kândidâ / اسم. **candidate**

کانون / kānun / اسم. **centre, focal point ; society**

کاه / kāh / اسم. **straw ; chaff**

کاهش / kāheš / اسم. **decrease, reduction**

کاهش دادن to reduce, to decrease [*vt*]

کاهش یافتن to decrease [*vi*]

کاهو (گیاه) / kāhu / اسم. **lettuce**
کاهوِ رسمی romaine lettuce
کباب / kabāb / اسم. **kebab , kabob**
جوجه‌کباب chicken kebab
کباب شدن to be grilled, to be broiled
کباب‌کردن to grill, to barbecue
کباب‌پز / kabābpaz / اسم. **grill, barbecue**
کبد / kabed / اسم. **liver**
کبریت / kebrit / اسم. **matches**
چوب کبریت matchstick
قوطی کبریت matchbox
کبوتر (پرنده) / kabutar / اسم. **pigeon , dove**
کبود / kabud / صفت. **dark blue ; livid**
کپک / kapak / اسم. **mould**
کپک زدن to go mouldy
کپّه / koppe / اسم. **heap, pile**
کپی / kopi / اسم. **copy**
کپی کردن to copy
کُت / kot / اسم. **jacket; coat**
کتاب / ketāb / اسم. **book**
کتابِ جیبی pocketbook
کتابِ درسی textbook
کتابخانه / ketābxāne / اسم. **library ; bookcase**
کتابدار / ketābdār / اسم. **librarian**

کتابفروشی / ketābfûruši / اسم. **bookshop , bookstore**
کتباً / katban / قید. **in writing**
کتبی / katbi / صفت. **written**
کتری / ketri / اسم. **kettle**
کتک / kotak / اسم. **beating, thrashing**
کتک خوردن to get beaten up
کتک زدن to beat up, to give a thrashing to sb
کتک‌کاری / kotak.kāri / اسم. **fight, brawl**
کثافت / kesāfat / اسم. **dirt, filth**
کثرت / kesrat / اسم. **abundance ; plurality ; excess**
کثیر / kasir / اسم. **numerous ; excessive**
کثیف / kasif / صفت. **dirty, filthy**
کثیف شدن to get dirty
کثیف‌کردن to make dirty
کج / kaj / صفت. **crooked, inclined, tilted**
کج شدن to tilt (towards one side)
کج کردن to tip over, to bend
کجا / kojā / قید. **where**
کچاپ / kačāp / اسم. **ketchup, catsup**
کچل / kačal / صفت. **bald**
کد / kod / اسم. **code**

کدِ پُستی postcode, postal code, Zip code

کدام / kodām / قید. which, which one

کدخدا / kadxodā / اسم. headman (of the village)

کدر / keder / صفت. turbid, not clear

کدو (گیاه) / kadu / اسم. squash, pumpkin, marrow

کدورت / kûdurat / اسم. indignation; turbidity

کَر / kar / صفت. deaf, stone-deaf

کراوات / k(e)râvât / اسم. necktie, tie

کرایه / kerāye / اسم. hire, rent; fare

کرایه دادن to let out on hire

کرایه کردن to hire, to rent

کرایه‌ای / kerāye`i / صفت. on hire, hired

کردن / kardan / مصدر. to do, to execute, to perform

کرسی / korsi / اسم. stool, seat, chair

کَرَم / karam / اسم. generosity, munificence

کِرِم (آرایش) / k(e)rem / اسم. cream

کِرمِ پاک‌کننده cleansing cream

کِرْم / kerm / اسم. worm

کروی / koravi / صفت. spherical, globular, round

کُره (هندسه) / kore / اسم. sphere, globe

کُرهٔ زمین the globe, the earth

کَره / kare / اسم. butter

کریم / karim / صفت. generous, munificent

کزاز (پزشکی) / kozāz / اسم. tetanus, lockjaw

کَس / kas / اسم. person; someone, somebody

کسی someone

هرکس everyone, anyone

هیچ‌کس no one, nobody

کساد (بازار) / kesād / صفت. stagnant; dull

کسادی / kesādi / اسم. stagnation, dullness of the market

کسالت / kesālat / اسم. indisposition; boredom

کسالت‌آور / kesālatāvar / صفت. boring, dull

کسب / kasb / اسم. business, trade

کسب‌کردن to acquire, to gain

کسر / kasr / اسم. fraction; deduction

کسرکردن to deduct

کسل / kesel / صفت. **indisposed ; bored**
کسل شدن to become ; indisposed ; to become bored
کسل‌کننده / keselkonande / صفت. **boring ; dull**
کسوف (نجوم) / kûsuf / اسم. **solar eclipse**
کِش / keš / اسم. **elastic, elastic band , rubber band**
کِش آمدن to stretch (like rubber)
کِش دادن to prolong a job
کشاورز / kešāvarz / اسم. **farmer**
کشاورزی / kešāvarzi / اسم. **agriculture , farming**
کشتار / koštār / اسم. **slaughter , killing**
کشتارگاه / koštārgāh / اسم. **slaughterhouse**
کشتزار / keštzār / اسم. **cultivated field(s), farmland**
کشتن / koštan / مصدر. **to kill , to murder , to put to death**
کشته / košte / صفت. **murdered , killed**
کشته شدن to be killed, to get killed
کشتی / kešti / اسم. **ship ; boat , vessel**
کشتیِ مسافری passenger ship
کُشتی (ورزش) / košti / اسم. **wrestling**
کشتی‌رانی / keštirāni / اسم. **shipping , navigation**
کُشتی‌گیر / koštigir / اسم. **wrestler**
کشش / kešeš / اسم. **attraction , pull ; traction**
کشف / kašaf / اسم. **discovery , detection**
کشف شدن to be discovered
کشف کردن to discover
کشمش / kešmeš / اسم. **raisins**
کشمکش / kešmakeš / اسم. **conflict, strife**
کشنده / košande / صفت. **mortal , fatal**
کشو / kešow / اسم. **drawer**
کشور / kešvar / اسم. **country , state**
کشی / keši / صفت. **elastic , stretch**
کشیدگی / kešidegi / اسم. **elongation ; stretch**
کشیدن / kešidan / مصدر. **to pull ; to extract; to elongate ; to stretch; to draw , to sketch**
کشیده / keštide / صفت.، اسم.
1. [*adj*] **elongated , tall**
2. [*n*] **slap** (on the face)

کشیش / kešiš / اسم. **priest, minister, chaplain**

کشیک / kešik / اسم. **guard duty, watch**

افسرِ کشیک officer on duty

کشیک دادن to keep watch, to be on duty

کف[1] / kaf / اسم. **bottom, base; floor**

کفِ اتاق floor

کف زدن to applaud, to clap

کف[2] / kaf / اسم. **foam, froth**

کف کردن to foam, to froth

کفّاش / kaff āš / اسم. **shoemaker**

کفّاشی / kaff āši / اسم. **shoemaking; shoemaker's**

کفایت / kef āyat / اسم. **adequacy, sufficiency**

کفایت کردن to be enough, to suffice

کفپوش / kafpuš / اسم. **floor covering**

کفش / kafš / اسم. **shoe(s)**

کفشِ دمپایی slippers

یک جُفت کفش a pair of shoes

کفیل / kaf il / اسم. **acting head**

کلّ / kol(l) / اسم. **whole, totality**

کلاس (مدرسه) / kelās / اسم. **class, grade; classroom**

کلاسیک / k(e)lâsik / صفت. **classical**

موسیقیِ کلاسیک classical music

کلاغ (پرنده) / kalāq / اسم. **crow**

کلاغِ سیاه rook

کلافه / kalāfe / صفت. **confused, restless**

کلافه شدن to become restless

کلام / kalām / اسم. **word; speech**

کلانتری / kalāntari / اسم. **police station**

کلاه / kolāh / اسم. **hat, cap, helmet**

کلاهِ زنانه ladies' hat

کلاهبردار / kolāhbardār / اسم. **swindler, trickster**

کلاهبرداری / kolāhbardāri / اسم. **swindle, fraud**

کلاه‌خود / kolāhxud / اسم. **helmet**

کلاه گیس / kolāhgis / اسم. **wig**

کلبه / kolbe / اسم. **cottage, hut**

کُلفت / koloft / صفت. **thick**

کلفَت / kolfat / اسم. **maid, housemaid**

کُلفتی / kolofti / اسم. **thickness**

کَلَک / kalak / اسم. **raft; trick**

کَلَک زدن to play a trick

کلکسیون / kol(l)eksîyon / اسم. **collection**

کلم (گیاه) / kalam / اسم. **cabbage**

کلمِ گل cauliflower(s)

کلمه / kalame / اسم. word

کلنگ / kolang / اسم. pick

کلوخ / kûlux / اسم. clod, lump of earth

کلّه (بدن) / kalle / اسم. head

کلّه‌شق / kallešaq(q) / صفت. headstrong, obstinate

کلّه گنده / kallegonde / اسم. bigwig

کلّی / kolli / صفت. whole, general, total

به طورِ کلّی generally speaking

کلید / kilid / اسم. key, switch

کلیدِ چراغ the light switch

کلیدساز / kelidsāz / اسم. locksmith

کلیسا / kîlisâ / اسم. church

کلیمی / kalimi / صفت.، اسم. 1. [*adj*] Jewish 2. [*n*] a Jew

کلینیک (پزشکی) / kîlinik / اسم. clinic

کلیه (بدن) / kolye / اسم. kidney

کلّیّه / kolliyye / صفت. all, whole

کم / kam / صفت. few, little; slight, small

کم‌کم little by little, gradually

کمی a little, a bit, slightly

کم شدن diminish

کم کردن to decrease, to deduct

کمابیش / kamābiš / قید. more or less

کمال / kamāl / اسم. perfection; maturity

کمان / kamān / اسم. bow; arc

کمانی / kamāni / صفت. arched

کمبود / kambud / اسم. shortage, shortfall, deficit

کمپوت (میوه) / komput / اسم. compote

کمتر / kamtar / صفت. less, fewer

کمترین / kamtarin / صفت. least, minimum

کم‌چربی / kamčarbi / صفت. low-fat

رژیمِ کم‌چربی a low-fat diet

کم‌خون / kamxun / صفت. anaemic, anemic

کم‌خونی (پزشکی) / kamxuni / اسم. anaemia, anemia

کمد / komod / اسم. closet, cupboard, wardrobe

کمدی (تئاتر/سینما) / komedi / اسم. comedy

کمر (بدن) / kamar / اسم. waist, loins; belt

کمربند / kamarband / اسم. belt, waist-band

کمردرد (پزشکی) / kamardard / اسم. back ache

کمرنگ / kamrang / صفت. **pale, faint; light**
چایِ کمرنگ weak tea
کمرو / kamru / صفت. **shy, bashful**
کمک / komak / اسم. **help, aid, assistance**
کمک‌های اولیّه first aid
کمک‌کردن to help, to aid, to assist
کمونیست / komonist / اسم. **communist**
کمونیستی / komonisti / صفت. **communist**
کمونیسم (سیاست) / komonism / اسم. **communism**
کمّی / kammi / صفت. **quantitative**
کمیاب / kamyāb / صفت. **rare, scarce**
کمّیّت / kam(m)iyyat / اسم. **quantity**
کمیته / komite / اسم. **committee**
کمین / kamin / اسم. **ambush**
کمین‌کردن to lay in ambush
کنار / kenār / اسم، قید.
1. [*n*] **edge, outer limit, side**
2. [*adv*] **aside, away, off**
درکنارِ beside, by
کنار آمدن to come to terms with

کنارگذاشتن to put away; to set aside
کناره‌گیری / kenāregiri / اسم. **resignation; going into retirement**
کناره‌گیری کردن to resign, to give up a post
کنایه / kenāye / اسم. **innuendo, sarcastic remark**
کنترل / kont(o)rol / اسم. **control; check**
کنترل‌کردن to control, to check
کنجکاو / konjkāv / صفت. **curious, inquisitive**
کنجکاوی / konjkāvi / اسم. **curiosity, inquisitiveness**
کنجکاوی کردن to pry into the affairs of sb else
کند / kond / صفت. **slow, slow-moving; blunt**
کندذهن / kondzehn / صفت. **slow, dull**
کندن / kandan / مصدر. **to dig, to excavate; to take off**
کندو / kandu / اسم. **beehive**
کنده / konde / اسم. **log, stump** (of a tree)
کنده‌کاری (هنر) / kandekāri / اسم **engraving, etching**
کندی / kondi / اسم. **slowness; bluntness**

کنسرت / konsert / اسم. **concert**

کنسرو / konserv / اسم. **tinned / canned good**

کنسول / konsul / اسم. **consul**

سرکنسول consul general

کنسولگری / konsulgari / اسم. **consulate**

کنفرانس / konf(e)râns / اسم. **conference**

کنفرانسِ مطبوعاتی news conference, press conference

کنکور / konkur / اسم. **university entrance exams, any entrance exam**

کنکورِ سراسری nation-wide university entrance exams

کنونی / kûnuni / صفت. **present, actual**

کنیز / kaniz / اسم. **slave girl**

کنیسه / kanise / اسم. **synagogue**

کو / ku / قید. **where**

کوبیدن / kubidan / مصدر. **to knock, to pound, to grind, to crush**

کوبیده / kubide / صفت. **pounded, ground, crushed**

کوپن / kûpon / اسم. **coupon**

کوپه (قطار) / kupe / اسم. **compartment**

کوتاه / kutāh / صفت. **short; low; brief**

کوتاه شدن (لباس) to shrink

کوتاه کردن to shorten

کوتاهی / kutāhi / اسم. **shortness; brevity; neglect**

کوتاهی کردن to neglect what one has to do

کوتوله / kutule / اسم.، صفت. 1. [*n*] **dwarf** 2. [*adj*] **dwarfish, dwarf**

کوچ / kuč / اسم. **migration**

کوچ عشایر migration of the tribes

کوچ کردن to migrate

کوچک / kučak / صفت. **small, little, tiny**

کوچ‌نشین / kučnešin / صفت. **nomadic**

کوچولو / kučulu / اسم. (عامیانه) **tiny, small**

کوچه / kuče / اسم. **alley, lane**

کود (کشاورزی) / kud / اسم. **fertilizer, manure**

کود دادن to fertilize

کودتا (سیاست) / kudetâ / اسم. **coup d'état**

کودک / kudak / اسم. **baby, child**

کودکِ نوزاد infant

کودکانه / kudakāne / صفت.
childish, childlike
کودکستان / kudakestān / اسم.
kindergarten, nursery school
کودکی / kudaki / اسم. **childhood, infancy**
کودن / kowdan / صفت. **dumb, slow-witted, dull**
کور / kur / صفت. **blind, sightless**
کورکورانه / kurkurāne / صفت.، قید.
1. [*adj*] **blind** 2. [*adv*] **blindly**
اطاعتِ کورکورانه blind obedience
کوره / kure / اسم. **furnace, kiln**
کوری / kuri / اسم. **blindness**
کوزه / kuze / اسم. **jar, pitcher**
کوزه‌گر / kuzegar / اسم. **potter**
کوسه (ماهی) / kuse / اسم. **shark**
کوشا / kušā / صفت. **hard-working, diligent**
کوشش / kušeš / اسم. **effort, endeavour; attempt**
کار و کوشش hard work
کوشش کردن to attempt; to try hard
کوشیدن / kušidan / مصدر.
to attempt; to make an effort; to work hard
کوک (خیاطی) / kuk / اسم.
loose stitch
کوک زدن to stitch loosely

کوک کردن (ساز) to tune
کولاک / kulāk / اسم. **blizzard**
کولر / kuler / اسم.
small air-conditioner, cooler
کوله‌پشتی / kulepošti / اسم.
rucksack, backpack
کولی / ko:li / اسم. **gypsy**
کوه / kuh / اسم. **mountain, mount**
کوهِ دماوند Mount Damavand
کوهِ یخ iceberg
کوهستان / kuhestān / اسم.
mountainous country
کوهستانی / kuhestāni / صفت.
mountainous
کوهنورد / kuhnavard / اسم.
mountaineer; climber
کوهنوردی / kuhnavardi / اسم.
mountaineering
کویر / kavir / اسم. **salt desert**
که[1] / ke / حرف اضافه. **that, which, whether**
که[2] / ke / قید. **who, whom**
کهنه / kohne / صفت. **old, worn-out; archaic**
کهنه‌کار / kohnekār / صفت. **veteran**
کِی / key / قید. **when**
از کِی؟ since when?
کی / ki / قید. **who, whom**
کیپ / kip / صفت. **airtight, watertight**

کیسه / kise / اسم. **sack, bag**
کیسهٔ خواب sleeping bag
کیسهٔ زباله trash bag, rubbish bag

کیف / kif / اسم. **bag, purse, briefcase**
کیفِ بغلی wallet
کیفِ پول purse
کیفِ دستی handbag, briefcase

کِیف / keyf / اسم. **intoxication, enjoyment, pleasure**
کِیف‌کردن to enjoy onself

کیفر / keyfar / اسم. **punishment, penalty**

کیفی / keyfi / اسم. **qualitative**

کیفیّت / keyfiyyat / اسم. **quality**

کیک[1] / kak / اسم. **flea**

کِیک[2] / keyk / اسم. **cake**
کیکِ شکلاتی chocolate cake

کیلوگرم / kilug(e)ram / اسم. **kilogramme, kilogram**

کیلومتر / kilumetr / اسم. **kilometre, kilometer**

کیمیا / kimîyā / اسم. **alchemy**

کیمیاگر / kimîyāgar / اسم. **alchemist**

کینه / kine / اسم. **grudge**
کینه به دل داشتن to bear a grudge against sb

کینه‌جو / kineju / صفت. **vengeful**

کیوسک / kîyûsk / اسم. **kiosk, booth**
کیوسکِ تلفن phone booth, phone box

گ، گ

گاراژ / gârâž / اسم.
garage

گارانتی / gârânti / اسم.
guarantee, warranty

گارد / gârd / اسم.
guard ; guards
  guard of honour **گاردِ احترام**

گاری / gāri / اسم.
cart, wagon, waggon

گاز[1] / gāz / اسم.
gas ; fizz ; accelerator, gas pedal
  gas cooker **اجاقِ گاز**
  to step on the gas **گاز دادن**

گاز[2] / gāz / اسم.
bite
  to bite into sth **گاز زدن**
  to bite sb **گاز گرفتن**

گاز[3] (پزشکی) / gāz / اسم.
gauze

گازسوز / gāzsuz / صفت.
gas-burning

گـازی / gāzi / صفت.
gaseous, gas
  a gas turbine **توربینِ گازی**

گالری / gâleri / اسم.
gallery ; art gallery

گالش / gâleš / اسم.
(a pair of) **galoshes, overshoes**

گالن / gâlon / اسم.
gallon

گالوانیزه / gâlvânize / اسم.
galvanized
  galvanized iron **آهنِ گالوانیزه**

گام / gām / اسم.
step, pace

گانگستر / gângester / اسم.
gangster

گاو (جانور) / gāv / اسم.
cow, bull, ox ; cattle
  a dairy cow **گاوِ شیرده**
  a herd of cattle **گلّهٔ گاو**

گاوآهن / gāvāhan / اسم.
ploughshare

گاوبندی / gāvbandi / اسم.
collusion

گاوصندوق / gāvsanduq / اسم.
strongbox, safe

گاه / gāh / اسم.
time

گاه‌گاهی / gāhgāhi / صفت. ، قید.
1. [*adj*] **occasional**
2. [*adv*] **occasionally**

گاهی / gāhi / قید. **sometimes, occasionally**
گاهی اوقات every now and then
گپ / gap / اسم. **chat**
گپ زدن to chat
گچ / gač / اسم. **plaster, plaster of Paris**
سنگِ گچ gypsum
گچِ تحریر chalk
گچبری / gačbori / اسم. **stucco, stucco-work**
گدا / gedā / اسم. **beggar, mendicant**
گدایی / gedāyi / اسم. **begging**
گدایی کردن to beg
گذار / gozār / اسم. **transition, passage**
دورانِ گذار transition period
گذاشتن / gozāštan / مصدر. **to put, to lay down, to place; to let**
گذر / gozar / اسم. **passage, pass**
گذرکردن to pass
گذرا / gozarā / صفت. **passing, fleeting**
گذراندن / gozarāndan / مصدر. **to spend, to pass time**
گذرگاه / gozargāh / اسم. **passage-way, crossing point**
گذرگاهِ عابر پیاده zebra, pedestrian crossing
گذرنامه / gozarnāme / اسم. **passport**
گذشت / gozašt / اسم. **forgiveness; passing**
گذشتِ زمان passage of time
گذشت کردن to withdraw charges
گذشتن / gozaštan / مصدر. **to pass, to go by**
گذشته / gozašte / صفت.، اسم. 1. [*adj*] **past, bygone** 2. [*n*] **past**
گراز (جانور) / gorāz / اسم. **boar**
گرازِ وحشی wild boar
گرامافون / g(e)râmâfon / اسم. **gramaphone, record-player**
گرامی / gerāmi / صفت. **esteemed, honourable**
گران / gerān / صفت. **expensive, costly**
گرانبها / gerānbahā / صفت. **precious, valuable**
گرانفروش / gerānfûruš / صفت. **profiteer**
گرانفروشی / gerānfûruši / اسم. **overcharging, profiteering**
گرانقیمت / gerānqeymat / صفت. **expensive, costly**
گرانی / gerāni / اسم. **rising prices**

گرایش / gerāyeš / اسم. **tendency, trend**
گرایش داشتن to tend, to be inclined to
گربه (جانور) / gorbe / اسم. **cat**
بچّه‌گربه kitten
گَرد / gard / اسم. **powder; dust**
گَرد و خاک dust
گِرد / gerd / صفت. **round, circular**
گردآلود / gardālud / صفت. **dusty**
گردآوری / gerdāvari / اسم. **compilation; collection, gathering together**
گِردآوری کردن to gather; to compile
گرداب / gerdāb / اسم. **whirlpool, maelstrom**
گرداندن / gardāndan / مصدر. **to rotate, to turn** [*vt*]; **to manage**
گرداننده / gardānande / اسم. **organizer, manager**
گردباد / gerdbād / اسم. **whirlwind; cyclone; tornado**
گردش / gardeš / اسم. **excursion, tour, outing; rotation; circulation**
گردش رفتن to go for an outing
گردشگاه / gardešgāh / اسم. **promenade**
گردن (بدن) / gardan / اسم. **neck**
گردنبند / gardanband / اسم. **necklace**
گردن‌کلفت / gardankoloft / صفت.، اسم. 1. [*adj*] **rough-neck, tough, bully** 2. [*n*] **a roughneck**
گردنه / gardane / اسم. (mountain) **pass**
گردو (گیاه) / gerdu / اسم. **walnut**
گردهمایی / gerdehamāyi / اسم. **conference, symposium**
گرسنگی / gorosnegi / اسم. **hunger, starvation**
گرسنگی کشیدن to starve
گرسنه / gorosne / صفت. **hungry, starved, starving**
گرفتار / gereftār / صفت. **caught, captured; busy, occupied**
گرفتار شدن to be captured
گرفتار کردن to capture
گرفتاری / gereftāri / اسم. **captivity; trouble, difficulty**
گرفتن / gereftan / مصدر. **to take; to receive; to catch; to trap; to arrest**
شماره گرفتن (تلفن) to dial
گرفته / gerefte / صفت. **somber, depressed**
گرگ (جانور) / gorg / اسم. **wolf**
گَرم / garm / صفت. **warm; hot**
گَرم شدن to become warm/hot

گَرم‌کردن to warm, to heat

گرما / garmā / اسم. **warmth, heat**

گرمابه / garmābe / اسم. **public bath, bath**

گرمازدگی / garmāzadegi / اسم. **heatstroke**

گرمازده / garmāzade / اسم. **suffering from heatstroke**

گرمسیر / garmsir / اسم. **a region with a hot climate**

گَرمی / garmi / اسم. **warmth, heat**

گرو / gerow / اسم. **pawn, pledge, security**

گروگذاشتن to pawn

گروگان / gerowgān / اسم. **hostage**

گروگان‌گرفتن to take/hold hostage

گروه / gûruh / اسم. **group; band; lot; gang; [university] department**

گروهان (نظام) / gûruhān / اسم. **company**

گروهبان (نظام) / gûruhbān / اسم. **sergeant**

گروهی / gûruhi / صفت.، قید. 1. [*adj*] **collective, group** 2. [*adv*] **collectively**

گره / gere(h) / اسم. **knot, node**

گره‌خوردن to knot [*vi*], to become entangled

گره‌زدن to knot, to tie into a knot

گریان / geryān / صفت. **weeping, tearful**

گریختن / gorixtan / مصدر. **to run away, to flee, to escape**

گریز / goriz / اسم. **escape; respite**

گریزان / gorizān / صفت. **running away from, hating the sight of**

گریم (تئاتر) / gîrim / اسم. **make-up**

گریم‌کردن to put on make-up

گریه / gerye / اسم. **weeping, crying**

(به)گریه‌انداختن to make sb cry, to move sb to tears

گریه‌کردن to weep, to cry

گزارش / gozāreš / اسم. **report, account; commentary**

گزارش دادن to report

گزارشگر / gozārešgar / اسم. **reporter, commentator**

گَزیدن / gazidan / مصدر. **to bite, to sting**

گُزیدن / gozidan / مصدر. **to choose, to select**

گُزیده / gozide / صفت. **chosen, selected, select**

گزینش / gozineš / اسم. **selection, choosing; the selection process**

گستاخ / gostāx / صفت. **rude, impudent**

گستاخانه / gostāxāne / قید. **rudely, impudently**

گستاخی / gostāxi / اسم. **rudeness, impudence**

گستردن / gostardan / اسم. **to spread out, to lay out**

گسترده / gostarde / صفت. **widespread, spread-out**

گسترش / gostareš / اسم. **the act of spreading, expansion; development**

گسترش دادن to expand, to develop

گشاد / gošād / صفت. **loose-fitting; dilated**

گشت / gašt / اسم. **tour, excursion; patrol**

گشت وگذار excursion, promenade

گشت زدن to patrol

گشتن / gaštan / مصدر. **to turn, to rotate; to range; to search**

گفتار / goftār / اسم. **speech; lecture**

گفتگو / goftogu / اسم. **conversation, dialogue**

گفتگوکردن to converse with sb, to have a conversation with sb

گفتن / goftan / مصدر. **to say, to tell**

گفته / gofte / اسم. **saying**

گُل[1] / gol / اسم. **flower, bloom**

دستهٔ گل bouquet of flowers

گُلِ مصنوعی artificial flowers

گُل دادن to flower, to bloom

گُل[2] (فوتبال) / gol / اسم. **goal**

گُل زدن to score a goal

گِل / gel / اسم. **mud, mire**

گِل آلود / gelālud / صفت. **muddy**

گلاب / golāb / اسم. **rose-water**

گلابی (گیاه) / golābi / اسم. **pear**

درختِ گلابی pear tree

گلاویز / galāviz / صفت. **grappling**

گلاویز شدن to grapple with sb

گلچین / golčin / اسم. **a flower picker; an anthology**

گلچین کردن to handpick, to select

گلخانه / golxāne / اسم. **greenhouse, conservatory**

گلدان / goldān / اسم. **vase; flowerpot**

گلدوزی / golduzi / اسم. **embroidery**

گُل فروش / golfûruš / اسم. **florist**

گُل فروشی / golfûruši / اسم. **florist's**

گُلکاری / golkāri / اسم.
planting flowers

گلو (بدن) / galu / اسم. throat, gullet
گلودرد sore throat

گلوله / gûlule / اسم. bullet; shot

گَلّه / galle / اسم. flock, herd
گلّهٔ گوسفند a flock of sheep

گِله / gele / اسم. complaint
گِله‌کردن to complain about sb or sth

گَلّه‌داری / galledāri / اسم.
sheep-herding

گِـلی / geli / صفت. muddy; earthen

گُلی / goli / اسم. rose-coloured, red

گلیم / gîlim / اسم. kilim

گم / gom / صفت. lost, missing
گم شدن to be lost; to be misplaced
گم کردن to lose; to misplace

گماشتن / gomāštan / مصدر.
to appoint, to commission

گماشته (نظام) / gomāšte / اسم.
orderly

گمان / gomān / اسم. guess, surmise; suspicion
گمان کردن to guess, to suppose, to surmise

گمراه / gomrāh / صفت. misled; led astray, lost
گمراه شدن to go astray
گمراه کردن to mislead, to lead astray

گمراهی / gomrāhi / اسم.
depravity, immorality

گمرک / gomrok / اسم. customs

گمرکی / gomroki / صفت.
pertaining to customs, customs
حقوقِ گمرکی customs duties

گمشده / gomšode / صفت.، اسم.
1. [adj] lost, missing
2. [n] the lost one

گمنام / gomnām / صفت.
unknown, obscure
سربازِ گمنام the Unknown Soldier

گناه / gonāh / اسم. sin, transgression
گناه‌کردن to sin

گناهکار / gonāhkār / صفت.، اسم.
1. [adj] sinful 2. [n] sinner

گنبد / gombad / اسم. dome; cupola

گنج / ganj / اسم. treasure, treasure trove; wealth

گنجاندن / gonjāndan / اسم.
to pack, to include, to insert

گنجایش / gonjāyeš / اسم
capacity; volume

گنجشک (پرنده) / gonješk / اسم. sparrow

گنجه / ganje / اسم. closet

گنجینه / ganjine / اسم. treasure-house ; museum

گند / gand / اسم. stench, foul smell

گندم (گیاه) / gandom / اسم. wheat

گنده (عامیانه) / gonde / اسم. big, outsize

گندیدن / gandidan / مصدر. to rot, to go bad, to decay, to putrefy

گندیده / gandide / صفت. rotten, bad, putrid

گُنگ / gong / صفت. dumb

گوارش / govāreš / اسم. digestion

گواه / govāh / اسم. witness

گواهی / govāhi / اسم. certificate; testimony

گواهی دادن to testify, to bear testimony

گواهینامه / govāhināme / اسم. certificate; licence ; diploma

گواهینامهٔ رانندگی driving licence

گوجه‌فرنگی (گیاه) / gowjefarangi / اسم. tomato

رب گوجه‌فرنگی tomato paste

گـود / gowd / صفت. deep, cavernous

گودال / gowdāl / اسم. pit, cavity; hole

گور / gur / اسم. grave, tomb

گورستان / gurestān / اسم. cemetery, graveyard

گوریل (جانور) / guril / اسم. gorilla

گوزن (جانور) / gavazn / اسم. deer

گوساله (جانور) / gusāle / اسم. calf

گوشتِ گوساله veal

گوسفند (جانور) / gusfand / اسم. sheep

گوشتِ گوسفند mutton

گوش (بدن) / guš / اسم. ear

گوش دادن، گوش کردن to listen

گوشت / gušt / اسم. flesh, meat

گوشتِ برّه lamb

گوشتِ خوک pork

گوشتِ گاو beef

گوشتالو / guštālu / صفت. plump, fleshy

گوشواره / gušvāre / اسم. earring(s)

گوشه / guše / اسم. corner ; angle

گوشه‌گیر / gušegir / صفت. reclusive, retiring

آدمِ گوشه‌گیر a recluse, a hermit

گوشه گیری / gušegiri / اسم. seclusion, retirement

گوشی (تلفن) / guši / اسم. receiver

گوگرد (شیمی) / gugerd / اسم.
sulphur

گول / gul / اسم. **deceit, fraud**
گول خوردن to be deceived, to be duped
گول‌زدن to deceive, to dupe sb

گوناگون / gunāgun / صفت.
diverse, various

گوناگونی / gunāguni / اسم.
diversity, variety

گونه / gune / اسم. **cheek; kind, type; species**

گونی / guni / اسم. **gunny-sack, sack**

گوهر / gowhar / اسم. **essence; jewel**

گوی / guy / اسم. **ball, sphere**

گویا[1] / guyā / صفت. **talking, speaking; clear**

گویا[2] / guyā / قید. **it seems that, it is said that**

گویچه (خون) / guyče / اسم.
corpuscle

گویش / guyeš / اسم. **dialect**

گوینده / guyande / اسم.
[radio] **announcer; speaker**

گُه / goh / اسم. **shit, excrement**

گهواره / gahvāre / اسم. **cradle, crib**

گیاه / giyāh / اسم. **plant, vegetable, herb**

گیاهخوار / giyāhxār / صفت، اسم.
1. [*adj*] **vegetarian; herbivorous**
2. [*n*] **a vegetarian; a herbivore**

گیاهی / giyāhi / صفت. **herbal, vegetative, vegetable**

گیتار (موسیقی) / gitār / اسم. **guitar**

گیتارزن / gitārzan / اسم. **guitarist**

گیتی / giti / اسم. **world**

گیج / gij / صفت. **giddy; confused**
گیج شدن to become confused
گیج کردن to confuse sb

گیج‌کننده / gijkonande / صفت.
confusing, staggering

گیر / gir / اسم. **hold; blockage**
گیر افتادن to get caught
گیرانداختن to entangle, to trap
گیرکردن to get entangled

گیرا / girā / صفت. **fascinating, attractive**

گیرنده / girande / اسم. **recipient;** [radio] **receiver**

گیره / gire / اسم. **vice, vise; clip**

گیسو / gisu / اسم.
a woman's long hair, plait

گیشه / giše / اسم. **box-office**

گیلاس[1] (گیاه) / gilās / اسم. **cherry**

گیلاس[2] / gilās / اسم. **glass, tumbler**

ل، ل

لا / lā / اسم.، حرف اضافه. 1. [*n*] **fold, ply** 2. [*prep* **inside**], **within, through**

سه‌لا three-ply

لابد / lābod / قید. **perforce, inevitably**

لابراتوار / lâbrâtûvâr / اسم. **laboratory**

لات / lāt / اسم.، صفت. 1. [*n*] **hooligan** 2. [*adj*] **destitute**

لات و لوت‌ها the rabble, mob

لاجوردی / lāj(e)vardi / صفت. **azure, deep blue**

لازم / lāzem / صفت. **necessary, needed, requisite**

لازم بودن to be needed, to be necessary

لازم داشتن to need, to require

لاستیک / lâstîk / اسم. **rubber; tyre, tire**

لاستیکِ تویی inner tube

لاستیکی / lâstiki / صفت. **made of rubber, rubber**

لاشخور (پرنده) / lāšxor / اسم. **vulture**

لاشه / lāše / اسم. **carcass, corpse**

لاغر / lāqar / صفت. **thin, lean, slim**

لاغر شدن to lose weight

لاغری / lāqari / اسم. **thinness, slimness**

رژیمِ لاغری a losing diet

لاف / lāf / اسم. **boasting, bragging**

لاف زدن to boast, to brag

لاک / lāk / اسم. **shell; shellac; lacquer**

لاکِ ناخن nail varnish, nail polish

لاک و الکل lacquer

لاکپشت (جانور) / lākpošt / اسم. **tortoise; turtle**

لال / lāl / صفت. **dumb, mute**

کر و لال deaf and dumb

لالایی / lâlâyi / اسم. **lullaby**

لالایی گفتن to sing sb a lullaby

لاله (گیاه) / lāle / اسم. **tulip**

لامپ (برق) / lâmp / اسم. **light bulb**

لامپِ صد وات a 100-watt light bulb

لامسه / lāmese / اسم. **(sense of) touch**

لانه / lāne / اسم. **nest**

لانه‌کردن to make a nest, to nestle

لای / lāy / اسم. **sediments, slime**

لایحه (مجلس) / lāyehe / اسم. **bill**

لایروبی / lāyrubi / اسم. **dredging**

لایروبی کردن to dredge

لایق / lāyeq / صفت. **capable; worthy**

لایه / lāye / اسم. **layer; coat**

لب / lab / اسم. **lip; edge, brink**

لباس / lebās / اسم. **clothes, dress; garment**

لباسِ زیر underwear, underclothes

لباسِ کار overalls

لباس پوشیدن to dress, to get dressed

لباسشویی / lebāsšuyi / اسم. **laundry**

ماشینِ لباسشویی washing-machine

لبخند / labxand / اسم. **smile**

لبخند زدن to smile

لبریز / labriz / صفت. **overflowing, brimful**

لبنیّات / labaniyyāt / اسم. [جمعِ لبنیّه] **dairy products**

لبنیّات فروشی a dairy shop

لبه / labe / اسم. **edge, brink; hem**

لپ (بدن) / lop / اسم. **cheek**

لجباز / lajbāz / صفت. **obstinate, difficult**

لجبازی / lajbāzi / اسم. **obstinacy**

لجن / lajan / اسم. **slime, black mud**

لحاف / lahāf / اسم. **quilt**

لحظه / lahze / اسم. **moment, instant**

لحن (صدا) / lahn / اسم. **tone; intonation**

لحیم / lahim / اسم. **solder**

لحیم‌کردن to solder

لَخت / laxt / صفت. **inert, sluggish, lazy**

لُخت / loxt / صفت. **bare, naked, nude**

لُخت شدن to get undressed

لُخت‌کردن to undress sb; to rob sb

لخته (خون) / laxte / اسم. **blood clot**

لخته شدن to clot

لُختی / loxti / اسم. **nakedness, nudity**

لذّت / lezzat / اسم. **enjoyment, pleasure**
لذّت بردن to enjoy sth, to relish
لذّتبخش / lezzatbaxš / صفت. **enjoyable, delightful, pleasant**
لذیذ / laziz / صفت. **delicious, tasty**
لرز / larz / اسم. **shiver, chill**
لرزان / larzān / صفت. **trembling, shaky, vibrating**
لرزاندن / larzāndan / مصدر. **to shake, to vibrate** [*vt*]
لرزش / larzeš / اسم. **tremor, vibration**
لرزه / larze / اسم. **tremor; earthquake, quake**
لرزیدن / larzidan / مصدر. **to shiver, to tremble, to shake**
لزوم / lûzum / اسم. **necessity; need**
در صورتِ لزوم if need be, in case
لزوماً / lûzuman / قید. **necessarily**
لشکر (نظام) / laškar / اسم. **army; division**
لطافت / letāfat / اسم. **softness, delicacy**
لطف / lotf / اسم. **favour, kindness**
لطف کردن to do sb a favour, to oblige

لطفاً / lotfan / قید. **please, kindly**
لطمه / latme / اسم. **injury, damage, harm**
لطمه زدن to injure, to damage
لطیف / latif / صفت. **delicate, soft, tender**
لطیفه / latife / اسم. **joke, anecdote**
لعنت / la\`nat / اسم. **curse, damnation**
لعنت کردن to curse, to damn sb
لعنتی / la\`nati / صفت. **cursed, damned, bloody**
لغت / loqat / اسم. **word**
لغتنامه / loqatnāme / اسم. **dictionary, lexicon**
لغزان / laqzān / صفت. **slippery**
لغزش / laqzeš / اسم. **slip; error**
لغزنده / laqzande / صفت. **slippery**
لغزیدن / laqzidan / مصدر. **to slip, to stumble**
لغو / laqv / اسم. **idle talk; a state of absurdity**
لغو کردن to cancel, to nullify
لق / laq(q) / صفت. **loose**
لقب / laqab / اسم. **title**
لقمه / loqme / اسم. **morsel, mouthful, bite**
لک / lak / اسم. **stain, spot, blot**
لک و پیس blotch(es)

لک شدن to get stained, to stain [*vi*]
لک کردن to stain [*vt*]
لکنت / loknat / اسم. **stammering**
لکوموتیو / lokomotiv / اسم. **locomotive, a railway engine**
لکوموتیوران / lokomotivrān / اسم. **an engine-driver, engineer**
لکّه / lakke / اسم. **spot, stain, blot**
لکّه‌دار / lakkedār / صفت. **stained, blemished**
لگد / lagad / اسم. **kick**
لگد زدن to kick
لگدکردن to step on
لگدمال / lagadmāl / صفت. **trampled**
لگدمال کردن to trample underfoot
لگن / lagan / اسم. **basin; pan**
لگنِ ظرفشویی sink
لم / lam / اسم. **the act of lounging**
لم دادن to lounge, to recline
لمس / lams / اسم. **touch, feel**
لمس کردن to touch, to feel
لمیدن / lamidan / مصدر. **to lounge, to recline, to relax**
لنگ / lang / صفت. **lame**
لنگر (کشتی) / langar / اسم. **anchor**
لنگر انداختن to cast anchor

لنگرگاه / langargāh / اسم. **harbour**
لنگه / lenge / اسم. **half a load; one of a pair**
لنگیدن / langidan / مصدر. **to limp, to hobble**
لوازم / lavāzem / اسم. [جمعِ لازمه] **equipment; parts**
لوازمِ آرایش cosmetics
لوازمِ تحریر stationery
لوازمِ یدکی spare parts
لوبیا (گیاه) / lubiyā / اسم. **bean**
لوبیا سبز green beans
لو دادن / low dādan / مصدر. **to betray sb; to reveal a secret**
لوده / lowde / اسم. **clown, buffoon**
لوزی (هندسه) / lowzi / اسم. **lozenge**
لوس / lus / صفت. **spoiled; silly**
لوس کردن to spoil a child, etc
لوستر / lust(e)r / اسم. **chandelier**
لوکس / luks / صفت. **de luxe, luxury**
لوله / lule / اسم. **pipe, tube; roll**
لولهٔ آزمایشگاه test-tube
لوله کردن to roll up
لوله کش / lulekeš / اسم. **plumber**
لوله کشی / lulekeši / اسم. **plumbing, laying pipes**

لوله‌کشی‌کردن to lay pipes

له / leh / صفت. crushed, squashed

له شدن to be crushed, to be squashed

له‌کردن to crush, to squash

لهجه (زبان) / lahje / اسم. accent

لیاقت / lîyāqat / اسم. capability; worthiness

لیتر / litr / اسم. litre, liter

لیره / lire / اسم. pound sterling, pound (£)

لیز / liz / صفت. slippery

لیز خوردن to slip

لیزر (فیزیک) / leyzer / اسم. laser

لیسانس (دانشگاه) / lisâns / اسم. bachelor's degree (BA or BSc)

لیست / list / اسم. list, register

لیسیدن / lisidan / مصدر. to lick

لیمو (گیاه) / limu / اسم. lemon, lime, citron

لیموترش (نوع جنوبی) lime

لیموشیرین sweet lemon

لیوان / livān / اسم. glass, tumbler

م ، م

ما / mā / ضمیر. **we ; us ; our**

مال ما ours

مات / māt / صفت. **bewildered , dazed**

شیشهٔ مات frosted glass

مات کردن (شطرنج) to checkmate

ماتم / mātam / اسم. **mourning**

ماتم گرفتن to mourn

ماتمزده / mātamzade / صفت. **mournful**

ماتیک (آرایش) / mâtik / اسم. **lipstick**

ماجرا / mājarā / اسم. **adventure ; episode**

ماجراجو / mājarāju / صفت.، اسم.

1. [*adj*] **adventurous**

2. [*n*] **an adventurer**

ماجراجویی / mājarājuyi / اسم. **love of adventure, adventurousness**

ماچ (عامیانه) / māč / اسم. **kiss**

ماچ کردن to kiss

مأخذ / ma`xaz / اسم. **origin , source**

مادر / mādar / اسم. **mother ; parent**

مادرانه / mādarāne / صفت. **motherly , maternal**

مادربزرگ / mādarbozorg / اسم. **grandmother , grandma**

مادرخوانده / mādarxānde / اسم. **foster-mother**

مادرزاد / mādarzād / صفت. **congenital**

مادرزن / mādarzan / اسم. **mother-in-law**

مادرشوهر / mādaršowhar / اسم. **mother-in-law**

مادری / mādari / اسم.، صفت.

1. [*n*] **motherhood**

2. [*adj*] **maternal**

مادگی (گیاه) / mādegi / اسم. **pistil**

ماده / māde / صفت. **female**

ماده‌سگ bitch

مادّه / mādde / اسم. **material; matter**
مادّهٔ پاک‌کننده detergent
مادّهٔ خام raw material
مادّی / māddi / صفت. **material, physical**
مار (جانور) / mār / اسم. **snake, serpent**
مار بوآ a boa
مارپیچ / mārpič / اسم.، صفت.
1. [*n*] **spiral, helix**
2. [*adj*] **spiral, helical**
مارک / mârk / اسم. **brand; trademark**
مارگزیدگی / mārgazidegi / اسم. **snake bite**
مـاژیک / mâžik / اسم. **a felt-tip pen**
ماساژ / mâsâž / اسم. **massage**
ماست / māst / اسم. **yoghurt, yogurt**
ماستمالی / māstmāli / اسم. **covering up a mistake**
ماستمالی کردن to cover up a mistake
ماسک / mâsk / اسم. **mask**
ماسه / māse / اسم. **sand**
ماشه (تفنگ) / māše / اسم. **trigger**
ماشین / māšin / اسم. **machine; engine; automobile**
ماشینِ تحریر typewriter
ماشینِ حساب calculator
ماشینِ ظرفشویی dishwasher
ماشینِ لباسشویی washing-machine
ماشین کردن to type
ماشین‌نویس / māšin.nevis / اسم. **typist**
ماشینی / māšini / صفت. **mechanized, mechanical; machine-made**
ماکارونی / mâkâroni / اسم. **macaroni**
ماکت / mâket / اسم. **model**
ماکت‌ساز / mâketsāz / اسم. **a model-maker**
مال / māl / اسم. **property, asset, wealth**
مالاریا (پزشکی) / mâlâry(î)â / اسم. **malaria**
مالش / māleš / اسم. **rubbing, friction; massage**
مالش دادن to rub, to massage
مالک / mālek / اسم. **owner, proprietor; landlord**
مالکیّت / mālekiyyat / اسم. **ownership, possession**
مالی / māli / صفت. **financial, fiscal**
امورِ مالی financial affairs

مالیات / mālîyāt / اسم. **tax, taxation**
مالیاتِ بر درآمد income tax
مالیات بستن to tax
مالیات دادن to pay tax(es)

مالیدن / mālidan / مصدر. **to rub ; to annoint**

ماما (پزشکی) / māmā / اسم. **midwife**

مامان (عامیانه) / mâmân / اسم.
mum, mom, mummy, mommy

مامانی (گفتار بچه) / mâmâni / اسم.
nice, lovely

مامایی (پزشکی) / māmāyi / اسم.
midwifery

مأمور / ma`mur / اسم. **agent, official**
مأمورکردن to commission ; to assign

مأموریّت / ma`muriyyat / اسم.
assignment, mission
مأموریّت دادن to commission sb

مانتو / mânto / اسم. **manteau**

ماندگار / mānd(e)gār / صفت.، اسم.
1. [*adj*] **lasting, enduring**
2. [*n*] **a settler**

ماندن / māndan / مصدر. **to remain, to stay ; to settle down ; to keep**

مانع / māne` / اسم. **obstacle, hindrance**
مانع شدن to prevent, to stop

مانکن / mânkan / اسم. **dummy, mannequin ; model**

مانند / mānand / حرف اضافه.، صفت.
1. [*prep*] **like, as**
2. [*adj*] **similar, resembling**

مانور (نظام) / mânovr / اسم.
manoeuvre, military exercise

مأنوس / ma`nus / صفت. **familiar, accustomed to**

ماه / māh / اسم. **moon ; month**
ماهِ نو the new moon
ماهِ عسل honeymoon

ماهانه / māhāne / صفت.، قید.
1. [*adj*] **monthly** 2. [*adv*] **on a monthly basis**

ماهر / māher / صفت. **skilful, skillful, skilled**

ماهرانه / māherāne / قید. **skilfully, skillfully**

ماهنامه / māhnāme / اسم.
a monthly journal, a monthly

ماهواره / māhvāre / اسم.
(artificial) **satellite**
ماهوارهٔ مخابراتی
communication satellite

ماهی / māhi / اسم. **fish**
ماهیِ خاویار sturgeon
ماهی گرفتن to fish

ماهیَّت / māhiyyat / اسم. **nature, essence**

ماهیتابه / māhitābe / اسم.
frying pan , pan

ماهیچه / māhiče / اسم.
muscle

ماهیگیر / māhigir / اسم.
fisherman

ماهیگیری / māhigiri / اسم.
fishing

مایع / māye` / اسم.
liquid

مایل / māyel / صفت.
inclined , leaning to one side ; willing

مایو / mâyo / اسم.
bathing-costume

مأیوس / ma`yus / صفت.
despairing , without hope ; disappointed

مأیوس شدن to despair
مأیوس کردن to disappoint

مبادله / mobādele / اسم.
exchange , barter

مبادله کردن to exchange , to barter

مبارز / mobārez / اسم.
fighter , combatant

مبارزه / mobāreze / اسم.
struggle , fight

مبارزه کردن to struggle , to fight

مبارک / mobārak / صفت.
blessed , auspicious , happy

مبالغه / mobāleqe / اسم.
exaggeration

مبالغه کردن to exaggerate

مبالغه آمیز / mobāleqe`āmiz / صفت.
exaggerated

مبتدی / mobtadi / اسم.
beginner , novice

مبتذل / mobtazal / صفت.
commonplace , vulgar

مبتکر / mobtaker / صفت. ، اسم.
1. [*adj*] **innovative**
2. [*n*] **an innovative person**

مبتلا / mobtalā / صفت.
afflicted with , suffering from

مبتلا شدن to catch a disease , to become afflicted with

مبدأ / mabda` / اسم.
origin ; point of departure

کشورِ مبدأ country of origin

مبرم / mobram / صفت.
pressing , urgent

نیازِ مبرم pressing need

مبل / mobl / اسم.
armchair ; furniture

مبل ساز / moblsāz / اسم.
furniture-maker

مَبلغ / mablaq / اسم.
amount , sum

مبلغِ یک میلیون ریال the sum of Rls. 1 ,000 ,000

مُبَلّغ / moballeq / اسم.
missionary ; propagandist

مبله / moble / صفت.
furnished

مبنا / اسم / mabnā **basis, base**

مبهم / صفت / mobham
ambiguous, vague

مبهوت / صفت / mabhut
astonished, bewildered

متأثر / صفت / mota`asser
affected by ; touched, grieved, saddened

متأسّف / صفت / mote`assef
grieved, saddened, regretful, sorry
متأسّف بودن to regret, to feel sorry

متأسّفانه / قید / mote`assef āne
unfortunately, regrettably, regretfully

متألّم / صفت / mota`allem
grieved, saddened

متانت / اسم / metānat
composure, calmness

متأهّل (مرد) / صفت / mota`ahhel
married

متجاوز / صفت، اسم / motajāvez
1. [*adj*] **aggressive**
2. [*n*] **an aggressor**
متجاوز از exceeding, more than

متّحد / صفت، اسم / mottahed
1. [*adj*] **allied, united**
2. [*n*] **an ally**
متّحد شدن to unite [*vi*]
متّحدکردن to unite [*vt*]

متحرّک / صفت / motaharrek
mobile, movable, moving

متحصّن / صفت، اسم / motahassen
1. [*adj*] **in sanctuary**
2. [*n*] **sb who is in a sanctuary**
متحصّن شدن to seek sanctuary

متحمّل / صفت / motahammel
bearing, suffering
متحمّل شدن to bear, to suffer

متحیّر / صفت / motahayyer
astonished, surprised
متحیّر شدن to be astonished

متخصّص / اسم / motaxasses
specialist, expert

متخلّف / اسم / motaxallef
offender, violator

متداول / صفت / motadāvel
in common use, widely used

متر / اسم / metr **metre, meter; tape measure**
مترِ مربّع square metre
مترِ مکعّب cubic metre

مترجم / اسم / motarjem
translator, interpreter

مترسک / اسم / matarsak
scarecrow

مترقّی / صفت / motaraqqi
progressive, forward-looking

مترو (راه‌آهن) / اسم / metro
underground, tube, subway

متروک / matruk / صفت.
abandoned
abandoned goods کالاهای متروکه
متشکّر / motašakker / صفت.
thankful, grateful
متشنّج / motašannej / صفت.
convulsive
متصدّی / motasaddi / اسم.
person in charge
متّصل / mottasel / صفت.
connected, joined, adjoining
to join, to connect [*vi*] متّصل شدن
to connect, to join [*vt*] متّصل کردن
متضاد / motazād(d) / صفت.، اسم.
1. [*adj*] **conflicting**
2. [*n*] **an antonym**
متظاهر / motazāher / صفت.
pretentious
متعادل / mota`ādel / صفت.
balanced, in equilibrium
متعارف / mota`āraf / صفت.
common, customary
متعجّب / mota`ajjeb / صفت.
surprised
to be surprised متعجّب شدن
متعدّد / mota`added / صفت.
numerous

متعصّب / mota`asseb / صفت.
prejudiced, fanatical
متعلّق / mota`alleq / صفت.
belonging to
to belong متعلّق بودن
متعهّد / mota`ahhed / صفت.
committed, obliged because of an undertaking
to undertake متعهّد شدن
متغیّر / motaqayyer / صفت.
changeable, variable
متفاوت / motafāvet / صفت.
different
متفرّق / motafarreq / صفت.
dispersed, scattered
to disperse [*vi*] متفرّق شدن
to disperse [*vt*] متفرّق کردن
متفرّقه / motafarreqe / صفت.
miscellaneous, sundry
miscellaneous items اقلامِ متفرقه
متفکّر / motafakker / اسم.، صفت.
1. [*n*] **thinker** 2. [*adj*] **thoughtful, pensive**
متقابل / motaqābel /صفت.
reciprocal, mutual
متقابلاً / motaqābelan / قید.
reciprocally, in return
متقاضی / motaqāzi / اسم.
applicant

متقاعد / motaqā`ed / صفت.
convinced ; [*dated*] retired
to be convinced متقاعد شدن
to convince متقاعد کردن
متقلّب / motaqalleb /صفت.، اسم.
1. [*adj*] **dishonest** 2. [*n*] **a dishonest person , a cheat**
متکا / motakkā / اسم.
pillow , head-rest
متکبّر / motakabber / صفت.
arrogant , conceited
متّکی / mottaki / صفت.
dependent on , reliant upon
(به کسی یا چیزی) متّکی بودن
to depend on , to rely upon
متلاشی / motalāši / صفت.
disintegrated, broken up ; decomposed
to be broken up متلاشی شدن
to burst, to break up [*vt*] متلاشی کردن
متلک / matalak / اسم.
sarcastic remark, wisecrack
to make wisecracks متلک گفتن
متمایز / motamāyez /صفت.
distinct
متمدّن / motamadden / صفت.
civilized
متمرکز / motamarkez / صفت.
concentrated
to be concentrated متمرکز شدن
to concentrate متمرکز کردن
متملّق / motamalleq / اسم.
flatterer
متن / matn / اسم.
text
متناسب / motanāseb / صفت.
well-proportioned
متناقض / motanāqez / صفت.
contradictory
متنفّر / motanaffer / صفت.
disgusted with, hating sth or sb
متنوّع / motanavve` / صفت.
varied , diversified
متواضع / motavāze` / صفت.
modest , humble
متوجّه / motavajjeh /صفت.
conscious , aware
to notice , to find out متوجّه شدن
to draw the attention of sb to sth متوجّه کردن
متورّم / motavarrem / صفت.
swollen ; inflated
متوسّط / motavasset / صفت.
medium ; middle , middling
medium size اندازهٔ متوسّط
middle class(es) طبقهٔ متوسّط
متوسّل / motavassel / صفت.
resorting to
to resort to متوسل شدن

متوفا / motavaff ā / صفت.، اسم.
1. [*adj*] **deceased** 2. [*n*] **the deceased**

متوقف / motavaqqef /صفت.
stopped, halted
مُتوقف شدن to stop [*vi*], to cease operation
مُتوقِف کردن to stop [*vt*]

متولد / motavalled / صفت. **born**
متولّد شدن to be born

متّه / matte / اسم. **drill**
متّهٔ برقی electric drill
متّهٔ دستی auger

متّهم / mottaham / اسم.
the accused
متّهم شدن to be accused of
متّهم کردن to accuse

متین / matin / صفت. **composed, calm, dignified**

مثال / mesāl / اسم. **example, instance**
مثال آوردن to give an example

مثبت / mosbat / صفت. **positive**

مَثَل / masal / اسم. **proverb, saying**

مِثْل / mesle / حرف اضافه. **like, as**
مِثلِ آدم like a human being

مثلاً / masalan / قید. **for example, e.g., for instance**

مثلّث (هندسه) / mosallas / اسم.
triangle

مثلّثات / mosallasāt / اسم.[در اصل جمع مثلث]
trigonometry

مجاز / mojāz / صفت. **permissible, authorized**
غیرِمجاز illegal
مجاز بودن to be permissible

مجازات / mojāzāt / اسم.
punishment, penalty
مجازات کردن to punish

مجّانی / majjāni / صفت.
free of charge, gratis

مجاور / mojāver / صفت.
neighbouring, adjacent

مجاورت / mojāverat / اسم.
proximity, vicinity

مجبور / majbur / صفت.
compelled, obliged
مجبور بودن to be compelled, to be obliged, to have to
مجبور کردن to force, to compel

مجدّد / mojaddad / صفت.
renewed

مجدداً / mojaddadan / قید.
once again, again

مجرّد / mojarrad / صفت.، اسم.
1. [*adj*] **single; abstract**
2. [*n*] **a bachelor, a single person**

مجرم / mojrem / صفت.، اسم.
1. [*adj*] **guilty** 2. [*n*] **a criminal, a felon**
مجرم بودن to be guilty of a crime

مجروح / majruh / صفت. **injured, wounded**
مجروح شدن to be wounded, to be hurt
مجروح کردن to injure, to cause injury

مجزّا / mojazzā / صفت. **separate, distinct**

مجسّم / mojassam / صفت. **incarnate, personified**
در نظر مجسّم کردن to imagine, to see sth in one's mind's eye

مجسّمه / mojassame / اسم. **statue, sculpture**

مجلس / majles / اسم. **assembly, meeting, session**
مجلسِ شورای اسلامی the Islamic Consultative Assembly, the *Majlis*

مجلّل / mojallal / صفت. **splendid, glorious**

مجلّه / majalle / اسم. **magazine; journal**

مجمع / majma` / اسم. **assembly, convention**
مجمعِ عمومی (شرکت‌ها) general assembly

مجموع / majmu` / اسم. **sum, total; whole**

مجموعاً / majmu`an / قید. **altogether, on the whole**

مجموعه / majmu`e / اسم. **collection; set; series**

مجوّز / mojavvez / اسم. **licence, permit, authorization**

مجهّز / mojahhaz / صفت. **well-equipped**
مجهّز کردن to equip

مجهول / majhul / صفت. **unknown**
اشعهٔ مجهول x-ray

مچ / moč / اسم. **wrist, ankle**
مچِ پا ankle
مچِ دست wrist

محاسبه / mohāsebe / اسم. **calculation, reckoning**
محاسبه کردن to calculate

محاصره (نظام) / mohāsere / اسم. **siege, blockade**
محاصرهٔ دریایی naval blockade
محاصره کردن to encircle, to besiege, to lay siege to

محافظ / mohāfez / اسم. **guard, bodyguard**

محافظت / mohāfezat / اسم. **protection, conservation**

محافظت کردن to protect

محافظه کار / mohāfezekār / صفت.، اسم. 1. [*adj*] **conservative** 2. [*n*] **a conservative person**

محاکمه / mohākeme / اسم. **trial, court proceeding**

محاکمهٔ نظامی court-martial

محاکمه کردن to try sb, to put sb on trial

محال / mahāl / صفت. **impossible**

محبّت / mohabbat / اسم. **affection, love**

محبّت کردن to show affection to sb, to be kind to sb

محبّت آمیز / mohabbatāmiz / صفت. **affectionate, kind**

محبوب / mahbub / صفت.، اسم. 1. [*adj*] **beloved; favourite, popular** 2. [*n*] **a friend**

محبوبه / mahbube / اسم. [woman] **a beloved, sweetheart**

محبوبیّت / mahbubiyyat / اسم. **popularity**

محتاج / mohtāj / صفت. **needy, destitute**

محتاط / mohtāt / صفت. **cautious, discreet**

محتاطانه / mohtātāne / قید. **cautiously**

محترم / mohtaram / صفت. **respectable, honourable**

محترم شمردن to respect

محترمانه / mohtaramāne / صفت.، قید. 1. [*adj*] **respectable** 2. [*adv*] **respectably**

محتوا / mohtavā / اسم. **content**

محجوب / mahjub / صفت. **shy, bashful; modest**

محدود / mahdud / صفت. **limited, restricted**

با مسئولیّتِ محدود Limited (Ltd)

محدود کردن to limit, to restrict

محدوده / mahdude / اسم. **limits, bounds,**

محدودهٔ شهری city limits

محدودیّت / mahdudiyyat / اسم. **limitation, restriction**

محرِّک / moharrek / صفت.، اسم. 1. [*adj*] **stimulating** 2. [*n*] **stimulus**

موادِ محرّک stimulants

محرمانه / mahramāne / صفت.، قید. 1. [*adj*] **confidential, secret** 2. [*adv*] **confidentially**

محروم / mahrum / صفت.، اسم. 1. [*adj*] **deprived** 2. [*n*] **a deprived person**

محروم شدن to be deprived of sth

محروم‌کردن to deprive sb of sth

محرومیّت / mahrumiyyat / اسم.
deprivation, privation

محسوب / mahsub / صفت.
taken into account
محسوب شدن to be considered as
محسوب‌کردن to take into account

محسوس / mahsus / صفت.
perceptible, tangible, palpable
محسوس بودن to be perceptible, to be tangible, to be evident

محصّل / mohassel / اسم. **student, pupil**

محصول / mahsul / اسم. **produce, product ; crop**
محصولِ فرعی (صنعت) byproduct

محفل / mahfel / اسم. **circle; social gathering**

محفوظ / mahfuz / صفت.
protected, secure
محفوظ بودن to be protected, to be secure, to be safe

محقّر / mohaqqar / صفت. **humble, modest, small**

محقّق / mohaqqaq / اسم.
researcher, scholar

محکم / mohkam / صفت. **firm, steady, strong**
محکم‌کردن to secure, to fasten
محکم‌گرفتن to grasp sth firmly

محکوم / mahkum / اسم.
a convicted criminal ; the condemned person
محکوم شدن to be convicted, to be found guilty
محکوم‌کردن to convict, to condemn

محکومیّت / mahkumiyyat / اسم.
conviction ; condemnation
دورانِ محکومیّت
prison sentence

محل / mahal(l) / اسم. **place; locality; site**
محلِ کار office

محلول / mahlul / اسم.، صفت.
1. [*n*] **solution** 2. [*adj*] **soluble**

محلّه / mahalle / اسم. **quarter, neighbourhood**

محلّی / mahalli / صفت. **local**

محموله / mahmule / اسم.
consignment, shipment
محمولهٔ پُستی a mail shipment

محو / mahv / صفت. **blurred; obliterated**
محوکردن to erase, to obliterate

محور / mehvar / اسم. **axis, pivot**
محورِ چرخ axle
محوّطه / mohavvate / اسم. **yard, grounds, precincts**
محوطهٔ دانشگاه campus
محیط / mohit / اسم. **environment, milieu**; [geom] **circumference**
محیطِ زیست the environment
مخابرات / moxāberāt / اسم.[جمعِ مخابره] **telecommunications**
مخالف / moxālef / صفت.، اسم. 1. [*adj*] **opposing, adverse, contrary** 2. [*n*] **an opponent, an adversary**
رأیِ مخالف a `No' vote
مخالف بودن to disagree, to be against
مخالفت / moxālefat / اسم. **opposition, disagreement**
مخالفت‌کردن to oppose sth, to disagree with sb
مخترع / moxtare` / اسم. **inventor**
مختصر / moxtasar / صفت. **brief, short**
مختلف / moxtalef / صفت. **different, diversified, various**
مخدّر / moxadder / صفت. **narcotic**
موادِ مخدّر narcotics
مخرِّب / moxarreb / صفت. **destructive**

مخروط (هندسه) / maxrut / اسم. **cone**
مخروطِ ناقص a truncated cone
مخروطی / maxruti / صفت. **conical, conic**
مخزن / maxzan / اسم. **reservoir, tank; magazine**
مخصوص / maxsus / صفت. **special, particular**
مخصوصاً / maxsusan / قید. **especially, particularly, specifically**
مخفی / maxfi / صفت. **hidden, concealed, clandestine, secret**
مخفی شدن to hide [*vi*]
مخفی کردن to hide sth [*vt*]
مخفیانه / maxfiyāne / قید. **secretly, clandestinely**
مخفیگاه / maxfigāh / اسم. **hiding-place, hideaway**
مخلوط / maxlut / صفت.، اسم. 1. [*adj*] **mixed, blended** 2. [*n*] **mixture, blend**
مخلوط شدن to mix [*vi*]
مخلوط‌کردن to mix [*vt*]
مخلوط کن / maxlutkon / اسم. **blender**
مخلوق / maxluq / صفت.، اسم. 1. [*adj*] **created** 2. [*n*] **creature**
مخمصه / maxmase / اسم. **trouble, difficulty**

مخمل (پارچه) / maxmal / اسم. **velvet**

مَدّ / mad(d) / اسم. **high tide**
  جزر و مَدّ high tide and low tide, tide

مُد / mod / اسم.، صفت.
1. [*n*] **fashion, style**
2. [*adj*] **fashionable**
  مُد بودن to be in fashion
  مُد شدن to come into fashion

مداخله / modāxele / اسم. **intervention, interference**
  مداخله کردن to intervene, to interfere in sth

مداد / medād / اسم. **pencil**
  جامدادی pencil-case, pencil-pouch
  مداد رنگی coloured pencil(s)

مداد پاک کن / medādpāk.kon / اسم. **eraser, rubber**

مداد تراش / medādtarāš / اسم. **pencil-sharpener**

مدار / madār / اسم. **orbit; circuit**
  مدارِ چاپی (الکترونیک) printed circuit

مدارا / modārā / اسم. **tolerance, moderation**

مدافع / modāfe` / اسم. **defender**
  مدافع (فوتبال) defender, defenseman

مدال / medâl / اسم. **medal**

مدام / modām / صفت.، قید.
1. [*adj*] **never-ending, continuous**
2. [*adv*] **endlessly**

مداوم / modāvem / صفت. **continuous, unceasing**

مدّت / moddat / اسم. **period, term, time, duration**
  درازمدّت long-term
  کوتاه‌مدّت short-term

مددکار / madadkār / اسم. **aid worker**
  مددکارِ اجتماعی social worker

مدرسه / madrese / اسم. **school, college**
  مدرسهٔ ابتدایی primary school
  مدرسهٔ راهنمایی middle school
  مدرسهٔ عالی college, school

مدرک / madrak / اسم. **document; evidence**
  مدرکِ تحصیلی diploma, degree, certificate
  مدرکِ دانشگاهی a university degree

مدرن / modern / صفت. **modern**

مدّعی / modda`i / اسم. **claimant, plaintiff**

مدفوع / madfu` / اسم. **excrement, faeces**

مدل / model / اسم. **model; pattern**

مدل‌سازی / modelsāzi / اسم.
model-making

مدنی / madani / صفت. **civil, civic**
civil society جامعهٔ مدنی

مدیر / modir / اسم.، صفت.
1. [*n*] **manager, director** 2. [*adj*] **endowed with good managerial skills**
director general مُدیرِ کُل
headmaster, principal مُدیرِ مَدرسه

مدیریّت / modiriyyat / اسم.
management

مدیون / madyun / صفت.، اسم.
1. [*adj*] **indebted** 2. [*n*] **debtor**
to owe sb sth, to be indebted to sb مدیون بودن

مذاکره / mozākere / اسم.
negotiation, discussion
to negotiate with sb, to discuss sth with sb مذاکره‌کردن

مذهب / mazhab / اسم. **religion, faith; sect**
the Sunnite sect مذهبِ سنّی
the Shiite sect مذهبِ شیعه

مذهبی / mazhabi / صفت. **religious**

مرا / marā / ضمیر. **me**

مراجعت / morāje`at / اسم. **return**

مراجعه / morāje`e / اسم.
reference; visiting an office or calling on a person
to call on a person or visit an office مُراجعه‌کردن

مراسم / marāsem / اسم. [جمعِ مَرسوم]
ceremony, ceremonies, formalities
the inauguration ceremony مراسمِ افتتاح

مراقب / morāqeb / صفت.
watchful, attentive
to beware of sth, to be on guard مراقب بودن

مراقبت / morāqebat / اسم.
watching, care
to look after sb, to watch over sb از کسی مراقبت کردن

مربّا / morabbā / اسم. **jam, marmalade**
strawberry jam مربّایِ توت‌فرنگی

مربع / morabba` / اسم.، صفت.
1. [*n*] **a square** 2. [*adj*] **square**

مربوط / marbut / صفت.
connected, related, relevant
بـه کسی مربوط بودن
to concern sb

مربّی / morabbi / اسم. **educator, instructor; coach**

مرتّب / morattab / صفت.
well-arranged, tidy, in good order
to arrange, to tidy (up) مرتّب کردن

مرتّباً / morattaban / قید. **regularly**

مرتبه / martabe / اسم. **storey** [= طبقه]; **rank; time** [= دفعه]

مرتجع / mortaje` / صفت، اسم. 1. [*adj*] **reactionary** 2. [*n*] **a reactionary person**

مرتفع / mortafe` / صفت. **high, elevated**

مرتکب / mortakeb / اسم. **perpetrator**

مرتکب شدن to commit (a crime etc)

مرحله / marhale / اسم. **stage, phase, step**

مرحوم / marhum / صفت. **deceased, the late**

مرحوم شدن to die, to pass away

مرخص / morax(x)as / صفت. **dismissed, excused, relieved of duty**

مرخص شدن to take one's leave, to be discharged

مرخص کردن to discharge, to dismiss

مرخصی / morax(x)asi / اسم. **leave of absence, furlough**

مرد / mard / اسم. **man, fellow; husband**

مردِ عمل man of action

مرداب / mordāb / اسم. **lagoon, swamp, marsh**

مردانگی / mardānegi / اسم. **manliness, masculinity; chivalry**

مردانه / mardāne / صفت. **manly, masculine; for men**

کفشِ مردانه men's shoes

مردّد / moraddad / صفت. **hesitant, uncertain**

مردّد بودن to hesitate, to be uncertain

مردم / mardom / اسم. **people, general public**

مردمی / mardomi / صفت. **folkloric; popular**

مردن / mordan / مصدر. **to die, to expire**

ازگرسنگی مردن to die of hunger, to starve to death

مردنی / mordani / صفت. **dying, moribund**

مردود / mardud / صفت. **rejected; failed**

مردود شدن to fail an exam, to be rejected

مرده / morde / صفت، اسم. 1. [*adj*] **dead, lifeless** 2. [*n*] **a dead person**

مرز / marz / اسم. **frontier, border, boundary**

مرز و بوم native country, homeland

مرسوم / marsum / صفت. **customary**

مرض / maraz / اسم. **disease, illness**

مرطوب / martub / صفت. **damp, humid, moist**

مرغ / morq / اسم. **bird; fowl, hen**

مرغِ خانگی hen, poultry

مرغِ عشق lovebird

مرغابی / morqābi / اسم. **duck**

مرغدانی / morqdāni / اسم. **chicken coop**

مرغوب / marqub / صفت. **high-grade, top-quality**

مرفّه / moraffah / صفت. **affluent, rich**

مرقد / marqad / اسم. **mausoleum, shrine**

مرکّب / morakkab / صفت. ، اسم.

1. [*adj*] **composite, compound**
2. [*n*] **black ink**

مرکّبات (گیاه) / morakkabāt / اسم. **citrus fruits**

مرکز / markaz / اسم. **centre, center; headquarters; the capital**

مرکزِ خرید shopping centre

مرکزِ شهر city centre, downtown

مرکزی / markazi / صفت. **central**

دفترِ مرکزی head-office

مرگ / marg / اسم. **death, fatality**

مرگِ طبیعی a natural death

مرگبار / margbār / صفت. **deadly, deathly, mortal**

مرمر (سنگ) / marmar / اسم. **marble**

مرموز / marmuz / صفت. **mysterious, secretive**

مروارید / morvārid / اسم. **pearl**

مرواریدِ مصنوعی cultured pearl

مریض / mariz / صفت. ، اسم.

1. [*adj*] **ill, sick, ailing**
2. [*n*] **an ill person, the patient**

مریض شدن to become ill, to fall sick

مزاحم / mozāhem / صفت. **bothering, bothersome, annoying**

مزاحم شدن to bother sb, to disturb sb

مزاحمت / mozāhemat / اسم. **bother, trouble**

برای کسی مزاحمت فراهم کردن to inconvenience sb

مزخرف / mozaxraf / صفت. **nonsensical, absurd**

مزد / mozd / اسم. **wage(s), pay; reward**

مزدور / mozdur / اسم. ، صفت.

1. [*n*] **a mercenary, a hired**

hand 2. [*adj*] **mercenary, hired**

مزرعه / mazra`e / اسم. **farm, cultivated field**

مزمزه / mazmaze / اسم. **tasting, sipping**

مزمزه کردن to taste, to sip sth

مزمن / mozmen / صفت. **chronic**

بیماریِ مزمن a chronic disease

مزه / maz(z)e / اسم. **taste; meze; a wisecrack**

بی‌مزه tasteless

مزه دادن، مزه داشتن to have a good taste, to taste well

مزیّت / maziyyat / اسم. **advantage, benefit; privilege**

مژدگانی / moždegāni / اسم. **reward** (for bringing good news)

مژده / možde / اسم. **good news, tidings**

مژه / može / اسم. **eyelash, lash**

مس (فلز) / mes / اسم. **copper**

مسئله / mas`ale / اسم. **problem, question; affair**

مسئول / mas`ul / صفت.، اسم. 1. [*adj*] **responsible, accountable** 2. [*n*] **the person in charge**

مسئولیّت / mas`uliyyat / اسم. **responsibility, liability**

مسابقه / mosābeqe / اسم. **contest, competition; race; match**

مسابقه دادن to compete, to participate in a contest; to race sb

مساحت / masāhat / اسم. **area, surface area**

مساعد / mosā`ed / صفت. **favourable**

جوابِ مساعد a favourable answer

مسافت / masāfat / اسم. **distance**

مسافر / mosāfer / اسم. **traveller, passenger**

مسافرت / mosāferat / اسم. **journey, trip, travel**

مسافرت کردن to travel, to go on a journey

مسافرتی / mosāferati / صفت. **pertaining to travel**

آژانسِ مسافرتی travel agency

چکِ مسافرتی traveller's cheque(s)

مسافرخانه / mosāferxāne / اسم. a (second-class) **hotel, inn**

مسالمت‌آمیز / mosālematāmiz / صفت. **peaceful, conciliatory**

مساوات / mosāvāt / اسم. **equality**

مساوی / mosāvi / صفت. **equal; even; of the same rank**

مساوی بودن با to be equal to, to equal

مسبّب / mosabbeb / اسم. **cause, the factor responsible for causing a situation**

مست / mast / صفت.، اسم.
1. [*adj*] **drunk, intoxicated**
2. [*n*] **a drunkard, a drunk**
مست شدن to get drunk, to become intoxicated
مست کردن to drink to get drunk

مستأجر / mosta`jer / اسم. **tenant, lessee**

مستبد / mostabed(d) / صفت. **despotic, autocratic**

مستبدّانه / mostabeddāne / قید. **despotically, autocractically**

مستثنا / mostasnā / صفت. **excepted, excluded**
مستثناکردن to except, to exclude

مستحق / mostahaq(q) / صفت. **deserving, worthy**

مستخدم / mostaxdem / اسم. **employee; servant**

مستراح / mostarāh / اسم. **toilet, lavatory, WC**

مستطیل (هندسه) / mostatil / اسم.
1. [*adj*] **rectangular**
2. [*n*] **a rectangle**

مستعد / mosta'ed(d) / صفت. **talented; prone to**

مستقل / mostaqel(l) / صفت. **independent**

مستقلاً / mostaqellan / قید. **independently**

مستقیم / mostaqim / صفت. **direct, straight**
خطِ مستقیم a straight line

مستقیماً / mostaqiman / قید. **directly, straight**

مستند / mostanad / صفت. **documented, documentary**
فیلمِ مستند a documentary

مسجد (اسلام) / masjed / اسم. **mosque**
مسجدِ جامع، مسجدِ جمعه a mosque where the Friday prayers are held in each locality

مسخرگی / masxaregi / اسم. **buffoonery, tomfoolery**

مسخره / masxare / صفت.، اسم.
1. [*adj*] **ridiculous**
2. [*n*] **ridiculous behaviour**
مسخره شدن to become the object of ridicule
مسخره کردن to ridicule sb, to mock sb

مسدود / masdud / صفت. **shut, closed, clogged**
مسدودکردن to shut, to close

مسروقه / masruqe / صفت. **stolen, burglarized**
stolen goods اموالِ مسروقه

مسری / mosri / صفت. **contagious, infectious**

مسطّح / mosattah / صفت. **flat, level**

مسکن / maskan / اسم. **dwelling, house**

مُسکّن / mosakken / صفت. **sedative, palliative**
a sedative tablet قرصِ مُسکّن

مَسکونی / maskuni / صفت. **residential; habitable**

مسلّح / mosallah / صفت. **armed**
to take up arms مسلّح شدن
to arm sb مسلّح کردن

مسلّحانه / mosallahāne / صفت. **armed**
armed robbery سرقتِ مسلحّانه

مسلسل / mosalsal / صفت.، اسم. 1. [*adj*] **serial, following one another, consecutive** 2. [*n*] **machine-gun**

مسلّط / mosallat / صفت. **dominant, in full control**
to dominate, to be in control مسلّط بودن

مسلّم / mosallam / صفت. **certain, definite**

مسلمان / mosalmān / اسم. **a Muslim, a Mohammedan**

مسلّماً / mosallaman / قید. **certainly, definitely, undoubtedly**

مسموم / masmum / صفت. **poisoned, toxic**
to be poisoned مسموم شدن
to poison مسموم کردن

مسمومیّت / masmumiyyat / اسم. **poisoning**
food poisoning مسمومیّت غذایی

مسن / mosen(n) / صفت. **aged, old**

مسواک / mesvāk / اسم. **toothbrush**
to brush one's teeth مسواک زدنِ دندان

مسهل / moshel / اسم. **a purgative, a laxative**

مسیحی / masihi / صفت.، اسم.
1. [*adj*] **Christian**
2. [*n*] **a Christian**

مسیحیّت / masihiyyat / اسم. **Christianity, the Christian faith**

مسیر / masir / اسم. **course, route, itinerary**

مشابه / mošābeh / صفت. **similar, alike**

مشاجره / mošājere / اسم. **argument, quarrel**

مشاجره‌کردن to have an argument, to quarrel

مشارکت / mošārekat / اسم. **participation**

مشاور / mošāver / اسم. **adviser, consultant**

مشاوره / mošāvere / اسم. **consultation**

مشاوره‌کردن to consult together

مشاهده / mošāhede / اسم. **observation**

مشاهده‌کردن to observe, to perceive

مشت / mošt / اسم. **fist, punch; a handful**

یک مشت دلار a fistful of dollars

(با) مشت زدن to punch sb

مشتاق / moštāq / صفت. **eager, desirous**

مشترک[1] / moštarak / صفت. **common, joint, jointly-owned**

مشترک[2] / moštarak / اسم. **a subscriber**

مشتری / moštari / اسم. **customer, client**

مشخّص / mošaxxas / صفت. **definite, clear-cut, distinct**

مشخّص‌کردن to specify, to distinguish

مشخَّصات / mošaxxasāt / اسم. [جمعِ مُشخصه] **specifications, characteristics**

مشخَّصه / mošaxxase / اسم. **distinguishing feature**

مُشرف / mošref / صفت. **overlooking; near**

مُشرف بودن to overlook a place

مشرق / mašreq / اسم. **east**

مشرق‌زمین the Orient, the East

مشروب / mašrub / اسم. **drink, beverage; alcoholic drink**

مشروب خوردن to drink alcohol

مشروبخوری / mašrubxori / اسم. **a drinking party**

مشروع / mašru\` / صفت. **legitimate, lawful, permissible**

نامشروع illegitimate

مشعل / maš\`al / اسم. **torch**

مشغول / mašqul / صفت. **busy, engaged, occupied**

مشق / mašq / اسم. **exercise, drill, practice**

مشقِ شب homework

مشق نوشتن to do one's homework

مشکل / moškel / صفت، اسم.
1. [*adj*] **difficult, hard**
2. [*n*] **a problem, a difficulty**

مشکوک / maškuk / صفت.
doubtful, dubious

مشکی / meški / اسم.، صفت.
1. [*n*] (the colour) **black**
2. [*adj*] **black**

مشورت / mašverat / اسم.
seeking advice, consulation
مشورت‌کردن to seek sb's advice, to consult sb

مشهور / mašhur / صفت. **famous, well-known**

مصاحبه / mosāhebe / اسم.
interview
مصاحبه‌کردن to interview sb

مصادره / mosādere / اسم.
confiscation, expropriation, seizure
مصادره‌کردن to confiscate, to seize

مصادف / mosādef / صفت.
face to face; coincident
(دو رویداد با هم) مُصادف شدن
to coincide

مصالحه / mosālehe / اسم.
compromise
مصالحه‌کردن to reach a compromise

مصدوم / masdum / صفت.، اسم.
1. [*adj*] **injured, hurt**
2. [*n*] **an injured person**

مصرّ / moser(r) / صفت. **insistent, importunate**

مصرف / masraf / اسم.
consumption ; using up
مصرف‌کردن to consume, to use up

مصرف‌کننده / masrafkonande / اسم.
consumer

مصلحت / maslahat / اسم.
expedience, expediency

مصمَّم / mosammam / صفت.
determined, resolved

مصنوعی / masnu`i / صفت.
artificial, false
چرمِ مصنوعی artificial leather

مصوَّر / mosavvar / صفت.
illustrated

مصونیت / masuniy(y)at / اسم.
immunity
مصونیّتِ پارلمانی
parliamentary immunity

مصیبت / mosibat / اسم. **tragedy, disaster, misfortune**

مصیبت‌بار / mosibatbār / صفت.
disastrous, tragic

مضایقه / mozāyeqe / اسم.
denying sth to sb, withholding sth from sb
مضایقه‌کردن to withhold sth from sb

مضحک / mozhek / صفت. **funny, laughable, ridiculous**

مضر / mozer(r) / صفت. **harmful, pernicious, noxious**

مضطرب / moztareb / صفت. **anxious, disturbed, agitated**

مضیقه / maziqe / اسم. **difficulty; shortage**

در مضیقه بودن to be in difficulty, to feel the pinch

مطابق / motābeq / صفت. **corresponding to, according to**

مطابق بودن to correspond to

مطالبه / motālebe / اسم. **demanding payment**

مطالبه کردن to demand payment

مطالعه / motāle`e / اسم. **study, reading, perusal**

مطالعه کردن to read sth, to study a proposal etc

مطبّ / matab(b) / اسم. **a doctor's office, surgery**

مطبوع / matbu` / صفت. **agreeable, enjoyable**

مطبوعات / matbu`āt / اسم.[جمعِ مطبوعه] **the Press**

مطرح / matrah / صفت. **talked about, in the limelight**

مطرح کردن to propose for discussion

مطلب / matlab / اسم. **topic, subject; [press] story**

مطّلع / mottale` / صفت. **well-informed**

مطّلع کردن to inform sb of sth

مطلق / motlaq / صفت. **absolute, unquestioned**

مطلقاً / motlaqan / قید. **absolutely**

مطلوب / matlub / صفت. **desirable, desired**

مطمئن / motma`en(n) / صفت. **confident, assured, sure**

مطمئن بودن to be sure; to be confident

مطمئن شدن to make sure

مطمئن کردن to assure sb of sth

مطمئنّاً / motma`ennan / قید. **certainly, surely**

مطیع / moti` / صفت. **obedient, submissive**

مظلوم / mazlum / صفت. **wronged, oppressed, victimized**

مظنون / maznun / صفت. **suspected of; suspecting**

مظهر / mazhar / اسم. **manifestation, symbol**

معاد (اسلام) / ma`ād / اسم. **resurrection of the dead in afterlife**

روزِ معاد Resurrection Day, Judgement Day

معادل / mo`ādel / صفت.، اسم.
1. [*adj*] **equivalent**
2. [*n*] **an equivalent**

معارفه / mo`ārefe / اسم.
introducing people to one another, introduction

معاشرت / mo`āšerat / اسم.
association, mixing together
معاشرت‌کردن to associate, to mix

معاصر / mo`āser / صفت.
contemporary
تاریخِ معاصر contemporary history

معاف / mo`āf / صفت. **excused, exempt**
معاف‌کردن to exempt sb from sth

معالجه / mo`āleje / اسم.
(medical) **treatment; cure**
معالجه‌کردن to give medical treatment to sb, to treat sb for sth

معامله / mo`āmele / اسم.
(business) **transaction, deal**
مُعامله‌کردن to do business with sb, to deal with sb

معاوضه / mo`āveze / اسم.
exchange, barter
معاوضه‌کردن to exchange sth for another, to barter

معاون / mo`āven / اسم. **deputy, assistant**
معاونِ رئیس‌جمهور Vice-President

معاهده / mo`āhede / اسم. **treaty, pact, agreement**

معاینه / mo`āyene / اسم.
examination, inspection
معاینهٔ پزشکی medical examination
معاینهٔ کاملِ پزشکی check-up
معاینه‌کردن to examine, to inspect

معتاد / mo`tād / صفت.، اسم.
1. [*adj*] **addicted** 2. [*n*] **an addict**
معتادانِ موادِ مخدّر drug addicts
معتاد شدن to become addicted to sth
معتادکردن to addict sb to sth

معتبر / mo`tabar / صفت. **reliable, valid**

معتدل / mo`tadel / صفت.
moderate, temperate
آب و هوایِ معتدل temperate climate

معترض / mo`tarez / اسم.
an objector, a protestor
معترض بودن to protest to sth, to have objections

معتقد / mo`taqed / صفت.، اسم.
1. [*adj*] **believing in, devout**
2. [*n*] **a believer**
معتقد بودن به کسی یا چیزی
to believe in sb or sth

معجزه / mo`jeze / اسم. **miracle, wonder**
معجزه کردن to perform / work miracles

معجزه آسا / mo`jeze`āsā / صفت. **miraculous**

معدّل (آموزشگاه) / mo`addel / اسم. **average mark, average grade**

معدن / ma`dan / اسم. **mine**
معدنِ طلا gold mine

معدنی / ma`dani / صفت. **mineral**
آبِ معدنی mineral water

معدود / ma`dud / صفت. **few, limited**
معدودی a few

معده (بدن) / me`de / اسم. **stomach**
زخمِ معده gastric ulcer

معذّب / mo`azzab / صفت. **tormented, uneasy, tense**

معذرت / ma`zerat / اسم. **apology, apologies**
معذرت خواستن to apologize, to offer one's apologies

معرّفی / mo`arref i / اسم. **introducing sb, introduction; presentation**
معرّفی کردن to introduce; to present

معرّفی‌نامه / mo`arref ināme / اسم. **letter of introduction**

معروف / ma`ruf / صفت. **well-known, famous**

معروفیّت / ma`ruf iyyat / اسم. **fame, reputation**

معشوق / ma`šuq / اسم. **beloved** (masc), **the object of one's desire**

معشوقه / ma`šuqe / اسم. **beloved** (fem), **mistress**

معطّر / mo`attar / صفت. **perfumed, fragrant**

معطّل / mo`attal / صفت. **detained, delayed**
معطّل شدن to be kept waiting
معطّل کردن to detain, to keep waiting

معطّلی / mo`attali / اسم. **delay, long wait(s)**
بدونِ معطّلی without any delay, right away

معقول / ma`qul / صفت. **reasonable, sensible**

معکوس / ma`kus / صفت. **inverted, upside down**
تصویرِ معکوس an inverted image

معلّق/ mo`allaq / صفت. ،اسم.
1. [*adj*] suspended, hanging
2. [*n*] somersault
معلّق زدن to do/turn a somersault

معلّم/ mo`allem / اسم. **teacher, instructor, tutor**

معلول/ ma`lul / صفت. ،اسم.
1. [*adj*] disabled, handicapped
2. [*n*] a disabled person
معلولِ جنگی a war invalid, a disabled war veteran

معلوم/ ma`lum / صفت. **known, evident, clearly-defined**

معلومات/ ma`lumāt / اسم. [جمعِ مَعلومه] **knowledge, all the things that sb knows**

معمّا/ mo`ammā / اسم. **riddle, puzzle; mystery**

معمار/ me`mār / اسم.
an architect; a builder

معماری/ me`māri / اسم.
architecture

معمول/ ma`mul / صفت. **usual, customary**
طبقِ معمول as usual

معمولاً/ ma`mulan / اسم. **usually, ordinarily**

معمولی/ ma`muli / صفت.
ordinary, common

معنوی/ ma`navi / صفت.
spiritual; intellectual

معنویّت/ ma`naviyyat / اسم.
spirituality

معنی/ ma`ni / اسم. **meaning, sense**
معنی دادن to mean
معنی کردن to explain sth

معنی‌دار/ ma`nidār / صفت.
meaningful, significant

معیار/ me`yār / اسم. **standard, criterion**

معیّن/ mo`ayyan / صفت.
determined, fixed, set
معیّن کردن to fix, to determine

معیوب/ ma`yub / صفت.
defective, faulty

مغازه/ maqāze / اسم. **shop, store**

مغازه‌دار/ maqāzedar / اسم.
shopkeeper, storekeeper

مغایر/ moqāyer / صفت. **contrary, unlike**

مغایرت/ moqāyerat / اسم.
being contrary, discrepancy
مغایرت داشتن to be inconsistent with

مغرب/ maqreb / اسم. **west**

مغرب‌زمین/ maqrebzamin / اسم.
the West, the Occident

مغرض/ moqrez / صفت.
biased against sb

مغرضانه/ moqrezāne / قید.
begrudgingly , out of grudge

مغرور/ maqrur / صفت. **proud , haughty**

مغز/ maqz / اسم. **brain ; kernel ; pulp**

مغزِ استخوان bone marrow

مغشوش/ maqšuš / صفت.
disorderly , chaotic ; confused

مغلوب/ maqlub / صفت.
defeated , beaten

مغلوب شدن to be defeated by sb

مغلوب کردن to defeat sb

مفت/ moft / صفت.
free (of charge) **, gratuitous , gratis**

مفتخر/ moftaxar / صفت. **proud , honoured**

مفتخور/ moftxor / اسم.
freeloader , sponger

مفرد(دستور) / mofrad / صفت.
singular

مفسّر/ mofasser / اسم.
commentator , interpreter

مَفصل(بدن) / mafsal / اسم. **joint ; articulation**

مُفصَّل/ mofassal / صفت.
detailed , lengthy

مفقود/ mafqud / صفت. **lost , missing**

مفقودالاثر/ mafqudol`asar / صفت.
lost without a trace ;
[milit] **missing in action**

مفهوم/ mafhum / صفت.، اسم.
1. [*adj*] **understandable , easy to grasp** 2. [*n*] **meaning , sense , concept**

مفید/ mofid / صفت. **useful , helpful ; beneficial**

مقابل/ moqābel / صفت.، حرف اضافه.
1. [*adj*] **opposite , facing**
2. [*prep*] **opposite , vis-à-vis ; against**

مقارن/ moqāren / صفت. **near , close , in close proximity with**

مقارنِ ظهر around noon

مقاطعه کار/ moqāte`ekār / اسم.
contractor

مقاله/ maqāle / اسم. **essay , article**

مقام/ maqām / اسم. **rank , station , place**

مقاوم/ moqāvem / صفت.
resistant , enduring

مقاومت/ moqāvemat / اسم.
resistance , endurance

مقاومت کردن to resist sb/sth

مقایسه/ moqāyese / اسم.
comparison

مقایسه کردن to compare sth with/to another

مقتدر / moqtader / صفت.
powerful, strong

مقتصد / moqtased / صفت. **thrifty, economical**

مقتول / maqtul / صفت.، اسم.
1. [*adj*] **killed, murdered**
2. [*n*] **the murder victim**

مقتول شدن to be killed

مقدار / meqdār / اسم. **quantity, amount**

مقدارِ زیاد a large amount, a great deal

مقدَّس / moqaddas / صفت. **holy, sacred**

مُقدَّم / moqaddam / صفت.
in the forefront, having priority

مُقدَّم بودن بر to precede sth or sb

مقدَّمات / moqaddamāt / اسم. [جمعِ مُقدمّه] **preliminaries, preparations**

مقدَّماتی / moqaddamāti / صفت.
preliminary, elementary

مقدَّمه / moqaddame / اسم.
introduction, foreword, preface

مقدور / maqdur / صفت. **possible, feasible**

مقرَّر / moqarrar / صفت. **arranged, agreed upon, appointed**

در ساعتِ مقرّر at the appointed hour

مقرَّرات / moqarrarāt / اسم. [جمعِ مُقرّره] **regulations, rules**

مقرَّری / moqarrari / اسم.
stipend, allowance

مقروض / maqruz / صفت. **in debt, indebted, owing**

مقروض بودن to be in debt, to owe sb sth

مقصد / maqsad / اسم. **destination**

مقصّر / moqasser / صفت. **guilty, culpable**

مقصود / maqsud / اسم. **purpose, intention, aim**

مقطوع / maqtu` / صفت. **cut off; set, fixed**

قیمت مقطوع fixed price

مقعد (بدن) / maq`ad / اسم. **anus**

مقلّد / moqalled / اسم. **imitator; a comic actor**

مقوّا / moqavvā / اسم. **cardboard, pasteboard**

مقوّایی / moqavvāyi / صفت. **made of cardboard, cardboard** [*attrib*]

قوطیِ مقوایی a cardboard box

مقوّی / moqavvi / صفت.
invigorating, nourishing

مقیاس / meqyās / اسم. **scale, measure**

مقیم/ moqim / صفت. **resident, domiciled**
مقیمِ آلمان a resident of Germany
مکاتبه/ mokātebe / اسم. **letter-writing, correspondence**
مکاتبه کردن to correspond with sb
مکّار/ makkār / صفت. **cunning, wily**
مکالمه/ mokāleme / اسم. **dialogue, conversation**
مکالمهٔ تلفنی a telephone call, a conversation by telephone
مکالمه کردن to converse with sb
مکان/ makān / اسم. **place, locality**
مکانیک/ mekânik / اسم. [phys] **mechanics; a mechanic**
مکتب/ maktab / اسم. **school**
مَکتبِ رمانتیسم the Romantic School
مکث/ maks / اسم. **pause, halt**
مکث کردن to pause
مکر/ makr / اسم. **wile, trick**
مکرّر/ mokarrar / صفت. **repeated**
مکرراً/ mokarraran / اسم. **repeatedly**
مکعّب/ moka`ab / اسم، صفت. 1. [*n*] **a cube** 2. [*adj*] **cubic**
مترِ مکعّب cubic metre/meter (m^3)
مـکیدن/ mekidan / مصدر. **to suck**
مکیده/ mekide / صفت. **sucked**
مگر/ magar / قید. **except**
مگس (حشره) / magas / اسم. **fly, housefly**
ملاحظه/ molāheze / اسم. **observation; consideration**
ملاحظه کردن to observe, to see; to act considerately
ملافه/ malāfe / اسم. **bedsheet(s)**
ملاقات/ molāqāt / اسم. **meeting, visit**
ملاقات کردن to meet sb
ملاقه/ malāqe / اسم. **ladle, dipper**
ملال آور/ malālāvar / صفت. **boring, dull**
ملایم/ molāyem / صفت. **gentle, mild**
ملایمت/ molāyemat / اسم. **gentleness, mildness**
ملّت/ mellat / اسم. **nation, people**
ملخ (حشره) / malax / اسم. **grasshopper; locust**
مِلک/ melk / اسم. **landed property, estate**
ملکه/ maleke / اسم. **queen**
ملکهٔ زیبایی beauty queen

ملوان / malavān / اسم. **sailor, seaman, mariner**

ملّی / melli / صفت. **national, belonging to the whole country**

ملّی‌شدن to be nationalized

ملّی‌کردن to nationalize

ملیّت / melliyyat / اسم. **nationality**

ملیح / malih / صفت. **charming, cute**

ملیّن (پزشکی) / molayyen / صفت.، اسم.

1. [*adj*] **laxative**

2. [*n*] **a laxative**

مماس (هندسه) / momās / صفت. **tangential**

خطِّ مماس tangent

ممتاز / momtāz / صفت. **of superior quality**

ممکن / momken / صفت. **possible, feasible**

ممکن‌بودن to be possible

مملکت / mamlekat / اسم. **country, state**

مملو / mamlow / صفت. **full**

ممنوع / mamnu\` / صفت. **forbidden, prohibited**

کالاهایِ ممنوعه forbidden goods

ممنوع‌کردن to forbid, to prohibit

ممنوعیّت / mamnu\`iyyat / اسم. **ban, prohibition**

ممنون / mamnun / صفت. **grateful, thankful**

من / man / ضمیر. **I; me; my**

مالِ من mine

منابع / manābe\` / اسم. [جمعِ مَنبع] **resources**

مناسب / monāseb / صفت. **suitable, appropriate, convenient**

مناسب‌بودن to suit sb, to be suitable for sb / sth

مناسبت / monāsebat / اسم. **suitablity; relevance**

مناطق / manāteq / اسم. [جمعِ مَنطقه] **zones, regions**

مناطقِ آزاد free (trade) zones

مناظره / monāzere / اسم. (public) **debate**

منافات / monāfāt / اسم. **contradiction, incompatibility**

منبع / mamba\` / اسم. **source; resource(s)**

منبعِ آب a water reservoir

منتخب / montaxab / صفت. **elected; selected, chosen**

منتشر / montašer / صفت. **published, disseminated**

منتشر شدن to be published, to be widely spread

منتظر / montazer / صفت. **waiting; expectant**

منتظر بودن to be waiting

منتفی / montafi / صفت.
no longer existing, no longer under consider ation
منتفی شدن to be no longer a possibility

منتقد / montaqed / اسم. **critic**
منتقدِ ادبی a literary critic

منتقل / montaqel / صفت.
transferred
منتقل شدن to be transferred
منتقل کردن to transfer sb

منجر / monjar / صفت. **leading to, resulting in**
منجر شدن to lead to, to result in sth

منجمد / monjamed / صفت. **frozen**
منجمد شدن to freeze [*vi*], to be frozen
منجمد کردن to freeze [*vt*]

منحرف / monharef / صفت.
deviant, perverted; off-course
منحرف شدن to deviate, to stray
منحرف کردن to divert sth from its course

منحصر / monhaser / صفت.
restricted, exclusive
منحصر به فرد unique
منحصر کردن to limit to

منحل / monhal(l) / صفت.
dissolved, disbanded, liquidated
منحل شدن to be dissolved, to be disbanded
منحل کردن to dissolve, to disband

منحنی / monhani / صفت.، اسم.
1. [*adj*] **curved** 2. [*n*] **a curve; a graph**

منحوس / manhus / صفت.
sinister, ominous, of bad omen

منزل / manzel / اسم. **lodging, dwelling; house; way-station**

منزوی / monzavi / صفت. **retiring, reclusive**

منسوخ / mansux / صفت.
abolished, outdated

منشأ / manša` / اسم. **origin, source**

منشعب / monša`eb / صفت.
branched, forked
منشعب شدن to branch off, to fork

منشی / monši / اسم. **secretary, office clerk**

منصرف / monsaref / اسم.
dissuaded from an earlier decision

منصف / monsef / صفت. **just, fair**

منصفانه / monsefāne / صفت.، قید.
1. [*adj*] **just, fair, equitable**
2. [*adv*] **fairly, equitably**

منصوب/ mansub / صفت. **appointed**
منصوب شدن to be appointed
منصوب کردن to appoint sb to a position
منطق/ manteq / اسم. **logic**
منطقه/ mantaqe / اسم. **zone, area, region**
منطقی/ manteqi / صفت. **logical**
منظره/ manzare / اسم. **view, scenery, landscape**
منظّم/ monazzam / صفت. **regular, orderly**
منظّم کردن to put in order, to arrange
منظور/ manzur / اسم. **intention, object**
منع/ man\` / اسم. **prohibition, ban**
منع کردن to forbid sb from doing sth
منعکس/ mon\`akes / صفت. **reflected; echoing**
منعکس شدن to be reflected; to echo
منعکس کردن to reflect, to throw back
منفجر/ monfajer / صفت. **exploded, burst**
منفجر شدن to explode, to burst [*vi*]
منفجر کردن to explode sth

منفعت/ manfa\`at / اسم. **profit, gain**
منفعت بردن /کردن to make a profit, to profit, to gain
منفور/ manfur / صفت. **hated, detested**
منفی/ manfi / صفت. **negative**
جوابِ منفی a negative answer
منقار/ menqār / اسم. **beak, bill**
منقبض/ monqabez / صفت. **contracted**
منقبض شدن to contract [*vi*]
منقرض/ monqarez / اسم. **overthrown; extinct**
منقرض شدنِ نسل to become extinct
منقول/ manqul / صفت. **movable, portable; narrated, quoted**
منگ/ mang / صفت. **dazed, in a daze**
من من/ menmen / اسم. **mumbling**
من‌من کردن to mumble
مو(گیاه) / mow, mo: / اسم. **grapevine, vine**
مو(بدن) / mu / اسم. **hair**
موی دُم‌اسبی ponytail
مواظب/ movāzeb / صفت. **careful; on the lookout**
مواظب بودن to watch out, to be careful

مواظبت/ movāzebat / اسم. **care; looking after sth/sb**
مواظبت کردن از to take care of sb, to look after sb/sth

موافق/ movāfeq / صفت. **agreeable, in agreement with**
موافق بودن to agree to a proposal etc

موافقت/ movāfeqat / اسم. **agreement, consent**
موافقت کردن to agree, to consent

موتور/ motor / اسم. **engine, motor; motorcycle**

موتورخانه (ساختمان) / motorxāne / اسم. **boiler-room**

موتورسوار/ motorsavār / اسم. **motor cyclist, biker**

موتورسیکلت/ motorsiklet / اسم. **motor cycle, motor bike, motor scooter**

موتوری/ motori / صفت.، اسم. 1. [*adj*] **motorized** 2. [*n*] **a biker**

مؤثر/ mo`asser / صفت. **effective, efficacious**

موج/ mowj / اسم. **wave; [*phys*] vibrations**

موجب/ mowjeb / اسم. **cause, reason**
موجب شدن to cause, to bring about

موجود/ mo:jud / صفت.، اسم. 1. [*adj*] **extant, present, available** 2. [*n*] **being, creature**
موجود بودن to be available, to be in stock

موجودی (کالا) / mo:judi / اسم. **stock, inventory**

موجّه/ movajjah / صفت. **good, sound, acceptable**

مؤدّب/ mo`addab / صفت. **polite, courteous**

مؤدّبانه/ mo`addabāne / صفت.، قید. 1. [*adj*] **polite** 2. [*adv*] **politely, courteously**

موذی/ muzi / صفت. **harmful; sly**
حشراتِ موذی harmful insects

مورّخ/ movarrex / اسم. **a historian**

مورد/ mo:red / اسم. **case, instance**
موردِ علاقه favourite

موز (گیاه) / mo:z / اسم. **banana**

موزاییک/ muzâ(y)ik / اسم. **a mosaic tile, a mosaic**

موزه/ muze / اسم. **museum**

موزیک/ muzik / اسم. **music**
دستهٔ موزیک a band
موزیک زدن to play music

مؤسِّس/ mo`asses / اسم. **founder**
اعضایِ مؤسس founding members

مؤسّسه / mo`assese / اسم.
establishment, foundation, institute

موسیقی / musiqi / اسم. **music**

موسیقیدان / musiqidān / اسم.
musician

موش (جانور) / muš / اسم. **mouse; rat**

تله موش mouse-trap

موشک (نظام) / mušak / اسم.
rocket, missile

موضع / mowze` / اسم. **locality, position**

موضوع / mowzu` / اسم. **subject, topic**

موعد / mow`ed / اسم.
the appointed time or date

موفّق / movaffaq / صفت. **successful**

موفّق شدن to succeed

موفّقیّت / movaffaqiyyat / اسم.
success

موفّقیّت‌آمیز / movaffaqiyyatāmiz / صفت.
successful

موقّت / movaqqat / صفت.
temporary, provisional

موقّتاً / movaqqatan / قید.
temporarily, provisionally

موقّتی / movaqqati / صفت.، قید.
1. [*adj*] **temporary, provisional** 2. [*adv*] **temporarily**

موقعیّت / mowqe`iyyat / اسم.
situation; position; opportunity

موکول / mowkul / صفت.
depending on, subjet to

موکول کردن به بعد to postpone sth, to leave sth for later

مولّد / movalled / صفت.
productive, producing, generating

مولّدِ برق a generator

مؤلف / mo`allef / اسم. **author, compiler**

موم / mum / اسم. **wax**

مومِ گوش ear wax

مومِ معدنی paraffin wax

مؤمن / mo`men / صفت.، اسم.
1. [*adj*] **faithful** 2. [*n*] **a faithful person, a believer**

مونتاژ (صنعت) / montâž / اسم.
assembly

مونتاژ کردن to assemble sth

مؤنث / mo`annas / صفت. **feminine**

موهبت / muhebat / اسم. **gift, natural talent**

موهوم / mowhum / صفت.
imaginary, illusory, fictitious

مِه / meh / اسم. **fog**

مِه رقیق mist

مه‌آلود / mehālud / صفت. **foggy**

مهاجر / mohājer / صفت.، اسم.
1. [*adj*] **migratory** 2. [*n*] **an**

emigrant ; an immigrant ; a migrant

مهاجرت / mohājerat / اسم. **emigration ; immigration**

مهاجرت‌کردن از to emigrate from

مهاجرت‌کردن به to immigrate to

مهاجم / mohājem / اسم. **an invader, an attacker; [football] a forward**

مهار / mahār / اسم. **rein(s), halter; control(s)**

مهارکردن to rein in, to control

مهارت / mahārat / اسم. **skill, dexterity**

مهتاب / mahtāb / اسم. **moonlight**

مهتابی / mahtābi / صفت. **moonlit, moonlight** [*attrib*]

شبِ مهتابی a moonlit night

مهجور / mahjur / صفت. **abandoned ; archaic**

مهد / mahd / اسم. **cradle**

مهدِکودک creche, day-care

مهر / mohr / اسم. **seal; stamp**

مهرزدن، مهرکردن to stamp, to put one's seal on sth

مهربان / mehr(a)bān / صفت. **kind, affectionate, gentle**

مهربانی / mehr(a)bāni / اسم. **kindness, affection**

مهره / mohre / اسم. **marble, bead ; nut ; vertebra**

پیچ و مهره bolt and nut

مهرهٔ پشت dorsal vertebra

مهرهٔ شطرنج a chess piece

مهلت / mohlat / اسم. **period of time allowed for doing sth ; respite, a period of grace**

مهلک / mohlek / صفت. **mortal, fatal**

مهم / mohem(m) / صفت. **important, of importance ; significant**

مهمّات / mohemmāt / اسم. [جمعِ مُهِمّه] **ammunitions, munitions**

مهمان / mehmān / اسم. **a guest, a visitor, company**

مهمان‌کردن to entertain sb / people

مهماندار / mehmāndār / (هواپیما) اسم. **steward; hostess**

مهمانسرا / mehmānsarā / اسم. **guest-house**

مهمان‌نواز / mehmān.navāz / صفت. **hospitable**

مهمان‌نوازی / mehmān.navāzi / اسم. **hospitality**

مهمانی / mehmāni / اسم. **a party, a feast**

مهمانی دادن to entertain people, to throw a party

مهندس / mohandes / اسم.
engineer ; architect
مهندسِ معمار architect
مهندسی / mohandesi / اسم.
engineering
مهندسیِ شیمی
chemical engineering
مهیب / mahib / صفت.
frightening, dreadful, terrible
مهیّج / mohayyej / صفت.
exciting, stirring
مِی / mey / اسم. **wine**
میان / mîyān / اسم.، حرف اضافه.
1. [*n*] **middle, centre ; interior**
2. [*prep*] **among ; between**
یک سال در میانِ ایرانیان
a year among the Persians
میانجی / mîyānji / اسم.
a mediator, a go-between
میانجیگری / mîyānjigari / اسم.
mediation
میانجیگری کردن to mediate, to act as a go-between
میان‌سال / mîyānsāl / صفت.
middle-aged
میانگین / mîyāngin / اسم.
average, mean
میانه / mîyāne / اسم. **medium**
میانه‌رو / mîyānerow / صفت.، اسم.
1. [*adj*] **moderate** 2. [*n*] **a moderate**
میانه روی / mîyāneravi / اسم.
moderation
میانی / mîyāni / صفت. **middle, central**
میخ / mix / اسم. **nail**
کوبیدنِ میخ to hammer in a nail
میخچه (پزشکی) / mixče / اسم.
corn
میخک (گیاه) / mixak / اسم.
carnation
میدان / meydān / اسم.
public square, plaza ; open space, field
میدانِ اسب‌دوانی a race-course
میدانِ جنگ battlefield
به میدان آمدن to enter the arena, to enter a race
میراث / mirās / اسم. **inheritance, heritage**
میراثِ فرهنگی cultural heritage
میز / miz / اسم. **table, desk**
میزِ آرایش a dressing-table
میزِ تحریر a desk
میزِ ناهارخوری the dining table
میزان / mizān / اسم.، صفت.
1. [*n*] **scales, balance ; rate, amount, measure** 2. [*adj*] **adjusted, focused**
میزان کردن to adjust

میزبان / mizbān / اسم. **host, hostess**

میسّر / moyassar / صفت. **possible, feasible**

میش (جانور) / miš / اسم. **ewe**

میکرب / mikrob / اسم. **microbe, germ**

میکرب شناسی / mikrobšenāsi / اسم. **microbiology, bacteriology**

میکروسکوپ / mikroskop / اسم. **microscope**

میکروفن / mikrofon / اسم. **microphone, mike**

میگرن (پزشکی) / migren / اسم. **migraine**

میگو / meygu / اسم. **prawn, shrimp**

میل / meyl / اسم. **desire, wish; inclination**

میل داشتن to desire sth, to wish sth

میلاد / milād / اسم. **birth, nativity; time of birth**

میله / mile / اسم. **bar, rod, shaft**

میلیارد / mîl(î)yârd / اسم. **one thousand million(s), billion**

میلیاردر / mîl(î)yârder / اسم. **billionaire**

میلیون / mîl(î)yon / اسم. **million**

میلیونر / mîl(î)yoner / اسم. **millionaire**

میمون (جانور) / meymun / اسم. **monkey, ape**

مین (نظام) / min / اسم. **mine, land mine**

مینیاتور / minyâtur / اسم. **a miniature painting, miniature**

مینیاتوریست / minyâturist / اسم. **a painter of miniatures, miniaturist**

مینی‌بوس (خودرو) / minibus / اسم. **a minibus**

مینی‌ژوپ / minižup / اسم. **a miniskirt**

میوه / mive / اسم. **fruit**

باغِ میوهٔ (fruit) orchard

درختِ میوه a fruit tree

میوه‌دادن to bear fruit

میوه‌فروشی / mivefûruši / اسم. **a fruiterer**

میهن / mihan / اسم. **homeland, motherland**

میهن پرست / mihanparast / اسم. **a patriot**

ذ ، ن

نئوپان/ ne`opân / اسم.
pressboard , chipboard

ناآرامی/ nā`ārāmi / اسم. **unrest**

ناآگاه/ nā`āgāhi / صفت.
ignorant , ill-informed

ناامن/ nā`amn / صفت. **unsafe , dangerous**

ناامید/ nā`omid / صفت.
hopeless , desperate
to despair, to lose hope — ناامید شدن
to disappoint sb — ناامید کردن

ناامیدی/ nā`omidi / اسم.
hopelessness , despair

ناب/ nāb / صفت. **pure , unadulterated**
pure gold — طلای ناب

ناباب/ nābāb / صفت. **unsuitable , unfit**

نابجا/ nābejā / صفت.
inappropriate , out of place

نابرابر/ nābarābar / صفت. **unequal**

نابرابری/ nābarābari / اسم.
inequality

نابغه/ nābeqe / اسم. **a genius**
a prodigy — نابغهٔ خردسال

نابود/ nābud / صفت. **annihilated , totally destroyed**
to be annihilated — نابود شدن
to annihilate — نابودکردن

نابودی/ nābudi / اسم.
annihilation , destruction

نابینا/ nābinā / صفت. **blind , sightless**

نابینایان/ nābināyān / اسم. [جمعِ نابینا]
the blind

نابینایی/ nābināyi / اسم.
blindness

ناپدید/ nāpadid / صفت.
disappeared, out of sight, vanished
to disappear, to vanish — ناپدید شدن

ناپسند/ nāpasand / صفت.
unpleasant ; indecent

ناتمام/ nātamām / صفت.
unfinished, incomplete

ناتوان/ nātavān / صفت. **weak, infirm; unable**

ناتوانی/ nātavāni / اسم.
weakness, infirmity; inability

ناجور/ nājur / صفت. **ill-matched, odd; awkward**

ناچار/ nāčār / صفت، قید.
1. [*adj*] **compelled, forced** 2. [*adv*] **perforce, out of necessity, inevitably**
ناچار بودن to be compelled to

ناحق/ nāhaq / صفت. **unjust, undeserved**

ناحیه/ nāhiye / اسم. **district, region, area**

ناخدا/ nāxodā / اسم.
captain (of a ship)

ناخن(بدن) / nāxon / اسم.
fingernail, nail
لاکِ ناخن nail varnish, nail polish

ناخواسته/ nāxāste / صفت.
unwanted

ناخوش/ nāxoš / صفت. **ill, sick; unpleasant**
ناخوش شدن to fall ill, to get sick

ناخوشایند/ naxošāyand / صفت.
unpleasant, bad

ناخوشی/ nāxoši / اسم. **illness, sickness**

نادان/ nādān / صفت. **ignorant; foolish**

نادانی/ nādāni / اسم. **ignorance; foolishness**

نادر/ nāder / صفت. **rare**

نادرست/ nādorost / صفت.
incorrect, false; dishonest
آدمِ نادرست a dishonest person

نادیده/ nādide / صفت. **unseen**
نادیده گرفتن to overlook (sb's mistake)

ناراحت/ nārāhat / صفت.
uncomfortable, uneasy; upset
ناراحت شدن to be upset; to become inconvenienced
ناراحت کردن to upset sb

ناراحتی/ nārāhati / اسم.
inconvenience, annoyance

ناراضی/ nārāzi / صفت.
dissatisfied, discontented

نارس/ nāras / صفت. **unripe, immature**
میوهٔ نارس unripe fruit

نارضایی/ nārezāyi / اسم.
dissatisfaction, discontentment

نارگیل(گیاه) / nārgil / اسم.
coconut

نارنج(گیاه) / nārenj / اسم.
sour orange(s)
نارنجک(نظام) / nārenjak / اسم.
grenade
نارنجکِ دستی hand-grenade
نارنجی/ nārenji / صفت. **orange**
نارنگی(گیاه) / nārangi / اسم.
tangerine(s)
ناز/ nāz / اسم. **coyness, coquetry**
ناز و نعمت/ nāz-o-ne`mat / اسم.
luxury, ease and comfort
نازا/ nāzā / صفت. **sterile, barren**
نازایی(پزشکی) / nāzāyi / اسم.
sterility, barrenness
نازک/ nāzok / صفت. **thin,**
delicate, fine
ناسازگار/ nāsāz(e)gār / صفت.
incompatible ; ill-tempered
ناسازگاری/ nāsāz(e)gāri / اسم.
incompatibility
ناسپاس/ nāsepās / صفت.
ungrateful, thankless
ناسپاسی/ nāsepāsi / اسم.
ingratitude
ناسزا/ nāsezā / اسم. **swear-word,**
foul language
ناشایست/ nāšāyest / صفت.
imporper, indecent
ناشتا/ nāštā / صفت. **fasting,**
having had no breakfast

ناشر/ nāšer / اسم. **publisher**
ناشناخته/ nāšenāxte / صفت.
unknown
ناشناس/ nāšenās / صفت.
unidentified, in disguise
به طورِ ناشناس incognito
ناشی/ nāši / صفت. **inexpert,**
untrained, unskilled
رانندهٔ ناشی a novice driver
ناشیانه/ nāšîyāne / قید.
unskilfully, inexpertly
ناظر/ nāzer / اسم. **an overseer ;**
an onlooker ; a superintendent
ناغافل/ nāqāfel / صفت.، قید.
1. [*adj*] **sudden, unexpected**
2. [*adv*] **suddenly, unexpectedly**
ناف(بدن) / nāf / اسم. **navel**
نافرمان/ nāfarmān / صفت.
disobedient
نافرمانی/ nāfarmāni / اسم.
disobedience
نافرمانی کردن to disobey sb, to be disobedient
ناقابل/ nāqābel / صفت.
unworthy ; insignificant
ناقص/ nāqes / صفت. **defective,**
imperfect
ناقوس/ nāqus / اسم. **church bell(s)**
برجِ ناقوس belfry
صدایِ ناقوس chime(s)

ناکام/ nākām / صفت. **unfulfilled**

ناک‌اوت (مشت‌زنی) / nâk`owt / اسم. **knockout**

ناک‌اوت شدن to be knocked out, to suffer a knockout

ناگاه/ nāgāh / قید. **suddenly, all of a sudden**

ناگزیر/ nāgozir / صفت، قید.

1. [*adj*] **inevitable**

2. [*adv*] **inevitably, perforce**

ناگوار/ nāgovār / صفت. **unpleasant; sad**

ناگهان/ nāgahān / قید. **suddenly, abruptly**

ناگهانی/ nāgahāni / صفت. **sudden, abrupt, unexpected**

مرگِ ناگهانی sudden death

ناله/ nāle / اسم. **a moan, a groan**

ناله‌کردن to moan, to groan

نالیدن/ nālidan / مصدر. **to moan, to groan**

نام/ nām / اسم. **name, forename; fame**

نامِ خانوادگی surname, last name

نام بردن از کسی to name sb, to mention sb by name

نامحدود/ nāmahdud / صفت. **unlimited, unrestricted**

نامدار/ nāmdār / صفت. **famous, celebrated**

نامرئی/ nāmar`i / صفت. **invisible, unseen**

نامربوط/ nāmarbut / صفت. **irrelevant, incoherent**

نامرتّب/ nāmorratab / صفت. **untidy, disorderly**

نامرغوب/ nāmarqub / صفت. **of poor quality**

نامزد/ nāmzad / اسم. [man] **fiancé**, [woman] **fiancée, betrothed; candidate**

نامزدی/ nāmzadi / اسم. **engagement, betrothal; candidacy; nomination**

نامساعد/ nāmosā`ed / صفت. **unfavourable**

نامشروع/ nāmašru` / صفت. **unlawful, illicit**

درآمدِ نامشروع an illicit income

نامعلوم/ nāma`lum / صفت. **unknown, uncertain**

نامناسب/ nāmonāseb / صفت. **unsuitable, unfit**

نامنویسی/ nāmnevisi / اسم. **registration**

نامنویسی‌کردن to register

نامه/ nāme / اسم. **letter, note**

نامه نوشتن to write a letter

نامه‌رسان/ nāmeresān / اسم. **a postman, a courier**

نامه‌نگاری / nāmenegāri / اسم. **letter-writing, correspondence**

نامیدن / nāmidan / مصدر. **to name, to call**

نان / nān / اسم. **bread**
نانِ بریده sliced bread
نانِ سفید European-style white bread

نان‌آور / nānāvar / اسم. **breadwinner**

نان‌برشته‌کن / nanbereštekon / اسم. **toaster**

نانوا / nānvā / اسم. **baker**

نانوایی / nānvāyi / اسم. **a baker's job ; a bakery**

ناو (دریا) / nāv / اسم. **a naval vessel, a warship**

ناهار / nâhār / اسم. **lunch**
ناهارخوردن to have lunch, to lunch

ناهارخوری / nâhārxori / اسم. **dining-room**

ناهموار / nāhamvār / صفت. **uneven, rough**

نای / nāy / اسم. **a reed flute; windpipe**

نایاب / nāyāb / صفت. **unobtainable, rare**

نایلن (شیمی) / nâylon / اسم. **nylon**

نبرد / nabard / اسم. **battle**

نبض / nabz / اسم. **pulse**

نبوغ / nûbuq / اسم. **genius**

نت (موسیقی) / not / اسم. **note**

نترس / natars / صفت. **fearless, bold**

نتیجه / natije / اسم. **result; conclusion; a great grandchild**
نتیجه دادن to yield a result, to bear fruit
نتیجه گرفتن to conclude

نتیجه‌بخش / natijebaxš / صفت. **fruitful, yielding results**

نتیجه گیری / natijegiri / اسم. **drawing / reaching a conclusion**

نثر / nasr / اسم. **prose**

نجات / nejāt / اسم. **rescue, deliverance, escape**
نجات دادن to rescue / save sb

نجّار / najjār / اسم. **carpenter, joiner**

نجّاری / najjāri / اسم. **carpentry, joinery**

نجوم / nûjum / اسم. **astronomy**

نجومی / nûjumi / صفت. **astronomical**

نجیب / najib / صفت. **noble; gentle**

نحس / nahs / صفت. **unlucky, sinister**

نخ / nax / اسم. **thread, string, yarn**

نخاع (بدن) / noxā` / اسم.
spinal cord

نخست / naxost / صفت.، قید.
1. [*adj*] **first, foremost**
2. [*adv*] **firstly, first**

نخست وزیر / naxostvazir / اسم.
prime minister

نخستین / naxostin / صفت. **first**

نخل (گیاه) / naxl / اسم. **palm, palm tree**

نخود (گیاه) / noxod / اسم.
chick pea

نخود سبز، نخود فرنگی pea, green pea

نخی / naxi / صفت. **made of cotton, cotton**

پیراهنِ نخی a cotton shirt

ندامت / nedāmat / اسم. **regret, remorse**

ندانسته / nadāneste / قید.
unknowingly

ندرت / nodrat / اسم. **rareness**

به ندرت rarely, seldom

نر / nar / صفت. **male**

گربهٔ نر a male cat

نرخ / nerx / اسم. **rate; the going price**

نرخِ بیکاری the rate of unemployment

نردبان / nardebān / اسم. **ladder**

پلّه‌هایِ نردبان rungs of the ladder

نردِه / narde / اسم. **railing, rail, handrail**

نرم / narm / صفت. **soft, smooth, gentle**

نرم‌افزار (رایانه) / narmafzār / اسم.
software

نرمش / narmeš / اسم. **suppleness, flexibility; body exercises**

نرمی / narmi / اسم. **softness, smoothness, mildness**

نزاکت / nezākat / اسم. **etiquette, polite behaviour**

نزدیک / nazdik / صفت. **near, close, close at hand**

نزدیک شدن to go near sth / sb, to approach sth / sb

نزدیکان / nazdikān / اسم. [جمعِ نَزدیک]
close relatives

نزدیک بین / nazdikbin / صفت.
myopic, short-sighted, near-sighted

نزدیکی / nazdiki / اسم.
nearness, proximity, vicinity

نزول / nûzul / اسم. **descent, fall, drop; the interest paid on a loan**

نزولی / nûzuli / صفت.
descending, falling

نژاد / nežād / اسم. **race; breed**

نژاد پرست / nežādparast / اسم. **racist**

نژاد پرستی / nežādparasti / اسم. **racism**

نژادی / nežādi / صفت. **racial**

تبعیضِ نژادی racial discrimination

نسّاجی / nassāji / اسم. **cloth-weaving**

کارخانهٔ نسّاجی a textile factory

نسبت / nesbat / اسم. **relation, relationship, kinship; ratio; proportion**

به نسبتِ in proportion to

نسبت دادن to attribute sth to sb

نسبت داشتن to be related to sb

نسبتاً / nesbatan / قید. **relatively, fairly**

نسبتاً خوب fairly good

نسبی / nesbi / صفت. **relative; proportional**

نسخه / nosxe / اسم. **copy; [med] prescription**

پیچیدنِ نسخه to fill a prescription

نسل / nasl / اسم. **generation**

نسوز / nasuz / صفت. **fireproof**

نسیم / nasim / اسم. **breeze**

نسیه / nesye / اسم. **buying or selling on credit**

نسیه خریدن to buy on credit

نشا (گیاه) / nešā / اسم. **seedling**

نشاط / nešāt / اسم. **joy, mirth**

با نشاط joyful, lively

نشاط آور / nešātāvar / صفت. **exhilirating, stimulating**

نشان / nešān / اسم. **sign, mark, indication; medal**

نشان دادن to show, to point out, to indicate

نشاندن / nešāndan / مصدر. **to seat sb, to give sb a seat**

نشانه / nešāne / اسم. **sign, token, indication; symptom; target**

نشانه رفتن، نشانه گرفتن to aim (a weapon) at sth/sb

نشانه گیری / nešānegiri / اسم. **taking aim, aiming**

نشانی / nešāni / اسم. **address**

نشت / našt / اسم. **leak, leakage**

نشت کردن to leak in, to leak out

نشر / našr / اسم. **publishing, dissemination**

نشر کردن to publish

نشریّه / našriyye / اسم. **publication, journal**

نشست / nešast / اسم. **meeting, session**

نشستن / nešastan / مصدر. **to sit, to sit down, to take a seat**

نشسته / nešaste / صفت. **seated, sitting**

نشیمن / nešiman / اسم. **seat, bottom; dwelling**

نصب / nasb / اسم. **installation, putting in place, erection**

نصب‌کردن to install sth, to set up sth

نصف / nesf / اسم. **half, one half**

نصف‌کردن to divide in two, to halve

نصفه / nesfe / صفت. **half-full, half-finished, incomplete**

نصیحت / nasihat / اسم. **advice, a word of wisdom**

نصیحت‌کردن to give sb a piece of advice, to advise

نطفه / notfe / اسم. **embryo**

نطق / notq / اسم. **speech, oration, discourse**

نطق‌کردن to deliver a speech

نظارت / nezārat / اسم. **supervision, observation**

نظارت‌کردن to supervise sth

نظافت / nezāfat / اسم. **cleanliness, tidiness**

نظافت‌کردن to clean up a place

نظافتچی / nezāfatči / اسم. **cleaning man/woman**

نظام / nezām / اسم. **order, system; the** (political) **system, the regime**

نظامی / nezāmi / صفت.، اسم.
1. [*adj*] **military, martial**
2. [*n*] **a military person**

حکومتِ نظامی martial law

نظر / nazar / اسم. **sight, view, opinion**

به نظر آمدن to appear, to seem

نظردادن to express an opinion, to make a suggestion

نظرخواهی / nazarxāhi / اسم. **conducting an opinion poll**

نظرخواهی کردن to conduct an opinion poll

نظری / nazari / صفت. **theoretical**

نظریّه / nazariyye / اسم. **theory**

نظم / nazm / اسم. **order; arrangement; verse**

نظم دادن to put sth in order, to arrange

نظم و ترتیب good order, discipline

نظیر / nazir / اسم. **equal, peer, match**

بی‌نظیر matchless, peerless

نعره/ na`re / اسم. **a very loud cry, a roar**
نعره زدن، نعره کشیدن to roar, to yell

نعل/ na`l / اسم. **horseshoe, shoe**

نعلبکی/ nalbaki / اسم. **saucer**

نعمت/ ne`mat / اسم. **gift, life of ease and comfort; affluence**

نغمه (موسیقی) / naqme / اسم. **melody, tune**

نفت/ naft / اسم. **petroleum, oil**
نفتِ خام crude oil
نفتِ سفید kerosene

نفر/ nafar / اسم. **person, individual**
نفرِ اوّل the first one
نفرِ بعد the next one, next

نفرت/ nefrat / اسم. **hatred, disgust**
نفرت داشتن to hate sth/sb

نفرت‌انگیز/ nefratangiz / صفت. **disgusting**

نفرین/ nefrin / اسم. **curse**
نفرین کردن to curse sb

نَفَس/ nafas / اسم. **breath, gasp**
نفس کشیدن to breathe
نفس نفس زنان breathlessly

نَفْس/ nafs / اسم. **self, soul, spirit**

نفس تنگی (پزشکی) / nafastangi / اسم. **asthma**

نفع/ naf` / اسم. **profit; interest**
نفع بردن to make a profit, to profit

نفقه/ nafaqe / اسم. **alimony**

نفوذ/ nûfuz / اسم. **infiltration; influence**
اعمالِ نفوذ کردن to exert one's influence
نفوذ کردن to infiltrate (an organization)

نفهم/ nafahm / صفت. **stupid**

نفی/ nafy / اسم. **negation**
نفی کردن to negate sth, to deny sth

نفیس/ nafis / صفت. **precious, valuable**

نقاب/ neqāb / اسم. **mask**
نقابِ کلاه visor
نقاب زدن to wear a mask

نقّاش (هنر) / naqqāš / اسم. **painter, artist**
نقاشِ ساختمان house painter

نقّاشی/ naqqāši / اسم. **painting; drawing**
نقّاشی کردن to paint; to draw

نقاهت/ neqāhat / اسم. **convalescence**

نقد/ naqd / اسم. **cash, ready money; criticism; critique**

نقدکردن to criticize (a work of art etc)

نقداً/ naqdan / قید. **in cash; for now**

نقدی/ naqdi / صفت. **cash**

معاملاتِ نقدی cash transactions

نقره (شیمی) / noqre / اسم. **silver**

نقره‌ای/ noqre`i / صفت. **silver, silvery**

نقش/ naqš / اسم. **pattern, motif; role, part**

نقشِ (کسی را) بازی کردن to play the part of sb

نقشه/ naqše / اسم. **map; plan; design**

(برای کسی) نقشه کشیدن to plot against sb

نقشهٔ (جایی را) کشیدن to draw a map of

نقص/ naqs / اسم. **defect, deficiency, fault**

نقصِ عضو disability, physical handicap

نقصِ فنی mechanical failure

نقطه/ noqte / اسم. **dot, point, spot**

نقطهٔ ضعف weakness, a weak spot

نقطهٔ کور a blind spot

نَقل/ naql / اسم. **the act of conveying; narration**

نقلِ قول quotation

نقلِ مکان moving from one location to another

نقلِ مکان‌کردن to move to a new location

نکته/ nokte / اسم. **point, sth interesting or remarkable**

نگارخانه/ negārxāne / اسم. **art gallery**

نگاه/ negāh / اسم. **look, glance**

نگاهِ کوتاه a glimpse

نگاه‌کردن to look at, to glance at sth/sb, to view sth

نگران/ negarān / صفت. **anxious, worried**

نگران بودن to worry about sth/sb, to be worried about sth/sb

نگرانی/ negarāni / اسم. **anxiety, worry**

نگهبان/ negahbān / اسم. **guard, watchman**

نگهبانی/ negahbāni / اسم. **keeping watch, guarding sth**

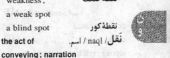

نگهداری/ negahdāri / اسم. **maintenance, conservation, safekeeping**

نگهداریِ جا reservation

نگهداری‌کردن to maintain, to keep, to hold

گهداشتن / negahdāštan / مصدر.
to keep, to hold

گین / negin / اسم.
gem, stone

م / nam / صفت.، اسم. 1. [*adj*] damp
2. [*n*] dampness, humidity

ما / nemā / اسم. façade, front

ماز (اسلام) / namāz / اسم.
prayer(s)

نماز خواندن to say one's prayers, to pray

مایان / nemāyān / صفت. visible, apparent

مایش / nemāyeš / اسم.
exhibition, show; play

نمایش دادن to exhibit, to show, to put on display; to stage a play

مایشگاه / nemāyešgāh / اسم.
exhibition, show, showroom; fair

نمایشگاهِ اتومبیل
a car showroom

نمایشگاهِ بین‌المللی
an international fair

مایشنامه / nemāyešnāme / اسم.
play

مایندگی / nemāyandegi / اسم.
agency, representative's office

هیئتِ نمایندگی delegation

ماینده / nemāyande / اسم.
agent, representative, deputy

نمایندهٔ مجلس a Majlis deputy, a member of parliament

نمد / namad / اسم. felt; a felt rug

نمدار / namdār / صفت. damp, moist

نمره / nomre / اسم. number; mark, grade

نمرهٔ قبولی a passing grade

نمک (شیمی) / namak / اسم. salt

جوهرِ نمک (شیمی) hydrochloric acid

نمکِ طعام the common salt

نمکدان / namakdān / اسم.
salt-cellar, salt-shaker

نمناک / namnāk / صفت. damp, humid, moist

نمودار / nemudār / اسم. diagram, graph

نمودن / nemudan / مصدر.
to show, to indicate; to do

نمونه / nemune / اسم. sample, specimen

ننگ / nang / اسم. shame, disgrace

ننگین / nangin / صفت. shameful, disgraceful

نو / now / صفت. new, modern

نوکردن to renew; to remodel

نوآموز / nowāmuz / اسم.
a young learner

نوآوری / nowāvari / اسم.
innovation
نوآوری‌کردن to introduce an innovation
نواختن / navāxtan / مصدر.
to play a musical instrument
نوار / navār / اسم. **ribbon, band, bandage, strip, tape**
نوارچسب adhesive tape
نوارِ زخم‌بندی bandage
نوارِ صوتی audio tape, audio casette
نوارِ ویدئو video tape, video casette
نوازش / navāzeš / اسم. **showing kindness to sb, caressing, patting**
نوازش‌کردن to caress, to pat, to fondle
نوازنده / navāzande / اسم.
musical performer, musician
نوبت / nowbat / اسم. **turn; shift**
به نوبت in turn
خارج از نوبت out of turn
نوبنیاد / nowbonyād / صفت.
newly-founded, newly-established
نوجوان / nowjavān / صفت.، اسم.
1. [*adj*] **adolescent, teenage**
2. [*n*] **an adolescent, a teenager**
نوجوانی / nowjavāni / اسم.
adolescence, teens

نود / navad / اسم. **ninety** (90)
نودم / navadom / صفت.
ninetieth (90th)
نور (فیزیک) / nur / اسم. **light**
نورِ مصنوعی artificial light
نورافکن / nurafkan / اسم.
projector, searchlight
نورانی / nurāni / صفت.
illuminated, luminous, well-lit, bright
نوروز / nowruz / اسم. **Nowruz,** Iranian new year celebrated on the first of Farvardin (21 March)
نوزاد / nowzād / اسم.
a newborn baby, an infant
نوزده / nuzdah / اسم. **nineteen** (19)
نوزدهم / nuzdahom / صفت.
nineteenth (19th)
نوساز / nowsāz / صفت.
newly-built
نوسان / navasān / اسم.
fluctuation, oscillation
نوسان داشتن، نوسان کردن
to fluctuate, to oscillate
نوشابه / nušābe / اسم. **drink, beverage**
نوشابهٔ الکلی an alcoholic beverage
نوشابهٔ غیرالکلی a non-alcoholic beverage, a soft drink

نوشت‌افزار/ neveštafzār / اسم.
stationery
نوشت‌افزارفروشی
/ اسم. / neveštafzārfûruši
stationery shop
نوشتن/ neveštan / مصدر. **to write**
نوشته/ nevešte / اسم. **writing**
نوشیدن/ nušidan / مصدر.
to drink
نوشیدنی/ nušidani / اسم.، صفت.
1. [*n*] **a soft drink, a refreshing beverage** 2. [*adj*] **drinkable**
نوظهور/ nowzohur / صفت. **novel, newfangled**
نوع/ now` / اسم. **kind, sort, type; species**
نوک/ nûk / اسم. **point, tip; bill, peck**
نوک زدن to peck
نوک‌تیز/ nûktiz / صفت.
with a sharp tip, pointed
نوکر/ nowkar / اسم. **servant**
نوه/ nave / اسم. **grandchild, grandson, granddaughter**
نویسندگی/ nevisandegi / اسم.
writing, authorship
نویسنده/ nevisande / اسم.
writer, author
نویسه/ nevise / اسم. **character**
نوین/ novin / صفت. **new, modern**

نَه/ na / قید.، صوت.
1. [*adv*] **a negating particle, no, not** 2. [*interj*] **no, nope**
نُه/ noh / اسم. **nine** (9)
نهادن/ nahādan / مصدر. **to put, to place; to lay down**
نهال/ nahāl / اسم. **sapling**
نهایت/ nahāyat / اسم. **extremity, end**
در نهایت at the most; eventually
نهایتاً/ nahāyatan / قید. **eventually**
نهایی/ nahāyi / صفت. **final**
امتحاناتِ نهایی final exams, finals
نهر/ nahr / اسم. **stream, canal**
نهم/ nohom / صفت. **ninth** (9th)
نهنگ(جانور) / nahang / اسم.
crocodile; whale
نی(گیاه) / ney / اسم. **reed, cane; a straw** (for drinking)
نیا/ nîyā / اسم. **a grandfather, an ancestor**
نیاز/ nîyāz / اسم. **need, necessity**
نیاز داشتن to need / want sth
نیازمند/ nîyāzmand / صفت.
needy, in need
خانواده‌هایِ نیازمند
needy families
نیایش/ nîyāyeš / اسم. **praying**

نیایش کردن to pray to God

نیّت / niyyat / اسم. **intention, purpose**

نیرنگ / neyrang / اسم. **deceit; trick**

نیرو / niru / اسم. **energy, force, power**

نیروِ دریایی naval forces, navy

نیروِ زمینی ground forces, army

نیروِ هوایی air force

نیرومند / nirumand / صفت. **powerful, strong**

نیز / niz / قید. **also, too**

نیزار / neyzār / اسم. **a stretch of reedy land**

نیزه / neyze / اسم. **spear, lance; javelin**

پرتابِ نیزه (مسابقه) the javelin

نیش / niš / اسم. **sting**

نیش زدن to sting

نیشگون / nišgun / اسم. **pinch**

نیشگون گرفتن to pinch sb

نیکو / niku / صفت. **good, decent**

نیکوکار / nikukār / اسم. **a philanthropist**

نیکوکاری / nikukāri / اسم. **philanthropy, charity**

نیکی / niki / اسم. **goodness; an act of charity**

نیم / nim / اسم. **half, one-half**

نیم ساعت half an hour

نیمپز / nimpaz / صفت. **parboiled, half-cooked**

نیمدار / nimdār / صفت. **second-hand, used**

نیمرخ / nimrox / اسم. **profile**

نیمرو (غذا) / nimru / اسم. **fried eggs**

نیمکت / nimkat / اسم. **bench, sofa**

نیمکره / nimkore / اسم. **hemisphere**

نیمکرهٔ شمالی the Northern hemisphere

نیمه / nime / اسم. **half; half-way point**

نیمه جان / nimejān / صفت. **half-dead**

نیمه شب / nimešab / اسم. **midnight**

نیمه کاره / nimekāre / صفت. **unfinished, half-finished, incomplete**

نیمه‌نهایی / nimenahāyi / اسم. **semifinal**

مسابقاتِ نیمه‌نهایی semifinals

و ، و

وابستگی/ vābastegi / اسم.
dependence; affiliation , attchment

وابسته/ vābaste / صفت.، اسم.
1. [*adj*] **dependent , attached, affiliated to** 2. [*n*] **attaché**
- وابستهٔ تجارتی commercial attaché
- وابستهٔ نظامی military attaché
- وابسته بودن to be dependent on , to be attached to

واترپلو(ورزش) / vâterpolo / اسم.
water polo

واجب/ vājeb / صفت. **necessary, indispensable**

واحد/ vāhed / اسم.، صفت.
1. [*n*] **unit** 2. [*adj*] **single**
- واحدِ اندازه‌گیری measurement unit

وادار/ vādār / صفت. **forced, compelled**
- وادارکردن to force sb to do sth

وارث/ vāres / اسم. **heir, inheritor**

واردات/ vāredāt / اسم. [جمعِ وارده] **imports**

وارد/ vāred / اسم. ; **arrived, entered; well-informed, knowledgeable**
- وارد شدن to arrive, to enter
- واردِکردن to import sth, to enter in a register etc

وارونه/ vārune / صفت. **inverted, upside-down**
- وارونه‌کردن to turn sth upside down

واژگان/ vāžegān / اسم. [جمعِ واژه] **vocabulary**

واژه/ vāže / اسم. **word**

واژه‌نامه/ vāženāme / اسم.
glossary

واسطه/ vās(e)te / اسم.
middleman , go-between

واشر/ vāšer / اسم. **washer, gasket**

واضح/ vāzeh / صفت. **clear, obvious**

واقعاً/ vāqe`an / قید. **really, indeed**

واقع‌بین/ vāqe`bin / اسم. **a realist**

واقع‌بینانه/ vāqe`bināne / صفت، قید.
1. [*adj*] **realistic**
2. [*adv*] **realistically**

واقعه/ vāqe`e / اسم. **event, happening**

واقعی/ vāqe`i / صفت. **real, actual**

واقعیّت/ vāqe`iyyat / اسم. **reality**

واکس/ vâks / اسم. **shoe polish**
واکس زدن to polish one's shoes, to have one's shoes polished

واکسن/ vâksan / اسم. **vaccine**
واکسن زدن to vaccinate

واکنش/ vākoneš / اسم. **reaction; response**
واکنش نشان دادن to react to sb / sth

واگذار/ vāgozār / صفت. **left, transferred**
واگذار کردن to hand over sth to sb, to transfer sth to sb

واگذاری/ vāgozāri / اسم. **transfer, handing over**

واگیردار/ vāgirdār / صفت. **contagious**
بیماری‌های واگیردار contagious diseases

والدین/ vāledeyn / اسم. **parents**
والد father
والده mother

والیبال(ورزش) / vâlibâl / اسم. **volleyball**

وام/ vām / اسم. **loan**
وام دادن to lend, to make a loan to sb
وام گرفتن to borrow sth from sb

وان(حمّام) / vân / اسم. **bath-tub, tub, bath**

وانت(خودرو) / vânet / اسم. **pickup truck**

وانمود/ vānemud / اسم. **pretense**
وانمود کردن to pretend

وای/ vāy / صوت. **ah, oh; alas**

وبا(پزشکی) / vabā / اسم. **cholera**

وثیقه/ vasiqe / اسم. **security, collateral**

وجدان/ vojdān / اسم. **conscience**

وجود/ vûjud / اسم. **existence, being**
وجود داشتن to exist, to be

وجه/ vajh / اسم. **sum of money; aspect**

وحدت/ vahdat / اسم. **unity**
وحدتِ نظر unanimity

وحشت/ vahšat / اسم. **fright, panic**
وحشت کردن to be, frightened to be terrified

وحشت‌زده / vahšatzade / صفت.
frightened, terrified
وحشتناک / vahšatnāk / صفت.
frightful, terrible
وحشی / vahši / اسم. **wild, savage**
گل‌هایِ وحشی wild flowers
وحشیانه / vahšîyāne / صفت.، قید.
1. [*adj*] **savage** 2. [*adv*] **savagely, wildly**
وخیم / vaxim / صفت. **serious, grave; critical**
وداع / vedā` / اسم. **farewell, goodbye**
وداع کردن to bid/say farewell to sb
ودیعه / vadi`e / اسم. **deposit**
وراثت / verāsat / اسم. **inheritance, succession**
ورّاج / verrāj / صفت. **chatty, garrulous**
ورّاجی / verrāji / اسم.
talking too much, chatter
ورّاجی کردن to chatter
ورزش / varzeš / اسم. **sport, sports; physical exercise, athletics**
سالنِ ورزش gymnasium, gym
مِیدانِ ورزش a sports field
ورزش کردن to exercise
ورزشکار / varzeškār / اسم.
athlete, sportsman, sportswoman

ورزشگاه / varzešgāh / اسم.
stadium
ورزشگاهِ آزادی
the Azadi Stadium
ورزشی / varzeši / صفت. **athletic, sporting**
مسابقاتِ ورزشی sporting events, athletic competitions
ورشکسته / varšekaste / صفت.
bankrupt, broke
ورشکسته شدن to go bankrupt
ورق / varaq / اسم. **leaf; sheet**
آهنِ ورق sheet iron
ورقِ بازی playing-card(s)
ورقِ کاغذ a sheet of paper
ورق زدن to turn over the pages of a book etc
ورقه / varaqe / اسم. **sheet; page, length of paper**
ورم (پزشکی) / varam / اسم.
swelling
ورم‌کرده swollen
ورم‌کردن to swell
ورنی / verni / اسم. **varnish**
ورود / vorud / اسم. **arrival, entrance**
ورود ممنوع No entry!
ورودی / vorudi / اسم. **entrance**
ورودیّه / vorudiyye / اسم.
entrance fee

ورور / verver / اسم. **jabber**
ورورکردن to jabber
ورید / varid / اسم. **vein**
وزارت / vezārat / اسم. **ministry**
وزارتِ آموزش و پرورش
Ministry of Education
وزارتخانه / vezāratxāne / اسم.
ministry
وزن / vazn / اسم. **weight; gravity**
وزن داشتن to weigh [*vi*]
وزن کردن to weigh sth [*vt*]
وزنه / vazne / اسم. **weight**
وزنه‌بردار (ورزش) / vaznebardār /
اسم. **weightlifter**
وزنه‌برداری (ورزش)
/ vaznebardāri / اسم. **weightlifting**
وزوز / vezvez / اسم.
a buzzing sound, buzz
وزوزکردن to buzz
وزیدن (باد) / vazidan / مصدر.
to blow
وزیر / vazir / اسم. **a member of the cabinet, a minister, a vizier**
وساطت / vesātat / اسم. **mediation**
وساطت کردن to mediate
between two people etc
وسایل / vasāyel / اسم. [جمع وَسیله]
means, facilities, equipment
وسط / vasat / اسم. **middle, centre, center**

وسعت / vos\`at / اسم. **largeness, extent; surface area**
وسواس / vasvās / اسم. **fussiness; [psych] obsession**
وسوسه / vasvase / اسم. **temptation**
وسوسه‌های شیطان
temptations of the Devil
وسوسه‌کردن to tempt sb
with sth
وسیع / vasi\` / صفت. **extensive, vast, very large**
وسیله / vasile / اسم. **means, facility, equipment**
وسیلهٔ نقلیّه means of
transportation, vehicle
وصف / vasf / اسم. **description**
وصف‌کردن to describe sb/sth
وصل / vasl / اسم.
joining together, union
وصل شدن **to get connected**
وصل‌کردن **to connect [*vt*]**
وصله / vasle / اسم. **patch**
وصله‌کردن to patch up sth
وصول / vûsul / اسم. **receipt; collection**
وصول‌کردن to collect a bill etc
وصیّت / vasiyyat / اسم. **will, testament**
وصیّت‌کردن to make a/one's
will

وضع / vaz` / اسم. **situation, state, condition**
وضعِ اضطراری emergency
وضعِ حمل giving birth to a child
وضعیّت / vaz`iyyat / اسم. **situation, condition**
وضعیتِ قرمز (جنگ) red alert
وضو / vûzu / اسم. **ablutions**
وضوگرفتن to perform one's ablutions
وطن / vatan / اسم. **one's country, homeland, home**
وطن‌پرست / vatanparast / اسم. **a patriot**
وطن‌پرستی / vatanparasti / اسم. **patriotism**
وظیفه / vazife / اسم. **one's assigned job, duty**
خدمتِ نظامِ وظیفه military service
وظیفه‌شناس / vazifešenās / صفت. **dutiful, conscientious**
پسرِ وظیفه‌شناس a dutiful son
وعده / va`de / اسم. **promise; maturity date** (of a bill)
وعده دادن to promise sb sth
وفا / vafā / اسم. **loyalty, fidelity**
وفات / vafāt / اسم. **demise, decease**
تاریخِ وفات date of death
وفادار / vafādār / صفت. **loyal, faithful**
وفاداری / vafādāri / اسم. **loyalty, faithfulness**
وفور / vûfur / اسم. **abundance, plenty**
وقاحت / veqāhat / اسم. **impudence, insolence**
وقت / vaqt / اسم. **time**
وقتِ اضافی (فوتبال) extra time
وقتِ تلف شده (فوتبال) injury time
وقتِ مناسب the right time
وقت‌شناس / vaqtšenās / صفت. **punctual**
وقفه / vaqfe / اسم. **pause, halt**
وقوع / vûqu` / اسم. **happening, taking place, occurrence**
وقیح / vaqih / صفت. **impudent, insolent**
وکالت / vekālat / اسم. **acting on behalf of sb, representing sb; a lawyer's job, the job of an attorney**
وکالت‌نامه / vekālatnāme / اسم. **power of attorney**
وکیل / vakil / اسم. **lawyer, attorney**
ول / vel / صفت. **loose, free**
ول کردن to let go, to give up

ولت‌متر / voltmetr / اسم. **voltmeter**

ولخرج / velxarj / صفت. **extravagant, prodigal**

ولرم / velarm / صفت. **tepid**

آبِ ولرم tepid water

ولگرد / velgard / اسم. **vagrant, vagabond**

ولگردی / velgardi / اسم. **vagrancy**

ولی[1] / vali / اسم. **legal guardian**

ولی[2] / vali: / حرف اضافه. **but**

ولیعهد / vali`ahd / اسم. **the crown prince**

ولیعهدِ بریتانیا the heir to the British throne, the Prince of Wales

ویار / vîyār / اسم. **crave**

ویار داشتن to crave for sth

ویتامین / vitâmin / اسم. **vitamin**

ویتامینِ ث vitamin C

ویترین / vitrin / اسم. **shop-window**

ویدئو / vide`o / اسم. **video**

دستگاهِ ویدئو a video cassette recorder (VCR)

ویراستار / virāstār / اسم. **editor**

ویران / virān / صفت. **ruined, desolate**

ویران کردن to ruin, to demolish

ویرانه / virāne / اسم. **a ruined place, ruins**

ویرانی / virāni / اسم. **destruction, ruin**

ویرایش / virāyeš / اسم. **editing**

ویرگول / virgul / اسم. **a comma**

ویروس / virus / اسم. **virus**

ویروسِ کامپیوتری a computer virus

ویزا / vizâ / اسم. **visa**

ویزا گرفتن to obtain a visa

ویژگی / vižegi / اسم. **characteristic, special feature**

ویژه / viže / صفت. **special; pure, net**

سودِ ویژه net profit

ویلا / vilâ / اسم. **villa, a villa-style house**

ویولن (موسیقی) / viyolon / اسم. **violin**

ویولن‌زن (موسیقی) / viyolonzan / اسم. **a violinist**

ویولن‌سل (موسیقی) / viyolonsel / اسم. **a cello**

ه ، ه

هاج و واج / hāj-o-vāj / صفت.
bewildered , stupefied

هار / hār / صفت. **rabid**
سگِ هار a rabid dog , a mad dog

هاری (پزشکی) / hāri / اسم. **rabies**

هافبک (فوتبال) / hâfbak / اسم.
a midfield player, a half-back

هاکی (ورزش) / hâki / اسم.
(field)-hockey
هاکی رویِ یخ ice-hockey

هالتر (ورزش) / hâlter / اسم.
barbell(s)

هالو / hālu / اسم. **a simple-minded person , a simpleton**

های و هوی / hāy-o-huy / اسم.
tumult, uproar

هتل / hotel / اسم. **a hotel**
هتلِ چهارستاره a four-star hotel

هتلداری / hoteldāri / اسم.
hotel management

هجا / hejā / اسم. **syllable**

هجده / hejdah / اسم.
eighteen (18)

هجدهم / hejdahom / صفت.
eighteenth (18th)

هجرت (اسلام) / hejrat / اسم.
Hegira

هجری (تقویم) / hejri / اسم.
calculated from the Hegira

هجو / hajv / اسم. **satire**
هجوکردن to satirize sb , to lampoon sb

هجوم / hûjum / اسم. **assault, raid , offensive**
هجوم بردن to rush towards sth, to assault sb / sth

هجّی / hejji / اسم. **spelling**
هجّی کردن to spell

هخامنشی / haxāmaneši / صفت.
Achaemenian
سلسلهٔ هخامنشی
the Achaemenian dynasty

هدایت / hedāyat / اسم. **showing the way, guidance**
هدایت‌کردن to guide, to lead the way, to steer
هدر / hadar / صفت. **futile**
هدر دادن **to waste**
هدف / hadaf / اسم. **aim, goal, target**
هدف‌گیری / hadafgiri / اسم. **aiming, sighting**
هدیه / hedye / اسم. **gift, present**
هدیه‌کردن to present sth to sb as a gift, to give
هذیان (پزشکی) / haz(î)yān / اسم. **delirium**
هر / har / صفت. **each; every; any**
هرجا / hardjā / قید. **anywhere**
هرج و مرج / harj-o-marj / اسم. **anarchy, chaos**
هرچند / harčand / قید. **although; however**
هرچه / harče / قید. **whatever**
هرچه باداباد. Come what may.
هرچه زودتر بهتر. The sooner the better.
هردو / hardo / قید. **both**
هرزه / harze / صفت. **depraved, debauched**
علفِ هرز(ه) weed
هرس / haras / اسم. **pruning, cutting back**
هرس کردن to prune, to cut back
هرکجا / harkojā / قید. **anywhere, wherever**
هرکدام / harkodām / قید. **each one; either one**
هرکس / harkas / قید. **anyone, everyone**
هرگز / hargez / قید. **never; ever**
هرم / heram / اسم. **pyramid**
هروقت / harvaqt / قید. **any time, whenever**
هریک / haryek / قید. **each one, everyone**
هزار / hezār / اسم. **thousand, a thousand** (1000)
هزاران هزار thousands and thousands
هزارها thousands
هزارم / hezārom / صفت. **thousandth** (1000th)
هزینه / hazine / اسم. **expense, expenditure; charge, cost**
هزینه‌کردن to spend
هسته / haste / اسم. **stone, pit; nucleus**
هسته‌کشیده pitted

هستی / hasti / اسم. existence, life; all one's belongings

هشت / hašt / اسم. eight (8)

هشتاد / haštād / اسم. eighty (80)

هشتادم / haštādom / صفت. eightieth (80th)

هشتم / haštom / صفت. eighth (8th)

هشدار / hošdār / اسم. warning

هشدار دادن to warn, to give a warning

هشیار / hošyār / صفت. conscious; sober

هضم / hazm / اسم. digestion

هضمِ غذا digesting food

هضم شدن to be digested

هضم کردن to digest

هفت / haft / اسم. seven (7)

هفتاد / haftād / اسم. seventy (70)

هفتادم / haftādom / صفت. seventieth (70th)

هفت تیر / haft(t)ir / اسم. a pistol, a revolver

هفتگی / haftegi / صفت. weekly

هفتم / haftom / صفت. seventh (7th)

هفته / hafte / اسم. week

هفته‌نامه / haftenāme / اسم. a weekly magazine, a weekly

هفده / hefdah / اسم. seventeen (17)

هفدهم / hefdahom / صفت. seventeenth (17th)

هُل / hol / اسم. a push, a shove

هُل دادن to push, to shove

هلال / helāl / اسم. crescent

هلالِ ماهِ نو the new moon

هلو (گیاه) / holu / اسم. peach

هلیکوپتر / helikopter / اسم. helicopter

هم / ham / قید. also, too

همان / hamān / ضمیر. the same

همانقدر the same amount; just as

هم‌اندیشی / hamandiši / اسم. a seminar

همانند / hamānand / صفت. similar, resembling

هماهنگ / hamāhang / صفت. harmonious, concordant

هماهنگ کردن to harmonize; to coordinate

هماهنگی / hamāhangi / اسم. harmony; coordination

همایش / hamāyeš / اسم. conference

همبرگر / hamberger / اسم. hamburger

همبستگی / hambastegi / اسم. solidarity

همتا / hamtā / اسم. peer, match

matchless, unique بی‌همتا

همجنس‌باز / hamjensbāz / اسم.

a homosexual

همجنس‌بازی / hamjensbāzi / اسم.

homosexuality

همچشمی / hamčešmi / اسم.

rivalry

همچنان / hamčenān / قید.

so, thus; as ever

همدردی / hamdardi / اسم.

sympathy

to sympathize with sb همدردی کردن

همدرس / hamdars / اسم.

fellow student, classmate

همدست / hamdast / اسم.

accomplice, collaborator

همدم / hamdam / اسم. **companion**

همدیگر / hamdigar / ضمیر.

each other, one another

همراه / hamrāh / اسم.

companion, fellow-traveller

to accompany sb همراه بودن

to carry sth, to have sth with one همراه داشتن

همراهان / hamrāhān / اسم. [جمعِ هَمراه]

the people accompanying sb

هم زدن / ham zadan / مصدر.

to stir, to mix

هم‌زن / hamzan / اسم. **a mixer**

an electric mixer هم‌زنِ برقی

هم‌زیستی / hamzisti / اسم.

coexistence

peaceful coexistence هم‌زیستیِ مسالمت‌آمیز

همسایگی / hamsāyegi / اسم.

being neighbours, neighbourhood

همسایه / hamsāye / اسم.، صفت.

1. [*n*] **neighbour**

2. [*adj*] **neighbouring**

همسر / hamsar / اسم. **spouse, husband, wife**

همسفر / hamsafar / اسم.

fellow-traveller

همشهری / hamšahri / اسم.

fellow-citizen

همکار / hamkār / اسم.

colleague; collaborator

همکاری / hamkāri / اسم.

cooperation; collaboration

to cooperate with sb همکاری کردن

همکلاسی / hamkelāsi / اسم.

classmate

همگانی / hamegāni / صفت.

public, general

هم‌میهن / ham.mihan / اسم.

compatriot, fellow countryman

هموار / hamvār / صفت. **flat, smooth, even**

هموژنیزه / hemoženize / صفت. **homogenized**

هم‌وطن / hamvatan / اسم. **compatriot**

هموفیلی (پزشکی) / hemofili / اسم. **haemophilia**

همه / hame / ضمیر. **all, entire; everybody**
همهٔ آنها all of them

همه‌پرسی / hameporsi / اسم. **referendum**

همه‌جا / hamejā / قید. **everywhere, all over**

همه‌گیری (پزشکی) / hamegiri / اسم. **epidemic**

همهمه / hamhame / اسم. **tumult, uproar**

همیشگی / hamišegi / صفت. **permanent, usual**

همیشه / hamiše / قید. **always**

همین / hamin / ضمیر. **this same, this very**
همین حالا just now ; right away
همین‌که as soon as

هندسه / hendese / اسم. **geometry**
هندسهٔ فضایی solid geometry
هندسهٔ مسطّحه plane geometry

هندوانه (گیاه) / hendevāne / اسم. **water-melon**

هنر / honar / اسم. **art**
هنرهای زیبا fine arts

هنرپیشه / honarpiše / اسم. **actor, actress**

هنرمند / honarmand / اسم. **artist**

هنری / honari / صفت. **artistic**

هنوز / hanuz / قید. **still, yet**

هو / how / اسم. **boo, hoot**
هوکردن to boo sb, to hoot

هوا / havā / اسم. **air; weather**
هوای آفتابی sunny weather
هوای تازه fresh air
هوای خراب bad weather

هواپیما / havāpeymā / اسم. **airplane, plane, aircraft**
هواپیمای بدون موتور a glider
هواپیمای بمب‌افکن a bomber
هواپیمای شکاری a fighter
هواپیمای مدل a model airplane
هواپیمای مسافری an airliner

هواپیمایی / havāpeymāyi / اسم. **aviation**
شرکت هواپیمایی an airline

هوادار / havādār / اسم. **supporter, adherent, partisan**

هواشناس / havāšenās / اسم. **meteorologist**

هواشناسی / havāšenāsi / اسم. **meteorology**

هواکش / havākeš / اسم. **ventilator**

هوایی / havāyi / صفت. **aerial**

پستِ هوایی air mail

هورا / hurā / صوت. **hurrah, hooray**

هوراکشیدن to cheer

هوس / havas / اسم. **caprice, whim, desire**

هوسباز / havasbāz / صفت. **capricious, whimsical**

هوش / huš / اسم. **intelligence**

باهوش clever, intelligent, smart

هوشِ مصنوعی artificial intelligence

هوشمند / hušmand / صفت. **intelligent, clever, smart**

هوشیار / huš(î)yār / صفت. **alert, vigilant; sober**

هولناک / howlnāk / صفت. **fearful, shocking**

هویّت / hoviyyat / اسم. **identity**

هویج (گیاه) / havij / اسم. **carrot(s)**

هیئت / hey`at / اسم. **body, board, council; corps**

هیئتِ دولت the council of ministers

هیئتِ منصفه jury

هیاهو / hayāhu / اسم. **tumult, uproar, hue and cry**

هیاهوکردن to make a big fuss

هیپی / hipi / اسم. **a hippie, a hippy**

هیجان / hayajān / اسم. **excitement, sensation**

هیجان‌انگیز / hayajānangiz / صفت. **exciting, sensational**

هیچ / hič / ضمیر. **nothing, nought**

هیچ‌چیز / hič.čiz / قید. **nothing, not a thing**

هیچ‌کدام / hičkodām / قید. **none**

هیچ‌کدام از آن دو neither one

هیچ‌کس / hičkas / ضمیر. **nobody, no one**

هیچ‌وقت / hičvaqt / قید. **never; ever**

هیدروژن (شیمی) / hidrožen / اسم. **hydrogen**

بمبِ هیدروژن a hydrogen bomb

هیدرولیک / hidrolik / اسم. **hydraulics**

هیزم / hizom / اسم. **firewood**

هیکل / heykal / اسم. **figure; stature**

هیولا / hayulā / اسم. **monster**

ی ،ی

یا¹ / yā / حرف اضافه. either, or

یا² / yā / صوت. O, oh

یا خدا! O God!

یابنده/ yābande / اسم. finder

یابو (جانور) / yābu / اسم. work horse, pack horse

یاخته/ yāxte / اسم. cell

یاد/ yād / اسم. memory; remembrance

به یاد آوردن to remember sth

به یاد کسی آوردن to remind sb of sth

یاد دادن to teach / instruct sb sth

یادگرفتن to learn sth

یادآوری/ yādāvari / اسم. a reminder

یادآوری کردن to remind sb of sth

یادبود/ yādbud / اسم. commemoration

بنایِ یادبود memorial building

مجلسِ یادبود commemoration

یادداشت/ yād.dāšt / اسم. note, record

یادداشت کردن to write down, to make a note of sth

یادگاری/ yād(e)gāri / اسم. keepsake, souvenir

یادگیری/ yādgiri / اسم. learning

یار/ yār / اسم. friend, companion

یارانه/ yārāne / اسم. subsidy

یارانه‌ای/ yārāne'i / صفت. subsidized

شیرِ یارانه‌ای subsidized milk

یاری/ yāri / اسم. assistance, help

یازده/ yāzdah / اسم. eleven (11)

یازدهم/ yāzdahom / صفت. eleventh (11th)

یاس (گیاه) / yās / اسم. jasmine

یأس/ ya`s / اسم. despair, hopelessness

یاغی/ yāqi / اسم. rebel, outlaw

یاغی شدن to rebel against

یاغیگری / yāqigari / اسم.
rebellion, insurgency

یافتن / yāftan / مصدر.
to find; to obtain

یافته / yāfte / صفت.، اسم.
1. [*adj*] **found, obtained**
2. **finding**

یاقوت / yāqut / اسم. **ruby**

یال / yāl / اسم. **mane** (of a horse)

یاوه / yāve / اسم. **nonsense**

یاوه‌گویی / yāveguyi / اسم.
talking nonsense, blabbering

یتیم / yatim / اسم. **orphan**

یخ / yax / اسم. **ice**
کوه یخ — iceberg
یخ بستن، یخ زدن — to freeze

یخبازی (ورزش) / yaxbāzi / اسم.
ice-skating

یخبندان / yaxbandān / اسم. **frost**

یخچال / yaxčāl / اسم. **refrigerator, fridge, ice-box**
یخچال طبیعی — glacier

یخ‌زده / yaxzade / صفت. **frozen**

یخزن / yaxzan / اسم. **freezer**

ید (شیمی) / yod / اسم. **iodine**

یدکی / yadaki / صفت.، اسم.
1. [*adj*] **spare** 2. [*n*] **a spare part**
لوازم یدکی — spare parts

یدی / yadi / صفت. **manual**

یرالماسی (گیاه) / yeralmāsi / اسم.
Jerusalem artichoke

یرقان (پزشکی) / yaraqān / اسم.
jaundice

یزدان / yazdān / اسم. **God**

یشم / yašm / اسم. **jade; nephrite**

یعنی / ya`ni / قید. **namely, i.e.**

یقه / yaqe / اسم. **collar**
یقه‌اسکی — polo-neck
یقه هفت — V-neck

یقین / yaqin / اسم. **certainty, certitude**

یقیناً / yaqinan / قید. **certainly, surely**

یک / yek / اسم.، صفت.
1. [*n*] **one** (1) 2. [*adj*] **a, an, one**

یک بار / yekbār / قید. **once**

یکباره / yekbāre / قید. **all at once**

یکپارچه / yekpārče / صفت.
integrated, in one piece, united

یکتا / yektā / صفت. **single, sole; unique**

یکجانبه / yekjānebe / صفت.
unilateral, one-sided

یک در میان / yekdarmiyān / قید.
every other one, alternately

یکدست / yekdast / صفت.
one-armed; of the same colour or quality, homogenous, uniform

یکدفعه / yekdaf'e / قید. **suddenly, abruptly**

یکدنده / yekdande / صفت. **stubborn, adamant**

یکدیگر / yekdigar / ضمیر. **each other, one another**

یکسان / yeksān / صفت. **similar, alike, uniform**

یکسان بودن to be exactly the same

یکسره / yeksare / صفت. **non-stop, through**

بلیتِ یکسره a single ticket, a one-way ticket,

یکشنبه / yekšambe / اسم. **Sunday**

یکطرفه / yektarafe / صفت. **unilateral, one-way**

خیابانِ یکطرفه a one-way street

یکم / yekom / صفت. **first** (1st)

یکنواخت / yeknavāxt / صفت. **monotonous**

یکّه‌خوردن / yekke xordan / مصدر. **to be startled, to be shocked**

یکی / yeki / اسم. **one, someone, somebody**

یکی دیگر another one

یکی یکی one by one

یگان (نظام) / yegān / اسم. **a military unit**

یگانگی / yegānegi / اسم. **unity, oneness**

یگانه / yegāne / صفت. **single, sole; unique**

یگانه فرزندِ خانواده the only child of the family

یواش (گفتار) / yavāš / قید. **slowly, gently**

یواشکی (گفتار) / yavāšaki / قید. **secretly**

یوگا (ورزش) / yugā / اسم. **yoga**

یهودی / yahudi / صفت، اسم. 1. [*adj*] **Jewish** 2. [*n*] **a Jew**

یهودیّت / yahudiyyat / اسم. **Judaism**

ییلاق / yeylāq / اسم. **summer quarters; countryside**

ییلاقی / yeylāqi / صفت. **located in the country, out of town**

خانهٔ ییلاقی a country house

مکالمه برای سفر

نرگس انتخابی

۱ عبارات ضروری

Yes.	بله. آره.
No.	نه. خیر.
Excuse me.	ببخشید.
Sorry.	متأسفم.
Please.	لطفاً. خواهش می‌کنم.
Thank you!	متشکرم. مرسی. ممنون.
Pardon?	ببخشید چی گفتی / گفتید؟
Of course!	البته! مسلماً!

۲ سلام و احوالپرسی

Good morning!	صبح به خیر! روز به خیر!
Good afternoon!	عصر به خیر!
Good evening!	عصر به خیر! شب به خیر!
Hello! Hi!	سلام!
What's your name?	اسمت / اسمتان چی است؟
My name's	اسم من ... است.
How are you?	حالت / حالتان چطور است؟
Fine thanks. And you?	مرسی خوبم. تو چطوری / شما چطورید؟

۳ خداحافظی

Goodbye! — خداحافظ! خدانگهدار!

Bye-bye! Cheerio! — بای‌بای!

See you soon! — خداحافظ! تا بعد!

See you later! — تا بعد!

See you tomorrow! — تا فردا! فردا می‌بینمت!

Good night! — (تنها هنگام خوابیدن گفته می‌شود) شب به خیر!

Have a good journey! — سفر خوش!

۴ خواهش و تشکر

Please. — خواهش می‌کنم. لطفاً.

No, thank you. — نه، متشکرم.

May I? — اجازه هست؟ اجازه می‌دهید؟

مخالفتی ندارید که من ...؟ اجازه می‌دهید که من ...؟

Do you mind if I ...?

Thank you. — متشکرم.

That's very kind of you, thank you. — لطف دارید، متشکرم.

خواهش می‌کنم. قابلی نداشت. اختیار دارید.

Don't mention it. You're welcome.

۵ عذرخواهی

متأسفم! معذرت می‌خواهم! I'm sorry!

منظوری نداشتم. I didn't mean it.

پوزش می‌خواهم! معذرت می‌خواهم! I beg your pardon!

متأسفانه امکان ندارد. I'm afraid that's impossible.

۶ تعارف و اظهار ادب

چه عالی! That's fantastic!

لطف دارید! How nice of you!

اینجا معرکه است! It is really lovely here!

چه بچهٔ نازی. What a lovely child.

چه خوب انگلیسی حرف می‌زنی / می‌زنید.
You speak very good English.

۷ ساعت و وقت

ساعت چند است؟ What time is it?

(دقیقاً / تقریباً) ... است. It's (exactly / about) ... .

three o'clock	ساعت سه
five after three	سه و پنج دقیقه
ten after three	سه و ده دقیقه
quarter after three	سه و ربع
three thirty	سه و نیم
quarter to / of four	یک ربع به چهار
five to / of four	پنج دقیقه به چهار
noon	۱۲ ظهر
midnight	۱۲ نیمه شب
When?	کِی؟ چه وقت؟
At one o'clock.	ساعت یک.
At about four o'clock.	حدود ساعت چهار.
In an hour.	یک ساعت دیگر.
In two hours.	دو ساعت دیگر.
Not before ten a.m.	قبل از (ساعت) ده صبح نَه.
After eight p.m.	بعد از (ساعت) هشت شب.
Between three and four.	بین (ساعت) سه و چهار.
How long?	چقدر؟ چه مدت؟
For two hours.	(به مدت) دو ساعت.
From ten to eleven.	از (ساعت) ده تا یازده.
Till five o'clock.	تا ساعت پنج.
Since when?	از کِی؟ از چه موقع؟

از ساعت هشت صبح. Since eight a.m.

از نیم ساعت پیش (تا حالا). به مدت نیم ساعت.

For half an hour.

برای یک هفته. For a week.

۸ وضعیت خانوادگی

متأهل هستی / هستید؟ Are you married?

مجرد هستی / هستید؟ Are you single?

بچه داری / دارید؟ Do you have any children?

بله، امّا بزرگ هستند. Yes, but they're grown up.

پسرت / پسرتان چندساله است؟ How old is your son?

دخترت / دخترتان چند سالش است؟

How old is your daughter?

(پسرم) ۱۲ سالش است. He is twelve.

(دخترم) ۲۰ سالش است. She is twenty.

۹ محل تولد و اقامت

اهل کجا هستی / هستید؟ کجایی هستی / هستید؟

Where are you from?

اهل ژاپن هستم. I'm from Japan.

خیلی وقت است که اینجا زندگی می‌کنی / می‌کنید؟

Have you been here long?

از ژانویه اینجا هستم. I've been here since January.

چقدر می‌مانی / می‌مانید؟ How long are you staying?

اولین بار است که اینجا آمده‌ای / آمده‌اید؟

Is this your first time here?

نظرت / نظرتان راجع به آن چیست؟ به نظرت / نظرتان چه طور می‌آید؟

What do you think of it?

برای تعطیلات به اینجا آمده‌ای / آمده‌اید؟

Are you here on vacation?

همین الان رسیدم. I just got here.

کجا اقامت داری / دارید؟ Where are you staying?

در اقامتگاه جوانان / کمپ اقامت دارم.

I'm staying at the youth hostel / campground.

از اینجا کجا می‌روی / می‌روید؟

Where are you going from here?

۱۰ معرفی

(هنگام معرفیِ دو نفر به هم) می‌توانم تو / شما را معرفی کنم؟

May I introduce you?

شوهرم / همسرم را معرفی می‌کنم.
This is my husband / wife.

خوشوقتم! How do you do?

از آشنایی‌تان خوشوقتم! Nice to meet you!

۱۱ مشکلات درک زبان

ببخشید، چی گفتید؟ Pardon?

می‌شود لطفاً کمی آهسته‌تر صحبت کنی / کنید؟
Would you speak a bit more slowly, please?

فهمیدم. که اینطور. I understand.

فقط کمی انگلیسی بلدم. I only speak a bit of English.

این به انگلیسی چی می‌شود؟ این را به انگلیسی چطور می‌گویند؟ How do you say that in English?

می‌شود لطفاً آن را برای من بنویسی / بنویسید؟
Would you write it down for me, please?

متوجه نمی‌شوم. می‌شود لطفاً تکرار کنی / کنید؟
I don't understand. Would you repeat that, please?

فرانسه بلدی / بلدید؟ Do you speak French?

می‌توانی / می‌توانید آن را برای من ترجمه کنید؟
Can you translate that for me, please?

کسی اینجا انگلیسی بلد است؟

Is there someone here who speaks English?

ببینم می‌توانم آنرا در کتاب راهنمایم پیدا کنم.

I'll see if I can find it in my phrase-book.

لطفاً سؤالت / سؤالتان را در کتاب به من نشان دهید.

Please point to your question in the book.

لطفاً جوابت / جوابتان را در کتاب به من نشان دهید.

Please point to your answer in the book.

۱۲ قرار ملاقات

می‌توانم برای غذا دعوتت / دعوتتان کنم؟

Can I invite you for a meal?

Shall we go together? با هم برویم؟

When shall we meet? کِی همدیگر را ببینیم؟

I'll pick you up. می‌آیم دنبالت / دنبالتان.

Can I see you again? می‌توانم دوباره ببینمت / ببینمتان؟

شب خیلی خوبی بود، متشکرم.

Thank you so much for a pleasant evening.

برای فردا برنامه‌ای داری / دارید؟

Have you got any plans for tomorrow?

می‌شود امروز عصر با هم باشیم؟ امشب با هم برویم بیرون؟

Shall we go out together this evening?

قرارمان ساعت نُه درِ / جلوی ... .

Let's meet at nine o'clock in / in front of ... .

۱۳ تلفن کردن

نزدیک‌ترین باجهٔ تلفن کجاست؟

Where's the nearest telephone booth / phone box?

I'd like a phonecard. یک کارت تلفن می‌خواهم.

What's the national code for Iran? کُدِ ایران چند است؟

می‌خواهم به انگلستان تلفن کنم.

I'd like to make a call to England.

می‌خواهم یک تلفن مقصد قبول بزنم.

I'd like to make a reverse charge call.

Booth number three. کابین شمارهٔ سه.

Do you have a mobile / cellular? تلفن همراه دارید؟

شمارهٔ تلفن همراهتان چند است؟

What is your mobile / cell number?

۱۴ مکالمات تلفنی

This is ... speaking. (هنگام برداشتن تلفن) من ... هستم.

(هنگام تلفن کردن) الو، کی صحبت می‌کند؟

Hello, who's speaking?

می‌توانم با آقای ... صحبت کنم؟

Can I speak to Mr ..., please?

می‌توانم با خانم ... صحبت کنم؟

Can I speak to Mrs / Ms ..., please?

می‌توانم با دوشیزه ... صحبت کنم؟

Can I speak to Miss ..., please?

متأسفانه نیست / تشریف ندارند.

I'm sorry, she's / he's not here.

می‌خواهید پیغامی بگذارید؟

Would you like to leave a message?

ممکن است بگویید که من تلفن کردم؟

Would you tell her / him that I called?

I'll call back later. بعداً دوباره زنگ می‌زنم.

It's engaged. اشغال است.

Please try again later. لطفاً مجدداً تماس بگیرید.

۱۵ آدرس و رفت و آمد

ببخشید، چطوری می‌شود به ایستگاه رفت؟

Excuse me, how do I get to the station, please?

همین‌طور مستقیم بروید تا میدان.

Straight on until you get to the square.

بعد سر چراغ راهنما بپیچید به (سمت) چپ / راست.

Then turn left / right at the traffic lights.

چقدر راه است؟ How far is it?

تقریباً دو کیلومتر. About two kilometers.

خیلی به اینجا نزدیک است. It's very near here.

ببخشید، این خیابان می‌رود به ...؟

Excuse me, is this the road to ...?

ببخشید، پستخانه کجاست؟

Excuse me, where's the post, please?

ببخشید، من نمی‌دانم. I'm sorry, I don't know.

مستقیم بروید. Go straight on.

بپیچید به چپ / راست. Turn left / right.

اولین خیابان سمت چپ. The first street on the left.

دومین خیابان سمت راست. The second street on the right.

پل / میدان را رد کنید. Cross the bridge / the square.

لطفاً روی نقشه به من نشان بدهید.
Please show me on the map.

درست انتهای خیابان است.
It's right at the end of the street.

درست اول خیابان است.
It's right at the beginning of the street.

بهترین کار این است که اتوبوس خط ۱۴ را سوار شوید.
The best thing would be to take the number 14 bus.

چه بلیت‌های ویژه‌ای موجود است؟
What special tickets are there?

A tourist ticket, please. یک بلیت توریستی لطفاً.

نقشهٔ خطوط مترو را دارید؟
Do you have a map of the metro?

Do I have to change? باید خط عوض کنم؟

What is the next stop? ایستگاه بعدی چی است؟

That's my backpack. این کوله‌پشتی من است.

کجا می‌توانم اتوبوسی / مترویی را که به شهر می‌رود سوار شوم؟
Where can I catch the bus / subway into town?

Which number do I take? کدام خط را باید سوار شوم؟

برای مرکز شهر کدام ایستگاه باید پیاده شوم؟
Which stop do I get off for the centre of the town?

ممکن است وقتی به آن ایستگاه رسیدیم من را خبر کنید؟

Can you let me know when we get to that stop?

ورودی / خروجی شمارهٔ ۶ کجاست؟

Where is gate number 6?

۱۶ گذرنامه و گمرک

گذرنامه لطفاً. Your passport, please.

ویزا دارید؟ Have you got a visa?

می‌توانم اینجا ویزا بگیرم؟ Can I get a visa here?

بچه‌ها در این گذرنامه هستند.

The children are on this passport.

چیزی دارید که گمرکِ آن را بپردازید؟

Have you got anything to declare?

برای استفاده شخصی خودم است.

It's for my own personal use.

باید برای این گمرک بدهم؟ Do I have to pay duty on this?

سمت راست نگه دارید. Pull over to the right, please.

سمت چپ توقف کنید. Pull over to the left, please.

لطفاً صندوق‌عقب را باز کنید.

Open the boot / trunk, please.

لطفاً این چمدان را باز کنید. Open this case, please.

۱۷ رزرو پرواز

پرواز بعدی به مقصد لس‌آنجلس چه موقع است؟

When's the next flight to Los Angeles?

قسمت سیگاری‌ها یا غیرسیگاری‌ها؟

Smoking or non-smoking?

Are there still seats available? هنوز جای خالی هست؟

I'd like to cancel this flight. می‌خواهم این پرواز را لغو کنم.

می‌خواهم رزرو پروازم را تغییر بدهم.

I'd like to change the booking.

می‌خواهم یک بلیت یکسره / رفت و برگشت به مقصد نیویورک رزرو کنم.

I'd like to book a single / return flight to New York.

صندلی کنار پنجره / راهرو می‌خواهم.

I'd like a window / an aisle seat.

۱۸ در فرودگاه

کانترِ (شرکت هواپیمایی) ... کجاست؟

Where's the ... counter?

ممکن است لطفاً بلیت‌تان را ببینم؟

Could I see your ticket, please?

می‌توانم این را به عنوان ساک‌دستی با خودم ببرم؟

Can I take this as hand luggage?

خروجی پرواز پاریس کدام است؟

Which one is the gate for the flight to Paris?

از خروجی شمارهٔ ... سوار شوید.

Boarding will take place at gate number ... .

فوراً به خروجی شمارهٔ ... مراجعه کنید.

Go immediately to gate number ... .

پرواز شما تأخیر دارد.

Your flight is delayed.

پرواز به موقع است / صورت می‌گیرد.

The flight is on time.

۱۹ در هواپیما

ممکن است لطفاً یک لیوان آب برای من بیاورید؟

Could you bring me a glass of water, please?

ممکن است لطفاً یک بالش / پتوی دیگر هم به من بدهید؟

Could I have another cushion / blanket, please?

می‌شود جایتان را با من عوض کنید؟

Would you mind changing seats with me?

۲۰ هنگام ورود

بار من گم شده است. My luggage is missing.

چمدان من آسیب دیده است.

My suitcase has been damaged.

اتوبوس مرکز شهر از کجا حرکت می‌کند؟

Where does the bus to downtown leave from?

۲۱ سفر با کشتی

کشتی بعدی به مقصد برایتون کی راه می‌افتد؟

When does the next ship leave for Brighton?

یک بلیت درجه‌یک / توریستی به مقصد دووِر می‌خواهم.

I'd like a first / tourist class ticket to Dover.

کابین خصوصی / دوتخته می‌خواهم.

I'd like a single / double cabin.

یک بلیت رفت و برگشت برای ساعت هشت و نیم می‌خواهم.

I'd like a ticket for the round trip at 8:30.

رستوران / سالن کجاست؟

Where's the restaurant / lounge?

حالم خوب نیست. I don't feel well.

لطفاً دکتر کشتی را خبر کنید. Call the ship's doctor, please.

ممکن است لطفاً دارویی برای دریازدگی به من بدهید؟

Could you give me something for seasickness, please?

می‌توانم اینجا قرص دریازدگی بخرم؟

Can I buy seasickness pills here?

۲۲ سفر با اتوبوس و مترو

کدام خط به ... می‌رود؟ Which line goes to ...?

این اتوبوس به ... می‌رود؟ Does this bus go to ...?

(تا آنجا) چند تا ایستگاه است؟ How many stops is it?

یک بلیت برای ... لطفاً. One ticket to ..., please.

کجا باید پیاده شوم؟ Where do I have to get out?

کجا باید خط عوض کنم؟ Where do I have to change?

کجا می‌توانم بلیت بخرم؟ Where can I buy a ticket?

قیمتش چند است؟ How much does it cost?

لطفاً من را اینجا پیاده کنید. Please let me off here.

لطفاً به من بگویید کی باید پیاده شوم.

Please tell me when to get off.

یک دسته بلیت / بلیت هفتگی می‌خواهم.

I'd like to buy a book of tickets / weekly pass.

می‌شود به من بگویید کی به ... می‌رسیم؟

Can you tell me when we reach ...?

ببخشید، نزدیک‌ترین ایستگاه اتوبوس / تراموا کجاست؟

Excuse me, where's the nearest bus / tram stop?

Where's the underground station? ایستگاه مترو کجاست؟

اولین مترو به مقصد ... کی حرکت می‌کند؟

When's the first underground to ...?

آخرین اتوبوس به مقصد ... کی حرکت می‌کند؟

When's the last bus to ...?

این بلیت برای اتوبوس و مترو هر دو معتبر است؟

Can I use this ticket for the subway and the bus?

۲۳ خرید بلیت قطار

لطفاً یک بلیت یکسرهٔ درجه یک / دو برای ... .

A first / second class single to ..., please.

لطفاً دو تا بلیت دوسره / رفت و برگشت به ... .

Two returns to ..., please.

برای بچه‌ها / دانشجویان تخفیف دارد؟

Is there a reduction for children / students?

Where do I have to change? کجا باید قطار عوض کنم؟

قطار حمل اتومبیل به مقصد ... هست؟

Is there a motorail service to ...?

آیا به مقصد ... از ... باید قطار عوض کرد؟

Is there a connection to ... at ...?

می‌خواهم یک صندلی در قطار ساعت سه به مقصد لندن رزرو کنم.

I'd like to reserve a seat on the three o'clock train to London.

۲۴ در ایستگاه راه‌آهن

قطار شیکاگو از کدام سکو حرکت می‌کند؟

Which platform does the train to Chicago leave from?

At what time does it arrive? (قطار) کی می‌رسد؟

Where is the left-luggage? قسمت امانات (بار) کجاست؟

می‌خواهم این چمدان را به بار بدهم.

I'd like to check this suitcase through.

کجا می‌توانم دوچرخه‌ام را به بار بدهم؟

Where can I register my bike?

۲۵ در قطار

ببخشید، اینجا / این صندلی جای کسی نیست؟

Excuse me, is this seat free?

اینجا جای کسی است؟ این صندلی اشغال شده است؟

Is this seat taken?

اجازه می‌دهید پنجره را باز کنم / ببندم؟

May I open / shut the window?

می‌شود به من بگویید سکوی شمارهٔ ... کجاست؟

Could you tell me where platform / track ... is?

ممکن است به من کمک کنید تا جایم / کوپه‌ام را پیدا کنم؟

Could you help me find my seat / couchette, please?

می‌شود لطفاً جای مرا نگه دارید؟

Could you save my seat, please?

Where is the dining car? (واگن) رستوران کجاست؟

Where are the toilets? توالت کجاست؟

قطار شب به مقصد آکسفورد کی حرکت می‌کند؟

At what time does the night train to Oxford leave?

قطار بعدی به مقصد لندن کی حرکت می‌کند؟

When is the next train to London?

آخرین قطار به مقصد شیکاگو کی حرکت می‌کند؟

When is the last train to Chicago?

یک بلیت برگشت (مخصوص) بچه‌ها به مقصد لندن.

A child's return to London.

باید کرایهٔ اضافه بدهم؟ Do I have to pay a supplement?

بلیت من برای این قطار معتبر است؟

Is my ticket valid on this train?

برنامهٔ زمانی قطارها را دارید؟ Do you have a timetable?

همگی سوار شوید. All aboard.

همگی قطار عوض کنید. All change.

از پنجره به بیرون خم نشوید.

Do not lean out of the window.

۲۶ دفتر اشیاء گم‌شده

ببخشید دفتر اشیاء گم‌شده کجاست؟

Where's the lost-property office, please?

من کیفم را گم کرده‌ام. I've lost my bag.

کیف دستی‌ام را در قطار جا گذاشته‌ام.

I left my handbag on the train.

لطفاً اگر کسی آن را تحویل داد به من خبر بدهید.

Please let me know if it's handed in.

این آدرس هتل من است. Here's the address of my hotel.

این آدرس منزل من است. Here's my home address.

۲۷ تاکسی

نزدیک‌ترین ایستگاه تاکسی کجاست؟

Where's the nearest taxi rank?

(به) ایستگاه راه‌آهن. To the station.

هتل پلازا. To Plaza Hotel.

خیابان آکسفورد. To Oxford Street.

تا ... چقدر می‌شود؟ How much will it cost to ...?

می‌شود اینجا نگه دارید؟ لطفاً اینجا نگه دارید.

Could you stop here, please?

(هنگام انعام دادن) بفرمایید. That's for you.

کرایه چقدر می‌شود؟ What is the fare?

ممکن است منتظرم بمانید؟ Can you wait for me?

۲۸ اجارهٔ اتومبیل و موتورسیکلت

می‌خواهم برای دو روز یک ماشین / موتورسیکلت اجاره کنم.

I'd like to hire a car / motorbike for two days.

روزی / هفته‌ای چقدر می‌شود؟

How much does it cost per day / week?

کیلومتری چقدر می‌گیرید؟

What do you charge per kilometre?

بیمهٔ این ماشین کامل است؟

Does the car have comprehensive insurance?

امکان دارد ماشین را در پارکینگ بگذارم؟

Is it possible to leave the car in the garage?

باید اتومبیل را همین‌جا پس بیاورم؟

Must I return the car here?

لطفاً کنترل‌ها را به من نشان دهید.

Please show me the controls.

Where are the documents? مدارکش کجاست؟

لطفاً اتومبیل را با باک پر برگردانید.

Please return the car with a full tank.

۲۹ در پمپ بنزین

نزدیک‌ترین پمپ بنزین کجاست؟

Where's the nearest petrol station, please?

20 litres of ..., please. ۲۰ لیتر ... می‌خواهم.

three-star بنزین معمولی

four-star بنزین سوپر

diesel گازوئیل

بنزین همراه با روغن (مخصوص موتورهای دوزمانه)

two-stroke mix

unleaded بنزین بدون سرب

leaded بنزین باسرب

به اندازه ۱۰ پوند بنزین سوپر لطفاً.

Four-star, please. For ten pounds.

Fill her up, please. باک را پر کنید، لطفاً.

Pump number 2. پمپ شمارهٔ ۲.

Please check the oil. لطفاً روغن (ماشین) را کنترل کنید.

نقشهٔ جاده‌های این منطقه را می‌خواستم.

I'd like a road map of this area, please.

I need additive. مکمل بنزین می‌خواهم.

باد لاستیک‌ها را کجا می‌توانم کنترل کنم؟

Where is the air line?

لطفاً باد لاستیک‌ها را کنترل کنید.

Please check the tyre pressure.

Where is the water? آب کجاست؟

۳۰ پارک کردن

این نزدیکی‌ها پارکینگ هست؟

Is there a car park near here?

می‌توانم ماشینم را اینجا پارک کنم؟

Can I park my car here?

پارکینگ تمام شب باز است؟

Is the car park open all night?

چند وقت می‌توانم اینجا پارک کنم؟

How long can I park here?

کجا باید ژتون پارکینگ بگیرم؟

Where can I get a parking disk?

۳۱ خرابی اتومبیل

اتومبیلم خراب شده است.

My car's broken down.

در این نزدیکی‌ها تعمیرگاه هست؟

Is there a garage near here?

ممکن است لطفاً به سرویس امداد تلفن کنید؟

Would you call the breakdown service, please?

می‌شود لطفاً مقداری بنزین به من بدهید؟

Could you lend me some petrol, please?

می‌شود به من کمک کنید لاستیک را عوض کنم؟

Could you help me change the tyre, please?

می‌شود به من کمک کنید ماشینم را با سیم رابط روشن کنم؟

Could you help me start my car with jump leads, please?

می‌شود لطفاً من را با خودتان تا نزدیک‌ترین تعمیرگاه ببرید؟

Could you give me a lift to the nearest breakdown service?

۳۲ وضعیت راه‌ها

وضعیت راه‌ها در ... چطور است؟

What are the roads like in ...?

The roads are slippery. جاده‌ها لغزنده‌اند.

Visibility is only 20 metres. (میدان) دید فقط ۲۰ متر است.

(میدان) دید کمتر از ۵۰ متر است.

Visibility is less than 50 metres.

You need snow chains. زنجیر چرخ الزامی است.

۳۳ اطلاعات مربوط به جا و مکان

ممکن است لطفاً یک هتل خوب / ارزان معرفی کنید؟

Can you recommend a good / cheap hotel, please?

ممکن است لطفاً یک پانسیون / اتاق با صبحانه معرفی کنید؟

Can you recommend a guest house / bed-and-breakfast place, please?

Is there a camping site here? اینجا جای کمپینگ هست؟

Is there a youth hostel here? اینجا اقامتگاه جوانان هست؟

۳۴ هتل، پانسیون، اتاق خصوصی

من یک اتاق رزرو کرده‌ام. اسم من ... است.

I've reserved a room. My name's ... .

باز هم اتاق خالی برای یک شب / دو روز دارید؟

Have you got any vacancies for one night / two days?

نه، متأسفانه هیچ جا نداریم.

No, I'm afraid we're fully booked.

بله (آقا / خانم)، چه جور اتاقی می‌خواستید؟

Yes (sir / madam), what sort of room would you like?

A single / double room. یک اتاق یک / دو تخته.

یک اتاق دوتخته با دو تخت جدا.

A double room with twin beds.

A quiet room. یک اتاق دنج / آرام.

A room with a shower / bath. یک اتاق با دوش / حمام.

A room with a view of the sea. یک اتاق مشرف به دریا.

Can I see the room? می‌توانم اتاق را ببینم؟

می‌شود یک تخت دیگر توی اتاق بگذارید؟

Can you put another bed in the room?

کرایهٔ این اتاق با صبحانه چقدر است؟

How much is the room with breakfast?

۳۵ انتخاب رستوران

می‌شود یک رستوران خوب معرفی کنید؟

Can you recommend a good restaurant?

اینجا رستوران ارزان هست؟

Is there an inexpensive restaurant here?

اینجا اغذیه‌فروشی هست؟

Is there a fast food restaurant here?

۳۶ در رستوران

این میز / صندلی خالی است؟ Is this table / seat free?

یک میز برای دو نفر، لطفاً. A table for two, please.

می‌شود لطفاً برای امشب یک میز دونفره برای ما رزرو کنید؟

Would you reserve us a table for two for this evening, please?

یک میز دو نفره در قسمت غیرسیگاری‌ها، لطفاً.

A table for two in the non-smoking area, please.

ممکن است لطفاً یک بشقاب اضافه بیاورید؟

Could we have an extra plate, please?

یک میز بیرون / تو می‌خواهیم.

Could we have a table outside / inside?

می‌شود لطفاً یک صندلی بچه بیاورید؟

Could we have a highchair, please?

غذای مخصوص بچه هم دارید؟

Do you also serve children's meals?

می‌شود لطفاً شیشهٔ بچه را گرم کنید؟

Could you warm up this baby bottle, please?

۳۷ سفارش غذا

شما چی توصیه می‌کنید؟ What can you recommend?

پُرس نصفه برای بچه‌ها هم دارید؟

Do you do half portions for children?

سفارش می‌دهید؟ Are you ready to order?

می‌شود لطفاً منو / لیست نوشیدنی‌ها را به من بدهید؟

Could I have the menu / drink list, please?

غذای مخصوص روز چی است؟

What is the special of the day?

منوی مخصوص برای توریست‌ها دارید؟

Do you have a tourist menu?

(با اشاره به یک غذا در منو) این چی است؟ What is this?

منوی روز دارید؟ Have you a set-price menu?

من به ... حساسیت دارم. I'm allergic to ... .

ممکن است این غذا را بدون ... آماده کنید؟

Could you make this dish without ...?

لطفاً یک لیوان ... . A glass of ..., please.

من ... می‌خواهم. I'll have ... .

پیش‌غذا نمی‌خواهم، متشکرم.

I don't want a starter / an appetizer, thank you.

پیش‌غذا ... می‌خورم.

I'll have ... as a starter / an appetizer.

I'll have ... for the main course. غذای اصلی ... می‌خورم.

I'll have ... for dessert. دسر ... می‌خورم.

استیک‌تان را چطور می‌خواهید؟

How would you like your steak?

Well-done. کاملاً پخته.

Medium. نیمه‌پخته.

Rare. خام.

A bottle of ..., please. یک‌شیشه ... لطفاً.

Half a bottle of ..., please. یک شیشهٔ کوچک ... لطفاً.

Enjoy your meal! نوش‌جان!

چیز دیگری هم می‌خواستید؟

Would you like anything else?

دو تا (پاکت) سیب‌زمینی سرخ‌کرده / چیپس، لطفاً.

Two bags of crisps / chips, please.

What flavour? با چه طعمی؟

I'll have this. من این را می‌خورم.

I am a diabetic. من دیابتی هستم.

I am a vegetarian. من گیاه‌خوار هستم.

غذاهای گیاهی دارید؟

Do you have any vegetarian dishes?

ممکن است باز هم کمی نان / آب بیاورید؟

Could we have some more bread / water, please?

من قهوه با خامه می‌خواهم.

I'd like some coffee with cream.

I'd like some tea with lemon. من چای با لیمو می‌خورم.

I cannot eat sugar / salt. نمی‌توانم شکر / نمک بخورم.

Is service included? این (مبلغ) با سرویس است؟

I'll pay for this round. این دفعه من حساب می‌کنم.

This round is on me. این دفعه نوبت من است.

۳۸ شکایات در رستوران

We need another ... . یک ... دیگر می‌خواهیم.

سفارش من را فراموش کرده‌اید؟

Have you forgotten my order?

I didn't order that. من این را سفارش نداده بودم.

The soup's cold. سوپ سرد است.

The soup's too salty. سوپ خیلی شور است.

The meat's tough. گوشت سفت است.

The meat's too fat. گوشت خیلی چرب است.

The fish isn't fresh. این ماهی تازه نیست.

Take it back, please. لطفاً این را پس ببرید.

لطفاً بگویید مدیر رستوران بیاید.

Fetch the manager, please.

۳۹ صورت‌حساب

می‌شود لطفاً صورت‌حساب را بیاورید؟

Could I have the bill, please?

لطفاً همه را با هم حساب کنید. All together, please.

صورت‌حساب جداگانه، لطفاً. Separate bills, please.

سرویس هم حساب شده است؟ Is service included?

به نظرم در صورت‌حساب اشتباهی شده است.

There seems to be a mistake on the bill.

غذا خوب بود؟ Did you enjoy your meal?

غذا عالی بود. The food was excellent.

(برای انعام دادن) بفرمایید. برای شماست. That's for you.

بقیه‌اش بماند. Keep the change.

۴۰ بازدیدهای تفریحی

نقشهٔ شهر را می‌خواهم. I'd like a map of the city, please.

راهنمای برنامه‌های این هفته را دارید؟

Have you got a diary of events for this week?

برای دیدن شهر تور هست؟

Are there sightseeing tours of the town?

How much does the tour cost? هزینه این تور چقدر است؟

۴۱ مکان های دیدنی

مکان‌های دیدنی اینجا کجاست؟

What places of interest are there here?

You really must see / visit ... . شما باید حتماً ... را ببینید.

ساعت کار این موزه چی است؟

When's the museum open?

When does the tour start? ساعت حرکت تور کی است؟

اینجا تور انگلیسی‌زبان هم هست؟

Is there a tour in English, too?

اینجا می‌شود عکس گرفت؟

Are we allowed to take photographs here?

Two tickets, please. دو تا بلیت، لطفاً.

دو تا (بلیت) بزرگسال و یک بچه.

Two adults and one child.

آیا تخفیفی هم برای بچه‌ها / افراد مسن هست؟

Are there reductions for children / senior citizens?

آیا کاتالوگ نمایشگاه را دارید؟

Is there an exhibition catalogue?

این ساختمان کی ساخته شده است؟

When was this building built?

این ساختمان کی بازسازی شده است؟

When was this building refurbished?

این بنا مربوط به کدام دوره است؟

From what era is this building?

این تابلو اثر کدام هنرمند است؟

Which artist painted this picture?

آیا از این تابلو پوستر / اسلاید دارید؟

Have you got a poster / slide of this picture?

تور از کجا حرکت می‌کند؟

Where does the excursion leave from?

Will we pass the Eiffel Tower? از برج ایفل می‌گذریم؟

Are we going to see ..., too? ... را هم می‌بینیم؟

When are we going back? کی برمی‌گردیم؟

۴۲ تئاتر، سینما و کنسرت

نمایش /تئاتر امشب چی است؟

What's on at the theatre tonight?

برنامهٔ فردا شب سینما چی است؟

What's on at the pictures tomorrow night?

کنسرتی در کار هست؟
Are there any concerts?

کنسرتی در کلیسای جامع برگزار می‌شود؟

Are there concerts in the cathedral?

می‌توانید یک نمایش خوب معرفی کنید؟

Can you recommend a good play?

برنامه کی شروع می‌شود؟

When does the performance start?

کجا می‌توانم بلیت تهیه کنم؟
Where can I get tickets?

لیست برنامه‌ها، لطفاً.
Can I have a programme, please?

کدام دیسکو خوب است؟
Which is a good disco?

کجا می‌شود موسیقی زنده شنید؟

Where can we hear live music?

گران است؟
Is it expensive?

اینجا باشگاه دانشجویی هست؟
Is there a student club?

می‌خواهیم به اپرا / باله برویم.

We'd like to go to the opera / ballet.

برنامه چی است؟ What's on?

۴۳ خرید

(در فروشگاه فروشنده به خریدار می‌گوید) می‌توانم کمکی بهتان بکنم؟ Are you being served?

متشکرم، فقط نگاه می‌کنم.

Thank you, I'm just looking round.

... کجاست؟ Where can I find ...?

من ... می‌خواهم. I'd like ... .

... دارید؟ Have you got ...?

چیز دیگری نمی‌خواهید /نمی‌خواستید؟

Can I get you anything else?

این چند است؟ How much is it?

خیلی گران است. That's too expensive.

بیشتر از ۱۵۰ دلار نمی‌دهم. حداکثر ۱۵۰ دلار می‌دهم.

I'll pay no more than 150 dollars.

نه، نمی‌توانم به این قیمت بهتان بدهم.

No, I can't give it to you at that price.

قبول. Agreed. OK.

خوب است، بَرِش می‌دارم. Good, I'll take it.

لطفاً ببندیدش. Please wrap it up.

یورو چک / کارت‌اعتباری قبول می‌کنید؟

Do you take eurocheques / credit cards?

۴۴ پوشاک

می‌شود پیراهن‌های مردانه را به من نشان بدهید؟

Can you show me some shirts?

می‌شود بپوشمش؟ Can I try it on?

اتاق پرو کجاست؟ Where are the changing rooms?

چه سایزی می‌خواهید؟ What size do you take?

سایز شما چند است؟ What size are you?

خیلی تنگ / بزرگ است. It's too tight / big.

اندازه است؟ Does it fit?

کاملاً اندازه است. بَرِش می‌دارم. It's a good fit. I'll take it.

دقیقاً آن چیزی نیست که من می‌خواستم.

It's not quite what I wanted.

۴۵ کیف و کفش

یک جفت کفش ورزشی می‌خواهم.

I'd like a pair of trainers.

I take shoe size ... . سایز کفشم ... است.

They're too tight / wide. خیلی تنگ / گشاد هستند.

۴۶ دخانیات

یک پاکت / باکس سیگار ... فیلتر دار می‌خواهم.

A packet / carton of filter tipped ..., please.

یک پاکت / باکس سیگار ... بدون فیلتر می‌خواهم.

A packet / carton of plain ..., please.

Ten cigars, please. ده تا سیگار برگ می‌خواهم.

Ten cigarillos, please. ده تا سیگار برگ کوچک می‌خواهم.

یک پاکت توتون سیگار می‌خواهم.

A packet of cigarette tobacco, please.

یک پاکت توتون پیپ می‌خواهم.

A packet of pipe tobacco, please.

یک قوطی توتون سیگار می‌خواهم.

A tin of cigarette tobacco, please.

یک قوطی توتون پیپ می‌خواهم.

A tin of pipe tobacco, please.

A box of matches, please. یک (قوطی) کبریت می‌خواهم.

A lighter, please. یک فندک می‌خواهم.

۴۷ آرایشگاه

لطفاً (موهایم را) بشویید و خشک کنید.

Shampoo and blow dry, please.

لطفاً (موهایم را) بشویید و کوتاه کنید.

Wash and cut, please.

Dry cut, please. لطفاً (موهایم را) بدون شستن کوتاه کنید.

Just trim the ends. فقط پایین موها را کوتاه کنید.

Not too short, please. لطفاً خیلی کوتاه نشود.

Very short, please. لطفاً حسابی کوتاه کنید.

A bit shorter, please. لطفاً یک کمی کوتاه‌تر.

I'd like a shave, please. اصلاح می‌کنم.

می‌شود لطفاً ریشم را مرتب کنید؟

Would you trim my beard, please?

Thank you. That's fine. ممنون. خوب است.

۴۸ شستشو

می‌خواهم این چیزها را خشک‌شویی کنم.

I'd like to have these things (dry-) cleaned.

می‌خواهم این‌ها را بشویم.

I'd like to have these things washed.

When will they be ready? کی حاضر می‌شوند؟

۴۹ بانک

Where's the nearest bank? نزدیک‌ترین بانک کجاست؟

نزدیک‌ترین صرافی کجاست؟

Where's the nearest bureau de change?

می‌خواهم صد یورو بدهم دلار بگیرم.

I'd like to change a hundred euros into dollars.

می‌خواهم این یوروچک / چک مسافرتی را نقد کنم.

I'd like to change this eurocheque / traveller's-cheque.

حداکثر مبلغی که با هر چک می‌توانم نقد کنم چقدر است؟

What's the maximum I can cash on one cheque?

ممکن است لطفاً چک کارتتان را ببینم؟

Can I see your cheque card, please?

لطفاً اینجا را امضا کنید.
Sign here, please.

می‌توانم کارت شناسایی / گذرنامه‌تان را ببینم؟
May I see your identity card / passport, please?

نرخ کارمزد شما چقدر است؟
What is your commission rate?

دلار آمریکا را به چه نرخی تبدیل می‌کنید؟
What is your exchange rate for U.S. dollars?

کمیسیون هم دارد؟
Is there a service charge?

لطفاً اسکناس ریز / درشت بدهید.
I would like small / large bills.

فکر می‌کنم اشتباه کرده‌اید.
I think you made a mistake.

۵۰ پلیس

نزدیک‌ترین ادارهٔ پلیس کجاست؟
Where's the nearest police station, please?

می‌خواهم یک دزدی / تصادف را گزارش بدهم.
I'd like to report a robbery / an accident.

کیف‌پول / دوربین من دزدیده شده است.
My wallet / camera has been stolen.

یک چیزی از ماشینم دزدیده‌اند.
My car has been broken into.

ضبط صوت ماشینم را دزدیده‌اند.

The stereo has been stolen from my car.

پســرم / دخترم گم شده است.

My son / daughter is missing.

این مرد مزاحم من شده است / می‌شود.

This man is pestering me.

Can you help me, please? می‌شود لطفاً به من کمک کنید؟

Your name and address, please. اسم و آدرستان لطفاً.

برای بیمه‌ام گزارش می‌خواهم.

I need a report for my insurance.

How much is the fine? جریمه‌اش چقدر می‌شود؟

۵۱ داروخانه

نزدیک‌ترین داروخانه شبانه‌روزی کجاست؟

Where's the nearest chemist's with all-night service?

ممکن است لطفاً دارویی برای کهیر / آنفولانزا به من بدهید؟

Can you give me something for rash / flu?

۵۲ مطب

می‌توانید یک ... خوب به من معرفی کنید؟

Can you recommend a good ...?

doctor	پزشک
eyespecialist	چشم‌پزشک
gynecologist	متخصص زنان
ear, nose and throat specialist (ENT)	متخصص گوش و حلق و بینی
dermatologist	دکتر پوست
pediatrician	دکتر اطفال
GP (general practitioner)	پزشک عمومی
urologist	متخصص کلیه
dentist	دندانپزشک
Where's your surgery / office?	مطب شما کجاست؟

۵۳ بیان بیماری

What's the trouble?	چه ناراحتی‌ای دارید؟
I've got a temperature.	تب دارم.

اغلب احساس تهوع / بی‌حالی می‌کنم.

I often feel sick / faint.

I fainted. غش کردم.

I've got a bad cold. سرمای بدی خورده‌ام.

I've got ... . دارم.

a headache سردرد (سرم درد می‌کند.)

a sore throat گلودرد (گلویم درد می‌کند.)

a cough سینه‌درد (سرفه می‌کنم.)

I've been stung / bitten. یک چیزی نیشم زده است.

I've got an upset stomach. معده‌ام به هم خورده است.

I've got diarrhoea. اسهال دارم.

I'm constipated. یبوست دارم.

I can't stand the heat. گرما را نمی‌توانم تحمل کنم.

I've hurt myself. زخمی شده‌ام.

I fell down. خوردم زمین.

می‌توانید دارویی برای آنژین به من بدهید؟

Can you give me something for angina?

می‌توانید دارویی برای کمردرد برایم بنویسید؟

Can you prescribe something for lumbago?

من معمولاً پنی‌سیلین مصرف می‌کنم.

I usually take penicillin.

فشارخونم بالا / پایین است.

I've got high / low blood pressure.

I'm a diabetic. من دیابت / مرض قند دارم.

I'm pregnant. حامله هستم.

I had pain recently. این اواخر درد داشتم.

۵۴ معاینه

Where does it hurt? کجایتان درد می‌کند؟

I've got a pain here. اینجایم درد می‌کند.

لخت بشوید لطفاً. لطفاً لباستان را دربیاورید.

Get undressed, please.

Take a deep breath, please. لطفاً نفس عمیق بکشید.

Hold your breath, please. لطفاً نفستان را نگه دارید.

You'll have to be X-rayed. باید رادیوگرافی بشوید.

باید آزمایش خون / ادرار بدهید.

You need to do a blood / urine test.

باید عمل / جراحی بشوید.

You'll have to have an operation.

باید چند روزی استراحت کنید.

You need a few days in bed.

It's nothing serious. چیز / مسئلهٔ مهمی نیست.

کارت واکسیناسیون دارید؟

Have you got a vaccination card?

I've been vaccinated against ... . — من واکسن ... زده‌ام.

من نمی‌توانم بخوابم. می‌شود لطفاً ... به من بدهید؟

I can't sleep. Could you give me ..., please?

a pain-killing tablet — یک قرص مسکن

a sleeping-pill — یک قرص خواب

۵۵ تاریخ

What's the date (today)? — امروز چندم است؟

Today's the first of May / May first. — امروز اول مه است.

۵۶ اعداد

0 nought / zero — صفر

1 one — یک

2 two — دو

3 three — سه

4 four — چهار

5 five — پنج

6 six	شش
7 seven	هفت
8 eight	هشت
9 nine	نُه
10 ten	ده
11 eleven	یازده
12 twelve	دوازده
13 thirteen	سیزده
14 fourteen	چهارده
15 fifteen	پانزده
16 sixteen	شانزده
17 seventeen	هفده
18 eighteen	هجده
19 nineteen	نوزده
20 twenty	بیست
21 twenty-one	بیست و یک
22 twenty-two	بیست و دو
23 twenty-three	بیست و سه
24 twenty-four	بیست و چهار
25 twenty-five	بیست و پنج
26 twenty-six	بیست و شش
27 twenty-seven	بیست و هفت

28 twenty-eight	بیست و هشت
29 twenty-nine	بیست و نه
30 thirty	سی
31 thirty-one	سی و یک
32 thirty-two	سی و دو
40 forty	چهل
50 fifty	پنجاه
60 sixty	شصت
70 seventy	هفتاد
80 eighty	هشتاد
90 ninety	نود
100 a / one hundred	صد
101 a / one hundred and one	صد و یک
200 two hundred	دویست
300 three hundred	سیصد
1000 a / one thousand	هزار
2000 two thousand	دو هزار
3000 three thousand	سه هزار
10000 ten thousand	ده هزار
100000 a / one hundred thousand	صد هزار
1000000 a / one million	یک میلیون
1st first	اوّل

2nd second دوم

3rd third سوم

4th fourth چهارم

5th fifth پنجم

6th sixth ششم

7th seventh هفتم

8th eighth هشتم

9th ninth نهم

10th tenth دهم

$\frac{1}{2}$ a half یک دوم، نصف

$\frac{1}{3}$ a / one third یک سوم، ثلث

$\frac{1}{4}$ a / one quarter یک چهارم، ربع

$\frac{3}{4}$ three quarters سه چهارم

3.5% three point five percent سه و نیم درصد

بیست و هفت درجهٔ سانتی‌گراد

27°C twenty-seven degrees Centigrade

پنج درجهٔ سانتی‌گراد زیر صفر

-5°C minus five degrees Centigrade